Springer-Lehrbuch

Strafrecht für alle Semester

Herausgegeben von

Michael Heghmanns
Tonio Walter
Heinz Giehring

Michael Heghmanns

Strafrecht für alle Semester

Besonderer Teil

Grund- und Examenswissen kritisch vertieft

Springer

Professor Dr. Michael Heghmanns
Universität Münster
Institut für Kriminalwissenschaften
Bispinghof 24–25
48143 Münster
heghmanns@uni-muenster.de

Bildnachweis
Rn. 29, 69, 282, 383, 562, 573, 634, 701, 741, 813, 856, 1093, 1124, 1215, 1295, 1333, 1345, 1368, 1661, 1766, 1843 .... eigene Aufnahmen
Rn. 453, 590, 1448, 1530, 1975 .... DPA
Rn. 933 .... unbekannter Fotograf

ISBN 978-3-540-85313-8 e-ISBN 978-3-540-85314-5
DOI 10.1007/978-3-540-85314-5
Springer-Lehrbuch ISSN 0937-7433
Springer Dordrecht Heidelberg London New York

Die Deutsche Nationalbibliothek verzeichnet diese Publikation in der Deutschen Nationalbibliografie; detaillierte bibliografische Daten sind im Internet über http://dnb.d-nb.de abrufbar.

Umschlaggestaltung: WMXDesign GmbH, Heidelberg

Gedruckt auf säurefreiem Papier

Springer ist Teil der Fachverlagsgruppe Springer Science+Business Media (www.springer.de)

Vorwort

Das vorliegende Buch ist das zweite einer geplanten vierbändigen Darstellung der strafrechtlichen Lehrinhalte des gesamten juristischen Studiums. Sie beinhaltet den Stoff der ersten Studiensemester, die Gegenstände der Leistungskontrollen sowohl für Anfänger als auch für Fortgeschrittene im Strafrecht, aber zudem alles, was für die erste juristische Prüfung benötigt wird (daher der Titel *Strafrecht für alle Semester*). Durch eine mehrschichtige Darstellungsweise wird eine auf das jeweilige Lerninteresse abgestimmte Durcharbeitung ermöglicht (siehe dazu nähere Einzelheiten in der Einführung, S. 1 ff.).

Zwei Bände behandeln in systematischer Form zentrale Rechtsmaterien des Strafrechts, nämlich

- die *Einführung in das Strafjustizsystem* und den *Allgemeinen Teil des Strafrechts* (Band 1)
- sowie den *Besonderen Teil des Strafrechts* (Band 2) mit den wesentlichen Strafbestimmungen aus dem BT des StGB.

Hinzu kommen die Methodik zur Anwendung der Strafrechtsnormen auf Lebenssachverhalte (Fälle) mit Übungsmöglichkeiten sowie das Strafprozessrecht:

- *Strafrechtliche Gutachtenlehre* und *Fälle mit Lösungen zum Allgemeinen Teil* (Band 3)
- *Einführung in den Strafprozess* (Band 4)

Auch wenn alle vier Bände inhaltlich aufeinander abgestimmt sind, so handelt es sich doch um jeweils selbstständige Darstellungen, die unabhängig voneinander (auch in Kombination mit anderen Lehrbüchern) benutzt werden können.

Bei der Entstehung des vorliegenden Band 2 haben zahlreiche Freunde und Mitarbeiter mir durch Rat und Tat geholfen. An erster Stelle habe ich dem Initiator der Reihe, Prof. Dr. *Heinz Giehring*, für zahlreiche Anregungen, seine Kritik und seine Ratschläge zu danken. An zweiter Stelle sind die studentischen und wissenschaftlichen Mitarbeiter meiner Professur in Frankfurt (Oder) und meines jetzigen Lehrstuhles in Münster zu nennen. Stellvertretend für sie alle stehen *Christian Augustin*, *Carolin Gütschow* und *Eva Maria Keck*. Meiner Sekretärin *Astrid Pohlmann* schulde ich für ihre unermüdliche Unterstützung ebenso Dank wie allen, die einzelne Teile korrekturgelesen und über meinem anfangs schlimmen Schreibstil nahezu verzweifelt sind. Ich hoffe, er hat sich im Laufe der Jahre mit ihrer und der Hilfe von *Tonio Walter*s „Kleine[r] Stilkunde für Juristen“ wenigstens soweit verbessert, dass er der studentischen Leserschaft keinen Vorwand mehr liefert, sich der Durcharbeitung zu entziehen.

Kein Buch ist vollkommen, daher wäre ich für Kritik, Anregungen und Hinweise dankbar. Sie erreicht mich am einfachsten auf elektronischem Wege unter der Adresse „heghmanns@uni-muenster.de“.

Münster, im Januar 2009 *Michael Heghmanns*

Inhaltsübersicht

Abkürzungsverzeichnis

a.A.	anderer Ansicht
a.i.i.c.	actio illicita in causa
a.a.O.	am angegebenen Ort
abl.	ablehnend
Abs.	Absatz
abw.	abweichend(e/r)
a.E.	am Ende
AE	Alternativentwurf
a.F.	alte Fassung
AfP	Archiv für Presserecht
AG	Amtsgericht
AK	Alternativkommentar
AktG	Aktiengesetz v. 06.11.1965 (BGBl. I 1089); zuletzt geändert durch Art. 3 des Gesetzes v. 16.07.2007 (BGBl. I 1330)
a.l.i.c.	actio libera in causa
allg.	allgemein
Alt.	Alternative
AMG	Arzneimittelgesetz; neugefasst durch Bek. v. 12.12.2005 (BGBl. I 3394); zuletzt geändert durch Art. 9 I des Gesetzes v. 23.11.2007 (BGBl. I 2631)
Anh.	Anhang
Anm.	Anmerkung
AnwBl	Anwaltsblatt
AO	Abgabenordnung; neugefasst durch Bek. v. 01.10.2002 (BGBl. I 3866, ber. 2003 I 61); zuletzt geändert durch Art. 3 des Gesetzes v. 21.12.2007 (BGBl. I 3198)
ArbGG	Arbeitsgerichtsgesetz i.d.F. der Bek. v. 02.07.1979 (BGBl. I 853, 1036), zuletzt geändert durch Art. 2 II des Gesetzes v. 16.05.2008 (BGBl. I 842)
ArbSchG	Arbeitsschutzgesetz v. 07.08.1996 (BGBl. I 1246), zuletzt geändert durch § 62 XVI des Gesetzes v. 17.06.2008 (BGBl. I 1010)
ARSP	Archiv für Rechts- und Sozialphilosophie
Art.	Artikel
ARZT/WEBER BT	Gunther ARZT / Ulrich WEBER, Strafrecht BT, 2000
AT	Allgemeiner Teil
AufenthG	Aufenthaltsgesetz i.d.F. der Bekanntmachung v. 25.02.2008 (BGBl. I 162), zuletzt geändert durch Art. 2 III des Gesetzes v. 13.03.2008 (BGBl. I 313)
Aufl.	Auflage

AÜG .... Arbeitnehmerüberlassungsgesetz i.d.F. der Bek. v. 03.02.1995 (BGBl. I 158), zuletzt geändert durch Art. 233 der Verordnung v. 31.10.2006 (BGBl. I 2407)

AWG .... Außenwirtschaftsgesetz i.d.F. der Bek. v. 26.06.2006 (BGBl. I 1386); zuletzt geändert durch Verordnung v. 28.04.2008 (BGBl. I 481)

BAUMANN/WEBER/ MITSCH AT .... Jürgen BAUMANN/Ulrich WEBER/Wolfgang MITSCH, Strafrecht Allgemeiner Teil, 11. Aufl. 2003

BayObLG .... Bayerisches Oberstes Landesgericht

BayObLGSt .... Entscheidungen des BayObLG in Strafsachen

BBG .... Bundesbeamtengesetz; neugefasst durch Bek. v. 31.03.1999 (BGBl. I 675); zuletzt geändert durch Art. 2 II des Gesetzes v. 05.12.2006 (BGBl. I 2748)

BBodSchG .... Bundes-Bodenschutzgesetz v. 17.03.1998 (BGBl. I 502), zuletzt geändert durch Art. 3 des Gesetzes v. 09.12.2004 (BGBl. I 3214)

Bd. .... Band

BDG .... Bundesdisziplinargesetz v. 09.07.2001 (BGBl. I 1510); zuletzt geändert durch Art. 11 des Gesetzes v. 22.04.2005 (BGBl. I 1106)

BeamtStG .... Beamtenstatusgesetz v. 17.06.2008 (BGBl. I 1010)

Bek. .... Bekanntmachung

Bem. .... Bemerkung

ber. .... bereinigt/e

Beschl. .... Beschluss

Bespr. .... Besprechung

best. .... bestimmten

BEULKE Strafprozessrecht .... Werner BEULKE, Strafprozessrecht, 10. Aufl. 2008

BGB .... Bürgerliches Gesetzbuch; neugefasst durch Bek. v. 02.01.2002 (BGBl. I 42 ber. I 2909 und 2003 I 738); zuletzt geändert durch Art. 1 des Gesetzes v. 04.07.2008 (BGBl. I 1188)

BGBl. .... Bundesgesetzblatt

BGE .... Entscheidungen des Schweizerischen Bundesgerichts

BGH .... Bundesgerichtshof

BGHR .... BGH-Rechtsprechung Strafsachen

BGHSt .... Entscheidungen des BGH in Strafsachen

BGHZ .... Entscheidungen des BGH in Zivilsachen

BGH(D) .... BGH bei DALLINGER

BGH(H) .... BGH bei HOLTZ

BImSchG .... Bundes-Immissionsschutzgesetz; neugefasst durch Bek. v. 26.09.2002 (BGBl. I 3830); zuletzt geändert durch Art. 1 des Gesetzes v. 23.10.2007 (BGBl. I 2470)

BINDING Lb .... Karl BINDING, Lehrbuch des Gemeinen Deutschen Strafrechts, Besonderer Teil, 2. Aufl., Bd. 1 1902, Bd. 2.1 1904, Bd. 2.2 1905

BJagdG .... Bundesjagdgesetz; neugefasst durch Bek. v. 29.09.1976 (BGBl. I 2849); zuletzt geändert durch Art. 5 des Gesetzes v. 26.03.2008 (BGBl. I 426)

BMJ .... Bundesminister/Bundesministerium der Justiz

BNatSchG .... Bundesnaturschutzgesetz v. 25.03 2002 (BGBl. I 1193), zuletzt geändert durch Art. 2 des Gesetzes v. 08.04.2008 (BGBl. I 686)

BRAO .... Bundesrechtsanwaltsordnung v. 01.08.1959 (BGBl. I 565); zuletzt geändert durch durch Arti: 1 des Gesetzes v: 12.06.2008 (BGBl. I 1000)

BRRG .... Beamtenrechtsrahmengesetz; neugefasst durch Bek. v. 31.03.1999 (BGBl. I 654); zuletzt geändert durch § 63 II 2 des Gesetzes v. 17.06.2008 (BGBl. I 1010)

BSG .... Bundessozialgericht

BSeuchenG .... Bundes-Seuchengesetz; neugefasst durch Bek. v. 18.12.1979 (BGBl. I 2262); Gesetz aufgehoben durch Art. 5 I 2 Nr. 1 des Gesetzes v. 20.07.2000 (BGBl. I 1045) m.W.v. 01.01.2001

BT .... Besonderer Teil

BT-Drs. .... Bundestagsdrucksache

BtMG .... Betäubungsmittelgesetz; neugefasst durch Bek. v. 01.03.1994 (BGBl. I 358); zuletzt geändert durch Art. 1 u. Art. 2 der Verordnung v. 18.02.2008 (BGBl. I 246)

BVerfG .... Bundesverfassungsgericht

BVerwG .... Bundesverwaltungsgericht

BWahlG .... Bundeswahlgesetz i.d.F. der Bek. v. 23.07.1993 (BGBl. I 1288, 1594), zuletzt geändert durch Art. 1 des Gesetzes v. 17.03.2008 (BGBl. I 394)

bzgl. .... bezüglich

BZR .... Bundeszentralregister

bzw. .... beziehungsweise

CR .... Computer und Recht

DAR .... Deutsches Autorecht

DB .... Der Betrieb

ders. .... derselbe

d.h. .... das heißt

dies. .... dieselbe

diff. .... differenzierend

DIN .... Deutsche Industrienorm

Diss. .... Dissertation

DJT .... Deutscher Juristentag

DSNS-BEARBEITER .... Friedrich DENCKER/ Eberhard STRUENSEE/ Ursula NELLES/ Ulrich STEIN, Einführung in das 6. Strafrechtsreformgesetz, 1998

DÖV .... Die öffentliche Verwaltung

DRiZ .... Deutsche Richterzeitung

DRZ .... Deutsche Rechtszeitschrift

E .... Entscheidung oder Entwurf

E 1962 .... Regierungsentwurf eines StGB mit Begründung (BT-Drs. 4/650)

ebd. .... ebenda

EGMR .... Europäischer Gerichtshof für Menschenrechte

EKMR .... Europäische Kommission für Menschenrechte

EMRK .... (Europäische) Konvention zum Schutze der Menschenrechte und Grundfreiheiten

ESJ .... Entscheidungssammlung für junge Juristen

EStG .... Einkommensteuergesetz i.d.F. der Bek. v. 19.10.2002 (BGBl. I 4210; 2003 I 179), zuletzt geändert durch § 62 XV des Gesetzes v. 17.06.2008 (BGBl. I 1010)

etc. .... et cetera

EUBestG .... EU-Bestechungsgesetz v. 10.09.1998 (BGBl. II 2340), zuletzt geändert durch Art. 6 I des Gesetzes v. 21.07.2004 (BGBl. I 1763)

EuGRZ .... Europäische Grundrechte Zeitschrift

FamRZ .... Zeitschrift für das gesamte Familienrecht

f. .... folgende (Seite oder Randnummer)

FeV .... Verordnung über die Zulassung von Personen zum Straßenverkehr (Fahrerlaubnis-Verordnung) v. 18.08.1998 (BGBl. I 2214), zuletzt geändert durch Art. 1 der VO v. 18.07.2008 (BGBl. I 1338)

ff. .... folgende (Seiten oder Randnummern)

FISCHER .... Wolfgang FISCHER, Strafgesetzbuch und Nebengesetze, Kommentar, 56. Aufl. 2009

Fn. .... Fußnote(n)

FRANK StGB .... Reinhard FRANK, Das Strafgesetzbuch für das Deutsche Reich nebst dem Einführungsgesetze, Kommentar, 11.-14. Auflage 1919

FS .... Festschrift, Festgabe

FS 25 Jahre BGH .... Gerda KRÜGER-NIELAND (Hrsg.), 25 Jahre Bundesgerichtshof am 1. Oktober 1975, 1975

FS 50 Jahre BGH .... Claus ROXIN und Gunter WIDMAIER (Hrsg.), 50 Jahre Bundesgerichtshof, Festgabe aus der Wissenschaft, Band IV, 2000

FS 140 Jahre GA .... Jürgen WOLTER (Hrsg.) Festschrift 140 Jahre Goltdammer´s Archiv für Strafrecht, Eine Würdigung zum 70. Geburtstag von Paul-Günter Pötz, 1993

FS AG Verkehrsrecht ... Festschrift zum 25-jährigen Bestehen der Arbeitsgemeinschaft Verkehrsrecht des Deutschen Anwaltsvereins, 2004

FS Baumann .... Gunther ARZT, Gerhard FEZER, Ulrich WEBER, Ellen SCHLÜCHTER und Dieter RÖSSNER (Hrsg.), Festschrift für Jürgen Baumann zum 70. Geburtstag, 22. Juni 1992, 1992

FS Bemmann .... Joachim SCHULZ und Thomas VORMBAUM (Hrsg.), Festschrift für Günter Bemmann zum 70. Geburtstag am 15. Dezember 1997, 1997

FS Bockelmann .... Arthur KAUFMANN, Günter BEMMANN, Detlef KRAUSS und Klaus VOLK (Hrsg.), Festschrift für Paul Bockelmann zum 70. Geburtstag am 7. Dezember 1978, 1979

FS Eberhard Schmidt ... Paul BOCKELMANN und Wilhelm GALLAS (Hrsg.), Festschrift für Eberhard Schmidt zum 70. Geburtstag, 1961

FS Engisch .... Paul BOCKELMANN, Arthur KAUFMANN und Ulrich KLUG (Hrsg.), Festschrift für Karl Engisch zum 70. Geburtstag, 1969

FS Gallas .... Karl LACKNER, Heinz LEFERENZ, Eberhard SCHMIDT, Jürgen WELP und Ernst Amadeus WOLFF (Hrsg.), Festschrift für Wilhelm Gallas zum 70. Geburtstag am 22. Juli 1973, 1973

FS Geerds .... Ellen SCHLÜCHTER (Hrsg.), Kriminalistik und Strafrecht, Festschrift für Friedrich Geerds zum 70. Geburtstag, 1995

FS Gössel .... Dieter DÖLLING und Volker ERB (Hrsg.), Festschrift für Karl Heinz Gössel zum 70. Geburtstag am 16. Oktober 2002, 2002

FS Grünwald .... Erich SAMSON, Friedrich DENCKER, Peter FRISCH, Helmut FRISTER und Wolfram REIß (Hrsg.), Festschrift für Gerald Grünwald zum siebzigsten Geburtstag, 1999

FS Heinitz .... Hans LÜTTGER, Hermann BLEI und Peter HANAU (Hrsg.), Festschrift für Ernst Heinitz zum 70. Geburtstag am 1. Januar 1972, 1972

FS Herzberg .... Holm PUTZKE, Berhardt HARDTUNG, Tatjana HÖRNLE u.a. (Hrsg.), Strafrecht zwischen System und Telos, Festschrift für Rolf Dietrich Herzberg zum siebzigsten Geburtstag am 14. Februar 2008, 2008

FS Hirsch .... Thomas WEIGEND und Georg KÜPPER (Hrsg.), Festschrift für Hans Joachim Hirsch zum 70. Geburtstag am 11. April 1999, 1999

FS H. Mayer .... Friedrich GEERDS und Wolfgang NAUCKE (Hrsg.), Beiträge zur gesamten Strafrechtswissenschaft, Festschrift für Hellmuth Mayer zum 70. Geburtstag am 1.Mai 1965, 1966

FS Jakobs .... Michael PAWLIK, Rainer ZACZYK (Hrsg.), Festschrift für Günther Jakobs zum 70. Geburtstag am 26. Juli 2007, 2007

FS Jescheck .... Theo VOGLER (Hrsg.), Festschrift für Hans-Heinrich Jescheck zum 70. Geburstag, 1985

FS Kaufmann .... Fritjof HAFT, Winfried HASSEMER, Ulfried NEUMANN, Wolfgang SCHILD und Ulrich SCHROTH (Hrsg.), Strafgerechtigkeit, Festschrift für Arthur Kaufmann zum 70. Geburtstag, 1993

FS Klug .... Günter KOHLMANN (Hrsg.), Festschrift für Ulrich Klug zum 70. Geburtstag, 1983

FS Köln .... Hans Joachim HIRSCH, Klaus STERN, Herbert WIEDEMANN (Hrsg.), Festschrift der Rechtswissenschaftlichen Fakultät zur 600-Jahr-Feier der Universität zu Köln, 1988

FS Kohlrausch .... Paul BOCKELMANN u.a., Probleme der Strafrechtserneuerung, Eduard Kohlrausch zum 70. Geburtstage dargebracht, 1944

FS Krause .... Ellen SCHLÜCHTER und Klaus LAUBENTHAL (Hrsg.), Recht und Kriminalität, Festschrift für Friedrich-Wilhelm Krause zum 70. Geburstag, 1990

FS Küper .... Michael HETTINGER, Jan ZOPFS, Thomas HILLENKAMP u.a. (Hrsg.), Festschrift für Wilfried Küper zum 70. Geburtstag, 2007

FS Lackner .... Wilfried KÜPER (Hrsg.), Festschrift für Karl Lackner zum 70. Geburtstag am 18. Februar 1987, 1987

FS Lange .... Günter WARDA, Heribert WAIDER, Reinhard VON HIPPEL und Dieter MEURER (Hrsg.), Festschrift für Richard Lange zum 70. Geburtstag, 1976

FS Lenckner .... Albin ESER, Ulrike SCHITTENHELM und Heribert SCHUMANN (Hrsg.), Festschrift für Theodor Lenckner zum 70. Geburtstag, 1998

FS Maurach .... Friedrich-Christian SCHROEDER und Heinz ZIPF (Hrsg.), Festschrift für Reinhart Maurach zum 70. Geburtstag, 1972

FS Maurer .... Max-Emanuel GEIS (Hrsg.), Staat, Kirche, Verwaltung. Festschrift für Hartmut Maurer zum 70. Geburtstag, 2001

FS Mezger .... Karl ENGISCH und Reinhart MAURACH (Hrsg.), Festschrift für Edmund Mezger zum 70. Geburtstag, 15.10.1953, 1954

FS Nehm .... Rainer GRIESBAUM, Rolf HANNICH und Karl Heinz SCHNARR (Hrsg.), Strafrecht und Justizgewährung, Festschrift für Kay Nehm zum 65. Geburtstag, 2006

FS Nishihara .... Albin ESER (Hrsg.), Festschrift für Haruo Nishihara zum 70. Geburtstag, 1998

FS Odersky .... Reinhard BÖTTCHER, Götz HUECK und Burkhard JÄHNKE (Hrsg.), Festschrift für Walter Odersky zum 65. Geburtstag am 17. Juli 1996, 1996

FS Peters I .... Jürgen BAUMANN und Klaus TIEDEMANN (Hrsg.), Einheit und Vielfalt des Strafrechts, Festschrift für Karl Peters zum 70. Geburtstag, 1974

FS Peters II .... Klaus WASSERBURG und Wilhelm HADDENHORST (Hrsg.), Wahrheit und Gerechtigkeit im Strafverfahren, Festgabe für Karl Peters aus Anlaß seines 80. Geburtstags, 1984

FS Pfeiffer .... Otto Friedrich Freiherr VON GAMM, Peter RAISCH und Klaus TIEDEMANN (Hrsg.), Strafrecht, Unternehmensrecht, Anwaltsrecht, Festschrift für Gerd Pfeiffer zum Abschied aus dem Amt als Präsident des Bundesgerichtshofes, 1988

FS Roxin .... Bernd SCHÜNEMANN u.a. (Hrsg.), Festschrift für Claus Roxin zum 70. Geburtstag am 15. Mai 2001, 2001

FS Rudolphi .... Klaus ROGALL, Ingeborg PUPPE, Ulrich STEIN, Jürgen WOLTER (Hrsg.), Festschrift für Hans-Joachim Rudolphi zum 70. Geburtstag, 2004

FS R..v.Frank .... August HEGLER (Hrsg.), Beiträge zur Strafrechtswissenschaft, Festgabe für Reinhard von Frank zum 70. Geburstag, 16. August 1930, 1930

FS Schreiber .... Knut AMELUNG u.a. (Hrsg.), Strafrecht – Biorecht – Rechtsphilosophie, Festschrift für Hans-Ludwig Schreiber zum 70. Geburtstag am 10. Mai 2003, 2003

FS Schroeder .... Andreas HOYER, Henning Ernst MÜLLER, Michael PAWLIK und Jürgen WOLTER (Hrsg.), Festschrift für Friedrich-Christian Schroeder zum 70. Geburstag, 2006

FS Stree/Wessels .... Wilfried KÜPER und Jürgen WELP (Hrsg.), Beiträge zur Rechtswissenschaft, Festschrift für Walter Stree und Johannes Wessels zum 70. Geburstag, 1993

FS Tröndle .... Hans-Heinrich JESCHECK und Theo VOGLER (Hrsg.), Festschrift für Herbert Tröndle zum 70. Geburtstag am 24. August 1989, 1989

FS Welzel .... Günter STRATENWERTH, Armin KAUFMANN, Gerd GEILEN, Hans-Joachim HIRSCH, Hans-Ludwig SCHREIBER, Günther JAKOBS und Fritz LOOS (Hrsg.), Festschrift für Hans Welzel zum 70. Geburtstag am 25. März 1974, 1974

G .... Gesetz

GA .... Goltdammer's Archiv für Strafrecht

GBO .... Grundbuchordnung i.d.F. der Bek. v. 26.05.1994 (BGBl. I 1114), zuletzt geändert durch Art. 78 VII des Gesetzes v. 23.11.2007 (BGBl. I 2614)

GebrMG .... Gebrauchsmustergesetz i.d.F. der Bek. v. 28.08.1986 (BGBl. I 1455), zuletzt geändert durch Art. 12 II des Gesetzes v. 13.12.2007 (BGBl. I 2897)

GedS .... Gedächtnisschrift

GedS Kaufmann .... Gerhard DORNSEIFER, Eckhard HORN, Georg SCHILLING, Wolfgang SCHÖNE, Eberhard STRUENSEE und Diethart ZIELINSKI (Hrsg.), Gedächtnisschrift für Armin Kaufmann, 1989

GedS Keller .... Die Strafrechtsprofessoren der Tübinger Juristenfakultät und das Justizministerium Baden-Württemberg (Hrsg.), Gedächtnisschrift für Rolf Keller, 2003

GedS Meurer .... Eva GRAUL und Gerhard WOLF (Hrsg.), Gedächtnisschrift für Dieter Meurer, 2002

GedS Schlüchter .... Gunnar DUTTGE, Gerd GEILEN, Lutz MEYER-GOßNER und Günter WARDA (Hrsg.), Gedächtnisschrift für Ellen Schlüchter, 2002

GedS Schröder .... Walter STREE, Theodor LENCKNER, Peter CRAMER und Albin ESER (Hrsg.), Gedächtnisschrift für Horst Schröder, 1978

gem. .... gemäß

GenStA .... Generalstaatsanwaltschaft

GerS .... Der Gerichtssaal

GewO .... Gewerbeordnung i.d.F. der Bek. v. 22.02.1999 (BGBl. I 202), zuletzt geändert durch Art. 9 des Gesetzes v. 17.03.2008 (BGBl. I 399)

GG .... Grundgesetz für die Bundesrepublik Deutschland

ggf. .... gegebenenfalls

GmbHG .... Gesetz betreffend die Gesellschaften mit beschränkter Haftung v. 20.04.1892 (RGBl. 477); zuletzt geändert durch Art. 4 des Gesetzes v. 19.04.2007 (BGBl. I 542)

GPSG .... Geräte- und Produktsicherheitsgesetz v. 06.01.2004 (BGBl. I 2, 219), zuletzt geändert durch Art. 3 Abs. 33 des Gesetzes v. 07.07.2005 (BGBl. I 1970)

GROPP AT .... Walter GROPP, Strafrecht Allgemeiner Teil, 3. Aufl. 2005

GÖSSEL/DÖLLING

BT 1 .... Karl Heinz GÖSSEL / Dieter DÖLLING, Strafrecht Besonderer Teil 1, 2. Aufl. 2004 grs. .... grundsätzlich

GS .... Großer Senat

GWB .... Gesetz gegen Wettbewerbsbeschränkungen i.d.F. der Bek. v. 15.07.2005 (BGBl. I 2114), zuletzt geändert durch Art. 1a des Gesetzes v. 18.12.2007 (BGBl. I 2966)

GwG .... Geldwäschegesetz v. 25.10.1993 (BGBl. I 1770), zuletzt geändert durch Art. 5 des Gesetzes v. 21.12.2007 (BGBl. I 3089)

h.A. .... herrschende Auffassung/Ansicht

HbStrVf-BEARBEITER ... Michael HEGHMANNS/Uwe SCHEFFLER (Hrsg.), Handbuch zum Strafverfahren, 2008

HGB .... Handelsgesetzbuch v. 10.05.1897 (RGBl. 219); zuletzt geändert durch Art. 17 des Gesetzes v. 21.12.2007 (BGBl. I 3089)

HILLENKAMP AT-Probleme .... Thomas HILLENKAMP, 32 Probleme aus dem Strafrecht Allgemeiner Teil, 12. Aufl. 2006

HILLENKAMP BT-Probleme .... Thomas HILLENKAMP, 40 Probleme aus dem Strafrecht Besonderer Teil, 10. Aufl. 2004

h.L. .... herrschende Lehre

h.M. .... herrschende Meinung

HRR .... Höchstrichterliche Rechtsprechung

Hrsg. .... Herausgeber

hrsg. .... herausgegeben

HWSt .... Hans ACHENBACH / Andreas RANSIEK (Hrsg.), Handbuch Wirtschaftsstrafrecht, 2. Aufl. 2008

i.d.F. .... in der Fassung

i.d.R. .... in der Regel

i.E. .... im Ergebnis

i.e.S. .... im engeren Sinne

insb. .... insbesondere

InsO .... Insolvenzordnung v. 05.10.1994 (BGBl. I 2866), zuletzt geändert durch Art. 9 des Gesetzes v. 23.10.2008 (BGBl. I 2026)

IntBestG .... Gesetz zur Bekämpfung internationaler Bestechung v. 10.09.1998 (BGBl. 1998 II 2327)

i.S. .... im Sinne

i.S.d. .... im Sinne des

i.S.v. .... im Sinne von

i.V.m. .... in Verbindung mit

i.w.S. .... im weiteren Sinne

JA .... Juristische Arbeitsblätter für Ausbildung und Examen

JAKOBS AT .... Günther JAKOBS, Strafrecht Allgemeiner Teil, 2. Aufl. 1991 (zit. nach Abschnitt und Randnummer)

JahrbRuE .... Jahrbuch für Recht und Ethik

JAR .... Juristische Arbeitsblätter Rechtsprechung

JBI .... Juristische Blätter (Österreich)

JESCHECK/
WEIGEND AT .... Hans-Heinrich JESCHECK/ Thomas WEIGEND, Lehrbuch des Strafrechts Allgemeiner Teil, 5. Aufl. 1996

JGG .... Jugendgerichtsgesetz; neugefasst durch Bek. v. 11.12.1974 (BGBl. I 3427); zuletzt geändert durch Art. 1 Gesetz v. 08.07.2008 (BGBl. I 1212)

JK .... Jura-Rechtsprechungskartei (Beilage der Zeitschrift Jura)

JOECKS StK .... Wolfgang JOECKS, Strafgesetzbuch, Studienkommentar, 7. Aufl. 2007

JR .... Juristische Rundschau

JuMoG .... Justizmodernisierungsgesetz

Jura .... Juristische Ausbildung

JuS .... Juristische Schulung

JuSchG .... Jugendschutzgesetz v. 23.07.2002 (BGBl. I 2730), zuletzt geändert durch Art. 1 des Gesetzes v. 24.06.2008 (BGBl. I S. 1075)

JW .... Juristische Wochenschrift

JZ .... Juristenzeitung

KG .... Kammergericht

KINDHÄUSER BT I,II .. Urs KINDHÄUSER, Lehrbuch des Strafrechts, Besonderer Teil I, Straftaten gegen Persönlichkeitsrechte, Staat und Gesellschaft, 3. Aufl. 2007; Besonderer Teil II, Straftaten gegen Vermögensrechte, 5. Aufl. 2008

KINDHÄUSER LPK .... Urs KINDHÄUSER, Strafgesetzbuch, Lehr- und Praxiskommentar, 3. Aufl. 2006

KK-OWiG-
BEARBEITER .... Karlsruher Kommentar zum Gesetz über Ordnungswidrigkeiten, 3. Aufl. 2006

KREY/HEINRICH
BT 1 .... Volker KREY/MANFRED HEINRICH, Strafrecht BT 1, Besonderer Teil ohne Vermögensdelikte, 13. Aufl. 2005

KREY/HELLMANN
BT 2 .... Volker KREY/Uwe HELLMANN, Strafrecht BT 2, Vermögensdelikte, 14. Aufl. 2005

Kriminalistik .... Kriminalistik, Zeitschrift für die gesamte kriminalistische Wissenschaft und Praxis

krit. .... kritisch(e/er)

KritV .... Kritische Vierteljahresschrift für Gesetzgebung und Rechtswissenschaft

KrW-/AbfG	Kreislaufwirtschafts- und Abfallgesetz v. 27.09.1994 (BGBl. I 2705), zuletzt geändert durch Art. 2 des Gesetzes v. 19.07.2007 (BGBl. I 1462)
KUG	Kunsturhebergesetz v. 09.01.1907 (RGBl. 7), zuletzt geändert durch Art. 3 § 31 des Gesetzes v. 16.02.2001 (BGBl. I 266)
KÜHL AT	Kristian KÜHL, Strafrecht Allgemeiner Teil, 6. Aufl. 2008
KÜPER BT	Wilfried KÜPER, Strafrecht BT, 7. Aufl. 2008
KWG	Kreditwesengesetz i.d.F. der Bek. v. 09.09.1998 (BGBl. I 2776), zuletzt geändert durch Art. 2 des Gesetzes v. 21.12.2007 (BGBl. I 3089)
KWKG	Kriegswaffen-Kontrollgesetz; neugefasst durch Bek. v. 22.10.1990 (BGBl. I 2506); zuletzt geändert durch Art. 24 der Verordnung v. 31.10.2006 (BGBl. I 2407)
L	JuS-Lernbogen Seitenangabe
LACKNER/KÜHL	Karl LACKNER / Kristian KÜHL, Strafgesetzbuch mit Erläuterungen, 26. Aufl. 2007
LBO	Landesbauordnung
LdR-BEARBEITER	Gerhard ULSAMER (Hrsg.), Lexikon des Rechts: Strafrecht, Strafverfahrensrecht, 2. Aufl. 1996
LFGB	Lebensmittel- und Futtermittelgesetzbuch i.d.F. der Bek. v. 26.04.2006 (BGBl. I 945), zuletzt geändert durch Art. 12 des Gesetzes v. 26.02.2008 (BGBl. I 215)
LG	Landgericht
LH	Lehrheft
Lit.	Literatur
LK-BEARBEITER	Leipziger Kommentar zum Strafgesetzbuch, 11. Aufl. 1992 ff. bzw. 12 Aufl. 2006 ff.
LPartG	Lebenspartnerschaftsgesetz v. 16.02.2001 (BGBl. I 266); zuletzt geändert durch Art. 2 des Gesetzes v. 21.12.2007 (BGBl. I 3189)
LR-BEARBEITER	Löwe-Rosenberg, Strafprozessordnung und Gerichtsverfassungsgesetz mit Nebengesetzen, 25. Aufl. 1999 ff.
LuftSiG	Luftsicherheitsgesetz v. 11.01.2005; zuletzt geändert durch Art. 9 a des Gesetzes v. 05.01.2007 (BGBl. I 2)
MAURACH/SCHROEDER/ MAIWALD BT 1, 2	Reinhart MAURACH (Begründer)/ Friedrich-Christian SCHROEDER / Manfred MAIWALD, Strafrecht BT, Teilband 1, 9. Aufl. 2003; Teilband 2, 9. Aufl. 2005
MarkenG	Markengesetz v. 25.10.1994 (BGBl. I 3082), zuletzt geändert durch Art. 4 Abs. 4 des Gesetzes v. 07.07.2008 (BGBl. I 1191)
MITSCH BT 2	Wolfgang MITSCH, Strafrecht BT 2 Vermögensdelikte (Kernbereich)/Teilband 1, 2. Aufl. 2002
m.w.N.	mit weiteren Nachweisen
m.W.v.	mit Wirkung vom

M/D-BEARBEITER .... Theodor MAUNZ/Günter DÜRIG, Grundgesetz-Kommentar (Loseblattausgabe, Stand 52. Lieferung)

MDR .... Monatsschrift für Deutsches Recht

MedR .... Medizinrecht

MMR .... MultiMedia und Recht

MMW .... Münchner Medizinische Wochenschrift

MschrKrim .... Monatsschrift für Kriminologie und Strafrechtsreform

MUT .... MUT - Forum für Kultur, Politik und Geschichte

Nied. .... Niederschriften über die Sitzungen der Großen Strafrechtskommission; 14 Bände, Bonn 1956-1960

NJ .... Neue Justiz

NJW .... Neue Juristische Wochenschrift

NK-BEARBEITER .... Nomos Kommentar zum Strafgesetzbuch, 2. Auflage 2004

Nr. .... Nummer(n)

NStE .... Neue Entscheidungssammlung für Strafrecht, Loseblattsammlung

NStZ .... Neue Zeitschrift für Strafrecht

NStZ-RR .... Neue Zeitschrift für Strafrecht - Rechtsprechungs-Report

NuR .... Natur und Recht

NVwZ .... Neue Zeitschrift für Verwaltungsrecht

NZS .... Neue Zeitschrift für Sozialrecht

NZV .... Neue Zeitschrift für Verkehrsrecht

NZWehrr .... Neue Zeitschrift für Wehrrecht

obj. .... objektiv(er)

ÖJZ .... Österreichische Juristen-Zeitung

o.g. .... obengenannt(e)

OGHSt .... Entscheidungen des Obersten Gerichtshofs für die Britische Zone in Strafsachen

OLG .... Oberlandesgericht

OLGSt .... Entscheidungen der Oberlandesgerichte zum Straf- und Strafverfahrensrecht

OLSHAUSEN StGB .... Justus VON OLSHAUSEN, Kommentar zum Strafgesetzbuch für das Deutsche Reich, Erster Band, 10. Aufl. 1916

OrdensG .... Gesetz über Titel, Orden und Ehrenzeichen v. 26.07.1957 in der im BGBl. III, Gliederungsnummer 1132-1, veröffentlichten bereinigten Fassung, zuletzt geändert durch Art. 10 des Gesetzes v. 19.02.2006 (BGBl. I 334)

OrgKG .... (1.) Gesetz zur Bekämpfung des illegalen Rauschgifthandels und anderer Erscheinungsformen der Organisierten Kriminalität v. 15.07.1992 (BGBl. I 1302)

OTTO AT .... Harro OTTO, Grundkurs Strafrecht, Allgemeine Strafrechtslehre, 7. Aufl. 2004

OTTO BT .... Harro OTTO, Grundkurs Strafrecht, Die einzelnen Delikte, 7. Aufl. 2005

OWiG .... Gesetz über Ordnungswidrigkeiten i.d.F. der Bek. v. 19.02.1987 (BGBl. I 602), zuletzt geändert durch Artikel 2 des Gesetzes v. 07.08.2007 (BGBl. I 1786)

PartG .... Parteiengesetz i.d.F. der Bek. v. 31.01.1994 (BGBl. I 149), zuletzt geändert durch Gesetz v. 22.12.2004 (BGBl. I 3673)

PatG .... Patentgesetz i.d.F. der Bek. v. 16.12.1980 (BGBl. 1981 I 1), zuletzt geändert durch Artikel 2 des Gesetzes v. 07.07.2008 (BGBl. I 1191).

PKS .... Bundeskriminalamt (Hrsg.), Polizeiliche Kriminalstatistik Bundesrepublik Deutschland

PostG .... Postgesetz v. 22.12.1997 (BGBl. I 3294); zuletzt geändert durch Art. 272 der Verordnung v. 31.10.2006 (BGBl. I 2407)

ProstG .... Prostitutionsgesetz v. 20.12.2001 (BGBl. I 3983)

PStG .... Personenstandsgesetz v. 03.11.1937 (RGBl. I 1146); Gesetz aufgehoben durch Art. 5 II des Gesetzes v. 19.02.2007 m.W.v. 01.01.2009

PUPPE AT-Rspr. 1, 2 ..... Ingeborg PUPPE, Strafrecht Allgemeiner Teil im Spiegel der Rechtsprechung, Band 1, 2002; Band 2, 2005

RDG .... Gesetz über außergerichtliche Rechtsdienstleistungen vom 12.12.2007 (BGBl. I 2840)

RDGEG .... Einführungsgesetz zum Rechtsdienstleistungsgesetz vom 12.12.2007 (BGBl. I 2846)

recht .... Informationen des Bundesministers der Justiz

Rechtstheorie .... Rechtstheorie, Zeitschrift für Logik, Methodenlehre, Kybernetik und Soziologie des Rechts

RegE. .... Regierungsentwurf

RENGIER BT I, II .... Rudolf RENGIER, Strafrecht, BT I, Vermögensdelikte, 10. Aufl. 2008; BT II, Delikte gegen die Person und die Allgemeinheit, 9. Aufl. 2008

ROXIN AT I, II .... Claus ROXIN, Strafrecht Allgemeiner Teil, Bd. I Grundlagen – Der Aufbau der Verbrechenslehre 3. Aufl. 1997, Bd. II Besondere Erscheinungsformen der Straftat, 2003

RG .... Reichsgericht

RGRspr .... Rechtsprechung des Reichsgerichts in Strafsachen (ältere Entscheidungssammlung)

RGSt .... Entscheidungen des Reichsgerichts in Strafsachen

RKG .... Entscheidungen des Reichskriegsgerichts

Rn. .... Randnummer(n)

ROW .... Recht in Ost und West

Rspr. .... Rechtsprechung

RStGB .... Reichsstrafgesetzbuch v. 15.05.1871 (RGBl. 127)

RuP .... Recht und Politik

RVG .... Gesetz über die Vergütung der Rechtsanwältinnen und Rechtsanwälte (Rechtsanwaltsvergütungsgesetz) v. 05.05.2004 (BGBl. I 718; 788), zuletzt geändert durch zuletzt geändert durch Art. 2 des Gesetzes v. 12.06.2008 (BGBl. I 1000)

S. .... Satz oder Seite

SchKG .... Schwangerschaftskonfliktgesetz v. 27.07.1992 (BGBl. I 1398), zuletzt geändert durch Art. 1 des Gesetzes v. 21.08.1995 (BGBl. I 1050)

Sch/Sch-BEARBEITER . Adolf SCHÖNKE / Horst SCHRÖDER (Begründer), Strafgesetzbuch, Kommentar, 27. Aufl. 2006

SchlHA .... Schleswig-Holsteinische Anzeigen

SCHMIDHÄUSER StB ...... Strafrecht Allgemeiner Teil. Studienbuch, unter Mitwirkung von Heiner Alwart, 2. Aufl. 1984

SCHWARZ .... Otto SCHWARZ, Strafgesetzbuch, Kommentar, 9. Auflage 1940

SchwarzArbG .... Schwarzarbeitsbekämpfungsgesetz v. 23.07.2004 (BGBl. I 1842), zuletzt geändert durch Art. 4a des Gesetzes v. 07.09.2007 (BGBl. I 2246)

SchwZStr .... Schweizerische Zeitschrift für Strafrecht

SeemannsG .... Seemannsgesetz v. 26.07.1957 (BGBl. II 713); zuletzt geändert durch Art. 324 der Verordnung v. 31.10.2006 (BGBl. I 2407)

SFHÄndG .... Schwangeren- und Familienhilfeänderungsgesetz v. 21.08.1995 (BGBl I 1050)

SFHG .... Schwangeren- und Familienhilfegesetz v. 27.07.1992 (BGBl. I 1398)

SGB .... Sozialgesetzbuch

SJZ .... Süddeutsche Juristenzeitung

SK-BEARBEITER .... Systematischer Kommentar zum Strafgesetzbuch, herausgegeben von RUDOLPHI u.a., AT 7.-8. Aufl. (Loseblattausgabe, Stand 114. Lieferung); BT 5.-7. Aufl. (Loseblattausgabe, Stand 68. Lieferung)

s.o. .... siehe oben

sog. .... sogenannt(en)

SoldG .... Gesetz über die Rechtsstellung der Soldaten; neugefasst durch Bek. v. 15.12.1995 (BGBl. I 1737)

SONNEN BT .... Bernd-Rüdeger SONNEN, Strafrecht Besonderer Teil, 2005

Sp. .... Spalte

StA .... Staatsanwaltschaft

StÄG .... Strafrechtsänderungsgesetz

StGB .... Strafgesetzbuch; neugefasst durch Bek. v. 13.11.1998 (BGBl. I 3322); zuletzt geändert durch Art. 6 des Gesetzes v. 08.04.2008 (BGBl. I 306)

StPO .... Strafprozessordnung; neugefasst durch Bek. v. 07.04.1987 (BGBl. I 1074, 1319); zuletzt geändert durch Art. 2 des Gesetzes v. 08.07.2008 (BGBl. I 1212)

StraFo .... Strafverteidiger Forum

StrafR .... Strafrecht

STRATENWERTH/ KUHLEN AT .... Günter STRATENWERTH / Lothar KUHLEN, Strafrecht Allgemeiner Teil I, 5. Aufl. 2007

StRK .... Steuer-Rechtsprechung in Karteikartenform

StrRG .... Strafrechtsreformgesetz

StV .... Strafverteidiger

StVG .... Straßenverkehrsgesetz; neugefasst durch Bek. v. 05.03.2003 (BGBl. I 310, ber. 919); zuletzt geändert durch Art. 5 des Gesetzes v. 08.04.2008 (BGBl. I 706)

StVO .... Straßenverkehrs-Ordnung v. 16.11.1970 (BGBl. I 1565, ber. 1971 I 38; zuletzt geändert durch die Verordnung v. 28.11.2007 (BGBl. I 2774)

StVollzG .... Strafvollzugsgesetz v. 16.03.1976; zuletzt geändert durch § 62 X des Gesetzes v. 17.06.2008 (BGBl. I 1010)

StVZO .... Straßenverkehrs-Zulassungs-Ordnung i.d.F. der Bek. v. 28.09.1988 (BGBl. I S. 1793), zuletzt geändert durch Art. 1 der Verordnung v. 26.05.2008 (BGBl. I S. 916)

s.u. .... siehe unten

subj. .... subjektiv(er)

TDG .... Teledienstegesetz v. 22.07.1997 (BGBl. I 1870); aufgehoben mit Wirkung v. 01.03.2007 durch Art. 5 Satz 2 des Gesetzes v. 26.02.2007 (BGBl. I 179, 251)

TierSchG .... Tierschutzgesetz; neugefasst durch Bek. v. 18.05.2006 (BGBl. I 1206, ber. 1313); zuletzt geändert durch das Gesetz v. 18.12.2007 (BGBl. I 3001)

TKG .... Telekommunikationsgesetz v. 22.06.2004 (BGBl. I 1190); zuletzt geändert durch Art. 2 des Gesetzes v. 21.12.2007 (BGBl. I 3198)

TMG .... Telemediengesetz v. 26.02.2007 (BGBl. I 179)

TPG .... Transplantationsgesetz v. 05.11.1997 (BGBl. I 2631); zuletzt geändert durch Art. 42 des Gesetzes v. 26.03.2007 (BGBl. I 378)

u.a. .... unter anderem, und andere

u.ä. .... und ähnliche

UPR .... Umwelt- und Planungsrecht

UStG .... Umsatzsteuergesetz i.d.F. der Bek. v. 21.02.2005 (BGBl. I 386), zuletzt geändert durch Art. 8 des Gesetzes v. 20.12.2007 (BGBl. I 3150)

u.U. .... unter Umständen

UWG .... Gesetz gegen den unlauteren Wettbewerb v. 03.07.2004 (BGBl. I 1414); zuletzt geändert durch Art. 5 des Gesetzes v. 21.12.2006 (BGBl. I 3367)

UZwG .... Gesetz über den unmittelbaren Zwang bei Ausübung öffentlicher Gewalt durch Vollzugsbeamte des Bundes v. 10.03.1961 (BGBl. I 165); zuletzt geändert durch Art. 28 der Verordnung v. 31.10.2006 (BGBl. I 2407)

v. .... vom, von

Var. .... Variante

Verf. ....Verfasser

VerkMitt ....Verkehrsrechtliche Mitteilungen

VersammlG ....Versammlungsgesetz; neugefasst durch Bek. v. 15.11.1978 (BGBl. I 1789); zuletzt geändert durch Art. 1 des Gesetzes v. 24.03.2005 (BGBl. I 969)

vgl. ....vergleiche

v. DANWITZ ....Klaus Stephan VON DANWITZ, Examens-Repetitorium Kriminologie, 2004

v. LISZT Lb ....Franz von LISZT, Lehrbuch des Deutschen Strafrechts, 14./15. Auflage 1905

Vorbem. ....Vorbemerkung(en)

VRS ....Verkehrsrechtssammlung

VStGB ....Völkerstrafgesetzbuch v. 26.06.2002 (BGBl. I 2254)

VVDStRL ....Veröffentlichungen der Vereinigung der Deutschen Staatsrechtslehrer

VwGO ....Verwaltungsgerichtsordnung; neugefasst durch Bek. v. 19.03.1991 (BGBl I 686); zuletzt geändert durch § 62 XI des Gesetzes v. 17.06.2008 (BGBl. I 1010)

VwVfG ....Verwaltungsverfahrensgesetz des Bundes; neugefasst durch Bek. v. 23.01.2003 (BGBl. I 102); zuletzt geändert durch Art. 4 VIII des Gesetzes v. 05.05.2004 (BGBl. I 718)

VwVG ....Verwaltungsvollstreckungsgesetz v. 27.04.1953 (BGBl. I 157); zuletzt geändert durch Art. 2 I des Gesetzes v. 17.12.1997 (BGBl. I 3039)

WaffG ....Waffengesetz v. 11.10.2002 (BGBl. I 3970); zuletzt geändert durch Art. 1 des Gesetzes v. 21.03.2008 (BGBl. I 426)

WAHRIG ....Renate WAHRIG-BURFEIND, Wahrig Deutsches Wörterbuch, 8.Aufl. 2006

WALTER Stilkunde ....Tonio WALTER, Kleine Stilkunde für Juristen, 2002

WELZEL Lb ....Hans WELZEL, Lehrbuch des deutschen Strafrechts, 11. Aufl. 1969

WESSELS/
BEULKE AT ....Johannes WESSELS / Werner BEULKE, Strafrecht AT, 37. Aufl. 2007

WESSELS/
HETTINGER BT 1 ....Johannes WESSELS / Michael HETTINGER, Strafrecht BT/1, Straftaten gegen Persönlichkeits- und Gemeinschaftswerte, 31. Aufl. 2007

WESSELS/
HILLENKAMP BT 2 .....Johannes WESSELS / Thomas HILLENKAMP, Strafrecht BT/2, Straftaten gegen Vermögenswerte, 30.. Aufl. 2007

WG ....Wechselgesetz v. 21.06.1933 (RGBl. I 399), zuletzt geändert durch Art. 156 des Gesetzes v. 19.04.2006 (BGBl. I 866)

WHG ....Wasserhaushaltsgesetz; neugefasst durch Bek. v. 19.08.2002 (BGBl. I 3245); zuletzt geändert durch Art. 2 des Gesetzes v. 10.05.2007 (BGBl. I 666)

WiB ....Woche im Bundestag

WiKG ....Gesetz zur Bekämpfung der Wirtschaftskriminalität; 1. WiKG v. 29.07.1976 (BGBl. I 2034); 2. WiKG v. 15.05.1986 (BGBl. I 721)

wistra .... Zeitschrift für Wirtschafts- und Steuerstrafrecht

WiStG .... Wirtschaftsstrafgesetz 1954 i.d.F. der Bek. v. 03.06.1975 (BGBl. I 1313), zuletzt geändert durch § 20 II des Gesetzes v. 09.04.2008 (BGBl. I 714)

WiVerw .... Wirtschaft und Verwaltung (Beilage zu Gewerbearchiv)

WpHG .... Wertpapierhandelsgesetz i.d.F. der Bek. v. 09.09.1998 (BGBl. I 2708), zuletzt geändert durch Art. 11 des Gesetzes v. 21.12.2007 (BGBl. I 3198)

WStG .... Wehrstrafgesetz; neugefasst durch Bek. v. 24.05.1974 (BGBl. I 1213); zuletzt geändert durch Art. 15 des Gesetzes v. 22.04.2005 (BGBl. I 1106)

z.B. .... zum Beispiel

ZDG .... Zivildienstgesetz; neugefasst durch Bek. v. 17.05.2005 (BGBl. I 1346); zuletzt geändert durch Art. 2 III des Gesetzes v. 16.05.2008 (BGBl. I 842)

ZfW .... Zeitschrift für Wasserrecht

ZGR .... Zeitschrift für Unternehmens- und Gesellschaftsrecht

ZIS .... Zeitschrift für Internationale Strafrechtsdogmatik (Online-Ausgabe)

zit. .... zitiert

ZPO .... Zivilprozessordnung; 05.12.2005 (BGBl. I 3202; ber. 2006 I 431); zuletzt geändert durch Art. 2Gesetz v. 26.03.2008 (BGBl. I 441)

ZRP .... Zeitschrift für Rechtspolitik

ZStR .... Schweizerische Zeitschrift für Strafrecht

ZStW .... Zeitschrift für die gesamte Strafrechtswissenschaft (zit. nach Band, Jahr und Seite)

z.T. .... zum Teil

zust. .... zustimmend

zutr. .... zutreffend

zz. .... zurzeit

Übersichten über den Prüfungsaufbau

Abbildungsverzeichnis

Wiederholungsfragen

Einführung

I. Die Inhalte

Die Gegenstände des Besonderen Teils des Strafrechts werden in den Lehrbüchern mehr oder weniger vollständig hinsichtlich der erörterten Einzelfragen, mehr oder weniger gründlich in der Dokumentation des Meinungsstandes bei kontroversen Fragen und mehr oder weniger anspruchsvoll in puncto Begründung der eigenen Position dargestellt. Dementsprechend streut ihr Umfang zwischen weniger als 700 und knapp 1300 Seiten, heute zumeist verteilt auf zwei Bände. Diese Unterschiede spiegeln zugleich die immanente Spannung wider, die jeder Autor eines solchen Werkes ausbalancieren muss: Als Wissenschaftler liegt ihm eine möglichst vollständige und differenzierte Darstellung der Materie am Herzen, als Hochschullehrer muss er dagegen stets im Auge behalten, welchen Lernaufwand er für das Strafrecht von den Studierenden erwarten kann. Und auch insoweit fehlt eine feste Größe, denn die äußeren Studienbedingungen und die Motivation der Beschäftigung mit dem Strafrecht sind verschieden.

Während des *Grundstudiums* fordert noch niemand die flächendeckende Kenntnis des Besonderen Teils des Strafrechts, ja nicht einmal des StGB. Vielmehr benötigt man lediglich Grundkenntnisse der wichtigsten Delikte. Aber selbst in *Fortgeschrittenenübung* und *Examen* muss niemand alles wissen. Spätestens seit der Reform der Juristenausbildung im Jahre 2003 haben zudem nahezu alle Prüfungsämter den Stoff deutlich reduziert. Die Staatsschutz- oder die Umweltdelikte beispielsweise gehören seither nicht mehr zu dem, was man im Detail erlernen muss. In solchen Randbereichen wird kein Wissen um Streitstände oder originäre Definitionen (wie etwa den Begriff des Abfalls in § 326 I) abverlangt. Die Anforderungen (soweit sie überhaupt im Einzelfall zum Gegenstand einer Prüfung gemacht werden) lauten hier: Der Student muss es verstehen, ein ihm anerkanntermaßen bis dahin fremdes Gesetz methodisch richtig anzuwenden. Nicht Ergebnisrichtigkeit, sondern saubere Subsumtion wird verlangt. Dazu genügt die anhand der bekannten Delikte exemplarisch erlernte Methodik: Wer die Auslegung und Anwendung gängiger Strafvorschriften beherrscht, wird sich mit diesem Rüstzeug auch im Unbekannten zurechtfinden und damit alles erbringen, was Prüfungen dort von ihm fordern.

II. Differenzierung des Textes nach Grund- und Vertiefungswissen sowie zusätzlichen Informationen

Die beschriebene Spannung zwischen wissenschaftlichem Anspruch, prüfungsbedingten Anforderungen und begrenzten, zudem individuell unterschiedlichen Lernressourcen der Studierenden soll in der vorliegenden Darstellung durch die *Differenzierung des Textes in drei Stufen* gelöst werden, die seine partielle Lektüre je nach aktuellem Lernbedürfnis gestatten.

Im Buch steht zunächst die Vermittlung des *Grundwissens* im Vordergrund. Dieses reicht für die erste Durcharbeitung des BT bei einem durchschnittlichen Anspruch an das Studium des Strafrechts und für die Leistungskontrollen für Anfänger bzw. die Zwischenprüfung aus. Äußerlich sind diese Textteile anhand ihres Drucks in normaler Schriftgröße (wie in diesem Absatz) zu erkennen. Es ist unvermeidlich, dass diese Ausführungen unter wissenschaftlichem Aspekt zum Teil zu undifferenziert sind und daher durch Vertiefungstexte nicht nur ergänzt, sondern gelegentlich auch problematisiert werden müssen. Dennoch ist es didaktisch sinnvoll, dem Anfänger zunächst einmal eine gewisse Basis zu vermitteln.

Daneben enthält bereits das Buch *Vertiefungswissen*, welches äußerlich durch den kleineren Druck (wie in diesem Absatz) auffällt. Es ist so konzipiert, dass damit die Anforderungen der Leistungskontrollen für Fortgeschrittene wie auch des Staatsexamens erfüllt werden können.

Weiteres *Vertiefungs- und Ergänzungswissen* bietet schließlich die mitgelieferte CD-ROM, auf die im Buch stets durch das auch hier am Rande stehende Zeichen deutlich hingewiesen wird. Diese Texte (im pdf-Format), zwischen einer und maximal zehn Seiten lang, vertiefen für die Examensvorbereitung einige Fragen, die bereits im Buch angerissen, dort aber aus Platzgründen nicht vollständig behandelt worden sind. Diese Teile mag der Anfänger und Fortgeschrittene zunächst überschlagen, sofern sie nicht im Einzelfall sein Studierinteresse geweckt haben. Daneben enthalten die CD-Texte (für alle Leser nach Bedarf nutzbar) unterschiedliche Dokumente (u.a. Auszüge aus Gesetzesmaterialien, Gerichtsentscheidungen, Übersichten), die aus Platzgründen nicht im Buchtext unterzubringen waren. Auch findet man zu den Übungsfällen zum Teil ausführlichere Lösungen, als im Buch abgedruckt werden können.

Durch die Abstufung der Inhalte kann der Leser die Darstellung abhängig von seinem Ausbildungsstand und seinen individuellen Ansprüchen unterschiedlich intensiv durcharbeiten. Das erleichtert die Benutzung im Fortgeschrittenenstadium und bei der Examensvorbereitung.

Auf der universitären Homepage des Autors sollen die Texte zudem durch Nachträge *aktualisiert* werden, wenn dies wegen Gesetzesänderungen, wichtiger Gerichtsentscheidungen oder wesentlicher Entwicklungen in der Literatur sachgerecht erscheint.

III. Lesen, Anwenden, Wiederholen

Das Verstehen der abstrakten Rechtssätze wird durch Beispiele und vor allem durch den aktiven Umgang mit den Rechtsnormen in der Anwendung auf Fälle wesentlich gefördert. Deshalb beinhaltet die Darstellung grundsätzlich folgende Elemente (aber unter Umständen in anderer Reihenfolge):

- Beschreibung des jeweiligen Kriminalitätsphänomens
- Erläuterung der einschlägigen rechtlichen Regelungen und ihres Zusammenhangs
- Darstellung der Tatbestände und bei kontroversen Fragen des Meinungsstandes sowie Begründung der eigenen Position. Wo dies sinnvoll erscheint, wird die Erläuterung im Text durch grafische Überblicke unterstützt;
- Veranschaulichung durch Beispiele;
- Vorgabe einer Aufgabe zur Bearbeitung durch den Leser;
- Hinweise zur Lösung der Aufgabe.

Selbstverständlich, aber leider nicht immer beachtet: Bei der Durcharbeitung eines Lehrbuchs muss stets der Gesetzestext zur Hand sein, denn jeder im Lehrbuch zitierte (unbekannte) Paragraph ist nachzulesen.

Eine leidvolle Erfahrung jeden Studiums ist das Phänomen des Vergessens. Dagegen hilft nur *Wiederholen* und *Anwenden*, nach Möglichkeit mit Hilfe der Rekonstruktion anhand von Erinnerungsresten. Um die Repetition zu unterstützen, enthält der Text nach den einzelnen Kapiteln Wiederholungsfragen mit Verweisungen auf die einschlägigen Stellen im Text. Aus aller Studienerfahrung ist bekannt, dass es einer nicht unerheblichen Disziplin bedarf, Aufgaben und Wiederholungsfragen auch tatsächlich durchzuarbeiten und nicht nur die Lösung zur Kenntnis zu nehmen. Wer diese Disziplin aufbringt, wird davon mit Sicherheit profitieren.

1. Abschnitt. Einführung in den Besonderen Teil des Strafrechts

I. Die Rolle des Besonderen Teils des Strafrechts

1 Der Besondere Teil des Strafrechts bezeichnet die Gesamtheit der (materiell-gesetzlichen) Vorschriften, die bestimmen, welche Strafe für welches abweichende Verhalten droht (*Strafbestimmungen*).

2 Der Besondere Teil des *Strafrechts* ist dabei nicht mit dem Besonderen Teil des *StGB* zu verwechseln. Das StGB stellt lediglich einen – im Allgemeinen Teil größeren, im Besonderen Teil kleineren – Ausschnitt aus dem Rechtsgebiet Strafrecht dar. Er vervollständigt sich erst mit den allgemeinen Lehren der Straftat, den gesetzlich nicht geregelten Rechtsfiguren und den Tatbeständen außerhalb des StGB zum gesamten materiellen Strafrecht.

Außerhalb des StGB enthalten eine Fülle weiterer Gesetze Strafbestimmungen, die z.T. von immenser praktischer Bedeutung sind. Dazu zählen vor allem das BtMG und das WaffG, aber auch das StVG (siehe § 21 StVG [Fahren ohne Fahrerlaubnis]), die Abgabenordnung (§ 370 AO [Steuerhinterziehung]), das Außenwirtschaftsgesetz (AWG), das Tierschutzgesetz (TierschG), das Versammlungsgesetz (VersammlG) und viele mehr. Sie werden traditionell als strafrechtliche Nebengesetze und in ihrer Gesamtheit als *Nebenstrafrecht* bezeichnet, ein angesichts ihrer forensischen Relevanz heute nicht mehr ganz glücklicher Begriff. Jedenfalls sind sie alle Gegenstand des Besonderen Teils des Strafrechts.

3 Wenn aus ihrem Kreis an dieser Stelle nur wenige, nämlich die praktisch wichtigsten Delikte zur Sprache kommen, so hat diese Beschränkung prüfungsrechtliche Gründe: Derartiges gehört nicht zum Pflichtfachstoff. Dessen Auswahl ist von Bundesland zu Bundesland unterschiedlich und folgt auch nicht immer didaktischen Erwägungen, geschweige denn den Erfordernissen der juristischen Berufspraxis. Zu dieser Kritik Ergänzendes auf CD 00-01.

4 Die Strafbestimmungen des Besonderen Teils enthalten die sog. *Sanktionsnormen*, die bestimmen, dass und welche Strafe für ein bestimmtes Verhalten zu verhängen ist. Darin erschöpft sich ihr Regelungsgehalt jedoch keineswegs. Denn notwendige Voraussetzung der von der Strafbestimmung angedrohten Bestrafung ist in einem Schuldstrafrecht, dass der Täter sich zuvor vorwerfbar falsch verhalten hat. Einen Vorwurf falschen Verhaltens kann man gegen ihn aber nur erheben, wenn zumindest zwei Voraussetzungen erfüllt sind:

- Das Täterverhalten gilt rechtlich verbindlich als falsch, als gesellschaftlich missbilligt und
- der Täter hätte anders handeln können.

Folglich muss er eine ihm intellektuell zugängliche Verhaltensanforderung missachtet haben. Eine solche Verhaltensanforderung (sie werden nach BINDING als *Verhaltensnormen* bezeichnet[1]) sucht man aber im Wortlaut der Straftatbestände erst einmal vergebens.

---

1 BINDING, Karl: Die Normen und ihre Übertretung, Bd. I, 4. Aufl. Leipzig 1922 (Neudruck Aalen 1965), S. 7, 45 ff.

Beispiel Die Bestimmung des § 212[2] (Totschlag) besagt: „Wer einen Menschen tötet ... wird als Totschläger ... bestraft." — Das Gebot „Du sollst nicht töten" enthält diese Bestimmung nicht, jedenfalls nicht ausdrücklich. Gleichwohl ist die Existenz eines solchen Gebotes Voraussetzung für die Existenz des § 212; ohne ein solches wäre er verfassungswidrig. Die Verhaltensnorm ist also notwendige Grundlage der Strafbestimmung.

Wer der Verhaltensnorm zuwiderhandelt, ohne eine entsprechende Befugnis zu besitzen, handelt pflicht- und damit rechtswidrig. Wo eine Verhaltensnorm außerhalb des Strafrechts existiert (wie z.B. in § 858 I BGB, der die Besitzentziehung als rechtswidrige, verbotene Eigenmacht kennzeichnet), könnte die Strafbestimmung als Sanktionsnorm theoretisch darauf Bezug nehmen. Das geschieht aber regelmäßig nicht; auch im Beispiel des § 248b (Unbefugter Gebrauch eines Fahrzeugs) findet sich kein Verweis auf den zitierten § 858 I BGB. Folglich muss man die Strafbestimmungen so verstehen, dass sie selbst die Verhaltensnorm enthalten. Indem sie für ein Verhalten Strafe androhen, untersagen sie sinngemäß dieses Verhalten, ohne das wörtlich zu tun. Im Beispiel des § 212 beinhaltet die Strafandrohung für den Totschläger also zugleich das Verbot des Totschlags. Die Strafvorschriften des Besonderen Teils enthalten somit gleichermaßen Unterlassungs- bzw. Handlungsanweisungen, wie sie deren Übertretung unter Strafe stellen. 5

Ob die Strafe im Einzelfall verwirkt ist, richtet sich zum einen danach, ob ein Verhalten zu der tatbestandlichen Handlungsbeschreibung „passt", es sich also bei der Subsumtion als (objektiv und subjektiv) *tatbestandsmäßig* herausstellt. Zum anderen bedarf es der Prüfung, ob das tatbestandliche Verbot im Einzelfall vielleicht wegen des Vorliegens einer Erlaubnisnorm (z.B. der Notwehr, § 32) für den Täter gar nicht zur Rechtspflicht erstarkt ist. Und schließlich ist selbst für den Fall, dass der Täter pflichtwidrig (= *rechtswidrig*) gehandelt hat zu fragen, ob ihm dies auch als Versagen vorzuwerfen ist (und er somit *schuldhaft* gehandelt hat), oder ob er vielleicht das Verbot gar nicht erkannt hat (Verbotsirrtum, § 17 S. 1) oder noch andere Gründe vorliegen, warum ihm wegen seines Verhaltens ausnahmsweise kein Vorwurf zu machen ist. 6

Diese beiden letztgenannten Prüfungsschritte gehören weitgehend zu dem Regelungsbereich des Allgemeinen Teils des Strafrechts, da sie in der Regel nicht tatbestandsspezifisch sind, sondern für alle Delikte gelten. Notwehr beispielsweise ist ebenso gegen einen Diebstahl wie gegen eine Körperverletzung möglich.

Dennoch beinhaltet auch der Besondere Teil Regelungen, die nach dem bisher Gesagten eigentlich Gegenstände des Allgemeinen Teils sein müssten, weil sie über die tatbestandliche Unrechtsbeschreibung hinausgehen. Sie finden sich überall dort, wo Rechtfertigungs-, schuld- oder strafausschließende Gründe nur spezifisch für einen oder eine Gruppe von Tatbeständen gelten sollen, also nicht verallgemeinerungsfähig sind. 7

Beispiel Die Wahrnehmung berechtigter Interessen (§ 193) ist als Rechtfertigungsgrund für die Beleidigungsdelikte konzipiert. Für andere Tatbestände sollte er ursprünglich nicht gelten. Zwar diskutiert man über seine vorsichtige Erweiterung,[3] jedoch ist eine Anwendung spätestens jenseits der Äußerungsdelikte ausgeschlossen

2 Paragraphen ohne weitere Bezeichnung sind solche des StGB.

3 Vgl. Albin ESER, Wahrnehmung berechtigter Interessen als allgemeiner Rechtfertigungsgrund, 1969, insb. S. 40 ff., dagegen ROXIN AT I § 18 Rn. 39.

und es kann z.B. kein Diebstahl durch Wahrnehmung berechtigter Interessen gerechtfertigt werden. Dazu sind ggf. andere Rechtfertigungsgründe heranzuziehen.

8 Solche begrenzt wirkenden, im Ergebnis die Strafbarkeit ausschließende Gründe gehören sinnvollerweise nicht in den Allgemeinen Teil. Dieser würde sonst aufgebläht und ginge seiner dogmatischen Abstraktionsleistung verlustig. Derartige Strafbarkeitseinschränkungen (im weitesten Sinne) sind daher ebenfalls Gegenstand des Besonderen Teils und werden üblicherweise (und so auch hier) als Inhalt desselben erörtert. Darüber hinaus wird natürlich auf Rechtfertigungs- oder Schuldausschließungsgründe hingewiesen, wenn es sich um Konstellationen handelt, die typischerweise bei einem bestimmten Tatbestand auftreten.

Beispiel Bei der Körperverletzung wird im Kontext des ärztlichen Heileingriffs auf Einwilligung und mutmaßliche Einwilligung hingewiesen, weil diese Rechtfertigungsgründe jedenfalls nach der Rspr. eine tragende Rolle bei der Beurteilung ärztlichen Verhaltens haben.

II. Systematik des Besonderen Teils des StGB und seine Darstellung

1. Aufbau des Besonderen Teils

9 **Aufgabe:** Die Systematik des StGB
Schauen Sie sich das Inhaltsverzeichnis des StGB an und versuchen Sie zu erkennen, nach welchen Gesichtspunkten der Gesetzgeber den Besonderen Teil gegliedert hat!

10 Die Frage nach der Systematik des Besonderen Teil des StGB ist schnell beantwortet: Es gibt sie nicht. Jedenfalls werden die vorhandenen Ordnungsgesichtspunkte weder strikt angewendet noch über den gesamten Besonderen Teil durchgehalten. Dieser gruppiert sich heute in *30 Abschnitte*. Jeder von diesen enthält zwar noch einigermaßen plausibel von ihrer Angriffsrichtung her zusammengehörige Delikte. Aber selbst diese Gruppierungen sind nicht etwa stringent an den betroffenen Interessen oder gar den Rechtsgütern[4] ausgerichtet.

11 Beispielsweise enthält der 27. Abschnitt, eigentlich „Sachbeschädigung" betitelt und von daher – scheinbar – klar umrissen, u.a. Delikte wie die Datenveränderung (§ 303a) oder die Zerstörung wichtiger Arbeitsmittel (§ 305a). Während es bei der Datenveränderung beileibe nicht um Sachen geht (Daten sind körperlos), steht bei § 305a nicht so sehr der Eigentums- bzw. Sachenschutz im Vordergrund, als die Einsatzfähigkeit von Versorgungsunternehmen, Polizei und Bundeswehr. Es geht dort also um Sicherheitsinteressen der Allgemeinheit und weniger um Individualrechte.

12 Dieser erste Mangel an System ist allerdings fast zwangsläufig. Zahlreiche Delikte sind eben nicht dem Schutz eines einzigen Rechtsguts verpflichtet (wie die Unterschlagung nach § 246, bei der es allein ums Eigentum geht). Vielmehr betreffen sie oft mehrere Güter zugleich. So werden beim Raub (§ 249) sowohl das Eigentum als auch die persönliche Freiheit angegriffen. Soll man nun den Raub als Eigentumsdelikt einordnen oder als Freiheitsdelikt? Soll die Entscheidung danach fallen, welches Gut stärker betroffen ist, und welches wäre das beim Raub? Der Gesetzgeber hat im 20. Abschnitt

4 Zum Begriff des Rechtsguts vgl. die Darstellung in Bd. I.

die Notlösung gewählt und ihm (sowie einigen verwandten Delikten) eine eigene Heimat zugewiesen.

Im Ergebnis läuft dies darauf hinaus, dass die Legalordnung sich gelegentlich weniger an der Ordnung der Rechtsgüter orientiert als an Erscheinungsformen der Kriminalität, also an *kriminalphänomenologischen Aspekten*. Allerdings ist auch das nicht konsequent durchgehalten worden. Klassische „Fehlgriffe“ findet man etwa in der Einordnung des Räuberischen Angriffs auf Kraftfahrer (§ 316a) bei den Verkehrsdelikten statt beim Raub oder in der Platzierung des Unerlaubten Entfernens vom Unfallort (§ 142) bei den Straftaten gegen die öffentliche Ordnung statt bei den Verkehrsdelikten. 13

Es kommt ein zweiter Mangel hinzu, und zwar bei der Anordnung der einzelnen Abschnitte zueinander. Das StGB stellt die Straftaten gegen staatliche und gesellschaftliche Interessen an die Spitze, während Individualinteressen erst ab dem 10. Abschnitt (Falsche Verdächtigung, §§ 164 f.) thematisiert werden (wobei allerdings die zwei folgenden Abschnitte wiederum primär Allgemeininteressen zum Gegenstand haben). Diese Reihenfolge hat historische Gründe, denn das StGB ist in seiner Ordnung im Besonderen Teil noch weitgehend dasjenige des Jahres 1871. 14

Seither hat es (im Unterschied zu den Strafrechtsreformen 1969/1975 hinsichtlich des Allgemeinen Teils) keine Gesamtrevision des Besonderen Teils gegeben, sondern lediglich partielle – manchmal umfangreichere, aber letztlich dennoch punktuelle – Eingriffe. Das letzte größere Änderungsgesetz dieser Art war das *6. StrRG.*[5] Es hat zahlreiche Tatbestände umgestaltet und ihre Strafrahmen verschoben, die Ordnung im Ganzen aber unangetastet gelassen. 15

Diese Voranstellung staatlicher und hoheitlicher Interessen widerspricht der heute anerkannten Sichtweise, die den Staat (bzw. seine Organe und Repräsentanten) nicht als Selbstzweck und höchstes Gut überhaupt, sondern nur als Mittel zur Gewährleistung einer freiheitlich-demokratischen Ordnung begreift. Ihr vornehmster Zweck ist, jedermann die bestmögliche Verwirklichung seiner Individualinteressen (d.h. ohne Beeinträchtigung der Rechte anderer) zu ermöglichen. Von daher wäre es an sich konsequenter, den elementaren Individualrechtsgüter, insbesondere dem Leben, Priorität einzuräumen. 16

Aber selbst die beschriebene Reihung von Allgemein- und Individualinteressen hält das Gesetz nicht durch. Denn mit den Wettbewerbs- (§§ 298 ff.), Umwelt- (§§ 324 ff.) oder Amtsdelikten (§§ 331 ff.) folgen auf die Straftaten gegen den Einzelnen an späterer Stelle erneut Straftatbestände, bei welchen es weniger um Individual- als um Allgemeininteressen geht. Auch ist die Ordnung innerhalb der Gruppierung der Delikte gegen Individualinteressen misslungen: Dass zwischen die schweren Straftaten gegen die sexuelle Selbstbestimmung (§§ 174-184c) und die Tötungsdelikte (§§ 211 ff.) die Abschnitte der Beleidigung und der Persönlichkeitsdelikte (§§ 201 ff.) mit ihren ausschließlich bagatellhaften Vergehen eingebettet sind, ist heute unter keinem systematischen Gesichtspunkt mehr nachzuvollziehen. 17

Zur Ehrenrettung des Gesetzgebers sei allerdings erwähnt, dass im Laufe der Jahre Deliktsgruppen komplett gestrichen wurden (u.a. der Zweikampf, §§ 201 ff. a.F.) und andere eingefügt werden mussten (z.B. die Straftaten gegen den persönlichen Lebens- und Geheimbereich, §§ 201 ff., die den durch die Streichung des Zweikampfs frei gewordenen Platz einnahmen, oder die Umweltdelikte). Zudem sind die Anschauungen über die Rechtsgüter auch historisch relativ: Bei den Sexualdelikten der §§ 174 ff. standen einst Moral und Sittlichkeit im Vordergrund, heute ist es die Selbstbestimmung. Die Ehre als Rechtsgut der Beleidigungsdelikte besaß 18

---

5 Vom 26.01.1998, BGBl I 164, 720.

früher einen viel höheren Stellenwert (man denke nur an das Wort von der Ehrenkränkung, die „nur mit Blut abgewaschen werden" kann). Von daher ist es verständlich, dass die Gliederung des Besonderen Teils des StGB heute wenig konsistent anmutet. Umso wünschenswerter wäre eine Gesamtreform.

2. Systematisierungsversuche

19 Die fehlende Systematik der Legalordnung erschwert es gelegentlich nicht nur, bei der Falllösung die richtigen Tatbestände im Gesetz aufzufinden. (vgl. dazu näher im Bd. III). Sie stellt auch die Lehre vor die Aufgabe, eine eigene Systematik zu finden, um sie ihrer Darstellung zu Grunde zu legen. Das bleibt keineswegs nur wissenschaftlicher Selbstzweck. Denn ohne eine solche Systematik wären Lehren und Lernen weitaus zeitaufwändiger und mühevoller, weil Zusammenhänge nicht aufgezeigt und Widersprüche nicht deutlich werden.

Üblicherweise orientieren sich die Lehrbücher zum Besonderen Teil an der Ordnung der Rechtsgüter und unterscheiden von daher zwischen Straftaten gegen die *Person*, gegen das *Vermögen* und gegen die *Allgemeinheit*.[6]

20 Mehrbändige Werke gliedern dabei durchaus verschieden, was auch redaktionelle Gründe haben mag und das Ziel verfolgt, möglichst gleichstarke Teilbände herauszugeben. Deshalb werden oft Delikte gegen die Person und die Allgemeinheit zusammen dargestellt und die Vermögensdelikte in einem eigenständigen Band untergebracht.[7] Systematisch strenger ist das Lehrbuch von MAURACH/SCHROEDER/MAIWALD, welches strikt zwischen Individual- und Allgemeininteressen differenziert. Auch bei der Reihenfolge geht mancher seinen eigenen Weg. So werden zwar üblicherweise die Delikte gegen die Persönlichkeit vorangestellt. Bei RENGIER aber ist es genau umgekehrt: Er beginnt mit den Vermögensdelikten, ohne dies näher zu rechtfertigen.

21 Dass eine solche Ordnung nach den durch die Tat betroffenen Rechtsgütern nicht immer systematisch spannungsfrei gelingen kann, wurde bereits am Beispiel des Raubes aufgezeigt (Rn. 12). Aber auch didaktisch erscheint sie nicht optimal. Denn wenn es der Lehre darum geht, insbesondere die Fähigkeit zur Anwendung des Rechts auf Lebenssachverhalte zu vermitteln, dann stellt sich die Frage, wie sinnvoll es ist, in Prüfung oder Realität typischerweise zusammen auftretende Delikte aus Gründen systematischer Strenge und Folgerichtigkeit strikt voneinander getrennt zu lehren.

22 In den weit überwiegenden Fallgestaltungen gehen etwa Urkundenfälschungen (die ja „zur Täuschung im Rechtsverkehr" erfolgen) mit Betrug(-sversuchen) einher. Die § 267 ff. werden aber üblicherweise als Delikte gegen Allgemeininteressen (nämlich den Rechtsverkehr) weit vom Vermögensdelikt des Betruges abgerückt. Vergleichbare prüfungstechnische Zusammenhänge bestehen zwischen Tötungsdelikten einschließlich der Aussetzung (§ 221) und der Unterlassenen Hilfeleistung: Liegen erstere als Unterlassensdelikte in Ermangelung einer Garantenstellung nicht vor, stellt sich sofort die Frage nach § 323c. Dieser wird aber als Delikt gegen die Allge-

---

6 So z.B. die Werke von KINDHÄUSER; KREY/HEINRICH BT 1 bzw. KREY/HELLMANN BT 2; WESSELS/HETTINGER BT 1 bzw. WESSELS/HILLENKAMP BT 2; MAURACH/SCHROEDER/MAIWALD.

7 So gehen etwa KINDHÄUSER; KÜPPER BT 1 bzw. MITSCH BT 2; RENGIER oder WESSELS/HETTINGER/HILLENKAMP vor.

meinheit zumeist erst sehr viel später vermittelt.[8] Damit geht zu Gunsten systematischer Ordnung der Blick für praktische Zusammenhänge verloren.

Damit soll keineswegs der (wissenschaftliche) Wert einer Systematik anhand der Güterwelt in Abrede genommen werden.[9] Eine rein lebenspraktisch orientierte Anordnung wäre auch kaum zielführend, weil Delikte wie z.B. die Körperverletzung im Kontext vieler Arten von Kriminalität eine Rolle spielen und daher nicht klar einordenbar wären. Der didaktisch gebotene Weg liegt wohl dazwischen: Einerseits erscheint eine grundsätzliche Orientierung anhand der betroffenen Interessen (und in der Reihenfolge der Wertigkeit der Rechtsgüter) notwendig. Andererseits sollten lebenspraktische und kriminologische Zusammenhänge keinesfalls bedingungslos der Ordnung nach Rechtsgütern geopfert werden. **23**

Die Darstellung in diesem Buch folgt daher nicht sklavisch der Ordnung anhand der Rechtsgüter. Sie gibt statt dessen überall dort didaktischen Bedürfnissen Raum, wo dies geboten erscheint. Deshalb verzichtet sie gerne auf den Anspruch, eine völlig neue systematische Ordnung zu finden oder die andernorts vertretenen zu widerlegen. Sie stellt stattdessen das Verständnis für Zusammenhänge und die Orientierung an der Kriminalität als Objekt jeder Strafrechtsanwendung stärker in den Vordergrund, als das üblicherweise geschieht. Daher mag es unter systematischen Aspekten auf den ersten Blick verwundern, wo beispielsweise die Unterlassene Hilfeleistung (nämlich bei den Tötungsdelikten), die Urkundenfälschung (unmittelbar nach dem Betrug) oder der Widerstand gegen Vollstreckungsbeamte (als Spezialfall der Nötigung) dargestellt werden. Die Einordnung eines Geschehens, seine möglichen alternativen Bewertungen und die Schaltstellen der Subsumtion treten dafür – so hoffe ich – umso deutlicher hervor und können desto leichter erlernt werden. **24**

---

8 In Lehrbüchern wie dem von MAURACH/SCHROEDER/MAIWALD sogar erst im zweiten Band, während sich die Tötungsdelikte zu Beginn des ersten Bandes finden.

9 Zu einer strikt an Rechtsgütern orientierten Systematik vgl. die Darstellung bei MAURACH/SCHROEDER/MAIWALD Einleitung Rn. 15-28.

2. Abschnitt. Straftaten gegen das Leben

1. Kapitel. Die Tötungsdelikte im Überblick

I. Strafrechtlicher Lebensschutz

1. Absolutheit des Lebensschutzes

25 Die Tötungsdelikte stehen wegen ihrer Bedeutung zu Recht am Anfang der meisten Darstellungen des Besonderen Teils. Das Rechtsgut „Leben" wird – obschon es vom GG nicht an die erste Stelle gerückt scheint[1] – vom Strafrecht als höchstes Rechtsgut angesehen. Sein Schutz ist absolut, d.h. das Leben wird uneingeschränkt und ohne Abstufungen gewährleistet, angefangen vom Menschwerden (dazu Rn. 56 ff.) bis zum Tode (Rn. 67 ff.). Es gibt also weder lebensunwertes Leben noch ein Leben, das – vielleicht wegen geistiger oder körperlicher Gebrechlichkeit – einen geringeren Schutz genießt.

26 Als Zeichen der Absolutheit des Lebensschutzes verzichtet der Staat seinerseits grundsätzlich auf jede Einschränkung des Lebensrechts. Die Todesstrafe ist seit 1949 abgeschafft (Art. 102 GG). Der in etlichen Länderpolizeigesetzen enthaltene *polizeiliche Todesschuss* (euphemistisch[2] gelegentlich als „finaler Rettungsschuss" betitelt) stellt dazu eine unrühmliche Ausnahme dar; er ist wegen des parallel bestehenden Notwehr- und Notstandsrechts überflüssig und eröffnet – wie jede Relativierung des Güterschutzes – die Gefahr des „Dammbruchs" durch Ausdehnung seines Anwendungsbereichs qua Auslegung und durch die Überschätzung seiner Reichweite durch den Beamten in der konkreten Entscheidungssituation.

Näheres zum polizeilichen Todesschuss und seinen Voraussetzungen auf CD 01-01.

2. Tötungsverbrechen als „die" klassische Schwerkriminalität

27 Die (insbesondere vorsätzlichen) Straftaten gegen das Leben stehen aber nicht nur aus Gründen des Rechtsgüterschutzes an herausgehobener Stelle. Die vorsätzliche Tötung war auch rechtsgeschichtlich das früheste Verbrechen, welches Sanktionen nach sich zog.[3] Erinnert sei nur an die bereits in der Bibel geschilderte Tötung (bzw. den Mord[4]) des *Abel* durch *Kain* und die darauf folgende Sanktion, die Verbannung und Ächtung *Kains*.[5]

---

1 Es taucht immerhin erst in Art. 2 II GG auf, nach Menschenwürde (Art. 1 I) und Persönlichkeitsfreiheit (Art. 2 I).

2 Euphemistisch = beschönigend.

3 Vgl. die nähere Darstellung bei MAURACH/SCHROEDER/MAIWALD § 2 Rn. 1-3.

4 Es ist jedenfalls diskutabel, *Kain* die Mordmerkmale der Heimtücke und der niedrigen Beweggründe zuzuschreiben.

5 Genesis 4, 8-16. Lediglich die Vertreibung aus dem Paradies stellte eine noch frühere Sanktion dar, die freilich für ein allein die Autorität Gottes missachtendes Verhalten ausgesprochen wurde und daher eine ausschließlich religiöse Qualität besitzt.

Die in jeder Beziehung herausragende Bedeutung der Tötungsverbrechen kommt ferner da- 28
durch zum Ausdruck, dass in der Bevölkerung zumindest unterschwellig Verbrechen und Tötung oft gleichgesetzt werden. Nicht umsonst gibt es kaum Kriminalromane oder -filme, die ohne eine Leiche auskommen. Ein Grund für das hohe emotionale und philosophische Interesse am Tötungsverbrechen selbst noch in unserer modernen Gesellschaft ist möglicherweise in dem krassen Gegensatz zwischen unserem Selbstverständnis als vernunftorientierte Wesen und der brutalen Wirklichkeit des klassischen Tötungsverbrechens zu finden. Ein anderer mag darin liegen, dass sich ehrlicherweise die meisten von uns extreme Situationen vorstellen können, in welchen sie selbst zur Tötung in der Lage wären. Und schließlich erfahren wir täglich in den zahllosen, stetig zunehmenden bewaffneten Konflikten und terroristischen Angriffen – medienwirksam aufbereitet und damit in ihrer Wirkung über die Maßen verstärkt – die Realität gewaltsamer Tötungen unschuldiger Opfer. So entsteht das Gefühl, Tötungen seien allgegenwärtige Erscheinungen.

3. Die Kriminalitätswirklichkeit

a) Vorsätzliche Tötungen

Im Gegensatz zu ihrer Stellung unter den Verbrechen und zur Einschätzung in der 29
Gesellschaft bleiben die Tötungsdelikte rechtstatsächlich eine Größe, die statistisch zu vernachlässigen ist. Laut Polizeilicher Kriminalstatistik (PKS) ereignen sich jährlich rund 1000-1200 vollendete vorsätzliche Tötungsdelikte und noch einmal rund doppelt so viele Versuchsfälle. Aktuelle und differenzierende Zahlen dazu auf CD 01-02.

Abbildung: Tötungsstraftaten als Gegenstand kriminalistischer und kriminologischer Forschung.

Allerdings vermag die PKS keine zuverlässigen Informationen über die Häufigkeit 30
einzelner Delikte, ja nicht einmal über die Kriminalitätsentwicklung im Ganzen zu liefern. Das hängt mit einer ganzen Reihe von Faktoren zusammen. Deren wichtigster ist, dass die PKS lediglich die als Tötungen erkannten Delikte zählt (das sog. Hellfeld), während die unerkannt gebliebenen Taten (das Dunkelfeld) verständlicherweise nur geschätzt werden können. Schätzungen des Dunkelfeldes gelangen zum *3- bis 10-fachen* der entdeckten Tötungsdelikte.

Das mag erst einmal verwundern, denn im Gegensatz etwa zur Leistungserschleichung durch 31
das sog. Schwarzfahren denkt man ja, eine Leiche müsse als solche doch auffallen. Tut sie auch, nur werden zahlreiche Tötungen ärztlicherseits als Fälle eines natürlichen Todes eingeordnet. Insbesondere dort, wo der Tod dem Hausarzt auf Grund der Krankenvorgeschichte (z.B. hoher Blutdruck, Alter, Asthma u.a.) nicht von vornherein verdächtig vorkommen muss, wird zumeist auf eine Obduktion, die vielleicht Klarheit bringen könnte, verzichtet. Gerade die vorsätzliche Tötung älterer Menschen mittels Ersticken mit Kissen oder gezielter Medikamenten-Überdosierung durch Angehörige, die eine Erbschaft oder auch nur den Wegfall der immensen Pflegelasten erhoffen, bleibt auf diese Weise vielfach unerkannt. Hinzu kommt, dass sich unter den unaufgeklärten Vermisstenfällen ein Anteil von Tötungsverbrechen verbergen dürfte, dessen Größe kaum zuverlässig einzuschätzen ist. Näheres zum üblichen Vorgehen bei Leichenfunden auf CD 01-03.

32 Weitere Gründe für die Unzuverlässigkeit der PKS – und zwar über den Bereich der Tötungsdelikte hinaus – hängen mit der Erhebung der Daten durch die Polizei zusammen. Die PKS kann daher nur eine grobe Veranschaulichung liefern. Die Bedeutung, die ihr insbesondere in der Politik und in den Medien zugemessen wird, ist deshalb in jeder Hinsicht unberechtigt. Sie liefert nicht einmal valide[6] Hinweise auf eine Steigerung oder einen Rückgang der Kriminalität. Zu den Gründen für die Unzuverlässigkeit der PKS Näheres auf CD 01-04.

33 Zur Verurteilung gelangen jährlich nur rund 700 vorsätzliche Tötungsverbrechen (§§ 211, 212, 216) einschließlich der Versuchsfälle. Angesichts der Unwägbarkeiten der PKS verwundert dieser „Schwund" allerdings nicht weiter. Genauere Zahlen zu den Verurteilungsziffern auf CD 01-05.

b) Fahrlässige Tötungen

34 Etwas häufiger als vorsätzliche finden sich fahrlässige Tötungen. Den Löwenanteil der jährlich rund 1.300 Verurteilungen bilden dabei Tötungen im Straßenverkehr (rund 75%). Näheres dazu auf CD 01-06.

35 Die Zahl tatsächlich begangener fahrlässiger Tötungen liegt (abgesehen vom Dunkelfeld) auch deswegen noch deutlich höher als die Zahl der Verurteilungen, weil von ihnen bereits ein nicht unbeträchtlicher Teil durch Staatsanwaltschaft oder Gericht eingestellt wird (§ 153a StPO). Die PKS liefert hierzu allerdings nur ansatzweise brauchbare Zahlen, weil sie die zahlreichen Tötungen im Straßenverkehr – wie übrigens alle Straßenverkehrsdelikte – nicht enthält.

II. Überblick über das System der Straftaten gegen das Leben

1. Fundstellen der Tötungsdelikte im Gesetz

36 Die Tötungsdelikte des StGB sind zum Teil im 16. Abschnitt „Straftaten gegen das Leben", den §§ 211-222, zusammengefasst. Allerdings finden sich darunter auch die Aussetzung (§ 221), die kein Tötungsdelikt, sondern ein Lebensgefährdungsdelikt ist, sowie die Vorschriften zum Schwangerschaftsabbruch (§§ 218 ff.), die nicht das Leben, sondern das werdende Leben schützen. Das Strafrecht differenziert hier sehr genau (dazu Rn. 56 ff.), weil Leben und werdendes Leben von ihm unterschiedlich intensiv geschützt werden. Auch außerhalb von Notwehr und Notstand darf in das *werdende* Leben unter bestimmten Voraussetzungen eingegriffen werden (dazu Rn. 358 ff.), in das Leben dagegen niemals.

37 Eine weitere Gruppe von den Tötungsdelikten ähnlichen Straftaten stellen die zahlreichen *Verbrechen mit Todesfolge* dar, z.B. die Körperverletzung mit Todesfolge (§ 227) oder der Raub mit Todesfolge (§ 251).[7] Sie sind dadurch charakterisiert, dass bei ihnen Angriffe auf andere Rechtsgüter im Vordergrund stehen und der Tod nur als – zumeist ungewollte – Folge der primär anders motivierten Tat eintritt. Aus diesem Grund stellen sie im eigentlichen Sinne auch keine Tötungsdelikte dar, sondern qualifizierte Körperverletzungen, Brandstiftungen usw. Es genügt bei ihnen in der Regel hinsichtlich der Todesfolge Fahrlässigkeit (§ 18); einige wenige Tatbestände

---

6 Valide = zuverlässig.

7 Vgl. die Auflistung in § 74 II GVG, dem Zuständigkeitskatalog für die Schwurgerichtskammer.

fordern mit der Leichtfertigkeit darüber hinausgehend eine gesteigerte Form der Fahrlässigkeit (z.B. der Raub mit Todesfolge).

Beispiel (Ein verhängnisvoller Faustschlag): Im Zuge eines heftigen Streites schlug der 22-jährige *Jochen T.* aufgebracht nach der langjährigen Haushälterin seiner Eltern, der 63-jährigen *Adelheid P.*, die ihm schwere Vorhaltungen wegen seinen Lebenswandels gemacht hatte. Unglücklicherweise stand *P.* vor einem geöffneten Fenster, welches sie zuvor geputzt hatte. Zudem hatte dieses Fenster sehr niedrige Fensterbänke. Durch die Schlagwirkung taumelte *P.* rückwärts, geriet gegen die Fensterbank und stürzte über diese aus dem 3. Obergeschoss auf den Bürgersteig. Infolge eines Genickbruches war sie sofort tot. — *Jochen T.* hatte niemals vor, *P.* zu töten. Auch hatte er in der Situation nicht daran gedacht, dass *P.* vor dem offenen Fenster stehend besonders gefährdet war. Er wollte ihr lediglich wehtun, um *P.* zum Schweigen zu bringen, weil er sich selbst in der verbalen Auseinandersetzung nicht mehr anders zu helfen wusste. Bei dieser Sachlage ist *T.* neben dem Körperverletzungsvorsatz lediglich sorgfaltswidriges Handeln anzulasten, was die tödlichen Folgen des Schlages anbelangt. Er hat deshalb das erfolgsqualifizierte Verbrechen der Körperverletzung mit Todesfolge nach § 227 StGB begangen.

Wegen der eigentlich völlig anderen Zielrichtung solcher erfolgsqualifizierten Delikte werden sie nicht an dieser Stelle, sondern im Kontext ihrer jeweiligen Grunddelikte eingehender behandelt.

Weitere Tötungsverbrechen enthält das *Völkerstrafgesetzbuch* (VStGB),[8] unter anderem den eigentlichen Völkermord (§ 6 VStGB), der bis Mitte 2002 in § 220a StGB[9] geregelt gewesen war. Allerdings ist nur § 6 I Nr. 1 VStGB ein Tötungsverbrechen, während die anderen Alternativen sonstige Schädigungen und Misshandlungen erfassen. Daneben sind (ebenso nur teilweise) Tötungsdelikte das Verbrechen gegen die Menschlichkeit (§ 7 I Nr. 1 VStGB) sowie die Kriegsverbrechen nach § 8 I Nr. 1, Nr. 7, IV, §§ 10 II, 11 II, 12 II VStGB.[10] **38**

Straftaten nach dem VStGB gehören im Pflichtfachbereich nicht zum Prüfungswissen. Bekannt sein muss nur die Existenz des VStGB und sein Regelungsgehalt in Grundzügen.

2. Das Verhältnis der Tötungsdelikte zueinander

Als Tötungsdelikte im eigentlichen Sinne sollen hier die Verbrechen und Vergehen bezeichnet werden, deren tatbestandlicher Erfolg ausschließlich aus der Tötung menschlichen Lebens besteht. Das schließt sämtliche erfolgsqualifizierten Delikte ebenso aus wie das Gefährdungsdelikt der Aussetzung und den Schwangerschaftsabbruch. Es verbleiben dann **39**

- der Totschlag (§§ 212, 213),
- der Mord (§ 211),
- die Tötung auf Verlangen (§ 216) und

---

8 Zu den Motiven und der Gesetzgebungsgeschichte Helmut SATZGER, Das neue Völkerstrafgesetzbuch – Eine kritische Würdigung, NStZ 2002, 125-132; Gerhard WERLE, Konturen eines deutschen Völkerstrafrechts JZ 2001, 885-895.

9 Aufgehoben durch das Einführungsgesetz zum VStGB vom 26.06.2002, BGBl I 2254.

10 Näher zu den einzelnen Tatbeständen WERLE (Fn. 8) JZ 2001, 892 ff.

- die fahrlässige Tötung (§ 222).

40 Sehr umstritten ist, wie sich diese Tatbestände zueinander verhalten: Während insbesondere im *Verhältnis von Mord zu Totschlag* das Schrifttum überwiegend die Auffassung vertritt, § 212 sei der Grundtatbestand der Tötungsdelikte und § 211 dazu eine Qualifikations-, § 216 aber eine Privilegierungsbestimmung,[11] nimmt die Rspr. an, es handele sich um selbstständige Delikte.[12] Dieser Streit ist, solange nur ein Täter handelt, akademischer Natur. Im Hinblick auf § 28 wird er jedoch ergebnisrelevant, sobald Teilnehmer vorhanden sind und Täter wie Teilnehmer in unterschiedlicher Weise Qualifikationsmerkmale des § 211 StGB verwirklichen. Zu solchen Konstellationen näher bei Rn. 238 f.

Der Streit soll an dieser Stelle (noch) nicht entschieden, sondern im Rahmen des § 211 erörtert werden (Rn. 231 ff.). Denn abgesehen von den erwähnten Besonderheiten bei der Teilnehmerstrafbarkeit ergibt sich ansonsten auch nach der Rspr. folgendes Bild, welches zur Klarstellung auch die Delikte mit Todesfolge enthält:

41 **Abbildung:** Das System der Tötungsdelikte (i.w.S.)

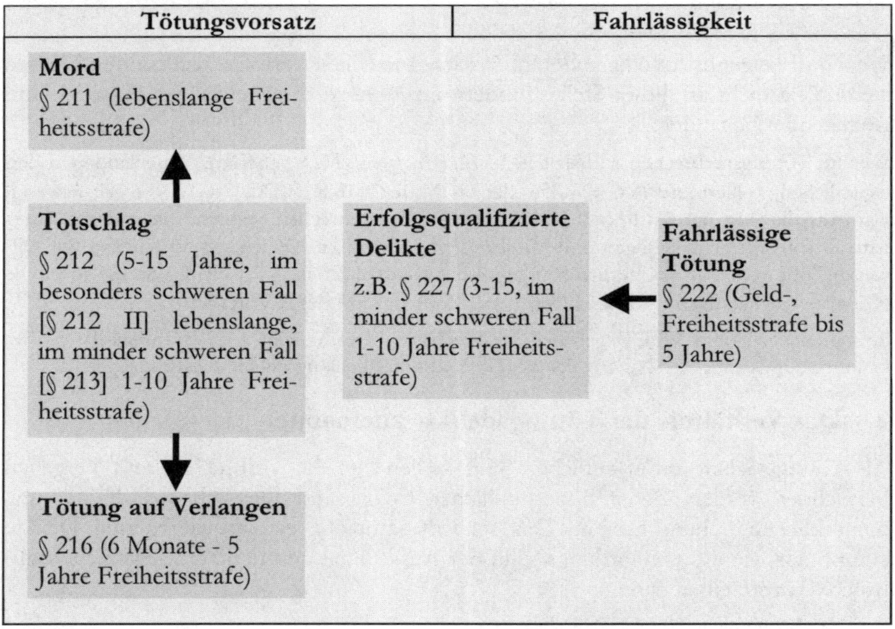

---

11 Arzt/Weber BT § 2 Rn. 26 ff., 40 ff.; Maurach/Schroeder/Maiwald § 2 Rn. 5; Wessels/Hettinger BT 1 Rn. 69 f.

12 Bislang ständige Rspr. seit BGHSt 1, 368 ff., zuletzt BGHSt 36, 231. Neuere Entscheidungen verwenden allerdings bereits das Wort „Qualifikation" (BGHSt 41, 8, 9; 41, 358, 362) und BGH NJW 2006, 1008 (1012 f.) äußert in einem obiter dictum große Zweifel an der bisherigen Linie der Rspr., so dass vermutlich eine Annäherung an die Literatur bevorsteht.

§ 213 stellt nach einhelliger Auffassung eine reine *Strafzumessungsregel* zu § 212 und 42
keinen Tatbestand dar. Die Tötung auf Verlangen dagegen bildet eine Privilegierung, der Mord eine (selbstständige oder unselbstständige) Qualifikationsbestimmung.

Fallen Privilegierung und Qualifikation zusammen, geht stets die Privilegierung vor.[13] Das Vorliegen eines Tötungsverlangens im Sinne von § 216 schließt daher die Annahme eines Mordes selbst dann aus, wenn die verlangte Tötung im Sinne des § 211 grausam ausgeführt würde.[14]

Die erfolgsqualifizierten Delikte nehmen eine Sonderstellung ein, weil bei ihnen der 43
Tod sowohl vorsätzlich als auch fahrlässig (z.B. § 227 i.V.m. § 18) bzw. leichtfertig (z.B. § 251) herbeigeführt werden kann. Im Verhältnis zur Fahrlässigen Tötung gehen die erfolgsqualifizierten Delikte als speziellere – und zudem mit höherer Strafdrohung versehene – Tatbestände vor. Gegenüber den vorsätzlichen Tötungsdelikten i.e.S. dagegen treten sie mit Ausnahme der Leichtfertigkeit verlangenden und mit hohen Mindeststrafen versehenen Tatbestände (wie z.B. § 251) zurück.

Bis zum 6. StrRG 1998 gab es unter den Vorsatztötungen mit der Kindestötung (§ 217) eine 44
weitere Privilegierungsvorschrift. Danach war die Tötung eines nichtehelichen Kindes durch die Mutter in oder gleich nach der Geburt mit Freiheitsstrafe nicht unter drei Jahren (statt nicht unter fünf Jahren Freiheitsstrafe beim Totschlag) bedroht. Hintergrund der Vorschrift war die außergewöhnliche psychische Situation in der Geburtssituation, die durch die Geburt eines – weil in früheren Zeiten mit einem sozialen Makel behaftet – nichtehelichen Kindes noch verstärkt war. Spätestens seit der prinzipiellen Gleichstellung ehelicher und nichtehelicher Kinder war die Vorschrift nicht mehr zeitgemäß; der besonderen Situation des Geburtsstresses kann genauso gut über § 213 („sonstiger" minder schwerer Fall) Rechnung getragen werden. Daher hat der Gesetzgeber sie zu Recht gestrichen.

Zur Entwicklung der Tötungsdelikte i.e.S. seit 1871 vgl. auf CD 01-07.

Bei den *Fahrlässigkeitsdelikten* hat der Gesetzgeber scheinbar nicht weiter differen- 45
ziert. Allerdings ist bei nur fahrlässiger Tötung stets an die bereits erwähnten erfolgsqualifizierten Delikte (z.B. Körperverletzung, Raub oder Vergewaltigung mit Todesfolge) zu denken. Sie gehen dem § 222 vor.

Hinweis zur Fallbearbeitung: Für den Prüfungsaufbau empfiehlt sich dem Anfänger 46
in jedem Fall, bei vorsätzlichen Tötungen mit § 212 zu beginnen, um anschließend etwaige Privilegierungen oder einen Mord zu erörtern. Bei fahrlässiger Tötung beginnt man im Falle eines ebenfalls ernsthaft in Betracht kommenden erfolgsqualifizierten Deliktes mit Todesfolge mit diesem. Liegt ein solches nämlich vor, wäre damit zugleich die Verwirklichung des § 222 festgestellt, der aber aufgrund Gesetzeseinheit nicht zur Anwendung kommt. Ein kurzer Hinweis genügt dazu dann i.d.R.

---

13 JESCHECK/WEIGEND AT, S.269, WESSELS/BEULKE AT Rn.113.

14 Vgl. Sch/Sch-ESER § 216 Rn. 2; ROXIN AT II § 33 Rn. 180.

2. Kapitel. Totschlag

I. Die Tatbestandsstruktur

1. Der Wortlaut des Tatbestands

47 Der Totschlag (§ 212 I) ist nicht nur das Grunddelikt der Tötungsverbrechen, sondern ein bemerkenswert einfach strukturiertes dazu. Man darf sich freilich durch den historisch überkommenen Wortlaut nicht verwirren lassen. Richtig gelesen lautet der Tatbestand: „Wer einen Menschen tötet, ... wird ... mit Freiheitsstrafe nicht unter fünf Jahren bestraft."

48 Die gedanklich eliminierten, heute inhaltsleeren Zusätze „ohne Mörder zu sein" und „als Totschläger" gehen auf die nationalsozialistische Rechtspolitik zurück, die bei der Neufassung der Tötungsverbrechen im Jahre 1941 versucht hatte, mit diesen Formulierungen die Abkehr vom Tat- zum Täterstrafrecht zu vollziehen.[1] Bezeichnend ist in diesem Zusammenhang auch der Wortlaut des zeitgleich geänderten § 211 I („Der Mörder wird...") bzw. von § 211 II („Mörder ist, wer..."). Das Gesetz sollte nicht mehr Tatvarianten beschreiben, sondern Tätertypen. Lehre und Praxis haben allerdings diese *Theorie des Tätertyps* nicht angenommen[2] und der Wortlaut der §§ 211, 212 stellt ihr einziges Relikt dar. Auch sie werden heute ausschließlich so gedeutet, dass sie Tatvarianten benennen.

Näheres zur Lehre vom Tätertyp auf CD 02-01.

49 Versteht man den Wortlaut von § 212 im obigen Sinne, so wird die Nähe zur fahrlässigen Tötung (§ 222) deutlich. Man braucht nur den Vorsatz durch die Fahrlässigkeitsmerkmale zu ersetzen, um von § 212 zu § 222 zu gelangen. Letzterer stellt also im Grunde das Fahrlässigkeits-Spiegelbild des Totschlags dar. Das macht verständlich, warum die fahrlässige Tötung kaum eigenständige Fragestellungen aufwirft, die nicht auf die AT-Problematik der Fahrlässigkeit als solche zurück zu führen sind.

2. Der unglückliche Begriff des Erfolgsdelikts und der Prüfungsaufbau des Totschlags

50 Der Totschlag verlangt allein die Tötung eines Menschen. Daher wird § 212 allgemein als Erfolgs- oder Verletzungsdelikt bezeichnet. Ist der Erfolg des Todes eingetreten, ist das Delikt vollendet. Als Erfolg im strafrechtlichen Sinn wird eine von der Handlung unterscheidbare Wirkung in der Außenwelt bzw. am tatbestandlich bezeichneten Handlungsobjekt (im Fall des § 212: dem Menschen) bezeichnet.[3]

51 Der so verstandene Begriff des Erfolges ist zwar in der Strafrechtsdogmatik gebräuchlich, aber gleichwohl befremdend, weil er im allgemeinen Verständnis jedenfalls heute als ein positiv bewertetes Resultat (im Gegensatz zum Misserfolg) verstanden wird. Die Folgen strafbaren Handelns werden aber nun gerade gesellschaftlich negativ bewertet; nur der Täter mag die Leiche zugleich für sich als „Erfolg" im umgangssprachlichen Sinne verbuchen. Diese Diskre-

---

1 MAURACH/SCHROEDER/MAIWALD § 2 Rn. 6, 22.

2 Vgl. Monika FROMMEL, Die Bedeutung der Tätertypenlehre bei der Entstehung des § 211 StGB im Jahre 1941, JZ 1980, 559-564.

3 Vgl. JESCHECK/WEIGEND S. 260; WESSELS/BEULKE Rn. 23.

panz zwischen dem Bedeutungsgehalt desselben Wortes im juristischen und im allgemeinen Sprachgebrauch macht deutlich, warum es dem juristisch unverbildeten Bürger oft schwer fällt, das Juristendeutsch zu verstehen. Wo irgend möglich, sollte man daher solch unglückliche (weil missverständliche) Begrifflichkeiten meiden.

Die Bezeichnung des Totschlags als Erfolgsdelikt ist zwar aus dogmatischer Sicht formal richtig, öffnet aber gleichwohl das Tor zu Missverständnissen. Denn die § 212 zu Grunde liegende Verhaltensnorm (Rn. 4) verbietet ja nicht den Tod als solchen, sondern die Handlung des Tötens. Erfolge (= Zustände) kann man nicht verbieten, sondern nur die sie bewirkenden menschlichen Handlungen. Folgerichtig heißt es im Tatbestand auch nicht: „der Tod eines Menschen wird bestraft", sondern: „wer einen Menschen *tötet*". Der Totschlagstatbestand enthält also ebenso ein Tätigkeitselement wie ein Erfolgserfordernis. 52

Abbildung: Prüfungsaufbau beim Totschlag 53

I. Tatbestand	1. objektiver Tatbestand - Mensch (Rn. 55 ff.) - Töten [einschl. Kausalität/obj. Zurechnung] (Rn. 67 ff.)
	2. subjektiver Tatbestand - Vorsatz (Rn.88 ff.)
II./III. Rechtswidrigkeit/Schuld	keine Besonderheiten
(IV.) Strafausschließung u.a.	ggf. Voraussetzungen des § 213 1. Alt. in obj. und subj. Hinsicht (Rn. 97 ff.)

II. Der objektive Tatbestand des Totschlags

Als die beiden einzigen Merkmale seines objektiven Tatbestands bezeichnet § 212 das Handlungsobjekt (Mensch) und die verbotene Tathandlung (das Töten). Beide Merkmale besitzen nur auf den ersten Blick eine unverkennbare Bedeutung. Tatsächlich ist weder von vornherein klar, wann das Menschsein beginnt (mit Zeugung, Einleitung oder Ende der Geburt?), noch wann der Tod eintritt (mit Herzstillstand, endgültigem Bewusstseinsverlust, Ende der Hirntätigkeit?). Beide Merkmale sind also keineswegs rein deskriptiv,[4] sondern durch Wertungen zu ergänzen; sie besitzen somit (wie im Prinzip alle Tatbestandsmerkmale) auch normative[5] Züge. 54

1. Mensch

a) Anderer Mensch

Zwar spricht § 212 nur von der Tötung „eines Menschen". Es besteht aber Einigkeit darüber, dass die Selbsttötung (ebenso wie die Beteiligung daran) straflos ist. Näheres zur durchaus diffizilen Problematik der Selbsttötung und ihrer Abgrenzung zur straf- 55

4 Deskriptiv = beschreibend.

5 Normativ = (eigentlich) maßgebend; hier: von Wertungen geprägt/abhängig.

baren Tötung auf Verlangen (§ 216) bei Rn. 244 ff. § 212 enthält daher das ungeschriebene Tatbestandsmerkmal der Tötung eines *anderen* Menschen.

b) Beginn des Menschseins

56 Wann im strafrechtlichen Sinne das Menschsein beginnt, ist deswegen von erheblicher Bedeutung, weil, wie die §§ 218 ff. zeigen, in der vorangehenden Phase Eingriffe in das Leben unter bestimmten Umständen straflos sind. Zudem droht § 218 eine deutlich geringere Strafe an als § 212.

Beispiel (Folgenschwere Misshandlung einer Schwangeren): *Werner N.* verdächtigte seine im 5. Monat schwangere Lebensgefährtin *Mariola L.*, eine Liebesbeziehung mit einem anderen Mann zu haben, wobei nach seiner Auffassung die Schwangerschaft deren Folge war. Im Verlaufe eines heftigen Streites um diese Frage geriet *Werner N.* im alkoholisierten Zustand immer mehr in Rage. Voller Hass gegen das ungeborene Kind trat er schließlich mehrfach mit schweren Straßenschuhen in den Unterleib von *L.*, um dieser „ihre Schwangerschaft schon auszutreiben", wie er dabei brüllte. Infolge der Tritte erlitt *L.* innere Blutungen und das ungeborene Kind verstarb noch im Mutterleib. Unmittelbar darauf kam es zu einer Fehlgeburt. — Wäre *Werner N.* wegen Totschlags (oder gar wegen Mordes aus niedrigen Beweggründen) an dem ungeborenen Kind strafbar, drohte ihm eine bis zu lebenslange Freiheitsstrafe. Würde man das ungeborene Kind dagegen noch nicht als „Mensch" im Sinne von § 212 ansehen, könnte *N.* nur wegen Schwangerschaftsabbruchs im besonders schweren Fall nach § 218 II Nr. 1 mit maximal fünf Jahren Freiheitsstrafe belegt werden.[6]

57 Dafür, dass im Beispielsfall noch kein „Mensch" getötet wurde, spricht bereits ein Plausibilitätsargument, welches sich schon angedeutet hat: Wäre es anders, begänne also das Leben z.B. mit der Zeugung oder der Nidation[7] der befruchteten Eizelle, dann wären die §§ 218 ff. überflüssig, weil bereits Totschlag und fahrlässige Tötung einschlägig wären.

58 Die – theoretisch mögliche – Konzeption, die §§ 212, 211 schon auf das noch ungeborene Leben anzuwenden, hat der Gesetzgeber indes aus guten Gründen verworfen. Vor allem wegen der zahlreichen Möglichkeiten, versehentlich eine Schwangerschaft abzubrechen (z.B. durch Stürze, durch körperliche Belastungen) erscheint es untunlich, das ungeborene Leben so weitgehend zu schützen. Denn wäre § 222 in dieser Phase bereits anwendbar, unterfielen zahlreiche Tätigkeiten, angefangen von der Arbeit im Haushalt, als potenziell für die Schwangerschaft gefährlich einem grundsätzlichen Handlungsverbot. Dieses wäre zwar durch die Figur des erlaubten Risikos[8] begrenzt. Andererseits geriete man damit in einen Bereich, in welchem variable Bewertungen, welches Risiko (noch oder nicht mehr) erlaubt ist, entscheiden. Der Schwangeren fiele es im Zweifel schwer, einzuschätzen, wo die Grenzen des ihr Erlaubten lägen. Ihre Freiheit wäre damit - wenigsten in ihrer subjektiven Wahrnehmung – über die Maßen eingeschränkt.

---

6 Dass wegen der Verletzung von L. noch ein Vergehen nach den §§ 223, 224 vorliegt, sei zunächst einmal ausgeklammert.

7 Nidation = Einnistung der befruchteten Eizelle in der Gebärmutter.

8 Dazu näher in Bd. I.

Zudem wäre die Strafdrohung des § 212 für die vorsätzliche Abtreibung angesichts der Konfliktsituation der Schwangeren viel zu hart. Also hat man das ungeborene Leben bewusst aus dem Bereich der eigentlichen Tötungsdelikte eliminiert und der Sonderregelung der §§ 218 ff. unterworfen, die nur seine vorsätzliche Abtötung unter (moderate) Strafe stellen.

Eindeutig gehört die (mittlere) Schwangerschaftsphase im Beispielsfall noch nicht 59
zum Schutzbereich der §§ 212, 222. Auf der anderen Seite muss jedenfalls nach „Vollendung der Geburt" von einem Menschen gesprochen werden, zumal § 1 BGB diesen Zeitpunkt als den Beginn der Rechtsfähigkeit des Menschen bezeichnet. Der Geburtsvorgang ist allerdings ein oft stunden-, manchmal sogar tagelanges Ereignis, was die Frage eröffnet, ob er noch insgesamt der Schwangerschaft zuzuordnen oder die Menschwerdung möglicherweise bereits auf einen vorherigen Zeitpunkt festzulegen ist.

Um diese Frage zu beantworten, hilft ein Blick in die Historie der Tötungsvorschriften, und 60
zwar auf die bereits erwähnte, 1998 durch das 6. StrRG aufgehobene Strafvorschrift der Kindstötung: Nach § 217 a.F. wurde eine Mutter, die „ihr nichteheliches Kind in oder gleich nach der Geburt tötet" bestraft. Durch die Formulierung wurde deutlich, dass der Geburtsvorgang selbst („in ... der Geburt") bereits zum Anwendungsfeld des § 217 und damit der Tötungsdelikte insgesamt gehört. Diese Auslegung kann fortgelten, weil sie durch die Aufhebung von § 217 nicht in Frage gestellt werden sollte.[9] Ob sie in der Sache sinnvoll ist, wäre eine andere Frage.

Herrschende Auffassung ist heute, dass das noch ungeborene Kind schon mit dem 61
Geburtsbeginn zum „Menschen" wird. Als Geburtsbeginn wiederum gilt der *Beginn der Eröffnungswehen*, also derjenigen Wehen, die zur Weitung des Muttermundes einsetzen und der Fruchtausstoßung vorangehen.[10] Die (unregelmäßigen) Vorwehen genügen noch nicht, zu Presswehen braucht es andererseits noch nicht gekommen zu sein. Beim Kaiserschnitt ist die Eröffnung des Uterus maßgebend.[11]

Zu alternativen Konzepten einer Abgrenzung zu ungeborenem Leben CD 02-02.

Aufgabe: Die unerkannte Schwangerschaft[12] 62
Dr. W. nahm am 17. Juni 1980 als Assistenzarzt an einer chirurgischen Universitätsklinik den für Feiertage eingerichteten ärztlichen Notfalldienst wahr. Gegen 15.00 Uhr wurde er in die Wohnung von *Janine H.* gerufen. Diese klagte über Krämpfe im Unterleib, hatte aber zur Zeit des Besuchs von *Dr. W.* eine schmerzfreie Phase. Nach Untersuchung ging er von einer Dysmenorrhöe[13] aus und vermerkte diese Diagnose in der Mitteilung über den ärztlichen Notfalldienst. Seine Vermutung, die Patientin sei schwanger, stellte er zurück, weil diese eine Schwangerschaft verneinte. Er gab ihr eine krampflösende, schmerzdämpfende Spritze (Buscopan). Er hielt es nicht für notwendig, eine gynäkologische Untersuchung

---

9 KÜPER BT S. 151; Sch/Sch-ESER vor § 211 Rn. 13; a.A. Tanja DRESCHER, Beginn des Menschseins i.S.d. §§ 211 ff. StGB nach Fortfall des § 217 StGB a.F., Frankfurt a.M. 2004, S. 53 ff., die zwar die Argumentation mit § 217 a.F. verwirft, aber i.E. zu keinem anderen Zeitpunkt gelangt.

10 Eingehend BGHSt 32, 194; ebenso die h.M. im Schrifttum, vgl. KÜPER BT S.150f.; MAURACH/SCHROEDER/MAIWALD BT 1 § 1 Rn. 8; ARZT/WEBER BT § 5 Rn. 89.

11 WESSELS/HETTINGER BT 1 Rn. 11; MAURACH/SCHROEDER/MAIWALD BT 1 § 1 Rn. 8.

12 Nach BGHSt 31, 348.

13 Dysmenorrhöe = Regelblutung mit kolikartigen Unterleibsschmerzen.

entweder sofort selbst vorzunehmen, um das Stadium der Schwangerschaft bestimmen zu können, oder durch einen Kollegen vornehmen zu lassen. Bei seinem Weggehen forderte er *Janine H.* auf, am nächsten Tag den Hausarzt zu rufen, falls ihre Beschwerden nicht nachlassen sollten. Davon, dass sie schwanger sein könne, sagte er nichts.
Bei den Krämpfen handelte es sich in Wirklichkeit um (Vor-)Wehen im 9. Schwangerschaftsmonat. Die Schwangerschaft war *H.* und ihrer Umgebung verborgen geblieben. Als die Wirkung der Spritze nachließ, steigerten sich die regelmäßig wiederkehrenden Schmerzen, so dass *H.* am 19. Juni 1980 gegen 12.00 Uhr die Vertreterin des Hausarztes, *Dr. S.*, holen ließ. Diese setzte die falsche wehenhemmende Medikation fort, weil sie sich ohne eigene Untersuchung auf die schriftlich niedergelegte Diagnose von *Dr. W.* verließ und daher die bestehende Schwangerschaft verkannte. In Wahrheit hatte *H.* jetzt jedoch bereits Eröffnungswehen. Am Morgen des 20. Juni 1980 gebar *Janine H.* ein totes Kind, das an den Folgen eines Sauerstoffmangels während überlanger Geburt innerhalb der letzten Stunden gestorben war.
Hätte *Dr. W.* nach seinem Besuch eine geburtshilfliche Betreuung veranlasst, wäre das Kind lebend zur Welt gekommen. Dasselbe gilt, falls *Dr. S.* die Schwangerschaft erkannt hätte.
Haben die beiden Ärzte Tötungsdelikte verwirklicht oder einen (straflosen) fahrlässigen Schwangerschaftsabbruch?

63 *Dr. W.* bleibt straflos, weil seine Handlung noch keinen Menschen betraf. Anders dagegen bei *Dr. S.*: Sie hat fahrlässig getötet. Ergänzende Lösungshinweise auf CD 02-03.

64 Entscheidend ist im Übrigen der Zeitpunkt, an welchem sich die Täterhandlung auf den Körper des Handlungsobjektes schädigend auszuwirken *beginnt*,[14] nicht der weitere Verlauf. Befindet sich das Kind zu dem danach maßgebenden Zeitpunkt noch nicht in der Geburt, handelt es sich allenfalls um einen Fall des § 218, nicht aber um ein Tötungsdelikt.

Beispiel (Die nur teilweise erfolgreiche Abtreibung): Die 27-jährige *Andrea G.* hatte ihre (ungewollte) Schwangerschaft erst sehr spät bemerkt. Mit Hilfe von Kräuteraufgüssen versuchte sie, im 6. Schwangerschaftsmonat einen Schwangerschaftsabbruch zu bewirken. Infolge der Kräutereinwirkungen kam es auch tatsächlich zur Einleitung einer Frühgeburt. Jedoch lebte das darauf allein zu Hause gesund geborene Kind noch und wäre im Prinzip bei entsprechender ärztlicher Intensivbetreuung auch überlebensfähig gewesen. *Andrea G.* selber war allerdings durch den Geburtsvorgang stark geschwächt, zeitweilig nicht bei Bewusstsein und konnte dem Kind daher weder helfen noch rechtzeitige Hilfe herbeiholen; das Kind starb auf Grund fehlender Versorgung nach einer halben Stunde. — Die (auch) zum Tode führende Frühgeburt war Folge der Kräuterwirkungen, die wiederum ihren schädigenden Einfluss zu einem Zeit ausübten, als das Kind noch nicht Mensch geworden war. Insoweit ist § 218 daher einschlägig. Nach Einleitung der Geburt wurde allerdings eine weitere Todesursache gesetzt, nämlich durch die Nichtversorgung des an sich rettungsfähigen (nunmehr auch im Sinne des § 212 menschlichen) Lebens. *Andrea G.* war zu diesem Zeitpunkt zwar als Mutter Garantin, indes auf Grund körperlicher Schwäche nicht in der Lage, die erforderlichen Rettungshandlungen vorzunehmen. Wegen Totschlags ist sie daher nicht strafbar.

---

14 BGHSt 31, 348 (352); Sch/Sch-ESER vor § 211 Rn. 15; FISCHER vor § 211 Rn. 4.

65 Liegen dagegen sowohl ein Schwangerschaftsabbruch als auch *nachfolgende Tötungshandlungen* vor (im Beispielsfall etwa, wenn *Andrea G.* das lebend geborene Kind dann entweder aktiv getötet oder in zurechenbarer Weise die ihr mögliche Rettung unterlassen hätte), käme es jedenfalls auch zur Verwirklichung von § 212. Denn dann würde eine (auch) kausale Tötungshandlung vorgenommen, deren schädigende Auswirkungen bereits auf einen „Menschen" träfe. Über das Verhältnis beider Delikte in einer solchen Konstellation vgl. Rn. 355.

66 Das Menschsein im Sinne von § 212 endet mit dem Tode. Dessen Eintritt (dazu sogleich Rn. 70 ff.) schließt die weitere Anwendung der Tötungsdelikte aus. Es kommen bei Einwirkungen auf die (dann) Leiche allenfalls noch eine Störung der Totenruhe (§ 168), Straftaten nach dem Transplantationsgesetz[15] (§§ 18 f. TPG) sowie – in Ausnahmefällen – Diebstahl oder Sachbeschädigung an der Leiche in Betracht (dazu Rn. 868).

2. Die Tötung: Ende des menschlichen Lebens

a) Der Todeszeitpunkt und die Transplantationsmedizin

67 Die genaue Festlegung des Todeszeitpunktes ist – wie die Frage nach dem Beginn des Menschseins – weniger für „normale" Tötungsfälle ein Problem. Sie gewinnt ihre Bedeutung vielmehr ebenfalls im Kontext medizinischer Randfragen, vor allem, wenn es um Sterbehilfe und um die – angesichts stetig verbesserter Transplantationstechniken immer wichtiger werdenden – Organentnahmen geht.

68 Organentnahmen am (noch lebenden) Patienten sind nur dann straflos, wenn dessen Einwilligung die recht engen Voraussetzungen des § 8 TPG erfüllt. Beispielsweise verlangt § 8 I Nr. 1 a) TPG die Volljährigkeit des Einwilligenden und § 8 III 1 TPG darüber hinaus seine Bereitschaft zur Inanspruchnahme ärztlicher Nachbetreuung. Gerade die für die Transplantationsmedizin interessanten, nicht rückbildbaren Organe (z.B. Nieren) dürfen zudem nur zur Verpflanzung in nächste Angehörige gespendet werden (§ 8 I 2 TPG). Liegen diese Voraussetzungen nicht vor, bleibt die Einwilligung zur Organentnahme unwirksam, selbst wenn eine entsprechende Einwilligung in eine „einfache" ärztliche Behandlung nach allgemeinen Einwilligungsregeln wirksam gewesen wäre.

69 Für Organentnahmen an Toten dagegen bedarf es nur einer (formfreien) Einwilligung des Verstorbenen zu Lebzeiten (§§ 3 I Nr. 1, 4 I TPG), z.B. in Gestalt eines Organspenderausweises. Beim Fehlen einer Erklärung des Verstorbenen genügt unter bestimmten Voraussetzungen sogar eine Einwilligung der nächsten Angehörigen (§ 4 I - III TPG). Dies macht deutlich, dass die Entnahme von Organen im Wesentlichen erst nach dem Todeseintritt möglich ist. Da zudem die medizinische „Brauchbarkeit" von Organen nach dem Tode schnell sinkt und verloren geht, also ein Bedarf an möglichst „frischen" Organen besteht, ist das ärztliche Interesse, eine frühzeitigen Todeszeitpunkt festzulegen, durchaus verständlich.

15 Gesetz über die Spende, Entnahme und Übertragung von Organen (Transplantationsgesetz) vom 05.11.1997, BGBl I 2631. Zur Einführung Erwin DEUTSCH, Das Transplantationsgesetz vom 5.11.1997, NJW 1998, 777-782; Heike JUNG, Organtransplantation im Licht der ethischen Herausforderungen, JZ 2004, 559-564.

Abbildung: Organspenderausweise

Näheres zur Einwilligung nach dem TPG im Rahmen der Behandlung der Körperverletzungsdelikte später auf CD 09-02.

b) Die alternativen Kriterien für den Zeitpunkt des Todes

70 Um den Zeitpunkt des Todes festzulegen, kommen theoretisch vier Anknüpfungszeitpunkte in Betracht:

- der Herzstillstand,
- das Ende jeden bewussten Lebens,
- der Hirntod oder
- das Absterben der letzten Körperzelle.

aa) Herztod

71 Wegen der Revisibilität des Herzstillstandes durch Wiederbelebungsmaßnahmen ist der Herztod heute nicht mehr endgültiger Natur. Sofern Reanimationsmaßnahmen innerhalb der ersten 4-10 Minuten nach dem Herzversagen die Herztätigkeit wieder in Gang bringen, kann der „Verstorbene" vielmehr wieder „zum Leben erweckt werden". Erst im Laufe der genannten Zeitspanne treten durch die Unterversorgung des Gehirns mit Sauerstoff nach und nach irreparable und am Ende ihrerseits tödliche (weil zum Ausfall der Steuerung der Körperfunktionen führende) Hirnschäden ein.

Da Tod im strafrechtlichen Sinne nur die *unumkehrbare Tötung* meinen kann (andernfalls wären die massiven Strafdrohungen der Tötungsdelikte unverhältnismäßig), ist der Zeitpunkt des Herzstillstands nicht derjenige des (endgültigen) Todes im Sinne von § 212.

bb) Hirntod

72 Die h.M. ist daher längst zum Hirntod-Kriterium gewechselt.[16] Der Hirntod wird als der irreversible und *totale Funktionsausfall des Gehirns* definiert.[17] Etwas konkreter lautet die Legaldefinition in § 3 II Nr. 2 TPG, wonach der Hirntod „der endgültige,

---

16 MAURACH/SCHROEDER/MAIWALD § 1 Rn. 12; LACKNER/KÜHL vor § 211 Rn. 4; Sch/Sch-ESER vor § 211 Rn. 19, jeweils m.w.N.

17 Sch/Sch-ESER vor § 211 Rn. 19.

nicht behebbare Ausfall der Gesamtfunktion des Großhirns, des Kleinhirns und des Hirnstamms" ist.

Dass die Organentnahme gemäß § 3 II Nr. 2 TPG erst nach Feststellung des Hirntodes zulässig ist, bedeutet übrigens noch keine endgültige gesetzliche Anerkennung des Hirntodes als *dem* Tod.[18] Das TPG fixiert lediglich den Gehirntod als Voraussetzung für die Organentnahme, was aber theoretisch nicht hindert, sich im Rahmen der Tötungsdelikte auch auf frühere Zeitpunkte zu verständigen. Eine alternative Deutung eröffnet schon § 3 I Nr. 2 TPG, wenn dort unabhängig vom Hirntod zusätzlich die Feststellung des Todes gefordert wird, ohne dass klar würde, was nun wieder unter *diesem* Tod zu verstehen ist. **73**

cc) Tod als Ende aller Chance auf ein bewusstes Leben

Insbesondere DENCKER plädiert in Abweichung zur h.M. für die Möglichkeit eines früheren Todeszeitpunktes. Er sieht den Tod bereits dann eingetreten, wenn ein *unumkehrbarer Bewusstseinsverlust* auf Grund schwerer Hirnschädigung als Vorstufe des alsbaldigen Stillstands aller Hirntätigkeit vorliegt.[19] **74**

DENCKER führt als Begründung an, der Tod sei als das Abschneiden der Chance auf ein menschliches Leben zu verstehen. Derjenige, dem diese Chance vor dem Hirntod unwiderruflich abhanden komme, sei im Grunde bereits tot. Ein menschliches Leben sei ihm nicht mehr möglich. Sterben verlaufe, ähnlich der Geburt, als Prozess in einer Phase. Er vollende sich nicht an einem einzigen Punkt von einer Sekunde auf die nächste.[20] **75**

Diese Auffassung kann mit Blick auf das spezifisch Menschliche unseres Lebens eine gewisse Plausibilität für sich reklamieren. Auf der anderen Seite gerät sie in die Gefahr, der Differenzierung in lebenswertes und -unwertes Leben das Wort zu reden[21] (zu dieser Thematik auch Rn. 276 ff.). Zudem wird der entscheidende Vorteil des Hirntod-Kriteriums aufgegeben: Dessen Feststellung ist ein rein empirisch-medizinisches Problem, erfordert aber keine Wertungen, während DENCKERs Standpunkt zusätzlich die Berücksichtigung normativer (und damit potenziell offener) Aspekte sowie eine Prognose verlangt: Ist der Sterbeprozess *irreversibel* (Prognose)? Tritt der Tod *alsbald* ein (Wertung)? Angesichts der Sensibilität des Themas vor dem Hintergrund massiver medizinischer Interessen an einer möglichst frühzeitigen Feststellung des Todes zwecks Gewinnung von transplantationsfähigen Organen bleibt eine klare Grenzziehung zwischen Leben und Tod aber unabdingbar.[22] Daher erscheint die Orientierung der h.M. am Hirntod vorzugswürdig. **76**

---

18 LACKNER/KÜHL vor § 211 Rn. 4; missverständlich FISCHER vor § 211 Rn. 8; WESSELS/HETTINGER BT 1 Rn. 22; ARZT/WEBER BT § 2 Rn. 85.

19 Friedrich DENCKER, Zum Erfolg der Tötungsdelikte - Besprechung des BGH-Urteils vom 12. 2. 1992 - 3 StR 481/81, NStZ 1992, 311-315 (315).

20 DENCKER (Fn.19), NStZ 1992, 314.

21 Wolfgang MITSCH, Grundfälle zu den Tötungsdelikten, JuS 1995, 787-892 (790).

22 Jan C. JOERDEN, Tod schon bei „alsbaldigem" Eintritt des Hirntodes? - Anmerkungen zu einer These von Dencker, NStZ 1993, 268-271 (269); DERS. Menschenleben. Ethische Grund- und Grenzfragen des Medizinrechts, 2003, S. 190 f.

dd) Tod als der endgültige Ausfall aller Körperfunktionen

77 Ein noch späterer Todeszeitpunkt als der Eintritt des Hirntodes führte bei gewöhnlichen vorsätzlichen Tötungen zu einer sehr (und oft nicht sachgerecht) späten Tatvollendung. Dass der Körper trotz endgültigen Hirnausfalls noch agiert und reagiert, liefert zudem kein durchgreifendes Argument gegen das Hirntod-Konzept. Die Konsequenz einer solchen Auffassung müsste sein, auf das *Absterben der Körperzellen* (gar der letzten?) abzustellen. Damit würde aber zugleich jegliche Transplantationsmedizin verhindert, die auf lebendes Gewebe angewiesen ist. Abgesehen von diesem eher medizinisch-praktischen Argument ist darauf hinzuweisen, dass nach dem Ausfall des Gehirns dem „Restleben" des Körpers jegliche spezifisch menschliche Qualität abhanden gekommen ist. Die „lebende Hülle" ist vielmehr zu einer Art seelenloser Biomaschine ohne jedes Bewusstsein geworden.

Beispiel (Das Erlanger Baby): Am 05.10.1992 erlitt die 19-jährige *Marion P.* bei einem Pkw-Unfall schwerste Schädel-Hirn-Verletzungen. Die Untersuchungen in der Erlanger Universitätsklinik ergaben, dass *Marion P.* etwa in der 15. Woche schwanger war und dass der Fötus offenbar durch den Unfall keine Schäden erlitten hatte. Außerhalb des Mutterleibes wäre er allerdings noch nicht überlebensfähig gewesen. Am 08.10. wurden bei *P.* alle Anzeichen des Hirntodes festgestellt. Um das Leben des ungeborenen Kindes zu erhalten, wurde der Körper von *Marion P.* weiterhin intensivmedizinisch versorgt. Auf Grund der Beatmung blieben der Kreislauf und weitere Körperfunktionen stabil. Nach etwa 5-wöchiger problemloser Behandlung entwickelte der Körper von *P.* allerdings am 15.11. Fieber und Anzeichen einer Lungenentzündung. Wenige Stunden später entwickelten sich Wehen und das Kind wurde schließlich tot geboren. Trotz seiner körperlichen Tätigkeiten (Kreislauf, Versorgung des Fötus, Fieberentwicklung, Spontanausstoß des toten Kindes) handelte es sich bei dem Körper von *Marion P.* seit dem Hirntod drei Tage nach dem Unfall um einen Leichnam.

78 Ob es ethisch vertretbar ist, einen solchen Leichnam zu medizinischen Zwecken weiterhin am Funktionieren zu erhalten, mag man so oder so sehen. Strafrechtliche Bedeutung gewinnt die Behandlung im Beispielsfall allenfalls im Kontext von § 168. Im Hinblick auf das Leben des Fötus war das Vorgehen der Ärzte (das man schon kaum als „beschimpfenden Unfug" im Sinne des § 168 bezeichnen kann) aber jedenfalls unter Notstandsaspekten gerechtfertigt. Zur Frage, ob die Ärzte möglicherweise sogar bei Strafe zur Erhaltung des ungeborenen Lebens verpflichtet waren, auf CD 02-04.

c) Die Feststellung des Todes

79 Resümierend bleibt festzustellen: Die h.M. hat mit der Festlegung auf den Hirntod eine zwar unter ethischen und philosophischen Gesichtspunkten nicht unanfechtbare Wahl getroffen; im Interesse der Klarheit und Rechtssicherheit ist der Hirntod allerdings derzeit der einzig ernsthaft in Betracht kommende Zeitpunkt des menschlichen Lebensendes.

80 Hat man sich erst einmal auf den Hirntod als maßgeblichen Todeszeitpunkt verständigt, ist die Feststellung des Todes dann nur noch ein rein medizinisches Problem. Da der Hirntod anders als ein Herzstillstand äußerlich visuell nicht erkennbar ist, bedarf es zu seiner Diagnose zuver-

lässiger Anzeichen bzw. Methoden. Dazu sind die *Hirntodkriterien* der Bundesärztekammer[23] heranzuziehen, die über die Richtlinien-Ermächtigung in § 16 I Nr. 1 TPG nunmehr auch als (straf-)rechtlich verbindlich anerkannt sind. Danach ist das Vorliegen bestimmter klinischer Symptome des Ausfalls der Hirnfunktion festzustellen (u.a. Bewusstlosigkeit, Lichtstarre der Pupillen, keinerlei Reflexe, Atemstillstand) und zusätzlich deren Irreversibilität nachzuweisen. Letzteres kann u.a. durch längerfristige Beobachtung (je nach Konstellation über 12-72 Stunden), durch ein mindestens halbstündiges Null-Linien-EEG oder durch den Nachweis des Ausfalls der Gehirndurchblutung belegt werden. Die Feststellungen müssen von zwei qualifizierten Ärzten unabhängig voneinander getroffen werden.

Aufgabe: Ein Motorradunfall mit schweren Hirnverletzungen 81

Der Auszubildende *Günther A.* war mit seinem Motorrad auf regennasser Straße in einer Kurve von der Fahrbahn abgekommen und gegen einen Baum geprallt. Dabei erlitt er u.a. einen Schädelbruch und schwere Blutungen im Hirnraum. Trotz recht schneller notärztlicher Betreuung und operativer Versorgung war er ins Koma verfallen. Kreislauf und Atemfunktionen bleiben in der Folge zunächst intakt, die Ernährung von *A.* erfolgte über eine Magensonde. Auf Grund der Schwere der Hirnverletzungen war es bereits zu diesem Zeitpunkt nach der medizinischen Prognose auszuschließen, dass *A.* jemals wieder kontrolliert denken oder gar sprechen bzw. sich sonst verständlich machen könnte, selbst wenn er, was nicht wahrscheinlich war, noch einmal aus dem Koma aufwachen sollte.

Zwei Monate später hatte sich *A.'s* Zustand weiter verschlechtert. Das EEG[24] wies dauerhaft eine sog. „Null-Linie" auf. Die Spontanatmung und der Kreislauf waren instabil und fielen zwei Tage später gänzlich aus. *A.* wurde künstlich beatmet und an eine Herz-Kreislauf-Maschine angeschlossen.

Zu welchem Zeitpunkt darf der behandelnde Arzt die Nieren von *Günther A.* entnehmen, um diese zum Zwecke der Lebensrettung bei einem anderen Patienten einzupflanzen und wie wäre er zu bestrafen, wenn er vorher handelte? Es ist davon auszugehen, dass bei *A.* infolge der Operation zur Entnahme der Nieren alle Körperfunktionen endgültig zum Erliegen kämen.

Eine Organentnahme war erst nach dem endgültigen Ausfall von Spontanatmung und Kreislauf möglich. Der EEG-Befund allein genügt hingegen noch nicht. Ergänzende Lösungshinweise auf CD 02-05. 82

d) Die Todesverursachung

aa) Lebensverkürzung als Töten

Töten ist das – wie auch immer erfolgende – kausale Verursachen des Todes. Grundsätzlich gilt dabei *jede Lebensverkürzung* als zurechenbare Tötung.[25] Eine Ausnahme wird man lediglich für Fallgestaltungen machen dürfen, in denen es allein um wenige Sekunden geht, die das Leben sonst länger gewährt hätte.[26] 83

---

23 DÄBl. 1998, A-1861; ebenso veröffentlicht unter www.bundesaerztekammer.de/30/Richtlinien/Richtidx/Hirntod.

24 EEG = Elektroenzephalogramm, eine elektronische Messung der Hirnstromaktivitäten.

25 LACKNER/KÜHL § 212 Rn. 2; Sch/Sch-ESER § 212 Rn. 3; BGHSt 21, 59 (61); BGH StV 1986, 59.

26 Vgl. den Fall BGHSt 11, 1 (5 f.): „nur Bruchteile einer Sekunde" wäre der Tod dort auch ohne die Pflichtwidrigkeit des Täters später eingetreten. Dies sah der BGH als irrelevant an.

84 Eine Mindermeinung bezweifelt vor allem bei ärztlicher Fehl- oder Nichtbehandlung, ob es sinnvoll sei, dem Kranken qua strafrechtlich sanktionierter Behandlungspflicht jede medizinisch realisierbare Lebensverlängerung zu garantieren, sei sie noch so klein und bedeute womöglich nur noch schmerzvolles Erleiden.[27] Statt dessen fordert sie eine nicht ganz unerhebliche Lebensverkürzung[28] bzw. das Abschneiden einer realistischen Genesungschance.[29]

In Wahrheit geht es diesen Auffassungen allerdings nicht darum, den strafrechtlichen Lebensschutz zeitlich zu begrenzen, sondern in qualitativer Hinsicht einzuschränken: Die Verlängerung eines sinnlos gewordenen Lebens soll nicht um jeden Preis mit den Mitteln des Strafrechts erzwungen werden. Darüber kann und muss man beim Thema der Sterbehilfe reden (vgl. näher Rn. 273 ff.). Lebensverkürzungen dürfen aber deshalb nicht pauschal erst ab einer gewissen Mindestdauer (zudem: Welcher?) als Tötungserfolg gelten. Denn das beeinträchtigte zugleich unnötigerweise den Strafrechtsschutz des gesunden Lebens.

bb) Kausalität der Handlung und Zurechnung des Todes

85 Ansonsten spielen an dieser Stelle vor allem Fragen des Allgemeinen Teils eine Rolle (Kausalität, objektive Zurechnung), die in Lehre und Prüfung freilich gerne am Beispiel der Tötungsdelikte demonstriert werden. Die Dogmatik des § 212 wird davon nicht berührt.

86 Eine solche Frage ist, ob in Fällen eines ohnehin unausweichlich bevorstehenden Todes der von ihm verursachte vorzeitige Todeserfolg (in voller Höhe) dem Täter zuzurechnen ist. Zwar gilt nach dem bisher Gesagten jede Lebensverkürzung als Tötung. Teilweise wird aber vertreten, wo der Tod bereits ursächlich angelegt sei und der Täter ihn lediglich beschleunige (oder durch eine Ersatzursache herbeiführe), sei zwar das Handlungsunrecht anzunehmen, aber kein volles Erfolgsunrecht vorhanden (mit der Folge eines Versuchs oder zumindest einer Strafmilderung).[30]

87 Realisiert sich die Lebensverkürzung erst in fernerer Zukunft, bleibt die Zurechnung als Tötung ebenfalls fragwürdig. Bei den dafür typischen Infektionen mit dem HIV-Virus hat die Rspr. bislang die Frage umgangen, weil ohnehin kein Tötungsvorsatz vorlag[31] (womit allerdings § 222 möglich würde). Um derart weit in der Zukunft liegende Erfolge auszublenden, wird teilweise vorgeschlagen, die Verjährungsvorschriften analog anzuwenden (und dabei auf die Handlung statt auf den Erfolg abzustellen).[32] Befriedigend ist das nicht. Denn dann müsste gleichermaßen der Minenleger straflos bleiben, dessen tödliche Falle zufällig erst nach langer Zeit zuschnappt.

---

27 So angedeutet bei Ingeborg PUPPE, Strafrechtliche Zurechnungsprobleme bei ärztlichen Aufklärungsfehlern, JR 1994, 515 (517); Wolfgang FRISCH, Tatbestandsmäßiges Verhalten und Zurechnung des Erfolges, Heidelberg 1988, S. 556 ff. (beschränkt auf den Fall verlöschenden Lebens).

28 KREY /HEINRICH BT 1 Rn. 7.

29 FRISCH (Fn.27) S. 559 f.

30 Vgl. dazu Arthur KAUFMANN, Die Bedeutung hypothetischer Erfolgsursachen im Strafrecht, FS Eberhard Schmidt S. 200-231 (223 ff.).

31 BGHSt 36, 1 (15); 262 (267).

32 LK-JÄHNKE § 212 Rn. 3, dagegen FISCHER § 212 Rn. 4.

III. Der subjektive Tatbestand

Totschlag lässt als gewöhnliches Vorsatzdelikt dolus eventualis genügen. Der Täter muss also zumindest die Möglichkeit erkennen, durch sein Verhalten einen Menschen zu töten, und dennoch unter Inkaufnahme des vielleicht tödlichen Verlaufes handeln. **88**

Unter dem Stichwort der *erhöhten Hemmschwelle* hat sich zum bedingten Vorsatz bei Tötungsdelikten eine spezifische Linie innerhalb der Rspr. herausgebildet.[33] Sie geht davon aus, wegen der überragenden Bedeutung des Rechtsgutes Leben in der Bevölkerung bestünde im Allgemeinen eine größere Tötungshemmung als gegenüber anderen, weniger bedeutsamen Rechtsgütern. Deshalb könne nicht allein aus der Gefährlichkeit der Tathandlung auf die Inkaufnahme des Tötungserfolges geschlossen werden. Das ist deshalb von Bedeutung, weil Angeklagte im Prozess selten exakt beschreiben (können), welche Ziele ihnen im Moment der Tötung des Gegenübers vorgeschwebt haben. Und wenn doch, so lassen sich die Angaben oft nur schwer in den Rechtsbegriffen der Inkaufnahme eines für möglich gehaltenen Erfolges wiederfinden. **89**

Beispiel (Messerstecherei unter Jugendlichen): Im Verlaufe eines eskalierenden Streites um die 16-jährige *Ayesha E.*, zu der sich beide hingezogen fühlen, zog der 17-jährige *Ali Ö.* ein Springmesser und stach damit mehrfach in den Bauch des 19-jährigen *Slavo P.* Dieser verstarb trotz schneller ärztlicher Hilfe an den durch den Messerstich hervorgerufenen starken inneren Blutungen in die Bauchhöhle. *Ali Ö.* behauptete in dem gegen ihn gerichteten Strafverfahrens wegen Totschlags, er sei zwar wütend auf *P.* gewesen, habe ihn aber nicht töten, sondern ihm nur eine Lehre erteilen wollen. Das ganze tue ihm leid, das habe er doch nicht gewollt! — Dass Messerstiche in den Bauchraum potenziell tödlich sind, ist allgemein bekannt; dies gilt in Ermangelung gegenteiliger Anhaltspunkte auch für *Ö.* Ein Sichabfinden mit der Todesfolge folgt im Beispielsfall eigentlich schon daraus, dass *Ö.* dennoch gehandelt und dabei nicht nur keinerlei Vorkehrungen getroffen (z.B. einen weniger gefährdeten Körperteil als Ziel gewählt), sondern trotz der Gefahr sogar mehrfach zugestochen hat. Wenn *Ö.* behauptet, der Verlauf habe seinem Willen nicht entsprochen, so mag das durchaus wahr sein. Ein „Wollen" des Todes verlangt der dolus eventualis aber bekanntlich auch gar nicht.

Welche Funktion hat nun noch die Rspr. zur erhöhten Hemmschwelle? Sie betrifft allein die Feststellung der soeben heraus gearbeiteten Inkaufnahme, also die Frage ihres *prozessualen Beweises*. Folglich werden in Wahrheit keine neuen Kriterien für den bedingten Vorsatz bei Tötungsdelikten aufgestellt, dieser also nicht anders definiert. Die Rspr. besagt lediglich, dass beim Schluss von einzelnen Indizien auf die Inkaufnahme des Todes eine größere Zurückhaltung angezeigt ist als dann, wenn es beispielsweise nur um einen Verletzungsvorsatz ginge. **90**

Zur Problematik des dolus eventualis vgl. ansonsten die ausführlichere Darstellung in Bd. I.

Die „Inkaufnahme des Erfolges" stellt sich ohnehin im Strafurteil zumeist als bloße normative Zuschreibung dar und nicht als etwas, was der Richter auf Grund seiner Erkenntnisse in der **91**

---

33 BGH StV 1984, 187; BGH NStZ 1999, 507. Kritische Darstellung bei Torsten VERREL, (Noch kein) Ende der Hemmschwellentheorie? NStZ 2004, 309-312.

Hauptverhandlung im Denken des Angeklagten zur Tatzeit empirisch nachweisen könnte. In der emotionsgeladenen Atmosphäre der Tatsituation haben die wenigsten Täter die Gelegenheit oder auch nur die Fähigkeit, sich darüber klar zu werden, dass ihr Verhalten unter Umständen den Tod des Angegriffenen zur Folge haben kann und ob sie diese Folge in Ansehung aller ihrer Konsequenzen in Gestalt der physischen Vernichtung des menschlichen Gegenübers „in Ordnung finden". Vielmehr entladen sich oft aufgestaute Affekte, oft wird eher reflexartig auf Handlungen des Gegenübers reagiert. Einlassungen nach der Tat wie im Beispielsfall stehen daher (ungeachtet der Möglichkeit schlicht erfundener Schutzbehauptungen) regelmäßig unter dem Vorbehalt, dass es sich um eine nachträgliche Rekonstruktion ihrer Befindlichkeit in der Tatsituation und um keine authentische Wiedergabe handelt. Dabei ist es nur zu verständlich, wenn sich die Täterpsyche dagegen wehrt, das Ungeheuerliche der nicht zu leugnenden Handlung auch noch als das Gebilligte oder gar Gewollte zu akzeptieren.

92 Wenn gleichwohl eine solche Zuschreibung des Eventualvorsatzes anhand des Handelns genügt, so beruht das auf der Einsicht, dass es andernfalls in den wenigsten Fällen noch zur Anwendung der Tötungsdelikte käme; ein kriminalpolitisch kaum vertretbares Ergebnis. Daher begnügt man sich letztlich mit dem Nachweis, dass der Täter das Gefährliche seiner konkreten Handlung in Ansehung seiner Wahrnehmungsfähigkeit und trotz der Situation erkannt haben muss. Sodann schließt man daraus auf seine Einstellung zur Tat und damit auf das voluntative Vorsatzelement. Dass das psychologisch nicht unanfechtbar ist, ist unausweichlich. Diese Widersprüchlichkeit bleibt unauflöslich. Sie lässt sich bestenfalls mit dem Argument verdecken, dass der Vorsatz ein Rechtsbegriff ist, welcher normativ zu bestimmen ist und daher auch von kriminalpolitischen Bedürfnissen abhängt.

IV. Die Rechtsfolgenseite

1. Der normale Strafrahmen

93 § 212 droht als Sanktion fünf bis fünfzehn Jahre Freiheitsstrafe an, wobei die Strafe für einen „normalen" Totschlag in der forensischen Realität nach meiner Erfahrung wohl mit etwa acht Jahren Freiheitsstrafe veranschlagt werden kann.

Die eingehende Schilderung einer typischen Totschlagsverurteilung und -bestrafung findet sich auf CD 02-06.

2. Der besonders schwere Fall nach § 212 II

94 Nach der *Strafzumessungsregel* des § 212 II ist in besonders schweren Fällen anstelle zeitiger Freiheitsstrafe auch die Verhängung einer lebenslangen Freiheitsstrafe möglich. Allerdings gibt die Bestimmung dem Richter keinerlei Hilfen an die Hand, wann er denn zum besonders schweren Fall kommen soll. Aus diesem Grund heißen derartige Regelungen ***unbenannte besonders schwere Fälle.*** Auf Grund der um sich greifenden Regelbeispielstechnik[34] sind sie mittlerweile allerdings seltener geworden.[35] Unbenannte minder schwere Fälle finden sich dagegen noch häufiger.[36]

---

34 Dazu näher Rn. 1080 ff.

35 Unbenannte besonders schwere Fälle sind im StGB ansonsten nur noch in den §§ 102 I, 106 III, 107 I, 108 I und 109e IV zu finden.

36 Z.B. die §§ 224 I, 225 IV, 239 V und viele andere mehr, u.a. auch der sogleich noch zu besprechende § 213.

Da der eigentliche besonders schwere Totschlag der Mord (§ 211) ist, fragt man sich, was für 95
Fälle § 212 II darüber hinaus noch meinen könnte. Jedenfalls kann es nicht um den „kleinen" Mord gehen, in dem beispielsweise niedrige Beweggründe zwar nahe lagen, aber letztlich nicht ganz erreicht werden.[37] Hier ist die Wertentscheidung des Gesetzgeber maßgebend, wonach nur die unzweifelhafte Bejahung der Mordmerkmale die lebenslange Freiheitsstrafe zu rechtfertigen vermag. Vielmehr kann es sich nur um andere als die in § 211 genannten Konstellationen handeln, die aber vom Schuldgehalt her so schwer wiegen, dass sie dennoch nur mit lebenslanger Freiheitsstrafe angemessen zu sanktionieren sind. In der Rspr. sind dazu z.B. eine hinrichtungsähnliche Tat[38] oder eine Mehrfachtötung[39] genannt worden.

Im Hinblick auf das Bestimmtheitsgebot (Art. 103 II GG), das sich auch auf die Rechtsfolgenseite erstreckt,[40] bestehen Bedenken an der Verfassungsmäßigkeit unbenannter besonders schwerer Fälle. Das gilt umso mehr, als durch die für sie angedrohte lebenslange Freiheitsstrafe geradezu ein Qualitätssprung auf der Rechtsfolgenseite eintritt. Das BVerfG hat § 212 II allerdings bislang als verfassungskonform eingestuft.[41] Dazu sowie zu denkbaren Modellen, § 212 II zu konkretisieren, siehe CD 02-07.

Als reine Strafzumessungsvorschrift ohne konkretisierende Merkmale braucht § 212 96
II in Klausur und Hausarbeiten nicht geprüft zu werden.

3. Der minder schwere Fall nach § 213

Relevanter – auch in Praxis und Examen – als § 212 II ist der minder schwere Fall 97
des Totschlags nach § 213. Er enthält als erste Alternative die schuldlose Tatprovokation, in seiner zweiten Alternative einen unbenannten besonders schweren Fall. Auch bei dieser Bestimmung handelt es sich um eine bloße Strafzumessungsvorschrift zu § 212 und nicht etwa um einen Privilegierungstatbestand. Das folgt schon aus dem Wortlaut der zweiten Alternative („...oder liegt *sonst* ein minder schwerer Fall vor") und ferner aus den einleitenden Worten („War der *Totschläger*...").

Auf Grund dieser Einstufung ist § 213 praktisch als ein Abs. 3 des § 212 zu lesen. Zugleich wird ein Rückgriff auf § 213 ausgeschlossen, sobald die Tötung wegen des Vorliegens eines Mordmerkmals zum Mord qualifiziert wird.[42]

Davon abweichend wollen MAURACH/SCHROEDER/MAIWALD die erste Alternative als 98
Privilegierungstatbestand mit Sperrwirkung auch gegenüber § 211 ansehen.[43] Das wäre bei isolierter Betrachtung zwar richtig, widerspricht indes dem Wortlaut der Bestimmung im Ganzen. Denn die erste Alternative wird durch das Wort „sonst" der zweiten Alternative gleichgestellt, die ihrerseits eindeutig nur eine Zumessungsbestimmung sein kann. Damit aber ist auch die erste Alternative durch das Gesetz selbst explizit als Zumessungsvorschrift charakterisiert,

37 Vgl. BGH StV 1981, 545; LG Berlin MDR 1967, 511.

38 BGH(H) MDR 1977, 638.

39 BGH StV 1981, 545.

40 Vgl. BVerfG NJW 2002, 1779 (Verfassungswidrigkeit der Vermögensstrafe wegen mangelnder Bestimmtheit der Rechtsfolge).

41 BVerfG JR 1979, 28 m. Anm. Hans-Jürgen BRUNS, Richterliche Rechtsfortbildung oder unzulässige Gesetzesänderung der Strafdrohung für Mord? - Eine Besprechung des Beschlusses des Großen Senats des BGH vom 19.5.1981 - GS St 1/81, JR 1981, 358-363.

42 Sch/Sch-ESER § 213 Rn. 3

43 MAURACH/SCHROEDER/MAIWALD BT 1 § 2 Rn. 55 m.w.N.

und zwar als ein benannter minder schwerer Fall. Das Gesamtkonstrukt nähert sich einer Strafzumessungsvorschrift mit Regelbeispiel an.

99 Die in § 213 explizit genannten Provokationsfälle durch Misshandlung oder schwere Beleidigung tragen dem Umstand Rechnung, dass der Täter in einer Art Affekt handelt, also im Zustand schwerer Erregung, in der seine Steuerungsfähigkeit beeinträchtigt sein kann. Strukturell handelt es sich um Fälle, die denen einer nach § 21 erheblichen Beeinträchtigung der Steuerungsfähigkeit auf Grund tiefgreifender Bewusstseinsstörung nahe stehen und mit diesen sogar zusammenfallen können.[44]

Der gemilderte Strafrahmen ist aber nur dann eröffnet, wenn die vorangehende Provokation „ohne eigene Schuld" des Täters geschah. „Schuld" meint in diesem Fall: ohne unmittelbare eigene Veranlassung. Denn es kommt weniger auf die Vorwerfbarkeit der Situation insgesamt als auf die unmittelbare Veranlassung der Reizung durch das Opfer an. Hatte der Täter zwar die Kränkung durch das Opfer „verschuldet", indem er beispielsweise ein bestimmtes Thema zur Sprache brachte, so bedeutet das noch nicht seinen Ausschluss von der Strafmilderung nach § 213, solange die Kränkung ihrerseits eine völlig überzogene, unangemessene Reaktion des Opfers war. Der Täter darf allerdings nicht in vorwerfbarer Weise zur Verschärfung der Situation beigetragen haben.[45]

100 „Auf der Stelle" bedeutet nicht zeitliche Unmittelbarkeit der Täterreaktion; es genügt, wenn die verursachte Erregung die Tat noch maßgebend motiviert hat.[46] Dieses Motivationserfordernis bedingt zugleich, dass der Täter die Umstände des § 213 auch in seinen Vorsatz aufgenommen, sie also erkannt hat.

Beispiel (Verschmähte Liebe):[47] *Gerhard B.* hatte eine mehrjährige Liebesbeziehung mit dem Tatopfer *Regina S.* gehabt, die ihn vor kurzem wegen ihres neuen Geliebten *Dr. G.* verlassen hatte. *B.* war aber weiterhin in *Regina S.* verliebt. Am Tattag kam es zu einer Unterredung zwischen beiden. *B.* musste zunächst geraume Zeit zuhören, wie *Regina S.* von ihrer Liebe zu *Dr. G.* schwärmte, mit dem sie derzeit liiert war. Schließlich fragte *B.* sie, ob sie *Dr. G.* denn so viel mehr liebe als ihn. Darauf antwortete *Regina S.*: „Ich habe eigentlich immer nur ihn geliebt, auch als ich mit Dir zusammen war. Du warst nur ein Übergang, ein Missverständnis." *B.* war durch diese Äußerung schockiert. Er empfand sie so, dass die letzten Jahre, die glücklichste Zeit seines Lebens, praktisch im Nachhinein ausgelöscht werden sollten. Sein Selbstwertgefühl war hierdurch schwer verletzt. Voller Erregung sprang er auf, um *Regina S.* in den Arm zu nehmen und ihr zu entgegnen, das sei doch nicht wahr. Sie wies ihn jedoch zurück und erklärte ihm, sie wolle jetzt keine Zärtlichkeiten mehr von ihm, er solle das doch verstehen. Die Erregung von *B.* steigerte sich jedoch weiter; er erinnerte sich an eine ebenfalls noch nicht verwundene Kränkung einige Zeit zuvor: Damals hatte *Regina S.* seine Abwesenheit ausgenutzt, um sich hinter seinem

---

44 Was dem Richter die Wahl des Strafrahmens eröffnet (entweder nach § 212 I mit Milderung nach den §§ 21, 49 I oder nach § 213), vgl. näher FISCHER § 213 Rn. 17-19 m.w.N. aus der Rspr.

45 BGHR § 213 1. Alt. Misshandlung 2.

46 BGH NStZ 1995, 83; BGH StV 1995, 23.

47 BGH StV 1990, 205.

Rücken mit *Dr. G.* zu treffen. Er versuchte, *Regina* gewaltsam in den Armen zu halten; sie versuchte, sich herauszudrehen. In dieser Situation fasste der leicht alkoholisierte und hochgradig erregte *B.* impulsiv den Entschluss, *Regina S.* zu töten. — Das Schwurgericht hatte *B.* wegen Totschlags nach § 212 I zu acht Jahren Freiheitsstrafe verurteilt. Die Voraussetzungen des § 213 verneinte es, weil *B.* „aus nichtigem Anlass" heraus gehandelt habe. Der BGH sah hingegen § 213 als gegeben an, weil eine schockierende, *B.* schwer verletzende Äußerung, verschärft noch durch die Erinnerung an eine ihm früher widerfahrene Kränkung, für den Entschluss zur Tötung bestimmend gewesen war.

Die Strafe nach § 213 beträgt seit dem 6. StrRG zwischen einem und zehn Jahren Freiheitsstrafe. Damit überlappen sich die Strafrahmen von § 212 I und § 213 im Bereich zwischen fünf und zehn Jahren. **101**

Vor dem 6. StrRG waren nur sechs Monate bis fünf Jahre Freiheitsstrafe angedroht, was eine zu gravierende Abstufung gegenüber dem Normalstrafrahmen des § 212 I bedeutete. Die Strafrahmenwahl gewann damit zum einen eine Bedeutung, die mit der Unbestimmtheit insbesondere der zweiten Alternative des § 213 nur schwer verträglich war. Zum anderen gab es gelegentlich Fälle, die mit der Höchststrafe von fünf Jahren trotz der Tatprovokation nicht hinlänglich zu ahnden waren. In ihrer derzeitigen Fassung erlaubt die Bestimmung dagegen in jedem denkbaren Fall eine angemessen hohe Bestrafung. Zugleich verhindert sie aber auch nicht die Verhängung von Bewährungsstrafen, wenn dies im Einzelfall auf Grund besonderes gravierender Milderungsgründe einmal sachgerecht ist. **102**

Hinweis zur Fallbearbeitung: Im Fallgutachten ist § 213 zu prüfen, aber nur hinsichtlich der benannten ersten Alternative. **103**

Wiederholungsfragen zum 1. und 2. Kapitel **104**

1. Welche Konsequenzen hat es, wenn dieselbe Tötung ein Mordmerkmal (z.B. Heimtücke) verwirklicht und auf Verlangen geschieht (§ 216)? (Rn. 42)
2. Ab wann ist man im Sinne des Strafrechts ein Mensch? (Rn. 61)
3. Wann gilt der Mensch als tot? (Rn. 72)
4. Was für eine Art von Bestimmung stellt § 213 dar? (Rn. 97)

3. Kapitel. Mord

I. Überblick

1. Die Kernprobleme des § 211

Mord (§ 211) ist in jeder Hinsicht der interessanteste und zugleich problematischste Tatbestand innerhalb der Tötungsdelikte, vielleicht sogar des gesamten StGB. § 211 II benennt enumerativ insgesamt neun unterschiedliche *Mordmerkmale*, die je für sich eine Tötung als so besonders verwerflich oder gefährlich kennzeichnen sollen, dass nur noch die lebenslange Freiheitsstrafe einen angemessenen Schuldausgleich zu bewirken vermag. **105**

Drei Diskussionsschwerpunkte lassen sich beim Mordtatbestand ausmachen; sie stehen in engem Zusammenhang und bedingen sich zum Teil gegenseitig:

- die absolute Strafdrohung,
- die Problematik von Reichweite und Auslegung einzelner Mordmerkmale,
- der Deliktscharakter: Ist § 211 eine Qualifikation des Totschlags oder ein delictum sui generis?[1]

Insbesondere die absolute Strafdrohung trägt einen Großteil der Verantwortung für die Schärfe der Auseinandersetzung um die tatbestandliche Fassung des § 211 (Rn. 111).

2. Geschichte des Mordparagraphen

106 § 211 geht in seiner heutigen Fassung auf das Gesetz vom 04.09.1941[2] zurück.[3] Zuvor war Mord im RStGB von 1871 als vorsätzliche, *mit Überlegung* ausgeführte Tötung beschrieben worden, der Totschlag dagegen als vorsätzliche Tötung ohne Überlegung. Diese rein psychisch orientierte Abschichtung einfacher und qualifizierter Tötungen hatte sich indes nicht bewährt. Denn das Merkmal der Überlegung erfasste bzw. schloss auch Tötungen aus, die unter Schuldaspekten gerade nicht bzw. doch als Mord eingeordnet werden sollten. So musste die aus Verzweiflung erfolgte Tötung des Familientyrannen durch den körperlich unterlegenen Sohn, begangen nach lang andauernden Gewissenskonflikten, als „überlegter" Mord angesehen werden. Umgekehrt konnte der spontan begangene Raub- oder Lust„mord" nur als Totschlag abgeurteilt werden.[4] Diese Unzulänglichkeiten bewogen – nach langer Kritik seitens der Wissenschaft – den Gesetzgeber, das psychische Moment der Überlegung durch einen Katalog objektiver und subjektiver Merkmale gesteigerten Unrechts (und dadurch gesteigerter Schuld) zu ersetzen. Dieser Katalog ist – obschon umstritten – bis heute unverändert geblieben. § 211 I spricht daher auch weiterhin von dem durch besagte Merkmale gekennzeichneten „Mörder" und verwendet damit die Terminologie der Tätertyplehre (dazu Rn. 48), die ansonsten heute ohne Bedeutung ist.

Lediglich die ursprünglich für Mord angedrohte Todesstrafe ist seit 1949 durch die lebenslange (zunächst Zuchthaus- und später Freiheits-) Strafe ersetzt worden. Diese war zuvor nach § 211 III a.F. nur für besondere Ausnahmefälle vorgesehen gewesen.

II. Die absolute Strafdrohung des § 211

107 Strafe für Mord ist die lebenslange Freiheitsstrafe. § 211 droht sie als mittlerweile einziges Delikt des StGB allein und ohne Alternativen an (sog. absolute Strafdrohung).

108 Absolute Strafdrohungen gibt es daneben noch beim Völkermord (§ 6 I Nr. 1 VStGB) sowie bei Verbrechen gegen die Menschlichkeit (§ 7 I Nr. 1 VStGB). Bei den übrigen Alternativen

---

1 Delictum sui generis = Delikt eigener Art, also ein selbstständiger Tatbestand.

2 RGBl. I 549.

3 Zur früheren Geschichte der Tötungsdelikte MAURACH/SCHROEDER/MAIWALD BT 1 § 2 Rn. 1-3.

4 Zur Rspr. des RG zum Überlegungsmerkmal Harro OTTO, Straftaten gegen das Leben, ZStW 83 (1971), 39-79 (52 ff.); Burkhard JÄHNKE, Über die gerechte Ahndung vorsätzlicher Tötung und über das Mordmerkmal der Überlegung, MDR 1980, 705-709 (707 f.).

des § 6 I VStGB bzw. bei § 7 I Nr. 2 VStGB ist zwar auch zunächst nur lebenslange Freiheitsstrafe angedroht. Jedoch bleibt für – unbenannte – minder schwere Fälle auch zeitige Strafe möglich (§§ 6 II, 7 II VStGB), so dass man bei diesen Tatbeständen nicht mehr von einer absoluten Strafdrohung sprechen kann.

Die frühzeitige Nennung der Strafdrohung in diesem Text ist der kaum zu leugnenden Tatsache geschuldet, dass die im Urteil fallende Entscheidung zwischen § 211 und § 212 für den Verurteilten einschneidende Auswirkungen auf Rechtsfolgenseite hat. Denn nach § 57a I Nr. 1 beträgt die Mindestverbüßungszeit bei lebenslanger Freiheitsstrafe fünfzehn Jahre (bzw. bei besonderer Schuldschwere noch länger). Demgegenüber kann ein Totschläger, der zu der „normalen" Strafe von acht Jahren verurteilt wurde, gemäß § 57 I Nr. 1 bereits nach fünf Jahren vier Monaten Verbüßungszeit entlassen werden. **109**

Weitere Voraussetzung für eine vorzeitige Entlassung aus dem Strafvollzug ist selbstverständlich stets das Bestehen einer positiven Kriminalprognose (§§ 57 I Nr. 2, 57a I Nr. 3). Droht hingegen ein Rückfall, wird die Strafe bis zu ihrem nominellen Ende vollstreckt. Der Totschläger wäre dann in obiger Beispielskonstellation nach acht Jahren zu entlassen, während der Mörder tatsächlich im Notfall sein restliches Leben im Vollzug verbringen müsste. Das allerdings kommt nur sehr selten vor. Allein aus biologischen Gründen entfällt im Regelfall spätestens im hohen Alter eine weitere Gefährlichkeit. Zu den verfassungsrechtlichen Problemen der lebenslangen Strafe vgl. BVerfGE 45, 187, sowie unten Rn. 114. **110**

Die gewaltigen Unterschiede auf der Rechtsfolgenebene stellen natürlich erhebliche Anforderungen an die „Treffsicherheit" der Mordmerkmale, wirklich nur die allerschwersten Tötungen zu erfassen. Genau hier allerdings versagen einige von ihnen. Sie tun dies entweder auf Grund ihrer Weite (so z.B. die Heimtücke) oder ihres ambivalenten Charakters. So ist das Vorliegen von Verdeckungsabsicht nämlich nicht stets ein Zeichen besonderer Verwerflichkeit. Der auf frischer Tat Ertappte, der den Hinzukommenden tötet, besitzt eine sehr gut nachvollziehbare, fast naheliegende Tötungsmotivation, die gerade keinen besonders schwerwiegenden Schuldvorwurf rechtfertigt. Das macht es verständlich, wenn um die Auslegung einzelner Mordmerkmale und um ihre rechtspolitische Berechtigung bis heute heftig gestritten wird.[5] Wäre an Stelle der absoluten Strafdrohung ein Strafrahmen eröffnet, nähme dies der Problematik ein Gutteil ihrer Schärfe. Denn dann könnten trotz Bejahung eines Mordmerkmals Unterschiede im Schuldgehalt bei der Strafbemessung ihren Niederschlag finden. Zu einer solchen Öffnung hat sich jedoch der Gesetzgeber bis heute nicht bewegen lassen. **111**

Anders die *polnische* Regelung: Für die besonders schweren Tötungen nach Art. 148 §§ 2, 3 KK beläuft sich die Strafdrohung auf nicht unter 12 Jahre,[6] 25 Jahre oder lebenslange Freiheitsstrafe. *Spanien* kennt nur die zeitige Freiheitsstrafe, eröffnet aber Strafrahmen bis zu 25 Jahren. In solchen Modellen steht dem Richter ein Katalog zwar schwerer, aber eben doch **112**

---

5 Zu Reformvorschlägen vgl. die zusammenfassenden Darstellungen bei Heinz MÜLLER-DIETZ, Mord, lebenslange Freiheitsstrafe und bedingte Entlassung, Jura 1983, 568-580 und 628-634 (628); Harro OTTO, Die Mordmerkmale in der höchstrichterlichen Rechtsprechung, Jura 1994, 141-152; ferner zuletzt Walter KARGL, Zum Grundtatbestand der Tötungsdelikte, JZ 2003, 1141-1148 (1147 f.).

6 Das heißt bis zur regulären Obergrenze zeitiger Strafen, die wie in Deutschland bei 15 Jahren verläuft.

abgestufter Strafen zur Verfügung, um graduellen Unterschieden im Schuldgehalt Rechnung zu tragen.

113 Der Vorteil eines Strafrahmens für Mord, der sich bis in den Bereich der hohen zeitigen Strafen hinein erstreckt, wäre auch, dass sich damit die Strafrahmen für Mord und Totschlag in Teilbereichen überlappten. Das bedeutete, ein schwerer Totschlag könnte mit einer höheren Strafe geahndet werden als ein „leichter" Mord. Die Bejahung oder Verneinung eines Mordmerkmals entschiede damit nicht mehr in letzter Instanz über die konkrete Höhe der Strafe. Ein solches Modell machte die in der Rspr. vielfach zu beobachtenden „dogmatischen Klimmzüge" entbehrlich, mit deren Hilfe im Einzelfall als ungerecht empfundene, aber zwingend an die Bejahung des § 211 geknüpfte lebenslange Strafen umgangen werden. Da solche (höchstrichterlichen) Judikate in ihren Auswirkungen nie auf den jeweiligen Einzelfall beschränkt bleiben, sondern die Auslegung auch in der Folgezeit beeinflussen, ist die Auslegung einzelner Mordmerkmale im Laufe der Zeit völlig unübersichtlich und z.T. geradezu absurd geworden. Das beste Beispiel dafür ist die Heimtücke.

114 Bis zur Einführung des § 57a im Jahre 1981[7] bedeutete die Verhängung einer lebenslangen Strafe tatsächlich von Rechts wegen eine lebenslange Verwahrung selbst des ungefährlichen Täters. Allein im Gnadenwege (also ohne Anspruch darauf!) bestand die Möglichkeit der vorzeitigen Beendigung des Vollzuges. Davon wurde zwar regelmäßig Gebrauch gemacht, aber in den einzelnen Bundesländern zu sehr unterschiedlichen Zeitpunkten.[8] Immerhin 7,3 % aller zu lebenslangen Strafen Verurteilten starben tatsächlich im Vollzug.[9] Diese Praxis hatte das BVerfG in seiner Entscheidung zur lebenslangen Freiheitsstrafe[10] als verfassungswidrig bezeichnet. Es sei mit der Menschenwürde unvereinbar, wenn der Gefangene keinerlei Zukunftsperspektive besitze. Immerhin erklärte das BVerfG die lebenslange Freiheitsstrafe als solche für verfassungsgemäß, solange sichergestellt sei, dass sie nur in den Fällen höchster Schuld und fortbestehender Gefährlichkeit auch wirklich lebenslang vollstreckt werde.

Seit der Einführung von § 57a im Gefolge der Entscheidung des BVerfG besteht immerhin im Regelfall die Möglichkeit, auch eine lebenslange Freiheitsstrafe nach Ablauf von 15 Jahren zur Bewährung auszusetzen, sofern der Täter ungefährlich ist. Allerdings steht die Mindestverbüßungszeit gemäß § 57a I Nr. 2 unter dem Vorbehalt des Fehlens besonderer Schuldschwere. Sie ist vom erkennenden Gericht im Urteil festzustellen.

115 Die *Schuldschwereklausel* in § 57a I Nr. 2 kann im Grunde als Zugeständnis zur Beruhigung diffuser Vergeltungsbedürfnisse gedeutet werden, die eine Verbüßungsdauer von „nur" 15 Jahren in manchen Mordfällen als unangemessen empfinden mögen. Dabei wird zumeist vergessen, dass 15 Jahre zum einen eine sehr lange Zeit im (aktiven!) Leben eines Menschen darstellen und zum anderen in den Fällen fortbestehender Gefährlichkeit die Strafe gleichwohl unbegrenzt weiter vollstreckt werden kann und muss.

---

7 20. StÄG, BGBl I 1329.

8 Von den 702 bis zum Jahre 1975 aus lebenslanger Haft Begnadigten waren zuvor 48 weniger als 10 Jahre und 27 mehr als 30 Jahre inhaftiert. Die Mehrzahl musste vor dem Gnadenerweis zwischen 15 und 25 Jahren verbüßen. Vgl. BVerfGE 45, 187 (204).

9 BVerfGE 45, 187 (204).

10 BVerfGE 45, 187.

Im Ergebnis läuft das Kriterium besonderer Schuldschwere zudem darauf hinaus, innerhalb des Mordes tatbestandlich erneut zu differenzieren, und zwar zwischen dem „normalen“ Mord und seinem „besonders schweren“ Fall.[11] Das ist in zweierlei Hinsicht bedenklich. Erstens ist das Merkmal der Schuldschwere völlig unbestimmt und damit weitgehend richterlicher Rechtsfortbildung überantwortet. Zweitens sagt selbst das Schwurgericht nicht, welche Mindestverbüßungszeit im Einzelfall gilt. Dies obliegt vielmehr der Strafvollstreckungskammer (StVK),[12] die erst im Verlaufe des Vollzugs vor Ablauf von 15 Jahren ein genaues Datum festzulegen hat.[13] Damit ist die zeitlich unbestimmte Strafe, die zuletzt aus dem Jugendrecht bekannt war,[14] in anderem Gewande wiedergekehrt. Der Verurteilte wird über lange Jahren in einer höchst unglücklichen Unklarheit über seine tatsächlichen Entlassungschancen gehalten. Denn die StVK mag am Ende auf eine Mindestverbüßungsdauer von 17 Jahren, aber vielleicht auch auf eine solche von 35 Jahren erkennen. Das aber erfährt der Verurteilte erst nach fast 15 langen Jahren quälender Ungewissheit!

III. Der Tatbestand

Der Mordtatbestand enthält neben dem schon aus § 212 bekannten Erfordernis der Tötung eines Menschen neun Mordmerkmale. Ist nur eines von ihnen verwirklicht, so genügt dies zur Anwendung von § 211. **116**

1. Überblick über die Mordmerkmale

Obschon die Mordmerkmale eine gesteigerte Schuld belegen sollen, handelt es sich um gewöhnliche teils objektive, teils subjektive Tatbestandsmerkmale des § 211. Dieser gliedert die Mordmerkmale in drei Gruppen: **117**

- *Erste Gruppe* (Motive): Tötungen aus niedrigen Beweggründen: Mordlust, Geschlechtstrieb, Habgier und sonst niedrige Beweggründe.
- *Zweite Gruppe* (objektive Handlungsmerkmale): Verwerfliche Tötungsarten: Heimtückische, grausame oder mit gemeingefährlichen Mitteln begangene Tötungen.
- *Dritte Gruppe* (Tötungszwecke): Tötungen zur Ermöglichung oder zur Verdekkung einer anderen Straftat.

Mit dem Tatbestandsaufbau passt diese Architektur des § 211 nicht recht zusammen. Die Merkmale der ersten und dritten Gruppe sind subjektive Merkmale und als solche im subjektiven Tatbestand zu prüfen. Dagegen gehören die Merkmale der zweiten Gruppe in den objektiven Tatbestand.

11 Kargl (Fn.5) JZ 2003, 1146.

12 Vgl. die §§ 462a, 454 StPO. Die StVK sind besondere Strafkammern des LG, vgl. § 78a GVG.

13 Fischer § 57a Rn. 14.

14 § 19 JGG a.F., aufgehoben 1990.

118 **Abbildung:** Systematik der Mordmerkmale

Objektive Mordmerkmale	Subjektive Mordmerkmale	
	Motive	Handlungszwecke
- Heimtücke - Grausamkeit - Verwendung gemeingefährlicher Mittel	- Mordlust - Befriedigung des Geschlechtstriebs - Habgier - sonstige niedrige Beweggründe	- Ermöglichung einer anderen Straftat - Verdeckung einer anderen Straftat

119 **Abbildung:** Prüfungsaufbau bei § 211

I. Tatbestand	1. objektiver Tatbestand - Mensch (Rn. 55 ff.) - Tötung [einschl. Kausalität/obj. Zurechnung] (Rn. 67 ff.) - ggf. Heimtücke (Rn. 121 ff.), Grausamkeit (Rn.176 ff.) oder gemeingefährliches Mittel (Rn. 188 ff.)
	2. subjektiver Tatbestand - Vorsatz bzgl. Tötung (Rn. 88 ff.) und ggf. bzgl. objektiver Mordmerkmale - ggf. Mordlust (Rn. 197 ff.), zur Befriedigung des Geschlechtstriebs (Rn. 198), Habgier (Rn. 199 ff.), Ermöglichungs- (Rn. 208 ff.), Verdeckungsabsicht (Rn. 212 ff.), niedrige Beweggründe (Rn. 220 ff.)
II./III. Rechtswidrigkeit/Schuld	keine Besonderheiten
(IV.) Strafausschließung u.a.	keine Besonderheiten

2. Der objektive Tatbestand: Die objektiven Mordmerkmale

120 Die objektiven Mordmerkmale der zweiten Gruppe (Heimtücke, Grausamkeit, Verwendung gemeingefährlicher Mittel) sind folglich als ganz normale objektive Tatbestandsmerkmale zu prüfen; selbstverständlich müssen sie dann auch vom Vorsatz umfasst sein. Der Täter muss beispielsweise wissen, dass durch die von ihm verwendeten (gemeingefährlichen) Mittel andere in Gefahr geraten können.

a) Heimtücke

aa) Gesteigerte Gefährlichkeit und Schuld

121 Heimtücke ist sowohl aus wissenschaftlicher Sicht das umstrittenste als auch das praktisch bedeutsamste Mordmerkmal. Es bezeichnet eine außerordentlich *gefährliche* Tötungsart, die es dem Opfer in besonderem Maße erschwert, sich gegen den Angriff des Täters zu wehren und sich vor ihm zu schützen.

Die Fundierung des Merkmals auf der Gefährlichkeit widerspricht nur auf den ersten Blick der oben dargestellten Prämisse, Mordmerkmale kennzeichneten eine *gesteigerte Schuld*. Die Wahl einer besonders gefährlichen Angriffsmethode schlägt auf die Schuldebene durch. Gemeint ist hierbei allerdings nicht die Schuld als dritte Ebene des Verbrechensbegriffs, sondern die Strafzumessungsschuld, wie sie § 46 zu Grunde liegt. Wenn der Täter in vorwerfbarer Weise dem Opfer jede Chance zur Gegenwehr nimmt, so rechtfertigt das einen in diesem Sinne gesteigerten Schuldvorwurf. Mit anderen Worten: Die Tötung als solche ist Grund genug für eine empfindliche Strafe. Sobald das Opfer aber durch die Tötungsmethode noch zusätzlich benachteiligt wird, rechtfertigt dies die Strafschärfung zu einer lebenslangen Freiheitsstrafe. Ein solcher erweiterter Schuldvorwurf setzt natürlich voraus, dass der Täter das Opfer auch anders (man ist versucht zu sagen: „fairer") umbringen könnte. **122**

bb) Überblick über die Heimtückedefinition

(1) Der Kern der Definition Einigkeit besteht darin, dass heimtückisches Vorgehen mindestens die Tötung unter *bewusster Ausnutzung der durch Arglosigkeit begründeten Wehrlosigkeit* verlangt. Diese Basisdefinition ist so etwas wie der kleinste gemeinsame Nenner im Streit um die Heimtücke. Dass es damit bereits sein Bewenden hat, wird heute allerdings nicht mehr vertreten. **123**

Beispiel (Eine klassisch heimtückische Vergiftung des Ehemannes[15]): *Johanna B.* wollte sich in den Besitz des Erbes ihres Ehemannes *Karl-Heinz B.* setzen und ihn zu diesem Zweck töten. Sie gab ihm als Nachtisch Speiseeis, das sie zuvor mit einem Unkrautvernichtungsmittel präpariert hatte. Der ahnungslose *Karl-Heinz B.* aß das Eis (welches er, hätte er Verdacht geschöpft, zurückgewiesen hätte). Infolge der Vergiftung erlitt er einen Kreislaufkollaps, konnte aber im Krankenhaus gerettet werden. Dies wiederholte sich mehrfach, bis schließlich die zu Grunde liegende Vergiftung auffiel. *Heinz B.* wurde gerettet und *Johanna B.* verhaftet. Das Schwurgericht verurteilte sie u.a. wegen versuchten Heimtückemordes zu acht Jahren Freiheitsstrafe.

(2) Die verschiedenen Eingrenzungsversuche Mit der genannten Basisdefinition wird allerdings der Kreis der Heimtückemorde nach allgemeiner Auffassung noch zu weit gezogen. Erfasst werden auch **124**

- die offene, aber das Opfer überrumpelnde Tötung,
- die Tötung, die allein deshalb heimlich erfolgt, um dem Opfer die Qualen der Todesangst zu ersparen,
- die Tötung, die wegen körperlicher Unterlegenheit des Täters verborgen ausgeführt wird, vielleicht sogar nur so durchgeführt werden kann,
- die heimliche Tötung, die zugleich aus verständlichen Motiven heraus erfolgt.

In solchen Konstellationen erscheint die Verhängung der lebenslangen Strafe oft unangemessen. Getreu dem Auftrag des BVerfG, solchen Diskrepanzen zwischen Schuld und Strafe durch eine restriktive Auslegung der Mordmerkmale oder durch

---

15 BGH StV 1996, 585. Der BGH hob die Verurteilung allerdings wegen eines Verfahrensfehlers auf; das Gericht hatte keinen Hinweis gemäß § 265 StPO erteilt, bevor es von der angeklagten tatmehrheitlichen Begehung im Urteil auf die Annahme eines einzigen Versuches durch die mehreren Giftbeibringungen wechselte.

andere Konstruktionen Rechnung zu tragen,[16] wird versucht, mittels unterschiedlicher und zu der Basisdefinition hinzuzufügender Merkmale den Anwendungsbereich der Heimtücke oder wenigstens die Folgen ihrer Bejahung einzuschränken.

125 Dabei sind drei verschiedene Ansätze zu nennen:

- die Addition *zusätzlicher Kriterien* für heimtückisches Verhalten, z.B. einer feindlichen Willensrichtung des Täters oder des Vorliegens eines Vertrauensbruchs;
- eine – nicht nur auf die Heimtücke bezogene, sondern für alle Mordmerkmale geltende – sog. (positive oder negative) *Typenkorrektur*, die beim Vorliegen eines Mordmerkmals stets zusätzlich die besondere Verwerflichkeit der Tat prüft (Rn. 168);
- das Ausweichen auf einen milderen Strafrahmen in besonders gelagerten Ausnahmesituationen (sog. *Rechtsfolgenlösung*, Rn. 171 ff.).

Diese Versuche sind allesamt abzulehnen. Nicht, weil es ihrer nicht bedürfte, sondern weil sie ungeeignet, unsystematisch oder schlicht gesetzeswidrig sind. Das wird im Einzelnen noch aufzuzeigen sein.

126 *(3) Eigene Auffassung: Gezieltes Ausnutzen der Opferarglosigkeit zur Tötung*
Grundsätzlich lassen sich zwei Ausgangssituationen denkbarer Heimtücketötungen auseinander halten:

- der Täter selber verursacht die Arglosigkeit seines Opfers, indem er es täuscht und in Sicherheit wiegt;
- das Opfer ahnt nichts; der Täter erkennt und nutzt dies aus.

Im ersten Fall ist die besondere Gefährlichkeit des Tätervorgehens evident. Der zusätzliche Schuldvorwurf, das Opfer ahnungslos gestellt zu haben, ist problemlos begründbar. Allerdings stellt sich die Frage, ob andere schuldmindernde Faktoren eine Rolle spielen, z.B. eine Tat aus Verzweiflung oder eine altruistisch[17] motivierte Tötung. Sie betreffen jedoch nicht die heimtückische Vorgehensweise als solche sondern vielmehr den Kontext, in welchem sie stattfindet.

127 Im zweiten Fall bedarf die Annahme einer heimtückischen Vorgehensweise einer zusätzlichen Legitimation, weil die Arglosigkeit dem Täter nicht zuzurechnen ist und er sie bereits vorfindet. Wenn er Arg- und Wehrlosigkeit des Opfers zur Kenntnis nimmt und dann „bewusst ausnutzt", womit sich die h.M. nahezu einhellig begnügt,[18] so vermag das die erforderliche Schuldsteigerung noch nicht zu bewirken. Erforderlich ist vielmehr, dass sich der Schuldvorwurf gerade auf das Ausnutzen der günstigen Gelegenheit erstreckt. Mit anderen Worten: Der Täter muss gezielt nur deshalb – jetzt und in dieser Situation – töten, weil er die günstige Gelegenheit des arg- und daher wehrlosen Opfers auszunutzen sucht. Sie muss mithin *kausal für seinen kon-*

---

16 BVerfGE 45, 187 (261 f., 267).

17 Altruistisch = selbstlos.

18 BGHSt 2, 60 (61); BGH StV 1983, 458; 1990, 544 (545); BGH NStZ 1997, 490 (491); Sch/Sch-ESER § 211 Rn. 25; LACKNER/KÜHL § 211 Rn. 9; LK-JÄHNKE § 211 Rn. 45, jeweils m.w.N.; a.A. SK-HORN § 211 Rn. 31.

kreten Tötungsentschluss sein. Nur dann lässt sich dem Täter mit Fug und Recht der Vorwurf zu machen, sich über die Tötung hinaus falsch verhalten, die „normale“ Tötung also zusätzlich für das Opfer gefährlich gestaltet zu haben.

Verlangt man ein gezieltes Vorgehen, so entspricht dies auch – in historischem Lichte be- 128
trachtet – eher dem Wortlaut als eine Definition, die sich schlicht mit bewusstem Ausnutzen begnügt. „Heimtücke“ setzt sich aus „heim“ und „Tücke“ zusammen. Nach KARGL[19] leitet sich dabei „heim“ gleichermaßen von „heimlich“ (zum Heim gehörig, vertraut) wie von „hämisch“ (versteckt, hinterhältig) ab. „Tücke“ dagegen steht sowohl für Schlag oder Stoß wie für einen listigen Streich oder Arglist. KARGL fordert deshalb ein listiges (arglistiges bzw. hinterhältiges) Ausnutzen.[20] Das führt indes noch nicht recht weiter. Denn worin liegt der Vorteil, das „Heimtückische“ durch das ebenso (er-)klärungsbedürftige „Listige“ zu ersetzen? Die „(Arg-) List“ kennzeichnet zudem nur einen Teilbereich des beschriebenen Wortsinns der Heimtücke. List setzt eine psychische Einwirkung auf das Opfer voraus, das über die Absichten des Täters im Unklaren gehalten werden soll. Damit passt sie nur auf die (eher unproblematische) erste der oben genannten beiden Ausgangssituationen, dass der Täter die Arglosigkeit des Opfers verursacht. Das Element der „Tücke“ hingegen würde dabei vernachlässigt. Es zielt weniger auf die Opfertäuschung als (nach heutigem Wortverständnis) auf verschlagenes, hinterhältiges, planmäßig-berechnendes Vorgehen.[21] Tückisches Vorgehen (also der planmäßig berechnete Hinterhalt) muss im Gegensatz zum listigen nicht unbedingt vom Opfer wahrgenommen werden. Damit erfasst es auch die zweite Ausgangssituation, die vom Täter ohne sein Zutun vorgefundene Ahnungslosigkeit des Opfers. Durch das Erfordernis des Planmäßig-Berechnenden gelangt man dann zwangsläufig zur hier vertretenen Interpretation einer zielgerichteten Ausnutzung vorgefundener Arglosigkeit (welche – zugegeben – eine gewisse Annäherung an das frühere Mordmerkmal der Überlegung bedeutet).

Eine weitere Begründung für das Erfordernis einer gezielten Ausnutzung befindet sich auf CD 03-01.

Damit ergibt sich folgende Definition der Heimtücke: 129

Heimtückisch handelt, wer gezielt die vorgefundene oder arglistig selbst hervorgerufene, zur Wehrlosigkeit führende Arglosigkeit des Opfers zu dessen Tötung ausnutzt.

Von der eingangs dargestellten Basisdefinition unterscheidet sie sich darin, die bloß *bewusste* durch eine *gezielte* Ausnutzung von Arg- und Wehrlosigkeit zu ersetzen. Das Erfordernis des bewussten Vorgehens im Sinne der h.M. ist im Grunde nur eine Konsequenz aus der Einstufung der Heimtücke als objektives Tatbestandsmerkmal. Als solches muss es vom Vorsatz umfasst sein und dieser meint letztlich nichts anderes als „Bewusstsein“. Durch seine hier vorgeschlagene Verschärfung wird der bislang ausreichende dolus eventualis (Kenntnis und Inkaufnahme der Arglosigkeit) durch den dolus directus 1. Grades ersetzt (absichtliche Ausnutzung der Arglosigkeit).

Dadurch werden insbesondere Fälle aus dem Anwendungsbereich der Heimtücke 130
ausgeschieden, bei welchen eine Tathandlung mehr oder weniger zufällig auf ein argloses Opfer trifft. Indem es dem Täter darauf ankommen muss, das Opfer zu

---

19 Walter KARGL, „Heimtücke“ und „Putativnotstand“ bei Tötung eines schlafenden Familientyrannen, Jura 2004, 189-193 (191).

20 KARGL (Fn.19) Jura 2004, 192.

21 WESSELS/HETTINGER BT 1 § 2 Rn. 114.

töten, weil es sich in Sicherheit wähnt (und er den Angriff sonst unterlasse würde), erlangt die heimtückische Tatbegehung zugleich im Rahmen des Tötungsvorgangs ein erhebliches Eigengewicht. Die dadurch bewirkte Schuldsteigerung genügt im Regelfall, die Verhängung einer lebenslangen Freiheitsstrafe zu rechtfertigen.

Ein weiterer Vorzug: Die bereits angesprochenen anderen Einschränkungsversuche heimtückespezifischer oder allgemeiner Natur erübrigen sich z.T. durch die vorgestellte Definition, wie bei der folgenden Darstellung deutlich werden wird.

cc) Arg- und Wehrlosigkeit

131 *(1) Die Arglosigkeit* Arglos ist, so die gängige Definition, wer zu Beginn der Tötungshandlung *mit keinem Angriff rechnet.* Ob dies bedeutet, dass sich das Opfer positiv sicher fühlen muss[22] oder ob es umgekehrt nur nicht unsicher sein darf,[23] ist bereits umstritten. Diese Streitfrage sollte allerdings in ihrer Bedeutung nicht überschätzt werden. Entscheidender ist vielmehr, ob das Opfer als Folge der Arglosigkeit wehrlos war. Dafür aber spielt es keine Rolle, ob es sich sicher oder nur nicht unsicher fühlte.

132 Zwar spricht der Wortlaut („arg-*los*") dafür, dass es genügt, wenn das Opfer nicht argwöhnisch ist. Dabei darf indes nicht übersehen werden, dass Wortlautauslegung an dieser Stelle methodisch in die Irre geht. Arglosigkeit ist schließlich kein gesetzliches Merkmal, sondern ein bereits abgeleiteter Begriff aus der Heimtückedefinition, die man genauso gut auch anders hätte formulieren können (z.B.: Ausnutzung der Wehrlosigkeit des sich sicher fühlenden Opfers). Wer „Arglosigkeit" deuten will, unternimmt folglich die Auslegung der Auslegung. Das ist wenig fruchtbringend, weil es die Richtigkeit und Vollständigkeit der tradierten Heimtückedefinition voraussetzt.

133 *(2) Vorangehende Auseinandersetzungen: Wieviel „Arg" darf das Opfer hegen?* Man kann sich also getrost damit begnügen, dass ein Opfer, um als arglos zu gelten, jedenfalls nicht positiv mit einem Angriff rechnen darf. Diese Beschreibung der Arglosigkeit ist aber in anderer Hinsicht unzureichend. Häufig gehen nämlich dem Tötungsangriff verbale Plänkeleien oder sogar begrenzte körperliche Übergriffe (z.B. Schubsen, Ohrfeigen) vorauf. Gleichwohl rechnet das Opfer nicht unbedingt mit einem *ernsthaften* Angriff auf sein Leben oder seine Gesundheit und schützt sich folglich auch nicht dagegen. Das gilt umso mehr, als im sozialen Nahraum (Familie, Freunde, Bekannte) verbale Auseinandersetzungen durchaus zum täglichen Leben gehören können und von daher ein gewisser Gewöhnungseffekt einsetzt. Dann allerdings stellt ein verbaler Streit kein Alarmsignal dar, das die Abwehrbereitschaft erhöht.[24] Das Opfer trifft vielmehr im Vertrauen darauf keinerlei Schutzvorkehrungen, dass die Auseinandersetzung (wie vielleicht schon ungezählte Male zuvor) enden wird, ohne zu eskalieren.

---

22 LACKNER/KÜHL § 211 Rn. 7; FISCHER § 211 Rn. 35.

23 KINDHÄUSER BT I § 2 Rn. 23; SK-HORN § 211 Rn. 30.

24 Vgl. Albin ESER, „Heimtücke" auf höchstrichterlichem Prüfstand - Chance einer Wende in der Mord-Rechtsprechung - Zum Vorlagebeschluß des 4. Strafsenats des BGH vom 26.1.1981 - 4 StR 430/80, JR 1981, 177-184 (181).

Zwar hatte die Rspr. zeitweise vertreten, bereits jeder aktuelle Streit stünde einer Arglosigkeit des Opfers entgegen.[25] Mit der heute h.M. ist diese Auffassung aber mittlerweile zu Recht aufgegeben worden.[26] **134**

Beispiel (Mord nach fortgesetzten Anpöbeleien[27]): *Jochen Sch.* forderte den homosexuellen *Hans-Günter L.*, der ihn nachts nach einem Barbesuch in seiner Wohnung aufgesucht hatte, in brüllendem Ton zum Verlassen der Wohnung auf, weil dieser ihn während gemeinsamen Schallplattenhörens auf Wange und Hals geküsst und ihn gedrückt hatte. *L.* verließ daraufhin widerspruchslos die Wohnung. *Jochen Sch.* folgte ihm nach wenigen Minuten, um ihn wegen des Vorkommnisses zur Rede zu stellen. Nachdem er ihn eingeholt hatte, beschimpfte er den ihm körperlich überlegenen *L* aus sicherer Entfernung mit Ausdrücken wie „schwule Sau". *L.* reagierte darauf nicht aggressiv, sondern erwiderte nichts und begann zu lachen, was *Sch.* nur noch wütender machte. Während er ihm, stets in gebührendem Abstand, folgte, schimpfte *Sch.* pausenlos auf *L.* ein, der seinen Weg ungerührt fortsetzte. Da seine verbalen Attakken nichts bewirkten, beschloss *Sch.* im Bewusstsein seiner eigenen körperlichen Unterlegenheit, *L.* von hinten zu erschlagen. Er nahm einen großen Stein auf, verringerte den Abstand zu dem Vorausgehenden, bis er unmittelbar hinter ihm war, hob den über acht Pfund schweren Stein mit beiden Händen über den Kopf und warf ihn von oben auf den Hinterkopf seines Opfers, das schwer verletzt zu Boden stürzte. Als *L.* sich aufzurichten versuchte, schlug ihm *Sch.* mit dem Stein auf den Hinterkopf. Er drehte den sich nun nicht mehr bewegenden *L.* um und versetzte ihm mit dem Stein mindestens zwei weitere Schläge in den Gesichtsbereich. Sodann stach er ihm noch viermal mit einem Messer in den Hals, weil er sicher sein wollte, dass sein Opfer wirklich tot sei. Dieses verstarb nach kurzer Zeit an den Verletzungen. — Das Landgericht verurteilt *Sch.* nur wegen Totschlages. Der BGH hob das Urteil auf, weil er Arglosigkeit und daher Heimtücke annahm. *L.* hätte durch sein Lachen und den Umstand, dass er sich nicht einmal umdrehte, gezeigt, dass er keinen ernsthaften Angriff durch *Sch.* befürchtete.

Befremdend mutet es an, wenn der BGH neuerdings in Situationen Arglosigkeit verneint, in welchen das Opfer zwar nicht damit rechnet, aber damit rechnen muss, dass der Täter angreift. Der Erpresser, der von dem in die Enge getriebenen Erpressten in notwehrähnlicher Lage getötet werde, weil er einen solchen Angriff nicht erwartete und von ihm überrascht wurde, könne daher nicht heimtückisch getötet werden.[28] Diese Auffassung ist indes schon deshalb abzulehnen, weil sie die Frage der Arglosigkeit nur noch normativ beantwortet. Sie fragt nicht mehr, ob das Opfer arglos war, sondern ob es arglos hätte sein dürfen! Damit verliert der BGH, worauf OTTO zutreffend hinweist, jede klare Linie.[29] Denn auch in den Fällen vorange- **135**

---

25 BGHSt 27, 322 (324).

26 BGHSt 30, 105 (113); 33, 363; BGH NStZ 1993, 341; KÜPER BT S. 194; MAURACH/SCHROEDER/MAIWALD BT 1 § 2 Rn. 43; LACKNER/KÜHL § 211 Rn. 7; OTTO (Fn. 5), Jura 1994, 149.

27 BGHSt 33, 363.

28 BGH NJW 2003, 1955 (1956) m. krit. Anm. Hartmut SCHNEIDER NStZ 2003, 428-431; und Rainer ZACZYK, Das Mordmerkmal der Heimtücke und die Notwehr gegen eine Erpressung, JuS 2004, 750-754.

29 Harro OTTO (Anmerkung zu BGH NStZ 2003, 482) NStZ 2004, 142-144 (143).

gangener (verbaler oder leichter tätlicher) Auseinandersetzungen müsste dann konsequenterweise Heimtücke ausscheiden, weil natürlich dort ebenfalls mit einer Eskalation zu rechnen war[30] – was die Toten ja ausdrucksvoll belegen! Für diese Fallgruppe aber war gerade von der Rspr. in mühevoller Kleinarbeit herausgearbeitet worden, dass nur dasjenige Opfer nicht arglos ist, das tatsächlich mit *erheblichen* Angriffen rechnet. Kleinere Plänkeleien hingegen beseitigen seine Arglosigkeit noch nicht.

Für einen Perspektivwechsel von der realen Opferpsyche hin zu einer normativen Betrachtung bestand zudem kein nachvollziehbarer Anlass: Handelte der Täter tatsächlich in Notwehr, ist die Lösung dort zu suchen. War er dagegen weder gerechtfertigt noch entschuldigt (§ 35), dann handelte er zwar vielleicht aus nachvollziehbaren Motiven, die sein Verschulden im Vergleich zum „normalen" Mord als gering erscheinen lassen. Damit allerdings stünde dieser Fall nicht allein, sondern in einer Reihe mit den zahlreichen heimtückischen Verzweiflungstaten, die mit den derzeitigen Mitteln nicht adäquat lösbar sind (vgl. Rn. 175).

136 **Aufgabe:** Tödliche Schüsse auf Polizeibeamte bei einer Demonstration[31]

Friedhelm E. gehörte zum Kreis militanter Gegner des Baus der Startbahn West am Rhein-Main-Flughafen in Frankfurt/Main. Im November 1987 nahm er an einer der Demonstrationen gegen das Projekt teil. Nach polizeilicher Auflösung der Demonstration ging eine Einheit der Bereitschaftspolizei gegen die Demonstranten vor. Eine militante Gruppe, unter welchen sich auch *E.* befand, griff die Beamten mit Feuerwerkskörpern, Signalmunition und Präzisionsschleudern an. Die Polizeibeamten zogen sich daraufhin auf einen Abstand von 70-80 m hinter einen Bach zurück. In dieser Entfernung wähnten sie sich vor den Demonstranten sicher, weil sie meinten, sich vor heranfliegenden Leuchtgeschossen und Stahlkugeln durch ihre Schilde und durch Ausweichen schützen zu können. *E.* schoss in dieser Situation aus einer ein Jahr zuvor entwendeten Polizeiwaffe auf die ca. 80-90 m entfernt stehenden Polizeibeamten, wobei er eine tödliche Wirkung seiner Schüsse in Kauf nahm. Insgesamt zwei Polizeibeamte wurden tödlich getroffen, drei weitere verletzt.

Hat *Friedhelm E.* heimtückisch getötet?

137 Es liegt nur ein Totschlag vor, weil die Opfer nicht arglos, sondern bereits mit ebenfalls gefährlichen Waffen angegriffen worden waren. Zusätzliche Hinweise auf CD 03-02.

138 Wenn das Opfer einen Angriff auf sein Leben erwartet, von dessen Art jedoch überrascht wird, so ist es ihm gegenüber nicht arglos. Andernfalls wäre beispielsweise auch bei einem offenen Duell mit Degen der den Kontrahenten wegen seiner Schnelligkeit überraschende Stoß heimtückisch. Damit wäre das Mordmerkmal selbst in Fällen anwendbar, denen keineswegs der erforderliche gesteigerte Unrechtsgehalt anhaftet. Man muss folglich bei überraschenden Angriffen differenzieren: Erwartet das Opfer überhaupt keinen Angriff auf sein Leben, ist es arglos. Im Gegensatz dazu trifft eine das (sich in Gefahr wähnende) Opfer überraschende Angriffs*methode* auf kein argloses Opfer mehr. Die Fehleinschätzung, aus welcher Richtung der erwartete Angriff erfolgt, fällt also in die Risikosphäre des Opfers, die Fehleinschätzung, dass überhaupt ein Angriff bevorsteht, verantwortet der Täter.

139 Sobald der Angriff beendet erscheint und sich das Opfer keines weiteren Angriffs auf sein Leben versieht, kann es erneut arglos werden.[32]

140 Arglos ist nach dem bislang Gesagten,

---

30 Ähnlich SCHNEIDER (Fn.28) NStZ 2003, 430 f.

31 BGH NStZ 1993, 341.

32 BGHSt 28, 210; 39, 353 (368 f.).

wer überhaupt keinen Angriff auf sein Leben und keine schwerwiegende Bedrohung seiner körperlichen Unversehrtheit erwartet.

(3) Schlafende und Bewusstlose: Wann muss das Opfer arglos sein? Nach h.M. soll die Arglosigkeit zu Beginn des tödlichen Angriffs vorliegen.[33] Das ist so pauschal nicht richtig. Schwierigkeiten entstehen bereits, falls sich das Opfer zum Zeitpunkt des Angriffs keine Gedanken über einen solchen (mehr) machen kann, weil es schläft oder bewusstlos ist. 141

Beispiel (Die Tötung der Lebensgefährtin und des gemeinsamen Kindes):[34] *Jochen H.* hatte Alkohol getrunken. Im Verlaufe des Abends und nach Beendigung eines verbalen Streites ging seine Lebensgefährtin *Erna M.*, mit der er die Wohnung teilte, zu Bett. Im selben Zimmer schlief bereits der gemeinsame minderjährige Sohn *Klaus-Peter M. Jochen H.* blieb noch auf und trank weiter Alkohol. Im weiteren Verlaufe des Abends beschloss *Jochen H.*, *Erna und Klaus-Peter M* umzubringen. Er nahm aus dem Keller eine Axt und erschlug beide. Während er *Erna M.* im Schlaf tötete, wachte *Klaus-Peter M.* möglicherweise unmittelbar vor dem tödlichen Schlag auf, konnte diesen aber in dieser Situation nicht mehr abwehren oder ihm ausweichen. — Der BGH hat in beiden Fällen Heimtücke bejaht, und zwar mit den klassisch gewordenen Worten: „Der Schlafende ist in aller Regel arglos, wenn er einschläft. ... Wer sich zum Schlafe niederlegt, nimmt die Arglosigkeit mit in den Schlaf; sie begleitet ihn, auch wenn er sich ihrer nicht mehr bewußt ist."[35] Damit verlagert der BGH den maßgeblichen Zeitpunkt für die Prüfung der Arglosigkeit vor: Nicht mehr der Beginn der Tötungshandlung ist entscheidend, sondern der letzte Moment, in welchem das spätere Opfer sich noch Gedanken über seine Situation gemacht hat oder dies hätte tun können.

Die Grundannahme ist richtig: Wer schläft, macht sich keine Gedanken und kann folglich nicht (aktuell) arglos sein, und zwar unabhängig davon, ob man positives Sicherheitsbewusstsein verlangt oder die Abwesenheit von Misstrauen genügen lässt. In jedem Fall gehört zur Arglosigkeit die Möglichkeit des Argwohns.[36] Der Schlafende indes schläft und kann in diesem Zustand nicht (mehr) argwöhnisch werden. 142

Eine ähnliche Vorverlagerung des für die Betrachtung maßgebenden Zeitpunktes hat die Rspr. bereits in anderen Konstellationen vorgenommen. So bejaht sie Heimtücke, wenn der Täter das zunächst noch arglose Opfer in eine Falle lockt, in welcher es wehrlos ist, und sich dann vor Beginn des eigentlichen Angriffs in offener Feindseligkeit zeigt.[37] 143

---

33 BGHSt 7, 218 (221); 18, 87 (88); BGH NStZ 1987, 173; Sch/Sch-ESER § 211 Rn. 24; FISCHER § 211 Rn. 35, jeweils m.w.N.

34 BGHSt 23, 120.

35 BGHSt 23, 120 f.; nahezu wortgleich BGH NJW 2006, 338 (339).

36 BGH NStZ 1997, 490 (491); FISCHER § 211 Rn. 43; LK-JÄHNKE § 211 Rn. 42.

37 BGHSt 22, 77; 32, 382 (386); LACKNER/KÜHL § 211 Rn. 7; WESSELS/HETTINGER BT 1 Rn. 119.

Beispiel (Der in den Wald gelockte Todfeind[38]): *Yilmaz K.* hatte von daheim erfahren, dass sein türkischer Landsmann *Ergün A.* in sein Haus in der Türkei eingedrungen und seine dort wohnende Ehefrau vergewaltigt hatte. Nachdem sich *Yilmaz K.* bei *Yildiray Ka.* und *Duran D.*, die beide aus seinem Heimatdorf stammten, über das ihm von *A.* angetane Unrecht vergewissert und den Aufenthaltsort des erst seit kurzem in Deutschland arbeitenden *Ergün A.* ausfindig gemacht hatte, fuhr er mit den beiden dorthin, entschlossen, sich an *A.* für die erlittene Kränkung blutig zu rächen. Die drei begegneten dann zufällig *Enver Ko.,* der mit *A.* in derselben Unterkunft wohnte und sich als ein Bekannter von *Yilmaz K.* herausstellte. Im Laufe der Unterhaltung erbot sich *Ko., Ergün A.* unter dem Vorwand, ihn zu einem abseits gelegenen „Hurenhaus" zu führen, aus dem Wohnheim zu locken und an eine bestimmte Stelle eines einsamen Feldwegs zu bringen. Während *Enver Ko.* abredegemäß *A.* holte, wartete *K.*, der mit einem Springmesser bewaffnet war, begleitet von *Ka.* und *D.* hinter einer Hecke am Rande des Feldwegs. Als *Ko.* und *A.* kamen, ließen sie die beiden an dem Versteck vorbei und folgten ihnen in der Dunkelheit. Nach etwa 200 m bog *Ko.* in einen Seitenweg und hielt an, um zum Schein auszutreten. *A.* blieb auf dem Wege stehen, wo er sich plötzlich und völlig überraschend seinem Todfeind und einer vierfachen Übermacht gegenüber sah. *Yilmaz K.* machte dem *A* wegen dessen Verhalten Vorwürfe und brachte ihn schließlich mit 29 Messerstichen um.

144 Tatsächlich verkennt die sog. Zeitregel,[39] Arglosigkeit müsse zum Zeitpunkt des Angriffs vorliegen, die Bedeutung des Zusammenhangs zwischen Arg- und Wehrlosigkeit. Die Arglosigkeit muss Ursache der Wehrlosigkeit sein. Wann der auf den Eintritt der Wehrlosigkeit folgende Angriff letztlich geschieht und was das Opfer dann noch denkt oder weiß, ist gleichgültig, solange es an seiner Wehrlosigkeit *jetzt* nichts mehr zu ändern vermag.[40]

145 Das Charakteristische der Heimtücke liegt in den Konstellationen, in welchen der Täter die Arglosigkeit des Opfers verursacht, darin, dass er dieses arglistig um seine Abwehrchancen bringt. Ist das einmal geschehen, so kann es den Täter nicht mehr entlasten, wenn er sich dem nun wehrlos gemachten Opfer anschließend doch noch zu erkennen gibt. Im Gegenteil: Diese Offenheit ist für das Opfer viel belastender, denn jetzt muss es dem Tod sehenden Auges entgegentreten, während es andernfalls ohne vorherige Todesangst stirbt.[41]

146 Deswegen genügt es, wenn die Arglosigkeit *zum Zeitpunkt des Eintritts der irreversiblen Wehrlosigkeit* vorhanden ist, die später den tödlichen Angriff ermöglicht. Im Beispielsfall Rn. 143 wäre das, als *Ergün A.* im Wald in die Reichweite der versteckt auf ihn lauernden *K, Ka.* und *D.* geriet und diesen nicht mehr entkommen konnte. Bei Schlafenden käme es folglich entsprechend der Rspr. auf den Zeitpunkt des Einschlafens an. Sofern dann (noch) Arglosigkeit bestand und die durch sie begründete Wehrlosigkeit bis zum eigentlichen Angriff fortdauert, bleibt Heimtücke möglich. Bei

---

38 BGHSt 22, 77.

39 Wilfried KÜPER, „Heimtücke" als Mordmerkmal – Probleme und Strukturen, JuS 2000, 740-747 (744).

40 Eingehendere Darstellung bei Maria-Katharina MEYER, Zum Mordmerkmal der Heimtücke, JR 1986, 133-138 (136 f.).

41 OTTO (Fn.4) ZStW 83 (1971), 63.

Schlafenden setzt dies selbstverständlich voraus, dass sie nicht (wie der keinesfalls arglose Soldat auf Wache) ungewollt einschlafen. Andernfalls beruhte ihre Wehrlosigkeit nicht auf Arglosigkeit, sondern z.B. auf Übermüdung.

Bei *Bewusstlosen* verneint die Rspr. Arglosigkeit, weil sie sich nicht im Gefühl der Sicherheit in einen sie wehrlos machenden Schlaf niederlegen, sondern ungewollt in die Bewusstlosigkeit sinken.[42] Diese Differenzierung zur Behandlung der Schlafenden ist in der Literatur überwiegend auf Widerspruch gestoßen,[43] vor allem, weil Schlafende und Bewusstlose im Zeitpunkt der Täterhandlung gleichermaßen wehrlos seien und die Ursache dieses Zustands dem Täter nicht zuzurechnen ist. Folglich entschieden am Ende vom Täter gar nicht erkennbare Zufälligkeiten eines lange Zeit vor dem Tötungsakt liegenden Geschehens darüber, ob Totschlag oder Mord vorliegt. **147**

Mit der hier vertretenen Lösung fallen Bewusstlose zwar zum rechten Zeitpunkt arglos in den Zustand von Wehrlosigkeit. Es fehlt jedoch, wie die Rspr. zutreffend moniert, an der erforderlichen Kausalität zwischen Arg- und Wehrlosigkeit. Das Opfer wird auf Grund einer nicht zu steuernden Bewusstlosigkeit wehrlos und nicht, weil es arglos war. Anders sähe es nur aus, wenn der Täter das arglose Opfer arglistig bewusstlos macht, es beispielsweise unter einem Vorwand narkotisiert.

(4) Konstitutionell Arglose: Kann auch die Arglosigkeit anderer Personen als des Opfers zur Heimtücke führen? Arglosigkeit führt nur dann zur Wehrlosigkeit, wenn die Möglichkeit, Argwohn zu schöpfen, vorhanden ist.[44] Fehlt sie, macht nicht Arglosigkeit, sondern die Konstitution das Opfer wehrlos. Ein Säugling beispielsweise ist zu Misstrauen außer Stande und kann daher sein Verhalten nicht danach einrichten, wie ihm ein Angreifer begegnet; er ist stets schutzlos dessen tödlichen Angriffen ausgeliefert. Die Rspr. hat davon allerdings eine Ausnahme gemacht, wenn gegen spezifische Angriffe doch eine Abwehr möglich ist. **148**

Beispiel (Der tödliche Babybrei I): Die 20-jährige *Martina B.* war verheiratet, hatte aber neben ihrer Ehe ein Verhältnis mit einem anderen Mann gehabt. Als sie schwanger wurde, war sie nicht sicher, ob das Kind *Hans-Peter B.* von ihrem Mann oder von ihrem früheren Geliebten stammte. Als ihr Mann, der von dem Verhältnis im Nachhinein erfahren hatte, einen entsprechenden Verdacht äußerte und sich scheiden lassen wollte, war *Martina B.* völlig verzweifelt. Sie sah in dem Kind die Ursache, die ihrem Eheglück im Wege stand, und wollte dieses deshalb aus ihrem Leben entfernen. In Tötungsabsicht mischte sie mehrere aufgelöste Schlaftabletten unter den gesüßten Brei für das zum Tatzeitpunkt drei Wochen alte Kind. Dieses, das die Tabletten sonst wegen ihres Geschmacks ausgespuckt hätte, nahm sie zusammen mit dem Brei zu sich. Diesen Vorgang wiederholte *Martina B.* noch zweimal. Das Kind starb schließlich drei Tage später an Kreislaufstörungen, die durch die Tablettenvergiftung ausgelöst worden waren.

---

42 BGHSt 32, 382 (386); BGH NStZ 1997, 490 (491).

43 OTTO (Fn.5) Jura 1994, 149; FISCHER § 211 Rn. 42; KÜPER BT S. 198 f.. m.w.N.; MEYER (Fn.40) JR 1986, 135.

44 BGH NStZ 1997, 490 (491); FISCHER § 211 Rn. 43; LK-JÄHNKE § 211 Rn. 42.

149 Da der natürliche Abwehrinstinkt des Kindes überlistet worden war, bejahte der BGH im Beispielsfall Heimtücke.[45] Diese Rspr. ist bereits vom BVerfG in Zweifel gezogen[46] und zu Recht auch von Teilen des Schrifttums abgelehnt worden;[47] selbst der BGH vertritt sie heute nicht mehr, sondern schließt die heimtückische Tötung eines 1 Jahre 9 Monate alten Kindes wegen dessen konstitutioneller Arglosigkeit aus.[48] Auch dieser Rückgriff auf (nur) fehlende Arglosigkeit verkennt den maßgeblichen Gedanken. Denn es kommt gar nicht darauf an, ob Arglosigkeit die Möglichkeit zum *bewussten* Erleben einer Situation erfordert oder ob es genügt, dass natürliche Instinkte oder Reflexe (wie im Beispiel das Ausspucken bitterer Speisen) inaktiv bleiben. Vielmehr ist entscheidend, dass die Wehrlosigkeit gegen tödliche Angriffe bei Kleinkindern umfassend ist und sie nicht erst durch die Arglist schutzlos werden. Es fehlt mithin an der notwendigen kausalen Verknüpfung von (theoretisch denkbarer) Arg- und (grundsätzlich vorhandener) Wehrlosigkeit.

150 Im Unterschied zu sonstigen Vergiftungsfällen wird im Beispielsfall durch das arglistige Kaschieren des Giftes nur eine ganz bestimmte, von der Täterin mehr oder weniger zufällig ausgewählte Tötungs*methode* begünstigt. Ohne Zweifel hätte *B.* ihr Kind ebensogut ersticken, ertränken oder erschlagen können, ohne dass es imstande gewesen wäre, sich zu wehren. Dagegen dient die verdeckte Vorgehensweise gegenüber einem Erwachsenen dazu, seine Tötung (jedenfalls ohne Risiko für den Täter) zu ermöglichen. Erst durch die Heimtücke gerät sein Leben in gesteigerte Gefahr. Eine solche spezifische Gefahrensteigerung fehlt im Brei-Fall. Das Leben des Kindes war vielmehr in dem Moment verloren, als *Martina B.* ihren Tötungsentschluss fasste. Es war von vornherein gänzlich wehrlos.

151 Bei konstitutionell Arg- und Wehrlosen stehen dem Angreifer allerdings gelegentlich *schutzbereite dritte Personen* im Wege. Sind sie arglos oder werden sie arglistig über die Tötungsabsichten getäuscht und nutzt der Täter daraufhin gezielt die Vernachlässigung der Schutzaufgaben aus, so stellt sich die Frage, ob ein solches Vorgehen ebenfalls als heimtückisch gelten kann.

Beispiel (Der tödliche Babybrei II): Im vorangegangenen Beispielsfall war dem Ehemann nach zwei Tagen aufgefallen, dass das Kind pausenlos schlief. Er schlug deshalb *Martina B.* vor, einen Arzt zu rufen. Sie beruhigte ihren Mann aber; das Kind werde schon aufwachen, wenn es Hunger bekäme. Später erklärte sie sich auf weiteres Drängen ihres Mannes bereit, am folgenden Tag mit dem Kind zum Arzt zu gehen. Damit gab sich der Ehemann erst einmal zufrieden. *Martina B.* wollte so Zeit gewinnen, weil sie sich vorstellte, bei sofortiger Hilfe könnte das Kind noch gerettet werden.

152 Dass der Getötete auch derjenige ist, gegenüber dem die Heimtücke erfolgt, ist zwar die Regel, aber keineswegs zwingend. Das arglistige, tückisch-verschlagene Vorgehen kann sich ebenso gegen einen Dritten richten, wenn dessen Arglosigkeit zur Wehrlo-

---

45 BGHSt 8, 216 (218 f.). Es handelte sich allerdings nur um einen Teilaspekt des komplexeren Sachverhalts in dieser Entscheidung. Zustimmend u.a. LK-JÄHNKE § 211 Rn. 42; KÜPER (Fn.39) JuS 2000, 744.

46 BVerfGE 45, 187 (266 f.).

47 WESSELS/HETTINGER BT 1 Rn. 121; KINDHÄUSER BT I § 2 Rn. 23; RENGIER BT II § 4 Rn. 29.

48 BGH NJW 2006, 338 (339).

sigkeit des Opfers führt.[49] Das setzt allerdings voraus, dass der Getötete von vornherein konstitutionell wehrlos ist und deswegen von einer dritten Person so geschützt wird, wie sich das Opfer selbst schützen würde, wäre es dazu imstande. Ob dieser Schutzübernahme eine rechtliche Verpflichtung, gar eine Garantenpflicht zu Grunde liegt oder ob es sich um eine freiwillige Leistung handelt, bleibt irrelevant.[50] Entscheidend ist, dass der Täter durch Hervorrufen oder gezieltes Ausnutzen von Arglosigkeit den einzigen Schutz seines Opfers umgeht.

Zur Frage, ob dasselbe bei nur situativ Wehrlosen gilt, die von Dritten geschützt werden, Näheres auf CD 03-03.

dd) Kausal herbeigeführte Wehrlosigkeit

(1) Wehrlosigkeit und vorhandene Abwehrchancen Die Wehrlosigkeit muss kausale Folge der Arglosigkeit sein. Wehrlos ist, wessen Abwehrmöglichkeiten *erheblich eingeschränkt* sind. Es ist also zu fragen, ob das Opfer eine deutlich bessere Abwehrchance gehabt hätte, wenn es mit dem konkreten Angriff gerechnet hätte. **153**

Als Abwehrmittel, welche ggf. der Annahme von Wehrlosigkeit entgegen stünden, gelten in diesem Zusammenhang:[51] **154**

- die den Angriff abwehrende oder erschwerende Verteidigung,
- das Ausweichen und die Flucht,
- das Herbeirufen von Hilfe,
- das Überreden des Angreifers, von seinem Angriff abzulassen.

Damit ist der Begriff Wehrlosigkeit an dieser Stelle ein wenig irreführend, denn er umfasst auch Mittel, die gemeinhin nicht als „Wehr" einzuordnen sind und in anderen strafrechtlichen Zusammenhängen auch nicht so verstanden werden. Bei der Notwehr beispielsweise gehört die Flucht nicht zur „Wehr", sondern bildet gerade eine Alternative dazu, deren Vorhandensein (z.B. bei Angriffen Schuldunfähiger) sogar zum Ausschluss der Notwehrrechtfertigung führen kann. Um diesen abweichenden Begriffsinhalt akzeptieren zu können, muss man sich erneut vor Augen halten, dass „Wehrlosigkeit" keine gesetzliche Kategorie, sondern auf Grund einer – letztlich willkürlichen – Begriffsbildung im Zuge der Auslegung des gesetzlichen Merkmals der Heimtücke entstanden ist. **155**

Die aufgeführten Abwehrmittel dürfen jedoch allesamt nicht von vornherein aussichtslos sein.[52] Gegenüber dem zu allem Entschlossenen hilft dem Angegriffenen die flehentliche Bitte, ihn doch zu verschonen, im Zweifel nichts. Hat er auch ansonsten keine Chance, ist er wehrlos, selbst wenn er noch auf den Angreifer einreden könnte. **156**

Andererseits braucht das Opfer auch nicht völlig schutzlos dem Täterangriff ausgeliefert zu sein. Es gilt schon dann als wehrlos, wenn es in seiner natürlichen Abwehrbe-

---

49 BGHSt 4, 11 (12 f.) 8, 216 (219 f.); NJW 2006, 338 (339 f.); NStZ 2008, 93 (94); LK-JÄHNKE § 211 Rn. 41; Sch/Sch-ESER § 211 Rn. 24a; RENGIER BT II § 4 Rn. 28.

50 BGHSt 8, 216 (219).

51 Vgl. LK-JÄHNKE § 211 Rn. 44.

52 Vgl. BGH NStZ 1989, 364 (365).

reitschaft und Abwehrfähigkeit so stark eingeschränkt ist, dass es dem Angriff nicht mehr entgehen oder ihn gänzlich abwehren kann.[53]

157 **Aufgabe:** Der Beilhieb aus dem Hinterhalt[54]

Elke W. verdächtigte ihren Freund *Gerhard F.*, sie mit einer anderen Frau zu betrügen. Aus Eifersucht hatte sie sich entschlossen, *Gerhard F.* umzubringen. In seiner Abwesenheit hatte sie sich mit Hilfe des ihr überlassenen Zweitschlüssels Einlass in sein Zimmer verschafft. Anschließend hatte sie die Tür von innen wieder verschlossen und den Schlüssel abgezogen. Als sie *Gerhard F.* kommen hörte, stellte sie sich neben der Tür auf und hielt ein mitgebrachtes schweres Metzgerbeil mit beiden Händen schlagbereit über ihren Kopf. Dem mit Blick auf das der Zimmertür gegenüberliegende Fenster eintretenden *Gerhard F.* versetzte sie sogleich von rechts einen Hieb mit dem Beil. *F.* sah im letzten Moment schattenartig den Schlag auf sich zukommen und riss zur Abwehr die Hände über den Kopf. Infolge dieser Bewegung traf der Beilhieb nicht, wie *Elke W.* beabsichtigt hatte, *F.'s* Kopf, sondern trennte lediglich dessen rechtes Ohr zu zwei Dritteln vom Körper ab. Nun erst erkannte *Gerhard F.*, dass *Elke W.* den Schlag geführt hatte. Es gelang ihm, ihr das Beil zu entwinden.

War der Tötungsversuch von *Elke W.* heimtückisch, insbesondere *Gerhard F.* wehrlos?

158 *Elke W.* hat einen heimtückischen Mordversuch begangen, weil *Gerhard F.* jedenfalls zunächst auf Grund seiner Arglosigkeit wehrlos war. Weitere Hinweise auf CD 03-04.

159 *(2) Wehrlosigkeit und Angriffsart: Der Überraschungsangriff* Die Aufgabe Rn. 157 macht zudem deutlich, dass ein Opfer je nach Angriffsart über sehr unterschiedliche Verteidigungsmittel verfügen kann, ohne deshalb sogleich seine Wehrlosigkeit zu verlieren. Selbst falls *Gerhard F.* bewaffnet gewesen wäre, hätte dies seine Abwehrchancen gegenüber dem Beilhieb nicht verbessert. Besonders einsichtig wird dies bei unverdeckten Angriffen, die lediglich wegen ihres Überraschungsmoments auf ein wehrloses Opfer treffen.

Beispiel (Tötung in einer Gaststätte[55]): *Melikh Y.* hatte erfahren, dass seine Ehefrau von seinem Onkel *Sahap S.* vergewaltigt worden war. Da er dadurch seine und die Ehre seiner Frau aufs Schwerste verletzt ansah, fasste er den Entschluss, *Sahap S.* zu töten. Er steckte eine Selbstladepistole ein und ging zu einem Lokal, in dem er seinen Onkel vermutete und tatsächlich antraf. *Sahap S.* spielte mit drei türkischen Landsleuten Karten. *Y.* sah, dass sein Onkel ihn zwar bemerkt hatte, aber seine ungeteilte Aufmerksamkeit weiterhin dem Kartenspiel schenkte. Er zog die Pistole und feuerte 14 Schuss auf seinen Onkel ab, der tödlich getroffen wurde. — Hätte *S.* die Angriffsabsichten von *Melikh Y.* bereits erkannt, als dieser das Lokal betrat, hätte er möglicherweise fliehen, sich hinter seinen Freunden verstecken oder durch einen sofortigen präventiven Gegenangriff verhindern können, dass es *Y.* gelang, die Pistole auf ihn zu richten. Also war er wehrlos und *Y.* handelte heimtückisch, sofern es ihm darauf ankam, dieses Überraschungsmoment gezielt für seinen Anschlag zu nutzen.

---

53 KÜPER BT S. 194 f., LK-JÄHNKE § 211 Rn. 44 m.w.N..

54 Nach BGH GA 1971, 113.

55 BGHSt 30, 105.

ee) Einschränkungen des Heimtückebegriffs

(1) Verwerflicher Vertrauensbruch? Gerade die Fälle überraschender Tötungen nehmen Teile der Lehre zum Anlass, die Ausnutzung der Arg- und Wehrlosigkeit um ein materielles Kriterium zu ergänzen, das unter dem Stichwort des verwerflichen Vertrauensbruchs diskutiert wird[56]. Sie wollen insbesondere verhindern, dass Heimtücke allein durch die Ausnutzung des Überraschungsmoments verwirklicht wird. **160**

Es handelt sich freilich um keine einheitliche Lehre, weil sehr unterschiedliche Nuancen in den Vordergrund geschoben werden. So stellt man teilweise auf das Tückisch-Verschlagene des Täterverhaltens ab,[57] teils auf die Enttäuschung sozialer Vertrauensmuster.[58] Dabei sind nicht nur positive Erwartungen in institutionalisierten Vertrauensbeziehungen wie der Ehe gemeint. Auch andere im sozialen Kontakt gewachsene Erwartungshaltungen friedlichen Verhaltens werden erfasst. Verallgemeinert gesagt streben diese Überlegungen danach, das Verwerfliche der Vorgehensweise des Täters herauszustellen und die besondere Gefährlichkeit der heimtükkischen Tötung stärker zu akzentuieren. **161**

Gegen diese Lehren bestehen zwei *gewichtige Einwände*: Zum einen muss man ihnen vorwerfen, ausgerechnet die Fallgruppe der Attentate durch Fremde (also außerhalb jeglicher Vertrauensbeziehung) aus dem Heimtückebereich zu eliminieren, was nicht sachgerecht ist.[59] Zum anderen bleibt das Merkmal „verwerflich" unbestimmt und bringt durch die damit erforderliche Wertung zusätzliche Unschärfen in den Heimtückebegriff.[60] **162**

Die kritische Fallgruppe der Überraschungstötungen lässt sich zudem mit dem hier entwickelten Kriterium der gezielten Ausnutzung differenziert und im Ergebnis sinnvoll behandeln. Wenn im Beispielsfall *Melikh Y.* das Überraschungsmoment gezielt in seinen Tötungsplan eingebaut hatte, handelte er heimtückisch. Hätte er dagegen *Sahap S.* genauso töten können und wollen, ohne ihn zu überrumpeln, so fehlte es an einer relevanten zusätzlichen Gefährlichkeit der angewandten Tötungsmethode. Es bliebe dann – das Fehlen anderer Mordmerkmale vorausgesetzt – beim Totschlag. **163**

(2) Feindliche Willensrichtung? Vor allem die Tötung aus altruistischen Gründen bzw. aus Mitleid war Anlass für die Rspr., mit der feindlichen Willensrichtung ein zusätzliches Kriterium in die Heimtückedefinition einzufügen. Damit will sie solche Fälle ausgrenzen, bei denen das heimliche Töten nicht Ausdruck besonderer Verschlagenheit oder Verwerflichkeit ist, sondern nach Auffassung des Täters gerade dazu dienen soll, das Opfer zu schonen. Diese Motivation tritt zum einen bei den sog. Mitnahme-Suiziden auf. **164**

---

56 Vgl. SK-HORN § 211 Rn. 32; Sch/Sch-ESER § 211 Rn. 26; Günther JAKOBS, Zur Auslegung der Heimtücke, JZ 1984, 996-998 (997); Olaf MIEHE, Der praktische Fall - Strafrecht - Ein Ausbruch, der nichts einbrachte, JuS 1996, 1000-1009 (1004); OTTO (Fn. 4) ZStW 83 (1971), 63 f.

57 WESSELS/HETTINGER BT 1 Rn. 108, 114.

58 Sch/Sch-ESER § 211 Rn. 26; MEYER (Fn. 40) JR 1986, 135; OTTO (Fn. 4) ZStW 83 (1971), 63 f.

59 RENGIER BT II § 4 Rn. 33; KÜPER (Fn. 39) JuS 2000, 745 f.; Gerd GEILEN, Heimtücke und kein Ende, GedS Schröder S. 235-261 (253 ff.); BGHSt 30, 105 (116).

60 KÜPER (Fn. 39) JuS 2000, 745; LK-JÄHNKE § 211 Rn. 48; WESSELS/HETTINGER BT 1 Rn. 108.

Beispiel (Mitnahmesuizid aus Furcht vor Schande[61]): *Werner B.* hatte als städtischer Vollziehungsbeamter in den Jahren 1953 und 1954 etwa 400 DM veruntreut. Die Stadtverwaltung entdeckte dies und untersagte ihm, seine Dienstgeschäfte fortzuführen. Hierdurch geriet *Werner B.*, der an krankhafter Überempfindlichkeit litt, in tiefe Verzweiflung. In schlafloser Nacht fasste er im Zustand verminderter Schuldfähigkeit den Entschluss, aus dem Leben zu scheiden und hierbei Ehefrau *Evelyn B.* und Tochter *Katharina*, die er beide sehr liebte, mit in den Tod zu nehmen. Er glaubte, dass seine Familie die Entehrung und die Not, die er über sie gebracht hatte, nicht ertragen könnte. Deshalb meinte er, ihr eine Wohltat zu erweisen, wenn er sie auslösche. Zu diesem Zweck öffnete er die Gashähne in der Wohnung. Das ausströmende Gas führte seine völlige Unzurechnungsfähigkeit herbei. Als *Katharina* den Gasgeruch spürte und sich an ihn wandte, erwürgte er sie. Auch seine Ehefrau versuchte er zu erwürgen, als sie erwachte. Dies gelang ihm jedoch nicht. Darauf floh er zur Polizei. — *Werner B.* wurde wegen versuchten Totschlags verurteilt. Heimtücke lehnte der BGH ab, weil *Werner B.* in seiner Verblendung gemeint hatte, zum Besten seiner Familie und somit nicht in feindlicher Willensrichtung zu handeln. Die vollendete Tötung der Tochter konnte ihm nicht mehr zugerechnet werden, weil er zum Zeitpunkt des Erwürgens schuldunfähig (§ 20) geworden war.

165 Die andere einschlägige Fallgruppe bilden die *Mitleidstötungen*.

Beispiel (Aufgedrängte Sterbehilfe durch eine Krankenschwester[62]): *Renate R.* war Fachschwester für Anästhesie und Intensivpflege in der Intensivstation eines Krankenhauses. Während ihres Dienstes verabreichte *Renate R.* bei verschiedenen Gelegenheiten fünf schwerstkranken Patienten heimlich tödliche Injektionen überdosierter Medikamente, um ihnen aus Mitleid weiteres, von ihr als sinnlos angesehenes Leiden und einen Todeskampf zu ersparen. Sie handelte aus eigenem Antrieb; weder die Patienten noch deren Angehörige hatten sie um Sterbehilfe gebeten. — Auch *Renate R.* wurde nur wegen Totschlags verurteilt, wobei der BGH hervorhob, nicht jeder Mitleidstötung fehle die feindliche Willensrichtung.[63] In den fünf abgeurteilten Fällen kam jedoch hinzu, dass die Motivation von *R.* mit den objektiven Gegebenheiten in Einklang stand. Die betreffenden Patienten waren selbst nicht mehr entscheidungsfähig und durch z.T. unfachmännische Reanimationsmaßnahmen erheblichen Leiden ausgesetzt. Zudem stellte das übrige Krankenhauspersonal offenbar unreflektiert die Lebenserhaltung über das Recht auf ein Sterben in Würde.

166 Das Kriterium der feindlichen Willensrichtung ist im Schrifttum auf Kritik gestoßen, weil es ebenfalls unscharf bleibt und – wie das letzte Beispiel zeigt – seinerseits einer normativen Begrenzung bedarf.[64] Andernfalls öffnete man Tätern, die selbstherrlich glauben, zum Wohle ihrer Opfer zu handeln, Tür und Tor. Es kommt hinzu, dass jede Tötung, die ohne den Willen des Opfers erfolgt, gegen dessen Lebensrecht ge-

---

61 Nach BGHSt (GrS) 9, 385.

62 BGHSt 37, 376.

63 BGHSt 37, 367 (377); verneint z.B. bei Koma-Patienten, BGH NStZ 2008, 93 (94).

64 OTTO (Fn. 5) Jura 1994, 147 f.; Sch/Sch-ESER § 211 Rn. 25a; ARZT/WEBER BT § 2 Rn. 46.

richtet ist, mag sie auch aus Täterperspektive noch so gut gemeint sein. Von daher befremdet es, die Negierung fremden Lebensrechts als nicht feindselig anzusehen.

Stellte man konsequent auf die *gezielte* Ausnutzung der Arg- und Wehrlosigkeit ab, gelangte man im Beispiel Rn. 164 (Mitnahmesuizid) zur Heimtücke, im Fall der Krankenschwester (Beispiel Rn. 165) dagegen nicht. Denn ihr kam es nicht darauf an, durch die Verwendung des Giftes die Tötung zu ermöglichen, sondern eine schnelle und schonende Methode zu wählen. Zur Tötung selbst aber war die Arglosigkeit der Patienten nicht erforderlich. Damit wären beide Fälle sachgerecht gelöst. Denn weder aus der Opferperspektive noch unter Schuldaspekten ist einzusehen, warum der Täter im Beispiel Rn. 164 privilegiert werden sollte. Vielmehr tat er genau das, was BGHSt 36, 376 später wegen der angemaßten Entscheidungskompetenz über Leben und Tod als typischen Fall feindlicher Willensrichtung bezeichnete. **167**

ff) Negative oder positive Typenkorrektur?

Die – heute nur noch vereinzelt vertretene – Lehre von der Typenkorrektur sucht keine spezielle Heimtücke-Lösung. Vielmehr zieht sie die Konsequenzen daraus, dass es auch anderen Mordmerkmalen nicht stets gelingt, trennscharf die Tötungen mit einem gesteigerten Schuldgehalt von „normalen" Totschlagstaten zu unterscheiden. Daher misst sie der Erfüllung der einzelnen Mordmerkmale zunächst nur eine Art regelmäßiger Indizwirkung zu. Die *Lehre von der negativen Typenkorrektur* eröffnet dem Richter sodann die Möglichkeit, trotz Bejahung eines Mordmerkmals dem Fehlen einer besonderen Verwerflichkeit durch Rückzug auf den Totschlag Rechnung zu tragen.[65] Die *Theorie der positiven Typenkorrektur* fordert – noch weiter gehend – zum Mordmerkmal stets zusätzlich die explizite Bejahung der Verwerflichkeit.[66] **168**

Beispiel (Tötung eines schlafenden Familientyrannen[67]): *Markus F.*, „Präsident" einer Rockergruppe, hatte über Jahre hinweg und beständig aggressiver seine Ehefrau *Verena F.* gedemütigt und durch Tätlichkeiten verletzt. Nach einem besonders gewalttätigen Ausbruch von *Markus F.* sah sie keinen anderen Weg, sich und ihre beiden Töchter zu schützen, als *Markus F.* zu töten. Insbesondere glaubte sie, selbst mit behördlicher Hilfe nicht vor ihm und seinen Freunden sicher sein zu können. Als sie beim Aufräumen nach der Auseinandersetzung - *Markus F.* war zu Bett gegangen und schlief bereits – dessen Revolver fand, nahm sie ihn und erschoss den Schlafenden. — Schwurgericht und BGH nahmen einen Heimtückemord an (was nach der hier vertretenen Auffassung allerdings nur dann richtig wäre, wenn *Verena F.* ihren Mann nicht auch dann erschossen hätte, wenn sie den Revolver gefunden hätte, als er noch wach war. Soweit erkennbar, spricht aber vieles dafür, dass der Schlaf von *Markus F.* für den Tötungsentschluss – auch angesichts der Waffe – irrelevant war.).

---

65 Sch/Sch-ESER § 211 Rn. 10; SK-HORN § 211 Rn. 6; GEILEN, Gerd: Zur Entwicklung und Reform der Tötungsdelikte - Bemerkungen zum Stand der Diskussion, JR 1980, 309-316 (311 ff.); WELZEL Lb S. 284.

66 Richard LANGE, Eine Wende in der Auslegung des Mordtatbestandes, GedS Schröder S. 217-234 (220 ff.); DERS., zitiert nach Jürgen MEYER, Die Diskussionsbeiträge der Strafrechtslehrertagung 1970 in Regensburg, ZStW 83 (1971), 243-280 (246).

67 BGH NStZ 2003, 482 m. Anm. OTTO NStZ 2004, 142-144; KARGL (Fn. 19), JZ 2004, 189; ferner Thomas ROTSCH, Die Tötung des Familientyrannen: heimtückischer Mord? – Eine Systematisierung aus aktuellem Anlass, JuS 2005, 12-18; Rita HAVERKAMP, Zur Tötung von Haustyrannen im Schlaf aus strafrechtlicher Sicht, GA 2006, 586-604.

Unschwer gelänge man angesichts der Motivation der Tötung mit den Lehren von der Typenkorrektur zum Befund einer nachvollziehbaren und keineswegs besonders verwerflichen Tötung. Damit wäre der Weg offen für eine Verurteilung wegen Totschlags (und zudem für die Anwendung des § 213 mit seinem noch einmal reduzierten Strafrahmen, der sogar eine Bewährungsstrafe zugelassen hätte).

169 Die Rspr. hat eine Typenkorrektur stets abgelehnt.[68] Die h.M. sieht heute ebenfalls die großen Gefahren, die entstehen, wenn die Entscheidung zwischen Mord und Totschlag an ein so wenig konturhaftes Kriterium wie eine „Verwerflichkeit" angeknüpft wird.[69] Dieses ist allein auf so klare Konstellationen wie im Beispiel Rn. 168 problemlos anzuwenden, sonst aber nicht.

170 Abgesehen von dem kaum zu formulierenden Inhalt (was meint eigentlich „verwerflich"?) wird die Bejahung des § 211 zu einer reinen Wertentscheidung des Richters, die höchst subjektiver Art sein kann. Zu befürchten ist außerdem, dass die Grenze zwischen dem gerade noch und eben nicht mehr „besonders" Verwerflichen historisch relativ verlaufen wird. Was heute noch als verwerflich gilt, mag der Richter morgen anders sehen und umgekehrt. Setzt man einmal zur begrifflichen Klärung „Verwerflichkeit" mit „Schuldgehalt" gleich, dann ist zudem abzusehen, dass man angesichts der Vielzahl denkbarer Gestaltungen keine zwei sauber zu separierenden Gruppen von „einfachen" und „besonders verwerflichen" Tötungen wird bilden können. Vielmehr wird zwischen den Extremfällen jede denkbare Mischform mehr oder weniger hohen Schuldgehalts zu finden sein. Damit aber ist offen, wo nun die Grenze konkret zu ziehen ist und wie man ihren exakten Verlauf nachvollziehbar (und nicht nur mit diffusen Moralurteilen) begründen könnte.

gg) Die Rechtsfolgenlösung des BGH

171 Es war eingangs bereits darauf hingewiesen worden, dass die absolute Strafdrohung des § 211 für einen Gutteil der Auseinandersetzungen um die Mordmerkmale verantwortlich zeichnet. So verwundert es nicht, wenn der Große Strafsenat des BGH den Auftrag des BVerfG, Ausweichstrategien zu finden, die es dem Richter ermöglichen, die im Einzelfall unangemessene lebenslange Strafe zu vermeiden,[70] schließlich zum Anlass genommen hat, auch auf Rechtsfolgenseite Flexibilität zu ermöglichen. Er tat dies anhand des Falls aus Beispiel Rn. 159, wo ihm nach Bejahung der Heimtücke der Ausweg verwehrt war, mit Hilfe anderer Strafmilderungsvorschriften (z.B. nach den §§ 17 S. 2, 21, 35 I 2, II 2) zur zeitigen Freiheitsstrafe zu gelangen. In solchen Ausnahmekonstellationen, in welchen die Heimtücke mit *außerordentlichen schuldmildernden Umständen zusammentrifft* (im Beispielsfall: Die vorherige Vergewaltigung der Ehefrau durch den Getöteten), sei im Wege der Rechtsfortbildung die Mordstrafe nach § 49 I Nr. 1 zu mildern.[71] Das führt zu einem Strafrahmen zwischen drei und fünfzehn Jahren Freiheitsstrafe.

---

68 BGHSt 9, 385 (389); 30, 105 (115).

69 MAURACH/SCHROEDER/MAIWALD BT 1 § 2 Rn. 25; WESSELS/HETTINGER BT 1 Rn. 133; ARZT/WEBER BT § 2 Rn. 15; KINDHÄUSER BT I § 2 Rn. 6; Walter KARGL, Gesetz, Dogmatik und Reform des Mordes (§ 211 StGB), StraFo 2001, 365-374 (369); MÜLLER-DIETZ (Fn. 5) Jura 1983, 578.

70 BVerfGE 45, 187 (261 ff.).

71 BGHSt (GrSen) 30, 105 (118 ff.).

In der Folgezeit haben sich die einzelnen Strafsenate des BGH um Einschränkung dieser Entscheidung bemüht.[72] Als suchten sie, „die Geister zu vertreiben, die der Große Senat gerufen hatte",[73] wurde vor allem der Vorrang anderer Strafmilderungsmöglichkeiten (wie etwa des § 21) betont.[74] Auch im Beispiel Rn. 168 hatte der BGH das Urteil des Schwurgerichts, das der Rechtsfolgenlösung gefolgt war, mit der Begründung aufgehoben, vorab seien entschuldigender Notstand und insbesondere Putativnotstand zu prüfen.[75] 172

Das Schrifttum hat die Rechtsfolgenlösung überwiegend abgelehnt. Methodisch ist gegen sie einzuwenden, dass sie *Rechtsfortbildung contra legem* betreibt und so die Grenzen richterlicher Kompetenz überschreitet.[76] Der Gesetzgeber hat sich auf die absolute Strafdrohung festgelegt und daran bis heute trotz aller geäußerten Bedenken festgehalten. Durch die Öffnung des Strafrahmens stellt sich der BGH dezidiert in Widerspruch zu diesem gesetzgeberischen Willen, wie er seinen klaren und unmissverständlichen Ausdruck in § 211 I gefunden hat. 173

In der Sache erweckt zudem der Rückgriff auf § 49 I Nr. 1 Bedenken, weil dadurch der Strafrahmen sogar noch unter denjenigen des Totschlags gerät, was angesichts der Verwirklichung von Mordmerkmalen kaum zu rechtfertigen ist.[77] Denn die schuldmildernden außerordentlichen Umstände würden ja auch beim Totschläger vorliegen, der in derselben Motivationslage nicht heimtückisch vorgeht. Ihm könnte aber keine Strafrahmenverschiebung zu Gute kommen. Warum er dann härter bestraft werden soll als der Mörder, bleibt unerfindlich. Ohnehin ähnelt die Rechtsfolgenlösung stark der Typenkorrektur und ist denselben Einwänden ausgesetzt, vage und unbestimmt zu sein.[78] 174

hh) Ungelöste Problemfälle

Resümierend bleibt festzustellen: Die übergreifenden Korrekturen des Mordtatbestandes (bzw. seiner Rechtsfolge) haben sich als ebenso anfechtbar erwiesen wie die meisten heimtückespezifischen Einschränkungsversuche. Auch das hier vertretene Erfordernis der gezielten Ausnutzung der Arg- und Wehrlosigkeit des Opfers vermag zwar viele, aber nicht alle Problemfälle heimtückischer Tötungen adäquat zu regeln. Kritisch bleiben jene Konstellationen, die zwar einen durch die Heimtücke begründbaren erhöhten Unrechtsgehalt, auf der anderen Seite aber auch schuldmildernde Faktoren aufweisen. Als hierfür bezeichnend fallen in familiären Konfliktsituationen erfolgte Tötungen ins Auge, welche aus nachvollziehbaren Motiven allein deswegen heimtückisch vorgenommen werden (müssen), weil das körperlich überlegene Opfer 175

---

72 Vgl. BGHSt 42, 301; BGH JZ 1983, 967; BGH NStZ 2003, 482.

73 Winfried HASSEMER, Rechtsfolgenlösung bei Mord ist schlechtester Weg zur zeitigen Freiheitsstrafe, JZ 1983, 967-969 (967); ähnlich KARGL (Fn. 67) JZ 2004, 189.

74 BGH JZ 1983, 967.

75 BGH NStZ 2003, 482.

76 LACKNER/KÜHL vor § 211 Rn. 20; ARZT/WEBER BT § 2 Rn. 17; KINDHÄUSER BT I § 2 Rn. 5; WESSELS/HETTINGER BT 1 Rn. 88 f.; BRUNS (Fn. 41) JR 1981, 360 ff.

77 KÜPER (Fn. 39) JuS 2000, 747; Sch/Sch-ESER § 211 Rn. 10b.

78 HASSEMER (Fn. 73) JZ 1983, 968; OTTO (Fn. 5) Jura 1994, 144; MAURACH/SCHROEDER/MAIWALD BT 1 § 2 Rn. 27.

sonst gar nicht zu töten gewesen wäre (z.B. bei den typischen Vatermorden[79]). Sie lassen sich mit den Mitteln des geltenden Rechts nicht sachgerecht als Totschlagstaten einordnen, sondern unterfallen trotz ihres Schulddefizites § 211. Will man ihnen gerecht werden, führt kein Weg an einer *Reform des Mordtatbestandes* vorbei (vgl. dazu näher Rn. 242).

b) Grausamkeit

aa) Zufügung körperlicher und seelischer Leiden

176 Eine grausame Tötung[80] wird von Rspr. und h.M. angenommen, sofern der Täter aus *gefühlloser, unbarmherziger Gesinnung* dem Opfer *besondere Schmerzen oder Qualen* körperlicher oder seelischer Art zufügt.[81]

Beispiel (Wochenlange Quälerei der kranken Tochter[82]): *Reinhard B.* sperrte seine Tochter *Maria* wegen ihrer schweren und unheilbaren Epilepsie-Erkrankung, der unvermeidlich damit verbundenen Wesensveränderung und zeitweiligen Hilflosigkeit wochenlang in einem Kellerverschlag ein und setzte sie der Verwahrlosung, dem Hunger und der Kälte aus, nachdem er sie vorher gemeinsam mit seinem Sohn *Georg* aufs schwerste misshandelt hatte. Alles dies tat er, damit sie rascher sterbe und ihm nicht mehr zur Last falle.

177 Die eingangs wiedergegebene Definition der Grausamkeit bleibt allerdings in mehrfacher Hinsicht unzureichend bzw. angreifbar.

178 Zunächst wird vereinzelt die Berechtigung in Abrede gestellt, schon die Zufügung ausschließlich seelischer Qualen als grausam zu bewerten.

Beispiel (Tötungsvorbereitungen unter den Augen des gefesselten Opfers[83]): *Helga Z.* hatte sich – mehr oder weniger freiwillig – von *Marion V.* fesseln lassen, um ihr zu beweisen, dass sie nicht vorhatte, in dieser Nacht das Haus zu verlassen. Beide Frauen hatten eine konfliktbelastete sexuelle Beziehung miteinander. Nach der Fesselung kam es erneut zu einem heftigen Streit zwischen ihnen, der mit wechselseitigen schweren Beleidigungen verbunden war. Aus Wut, Zorn und Eifersucht sowie in der Erkenntnis, dass sich diese gefesselt nicht wehren könne, entschloss sich *Marion V.*, *Helga Z.* zu töten. Sie nahm zu diesem Zweck vor den Augen der sie beobachtenden *Helga Z.* ein großes Kopftuch aus dem Kleiderschrank. Sie faltete es durch mehrfaches Umschlagen auf 7 cm Breite zusammen und schritt, das Tuch an den Enden in den Händen haltend, von vorn auf die auf einer Matratze hockende *Helga Z.* zu. Dieser war bereits beim Falten des Tuches klar geworden, was *Marion V.* vorhatte. Sie rief deshalb in Todesangst laut um Hilfe. *Marion V.* kniete in aller Ruhe hinter *Helga Z.*, legte ihr das gefaltete Tuch um den Hals und erdrosselte sie. — Die Erdrosselung verursachte in dieser

---

79 Instruktiv dazu die Fallschilderungen bei Reinhard LEMPP, Jugendliche Mörder, 1977, S. 66 ff.

80 Zur rechtshistorischen Ableitung vgl. Olaf WITT, Das Mordmerkmal „grausam", 1996, S. 3-30.

81 BGHSt 3, 180; BGH StV 1997, 565 (566); BGH NStZ 2008, 29 m.Anm. Hartmut SCHNEIDER; LACKNER/KÜHL § 211 Rn. 10; LK-JÄHNKE § 211 Rn. 53; MAURACH/SCHROEDER/MAIWALD BT 1§ 2 Rn. 47; WESSELS/HETTINGER BT 1 Rn. 102.

82 BGHSt 3, 264.

83 BGHSt 32, 382. Der BGH rügte in der Entscheidung, dass das Schwurgericht die grausame Begehung unerörtert gelassen hatte.

Situation keine „besonderen" Schmerzen, da sie offensichtlich zügig (und nicht quälend langsam) vorgenommen wurde. Wohl aber waren die Tötungsvorbereitungen im Angesicht des hilflosen Opfers geeignet, diesem erhebliche seelische Pein zu bereiten.

Begründet wird die Kritik an der „Grausamkeit" seelischer Qualen vor allem mit Beweis- und 179
Abgrenzungsschwierigkeiten[84]. Dem ist allerdings entgegen zu halten, dass bei konsequenter Anwendung des in-dubio-Satzes zwar vielleicht einige Fälle seelischer Quälereien „nur" als Totschlag abgeurteilt werden könnten, dies aber die Berechtigung zur Mordverurteilung in den verbleibenden Fällen nicht in Frage stellen muss. Abgrenzungsprobleme wiederum tauchen in vergleichbarer Form bei körperlichen Qualen auf. Auch hier muss eine Grenze zwischen „normalen" und „besonderen" Leiden gezogen werden.

Eine nähere Begründung zur Einbeziehung seelischer Leiden findet sich auf CD 03-05.

bb) Gefühllose Gesinnung?

Berechtigte Kritik erhebt sich gegen die Betonung einer gefühllosen, unbarmherzigen 180
Gesinnung in der Grausamkeitsdefinition der h.M.[85] Der Gesetzeswortlaut gibt eine solche *subjektiv aufgeladene Interpretation* nicht her, die letztlich wohl ihren Ursprung in der Tätertypenlehre (Rn. 48) findet und idealtypisch den in seinem Wesen grausamen Mörder vor Augen hat. In der Rspr. ist das Gesinnungselement ohnehin mittlerweile zur Floskel verkommen und in seinem Kern auf eine schlichte Vorsätzlichkeit des Handelns reduziert[86] (also des Bewusstseins der Qualen des Opfers durch die eigene Handlung). Es gehört daher auch nicht mehr in die Definition der Grausamkeit hinein.

cc) Unnötige Leiden

Das Erfordernis „besonderer" Leiden ist noch zu unbestimmt und muss daher kon- 181
kretisiert werden. Dies geschieht, indem Grausamkeit auf die Zufügung *unnötiger Leiden* beschränkt wird.[87] Danach muss dem Täter nachgewiesen werden, dass er das Opfer auch genauso gut weniger grausam hätte töten können. Steht ihm dagegen in der konkreten Tatsituation nur eine Tötungsart zur Verfügung, z.B. das Erschlagen mit einem Knüppel, so handelt er selbst dann nicht grausam, wenn er so das Opfer nicht schnell oder schmerzarm umzubringen vermag.

Gegen diese Auffassung wird eingewandt, entscheidend sei allein, ob das Opfer besonders zu 182
leiden habe. Ob der Täter es auch schonender hätte töten können, dürfe keine Rolle spielen.[88] Diese Kritik verkennt zweierlei: Erstens bedeutet der Verzicht auf das Merkmal unnötiger Leidenszufügung zugleich den Verzicht auf jegliches Kriterium zur Bestimmung des „Besonderen" der Leiden. Er führt damit zu einem unnötig vagen Begriffsinhalt der Grausamkeit. Zweitens ist die Mordqualifikation selbst unter Schuldaspekten dann kaum noch zu begründen.

---

84 WITT (Fn. 80) S. 159 ff.

85 WITT (Fn. 80) S. 131 ff.; Sch/Sch-ESER § 211 Rn. 27; Hinrich RÜPING: Zur Problematik des Mordtatbestandes, JZ 1979, 617-621 (620); KARGL (Fn. 69) StraFo 2001, 371.

86 WITT (Fn. 80) S. 134 f. m.w.N.

87 OTTO (Fn. 5) Jura 1994, 149; RÜPING (Fn. 85) JZ 1979, 620; KINDHÄUSER BT I § 2 Rn. 31 f.; SK-HORN § 211 Rn. 41; Sch/Sch-ESER § 211 Rn. 27.

88 Vgl. Helmut FRISTER (Anm. zu BGH StV 1988, 486) StV 1989, 343-345 (344); MAURACH/SCHROEDER/MAIWALD BT 1 § 2 Rn. 47; LK-JÄHNKE § 211 Rn. 54; FISCHER § 211 Rn. 56.

Denn worin sollte die gegenüber dem Tötungsvorwurf gesteigerte Schuld liegen, wenn der Täter gar nicht anders konnte, als das Opfer schmerzvoll zu töten? Man könnte ihm dann nur vorwerfen, *dass* er überhaupt getötet hat, aber nicht auch noch, dass er dabei *grausam* handelte. Vielmehr setzt ein Grausamkeitsvorwurf voraus, dass man dem Täter vorhalten kann, er hätte, wenn er schon tötet (wofür er die Strafe nach § 212 verdient), wenigstens ein milderes Mittel zu seiner Verfügung gehabt. Selbstverständlich ist auch dieser Vorwurf nur denkbar, wenn das mildere Mittel ebenso erfolgversprechend gewesen wäre wie das verwendete – im Grunde also eine Überlegung, wie sie ähnlich bei der Eignung des Notwehrmittels anzustellen ist.

183 Unzureichend wäre allerdings die schlichte Feststellung, dass auch eine – vielleicht nur um ein Weniges – mildere Tötungsart zur Verfügung gestanden hätte. Vielmehr muss es sich auch um aus Opfersicht *erhebliche Mehrleiden* handeln. Andernfalls ließe sich der Sprung zur lebenslangen Freiheitsstrafe nicht legitimieren.

dd) Definition der Grausamkeit

184 Damit kann als Definition grausamen Tötens nunmehr festgehalten werden:

Grausam ist eine Tötung, wenn der Täter dem Opfer bewusst erhebliche unnötige Leiden körperlicher oder seelischer Art zufügt.

ee) Einbeziehung vorbereitender Quälereien?

185 In der Praxis sind häufiger Konstellationen anzutreffen, bei welchen ausgedehnte Misshandlungen erst spät in den eigentlichen Tötungsakt einmünden, welcher dann relativ schmerzarm geschieht. Das Gesamtgeschehen ist hierbei ein grausames, die isoliert betrachtete Tötungshandlung wäre es nicht. Richtigerweise wird man in solchen Fällen dann zur Grausamkeit gelangen, wenn das Tatgeschehen sich als einheitliche willensgetragene Tötungstat darstellt, also bereits die Körperverletzungen von einem auf den schließlichen Tod zielenden Entschluss getragen werden.[89]

186 **Aufgabe:** Lang andauernde Grausamkeiten vor einem schnellen Tod[90]

Bei seiner Rückkehr von einem Umschulungskurs ärgerte sich *Jochen S.* darüber, dass seine Bekannte *Annette K.* die ihr aufgetragenen Besorgungen nicht erledigt hatte, das Geld, welches er ihr gegeben hatte, vertrunken und ihm kein Abendbrot zubereitet hatte. *Jochen S.* begann deshalb gegen 19.00 Uhr, *Annette K.* Schläge und Tritte gegen den ganzen Körper zuzufügen. Gegen Ende der Tätlichkeiten schleuderte er sie zudem gegen die Wand, wodurch sie schwere Kopfverletzungen erlitt. Gegen 22.30 Uhr ertränkte *Jochen S.* die mittlerweile bewegungslos daliegende Frau in der Badewanne.

a) Wurde *Annette K.* grausam getötet, wenn *Jochen S.* bereits bei den Misshandlungen vorgehabt hätte, sie am Ende zu ertränken?

b) Wie wäre es, wenn er erst nach der Beibringung der schweren Kopfverletzung mit Tötungsvorsatz weiter handelte?

187 In der Variante a) läge ein grausamer Mord vor, in der Variante b) dagegen nicht. Hier wäre wegen gefährlicher Körperverletzung in Tatmehrheit mit einem Mord, allerdings aus niedrigen Beweggründen, zu verurteilen. Ergänzende Lösungshinweise sowie zur Kritik der in Rn. 185 vorgestellten Differenzierung auf CD 03-06.

---

89 LACKNER/KÜHL § 211 Rn. 10; OTTO (Fn. 5) Jura 1994, 150; BGHSt 37, 40 (41).

90 Nach BGH StV 1986, 60.

c) Verwendung gemeingefährlicher Mittel

aa) Definition

Dieses letzte der objektiven Mordmerkmale beruht ersichtlich auf der besonderen Gefährlichkeit der Tötungsmethode für Personen über den Kreis der eigentlichen Verbrechensopfer hinaus. Gemeingefährlich ist ein Tötungsmittel, **188**

> *das nach seinem konkreten Einsatz geeignet ist, über ein oder mehrere individualisierbare Opfer hinaus eine unbestimmte Zahl weiterer Menschen an Leib oder Leben zu gefährden, und dessen Gefährdungspotenzial der Täter nicht beherrschen oder steuern kann.*[91]

Beispiel (Steinwürfe von der Autobahnbrücke[92]): Der ehemalige Berufskraftfahrer *Werner K.* warf mit bedingtem Tötungsvorsatz von einer Autobahnbrücke gezielt Steine auf unter der Brücke hindurch fahrende Pkw. Als Motiv gab er Zorn auf seine ausweglose persönliche Situation und auf die unter ihm durchfahrenden Kraftfahrer an. Nachdem er einen Wagen verfehlt hatte, traf er beim zweiten Wurf mit einem Stein von ca. 10x4x4 cm Größe das Dach eines mit ca. 100 km/h fahrenden Pkw mit vier Insassen. Dessen Fahrer brachte auf regennasser Fahrbahn und trotz dichten Verkehrs das Fahrzeug auf der Standspur zum Stehen, ohne dass es zu einem Unfall kam. — Das Schwurgericht verurteilte *Werner K.* u.a. wegen zweifachen, mit gemeingefährlichen Mitteln begangenen (und zudem heimtückischen) Mordversuchs zu vier Jahren sechs Monaten Gesamtfreiheitsstrafe.

bb) Gefährlichkeit des Angriffsmittels

Die Gemeingefährlichkeit bezieht sich allein auf Personen jenseits des Kreises der anvisierten Tatopfer. Auf eine Absurdität haben ARZT/WEBER in diesem Zusammenhang hingewiesen:[93] Wer eine Handgranate in ein vollbesetztes Lokal werfe, um eine bestimmte Person darin umbringen und die Gefährdung und notfalls Tötung der übrigen Gäste in Kauf nehme, verwende ein gemeingefährliches Mittel, nicht aber derjenige, welcher sogleich alle im Lokal befindlichen Personen zu töten suche. Letzteres ist allerdings nur solange zutreffend, wie sich aus Tätersicht die vollständig zu tötende Gruppe aus noch individualisierbaren Personen zusammen setzt. Andernfalls besteht gleichwohl Gemeingefährlichkeit. So bleibt ein Bombenanschlag auf ein Flugzeug ein Mord, sofern der Attentäter dessen Insassen zwar allesamt töten will, deren genaue Zahl und Zusammensetzung ihm aber unbekannt sind.[94] **189**

Grund der Dissonanz im Handgranaten-Beispiel von ARZT/WEBER ist, dass die Mehrfachtötung im StGB kein Mordmerkmal darstellt. Wäre das anders, beginge derjenige, der alle Mitglieder einer (überschaubaren) Gruppe zu töten plant, schon deshalb einen Mord, weil er mehr als einen Menschen umbringt. Mehrfachtötungen und gemeingefährliche Tötungen ließen sich dann insgesamt sachgerechter beurteilen.

Zum Teil wird ergänzend verlangt, das eingesetzte Mittel müsse bereits seiner Beschaffenheit nach abstrakt geeignet sein, Gemeingefahren zu begründen.[95] Danach kämen nur Bomben, **190**

---

91 KÜPER BT S. 235; WESSELS/HETTINGER BT 1 Rn. 103; LK-JÄHNKE § 211 Rn. 57; FISCHER § 211 Rn. 59; BGHSt 34, 13 (14); 38, 353 (354).

92 BGH VRS 63 (1982), 119.

93 ARZT/WEBER BT § 2 Rn 52.

94 RENGIER BT II § 4 Rn. 47a.

95 SK-HORN § 211 Rn. 49; KARGL (Fn. 69) StraFo 2001, 371; OTTO (Fn. 5) Jura 1994, 150.

Feuer, Giftgas oder vergleichbare Tötungswerkzeuge mit bestimmungsgemäßer Streuwirkung in Betracht. An sich gezielt einsetzbare, im konkreten Einsatz aber Folgegefahren verursachende Angriffsmethoden (z.B. die Steinwürfe im Beispielsfall) schieden indessen aus. Das dazu vorgetragene Wortlautargument, es gehe um die Mittelbeschaffenheit und nicht um die Angriffsmethode, trägt freilich nicht. Die Gefährlichkeit eines jeden Mittels kann sinnvoll nur in seinem jeweiligen Einsatzkontext bestimmt werden. Die Bombe unter dem einsam gelegenen Hochsitz des Jägers begründet keinerlei zusätzliche Gefahr, wohingegen der einzige Schuss auf einen Menschen, der vor einem großen Gasbehälter steht, sehr wohl zu einer Gemeingefahr führen kann. Dem Mordmerkmals geht es zudem nicht primär darum, die Verwendung bestimmter Mittel zu verbieten. Dafür gibt es u.a. das (Kriegs-) Waffen- und Sprengstoffrecht. Es will vielmehr das Unrecht sanktionieren, das in der zusätzlichen Gefährdung Dritter besteht. Deswegen aber kann allein die *konkrete Gefährlichkeit* maßgebend sein. Eine generelle Eignung zur Massengefährdung ist daher weder erforderlich, noch wäre sie ausreichend.[96]

cc) Gefährdungsintensität und gefährdete Personen

191 Die Gemeingefährlichkeit des Mittels ist also an seinem konkreten Einsatz zu messen. Dabei muss es allerdings zu keiner konkreten Gefahr kommen; es genügt eine im jeweiligen Geschehensablauf festzustellende *Eignung zur Gefährdung*.[97]

Beispiel (Brandanschlag auf ein Asylantenheim[98]): *Marion A.* warf drei sog. Molotov-Cocktails in das von zwei Vietnamesen bewohnte Zimmer eines Asylantenwohnheims, um beide Zimmerbewohner zu töten. Diese kamen tatsächlich in den Flammen ums Leben. Dank der feuersicheren Bauweise des Gebäudes und des Umstandes, dass die Zimmertüren verschlossen waren, wurde von den restlichen im Wohnheim anwesenden Personen niemand unmittelbar gefährdet. Dennoch ist eine Brandlegung stets geeignet, sämtliche Bewohner eines Hauses zu gefährden. *A.* wurde daher wegen Mordes verurteilt.

192 Die Gefahreignung über die unmittelbaren Tatziele hinaus muss eine *nicht konkret bestimmbare Mehrzahl* von Personen betreffen. Entscheidend ist, dass der Täter „die Ausdehnung der Gefahr nicht in seiner Gewalt hat".[99] Wer eine Handgranate auf sein Ziel wirft, in dessen näherer und weiterer Umgebung sich weitere Personen aufhalten, kann es nicht mehr steuern, wieviele Menschenleben sein Angriff tatsächlich kosten wird.

193 **Aufgabe:** Schuss auf eine Person in einem Lokal[100]
Duran T. wollte seinen Gegner *Murat P.* töten. Er gab ca. einen Meter vor der Schaufensterscheibe eines Lokals stehend einen Schuss auf den Kopf einer unweit hinter der Scheibe befindlichen Person ab, die er für *P.* hielt, bei der es sich aber um *Suleyman A.* handelte. Das Geschoss durchschlug die Schaufensterscheibe, flog knapp am Kopf des *A.* vorbei durch den Raum des voll besetzten Lokals. Es schlug an der rückwärtigen Wand in die Holzvertäfelung ein, glücklicherweise ohne zuvor einen der zahlreichen anwesenden Gäste zu treffen.

---

96 Ebenso LK-JÄHNKE § 211 Rn. 57; FISCHER § 211 Rn. 59; Sch/Sch-ESER § 211 Rn. 29.

97 OTTO (Fn. 5) Jura 1994, 150; FISCHER § 211 Rn. 59; LACKNER/KÜHL § 211 Rn. 11.

98 BGH NJW 1985, 1477.

99 BGHSt 34, 13 (14); BGH NStZ 2006, 167 (168).

100 Nach einem der Fälle aus BGHSt 38, 353.

Handelt es sich bei dem Tötungsversuch um einen Anschlag mit gemeingefährlichen Mitteln?

Es handelt sich, vorbehaltlich subjektiver Mordmerkmale, nur um einen Totschlags- 194
versuch. Vertiefende Hinweise dazu auf CD 03-07.

3. Der subjektive Tatbestand und die subjektiven Mordmerkmale

Neben dem Tötungsvorsatz (der gegenüber dem Totschlag keine Besonderheiten 195
aufweist, vgl. dazu Rn. 88 f.) sind Bestandteile des subjektiven Mordtatbestands die Mordmerkmale der ersten sowie der dritten Gruppe (vgl. die Abbildung Rn. 118). Die Motivmerkmale der ersten Gruppe bilden, wie schon die Formulierung „oder sonst ..." deutlich macht, nur *besondere Ausprägungen niedriger Beweggründe*. Dasselbe gilt freilich auch für die Absichtsmerkmale der dritten Gruppe.

Eine klare Kategorisierung ist im Übrigen schon deshalb unmöglich, weil natürlich auch Ab- 196
sichten „Beweggründe" darstellen. Beispielsweise enthält die Tötung „zur Befriedigung des Geschlechtstriebs" aus der ersten Gruppe auch ein Absichtsmoment. Ebensowenig hilft es, auf das Begriffspaar „Beweggrund" (erste Gruppe) und „Zweck" (dritte Gruppe)[101] auszuweichen. Der Zweck „Ermöglichung" etwa geht selbstverständlich mit dem zu Grunde liegenden Beweggrund (Motiv der zu ermöglichenden Tat) ebenso Hand in Hand, wie der Beweggrund „Habgier" untrennbar mit der Betrachtung des Zwecks (erstrebter Gewinn) verbunden ist.[102] Die Merkmale der ersten und der dritten Gruppe unterscheiden sich daher ihrer Art nach nur unwesentlich.

a) Mordlust

Mordlust spielt in der Praxis kaum eine Rolle. Früher wurde sie als „unnatürliche 197
Freude an der Vernichtung eines Menschenlebens" bezeichnet.[103] Da dies aber in die Nähe einer Beschreibung pathologischer Zustände gerät und folglich eher von geminderter denn von gesteigerter Schuld zeugt, blickt man heute auf die konkrete Motivation. Dabei erfolgt eine im Grunde negative Prüfung: Die Tötung muss ohne sonstigen, von ihr gedanklich lösbaren Zweck oder Anlass geschehen[104] und daher allein auf dem *mutwilligen Wunsch zur Lebensvernichtung* eines letztlich zufälligen Opfers beruhen. Darunter fallen Tötungen etwa aus Neugier, Langeweile, Angeberei oder als Mutprobe.

Zu beachten ist, dass dolus eventualis für die Annahme von Mordlust nicht genügt.[105]

Beispiel (Tötungsversuch an einem zufälligen Opfer[106]): *Jochen F.* hielt sich in einer Bahnhofsgaststätte auf. Gegen 19.00 Uhr suchte er die außerhalb des Lokals im Untergeschoss des Bahnhofsgebäudes gelegene Toilette auf. Er empfand diesen abgelegenen und verlassenen Ort als unheimlich und dachte bei sich, wenn man hier jemanden umbringen würde, würde es niemand bemerken. Danach ging er zur Bahn-

---

101 So u.a. WESSELS/HETTINGER BT 1 Rn. 85.

102 Vgl. dazu auch die kritische Analyse bei ARZT/WEBER BT § 2 Rn. 58.

103 BGH NJW 1953, 1440.

104 BGH NStZ 1994, 239.

105 BGH(D) MDR 1974, 546 (547).

106 BGHSt 34, 59.

hofshalle zurück und setzte sich auf eine Bank in der zu diesem Zeitpunkt menschenleeren Bahnhofshalle. Er erinnerte sich an einen Zeitschriftenartikel, in dem über die Tötung einer alten Frau durch zwei Jugendliche berichtet worden war, und dachte bei sich, wenn er einmal so etwas mache, dann mache er es so, dass man ihn nicht erwische. Als *Jochen F.* am Ende dieser Überlegungen gerade von der Bank aufstehen wollte, ging die 21 Jahre alte *Corinna W.* an ihm vorbei zur Toilette. Als er die junge Frau sah, dachte er bei sich, jetzt oder nie. Entweder bringe er diese Frau jetzt um oder er lasse es überhaupt bleiben. Er entschloss sich, die Frau zu töten, wartete einen Augenblick und folgte ihr dann die Treppen zur Toilette hinunter. In der Damentoilette versuchte er, die am Waschbecken stehende *W.* zu erwürgen. Dem Opfer gelang es aber, den Angriff abzuwehren und zu entkommen.

b) Tötung zur Befriedigung des Geschlechtstriebs

198 Bei diesem Merkmal dient die Tötung als Mittel zur Erreichung des Absichtsziels der sexuellen Befriedigung. Dabei muss der Tod nicht unbedingt gewollt sein; es genügt insoweit dolus eventualis.[107] Die sexuelle Befriedigung wiederum braucht nicht einzutreten, nur muss der Wunsch nach ihr das Täterhandeln leiten.

Beispiele sind zum einen der Lustmord, bei dem bereits der Tötungsvorgang sexuelle Erregung verschaffen soll. Es fallen aber auch die (sog. nekrophilen) Tötungen darunter, die geschehen, um sich sexuell an der Leiche zu vergehen,[108] sich Erregung durch späteres Betrachtung von Videoaufzeichnungen der Tötung oder durch Kannibalismus zu verschaffen.[109] Praktisch am häufigsten sind freilich Vergewaltigungen, bei denen die nötigende Gewalt mit Tötungseventualvorsatz vorgenommen wird.[110] In solchen Fällen geht § 211 der Vergewaltigung mit Todesfolge (§ 178) vor.

c) Habgier

aa) Definition der Habgier

199 Habgierdefinitionen bedienen sich oft moralisierender Beschreibungen, indem sie auf ein übertriebenes Streben nach wirtschaftlichen Vorteilen abstellen, das in seiner Rücksichtslosigkeit das gewöhnliche Maß weit übersteigt,[111] eine ungewöhnliche, ungesunde und sittlich verwerfliche Steigerung des Erwerbssinns, bei welchem der Täter von dem Verlangen getrieben ist, um jeden Preis und ohne jede Rücksicht irgendeinen dem Opfer zustehenden Vermögensgegenstand zu erwerben.[112] Abgesehen davon, dass solche Beschreibungen schnell in die Nähe pathologischer Persönlichkeitsstörungen geraten, hätten sie das unliebsame Ergebnis, dass eine Tötung aus „gesundem", nicht übertriebenem Gewinnstreben nur als Totschlag eingeordnet

---

107 BGHSt 19,101 (105).

108 BGHSt 7, 353.

109 BGH JR 2005, 338 (340), mit Anm. Hans KUDLICH (Fall des sog. „Kannibalen von Rotenburg"); Bespr. duch Anja SCHIEMANN, Mord oder Totschlag? – Kannibalismus und die Grenzen des Strafrechts, NJW 2005, 2350-2352.

110 Sch/Sch-ESER § 211 Rn. 16; BGHSt 19, 101 (105).

111 BGHSt 10, 399; FISCHER § 211 Rn. 10; OTTO (Fn. 5), Jura 1994, 145.

112 BGH 29, 317 (318); LACKNER/KÜHL § 211 Rn. 4.

werden könnte.[113]

Richtigerweise genügt daher schon das *Missverhältnis von Zweck* (Mehrung des Vermögens) *und Mittel* (Tötung): Die Rechtsordnung geht von einem derart gravierenden Rangunterschied beider Güter aus, weshalb **200**

die Instrumentalisierung der Lebensvernichtung zur Gewinnerzielung

das Tatunrecht bereits so sehr steigert, dass sich stets der Schuldvorwurf des Mordes rechtfertigen lässt.[114]

Beispiele von Habgiermorden sind der Raubmord (der allerdings zumeist daneben eine Tötung zur Ermöglichung einer anderen Straftat ist), der Auftragsmord gegen Bezahlung oder die Tötung zur Erlangung des Erbes oder der für das Opfer bestehenden Lebensversicherung.

bb) Der erstrebte Vermögensvorteil

(1) Vermögen Eine Vermögensmehrung, sei es in Geld, sei es in anderen Wertgegenständen, bildet nicht immer das eigentliche Ziel des Täters. Allerdings genügt es, wenn er irgendeine Art von geldwerter Bereicherung erstrebt, mag sie auch nur notwendige Durchgangsstation zum Endziel sein. Geld und Vermögen besitzen idealtypisch ohnehin keinen Wert als solchen, sondern sind Mittel zur Erlangung anderer Vorteile, z.B. des Konsums oder schlicht der Lebenserhaltung. **201**

Aufgabe: Heroinbeschaffung als Tötungsziel[115] **202**
Marcus I. war in hohem Maße heroinabhängig und wollte sich zur Befriedigung seiner Sucht Heroin beschaffen. Sein Dealer *Claude A.* bot ihm drei Briefchen mit zusammen ca. einem Gramm Heroin für 200 DM an. Diesen Preis konnte *I.* nicht bezahlen. Von dem Verlangen getrieben, unter allen Umständen in den Besitz des benötigten Heroins zu gelangen, tötete er *A.* und nahm ihm das Rauschgift ab.
Handelte *Marcus I.* habgierig?

Es liegt ein Habgiermord vor, weil es *Marcus I.* letzen Endes darum ging, geldliche Aufwendungen zu ersparen. Weitere Hinweise auf CD 03-08. **203**

(2) Vermögenserhalt als für Habgier ausreichendes Motiv Habgier liegt nicht nur vor, wenn der Täter Vermögensgewinne anstrebt,[116] sondern schon, sobald er ihm drohende Vermögensverluste abwenden will.[117] **204**

Beispiel (Tötung, um einer Unterhaltsverpflichtung zu entgehen):[118] *Werner M.* hatte mit *Theresa G.* ein eher lockeres Verhältnis. Als *Theresa G.* schwanger wurde,

---

113 Gerhard WOLF, Mörder oder Totschläger, FS Schreiber S. 519-532 (524).

114 Vgl. Wilfried KÜPER, Motiv-Intentionalität und Zweck-Mittel-Relation, GedS Meurer, S. 191-207 (196 ff.); SK-HORN § 211 Rn. 12 f.; ARZT/WEBER BT § 2 Rn. 59.

115 BGHSt 29, 317.

116 So aber Sch/Sch-ESER § 211 Rn. 17; SK-HORN § 211 Rn. 14; KÜPER GS-Meurer (Fn. 114), S. 206.

117 H.M., vgl. BGHSt 10, 399; BGH NStZ 1993, 385 (386); LACKNER/KÜHL § 211 Rn. 4; MAURACH/SCHROEDER/MAIWALD BT 1 § 2 Rn. 33; RENGIER BT II § 4 Rn. 13.

118 BGHSt 10, 399.

befürchtete *M.*, dass er für das zu erwartende Kind Unterhalt zahlen müsse. Aus diesem Grund versuchte er, *Theresa G.* umzubringen, was ihm allerdings misslang. *Werner M.* wurde wegen versuchten Habgiermordes verurteilt.

205 Ein gravierender Unterschied zwischen der Mehrung von Vermögen und einer Verlustvermeidung besteht nämlich im Grunde gar nicht, sofern man das Vermögen wirtschaftlich als Ganzes betrachtet und dabei Zahlungsverpflichtungen des Täters als vermögensmindernde Faktoren in die Saldierung einbezieht. Entlastet er sein Vermögen durch die Tötung von einer Zahlungsverpflichtung, so mehrt er es bei Gesamtbetrachtung aller Vermögenspositionen, weil die betreffende Schuld nun nicht mehr existiert.

206 *(3) Rechtswidrigkeit des erstrebten Vermögensvorteils?* Dieselbe wirtschaftliche Betrachtungsweise führt dazu, dass der angestrebte Vermögensvorteil nicht unbedingt rechtswidrig sein muss. Habgierig kann daher auch handeln, wer einen ihm zustehenden geldwerten Anspruch durch die Tötung eintreiben will, welchen er sonst nicht realisieren könnte[119]. Eine nähere Begründung dieser Ansicht befindet sich auf CD 03-09.

cc) Motivbündelung

207 Häufig erfolgen Tötungen nicht alleine aus einem Motiv heraus, sondern es fallen mehrere Beweggründe zusammen. Der Vermögensvorteil muss dann einen *Hauptanreiz* für den Täter bilden, damit Habgier bejaht werden kann. Er muss ein solches Gewicht besitzen, dass ohne ihn die Tötung unterbliebe. Die Rspr. spricht in diesem Zusammenhang von „Bewusstseinsdominanz" der Habgier,[120] was aber die Anforderungen überspannt. Habgier ist schließlich kein Absichtsmerkmal, sondern (nur) Motiv. Es muss deshalb den Täter zwar leiten, aber nicht beherrschen, nicht „dominieren".[121] Daher genügt eine *kumulativ kausale Motivation*. Habgierig wäre es daher z.B. auch, wenn eine Frau ihren Mann einerseits aus Eifersucht, andererseits wegen der Lebensversicherungssumme umbringt und jedes der Motive für sich sie nicht zur Tötung brächte, sie sich vielmehr erst angesichts ihres Zusammentreffens zur Tat entschließt.

d) Ermöglichungsabsicht

aa) Strafschärfungsgrund

208 Die von der Ermöglichungsabsicht bewirkte Unrechtssteigerung wurzelt wie bei Mordlust und Habgier in einer *verwerflichen Zweck/Mittel-Relation*: Die Tötungshandlung um des ebenfalls negativ bewerteten Ziels der Durchführung einer weiteren Straftat gilt grundsätzlich als von besonders hohem Unwert.

---

119 Wie hier Sch/Sch-ESER § 211 Rn. 17; MAURACH/SCHROEDER/MAIWALD BT 1 § 2 Rn. 33; a.A. die wohl h.M., vgl. KÜPER GS-Meurer (Fn.114), S. 206; FISCHER § 211 Rn. 11; RENGIER BT II § 4 Rn. 13; ARZT/WEBER BT § 2 Rn. 60.

120 BGH NJW 1981, 932 (933); BGH StV 1989, 150 (151); ebenso RENGIER BT II § 4 Rn. 14; SK-HORN § 211 Rn. 18; KÜPER BT S. 191; kritisch WOLF FS Schreiber (Fn. 113), S. 525.

121 Im Ergebnis so auch ARZT/WEBER BT § 2 Rn. 58.

bb) Tötungserfolg oder Tötungshandlung als Mittel?

Die Rspr. war zunächst davon ausgegangen, es komme auf den Tötungs*erfolg* als Mittel zum 209
Ermöglichungszweck an[122] (mit der Folge, dass bedingter Tötungsvorsatz nicht genügte). Mittlerweile ist anerkannt, dass allein die Tötungs*handlung* die weitere Tat ermöglichen muss. Das bedeutet, dass schon eine Gewaltausübung ausreicht, bei welcher der Täter zwar den Tod in Kauf nimmt, ihn aber nicht unbedingt will.

Beispiel: (Ermordung eines beraubten Pfarrers): *Ralf H.* und ein unbekannt gebliebener Mittäter hatten den Pfarrer *Jürgen Z.* in dessen Wohnung überfallen und mit Chloroform betäubt, um ihn ausrauben zu können. Nach ca. 30 Minuten erholte sich das Opfer. *Ralf H.* entschloss sich nunmehr, endgültig dafür zu sorgen, dass sie die weitere Suche nach Geld und Wertgegenständen ungestört fortsetzen könnten. Er würgte *Jürgen Z.* massiv am Hals, wobei er erkannte und billigte, dass sein Handeln zu dessen Tode führen könnte, ein Überleben ihm aber ebenso recht war. Tatsächlich starb *Jürgen Z.* 15 Minuten später verließen die Täter die Wohnung. — Der BGH billigte (auch) die Verurteilung wegen eines Ermöglichungsmordes. *Ralf H.* kam es primär darauf an, sein Opfer weiterhin außer Gefecht zu setzen, um den Raub ungestört zu Ende zu bringen. In der Bereitschaft, zur Durchsetzung krimineller Ziele „notfalls über Leichen zu gehen", zeige sich hierbei, so der BGH zu Recht, eine Geringschätzung fremden Lebens, die verwerflich sei und deshalb eine Verurteilung wegen Mordes auch dann rechtfertige, wenn der Tod nur in Kauf genommen wird.

cc) Die „andere" Straftat

Da die bloße Absicht der Ermöglichung ausreicht, braucht die zu ermöglichende 210
Straftat anschließend weder begangen noch auch nur versucht zu werden.

Das Merkmal einer „anderen" Straftat (des Täters oder auch eines Dritten[123]) verlangt *keine Tatmehrheit* zwischen Tötungshandlung und zu ermöglichender Straftat.[124] Beispielsweise geschieht auch die Tötung, um ins Haus des Opfers zu gelangen, trotz natürlicher Handlungseinheit mit dem so ermöglichten Hausfriedensbruch (§ 123) zur Ermöglichung einer „anderen" Straftat. Der Tötungsakt darf nur nicht zugleich Gegenstand der anderen Tat sein, z.B. die Tötung als Akt unmittelbarer sexueller Befriedigung dienen.

Die zu ermöglichende Straftat muss eine verfolgbare, *mit Kriminalstrafe bedrohte* Handlung 211
sein.[125] Nach h.M. soll dabei entscheiden, wie der Täter sie bewertet.[126] Die irrtümliche Auffassung, das Vorhaben sei nicht strafbar, bewahrt ihn deshalb vor einer Mordverurteilung[127] (es sei denn wegen sonst niedriger Beweggründe). Umgekehrt beschert ihm die irrige Vorstellung, bei einer zu ermöglichenden Ordnungswidrigkeit handele es sich um eine Straftat, die lebenslange Freiheitsstrafe.[128]

---

122 BGHSt 23, 176 (194); BGH (H) MDR 1980, 629.

123 Vgl. BGHSt 9, 180 (182 f.) zur insoweit gleich gelagerten Verdeckungsabsicht.

124 FISCHER § 211 Rn. 65.

125 BGHSt 28, 95; FISCHER § 211 Rn. 63; Sch/Sch-ESER § 211 Rn. 32; a.A. (auch Ordnungswidrigkeit genüge) MAURACH/SCHROEDER/MAIWALD BT 1 § 2 Rn. 34.

126 ARZT/WEBER BT § 2 Rn. 65; Sch/Sch-ESER § 211 Rn. 33; RENGIER BT II § 4 Rn. 48.

127 BGHSt 28, 93 (95) zum insoweit gleichlautenden § 315 III Nr. 1 b).

128 BGHSt 11, 226.

Diese Betrachtung ist jedoch noch zu undifferenziert; sie bedarf einer *Korrektur* nach Maßgabe der allgemeinen Irrtumsregeln. Es kommt folglich darauf an, ob der Täter einem tatsächlichen oder einem Bewertungsirrtum unterliegt. Näheres dazu auf CD 03-10.

e) Verdeckungsabsicht

aa) Fragwürdigkeit des Merkmals unter Schuldaspekten

212 Die Verdeckungsabsicht[129] ist unter Schuldaspekten ähnlich problematisch wie die Heimtücke. Idealtypisch ergibt sich ihr besonderer Unwert wie bei der Ermöglichungsabsicht aus einer verwerflichen Zweck/Mittel-Relation: „Nur" zur Vermeidung eigener Strafverfolgung – wegen einer im Zweifel geringeren Tat – opfert der Täter fremdes Leben. Dieses Leitbild eines Täters, der mit Vorbedacht Tatzeugen aus dem Wege räumt, findet man indes in der Wirklichkeit nur selten wieder.

Beispiel (Die Tötung eines Erpressers):[130] Der Polizeimeister *Detlev* R. handelte nebenher mit Rauschgift. Einer seiner Abnehmer war der heroinsüchtige Kleindealer *Günter* L., der von R. Heroin in Kommission erhielt. Anlässlich einer Razzia wurde das Rauschgift allerdings sichergestellt, bevor *Günter* L. es bei R. bezahlt hatte. Trotzdem begehrte L. weitere Heroinlieferungen von R. und erpresste ihn damit, andernfalls werde er seiner Dienststelle mitteilen, dass R. deale. Aus Angst vor Strafe, dem Verlust seines Jobs und fortlaufender Erpressung suchte *Detlev* R. den L. auf und erschoss ihn.

213 Das Beispiel macht deutlich, dass Verdeckungsmorde oft auf Motivationen beruhen, die menschlich gut nachvollziehbar sind. Noch offenkundiger ist dies, wenn der Täter auf frischer Tat gestellt wird und nahezu panikartig versucht, sich den Fluchtweg freizukämpfen. Der Schuldvorwurf erscheint dann regelmäßig weitaus geringer als beispielsweise beim Ermöglichungs- oder beim Habgiermord. In solchen Gestaltungen rechtfertigt sich das Mordmerkmal alleine aus *generalpräventiven Erwägungen*: Es soll alle an der Strafverfolgung Beteiligten (einschließlich der von ihr heranzuziehenden Zeugen) vor der Selbstbegünstigungsneigung des Straftäters schützen.[131]

Weiteres zur Diskussion um dieses Mordmerkmal auf CD 03-11.

bb) Die Verdeckung durch die Tötungshandlung

214 Die Verdeckung einer Straftat erfordert nach einhelliger Auffassung nicht, dass die Straftat als solche verheimlicht wird. Vielmehr genügt es bereits, wenn der Täter *seine Beteiligung an ihr vertuschen* will, um nicht für sie strafrechtlich zur Rechenschaft gezogen zu werden.[132] Dagegen stellt es kein Verdecken dar, wenn die Tötung allein dazu dienen soll, die Flucht zu ermöglichen, Tat und Täter aber bereits bekannt und dadurch nicht mehr zu vertuschen sind.

---

129 Zur Entstehungsgeschichte des Merkmals GROTH Der Verdeckungsmord als doppeltmotivierter Handlungsakt, 1993, S. 3-28.

130 Nach BVerfGE 45, 187 (190 f.).

131 ARZT/WEBER BT § 2 Rn. 64; RENGIER BT II § 4 Rn. 52; BGH NJW 1999, 1039 (1041).

132 BGHSt 15, 291; BGH NStZ-RR 1997, 132; FISCHER § 211 Rn. 68; Sch/Sch-ESER § 211 Rn. 34.

Aufgabe: Tötung aus Angst vor Reaktionen aus dem „Milieu“[133] 215
Gerald P. und *Jan G.* hatten *Maurizio M.* wahrheitswidrig die Lieferung von 5 kg Haschisch versprochen und ihn so zu einer Vorauszahlung von 5.000 EUR veranlasst. In der Folgezeit drängte *M.* auf die Übergabe des Rauschgiftes. *P.* und *G.* hatten eine Lieferung an *M.* aber niemals ernsthaft in Erwägungen gezogen. Sie fürchteten zwar nicht, dass ihr Betrug der Polizei bekannt werden würde, weil sie davon ausgingen, *M.* werde sie keinesfalls anzeigen, um nicht selber als Drogendealer bestraft zu werden. Mit der Zeit bekamen sie aber Angst vor der Reaktion des im „Milieu“ verwurzelten *M.,* sollte dieser erkennen, dass er „abgelinkt“ worden war. *P.* und *G.* beschlossen daher, *M.* vorsorglich zu töten. Sie lockten ihn unter dem Vorwand, dort erhalte er das Haschisch, an einen abseits gelegenen Ort, wo sie den Ahnungslosen erschossen.
Haben *Gerald P.* und *Jan G.* einen Mord an *Maurizio M.* begangen?

Nach dem beschriebenen Ziel des Schutzes aller Beteiligten an der Strafverfolgung 216
kann eine Verdeckungsabsicht nur vorliegen, solange es dem Täter um die *Vermeidung von Bestrafung i.e.S.* geht. Es genügt nicht, wenn er allein außerstrafrechtlichen Konsequenzen seiner Vortat zu entgehen sucht.[134] Im Aufgabenfall liegt daher ein Mord aus Heimtücke vor, aber nicht zur Verdeckung einer anderen Straftat. Ergänzende Hinweise auf CD 03-12.

cc) Die „andere“ Straftat

Wann eine „andere“ Straftat vorliegt, entscheidet sich nach ähnlichen Kriterien wie 217
bei der Ermöglichungsabsicht (vgl. Rn. 210 f.). Auch hier ist mittlerweile von der Rspr. anerkannt, dass selbst beim Ineinanderübergehen zweier Delikte eine Verdeckungsabsicht möglich ist,[135] etwa wenn der Täter das Opfer verprügelt und sich während dessen dazu entschließt, es umzubringen, um nicht wegen der Körperverletzung bestraft zu werden.

Zum Merkmal der „Straftat“ und zu diesbezüglichen Irrtumsfragen vgl. Rn. 211 sowie CD 03-10.

Ob Verdeckungsabsicht bedeutet, dass es dem Täter auf den Tötungs*erfolg* ankommen muss 218
oder ob eine bedingt vorsätzliche Tötungs*handlung* genügt, hängt von der jeweiligen Fallkonstellation ab. Wenn der Verdeckungserfolg nur durch den Tod des Opfers zu erreichen ist, wäre dolus eventualis unzureichend.

Beispiel (Das Liegenlassen eines schwer verletzten Unfallopfers): *Jürgen S.* hatte auf einsamer Landstraße nachts auf Grund alkoholbedingter Fahruntüchtigkeit den Radfahrer *Dennis K.* übersehen, ihn mit seinem Pkw erfasst und erheblich verletzt (Straftat der Straßenverkehrsgefährdung nach § 315c I Nr. 1 a), III). *Jürgen S.* erkannte, dass *Dennis K.* sterben könnte, falls er ihm nicht sofort Hilfe leistete. Diese Folge nahm er in Kauf, weil er nicht wegen der von ihm begangenen Straßenverkehrsgefährdung bestraft werden und seine Fahrerlaubnis verlieren wollte.

In dieser Situation eröffnen sich nun zwei Alternativen: *Dennis K.* könnte nach Einschätzung 219
von *Jürgen S.* entweder

---

133 Fall nach BGHSt 41, 8.

134 MüKo-SCHNEIDER § 211 Rn. 178; RENGIER BT II § 4 Rn. 55 f.; ARZT/WEBER BT 1 § 2 Rn. 64; Klaus GEPPERT, Zum Begriff der Verdeckungsabsicht in § 211 StGB, Jura 2004, 242-247 (245); a.A. BGHSt 41, 8; Sch/Sch-ESER § 211 Rn. 34.

135 BGHSt 35, 116; FISCHER § 211 Rn. 70; RENGIER BT II § 4 Rn. 65.

(1) das Kennzeichen des Pkw von *Jürgen S.* erkannt und sich gemerkt oder

(2) nicht gesehen haben, was für ein Fahrzeug ihn gerammt hatte.

In Variante (1) könnte *Jürgen S.* seine Tatbeteiligung nur erfolgreich verdecken, wenn *K.* stirbt. Denn andernfalls würde dieser der Polizei nach seiner Rettung das Kfz.-Kennzeichen benennen. In dieser Konstellation wäre eine Verdeckungsabsicht mit seinem bloß bedingten Tötungsvorsatz unvereinbar; *Jürgen S.* beging daher nur einen Totschlag(-sversuch), falls er davon fuhr, ohne die erforderliche Hilfe zu leisten.

In Variante (2) dagegen bleibt es für den angestrebten Verdeckungserfolg unerheblich, ob *Dennis K.* am Ende stirbt oder überlebt: So oder so könnte er der Polizei keine Hinweise auf den Täter liefern. Die erfolgreiche Verdeckung setzte daher nur voraus, dass *Jürgen S.* ungesehen verschwand. Verließe er jetzt ohne Hilfe zu leisten den Unfallort, um seine Beteiligung zu vertuschen, so genügt zur Bejahung eines Verdeckungsmordes (bzw. -mordversuches) bereits der vorliegende bedingte Tötungsvorsatz.

f) Niedrige Beweggründe

aa) Definition

220 Bei den „sonst niedrigen Beweggründen" handelt es sich um eine *Auffangbestimmung* zu den Mordmerkmalen der ersten und dritten Gruppe, die allesamt nur spezielle Ausprägungen niedriger Beweggründe darstellen. Daher ist dieses Mordmerkmal nur zu prüfen, falls sie nicht vorliegen.

221 Niedrig ist ein Beweggrund nach der Rspr., wenn er auf tiefster Stufe steht, durch ungehemmte, triebhafte Eigensucht bestimmt und deshalb besonders verwerflich, ja verächtlich ist.[136] Die moralisierenden Beschreibungen hinweggedacht (die bei der Subsumtion eher in die Irre führen als helfen), bleibt als Kern übrig

> *eine in besonderem Maße zu missbilligende Motivation, bei welcher vor allem der Tötungsanlass nach allgemeiner sozialer Wertung in keinem Verhältnis zur Vernichtung eines Menschenlebens steht.*[137]

Darunter fallen Tötungen, die aus *nichtigem Anlass* erfolgen oder in besonderem Maße das fremde Menschenleben zur Erreichung eigener, selbstsüchtiger Zwecke *instrumentalisieren.* Beispiele können die Tötung des Partners, der sich von dem Täter abgewandt hat, die Beseitigung des einem Liebesverhältnis im Wege stehenden Ehegatten[138] oder eine Tötung aus Rassen- und Ausländerhass[139] sein. Ausführlicher beschriebene und kommentierte Fallbeispiele finden Sie auf CD 03-13.

222 Um nicht vorschnell niedrige Beweggründe zu bejahen, muss man sich verdeutlichen, dass es um die Kennzeichnung extrem gelagerter Konstellationen geht: Jede strafbare Vorsatztötung stellt ohnehin eine verwerfliche Missachtung fremden Lebens dar, was bereits die hohe Strafdrohung des § 212 ausdrückt. Um eine Verurteilung wegen

---

136 BGHSt 2, 63; 3, 133; 42, 226 (228); 47, 128 (130); ebenso Sch/Sch-ESER (Fn. 14) § 211 Rn. 18; LACKNER/KÜHL § 211 Rn. 5; RENGIER BT II § 4 Rn. 16 f.

137 Ähnlich SK-HORN § 211 Rn. 15; MAURACH/SCHROEDER/MAIWALD BT 1 § 2 Rn. 37; OTTO (Fn. 5) Jura 1994, 145; KINDHÄUSER BT I § 2 Rn. 16.

138 BGH NStZ 1998, 352.

139 BGH NStZ-RR 2000, 165 f.

Mordes zu rechtfertigen, muss daher eine nochmalige Steigerung der bereits für sich genommen verwerflichen Totschlagsmotivation festgestellt werden.

Die damit notwendige Grenzziehung zwischen Verwerflichem (§ 212) und besonders Verwerflichem (Mord aus niedrigen Beweggründen) stellt die besondere Herausforderung des Mordmerkmals dar. Denn eine solche Grenze ist kaum anwendungssicher zu ziehen, daher von subjektiven Bewertungen abhängig und folglich willkürgefährdet. In der Reformdiskussion wird deshalb die Streichung des Merkmals gefordert.[140] Auf der anderen Seite ist es gerade wegen seiner Flexibilität unter Schuldaspekten problemlos: Durch eine restriktive Handhabung lässt sich gewährleisten, nur Tötungen mit tatsächlich höchstem Schuldgehalt zu erfassen. **223**

Am besten gelingt dies, indem man nicht gezielt einzelne Verwerflichkeitsmerkmale sucht. Denn dies verführt zu ihrer Überbewertung. Statt dessen ist umgekehrt zu fragen, ob nicht das Motiv wenigstens im Ansatz *menschlich nachvollziehbar, nachfühlbar* ist. Nur wenn dies misslingt, mögen niedrige Beweggründe vorliegen. **224**

bb) Gesamtbewertung der Motivation

Es wäre daher auch von vornherein verfehlt, beim Auffinden einer Motivation wie „Rache" oder „Eifersucht" ohne nähere Prüfung niedrige Beweggründe zu bejahen. Insofern verleitet die Lektüre von Kommentierungen mit ihren notwendig verkürzenden Fallcharakterisierungen zu falscher Pauschalisierung. Niedrig sind Beweg*gründe* nicht schon dann, falls sich (auch) ein typisch niedriger Beweg*grund* ausmachen lässt. Vielmehr muss die *Gesamtmotivation* des Täters die Einstufung „niedrig" erlauben. Das erfordert eine wertende Gesamtbetrachtung der Handlungssituation und des aus ihr herrührenden Tatentschlusses. Häufig treffen mehrere Beweggründe aufeinander, von denen einzelne menschlich nachfühlbar sind. Dann wird es schwierig, die Beweggründe im Ganzen noch als niedrig einzuordnen. **225**

Beispiel (Tötung der den Täter verlassenden Ehefrau[141]): *Jürgen W.* hatte Schulden gemacht, diese jedoch gegenüber seiner Ehefrau *Carmen W.* und den gemeinsamen Kindern verheimlicht und ihnen geordnete finanzielle Verhältnisse vorgespiegelt. Im Laufe der Zeit sah er aber keine Möglichkeit mehr, die Aufdeckung seiner falschen Angaben über die Schulden zu verhindern. Auf Grund früherer Äußerungen von *Carmen W.* musste er bei drohender Armut mit einer Trennung ihrerseits rechnen. Schließlich eröffnete er ihr dennoch die katastrophale finanzielle Lage. Wie zu erwarten, machte ihm *Carmen W.* heftige Vorwürfe, die darin gipfelten, sie werde ihn verlassen. Sie sei ja noch jung und hübsch und könne einen anderen Mann finden. Die Kinder werde *Jürgen W.* nicht wiedersehen. In dieser Situation entschloss sich *Jürgen W.*, seine Frau umzubringen, und erwürgte sie. Er war durch ihre Äußerungen in Wut versetzt. Keinesfalls wollte er zulassen, dass die Familie ohne ihn einen neuen Anfang suchte. Wenn er seine Frau schon nicht mehr haben könne, solle sie auch kein anderer Mann bekommen. — Während das Schwurgericht wegen der Nichtigkeit des – selbst verschuldeten – Anlasses und der eigensüchtigen Denkweise niedrige Beweggründe angenommen hatte, hob der BGH hob die Verurteilung wegen Mordes auf. Es sei zu berücksichtigen, dass *Jürgen W.* auch aus menschlich nachvollziehbarer

---

140 RÜPING (Fn. 85), JZ 1979, 620; KARGL (Fn. 69), StraFo 2001, 367; OTTO (Fn. 4), ZStW 83 (1971), 79.

141 Sachverhalt nach BGH StV 1983, 503.

und verständlicher Verzweiflung über das bevorstehende endgültige Scheitern seiner Ehe gehandelt habe. Diesen Aspekt hätte das Schwurgericht nicht hinlänglich gewürdigt, weshalb die Annahme niedriger Beweggründe keinen Bestand haben könne.

cc) Kollision mit anderen Wertvorstellungen

226 Die notwendige Motivationsbewertung muss berücksichtigen, dass Täter aus *anderer kultureller Umgebung* z.B. bestimmte Kränkungen anders erleben und bewerten. Handelt ein Ausländer nach den Wertvorstellungen seines Herkunftslandes und sind nach ihnen die konkreten Tatmotive nicht außergewöhnlich verwerflich, so lässt sich der Schuldvorwurf einer niedrigen Tötungsmotivation nicht ohne Weiteres erheben.

Beispiel (Blutrache):[142] Der aus Ostanatolien stammende *Yildiray Y.*, dessen Familie ebenso wie er selbst vom Blutrachegedanken durchdrungen war, wurde seitens der *Familie Y.* für die Durchführung der Tötung des *Osman B.* ausgewählt. Die Wahrung der Familienehre gebot die geplante Tat, nachdem *Osman B.* einige Zeit zuvor die nicht zur Familie *Y.* gehörende *Gönül Se.* versehentlich an Stelle eines als Opfer vorgesehenen Angehörigen der Familie *Y.* getötet hatte. *Yildiray Y.* führt die verlangte Tötung des *B.* aus.

227 In dem Rechts- und Kulturkreis, dem *Yildiray Y.* entstammte, ist die Tötung aus Blutrache zwar ebenfalls als qualifizierte Tötung strafbar, aber *nicht in dem Maße* verpönt wie in Deutschland. Vielmehr dürfte sie dort sozio-kulturell etwa einen vergleichbaren Stellenwert besitzen wie hierzulande die minder schweren Tötungen nach § 213.[143] In Deutschland dagegen wird Blutrache als Ausdruck einer selbstherrlichen Lynchjustiz begriffen. Daher stellt sie nach hiesigen Maßstäben einen niedrigen Beweggrund dar, insbesondere, wenn der Rächer wie im Beispiel von der (praktisch fehlgeschlagenen) Vortat gar nicht näher betroffen ist.[144]

228 Im zu entscheidenden Einzelfall ist von der Bewertung der Motivation nach hiesigen Maßstäben auszugehen.[145] Ist aber dem Täter im Falle einer Diskrepanz zu den aus seinem Herkunftsland stammenden Wertvorstellungen ein niedriger Beweggrund auch als solcher vorzuwerfen? Die Antwort hängt davon ab, inwieweit er in der Lage gewesen wäre, die abweichende Bewertung seines Motivs in Deutschland nachzuvollziehen. Auf diese, an die Vermeidbarkeitsprüfung bei § 17 angelehnte Fragestellung[146] nimmt maßgeblich Einfluss, wie lange und unter welchen Umständen sich ein Täter bereits in Deutschland aufhält. Bei gerade eingereisten Ausländern wird sie anders zu beurteilen sein als bei solchen, die seit einiger Zeit im hiesigen Kulturkreis leben und in ihn integriert sind.

---

142 BGH StV 1996, 208 m. Anm. Dirk FABRICIUS, Zur Frage der Verwerflichkeit einer Tötung aus moralischer Überzeugung, StV 1996, 209-211.

143 Eingehend Hans KUDLICH/Ilker TEPE, Das Tötungsmotiv „Blutrache" im deutschen und im türkischen Strafrecht, GA 2008, 92-103 (96 ff.).

144 BGH NJW 2006, 1008 (1011), wo aber umgekehrt im Falle unmittelbarer Betroffenheit, z.B. nach Tötung naher Angehöriger, Niedrigkeit der Beweggründe verneint wird.

145 BGH NStZ 2004, 332.

146 FABRICIUS (Fn. 142), StV 1996, 211.

IV. Besondere Teilnahmeprobleme bei § 211

1. Die unterschiedliche Bedeutung der einzelnen Mordmerkmale für die Teilnahme

Das Verhältnis von § 212 zu § 211 (Grundtatbestand/Qualifikation oder selbstständige Delikte?) spielt eine entscheidende Rolle, wenn mehrere Beteiligte an einer Tötung die Mordmerkmale in unterschiedlicher Weise verwirklichen. Denn die unterschiedlichen Sichtweisen führen zur Anwendung unterschiedlicher Bestimmung des § 28. 229

Als unproblematisch erweisen sich zunächst Fälle, in welchen Tätern und Teilnehmern *dasselbe Mordmerkmal* zuzurechnen ist (z.B. beide aus Habgier handeln) oder die *tatbezogenen Mordmerkmale* der zweiten Gruppe (Heimtücke, Grausamkeit, gemeingefährliche Mittel) betroffen sind. Für sie gelten die allgemeinen Akzessorietätsregeln: Nur wenn der Täter heimtückisch tötet, stellt sich überhaupt für einen Teilnehmer die Frage seiner Beteiligung an § 211. Sie wiederum ist davon abhängig, ob er die heimtückische Tötungsweise kannte.

Schwierigkeiten bereiten die Mordmerkmale der ersten und dritten Gruppe. Sie fallen als *täterbezogen* (und damit als besondere persönliche Merkmale) unter die Regelungen von § 28. Ob nun § 28 I (für strafbegründende Merkmale) oder § 28 II (für strafschärfende Merkmale) einschlägig ist, hängt davon ab, ob § 211 ein eigenständiger Tatbestand ist (dann wären die Mordmerkmale strafbegründend) oder eine unselbstständige Qualifikationsbestimmung zu § 212 darstellt (dann wirkten die Mordmerkmale strafschärfend). 230

2. Das Verhältnis von Mord und Totschlag

a) Die Auffassung der Rechtsprechung

Es war schon erwähnt worden, dass Rspr. und Lehre das Verhältnis der § 212, 211 zueinander unterschiedlich sehen. Für die Rspr. stellt § 211 keine Qualifikation des § 212 dar. Sie vertritt seit BGHSt 1, 368 die Ansicht, Mord und Totschlag seien (wie Diebstahl und Raub) eigenständige Delikte.[147] 231

Die Rspr. begründet ihre Auffassung mit zwei – nicht tragfähigen – Überlegungen: 232

- Der Gesetzgeber bezeichne die Tötung in § 211 als Mord und eben nicht als besonders schweren Fall des Totschlages. Damit bringe er zum Ausdruck, dass es sich um zwei verschiedene Tatbestände handele.[148] Tatsächlich hat diese Unterscheidung in der Bezeichnung historische Gründe; systematisch ist sie nicht begründbar: § 211 und § 212 enthalten im Kern dasselbe, sie prägende Unrechtsmerkmal, nämlich die vorsätzliche Tötung eines Menschen. Wenn in § 211 der Unrechtsgehalt durch schlichte Addition weiterer Merkmale gesteigert wird, die nur die Modalität bzw. Motivation zur Verwirklichung des Kernunrechts Tötung beschreiben, dann stellt das die typische Konstellation von Grundtatbestand und Qualifikation dar. Selbst wenn der historische Gesetzgeber seinerzeit (vor dem Hintergrund der Tätertypenlehre) etwas anderes gewollt haben mag: Die Tätertypenlehre ist überholt und die Bedeutung der historischen Auslegung nimmt mit zunehmendem zeitlichen

147 Zuletzt in BGHSt 36, 231 (233 ff.).

148 BGHSt 1, 368 (371).

Abstand zum Gesetzgebungsakt ohnehin ab, weshalb sie hier keine Rolle mehr spielen kann.

- Der Unrechtsgehalt von Mord und Totschlag sei verschieden.[149] Auch das überzeugt nicht. Wie bereits dargelegt, handelt es sich um einen graduellen Unterschied, wie er nun einmal für Qualifikationsbestimmungen typisch ist (vgl. etwa die Raubtatbestände der §§ 249, 250). Insbesondere Absichts- und Gesinnungsmerkmale werden auch sonst heutzutage als Qualifikations- oder Strafzumessungsmerkmale eingesetzt und haben nicht allein strafbegründenden Charakter[150] (vgl. § 263 III Nr. 2 [Absicht fortgesetzter schwerer Schädigung], § 264 II Nr. 1 [Eigennutz], § 330 I Nr. 4 [Gewinnsucht]) .

233 Immerhin lässt bereits BGHSt 36, 231 eine gewisse Distanz zur älteren Rspr. erkennen und in neueren Entscheidungen taucht gelegentlich am Rande das Wort „Qualifikation" auf.[151] In seiner jüngsten Entscheidung sympathisiert der 5. Strafsenat in einem obiter dictum sehr deutlich mit der Literaturauffassung.[152] Es ist daher nicht ausgeschlossen, dass sich eine Rechtsprechungsänderung anbahnt.

b) Die Ansicht des Schrifttums

234 Demgegenüber geht das Schrifttum nahezu einhellig davon aus, § 212 stelle den Grundtatbestand der vorsätzlichen Tötung und § 211 die dazu gehörige Qualifikationsbestimmung dar.[153] Diese Auffassung ist zutreffend; sie entspricht der Architektur der beiden Delikte und steht, anders als die Rspr., nicht im Widerspruch zur sonst im Strafrecht gepflegten Systematik von Grund-, Qualifikations- und Privilegierungstatbeständen.

3. Die Konsequenzen für die Teilnahmestrafbarkeit

a) Fehlen eines Mordmerkmals bei einem der Beteiligten

235 Als Folge ist hinsichtlich der Mordmerkmale der ersten und dritten Gruppe § 28 II einschlägig. Das bedeutet: Es ist prinzipiell eine Teilnahme zum Mord möglich, obschon der Haupttäter „nur" einen Totschlag begeht. Umgekehrt bezieht sich eine Teilnahme gemäß § 28 II nur auf § 212, wenn der Täter ein täterbezogenes Mordmerkmal verwirklicht, das der Gehilfe oder der Anstifter nicht teilt. Die Konsequenzen in den einzelnen Fallkonstellationen – auch nach Auffassung der Rspr. – verdeutlichen die beiden folgenden Abbildungen:

---

149 BGHSt 1, 368 (370).

150 So aber noch BGHSt 22, 375 (380).

151 BGHSt 41, 8 (9); 41, 358 (362).

152 BGH NJW 2006, 1008 (1012 f.).

153 ARZT/WEBER BT § 2 Rn. 26 ff., 40 ff.; MAURACH/SCHROEDER/MAIWALD BT 1 § 2 Rn. 5; WESSELS/HETTINGER BT 1 Rn. 69 f.; Sch/Sch-ESER vor § 211 Rn. 5 f.; LACKNER/KÜHL vor § 211 Rn. 22. Nur vereinzelt wird vertreten, § 211 sei der Grundtatbestand und § 212 eine Privilegierung, vgl. KARGL (Fn. 5) JZ 2003, 1146.

Abbildung: Ein Mordmerkmal liegt nur beim Teilnehmer, nicht beim Täter vor 236

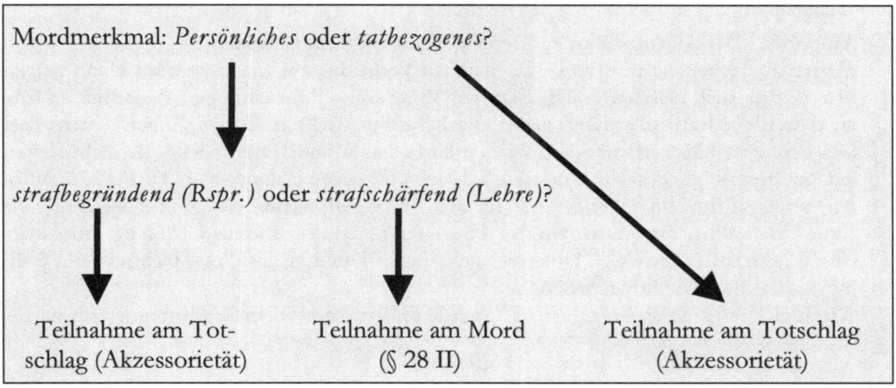

Abbildung: Ein Mordmerkmal liegt beim Täter vor, nicht aber beim Teilnehmer 237

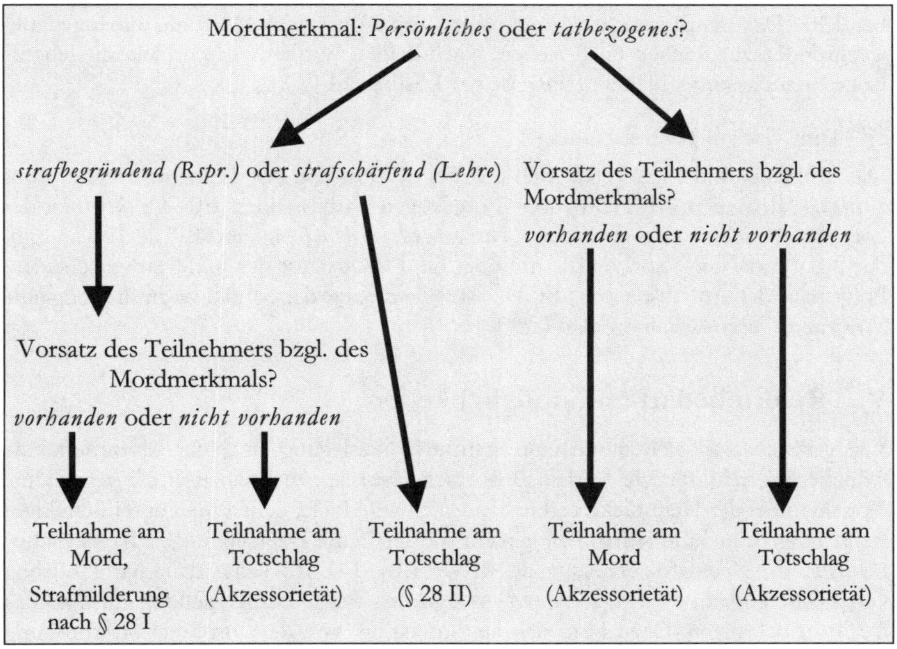

b) Verwirklichung unterschiedlicher Mordmerkmale durch die Beteiligten

238 Etwas komplizierter stellt sich die Situation dar, wenn Täter und Teilnehmer unterschiedliche (subjektive, täterbezogene) Merkmale verwirklichen. Dieser Fall sog. *gekreuzter Mordmerkmale* ist mit der Lehre nach § 28 II sachgerecht zu lösen; es handelt sich um eine Mordteilnahme. Die Rspr., die ohnehin bereits von einer solchen ausgeht, sobald der Täter § 211 verwirklicht, versagt bei gekreuzten Merkmalen dem Teilnehmer die Strafmilderung nach § 28 I[154]

154 BGHSt 23, 39.

und gelangt so ebenfalls, wenngleich auf Umwegen, zu einer Ahndung der gesteigerten Schuld des Teilnehmers.

239 **Aufgabe:** Der Auftragsmord zur Beseitigung des lästigen Ehemannes
Evelyn Z., verheiratet mit *Jochen Z.*, hatte ein Verhältnis mit einem anderen Mann begonnen, den sie auch heiraten wollte. Nachdem dies *Jochen Z.* bekannt geworden war, erklärte er, er werde sich mit aller Kraft gegen eine Scheidung wehren. *Evelyn Z.* befürchtete, dass sich ein Scheidungsverfahren längere Zeit hinziehen könnte. Dies mochte sie nicht abwarten. Sie beauftragte deshalb *Dragomir J.*, *Jochen Z.* gegen Zahlung von 3.000 EUR zu töten, wobei sie ihm auch ihre Gründe für den Auftrag offenbarte. Wann und wie *Dragomir J.* die Tat ausführte, stellte sie ihm frei. *Dragomir J.*, dem es nur ums Geld ging, erdrosselte eine Woche später *Jochen Z.* hinterrücks mit einem Drahtseil, als dieser nichtsahnend frühmorgens seinen Pkw öffnen wollte.
Wie sind *Evelyn Z.* und *Dragomir J.* nach Rspr. bzw. nach dem Schrifttum jeweils zu bestrafen?

240 *Dragomir J.* ist eines heimtückischen Habgiermordes schuldig. *Evelyn Z.* hätte nach der Rspr. eine Anstiftung zum Habgiermord begangen. Sie käme aber nicht in den Genuss der Strafmilderung nach § 28 I, da sie selbst aus niedrigen Beweggründen handelte. Das Schrifttum würde sie wegen Anstiftung zum Mord aus niedrigen Beweggründen zur Rechenschaft ziehen. Nach beiden Auffassungen erhielte sie lebenslange Freiheitsstrafe. Nähere Hinweise zur Lösung auf CD 03-14.

c) Hinweise zur Fallbearbeitung

241 Die Problematik des § 28 stellt sich erst bei der Prüfung des Teilnehmers, und zwar zunächst als Annex zur Prüfung des subjektiven Tatbestandes. Erst im Rahmen der dort anstehenden Frage nach einer *Tatbestandsverschiebung* gemäß § 28 II wäre ggf. der Streit zwischen Rspr. und Lehre über die Deliktsnatur des § 211 zu entscheiden. Folgt man der Auffassung des BGH, prüft man nach der Schuld noch die mögliche *Strafrahmenverschiebung* gemäß § 28 I.

V. Reformbedarf und -möglichkeiten

242 Wie gesehen lässt sich durch eine restriktive Auslegung einzelner Mordmerkmale manche ungerechtfertigte Verhängung einer lebenslangen Freiheitsstrafe vermeiden. Vor allem bei der Heimtücke verbleiben gleichwohl Fälle, denen man unter Schuldgesichtspunkten nicht in jedem Fall gerecht werden kann. Da auch andere Konstruktionen wie die Rechtsfolgenlösung des BGH (Rn. 171 ff.) keine dauerhafte Lösung versprechen, bleibt es Aufgabe des Gesetzgebers, den unbefriedigenden Zustand des § 211 zu beseitigen. Dazu böte sich zuvörderst an, von der absoluten Strafdrohung Abschied zu nehmen. Bislang wird allerdings an ihr als „Symbol für Entschlossenheit"[155] festgehalten und der Gesetzgeber hat insbesondere anlässlich des 6. StrRG, welches ansonsten auf Rechtsfolgenseite zahlreiche Tatbestände umgestaltet hat, zu einer Revision des § 211 beredt geschwiegen.[156]

Näheres zu Reformbedarf und -möglichkeiten bei § 211 auf CD 03-15.

---

155 .JESCHECK/WEIGEND AT S. 758.

156 KARGL (Fn. 69) StraFo 2001, 365.

Wiederholungsfragen zum 3. Kapitel 243

1. Wie lautet der unstrittige Kern der Heimtückedefinition? (Rn. 123)
2. Wann ist eine Tötung grausam? (Rn. 184)
3. Wann ist ein Mittel gemeingefährlich? Gibt es generell gemeingefährliche Mittel? (Rn. 188, 190)
4. Handelt es sich um einen (versuchten) Verdeckungsmord, wenn der Räuber, der sein Opfer hinterrücks ohne Tötungsvorsatz niedergeschlagen und dabei versehentlich schwer verletzt hatte, keine Hilfe per Mobiltelefon herbeiruft, weil er für den Raub nicht zur Verantwortung gezogen werden will und fürchtet, durch den Anruf könnte die Polizei auf seine Spur kommen, wobei er den Tod des Opfers in Kauf nimmt, er es aber lieber sähe, wenn es überlebte? (Rn. 218 f.)
5. Stellt Eifersucht einen niedrigen Beweggrund dar? (Rn. 225)
6. Wie ist ein aus niedrigen Beweggründen handelnder Anstifter zu bestrafen, der einen anderen dazu bringt, heimtückisch zu töten? (Rn. 235 ff.)

Nähere Hinweise zu den Fragen 4. und 6. auf CD 03-16.

4. Kapitel. Suizidbeteiligung, Tötung auf Verlangen und Sterbehilfe

I. Suizidbeteiligung

1. Übersicht

§ 216 deckt als einzige explizite Vorschrift einen Ausschnitt aus dem weiten Feld der 244
Beteiligung an Selbsttötungen ab. Formell gesehen handelt es sich zudem nicht einmal um eine Selbsttötung, sondern um die eines anderen Menschen. Materiell indes instrumentalisiert das „Opfer" des § 216 den Täter als Suizidmittel.

Die weiteren Konstellationen einer Mitwirkung Dritter am Suizid sind

- die Benutzung des Suizidenten als Werkzeug gegen sich selber qua mittelbarer Täterschaft,
- die „Anstiftung" zum Suizid,
- die (vorsätzliche oder fahrlässige) Hilfe bei der Selbsttötung oder ihrer Vorbereitung,
- das Nichteingreifen gegenüber fremder Selbsttötung.

Dabei bestimmen Thematiken des Allgemeinen Teils die Behandlung dieser Fallgestaltungen entscheidend mit.

2. Die Tötung auf Verlangen (§ 216)

a) Verhältnis zum Totschlag

§ 216 privilegiert Tötungen, wenn „jemand durch das ausdrückliche und ernstliche 245
Verlangen des Getöteten zur Tötung bestimmt worden ist". Der Strafrahmen reicht

von sechs Monaten (nur) bis zu fünf Jahren Freiheitsstrafe und grenzt somit an die Strafuntergrenze des Totschlags an.

Dies berücksichtigt zwei Aspekte:[1]

- Es ist das Opfer selbst, das die Tötung will. Im Grunde handelt es sich deshalb um einen „Selbstmord durch fremde Hand."[2] Da Selbstmord straflos ist, erreicht das Unrecht des § 216 zwangsläufig nicht das Maß eines Totschlags. Hinzu kommt, dass der Rechtsgutsinhaber auf den Schutz seines Leben verzichtet.[3]
- Der Täter fasst seinen Tatentschluss nicht alleine, sondern die Motivation zur Tötung erfolgt durch das Opfer. Ein solcher Tatentschluss fällt selbstverständlich erheblich leichter, als der Entschluss zum Totschlag eines keineswegs mit seinem Tode einverstandenen Opfers. Daher bleibt der Schuldvorwurf des § 216 deutlich hinter demjenigen des § 212 zurück.[4]

246 Auch bei § 216 ist umstritten, ob die Vorschrift eine Privilegierung selbstständiger oder unselbstständiger Natur darstellt. Der Streit ist hier aber irrelevant und hat nicht einmal auf die Teilnehmerstrafbarkeit Einfluss, denn das Bestimmtsein durch das Opferverlangen ist ein persönliches Merkmal i.S.v. § 28 II.[5] Diese Vorschrift ist nach heutiger Auffassung auch bei selbstständigen Privilegierungen anzuwenden.[6] Näheres zu der Streitfrage finden Interessierte auf CD 04-01.

b) Tatbestand

aa) Das Verlangen

247 Ein *Verlangen* enthält mehr als Zustimmung oder Einverständnis, nämlich ein nachdrückliches Begehren des Opfers. Es muss sich aber noch nicht konkret an den Täter wenden. Der an die Allgemeinheit gerichtete Wunsch, getötet zu werden, kann genügen.[7]

Ausdrücklich ist ein unzweideutig als solches erkennbares Verlangen. Es bedarf keines verbalen Ausdrucks. Gesten genügen, sofern sie klar und unmissverständlich sind.[8] Der Wertung oder Auslegung bedürftige Äußerungen oder Gebärden wären hingegen unzureichend.

---

1 So die wohl h.M., vgl. Sch/Sch-Eser § 216 Rn. 1; Lackner/Kühl § 216 Rn. 1; Wessels/Hettinger BT 1 Rn. 156; Rengier BT II § 6 Rn. 1; zu den a.A., die jeweils nur einen der beiden Aspekte in den Vordergrund schieben, vgl. die beiden folgenden Fn.

2 Sch/Sch-Eser vor § 211 Rn. 7; ähnlich Peter Bringewat, Die Strafbarkeit der Beteiligung an fremder Selbsttötung als Grenzproblem der Strafrechtsdogmatik, ZStW 87 (1975), 623-649 (645); kritisch LK-Jähnke § 211 Rn. 1.

3 Fischer § 216 Rn. 2; Arzt/Weber BT § 3 Rn. 12.

4 Roxin AT II § 27 Rn. 77.

5 Sch/Sch-Eser § 216 Rn. 18; Fischer § 216 Rn. 14; SK-Horn § 216 Rn. 13; Kindhäuser BT I § 3 Rn. 17.

6 Sch/Sch-Cramer/Heine § 28 Rn. 23.

7 Sch/Sch-Eser § 216 Rn. 6; SK-Horn § 216 Rn. 6.

8 Maurach/Schroeder/Maiwald BT 1 § 2 Rn. 62; Lackner/Kühl § 216 Rn. 2.

Mit dem Erfordernis der *Ernstlichkeit* sollen zum einen sämtliche Todeswünsche ausgeblendet werden, die von schuldlos Handelnden, im Sinne von § 3 JGG nicht verantwortlichen Jugendlichen oder auf Grund Zwang, Täuschung und Irrtum geäußert werden.[9] Zum anderen scheiden damit alle unüberlegten, momentanen Stimmungen entspringenden Äußerungen[10] ebenso aus wie selbstverständlich alle Scherzerklärungen.

Aufgabe: Stillschweigende Übereinkunft, bei der Tötung zu helfen[11] 248
Der 70-jährige *Gerhard S.* litt unter diversen, teils altersbedingten Erkrankungen. Er hatte chronisches Bronchialasthma (an dieser Krankheit war bereits sein Vater qualvoll gestorben), Atemnot, zunehmende Herzbeschwerden, Schlaflosigkeit und Altersstar. Zudem quälten ihn auf Grund seiner zahlreichen Medikamente Übelkeit und Erbrechen. Nach dem Krebstod seiner Ehefrau zurückgezogen lebend versorgte er sich schließlich nur noch unzureichend. Sein Lebenswillen war gebrochen. Er wollte niemandem zur Last fallen und hegte daher für den Fall seiner Pflegebedürftigkeit Selbsttötungsabsichten. Mit Hilfe seines Neffen *Thomas S.*, der über den Zustand seines Onkels Bescheid wusste, hatte er sich einige Ampullen *Scophedal* (ein Narkoanalgetikum) besorgt.
Als *Gerhard S.* 1984 bettlägerig wurde, bereitete er in Gegenwart von *Thomas S.* die Ampullen vor und zog ihren Inhalt auf eine Spritze auf. Als er danach völlig erschöpft war, fragte er *Jochen S.* „Würdest du mir helfen, die Spritze zu geben, wenn ich es nicht kann?". *Thomas S.* wies dies zunächst erschrocken zurück. *Gerhard S.*, der diese Reaktion bemerkte, fuhr fort: „*Thomas*, ich werde dich da raushalten, wenn ich es kann. Ich werde dir nicht sagen, wann ich es machen werde. Du sollst damit nichts zu tun haben."
Zwei Tage später spritzte sich *Gerhard S.* in Abwesenheit seines Neffen intramuskulär 15-20 ml *Scophedal*. Als dieser ihn später fand und die geleerte Spritze bemerkte, schlief *Gerhard S.* und atmete völlig ruhig. *Thomas S.* befürchtete deswegen, der Selbsttötungsversuch könne misslungen sein. Um sicher zu gehen, spritzte er intravenös weiteres *Scophedal*. Dabei ging er von einer stillschweigenden Übereinkunft aus, seinem Onkel für den Fall zu helfen, dass dieser die von ihm eindeutig gewollte Selbsttötung nicht mehr selbst zustande brächte. *Gerhard S.* starb ca. eine Stunde nach der zweiten Spritze. Sie bewirkte zumindest eine Lebensverkürzung um mindestens eine Stunde. Ob er bereits an der ersten Spritze verstorben wäre, ließ sich nicht mehr mit Sicherheit klären.
Hat *Thomas S.* eine Tötung auf Verlangen (oder doch einen Totschlag) begangen?

Richtigerweise ist trotz der auf den ersten Blick nicht ganz eindeutigen Äußerung von 249
einem ernsthaften Tötungsverlangen auszugehen und damit von § 216. Ergänzende Hinweise auf CD 04-02.

Nimmt der Täter irrig ein Verlangen oder dessen Ernsthaftigkeit an, hilft ihm § 16 II: 250
§ 216 bleibt folglich sogar trotz Fehlens seiner spezifischen objektiven Merkmale anwendbar.

aa) Bestimmung des Tötenden

Das Verlangen muss bestimmend gewesen sein, also den Täter zur Tötung motiviert 251
haben. Er mag daneben weitere Motive besitzen, derentwegen ihm der Todeswunsch

---

9 WESSELS/HETTINGER BT 1 Rn. 156; MAURACH/SCHROEDER/MAIWALD BT 1 § 2 Rn. 62; vgl. BGH NJW 1981, 932 (krankhafte seelische Störung).

10 FISCHER § 216 Rn. 9.

11 BGH NStZ 1987, 365.

gelegen kommt (z.B. die Aussicht auf das Erbe des Opfers).[12] Solange das Verlangen kausal für seinen Handlungsentschluss geworden ist, das Opfer also ohne den Sterbewunsch nicht getötet worden wäre, genügt das.

252 Das Verlangen braucht daher kein dominantes Motiv zu sein.[13] ARZT/WEBER verweisen zutreffend darauf, gerade bei den idealtypischen Konstellationen des § 216 liefere das Verlangen als solches oft gar nicht den stärksten Handlungsimpuls. Regelmäßig bewege den Täter in viel stärkerem Maße die verzweifelte, Mitleid erregende Lage desjenigen, der sterben will.[14] Die Suche nach einem dominanten Handlungsmotiv dürfte danach gar nicht mit der Feststellung enden, ein Tötungsverlangen habe den Täter kausal zur Tat gebracht. Vielmehr bedürfte es einer tiefgründigeren Motivanalyse, die indes leicht in die Abgründe moralisierender Motivbewertungen führt. Ohnehin steht dem der Wortlaut des § 216 entgegen. Dieser verlangt nur ein „Bestimmt sein". Er weist damit deutliche Parallelen zur Anstiftung (§ 26) auf. Auch dort ist es nicht maßgebend, welche Motive den Angestifteten letzten Endes am stärksten motivieren. Vielmehr entscheidet allein, ob der Tatentschluss durch den Anstifter geweckt wurde. Genauso genügt es daher auch für § 216, wenn der *Täter ohne das Verlangen des Opfers nicht getötet hätte*. Was ihn daneben noch umtreibt, bleibt außerhalb der Bewertung.

Andererseits mag die Motivation durch das Verlangen noch so bestärkt worden sein: War der Täter bereits zuvor zur Tötung entschlossen, bleibt es bei Totschlag oder gar Mord. Der omnimodus facturus gelangt also nie in den Genuss der milderen Strafe aus § 216.

bb) Der Sonderfall des Doppelsuizids

253 Als Tötung auf Verlangen können sich ferner die variantenreichen Fälle des (einseitig fehlgeschlagenen) Doppelsuizids darstellen. Vergleichsweise unproblematisch ist es, wenn allein Tötungshandlungen des Überlebenden vorliegen und nur er in der kritischen Phase aktiv werden sollte und konnte.

Beispiel (Gescheiterter Doppelsuizid): Ein Paar beschließt, gemeinsam aus dem Leben zu gehen. Man verabredet, dass der Mann zunächst die Frau und dann sich selbst erschießen soll. Während ersteres gelingt, überlebt der Mann schwer verletzt. — Wie § 216 belegt, bleibt diese Tötung eine Fremdtötung. Daran ändert sich nichts, wenn der Mann seinerseits aus dem Leben zu scheiden wünscht. Das betrifft den Tod der Frau nicht.

254 Schwieriger sind Konstellationen, in welchen beide Suizidenten an der Tötung mitwirken oder dies jedenfalls könnten.

Beispiel (Kohlenmonoxidvergiftung im Auto – Fall „*Gisela*"[15]): *Jürgen P.* und die 16jährige *Gisela D.* waren unsterblich ineinander verliebt. Die Eltern missbilligten jedoch ihre Beziehung. Als *Jürgen P.* auf Antrag der Eltern *Giselas* sogar durch einstweilige Verfügung verboten wurde, zu *Gisela* Kontakt aufzunehmen, fasste diese den Entschluss, aus dem Leben zu scheiden. Als sie am Abend mit *Jürgen P.* zusammentraf, versuchte er vergeblich, das Mädchen umzustimmen. Weil er *Gisela* nicht allein sterben lassen wollte, beschloss er, mit ihr in den Tod zu gehen. Beide fuhren

---

12 WESSELS/HETTINGER BT 1 Rn. 158; ARZT/WEBER BT § 3 Rn. 14

13 Entgegen RENGIER BT II § 6 Rn. 4; WESSELS/HETTINGER BT 1 Rn. 158; SK-HORN § 216 Rn. 5.

14 ARZT/WEBER BT § 3 Rn. 14.

15 Leicht gekürzt nach BGHSt 19, 135.

zu einem Parkplatz und nahmen dort *Luminal*-Tabletten ein. Als keine Wirkung eintrat, äußerte *Gisela*, dass man sich auf andere Weise töten müsse. *Jürgen P.* schlug vor, die Auspuffgase in das Wageninnere zu leiten. Damit war *Gisela* einverstanden. *Jürgen P.* schloss einen Schlauch an das Auspuffrohr an und führte ihn durch das linke Fenster in das Wageninnere. Dann versperrte er die linke Wagentür von außen, stieg von rechts in das Auto und setzte sich auf den Fahrersitz. *Gisela*, die neben ihm auf dem Beifahrersitz Platz nahm, verriegelte die rechte Tür von innen. *Jürgen P.* ließ nun den Motor an und trat das Gaspedal durch, bis das einströmende Kohlenoxyd ihm die Besinnung raubte. Am nächsten Morgen wurden sie, noch lebend, gefunden. *Gisela* verstarb allerdings wenig später an den Vergiftungsfolgen. — Im Unterschied zum vorangegangen Fall beherrschte *Gisela D.* zeitweilig das Geschehen mit und hätte der laufenden Tötungshandlung (dem Gasgeben und dem Einatmen der Gase) durchaus noch entgehen können. Sie tötete sich daher *auch* selbst. Ob das genügt, den jeweils anderen, womöglich aktiveren Teil von seiner Verantwortung zu befreien, ist umstritten. Überwiegend versucht man, die Frage mit Hilfe eines „maßgeschneiderten Tatherrschaftsbegriffs“[16] zu beantworten.

Angesichts der Straflosigkeit des Suizids (und damit jeglicher Mitwirkung an einem solchen) muss letztlich den Ausschlag geben, ob das an seiner Tötung mitwirkende Opfer noch während der Tötungshandlung *über das Ob seines Sterbens frei entscheiden* konnte.[17] Denn dann hat das Geschehen in einem solchen Maße das Gepräge eines Suizids, dass es das volle Unrecht einer (äußerlich betrachtet zugleich vorliegenden) Fremdtötung nicht mehr verwirklichen kann. Gibt dagegen das Opfer mit Beginn der eigentlichen Tötungshandlung den Geschehensablauf bereits vollständig aus der Hand, so ist dieser eigentliche Tötungsakt zwar opfermotiviert, seinem Wesen nach aber eine Fremdtötung i.S.v. § 216. **255**

Eine eingehendere Begründung dieser Auffassung und eine Auseinandersetzung mit divergierenden Meinungen befindet sich auf CD 04-03.

c) Versuch

Nach § 216 II ist der Versuch strafbar. Dieser Regelung bedurfte es, weil die Tat wegen der bei sechs Monaten Freiheitsstrafe beginnenden Strafdrohung nur ein Vergehen darstellt. **256**

d) Hinweise zur Fallbearbeitung

Es empfiehlt sich im Gutachten nicht, sogleich § 216 zu prüfen, sondern mit § 212 zu beginnen. Zum einen wären die Merkmale des § 212 ohnehin im Rahmen von § 216 mit zu erörtern, so dass kein nennenswerter Mehraufwand entsteht. Zum anderen vermeidet man so eine Falle, in welche Anfänger gerne tappen: Wer bei § 216 am ernsthaften Verlangen scheitert, übersieht im Eifer des Gefechts gelegentlich, dass gleichwohl noch ein gewöhnlicher Totschlag vorliegen könnte! **257**

---

16 Arzt/Weber BT § 3 Rn. 38.

17 Sch/Sch-Eser § 216 Rn. 11; Lackner/Kühl § 216 Rn. 3; Wessels/Hettinger BT 1 Rn. 164; Rengier BT II § 8 Rn. 10.

Hat man in geeigneten Fällen § 212 bejaht, wäre mit § 216 (und nicht etwa mit dem ggf. durch § 216 gesperrten Mord) fortzufahren. Nur falls § 216 ausscheidet, ist abschließend bei Bedarf auf § 211 zurück zu kommen.

3. Die Teilnahme an fremder Selbsttötung

258 Tötet der Täter des § 216 mit eigener Hand, so hat er in den Fällen der Teilnahme am Suizid eine untergeordnete Rolle: Er fördert entweder den Tatentschluss oder er unterstützt den Suizidenten bei dessen eigenhändig ausgeführter Selbsttötung. Die Strafbarkeit einer solchen Teilnahme scheitert schlicht am Fehlen einer Haupttat: Die Selbsttötung ist straflos und eine Teilnahme daher gleichermaßen nicht strafbar.

259 Ebensowenig wie eine strafbare versuchte Selbsttötung kennt das StGB tatbestandlich vertypte Suizidteilnahmedelikte (wie z.B. bei den Aussagedelikten die Verleitung zur Falschaussage nach § 160). Das ist historisch nicht immer so gewesen und auch in modernen ausländischen Strafrechtsordnungen finden sich durchaus entsprechende Strafvorschriften. Dazu (nebst rechtspolitischen Erwägungen) einige nähere Informationen auf CD 04-04.

4. Das Bewirken fremder Selbsttötung in mittelbarer Täterschaft

260 Da die Haupttat „Selbsttötung" für den Suizidenten (und damit für seine Teilnehmer) straflos ist, kann die (untergeordnete, nicht selber tötende) Mitwirkung nur bestraft werden, wenn sie sich über die Figur der mittelbaren Täterschaft (oder im Hinblick auf ein Begehen durch Unterlassen, vgl. Rn. 266 ff.) als eigene täterschaftliche Tötung eines anderen (nach den §§ 211, 212, 216) darstellt.

261 Die Kriterien der mittelbaren Täterschaft, die bei der Begehung drittschädigender Delikte gelten (z.B. einer Körperverletzung, einer Tötung Dritter), können indes nicht unreflektiert auf die Zurechnung einer Selbsttötung übertragen werden. Geht es dort um die Verteilung der Verantwortung für eine Straftat, soll beim Suizid ein an sich strafloses Geschehen überhaupt erst durch die Einwirkung des mittelbaren Täters zur Straftat werden. Dieser Unterschied ist bei der Zuschreibung der Verantwortung gegenüber dem Hintermann zu bedenken: Einesteils fällt es dem Hintermann zwar leichter, ein Werkzeug zu einem unverbotenen und nicht strafbaren Verhalten zu leiten. Andernteils soll es zu einem massiv selbstschädigenden Tun veranlasst werden und dazu bedarf es schon einer wirksameren Einflussnahme als zu „nur" drittschädigendem Verhalten.[18]

262 Wie stark müssen aber nun Steuerungsfähigkeit bzw. Willensfreiheit des zum Suizid Gebrachten beeinträchtigt sein, bevor sein Tod dem Hintermann zugerechnet werden kann? Zwei Antworten werden heute dazu angeboten:

263 - Die sog. *Exkulpationslösung* (auch Verantwortungsprinzip genannt) wendet die Regeln zur mittelbaren Täterschaft entsprechend an: Nur wenn der Suizident schuldlos (auf Grund der §§ 19, 20, 35 StGB, § 3 JGG) oder vorsatzlos handelt, kann sich sein Tod als Produkt eines Totschlages oder Mordes durch den Hintermann darstellen.[19] Für die vorsatzlose Selbsttötung dient gemeinhin (aber zu

---

18 Das übersieht KINDHÄUSER BT I § 4 Rn. 15.

19 ROXIN AT II § 25 Rn. 71 f.; DERS., Die Abgrenzung von strafloser Suizidteilnahme, strafbarem Tötungsdelikt und gerechtfertigter Euthanasie, FS 140 Jahre GA S. 177-190 (178 ff.); MüKo-SCHNEIDER vor § 211 Rn. 54 ff; ähnlich ARZT/WEBER BT § 3 Rn. 30.

Unrecht) der berühmte *Sirius*-Fall[20] als Beispiel, dessen Opfer nach dem Tod in anderer Gestalt weiterleben wollte. Vgl. dazu näher CD 04-05.

- Die *Einwilligungslösung* geht einen Schritt weiter: Ihr genügt bereits, wenn der Sterbewillige seinen Selbsttötungsentschluss auf Grund eines Willensmangels fasst. Dessen Vorliegen wiederum wird analog der Regeln zur Wirksamkeit einer Einwilligung bestimmt: Täuschung, Irrtum und Bedrohung des Suizidenten führen danach ebenfalls zur mittelbaren Fremdtötung.[21] **264**

Beispiel (Der vorgetäuschte Doppelselbstmord):[22] *Corinna M.* wollte sich ihres Ehemannes *Heiko M.* entledigen, weil dieser für ihr Liebesverhältnis mit einem anderen Mann zum „Störfaktor" geworden war. Sie besorgte sich das Gift *E-605* und mischte es in einer Flasche mit Likör. Diese Flasche nahm sie mit, als sie ihren Mann abends von der Arbeit abholte. Zu Hause schlug sie ihm vor, gemeinsam aus dem Leben zu scheiden. *Heiko M.* stimmt mit den Worten zu: „dann bleiben wir für immer zusammen". Sie fuhren auf einen einsamen Parkplatz. Dort versprach *Corinna M.* ihrem Mann, noch ein letztes Mal mit ihm sexuell zu verkehren. Nachdem sich beide entkleidet hatten, nahm *Heiko M.* einen kräftigen – wie sich später herausstellte: bereits tödlichen – Schluck aus der Flasche. Als er diese nun *Corinna M.* reichte, schüttelte sie nur mit dem Kopf. *Heiko M.* erkannte jetzt die Täuschung, nahm aber dennoch einen weiteren Schluck. Er starb in der selben Nacht an dem Gift.

Das – zwar auf Grund der Situation niedergeschlagene, psychisch aber gesunde – **265** Opfer war sich völlig im Klaren über sein Tun und dessen Folgen für das eigene Leben. Es unterlag nur einem von *Corinna M.* bewirkten Motivirrtum. Nach der Exkulpationslösung wäre *Corinna M.* also straffrei. Mit der Einwilligungslösung hingegen gelangte man zur strafrechtlichen Verantwortung.[23] Denn wie in vergleichbaren Situationen anderer Selbstschädigungen, wo die rechtfertigende Einwilligung (z.B. in Körperverletzung oder Sachbeschädigung) täuschungsbedingt unwirksam bliebe, wäre auch hier der Selbsttötungswille fehlerhaft zustande gekommen und damit unbeachtlich.

Das erscheint für die (Selbst-)Tötung indes unangemessen. Schon die Ausgangssituation ist grundverschieden: Während der Täter einer Körperverletzung eine verbotene Handlung vornimmt (und die Einwilligung des Opfers nur ausnahmsweise zur Rechtfertigung führt), tut der zum Suizid Veranlassende etwas prinzipiell Strafloses: Er tötet nicht, sondern er täuscht, was per se erst einmal keinen Straftatbestand erfüllt. Dieser Unterschied in der Ausgangsposition erfordert, bevor man zur mittelbaren Täterschaft und damit zur Strafbarkeit des Veranlassenden gelangt, entweder eine deutlich massivere Einwirkung auf den sich selbst Tötenden oder einen relevanten psychischen Defekt bei diesem. Genau daran lässt es die Einwilligungslösung aber mangeln, wenn bereits kleinere Täuschungen oder Drohungen die mittelbare Täter-

20 BGHSt 32, 38.

21 KINDHÄUSER BT I § 4 Rn. 14 f.; Rengier BT II § 8 Rn. 4; LACKNER/KÜHL vor § 211 Rn. 13 ff.; SK-HORN § 212 Rn. 10 ff.; ähnlich MAURACH/SCHROEDER/MAIWALD BT 1 § 1 Rn. 20.

22 BGH JZ 1987, 474.

23 So auch der BGH im Beispielsfall (JZ 1987, 474).

schaft (womöglich eines Mordes!) begründen sollen. Von einer Willensherrschaft, die diesen gewaltigen Schritt legitimieren könnte, ist man dabei noch weit entfernt. Daher bleibt die Exkulpationslösung vorzugswürdig.

5. Nichteingreifen gegenüber fremder Selbsttötung

266 Eine zweite Möglichkeit, zur Strafbarkeit der Beteiligung an einer eigenhändigen fremden Selbsttötung zu gelangen, besteht gegenüber Garanten,[24] die nicht gegen den Suizid einschreiten. Anerkennt man allerdings eine durch das Strafrecht nicht einschränkbare Freiheit zur Selbsttötung, darf konsequenterweise das Selbstbestimmungsrecht des Suizidenten nicht konterkariert werden, indem Dritten bei Meidung von Strafe aufgegeben wird, ihn zu retten.

Beispiel (Nichteingreifen eines Arztes, der seine Patientin nach einem Selbsttötungsakt sterbend vorfindet):[25] *Dr. Martin W.* war Hausarzt der 76jährigen *Christa U.* Sie litt an hochgradiger Verkalkung der Herzkranzgefäße und an Gehbeschwerden. Nachdem ihr Ehemann gestorben war, sah sie in ihrem Leben keinen Sinn mehr. Gegenüber *Dr. W.* und Dritten äußerte sie öfters den ersichtlich ernsthaften Wunsch, aus dem Leben zu scheiden. Keinesfalls wollte sie zum hilflosen Pflegefall werden. Dies hatte sie auch *Dr. W.* erklärt, der vergeblich versuchte, sie von ihren Suizidgedanken abzubringen. Eines Tages öffnete *Christa U.* gegen 19 Uhr bei einem Hausbesuch von *Dr. W.* nicht. Mittels eines Zweitschlüssels des Nachbarn gelangte er in ihre Wohnung, wo er *U.* bewusstlos auf der Couch liegend fand. Unter ihren Händen befand sich ein Zettel, auf dem stand: „An meinen Arzt - bitte kein Krankenhaus - Erlösung! - - *Christa U.*" Anhand zahlreicher Medikamentenpackungen erkannte *Dr. W.*, dass *Christa U.* eine Überdosis Morphium und Schlafmittel zu sich genommen hatte. Sie atmete nur noch sechsmal je Minute; ein Puls war nicht zu fühlen. Das Wissen um den immer wieder geäußerten Selbsttötungswillen und die vorgefundene Situation veranlassten *Dr. W.* schließlich, nichts zu ihrer Rettung zu unternehmen. Er blieb in der Wohnung, bis er am nächsten Morgen gegen 7 Uhr den Tod feststellen konnte. — Die *Rspr.* gelangt in derartigen Fällen grundsätzlich zur *Strafbarkeit des Garanten*, weil sie keine Unterschied zwischen der qua Suizidhandlung selbst herbeigeführten und der durch Unfall/Krankheit verursachten Handlungsunfähigkeit macht.[26] In jedem Fall sei der Garant zur Hilfeleistung verpflichtet, sobald er – z.B. auf Grund einer Bewusstlosigkeit des Opfers – die alleinige Herrschaft über Leben und Tod erlange. Diese Auffassung wird zu Recht vom *Schrifttum* abgelehnt.[27] Nicht nur, dass sie den legitimen Sterbewunsch missachtet: Sie führt auch zu dem kuriosen Ergebnis, dass der Täter straflos die Selbsttötung durch Hilfe-

---

24 Zur Frage, wer Garant sein kann, vgl. näher in Bd. I.

25 BGHSt 32, 367 (Fall *Wittig*).

26 BGHSt 32, 367 (373 f.).

27 Hans ACHENBACH, Beteiligung am Suizid und Sterbehilfe - Strukturen eines unübersichtlichen Problemfeldes, Jura 2002, 542-547 (544); KINDHÄUSER BT I § 4 Rn. 20 f.; Sch/Sch-ESER vor § 211 Rn. 43; LACKNER/KÜHL vor § 211 Rn. 15; MAURACH/SCHROEDER/MAIWALD BT 1 § 1 Rn. 24 f.

leistung ermöglichen darf, aber anschließend verpflichtet ist, den Suizidenten zu retten. Ist das geschehen, darf er den nächsten Versuch unterstützen usw.

Sofern die fragliche Garantenpflicht auf tatsächlicher Übernahme beruht (z.B. im Arzt-Patienten-Verhältnis) muss eine Strafbarkeit ohnedies regelmäßig daran scheitern, dass der sterbewillige Suizident den Garanten konkludent *von seiner Rettungspflicht entbindet*, infolgedessen er nur noch eine Jedermann-Stellung einnimmt und den Garantenstatus verliert. Im Beispielsfall geschah das mittels des vorgefundenen Zettels sogar explizit. **267**

Auch der BGH gelangte im Übrigen zur Straffreiheit von *Dr. W.*, musste dazu aber dogmatisch nur schwer einordenbare Überlegungen zu einer vertretbaren ärztlichen Gewissensentscheidung bemühen. Der Arzt sei nicht verpflichtet, Leben um jeden Preis zu retten, weshalb er insbesondere bei bereits irreparablen Gesundheitsschäden den Todeswunsch des Patienten respektieren dürfe.[28]

Im Übrigen scheidet auch eine unterlassene Hilfeleistung (§ 323c) aus; der freiverantwortliche Suizid stellt keinen Unglücksfall dar[29] (vgl. Rn. 315). **268**

6. Fahrlässige Suizidverursachung

Wenn schon vorsätzliche „Anstiftung" und Hilfe zur Selbsttötung straflos sind, wäre es inkonsequent, die nur fahrlässige Verleitung oder Unterstützung des Suizidenten über § 222 (dazu Rn. 288 ff.) zu bestrafen. **269**

Beispiel (Pistole auf dem Armaturenbrett):[30] Der Polizeibeamte *Werner D.* legte nach einem gemeinsamen Gaststättenbesuch mit seiner Freundin *Charlotte Sp.* wie gewohnt seine Dienstpistole auf das Armaturenbrett des von ihm gesteuerten Fahrzeugs, während sich *Charlotte Sp.* auf den Beifahrersitz setzte. Er bedachte nicht, dass diese, zumal nach dem Genuss von Alkohol, öfters plötzlich bedrückt und schwermütig wurde und bereits mehrere Suizidversuche unternommen hatte. Auf der Fahrt nahm *Charlotte Sp.* während einer Fahrtunterbrechung in einem unbeobachteten Moment die Pistole vom Armaturenbrett und erschoss sich. — *Werner D.* wurde mit obiger Begründung vom BGH freigesprochen.

Die fahrlässige Suizidverursachung bleibt allerdings nur solange straflos, wie die Willensbildung des Suizidenten nicht i.S. der Exkulpationslösung[31] beeinträchtigt ist. Wäre *Charlotte Sp.* also volltrunken gewesen oder dächte man sich an ihre Stelle ein 13-jähriges Kind, stünde einer Bestrafung nach § 222 prinzipiell nichts im Wege.[32] **270**

---

28 BGHSt 32, 367 (380 f.).

29 ACHENBACH (Fn. 27), Jura 2002, 545; ARZT/WEBER BT § 3 Rn. 33; Sch/Sch-CRAMER/STERNBERG-LIEBEN § 323c Rn. 7; MüKo-SCHNEIDER vor § 211 Rn. 84 f.; a.A. BGHSt 32, 367 (381); RENGIER BT II § 8 Rn. 19.

30 BGHSt 24, 342.

31 Dazu oben Rn. 262 f.

32 Vgl. ACHENBACH (Fn. 27), Jura 2002, 544 f.; LACKNER/KÜHL vor § 211 Rn. 11; MüKo-SCHNEIDER vor § 211 Rn. 86.

II. Sterbehilfe

1. Überblick

271 Der allgemeinsprachliche Begriff der Sterbehilfe umfasst auch Geschehen, bei welchen es der Sterbende ist, der – mit Hilfe des Arztes oder anderer – den letztendlich tödlichen Schritt tut. Diese Fälle sind aber unter strafrechtlichem Blickwinkel schlichte Suizide und nach obigen Regeln zu bewerten. An dieser Stelle interessieren dagegen Konstellationen, in denen dritte Personen den Tod bringen. Man unterscheidet hier je nach Tun oder Unterlassen sowie nach Handlungsziel die

- *aktive* Sterbehilfe: Sie beeinflusst durch positives Tun den Sterbevorgang bzw. leitet diesen sogar erst ein. Sie differenziert sich weiter in die
  - *indirekte* Sterbehilfe, die dem Sterbenden den Tod durch Maßnahmen erleichtert, die zugleich lebensverkürzend wirken können, ohne dass dies ihr Primärziel wäre;
  - *direkte* Sterbehilfe, deren unmittelbares Ziel die Abkürzung des Sterbevorgangs ist;
- *passive* Sterbehilfe: Sie unterlässt lebensrettende Behandlungsmaßnahmen oder setzt diese nicht fort.

Strafrechtlich sind die einzelnen Varianten der Sterbehilfe unterschiedlich zu beurteilen.[33] Vorab sei daran erinnert, dass bereits jede kleinere Abkürzung des Sterbens als Lebensverkürzung den Tatbestand eines Tötungsdeliktes erfüllen kann (vgl. Rn. 83). Im Übrigen stimmt die medizinische Behandlungsethik, zusammengefasst in den „Grundsätzen der Bundesärztekammer zur ärztlichen Sterbebegleitung"[34] (wiedergegeben auf CD 04-10), weitgehend mit der strafrechtlichen Bewertung überein.

2. Aktive Sterbehilfe

a) Indirekte Sterbehilfe

272 Sie will primär nicht töten, sondern ein von Schmerzen gezeichnetes, qualvolles Leiden durch *schmerzlindernde Medikation* erleichtern. Bei erheblichen Schmerzen muss die dazu geeignete Dosierung indes manchmal so hoch sein, dass sie möglicherweise zugleich zur Lebensverkürzung führt. Da dies dem Arzt i.d.R. bekannt sein wird, ist sein (bedingter) Tötungsvorsatz kaum zu leugnen.

273 Tatbestandlich stellt die indirekte Sterbehilfe also auf den ersten Blick eine aktive Tötung im Sinne der §§ 212, 216 dar. Gleichwohl ist sie nach einhelliger Auffassung erlaubt. Umstritten und noch nicht überzeugend geklärt[35] ist einzig die Begründung dieses zweifellos zutreffenden Resultats:

---

33 Zu Reformvorschlägen vgl. Heinz SCHÖCH / Torsten VERREL, AE-Sterbebegleitung, GA 2005 553-586 (insb. 584 ff.).

34 DÄBl 2004, A-1297.

35 Bezeichnend BGHSt 42, 301 (305), wo die Begründung der explizit bejahten Straflosigkeit offenbleibt.

- Ein Teil der Lehre erkennt – nach dem sozialen Handlungssinn fragend – in ihr keine Tat gegen das Leben. Vielmehr stelle sie die letzte Möglichkeit dar, dem schwindenden Leben durch Ermöglichung schmerzfreien Sterbens zu dienen.[36]
- Überwiegend wird dagegen erst eine *Rechtfertigung* vertreten. Die Ermöglichung schmerzfreien Sterbens, soweit (tatsächlich oder mutmaßlich) vom Patienten gewollt, wird als höherwertiges und damit vorrangiges Rechtsgut gegenüber der Aussicht gesehen, unter erheblichen Schmerzen kurze Zeit länger zu leben.[37]

Wegen der in tatsächlicher Hinsicht oft schwierigen Abgrenzung zwischen direkter und indi- **274**
rekter Sterbehilfe erscheint es fragwürdig, eine vermeintlich klare Lösung auf der Tatbestandsebene anzustreben, die die Problematik in Wahrheit eher verhüllt.[38] Aber auch die im Ergebnis richtige Güterabwägung auf Rechtswidrigkeitsebene ist jedenfalls nicht eindeutig einer der traditionell dort bekannten Rechtsinstitute zuzuordnen (Notstand, [mutmaßliche] Einwilligung, Pflichtenkollision). Vielmehr handelt es sich um eine eigentümliche Gemengelage aus mehreren Rechtfertigungsaspekten. Ein intensiverer Klärungsversuch wird auf CD 04-06 unternommen.

b) Direkte Sterbehilfe

Wenn oben gesagt wurde, es ginge der direkten Sterbehilfe um die Lebensverkürzung, der **275**
indirekten dagegen eigentlich nicht, so ist diese Differenzierung zwar tendenziell richtig. Die Abgrenzung beider Formen der Sterbehilfe nach den Intentionen des Tötenden führt aber zu den bereits angesprochenen Abgrenzungsschwierigkeiten. Denn selbstverständlich erkennt der Arzt die tödlichen Konsequenzen indirekter Sterbehilfe und billigt diese im Interesse der Leidenslinderung, während auch der direkt Sterbehilfe Leistende den Tod nicht gutheißt, sondern ihn nur zur Leidensabkürzung einsetzt. Eine treffsicherere Abgrenzung ergibt sich, schaut man auf die jeweiligen Behandlungsalternativen:

Im Gegensatz zur indirekten ist den Situationen der direkten Sterbehilfe eigentüm- **276**
lich, dass die physische Leidenslinderung außer durch Tötung des Leidenden auch mittels anderer, nicht das Leben verkürzender Behandlung möglich geblieben wäre. Regelmäßig führen diese alternativen Methoden aber zu ihrerseits unerträglich erscheinenden Patientenexistenzen. In Wahrheit geht es deshalb auch weniger um Schmerz- oder Leidenslinderung als um die *Beendigung menschenunwürdigen Lebens*. Typische Fälle sind unheilbare Erkrankungen vor Einsetzen der eigentlichen Sterbephase, schwerste Behinderungen (Lähmungen, dauerhafte Bettlägerigkeit) oder dauerhaft komatöse Patienten (sog. Appaliker).

Auch direkte Sterbehilfe mag im Einzelfall eine zutiefst humane Handlungsweise **277**
sein, deren strafrechtliche Sanktionierung verfehlt erscheint. Nicht umsonst wird sie andernorts ermöglicht (z.B. in den Niederlanden[39] und in Belgien). Auf der anderen

---

36 LK-Jähnke vor § 211 Rn. 16; Wessels/Hettinger BT 1 Rn. 32 f.; Krey/Heinrich BT 1 Rn. 14.

37 Klaus Kutzer, Maximale Schmerztherapie und ihre Abgrenzung zum Tötungsdelikt, GedS Schlüchter, S. 347-359 (352 ff.); Ders.: Strafrechtliche Grenzen der Sterbehilfe, NStZ 1994, 110-115; Hans-Ludwig Schreiber, Das Recht auf den eigenen Tod - zur gesetzlichen Neuregelung der Sterbehilfe, NStZ 1986, 337-345 (340); MüKo-Schneider vor § 211 Rn. 99 ff.; Achenbach (Fn. 27), Jura 2002, 547.

38 Fischer vor § 211 Rn. 18.

39 Nähere Darstellung bei Michael Lindemann, Zur Rechtswirksamkeit von Euthanasie und ärztlich assistiertem Suizid in den Niederlanden, ZStW 117 (2005), 208-235.

Seite ist die Missbrauchsgefahr evident, wie die Erfahrungen mit den Euthanasieprogrammen während der NS-Zeit belegen. In Deutschland ist sie zwar schon verschiedentlich de lege ferenda erwogen worden, u.a. auf dem 56. DJT 1986, hat sich jedoch nie durchsetzen können. Direkte Sterbehilfe bleibt daher als Vorsatztötung nach den §§ 211 ff. strafbar.

278 Die direkte Sterbehilfe stellt allerdings auch kein allzu drängendes strafrechtliches Problem dar. Denn sie betrifft regelmäßig Menschen, die ohne dauerhafte Intensivbehandlung nicht überleben könnten. In solchen Fällen aber bedarf es oft gar keines aktiven Tötungseingriffs. Vielmehr genügt die Nichtfortsetzung der Lebenserhaltung, ggf. in Kombination mit Maßnahmen zur indirekten Sterbehilfe. Damit aber ist das weite Feld der passiven Sterbehilfe betreten.

3. Passive Sterbehilfe

279 Ihr Name suggeriert Nichtstun und trifft sie damit nicht richtig. Passive Sterbehilfe unterlässt in Einklang mit dem (mutmaßlichen) Patientenwillen lebenserhaltende Maßnahmen, wenn diese vor dem Hintergrund einer unheilbaren Erkrankung und eines nicht mehr lebenswerten Patientenzustandes sinnlos geworden sind. Das muss nicht zwingend durch Untätigkeit geschehen. Da deshalb der Behandlungsabbruch je nach Art seiner Vornahme, der Person desjenigen, der handelt, sowie der Handlungsfähigkeit des betroffenen Patienten unterschiedlich eingeordnet werden kann, verbietet sich eine einheitliche strafrechtliche Bewertung.

a) Der entscheidungsfähige Patient

280 Beim entscheidungsfähigen Patienten ist im Ergebnis allein sein Wille dafür maßgebend, ob eine Behandlung abgebrochen werden darf (oder sogar muss!).

Beispiel (Abschalten eines lebenserhaltenden Beatmungsgerätes):[40] *Johanna F.* litt an einer unheilbaren Rückenmarkserkrankung, die durch stetig fortschreitende Lähmung zum Tode führt. Ihr Ehemann *Werner F.* widmete sich seit mehreren Monaten ausschließlich der Pflege seiner Frau. Bei ihrer letzten Einlieferung ins Krankenhaus war die Frau bewusstlos und lag im Sterben. Vorher hatte sie in zahlreichen Gesprächen geäußert, sie wolle im Endstadium der Krankheit auf keinen Fall künstlich beatmet werden. Die Ärzte wollen diesen Wunsch der Frau respektieren. Auf Anordnung ihres Sohnes *Dr. Hans-Jürgen F.,* selbst niedergelassener Arzt, wurde die Beatmung dennoch durchgeführt und die Frau an ein Beatmungsgerät angeschlossen. Daraufhin kam sie vorübergehend wieder zum Bewusstsein, ohne dass jedoch mehr als eine Verlängerung des Sterbevorgangs hätte erreicht werden können. *Johanna F.* empfand ihren Zustand als unerträgliche Quälerei und verfasste einen Tag später im Vollbesitz ihrer Geisteskräfte folgende Erklärung: „Ich möchte sterben, weil mein Zustand nicht mehr erträglich ist. Je schneller, desto besser. Dies wünsche ich mir von ganzem Herzen." Erst daraufhin schaltete *Werner F.* in einem unbeobachteten Augenblick - und nunmehr mit der Zustimmung des Sohnes - das Beatmungsgerät

---

40 Sachverhalt nach LG Ravenburg NStZ 1987, 229; Besprechungen durch Claus ROXIN, Die Sterbehilfe im Spannungsfeld von Suizidteilnahme, erlaubtem Behandlungsabbruch und Tötung auf Verlangen, NStZ 1987, 345-350; Kristian STOFFERS, Sterbehilfe - Rechtsentwicklungen bei der Reanimator-Problematik, MDR 1992, 621-629.

aus, um ihr damit einen letzten Liebesdienst zu erweisen. Anschließend blieb er am Bett seiner Frau, bis etwa eine Stunde später der Tod eintrat. Bei entsprechender Weiterbehandlung hätte *Johanna F.* noch mindestens 24 Stunden länger gelebt. — Der Effekt des Behandlungsendes trat auf den ersten Blick durch ein aktives Tun ein, nämlich das Abschalten des Beatmungsgerätes. Der soziale Sinn dieser Handlung ist allerdings die Nichtbehandlung, weshalb in solchen Fällen ein „*Unterlassen durch Tun*“[41] anzunehmen ist.[42] Eine derart gravierende Unterscheidung wie die zwischen Tun und Unterlassen kann, so ein Hauptargument, nicht von der Zufälligkeit abhängen, ob ein einmal laufendes Lebenserhaltungssystem ad infinitum weiter arbeitet oder ob es gelegentlich neu gestartet oder justiert werden muss. Bei einer Einordnung als Unterlassen bliebe der die Behandlung abbrechende Arzt straflos, weil seine Garantenpflicht vom Behandlungswillen des Patienten abhängt: Wünscht dieser keine weitere Lebenserhaltung, schuldet sie ihm der Arzt auch nicht mehr.

Anderen Garanten, deren Pflichtenkreise sich nicht am Willen des Patienten orientie- **281**
ren, hilft dies freilich nicht. Die Garantenpflicht des Ehemannes entfällt nicht schon deshalb, weil die Ehefrau keine Hilfe mehr wünscht. Zudem taucht oft ein weiteres Problem auf, wenn – wie im Beispielsfall – ein Außenstehender die ärztlicherseits begonnene Behandlung beendet: Es handelt sich dann um den Abbruch eines rettenden Kausalverlaufs durch einen Dritten, der nicht als Unterlassen, sondern als aktives Tun gilt.

Gleichwohl wird selbst für so handelnde Dritte eine Straflosigkeit befürwortet. Die Begründungen gehen erneut auseinander, greifen aber im Kern darauf zurück, dass dem Willen des Patienten, nicht mehr behandelt zu werden, Raum zu schaffen sei. Dabei wird dies entweder bereits als tatbestandsloser Behandlungsabbruch[43] oder aber als gerechtfertigtes Eingreifen in den Behandlungsvorgang[44] bewertet. Eine nähere Darstellung befindet sich auf CD 04-07.

b) Der entscheidungsunfähige Patient

Bei einem Patienten, der nicht mehr in der Lage ist, seinen Willen zu artikulieren, **282**
setzt passive Sterbehilfe voraus, dass die Nichtbehandlung wenigstens seinem *mutmaßlichen Willen* entspricht. Dabei handelt es sich um eine Feststellung tatsächlicher Art. Sie kann sich auf frühere Äußerungen oder auf ein sog. Patiententestament stüt-

---

41 Begriff nach ROXIN AT II § 31 Rn. 99; kritisch Frank CZERNER, Das Abstellen des Respirators an der Schnittstelle zwischen Tun und Unterlassen bei der Sterbehilfe, JR 2005, 94-98 (98), der die – ehrlichere – Bezeichnung „Unterlassen *trotz* Tun“ vorschlägt.

42 KREY/Heinrich BT 1 Rn. 11; ROXIN AT II § 31 Rn. 115 ff.; Sch/Sch-STREE vor § 13 Rn. 160; a.A. WESSELS/HETTINGER BT 1 Rn. 37; OTTO BT § 6 Rn. 28; STOFFERS (Fn. 40), MDR 1992, 626, jeweils m.w.N.

43 ROXIN (Fn. 40), NStZ 1987, 350 (Gleichstellung des Dritten mit dem Arzt, sofern auch er nur dem Patientenwillen zum Durchbruch verhelfen will); ähnlich JAKOBS AT Rn. 7/64 (dort Fn. 111); Sch/Sch-ESER vor § 211 Rn. 32; STOFFERS (Fn. 40), MDR 1992, 628 f. (letztendlich aussichtslose Rettungshandlung könne weder vom Arzt noch von Dritten verlangt werden).

44 MüKo-SCHNEIDER vor § 211 Rn. 111; OTTO BT § 6 Rn. 25; LACKNER/KÜHL § 216 Rn. 6; LG Ravensburg NStZ 1987, 230 („Jedenfalls ... Rechtfertigungsgrund“).

zen, sofern diese einen Rückschluss darauf erlauben, ob sich der Patient eine Situation wie die konkret anstehende intellektuell vorstellen konnte und sie regeln wollte. Zu *Patiententestamenten* Näheres auf CD 04-08.

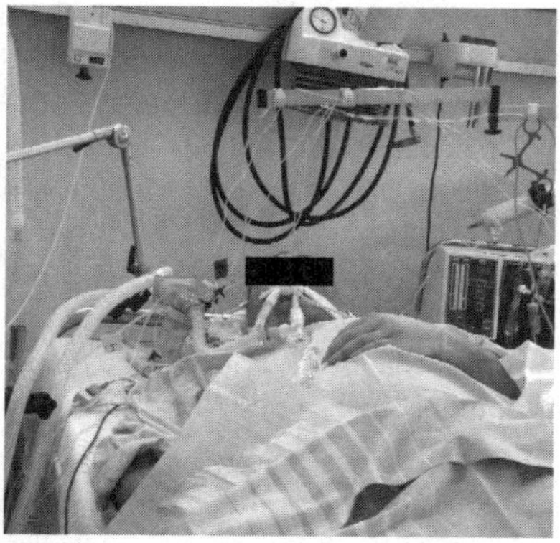

Abbildung: Schwerstkranker Patient auf der Inneren Intensivstation

Liegen keine ausreichenden Hinweise auf den tatsächlichen Patientenwillen vor, so bleibt dieser normativ zu bestimmen. Dazu soll nach der Rspr. ein Betreuer bestellt werden. Aber auch dessen Entscheidung muss zuvor noch *vormundschaftsgerichtlich genehmigt* werden (§ 1904 BGB).[45]

283 Zusätzlich bedarf es folgender Voraussetzungen:[46]

- Das Leiden des Patienten muss *irreversibel* sein. Es hat zudem einen Grad an Beeinträchtigung zu bewirken, der das Weiterleben nur noch als sinnlose Quälerei erscheinen lässt.
- Der *Sterbevorgang* muss entweder bereits eingesetzt haben oder aber unausweichlich bevorstehen.

284 Von den bisher diskutierten Fällen einer Hilfe *beim* Sterben unterscheiden sich diejenigen Konstellationen, in denen es um Hilfe *zum* Sterben geht. Sie betrifft Patienten, die zwar dauerhafter Versorgung bedürfen und bei welchen eine Besserung ausgeschlossen werden kann, deren Zustand mit diesen Einschränkungen aber stabil ist und deren Sterben noch nicht begonnen hat. Wichtige Beispiele sind zum einen komatöse Patienten, zum anderen schwerstgeschädigte Neugeborene (Fälle sog. *Früheuthanasie*). Sie sind aber prinzipiell nach denselben Kriterien zu behandeln wie die klassischen Fälle passiver Sterbehilfe,[47] d.h. unter vornehmlicher Beachtung des (mutmaßlichen) Patientenwillens.

Zu den besonderen Problemen bei der Früheuthanasie vgl. CD 04-09.

---

45 BGHSt 40, 257 (261 f.); Erwin DEUTSCH, Verfassungszivilrecht bei der Sterbehilfe, NJW 2003, 1567-1568 (1567); BGH NJW 2003, 1588 (1591 f.), insoweit ohne Rückgriff auf § 1904 BGB, sondern auf „unabweisbare Bedürnisse des Betreuungsrechts".

46 Vgl. BGHSt 40, 257 (260); BGH NJW 2003, 1588 (1590); Sch/Sch-ESER vor § 211 Rn. 27 f.; MüKo-SCHNEIDER vor § 211 Rn. 113 ff.

47 Vgl. BGHSt 40, 257.

Ist die passive Sterbehilfe zulässig, so muss sie sich nicht auf den Abbruch intensivmedizinischer Behandlung beschränken. Ebensowenig besteht dann eine Verpflichtung zur *Basisversorgung* durch Flüssigkeitszufuhr und Ernährung (wohl aber zur sonstigen Körperpflege). Denn über beides zu entscheiden ist Sache des Patienten; eine Differenzierung ist sachlich nicht zu rechtfertigen.[48] Geht es um den schnellen Tod, dürfte es oft sogar gnädiger sein, dem nicht durch vermeintlich humane, in Wahrheit aber kontraproduktive Maßnahmen entgegen zu wirken. 285

c) Die medizinisch nicht (mehr) indizierte Behandlung

Die Rspr. schließt von vornherein eine Behandlungspflicht aus (und damit auch strafrechtliche Sanktionen für den Fall des Sterbenlassens), sobald eine Behandlung medizinisch nicht mehr indiziert ist.[49] Gemeint sind damit offenbar die Fälle sinnloser, nur noch kurzzeitiger Lebensverlängerung. Dabei bleibt freilich im Dunkeln, ab wann eine Lebensverlängerung sinnvoll werden könnte und ob die Definitionsmacht hierüber tatsächlich allein der Ärzteschaft überlassen werden soll. 286

Dass auf der anderen Seite nicht jede kostenintensive Behandlung verlangt werden kann, um ein Leben zu verlängern, das unter normalen Umständen beendet wäre, ist eine unumstößliche Gewissheit, zumal in Zeiten knapper Kassen und einer durch sie erzwungenen „Pflegeökonomie".[50] Die Frage, ob sich eine Lebensverlängerung noch „lohnt", ökonomisiert indes das Menschenleben und das Lebensrecht – eine aus humanitärem Blickwinkel unerträgliche Vorstellung! Gleichwohl kann ein Ressourcen- bzw. Konkurrenzproblem nicht geleugnet werden: Wo ein Krankenhaus seine Möglichkeiten durch laufende Behandlungsmaßnahmen bereits ausgeschöpft hat, kann ein weiterer Patient nicht auf Kosten anderer seine Intensivbehandlung beanspruchen. Hier gilt das Prinzip der Priorität. Beim gleichzeitigen Entstehen der Behandlungspflicht (z.B. einem Unglücksfall mit zahlreichen Schwerstverletzten) ist dem Arzt ein Auswahlermessen zuzubilligen. Dann, aber auch nur dann dürfen Behandlungsaussichten, Alter und soziale Aspekte eine Rolle spielen.[51] 287

5. Kapitel. Die fahrlässige Tötung

§ 222 bildet von seinen Tatbestandsmerkmalen her das Gegenstück zum Totschlag, dessen Vorsatz- durch ein Fahrlässigkeitserfordernis ersetzt wird. Deshalb kann weitgehend auf die Darstellung zu § 212 verwiesen werden. 288

Überwiegend verknüpfen sich mit Fällen fahrlässiger Tötung zudem Probleme, die aus dem Allgemeinen Teil stammen. Häufiger wird § 222 auch in *Irrtumskonstellationen* relevant, wenn der Tötende einzelne Merkmale seiner Tötungshandlung falsch einschätzt (z.B. die Menschqualität des anvisierten Ziels, den Kausalverlauf oder die Tödlichkeit seiner Handlung). In diesen Fällen konzentriert sich der Vorwurf darauf, 289

---

48 OTTO BT § 6 Rn. 25; a.A. Sch/Sch-ESER vor § 211 Rn. 31.

49 BGH NJW 2003, 1588 (1592 f.).

50 Vgl. Sch/Sch-ESER vor § 211 Rn. 30.

51 Sch/Sch-ESER vor § 211 Rn. 30.

bei sorgfältiger Handhabung den fraglichen Irrtum erkannt (und damit die Handlung vermieden oder anders ausgerichtet) zu haben.

290 Materiell stellt § 222 trotz des Erfordernisses eines Tötungserfolges in erster Linie ein *Gefährdungsdelikt* dar. Verboten ist schon die unsorgfältige Handlung, also die pflichtwidrige Gefährdung des Lebens, nicht erst die Tötung selber. Das Verbot „Du sollst nicht töten" erreicht den Fahrlässigkeitstäter nämlich gar nicht, weil er jedenfalls bei unbewusster Fahrlässigkeit die Möglichkeit, jemanden zu töten, nicht erkennt, er sein Handeln folglich auch gar nicht daran misst. Würde er eine ernsthafte Gefahr realisieren, würde er selbstverständlich dem Tötungsverbot folgend die am Ende tödliche Handlung unterlassen.

Er sieht die Gefahr aber nicht, unterschätzt sie jedenfalls. Mithin stellt er keine Verbindung seines Handelns zum Tötungsverbot des § 212 her. Deshalb kann ihn allein das Gebot „Handele sorgfältig, damit du niemanden in Gefahr bringst!" (und überhole also nicht vor unübersichtlichen Bergkuppen usw.) erreichen und Einfluss auf seine Entscheidung gewinnen. Denn dieses Gebot spricht einen viel weiter gehenden Teil unseres Handelns an, nämlich jedes Verhalten, das ein gewisses Gefahrenpotenzial in sich trägt (wie z.B. *jede* Fortbewegung im Straßenverkehr). Es nicht beachtet (und dadurch einen Menschen in Gefahr gebracht) zu haben, ist der dem Fahrlässigkeitstäter zu machende Vorwurf. Der infolgedessen eingetretene Tod belegt dabei nachdrücklich, wie ernst die Gefahr wirklich war. Zugleich bietet er den Anlass, aus der Vielzahl tagtäglich verursachter, aber glimpflich verlaufenen pflichtwidrigen Gefährdungen (z.B. im Straßenverkehr) diese eine, folgenschwere herauszugreifen und sie exemplarisch zu bestrafen.

Dieser von § 212 völlig verschiedene Gefährdungsvorwurf ist auch der Grund, warum die Strafdrohung mit maximal fünf Jahren Freiheitsstrafe trotz des massiven Rechtsgutsschadens deutlich unter dem Niveau des Totschlags bleibt. Sie entspricht von der Größenordnung her stattdessen derjenigen einer Körperverletzung oder eines Diebstahls.

291 Relevant wird der Gefährdungscharakter des § 222 daneben bei der Frage einer Einwilligung des Opfers. Wie § 216 zeigt, vermag niemand mit strafbefreiender Wirkung in seine Tötung durch fremde Hand einzuwilligen. Dagegen ist die *Einwilligung* in die eigene Gefährdung möglich (und wie etwa Verkehr, Sport oder gefahrgeneigte Berufe zeigen, auch alltäglich). Deshalb kann der fair kämpfende Boxer, der seinen Gegner unglücklich trifft und tötet, nicht wegen einer Fahrlässigkeitstat bestraft werden. Anders verhält es sich, wenn die jeweiligen Regeln nicht eingehalten werden. Denn die Einwilligung wird davon abhängig gemacht, dass die allgemein geltenden Regeln (des Verkehrs, des Sports usw.) eingehalten, jedenfalls aber nicht vorsätzlich missachtet werden.

292 **Wiederholungsfragen zum 4. und 5. Kapitel**

1. Handelt es sich um eine Tötung auf Verlangen, wenn der Täter zwar ohne das Verlangen des Getöteten nicht gehandelt hätte, er aber dem Verlangen umgekehrt auch nicht gehorcht hätte, wenn er nicht zugleich auf die Lebensversicherung des Getöteten erpicht gewesen wäre? (Rn. 251 f.)
2. Warum darf ein Arzt auf den Wunsch seines Patienten dessen weitere lebenserhaltende Behandlung unterlassen, selbst wenn dessen Tod die Folge wäre? (Rn. 267)
3. Welche Formen von Sterbehilfe unterscheidet man (Rn. 271) und welche von ihnen werden nicht bestraft? (Rn. 273, 277, 279, 282)

6. Kapitel. Aussetzung, unterlassene Hilfeleistung und unterlassene Warnung vor Schwerverbrechen

Trotz ihrer Aufnahme in den 16. Abschnitt stellt die Aussetzung (§ 221) kein Tötungsdelikt i.e.S. dar. Vielmehr betrifft sie die konkrete Gefährdung von Leib und Leben durch Versetzen oder Belassen in hilfloser Lage. Eine Stufe darunter ist als abstraktes Gefährdungsdelikt die unterlassene Hilfeleistung (§ 323c) angesiedelt. Beide stellen oft Subsumtionsalternativen zu Tötungsversuchen durch Unterlassen dar (z.B. beim Verlassen hilfloser Personen). Wiederum eine Stufe zuvor poenalisieren die §§ 138, 139 die Nichtwarnung vor schweren Straftaten. Die enge Kopplung in Wirklichkeit und Falllösung veranlasst, alle drei Straftaten an dieser Stelle im Zusammenhang darzustellen. 293

Statistisch treten die Delikte kaum in Erscheinung; dieser Eindruck fehlender Praxisrelevanz dürfte aber falsch sein. Dazu näher CD 06-01.

I. Aussetzung

1. Übersicht über den Tatbestand des § 221

§ 221 fordert als tatbestandlichen Erfolg eine *konkrete*[1] *Gefahr* des Todes oder der schweren Gesundheitsschädigung. Als gefährdungsursächliche Handlung benennt die Bestimmung zwei Alternativen: 294

- Das für jedermann strafbare Versetzen eines anderen in eine hilflose Lage (§ 221 I Nr. 1),
- das nur für einen Garanten strafbare Imstichlassen eines anderen in hilfloser Lage (§ 221 I Nr. 2)

Hinzu treten in den Abs. 2 und 3 insgesamt drei Qualifikationstatbestände und in Abs. 4 eine Strafzumessungsregelung für (unbenannte) minder schwere Fälle.

Abbildung: Die Struktur der Aussetzungsvarianten 295

Grundtatbestand		Qualifikation zum Verbrechen
Täter versetzt das Opfer	Täter (Garant) belässt das Opfer ohne Hilfe	... nach § 221 II Nr. 1, falls Tat gegen eigenes Kind oder anvertraute Person
in hilflose(r) Lage und verursacht dadurch		
die Gefahr des Todes / der schweren Gesundheitsschädigung		... nach § 221 II Nr. 2, falls die schwere Gesundheitsschädigung *eintritt*; ... nach § 221 III, falls der Tod *eintritt*.

1 FISCHER § 221 Rn. 10.

296 **Abbildung:** Prüfungsaufbau bei § 221

I. Tatbestand	1. objektiver Tatbestand - Mensch (§ 6 Rn. 55 ff.) - Bestehen hilfloser Lage (Rn. 297 f.) - Verursachung der hilflosen Lage oder Imstichlassen? (Rn. 299 ff.) - Gefährdungserfolg (Rn. 306 f.) - ggf. Qualifikationsmerkmale nach Abs. 2, Abs. 3 (Rn. 309)
	2. subjektiver Tatbestand - Vorsatz bzgl. Hilflosigkeit, Gefährdung und ggf. Qualifikationsmerkmalen nach § 221 II Nr. 1 (Rn. 310) - ggf. mindestens Fahrlässigkeit bzgl. des Qualifikationsmerkmals nach § 221 III (Rn. 310)
II. /III. Rechtswidrigkeit / Schuld	keine Besonderheiten
(IV.) Strafausschließung u.a.	keine Besonderheiten

2. Die hilflose Lage

297 Sie wird als Situation beschrieben, in der das Opfer unfähig ist, sich aus eigener Kraft vor potenziellen Gefahren zu schützen.[2] Eine *aktuelle Gefahrenlage* braucht noch nicht zu bestehen. Allerdings muss das Entstehen von Gefahren für Leib und Leben in der Situation des Opfers jedenfalls realistisch sein.

Die Hilflosigkeit kann auf persönlicher Schwäche beruhen (wie beim Säugling, der generell hilflos ist). Sie kann aber auch situativ bedingt sein (wie beim Betrunkenen, der zwar im Freien in eiskalter Nacht, aber nicht zu Hause im Bett hilflos wäre – es sei denn, er wäre so stark alkoholisiert, dass Kreislaufversagen droht). Zudem muss, was aus dem Wort „Lage" folgt, ein nicht nur augenblicklicher Zustand vorliegen.[3] Ein Schuss trifft daher nicht ohne Weiteres auf ein hilfloses Opfer, auch wenn dieses der einmal abgefeuerten Kugel wehrlos ausgeliefert ist. Ebensowenig begründet Gefahrenunkenntnis Hilflosigkeit. Diese träte erst ein, falls das Opfer selbst bei Kenntnis der drohenden Gefahr ihr nicht begegnen könnte.[4]

298 Weil es allein auf die Abwehrbefähigung des Opfers ankommt, bleibt es bedeutungslos, wenn neben dem Täter weitere Hilfeleistende vorhanden wären. Gleichwohl darf sich natürlich entfernen, wer weiß, dass andere helfen. Denn dann kann das Verlassen zu keinerlei konkreter Gefährdung führen.

---

2 BGHSt 26, 35 (36); LACKNER/KÜHL § 221 Rn. 2; Sch/Sch-ESER § 221 Rn. 2.

3 Irene STERNBERG-LIEBEN / Christian FISCH, Der neue Tatbestand der (Gefahr-) Aussetzung (§ 221 StGB nF), Jura 1999, 45-51 (46); ebenso mit anderer Begründung Hermann EBEL, Die „hilflose Lage" im Straftatbestand der Aussetzung, NStZ 2002, 404-408 (407 f.): Potenzielle Abwehrmöglichkeit erforderlich, die gegen einen Schuss stets fehle.

4 EBEL (Fn. 3) NStZ 2002, 407; KINDHÄUSER BT I § 5 Rn. 8.

3. Die Tathandlungen

a) Das Versetzen in hilflose Lage (§ 221 I Nr. 1)

Diese erste Alternative kann jedermann begehen, nicht nur ein Garant. Sie verlangt zwar prinzipiell aktives Tun. Indes könnte ein Garant über § 13 auch durch Unterlassen „versetzen" (z.B. durch die Nichthinderung eines Orientierungslosen, in den verschneiten Wald zu laufen). 299

Dabei begründet das Versetzen erst die hilflose Opferlage. Eine bloße Verschlimmerung bestehender Hilflosigkeit genügt schon nach dem Wortlaut nicht.[5]

Mit welchen Mitteln der Täter das Opfer hilflos macht, spielt keine Rolle. Denkbar sind das räumliche Verbringen (z.B. das Aussetzen auf einer Insel), das Wegnehmen von Hilfsmitteln (z.B. des Kompasses oder des Wasservorrates in der Wüste oder der Bekleidung bei Frost) oder körperliches Einwirken (etwa durch Beibringen einer Verletzung). In jedem Fall handelt es sich jedoch um eine Veränderung *innerhalb der Opfersphäre*.

b) Das Imstichlassen in hilfloser Lage (§ 221 I Nr. 2)

Auch wenn das Gesetz das Imstichlassen vordergründig als aktive Handlung zu benennen scheint, so handelt es sich materiell doch um eine Alternative (echten) Unterlassens. Sie unterscheidet sich in drei wesentlichen Punkten vom Versetzen nach § 221 I Nr. 1: Der Täter findet erstens das Opfer bereits in hilfloser Lage vor. Zweitens verändert die Tathandlung nicht unmittelbar die Opfersphäre, sondern die Hilfeleistungsmöglichkeiten des Täters. Drittens muss dieser *Garant* sein. Der ihm anzulastende Vorwurf lautet, pflichtwidrig das Opfer in seiner Hilflosigkeit allein gelassen zu haben. 300

aa) Garantenstellung

Dass es ihrer bedarf, folgt aus dem Zusatz „in seiner Obhut hat oder ihm sonst beizustehen verpflichtet ist". Trotz der etwas anderen Formulierung meint dies nichts anderes als die von den unechten Unterlassensdelikten her bekannte Garantenstellung und -pflicht.[6] 301

bb) Imstichlassen

Darunter fällt jede Art des Nichtbeispringens. Es lässt die hilflose Lage des Opfers unverändert und seine Hilflosigkeit bestehen, weil der hilfefähige und -pflichtige Täter ihm den gebotenen Beistand vorenthält. Das mag durch räumliches Sichentfernen des Täters geschehen, durch Nichtherbeieilen, aber auch durch schlichtes Nichtstun im Angesicht des hilflosen Opfers. 302

Einer zusätzlichen räumlichen Nähebeziehung des Garanten zum Opfer bedarf es nicht. Eine solche Differenzierung, die z.B. dazu führte, den alarmierten Hausarzt oder die Polizei straflos 303

---

5 SK-HORN/WOLTERS § 221 Rn. 4; a.A. KINDHÄUSER BT I § 5 Rn. 10; LACKNER/KÜHL § 221 Rn. 3

6 BGHSt 26, 35 (37); LACKNER/KÜHL § 221 Rn. 4; Sch/Sch-ESER § 221 Rn. 10.

zu stellen, falls sie nicht herbeieilen, lässt sich weder aus dem Wortlaut noch aus dem Sinn der Vorschrift ableiten.[7]

304 **Aufgabe:** Tödliche Gleichgültigkeit eines Gastwirtes[8]
In den frühen Abendstunden kam der Arbeiter *Joachim H.* in die von *Michael S.* betriebene Gaststätte. *H.* war angetrunken, aber nicht merkbar betrunken. *S.* schenkte ihm auf seine Bestellung ein oder zwei Gläser Bier und danach noch ein Gemisch aus fünf Gläschen vierzigprozentigem Schnaps und Limonade aus, welches *H.* schnell trank. Alsbald war er sichtlich stark betrunken. Als er sich anschickte, die Gaststube zu verlassen, führte ihn *Michael S.*, hinaus, damit er nicht über die zum Bürgersteig hinabführenden drei Stufen stürzte. Auf der Straße torkelte *H.* so stark, dass ihn *S.* festhalten musste. Das wiederholte Angebot, eine Taxe zu bestellen, lehnte *H.* ab und schob *S.* von sich weg. Er verlor völlig die Kontrolle über seinen Körper und torkelte gegen ein in der Hauseinfahrt stehendes Auto. *S.*, der erkannte, dass sich *H.* nicht mehr auf den Beinen halten konnte, fasste ihn schließlich und lehnte ihn an die Hauswand. Sodann ging er in seine Gaststube zurück. *H.* verlor kurz darauf den Halt, torkelte einige Schritte und fiel schließlich mit dem Kopf voraus auf die Fahrbahn. Ein in diesem Augenblick auf der verkehrsreichen Straße vorüberfahrendes Auto, dessen Fahrer nichts mehr unternehmen konnte, um den Unfall zu verhindern, überrollte ihn; *H.* erlag fünf Wochen später seinen Unfallverletzungen.
Strafbarkeit von *Michael S.*?

305 Das Landgericht verurteilte *S.* wegen Aussetzung mit Todesfolge zu neun Monaten Freiheitsstrafe unter Strafaussetzung zur Bewährung. Es liegt § 221 I Nr. 1 vor, ferner die Qualifikation nach § 221 III. Ergänzende Hinweise zur Lösung sowie weitere Bemerkungen zur Abgrenzung von Aussetzung und Imstichlassen anhand eines zweiten Fallbeispiels (BGHSt 4, 113) auf CD 06-02.

4. Der Gefährdungserfolg

306 § 221 beschränkt sich auf die Gefahr des Todes oder einer *schweren Gesundheitsschädigung*. Letzteres Merkmal bedarf der Konkretisierung. Schwer sind Gesundheitsschäden wegen ihrer außergewöhnlichen Intensität oder Dauer. Für Dauerschäden ist als Vergleichsmaßstab auf § 226 zurückzugreifen, ohne dass sich die Verletzungen auf die dort genannten beschränken müssten.[9] Bei (heilbaren) Intensivschäden muss das Minus an dauerhafter Beeinträchtigung durch ein Mehr an kurzfristigem Erleiden aufgewogen werden. Näheres zu dem noch weitgehend ungeklärten Merkmal der „Schwere" auf CD 06-03.

307 Als konkretes Gefährdungsdelikt verlangt § 221 den Eintritt einer Situation, in welcher es nur noch von Zufälligkeiten abhängt, ob einer der o.g. Schäden eintritt oder nicht. Diese Gefahrenlage darf *erst durch das Aussetzen* entstehen.

Beispiel (Das liegengelassene Unfallopfer): *Jochen K.* war an einem Herbstabend mit seinem Pkw auf regennasser Landstraße wegen überhöhter Geschwindigkeit ins Schleudern gekommen. Dadurch erfasste sein Fahrzeug den Radfahrer *Frank B.* und schleuderte diesen in den Straßengraben. *B.* erlitt einen Bruch des Schienbeins sowie

7 SK-HORN/WOLTERS § 221 Rn. 6; a.A. LK-JÄHNKE § 221 Rn. 29; ARZT/WEBER BT § 36 Rn. 7.

8 Sachverhalt nach BGHSt 26, 35.

9 FISCHER § 225 Rn. 18; LACKNER/KÜHL § 250 Rn. 3.

eine Beckenfraktur und vermochte sich nicht mehr fortzubewegen. *Jochen K.*, der zunächst angehalten hatte, erkannte die Lage des Unfallopfers. Dennoch fuhr er weiter, um nicht wegen des Unfalls zur Verantwortung gezogen zu werden. *B.* wurde erst am nächsten Morgen aufgefunden. Er hatte die Nacht über erhebliche Schmerzen empfunden. Eine weitere Verschlimmerung seiner Verletzungen trat jedoch nicht ein. — § 221 I Nr. 1 scheitert daran, dass *K.* sein Opfer zwar hilflos gemacht hat, dies indes nicht vorsätzlich geschah. Dagegen liegt ein Imstichlassen nach § 221 I Nr. 2 vor; *K.* war Garant auf Grund Ingerenz. Hier fehlt es jetzt aber an einer Gefährdung: Die schweren Gesundheitsschäden erlitt *B.* bereits durch den Unfall und nicht erst durch das Imstichlassen. Dieses führte zwar zu Schmerzen (§§ 223, 13), aber nicht zur Gefahr *weiterer* schwerer Gesundheitsschäden. Eine solche, auf das Aussetzen zurückzuführende Gefährdung läge beispielsweise vor, wenn es sich um eine Frostnacht gehandelt und *B.* hätte erfrieren können.

5. Subjektiver Tatbestand, Qualifikationen und Konkurrenzen

Im Grundtatbestand droht § 221 als Vergehen Freiheitsstrafe von drei Monaten bis zu fünf Jahren an. Der Versuch ist straflos. Die Qualifikationsbestimmungen in § 221 II, III stellen demgegenüber Verbrechen dar, weshalb insoweit auch ein Versuch möglich wird (z.B. falls der Täter nur denkt, das Opfer sei hilflos, dies in Wahrheit aber gar nicht zutrifft). **308**

§ 221 II nennt zwei Qualifikationsfälle mit einer Strafdrohung von einem bis zu zehn Jahren Freiheitsstrafe: **309**

- die Tat *gegenüber eigenen Kindern* und zur Erziehung anvertrauten bzw. betreuten Personen. Kind ist auch das über 14-jährige, aber noch nicht volljährige Kind in personenstandsrechtlicher Hinsicht, also einschließlich der Adoptivkinder.[10] Zur Erziehung anvertraut sind etwa Pflegekinder oder Schüler gegenüber ihren Lehrern. Weil Erziehungsrechte mit der Volljährigkeit enden und danach auch nicht mehr begründet werden können, fallen hierunter ebenfalls nur unter 18-Jährige. Dagegen zählt zu den Betreuten auch der volljährige Betreute, z.B. der wegen Altersgebrechlichkeit nach den §§ 1896 ff. BGB unter Betreuung Stehende. Erforderlich ist aber auch hier wegen des Merkmals „anvertraut" ein (hoheitlicher) Akt der Betreuungsunterstellung.
- den Eintritt *einer schweren Gesundheitsschädigung* (dazu Rn. 306)
- § 221 III schließlich droht drei bis fünfzehn Jahre Freiheitsstrafe an, falls die Aussetzung zum *Tode des Opfers* führt.

Die Strafdrohungen der Qualifikationstatbestände reduzieren sich, sofern ein minder schwerer Fall nach Abs. 4 vorliegt. Das Gesetz konkretisiert diesen nicht näher und einer gutachterlichen Prüfung bedarf es bei der Fallbearbeitung insoweit daher auch nicht.

§ 221 I ist ein reines Vorsatzdelikt. Dagegen können die qualifizierenden Erfolge nach § 221 II Nr. 2, III auch fahrlässig eintreten (§ 18). **310**

Als bloßes Gefährdungsdelikt tritt § 221 im Wege der Subsidiarität hinter Verletzungsdelikte zurück, deren Erfolgsmerkmale den Gefährdungserfolgen der Aussetzung entsprechen (z.B. vorsätzliche Tötung, auch durch Unterlassen, § 226). Das gilt ebenso für die Qualifikationstatbestände nach § 221 II, III. Dagegen besteht mit Verletzungsdelikten unterhalb dieser Schwelle (z.B. den §§ 223, 224) ggf. Tateinheit. **311**

---

10 LACKNER/KÜHL § 221 Rn. 7; STERNBERG-LIEBEN/FISCH (Fn. 3), Jura 1999, 49.

Auf der anderen Seite verdrängt § 221 – ebenfalls qua Subsidiarität – die unterlassene Hilfeleistung.

Beim Zusammentreffen einer fahrlässigen Tötung mit § 221 III geht dieses als spezielleres Delikt § 222 vor.

II. Unterlassene Hilfeleistung (§ 323c)

1. Deliktscharakter

312 § 323c stellt ein *echtes Unterlassensdelikt*[11] dar, welches eine strafbewehrte Beistandspflicht für jedermann statuiert, und zwar ohne Rücksicht auf die tatsächlichen Folgen von Hilfeleistung bzw. -unterlassung. Darum handelt es sich um ein *abstraktes Gefährdungsdelikt*,[12] das im Vorfeld den Schutz einer ganzen Reihe von Rechtsgütern bezweckt. Primär geht es um Lebens- und Gesundheitsbedrohungen, aber u.U. sind auch Sach- und Gemeingefahren abzuwehren.

313 **Abbildung:** Prüfungsaufbau bei § 323c

<table>
<tr><td rowspan="2">I. Tatbestand</td><td>1. objektiver Tatbestand
- Unglücksfall/gemeine Gefahr/Not (Rn. 314 ff.)
- Erforderlichkeit von Hilfe (Rn. 321 ff.)
- Möglichkeit zur Hilfeleistung (ungeschriebenes Merkmal, Rn. 324.)
- ggf. Zumutbarkeit (Einordnung str., vgl. Rn. 324 f. bzw. CD 06-06)</td></tr>
<tr><td>2. subjektiver Tatbestand
- Vorsatz bzgl. Unglücksfall/gemeine Gefahr/ Not, Erforderlichkeit und Möglichkeit von Hilfe (Rn.327)</td></tr>
<tr><td>II. Rechtswidrigkeit</td><td>keine Besonderheiten</td></tr>
<tr><td>III. Schuld</td><td>ggf. Zumutbarkeit (Einordnung str., vgl. Rn. 324 ff.)</td></tr>
<tr><td>(IV.) Strafausschließung u.a.</td><td>keine Besonderheiten</td></tr>
</table>

2. Tatbestand

a) Die Tatsituation

aa) Unglücksfall, Gemeingefahr und -not

314 Als Ausgangssituation benennt § 323c eine Lage, in welcher eine Individual- (Unglücksfall) oder Allgemeingefahr (gemeine Gefahr oder Not) besteht.

Der *Unglücksfall* ist zu definieren als

---

11 Dazu näher Bd. I. Zur Geschichte vgl. Regina HARZER, Die tatbestandsmäßige Situation der unterlassenen Hilfeleistung, 1999, S. 33-72.

12 Ebenso mit abw. Begründung ARZT/WEBER BT § 39 Rn. 2; a.A. FISCHER § 323c Rn. 1.

ein plötzliches Ereignis, bei dem die konkrete Gefahr eines erheblichen Schadens für Menschen oder Sachen besteht[13] *oder ein solcher Schaden eingetreten ist.*[14]

Beispiele sind Unfälle, plötzliche Krankheiten (z.B. ein Infarkt) oder Straftaten. Schäden brauchen noch nicht entstanden zu sein, weil § 323c, soweit es um den Einzelnen geht, keine Schadensbehebung, sondern -abwehr bezweckt. Gefahrenlage und Plötzlichkeit entscheiden daher. Folglich genügen auch keine sich allmählich entwickelnden Gefahren. Zu deren Abwehr reichen i.d.R. die vom Opfer selbst in Anspruch zu nehmenden Rettungsdienste aus.

Das Erfordernis eines Drohens oder Eintritts *erheblicher* Schäden erlaubt es, differenzierende **315**
Grenzen für unterschiedliche Rechtsgüter zu setzen. Ein drohender Tod ist stets erheblich, ein Sachschaden nur, falls der Untergang bedeutender Werte zu befürchten steht. Nähere Erläuterungen sowie Beispiele auf CD 06-04.

Kein Unglücksfall ist der (frei verantwortlich unternommene) Suizidversuch.[15] Denn er ereignet sich für den Betroffenen nicht gewissermaßen aus heiterem Himmel, wie es sonst für Unglücke typisch ist, sondern wird von ihm gewollt herbeigeführt.

Bei *gemeiner Gefahr* tritt an die Stelle des bedrohten Individuums eine unbestimmba- **316**
re Vielzahl von Menschen. In der Regel handelt es sich um Fälle unüberschaubaren Bedrohungspotenzials (z.B. Überschwemmungen, Waldbrände).

Gemeine *Not* zeichnet sich demgegenüber durch eine dauerhafte Einschränkung der allgemei- **317**
nen Lebensgrundlagen aus. Hier geht es weniger um Gefahrenabwehr als um Schadensbehebung (z.B. bei Hungersnot, epidemischen Erkrankungen, Zusammenbruch der Trinkwasserversorgung). Während bei Not des Einzelnen keine jedermann treffende Notlinderungspflicht besteht, weil eigene Vorsorge und gesellschaftlicher Beistand Vorrang genießen, ist dies hier anders: Durch die katastrophale Dimension der Not versagen Selbst- und Staatshilfe, weswegen nun jedermann aufgerufen ist, die Not zu bekämpfen.

Aufgabe: Der tote Radfahrer[16] **318**
Heinrich R. fuhr nach Besuch mehrerer Gastwirtschaften als Fahrer eines Lieferwagens mit einer Geschwindigkeit von 34-40 km/h im Dunkeln durch die Ortschaft *Sch.* Kurz vor dem Ortsausgang kollidierte er mit dem in derselben Richtung fahrenden Arbeiter *Roland S.*, an dessen Rad Licht und Rückstrahler fehlten. R. konnte diesen Unfall weder vorhersehen noch vermeiden. *S.* stürzte auf die Straße und verstarb auf der Stelle an einem Bruch der Schädelbasis. *Heinrich* R. fuhr weiter zu seiner etwa 5 km entfernten Wohnung. Dort bekam er Gewissensbisse und veranlasste seinen Bruder, sich mit dem Motorrad zur Unfallstelle zu begeben, um ggf. erforderliche Hilfe zu leisten.
Strafbarkeit von *Heinrich* R. nach § 323c StGB?

Da *S.* sofort tot war, drohten ihm keine weiteren Gefahren, weshalb zwar ein Un- **319**
glücksfall i.S.v. § 323c angenommen werden kann, aber Hilfe vergebens und daher nicht mehr erforderlich war. R. war daher nicht verpflichtet, *S.* noch zu helfen. Der

---

13 BGHSt 6, 147 (152 f.); FISCHER § 323c Rn. 2a; LACKNER/KÜHL § 323c Rn. 2.

14 Ulrich STEIN, Verhaltensnorm und Sanktionsnorm bei § 323c StGB, FS Küper S. 607-628 (609 ff.).

15 Sch/Sch-CRAMER/STERNBERG-LIEBEN § 323c Rn. 7; ACHENBACH (Fn. 27), Jura 2002, 545; ARZT/WEBER BT § 3 Rn. 33; MüKo-SCHNEIDER vor § 211 Rn. 84 f.; a.A. BGHSt(GS) 6, 147; BGHSt 32, 367 (381); RENGIER BT II § 8 Rn. 19.

16 Sachverhalt mit einigen Abänderungen nach BGHSt 1, 266.

BGH nahm allerdings eine Gemeingefahr an, denn der verunglückte, tote Radfahrer bildete in der Nacht ein Hindernis, das zu einer Gefährdung sämtlicher Nutzer der fraglichen Straße führen konnte.[17]

320 Die Beurteilung der jeweiligen Gefahren- oder Notlage erfolgt *ex post*[18] und nicht etwa ex ante[19].[20] Im Aufgabenfall wäre daher selbst dann kein (Individual-)Unglücksfall anzunehmen, falls zunächst der Anschein bestand, *S.* habe den Unfall überlebt. Andernfalls würde materielles Versuchsunrecht geahndet, das der Gesetzgeber in § 323c gerade nicht unter Strafe gestellt hat. Im umgekehrten Fall (es hat den Anschein, das in Wahrheit noch lebende Opfer sei bereits tot) fehlt es ohnehin am Vorsatz der Erforderlichkeit von Hilfe, so dass der Streit hier bedeutungslos bleibt.

bb) Erforderlichkeit von Hilfe

321 Geschuldet wird die erforderliche, d.h. *zur Gefahrenabwehr notwendige* Hilfe. Dabei kann ein Spannungsverhältnis zu den Fähigkeiten des Hilfepflichtigen entstehen. Ist dieser zur an sich nötigen Hilfe nicht im Stande oder ist sie ihm unzumutbar, muss er die ihm nächstmögliche taugliche Hilfe leisten.

Beispiele: Wer nicht schwimmen kann, braucht nicht in den See zu springen, um den Ertrinkenden zu retten, sondern hat Hilfe Dritter herbeizuholen. Der Laie, der den Verblutenden mangels ärztlicher Fertigkeiten nicht zu retten vermag, kann vielleicht wenigstens dessen Schmerzen durch eine bequemere Bettung lindern, dem Verzweifelnden durch Zuspruch Kraft einflößen oder durch seinen Rat zur Annahme ärztlichen Beistands bringen.[21]

Die Erforderlichkeit bestimmt sich nach einem *objektiven ex ante-Urteil*:[22] Würde ein objektiver Beobachter anhand der vom Täter beobachteten Umstände Hilfe für geboten erachten?

322 Die *Hilfspflicht endet* dort, wo keine in diesem Sinne taugliche Hilfe mehr möglich ist (wie in der Aufgabe Rn. 318 für den toten *S.*). Dies meint auch den unrettbar Verlorenen, dem nicht einmal mehr Erleichterung verschafft werden kann.[23] Entscheidend ist aber wie gesagt (Rn. 321) nicht die ex post bessere Einsicht, sondern die Betrachtung aus dem Blickwinkel ex ante. Ferner braucht nicht mehr geholfen zu werden, wo bereits die erforderliche (oder jedenfalls bessere als dem Täter mögliche) Hilfe geleistet wird oder sich der Verunglückte selbst zu helfen vermag. Wie es ansonsten zu beurteilen ist, wenn mehrere Hilfe leisten könnten, vgl. CD 06-05.

---

17 BGHSt 1, 166 (269).

18 ex post = im Nachhinein.

19 ex ante = aus dem Blickwinkel zum Zeitpunkt des Geschehens.

20 LACKNER/KÜHL § 323c Rn. 2; KÜPER BT S. 312; STEIN (Fn. 14), FS Küper S. 626; a.A. BGHSt 14, 213 (216); diff. Sch/Sch-CRAMER/STERNBERG-LIEBEN § 323c Rn. 2.

21 OLG Stuttgart MDR 1964, 1024 (1025 f.); Reinhart MAURACH (Anm. zu BGH JR 1956, 347), JR 1956, 348-350 (349).

22 ARZT/WEBER BT § 39 Rn. 17; Sch/Sch-CRAMER/STERNBERG-LIEBEN § 323c Rn. 2; BGHSt 14, 213 (216); 32, 367 (381).

23 BGHSt 17, 166 (169); FISCHER § 323c Rn. 4.

Soweit das Anliegen von § 323c reicht, Individualrechtsgütern zu schützen, kann der Rechtsgutsinhaber außerdem auf Hilfe wirksam verzichten.[24] Auch dies schlösse die Hilfspflicht aus.

b) Die Täterseite

aa) Der Kreis der Hilfepflichtigen

§ 323c ist ein Jedermann-Delikt. Dennoch wird diskutiert, die Hilfspflicht auf die an der Unglücksstelle Anwesenden zu begrenzen. „*Bei* Unglücksfällen" sei räumlich zu verstehen. Die Interpretation der h.M., „bei" heiße „anlässlich", diene allein der Schaffung einer Sonderstrafnorm für (normalerweise der Unglücksstelle zunächst ferne) professionelle Retter wie Feuerwehr und Notärzte. Dies sei unangemessen.[25] Der letztgenannte Einwand gegen die h.M. überzeugt aber schon deshalb nicht, weil gegenüber professionellen Rettern (als Garanten!) bereits § 221 I Nr. 2 greift. Für die h.M. spricht zudem, dass sie die andernfalls drohenden Abgrenzungsschwierigkeiten vermeidet (wie nahe darf man sein, um nicht retten zu müssen?). Selbstverständlich ist auch nach der h.M. nicht die ganze Welt bei jedem Unglück zur Hilfe verpflichtet. Denn tatsächlich konzentriert sich die Problematik auf die wenigen Abwesenden, die gezielt informiert wurden; allen anderen fehlt es schon an der notwendigen Kenntnis vom Unglück. Die dann noch notwendige Differenzierung ist sachlich zutreffender bei der Hilfemöglichkeit angesiedelt: Wer auf Grund großer Entfernung nicht mehr rechtzeitig herannahen kann, scheidet aus. Alle Übrigen bleiben prinzipiell verpflichtet, bis anderweitig Hilfe gewährleistet ist. 323

bb) Hilfefähigkeit und -zumutbarkeit

Wie bei jedem Unterlassensdelikt ist die individuelle Fähigkeit zur Hilfeleistung (ungeschriebenes) Tatbestandsmerkmal (vgl. Rn. 321). Zusätzlich nennt § 323c explizit die Zumutbarkeit als weitere Voraussetzung der Hilfspflicht, wobei exemplarisch die Selbstgefährdung und die Pflichtenkollision als Fälle von Unzumutbarkeit hervorgehoben werden. Erforderlich ist letztlich eine Gesamtabwägung der beiderseitigen Interessenlage. 324

Aufgabe: Liegenlassen eines Unfallopfers nach alkoholbedingtem Unfall[26] 325
An einem Februarmorgen um 3.10 Uhr fuhr *Robert* R. alkoholbedingt mit seinem Pkw und seiner Ehefrau *Marion* R. als Beifahrerin einen in seiner Fahrtrichtung am rechten Fahrbahnrand gehenden Fußgänger von hinten an. Dieser blieb schwer verletzt liegen. Beiden Fahrzeuginsassen war sogleich nach dem Aufprall klar, dass der Fußgänger erheblich verletzt worden war. Ferner war ihnen bekannt, dass die nächsten Häuser von der Unfallstelle an der schon gewöhnlich, zu dieser Zeit aber besonders verkehrsarmen Straße etwa 1,5 km entfernt lagen. Dennoch fuhren sie weiter. Der Verunglückte erlag seinen Verletzungen kurz vor 4.00 Uhr, als er mit einem Polizeifahrzeug abtransportiert wurde, das ein Begleiter des Opfers alarmiert hatte, weil in der benachbarten Ortschaft keine Hilfe zu erhalten war.
War es *Robert* und *Marion* R. zuzumuten, an der Unfallstelle Erste Hilfe zu leisten?

---

24 FISCHER § 323c Rn. 6; LACKNER/KÜHL § 323c Rn. 5.

25 ARZT/WEBER BT § 39 Rn. 20 f.; mit anderer Begründung HARZER (Fn. 11), S. 212 ff., a.A. die h.M., z.B. BGHSt 21, 50 (52 f.); LACKNER/KÜHL § 323c Rn. 4; SK-RUDOLPHI § 323c Rn. 18; Sch/Sch-CRAMER/STERNBERG-LIEBEN § 323c Rn. 25.

26 Sachverhalt nach BGHSt 11, 135.

326 *Robert* R. war eine Hilfeleistung zuzumuten. Die Gefahr eigener Strafbarkeit muss jedenfalls dann hingenommen werden, wenn sie aus der Unglücksherbeiführung herrührt. Dagegen wäre die Hilfe für *Marion* R. unzumutbar, falls sie damit ihren Mann der Strafverfolgung aussetzte.[27] Erweiterte Lösungshinweise sowie Näheres zur Einordnung der Zumutbarkeit im Deliktsaufbau auf CD 06-06.

c) Vorsatz

327 Als Vorsatzdelikt muss der Täter die Umstände kennen, welche die Tatsituation und die Hilfebedürftigkeit ausmachen. Soweit Erforderlichkeit und Zumutbarkeit Wertungen enthalten, bedarf es keines Vorsatzes, solange nur die tatsächlichen Grundlagen derselben bekannt sind.

3. Bestrafung und Konkurrenzen

328 Die Strafdrohung von nur bis zu einem Jahr Freiheitsstrafe trägt dem Umstand Rechnung, dass allein eine abstrakte Gefährdung sanktioniert wird.

Gegenüber gleichzeitig begangenen konkreten Gefährdungs- (z.B. § 221) und Verletzungsdelikten (z.B. Tötung durch Unterlassen) ist § 323c subsidiär. Dasselbe gilt, falls der Unglücksfall vorsätzlich herbeigeführt wurde und anschließend keine weitergehenden Gefahren drohen, als der Täter ohnehin herbeiführen wollte.

Mit Delikten, die andere Rechtsgüter schützen (z.B. § 142), besteht ggf. Idealkonkurrenz.

III. Unterlassene Warnung vor Schwerverbrechen

1. Übersicht über die §§ 138, 139

329 Wenngleich die Überschrift von § 138 („Nichtanzeige ...") suggeriert, es handele sich um ein Rechtspflegedelikt, so geht es doch nach der Tatbestandsfassung nicht um die Verfolgung, sondern um die Verhinderung der in den Straftatenkatalogen von Abs. 1 und 2 aufgelisteten fremden Straftaten durch die dem Täter abverlangte Warnung gegenüber dem Bedrohten oder der Polizei. Geschützt werden daher diejenigen Rechtsgüter, deren Wahrung die betreffenden Katalogtaten bezwecken.[28] Da weder deren konkrete Gefährdung noch gar ihre Beeinträchtigung verlangt ist (vgl. § 139 IV), bildet § 138 ein abstraktes Gefährdungsdelikt.[29]

330 § 138 enthält in seinen Abs. 1 und 2 zwei Vorsatztatbestände (wobei § 138 II allein auf Straftaten nach § 129a zielt, von daher kaum relevant und deshalb auch hier nicht näher erörtert wird). § 138 III ergänzt diese durch eine Leichtfertigkeitsvariante. In § 139 wird sodann die Strafbarkeit für bestimmte Tätergruppen wieder eingeschränkt.

---

27 BGHSt 11, 135 (137 f.); ebenso Sch/Sch-CRAMER/STERNBERG-LIEBEN § 323c Rn. 23; FISCHER § 323c Rn. 7; MAURACH/SCHROEDER/MAIWALD BT 2 § 55 Rn. 27.

28 MAURACH/SCHROEDER/MAIWALD BT 2 § 98 Rn. 4, 6.

29 Ähnlich SK-STEIN § 138 Rn. 3; ARZT/WEBER BT § 46 Rn. 2; a.A. Sch/Sch-CRAMER/STERNBERG-LIEBEN § 138 Rn. 1 (konkretes Gefährdungsdelikt).

2. Der Tatbestand von § 138 I

a) Bevorstehende Straftat

§ 138 verlangt beim Drohen bestimmter Straftaten von jedermann (außer dem durch die anstehende Tat Bedrohten, sofern nicht zugleich andere in Gefahr sind[30]), sie „anzuzeigen“, wobei nicht die Anzeige i.S.v. § 158 I StPO gemeint ist, sondern jede zur Warnung geeignete Mitteilung genügt.[31] Es handelt sich also um ein *echtes Unterlassungsdelikt*, das in einem Spannungsverhältnis sowohl zur prinzipiellen Straflosigkeit einer Nichtanzeige steht als auch in geschützte Privat- und Beziehungssphären (§§ 52, 53 StPO) hineinwirkt. Gerechtfertigt ist dies wegen des Ausmaßes der drohenden Schäden durch die in § 138 I aufgelisteten Straftaten. Die Gefahrgröße erlaubt es, den Mitwisser gewissermaßen zum „halben Garanten“[32] für das bedrohte Rechtsgut aufzuwerten. 331

Aus dem Katalog des § 138 I verdienen in Praxis und Prüfung vor allem Beachtung 332

- Mord und Totschlag (in Nr. 5),
- die Raubstraftaten (Nr. 7) sowie
- die Brandstiftungsverbrechen (aus Nr. 8).

Umfasst sind auch die Teilnahme und die Vorbereitungen nach § 30.[33]

Die Katalogtat muss sich in einem Stadium befinden, zu welchem Ausführung oder Erfolg noch abgewendet werden können. Die Eingriffspflicht kann von der ersten Minute der Planung bzw. ab dem Zeitpunkt bestehen, zu dem man bei gefasstem Tatentschluss von einem „Vorhaben“ sprechen kann. Sie endet erst, sobald Opfer bzw. Polizei von der Tat erfahren.[34] § 138 bleibt daher selbst im Versuchsstadium anwendbar, solange der Versuch dem Opfer nicht offenbar wird (Beispiel: Der Täter hat vom Opfer unbemerkt Gift in dessen Glas geschüttet und das Opfer führt das Glas gerade zum Munde). 333

Schließlich muss der Täter auch *glaubhaft von der Tat erfahren* haben. Das beinhaltet objektiv eine ernst zu nehmende Verdachtslage[35] und subjektiv einen Glauben an das Bevorstehen der Tat. Es genügt also weder vager Verdacht[36] noch ein irrationaler – und zufällig zutreffender – Glaube an ein Vorhaben im Gefolge reiner Spekulation.[37] 334

---

30 LACKNER/KÜHL § 138 Rn. 6; Sch/Sch-CRAMER/STERNBERG-LIEBEN § 138 Rn. 19.

31 MAURACH/SCHROEDER/MAIWALD BT 2 § 98 Rn. 4; ARZT/WEBER BT § 46 Rn. 2.

32 ARZT/WEBER BT § 46 Rn. 4.

33 BGHSt 42, 86 (89); Sch/Sch-CRAMER/STERNBERG-LIEBEN § 138 Rn. 5.

34 Sch/Sch-CRAMER/STERNBERG-LIEBEN § 138 Rn. 12; SK-STEIN § 138 Rn. 14.

35 SK-STEIN § 138 Rn. 10a.

36 RGSt 71, 385 (386 f.).

37 SK-STEIN § 138 Rn. 10a; a.A., jedoch ohne nähere Begründung MAURACH/SCHROEDER/MAIWALD BT 2 § 98 Rn. 19.

335 Wer selbst *an der Katalogtat beteiligt* ist oder war, scheidet als Täter des § 138 aus, da er nicht von ihr „erfahren" kann.[38]

b) Unterlassen rechtzeitiger Warnung

336 Diesem nicht ganz einfachen Merkmal nähert man sich vorzugsweise, indem man fragt, was zu einer „rechtzeitigen" Warnung gehört. Sie setzt zunächst voraus, dass die Tatverhinderung noch möglich erscheint. Dies beurteilt sich wie bei dem strukturell verwandten § 323c ex ante aus dem Blickwinkel eines objektiven Betrachters.[39] Rechtzeitig ist daher nicht nur die frühestmögliche Warnung, sondern jede, die noch eine ebenso gute Rettung verspricht. Dem Pflichtigen wird eine Warnung aber spätestens vor dem Zeitpunkt abverlangt, zu welchem sich die Rettungsmöglichkeiten signifikant verschlechtern. Es ist evident, dass eine Warnung ex ante betrachtet nicht rechtzeitig erfolgt, wenn sie so spät gemacht wird, dass wegen des Zuwartens ein *vermeidbares und ernsthaftes Fehlschlagsrisiko* entsteht.[40] Gestattete man dem Täter hingegen, die aus objektiver Sicht allerletzte Chance zur Warnung zu ergreifen, so ließe sich das mit dem Charakter eines abstrakten Gefährdungsdeliktes kaum vereinbaren. Denn dann wäre § 138 erst vollendet, sobald es zu einer konkreten Rechtsgutsgefahr kommt, was weder mit § 139 I noch § 139 IV in Einklang stünde.

337 **Beispiel** (Späte Mitteilung eines geplanten Auftragsmordes):[41] *Heinrich H.* entschloss sich, seinen Bruder *Gerhard. H.* durch einen gedungenen Mörder töten zu lassen. Zwischen dem 23.01. und 03.02.1993 bestimmte er im Beisein des zufällig Anwesenden *Kurt S.* seinen Vertrauten *Jochen B.* dazu, seinerseits einen Mörder zu beauftragen. *B.* sagte unverzügliche Erledigung zu und sandte am 03.02.1993 ein Schreiben mit dem Auftrag zur Tötung des Bruders an den ihm bekannten *Simon G.*, den er für einen geeigneten Täter hielt. Dieser lehnte das Ansinnen jedoch ab. Weiteres unterblieb. Am 30.04.1993 machte *Kurt S.* im Rahmen einer aus anderen Gründen erfolgenden polizeilichen Zeugenvernehmung auch Angaben zu dem Anstiftungsversuch von *Heinrich H.* und dem Sichbereiterklären *B.*s zur weiteren Anstiftung eines Dritten. — Nach den oben entwickelten Kriterien handelte *Kurt S.* nicht mehr rechtzeitig, weil aus seiner Sicht eine erhebliche Gefahr bestand, mit seiner Mitteilung, die nahezu drei Monate nach seiner Kenntnis vom Tatvorhaben erfolgte, zu spät zu kommen. Der BGH stellte hingegen ex post darauf ab, dass es zu keinem Tatversuch kam. Dem Pflichtigen dürfe im Interesse des Rechtsgüterschutzes nicht durch zu frühe Strafbarkeit der Anreiz genommen werden, sich doch noch zu offenbaren.[42] Aus der Sicht potenzieller Opfer wäre hingegen umgekehrt eine frühe strafbewehrte Pflichterfüllung sinnvoller, zumal verspäteten, aber erfolgreichen Rettungshandlungen immer noch über § 139 I, IV 1 Rechnung getragen werden könnte[43] (dazu Rn. 343 f.).

---

38 Sch/Sch-CRAMER/STERNBERG-LIEBEN § 138 Rn. 20/21; BGHSt 36, 167 (169); a.A. SK-STEIN § 138 Rn. 5 f., jedoch ohne Bezug auf den Wortlaut.

39 SK-STEIN § 138 Rn. 13; wohl auch Ingeborg PUPPE, Anm. zum Urteil des BGH vom 19.03.1996, NStZ 1996, 597-598 (598).

40 Ähnlich SK-STEIN § 138 Rn. 24 (allerdings Beurteilung ex post); PUPPE (Fn. 39), NStZ 1996, 598 (Verstreichenlassen der besten Rettungsgelegenheit); a.A. BGHSt 42, 86 (89 f., Risikosteigerung führt noch nicht zur Strafbarkeit).

41 Sachverhalt nach BGHSt 42, 86.

42 BGHSt 42, 86 (88 f.).

43 Dafür auch PUPPE (Fn. 39), NStZ 1996, 598; SK-STEIN § 139 Rn. 15.

338 Der Tatbestand überlässt dem Täter die Wahl, ob er Opfer oder Behörde warnt. Verspricht freilich eine der beiden Alternativen weniger Erfolg (weil beispielsweise die Polizei eventuell zu spät käme), so ist die andere zu wählen.[44]

c) Vorsatz und Leichtfertigkeit

339 Regulär verlangt § 138 I zumindest bedingten Vorsatz insb. hinsichtlich der geplanten Tat (vgl. dazu bereits Rn. 334). § 138 III ergänzt dies um eine Strafbarkeit wegen Leichtfertigkeit[45] hinsichtlich der Anzeigeerstattung, „obwohl er von ... der ... Tat [vorsätzlich) glaubhaft erfahren hat". Es bedarf also weiterhin der Tatkenntnis; die Leichtfertigkeit bezieht sich allein auf die Anzeigeerstattung sowie deren Rechtzeitigkeit.

3. Rückausnahmen von Strafbarkeit und Bestrafung (§ 139)

340 *Tatbestandsausschlüsse* („nicht verpflichtet") enthält § 139 II, III 2, 3 für bestimmte zeugnisverweigerungsberechtigte Personengruppen. Die in § 139 III 2, 3 genannten Berufsgruppen (u.a. Rechtsanwälte und Ärzte) brauchen über die im Rahmen ihrer beruflichen Schweigepflicht erfahrenen Tatvorhaben z.T. keine Angaben zu machen, sofern sie sich ernsthaft um eine Tatverhinderung bemühen. Für die in § 139 III 1 Nrn. 1-3 genannten Verbrechen – u.a. Mord, Totschlag und Geiselnahme – bleiben indes auch sie uneingeschränkt zur Warnung verpflichtet.

341 Eine Sonderstellung nehmen *Geistliche* ein, da für sie hinsichtlich des seelsorgerischen Geheimnisses nach § 139 II eine umfassende Entpflichtung gilt. Sie bräuchten daher nicht einmal vor einem bevorstehenden Mord zu warnen. Diese etwas merkwürdige Sonderstellung ist historisch bedingt und eine Konzession an das Beichtgeheimnis.[46]

342 Ein persönlicher Strafausschließungsgrund bzgl. der familiären Sphäre findet sich in § 139 III 1. Das Verschweigen von *Tatvorhaben der Angehörigen* (§ 11 I Nr. 1) wird z.T. nicht bestraft, sofern stattdessen ernsthafte Tatverhinderungsbemühungen erfolgen. Für die in § 139 III 1 Nrn. 1-3 genannten Verbrechen bleibt es hingegen in jedem Falle bei der Bestrafung.

343 Einen weiteren persönlichen Strafausschließungsgrund bildet § 139 IV bei anderweitiger Erfolgsabwendung (z.B. auch durch verspätete Anzeige[47]) oder ernsthaftem Bemühen darum.

344 § 139 I schließlich erlaubt fakultativ, von Strafe abzusehen, falls die geplante Tat nicht einmal das Versuchsstadium erreicht, z.B. aufgegeben oder anderweitig verhindert wird.

4. Konkurrenzen und Wahlfeststellung

345 Als spezielleres abstraktes Gefährdungsdelikt verdrängt § 138 eine zugleich vorliegende unterlassene Hilfeleistung.[48]

346 In der Praxis ergibt sich gelegentlich, dass zwar nicht mit der zur Verurteilung notwendigen Sicherheit festgestellt, aber andererseits die Möglichkeit auch nicht ausgeschlossen werden

---

44 SK-STEIN § 138 Rn. 20;

45 Zu diesem Begriff vgl. näher Bd. I.

46 SK-STEIN § 139 Rn. 4; LK-HANACK § 139 Rn. 6 ff.

47 PUPPE (Fn. 39), NStZ 1996, 598; SK-STEIN § 139 Rn. 15.

48 BGHSt 39, 164 (167).

kann, dass jemand an der geplanten Tat (z.B. unter dem Aspekt psychischer Beihilfe) beteiligt ist. In dubio pro reo gilt dann für § 138, dass dessen Verwirklichung ebenfalls wegen der nicht ausschließbaren Tatbeteiligung ausscheidet (vgl. Rn. 335). Zur Vermeidung dieses unglücklichen Ergebnisses bleibt selbst eine Wahlfeststellung zwischen Beihilfe und Nichtanzeige verwehrt,[49] da es an der geforderten Vergleichbarkeit der alternativ vorliegenden Delikte mangelt.

347 **Wiederholungsfragen zum 6. Kapitel**

1. Was muss als Folge einer Aussetzung eintreten? (Rn. 294, 306)
2. Welches Institut aus dem AT umschreibt die Formulierung in § 221 I Nr. 2 „ihn in seiner Obhut hat oder ihm sonst beizustehen verpflichtet ist“? (Rn. 301)
3. Was versteht man unter dem „Unglücksfall“ in § 323c? (Rn. 314)
4. Wann ist es i.S.v. § 323c zuzumuten, bei einer Rettungsaktion die Gefahr eigener Strafverfolgung zu tragen? (Rn. 326)
5. Wen muss man von einem Tatvorhaben unterrichten, um nicht nach § 138 bestraft zu werden? (Rn. 338).

49 Sch/Sch-CRAMER/STERNBERG-LIEBEN § 138 Rn. 29; BGHSt 39, 164 (167); eingehend KINDHÄUSER BT I § 54 Rn. 11-13.

7. Kapitel. Schwangerschaftsabbruch

I. Überblick

Ein Schwangerschaftsabbruch wendet sich gegen das Rechtsgut des *werdenden Lebens*. Da Leben i.S.d. §§ 211 ff. mit Vollendung der Geburt einsetzt, lebt der Mensch i.S.d. Strafrechts zuvor nicht als Mensch, sondern als Leibesfrucht (Embryo, ab der 12. Schwangerschaftswoche: Fötus). Gleichwohl besitzt er bereits vor der Geburt als „Jeder" i.S.v. Art. 2 I GG ein Lebensrecht.[1] Dieses schützt § 218. Während man in § 218a dazu gehörende Tatbestandsausschlüsse, Rechtfertigungs- sowie Strafausschließungsgründe findet, enthalten die weniger bedeutsamen §§ 218b, 218c, 219a und 219b Vorfeldtatbestände. § 219 schließlich stellt gar keine strafrechtliche Regelung dar, sondern ist eher programmatischer Natur. 348

Die §§ 218 ff. besitzen weniger justizielle, als strafrechtstheoretische und rechtsethische Bedeutung (Zahlenmaterial auf CD 07-01). Denn den meisten Schwangerschaftsabbrüchen, mögen sie nun strafbar sein oder nicht, liegt ein ungelöster Konflikt zwischen Rechten der Mutter und des werdenden Lebens zu Grunde, was die Frage aufwirft, welches beider Lebens(-verwirklichungs-)rechte zurückstehen muss. Zu einfach wäre es, (aus kirchlich-religiöser Warte) dem werdenden Leben stets Vorrang zu gewähren, solange nicht das Leben der Mutter unmittelbar bedroht erscheint, oder umgekehrt der Mutter die völlige Verfügungsgewalt über das werdende Leben (das ja nicht ihres ist) zuzubilligen. Das geltende Recht bemüht sich daher um einen Kompromiss. 349

II. Die Entstehung der gegenwärtigen Fassung der §§ 218 ff.

Bis 1975[2] stand die „Abtreibung" (so die frühere Gesetzesüberschrift) in den alten Bundesländern umfassend unter Strafe. Lediglich eine medizinische Indikation (Vornahme durch einen Arzt nach den Regeln der ärztlichen Kunst zur Abwendung ernster Gefahren für Leben oder Gesundheit der Mutter mit ihrer Einwilligung) war anerkannt.[3] Das 5. StrRG[4] sah sodann eine nahezu reine Fristenlösung vor, die aber nicht mehr in Kraft trat, weil sie das BVerfG im *1. Fristenregelungsurteil* 1975 für nichtig erklärte.[5] Nach Auffassung des BVerfG war der Gesetzgeber zwecks effektiven Lebensschutzes verpflichtet, den Schwangerschaftsabbruch außer- 350

1 BVerfGE 39, 1 (37); 88, 203 (251).

2 Zur weiteren rechtsgeschichtlichen Ableitung Günter JEROUSCHECK, Die Geschichte des Abtreibungsverbots, Tübingen 2002.

3 Diese Indikationsregelung fand sich in dem landesrechtlich nach 1945 unterschiedlich fortgeltenden § 14 ErbgesundheitsG. Wo dieser nicht mehr galt, wurde sein Inhalt im Rahmen des sog. übergesetzlichen Notstandes entsprechend angewandt (BGHSt 2, 111).

4 5. StrRG vom 18.06.1974 (BGBl I 1297).

5 BVerfGE 39, 1. Wiedergabe des damaligen Gesetzestextes auf S. 4 ff. der Entscheidung.

halb bestimmter unzumutbarer Notlagen unter Strafdrohung zu stellen.[6] Die legislative Reaktion bestand 1976 in der Schaffung einer Indikationsregelung.[7]

351 In der *DDR* existierte dagegen seit 1972 eine Fristenregelung mit ergänzender medizinisch-sozialer Indikation[8] (näher dazu auf CD 07-02). Sie wurde zum Vorbild der 1992 im Gefolge der Wiedervereinigung für das gesamte Bundesgebiet einheitlich eingeführten zweiten Fristenregelung mit Beratungspflicht.[9] Danach war der Schwangerschaftsabbruch bis zur 12. Woche nicht rechtswidrig, sofern er durch einen Arzt nach erfolgter Not- und Konfliktberatung vorgenommen wurde. Auch diese Lösung scheiterte 1993 im *2. Fristenregelungsurteil*,[10] allerdings nicht wegen der Fristenlösung als solcher. Vielmehr hielt es das BVerfG für untragbar, einen Schwangerschaftsabbruch allein wegen der vorherigen Beratung durch nichtstaatliche Beratungsstellen als *rechtmäßig* zu bezeichnen.

Seit 1995 gilt nun die derzeitige Fassung der §§ 218 ff., die im Kern erneut eine Fristenregelung mit Beratungspflicht enthalten, getreu dem Gebot des BVerfG den Abbruch in den ersten 12 Wochen nach Beratung aber nicht mehr als gerechtfertigt, sondern jetzt als tatbestandslos ansehen (§ 218a I, näher bei Rn. 359).

III. Struktur der Regelung

1. Der Tatbestand des § 218

352 Tathandlung ist das Abbrechen der Schwangerschaft, wobei der taugliche Tatzeitraum gemäß § 218 I 2 mit dem Abschluss der Einnistung des befruchteten Eies in die Schleimhaut der Gebärmutter (*Nidation*) beginnt. Dies ist regelmäßig am 13. Tag nach der Empfängnis (zu verstehen als der Zeitpunkt der Vereinigung von Ei und Samenzelle) der Fall.[11] Zuvor werden Embryonen ggf. über das EmbryonenschutzG[12] und das StammzellenG[13] geschützt.

Der Tatzeitraum des § 218 endet mit der Menschwerdung im strafrechtlichen Sinne anlässlich der Geburtseröffnung (Rn. 61).

353 Abbruch meint die *Abtötung der Frucht*.[14] Daher genügt trotz des irreführenden Wortlautes die Beendigung der Schwangerschaft als solche noch nicht.

---

6 BVerfGE 39, 1 (44, 49 ff.).

7 Im 15. StrÄG vom 18,05.1976, BGBl I 1213.

8 § 153 StGB-DDR i.V.m. dem Gesetz über die Unterbrechung der Schwangerschaft vom 09.03.1972 (GBl I Nr. 5, S. 89).

9 Schwangeren- und FamilienhilfeG vom 27.07.1992 (BGBl I 1050). Der Text ist wiedergegeben in BVerfGE 88, 203 (227).

10 BVerfGE 88, 203.

11 BVerfGE 31, 1 (37); demgemäß hatte § 218 I i.d.F. des 5. StrRG auch diese Frist ausdrücklich genannt.

12 Embryonenschutzgesetz v. 13.12.1990 (BGBl I 2746), letzte Änderung durch Gesetz v. 23.10.2001 (BGBl I 2702). Einführende Übersicht über die Regelungen bei MAURACH/SCHROEDER/MAIWALD BT 1 § 7.

13 Stammzellengesetz v. 28.06.2002 (BGBl I 2268), zuletzt geändert durch Art. 37 der Verordnung v. 31.10.2006 (BGBl. I 2407).

14 FISCHER § 218 Rn. 5; ARZT/WEBER BT § 5 Rn. 28; RGSt 4, 381.

Aufgabe: Frühgeburt nach versuchtem Abbruch der Schwangerschaft 354
Lisa R. hatte ihre ungewollte Schwangerschaft erst sehr spät bemerkt. Mit Hilfe von Kräuteraufgüssen versuchte sie, einen Abbruch zu bewirken. Infolge der Kräutereinwirkungen kam es auch tatsächlich zur Einleitung einer Frühgeburt. Das darauf geborene Kind lebte zunächst.
Variante 1: Das Kind war wegen der unzureichenden Ausbildung seiner Organe nicht überlebensfähig und starb trotz intensivmedizinischer Bemühen, die *Lisa R.* sofort nach der Geburt ermöglichte, ca. 3 Wochen später.
Variante 2: Das Kind war überlebensfähig. *Lisa R.* ließ es aber unversorgt, um seinen Tod herbeizuführen, der nach einigen Stunden infolge Unterkühlung eintrat.
Strafbarkeit von *Lisa R.* nach § 218?

Entscheidend ist allein, ob das Kind auf Grund des Eingriffs stirbt, mag dies nun noch im Mutterleib oder später erfolgen. Selbst ein kausaler Tod längere Zeit nach der Abbruchshandlung (wie in Variante 1 der Aufgabe) erfüllt daher – wie bei jedem Tötungsdelikt auch – § 218. Treten allerdings (wie in Variante 2) neue Todesursachen hinzu, die erst nach der Geburt auf das Kind einwirken, kann dadurch – neben dem für die Schwangere straflosen Versuch des Schwangerschaftsabbruchs (§ 218a IV 2) – ggf. ein normales Tötungsdelikt verwirklicht werden. 355

§ 218 I enthält keine Beschreibung von Täter oder Tathandlung. Deshalb genügt jede kausal zum Tode des Kindes führende Handlung durch die Mutter oder durch Dritte. Dazu zählen auch *Gewalttaten gegen die Mutter*, die zugleich auf das Kind einwirken. Wer also (wissentlich) eine Schwangere tötet und damit zugleich deren Leibesfrucht, verwirklicht neben § 212 auch § 218 (einschl. des Regelfalls nach § 218 II Nr. 1!). Zu den Besonderheiten beim Suizidversuch einer Schwangeren vgl. CD 07-03. 356

§ 218 ist ein Vorsatzdelikt, weshalb der unvorsätzlich herbeigeführte Abbruch (z.B. infolge eines fahrlässig verursachten Verkehrsunfalls) straflos bleibt. Ebenso ungeschützt ist das werdende Leben gegen zwar nicht tödliche, wohl aber erheblich schädigende Angriffe (z.B. Misshandlungen der Mutter, die zu bleibenden Behinderungen beim Kind führen). 357

2. Die nach § 218a nicht strafbaren Schwangerschaftsabbrüche

Sofern die in § 218 genannten tatbestandlichen Voraussetzungen erst einmal erfüllt sind, enthält § 218a unterschiedliche Gründe, aus welchen die Tat gleichwohl im Ergebnis nicht bestraft wird. 358

Abbildung: Die Regelungen des § 218a

Regelung	Wirkung	Voraussetzungen
§ 218a I	Tatbestandsausschluss	Beratung, ärztlicher Eingriff innerhalb von 12 Wochen seit Empfängnis auf Verlangen der Schwangeren
§ 218a II	Rechtfertigung	ärztlicher Eingriff mit Einwilligung der Schwangeren bei Gefahr für ihr Leben oder für eine schwerwiegende Beeinträchtigung ihrer körperlichen oder seelischen Gesundheit
§ 218a III	Rechtfertigung	ärztlicher Eingriff mit Einwilligung der Schwangeren innerhalb von 12 Wochen seit Empfängnis infolge einer Tat nach den §§ 176-179
§ 218a IV 1	Strafausschluss (nur für die Schwangere)	Beratung, ärztlicher Eingriff innerhalb von 22 Wochen seit Empfängnis
§ 218a IV 2	fakultatives Absehen von Strafe (nur bei der Schwangeren)	besondere Bedrängnis der Schwangeren

359 § 218a I nimmt den Abbruch nach Beratung innerhalb der ersten 12 Wochen bereits vom Tatbestand aus. Es handelt sich hier um den Kernbereich der *Fristenregelung mit Beratungspflicht*, wozu § 219 ergänzende Erläuterungen enthält. Die dogmatische Einordnung von § 218a I ist indes umstritten. Dazu mehr auf CD 07-04.

360 § 218a II enthält die (rechtfertigende) *sozial-medizinische Indikation*. Die dort genannte Gefahr „einer Beeinträchtigung des ... seelischen Gesundheitszustandes der Schwangeren" liefert ein Einfallstor, auch extrem belastende Folgen psychischer Natur abzuwenden, die dadurch entstehen, dass das geborene Kind das Leben der Schwangeren erheblich beeinträchtigt und sie damit nicht fertig zu werden droht (z.B. in Fällen einer Schwangerschaft Minderjähriger, drohender Verarmung, erheblicher Behinderung des Kindes). Diese Gefahr darf aber nicht auf zumutbare Weise anders abzuwenden sein, wobei die fragliche Zumutbarkeit erneut u.a. an der Psyche der Mutter zu messen ist. So kann die Alternative, das Kind unmittelbar nach der Geburt zur Adoption wegzugeben, im Einzelfall unzumutbar sein.[15]

Zu beachten ist, dass § 218a II keine zeitliche Begrenzung enthält, weswegen selbst im Spätstadium der Schwangerschaft noch ein Abbruch erlaubt sein kann.[16]

361 Die (ebenfalls rechtfertigende) *kriminologische Indikation* nach § 218a III ist dagegen auf die ersten 12 Schwangerschaftswochen begrenzt. Entgegen dem Gesetzeswortlaut stellt sie keinen Unterfall der sozial-medizinischen Indikation dar, sondern besitzt eigenständigen Charakter. Im Unterschied zu § 218a I mit seiner identischen zeitlichen Begrenzung bedarf es bei ihr keiner vorherigen Beratung.

---

15 LACKNER/KÜHL § 218a Rn. 13; BayObLG NJW 1990, 2328 (2330).

16 Zu den dabei sich aufdrängenden Fragen vgl. näher LACKNER/KÜHL § 218a Rn. 16; Sch/Sch-ESER § 218 Rn. 22 f., jeweils mit zahlreichen w.N.

Die Schwangerschaft muss nicht erwiesenermaßen auf der Sexualstraftat beruhen. Vielmehr genügen „dringende Gründe", womit der Gesetzgeber an die Terminologie in § 112 StPO anknüpft. Dort wird dringender Tatverdacht verlangt und als „große Wahrscheinlichkeit" verstanden. Überträgt man das auf § 218a III, so genügt eine bloße Möglichkeit sicherlich nicht (z.B., falls im Empfängniszeitraum außerdem freiwilliger Geschlechtsverkehr mit anderen stattfand).

362 Die Beurteilung obliegt dem Arzt („nach ärztlicher Erkenntnis"), dem dabei notwendigerweise ein *Beurteilungsspielraum* zukommt, zumal er zu der Sexualstraftat weitgehend auf Informationen der Schwangeren angewiesen ist. In der Praxis dürften die Ärzte in Ermangelung sichererer Kriterien vielfach die ihnen von der Polizei gelieferten Informationen zu Grunde legen, welche wiederum größtenteils von der Schwangeren stammen, und notfalls auf die sozialmedizinische Indikation nach § 218 II ausweichen. Das mag zunächst irritieren, ist aber verständlich, denn nur so lässt sich im Zweifelsfall eine entwürdigende Inquisition der Patientinnen vermeiden, die mit dem Vertrauensverhältnis von Arzt und Patient letztlich unvereinbar wäre.

Täuscht die Schwangere Arzt (bzw. Polizei) über den Umstand, dass sie vergewaltigt wurde, so kann das zu ihrer Strafbarkeit nach § 218 in mittelbarer Täterschaft führen.

363 § 218a IV 1 schließlich stellt zwar die Schwangere, nicht aber den Arzt von Strafe frei, wenn die Schwangerschaft zwischen der 13. und der 22. Woche abgebrochen und damit die Frist des § 218a I überschritten wurde, seine sonstigen Voraussetzungen aber gewahrt sind. Angesichts des fortbestehenden Strafbarkeitsrisikos für den Arzt dürfte sich die praktische Bedeutung dieser Bestimmung auf Auslandstaten begrenzen (vgl. § 5 Nr. 9).

IV. Bestrafung

364 Die mit maximal drei Jahren moderate Strafdrohung des § 218 I erhöht sich im besonders schweren Fall des § 218 II auf einen Strafrahmen zwischen sechs Monaten und fünf Jahren. Diese Strafzumessungsbestimmung verwendet die sog. Regelbeispielstechnik (dazu eingehend Rn. 1080 ff.). Beispielhaft genannt wird einmal der Abbruch gegen den Willen der Schwangeren (§ 218 II Nr. 1), worunter u.a. die Abbrüche im Gefolge von Misshandlungen zählen. Weiterer Strafschärfungsgrund ist nach § 218 II Nr. 2 ein Gefährdungserfolg, der mit dem des § 221 I identisch ist (vgl. daher näher dort, Rn. 306 f.).

V. Tatbestände im Vorfeld des § 218

365 Zu den Vorfeldtatbeständen der §§ 218b, 218c, 219a, 219b Näheres auf CD 07-05.

3. Abschnitt. Straftaten gegen die körperliche Unversehrtheit

8. Kapitel. Die Körperverletzungsdelikte im Überblick

I. Systematik der Körperverletzungsdelikte

366 Grundtatbestände der Körperverletzungsdelikte sind die vorsätzliche Körperverletzung (§ 223) und ihr Fahrlässigkeitsäquivalent (§ 229). An sie knüpfen miteinander verflochtene Qualifikationsstränge an:

- an § 223
  - je nach Art und Folgen der Misshandlung die §§ 224, 226 und 227 sowie
  - die opferspezifische Misshandlung Schutzbefohlener (§ 225),
- an alle Körperverletzungsdelikte die täterspezifische Körperverletzung im Amt (§ 340).

Isoliert steht daneben das abstrakte Gefährdungsdelikt der Beteiligung an einer Schlägerei (§ 231), eine zur Täterschaft vertypte Teilnahme an tätlichen Auseinandersetzungen.

Mit in den Kontext gehören ferner die §§ 109 StGB, 17 WStG, welche neben der einvernehmlichen Fremd- zusätzlich die Selbstverletzung unter Strafe stellen.

367 **Abbildung:** System der wichtigeren Körperverletzungsdelikte

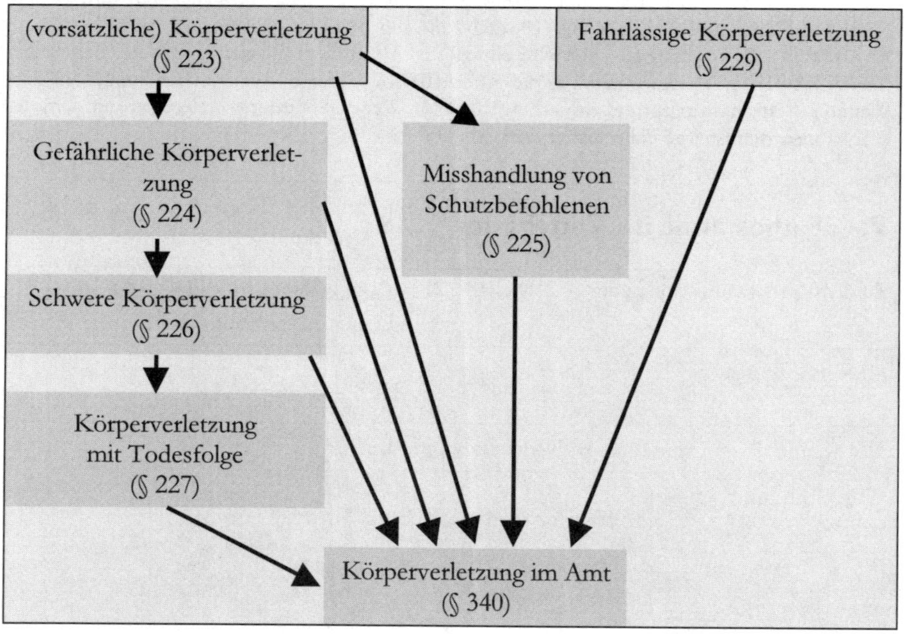

Außer bei § 231 (und natürlich der fahrlässigen Körperverletzung) ist mittlerweile bei sämtlichen Körperverletzungstatbeständen der Versuch strafbar. 368

Rechtsgut ist jedenfalls primär die *körperliche Unversehrtheit* (Art. 2 II 1 GG). Wie beim Rechtsgut Leben (vgl. § 216) gilt, dass der Rechtsgutsträger nicht uneingeschränkt über dieses Gut verfügen kann. Das belegt vor allem § 228, der Einwilligungen des Verletzten eine nur bedingt rechtfertigende Wirkung zugesteht. 369

II. Die Kriminalitätswirklichkeit

Körperverletzungen stehen, was ihre Häufigkeit anbelangt, mit 8,5 % aller bekannt gewordenen Straftaten immerhin an 4. Stelle der Kriminalität. Auffällig ist ihre hohe Aufklärungsquote von 88,3 % laut PKS 2006. Sie beruht darauf, dass Körperverletzungsdelikte überwiegend im *sozialen Nahbereich begangen* werden sowie zumeist (anders als etwa beim Diebstahl) das Opfer den Täter zu Gesicht bekommt und ihn folglich identifizieren kann. Nähere Daten auf CD 08-01. 370

9. Kapitel. Körperverletzung

I. Der Tatbestand vorsätzlicher und fahrlässiger Körperverletzungen

§ 223 stellt ein Erfolgs- und Verletzungsdelikt dar. Das trifft gleichermaßen für die Fahrlässigkeitsalternative des § 229 zu, allerdings mit den in Rn. 290 beschriebenen Einschränkungen, die hier entsprechend gelten. Beide Delikte sind hinsichtlich ihrer objektiven Erfolgskomponente identisch zu prüfen. 371

Abbildung: Prüfungsaufbau bei den §§ 223, 229 372

	§ 223	§ 229
I. Tatbestand	- Körperliche Misshandlung (Rn. 374 f.) - Gesundheitsschädigung (Rn. 376)	
	Vorsatz (Rn. 382)	Fahrlässigkeit (u.a. Sorgfaltswidrigkeit, Vorhersehbarkeit) (Rn. 382)
II. Rechtswidrigkeit	ggf. bei Einwilligung: § 228 erörtern (Rn. 389 ff.)	
III. Schuld	keine Besonderheiten	
(IV.) Strafausschließung u.a.	Strafantrag/besonderes öffentliches Interesse, § 230 (Rn. 396 f.)	

Zwei Verletzungsmodalitäten stehen im Tatbestand gleichwertig nebeneinander: 373

- die körperliche Misshandlung

- die Gesundheitsschädigung

Beide überschneiden sich in ihrem Anwendungsbereich.

1. Körperliche Misshandlung

374 Der Begriff der körperlichen Misshandlung meint nach allgemein anerkannter Definition

eine üble unangemessene Behandlung, die das körperliche Wohlbefinden mehr als nur unerheblich beeinträchtigt.[1]

375 Diese Definition beinhaltet drei bedeutsame Elemente:

- *Behandlung* meint eine physische Einwirkung auf den Körper, so dass psychisches Beeinflussen (z.B. mittels verbalen Drohens oder Zeigens erschreckender Bilder) nicht genügt.
- Das Erfordernis der *üblen Unangemessenheit* soll sozialadäquate Behandlungen ausschließen (z.B. angemessenen Drill für disziplinlose Soldaten[2]).
- Wo die Grenze zum *Unerheblichen* liegt, ist aus Sicht eines objektiven Beobachters zu bestimmen. Es ist neben dem Intensitäts- ein Zeitelement zu beachten: Kurze, rasch vorübergehende Schmerzen (z.B. durch ein Zu-Boden-Schubsen[3]) sind ebenso wie nur leichtes Unwohlsein (z.B. kurzes Herzrasen) unerheblich. Wären dieselben Zustände von Dauer, könnte man zur Erheblichkeit gelangen.

2. Gesundheitsschädigung

376 Unter einer Gesundheitsschädigung versteht man das

Hervorrufen oder Steigern eines vom Normalzustand der körperlichen Funktionen nachteilig abweichenden Zustandes.[4]

Gemeint ist damit ein krankhafter (pathologischer) Zustand, der einen Heilungsprozess erforderlich macht.

Beispiel (Nächtlicher Telefonterror): *Vera U.* rief den Rentner *Klaus B.* rund um die Uhr in halbstündigen Abständen zu Hause an. *B.* konnte daher nachts nicht mehr richtig schlafen und war am Ende so entnervt, dass er Herz-Rhythmus-Störungen bekam. — Eine körperliche Misshandlung liegt nicht vor, weil die Anrufe nicht körperlich auf *B.* einwirkten, sondern mittels körperloser Schallwellen. Dagegen ist eine Gesundheitsbeschädigung anzunehmen, wobei man die Störungen des Schlafes nicht als pathologische Erscheinung bewerten darf. Aufwachen bei Lärm ist völlig normal. Erst wenn sich das Schlafverhalten dauerhaft ändert (es also selbst nach Wegfall der Störungen langfristig verändert bleibt), kann man von einem pathologischen Zustand der Schlaflosigkeit sprechen. Indes sind die Herz-Rhythmus-Störungen krankheitswert. Kurzzeitige Blutdrucksteigerungen oder Pulsbeschleunigungen mögen normale

---

1 BGHSt 14, 269 (271, zum insoweit gleich lautenden § 30 WStG); BGHSt 25, 277 (278).

2 BGHSt 14, 269.

3 OLG Köln StV 1985, 17.

4 BGHSt 36, 1 (6); LACKNER/KÜHL § 223 Rn. 5.

körperliche Reaktionen auf Aufregungen darstellen, nicht aber eine arhythmische Herztätigkeit.

3. Komplexere Verletzungsgeschehen

Die Bejahung einer körperlichen Misshandlung oder einer Gesundheitsschädigung entbindet nicht von der Prüfung der jeweils anderen Tatbestandsalternative. Grund sind u.a. die später erforderlich werdenden Strafzumessungserwägungen des Richters. Sie setzen auch am Ausmaß des Unrechts an. Dieses aber wäre gesteigert, läge neben der einen zugleich noch die andere Verletzungsform vor. **377**

> **Aufgabe:** Ein handgreiflicher Streit **378**
> *Thorsten A.*, der alkoholisiert Streit sucht, verlangte in der Kneipe von dem ihm bis dahin unbekannten *Mario V.*, dieser möge ihm das nächste Bier ausgeben. Als *V.* das ablehnte, gab ihm *A.* zunächst eine schmerzhafte Ohrfeige und als *V.* aufbegehrte, schlug er ihn mit einem Faustschlag zu Boden. Durch den Faustschlag erlitt *V.* ein sog. Brillenhämatom.
> Ist der Tatbestand von § 223 erfüllt?

Mehraktige Körperverletzungssachverhalte wie im Aufgabenfall sollten nicht dazu verleiten, das Geschehen unnatürlich untergliedert und geradezu zerstückelt zu prüfen. Vielmehr stellen derartige Abläufe in aller Regel ein *einheitliches Ganzes* dar, auch wenn sie sich aus einer Vielzahl von Einzelakten zusammensetzen. Anders wäre dies nur bei Vorsatzwechseln (z.B. auf Grund plötzlicher Hindernisse, die den Täter vor eine neue Lage stellen, in welcher er sich erneut entschließen muss, die Verletzung – in anderer Weise als bisher – fortzusetzen). **379**

Dogmatischer Ansatzpunkt für diese Gesamtbetrachtung ist die sogenannte *tatbestandliche Handlungseinheit*, die u.a. dann vorliegt, wenn ein Tatbestand wie § 223 pauschale Handlungsumschreibungen enthält. Misshandeln ist als Einzelakt, aber auch als Summe einer Reihe von Einzelakten vorstellbar. Man spricht nämlich selbst dann von *einem einzigen Misshandeln*, wenn eine Vielzahl einzelner Verletzungsakte erst zusammengefügt ein abgeschlossenen Gesamtbild eines Misshandlungsgeschehens ergeben. So liegt es etwa, wenn dem Opfer mehrere Schläge versetzt werden, bevor der Täter von ihm ablässt. Ähnlich bei der Gesundheitsbeschädigung: Hier wird vom Tatbestand nur der Endzustand beschrieben und die Verursachung desselben ist die tatbestandliche Handlung. Auch das „Verursachen" ist jedoch pauschal und mag ebensogut durch eine wie durch mehrere Täterhandlungen geschehen. Im Ergebnis können daher selbst mehrere unterscheidbare Verletzungsakte (wie in der Aufgabe Rn. 378 die Ohrfeige und der Faustschlag) den Tatbestand nur einheitlich, also einmal verwirklichen (weshalb nicht etwa ein Fall des § 52 vorliegt!). **380**

Aus diesem Grund wird – solange keine Planänderung beim Täter zu beobachten ist – sein gesamtes Verletzungshandeln in einem Ansatz subsumiert. **381**

In der Aufgabe Rn. 378 hat *A.* daher im Ergebnis beide Alternativen des § 223 verwirklicht und dennoch nur *eine* Körperverletzung begangen. Der Faustschlag stellt auf jeden Fall eine körperliche Misshandlung dar. Ob dies ebenso für die Ohrfeige gilt, ist vielleicht nicht ganz zweifelsfrei. Da sie aber als schmerzhaft beschrieben wird, mag man von einer empfindlichen Störung des Wohlbefindens ausgehen. Das Hämatom ist ein Zeichen für aufgeplatzte Blutgefäße unter der Haut und damit für eine krankhafte Schädigung. Dagegen ist normaler Schmerz keine krankhafte, sondern eine gesunde Nervenstimulation infolge körperlicher Einwirkungen.

4. Vorsatz bzw. Fahrlässigkeit

382 Bei § 223 ist nach Bejahung des Erfolges nur noch der (mindestens als dolus eventualis erforderliche) Vorsatz zu erörtern. Im Rahmen des § 229 bedarf es stattdessen der Fahrlässigkeitsprüfung. Da hier primär die allgemeine Fahrlässigkeitsdogmatik im Vordergrund steht, wird auf eine detailliertere Darstellung verzichtet.

II. Das Sonderproblem der Einordnung ärztlicher Heileingriffe

1. Die einzelnen Auffassungen

383 Einen klassischen Streitfall stellt der strafrechtliche Umgang mit ärztlichen Heilbehandlungen dar. Die *Tatbestandslösung*, der die Rspr. und Teile der Lehre folgen,[5] sieht in jedem Eingriff in den Körper des Patienten eine pathologische Veränderung. Sie gelangt damit stets zur Tatbestandlichkeit operativen ärztlichen Handelns, das sodann im Einzelfall qua Einwilligung des Behandelten gerechtfertigt sein kann. Demgegenüber vertritt das Schrifttum überwiegend (aber mit großen Unterschieden im Detail), ein kunstgerechter Eingriff bewirke jedenfalls solange keine Misshandlung oder Gesundheitsbeschädigung, wie er schlussendlich zu einer Heilung oder wenigstens zu einer Besserung führe (sog. *Erfolgstheorie*).[6]

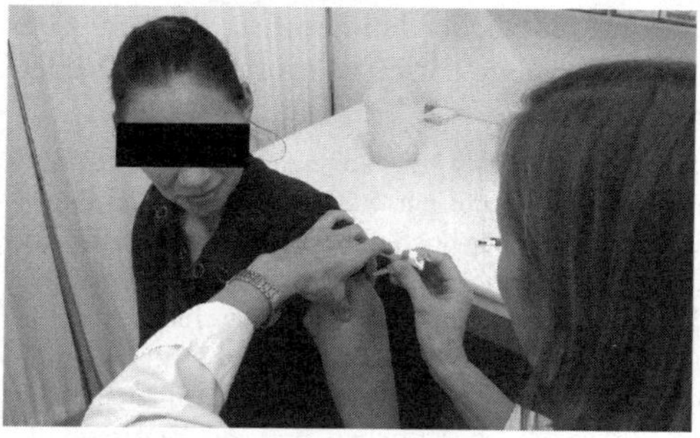

Abbildung: Injektion von Impfstoff – tatbestandslos oder gerechtfertigte Körperverletzung?

384 **Beispiel** (Die unerwartete Erweiterung einer Operation[7]): Chefarzt *Dr. Klaus M.* nahm bei der 46-jährigen *Margrit K.* eine Operation vor. Eine voraufgegangene Untersuchung hatte bei ihr zur Feststellung einer doppelfaustgroßen Gebärmuttergeschwulst geführt, zu deren operativen Entfernung er ihr riet. Während der Operation ergab sich, dass die Geschwulst nicht auf der Oberfläche der Gebärmutter saß, sondern mit ihr fest verwachsen war. Weil sie nicht anders als durch gleichzeitige Ausräumung der Gebärmutter beseitigt werden konnte, entfernte *Dr. M.* den ganzen Gebärmutterkörper. Mit einem so weitgehenden Eingriff war *K.*, als sie hinterher davon erfuhr, nicht einverstanden. *Dr. M.* hatte die Möglichkeit einer Verwachsung der Geschwulst vorhergesehen, wollte aber *K.* vor der Operation nicht beunruhigen

---

5 BGHSt 35, 246; Rengier BT II § 13 Rn. 17; Arzt/Weber BT § 6 Rn. 99; Krey/Heinrich BT 1 Rn. 219.

6 Otto BT § 15 Rn. 11; Maurach/Schroeder/Maiwald BT 1 § 8 Rn. 24; Sch/Sch-Eser § 223 Rn. 33 ff.; Gössel/Dölling BT 1 § 12 Rn. 73 ff.

7 Fall nach BGHSt 11, 111.

und hatte sie daher über diese Möglichkeit nicht aufgeklärt. — Der BGH nahm tatbestandlich eine Körperverletzung an. So gelangte er zur – von ihm verneinten – Frage, ob *Dr. M.*, der irrig davon ausging, *K.* nicht vollständig aufklären zu müssen, mit ihrer wirksamen Einwilligung gehandelt hatte.[8] Teile des Schrifttums kämen zu demselben Resultat, weil sie nur solche Operationen aus dem Tatbestand der §§ 223, 229 herausnehmen, die mit Zustimmung des Patienten vorgenommen werden.[9] *K.* aber hatte *dieser* Operation nicht zugestimmt. Andere lehnen bereits Misshandlung und Gesundheitsbeschädigung ab, weil die Operation – ärztlich indiziert und nach den Regeln der Kunst vorgenommen – saldiert zu einer Verbesserung des Gesundheitszustandes führte.

Der Wunsch, ärztliche Eingriffe entweder generell oder jedenfalls dann, wenn sie 385
ohne Zustimmung vorgenommen werden, unter die Tatbestände der §§ 223, 229 zu subsumieren, beruht auf der Sorge, andernfalls wäre das *Selbstbestimmungsrecht des Patienten* nur unzureichend geschützt.

Tatsächlich könnte man allenfalls noch die §§ 239, 240 oder 185 gegen den eigenmächtigen 386
Operateur ins Felde führen. Diese Strafvorschriften wären aber nur sehr eingeschränkt anwendbar und versagen im Beispiel Rn. 384 gänzlich: *Margrit K.* hatte sich freiwillig in den Zustand der Handlungsunfähigkeit begeben und konnte narkotisiert nicht erneut ihrer Freiheit beraubt oder zu einer Duldung genötigt werden. Auch eine beleidigende Herabwürdigung wird man *Dr. M.*, der guten Glaubens handelte, kaum nachsagen können.

Einen speziellen Tatbestand der unerlaubten Heilbehandlung hat der Gesetzgeber aber trotz etlicher Vorschläge dazu[10] bislang nicht eingeführt.[11]

2. Tatbestandslosigkeit der erfolgreichen Heilbehandlung

Die dadurch gerissene Strafbarkeitslücke rechtfertigt indes nicht, den Tatbestand der 387
Körperverletzung im Interesse des Rechtsgüterschutzes über seinen Wortlaut hinaus zu dehnen. Eine gelungene, den Patienten im Ergebnis besser stellende Operation schädigt entgegen der Rspr. ebensowenig seine Gesundheit wie sie ihn unangemessen be- und damit misshandelt. Daher ist sie stets tatbestandslos, während ein misslungener Eingriff zwar den objektiven Tatbestand erfüllt, dann aber vorsatzlos bliebe, wenn er zum wohlmeinenden Zwecke der Heilbehandlung geschah. Das eröffnet immerhin die Möglichkeit einer Strafbarkeit nach § 229. Sie kommt in Betracht, sobald der Arzt pflichtwidrig gehandelt, sprich Gesundheitsschäden durch ärztliche Kunstfehler verursacht hat.

Eine vertiefende Darstellung befindet sich auf CD 09-01.

---

8 BGHSt 11, 111 (115).

9 Sch/Sch-Eser § 223 Rn. 31, 37; Kindhäuser BT I § 8 Rn. 27 f.; wohl auch SK-Horn/Wolters § 223 Rn. 35 ff.

10 Vgl. die §§ 161 f. des E 1969 und § 123 AE; zuletzt § 229 im Entwurf des BMJ für das 6. StrRG (Text abgedruckt bei Albin Eser, Zur Regelung der Heilbehandlung in rechtsvergleichender Perspektive, in: FS Hirsch S. 465-483 [dort S. 468 Fn. 11]).

11 Anders z.B. in Polen (Art. 192 KK). Weitere Beispiele bei Eser (Fn. 10), FS Hirsch S. 470 ff.

388 Nach der hier vertretenen Auffassung spielt die Frage einer Einwilligung des Patienten allein dann eine Rolle, wenn der Eingriff (wie z.B. bei Schönheitsoperationen oder beim Piercing) nicht ärztlich indiziert war. Für die Rspr. bzw. die Vertreter der Tatbestandslösung wird die Einwilligung dagegen bei allen ärztlichen Eingriffen relevant.

Da eine Einwilligung keine gravierenden Willensmängel aufweisen darf, muss der Patient zuvor *über die Risiken der Behandlung aufgeklärt* worden sein. Ziel ist, ihm zumindest in den Grundzügen Bedeutung und Tragweite seiner Entscheidung zu vermitteln, um ihm eine Abschätzung des Für und Wider zu erlauben und so eine sachgerechte Entscheidung zu ermöglichen.[12] Eine Einwilligung auf Grund unzureichender oder gar fehlender Aufklärung bleibt unwirksam.

III. Rechtswidrigkeit

1. Einwilligungen und ihre Schranken (§ 228)

389 Während die sonstigen Rechtfertigungsgründe an dieser Stelle keine besonderen Probleme aufwerfen, bildet die Einwilligung einen Sonderfall. Ihre Wirkungen und insbesondere ihre Voraussetzungen bei ärztlichen Heileingriffen sind bereits angesprochen worden (Rn. 388). Darüber hinaus unterwirft sie § 228 (im Übrigen für alle Körperverletzungsdelikte!) einer spezifischen Einschränkung: Die Tat darf trotz Einwilligung nicht gegen die *guten Sitten* verstoßen. Dabei ist eigentlich nur eines klar: Es geht um die Sittenwidrigkeit der Tat und nicht der Einwilligung;[13] deren Motive bleiben ohne Bedeutung.

390 Weitgehend unklar ist demgegenüber, ob auch die Zwecke der Tat bedeutsam sind (z.B.: sadomasochistische Sexualpraktiken zum Lustgewinn[14]), was unter „guten Sitten" zu verstehen ist[15] und ob nicht wegen der dadurch begründeten Unbestimmtheit § 228 gar verfassungswidrig ist.[16] Zudem mag man bezweifeln, ob die Vorschrift überhaupt einen anerkennenswerten Zweck verfolgt, wenn sie gute Sitten zu schützen beabsichtigt.

391 Die zuletzt genannten Bedenken weisen den richtigen Weg: § 228 schränkt die Verfügbarkeit über das Rechtsgut der körperlichen Unversehrtheit ein. Dies kann bei einem prinzipiell disponiblen Rechtsgut nur geschehen, wenn es dafür einen legitimen Grund gibt. Einen solchen mag man darin sehen, dass der Einwilligende vor den Folgen unüberlegten Handelns[17] oder vor besonders schweren Verletzungen[18] geschützt werden soll. Wenn das Gesetz aber auf „gute

---

12 BVerfG NJW 1979, 1925 (1929); Sch/Sch-ESER § 223 Rn. 40 ff. m.w.N.

13 BGHSt 4, 88 (91); MAURACH/SCHROEDER/MAIWALD BT 1 § 8 Rn. 14; Sch/Sch-STREE § 228 Rn. 9.

14 Für Sittenverstoß GÖSSEL/DÖLLING BT 1 § 12 Rn. 45; a.A. BGH NJW 2004, 2458; SK-HORN/WOLTERS § 228 Rn. 9.

15 Vgl. dazu exemplarisch BGH NJW 2004, 1054 (1055 f., m.w.N.): Allgemeingültige, vernünftigerweise nicht anzweifelbare sittliche Wertmaßstäbe. Eine gute Übersicht bietet Bernhardt HARDTUNG, Die guten Sitten am Bundesgerichtshof, Jura 2005, 401-408.

16 So NK-Paeffgen § 228 Rn. 40 ff., 50.

17 HARDTUNG (Fn. 15), Jura 2005, 405; ARZT/WEBER BT 1 § 6 Rn. 29; dagegen SK-HORN/WOLTERS § 228 Rn. 9.

18 Sog. Schweretheorie, vgl. LK-HIRSCH § 228 Rn. 9; ähnlich ROXIN AT I § 13 Rn. 40 ff.

Sitten“ und damit auf allgemeine Werte abstellt, werden solche Aspekte offenbar gerade nicht bemüht. Hinter dem Sittenverstoß müssen sich daher andere staatliche Schutzpflichten verbergen. Dabei kann es selbstverständlich nicht um den Schutz irgendwelcher Sittengesetze gehen, denn diese verdienen grundsätzlich keine Strafbewehrung. Durch die Bezugnahme auf die Sitte blendet der Wortlaut andererseits die greifbareren der betroffenen Güter aus, beispielsweise das Interesse, die Lasten der öffentlichen Gesundheitsversorgung zu minimieren.[19]

Eine überzeugende Lösung für das sich daraus ergebende Dilemma hat bislang allein DUTTGE angeboten: Er greift auf die aus Art. 2 II, 1 I GG folgende staatliche Pflicht zum Schutz der *Menschenwürde* zurück. Sie setze Angriffen auf die körperliche Unversehrtheit eine unverzichtbare äußerste Grenze, die der Gesetzgeber selbst gegen den Willen des Rechtsgutsinhabers zu schützen befugt und verpflichtet sei.[20] Einerseits genügt dies dem Wortlaut, weil sich die Menschenwürde mit dem Begriff der Sittlichkeit vereinbaren lässt. Andererseits liefert der Verfassungsauftrag des Art. 1 I GG einen hinreichenden Grund für eine Strafbarkeitsausdehnung.

Als menschenunwürdig (und damit als sittenwidrig) bleiben Verletzungen trotz Einwilligung strafbar, wenn Körper und Gesundheit des Opfers in die *Rolle bloßer Instrumente* herabgewürdigt und dadurch ihres Wertes völlig entkleidet werden. Das schließt leichtere und selbst mittlere Verletzungen von vornherein aus, trifft aber auf schwerste Verletzungen und Verstümmelungen zu oder auf Doping, wo im Interesse einer Leistungssteigerung erhebliche dauerhafte Neben- und Spätfolgen verursacht werden. Gleiches gilt für Verletzungen zum Zwecke des Versicherungsbetruges, wenn im Grunde die körperliche Unversehrtheit gegen Geld verschachert wird (etwa beim „Verkauf“ eines Gliedes). **392**

Einen Sonderfall der Strafbarkeit trotz Einwilligung regeln die § 109 StGB, 17 WStG bei der Verstümmelung zum Zwecke der Wehrpflichtentziehung (näher Rn. 452). **393**

2. Der Sonderfall der Einwilligung in Organentnahmen

Für Organentnahmen am (noch) *lebenden Patienten* muss eine Einwilligung vorliegen und diese zusätzlich die recht engen Voraussetzungen des § 8 TPG erfüllen. Die Vorschriften des TPG konkretisieren insoweit als speziellere Bestimmungen die normalen Einwilligungsregeln. Beispielsweise verlangt § 8 I Nr. 1 a) TPG die Volljährigkeit des Einwilligenden und § 8 III 1 TPG darüber hinaus seine Bereitschaft zur Inanspruchnahme ärztlicher Nachbetreuung. Nicht rückbildbare Organe (z.B. Nieren) dürfen nur für nächste Angehörige gespendet werden (§ 8 I 2 TPG). Liegen diese Voraussetzungen nicht vor, bleibt die Einwilligung zur Organentnahme unwirksam, selbst wenn eine entsprechende Einwilligung in eine „einfache“ ärztliche Behandlung nach allgemeinen Einwilligungsregeln wirksam gewesen wäre. **394**

Für Organentnahmen *an Toten* dagegen bedarf es nur einer formfreien Einwilligung des Verstorbenen zu Lebzeiten (§ 3 I Nr. 1, 4 I TPG), z.B. mittels Organspenderausweises. Beim Fehlen einer Erklärung des Verstorbenen genügt unter bestimmten Voraussetzungen sogar eine Einwilligung der nächsten Angehörigen (§ 4 I-III TPG).

Näheres zur Einwilligung nach dem TPG auf CD 09-02.

---

19 Diesen Gesichtspunkt stellt ROXIN in den Vordergrund (AT I § 13 Rn. 44).

20 Gunnar DUTTGE, Abschied des Strafrechts von den „guten Sitten“? – Zum „Minimum“ bei der Auslegung der sittenwidrigen Körperverletzung (§ 228 StGB), GedS Schlüchter S. 775-802 (783 f.).

3. Das Züchtigungs(un)recht

395 Ein Rechtfertigungsgrund des Züchtigungsrechts ist – im Gegensatz zur früheren Rechtslage – heute nicht mehr anzuerkennen. Für die Eltern ist insoweit § 1631 II BGB von Bedeutung („Kinder haben ein Recht auf gewaltfreie Erziehung. Körperliche Bestrafungen ... sind unzulässig."). Das Züchtigungsverbot für die Lehrerschaft folgt aus den einzelnen Schulgesetzen, die Züchtigungen entweder verbieten oder aber in ihren abschließenden Maßnahmenkatalogen nicht vorsehen. Im Übrigen (Seelsorger, Lehrherrn) hat mittlerweile die Rspr. dem Züchtigungsrecht einen Riegel vorgeschoben.[21]

Die Problematik elterlicher Züchtigungen ist damit aber noch nicht endgültig gelöst. Es verschiebt sich vielmehr auf die Tatbestandsseite, wo geringfügige Körperstrafen ausgeblendet werden können. Dazu näher CD 09-03.

IV. Antragserfordernis

396 Während die Schuldprüfung keine Besonderheiten aufweist, ist bei den weiteren Bestrafungsvoraussetzungen für die §§ 223, 229 zu beachten, dass nach § 230 alternativ ein Strafantrag[22] oder ein besonderes öffentliches Interesse an der Strafverfolgung erforderlich sind.

397 Das *besondere öffentliche Interesse* versteht sich als Synonym für einzelfallorientierte präventive Bestrafungsbedürfnisse. Im Gutachten kann es nicht sachgerecht geprüft werden (und braucht es daher auch nicht). Denn i.d.R. fehlen alle dazu erforderlichen Detailinformationen, z.B. über das Vorleben des Täters, die Reaktionen der Öffentlichkeit auf die Tat oder ihre Wirkungen auf das Opfer. Daher genügt bei der Fallbearbeitung die Feststellung, dass es zur Bestrafung noch der Bejahung des besonderen öffentlichen Interesses durch die Staatsanwaltschaft bedarf. Für die weitere Begutachtung (z.B. in den Konkurrenzen) wird dann davon ausgegangen, dass unter dieser Voraussetzung Strafbarkeit besteht.

V. Körperverletzungen als Privatklagedelikte

398 Für die Verfolgbarkeit der einfachen und der fahrlässigen Körperverletzung spielt in der Praxis viel mehr als das Antragserfordernis eine Rolle, dass beide Straftaten gemäß § 374 I Nr. 4 StPO Privatklagedelikte sind. Ihre Verfolgung von Amts wegen hängt vom (ausnahmsweisen) Bestehen eines *öffentlichen Verfolgungsinteresses* ab (§ 376 StPO). Fehlt dieses, kann der Geschädigte den Täter zwar selbst im Wege der Privatklage verfolgen. Diese Alternative ist indes heute kaum noch praktikabel, weshalb in dem Großteil aller Körperverletzungsfälle mit der Verneinung des öffentlichen Interesses durch die Staatsanwaltschaft faktisch die Weichen für eine Straffreiheit des Beschuldigten gestellt sind. Näheres zum Privatklageverfahren im Allgemeinen auf CD 09-04 und speziell bei den Körperverletzungen auf CD 09-05.

399 **Wiederholungsfragen zum 8. und 9. Kapitel**

1. Wie wird die körperliche Misshandlung definiert? (Rn. 374)
2. Was versteht man unter einer Gesundheitsbeschädigung (Rn. 376)

---

21 Nachweise bei LACKNER/KÜHL § 223 Rn. 11.

22 Vgl. zum Strafantrag §§ 77 ff. sowie die Darstellung in Bd. I.

3. Scheitert die Prüfung des § 223 hinsichtlich eines ärztlich indizierten, mit Einwilligung des Patienten vorgenommenen operativen Eingriffs schon auf Tatbestands- oder erst auf Rechtswidrigkeitsebene? (Rn. 383 und 387 ff.)
4. Wovon hängt die Wirksamkeit der Einwilligung in eine Körperverletzung (über die üblichen Einwilligungsvoraussetzungen hinaus) ab? (Rn. 389)
5. Wie ist es strafrechtlich zu beurteilen, wenn eine Mutter ihrem 5-jährigen Sohn, der ihr nicht gehorcht, schließlich, nachdem alle Worte vergebens waren und sie sich nicht mehr zu helfen weiß, eine Ohrfeige gibt, die schmerzhaft ist, aber keine Gesundheitsschäden verursacht? (Rn. 395 sowie CD 09-03.[dort insb. Rn. 3])

10. Kapitel. Qualifizierte Körperverletzungen

I. Gefährliche Körperverletzung (§ 224)

1. Qualifikationsgrund und -wirkungen

Während § 223 bis zu fünf Jahre Freiheitsstrafe androht, steigt die Strafdrohung in § 224 auf ein Mindestmaß von sechs Monaten und ein Höchstmaß bis zu zehn Jahren. Die wichtigste Wirkung besteht jedoch darin, dass § 224 kein Privatklage- und kein Antragsdelikt mehr darstellt, weshalb seine Verfolgung in jedem Fall von Amts wegen betrieben werden muss. **400**

§ 224 verkörpert[1] die praktisch bedeutsamste Qualifikationsbestimmung zur (einfachen) Körperverletzung. Ihren materialen Grund findet sie in einer *gesteigerten Gefährlichkeit* der Körperverletzungstat durch die in den fünf Alternativen des § 224 bezeichneten Begehungsformen. Diese Gefährlichkeit bezieht sich auf das Risiko erheblicherer Verletzungen oder gar des Todes (Nr. 5). Inwieweit es tatsächlich zu einer Gefahr kommen muss, ist hinsichtlich der einzelnen Alternativen je nach Wortlaut und Schutzzweck unterschiedlich zu beurteilen.

2. Giftbeibringung (§ 224 I Nr. 1)

Gift ist ein anorganischer oder organischer Stoff, der je nach seiner konkreten Verabreichung (mittels Trinkens, Einatmens, auf die Haut Bringens) im Wege chemischer oder physikalischer Wirkung die Gesundheit ernsthaft beeinträchtigen kann.[2] Darunter fallen etwa Säuren, Brennspiritus, Putzmittel oder Drogen, aber auch Krankheitserreger wie Bakterien und Viren. Denn diese wirken letztendlich ebenfalls durch die Auslösung chemisch-physikalischer Vorgänge in den körpereigenen Zellen. **401**

---

1 Bis zum 6. StrRG 1998 in etwas anderer Fassung: § 223a. Zur Geschichte Manfred HEINRICH, Die gefährliche Körperverletzung: Bestandsaufnahme und Versuch einer Neuorientierung, 1993, S. 7-19.

2 Sch/Sch-STREE § 224 Rn. 2b; FISCHER § 224 Rn. 3.

3. Einsatz von Waffen / gefährlichen Werkzeugen (§ 224 I Nr. 2)

a) Waffen

402 Die Verletzung unter Verwendung von Waffen oder gefährlichen Werkzeugen stellt die wichtigste Qualifikationsalternative dar. Für die nur abstrakt gefährliche Waffeneigenschaft kommt es nicht auf den konkreten Einsatz an, sondern auf die dem Gegenstand bei seiner Herstellung verliehene Bestimmung. Waffen sind

> *als Gegenstände von ihrer Art her vornehmlich dazu bestimmt, Verletzungen zu verursachen.*[3]

Dazu zählen natürlich Schusswaffen (auch Gaspistolen[4]), aber keineswegs jedes Messer. Das noch so scharfe Fleischermesser wurde nicht zu Angriff oder Verteidigung, sondern zum Zerteilen von tierischem Fleisch hergestellt und das Taschenmesser als Allzweckwerkzeug. Dagegen dienen Springmesser oder Bowieknifes vorwiegend Angriffs- und Verteidigungszwecken; sie gelten deshalb als Waffen.

b) Gefährliche Werkzeuge

403 Was danach keine Waffenqualität besitzt, mag aber unter die gefährlichen Werkzeuge fallen. Bei ihnen ist nicht die Widmung durch den Hersteller, sondern der *konkrete Einsatz* durch den Verwender maßgebend. Es handelt sich nach h.M. um

> *Gegenstände, die nach ihrer objektiven Beschaffenheit und der Art ihrer konkreten Benutzung geeignet sind, erhebliche Verletzungen zuzufügen.*[5]

Diese Eigenschaft können auch alltägliche Dinge aufweisen, wie die Plastiktüte, die – potenziell tödlich – über den Kopf des Opfers gezogen wird.[6] Zu einer konkreten Gefahr schwerer Verletzungen braucht es dabei nicht zu kommen. Umgekehrt bleiben an sich gefährliche Sachen ungefährlich i.S.v. § 224 I Nr. 2, solange sie der Täter genau dosiert einsetzt, um ausschließlich geringfügige Verletzungen zu verursachen, z.B. die Schere, mit der er die Haare des Geschädigten schert.

404 Genau genommen ist das Tatmerkmal der Eignung „nach ihrer objektiven Beschaffenheit" sogar überflüssig, wie das Beispiel der Plastiktüte zeigt. Es kommt allein auf den *konkreten Einsatz* an.[7] Gegenstände, die – auf welche Art auch immer verwendet – sich dabei als geeignet erweisen, schwere Verletzungen zu verursachen, sind dies auch nach ihrer objektiven Beschaffenheit.

405 Ausfüllungsbedürftig bleibt, wann *erhebliche Verletzungen* durch den Werkzeugeinsatz drohen. Dieses Merkmal bezeichnet Körperschäden unterhalb der schweren Körperverletzung (§ 226), aber auch der schweren Gesundheitsschädigung (§ 221).[8] Damit ist eine weitere Ebene jenseits „einfacher" Verletzungen eingeschoben, die schon deshalb kaum noch sachgerecht definierbar erscheint, weil die nächst höhere Eben der schweren Gesundheitsschädigung sich

---

3 FISCHER § 224 Rn. 9d.

4 BGH(GS) NStZ 2003, 606 (zum identischen Waffenbegriff des § 250).

5 BGHSt 3, 105 (109); FISCHER § 224 Rn. 9; Sch/Sch-STREE § 224 Rn. 4.

6 Vgl. BGH NStZ 2002, 594.

7 Walter STREE, Gefährliche Körperverletzung, Jura 1980, 281-293 (285); kritisch FISCHER § 224 Rn. 9e.

8 BGH NStZ 2002, 86; vgl. auch den RegE zum 6. StrRG, BT-Drs. 13/8587, S. 82.

ebenso jeder präziseren Begriffsbestimmung entzieht.[9] Allenfalls mag man ihr „gravierende" Verletzungen zuordnen, die den Verletzten schwer treffen und beträchtlich leiden lassen.[10]

Beispiel (Die Zigarette auf der Haut des Tatopfers[11]): Der alkoholkranke *Peter H.* war zu den Brüdern *Jochen* und *Karl-Heinz B.* gezogen. Nach einiger Zeit kam es wiederholt zu brutalen Übergriffen der beiden Brüder auf *H.*, der sich ihrer wegen seiner Alkoholprobleme und seiner schwachen Persönlichkeit nicht erwehren konnte. Bei einem dieser Vorfälle drückte *Jochen B.* eine Zigarette auf der Brust von *H.* aus. Dieser erlitt dabei heftige Schmerzen und eine Brandwunde. — Der BGH trat der Verurteilung wegen § 224 I Nr. 2 durch die Strafkammer bei, wobei er sich auf die nicht sicher abschätzbaren Folgen berief. Weniger wegen der Schmerzen als wegen der Dauer der Verletzung und der Gefahr dauerhafter Narben ist dem im Ergebnis zuzustimmen.

Strittig ist die Werkzeugeigenschaft bei Dingen, die nicht mit dem landläufigen Verständnis eines (Hand-)Werkzeugs in Einklang stehen: *Körperteile*, *unbewegbare Sachen* oder *Kleidungsstücke*. Nachdenklich stimmt, wenn andernorts der Werkzeugbegriff strafrechtlich sehr viel weiter interpretiert wird, wie das Beispiel der mittelbaren Täterschaft zeigt. 406

Aufgabe: Überfall auf ein Rentnerehepaar[12] 407
Die angetrunkenen *Matthias K.* und *Norbert W.* hatten, nachdem ihre Alkoholvorräte erschöpft waren, verabredet, den nächsten vorbei kommenden Passanten mittels Gewalt Geld wegzunehmen, um weitere Alkoholika kaufen zu können. Maskiert liefen sie zu dem 72-jährigen *Fritz S.* und dessen Ehefrau. *Matthias K.* schlug mit der Faust in das Gesicht von *Fritz S.*, so dass dieser mit dem Kopf auf die Bordsteinkante stürzte und dabei zwei Zähne aus seiner Prothese verlor. Sodann trat *K.* mit seinen Füßen, an denen er Turnschuhe trug, in den Rücken und ins Gesicht des am Boden Liegenden. Nachdem Frau *S.* zu schreien begonnen hatte, gaben *K.* und *W.* ihr Vorhaben auf und ergriffen die Flucht.
Strafbarkeit (außer wegen Raubversuches) nach § 224 I Nr. 2?

Es ist heute weitgehend anerkannt, dass *Schuhe* wie auch andere Bekleidungsstücke (z.B. Helme, mit Nieten besetzte Lederarmbänder) grundsätzlich gefährliche Werkzeuge bilden können. Vorauszusetzen ist aber, dass sie auch *in besonders gefährdender Weise eingesetzt* werden. Tritte ins Gesicht fallen daher regelmäßig unter § 224 I Nr. 2, und zwar unabhängig davon, um was für Schuhwerk es sich handelt.[13] Bei Tritten in den Rücken hingegen ist dies nicht zwingend; hier kommt es auf die Gefährlichkeit im Einzelfall an (gefährlich: kräftiger Tritt in die Nierengegend; ungefährlich: Tritt ins Hinterteil). 408

Ein Kriterium für die im Einzelfall zu treffende Entscheidung ergibt sich mittels der Überlegung, dass die Qualifikation gegenüber § 223 nur dann angezeigt ist, wenn eine zusätzliche, über die einfache Begehung ohne Werkzeug *hinausreichende Gefährdung* entsteht.[14] Gerade 409

---

9 Vgl. dazu bereits auf CD 06-03.

10 So STREE (Fn. 7), Jura 1980, 287; RENGIER BT II § 14 Rn. 11, KÜPER BT S. 455.

11 BGH NStZ 2002, 86; ähnlich BGH NStZ 2002, 30.

12 Sachverhalt (mit leichten Abwandlungen) nach BGH NStZ 2003, 662.

13 BGHSt 30, 375 (377); BGH NStZ 1999, 616 (617); FISCHER § 224 Rn. 9c; andere Entscheidungen erwähnen – aber eher floskelhaft – noch die Beschaffenheit des Schuhs als erhebliches Kriterium, z.B. BGH NStZ 2003, 662 (663).

14 Ähnlich HEINRICH (Fn. 1), S. 590 f., 618 ff.

bei Tritten in weniger gefährdete (in die Beine) sowie in hochsensible Körperzonen (gegen den Kehlkopf) darf man daher einen Schuh nicht zwingend als konkret gefährliches Werkzeug ansehen. Denn derselbe Tritt mag jeweils ebenso ungefährlich (Beine) bzw. ebenso gefährlich (Kehlkopf) sein, ob er nun mit oder ohne Schuh ausgeführt wird. Folglich sind die Schuhe hier keine (zusätzlich) gefährlichen Werkzeuge. Dagegen steigert sich die Verletzungsgefahr bei Tritten ins Gesicht erheblich, sobald zusätzlich zur Wucht der Tritte die Härte des Schuhwerks zur Wirkung gelangt; § 224 I Nr. 2 ist damit erfüllt.

410 *Körperteile* (Schulbeispiel: Faust des Karatekämpfers) lassen sich vom Wortlaut her nicht unter § 224 I Nr. 2 fassen.[15] Sie sind nicht gegenständlich. Wer dies bestreitet[16] verkennt, dass anderenfalls Verletzungen ohne Werkzeugnutzung unvorstellbar würden. Folglich könnte nur noch nach der jeweiligen Gefährlichkeit (des stets vorliegenden Werkzeugs) differenziert werden. Mithin fiele jede erheblichere Verletzung unter § 224 I Nr. 2. Das aber widerspräche dem ersichtlichen Sinn der Regelung, nur solche Begehungsweisen härterer Strafe zu unterwerfen, die das Opfer dank *zusätzlicher Hilfsmittel* besonders gefährden. Eine eingehendere Auseinandersetzung findet sich auf CD 10-01.

411 *Unbewegbare Gegenstände* (wie die Bordsteinkante in der Aufgabe Rn. 407) stellen ebenfalls keine Werkzeuge dar,[17] weil sie der Täter nicht bedienen kann; er kann nur ihr Vorhandensein ausnutzen, könnte aber nicht mit ihnen „werken". Etwas anderes gilt bei Gegenständen, bei welchen wenigstens Teile beweg- oder steuerbar sind (z.B. eine Blechpresse oder ein Ofen). Handelt es sich erst einmal in diesem Sinne um ein Werkzeug, dann macht es freilich keinen Unterschied mehr, ob es gegen das Opfer bewegt oder dieses in die Reichweite der Werkzeugfunktion gebracht wird. Näher dazu auf CD 10-02.

412 In Aufgabe Rn. 407 verwirklicht danach allein der Tritt ins Gesicht § 224 I Nr. 2. Bei den nicht näher spezifizierten Tritten in den Rücken ist die Gefahr erheblicher Verletzungen so noch nicht ersichtlich. Ebensowenig lassen sich der Faustschlag (mittels eines Körperteils) oder die Instrumentalisierung der (unbeweglichen) Bordsteinkante als Begehung mittels gefährlicher Werkzeuge einordnen.

Allerdings bleiben noch die Qualifikationsalternativen nach § 224 I Nrn. 4 und 5 denkbar; dazu näher Rn. 414 ff., 417 ff.

4. Hinterlistiger Überfall (§ 224 I Nr. 3)

413 Unbestritten erfordert Hinterlist deutlich mehr als bloße Heimtücke. Verlangt wird vielmehr die *planmäßige Verdeckung* der Verletzungsabsicht.[18] Angreifen von hinten genügt daher nicht; es bedarf einer täuschungsähnlichen Vorgehensweise.

---

15 RGSt 8, 315 (316); ferner BGH GA 1984, 124 (125); GÖSSEL/DÖLLING BT 1 § 13 Rn. 29; SK-HORN/WOLTERS § 224 Rn. 13; STREE (Fn. 7), Jura 1980, 282; HEINRICH (Fn. 1), S. 666 f.

16 Eric HILGENDORF, Körperteile als „gefährliche Werkzeuge", ZStW 112 (2000), 811-833 (822 ff., 833); MAURACH/SCHROEDER/MAIWALD BT 1 § 9 Rn. 15.

17 BGHSt 22, 235; LACKNER/KÜHL § 224 Rn. 4; KREY/HEINRICH BT 1 Rn. 250; WESSELS/HETTINGER BT 1 Rn. 274; a.A. RENGIER BT II § 14 Rn. 16; Sch/Sch-STREE § 224 Rn. 8; HEINRICH (Fn.1), S. 660.

18 FISCHER § 224 Rn. 10; LACKNER/KÜHL § 224 Rn. 6; BGH(H) MDR 1989, 111; BGH StV 1989, 132; BGH NStZ 2005, 97.

5. Körperverletzung durch mehrere (§ 224 I Nr. 4)

Die Formulierung dieser Alternative „mit einem anderen *Beteiligten gemeinschaftlich*" 414
erscheint zunächst widersprüchlich, weil „Beteiligter" nach der Legaldefinition des § 28 II auch ein Gehilfe ist, mit dem der Täter indes nicht nach § 25 II „gemeinschaftlich" zusammenwirken kann. Der vermeintliche Widerspruch löst sich durch die Gesetzgebungsgeschichte: Bis 1998 war die Begehung „von mehreren gemeinschaftlich" verlangt, was so verstanden wurde, dass mehrere Mittäter gemeinsam gegen das Opfer vorgehen mussten.[19] Die Neufassung wird nun so gedeutet, dass der Gesetzgeber diese Beschränkung auf Mittäter aufgeben wollte.[20] Als Folge ist „gemeinschaftlich" nicht im Sinne von § 25 II auszulegen, sondern allgemeiner als *einverständliches Zusammenwirken* eines Täters mit einer weiteren Person, die wenigstens Gehilfenqualität aufweist.[21]

Den Strafgrund der Qualifikation bildet die gegenüber dem Alleingang des Haupttä- 415
ters bewirkte *Erhöhung der Durchschlagskraft* des Angriffs,[22] die zu einer größeren Gefahr für das Opfer führt. Dies setzt die mindestens kausale Einflussnahme des weiteren Beteiligten auf den Täterangriff voraus. Sie muss nicht in eigenen Verletzungshandlungen gipfeln. Es genügt, wenn dem Opfer die Flucht versperrt oder der Täter zusätzlich angefeuert und dadurch zu härterem Vorgehen animiert wird. Ebenfalls reicht es hin, dem Opfer durch die Anwesenheit mehrerer eine Übermacht gegenüber zu stellen und ihm auf diese Weise zu bedeuten, dass jeglicher Widerstand zwecklos bleibt.[23]

Erforderlich ist das Zusammenwirken *am Tatort*;[24] die vorherige „Bewaffnung" des Täters durch den Gehilfen genügt als „gemeinschaftliche Begehung" nicht.

Hinweis zur Fallbearbeitung: Gelangt man bei der Erörterung von § 223 zur Mittä- 416
terschaft, so indiziert das § 224 I Nr. 4, der in diesem Fall stets zu prüfen und zumeist auch zu bejahen sein wird. Ausgenommen sind Fälle, wo die übrigen Mittäter ihre Tatbeiträge allein im Vorbereitungsstadium geleistet haben. Ebenso sollte nach Bejahung einer Anstiftung oder Beihilfe jedenfalls immer dann § 224 I Nr. 4 erörtert werden, wenn Anstifter oder Gehilfen am Tatort zugegen waren.

6. Lebensgefährdende Behandlung (§ 224 I Nr. 5)

Strafgrund dieser Qualifikationsalternative ist die zur Verletzung hinzutretende Ge- 417
fährdung des Lebens und damit eines weiteren Rechtsgutes. Sie beinhaltet das erforderliche „Mehr" gegenüber der einfachen Körperverletzung. Nach dem eindeutigen Willen des Gesetzgebers braucht indes *keine konkrete Lebensgefahr* zu entstehen.

19 Vgl. BGHSt 23, 122, wenngleich bereits zweifelnd.

20 Fischer § 224 Rn. 11; Gössel/Dölling BT 1 § 13 Rn. 43; BGH NStZ 2003, 86 (87); a.A. SK-Horn/Wolters § 224 Rn. 24a (Textumbau ohne gewollte Inhaltsänderung).

21 Rengier BT II § 14 Rn. 20; Küper BT S. 61.

22 Heinrich (Fn. 1), S. 711.

23 Vgl. SK-Horn/Wolters § 224 Rn. 24b f.; Lackner/Kühl § 224 Rn. 7; Stree (Fn. 7), Jura 1980, 289.

24 BGH StV 1994, 542.

Vielmehr genügt die *potenzielle Tödlichkeit* der konkreten Handlung.[25] Sie ist anzunehmen bei schweren Tritten gegen den Kopf, beim Würgen, beim Eintauchen eines anderen in Eiswasser oder auch beim Verursachen einer HIV-Infektion (dazu ein Beispiel auf CD 10-03).

7. Vorsatz

418 Zum Teil wird angenommen, hinsichtlich der Qualifikationsmerkmale bedürfe es eines bewussten Einsatzes zu Verletzungszwecken, weshalb bedingter Vorsatz hinsichtlich des „Mehr" an Gefährdung nicht genüge.[26] Das überzeugt indes nicht, weil es bei § 224 um eine schlichte Gefährdungssteigerung geht, nicht um beabsichtigte schwerere Verletzungen. Es muss daher genügen, wenn der Täter diejenigen Umstände kennt, welche zur Gefahrenerhöhung führen, also z.B. die erheblichere Wirkung des Werkzeugs. Bei § 224 I Nr. 5 muss ferner die Möglichkeit einer Lebensgefährdung realisiert und in Kauf genommen werden. [27]

8. Hinweise zur Fallbearbeitung

419 Es empfiehlt sich jedenfalls dann, wenn eines der Qualifikationsmerkmale des § 224 auf der Hand liegt, sogleich mit diesem Tatbestand zu beginnen und nicht erst § 223 gesondert vorab zu erörtern; man erspart sich auf diese Weise u.a. die Prüfung des Strafantrages. Will man so vorgehen, sind in das Aufbauschema Rn. 372 die Merkmale des § 224 beim objektiven bzw. subjektiven Tatbestand einzufügen; die Prüfungsebene IV entfällt.

II. Schwere Körperverletzung (§ 226)

1. Strafgrund und Struktur der Qualifikationsbestimmung

420 § 226, ein *erfolgsqualifiziertes Verbrechen* (Strafdrohung ein bis fünfzehn Jahre Freiheitsstrafe), setzt (irgend-) eine vorsätzliche Körperverletzungshandlung voraus. Sie muss in Realisierung des ihr innewohnenden spezifischen Risikos zu einer der in § 226 I Nr. 1-3 genannten schweren Folgen führen. Deren Eintritt rechtfertigt die höhere Bestrafung. Die schweren Folgen wiederum braucht der Täter bei § 226 I nicht vorherzusehen oder gar zu erstreben, weil gemäß § 18 insoweit bereits Fahrlässigkeit genügt, also ihre Vorhersehbarkeit.

§ 226 II steigert die Strafdrohung darüber hinaus bei *absichtlicher* oder *wissentlicher* Herbeiführung der schweren Folgen auf Freiheitsstrafe von drei bis fünfzehn Jahren Freiheitsstrafe.

---

25 RegE 6. StrRG, BT-Drs. 13/8587, S. 82 f.; RENGIER BT II § 14 Rn. 21; BGHSt 36 1 (9); HEINRICH (Fn. 1), S. 735; a.A. noch Sch/Sch-STREE § 224 Rn. 12.

26 HEINRICH (Fn. 1), 670 ff.; für § 224 I Nr. 2 auch SK-HORN/WOLTERS § 224 R. 18.

27 LACKNER/KÜHL § 224 Rn. 9; WESSELS/HETTINGER BT 1 Rn. 284; OTTO BT § 16 Rn. 12.; a.A. FISCHER § 224 Rn. 13; BGHSt 19, 353 (353), die nur Kenntnis der gefahrbegründenden Umstände, aber keine Realisierung ihrer Gefährlichkeit durch den Täter verlangen.

Abbildung: Prüfungsaufbau bei § 226 421

<table>
<tr><td rowspan="2">I. Tatbestand</td><td>Entweder (nach vorheriger Prüfung von § 223):
Verweis auf die bereits bejahte vorsätzliche Körperverletzung</td><td>Oder (ohne zuvor § 223 zu prüfen):
- obj. Tatbestand von § 223
- subj. Tatbestand von § 223</td></tr>
<tr><td colspan="2">- Eintritt der schweren Folge (Rn. 422 ff.)
- Spezifischer Gefahrverwirklichungszusammenhang zwischen Verletzungshandlung und schwerer Folge (näher bei § 227, dort Rn. 433 ff.)
- (bei § 226 I:) zumindest Fahrlässigkeit (= obj./subj. Vorhersehbarkeit der schweren Folge; eine Sorgfaltswidrigkeit liegt bei vorsätzlicher Verletzungshandlung stets vor);
- (bei § 226 II:) Wissentlichkeit bzw. Absicht.</td></tr>
<tr><td>II. Rechtswidrigkeit</td><td colspan="2">bei Einwilligung: § 228 (Rn. 389 ff.)</td></tr>
<tr><td>III. Schuld</td><td colspan="2">keine Besonderheiten</td></tr>
<tr><td>(IV.) Strafausschließung u.a.</td><td colspan="2">keine Besonderheiten</td></tr>
</table>

2. Die einzelnen schweren Folgen

a) Sensorische Verluste (§ 226 I Nr. 1, erste und zweite Alternative)

Seh- und Hörvermögen müssen nicht vollständig verloren gehen, was schon daraus 422
folgt, dass bereits der Verlust eines Auges genügt. Im Allgemeinen wird ein Verlust angenommen, sobald die Wahrnehmungsfähigkeit unter 10% sinkt[28] und sich so auf einen im täglichen Leben nicht mehr wesentlichen Rest reduziert.[29]

b) Verlust von Sprache und Fortpflanzungsfähigkeit (§ 226 I Nr. 1, dritte und vierte Alternative)

In ähnlicher Weise braucht auch die *Sprachfähigkeit* nicht vollständig zu entfallen. Zwar ge- 423
nügt Stottern noch nicht, wohl aber die Reduktion auf unartikulierte Laute[30] oder auf sog. Ein-Wort-Sätze.

Die *Fortpflanzungsfähigkeit* (von Frau und Mann) ist zum einen verloren, wenn beim Mann 424
infolge der Tat die Produktion von tauglicher Samenflüssigkeit ausfällt oder bei der Frau die Fähigkeit zum Austragen eines Kindes nicht mehr besteht. Zum anderen genügt bereits, wenn allein die Fähigkeit zum Beischlaf eingebüßt wird (obwohl künstliche Samenentnahme bzw.

---

28 OLG Hamm GA 1976, 304 (306); KINDHÄUSER BT I § 10 Rn. 22; FISCHER § 226 Rn. 2a.

29 OTTO BT § 17 Rn. 5.

30 Sch/Sch-STREE § 226 Rn. 1b; SK-HORN/WOLTERS § 226 Rn. 6.

Befruchtung medizinisch noch möglich bleiben mögen).[31] Denn mit der Fähigkeit zum Geschlechtsverkehr entfällt die *natürliche* Fortpflanzungsfähigkeit.[32]

c) Verlust wichtiger Glieder (§ 226 I Nr. 2)

425 Unter Gliedern versteht man äußere Körpersegmente, die mit anderen durch Gelenke verbunden sind.[33] Innere Organe, aber auch andere äußere Körperteile wie Ohren oder Nase fallen nicht darunter; deren Verluste sind allein über § 226 Nr. 1 zu erfassen, sofern ihre Funktion mitbetroffen ist.[34]

Dem Verlust steht der dauernde Wegfall der *Gebrauchsmöglichkeit* gleich. Dies meint z.B. die Lähmung eines Armes, seine Versteifung oder die Einbuße der Greiffähigkeit einer Hand nach Durchtrennung von Sehnen des Daumens.

426 Der Tatbestand ist indes auf *wichtige* Glieder begrenzt, worunter jedenfalls Daumen[35] und Zeigefinger,[36] i.d.R. aber nicht der kleine Finger fallen.

Wenn das Gesetz allerdings die wichtigen Glieder nicht näher bezeichnet, so deutet das darauf hin, dass individuelle Bedürfnisse berücksichtigt werden können. In Abweichung vom Normalfall gilt deswegen beispielsweise beim Berufsgeiger auch der kleine Finger der rechten Hand als wichtig.[37]

d) Dauernde Entstellung (§ 226 I Nr. 3, erste Alternative)

427 Sie wird definiert als *erhebliche Verunstaltung der Gesamterscheinung*, die nicht durch zumutbare kosmetische Operationen zu beheben ist. Der Verlust von Zähnen beispielsweise kann regelmäßig durch *Prothesen* äußerlich verdeckt werden und entstellt daher nach h.M. nicht.[38] Allerdings erscheint die Einschränkung angezeigt, dass der Verlust auch gegenüber dem Intimpartner unauffällig bleiben muss. Das kann im Falle des Zahnverlustes beim Einsatz fester Brücken oder Implantate angenommen werden, nicht hingegen beim Ersatz mittels eines herausnehmbaren Gebisses.[39]

---

31 SK-HORN/WOLTERS § 226 Rn. 6; a.A. Sch/Sch-STREE § 226 Rn. 1b (Unfruchtbarkeit erforderlich).

32 MüKo-HARDTUNG § 226 Rn. 25.

33 KINDHÄUSER BT I § 10 Rn. 23; SK-HORN/WOLTERS § 226 Rn. 8; MüKo-HARDTUNG § 226 Rn. 26; wohl auch BGHSt 28, 100 (102); a.A. Sch/Sch-STREE § 226 Rn. 2.

34 BGHSt 28, 100 (102).

35 RGSt 64, 201 (202); RG GA Bd. 53, 74.

36 BGH(D) MDR 1953, 597 f.; BGH NStZ 2007, 470.

37 Sch/Sch-STREE § 226 Rn. 2; MAURACH/SCHROEDER/MAIWALD BT 1 § 9 Rn. 21; BGH NStZ 2007, 470; differenzierend MüKo-HARDTUNG § 226 Rn. 27 (Anerkennung individueller Körpereigenschaften, z.B. beim Linkshänder, aber keiner beruflichen Bedürfnisse); unter Bestimmtheitsaspekten kritisch Hans-Ullrich PAEFFGEN/Thomas GROSSE-WILDE, Über die Individualisierung tatbestandsmäßiger Erfolge – „Persönlicher Schadenseinschlag" bei den Körperverletzungsdelikten, HRRS 2007, 363-366.

38 BGHSt 24, 315; SK-HORN/WOLTERS § 226 Rn. 14; Sch/Sch-STREE § 226 Rn. 5.

39 MAURACH/SCHROEDER/MAIWALD BT 1 § 9 Rn. 22; RENGIER BT II § 15 Rn. 11.

Bei *Narben*, dem wohl wichtigsten Fall der Entstellung, ist vor allem deren Ausmaß Ausschlag gebend, zumal das subjektive Empfinden der jeweiligen sozialen Umgebung sehr unterschiedlich sein mag (Mensurnarben einerseits, Narben im Gesicht eines Models andererseits[40]). Man kann sich nur damit behelfen, die konkrete Vernarbung mit den sonstigen, in § 226 genannten Folgen zu vergleichen.[41] Da es auf die konkreten Bekleidungsgewohnheiten und -möglichkeiten nicht ankommt,[42] spielt es in diesem Zusammenhang keine Rolle, ob die Narben i.d.R. unter Kleidung verborgen und daher nicht zu sehen sind. **428**

e) Pathologische Dauerleiden (§ 226 I Nr. 3, restliche Alternativen)

Bei den weiteren Alternativen von § 226 I Nr. 3 geht es um Einschränkungen, die im Ergebnis den *gesamten* Körper betreffen, was aus dem Zusammenspiel mit Nr. 2 folgt, die den begrenzten Ausfall einzelner Körperteile zum Gegenstand hat. Zudem muss – was sich aus dem „Verfallen" ergibt – ein jedenfalls auf absehbare Zeit unumkehrbarer pathologischer Zustand vorliegen, der zu einer deutlichen Minderung der Lebensqualität führt. **429**

Die Lähmung einzelner Körperteile genügt daher nur, sofern sie den ganzen Körper in Mitleidenschaft zieht,[43] z.B. das Gehen ohne Hilfsmittel unmöglich macht.[44] *Siechtum* ist gleichbedeutend mit allgemeiner Hinfälligkeit, die zu dauernder Erwerbsunfähigkeit oder Pflegebedürftigkeit führt. Die *geistige Krankheit oder Behinderung* (welche ebenfalls eine geistige sein muss[45]) wird an den medizinischen Voraussetzungen des § 20 gemessen, ohne dass dessen Folgen (Verlust von Einsichts- oder Steuerungsfähigkeit) eintreten müssten. Zu denken wäre etwa an Traumatisierungen infolge der Tat, die Depressionen von Krankheitswert auslösen. Ferner tritt gelegentlich Epilepsie als Folge von Schädelverletzungen auf.[46]

3. Hinweise zur Fallbearbeitung

Es ist empfehlenswert, zunächst die §§ 223, 224 zu prüfen, um danach mit § 226 fortzufahren. Bei eindeutig vorliegender schwerer Folge kann man indes ebenso mit § 226 beginnen, muss dann aber inzident den Tatbestand von § 223 (aber auch nur diesen!) erörtern (siehe das Schema Rn. 421). **430**

---

40 Zu Unrecht leugnen diesen Aspekt SK-HORN/WOLTERS § 226 Rn. 13.

41 BGHSt 24, 315 (317); BGH StV 1992, 115; Sch/Sch-STREE § 226 Rn. 3.

42 BGHSt 17, 161 (162 f.).

43 SK-HORN/WOLTERS § 226 Rn. 15; LACKNER/KÜHL § 226 Rn. 4.

44 BGH NJW 1988, 2622.

45 Sch/Sch-STREE § 226 Rn. 7; LACKNER/KÜHL § 226 Rn. 4.

46 BGH StV 1997, 188.

III. Körperverletzung mit Todesfolge (§ 227)

1. Deliktscharakter

431 § 227 verknüpft – wie zahlreiche weitere der *erfolgsqualifizierten Verbrechen* – ein vorsätzliches Grunddelikt mit einer dadurch bewirkten Todesfolge.[47] Diese braucht vom Vorsatz nicht umfasst zu werden; es genügt zumeist – und so auch bei § 227 – Fahrlässigkeit (§ 18). Einige derartige Straftatbestände verlangen allerdings an dieser Stelle Leichtfertigkeit (z.B. der Raub mit Todesfolge, § 251).

432 Die Strafdrohung steigt auf drei bis fünfzehn bzw. im (unbenannten) minder schweren Fall nach Abs. 2 auf ein bis zehn Jahre Freiheitsstrafe. Dies wie auch der Verbrechenscharakter erstaunen, weil sich § 227 im Grunde aus den §§ 223, 222 zusammensetzt. Bei schlicht tateinheitlicher Begehung könnten diese Vergehen eine solch hohe Strafe keinesfalls ermöglichen.

Man sucht die Legitimation dazu z.T. in der Unrechtssteigerung, die der unstreitig erforderliche *spezifische Gefahrverwirklichungszusammenhang* zwischen Verletzung und Tod (Rn. 434 ff.) mit sich bringe.[48] Das führt aber nicht weiter, weil es insoweit letztlich bei einem Fahrlässigkeitsunrecht bleibt, das eine solch gravierende Straferhöhung kaum zu rechtfertigen vermag. Einleuchtender (wenngleich unter dem Stichwort „Verdachtsstrafe“ bedenklich) erscheint eine andere Erklärung: § 227 soll eine Art stillschweigende Auffangvorschrift für Totschlagsfälle mit nicht nachweisbarem Tötungsvorsatz darstellen.[49]

2. Gefahrverwirklichungszusammenhang zwischen Verletzung und Tod

433 § 227 setzt zunächst wie § 226 die Begehung einer vorsätzlichen Körperverletzung voraus. Dabei genügt vollauf eine solche nach § 223; der Klammerhinweis auf weitere Körperverletzungstatbestände im Gesetzestext ist deshalb überflüssig.

434 Dass es einer über bloße Kausalität zwischen Grunddelikt und Todesfolge hinaus gehenden Verknüpfung in Gestalt des Todes als *typischer Risikofolge* bedarf, ist unumstritten. Unterschiedlich wird allerdings beantwortet, wie diese Verknüpfung auszusehen hat. Die Rspr. verlangt eine sog. *Unmittelbarkeit*, bestimmt diese aber sehr uneinheitlich.[50]

Systematisch hat man zwei Ebenen der Betrachtung zu unterscheiden, nämlich

- die Frage des Anknüpfungspunktes,
- den Ausschluss unspezifischer Risiken.

a) Der Anknüpfungspunkt: Körperverletzungserfolg oder -handlung

435 Bedeutsam ist zunächst, ob der Tod auf einer spezifischen Risikosteigerung infolge der *Intensität des Verletzungserfolges* oder der *Art der Verletzungshandlung* beruht.

---

47 Vgl. die Zusammenstellung in § 74 II GVG. Zur geschichtlichen Entwicklung vgl. Carl-Friedrich STUCKENBERG, Körperverletzung mit Todesfolge bei Exzeß des Mittäters, FS Jakobs S. 693-713 (696 ff.).

48 So RENGIER BT II § 16 Rn. 2; KINDHÄUSER BT I § 10 Rn. 2.

49 Ähnlich wohl SK-HORN/WOLTERS § 226 Rn. 9.

50 Vgl. die Zusammenstellung bei SK-HORN/WOLTERS § 226 Rn. 9 m.w.N.

Beispiel (Der Sturz aus dem Fenster I):[51] Der 22-jährige *Andreas R.* geriet in Streit mit der Haushälterin seiner Eltern, *Terese G.*, die ihm ob seines Lebenswandels heftige Vorwürfe machte, während sie die Fenster in dem im dritten Obergeschoss gelegenen Zimmer des R. putzte. Aus Wut versetzte er *Terese G.* eine heftige Ohrfeige. Auf Grund der Schlagwirkung taumelte sie nach hinten und stürzte dabei über den recht niedrigen Fenstersims hinunter auf die Straße. Beim Aufprall erlitt sie einen Genickbruch und war auf der Stelle tot. — Der Tod trat hier nicht durch ein spezifisches Verletzungserfolgsrisiko ein (anders beispielsweise beim inneren Verbluten infolge eines ohne Tötungsvorsatz ausgeführten Messerstiches in den Unterleib). Denn die Ohrfeige war zwar heftig, für das Leben der *G.* aber an sich harmlos. Gefährlich wurde sie erst durch die Umstände der Handlung, also den Angriff vor dem geöffneten Fenster. Zu § 227 gelänge man folglich nur, wenn man ein spezifisches Verletzungs*handlungs*risiko für ausreichend erachtet.

Anhänger der ein spezifisches Erfolgsrisiko verlangenden sog. *Letalitätstheorie* verweisen insbesondere auf den Wortlaut von § 227, der von der „Körperverletzung" **436**
spricht und damit den Erfolg meine.[52] Dieses Wortlautargument ist schon deshalb nicht tragfähig, weil „Verletzung" ebenso als Substantivierung von „Verletzen" wie als Folge desselben verstanden werden kann. In der Sache aber erscheint die Orientierung an der Handlung zwingend: Auch § 223 verbietet keinen Erfolg, sondern die zu ihm führende Handlung (vgl. zu dieser Thematik Rn. 50 ff.). Folglich kann sich ein zu erhebender Vorwurf besonderer Gefährlichkeit, welche sich im Tod realisiert hat, auch nur an der Verletzungshandlung orientieren. Mit der h.M. und Rspr. muss daher genügen, wenn der Tod wie im Beispiel Rn. 435 *typische Folge der spezifischen Gefahr einer Verletzungshandlung* ist.[53]

Es liegt selbst dann ein tauglicher Anknüpfungssachverhalt vor, wenn die Verletzungshandlung **437**
noch im Versuchsstadium stecken bleibt.

Beispiel: (Der Sturz aus dem Fenster II): In Abwandlung von Beispiel Rn. 435 trifft die Ohrfeige das Opfer nicht, weil *Terese G.* reflexartig zurückweicht. Dabei verliert sie das Gleichgewicht und stürzt mit tödlicher Wirkung aus dem Fenster. — § 227 spricht zwar vom Tod „der verletzten Person", was aber nicht ausschließt, dem Täter den Tod einer zuvor unverletzten Person zuzurechnen, allerdings dann nur über einen *Versuch* der Körperverletzung mit Todesfolge.[54] Näheres dazu auf CD 10-04.

---

51 Sachverhalt mit Änderungen nachgebildet BGH NJW 1971, 152.

52 KREY/HEINRICH BT 1 Rn. 271, 275; LACKNER/KÜHL § 227 Rn. 2; GÖSSEL/DÖLLING BT 1 § 13 Rn. 91.

53 BGHSt 31, 96 (99); 48, 34 (38); WESSELS/HETTINGER BT 1 RN 299 f.; OTTO BT § 18 Rn. 2; KINDHÄUSER BT I § 10 Rn. 12; Sch/Sch-STREE § 227 Rn. 5; RENGIER BT II § 16 Rn. 4.

54 BGHSt 48, 34 [38]; RENGIER BT II § 16 Rn. 4; WESSELS/HETTINGER BT 1 Rn. 301; a.A. MAURACH/SCHROEDER/MAIWALD BT 1 § 9 Rn 27. Eingehende Darstellung von Kristian KÜHL, Das erfolgsqualifizierte Delikt (Teil II) - Versuch des erfolgsqualifizierten Delikts und Rücktritt, Jura 2003, 19-23 (20 ff.).

b) Der spezifische Risikozusammenhang

438 Das genannte Erfordernis einer typischen Risikofolge spricht eine Thematik an, die weitgehende Übereinstimmung mit der Lehre von der objektiven Zurechnung[55] aufweist.[56] Es geht folgerichtig um die Ausblendung atypischer oder durch das Opferverhalten bzw. das Eingreifen Dritter beeinflusster Abläufe.

439 **Aufgabe:** Der *Gubener* Verfolgungsfall[57]
Nach einem Streit mit ausländischen Besuchern einer Diskothek beschlossen insgesamt elf jüngere Männer, darunter *Sebastian W.* und *Karsten J.*, einen der Kontrahenten auf eigene Faust zu suchen, zu ergreifen und zu verprügeln. Bei ihrer Fahrt mit insgesamt drei PKW durch die Stadt *Guben* bemerkten sie die drei Ausländer *B., K.* sowie *G.* Die Fahrer bremsten auf Höhe der drei ihre Autos ab. Ein Teil der Männer stürmte laut schreiend aus den Fahrzeugen auf *B., K* und *G.* zu. Diese ergriffen beim Anblick der zum Teil mit sog. Bomberjacken und Springerstiefeln Bekleideten angstvoll die Flucht. Mittels der PKW setzten die Angreifer die Verfolgung fort. Nach ca. 100 m überholten sie die Flüchtlinge und bremsten die Wagen direkt vor ihnen ab, um den Fluchtweg zu verstellen. Aus Angst und in Panik liefen *B., K.* und *G.* nunmehr in unterschiedliche Richtungen davon. Die Verfolger teilten sich entsprechend auf: *K.* und *G.* wurden durch *Sebastian W.* und *Karsten J.* verfolgt. Diese verloren *G.* und *K.* aber nach kurzer Zeit aus den Augen. Indessen wähnten *K.* und *G.* ihre Verfolger noch hinter sich. Sie liefen zu einem etwa 200 m entfernten Mehrfamilienhaus. Da *G.* die Haustür nicht öffnen konnte, trat er in Todesangst die untere Glasscheibe der Tür ein. Dabei oder beim anschließenden Durchsteigen verletzte er sich an den im Türrahmen verbliebenen Glasresten; er zog sich eine 8,5 cm tiefe Wunde am rechten Bein und die Verletzung einer Schlagader zu. Binnen kurzer Zeit verblutete *G.*
Könnte sein Tod *Sebastian W.* und *Karsten J.* als versuchte Körperverletzung mit Todesfolge zugerechnet werden?

440 Vorhersehbares und unter dem Eindruck des jeweiligen Geschehens erwartbares *selbstgefährdendes Opferverhalten* schließt den spezifischen Risikozusammenhang nicht aus, wie im Beispiel Rn. 437 das Zurückweichen vor einem Schlag. Wo hingegen das Opfer unerwartbare Extremreaktionen zeigt oder im Gefolge wenig wahrscheinlicher Abläufe verstirbt, mag es bei einer § 222 begründenden Fahrlässigkeit des Angreifers bleiben, indes nicht an einer typischen Realisierung der durch dessen Angriff gesetzten Gefahr. Die Rspr. neigt allerdings dazu, die Anforderungen an den spezifischen Zusammenhang zwischen Handlung und Erfolg zu senken.[58]

441 Der BGH hat im *Gubener* Verfolgungsfall die Unmittelbarkeit zwischen Angriff und Erfolg bejaht.[59] Da sich aber extreme Opferreaktionen mit weiteren unglücklichen Umständen wie der unerwartet schweren Verletzung durch das Glas verkettet hatten,

---

55 Vgl. dazu Bd. I.

56 RENGIER BT II § 16 Rn. 2; ähnlich Sch/Sch-CRAMER/STERNBERG-LIEBEN § 18 Rn. 4.

57 BGHSt 48, 34 m.Anm. Kristian KÜHL, Die Möglichkeit des Versuchs einer Körperverletzung mit Todesfolge in Form eines erfolgsqualifizierten Versuchs, JZ 2003, 637-640; Christoph SOWADA, Die "Gubener Hetzjagd" – Versuchte Körperverletzung mit Todesfolge - BGH, Urteil vom 9.10.2002 - 5 StR 42/02 = BGHSt 48, 34, Jura 2003, 549-559.

58 Vgl. die Entwicklung von BGH NJW 1971, 152) über BGH NJW 1992, 1708, zu BGHSt 48, 34.

59 BGHSt 48, 34 (38 f.); ebenso WESSELS/HETTINGER BT 1 Rn. 301.

handelt es sich nicht mehr um eine noch typische Risikofolge. § 227 wäre deshalb richtigerweise zu verneinen gewesen wäre (zumal bereits fraglich ist, ob das Geschehen überhaupt in das Versuchsstadium eingetreten war).

Hinweis zur Fallbearbeitung: Insoweit gilt das zu § 224 Gesagte (Rn. 430). **442**

IV. Misshandlung von Schutzbefohlenen (§ 225)

§ 225 qualifiziert bestimmte Körperverletzungshandlungen an Kindern, Jugendlichen, Kranken **443**
und Gebrechlichen, die in einer Fürsorgebeziehung zum Täter stehen. Nähere Einzelheiten zu diesem weniger prüfungsrelevanten Delikt werden auf CD 10-05 geschildert.

V. Körperverletzung im Amt (§ 340)

1. Struktur und Funktion der Qualifikation

Die Körperverletzung im Amt bildet ein *unechtes Amtsdelikt*,[60] das, wie § 340 III **444**
klarstellt, als Qualifikationsbestimmung auf alle Körperverletzungen nach den §§ 223-227, 229 anzuwenden ist. Auch die durch einen Amtsträger verursachte Körperverletzung mit Todesfolge stellt daher eine Körperverletzung mit Todesfolge im Amt nach § 340 i.V.m. den §§ 223, 227 dar.

Als *Rechtsgut* tritt neben die körperliche Unversehrtheit das Ansehen des Staates als **445**
Rechtsstaat, das durch prügelnde Beamte gefährdet wäre. Die dadurch bewirkte Unrechtssteigerung legitimiert eine höhere Strafe, die § 340 seit dem 6. StrRG allerdings nur noch gegenüber der einfachen Körperverletzung (höhere Mindeststrafe) bietet. Für alle übrigen Körperverletzungsdelikte gilt auf Grund des Verweises in Abs. 3 deren jeweiliger Strafrahmen. Auf fahrlässige Körperverletzung im Amt stehen daher ebenso wie auf § 229 maximal drei Jahre Freiheitsstrafe.

Die Erfassung zusätzlicher Rechtsgutsbeeinträchtigungen ist folglich überwiegend deklaratori- **446**
scher Natur, was die Berechtigung des § 340 als Qualifikationsnorm in Frage stellt.[61] Seine Funktionen beschränken sich heute auf die Aufwertung bestimmter Unterlassensformen zum echten Unterlassen („Begehenlassen") – mit der Folge des Abschneidens der Strafmilderungsmöglichkeit nach § 13 II – sowie auf den Wegfall des Antragserfordernisses für die §§ 223, 229. Den dafür einschlägigen § 230 erwähnt § 340 III nämlich nicht. Einbezogen wird dagegen die für die Rechtfertigung qua Einwilligung bedeutsame Bestimmung des § 228.

---

60 Zur Unterscheidung echter und unechter Amtsdelikte vgl. Rn. 2049.

61 MAURACH/SCHROEDER/MAIWALD BT 1 § 9 Rn. 36.

447 **Abbildung:** Prüfungsaufbau bei § 340

I. Tatbestand	objektiver Tatbestand - Körperliche Misshandlung - Gesundheitsschädigung - ggf.: Qualifikationsmerkmale der §§ 224 ff. (vgl. dort) - Amtsträger (Rn. 448) - Begehung / Begehenlassen (Rn. 450) - während der Ausübung / in Beziehung auf den Dienst (Rn. 449)
	subjektiver Tatbestand - Vorsatz / ggf. Fahrlässigkeit bei § 229 bzw. bei den §§ 226 I, 227 bzgl. der schweren Folge - ggf. Wissens-/Absichtserfordernis bei § 226 II
II. Rechtswidrigkeit	bei Einwilligung: § 340 III i.V.m. § 228 (Rn. 389 ff.)
III. Schuld	keine Besonderheiten
(IV.) Strafausschließung u.a.	§ 230 ist nicht anwendbar

2. Tatbestand

448 Wer als *Amtsträger* gilt, ergibt sich aus § 11 I Nr. 2. Die Amtsträgereigenschaft stellt ein *besonderes persönliches Merkmal* dar, das nach § 28 II strafschärfend wirkt (Folge: Der Amtsträger wird nach § 340 verurteilt, sein amtsloser Gehilfe nach den §§ 223, 27). Praktische Bedeutung erlangt die Strafvorschrift vor allem für Polizeibeamte; sie fallen unter § 11 I Nr. 2 a).

449 „Während der Ausübung seines Dienstes" meint, dass die Körperverletzung anlässlich einer Diensthandlung erfolgt (z.B. Schläge des Polizisten bei einer Festnahme). „In Beziehung auf seinen Dienst" verübt der Täter die Körperverletzung, wenn sie zwar nicht Teil einer Diensthandlung ist, aber in innerem Zusammenhang mit ihr steht.[62]

Beispiel (Der frustrierte Schutzpolizeibeamte): POM[63] *Jochen K.* war von dem Revierleiter EPHK[64] *Klaus S.* überdurchschnittlich oft zu unattraktiven Nachtschichten eingeteilt worden. Nachdem auch der neue Dienstplan ihn benachteiligte, stellte *Jochen K.* seinen Vorgesetzten zur Rede. Im Verlaufe des Gesprächs erregte er sich zunehmend, bis er schließlich einen Stapel Akten, den er gerade in der Hand hielt, *Klaus S.* an den Kopf warf. Dieser trug eine geplatzte Oberlippe davon. *Jochen K.* stürmte aufgebracht aus dem Büro und stieß dabei die Bürotür versehentlich heftig

62 MAURACH/SCHROEDER/MAIWALD BT 1 § 9 Rn. 37; LACKNER/KÜHL § 340 Rn. 2; anders Heinz WAGNER, Neue Tendenzen im Bereich der Amtsdelikte, ZRP 1975, 273-278 (273 f.), der jede während der Dienstzeit begangene Tätlichkeit § 340 zuordnet.

63 POM = Polizeiobermeister.

64 EPHK = Erster Polizeihauptkommissar.

gegen die gerade vor der Tür stehende Schreibkraft *Katharina W.*, die davon ein schmerzhaftes Hämatom an der Hüfte erlitt. — Während die Verletzung von *Klaus S.* ihren inneren Grund in der Diensteinteilung fand und damit in innerem Zusammenhang zur Dienstausübung stand (daher § 340), fehlt entsprechendes bei der Verletzung von *Katharina W.* Denn dieses Geschehen ereignete sich zwar zufällig im Dienst, hätte aber jederzeit und ebensogut an jedem anderen Ort geschehen können (daher nur § 229).

Während die Tathandlung des „Begehens" schlicht täterschaftliche Verletzungshandlungen erfasst, ist der Inhalt des „Begehen*lassens*" umstritten. Eindeutig fallen zunächst Unterlassensformen darunter, allerdings nur, wenn ein Dritter eine Körperverletzung „begeht", die der Amtsträger pflichtwidrig nicht verhindert[65] (Beispiel: Bei einer Schlägerei greift hinzu gerufene Polizei nicht ein). Die h.M. subsumiert allerdings auch Anstiftung und Beihilfe des Beamten zu Tathandlungen Dritter unter das Begehenlassen und wertet sie so zu täterschaftlichen Handlungen auf.[66] Das lässt sich indes mit dem Wortlaut von § 340 nicht vereinbaren und ist daher abzulehnen.[67] Näheres zu dieser Streitfrage auf CD 10-06. 450

3. Hinweise zur Fallbearbeitung

Zumeist werden Amtsträgereigenschaft und Dienstbezogenheit relativ klar vorliegen. 451 Man sollte dann – wie in der Abbildung Rn. 447 – ohne Umweg über andere Körperverletzungstatbestände sogleich § 340 prüfen.

11. Kapitel. Selbstverletzung

Die Selbstschädigung ist wegen des grundsätzlich uneingeschränkten Bestimmungsrechts des 452 Rechtsgutsinhabers über seinen Körper und dessen Unversehrtheit prinzipiell straffrei. Wenn dennoch die §§ 109 StGB, 17 WStG die Selbstverstümmelung bestrafen, so deshalb, weil in diesen Fällen das Rechtsgut der Landesverteidigung angegriffen wird, und zwar durch Herbeiführen der Wehruntauglichkeit. Für Soldaten geht § 17 WStG als lex specialis dem auf jeden Wehrpflichtigen anwendbaren § 109 StGB vor. Näheres zu beiden Tatbeständen auf CD 11-01.

---

65 Sch/Sch-Cramer/Sternberg-Lieben § 340 Rn. 4; BGH NJW 1983, 462 f.; Kindhäuser BT I § 9 Rn. 49; a.A. Otto BT § 19 Rn. 6, der jedoch irrig die Spezialität dieser Alternative übersieht.

66 Sch/Sch-Cramer/Sternberg-Lieben § 340 Rn. 4; Maurach/Schroeder/Maiwald BT 1 § 9 Rn. 37; Lackner/Kühl § 340 Rn. 2.

67 Ebenso Otto BT § 19 Rn. 5.

12. Kapitel. Beteiligung an einer Schlägerei

I. Deliktscharakter

453 § 231 findet seinen kriminalpolitischen Hintergrund darin, dass nach Schlägereien mit zahlreichen Beteiligten vor Gericht im Nachhinein kaum noch sine dubio[1] festzustellen ist, wer letztendlich die Verantwortung für einen tödlichen bzw. folgenschweren Verletzungsakt trägt. Ein Beispiel dazu befindet sich auf CD 12-01. Aus diesem Grund bestraft § 231 bereits die Teilnahme an der Schlägerei, ohne dem Täter einzelne Misshandlungen zuzurechnen. Es handelt sich folglich um ein *abstraktes Gefährdungsdelikt*, bei dem der Eintritt einer – von anderen verursachten – schweren Folge i.S.v. § 226 oder § 277 lediglich als objektive Strafbarkeitsbedingung fungiert.

Abbildung: Im Nachhinein nur schwer aufzuklärendes Geschehen: eine Schlägerei zwischen zahlreichen Beteiligten

454 Entsprechend dem Deliktscharakter bleibt die Strafdrohung mit maximal drei Jahren Freiheitsstrafe vergleichsweise bescheiden. Die Vorschrift wird aber auch in ihrer praktischen (und auch Prüfungs-)Relevanz zumeist überschätzt. Beispielsweise gab es im Jahre 2006 ganze drei Verurteilungen.[2]

II. Tatbestand

455 Der Tatbestand verlangt alternativ die Beteiligung an

- einer Schlägerei oder
- einem von mehreren Personen verübten Angriff.

Als *Schlägerei* gilt eine tätliche Auseinandersetzung mit mindestens drei nicht nur im Rahmen gerechtfertigter Schutzwehr handelnden Beteiligten.[3] Unter der Alternative des *Angriffs mehrerer* versteht man die in feindseliger Willensrichtung unmittelbar auf den Körper eines anderen abzielende Einwirkung von mindestens zwei Angreifern.[4]

456 *Beteiligung* fasst die h.M. im umgangssprachlichen Sinne auf, also nicht nur als Beteiligung i.S.d. Oberbegriffs für Täterschaft und Teilnahme. Einbezogen wird zu Recht auch eine psychi-

---

1 sine dubio = ohne Zweifel, also außerhalb des Anwendungsbereichs des in dubio pro reo-Satzes (= im Zweifel für den Angeklagten [Freispruch]).

2 Rechtspflegestatistik 2006.

3 BGHSt 15, 369; MAURACH/SCHROEDER/MAIWALD BT 1 § 11 Rn. 6; FISCHER § 231 Rn. 3.

4 BGHSt 31, 124 (126); FISCHER § 231 Rn. 4; MAURACH/SCHROEDER/MAIWALD BT 1 § 11 Rn. 7.

sche Beteiligung,[5] soweit sie die Gefährlichkeit von Schlägerei und Angriff durch Bestärkung ihrer aktiven Teilnehmer steigert.

Jedoch ist gemäß § 231 II nur eine *vorwerfbare* Beteiligung strafbar. Straflos bleibt also, wer ohne sein Verschulden in die Schlägerei hineingezogen wird und sich sodann wehrt. Allerdings wird allein die Schutzwehr, nicht aber die Trutzwehr privilegiert; denn es ist in diesem Falle zuzumuten, von der Verteidigung Dritter abzusehen und sich auf die Verteidigung der eigenen Person zu beschränken.

Als Folge von Schlägerei oder Angriff muss es (indes ohne Beitrag des Täters) kausal zu einem 457
Tod (§ 227) oder einer anderen schweren Folge (§ 226) gekommen sein. Diese zählt freilich nicht zum Unrecht der Schlägerei, sondern stellt lediglich ein unwiderlegliches Indiz für die Gefährlichkeit der Schlägerei (und damit für die Strafwürdigkeit der Beteiligung daran) dar.[6] Als *objektive Bedingung der Strafbarkeit* braucht sich auch der Vorsatz nicht auf die Folge zu erstrecken. Es ist also unschädlich, wenn der Täter sie missbilligt oder ihm gar ihr Eintritt verborgen bleibt.

Unerheblich bleibt zudem, ob sich der Täter beim Eintritt der Folge noch nicht oder nicht mehr an der Schlägerei beteiligt. Allerdings ist diese Frage umstritten. Näheres dazu auf CD 12-02.

13. Kapitel. Konkurrenzfragen

I. Konkurrenz von Körperverletzungsdelikten untereinander

Die Konkurrenzen zwischen einzelnen Körperverletzungsdelikten ergeben sich im 458
Grundsatz aus dem Stufenverhältnis der Tatbestände zueinander. Das schwerere Delikt verdrängt das leichtere, sei es im Wege der Spezialität (z.B. § 224 gegenüber § 223), sei es im Wege der Konsumtion, sofern das leichtere Delikt Merkmale enthält, die im schwereren fehlen (so bei § 227 gegenüber den §§ 224, 226).

Allerdings existieren Ausnahmen, zum einen für das Zusammentreffen von versuchtem schwe- 459
reren mit vollendetem leichteren Delikt. Hier ist zur Klarstellung Tateinheit anzunehmen (z.B. zwischen dem Versuch des § 226 II und § 224). Entsprechendes gilt für § 225 gegenüber den §§ 224, 226 f. Sein spezifischer Unrechtsgehalt, nämlich der Missbrauch der besonderen Stellung des Täters im Verhältnis zum Opfer, ginge andernfalls unter. Tateinheit ist ferner möglich zwischen den §§ 223 ff. und den §§ 109 StGB bzw. 17 WStG, weil diese andere Rechtsgüter schützen.

Darüberhinaus soll Tateinheit auch für das Zusammentreffen des § 231 mit anderen Körperverletzungsdelikten gelten.[7] Dem kann indes nicht beigepflichtet werden. § 231 ist ein reines Gefährdungsdelikt und daher gegenüber allen Delikten subsidiär, die wie die §§ 223-227 die Realisierung der betreffenden Eskalationsgefahr bestrafen.[8]

---

5 LK-HIRSCH § 231 Rn 7; FISCHER § 231 Rn. 8; a.A. Sch/Sch-STREE § 231 Rn. 6; eingehende Streitdarstellung bei KÜPER BT S. 264 m.w.N.

6 Sch/Sch-STREE § 231 Rn. 13.

7 BGHSt 33, 100 (104); FISCHER § 231 Rn. 11; SK-HORN/WOLTERS § 231 Rn. 9.

8 Ebenso GÖSSEL/DÖLLING BT 1 § 15 Rn. 18; MAURACH/SCHROEDER/MAIWALD BT 1 § 11 Rn. 12.

II. Konkurrenz mit anderen Delikten

460 Gegenüber allen Delikten, die nicht zwingend einen Körperverletzungserfolg beinhalten, bleiben die §§ 223 ff. bestehen. So verhält es sich beim Raub, weil Gewalt i.S.d. § 249 auch ohne Verletzungserfolg ausgeübt werden kann. Tritt dieser zusätzlich ein, bedarf es daher zur Klarstellung der Annahme von Tateinheit mit den §§ 223 ff.

461 Vollendete Tötungsdelikte verdrängen Körperverletzungstatbestände (und zwar selbst § 227) grundsätzlich im Wege der Subsidiarität.[9] Etwas anderes gilt, soweit die Körperverletzung einen eigenen Unrechtsgehalt besitzt (z.B. bei § 225 oder falls der Tod erst nach längerem Siechtum des Verletzten eintritt).[10]

Bei nur versuchter Tötung bleiben die §§ 223 ff. bestehen. Denn nicht jeder Tötungsversuch bewirkt zugleich eine Körperverletzung, wie das Beispiel des Schusses zeigt, der sein Ziel verfehlt. Kommt es hingegen zu einer Verletzung, so muss das zusätzliche Erfolgsunrecht mittels der Annahme von Tateinheit zum Ausdruck gebracht werden.[11]

462 **Wiederholungsfragen zum 10. – 13. Kapitel**

1. Wann liegt eine Waffe (§ 224 I Nr. 2) vor? (Rn. 402)
2. Was versteht man unter einem gefährlichen Werkzeug (§ 224 I Nr. 2)? (Rn. 403)
3. Liegt eine gefährliche Körperverletzung nach § 224 I Nr. 4 vor, wenn der Täter in Anwesenheit des Anstifters das Opfer zusammenschlägt? (Rn. 414 ff.)
4. Wann kann man von einem Verlust des Sehvermögens i.S.v. § 226 I Nr. 1 sprechen? (Rn. 422)
5. Unter welchen Voraussetzungen wird i.S.v. § 227 der Tod durch eine Körperverletzung verursacht? (Rn. 435 ff. und 438)
6. Welche Konsequenzen für die Bestrafung des Täters hat es, wenn nicht nur eine einfache, sondern eine Körperverletzung im Amt vorliegt? (Rn. 445 f.)

Ergänzende Lösungshinweise zu den Fragen 3. und 5. auf CD 13-01.

9 Statt vieler: BGH NStZ 2004, 684.

10 Sch/Sch-ESER § 212 Rn. 20 m.w.N.

11 BGHSt 44, 196; FISCHER § 211 Rn. 107; Sch/Sch-ESER § 212 Rn. 23.

4. Abschnitt. Gefährdungen von Leben und Gesundheit in besonderen Lebensbereichen

14. Kapitel. Verkehrsstraftaten

I. Systematik und Bedeutung

Die Verkehrsstraftaten, wozu vor allem die 463

- §§ 315-316a, 316c,
- § 142,
- § 21 StVG und
- § 6 PflVersG

zählen, bilden eine Gruppierung von Tatbeständen, die sich überwiegend an kriminologischen Gesichtspunkten, nämlich ihrer Begehung im (Straßen-) Verkehr, orientiert. Ihre Schutzrichtung fällt dagegen uneinheitlich aus: Zwar stehen Lebens- und Gesundheitsschutz im Vordergrund. Daneben geht es aber auch um Sachen und die Wahrung von Vermögensinteressen.

Außer den genannten finden sich 28. Abschnitt weitere Verkehrsstraftaten, namentlich die 464
§§ 316a, 316c, die im Kern allerdings eher Entführungs-, Erpressungs- oder Raubtaten darstellen. Sie werden mit diesen zusammen angesprochen (vgl. Rn. 671, 1543 ff.). Dagegen sollen zwei wichtige Ordnungswidrigkeiten, das alkoholisierte bzw. rauschmittelbeeinflusste Fahren nach den §§ 24a, 24c StVG, wegen ihres Zusammenhangs mit § 316 StGB am Rande thematisiert werden.

Aus systematischer Warte kann man die Verkehrsstraftaten unterteilen in: 465

- *Fehlverhalten innerhalb des Verkehrs.* Hierzu zählen vor allem die wichtigen Fälle des betrunkenen Fahrzeugführens (§§ 316, 315c I Nr. 1, 315a I Nr. 1). Daneben sind besonders krasse Verstöße gegen einzelne Verkehrsregeln zu Straftaten aufgewertet, sofern sie konkrete Gefährdungen nach sich ziehen (§§ 315c I Nr. 2, 315a I Nr. 2);
- *Verstöße gegen Regeln zur Schadensvorsorge.* Sie betreffen nicht das eigentliche Verkehrsverhalten, sondern wollen sicherstellen, dass Schäden bei der Verkehrsteilnahme von vornherein vermieden oder wenigstens anschließend ausgeglichen werden. Dazu gehören das Fahren ohne Fahrerlaubnis (§ 21 StVG) und ohne Versicherungsschutz (§ 6 PflVersG) sowie der Verstoß gegen die Pflicht, sich nach einem Unfall zur Verfügung zu halten (§ 142).
- *Eingriffe von außen* in den Verkehr, z.B. durch Bereiten von Verkehrshindernissen oder den Missbrauch von Verkehrsmitteln als Waffen (§§ 315, 315b).

Insbesondere die Straßenverkehrsdelikte der beiden erstgenannten Gruppen kommen 466
in der Praxis massenhaft vor und gehören zur Alltagskriminalität. Zur zahlenmäßigen Bedeutung finden Sie nähere Angaben auf <u>CD 14-01</u>. Alle Verkehrsstraftaten sind zudem beliebte Examensthemen.

II. Strafbewehrte Regeln über das Verhalten im Verkehr

1. Trunkenheit im Verkehr (§ 316)

a) Systematische Stellung des Tatbestandes

467 § 316 stellt den – recht einfach konstruierten – Grundstraftatbestand für den wichtigen Fall alkoholisierter oder sonst rauschmittelbeeinflusster Verkehrsteilnahme dar. Es handelt sich um ein *abstraktes Gefährdungsdelikt*, denn bestraft wird bereits das Fahren im Zustand der Fahruntüchtigkeit. Dies schätzt der Gesetzgeber schon als so gefahrenträchtig ein, dass er auf den Nachweis einer konkreten Gefährdung anderer verzichtet hat und bereits die Handlung als solche für die Strafbarkeit genügen lässt.

468 Rechtsgüter von § 316 sind daher nicht unmittelbar Leben oder Eigentum der übrigen Verkehrsteilnehmer. Wäre das anders, könnte sich der Täter jederzeit darauf berufen, es fehle an einer Rechtsgutsbeeinträchtigung und damit an einer (hier: ungeschriebenen) Tatbestandsvoraussetzung, weil es im konkreten Fall ja „noch einmal gut gegangen" war. Als unmittelbares Schutzgut fungiert daher die *Sicherheit des Straßenverkehrs.*

469 Bei ihr handelt es sich um ein den eigentlich zu wahrenden Rechtsgütern *vorgeschaltetes Sicherheitsgut.* Solche Schutzgüter (z.B. auch die Sicherheit des Rechtsverkehrs als Schutzgut der Urkundenfälschung) sind dann legitime Strafrechtsgüter, wenn der bei der Gefährdung der Kernrechtsgüter einsetzende Strafrechtsschutz zu spät käme.

Wäre nämlich erst die trunkenheitsbedingte Gefährdung strafbedroht, würde vermutlich ein weitaus größerer Teil der Autofahrer auch angetrunken noch ins Fahrzeug steigen. Denn gerade ein alkoholbedingt übersteigertes Sicherheits- und Selbstwertgefühl würden sie glauben lassen, es könne ja gar nichts passieren und sie gingen daher auch kein Strafbarkeitsrisiko ein. Die Folgen wären ein deutliches Ansteigen alkoholbedingter Unfälle. Daher muss, um andere wirksam zu schützen, bereits das Fahren im betrunkenen Zustand durch eine Strafandrohung tabuisiert werden, denn nur so lässt sich eine hinlängliche Prävention erzielen. Heute weiß jeder Autofahrer, dass er selbst bei geringer Alkoholeinnahme ein Sanktionsrisiko eingeht, auch wenn dieses vielleicht nicht immer gleich ein Strafrisiko ist.

470 Führt die Trunkenheitsfahrt tatsächlich zu einer konkreten Gefährdung Dritter, so wird die Tat als (zumeist: Straßen-) Verkehrsgefährdung nach § 315c I Nr. 1 bzw. § 315a I Nr. 1 qualifiziert. § 316 tritt dann qua expliziter Subsidiarität zurück („...wenn die Tat nicht in § 315a oder § 315c mit Strafe bedroht ist.").

471 § 316 ist nicht nur vorsätzlich begehbar, sondern nach Abs. 2 auch bei bloßer Fahrlässigkeit strafbedroht. Interessanterweise bleibt die Strafdrohung von maximal einem Jahr Freiheitsstrafe für Vorsatz und Fahrlässigkeit dieselbe, was heutzutage eine Ausnahmeerscheinung ist. Mehr als die – recht geringe – Strafdrohung fürchten im Übrigen viele Täter die Maßregel der Fahrerlaubnisentziehung und -sperre (§§ 69 I, II Nr. 1, 69a). Sie erzielt vermutlich die eigentliche Präventionswirkung. Näheres dazu auf CD 14-02.

b) Tathandlung

aa) Fahrzeug

472 Erfasst wird die betrunkene Verkehrsteilnahme mit einem *Fahrzeug.* Darunter versteht man ein Beförderungsmittel, das zum Transport von Menschen oder Sachen bestimmt ist. Die Antriebsart spielt keine Rolle, weshalb auch Fahrräder oder Segel-

boote unter den Tatbestand fallen. Erforderlich ist freilich die Eignung zum „Fahren". Dieses Kriterium erfüllen zwar Flugzeuge und Schiffe („Luft-„ bzw. „Schiff*fahrt*"), aber z.B. keine Reitpferde.

Die besonderen Fortbewegungsmittel nach § 24 I StVO (einfache Rollstühle, Kinderwagen, Roller, Kinderfahrräder und ähnliche) zählen nicht zu den Fahrzeugen. Skateboards und Inline-Skates dürften als „ähnliche Fortbewegungsmittel" gelten und ebenfalls aus dem Anwendungsbereich von § 316 herausfallen. Die Frage ist allerdings strittig.[1] **473**

Dass die StVO als bloße Verordnung für die Auslegung eines Strafgesetzes maßgebend ist, folgt aus dem sekundären Charakter des Strafrechts, das im Rahmen des Verkehrsrechts die vorrangigen Bewertungen der Verkehrsordnung zu respektieren hat. Wenn also § 24 I StVO bestimmte Fahrzeugarten von den Verkehrsregeln ausnimmt, so darf das Strafrecht dazu nicht in Widerspruch treten. **474**

bb) Führen im Verkehr

Zum Führen muss sich der Täter mindestens eines Teiles der technischen Einrichtungen des Fahrzeuges bedienen, die für seine Fortbewegung bestimmt sind.[2] Es genügt also je für sich das Nutzen von Antrieb oder Lenkung. Daher „führt" auch der Lenker eines abgeschleppten oder geschobenen Fahrzeuges.[3] **475**

Beispiel (ein abgebrochener Versuch des Fahrens):[4] *Klaus H.* setzte sich stark alkoholisiert an das Steuer seines im öffentlichen Verkehrsraum abgestellten Pkw, ließ den Motor an und schaltete das Abblendlicht ein, um zu seiner etwa 700 m entfernten Wohnung zu fahren. Er stellte dann, ohne dass sich der Wagen bis dahin bewegt hätte, das Abblendlicht aus, weil seine neben ihm sitzende Frau vorgeschlagen hatte, das Auto stehen zu lassen und zu Fuß zu gehen. Zudem hatte er einen Polizeistreifenwagen erblickt. Die Beamten hatten sowohl das Anschalten des Abblendlichts als auch dessen Abschalten bemerkt. Das veranlasste sie zur Kontrolle des Fahrzeugs und seiner Insassen. Als sie den Streifenwagen in Höhe des Wagens von *Klaus H.* zum Halten brachten, lief der Motor des Fahrzeuges noch. — Der BGH verneinte ein Führen mit der Begründung, von einem stehenden Fahrzeug gingen im Allgemeinen keine Gefahren aus. Es bedürfe also – anders als beim Fahren selbst – keiner Beherrschung des Fahrzeugverhaltens, zu der ein alkoholisierter Fahrer nicht mehr in der Lage ist. Deshalb erforderte der Schutzzweck von § 316 beim bloßen Starten des Motors noch keine Bestrafung des hinter dem Steuer Sitzenden.

Weiter muss das Fahrzeug *im Verkehr* geführt werden. Der Klammerverweis auf die §§ 315-315d besagt nur, dass hierbei jede Form des Verkehrs gemeint ist, also Luft-, Bahn-, Schiffs- und eben auch Straßenverkehr. **476**

---

1 Wie hier OLG Celle NJW-RR 1999, 1187; OLG Karlsruhe NZV 1999, 44; für eine Einbeziehung dagegen Sch/Sch-CRAMER/STERNBERG-LIEBEN § 315b Rn. 5; Peter HENTSCHEL, Straßenverkehrsrecht, 38. Aufl. 2005, § 24 StVO Rn. 6; und wohl auch FISCHER § 316 Rn. 4.

2 BGHSt 18, 6; Sch/Sch-CRAMER/STERNBERG-LIEBEN § 316 Rn. 20.

3 BGHSt 36, 341 (344); Sch/Sch-CRAMER/STERNBERG-LIEBEN § 316 Rn. 21.

4 BGHSt 35, 390.

477 Klärungsbedürftig bleibt, was alles zum Straßenverkehr zählt. Wie sieht es beispielsweise mit Gehwegen, Ackerwegen oder -flächen, abgeschlossenen Hofgrundstücken, Parkhäusern oder Privatparkplätzen aus? Die richtige Antwort ergibt sich, wenn man das Anliegen von § 316 berücksichtigt, die Regelungen des Straßenverkehrsrechts in StVG und StVO zur Rechtsgutssicherung strafrechtlich zu flankieren. Dort aber geht es stets um *öffentliche* Straßen (vgl. § 1 StVG). Öffentlich ist der Verkehr, sobald die betreffende Verkehrsfläche *für jedermann zugänglich* ist und dem (auch ruhenden oder Fußgänger-)Verkehr dienen soll.[5] Dazu zählen selbstverständlich Privatgrundstücke, sofern sie prinzipiell für jedermann zugänglich sein sollen, etwa der Kundenparkplatz eines Geschäftes. Generell darf jedermann Kunde werden und als solcher den Parkplatz nutzen.

Beispiel (Eine Trunkenheitsfahrt im Parkhaus[6]): Rechtsanwalt *Walter K.* hatte auf einer Party in seinen Büroräumen nach Dienstschluss reichlich Alkohol genossen. Gegen 22.00 Uhr stieg er im Wissen um seine starke Trunkenheit im benachbarten Parkhaus, in welchem er einen Dauerparkplatz gemietet hatte, in seinen Pkw und fuhr mit diesem aus dem fünften Parkdeck nach unten. Es gelang *Walter K.* auf Grund seiner starken Alkoholisierung indes nicht, die am Ausgang zur Straße befindliche Schranke mit seinem Schlüssel zu öffnen. Seine vergeblichen Bemühungen fielen einer zufällig vorbeikommenden Polizeistreife auf. Eine von den Beamten angeordnete Blutprobe ergab eine BAK von 2,53 g ‰. Das Parkhaus stand nicht nur einem abgegrenzten Kreis von Dauerparkern offen. Vielmehr erhielt auch Zugang, wer bei der Einfahrt eine Chipkarte zog, anhand derer vor der Ausfahrt Parkgebühren zu entrichten waren. — Da damit prinzipiell jedermann die Fahrbahnen des Parkhauses ohne weitere Zugangsprüfung befahren konnte, nahm das OLG Düsseldorf eine öffentliche Verkehrsfläche an und verurteilte *Walter K.* wegen vorsätzlicher Trunkenheit im Verkehr.

478 § 316 stellt – ebenso wie alle Verkehrsdelikte, zu deren Tatbestand das Merkmal des Führens eines Fahrzeugs gehört – ein *eigenhändiges Delikt* dar.[7] Deshalb kann nur Täter sein, wer das Fahrzeug selbst führt; mittelbare und Mittäterschaft durch andere sind hingegen ausgeschlossen.

479 **Aufgabe:** Ein betrunkener Fahrlehrer[8]

Der Fahrlehrer *Erich T.* hatte auf Grund familiärer Probleme am Vorabend erhebliche Mengen Alkohol getrunken. Auch am folgenden Morgen trank er noch mindestens zwei Flaschen Bier, bevor er mit der Fahrschülerin *Marion W.* eine zweistündige Übungsfahrt antrat. Dazu setzte er sich auf den Beifahrersitz des Fahrschulwagens, einem Pkw mit zusätzlichen Gas-, Kupplungs- und Bremspedalen auf dem Beifahrersitz. Auf der Fahrt kam es ohne Verschulden von *T.* und *W.* zu einem Zusammenprall mit einem entgegen kommenden Fahrzeug, das auf regennasser Fahrbahn ins Schleudern geraten war. Bei der Unfallaufnahme fiel der hinzu gerufenen Polizei bei *T.* ein Geruch nach Alkohol auf. Eine

5 BGHSt 34, 324 (325); FISCHER § 315b Rn. 3 m.w.N.

6 Sachverhalt nach OLG Düsseldorf VRS 39, 204.

7 FISCHER § 316 Rn. 2, 3; Sch/Sch-CRAMER/STERNBERG-LIEBEN § 316 Rn. 22; zu § 315c vgl. BGHSt 18, 6 (8 f.).

8 AG Cottbus BA 2003, 161 f. mit Besprechung Jan C. JOERDEN, Der Fahrzeugführer hinter dem Fahrzeugführer – eine akzeptable Rechtsfigur? BA 2003, 104-108.

deshalb angeordnete Blutprobe ergab eine BAK von 1,13 g ‰, auf Grund derer *T.* fahruntauglich war.
Hat *T.* den Fahrschulwagen „geführt" und sich daher nach § 316 strafbar gemacht, auch wenn er die Zweitpedale während der gesamten Fahrt nicht bedient hatte?

Obschon § 2 XV 2 StVG den Fahrlehrer bei Übungsfahrten mit Fahrschülern, die noch keine Fahrerlaubnis besitzen, als (eigentlichen) Führer des Fahrzeugs bezeichnet, handelt es sich hierbei nur um eine für das Strafrecht unbeachtliche gesetzliche Fiktion. Tatsächlich mag der Fahrlehrer verpflichtet sein, bei Fahrfehlern des Schülers einzugreifen; solange er dies aber nicht tut, nimmt er keinen Einfluss aufs Fahren und führt das Fahrzeug daher nicht.[9] Ergänzende Erläuterungen auf CD 14-03. **480**

cc) Die Fahruntauglichkeit

Sie ist die Umschreibung des Unvermögens, „das Fahrzeug sicher zu führen". Gemeint ist die **481**

Unfähigkeit des Fahrzeugführers, das Fahrzeug über eine längere Strecke so zu steuern, dass er den Anforderungen des Verkehrs, und zwar auch bei plötzlich auftretenden Gefahrensituationen, in demselben Maße gewachsen ist, wie dies von einem durchschnittlichen Fahrzeugführer erwartet werden muss.[10]

Es gilt also nicht nur, unter normalen Bedingungen nachts unfallfrei nach Hause zu finden. Vielmehr ist die Befähigung gemeint, selbst dann noch so schnell und zuverlässig wie ein nüchterner Fahrer zu reagieren, wenn plötzlich ein Hindernis auf der Fahrbahn auftaucht oder ein anderer dem Fahrer die Vorfahrt nimmt.

Als Grund einer Fahruntüchtigkeit kommen bei § 316 nur Alkohol oder andere berauschende Mittel in Betracht. Übermüdung alleine (wie in § 315c I Nr. 1 b) genügt folglich nicht. Zu den Rauschmitteln zählen alle Stoffe, deren Wirkungen denen des Alkohols ähneln, z.B. Haschisch, Heroin, aber auch Medikamente wie Valium, wenn sie nicht zum Zwecke der Schmerztherapie, sondern gezielt zur Berauschung, also gewissermaßen als Ersatzdroge, eingenommen werden. **482**

Abbildung: „Tunnelblick" als typische Alkoholisierungsfolge

Die besondere Schwierigkeit der Subsumtion besteht bei § 316 darin, dass der Tatbestand keine konkrete Gefährdung verlangt. Der typische Täter fällt also nicht anläss- **483**

9 OLG Dresden BA 2006, 314 (315 f.) m. Anm. Jan C. JOERDEN BA 2006, 316-318.

10 BGHSt 13, 83; 21, 157 (160); Sch/Sch-CRAMER/STERNBERG-LIEBEN § 316 Rn. 4.

lich einer plötzlichen Gefahrensituation auf, wie sie indes von der Definition der Fahruntauglichkeit in den Vordergrund gerückt wird. Es fällt daher oft schwer, vom Täterverhalten einen Rückschluss auf seine Fahruntauglichkeit zu ziehen. Sie könnte im Einzelfall nur mit hohem Aufwand durch Sachverständigengutachten nachgewiesen werden, was angesichts der Massenhaftigkeit des Deliktes nicht zu leisten wäre. Daher hat die Rspr. – gestützt auf Erkenntnisse der rechtsmedizinischen Forschung – für die alkoholbedingte Fahruntauglichkeit im Laufe der Zeit Grenzwerte entwickelt, ab denen Fahruntüchtigkeit überhaupt erst denkbar ist (ab 0,3 g ‰ BAK[11]) und ab denen jedermann als fahruntüchtig gilt (sog. *absolute Fahruntauglichkeit*, bei Kraftfahrzeugen ab 1,1 g ‰ BAK).[12]

Diese Festlegungen haben die Funktion unwiderleglicher Beweisfiktionen. Im Bereich zwischen beiden Werten ist eine sog. *relative Fahruntauglichkeit* möglich, aber noch nicht allein auf Grund der jeweiligen BAK bewiesen. Vielmehr müssen konkrete Indizien hinzutreten, um die Fahruntauglichkeit im Einzelfall zu belegen.

Zur Wirkung von Alkohol auf Autofahrer sowie zur Messung der Alkoholisierung finden Sie Einzelheiten auf CD 14-04 und Näheres zur Fahruntauglichkeit auf Grund Rauschmittelgenusses auf CD 14-05.

484 Die im Bereich der möglichen relativen Fahruntüchtigkeit (0,3-1,09 g ‰ BAK) neben der Alkoholisierung erforderlichen *alkoholbedingten Ausfallerscheinungen* können Fahrfehler sein, die nüchtern nicht begangen würden (z.B. Schlangenlinienfahren, unerklärliches Abkommen von der Fahrbahn, Nicht- oder zu spätes Erkennen von Gefahrensituationen). Sie brauchen zudem nicht ausschließlich im Fahrverhalten gesucht zu werden. Schwankender Gang oder verwaschene Aussprache genügen ebenso als Beleg dafür, dass der Täter den Alkohol nicht nur konsumiert, sondern sich dieser auch auf seinen Körper ausgewirkt hat.

485 Die genannten Alkoholwerte gelten *für alle Kraftfahrzeuge*. Für *Radfahrer* und Elektrorollstühle[13] beginnt die absolute Fahruntüchtigkeit erst bei einer BAK von 1,6 g ‰.[14] Zusammenfassend (und unter Einbeziehung der §§ 24a, 24c StVG) ergibt sich damit folgendes Bild:

11 Zur Problematik und Genese dieses Grenzwertes Friedrich DENCKER, Die „0,3-Promille-Grenze", FS AG Verkehrsrecht, S. 371-379.

12 BGHSt 37, 89.

13 AG Löbau NJW 2008, 530 (531).

14 BGHSt 34, 133 (1,7 g ‰), modifiziert nach BGHSt 37, 89 (Sicherheitszuschlag nunmehr um 0,1 g ‰ geringer); FISCHER § 316 Rn. 27 (auch zu anderen Fahrzeugen).

Abbildung: Alkoholbedingte Fahruntüchtigkeit 486

<table>
<tr><th>BAK (g ‰)</th><th colspan="2">Autos, Motorräder, Mofas</th><th>Fahrräder</th></tr>
<tr><td>über 0,0-0,29</td><td rowspan="2">ordnungswidrig für Fahranfänger (§ 24c StVG)</td><td colspan="2">nicht tatbestandsmäßig</td></tr>
<tr><td>0,3-0,49</td><td rowspan="2">relative Fahruntüchtigkeit möglich</td><td rowspan="3">relative Fahruntüchtigkeit möglich</td></tr>
<tr><td>0,5-1,09</td><td>ordnungswidrig (§ 24a StVG)</td></tr>
<tr><td>1,1-1,59</td><td colspan="2" rowspan="2">absolute Fahruntüchtigkeit</td></tr>
<tr><td>1,6 und höher</td><td>absolute Fahruntüchtigkeit</td></tr>
</table>

c) Vorsatz und Fahrlässigkeit

Während Vorsatz bzgl. der anderen Merkmale i.d.R. vorliegt, ist das Wissen um die Fahruntauglichkeit, also das Unvermögen, ein Fahrzeug auch in plötzlichen Gefahrensituationen zu beherrschen, häufig zweifelhaft. Dazu trägt – wiederum als typische Alkoholfolge – die Selbstüberschätzung der eigenen Fähigkeiten bei. 487

Immerhin wird man bei hohen Alkoholkonzentrationen die Einlassung, man habe sich noch fahrtüchtig gefühlt, kaum glauben können und einen zumindest bedingten Vorsatz annehmen dürfen. Indes existieren keine festen Grenzwerte, ab welchen stets Vorsatz vorliegt, schon gar nicht, wenn es um Restalkoholwerte nach einer Nachtruhe geht. 488

Die nach § 316 II alternativ mögliche Fahrlässigkeit muss sich in vergleichbarer Weise vor allem auf das Nichterkennen der eigenen Fahruntauglichkeit beziehen. Eine diesbezügliche Prüfpflicht ergibt sich aus § 2 I 1 FeV, wonach Verkehrsteilnehmer Vorsorge gegen Gefährdungen infolge körperlicher/geistiger Mängel (wie Alkoholwirkungen) zu treffen haben. Da die von der Vorschrift geforderten Kompensationsmaßnahmen beim Fahrzeugführer nicht vorstellbar sind, dürfte er bei relevanter Alkoholisierung eben nicht fahren. Die Vorhersehbarkeit eines entsprechenden Sorgfaltsverstoßes anzunehmen, fällt dann relativ leicht: Jedermann weiß prinzipiell über die Wirkungen von Alkohol Bescheid. 489

2. Exkurs: Fahren unter Alkohol- und Drogeneinfluss (§ 24a StVG)

Ergibt die Prüfung keine alkohol- oder rauschmittelbedingte Fahruntauglichkeit, so bleibt ein Verstoß gegen die §§ 24a I, II, 24c StVG möglich. Diese *Ordnungswidrigkeiten* treten allerdings im Falle tateinheitlichen Zusammentreffens mit jedweder Straftat gemäß § 21 OWiG zurück. Im Gutachten sind sie nur zu prüfen, wenn dies ausdrücklich angeordnet wird, denn „strafbar" oder „schuldig" kann man hinsichtlich einer Ordnungswidrigkeit nicht sein. 490

Bußgeldbewehrt ist für alle Kraftfahrer nach § 24a I StVG der BAK-Bereich zwischen 0,3 und 1,09 g ‰; darüber läge § 316 StGB vor. Zur daneben genannten Atemalkoholkonzentration vgl. CD 14-04. 491

Die nach § 24a II StVG ebenfalls bußgeldbedrohte Verkehrsteilnahme *unter Rauschmitteleinfluss* bezieht sich nur auf die in einer Anlage explizit genannten Stoffe (u.a. Heroin, Cannabis,

Kokain, Designer-Amphetamine). Bei Cannabis ist eine im Blut feststellbare Konzentration von mindestens 1 ng/ml erforderlich.[15]

Gemäß § 24a III StVG ist die Ordnungswidrigkeit auch fahrlässig begehbar.

492 Für Inhaber einer Fahrerlaubnis auf Probe (§ 2a StVG) sowie für unter 21-jährige Kraftfahrer gilt allerdings ein absolutes Alkoholverbot, das in § 24c I, II StVG bußgeldbewehrt ist. Diese Kraftfahrer handeln ordnungswidrig, falls sie vorsätzlich oder fahrlässig unter Alkoholeinfluss die Fahrt antreten oder während der Fahrt Alkohol konsumieren.

3. Gefährdung des Straßenverkehrs (§ 315c)

a) Tatbestandsstruktur

493 Der Tatbestand des § 315c I kombiniert eine ganze Reihe von Verkehrsverstößen mit einem durch sie bewirkten Gefährdungserfolg. Die tatbestandlichen Handlungen unterteilen sich in zwei Gruppen:

- das Fahren im Zustand der *Fahruntüchtigkeit*. Sie lässt sich wiederum in zwei Untergruppen aufspalten: Die praktisch wichtigere Alternative der Berauschung nach § 315c I Nr. 1 a) ist insoweit identisch mit § 316; sie stellt damit eine schlichte Qualifikation der einfachen Trunkenheit im Verkehr dar. Die zweite Alternative (§ 315c I Nr. 1 b) erfasst Fahruntüchtigkeit auf Grund sonstiger geistiger oder körperlicher Mängel.
- die in § 315c I Nr. 2 genannten, besonders krassen Verkehrsverstöße, anschaulich umschrieben als die sog. „*sieben Todsünden*" des Autofahrers.

494 Verhalten wie Erfolge können gemäß Abs. 3 auch fahrlässig verwirklicht werden; somit ergibt sich das folgende Bild:

Abbildung: Struktur des § 315c

		Gefährdungserfolg	
		vorsätzlich	fahrlässig
Handlung	vorsätzlich	§ 315c I	§ 315c III Nr. 1
	fahrlässig	nicht denkbar	§ 315c III Nr. 2

b) Die Tathandlungen nach § 315c I Nr. 1

495 Zum Fahren im Zustand alkohol- oder rauschmittelbedingter Fahruntüchtigkeit kann auf die Ausführungen bei § 316 verwiesen werden (Rn. 481 ff.).

Die Fahruntüchtigkeit infolge *geistiger* und *körperlicher Mängel* definiert sich hinsichtlich ihrer Auswirkungen wie die alkoholbedingte, beruht jedoch auf anderen Defekten. Forensisch bedeutsamster Fall ist das Fahren im übermüdeten Zustand. Denkbar sind aber auch rein physische Handicaps wie Verletzungen an der Hand, die das Greifen des Lenkrades behindern, oder an den Füßen, so dass kein rechter Druck auf die Pedale gelingt.

15 BVerfG NJW 2005, 349 (351).

Der Nachweis, dass die – an sich leicht feststellbaren – geistigen oder körperlichen Mängel 496
tatsächlich eine Fahruntüchtigkeit bewirkt haben, ist wegen des Fehlens empirischer Messmethoden (z.B. des Grades einer Ermüdung) nur über *defektbedingte Ausfallerscheinungen* zu führen. Die Fahruntüchtigkeit nach § 315c I Nr. 1 b) ist daher stets eine relative.

Da § 315c zu den *konkreten Gefährdungsdelikten* zählt, muss es zu einer Situation 497
kommen, in welcher (ex ante betrachtet) ein Schadenseintritt in so bedrohliche Nähe gerückt war, dass sich seine Vermeidung nur noch als Zufall darstellt.[16] Kommt es gar zum Unfall, ist die Existenz der konkreten Gefahr natürlich evident.

„Zufällige" Vermeidung meint hier keine Unbeeinflussbarkeit des Ablaufs, sondern die (vorhe- 498
rige) Ungewissheit, ob situative Gegebenheiten sowie die Reaktionen der Beteiligten es erlauben, die Gefahr schadlos zu überstehen. Der BGH hat diese Gefährdungslage in gelungener Weise als „*Beinahe-Unfall*" veranschaulicht.[17] Es genügt also keineswegs bereits die Anwesenheit anderer Verkehrsteilnehmer auf der Straße, mögen sie auch durch den alkoholisierten Fahrer potenziell gefährdet sein. Erforderlich ist vielmehr eine akut bedrohliche Situation, die zu meistern sich keiner der Beteiligten vorher sicher sein kann.

Allerdings muss die konkrete Gefahr sich auch kausal auf das Fahren im fahruntüch- 499
tigen (z.B. alkoholisierten oder übermüdeten) Zustand zurückführen lassen. Hat dagegen der Täter beispielsweise

- zur Entstehung der Gefährdungslage seinerseits nichts beigetragen und dann wie ein nüchterner Fahrer reagiert,
- die Gefahr durch einen Fehler verursacht, wie er ihn auch nüchtern begeht (z.B. das Fahren mit überhöhter Geschwindigkeit),

so fehlt es an der defektbedingten Gefährdung (und es bleibt allenfalls § 316).

Die Gefahr kann sich gegen Leib oder Leben anderer und/oder gegen fremde Sa- 500
chen von bedeutendem Wert richten. Die fragliche Fremdheit ist zwar im Prinzip eigentumsrechtlich zu beurteilen. Jedoch scheiden alle Tatmittel aus dem Kreis tauglicher Gefährdungsobjekte aus.

Beispiel (Ein Unfall mit dem Firmenwagen):[18] *Karl-Heinz H.* fuhr betrunken mit einem seiner Arbeitgeberin gehörenden Pkw. Infolge seiner Fahruntüchtigkeit geriet er auf die linke Fahrbahnseite und streifte zwei dort stehende Straßenbegrenzungssteine. Das Fahrzeug kippte um und blieb auf der Seite liegen. Andere Verkehrsteilnehmer oder Sachwerte gefährdete *H.*, der sich allein im Wagen befand, nicht. — Eigentumsrechtlich war der Pkw somit zwar für *Karl-Heinz H.* fremd, aber da der Täter die Gefährdung bei § 315c I Nr. 1 durch das Führen des Fahrzeugs bewirken muss, kann das geführte Fahrzeug als Tatmittel nicht zugleich Gefährdungsobjekt sein.[19] *H.* ist daher nur nach § 316 zu bestrafen. Eine eingehendere Ableitung dazu auf CD 14-06.

---

16 FISCHER § 315c Rn. 15; BGHSt 22, 341 (344); BGH NStZ-RR 1997, 18.

17 BGH NJW 1995, 3131 (3132).

18 BGHSt 11, 148.

19 H.M., vgl. BGHSt 11, 148 (150 ff.); 27, 40; FISCHER § 315c Rn. 15b; Sch/Sch-CRAMER/STERBERG-LIEBEN § 315c Rn. 33; a.A. LK-KÖNIG § 315c Rn. 168.

501 Der *bedeutende Wert* ist z.Zt. mit etwa 1.000 EUR anzusetzen.[20] Es geht dabei

- um den Wert der *gefährdeten* Sache (und nicht um den entstandenen Schaden, der oft geringer ist), und
- um das *mögliche* (und nicht das tatsächliche!) Ausmaß ihrer Beschädigung. Droht also einer wertvollen Sache angesichts der konkreten Umstände von vornherein allenfalls eine unerhebliche Schädigung, so fehlt es an der Gefährdung einer Sache von bedeutendem Wert.

502 Umstritten ist, wie weit der Schutz der Fahrzeuginsassen reicht. Hier stellt sich zum einen die Frage, inwieweit Tatbeteiligte geschützt werden, zum anderen, ob eine Einwilligung in die Gefährdung möglich ist.

503 **Aufgabe:** Trunkenheitsfahrt mit tragischem Ende[21]
Der Wehrdienstleistende *Sören J.* trank am Abend in der Kaserne zusammen mit seinen Kameraden *Veit B.* und *Stephan T.* größere Mengen Alkohol. Nachdem die Vorräte zur Neige gegangen waren, schlug *Stephan T.* vor, Nachschub zu besorgen. Er überredete *Sören J.*, der wegen seiner Alkoholisierung eigentlich nicht mehr fahren wollte, aber das einzige Fahrzeug besaß, sie zu einer Tankstelle zu fahren. *Stephan T.* nahm auf dem Beifahrersitz, *Veit B.* auf der Rückbank des Fahrzeuges Platz. Beiden war die erhebliche Alkoholisierung von *Sören J.* nicht verborgen geblieben. Auf einer Landstraße kam dieser ausgangs einer Kurve bei regennasser Fahrbahn ins Schleudern, da er sein Fahrzeug infolge der alkoholischen Beeinträchtigung – eine spätere Blutprobe ergab eine BAK von 1,7 g ‰ – nicht mehr beherrschen konnte. Der Pkw kam von der Fahrbahn ab und prallte mit der Beifahrerseite gegen einen Betonmast. Dabei starb *Stephan T.* und *Veit B.* erlitt schwere Verletzungen.
Strafbarkeit von *Sören J.* nach § 315c I Nr. 1 a)?

504 Tatteilnehmer (z.B. derjenige, der als Anstifter den betrunkenen Fahrer zur – vorsätzlichen – Trunkenheitsfahrt aufstachelt) sollen nach h.M. nicht zum Kreis der geschützten Gefährdungsobjekte zählen.[22] Zuzustimmen ist aber der Gegenmeinung:[23] Wer den Täter zur Trunkenheitsfahrt anstiftet oder ihn dabei unterstützt, muss deshalb noch lange keine eigene Gefährdung wünschen. Eine Haupttat kann sich auch gegen ihre Teilnehmer wenden, ohne deswegen sogleich straflos zu werden (man denke nur an den Parallelfall des § 216!). Die Frage verschiebt sich vielmehr auf die Ebene der Einwilligung: Nimmt der Teilnehmer seine eigene Gefährdung in Kauf, dann fehlt es deswegen am Unrecht.

505 Allerdings bestreitet die h.M., dass die *Einwilligung des Gefährdeten* bei § 315c überhaupt beachtlich sei, weil diese Bestimmung auch das Rechtsgut der Straßenverkehrssicherheit schütze, über welches wiederum niemand wirksam verfügen könne.[24] Tatsächlich enthält § 315c aber eine Kombination von Gefährdungsunrecht gegenüber der Allgemeinheit und gegenüber Individualrechtsgütern. Fehlt es an letzterem,

---

20 SK-HORN vor § 306 Rn. 11; KINDHÄUSER LPK § 315c Rn. 15; anders FISCHER § 315 Rn. 16a (1.300 EUR); NK-HERZOG § 315 Rn. 26 (750 EUR).

21 Sachverhalt nach OLG Koblenz BA 2002, 483.

22 BGHSt 26, 40 (43); FISCHER § 315c Rn. 15a; LACKNER/KÜHL § 315c Rn. 25; GÖSSEL/DÖLLING BT 1 § 42 Rn. 43.

23 SK-HORN vor § 306 Rn. 9; Sch/Sch-CRAMER/STERNBERG-LIEBEN § 315c Rn. 33; LK-KÖNIG § 315c Rn. 160.

24 BGHSt 23, 261 (264); LK-KÖNIG § 315c Rn. 161; LACKNER/KÜHL § 315c Rn. 32.

bleibt die – dann nicht einmal konkrete – Allgemeingefahr übrig. Folglich wäre das Unrecht des § 315c nur noch unvollständig vorhanden. Ein Teilunrecht aber kann nun einmal nicht zur Strafbarkeit führen. Immerhin entspricht die verbleibende Gefahr exakt derjenigen, vor welcher § 316 schützt. Auch dies macht deutlich, dass der Gegenmeinung beizupflichten ist: Willigen (alle) Träger konkret gefährdeter Individualrechtsgüter in die Gefährdung ein, so handelt der Täter bzgl. § 315c gerechtfertigt, bleibt aber u.U. nach § 316 strafbar.[25]

Obschon Anstifter, erfüllt auch der Tod von *Stephan T.* das Merkmal der konkreten 506
Lebensgefährdung i.S.v. § 315c I. Da aber beide Mitfahrer in Kenntnis der Fahruntüchtigkeit des Fahrers an der Fahrt teilnahmen, willigten sie in ihre Gefährdung ein. Diese Einwilligung führt zur Rechtfertigung von *Sören J.* hinsichtlich § 315c, da andere fremde Objekte nicht gefährdet wurden. Es bleibt vorsätzliche Trunkenheit im Verkehr nach § 316 I. Zu weiteren Aspekten des Falls CD 14-07.

c) Die „sieben Todsünden" nach § 315c I Nr. 2

Die in § 315c I Nr. 2 a)-g) aufgelisteten Fahrfehler erklären sich anhand des Gesetzestextes in 507
ausreichendem Maße selbst. Der so zunächst recht weit gezogene Anwendungsbereich (gefährdende Vorfahrtsverletzungen [§ 315c I Nr. 2 a)] sind schließlich alltäglich) wird durch die hinzutretenden Merkmale der groben Verkehrswidrigkeit und der Rücksichtslosigkeit wieder nachhaltig eingeschränkt.

Grob verkehrswidrig ist nur ein besonders schwerwiegender Verkehrsverstoß mit einem unter 508
den konkreten Umständen hohen Gefährdungspotenzial.[26] Einige der Tathandlungen erfüllen dieses Kriterium nahezu per se (z.B. die „Geisterfahrt" auf der Autobahn nach § 315c I Nr. 2 f). Bei anderen indes ist das Spektrum der Regelverstöße so breit, dass sich auch unerhebliche darunter finden (z.B. das falsche Fahren an Fußgängerüberwegen nach § 315c I Nr. 2 c). Bei ihnen muss schon deutlich gefährlicher als beim alltäglichen Regelverstoß gehandelt, beispielsweise im Falle des § 315c I Nr. 2 b) nicht nur im Überholverbot, sondern auch noch bei sichtbarem Gegenverkehr überholt werden.

Rücksichtslos handelt, 509

> *wer sich aus eigensüchtigen Gründen über seine Pflichten gegenüber anderen Verkehrsteilnehmern hinwegsetzt oder aus Gleichgültigkeit Bedenken gegen seine Fahrweise von vornherein nicht aufkommen lässt.*[27]

Das Merkmal ist zwar ein subjektives; dennoch sollte man es im objektiven Tatbestand prüfen. Das ist sinnvoll wegen des Zusammenhanges mit der Handlung sowie zur Vermeidung unnötiger Gefährdungsprüfungen. Bei Fahrlässigkeit (§ 315c III) wäre zudem andernfalls völlig unklar, wo man die Rücksichtslosigkeit prüfen sollte, denn dort gibt es ja keinen subjektiven Tatbestand.

Zur konkreten Gefährdung gilt das bereits Gesagte (Rn. 497 ff.) 510

---

25 Sch/Sch-CRAMER/STERNBERG-LIEBEN § 315c Rn. 43; SK-HORN vor § 306 Rn. 12; RENGIER BT II § 44 Rn. 9; Michael HEGHMANNS (Anmerkung zu OLG Koblenz BA 2002, 484), BA 2002, 486-487.

26 Sch/Sch-CRAMER/STERNBERG-LIEBEN § 315c Rn. 29; FISCHER § 315c Rn. 13.

27 BGHSt 5, 391 (395); FISCHER § 315c Rn. 14; SK-HORN § 315c Rn. 17.

d) Vorsatz bzw. Fahrlässigkeit

511 Im subjektiven Tatbestand ist nach § 315c I Vorsatz bzgl. der Handlungs- wie auch der Gefährdungserfolgskomponente notwendig. Besonders letzteres wird selten vorzufinden sein, denn üblicherweise denkt der betrunken oder riskant Fahrende, es werde dennoch alles gut gehen.

Für diese Fälle hält § 315c III Nr. 1 eine *Vorsatz/Fahrlässigkeitskombination* bereit, die zwar Vorsatz hinsichtlich der Tathandlung verlangt, aber für die Gefährdung Fahrlässigkeit genügen lässt. Das Delikt bleibt gleichwohl gemäß § 11 II ein Vorsatzdelikt, zu dem angestiftet bzw. Beihilfe geleistet werden kann.

Indes ist selbst der Handlungsvorsatz – wie schon bei § 316 – nicht immer nachzuweisen. Nach der Alternative des § 315c III Nr. 2 genügt jedoch auch auf Handlungsseite Fahrlässigkeit, also z.B. das pflichtwidrige Nichterkennen der Übermüdung. Diese Variante bildet dann allerdings ein *reines Fahrlässigkeitsdelikt* ohne Beteiligungsmöglichkeit für Dritte.

e) Hinweise zur Fallbearbeitung

512 § 315c verlangt nicht nur einen Erfolg (hier: Gefährdung von Leib/Leben/Sachen). Zusätzlich bedarf es auch nicht nur irgend einer, sondern (anders z.B. als die Tötungs- oder Körperverletzungsdelikte) einer genau bezeichneten, erfolgsursächlichen Handlung (hier: Trunkenheit/„Todsünde“).

Beim Prüfungsaufbau solcher Straftaten mag es zweckmäßig sein, *zuerst den Erfolg* zu prüfen und danach, welche Handlung als seine Ursache in Betracht kommt. Hintergrund ist, dass der Sachverhalt, der als Erfolg in Betracht kommt, zumeist eindeutig ist: Verletzungen, Schäden, Besitzverluste kann man auch in komplexeren Sachverhalten schnell identifzieren. Dagegen ist die Handlungskomponente oft nicht eindeutig, weil der Täter mehrere Handlungen begeht (z.B. bei einer längeren Fahrtstrecke etliche der „Todsünden“). Welche dieser Handlungen sinnvoll als die erfolgsursächliche zu prüfen ist, steht aber erst fest, wenn besagter Erfolg identifiziert (und subsumiert) ist.

Man geht also – wie ein Detektiv bei der Aufklärung eines Kriminalfalles – rückwärts vor: Beim Taterfolg anfangend sucht man dessen Ursache in Gestalt der tatbestandlichen Handlung, die man sodann versucht, dem Täter zuzurechnen. Die so beschriebene – an sich unübliche, aber gleichwohl zulässige – Prüfungsreihenfolge ist für alle Delikte zu empfehlen, bei denen typischerweise Probleme entstehen, die zum Erfolg passende, „richtige“ Tathandlung zu identifizieren.

Abbildung: Prüfungsaufbau bei § 315c 513

<table>
<tr><td rowspan="3">I. Tatbestand</td><td colspan="2">- Gefährdung von Leib/Leben anderer Personen oder fremder Sachen von bedeutendem Wert (Rn. 497 ff.)
- Gefahrenursächlichkeit (Rn. 499) der ...</td></tr>
<tr><td>(§ 315c I Nr. 1)
- Fahruntüchtigkeit
- auf Grund Trunkenheit/Berauschung (Rn. 481 ff.) / geistiger oder körperlicher Mängel (Rn. 495 f.)</td><td>(§ 315c I Nr. 2)
- Fahrfehler nach § 315c I Nr. 2 a)-g) (Rn. 507)
- grobe Verkehrswidrigkeit (Rn. 508)
- Rücksichtslosigkeit (Rn. 509)</td></tr>
<tr><td colspan="2">Vorsatz/Fahrlässigkeit bzgl. Handlung und Gefährdung (Rn. 511)</td></tr>
<tr><td>II. Rechtswidrigkeit</td><td colspan="2">an sich keine Besonderheiten, jedoch ist die Wirkung einer Einwilligung strittig (Rn. 505)</td></tr>
<tr><td>III. Schuld, Strafausschließung u.a.</td><td colspan="2">keine Besonderheiten</td></tr>
</table>

4. Sonstige Verkehrsgefährdungen (§ 315a)

514

Der in Praxis und Prüfung weniger bedeutsame § 315a stellt die Parallelregelung zu § 315c für den Bereich des Bahn-, Schiffs- und Luftverkehrs dar. Näheres auf CD 14-08.

III. Verstöße gegen Regeln zu Schadensvorsorge oder -ausgleich

1. Fahren ohne Fahrerlaubnis (§ 21 StVG)

Aus Sicherheitsgründen machen die §§ 2 StVG, 4 FeV das Führen von Kraftfahrzeugen von der vorherigen Erteilung einer Erlaubnis abhängig, die von der Straßenverkehrsbehörde nach unterschiedlichen Kriterien für die einzelnen Fahrzeugklassen (§ 6 FeV) erteilt wird. Die Strafvorschrift des § 21 StVG flankiert die Einhaltung dieses Zulassungserfordernisses. 515

Das Delikt ist an sich leicht zu verstehen und anzuwenden, solange man terminologisch präzise arbeitet. So meint der Begriff der *Fahrerlaubnis* die abstrakte Gestattung, welche die Straßenverkehrsbehörde nach der FeV auf der Basis einer Prüfung erteilt. Hiervon zu unterscheiden ist der *Führerschein*, der lediglich als Ausweis der Fahrerlaubnis fungiert, diese aber weder enthält noch verkörpert (§ 4 II FeV). Wer nur seinen Führerschein zu Hause gelassen hat, fährt also nicht in strafbarer Weise ohne Fahrerlaubnis i.S.v. § 21 StVG, sondern ordnungswidrig nach § 75 Nr. 4 FeV i.V.m. § 24 StVG. 516

Auch bei einem *Fahrverbot* (nach gravierenden Verkehrsordnungswidrigkeiten [25 StVG] oder als Nebenstrafe [§ 44 StGB]) behält der Betroffene seine Fahrerlaubnis. Das Fahrverbot überlagert nur die Fahrerlaubnis für einen begrenzten Zeitraum und setzt sie außer Kraft, nicht aber außer Geltung. Aus diesem Grund sind Verstöße gegen diese Verbotsfälle auch in § 21 I Nr. 1 517

StVG gesondert aufgeführt. *Ohne* Fahrerlaubnis fährt hingegen, wer entweder noch nie eine Fahrerlaubnis erworben hatte oder wem sie im Strafverfahren nach den §§ 69 StGB, 111a StPO (auch vorläufig) oder im Verwaltungsverfahren nach § 46 FeV i.V.m. § 3 StVG entzogen wurde.

518 Die Alternativen nach § 21 II Nrn. 2 und 3 StVG kommen höchst selten vor. Sie sind insbesondere nicht in den Fällen einer vorläufigen Entziehung der Fahrerlaubnis nach § 111a StPO anwendbar, weil eben auch ihre vorläufige Entziehung zum Fehlen der Fahrerlaubnis führt. Die genannten Fälle der Beschlagnahme betreffen vor allem Situationen nach Sicherstellung des Führerscheins durch die Polizei vor Erwirken des entsprechenden richterlichen Beschlusses nach § 111a StPO.

519 Strafbar ist für den Fahrer das vorsätzliche (§ 21 I Nr. 1 StVG) sowie fahrlässige (§ 21 II Nr. 1 StVG) Fahren ohne Fahrerlaubnis oder entgegen einem Fahrverbot. Natürlich ist auch hier allein das Fahren im öffentlichen Verkehrsraum (Rn. 477) gemeint. Das steht zwar nicht explizit in § 21 StVG, ergibt sich aber aus dem Merkmal der *erforderlichen* Fahrerlaubnis, das im Zusammenhang mit § 2 I 1 StVG zu lesen ist.

Die Tat stellt eine *Dauerstraftat* dar. Werden von vornherein mehrere konkrete Fahrten geplant (z.B. Hin- und Rückfahrt), so handelt es sich trotz Fahrtunterbrechung nur um eine Tatbestandsverwirklichung (tatbestandliche Handlungseinheit).

520 Parallel dazu verantwortet der *Halter* eines Kraftfahrzeugs gemäß § 21 I Nr. 2 StVG strafrechtlich, wenn er ein Fahren ohne Fahrerlaubnis zulässt oder gar anordnet. Als Halter (der Begriff entstammt § 833 BGB) gilt derjenige, der im Allgemeinen die Fahrzeugkosten bestreitet und den Verwendungsnutzen zieht.[28] Auch für den Halter ist bereits Fahrlässigkeit strafbar. Somit genügt schon eine pflichtwidrige Unkenntnis davon, dass der Fahrer keine Fahrerlaubnis besitzt (§ 21 I Nr. 2 i.V.m. § 21 II Nr. 1 StVG).

521 **Aufgabe:** Verbotene Fahrt aus Angst vor Jobverlust
Klaus J. war als Kraftfahrer bei der Spedition *Werner Sch.* angestellt. Während einer beruflichen Fahrt übersah er das Rotlicht einer Ampel. Im Bußgeldverfahren erhielt *J.* deshalb eine Geldbuße von 125 EUR sowie ein Fahrverbot von einem Monat. Der Verkehrsverstoß war dem Inhaber und Geschäftsführer der Spedition, *Werner Sch.*, bekannt geworden. Aus Angst vor einer Entlassung (die Spedition steckte in wirtschaftlichen Schwierigkeiten) hatte ihm *Klaus J.* jedoch den Ausgang des Bußgeldverfahrens verschwiegen. Nachdem das Fahrverbot in Kraft trat, fuhr *Klaus J.* daher weiter mit den Fahrzeugen seines Arbeitgebers. Dieser ging davon aus, *J.* dürfe nach wie vor fahren.
Hat sich *Werner Sch.* wegen fahrlässigen Zulassens des Fahrens entgegen einem Fahrverbot strafbar gemacht?

522 Der Halter ist nach der etwas versteckten Vorschrift des § 31 II StVZO verpflichtet, die Eignung des Fahrzeugführers zum selbstständigen Führen von Kraftfahrzeugen zu überprüfen. Das erfordert bei der erstmaligen Fahrzeugüberlassung die Einsichtnahme in den Führerschein. Bei wiederholter Überlassung bedarf es einer erneuten Überprüfung nur, falls der Halter Anlass hat, am weiteren Besitz der Fahrerlaubnis zu zweifeln.[29] Das allerdings ist bei *Werner Sch.* anzunehmen. Es ist bekannt, dass Rotlichtverstöße regelmäßig Fahrverbote nach sich ziehen. Von daher musste er infolge seiner Kenntnis der vorangegangenen Ordnungswidrigkeit annehmen, dass *Klaus J.* zeitweise keine Fahrzeuge würde führen dürfen. Er hätte sich als Halter daher von

---

28 HENTSCHEL (Fn. 1) § 7 StVG Rn. 14 ff. m.w.N.

29 HENTSCHEL (Fn. 1), § 21 StVG Rn. 12.

Zeit zu Zeit über das Vorhandensein des Führerscheins vergewissern müssen. Da er dies unterließ, verwirklichte er § 21 II Nr. 1 i.V.m. § 21 I Nr. 2 StVG.

2. Fahren ohne Haftpflichtversicherungsschutz (§ 6 PflVersG)

Nach § 1 PflVersG besteht für Kraftfahrzeuge eine Versicherungspflicht gegen Haftpflicht- **523**
schäden. Um sie durchzusetzen, bestraft § 6 PflVersG den Betrieb *unversicherter* Kraftfahrzeuge im öffentlichen Verkehrsraum (dazu Rn. 477). Die Vorschrift richtet sich in gleicher Weise wie § 21 StVG an Fahrzeugführer und -halter. Neben vorsätzlicher Begehung genügt auch hier fahrlässige Unkenntnis des Fehlens einer Versicherung.

3. Unerlaubtes Entfernen vom Unfallort (§ 142)

a) Sinn der Strafbestimmung

§ 142 schützt allein die zivilrechtliche Durchsetzbarkeit von *Schadensersatzansprü-* **524**
chen nach Verkehrsunfällen. Dazu verlangt die Bestimmung, dass sich sämtliche Unfallbeteiligten teils aktiv, ansonsten aber mindestens passiv duldend an der Aufklärung des Unfallgeschehens beteiligen.

Auferlegt werden Vorstellungs-, Duldungs-, Warte- und Nachholpflichten in insgesamt drei Tatbestandsalternativen:

- dem *Entfernen* vom Unfallort (§ 142 I Nr. 1),
- dem Nichteinhalten einer *Wartefrist* (§ 142 I Nr. 2),
- dem Verstoß gegen die *Nachholpflicht* nach zuvorigem erlaubten Entfernen (§ 142 II).

Abbildung: Prüfungsaufbau bei § 142 I **525**

<table>
<tr><th></th><th>§ 142 I Nr. 1</th><th>§ 142 I Nr. 2</th></tr>
<tr><td rowspan="3">I. Tatbestand</td><td colspan="2">- Unfall im Straßenverkehr (Rn. 526 ff.)
- Unfallbeteiligung (Rn. 531)
- Entfernen vor Ermöglichung der Feststellungen (Rn. 532)</td></tr>
<tr><td>- trotz Anwesenheit feststellungsbereiter Personen (Rn. 534 ff.)</td><td>- vor Ablauf angemessener Wartefrist (Rn. 539 f., bei Einhaltung der Wartefrist Übergang zu § 142 II Nr. 1)</td></tr>
<tr><td colspan="2">- Vorsatz bzgl. Unfall, Beteiligung, Entfernen, Nicht-/Anwesenheit feststellungsbereiter Personen (Rn. 545; bei Vorsatzmangel ggf. Übergang zu § 142 II Nr. 2, vgl. Rn. 541)</td></tr>
<tr><td>II. Rechtswidrigkeit</td><td colspan="2">keine Besonderheiten (jedoch bei Rechtfertigung Übergang zu § 142 II Nr. 2, vgl. Rn. 541 f.)</td></tr>
<tr><td>III. Schuld</td><td colspan="2">keine Besonderheiten (jedoch bei Entschuldigung Übergang zu § 142 II Nr. 2, vgl. Rn. 541 f.)</td></tr>
<tr><td>(IV.) Strafausschließung u.a.</td><td colspan="2">im ruhenden Verkehr Absehen von Strafe möglich, falls nachträgliche Ermöglichung der Feststellungen binnen 24 Stunden und geringer Schaden (§ 142 IV, Rn. 544)</td></tr>
</table>

b) Verkehrsunfall als Ausgangspunkt strafbaren Verhaltens

526 Ausgangssituation des § 142 ist in allen seinen Varianten ein Unfall im (öffentlichen) Straßenverkehr. Als Unfall versteht die einhellige Definition

jedes mit dem Straßenverkehr und seinen Gefahren ursächlich zusammenhängende, plötzliche Ereignis, durch das ein nicht nur völlig belangloser Personen- oder Sachschaden entsteht.[30]

527 Ein Unfall in diesem Sinne erfordert entgegen h.M. die Beteiligung mindestens eines Fahrzeuges (zum Fahrzeugbegriff Rn. 472 ff.). Andernfalls (z.B. beim Zusammenstoßen zweier Fußgänger auf dem zur Straße zählenden Gehweg) fehlte es an der Verwirklichung straßenverkehrstypischer Gefahren.[31] Schäden ohne Fahrzeugbeteiligung sind nämlich auch andernorts ebenso vorstellbar, wahrscheinlich und gefährlich.

528 Irreführend ist die oft gestellte Frage, ob vorsätzliche Schadensherbeiführung die Annahme eines Unfalls ausschließt.[32] Dies diskutiert die Problematik unter falschen Vorzeichen. Denn für die Einstufung eines Geschehens als Verkehrsunfall ist nicht die Frage eines Vorsatzes entscheidend. Auch das mit bedingtem Schädigungsvorsatz erfolgende Ausparken aus zu enger Parklücke ist letztlich ein Verkehrsgeschehen und stellt sich jedenfalls für das Opfer auch äußerlich als typischer Verkehrsunfall dar. Anders bei gezielten Angriffen, für die der Verkehrsraum nur noch den passenden Rahmen liefert; hier fehlt es am *straßenverkehrsspezifischen Gefahrverwirklichungszusammenhang*. Auf ihn allein kommt es an:

529 **Beispiel** (Der Mülltonnen-Fall[33]): *Jochen G.* und *Sebastian U.* beschlossen, zum Zeitvertreib auszuprobieren, ob es möglich sei, Mülltonnen aus einem fahrenden Auto heraus zu greifen und nach einer gewissen Strecke loszulassen. Diesen Entschluss setzten sie bei nächtlichen Fahrten um, wobei *Jochen G.* seinen Pkw führte, während *Sebastian U.* vom Beifahrersitz aus die Mülltonnen ergriff und wieder losließ. In einem Fall prallte eine der Mülltonnen gegen einen abgestellten Pkw, an dem ein Schaden in Höhe von 1.300 EUR entstand, im zweiten Fall wurden zwei geparkte Pkw getroffen und Schäden von ca. 1.000 EUR verursacht. In Kenntnis der angerichteten Folgen fuhren *G.* und *U.* jeweils sogleich davon. — Beide wurden vom Landgericht auch wegen § 142 verurteilt, was keine Zustimmung durch den BGH fand. Dabei war weniger die vorsätzliche Herbeiführung des Schadens als der Umstand maßgebend, dass sich in der deliktischen Planung des Geschehens kein straßenverkehrsspezifischer Gefahrenzusammenhang verwirklichte.[34]

530 Als belanglose (Sach-) Schäden, die noch keinen Unfall ausmachen können, werden traditionell solche bis zu etwa 25 EUR verstanden.[35] Zutreffender dürfte freilich eine nach dem *funktionellen Reparaturerfordernis* differenzierende Sicht sein. Näheres dazu auf CD 14-09.

---

30 BGHSt 24, 382 (383); FISCHER § 142 Rn. 7; LACKNER/KÜHL § 142 Rn. 5.

31 Vgl. MAURACH/SCHROEDER/MAIWALD BT 1 § 49 Rn. 18; Rudolf EICHBERGER, Der Unfall - eine Übersicht über einen vielfältigen Begriff, JuS 1996, 1078-1081 (1081); wie hier Sch/Sch-CRAMER/STERNBERG-LIEBEN § 142 Rn. 17; Ulrich BERZ, Unfallflucht nach vorsätzlicher Tat – BGHSt 24, 382, JuS 1973, 558-562 (558, dort Fn. 10).

32 Vgl. Claus ROXIN, Unfallflucht eines verfolgten Diebes, NJW 1969, S. 2038-2040 (2038 f.); KÜPER BT S. 305; BGHSt 24, 382 (383).

33 BGHSt 47, 158.

34 BGHSt 47, 158 (159); Sch/Sch-CRAMER/STERNBERG-LIEBEN § 142 Rn. 18; OTTO BT § 80 Rn. 52.

35 FISCHER § 142 Rn. 11; MAURACH/SCHROEDER/MAIWALD BT 1 § 49 Rn. 17; KINDHÄUSER LPK § 142 Rn. 4, jeweils m.w.N.

c) Der Unfallbeteiligte als Normadressat

§ 142 bildet ein *Sonderdelikt*, das täterschaftlich ausschließlich durch den *Unfallbeteiligten* begangen werden kann. Wer das ist, ergibt sich aus der Legaldefinition in Abs. 5. In diesem Zusammenhang kommt es weder auf eine Vorwerfbarkeit noch auf die Nachweisbarkeit der Unfallmitverursachung an. Der äußere Anschein eines Unfallbeitrages genügt. Denn § 142 will ja die Klärung der Verantwortlichkeit erst noch erreichen und sie daher nicht dem vom Beteiligten selbstdefinierten Verantwortlichkeitsgefühl überlassen. **531**

d) Entfernen

Als Tathandlung benennt § 142 I das (räumliche) Sichentfernen vom Unfallort, bevor die Feststellungen zu Person, Fahrzeug und Art der Beteiligung ermöglicht wurden. Dies kann in zwei – einander ausschließenden – Alternativen geschehen: **532**

- Nach § 142 I Nr. 1 entfernt sich ein Unfallbeteiligter, wenn eine sog. *feststellungsbereite Person* am Unfallort anwesend ist;
- nach § 142 I Nr. 2 erfolgt ein vorzeitiges Entfernen von einem Unfallort, während aktuell *keine* feststellungsbereite Person zugegen ist. Der Vorwurf geht hier dahin, nicht ausreichend lange gewartet zu haben, ob nicht doch jemand vorbei kommt, der die notwendigen Feststellungen treffen könnte.

Entscheidend ist somit zunächst die Frage, ob Feststellungsbereite anwesend sind. Dazu zählen sämtliche anderen Unfallbeteiligten und alle Geschädigten, sofern sie noch zu Feststellungen in der Lage und nicht erheblich verletzt sind. Feststellungsbereit ist zudem die Polizei.[36] Andere, z.B. vorbeikommende Passanten gehören hingegen regelmäßig nicht dazu. Eine Ausnahme gilt allenfalls, falls sie die Gewähr bieten, ihre Feststellungen den eigentlich feststellungsinteressierten Personen weiterzugeben. Das darf man u.U. bei Hausmitbewohnern, Verwandten oder Nachbarn annehmen, aber nicht beim bloß Interessierten, der ohne nachvollziehbare Verbindung zum ortsabwesenden Geschädigten ist. **533**

aa) Entfernen trotz feststellungsbereiter Personen (§ 142 I Nr. 1)

Gegenüber anwesenden feststellungsbereiten Personen erlegt § 142 I Nr. 1 dem Täter eine doppelte Pflicht auf: Er hat zunächst eine *Vorstellungspflicht* („durch die *Angabe*, dass er an dem Unfall beteiligt ist") und sodann eine Warte- oder besser *Ermöglichungspflicht* („durch seine Anwesenheit"). **534**

Positiv hinzuweisen hat er einzig auf seine *mögliche* Unfallbeteiligung (Abs. 5). Nicht einmal Personalien bräuchte er gegenüber Privaten zu nennen, wäre da nicht die entsprechende Pflicht aus § 34 I Nr. 5 b) StVO. Sie ist allerdings nur bußgeldbewehrt; ihre Verletzung unterfällt daher nicht § 142. Ansonsten darf er sich vollständig passiv verhalten und muss lediglich durch seine Anwesenheit Feststellungen ermöglichen. Dazu gehört, auf Verlangen des Geschädigten das Eintreffen der Polizei und deren Ermittlungen abzuwarten.[37] **535**

Die Ermöglichungspflicht endet, nachdem alle in § 142 I Nr. 1 genannten Feststellungen in ausreichendem Maße getroffen wurden, möglicherweise auch schon zuvor, **536**

---

36 FISCHER § 142 Rn. 24; HENTSCHEL (Fn. 1) § 142 Rn. 47.

37 BayObLG NJW 1966, 558; OLG Köln DAR 1989, 151 (152); HENTSCHEL (Fn. 1) § 142 Rn. 23; RENGIER BT II § 46 Rn. 17; FISCHER § 142 Rn. 24.

falls sämtliche Feststellungsberechtigten auf die weitere Anwesenheit verzichten. In diesem Fall darf sich der Täter qua Einwilligung gerechtfertigt entfernen.

537 **Aufgabe:** Entfernen nach Vortäuschen darüber, die Polizei sei verständigt[38]

Joachim W. und der ihm flüchtig bekannte *Stefan K.* begaben sich nach gemeinsamem Gaststättenbesuch gegen 3.30 Uhr zu ihren in der Nähe des Lokals geparkten Pkw. Beim Ausparken beschädigte *Joachim W.* das Fahrzeug von *K.* (Sachschaden 1.500 EUR). Beide stiegen aus ihren Fahrzeugen. *W.*, der *K.* für den am Unfall Schuldigen hielt, wollte von *K.* einen „Abgeltungsbetrag" von 75 EUR haben und seinerseits den Schaden seiner Versicherung melden. Damit war *K.* nicht einverstanden. Nachdem *Joachim W.* längere Zeit vergebens auf *K.* eingeredet hatte, erklärte er schließlich, er werde die Polizei benachrichtigen. Dem stimmte *K.* zu. *W.* ging nun zu einer in Sichtweite befindlichen Telefonzelle, wo er Geld einwarf, das der Telefonautomat auf Grund eines Defektes aber nicht annahm. Daraufhin kehrte *W.* zu *K.* zurück, dem er verschwieg, keine Verbindung zur Polizei erhalten zu haben. Wiederum redete *W.* auf *K.* ein, der es mit der Zeit leid war, immer nur denselben Vorschlag von *W.* zu hören. Schließlich bedeutete *Sebastian K.* dem *W.*, er solle doch wegfahren. Diese Äußerung tat *K.* im Vertrauen darauf, die Polizei käme sogleich und weil *W.* zuvor versprochen hatte, ihn am nächsten Tage anzurufen. *W.* fuhr daraufhin mit seinem Fahrzeug fort.

Hat sich *Joachim W.* nach § 142 I Nr. 1 strafbar gemacht?

538 Die Einwilligung zum Entfernen hatte *K.* täuschungsbedingt irrend erteilt. Sie war daher unwirksam und *W.* hat sich nach § 142 I Nr. 1 strafbar gemacht. Ergänzende Hinweise zu diesem Fall auf CD 14-10.

bb) Entfernen vor Ablauf der Frist zum Abwarten des Erscheinens feststellungsbereiter Personen (§ 142 I Nr. 2)

539 Fehlt eine feststellungsbereite Person, muss der Unfallbeteiligte nach § 142 I Nr. 2 „*angemessene* Zeit" warten, bevor er sich entfernen darf. Anschließend ist er aber ebenfalls nicht frei, sondern zur Nachholung der Feststellungen verpflichtet (§ 142 II Nr. 1, vgl. Rn. 541).

540 Was angemessen ist, bestimmen Zeit, Ort und Umstände des Unfalles. Die Wartefrist dauert je länger,

- je höher der Unfallschaden,
- je komplizierter das Unfallgeschehen,
- je wahrscheinlicher das Hinzukommen feststellungsbereiter Personen

ist. Daher genügen bei geringen Schäden auf unbelebter Strecke nachts bereits zehn Minuten;[39] im Falle der Tötung eines Menschen ist unter allen Umständen länger als eine Stunde zu warten.[40] Freilich wirkt die Kasuistik der Rspr. sehr uneinheitlich.[41]

---

38 BayObLG VRS 61, 120.

39 OLG Stuttgart NJW 1981, 1107 (1108); Sch/Sch-CRAMER/STERNBERG-LIEBEN § 142 Rn. 39.

40 MAURACH/SCHROEDER/MAIWALD BT 1 § 49 Rn. 50.

41 Vgl. die entsprechenden Nachweise bei FISCHER § 142 Rn. 36; Sch/Sch-CRAMER/STERNBERG-LIEBEN § 142 Rn. 39.

e) Unterbliebene Nachholung von Feststellungen (§ 142 II)

Wer sich in nicht vorwerfbarer Weise vom Unfallort entfernt hat (oder von diesem 541
entfernt wurde), dem obliegt die nach § 142 II strafbewehrte Pflicht, die Feststellungen *unverzüglich* nachträglich zu ermöglichen. Wie das zu geschehen hat, regelt Abs. 3, der insoweit keiner weiteren Erläuterung bedarf.

Im Einzelnen hat eine Nachholpflicht derjenige, der 542

- im Fall des § 142 I Nr. 2 ausreichend lange an der Unfallstelle abgewartet und sich danach entfernt hat (§ 142 II Nr. 1),
- sich gerechtfertigt (z.B. zwecks Versorgung Verletzter) oder entschuldigt (z.B. infolge eines nach § 20 die Schuld ausschließenden Schocks) vom Unfallort weg-begeben hat (§ 142 II Nr. 2),
- entfernt wurde (z.B. durch polizeilichen Zwang oder weil er als Mitinsasse im Pkw eines flüchtenden Fahrers gar nicht am Ort bleiben konnte.[42]

Entgegen langjähriger Rspr.[43] ist das *unvorsätzliche Entfernen* (z.B. weil der Unfall nicht 543
bemerkt wurde) kein Fall berechtigten oder entschuldigten Entfernens.[44] Die nachträgliche Kenntniserlangung begründet daher keine Rückkehrpflicht. Zu diesem früher hochumstrittenen Fall näher auf CD 14-11.

f) Der Sonderfall nachgeholter Feststellungen (§ 142 IV)

Keinen eigenen Tatbestand, sondern eine Privilegierung von Unfällen *im ruhenden Verkehr* 544
mit geringem Sachschaden bildet § 142 IV. Die Bestimmung, die ggf. auch im Gutachten zu prüfen ist, erlaubt ein fakultatives Absehen von Strafe, falls der Täter, der einen der Tatbestände von § 142 I oder II verwirklicht hat, sich innerhalb von 24 Stunden eines Besseren besinnt und die Feststellungen nachholt (wofür wiederum Abs. 3 die Einzelheiten regelt). Auf diese Weise wird den Tätern der zahlreichen Fluchten nach Parkunfällen eine „goldene Brücke" gebaut, was einerseits eine übermäßige Kriminalisierung vermeidet und andererseits den Unfallgeschädigten und damit dem Rechtsgüterschutz dient.

Ein *geringer Schaden* beträgt – entsprechend der Grenzziehung bei § 315c, vgl. dazu Rn. 501 – maximal 1.000 EUR.

g) Subjektiver Tatbestand

Als reines Vorsatzdelikt ohne Versuchsstrafbarkeit sind bei § 142 Irrtumsfragen naturgemäß 545
von besonderer Brisanz. Vorsatzdefizite hinsichtlich des Vorliegens eines Unfalls wurden bereits angesprochen (Rn. 542). Im Ergebnis unerheblich bleibt ein Irrtum über die Anwesenheit feststellungsbereiter Personen.

Beispiel (Die unbemerkt gebliebene Unfallzeugin): *Jochen A.* beschädigte beim Einparken mit seinem Pkw ein am Straßenrand abgestelltes Motorrad des *Ludger C.* In der Annahme, niemand habe das Geschehen beobachtet, entfernte sich *Jochen A.* mit seinem Pkw. Tatsächlich hatte die Mitbewohnerin von *Ludger C., Katrin V.*, das Geschehen beobachtet. — *Jochen A.* fehlte der Vorsatz eines Entfernens nach § 142 I Nr. 1, weil er die Anwesenheit einer fest-

---

42 MAURACH/SCHROEDER/MAIWALD BT 1 § 49 Rn. 55; BayObLG NJW 1982, 1059.

43 Vgl. u.a. BGHSt 28, 129 (131 ff.).; zustimmend noch MAURACH/SCHROEDER/MAIWALD BT 1 § 49 Rn. 54; RENGIER BT II § 46 Rn. 27 f.

44 BVerfG (Kammer) NJW 2007, 1666; LACKNER/KÜHL § 142 Rn. 25; Wolfgang MITSCH, Verkehrsunfallflucht und Irrtum, GedS-Keller, S. 165-178.

stellungsbereiten Person – *Katrin V.* – verkannte. Sein vorhandener Tatentschluss nach § 142 I Nr. 2 hingegen wäre als – untauglicher – Versuch einzuordnen, der bei § 142 straflos ist. Da indes gemeinsamer Nenner beider Tatbestandsalternativen das vorzeitige Entfernen ist, handelt es sich beim Irrtum über die Anwesenheit feststellungsbereiter Dritter um eine unerhebliche Abweichung des vorgestellten vom tatsächlichen Kausalablauf. *Jochen A.* kann daher nach § 142 I Nr. 1 bestraft werden.[45]

546 Fehlt es am Vorsatz, so bleibt eine Ordnungswidrigkeit nach § 34 I Nrn. 5-6 i.V.m. § 49 I Nr. 29 StVO möglich, die auch fahrlässig begangen werden kann.

h) Konkurrenzen, insbesondere die Zäsurwirkung eines Unfalls

547 Ein Standardproblem der Fallbearbeitung bildet das Zusammenspiel von § 142 mit Dauerdelikten anlässlich der Unfallfahrt.

Beispiel (Tödlicher Unfall infolge Alkoholgenusses mit anschließender Flucht[46]): *Manfred L.*, der nicht im Besitz einer Fahrerlaubnis war, hatte im Zustand alkoholbedingter absoluter Fahruntüchtigkeit mit seinem Pkw an einem Fußgängerüberweg zwei Menschen angefahren und tödlich verletzt. Als er, noch im Fahren, die schweren Unfallfolgen bemerkte, fasste er den Entschluss, sich seiner Verantwortung durch Flucht zu entziehen. Ohne Halt fuhr er deshalb weiter.

548 Die Dauerdelikte nach den §§ 316 StGB, 21 StVG werden in derartigen Konstellationen an sich von Fahrtbeginn an bis zu deren schließlichem Ende nach der Flucht verwirklicht (wobei § 315c bis zum Unfall § 316 verdrängt). Man könnte folglich denken, das gesamte Geschehen sei tateinheitlich begangen. Nach zutreffender herrschender Auffassung ist das allerdings unrichtig.[47] Denn sobald der Täter den Unfall bemerkt, fasst er notgedrungen den *neuen Entschluss*, trotz der aus § 142 folgenden Wartepflicht seine Fahrt fortzusetzen. Mit diesem zweiten Entschluss beginnt er, soweit es um das Fahren als Grundlage strafbaren Verhaltens geht, eine neue Tat im materiellen Sinne.[48]

Daher beging *Manfred L.* im Beispielsfall (Rn. 547) zwei Taten i.S.v. § 53. Er ist also (1) wegen fahrlässiger Tötung in Tateinheit mit Straßenverkehrsgefährdung und Fahren ohne Fahrerlaubnis sowie (2) wegen Unerlaubten Entfernens vom Unfallort in Tateinheit mit Trunkenheit im Verkehr und Fahren ohne Fahrerlaubnis strafbar.

i) Hinweise zur Fallbearbeitung

549 Entgegen mancher Ratschläge[49] ist nicht schematisch mit § 142 I Nr. 1 zu beginnen, sondern mit derjenigen Alternative von Abs. 1, die nach erstem Anschein eher Erfolg

---

45 Näher Wolfgang MITSCH, Verkehrsunfallflucht und Irrtum, GedS Keller S.165-178 (168 ff.).

46 Sachverhalt nach BGHSt 21, 203 (erweitert um § 21 StVG).

47 BGHSt 21, 203; 23, 141 (144); LK-KÖNIG § 315c Rn. 212; MAURACH/SCHROEDER/MAIWALD BT 1 § 49 Rn. 69; OTTO BT § 80 Rn. 71; a.A. Sch/Sch-CRAMER/STERNBERG-LIEBEN § 315c Rn. 57.

48 Prozessual (i.S.d. §§ 155, 264 StPO) bleibt das Geschehen freilich eine Tat, vgl. BGHSt 23, 141 (144 ff.).

49 So etwa RENGIER BT II § 46 Rn. 12; wohl auch KINDHÄUSER BT I § 70 Rn. 47.

verspricht. In jedem Fall sollte man der Prüfung von Abs. 2 die – mindestens kurze – Erörterung einer der Alternativen des Abs. 1 vorschalten.

IV. Gefährliche Eingriffe in den Verkehr

1. Gefährlicher Eingriff in den Straßenverkehr (§ 315b)

a) Tatbestandsstruktur

Während die §§ 315c, 316 Gefährdungen innerhalb des Straßenverkehrs erfassen, beschränkt sich § 315b auf Geschehen, die von außen in den Straßenverkehr hineinwirken. Daraus folgt: Die Anwendungsbereiche beider Vorschriften schließen sich prinzipiell aus. Deutlich wird dies anhand der Tathandlungen in § 315b I Nrn. 1 und 2: Sie haben *verkehrsfremde* Eingriffe zum Gegenstand, also solche, die nicht im Rahmen normaler Verkehrsabläufe stattfinden. § 315b I Nr. 3 enthält eine ergänzende Auffangvorschrift für Handlungen, die ihrer Art und Gefährlichkeit nach denen der Nrn. 1 und 2 ähneln. **550**

Ansonsten entspricht § 315b aber in seiner Tatbestandsstruktur § 315c; wie dort gibt es Handlungsbeschreibungen und eine Gefährdungserfolgskomponente. Ebenso ist fahrlässige Begehung möglich. Hinzu kommt eine Qualifikationsmöglichkeit durch den Verweis in § 315b III auf § 315 III. Sie gilt allerdings nicht für alle Fahrlässigkeitsvarianten in vollem Umfang: **551**

Abbildung: Struktur des § 315b **552**

<table>
<tr><td colspan="2"></td><td colspan="2">Gefährdungserfolg</td></tr>
<tr><td colspan="2"></td><td>vorsätzlich</td><td>fahrlässig</td></tr>
<tr><td rowspan="2">Handlung</td><td>vorsätzlich</td><td>§ 315b I
Qualifikation nach § 315b III i.V.m. § 315 III</td><td>§ 315b III
Qualifikation nach § 315b III i.V.m. § 315 III Nr. 1 b), Nr. 2</td></tr>
<tr><td>fahrlässig</td><td>nicht denkbar</td><td>§ 315b IV
Qualifikation nach § 315b III i.V.m. § 315 III Nr. 2</td></tr>
</table>

Abbildung: Prüfungsaufbau bei § 315b

553

I. Tatbestand	- Gefährdung von Leib/Leben anderer Personen / fremder Sachen von bedeutendem Wert (Rn. 561) - durch Sabotage an Anlagen oder Fahrzeugen / Hindernisbereiten (Rn. 554 ff.) / ähnlichen, ebenso gefährlichen Eingriff (Rn. 563 ff.) - Verkehrsfremdheit – *ungeschriebenes Merkmal* – der Handlung (Rn. 554 ff.)
	- Vorsatz/Fahrlässigkeit bzgl. Handlung und Gefährdung (Rn. 567)
II./III. Rechtswidrigkeit/Schuld	keine Besonderheiten
(IV.) Strafausschließung u.a.	Qualifikation nach § 315b III i.V.m. § 315 III (Rn. 568 f.)

b) Die Tathandlungen nach § 315b I Nr. 1 und 2

554 Sie sind im Tatbestand ausreichend beschrieben. Indes bedarf es bei Handlungen von Verkehrsteilnehmern (aber auch nur bei ihnen!) der zusätzlichen Feststellung verkehrsfremden Verhaltens als *ungeschriebenes Tatbestandsmerkmal*.

Beispiel (Die verlorene Lkw-Ladung): Der Lkw-Fahrer *Klaus F.* hatte die Ladung auf seinem Lkw nur unzureichend gesichert. Während der Fahrt verlor er einzelne Kisten von der Ladefläche. *F.* hörte zwar ein Poltern, hoffte aber, es sei schon nichts passiert und die Ladung noch auf dem Fahrzeug. Er fuhr daher weiter, ohne sich zu vergewissern. Kurze Zeit später kollidierte ein Pkw mit dem verlorenen Ladegut. Die Folge waren erhebliche Sachschäden an dem Pkw. — *Klaus F.* hat zwar (fahrlässig) ein Hindernis im Sinne von § 315b I Nr. 2 bereitet; indes handelt es sich um ein Verkehrsgeschehen. *F.* verfolgte mit seinem pflichtwidrigen Tun (unsachgemäße Beladung, Weiterfahren ohne Kontrolle der Ladung) allein Transportzwecke und intendierte keine Schädigung Dritter. Selbst über den Umweg einer Unterlassensstrafbarkeit (wegen der fahrlässigen Nichtbeseitigung des Hindernisses) ließe sich daher kein verkehrsfremder Eingriff in den Straßenverkehr konstruieren.[50] Zur Begehung des § 315b durch Unterlassen näher auf CD 14-12.

555 Umstritten sind Verhaltensweisen, bei denen sich verkehrstypische und verkehrsfremde Zwecke verbinden. Hier kann theoretisch anhand der Zielrichtung des Verhaltens oder aber danach differenziert werden, welche Folgen der Täter intendiert. Beide Lösungen laden freilich das objektive Handlungsmerkmal subjektiv auf.

556 **Aufgabe:** Flucht vor der Polizei[51]
Tim S. wurde in seinem Pkw von einem Polizeistreifenwagen verfolgt, dessen Insassen, die Beamten *Klaus I.* und *Karsten W.*, ihn wegen eines Vollstreckungshaftbefehls[52] festneh-

50 Für diesen Fall a.A. RENGIER BT II § 45 Rn. 7; KINDHÄUSER BT I § 69 Rn. 8; und wohl auch BGHSt 7, 307 (311).

51 Sachverhalt (gekürzt) aus BGH NJW 2003, 1613.

52 § 457 II StPO (Haftbefehl zur Vollstreckung einer Freiheitsstrafe).

men wollten. *Klaus I.* versuchte, mit dem Streifenwagen links zu überholen, um sich vor das Fahrzeug von *Tim S.* zu setzen und ihn so zum Halten zu zwingen. Als *S.* dies bemerkte, zog er seinen Pkw ebenfalls nach links. Eine Kollision konnte *Klaus I.* nur durch starkes Abbremsen verhindern. Dies war *Tim S.* klar gewesen; er hatte aber – schon im Hinblick auf seine weitere Fluchtmöglichkeiten – darauf vertraut, *I.* werde das rechtzeitige Bremsen gelingen.
Strafbarkeit von *Tim S.* wegen Verkehrsstraftaten?

Während bis vor Kurzem im Rahmen der Verkehrsfremdheit einzig danach gefragt wurde, ob ein Verkehrsteilnehmer sein Fahrzeug bewusst zweckwidrig, gleichsam *zur Waffe pervertiert*, einsetzt,[53] verlangt der BGH nun zusätzlich einen mindestens bedingten *Schädigungsvorsatz*.[54] Aus systematischen Gründen ist das aber abzulehnen.[55] Maßgebend hat vielmehr zu sein, ob der Täter die Gefährdung allein verkehrsfremder Zwecke wegen verursacht oder ob er daneben auch noch sein Fortkommen ermöglichen will und ihm dies ohne die Gefährdung nicht gelänge. **557**

Die beschriebene Rechtsprechungsänderung ist vom Schrifttum zwar registriert, merkwürdigerweise aber kaum kritisiert worden. Denn der BGH belastet nicht nur ein objektives Merkmal (das Hindernisbereiten) mit einem klassischen Element des subjektiven Tatbestandes (dem Schädigungsvorsatz). Er setzt sich vor allem auch in Widerspruch zum Willen des Gesetzgebers, der in § 315b IV, V klar zum Ausdruck gebracht hat, dass er sehr wohl einen verkehrsfeindlichen Angriff bei bloß fahrlässiger Gefährdung für denkbar hält. **558**

Einen anderen Ansatz zur Abgrenzung wählt DENCKER, der einen Eingriff als verkehrsfremd ansieht, sobald er das Grundvertrauen des arglosen Verkehrsteilnehmers in die sächlichen Voraussetzungen des Straßenverkehrs (u.a. in eine hindernisfreie Strecke und in unsabotierte Fahrzeuge) enttäuscht und dieser dadurch in Gefahr geraten kann.[56] Es erscheint jedoch bedenklich, den auf derartige Gefahren eingestellten Verkehrsteilnehmer (wie den Polizeibeamten auf einer Verfolgungsfahrt) aus dem Schutzbereich von § 315b auszublenden;[57] die Qualität der Täterhandlung ändert sich ja nicht schon dadurch, dass ein konkretes Opfer mit entsprechenden Attacken bereits rechnet. **559**

Während der BGH im Fall der Aufgabe Rn. 556 einen Schädigungswillen verneint (*Tim S.* hatte ja nur Gefährdungsvorsatz) und daher § 315b ablehnt,[58] wäre nach der hier vertretenen Auffassung § 315b I Nr. 2 zu bejahen. Denn *S.* hätte, um sein Fortkommen zu ermöglichen, lediglich ebenso schnell zu fahren brauchen wie seine Verfolger, was deren Überholen gleichfalls vereitelt hätte. Das in diesem Sinne unnötige **560**

---

53 BGHSt 41, 231 (234); LK-KÖNIG § 315b Rn. 12; MAURACH/SCHROEDER/MAIWALD BT 1 § 53 Rn. 7; Sch/Sch-CRAMER/STERNBERG-LIEBEN § 315b Rn. 9; KREY/HEINRICH BT 1 Rn. 771.

54 BGH NJW 2003, 1613 (1614).

55 Ebenso Friedrich DENCKER, Zur Tatbestandsstruktur des § 315b StGB, FS Nehm S. 373-386 (385 f.).

56 DENCKER (Fn. 55) S. 381 ff.

57 So aber DENCKER (Fn. 55) S. 386.

58 BGH NJW 2003, 1613 (1614); ebenso Matthias SAAL, § 315b StGB in der neuesten höchstrichterlichen Rechtsprechung, Jura 2003, 838-840 (840); GÖSSEL/DÖLLING BT 1 § 42 Rn. 53; LACKNER/KÜHL § 315b Rn. 4; WESSELS/HETTINGER BT 1 Rn. 979a f.

Verhalten, seinen Pkw vor den Streifenwagen zu setzen, erfolgte also allein in der verkehrsfremden Absicht, die Verfolgung zu unterbinden.

561 Für die durch die Tathandlung zu bewirkende Gefährdung gilt zunächst das zu § 315c Gesagte entsprechend (vgl. daher Rn. 497 ff.).

562 Im Falle einer Fahrzeugbeschädigung nach § 315b I Nr. 1 muss die Gefährdung allerdings andere Objekte als das beschädigte Fahrzeug selbst betreffen.[59] Möglich ist jedoch, dass die Tathandlung zugleich unvermittelt die Gefährdung verwirklicht.

Beispiel (Steinwürfe von der Autobahnbrücke[60]): *Ralf J.* und *Samuel L.* warfen von einer Autobahnbrücke Kieselsteine und bis zu faustgroße Steine auf Lkw, die auf der Autobahn mit ca. 85 km/h fuhren. Dabei trafen sie die Fahrzeuge jeweils an den Frontscheiben, die dabei zersplitterten. — Im Gegensatz zu seiner früheren Rspr.[61] nimmt der BGH in derartigen Fällen nunmehr eine Gefährdung an.[62] Das ist im Ergebnis auch zutreffend, allerdings nicht über § 315b I Nr. 1, solange man als Tathandlung auf die Fahrzeugbeschädigung abstellt und diese zugleich die einzige Gefährdung bleibt. Werden darüberhinaus beispielsweise die Fahrzeuginsassen konkret gefährdet, so wäre dies eine separate und damit genügende Gefährdung. Alternativ ließe sich der Sachverhalt als ebenso gefährlicher Eingriff unter § 315b I Nr. 3 subsumieren. Dann bedarf es auf der Handlungsseite des Tatbestands keiner Beschädigung, so dass sie auf der Gefährdungsseite berücksichtigt werden darf.

In jedem Fall aber bleibt es unschädlich, wenn keine zeitliche Zäsur zwischen Handlung (Steinwurf) und Gefährdungserfolg besteht. Denn ob sich eine verkehrsfeindliche Handlung unmittelbar in einer Gefährdung niederschlägt oder nur – wie typischerweise beim Hindernisbereiten – zeitverzögert, begründet keinen relevanten Unterschied. Auch der Gesetzeswortlaut steht dem nicht entgegen: „Dadurch ... gefährdet" bedingt keinen zeitlichen Zwischenschritt, sondern allein eine Kausalbeziehung.

c) Der ähnliche, ebenso gefährliche Eingriff (§ 315b I Nr. 3)

563 § 315b I Nr. 3 StGB stellt eine Auffangbestimmung dar, um Eingriffe zu erfassen, die sich zwar nicht unter die Nrn. 1 und 2 subsumieren lassen, diesen aber vergleichbar sind. Das Merkmal „ähnlich" verweist dabei auf das Erfordernis der Verkehrsfeindlichkeit (Rn. 554 ff.). „Ebenso gefährlich" verlangt ein den Nrn. 1 und 2 entsprechend hohes Gefahrenpotenzial.

564 **Aufgabe:** Zufahren auf einen Polizeibeamten[63]
Kurz nach 2 Uhr nachts beobachteten drei Polizeibeamte, die mit der Aufnahme eines Verkehrsunfalles befasst waren, den Pkw von *Rolf B.*, der mit quietschenden Reifen und aufheulendem Motor in die Straße einbog. Wegen dieser Fahrweise forderten sie *Rolf B.* mit

---

59 LACKNER/KÜHL § 315b Rn. 5; RENGIER BT II § 45 Rn. 3; GÖSSEL/DÖLLING BT 1 § 42 Rn. 58.

60 BGH NJW 2003, 836.

61 So noch BGH NJW 2002, 626 (627).

62 BGH NJW 2003, 836 (837 f.); ebenso SAAL (Fn. 58) Jura 2003, 840.

63 BGHSt 26, 176.

> Handzeichen zum Halten auf. Dabei stand der eine Beamte auf der von *B.* aus gesehen rechten Fahrbahnseite, etwa 2,40 m vom Bordstein, der andere etwa 15 m dahinter auf der anderen Fahrbahnhälfte, rund 1,5 m vom anderen Bordstein entfernt. *Rolf B.* näherte sich auf der Fahrbahnmitte. Auf die Zeichen hin bremste er stark und fuhr langsam weiter. Etwa 15 m vor dem ersten Beamten beschleunigte er und lenkte das Fahrzeug mit etwa 30 km/h auf diesen zu, um ihn zum Ausweichen zu zwingen. Der Beamte sprang zwischen zwei am Straßenrand parkende Kraftwagen. *Rolf B.* lenkte nun scharf nach links auf den zweiten Beamten zu, um auch diesen zum Ausweichen zu nötigen. Der Beamte wich auf den Gehsteig aus. Allein dieses Ausweichverhalten hatte *Rolf B.* erreichen wollen. Sodann flüchtete er mit hoher Geschwindigkeit.
> Strafbarkeit von *Rolf B.* nach § 315b I Nr. 3?

Taugliche Handlungen nach § 315b I Nr. 3 sind z.B. das Umreißen eines fahrenden **565** Radfahrers,[64] das Umdrehen eines Einbahnstraßenschildes,[65] der Versuch, einen anderen, der sich auf der Kühlerhaube an den Scheibenwischern festhält, bei hoher Geschwindigkeit abzuschütteln[66] oder eben auch das Zufahren auf Polizeibeamte mit nicht nur geringer Geschwindigkeit.[67] Gerade die beiden letzten Beispiele wird man freilich wegen des Nebeneinanders von Fortbewegungs- und Angriffszwecken anhand der bei Rn. 555 ff. dargelegten Kriterien (Schädigungsvorsatz bzw. Gefährdung alleine aus verkehrsfremden Zwecken) besonders sorgfältig zu prüfen haben.

Im Aufgabenfall war die Gefährdung keine unabdingbare Voraussetzung für das **566** Fortkommen. *Rolf B.* hätte an den Beamten vorbeifahren können. Damit diente die Gefährdung i.S.d. hier vertretenen Auffassung allein verkehrsfremden Zwecken, womit § 315 I Nr. 3 vorliegt. Ergänzende Hinweise zur Lösung des Falles auf CD 14-13.

d) Vorsatz bzw. Fahrlässigkeit

Wie bei § 315c sind neben der Vorsatztat (§ 315b I) auch eine vorsätzliche Begehung **567** mit fahrlässigem Gefährdungserfolg (§ 315b IV) sowie eine reine Fahrlässigkeitsvariante strafbar (§ 315b V). Letztere beschränkt sich wegen des bei verkehrsinternen Vorgängen hinzukommenden Merkmals der Verkehrsfremdheit und der dabei erforderlichen ***bewussten*** Zweckwidrigkeit (die fahrlässig nicht möglich ist) auf Nichtverkehrsteilnehmer.

e) Der Qualifikationstatbestand (§ 315b III i.V.m. § 315 III)

In nahezu allen Polizeifluchtfällen findet man als Motiv des Täters, wegen einer ande- **568** ren von ihm begangenen Tat (häufig: alkoholisiertes bzw. Fahren ohne Fahrerlaubnis) nicht zur Verantwortung gezogen zu werden. Eine solche Tatmotivation erfüllt regelmäßig § 315b III i.V.m. § 315 III Nr. 1 b) und wird so sogar zum Verbrechen! Für die erforderliche Verdeckungsabsicht gilt das zum Mord Gesagte entsprechend (Rn. 214 ff.).

---

64 BGHSt 34, 324 (325).

65 Sch/Sch-CRAMER/STERNBERG-LIEBEN § 315b Rn. 9.

66 LK-KÖNIG § 315b Rn. 53; BGHSt 26, 51.

67 LK-KÖNIG § 315b Rn. 42 ff.; MAURACH/SCHROEDER/MAIWALD BT 1 § 53 Rn. 18; BGHSt 22, 6; 26, 176.

569 Die übrigen Qualifikationsalternativen kommen seltener vor. Zur Ermöglichungsabsicht vgl. Rn. 210 f. Die Absicht zur Herbeiführung eines Unglücksfalls (§ 315 III Nr. 1 a) läge etwa im Beispiel Rn. 562 nahe. Zur schweren Gesundheitsschädigung (§ 315c III Nr. 2) vgl. Rn. 306, zur Gesundheitsschädigung einer großen Zahl von Menschen auf CD 14-14.

f) Hinweise zur Fallbearbeitung

570 Die subjektive Aufladung der Verkehrsfremdheit (Rn. 555 ff.) sollte nicht dazu verführen, das Merkmal in seine objektiven und subjektiven Bestandteile zu splitten und diese sachwidrig in die übliche Aufbaustruktur zu pressen.[68] Das birgt die Gefahr unnötiger Prüfungsschritte und gar des späteren Übersehens besagter subjektiver Komponenten. Besser erörtert man diese Aspekte (bewusste Zweckwidrigkeit bzw. Schädigungsvorsatz) bereits im objektiven Tatbestand mit. Sobald – wie hier – die dogmatische Realität komplexer gerät, als es die schlichte Formstrenge des Tatbestandsaufbaus suggeriert, braucht man dieser nicht sklavisch zu folgen.

2. Gefährliche Eingriffe in den sonstigen Verkehr (§ 315)

571 § 315 stellt die Parallelregelung zu § 315b für den Bereich des Bahn-, Schiffs- und Luftverkehrs dar. Sie ist (außer ihrer in § 315b hineinwirkenden Qualifikationsbestimmung) in Praxis und Prüfung unbedeutend und mit dem Handwerkszeug des § 315b ohne weitere Erläuterungen verständlich.

572 **Wiederholungsfragen zum 14. Kapitel**

1. Welche Privatflächen gehören zum öffentlichen Straßenverkehr? (Rn. 477)
2. Wann ist jemand i.S.d. §§ 316, 315c I Nr. 1 a) fahruntüchtig? (Rn. 481)
3. Was versteht man unter relativer und was unter absoluter Fahruntüchtigkeit? (Rn. 483 f.)
4. Wann liegt eine Gefährdung i.S.d. §§ 315c, 315b vor? (Rn. 497 f.)
5. Kann § 315c vorliegen, wenn nur eine fremde Sache gefährdet wurde, deren Wert bei 10.000 EUR liegt, wenn der tatsächliche Schaden 950 EUR beträgt? (Rn. 501)
6. Worin unterscheiden sich die Taten nach § 142 I Nrn. 1 und 2 voneinander? (Rn. 532)
7. Wann erfüllt nach der Rechtsprechung ein im Straßenverkehr vorgenommenes Verhalten die Voraussetzungen von § 315b I? (Rn. 557)

Ergänzende Hinweise zur Lösung von Fragen 5. und 7. auf CD 14-15.

68 So aber KINDHÄUSER BT I § 69 Rn. 19; wie hier dagegen RENGIER BT II § 45 Rn. 1.

15. Kapitel. Betäubungsmittelstraftaten

Es ist allein historisch zu erklären, sonst aber unverständlich, dass die im BtMG angesiedelten Betäubungsmittelstraftaten in der juristischen Ausbildung keine Rolle spielen. Denn in der Praxis sind sie von immenser Bedeutung: Rund 7 % aller Verurteilungen betreffen unmittelbar BtM-Delikte (was jeweils etwa doppelt so hoch liegt wie die Urteile wegen Urkundenfälschungen oder wegen der Taten gegen den Staat einschließlich der Amtsdelikte).[1] Laut PKS sind rund 7,9 % der Tatverdächtigen bekannte Konsumenten harter Drogen. Ihr Anteil liegt bei den typischen Beschaffungstaten noch höher (Raub: 15,4 %, schwerer Diebstahl: 17,1 %).[2] Die Betäubungsmittelkriminalität wirkt daher mittelbar auch in zahlreiche der scheinbar „normalen" Strafverfahren hinein. 573

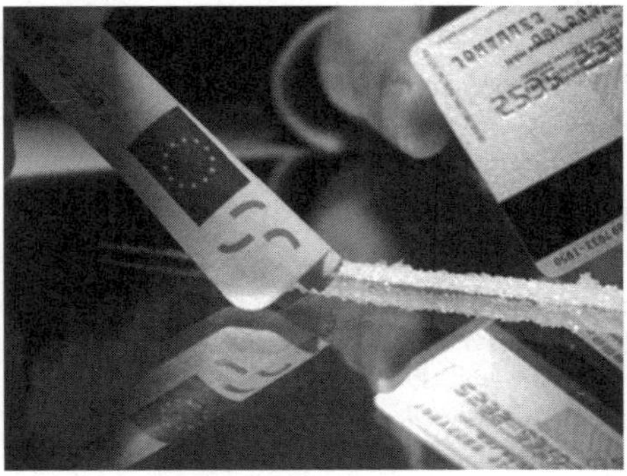

Abbildung: Kokain stellt nach wie vor eine der gängigen Drogen dar

Aber auch in juristischer Hinsicht bleibt das BtMG nicht ohne Anspruch. Dies und die angesprochene Praxisrelevanz bewirken, dass Kenntnisse seiner Grundzüge und wesentlichen Begriffe zur juristischen Allgemeinbildung gehören. Dazu alles Weitere auf CD 15-01. Dort finden sich auch kurze Hinweise zur Gefährdung einer Entziehungskur (§ 323b), die ebenfalls in den Kontext der Delikte zur Suchtbekämpfung gehört. 574

1 Strafverfolgungsstatistik 2006, S. 24 f.

2 PKS 2006, Tabelle 12.

5. Abschnitt. Straftaten gegen die Freiheit

16. Kapitel. Die Freiheitsdelikte im Überblick

I. Zur Systematik

575 Unter der Freiheit als Schutzgut der Freiheitsdelikte versteht man zunächst die *persönliche Handlungsfreiheit* im Allgemeinen, also die Möglichkeit, willkürlich das eigene Handeln (oder Nichthandeln) zu bestimmen. Spezieller, eigens geschützter Unterfall ist sodann die *Fortbewegungsfreiheit*. Bei ihr geht es darum, den jeweiligen Aufenthaltsort nach Belieben verändern zu können.

576 Die mit Ausnahme von § 316c im 18. Abschnitt des StGB zusammengefassten „Straftaten gegen die persönliche Freiheit" schützen bei Lichte betrachtet aber längst nicht alle ausschließlich oder auch nur vornehmlich die so verstandene Freiheit. Das Unrecht des Menschenhandels nach § 232 liegt vielmehr primär im Bereich der sexuellen Selbstbestimmung, bei der Entziehung Minderjähriger (§ 235) oder dem Kinderhandel (§ 236) steht die Eltern-Kind-Beziehung im Vordergrund, bei der Bedrohung (§ 241) das Sicherheitsgefühl des Einzelnen. Natürlich geht es mittelbar auch dort jeweils um Freiheitsaspekte. Das freilich gilt gleichermaßen für eine Vielzahl von Straftaten. Selbst Eingriffe in das Eigentum, z.B. durch Diebstahl, beeinträchtigen die wirtschaftliche und damit schließlich auch die persönliche Handlungsfreiheit. Deswegen stellen sie noch lange keine Freiheitsdelikte dar.

577 Charakteristisch für Freiheitsdelikte ist ihre primäre Schutzrichtung gegen Freiheitseinschränkungen. Betrachtet werden daher hier zunächst die §§ 233, 234, 234a, 238, 239, 240, 241a und 316c, auf welche diese Charakterisierung zutrifft. Die §§ 239a, 239b sind ihrem Schwerpunkt nach hingegen ganz (§ 239a) oder wenigstens auch Raubdelikte (§ 239b) und werden des systematischen Zusammenhangs wegen dort behandelt, die Bedrohung bei den Straftaten gegen den persönlichen Frieden.

Hinzu tritt der Widerstand gegen Vollstreckungsbeamte (§ 113), wo es um die Handlungsfreiheit der Beamten in ihrer dienstlichen Eigenschaft geht. Diese vielleicht ungewöhnliche Ansiedlung erklärt sich didaktisch: § 113 steht in enger Verbindung zur Nötigung (§ 240), was bei der Fallbearbeitung zu beachten ist. Da dort beide Vergehen oft gleichermaßen – aber nur alternativ – in Betracht kommen, sollte man sie auch beim Erlernen zusammen in den Blick nehmen.

II. Bedeutung der Straftaten gegen die Freiheit

578 Die §§ 239, 240 und 113 sind sowohl in der Fallbearbeitung als auch in der Praxis von großer Bedeutung. Insbesondere § 240 birgt dabei allerdings auch Gefahren, weil er häufiger tatbestandlich zwar vorstellbar ist, am Ende aber keine Rolle spielt und daher zu unnützen Prüfungen verleitet. So wird jedes Raubgeschehen regelmäßig von Nötigung(en) begleitet, die samt und sonders hinter die §§ 249 ff. zurücktreten. Im Gutachten sollte man sie dann aber tunlichst gar nicht erst ansprechen!

579 Auch in der Praxis treten die Freiheitsdelikte selten alleine auf, sondern häufiger als Begleitaspekte von anderem. Kaum einem Straftätern geht es in erster Linie um die Beschneidung von Freiheit. Vielmehr stellt sie häufig nur Mittel zum – schwerwie-

genderen – Zweck dar, z.B. der Beraubung oder des sexuellen Missbrauchs. Da diese Straftaten dann im Vordergrund stehen, werden die mit ihnen einher gehenden Freiheitsdelikte statistisch nicht gesondert erfasst. Daher verwundert es nicht, wenn sie in PKS und Justizstatistiken unterrepräsentiert sind und so ein schiefes Bild entsteht. Details dazu auf CD 16–01.

17. Kapitel. Nötigung

I. Überblick

Die Nötigung (§ 240) schützt vor Einschränkungen oder der Aufhebung der allge- 580
meinen Willensfreiheit, wenn sie als tatbestandlichen Erfolg das Nötigen zu einer Handlung, Duldung oder Unterlassung nennt. Nun sind solche Nötigungserfolge im Grunde alltäglich und für sich genommen noch nicht strafwürdig. Vielmehr erscheinen Pflichten, Ge- und Verbote, die allesamt zu bestimmten Verhaltensformen „nötigen" als geradezu unerlässlich in einer zivilisierten Welt.

Daher liegt der Schwerpunkt des Tatvorwurfs bei § 240 auch nicht so sehr auf dem Nötigungserfolg, als auf den Nötigungsmitteln. Insoweit beschränkt sich der Tatbestand auf die *Gewalt* und die *Drohung mit empfindlichen Übeln*.

Aber selbst sie leiten nicht ausnahmslos zur Strafbarkeit. Vielmehr muss zuvor eine 581
besondere *Verwerflichkeitsprüfung* (§ 240 II) zur Begründung des Unrechts führen. Hintergrund ist, dass insbesondere Drohungen mit empfindlichen Übeln zur alltäglichen Interaktion gehören.

Beispiele: Drohungen des Arbeitgebers mit Entlassung, falls der Beschäftigte nicht fleißiger arbeite; des Inhabers eines Geschäftes, den Lieferanten zu wechseln, falls der bisherige Lieferant wie angekündigt die Preise anhebe; des Vermieters mit fristloser Kündigung bei Fortsetzung ruhestörenden Lärms durch den Mieter.

Dieses Zusammenspiel eines überdehnten Tatbestandes mit einer diffusen Verwerf- 582
lichkeitsklausel als Korrektiv lässt § 240 wegen seiner daraus resultierenden Bestimmtheitsdefizite als sehr fragwürdig erscheinen.

Abbildung: Prüfungsaufbau bei § 240 583

I. Tatbestand	objektiv - erzwungenes Handeln/Dulden/Unterlassen (Rn. 613 f.) - durch Gewalt (Rn. 584 ff.) / Drohung mit empfindlichem Übel (Rn. 603 ff.) - Verwerflichkeit (§ 240 II, Rn. 615 ff.)
	subjektiv - Absicht bzgl. Nötigungserfolg, Vorsatz bzw. Nötigungshandlung (Rn. 619)
II. Rechtswidrigkeit	keine Besonderheiten (ggf. § 240 II bei Einordnung als Rechtswidrigkeitsmerkmal)

III. Schuld	keine Besonderheiten
(IV.) Strafausschließung u.a.	ggf. besonders schwerer Fall bei Nötigung zu sexueller Handlung/zum Schwangerschaftsabbruch/als Amtsträger (Rn. 621)

II. Nötigung durch Gewalt

584 Sie stellt die erste Nötigungsalternative dar. Was alles unter „Gewalt“ fällt, stellt bis heute das Zentralproblem des § 240 dar.

585 **Aufgabe:** Straßenbahnblockade (Fall *Laepple*)[1]
Um gegen eine Preiserhöhung der *Kölner Verkehrsbetriebe* zu protestieren, veranstaltete der *Arbeitskreis Kölner Hochschulen*, eine Vereinigung von Studenten und Schülern, an einem Werktag um 13.30 Uhr einen friedlichen Sitzstreik, durch den der Straßenbahnverkehr an zwei wichtigen Kreuzungspunkten innerhalb *Kölns* blockiert wurde. Die Demonstration dauerte an, bis es schließlich zum Einsatz von Wasserwerfern und berittener Polizei kam. An der Vorbereitung und Durchführung der Demonstration war *Laepple* als Vorsitzender des *Arbeitskreises* beteiligt.
Erfüllt die Sitzblockade das Merkmal der Gewalt i.S.d. § 240?

586 Wenn außerhalb des juristischen Kontextes über Gewalt gesprochen wird, so liegt dem vordergründig ein vermeintlich klares Vorstellungsbild von körperlicher Brachialgewalt zu Grunde. Dass aber selbst im allgemeinen Sprachgebrauch allenfalls eine scheinbare Klarheit über den Gewaltbegriff besteht, wird deutlich, sobald man über Grenzfälle von Zwang gegenüber anderen nachdenkt (z.B. in Gestalt institutioneller oder elterlicher „Gewalt“). Ein ähnlicher Denkprozess liegt der Entwicklung der Rechtsprechung zu Grunde. Auch sie erweiterte ihren Blick von der Gewalttätigkeit ausgehend auf immer mehr Fälle schlichter Machtausübung. Man spricht in diesem Zusammenhang von einer *Vergeistigung* oder – wohl realistischer – von einer *Auflösung des Gewaltbegriffs*, der seine ursprünglich scharfen Konturen zwischenzeitlich völlig verloren hatte.

Unstrittig bedarf das Merkmal tatbestandsspezifischer Auslegung.[2] Es ist daher nicht in jeder Beziehung identisch mit der Gewalt der sexuellen Nötigung (§ 177 I Nr. 1) und erst nicht mit der „Gewalt gegen eine Person“ (§ 249), der „Gewalttätigkeit“ (§ 125) oder mit „gewaltsam“ (§ 121 I Nr. 2).

1. Gewalt gegen Personen

a) Die Entwicklung des Gewaltbegriffs in der Rechtsprechung

587 Das RG ging anfangs von einem engen Gewaltbegriff aus, der nur die *durch körperliche Kraft erfolgende Einwirkung* auf einen anderen umfasste.[3] Allerdings musste diese Kraft nicht unmittelbar auf den Körper wirken; es genügte, wenn sie anlässlich der Zwangserzeugung aufgewendet wurde. Etwas inkonsequent zählten selbst Schreck-

1 BGHSt 23, 46.

2 KÜPER BT S. 179; Sch/Sch-ESER vor § 234 Rn. 26 ff.; WESSELS/HETTINGER BT 1 Rn. 386 ff.

3 RGSt 56, 87; 64, 113; 73, 343.

schüsse zur so verstandenen Gewalt, obwohl dabei kaum Kraft im Spiele war. Keine Gewalt stellte in den Augen des RG dagegen die Betäubung durch Medikamente dar, weil ihr das Kraftmoment fehlte.

Der BGH dehnte diesen sehr begrenzten Gewaltbegriff bis in die jüngste Vergangenheit hinein immer weiter aus. Zunächst bezog er die Beibringung betäubender Mittel ein, wobei er die angedeuteten Inkonsequenzen der RG-Rechtsprechung ausnutzte. Entscheidend sei nach dem Zweck der Strafdrohung, ob der Täter durch eine körperliche Handlung die Ursache dafür setze, dass der wirkliche oder erwartete Widerstand des Angegriffenen durch ein unmittelbar auf dessen Körper *einwirkendes Mittel* gebrochen oder verhindert werde, gleichviel, ob er dazu größere oder nur geringere Körperkraft brauche.[4] Mit dieser Argumentation verschwand das Kraftmoment auf der Täterseite (womit zunächst jede Handlung potenziell Gewalt sein konnte). In der Form physischer Einwirkung tauchte es aber – wenigstens vorläufig – auf Opferseite wieder auf. 588

Im nächsten Schritt löste der BGH aber dieses Erfordernis körperlicher Einwirkung auf, um sich nun mit *Zwangsauswirkungen* auf den Körper mittels (irgendeiner) Täterhandlung zu begnügen: 589

Beispiel (Drängelei auf der Autobahn[5]): *Wolfgang S.* fuhr mit seinem Pkw *Mercedes* auf der Überholspur der Autobahn an mehrere Fahrzeuge heran, die auf der Normalspur mit 90 bis 95 km/st in Abständen von je etwa 100 m fuhren. Etwa 300 m vor ihm wechselte *Dr. Klaus H.* mit seinem *VW Karmann-Ghia* auf die Überholspur. *Dr. H.* fuhr mit etwa 105 km/h. Schneller konnte er nicht fahren, weil vor ihm andere Fahrzeuge mit derselben Geschwindigkeit ebenfalls überholten. *Wolfgang S.* näherte sich trotz der hohen Geschwindigkeit dem *Karmann-Ghia* bis auf 1,5 - 2 m. Er betätigte dabei andauernd Hupe und Lichthupe und fuhr, nach links versetzt, bis dicht an den Mittel-Grünstreifen heran. In dieser Form bedrängte er *Dr. H.* auf eine Strecke von 2 bis 3 km. Diesen machte die gefährliche Fahrweise zunehmend nervös. Deshalb gab er seine Überholabsicht schließlich auf und fuhr in voller Fahrt nach rechts in eine Lücke zwischen zwei Fahrzeugen; dabei musste er bremsen. — Der BGH bejahte Gewalt und argumentierte, es mache keinen Unterschied, ob die Einwirkung physischer Natur sei oder sich nur in physischer Form manifestiere. Daher gelte als Gewalt nicht nur (wie bei der Medikamenten-Verabreichung) die unmittelbare, sondern genauso die mittelbare physische Auswirkung der Handlung auf den Körper des Opfers (z.B. in Form von Schweißausbrüchen oder Zittern auf Grund einer als bedrohlich empfundenen Situation).

In der *Laepple*-Entscheidung (Aufgabe Rn. 585) verzichtete der BGH schließlich selbst auf dieses Erfordernis mittelbarer körperlicher Veränderungen beim Genötigten. Gewalt liege vor, obschon die Studenten die Straßenbahn nicht durch unmittelbaren Einsatz körperlicher Kräfte aufhielten, sondern nur mit geringem körperlichen Kraftaufwand (beim Hinsetzen) einen psychisch determinierten Prozess in Lauf setzten. Entscheidend sei, welches Gewicht der ausgeübten *psychischen Einwirkung* zukomme. Stelle sich ein Mensch der Bahn auf den Schienen entgegen, so liege darin 590

4 BGHSt 1, 145, 146 f.

5 BGHSt 19, 263.

die Ausübung eines für den Fahrer unwiderstehlichen Zwanges. Er müsse halten, weil er sonst einen Totschlag beginge.[6]

Damit allerdings gab der BGH das Gewaltmerkmal im Ergebnis völlig auf. Denn sobald jede Zwangswirkung unter den Begriff der Gewalt subsumiert wird, entspricht dies exakt den Voraussetzungen des „Nötigens". Folglich verliert das Gewaltmerkmal seine eigenständige Funktion; man könnte es im Grund gleich vollends eliminieren und den Tatbestand formulieren: „Wer einen Menschen rechtswidrig zu einer Handlung, Duldung oder Unterlassung nötigt, wird ... bestraft." Eine Auslegung, die so vorgeht, missachtet aber den Gesetzeswortlaut. Gleichwohl war selbst die h.L. diesem „*vergeistigten Gewaltbegriff*" gefolgt.[7]

Abbildung: Sitzblockaden als strafbare Nötigung durch Gewalt?

591 Dabei mag eine Rolle gespielt haben, dass die Auseinandersetzung spätestens seit der *Laepple*-Entscheidung stark politisiert war. *Laepples* Tat ereignete sich zur Zeit der beginnenden Studentenunruhen 1966; der BGH entschied 1969 kurz nach deren Höhepunkt. Weitere für § 240 bedeutsame Entscheidungen hatten Demonstrationsvorfälle im Rahmen der Nachrüstungsdebatte in den späten 80er-Jahren, der Anti-AKW-Bewegung und der Proteste gegen den Ausbau des Flughafens *Frankfurt/Main* („Startbahn West") zum Gegenstand. Bei derartigen Sachverhalten vermochte die seinerzeit politisch eher konservativ orientierte Lehre wenig Sympathie für die jeweils Angeklagten aufzubringen. Von daher verwundert es bei Lichte betrachtet wenig, wenn sie mehrheitlich dem Weg der Rspr. folgte, obschon dieser dogmatisch anfechtbar war und von anderen Teilen der Lehre auch nachdrücklich bekämpft wurde.[8]

b) Die Interventionen durch das BVerfG

592 Das BVerfG nahm vor allem mit zwei Entscheidungen Einfluss auf die Auslegung von § 240 im Allgemeinen und des Gewaltbegriffs im Besonderen. In BVerfGE 73,

---

6 BGHSt 23, 46 (54).

7 Vgl. Rolf HERZBERG, Strafbare Nötigung durch Versperren des Fahrwegs? - Kritische Überlegungen zum Sitzblockade-Beschluß des BVerfG und zum Autobahnblockade-Urteil des BGH, GA 1996, 557-568 (m.w.N. S. 559, dort Fn. 9); Sch/Sch-ESER vor § 234 Rn. 8; GÖSSEL/DÖLLING BT 1 § 17 Rn. 41 ff.; Klaus Dieter KNODEL, Der Begriff der Gewalt im Strafrecht, 1962, S. 59.

8 Vgl. Rolf-Peter CALLIESS, Der strafrechtliche Nötigungstatbestand und das verfassungsrechtliche Gebot der Tatbestandsbestimmtheit, NJW 1985, 1506-1513 (1509 ff.); Heinz GIEHRING, Verkehrsblockierende Demonstration und Strafrecht, in: LÜDERSSEN/SACK, Vom Nutzen und Nachteil der Sozialwissenschaften für das Strafrecht II, 1980, S. 513-571 (517 ff.).

206 hielt es dessen Ausweitung noch für tragfähig,[9] monierte aber den Automatismus zwischen Gewaltbejahung und Rechtswidrigkeit nach § 240 II, der bis dato h.M. entsprach. Einen Wendepunkt markiert die Entscheidung BVerfGE 92,1 im Jahre 1995: Nach der Sitzblockade einer Kasernenausfahrt wurden die Demonstranten wegen Nötigung verurteilt. Dagegen erhoben sie Verfassungsbeschwerde.

Kurzerhand bezeichnete das BVerfG die Auslegung des Gewaltbegriffs durch die Rspr. als verfassungswidrig und verlangte eine Rückführung auf den Wortsinn. Die Einzelheiten ließ es freilich offen. Zwar verneint die Entscheidung dort Gewalt, wo keine Kraft entfaltet und allein psychischer Zwang bewirkt wird. Sie legt aber nicht dar, welche Auslegung an die Stelle der verworfenen zu treten hat. Weitere Einzelheiten zu Sachverhalt und Entscheidungsgründen auf CD 17-01.

c) Die Rückbesinnung auf eine körperliche Zwangswirkung

Rspr. und Lehre haben sich in der Folge überwiegend darauf verständigt, Gewalt als 593
die *Auslösung eines auch körperlich wirkenden Zwanges* zu begreifen.[10] In den Blokkadefällen führt dies freilich – weil falsch angewendet – zu einer Kuriosität und die angeblich konsequente Umsetzung, in Wahrheit eher ein „Mindestgehorsams"[11] gegenüber dem BVerfG, ignoriert im Grunde den Geist der verfassungsgerichtlichen Entscheidung:

Beispiel (Die Verursachung eines Autobahnstaus – die sog. „Zweite-Reihe-Rechtsprechung"):[12] *Jochen T.* beteiligte sich gemeinsam mit einer größeren Anzahl gleichgesinnter Personen an einer Blockade der Autobahn *München-Stuttgart*. Grund war ihr Unmut über das verwaltungsgerichtliche Verbot einer Kurdendemonstration in *Augsburg*. Die Polizei hatte drei Omnibusse auf dem Weg nach *Augsburg* auf einem Rastplatz angehalten und nicht weiterfahren lassen. Daraufhin verteilten sich die Insassen dieser Busse auf die Fahrbahnen, stellten sich den herannahenden Fahrzeugen in den Weg und sperrten auf diese Weise den Verkehr. — Zwar anerkannte der BGH, dass den ersten anhaltenden Autofahrern keine physischen Hindernisse entgegen standen. Anderes gelte aber für die jeweils folgenden: Vor ihnen befänden sich in Gestalt der bereits aufgehaltenen Fahrzeuge unüberwindliche physische Hindernisse, so dass wenigstens sie gewaltsam genötigt seien.[13]

HERZBERG weist demgegenüber zu Recht darauf hin, das BVerfG habe zweifellos 594
seine Entscheidung nicht davon abhängig machen wollen, ob die Demonstranten nur einen oder gleich zwei Lkw am Fahren hinderten.[14] Tatsächlich verkennt der BGH einen wesentlichen Punkt: Es erfolgte selbst auf die „zweite Reihe" gar keine körper-

---

9 BVerfGE 73, 206 (234 ff.), allerdings nur mit einer 4:4-Entscheidung!

10 Sch/Sch-ESER vor § 234 Rn. 10; FISCHER § 240 Rn. 8; RENGIER BT II § 23 Rn. 23; ebenso bereits GIEHRING (Fn.8) S. 525 ff.

11 Friedrich DENCKER, Kontinuität und Diskontinuität im materiellen Strafrecht am Beispiel des Nötigungstatbestandes, in: PAULI/VORMBAUM: Justiz und Nationalsozialismus – Kontinuität und Diskontinuität, 2003, S. 129-144 (144).

12 BGHSt 41, 182.

13 BGHSt 41, 182 (184).

14 HERZBERG (Fn.7) GA 1996, 562.

liche *Einwirkung*! Denn sie ließ es in weiser Voraussicht dazu gar nicht erst kommen und bremste vorher ab. Der Nötigungserfolg trat mithin infolge psychischer Determination ein. Die Nötigungsopfer scheuten nämlich bereits vor der Drohung der Gewalt in Gestalt des Aufpralls auf das Hindernis zurück. Das erfüllt u.U. die zweite Alternative des § 240, darf aber keinesfalls als gewaltsame Nötigung angesehen werden!

595 Nähme man hingegen das Erfordernis einer körperlichen Auswirkung auf das Opfer ernst, blieben sämtliche Demonstrationsfälle gewaltfrei, und zwar einschließlich derjenigen, in welchen der Täter z.B. mittels eines Fahrzeuges oder eines auf die Fahrbahn gelegten Baumstammes massive Sperren errichtet. Selbst das BVerfG hat dies verkannt und hier in einer späteren Entscheidung Gewalt akzeptiert.[15] Gewalt ist richtigerweise nach den Grundsätzen von BVerfGE 92, 1 aber nur noch dort zu bejahen, wo tatsächlich eine *physische Einwirkung* vorgenommen wird. Veranlasst dagegen eine Täterhandlung bereits auf Grund ihrer Wahrnehmung durch das Opfer, dass dieses seinen Handlungsentschluss aufgibt, so mag man Drohung und Einschüchterung und daher ein „Nötigen" bejahen, aber nicht das Nötigungsmittel der Gewalt. Beispiele und einige vertiefende Gedanken dazu auf CD 17-02. Sitzblockadefälle dagegen bleiben straflos.

596 Vor diesem Hintergrund bedarf es dann auch keines zusätzlichen Erfordernisses der Kraftentfaltung auf Täterseite mehr. Ohnehin müsste man dabei zwangsläufig technisch verstärkte Kraft genügen lassen,[16] sollen nicht ausgerechnet klassische Gewaltakte ausgeblendet bleiben (z.B. der durch das leichte Krümmen des Zeigefingers ausgelöste Schuss oder das durch Schlüsselumdrehen bewirkte Einschließen). Auch in den „Zweite-Reihe-Fällen" läge eine so verstandene Kraftentfaltung vor: Die Körperbetätigung des Hinsetzens verstärkt sich durch das erzwungene Halten der ersten Reihe zu einer erheblichen physischen Wirkung auf die folgenden Fahrzeuge.

Eine effektive weitere Einschränkung des Gewaltbegriffs vermag das Merkmal der Kraftentfaltung daher nicht zu leisten. Sie ist aber auch obsolet geworden, wendet man – wie hier vorgeschlagen – das Merkmal der körperlichen Einwirkung richtig an.

597 Nötigende Gewalt ist danach zu definieren als

der durch eine körperliche Tätigkeit ausgelöste und auf das Opfer körperlich einwirkende, erhebliche Zwang.[17]

598 Bei dem Aufgabenfall Rn. 585 war auf den Körper des Straßenbahnfahrers nicht eingewirkt worden. Schon deshalb lag keine gewaltsame Nötigung vor. Zudem stellten die Körper der auf den Schienen Sitzenden kein ernsthafteres physisches Hindernis dar. Selbst Rspr. und h.M. kämen daher heute nicht mehr zu § 240.

---

15 BVerfG NJW 2002, 1031 (1032).

16 Ebenso ARZT/WEBER BT 1 § 9 Rn. 72 f.

17 In der Theorie ähnlich Sch/Sch-ESER vor § 234 Rn. 10; MAURACH/SCHROEDER/MAIWALD BT 1 § 13 Rn. 18; ARZT/WEBER BT § 9 Rn. 73; OTTO BT § 27 Rn. 14.

2. Gewalt gegen Sachen

Aus dem Umstand, dass andernorts explizit von Gewalt gegen Personen gesprochen wird (z.B. in § 249), ist zu folgern, dass für § 240 die *Einwirkung auf Sachen* zur Tatbestandserfüllung genügen kann.[18] Allerdings gilt dies nur, solange sie auch zu einer *körperlichen Zwangswirkung auf die Person* führt. 599

Beispiel (Abdrehen der Heizung im Winter[19]): Der Hauseigentümer *Egon B.* hatte mit den drei Mietparteien seines Mehrfamilienhauses Streitigkeiten, weil sie geforderte Nachzahlungen von Nebenkosten wegen angeblicher Abrechnungsmängel nicht leisten wollten. Anfang Februar, während einer Frostperiode mit z.T. extrem niedrigen Temperaturen, stellte *B.* die Zentralheizung des Hauses ab und verriegelte die Tür zum Heizraum, um die Mieter so zur Zahlung zu zwingen. Diese froren in der Folge erbärmlich. Erst als ein Zeitungsbericht über die Zustände in dem Haus erschienen war, nahm *B.* wieder die Beheizung der Wohnungen auf. — *Egon B.* hatte durch körperliche Tätigkeit (das Ausstellen der Heizung und Verschließen des Heizungsraumes) Gewalt gegen Sachen verübt, die sich in körperlich wirkendem Zwang auf die Mieter (Frieren) niederschlug. Daher liegt § 240 in der Gewaltalternative vor. Es blieb allerdings beim Versuch, da der angestrebte Erfolg, die Zahlung, nicht erreicht worden war.[20]

Gegenbeispiel (Das eigenmächtige Ausräumen einer Diplomatenwohnung[21]): Botschaftsrat *N.* der Republik *K.* befand sich seit Monaten mit den Mietzahlungen gegenüber seinem Vermieter *Jochen H.* im Rückstand. Trotz Kündigung machte er zudem keinerlei Anstalten, auszuziehen. *Jochen H.* wandte sich daraufhin Rat suchend an Rechtsanwalt *Klaus C.*, der ihm Selbsthilfe vorschlug, weil *N.* nicht der deutschen Gerichtsbarkeit unterfiel. Gemeinsam schaffte man, während *N.* in der Botschaft seinen Dienst tat, dessen gesamtes Mobiliar in ein Möbellager, so dass *N.* gezwungen war, für sich und seine Familie eine neue Bleibe zu suchen. — Hier wurde zwar ebenfalls Gewalt gegen Sachen ausgeübt (Hinausschaffen aus der Wohnung). Im Gegensatz zum vorigen Beispielsfall zeigte sie indes keine Auswirkungen auf den Körper von *N.*[22] Anders wäre es, hätte *N.* weiter in der leeren Wohnung gelebt und z.B. auf dem nackten Boden geschlafen. Dies tat er aber nicht. Auch ein diesbezüglicher Versuch der Gewalt liegt nicht vor, denn die beschriebene körperliche Einwirkung wollte *H.* gar nicht, weil er vielmehr *N.*´s Auszug bezweckte.

---

18 Sch/Sch-ESER vor § 234 Rn. 17a f.; LACKNER/KÜHL § 240 Rn. 11; Rolf HERZBERG, Die nötigende Gewalt (§ 240 StGB) - Probleme der begrifflichen Ein- und Abgrenzung, GA 1997, 251-278 (267).

19 Ähnlich OLG Hamm NJW 1983, 1505 (Verhinderung einer Heizöllieferung).

20 Der an sich wegen des Nötigungsziels vorrangige § 253 scheiterte daran, dass *B.* sich nicht *zu Unrecht* bereichern wollte; allein deshalb ist im Beispiel § 240 überhaupt anwendbar.

21 OLG Köln NJW 1996, 472.

22 Anders das OLG Köln NJW 1996, 472; wie hier dagegen RENGIER BT II § 23 Rn. 40.

3. Im Vorgriff: Das Problem der vis absoluta

600 Umstritten ist, ob neben der vis compulsiva auch die vis absoluta Gewalt im Sinne des § 240 darstellen kann. Obschon das Problem thematisch zu den Nötigungsfolgen gehört, wird es gewöhnlich bei der Gewalt thematisiert, was auch sinnvoll ist.

601 Als *vis absoluta* bezeichnet man eine Gewalt, welcher das Opfer nicht widerstehen kann, selbst wenn es wollte (Beispiele: Ein Faustschlag, der es ohnmächtig macht; eine Fesselung, die es nicht zu lösen vermag). Demgegenüber geht von ihrem Gegenstück, der *vis compulsiva*, zwar ebenfalls Zwang aus, jedoch kein völlig unwiderstehlicher (Beispiele: Der Täter versetzt dem Opfer einen schmerzhaften Schlag oder er hält es fest; in beiden Fällen könnte es sich theoretisch wehren – selbst wenn das vielleicht nicht immer ratsam sein mag).[23]

602 Die Bedenken einer Mindermeinung gegen die vis absoluta als Nötigungsmittel des § 240 rühren daher, dass dem Opfer gar keine Handlungsalternative bleibt, weshalb „Handlung, Duldung oder Unterlassung" unmöglich seien.[24] Die h.M. argumentiert hingegen mittels eines Erst-Recht-Schlusses: Wenn schon die Willensbeugung durch vis compulsiva eine Nötigung darstelle, müsse dies erst Recht dann gelten, wenn die Gewalt so massiv ist, dass der Opferfreiraum völlig aufgehoben wird.[25]

Dem ist zuzustimmen, soweit ein Opfer tatsächlich noch mindestens zu unterlassen oder zu dulden vermag. Dies bedingt aber im Hinblick auf den strafrechtlichen Handlungsbegriff ein noch *vom Willen getragenes* Opferverhalten. Daher ist bei vis absoluta zu differenzieren: Vernichtet sie sogar den Willen des Opfers (z.B. durch Tötung oder verursachte Bewusstlosigkeit), kann es nicht mehr handeln und folglich wäre keine Unterlassung oder Duldung i.S.d. Nötigungserfolges mehr denkbar. Kann das Opfer zwar nichts gegen die Gewalt ausrichten, erlebt es die Willensbrechung aber dennoch bewusst (z.B. bei einer Fesselung), so „duldet" oder „unterlässt" es. In dieser Form mag die vis absoluta daher zur Verwirklichung von § 240 führen. Eine nähere Begründung befindet sich auf CD 17-03.

III. Nötigung durch Drohen mit einem empfindlichen Übel

603 Die Alternative der Drohung mit einem empfindlichen Übel ist weit weniger problembeladen als die gewaltsame Nötigung. Heftiger umstritten ist allein die Frage, inwieweit Drohen mit einem Unterlassen den Tatbestand erfüllt (Rn. 606 ff.).

1. Drohen

a) Das Inaussichtstellen von Folgen

604 Das Drohen wird übereinstimmend definiert als das

> *Inaussichtstellen von (unangenehmen) Konsequenzen, auf welche der Drohende Einfluss zu haben vorgibt.*[26]

---

23 Eine nähere Ableitung der beiden Begriffe bei Joachim HRUSCHKA, Die Nötigung im System des Strafrechts, JZ 1995, 737-745 (738 f.).

24 HRUSCHKA (Fn.23) JZ 1995, 742 f.; Michael KÖHLER, Vorlesungsstörung als Gewaltnötigung? NJW 1983, 10-12 (11 f.).

25 HERZBERG (Fn.18) GA 1997, 261; GÖSSEL/DÖLLING BT 1 § 17 Rn. 36, 46; MAURACH/SCHROEDER/MAIWALD BT 1 § 13 Rn. 18 f.; ARZT/WEBER BT § 9 Rn. 73; KREY/HEINRICH BT 1 Rn. 329.

26 KÜPER BT S. 105; RENGIER § 23 Rn. 39; Sch/Sch-ESER vor § 234 Rn. 30 f.

Drohen kann man auch konkludent, z.B. durch das Einnehmen einer bedrohlichen Körperhandlung. Unerheblich bleibt, ob der Drohende seine Drohung notfalls wahrmachen kann oder will, solange nur das Opfer daran glauben soll.

Die von der Drohung abzugrenzende *Warnung* zeichnet sich dadurch aus, ein Übel anzukündigen, über dessen Eintritt die Würfel außerhalb des Einflusses des Warnenden fallen. Die „Warnung" vor dem eigenen Verhalten ist daher stets eine Drohung.[27] **605**

b) Der Sonderfall des Drohens mit einem Unterlassen

Ob und wann die Ankündigung, etwas nicht zu tun, als Drohen gilt, bedarf genauer Betrachtung des Einzelfalls. Denn das Angebot, (nur) nach Erfüllen bestimmter Bedingungen aktiv zu werden, kann auf der anderen Seite etwas ganz Normales darstellen: Jeder Dienstleistungsunternehmer macht sein Tätigwerden schließlich von einer Bezahlung abhängig und würde so gesehen mit einem Unterlassen „drohen", um seine Bezahlung sicher zu stellen. **606**

Beispiel (Sex oder Diebstahlsanzeige?):[28] Die zur Tatzeit 16jährige *Carola B.* entwendete in einem Kaufhaus ein Umhängetuch. Sie wurde von dem Kaufhausdetektiv *Werner P.* gestellt und in ein Büro geführt, wo kurz darauf *Jochen S.*, ebenfalls Detektiv des Kaufhauses, hinzu kam. Während *P.* die Diebstahlsanzeige fertigte, bat *Carola B.* dringend, von einer Anzeigeerstattung abzusehen. Ihre Eltern „schlügen sie tot" und sie habe den Verlust der Lehrstelle, die sie bei einer Bank in Aussicht habe, zu befürchten, wenn der Diebstahl bekannt werde. Beide Detektive erklärten aber, sie müssten Anzeige erstatten, da sie andernfalls ihre eigene Stellung gefährdeten. Nachdem jedoch *P.* das Büro verlassen hatte, sagte *Jochen S.*, der von Anfang an als Chef aufgetreten war, es gebe vielleicht doch einen Weg; *Carola B.* möge an einem nahegelegenen Geschäft auf ihn warten. Am angegebenen Ort traf *S.* das Mädchen kurz darauf und ging mit ihm in seine Wohnung. Dort deutete er *Carola B.* an, wenn sie mit ihm schlafe, lasse er die Anzeige unter den Tisch fallen. *Carola B.* glaubte, dass er dies könne und auch tun werde, falls sie sein Ansinnen erfülle, erklärte aber, sie habe im Moment keine Zeit. Beide verabredeten sich auf einen späteren Zeitpunkt. Inzwischen offenbarte sich das Mädchen einer Vertrauensperson, welche die Polizei einschaltete. — Das empfindliche Übel, mit welchem *Jochen S.* operieren wollte (es kommt ja nur versuchte Nötigung in Betracht!), war die Anzeigeerstattung; sie aber stand *Carola B.* ohnehin bevor. *S.* eröffnete ihr indes eine Möglichkeit, dieses Übel doch noch abzuwenden. Freilich drohte er zugleich, den Dingen ihren Lauf zu lassen und *Carola B.* die – unverdiente – Wohltat der Anzeigenunterlassung nicht zu Gute kommen zu lassen. **607**

In solchen Situationen des Drohens mit einem Unterlassen hatten die ältere Rspr. und Teile der Lehre stets betont, ein Drohen mit einem Unterlassen setze voraus, dass eine Rechtspflicht zum Handeln bestehe (sog. Rechtspflichttheorie).[29] Tatbestandsmäßig wären danach die Drohung des behandelnden Arztes (als Garant auf Grund Übernahme), den Kranken nicht weiter zu behandeln, oder des nach § 323c Hilfepflichtigen, keinen Beistand zu leisten. Demgegenüber sehen die neuere Rspr. und ein anderer Teil des Schrifttums ein Drohen mit Unterlassen grundsätzlich als taugliches Nötigungsmittel an. Im Einzelfall entscheide sich das weitgehend **608**

---

27 Sch/Sch-ESER vor § 234 Rn. 31.

28 BGHSt 31, 195.

29 RGSt 14, 264 (265); 63, 424 (425); BGH GA 1960, 277 (278); Eckhard HORN, Die Drohung mit einem erlaubten Übel - Nötigung? NStZ 1983, 497-499 (499); KINDHÄUSER BT I § 13 Rn. 25; Claus ROXIN, Verwerflichkeit und Sittenwidrigkeit als unrechtsbegründende Merkmale im Strafrecht, JuS 1964, S. 373-381 (377); Heribert OSTENDORF, Nötigung durch Ankündigung eines Unterlassens, NJW 1980, 2592-2593 (2592).

anhand der Frage der Verwerflichkeit.[30] Diese Verlagerung in die Verwerflichkeitsprüfung dehnt aber den Tatbestand zunächst über Gebühr aus, um eine Korrektur erst im Nachhinein im Rahmen von § 240 II vorzunehmen.[31]

609 Den richtigen Weg geht, wer eine tatbestandliche Drohung mit einem Unterlassen allein dann bejaht, wenn dem Täter das bevorstehende Übel, ließe er den Dingen ihren Lauf, *unter Verursachungsaspekten zuzurechnen* wäre. Dies ist in zwei Fällen anzunehmen:

- Der Täter hatte den zum Übel führenden Verlauf zuvor selber in Gang gesetzt, oder
- er wäre zur Abwendung des Übels verpflichtet.[32]

Im Beispiel Rn. 607 ist *Jochen S.* für die Anzeigeerstattung mit verantwortlich. Er drohte daher tatbestandlich, als er ankündigte, das Übel ungehindert eintreten zu lassen. Gleiches gilt für einen zum Eingreifen verpflichteten Garanten, der seine Untätigkeit in Aussicht stellt. Dagegen wäre die Drohung eines Produzenten gegenüber der ein Engagement suchenden Schauspielerin, sie erhalte die Rolle nur, wenn sie mit ihm schlafe, nicht tatbestandsmäßig. Denn ihre Arbeitslosigkeit, die er sich zu Nutze macht, hat er weder zu vertreten noch wäre er zur Behebung derselben verpflichtet.

2. Das empfindliche Übel

610 Durch das Prädikat „empfindlich" erfolgt eine Reduktion auf solche angedrohten Übel, die nach objektiven Kriterien unter Berücksichtigung der Lage und Person des Bedrohten für ihn *erhebliche* Nachteile bedeuten. Dagegen scheiden bloße Unannehmlichkeiten aus, denen er *in besonnener Selbstbehauptung standhalt*en könnte,[33] etwa die Ankündigung, (tatsächlich bestehende) Verwaltungsmissstände zu veröffentlichen.

611 Streitig ist, ob dies normativ an der Standfestigkeit eines Durchschnittsmenschen zu messen[34] oder der konkret Bedrohte zu betrachten ist.[35] Die Empfindlichkeit eines Übels und damit seine Eignung zum Nötigen hängt jedoch stets von individueller Empfindsamkeit ab. Zudem soll jedermanns (und nicht nur des psychisch Starken) Handlungsfreiheit garantiert werden. Daher erscheint ein subjektiver Maßstab erforderlich. Ist das Opfer ausnahmsweise überempfindlich, so besteht immer noch eine Korrekturmöglichkeit über die Verneinung der Verwerflichkeit einer Drohung, welche im Rechtsverkehr üblicherweise nicht als unangemessener Druck bewertet würde.

612 Bedroht der Täter eine Person, um eine andere zu nötigen, so genügt das, falls der zu Nötigende das dem Bedrohten angekündigte Übel auch für sich selbst als schwerwiegend empfindet. Zu prüfen ist also nicht, was der Täter dem Bedrohten anzutun droht, sondern ob der zu nötigende Dritte die Umsetzung der Drohung gegen den anderen als eigene massive Beeinträchtigung erleben würde. Das mag beispielsweise für das ankündigte Erschießen eines Freundes anzunehmen sein, aber nicht unbedingt für das angedrohte Verprügeln eines Fremden.

---

30 BGHSt 31, 195 (201); ARZT/WEBER BT § 9 Rn. 51; Sch/Sch-ESER § 240 Rn. 10.

31 Ebenso kritisch wie hier WESSELS/HETTINGER BT 1 Rn. 414; HORN (Fn.29), NStZ 1983, 498.

32 Ähnlich Jan ZOPFS, Drohen mit einem Unterlassen? JA 1998, 813-820 (817 ff.).

33 BGH NStZ 1992, 278; FISCHER § 240 Rn. 32a; RENGIER BT II § 23 Rn. 44.

34 LACKNER/KÜHL § 240 Rn. 13.

35 BGHSt 31, 195 (201); Sch/Sch-ESER § 240 Rn. 9; FISCHER § 240 Rn. 32a.

IV. Der Nötigungserfolg

Bei den Überlegungen zur vis absoluta war bereits herausgearbeitet worden, dass das Nötigungsmittel zu einem willengetragenen Handeln, Dulden oder Unterlassen führen muss (Rn. 600 ff.). Dies erfordert auf Seiten des Opfers keine ihm offenstehende Verhaltensalternative. Indes darf es auch nicht zu seiner Willensausschaltung kommen: Wer besinnungslos am Boden liegt, kann auch nichts mehr „unterlassen"! **613**

Es bedarf außerdem einer Divergenz von Opferwillen und Opferverhalten: Bezweckt der Täter lediglich etwas, was das Opfer ohnehin tun wollte, wird dessen Wille in Wahrheit gar nicht bezwungen. Es fehlt dann an der erforderlichen Kausalität von Nötigungsmittel und -erfolg.[36] **614**

Beispiel (Die freiwillig abgebrochene Verfolgung eines Diebes): *René Z.* wird beim Diebstahl in einem Supermarkt gestört und flüchtet, verfolgt von der dort beschäftigten, älteren Angestellten *Elvira P.* Nach kurzer Strecke dreht sich der Flüchtende um und verlangt mit vorgehaltener Pistole von *P.*, sie solle stehen bleiben. *P.* hatte aber ohnehin gerade angehalten, weil sie, völlig außer Atem, keinen Schritt weiter hätte laufen können. — Nicht *René Z.*, sondern bestenfalls ihre eigene Körperkonstitution hat *Elvira P.* hier zur Aufgabe der Verfolgung gebracht. Ihre Entscheidung beruhte daher nicht auf Zwang seitens des Täters.

V. Die Verwerflichkeitsprüfung

§ 240 II verlangt eine ungewöhnliche[37] zusätzliche Prüfung. Die dort genannte Rechtswidrigkeit wird allgemein als *positives Rechtswidrigkeitsmerkmal* angesehen.[38] Diese sei stets zu prüfen, und zwar im Anschluss an allgemeine Rechtfertigungsgründe, weil ein gerechtfertigtes Verhalten niemals verwerflich sein könne.[39] Vorzugswürdig ist freilich, § 240 II als *Tatbestandsergänzung* zu deuten.[40] Denn wenn ein Tatbestand ausschließlich typisches Unrecht benennen soll, dann macht die Ergänzung in § 240 II deutlich, dass der (restliche) Tatbestand des § 240 I dazu jedenfalls noch nicht in der Lage ist. Er erfasst vielmehr weite Bereiche sozialadäquaten Verhaltens. **615**

Ein Blick in die Entstehungsgeschichte bestätigt diese Deutung: § 240 II wurde 1943 in das Gesetz aufgenommen (seinerzeit noch mit der Formulierung „gesundem Volksempfinden widerspricht" an Stelle des heutigen „verwerflich").[41] Die Bestimmung sollte als Korrektiv der zeitgleich eingeführten Erweiterung der Drohalternative dienen. Bis dahin lautete § 240 nämlich insoweit: „Wer einen anderen widerrechtlich ... durch Bedrohung *mit einem Verbrechen oder Vergehen* zu ... nötigt ...". Diese an § 241 angelehnte Eingrenzung hatte sich als zu eng erwiesen. Infolge der Ausweitung auf jedes empfindliche Übel befürchtete man jedoch umge- **616**

---

36 BGHSt 37, 350 (353); Sch/Sch-ESER § 240 Rn. 14; a.A. Walter KARGL, Zur objektiven Bestimmung der Nötigung, FS Roxin S. 905-916 (912 ff.), der schon die Einschränkung der Möglichkeit, anderes zu wollen, als Nötigungserfolg ansieht. Das widerspricht dem Wortlaut („Nötigung ZU [und nicht: *bei*] einer Handlung...").

37 Nur noch die Erpressung enthält in § 253 II eine gleichartige Bestimmung.

38 BGHSt 2, 194 (196); SK-HORN/WOLTERS § 240 Rn. 36; OTTO BT § 27 Rn. 28, 37.

39 RENGIER BT II § 23 Rn. 58; OTTO BT § 27 Rn. 31; so vorgehend BGHSt 39, 133 (136 ff.).

40 Sch/Sch-ESER § 240 Rn. 16; LACKNER/KÜHL § 240 Rn. 25.

41 StrafrechtsangleichungsVO vom 29.05.1943 (RGBl. I 341).

kehrt eine Überdehnung des Tatbestandes.[42] Für die gewaltsame Nötigung wurde § 240 II deswegen lange Zeit als bedeutungslos angesehen; Gewalt sei stets verwerflich.[43] Nachdem die zwischenzeitliche Auflockerung des Gewaltbegriffs (Rn. 587 ff.) dazu geführt hatte, das Prädikat „gewaltsam" auf Handlungen auszudehnen, die nicht zwingend strafwürdig sind (z.B. das Niederbrüllen eines Dozenten in der Lehrveranstaltung[44]), ist mittlerweile anerkannt, dass die Verwerflichkeit auch bei der Gewalt einer positiven Begründung bedarf.[45] Das korrespondiert mit der entsprechenden Wertung in den §§ 253, 255. Dort bedarf es der Verwerflichkeitsprüfung nach § 253 II erst dann nicht, wenn Gewalt *gegen eine Person* verübt wird; bei anderer Gewalt hingegen eröffnet § 253 II immerhin die Möglichkeit, Verwerflichkeit abzulehnen.

617 Im Ergebnis bleibt der Einordnungsstreit um § 240 II folgenlos, und zwar selbst für Irrtumsfälle. Bei enger Auslegung der Nötigungsmittel Gewalt und Drohung, wie sie hier vorgeschlagen wird, wäre § 240 II vermutlich sogar entbehrlich.[46]

618 Inhaltlich geht es in § 240 II um eine Zweck-Mittel-Relation. Die Verwerflichkeit kann resultieren aus

- dem *Nötigungszweck* (z.B. bei der Drohung, ein Liebesverhältnis zu beenden, falls der Partner nicht bei einer Straftat mitmache),
- dem *Nötigungsmittel* (z.B. im Falle der Anwendung körperlicher Gewalt zur Durchsetzung von Zahlungsansprüchen) oder aus
- der *Verknüpfung von beiden* (z.B. bei Drohung mit einer Strafanzeige wegen einer – tatsächlich begangenen – Steuerhinterziehung, falls der Bedrohte nicht eine – tatsächlich bestehende – zivilrechtliche Schuld erfülle. Etwas anderes gilt, sofern Anzeige und angestrebtes Verhalten in einem inneren Zusammenhang stehen, z.B. wenn mit der Anzeige einer – tatsächlich begangenen – Körperverletzung gedroht wird, falls nicht wegen der besagten Verletzung ein angemessenes Schmerzensgeld gezahlt werde).

Erforderlich ist jedoch stets eine *Gesamtabwägung*, weshalb selbst eine Gewaltanwendung die Verwerflichkeit nicht indiziert. Bedeutung erlangt dies namentlich bei Demonstrationsfällen angesichts der verfolgten Fernziele und des Grundrechts aus Art. 8 GG.[47] Allerdings wird § 240 II spätestens damit zu einer insgesamt sehr unbestimmten, rechtsstaatlich bedenklichen Bestimmung.[48]

---

42 Näher zur Entstehung Arndt SINN, Die Nötigung im System des heutigen Strafrechts, Baden-Baden 2000, S. 353 ff.; DENCKER (Fn.11), S. 132 ff.

43 So noch z.B. BGHSt 23, 46 (54 f.).

44 BGH NJW 1982, 189.

45 FISCHER § 240 Rn. 45; Sch/Sch-ESER § 240 Rn. 16; BVerfGE 73, 206; BGHSt 34, 71 (77).

46 So jedenfalls SINN (Fn.42), S. 357 ff.

47 BVerfGE 73, 206 (255 f.); eingehend Sch/Sch-ESER § 240 Rn. 29 m.w.N.

48 GIEHRING (Fn. 8), S. 556; CALLIESS (Fn. 8) NJW 1985, 1507; DENCKER (Fn. 11), S. 136; Gerhard WOLF, Befreiung des Strafrechts vom nationalsozialistischen Denken?, JuS 1996, 189-195 (192), der § 240 II anschaulich ein „Scheingesetz" nennt.

VI. Subjektiver Tatbestand, Versuch und besonders schwere Fälle

Hinsichtlich des Nötigungsmittels genügt bedingter Vorsatz. Den Nötigungserfolg muss der Täter indes *absichtlich* herbeiführen. Dies ergibt sich aus der Formulierung „*angestrebter* Zweck" in Abs. 2.[49] Es genügt mithin nicht, Freiheitseinschränkungen anderer als Konsequenz des eigenen Verhaltens vorherzusehen, solange sie nicht Ziel des Täters sind. 619

Gemäß § 240 III ist bereits die versuchte Nötigung strafbar. Das betrifft u.a. Sachverhalte, in welchen das Opfer dem Nötigungsmittel wider Erwarten standhält. 620

Die Regelstrafdrohung reicht bis zu drei Jahren Freiheitsstrafe. Sie erhöht sich im besonders schweren Fall auf die Spanne zwischen sechs Monaten und fünf Jahren, wobei der Gesetzgeber zur Bestimmung der schweren Fälle auch hier die Regelbeispielstechnik eingesetzt hat (siehe zum Umgang mit ihr näher bei Rn. 1080 ff.). 621

Als besonders schwere Fälle nennt § 240 IV die Nötigungen

- zu *sexueller Handlung* (Nr. 1). Wegen des vorrangigen § 177 betrifft dies zum einen Fälle, bei denen mit einem empfindlichen Übel, aber nicht, wie es § 177 I Nr. 2 verlangt, mit gegenwärtiger Gefahr für Leib und Leben gedroht wird, und zum anderen die ebenfalls von § 177 nicht erfassten Nötigungen des Opfers zu sexuellen Handlungen an sich selbst;
- zum *Schwangerschaftsabbruch* (Nr. 2), was systematisch nicht unbedenklich ist. Die Drohung, sich scheiden zu lassen, falls die Ehefrau das aus einem Seitensprung stammende Kind austrage, mag man missbilligen; sie als besonders schweren Nötigungsfall einzuordnen (und mit dieser negativen Bewertung zugleich den Ausweg über § 240 II zu versperren) leuchtet wegen der oft zu Grunde liegenden Konfliktsituation nicht ein;
- unter *Missbrauch von Amtsträgerbefugnissen und -stellung* (Nr. 3), soweit nicht die Aussageerpressung nach § 343 vorgeht.

VII. Konkurrenzen

Gegenüber einer gleichzeitig verwirklichten Freiheitsberaubung tritt § 240 regelmäßig zurück, es sei denn, die Nötigung dient nicht allein dem Ziel der Freiheitsbeschränkung (dann Tateinheit). Subsidiarität liegt gegenüber zahlreichen weiteren Tatbeständen vor (z.B. Raub, Erpressung, Geiselnahme, sexuelle Nötigung, Widerstand). Ihrerseits verdrängt die Nötigung allein die Bedrohung (§ 241). 622

Hinweise zur Fallbearbeitung: Auf Grund der beschriebenen Konkurrenzlage ist anzuraten, § 240 prinzipiell am Ende gleichzeitig begangener Delikte (mit Ausnahme von § 241) und nur für den Fall zu erörtern, dass alle vorrangigen Tatbestände zuvor verneint wurden. 623

Wiederholungsfragen zum 16. und 17. Kapitel 624

1. Wie ist Gewalt unter Beachtung der Rspr. des BVerfG zu definieren? (Rn. 597)

---

49 BGH StraFo 2006, 122 (123); Sch/Sch-ESER § 240 Rn. 34; SK-HORN/WOLTERS § 240 Rn. 28; MAURACH/SCHROEDER/MAIWALD BT 1 § 13 Rn. 41; a.A. noch BGHSt 5, 245 (246), jedoch nicht überzeugend, weil ohne Berücksichtigung des Wortlautarguments.

2. Unter welchen Voraussetzungen ist eine Nötigung durch Drohen mit einem Unterlassen vorstellbar? (Rn. 608 f.)
3. Warum stellt es keine Nötigung dar, das Opfer niederzuschlagen? (Rn. 602, 613)
4. Woraus lässt sich die Verwerflichkeit i.S.v. § 240 II ableiten? (Rn. 618)

18. Kapitel. Widerstand gegen Vollstreckungsbeamte

I. Widerstand - eine teilweise Privilegierung der Nötigung

625 Auf den ersten Blick scheinen die Nötigung und der Widerstand (§ 113) gegen Vollstreckungsbeamte nicht viel miteinander gemein zu haben. Genaueres Hinsehen erschließt freilich, dass jedenfalls die erste Alternative des § 113 stets zugleich eine Nötigung (bzw. einen Nötigungsversuch) enthält. Daher gilt § 113 als *Privilegierungstatbestand* zu § 240 für das Nötigen von Amtsträgern.[1]

626 Hinsichtlich der zweiten Tatalternative, des tätlichen Angriffs, wäre die Annahme einer Privilegierung indessen unrichtig. Denn ein solcher Angriff braucht nicht zwingend ein Nötigungsunrecht zu enthalten, sondern kann beispielsweise einen schlichten Körperverletzungsversuch darstellen. Hier benennt § 113 demnach eigenständiges Unrecht.

627 § 113 droht für den Normalfall bis zu zwei Jahre Freiheitsstrafe an, § 240 dagegen bis zu drei Jahre. Hintergrund dieser Besserstellung des Widerstandleistenden ist seine besondere Situation: Er ist gleichsam „Opfer" einer Vollstreckungshandlung. Durch die Privilegierung erkennt das Gesetz an, dass in einer solchen Situation der Handlungsanreiz regelmäßig größer und das Verschulden des sich Wehrenden folglich geringer ist als beim Nötigungsangriff zwischen Privaten.

II. Der Tatbestand

628 Der Tatbestand des § 113 (einschließlich seiner personellen Ausdehnung in § 114) enthält zwei einander ausschließende Handlungsalternativen, die sich zwar gegen den selben Personenkreis richten, aber in ihren *Zielen* unterscheiden. Die 1. Alt. (Widerstand i.e.S.) richtet sich gegen die Vollstreckungshandlung, die zweite (tätlicher Angriff) gegen die Person des Vollstreckenden.

629 **Abbildung:** Tatbestandsstruktur des Widerstandes

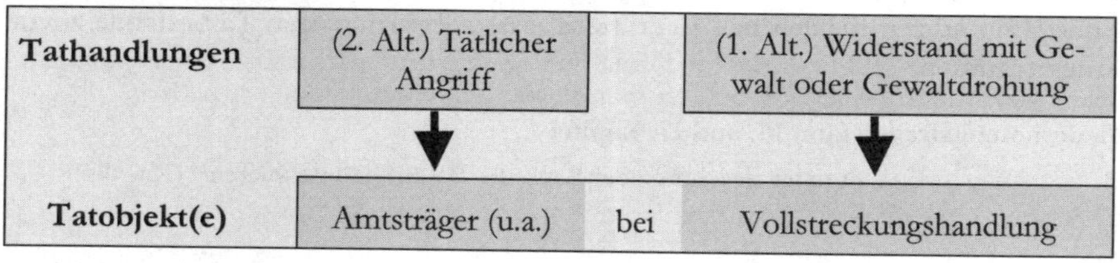

1 FISCHER § 113 Rn. 2; Sch/Sch-ESER § 113 Rn. 3; BayObLG MDR 1988, 517.

Abbildung: Prüfungsaufbau bei § 113 630

I. Tatbestand	Objektiver Tatbestand - Amtsträger/gleichgestelltes Opfer (Rn. 631 f.) - Vorliegen einer Vollstreckungshandlung (Rn. 633 ff.) - Rechtmäßigkeit der Vollstreckungshandlung (Rn. 636 ff.) - Widerstand mit Gewalt/Gewaltdrohung/tätlicher Angriff (Rn. 641 ff.)
	Subjektiver Tatbestand - Vorsatz bzgl. Amtsträger, Vollstreckungs- und Widerstandshandlung (Rn. 646) - ggf. bei erster Alternative: Absicht der Vollstreckungsverhinderung (Rn. 646)
II./III. Rechtswidrigkeit/Schuld	keine Besonderheiten
(IV.) Strafausschließung u.a.	- ggf. Irrtum über Rechtmäßigkeit der Vollstreckungshandlung (§ 113 III, IV) (Rn. 637) - ggf. besonders schwerer Fall bei Mitführen einer Waffe/qualifiziertem Gefährdungserfolg (Rn. 647 f.)

1. Die Tatobjekte des Widerstandes

a) Amtsträger und ihnen gleichgestellte Personen

§ 113 schützt Amtsträger und andere Personen, die zur Vollstreckung bestimmter Normen oder Anordnungen berufen sind. 631

Wer Amtsträger ist, folgt aus der Legaldefinition in § 11 I Nr. 2 a)-c) (die man bei der Fallbearbeitung stets nennen sollte). Nähere Einzelheiten auf CD 18-01.

Die wichtigste Gruppe bilden die *Beamten* in § 11 I Nr. 2 a), darunter selbstverständlich alle Polizeibeamten. Als weiteren Personenkreis nennt § 113 die Bundeswehrsoldaten, deren wichtigste Gruppe in diesem Zusammenhang die Feldjäger (also die Militärpolizei) sein dürften.

§ 114 I erweitert den Schutzkreis auf Nichtbeamte, die Polizeiaufgaben erfüllen. Darunter 632
fallen inzwischen nur noch private Jagdausübungsberechtigte (vgl. §§ 25 I, 23 BJagdG).

Etwas bedeutsamer ist § 114 II, der zur Unterstützung von Diensthandlungen hinzugezogene (Zivil-)Personen unter den Schutz von § 113 stellt. Dazu gehören beispielsweise Mitarbeiter von Schlüsseldiensten, derer sich die Polizei zur Öffnung zu durchsuchender Wohnungen bedient, von Abschleppunternehmen, die zum Beseitigen verkehrswidrig parkender Fahrzeuge eingesetzt werden, oder die Durchsuchungszeugen nach § 105 II StPO.

b) Die Vollstreckungshandlung

aa) Inhalt und Grundlage

Der Begriff der Vollstreckungshandlung findet sich im Tatbestand zwar nur indirekt. 633
Die Formulierung „einem Amtsträger ..., der zur Vollstreckung von Gesetzen ... berufen ist, bei der Vornahme einer *solchen* Diensthandlung..." macht aber deutlich, dass mit der explizit genannten Diensthandlung nur ein Vollstreckungsakt gemeint

sein kann. Entsprechend hat sich der vereinfachende Terminus „Vollstreckungshandlung" eingebürgert.

Unter *Vollstreckungshandlung* versteht man eine – notfalls mit Zwang durchsetzbare – Umsetzung des Staatswillens auf den konkretisierten Einzelfall.[2] Keine Vollstreckungshandlungen stellen verwaltungsinterne Diensthandlungen dar (z.B. die Einteilung des Wachdienstes durch den Vorgesetzten), Diensthandlungen, die sich noch nicht auf den Einzelfall beziehen (z.B. polizeiliche Streifenfahrten ohne konkreten Einsatzgrund) oder Handlungen, die nicht zwangsweise durchsetzbar wären, also u.a. alle Leistungen des Staates (z.B. die Verteilung von Soforthilfen an Flutopfer).

634 **Beispiel** (Zufahren auf einen Polizeibeamten im Rahmen einer Verkehrskontrolle):[3] *Jochen M.* hatte sich mit seinem Pkw alkoholisiert auf die Heimfahrt von einer Gaststätte begeben, obwohl er mehr als 1,3 g ‰ Alkohol im Blut hatte. Unterwegs forderte ihn ein Polizeibeamter in Uniform, der mit zwei anderen Beamten eine allgemeine Verkehrskontrolle durchführte, mit einem beleuchteten Anhaltestab zum Halten auf. Da *Jochen M.* sich seiner Fahruntüchtigkeit bewusst war und fürchtete, seine Fahrerlaubnis zu verlieren, beschloss er, sich der Kontrolle zu entziehen. Er beschleunigte sein Fahrzeug, fuhr direkt auf den in seiner Fahrspur stehenden Polizeibeamten zu und zwang diesen dadurch, zur Seite zu springen und den Weg freizugeben. — Mit dem Herauswinken konkretisierte sich die allgemeine Verkehrskontrolle (§ 36 V 1 StVO), die noch keine Vollstreckungshandlung war, zu einem konkreten Anhaltegebot gegenüber *M.* (§ 36 V 4, I StVO), das ggf. nach den Grundsätzen des Verwaltungszwangs hätte durchgesetzt werden können und dessen Nichtbefolgung sogar nach § 49 III Nr. 1 StVO mit Bußgeld bedroht ist. Damit lag eine Vollstreckungshandlung vor, der sich *M.* mit Androhung von Gewalt, nämlich unmittelbarer Krafteinwirkung auf den Körper des Beamten, widersetzte.

Abbildung: Polizeiliche Anhaltekelle

635 Die Rückführung der Vollstreckungshandlung auf die Rechtsquellen Gesetz, Rechtsverordnung, Urteil, Gerichtsbeschluss oder Verfügung besitzt – nach dem Ausscheiden dienstinterner Akte (Rn. 633) – keine zusätzlich eingrenzende Funktion. Denn irgendeine dieser Grundlagen ist regelmäßig einschlägig, und sei es an letzter Stelle die „Verfügung", die u.a. jeden Verwaltungsakt sowie gerichtliche Verfügungen wie z.B. Vorführungsbefehle oder sitzungspolizeiliche Anordnungen einschließt.[4]

Diensthandlungen von Polizeibeamten lassen sich häufig auf mehrere Grundlagen zugleich stützen, etwa Gesetz (z.B. Polizeigesetze) und Verfügung (konkreter Verwaltungsakt zur Gefahrenabwehr). In der Fallbearbeitung genügt dann die Angabe einer Rechtsgrundlage, wobei

---

2 BGHSt 25, 313 (314); Gössel/Dölling BT 1 § 63 Rn. 4; Arzt/Weber BT § 45 Rn. 14 f.

3 BGHSt 25, 313.

4 Sch/Sch-Eser § 113 Rn. 11.

man bei Gesetzen bzw. Verordnungen bereits im Hinblick auf die Rechtmäßigkeitsprüfung (Rn. 636) die exakte Norm benennen sollte.

bb) Rechtmäßigkeit

Aus § 113 III folgt, dass die Vollstreckungshandlung rechtmäßig sein muss. Streitig ist, ob es sich hierbei um eine objektive Strafbarkeitsbedingung,[5] ein Tatbestandsmerkmal[6] oder einen Rechtfertigungsgrund[7] handelt. Es wird sogar die Uneinordenbarkeit des Merkmals behauptet.[8] 636

Der Streit ist jedoch für die Begutachtung irrelevant, weil § 113 III, IV exakt vorgibt, was beim Fehlen der Rechtmäßigkeit bzw. beim Irrtum über sie zu gelten hat (vgl. die folgende Abbildung). Daher sollte man sich auch bei der Fallbearbeitung einer Stellungnahme enthalten und die Rechtmäßigkeit sogleich nach der Vollstreckungshandlung im objektiven Tatbestand prüfen.

Abbildung: Folgen (vermeintlich) (un-)rechtmäßiger Vollstreckungshandlungen 637

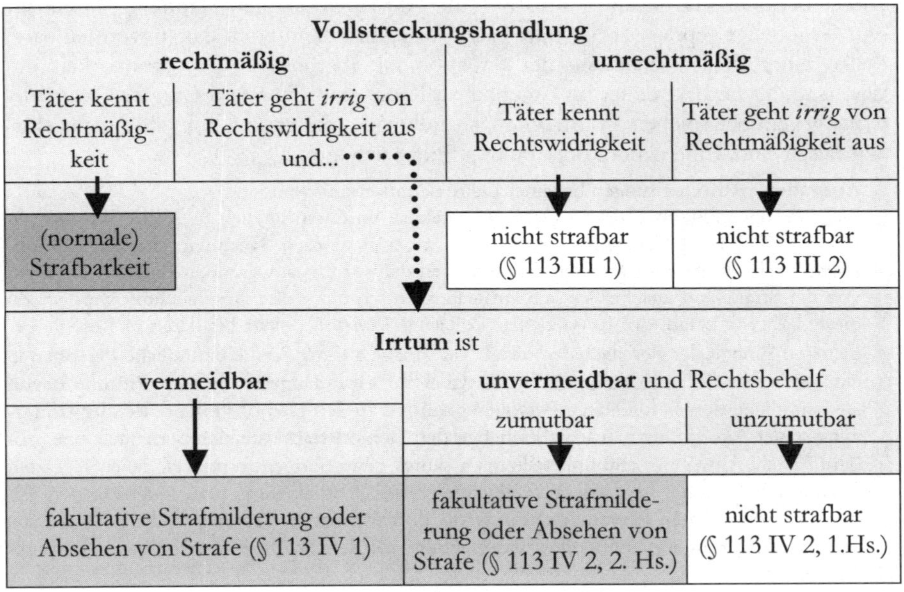

Zu den Kriterien der Rechtmäßigkeit einer Vollstreckungshandlung existieren zwei Grundmodelle: Zum einen kann man mit einem Teil der Lehre verwaltungsrechtliche 638

---

5 BGHSt 21, 334 (365); GÖSSEL/DÖLLING BT 1 § 63 Rn. 10; WESSELS/HETTINGER BT 1 Rn. 633.

6 Sch/Sch-ESER § 113 Rn. 20; KINDHÄUSER BT I § 36 Rn. 44.

7 LACKNER/KÜHL § 113 Rn. 18; OTTO BT § 91 Rn. 10.

8 So wohl KREY/HEINRICH BT 1 Rn. 505; NK-PAEFFGEN § 113 Rn. 70.

Maßstäbe verwenden.[9] Demgegenüber legen Rspr. und ein anderer Teil der Lehre einen besonderen *strafrechtlichen Rechtmäßigkeitsbegriff* zu Grunde.[10] Nach ihm genügt zur Rechtmäßigkeit der Vollstreckungshandlung, wenn

- der Amtsträger sachlich und örtlich *zuständig* ist,
- die *wesentlichen Förmlichkeiten*, die zum Schutz der Bürgerrechte dienen, gewahrt werden,
- der Amtsträger die Eingriffsvoraussetzungen *pflichtgemäß gewürdigt* und ggf. sein *Ermessen pflichtgemäß ausgeübt* hat.

Dieser engere strafrechtliche Rechtmäßigkeitsbegriff verdient den Vorzug, weil § 113 nicht den Schutz der Vollstreckungshandlung bezweckt. Stellte sie bzw. das Vollstreckungsinteresse des Staates das primäre Schutzgut dar, wäre allerdings nicht einzusehen, warum auch noch rechtswidriges Staatshandeln Strafrechtsschutz genießen sollte. In § 113 geht es aber vornehmlich um die verletzliche Person des Amtsträgers. Dieser befindet sich in einer Situation, die von einem starken Handlungsanreiz für sein Gegenüber geprägt ist. Es wäre sachwidrig, ihm dann noch das (unvermeidbare) Risiko einer Fehleinschätzung der Situation zu überbürden. Die Strafbarkeit des Widerstandes bewirkt daher im Ergebnis zu Recht eine *Einschränkung des Notwehrrechts* gegenüber solchen Vollstreckungshandlungen, die zwar falsch, aber nicht eklatant falsch sind. Eine nähere Begründung findet sich auf CD 18-02.

639 **Aufgabe:** Ausschreitungen bei einer Demonstrationsauflösung
Nach einzelnen Steinwürfen war eine angemeldete und ursprünglich friedliche Demonstration gemäß § 15 II VersammlG polizeilich aufgelöst worden. Nachdem sich die Demonstrationsteilnehmer entgegen den Anweisungen der vor Ort anwesenden Polizeikräfte nicht von der Straße, auf welcher sie sich aufhielten, entfernten, sollte diese geräumt werden. Zu diesem Zweck befahl der Einsatzleiter, Polizeirat *Jochen S.*, einer bis dahin in Reserve gehaltenen Einheit der Bereitschaftspolizei[11], sämtliche auf der Straße befindliche Personen in eine Nebenstraße abzudrängen. *S.* ging dabei auf Grund unzureichender Prüfung davon aus, sämtliche dort befindlichen Personen gehörten zu den Demonstranten. Bei der Umsetzung seiner Anordnung wurden aber neben den Demonstrationsteilnehmern auch eine größere Anzahl Anwohner und unbeteiligte Passanten gewaltsam entfernt, weil die eingesetzten Beamten nicht in der Lage waren, Teilnehmer von Nichtteilnehmern zu unterscheiden. Einige der unbeteiligten Personen, darunter die dort wohnende *Corinna J.*, die ihr Kind aus dem Kindergarten abholen wollte, widersetzten sich den Beamten durch Einsatz körperlicher Kraft.
Strafbarer Widerstand oder rechtswidrige Vollstreckungshandlung der Beamten?

640 Im Hinblick darauf, dass es auf den Schutz der tatsächlich agierenden Amtsträger ankommt und diese ihren Irrtum nicht vermeiden konnten, spielt die Rechtswidrigkeit des Räumungsbefehls, dem sie gehorchten, keine Rolle. Sie handelten nach dem

---

9 RENGIER BT II § 53 Rn 14; Claus ROXIN, Der strafrechtliche Rechtswidrigkeitsbegriff beim Handeln von Amtsträgern - eine überholte Konstruktion, FS Pfeiffer S. 45-52 (49 ff.); Heribert OSTENDORF, Die strafrechtliche Rechtmäßigkeit rechtswidrigen hoheitlichen Handelns, JZ 1981, 165-175 (171 ff.).

10 BGHSt 21, 334; LACKNER/KÜHL § 113 Rn 7; Sch/Sch-ESER § 113 Rn 24 ff.

11 Bei der Bereitschaftspolizei handelt es sich um kasernierte Polizeieinheiten, die mehrheitlich aus noch in der Ausbildung befindlichen, jungen Beamten bestehen.

strafrechtlichen Rechtmäßigkeitsbegriff rechtmäßig. Ergänzende Lösungshinweise auf CD 18-03.

2. Die Tathandlungen

a) Widerstand

Die erste Alternative erfordert einen Widerstand gegen die Vollstreckungshandlung, der entweder mit *Gewalt* oder durch *Drohung mit Gewalt* ausgeübt wird. 641

Als Gewalt ist – wie bei § 240 – die durch Körpertätigkeit ausgelöste, unmittelbare Einwirkung auf den Körper des Amtsträgers zu verstehen. Folgerichtig genügt kein ausschließlich *passiver* Widerstand (z.B. durch Nichtaufstehen oder Sichschwermachen), selbst wenn er sich als physisches Hindernis darstellt.[12]

Die h.M. lässt aber auch Kraftausübung gegen Sachen (z.B. das Festhalten des Festzunehmenden an ihnen)[13] und sogar das vor der Vollstreckungshandlung bewirkte Schaffen physischer Hindernisse genügen:[14] 642

Beispiel (Insassen eines Landeskrankenhauses verrammeln einen Tagesraum):[15] Der wegen Geisteskrankheit entmündigte *Günther B.* war auf Grund strafgerichtlichen Urteils gemäß § 63 in einem Landeskrankenhaus untergebracht. Weil er sich für geistig gesund hielt, fasste er den Entschluss, zusammen mit anderen Kranken eine Meuterei anzuzetteln, um ein Strafverfahren gegen sich herbeizuführen; er hoffte, dass dann durch ein neues Gutachten seine geistige Gesundheit festgestellt würde. Als er sich eines Morgens zusammen mit acht weiteren Patienten vorübergehend im Tagesraum befand, setzte er mit Hilfe der anderen eine Bank und einen Tisch so vor die Gittertür, dass sich diese durch die Pfleger von außen nicht mehr öffnen ließ. Den mehrfachen Aufforderungen des Pflegepersonals sowie schließlich eines herbeigerufenen Polizeikommandos, die Tür zu öffnen, kamen *Günther B.* und die anderen Eingeschlossenen nicht nach. Erst als die Polizei gegen 23.00 Uhr Tränengas warf, gaben sie auf. — Der BGH bestätigte die Verurteilung des – insoweit offenbar schuldfähigen – B. wegen gewaltsamen Widerstandes. Das Verrammeln des Raumes sei durch Entfaltung körperlicher Kraft geschehen, die sich den Beamten anschließend als körperliches Hindernis dargestellt habe. Aktive Tätigkeit vor Beginn der Vollstreckungshandlung genüge, weil gerade der zielgerichtet vorbereitete Widerstand effektiver sei als der spontane.[16]

Eine solche Ausweitung des Gewaltbegriffs ist aber wie bei § 240 abzulehnen (vgl. Rn. 595 ff.); es besteht kein Anlass, den Begriff in beiden Tatbeständen unterschiedlich auszulegen.

b) Tätlicher Angriff

Darunter ist jede feindselige, gegen den Körper des Amtsträgers gerichtete Körpertätigkeit zu verstehen. Sie muss keine Verletzung bezwecken,[17] weshalb Festhalten, Einsperren oder das Abgeben von Schreckschüssen genügen können.[18] 643

---

12 FISCHER § 113 Rn. 25; Sch/Sch-ESER § 113 Rn. 40.

13 LK-V.BUBNOFF § 113 Rn. 15; BVerfG NJW 2006, 136.

14 FISCHER § 113 Rn. 23; LACKNER/KÜHL § 113 Rn. 5; BayObLG MDR 1988, 517.

15 BGHSt 18, 133.

16 BGHSt 18, 133 (135 f.).

17 Anders SK-HORN § 113 Rn. 15, der Körperverletzungsintention fordert, was aber weder systematisch noch nach dem Wortlaut geboten erscheint.

Das Spezifische dieses Angriffs ist, primär auf den Amtsträger zu zielen und *nicht* die Diensthandlung verhindern zu wollen. Geht es dem Täter (auch) darum, deren Vollstreckung zu unterbinden, ist allein gewaltsames Widerstandleisten anzunehmen. Nur auf diese Weise lassen sich beide Tatalternativen sinnvoll voneinander abgrenzen.

644 Die h.M. sieht im Gegensatz dazu auch bei einem zusätzlich in Kauf genommenen Angriff auf die Person anlässlich des primär bezweckten Widerstandes gegen die Vollstreckungs*handlung* die zweite Alternative als erfüllt an.[19] Das ist aber falsch. Der Wortlaut spricht eindeutig davon „ihn" (den Amtsträger) anzugreifen, und zwar nur „dabei" (bei der Vollstreckungshandlung). Das muss so verstanden werden, dass sich der Angriff gegen die Person während der Vollstreckungshandlung richtet, aber nicht gegen diese. Ansonsten wäre die erste Alternative ohne echte Funktion, denn dann läge bei jedem gewaltsamen Widerstand gegen die Vollstreckungshandlung zugleich ein tätlicher Angriff vor.

c) Erfassen von Versuchshandlungen

645 Zwar ist der Versuch nicht strafbar. Weil die Tathandlungen des § 113 aber keinen Erfolg des Widerstandes verlangen, ähnelt der Tatbestand einem Unternehmensdelikt, was die Strafbarkeit ohnehin weit in den (materiellen) Versuchsbereich hinein verlagert.

3. Subjektiver Tatbestand

646 Aus der Abgrenzung der Tatalternativen und aus der Parallelität zur Nötigung[20] folgt, dass beim Widerstandleisten in der 1. Alt. die Verhinderung der Vollstreckungshandlung *Absichtsziel* sein muss. Ansonsten genügt für sämtliche Tatumstände (bedingter) Vorsatz. Für Irrtümer über die Rechtmäßigkeit der Vollstreckungshandlung sind die Sonderbestimmungen in § 113 III, IV maßgebend (vgl. die Abbildung Rn. 637).

III. Der besonders schwere Fall (§ 113 II)

647 Der Normalstrafrahmen (Freiheitsstrafe bis zu zwei Jahren) verschiebt sich in den besonders schweren Fällen des § 113 II auf die Spanne zwischen sechs Monaten und fünf Jahren Freiheitsstrafe. Der Gesetzgeber hat auch hier die sog. Regelbeispielstechnik verwendet (dazu näher Rn. 1080 ff.). Genannt werden Widerstand

- unter Mitführen (einschließlich des ad-hoc-Verwendens[21]) einer Waffe (Nr. 1) und
- mit dem Erfolg einer Todesgefahr oder einer Gefahr schwerer Gesundheitsschädigung (zu letzterem Rn. 306) durch eine Gewalttätigkeit (dazu Rn. 1929) (Nr. 2).

648 Nach bislang h.A. wurden als „Waffe" i.S.v. § 113 II Nr. 1 ausnahmsweise nicht allein Waffen im technischen Sinn (wie z.B. bei den §§ 224 I Nr. 2, 244, 250 u.a.), sondern alle gefährlichen Werkzeuge verstanden.[22] Diese Auffassung ist im Hinblick auf Art. 103 II GG abzulehnen.[23] Ein Merkmal darf im Interesse der Normenklarheit nicht in einem Tatbestand so und im nächsten anders interpretiert werden. Näheres, auch zur entsprechenden Fallbearbeitung, auf

---

18 Sch/Sch-ESER § 113 Rn. 46 f.; TRÖNDLE/FISCHER § 113 Rn. 21.

19 FISCHER § 113 Rn. 27; SK-HORN § 113 Rn. 15; Sch/Sch-ESER § 113 Rn. 47.

20 Vgl. oben Rn. 619.

21 Vgl. die entsprechende Regelung in § 244 I Nr. 1 b) und dazu Rn. 1104.

22 BGHSt 26, 176 (179 f.); FISCHER § 113 Rn. 38; Sch/Sch-ESER § 113 Rn. 63.

23 BVerfG (Kammer) StraFo 2008, 463.

CD 18-04. Daher können Waffen auch hier allein solche Gegenstände sein, die bereits ihrer Art nach dazu bestimmt sind, Verletzungen zu verursachen.[24]

IV. Konkurrenzen

Als privilegierende lex specialis verdrängt § 113 die Nötigung. Aber selbst dann, wenn Widerstand an mangelnder Intensität scheitert (z.B. „nur" Drohung mit empfindlichem Übel, aber nicht mit Gewalt), „sperrt" § 113 die Nötigung, weil andernfalls die Privilegierungswirkung unterlaufen würde.[25] 649

Mit (auch nur versuchten) Körperverletzungsdelikten ist Tateinheit möglich.

Hinweise zur Fallbearbeitung: Im Hinblick auf die soeben beschriebene Konkurrenzlage ist, soweit Amtsträger auf Opferseite beteiligt sind, allein § 113 und keinesfalls vorab Nötigung zu prüfen. Von den beiden Alternativen des § 113 sollte man sogleich diejenige angehen, die nach vorläufiger Einschätzung im Hinblick auf die jeweilige Zielrichtung des Widerstandshandelns die wahrscheinlichere ist. Man erspart sich so ggf. die ausführlichere Prüfung der jeweils anderen Alternative. 650

Wiederholungsfragen zum 18. Kapitel 651

1. Wie verhalten sich Nötigung und Widerstand gegen Vollstreckungsbeamte zueinander? (Rn. 649 f., 625)
2. Handelt es sich um ein Widerstandleisten „bei der Vornahme einer solchen Diensthandlung", wenn der Täter einen Stein gegen einen vor einem öffentlichen Gebäude Wache stehenden Beamten der Bundespolizei schleudert? (Rn. 633)
3. Wann ist eine Vollstreckungshandlung nach h.M. rechtmäßig? (Rn. 638)
4. Worin unterscheiden sich erste und zweite Alternative des § 113 I? (Rn. 643 f.)
5. Was versteht die h.M. unter einer Waffe i.S.v. § 113 II Nr. 1 (Rn. 648)

Ergänzende Hinweise zur Beantwortung von Frage 2. finden sich auf CD 18-05.

---

24 BVerfG StraFo 2008, 463; NK-Paeffgen § 113 Rn. 84; zum Waffenbegriff vgl. oben Rn. 402.

25 H.M., vgl. BGHSt 30, 235 (236); Sch/Sch-Eser § 113 Rn. 68; a.A. Lackner/Kühl § 113 Rn. 26 (Verurteilung nach § 240, aber aus dem geringeren Strafrahmen des § 113).

19. Kapitel. Freiheitsberaubung

I. Überblick

652 § 239 schützt das Rechtsgut der körperlichen *Fortbewegungsfreiheit* und damit einen Ausschnitt aus dem weiteren Feld der allgemeinen Handlungsfreiheit. Hauptprobleme des Tatbestandes sind, wer taugliches Opfer sein kann und mit welcher Dauer und Intensität des Freiheitsentzuges die Tat vollendet ist.

653 Zu dem Grundtatbestand der Freiheitsberaubung[1] in § 239 I enthalten die Abs. 3 und 4 Qualifikationsbestimmungen. In Abs. 5 finden sich – im Gutachten nicht zu prüfende – unbenannte minder schwere Fälle.

II. Der Grundtatbestand

1. Das Opfer der Freiheitsberaubung

654 § 239 spricht davon, einen *Menschen* der Freiheit zu berauben. Das leitet zu der Frage, ob jeder Mensch jederzeit in strafbarer Weise seiner persönlichen Fortbewegungsfreiheit verlustig gehen kann. Denn in einigen Konstellationen mag man zweifeln, ob wirklich ein relevanter Freiheitsverlust eintritt, etwa wenn das eingesperrte Opfer ein Säugling, bewusstlos, schlafend oder so in seine Arbeit vertieft ist, dass es die Einsperrung nicht bemerkt.

Es besteht noch Einigkeit, dass beim Opfer jedenfalls grundsätzlich die Möglichkeit vorhanden sein muss, das Freiheitsrecht auch zu nutzen. Das erfordert die Fähigkeit, einen natürlichen Willen zu bilden, den Aufenthaltsort zu verlassen.[2]

655 Diese Fähigkeit wird Kleinstkindern bis zum Alter von einem Jahr regelmäßig abgesprochen,[3] was freilich nicht überzeugt. Sie sind durchaus in der Lage, einen natürlichen Willen zu bilden und diesen auszuleben, solange sie sich z.B. durch Krabbeln tatsächlich fortbewegen können. Es ist nicht begründbar, warum dieser Wille weniger schützenswert sein sollte als derjenige z.B. des Dreijährigen.

656 Vereinzelt wird vorausgesetzt, dass der Fortbewegungs*wille* durch die Tat gebrochen wird, das Opfer also seinen Aufenthaltsort auch tatsächlich verlassen wollte und daran durch die Tat gehindert wird.[4] Nach dieser Auffassung wäre es straflos, den in seine Arbeit Vertieften einzusperren, der seinen Freiheitsverlust gar nicht bemerkt. Sie kann für sich in Anspruch nehmen, dass „Einsperren" sich als ein Verhalten deuten ließe, welches begrifflich einen aktuell entgegenstehenden Opferwillen verlangt. § 239 spricht aber daneben von der Beraubung der Freiheit. Freiheit wiederum ist ein Recht. Rechte aber verliert man bereits dann, wenn die Möglichkeit in Verlust gerät, sie wahrzunehmen. Die h.M. sieht daher zu Recht die Freiheitsberaubung nicht (nur) als Unterfall der Nötigung und verlangt – anders als dort – für § 239 keine aktuelle Willensbeugung des Opfers.

---

1 Zur rechtshistorischen Ableitung des Delikts vgl. René BLOY, Freiheitsberaubung ohne Verletzung fremder Autonomie? ZStW 96 (1984), 703-725 (706 ff.).

2 FISCHER § 239 Rn. 3; Sch/Sch-ESER § 239 Rn. 3; BGHSt 32, 183 (187 f.).

3 BayObLG JZ 1952, 237; Sch/Sch-ESER § 239 Rn. 3; KINDHÄUSER LPK § 239 Rn. 4.

4 ARZT/WEBER BT § 9 Rn. 13; SK-HORN § 239 Rn. 2a ff.; FISCHER § 239 Rn. 4 ff.

Sehr umstritten ist, ob die Fähigkeit zur Bildung des Fortbewegungswillens auch aktuell vorhanden sein muss. Entgegen der wohl überwiegenden Ansicht[5] ist dies zu bejahen, was *Schlafende und Bewusstlose* vom Strafrechtsschutz *ausschließt*:[6] Wer schläft, hat in diesem Zustand keinerlei Möglichkeit, seinen Aufenthaltsort zu verlassen. Ihn einzusperren, mag zwar theoretisch eine Freiheitseinschränkung bedeuten. Er erleidet jedoch keinen materialen, strafwürdigen Rechtsverlust. **657**

Beispiel (Einsperren durch einen Einbrecher): *Thorsten B.* stieg nachts in die Villa der Eheleute *O.* ein, die im Obergeschoss ihres Hauses schliefen. Vorsorglich schloss *B.* beide im Schlafzimmer ein, um sich danach auf die Suche nach Stehlenswertem zu machen. Dabei verursachte er ein Geräusch, wovon *Edeltraut O.* aufwachte. Da sie das Geräusch aber für ein solches auf der Straße hielt, bliebt sie im Bett und schlief nach ca. 10 Minuten wieder ein. — Solange *Edeltraut O.* und ihr Mann schliefen, erlitten sie keinen materialen Freiheitsverlust und konnten daher i.S.v. § 239 nicht ihrer Freiheit beraubt werden. Anders, nachdem *Edeltraut O.* aufgewacht war: Nun hätte sie jederzeit den Willen bilden können, das Schlafzimmer zu verlassen. Diesem Wunsch nachzukommen hatte *B.* ihr indes verwehrt und daher ihren aktuellen, andernfalls nutzbaren Bewegungsraum eingeschränkt. Immerhin wäre aber auch gegenüber den Schlafenden ein Versuch der Freiheitsberaubung anzunehmen, sofern *B.* mit einem Aufwachen seiner Opfer rechnete. Das aber liegt nahe: Andernfalls wäre ihr Einsperren sinnlos gewesen. **658**

Daher ist taugliches Opfer einer Freiheitsberaubung **659**

jeder Mensch, der aktuell in der Lage ist, einen natürlichen Fortbewegungswillen zu bilden, dagegen nicht Schlafende oder Bewusstlose.

2. Die Tathandlungen und ihr Folgen

§ 239 gilt als *Dauerdelikt*, weil nicht allein der Moment des Einsperrens/Beraubens, sondern die gesamte Zeit der Aufrechterhaltung des Freiheitsentzuges tatbestandlich ist. Zur Tatvollendung – der Versuch ist aber nach § 239 II ebenfalls strafbedroht –, muss es zu einer *nicht ganz unerheblichen* Zeitspanne der Freiheitsentziehung kommen.[7] Nach einer berühmt gewordenen Entscheidung des RG genügt dafür freilich schon der Zeitraum eines „Vaterunser".[8] **660**

5 LACKNER/KÜHL § 239 Rn. 2; WESSELS/HETTINGER BT 1 Rn. 370; GÖSSEL/DÖLLING BT 1 § 19 Rn. 8; KINDHÄUSER BT I § 15 Rn. 2, 5; KÜPER BT S. 145 f.

6 Sch/Sch-ESER § 239 Rn. 3; MAURACH/SCHROEDER/MAIWALD BT 1 § 14 Rn. 4; KREY/HEINRICH BT 1 Rn. 315; OTTO BT § 28 Rn. 3; differenzierend BLOY (Fn. 1), ZStW 96, 724 (Einzelfallbetrachtung, ob mutmaßlich der Wille zum Verlassen des Raumes bestehe).

7 BGH NStZ 2003, 371; LACKNER/KÜHL § 239 Rn.2; OTTO BT § 28 Rn. 4; KREY/HEINRICH BT 1 Rn. 313.

8 RGSt 7, 259 (260).

661 Tathandlung ist das Berauben der Freiheit, also ihre Aufhebung durch physische Mittel, Drohung oder List[9] gegen den tatsächlich bestehenden oder (im Falle von vorgetäuschter Ausweglosigkeit) hypothetischen Opferwillen. Als besonders hervorgehobenes Beispiel nennt der Tatbestand das Einsperren. Es meint die Beschränkung der Bewegungsfreiheit durch *physisches Abriegeln*.

662 **Aufgabe:** Einsperren eines verängstigten Jugendlichen[10]
Der 16-jährige *Markus S.* war mehrfach von seinem Stiefvater *Dieter K.*, zu dem er ein ausgesprochen schlechtes Verhältnis hatte, wegen tatsächlicher oder vorgeblicher Verfehlungen geschlagen und misshandelt worden. Schließlich sperrte *K.* den auf Grund dieser Misshandlungen völlig verängstigten *Markus S.* in einen Kellerraum des gemeinsam bewohnten Einfamilienhauses ein und verriegelte die Kellertür. *Markus S.* hätte die Möglichkeit gehabt, mittels im Keller aufgefundener Werkzeuge einen mit einem vergitterten Fenster versehenen Lichtschacht aufzubrechen und so aus dem Keller ins Freie zu klettern. Aus Angst vor weiteren Schlägen unterließ er die Flucht jedoch.
Wurde *S.* trotz der bestehenden Fluchtgelegenheit seiner Freiheit beraubt?

663 Die Abriegelung braucht keine perfekte zu sein,[11] muss aber alle verfügbaren Ausgänge betreffen und die Fortbewegungsmöglichkeiten des Opfers auf ein begrenztes Areal (dazu CD 19-01) reduzieren. § 239 greift zudem nur ein, wenn durch die Tat das *Verlassen* eines bestimmten Ortes verhindert wird; die Ausübung von Zwang, sich dabei auf bestimmte Ausgänge zu beschränken, fällt nicht hierunter und könnte allenfalls i.S.v. § 240 nötigen. Ebensowenig genügt Versperren des Zuganges zu einem Ort. Denn damit könnte das Opfer zwar diesen einen Ort nicht mehr aufsuchen, seinen eigenen Aufenthaltsort aber ansonsten in jeder übrigen Richtung verlassen, was die Fortbewegungsfreiheit nicht beeinträchtigte.

664 In der Aufgabe Rn. 662 wurde *Markus S.* eingesperrt. Zwar war die Einsperrung objektiv überwindbar, aber durch die hinzutretende Furcht vor weiteren Gewalttätigkeiten des Stiefvaters im Ergebnis so massiv, dass der Erfolg einer Freiheitsberaubung vorliegt. Nähere Hinweise, auch zum erforderlichen Grad der Wirksamkeit anderer Freiheitsberaubungsmittel, auf CD 19-02.

665 Übersieht der vermeintlich Eingesperrte ihm tatsächlich offen stehende Auswege, so liegt eine Freiheitsberaubung nur vor, wenn die Unkenntnis des Opfers dem Täter zuzurechnen ist, er es etwa über das Vorhandensein oder die Verriegelung des alternativen Ausgangs getäuscht (und damit insoweit „auf andere Weise der Freiheit beraubt") hat. Geht das Unvermögen des Opfers, den Ausweg zu finden, dagegen nicht auf den Täter zurück, kann diesem auch keine Freiheitsberaubung angelastet werden.[12]

---

9 RENGIER BT II § 22 Rn. 4; FISCHER § 239 Rn. 6; GÖSSEL/DÖLLING BT 1 § 19 Rn. 15.

10 Sachverhalt, ein wenig ausgeschmückt, nach BGH NStZ 2001, 420.

11 BGH NStZ 2001, 420; GÖSSEL/DÖLLING BT 1 § 19 Rn. 12; MAURACH/SCHROEDER/MAIWALD BT 1 § 14 Rn. 5.

12 Ulrich SCHUMACHER, Freiheitsberaubung und „Fürsorglicher Zwang" in Einrichtungen der stationären Altenhilfe, FS Stree/Wessels S. 431-448 (441 f.); SK-HORN/WOLTERS § 239 Rn. 6; zu pauschal dagegen GÖSSEL/DÖLLING BT 1 § 19 Rn. 12; Sch/Sch-ESER § 239 Rn. 5.

III. Qualifikationen und Konkurrenzen

Nachdem bereits § 239 I mit einer Höchststrafe bis zu fünf Jahren Freiheitsstrafe über der einfachen Nötigung liegt, beinhaltet § 239 III, IV darüber hinaus sogar *Verbrechensqualifikationen*: **666**

- § 239 III Nr. 1 betrifft die *über eine Woche währende* Freiheitsentziehung. Angesichts des eindeutigen Wortlautes handelt es sich um eine Handlungsbeschreibung und um keine Erfolgsqualifikation, so dass kein Fall des § 18 vorliegt. Vielmehr muss der Täter die lange Dauer auch gewollt haben.[13]
- Dagegen ist die Verursachung einer *schweren Gesundheitsbeschädigung* (dazu Rn. 306) eine Erfolgsqualifikation, für die nach § 18 Fahrlässigkeit genügt.
- Dasselbe gilt für die Freiheitsberaubung mit *Todesfolge* (§ 239 IV).

Für diese beiden zuletzt genannten Erfolgsqualifikationen bedarf es außerdem eines spezifischen *Gefahrverwirklichungszusammenhanges* (vgl. dazu näher Rn. 433 ff.). So muss der Tod sich gerade als typische Folge der Einschränkung von Bewegungsfreiheit darstellen, z.B. bei einer Thrombose infolge Fesselung.

§ 239 verdrängt regelmäßig eine gleichzeitig vorliegende Nötigung als lex specialis. Tateinheit ist gleichwohl möglich, falls die Nötigung nicht nur die Fortbewegungsfreiheit entziehen, sondern weitere Handlungen des Opfers erzwingen will. **667**

Gegenüber schwereren Straftaten mit nötigendem Charakter (z.B. Raub, Vergewaltigung) tritt die Freiheitsberaubung normalerweise zurück. Aber auch hier bleibt Tateinheit möglich, soweit die Freiheitsentziehung über den Zwang hinausreicht, den die jeweils andere Tat erfordert. Beispielsweise behält die Freiheitsberaubung gegenüber einem Raub ihre Selbstständigkeit, wenn der zwecks Beraubung Gefesselte auch noch nach der Wegnahme längere Zeit angekettet bleibt.

---

13 WESSELS/HETTINGER BT 1 Rn. 377; FISCHER § 239 Rn. 15; a.A. LACKNER/KÜHL § 239 Rn. 9.

20. Kapitel. Die übrigen Freiheitsdelikte

I. Nachstellung (§ 238)

668 Die Nachstellung (sog. „Stalking"), obschon unter kriminologischem Blickwinkel eher ein Angriff auf die persönliche Friedenssphäre, wurde vom Gesetzgeber durch das Erfordernis eines Erfolges in Gestalt der schwerwiegenden Beeinträchtigung der Lebensgestaltung als Freiheitsdelikt ausgestaltet. Ob es eines solchen Straftatbestandes wirklich bedurfte, darf man bezweifeln. Siehe dazu nähere Hinweise auf CD 20-01.

669 Strukturell weist § 238 mit der genannten Beeinträchtigung ein Erfolgserfordernis auf, das auf Handlungsseite durch die unbefugte Nachstellung bewirkt worden sein muss. Was unter einer *schwerwiegenden Beeinträchtigung der Lebensgestaltung* zu verstehen ist, kann nur erahnt werden. Immerhin besteht Einigkeit, nicht die subjektive Empfindlichkeit des individuellen Opfers, sondern einen objektiven Beobachter als Maßstab heranzuziehen.[1]

670 Der bislang insbesondere aus der Jagdwilderei (§ 292 I Nr. 1) her bekannte Begriff des *Nachstellens* wird von mehreren Seiten her eingegrenzt, ohne dass dadurch endgültige Klarheit zu gewinnen wäre:

- Zunächst werden in einer Art Regelbeispielstechnik in § 238 I Nr. 1-4 einzelne *Nachstellungsformen* unterschiedlichster Art vorgestellt (Aufsuchen, telefonische Belästigung, Warenbestellungen, Bedrohungen). Das dadurch erzeugte Bild wird allerdings durch die Auffangklausel in § 238 I Nr. 5 („eine andere vergleichbare Handlung") wieder derart vernebelt, dass der Gewinn an Klarheit gegen Null geht.
- Das Nachstellen muss *beharrlich* erfolgen, wobei sich nach der Wortstellung die Beharrlichkeit auf die einzelnen Nachstellungsakte bezieht. Von ihnen braucht aber nicht jeder einzeln jeweils beharrlich zu erfolgen. Es muss also nicht etwa wiederholt gedroht werden. Vielmehr genügt es, wenn die Beharrlichkeit aus Nachstellungsaktivitäten wechselnder Art herrührt.[2]
- „*Unbefugt*" schließlich soll ein Tatbestandsmerkmal sein,[3] weil die Beispielshandlungen andernfalls unrechtsneutral wären.

Näheres zum Tatbestand, auch zu seinen Bestimmtheitsdefiziten, auf CD 20-01.

II. Weitere Freiheitsdelikte

671 Die weiteren Freiheitsdelikte i.e.S. des 18. Abschnittes haben geringe Bedeutung. Sie werden daher auf der CD vorgestellt. Das betrifft den Menschenhandel zum Zwecke der Ausbeutung der Arbeitskraft (§ 233, CD 20-02), den Menschenraub (§ 234, CD 20-03), die Verschleppung (§ 234a) und die Politische Verdächtigung (§ 241a, zu beiden CD 20-04).

Das gilt gleichfalls für Angriffe auf den Luft- und Seeverkehr (§ 316c), der neben Freiheitsauch Beschädigungsangriffe erfasst. Seine Behandlung findet sich auf CD 20-05.

---

1 Brian VALERIUS, Stalking: Der neue Straftatbestand der Nachstellung in § 238 StGB, JuS 2007, 319-324 (323); Sönke GERHOLD, Der neue Stalking-Tatbestand; ein Überblick, Neue Kriminalpolitik 2007, 2-4 (2).

2 VALERIUS (Fn. 1), JuS 2007, 322; GERHOLD (Fn. 1), Neue Kriminalpolitik 2007, 2.

3 Begründung zum RegE des 40. StrÄG, BT-Drs 16/575, S. 7.

Wiederholungsfragen zum 19. und 20. Kapitel 672

1. Ab welcher Dauer wird die Beraubung der Freiheit nach § 239 I tatbestandsmäßig? (Rn. 660)
2. Kann man Schlafende ihrer Freiheit berauben? (Rn. 657)
3. Kann jemand i.S.v. § 239 I der Freiheit beraubt werden, wenn ihm nur vorgetäuscht wird, sämtliche Ausgänge zu seinem Aufenthaltsort seien verriegelt? (Rn. 661, 665)
4. In welchem Verhältnis stehen Nötigung und Freiheitsberaubung zueinander? (Rn. 667)

6. Abschnitt. Straftaten gegen die sexuelle Selbstbestimmung

21. Kapitel. Überblick über die Sexualstraftaten

I. Bedeutung

673 Sexualstraftatbestände spiegeln gesellschaftliche *Moralvorstellungen* wieder. So wurde nicht umsonst die frühere Strafvorschrift gegen Ehebruch (§ 172 a.F.) bereits durch das 1. StrRG 1969 aufgehoben, während die Homosexualität (§ 175 a.F.) nach mehreren Einschränkungen erst 1994 endgültig aus dem StGB verschwand.[1] Eine klare Entwicklungslinie (etwa hin zu immer größerer Liberalität) ist indes historisch nicht auszumachen. Die schwankenden Strafbarkeitsgrenzen folgten vielmehr den ebenso wechselhaften, religiösen Einflüssen unterliegenden gesellschaftlichen Einstellungen zu Ehe, Familie und Sexualität.[2]

674 Im Widerspruch zu ihrer hohen, nicht zuletzt der Medienmacht geschuldeten Bedeutung in der kriminalpolitischen Diskussion wie auch zu ihrer beträchtlichen forensischen Relevanz (dazu näher CD 21-1) werden Sexualstraftaten in der Prüfung ignoriert. Dies beruht vornehmlich auf der Furcht der Prüfungsämter, ein früheres Opfer von Sexualdelinquenz könne, zufällig mit einer entsprechenden Prüfungsaufgabe konfrontiert, erneut traumatisiert, psychisch geschädigt oder prüfungsunfähig werden.

Einige Lehrbücher sparen vor diesem Hintergrund die Sexualstraftaten komplett aus,[3] andere beschränken sich auf Kurzdarstellungen[4] und nur vereinzelt finden sich ausführlichere Abhandlungen.[5] In diesem Buch wird ein Kompromiss gesucht: Die praktisch wichtigeren der Sexualstraftaten werden ausführlicher, die übrigen kursorisch geschildert, alles jedoch außerhalb des Buchtextes.

II. Systematik

675 Rechtsgut zahlreicher Sexualstraftaten ist die *sexuelle Selbstbestimmung*, indes nicht im umfassenden, sondern im Sinne eines Abwehrrechts: Sie wollen allein die ungewollte Konfrontation mit und die Zumutung von sexuellen Handlungen verhindern. Dagegen ist die Freiheit zu sexueller Betätigung kein Schutzgut.[6] Zusätzliches, z.T. auch einziges Rechtsgut anderer Sexualdelikte ist der Jugendschutz, so z.B. bei der

---

1 29. StÄG, BGBl. 1994 I 1168.

2 Vgl. dazu die eingehende Darstellung bei MAURACH/SCHROEDER/MAIWALD BT 1 § 17 Rn. 1-3.

3 So OTTO BT; KREY/HEINRICH; RENGIER BT II; WESSELS/HETTINGER BT 1.

4 Vgl. ARZT/WEBER § 10 (immerhin noch 12 S.); GÖSSEL/DÖLLING BT 1 § 22-28 (7 S.); KINDHÄUSER BT I §§ 20, 21 (ganze 3 S.).

5 Insbesondere MAURACH/SCHROEDER/MAIWALD BT 1 § 17-23.

6 MAURACH/SCHROEDER/MAIWALD BT 1 § 17 Rn. 16.

Pornographie nach § 184. Bei einigen der Prostitutions- und Zuhältereidelikte schließlich stehen Arbeitskraft, Vermögen bzw. allgemeine Freiheit der Prostituierten im Vordergrund. *Gesellschaftliche Moralvorstellungen* spiegeln sich zwar im Sexualstrafrecht wieder; die Moral als solche stellt jedoch *kein Rechtsgut* dar und vermag deshalb auch nicht den materiellen Grund dafür zu liefern, ein bestimmtes Sexualverhalten unter Strafe zu stellen.

Die Sexualstraftaten sind seit dem 33. StÄG 1997[7] (mit Ausnahme des § 183) ge- **676**
schlechtsneutral formuliert. Sie können also nicht mehr nur von Männern gegen Frauen, sondern ebenso umgekehrt oder in gleichgeschlechtlichen Täter-Opfer-Beziehungen begangen werden. Der tatsächliche Regelfall ist jedoch die Tat von Männern gegen Frauen geblieben (vgl. CD 21-01).

Gleichzeitig wurde der Anwendungsbereich auf eheliche Beziehungen ausgedehnt; zuvor war beispielsweise die Vergewaltigung innerhalb der Ehe nur auf dem Umweg über § 240 zu erfassen.

Man kann die Sexualstraftaten, die nicht alle im 13. Abschnitt versammelt sind,[8] in sechs **677**
Gruppen einteilen, die sich hinsichtlich ihres Schutzgutes bzw. ihrer Angriffsrichtung unterscheiden:[9]

- Straftaten, deren Gegenstand unmittelbare *Eingriffe in die sexuelle Selbstbestimmung* sind (CD 21-02), nämlich die sexuelle Nötigung (§ 177) mit ihrem besonders schweren Fall, der Vergewaltigung (§ 177 II Nr. 1), bzw. mit Todesfolge (§ 178);
- die Missachtung sexueller Selbstbestimmung durch den *Missbrauch institutioneller oder persönlicher Überlegenheit bzw. Abhängigkeit* (CD 21-03). Dazu zählen die Missbrauchsdelikte zum Nachteil von Gefangenen (§ 174a), unter Ausnutzung einer Amtsstellung (§ 174b), eines Beratungs-, Behandlungs- und Betreuungsverhältnisses (§ 174c) sowie zum Nachteil von Widerstandsunfähigen (§ 179);
- Straftaten zum Schutz der *ungestörten sexuellen Entwicklung* von Kindern und Jugendlichen (CD 21-04), vor allem der Sexuelle Missbrauch von Kindern (§ 176-176b), von Jugendlichen (§ 182) sowie von Schutzbefohlenen (§ 174), die Förderung sexueller Handlungen Minderjähriger (§ 180), einige der Pornographieverbote (§ 184 z.T., § 184b und § 184c, ggf. i.V.m. § 184d);
- Sexuelle *Belästigung* und die Konfrontation mit Sexualität (CD 21-05) in Form des Exhibitionismus (§ 183), der Erregung öffentlichen Ärgernisses (§ 183a), der übrigen Pornographiestraftaten (§ 184 z.T., § 184a, ggf. i.V.m. § 184d) sowie der verbotenen Prostitution (§ 184e);
- Förderung und Ausbeutung von *Prostitution* (CD 21-06). Dazu zählen Ausbeutung von Prostituierten (§ 180a), Menschenhandel (§ 232) sowie Zuhälterei (§ 181a);
- ferner als Relikt überkommenen Moralschutzes den *Beischlaf zwischen Verwandten* (§ 173, CD 21-07).

---

7 33. StÄG vom 01.07.1997 (BGBl. I 1607).

8 Außerhalb des 13. Abschnittes befinden sich noch die §§ 173, 232, 233a.

9 Etwas anders MAURACH/SCHROEDER/MAIWALD BT 1 § 17 Rn. 6 ff., die Pornographie gesondert auflisten und den Inzest nicht als Sexualstraftat verstehen; noch anders GÖSSEL/DÖLLING BT 1 § 22 Rn. 4 ff., die zahlreiche Jugendschutzdelikte als Gefährdung sexueller Selbstbestimmung im Allgemeinen begreifen.

7. Abschnitt. Straftaten gegen Persönlichkeit, Familie und Hausfrieden

22. Kapitel. Straftaten gegen Familie und Personenstand

678 Vor dem Hintergrund des verfassungsrechtlich gebotenen Schutzes von Ehe, Familie (Art. 6 I GG), Kindespflege und -erziehung (Art. 6 II GG) erklären sich Straftatbestände recht unterschiedlicher Art, welche die Ehe als Institution (§ 172) und als Lebensgemeinschaft (§ 170), die Erziehung als Recht der Eltern (§ 235) und (zusammen mit der Kindespflege) als Recht der Kinder (§§ 170, 171, 236) schützen:

Abbildung: System der Straftaten gegen Familie und Personenstand

<table>
<tr><th>Ehe und Familie</th><th>Elternrecht</th><th>Elternpflicht und Kindesrecht</th></tr>
<tr><td>Doppelehe (§ 172)
- Heirat trotz bestehender eigener Ehe
- Heirat eines bereits Verheirateten</td><td rowspan="3">Entziehung Minderjähriger (§ 235)
- Entziehen oder Vorbehalten eines Kindes gegenüber Eltern(-teil), Vormund oder Pfleger</td><td>Verletzung der Unterhaltspflicht (§ 170) gegenüber Kindern
- schuldhafte Nichterfüllung gesetzlicher Kindesunterhaltspflichten mit zumindest potenzieller Gefährdung des Lebensbedarfs</td></tr>
<tr><td rowspan="2">Verletzung der Unterhaltspflicht (§ 170) gegenüber Ehegatten
- schuldhafte Nichterfüllung des Ehegattenunterhalts mit zumindest potenzieller Gefährdung des Lebensbedarfs</td><td>Verletzung der Fürsorge- und Erziehungspflicht (§ 171)
- schwerwiegende Pflichtverletzungen eigener Fürsorge- und Erziehungspflichten mit Gefahr für Entwicklung oder Lebensweg</td></tr>
<tr><td>Kinderhandel (§ 236)
- Überlassen des eigenen Kindes gegen Geld
- unbefugte Adoptionsvermittlung</td></tr>
<tr><td colspan="3">Personenstandsfälschung (§ 169)
- Bewirken falscher oder unvollständiger behördlicher Registrierung des Personenstandes eines anderen</td></tr>
</table>

679 Die Personenstandsfälschung nach § 169 setzt dazu bereits im Vorfeld des Rechtsgüterschutzes an. Der Tatbestand soll gewährleisten, dass durch zutreffende amtliche Registrierung von Person und Abstammung die Voraussetzungen geschaffen werden, Eltern- und Kindesrechte geltend zu machen. Er entfaltet dabei auch eine gewisse drittschützende Funktion, z.B. im Hinblick auf Erbansprüche.

Der im 12. Abschnitt des StGB ferner zu findende Beischlaf zwischen Verwandten (§ 173) stellt im Kern eine Sexualstraftat dar und wird daher bei Rn. 677 mit abgehandelt.

Praktisch bedeutsam ist § 170, vor allem beim Unterhalt nichtehelicher Kinder und 680
beim nachehelichen Ehegattenunterhalt. Für die Prüfung spielen die Straftaten gegen Personenstand und Familie dagegen kaum eine Rolle. Nähere Einzelheiten befinden sich daher auf CD 22-01.

23. Kapitel. Straftaten gegen den persönlichen Frieden

Das Anrecht auf den persönlichen Frieden lässt sich auf Art. 2 I GG, das Recht zur 681
freien Entfaltung der Persönlichkeit, zurückführen. Niemand entfaltet sich frei und unbeschwert, solange er mit einem Gefühl von Unsicherheit leben muss. Die daher schützenswerte persönliche Friedenssphäre reicht bis hin zum Hausfrieden. Er hat eine eigene verfassungsrechtliche Ausprägung in Art. 13 I GG gefunden. Das Strafrechtsgut geht aber noch über den verfassungsrechtlichen Wohnungsschutz hinaus.

Die wichtigsten Straftatbestände, die vornehmlich – und nicht nur als Reflex des 682
Schutzes elementarerer Güter wie der körperlichen Unversehrtheit – den Frieden der Person gewährleisten wollen, stellen die Bedrohung (§ 241) und der Hausfriedensbruch dar (§§ 123, 124). Sie nehmen auch in der Praxis eine wichtige Rolle ein (vgl. CD 23-01). Mit ihnen verwandt sind diejenigen Alternativen der Störung der Totenruhe (§ 168), die den postmortalen Frieden garantieren sollen. Da diese Strafbestimmung jedoch zugleich in ihren wichtigeren Alternativen dem Diebstahl näher steht, wird sie dort behandelt (Rn. 1169 f.).

I. Bedrohung (§ 241)

1. Gegenstand der Drohung und ihr Ziel

Bei der Bedrohung wird der persönliche Friede des Opfers durch die Ankündigung 683
eines Verbrechens gestört. In § 241 I (dem *eigentlichen Bedrohungstatbestand*) geschieht dies, indem der Täter ankündigt, er selbst werde ein Verbrechen begehen. Bei der *Täuschungsvariante* hingegen (§ 241 II) sagt er – fälschlich – ein Verbrechen durch einen von ihm unabhängig handelnden Dritten voraus.

In beiden Fällen soll das Verbrechen entweder das Opfer treffen oder – der Begriff ist aus § 35 I bekannt – eine *ihm nahe stehende Person*. Nahe stehen Menschen, denen das Opfer so verbunden ist, dass es die bevorstehende Begehung eines Verbrechens gegen sie als massive Bedrohung des eigenen Friedens empfindet. Zu ihnen zählen neben den Verwandten die Lebensgefährten, engen Freunde und Mitbewohner.[1]

Unter *Verbrechen* ist allein das zu verstehen, was die Voraussetzungen von § 12 I 684
erfüllt. Da die Täter aber selten die Terminologie des StGB benutzen, müssen ihre (verbalen und nonverbalen) Äußerungen ggf. ausgelegt und unter die jeweiligen Verbrechenstatbestände subsumiert werden.

1 Sch/Sch-ESER § 241 Rn. 6; GÖSSEL/DÖLLING BT 1 § 18 Rn. 74.

Beispiel (Drohungen eines Zuhälters):[2] *Sven C.* zwang die Jugendliche *Verena J.*, für ihn der Prostitution nachzugehen. Ihm wurden deshalb von Seiten seiner Bekannten *Jochen W.* und *Dirk H.* heftige Vorwürfe gemacht. Im Verlaufe einer zunächst verbal geführten Auseinandersetzung mit ihnen zog *Sven C.* plötzlich ein Klappmesser aus der Tasche, klappte dies auf und hielt es erst *Jochen W.* und später *Dirk H.* jeweils in einer Entfernung von 25-30 cm vor Gesicht und Brust. Mit dem Messer herumfuchtelnd sagte er zu *W.*, dieser sei „gleich reif" und er könne ihm zeigen, wie er dann aussehen werde. — Das OLG Köln hob die Verurteilung wegen § 241 auf, weil die Drohung mit einem Tötungsverbrechen oder jedenfalls mit einer schweren Körperverletzung nach § 226 nicht eindeutig nachgewiesen sei. Ebensogut könne *C.* mit seinem Verhalten und seiner Äußerung „nur" nichttödliche Messerstiche ohne Dauerfolgen, also eine gefährliche Körperverletzung nach § 224 I Nr. 2 angekündigt haben.

2. Über Ernstmeinen und Ernstnehmen der Drohung

685 § 241 verlangt in beiden Alternativen keine Tatfolgen, sondern stellt ein reines *Tätigkeitsdelikt* dar. Daher muss die Drohung den Bedrohten zwar erreichen; an sie zu glauben braucht er nicht. Auch wer davon ausgeht, der Drohende werde seine Ankündigung niemals wahr machen (Abs. 1), oder wer weiß, dass kein Dritter gegen ihn ein Verbrechen plant (Abs. 2), kann folglich dennoch i.S.v. § 241 bedroht werden.

Auf Täterseite braucht bei Abs. 1 ebenfalls kein Verbrechen geplant sein. Selbst aus Tätersicht „leere" Drohungen erfüllen daher den Tatbestand. Bei Abs. 2 ist dem Ankündigenden das Fehlen der Gefahr wegen des erforderlichen Handelns wider besseres Wissen ohnehin bewusst.

686 Andererseits bedarf es des *Vorsatzes der Drohung* (Abs. 1) bzw. der Vortäuschung (Abs. 2). Das bedeutet, der Täter muss wissen und intendieren, dass sein Opfer bedroht bzw. getäuscht wird. Mit anderen Worten: Es hat zumindest in Kauf zu nehmen, dass seine Äußerung beim Adressaten als ernstgemeinte Verbrechensankündigung Gehör findet. Irgendeinen anderen Zweck als den, das Opfer zu verunsichern, braucht er dabei nicht zu verfolgen.

687 ARZT/WEBER ergänzen allerdings zutreffend, fast jeder Drohende hege gleichwohl mit seiner Drohung implizit eine Verhaltenserwartung dergestalt, das Opfer möge ihm etwa aus dem Wege gehen[3] oder ihn einfach nur fürchten. Nur ist diese Erwartung regelmäßig nicht so hinreichend präzisiert, um eine Subsumtion unter § 240 („zu einer Handlung, Duldung oder Unterlassung") zu erlauben.

3. Konkurrenzen, Verfolgung und Bestrafung

688 Zwar ist § 241 wegen der Beschränkung auf eine Verbrechensankündigung unter dem Aspekt des Drohens deutlich enger gefasst als die meisten[4] Delikte mit Nötigungselementen (z.B. die §§ 113, 240, 249, 253), die Drohungen mit Gewalt oder gar nur mit empfindlichen Übeln genügen lassen. Dennoch tritt § 241 hinter sie als *subsidiär*

---

2 OLG Köln StV 1994, 244

3 ARZT/WEBER BT § 9 Rn. 96.

4 Ausnahme: § 239b (Drohung mit dem Tod oder einer schweren Körperverletzung).

zurück, selbst wenn das Nötigungsdelikt nur versucht bleibt.[5] Erst bei ihrer Straflosigkeit wegen Rücktritts vom Versuch lebt die Strafbarkeit nach § 241 erneut auf.

Für beide Alternativen sieht § 241 Freiheitsstrafe bis zu einem Jahr vor. Eine Versuchsstrafbar- 689
keit besteht nicht.

Die Bedrohung ist zwar kein Strafantrags-, wohl aber gemäß § 374 I Nr. 5 StPO ein *Privatklagedelikt*. Das erklärt die wenigen Verurteilungen im Verhältnis zur großen Zahl angezeigter Taten (dazu CD 23-01).

Hinweis für die Fallbearbeitung: Im Hinblick auf die Subsidiarität von § 241 gegen- 690
über § 240 sollte man darauf achten, ob der Täter mit der Drohung eine hinlänglich konkrete Verhaltenserwartung verknüpft hat (vgl. Rn. 687). Ist dies der Fall, prüft man sogleich Nötigung; oft erübrigt sich dann die ausführlichere Erörterung von § 241 unter Hinweis auf dessen Subsidiarität.

II. Hausfriedensbruch (§ 123)

1. Überblick und Schutzgüter

§ 123 schützt mit dem Hausrecht[6] einen wichtigen Ausschnitt der persönlichen Frie- 691
denssphäre. Wegen seiner sehr unterschiedlichen Schutzobjekte erschöpft sich die Bedeutung des Tatbestandes aber nicht darin allein. Vielmehr geht es bei den Räumen „zum öffentlichen Dienst oder Verkehr" vorwiegend um die Funktionsfähigkeit öffentlicher Dienstleister und weniger um individuelle Friedensansprüche.

Die Begriffe des *Hausfriedens* und des *Hausrechts* führen zudem ein wenig in die Irre, weil 692
„Häuser" (oder Gebäude) in § 123 an sich nicht thematisiert werden. Vielmehr greift die Vorschrift einzelne *Räumlichkeiten* (Wohnungen, Geschäftsräume) heraus, die gar keinem Haus zugehören müssen. Auch Container oder Wohnmobile genießen als „Wohnungen" Schutz und für das befriedete Besitztum gilt die Abkoppelung von Gebäuden erst recht. Der Begriff des in § 123 geschützten Hausfriedens ist deshalb zu präzisieren als das Recht, frei darüber verfügen zu können, wer Zutritt zu denjenigen Räumen und Flächen hat, welche einer Person oder Institution zur Nutzung überantwortet sind. Das so verstandene Schutzgut ist freilich nur ein Zwischenrechtsgut, das seine Legitimation erst erfährt, indem es auf Kernrechtsgüter zurückgeführt wird.[7] Diese sind zum einen das Recht auf Unverletzlichkeit der Wohnung (Art. 13 I GG), zum anderen Besitz und Eigentum sowie diejenigen allgemeinen (Versorgungs-)Interessen, denen die „Räume ... zum öffentlichen Dienst und Verkehr" dienen. Diese Überlegung unterschiedlicher Bezugspunkte des Hausrechts wird bei der Frage nach der Reichweite des jeweiligen Strafrechtsschutzes Bedeutung erlangen. Zusätzliche Informationen zur Rechtsgutsdiskussion sind auf CD 23-02 zu finden.

Der Tatbestand benennt zwei unterschiedliche Begehensformen: 693

- in der ersten Alternative ein *Eindringen* in die geschützten Bereiche,

---

5 Lackner/Kühl § 241 Rn. 4; Rengier BT II § 27 Rn. 4; BGH NStZ-RR 2002, 235; a.A. Sch/Sch-Eser § 241 Rn. 16; BayObLG NJW 2003, 911; dagegen die zutreffende Anmerkung von Christian Jäger JR 2003, 478.

6 Das Hausrecht als Rechtsgut benennen u.a. Lackner/Kühl § 123 Rn. 1; Otto BT § 35 Rn. 1; Sch/Sch-Lenckner/Sternberg-Lieben § 123 Rn. 1; Maurach/Schroeder/Maiwald BT 1 § 30 Rn. 2.

7 SK-Stein § 123 Rn. 1.

- in der zweiten Alternative ein *Verweilen* darin nach Aufforderung zum Verlassen. Insoweit handelt es sich bei § 123 um ein *echtes Unterlassensdelikt.*

694 **Abbildung:** Prüfungsaufbau des Hausfriedensbruches

<table>
<tr><td rowspan="3">I. Tatbestand</td><td colspan="2">Objektiver Tatbestand
- Wohnung (Rn. 696 f.) / Geschäftsraum (Rn. 698 f.) / befriedetes Besitztum (Rn. 700 f.) / abgeschlossene Räume zum öffentlichen Dienst oder Verkehr (Rn. 702 f.)</td></tr>
<tr><td>1. Alternative
- Eindringen (gegen den Willen des Berechtigten, Rn. 705 ff.)</td><td>2. Alternative
- Aufforderung zum Verlassen
- Verweilen (Rn. 714)</td></tr>
<tr><td colspan="2">Subjektiver Tatbestand
Vorsatz bzgl.
- geschützter Sphäre
- Eindringen / Aufforderung und Verweilen</td></tr>
<tr><td>II. Rechtswidrigkeit</td><td colspan="2">keine Besonderheiten (Rn. 715 f.)</td></tr>
<tr><td>III. Schuld</td><td colspan="2">keine Besonderheiten</td></tr>
<tr><td>(IV.) Strafausschließung u.a.</td><td colspan="2">Strafantrag (ggf. vorab prüfen, vgl. Rn. 726)</td></tr>
</table>

695 Der *schwere Hausfriedensbruch* (§ 124) ist zwar ausweislich seiner Überschrift als Qualifikation konzipiert, stellt aber wegen der Voraussetzung der öffentlichen Zusammenrottung (und deren Gefahrenpotenzial) bei Lichte betrachtet eher ein delictum sui generis dar, das dem Landfriedensbruch (§ 125) näher steht.

2. Tatbestand

a) Die einzelnen Tatobjekte

aa) Wohnung

696 Der Begriff der Wohnung wird im Gesetz zwar auch andernorts verwendet,[8] ist aber nicht einheitlich auszulegen. Bei § 123 interpretiert man ihn als weiten Begriff, der

- *alle Räumlichkeiten umfasst* (einschließlich beweglicher Räume wie Wohnmobile, ebenso Zelte; eine räumliche Abgrenzung ist aber erforderlich, weshalb ein freier Lagerplatz nicht genügt),
- *die einer Person zur ständigen oder zeitweiligen* (weshalb auch Hotelzimmer erfasst werden)
- *Unterkunft und sonstiger Nutzung dienen.*[9] Da beide Funktionen erfüllt sein müssen, genügt weder eine bloße Schlafstelle noch eine Behausung ohne wenig-

---

8 §§ 201a, 244 I Nr. 3, 306 I Nr. 1.

stens rudimentäre Schlafmöglichkeiten; nach der Gegenmeinung, die keine Schlafstätte verlangt,[10] geriete jeder Arbeitsplatz zur „Wohnung", was der Intention des Gesetzes kaum noch entspräche.

Zur Wohnung gehören nach h.M. auch *Nebenflächen*, die nicht zwingend baulich in den Wohnbereich integriert zu sein brauchen. So werden Kellerräume, Treppenhäuser, Fahrradabstellräume, Balkone und Terrassen ebenfalls geschützt, soweit sie einen eindeutigen Bezug zur individuellen Wohnfunktion der eigentlichen Wohnräume aufweisen.[11] Eine nähere Darstellung – auch zur Gegenposition – befindet sich auf CD 23-03. **697**

bb) Geschäftsräume

Sie dienen überwiegend und für eine gewisse Dauer dem Betreiben gewerblicher, wissenschaftlicher oder künstlerischer Tätigkeit (z.B. Ladengeschäfte, Werkstätten, Fabriken, Ateliers).[12] Wie Wohnungen können sie sich in beweglichen Sachen befinden (etwa einem Verkaufswagen). **698**

Auch hier wird die Frage der *Nebenflächen* uneinheitlich gelöst. Typische Beispiele sind Areale mit Verkaufsständern auf dem Gehweg vor dem eigentlichen Geschäft oder Straßencafés, deren Tische und Stühle ohne Umgrenzung auf dem Gehweg stehen. Die h.M. behandelt sie als Zubehör ähnlich der Nebenflächen einer Wohnung,[13] während andere sie zwar nur als befriedetes Besitztum, aber so jedenfalls als im Ergebnis von § 123 geschützt ansehen.[14] Angesichts des Wortlautes ist beides im Ergebnis, aber nicht in der Begründung zutreffend: Während nämlich die letzte Alternative des § 123 von *abgeschlossenen* Räumen spricht, fehlt dieser Zusatz bei den Geschäftsräumen. Diese müssen daher nicht durch eine Umgrenzung abgetrennt sein, weil „Raum" hier auch als „Fläche" zu verstehen ist (argumentum e contrario[15]). Damit genügt ihre klare funktionale Zuordnung, um offene Verkaufsflächen als originäre Geschäftsräume zu begreifen; des Umweges über Nebenflächen bedarf es gar nicht. **699**

cc) Befriedetes Besitztum

Im Gegensatz zu Wohnung und Geschäftsräumen handelt es sich beim befriedeten Besitztum um unbewegliche Grundflächen, die durch eine *Einfriedung* gesichert sein müssen.[16] Sie hat ein physisches Hindernis darzustellen, so dass Verbotstafeln, Mäu- **700**

---

9 So im Wesentlichen RGSt 12, 132 (133); BGH NStZ 2001, 533 (534); KÜPER BT S. 474 f.; Sch/Sch-LENCKNER/STERNBERG-LIEBEN § 123 Rn. 4.

10 LK-LILIE § 123 Rn. 8; MAURACH/SCHROEDER/MAIWALD BT 1 § 30 Rn. 10.

11 LK-LILIE § 123 Rn. 11; Sch/Sch-LENCKNER/STERNBERG-LIEBEN § 123 Rn. 4; RENGIER BT II § 30 Rn. 5.

12 LK-LILIE § 123 Rn. 14; Sch/Sch-LENCKNER/STERNBERG-LIEBEN § 123 Rn. 5; KÜPER BT S. 167; OLG Köln StV 1982, 471 (ausländische Botschaft).

13 FISCHER § 123 Rn. 7; LK-LILIE § 123 Rn. 15; GÖSSEL/DÖLLING BT 1 § 38 Rn. 15.

14 LACKNER/KÜHL § 123 Rn. 3; Sch/Sch-LENCKNER/STERNBERG-LIEBEN § 123 Rn. 5; noch restriktiver SK-STEIN § 123 Rn. 23, der eine physische Umgrenzung verlangt.

15 argumentum e contrario = Argumentation mit einem (oft gesetzlich geregelten) Gegensatz: Wenn für Fall 1 das Ergebnis A festgelegt ist, dann folgt daraus, dass für den abweichenden Fall 2 als Ergebnis gerade nicht A gelten kann.

16 LACKNER/KÜHL § 123 Rn. 3; SK-STEIN § 123 Rn. 36; LK-LILIE § 123 Rn. 17.

erchen oder andere, ohne jede Anstrengung überwindbare Absperrungen nicht genügen.[17] Lückenlos braucht die Einfriedung andererseits nicht zu sein.

Beispiel (Besetzung eines Abrisshauses):[18] *Maren K.* und weitere Personen kletterten durch ein offen stehendes rückwärtiges Fenster in ein ansonsten zugemauertes, baufälliges und seit längerem leer stehendes Wohnhaus, das auf Anordnung der Stadt abgerissen werden sollte. Mit dieser Aktion wollten *K.* und die anderen die Vernichtung von erhaltenswertem Wohnraum verhindern. — Das OLG Hamm hob *K.*´s Freispruch durch das Amtsgericht auf. Wegen seiner Entwidmung und Bestimmung zum Abriss befanden sich in dem Haus keine Wohnungen i.S.v. § 123 mehr. Wohl aber, so das OLG Hamm im Unterschied zum Amtsgericht, stelle es befriedetes Besitztum dar, weil der Eigentümer durch das Zumauern aller üblichen Eingänge seinen Willen, das Grundstück gegen willkürliches Betreten zu sichern, erkennbar zum Ausdruck gebracht habe. Dass ein Fenster offen stand, ändere daran nichts, solange die Einfriedung die üblichen Zuwege blockiere. Da sämtliche Eingangstüren zugemauert waren, lag diese Voraussetzung vor. Einer besonderen Sphäre häuslichen „Friedens" bedürfe es darüber hinaus nicht.

701 Die im Beispielsfall zu Tage tretende Kontroverse zwischen den Gerichten geht auf eine Diskussion zurück, welche sich im Zuge der Besetzung zahlreicher leerstehender Wohnhäuser während der 80er Jahre in den westdeutschen Ballungszentren entzündet hatte. Sollte Befriedung nicht eher im Sinne einer Zugehörigkeit zu einer persönlichen (oder geschäftlichen) Friedenszone zu verstehen sein? Eine solche Interpretation ersetzt die Formalisierung (Vorhandensein einer demonstrativen *Einfriedung*) durch eine materielle Betrachtung (*Befriedetsein*). Die h.M. lehnt diese Auffassung zwar unter Hinweis auf die Historie ab,[19] überzeugt damit aber nicht vollständig. Richtigerweise ist zusätzlich zur rein formalen Besitzstörung eine Funktionsstörung, sei es einer angrenzenden Wohn- oder Geschäftssphäre oder einer eigenständigen Funktion des betroffenen Besitztums, zu verlangen. Mehr dazu auf CD 23-04.

Abbildung: Befriedung durch eine Heckeneinfriedung

---

17 SK-STEIN § 123 Rn. 36; Sch/Sch-LENCKNER/STERNBERG-LIEBEN § 123 Rn. 6; Walter KARGL, Rechtsgüter und Tatobjekte der Strafbestimmung gegen Hausfriedensbruch, JZ 1999, 930-938 (936); a.A. (auch Absperrbänder genügen) LK-LILIE § 123 Rn. 17 m.w.N.; Gabriele KETT-STRAUB, Ist „Flitzen" über ein Fußballfeld strafbar? JR 2006, 188-191 (191), die auch eine Ordnerkette als ausreichend ansehen will und so das Spielfeld im Fußballstadion als befriedetes Besitztum einstuft.

18 OLG Hamm NJW 1982, 1824.

19 SK-STEIN § 123 Rn. 36; LK-LILIE § 123 Rn. 17; Sch/Sch-LENCKNER/STERNBERG-LIEBEN § 123 Rn. 6.

dd) Abgeschlossene Räume zu öffentlichem Dienst oder Verkehr

702 Da der Tatbestand explizit von *abgeschlossenen* Räumen spricht, bedarf es einer festen räumlichen Umgrenzung einschließlich eines Daches.[20] Offene Zubehörflächen (z.B. die Außentreppe eines Regierungsgebäudes) scheiden deshalb an dieser Stelle aus.[21] Dagegen werden bewegliche Räume erfasst (z.B. Straßenbahnwaggons).[22]

703 Zum *öffentlichen Dienst* sind Räume bestimmt, wenn in ihnen Tätigkeiten zur Erledigung staatlicher Aufgaben ausgeübt werden sollen. Die konkrete Rechtsform der jeweiligen Einrichtung ist freilich unerheblich, entscheidend ist die Rechtsnatur ihrer Aufgabe. Kommunale Tiefgaragen sind daher nicht geschützt,[23] wohl aber privatrechtlich organisierte Wasserwerke (als Teil staatlicher Leistungsverwaltung).

704 Unter *öffentlichen Verkehr* fallen Personen- und Güterverkehr mit Hilfe irgendeines Verkehrsmittels (weshalb der Fußgängerverkehr nicht dazu zählt[24]). Dem Verkehr dienen z.B. Bahnhöfe, Warteräume, Stellwerke, Verladeterminals u.a. Im Unterschied zum Individualverkehr steht öffentlicher Verkehr prinzipiell jedermann zur Benutzung frei, wobei auch hier die Organisationsform gleichgültig ist. Privat betriebene Eisenbahn- oder Busverbindungen werden daher ebenfalls geschützt.[25]

b) Tathandlungen

aa) Eindringen

705 Es setzt voraus, dass der Täter mindestens mit einem *Körperteil* in die geschützte Sphäre gelangt. Der sprichwörtliche „Fuß in der Tür" genügt daher ebenso wie ein Hineingreifen mit der Hand. Hingegen reicht es nicht aus, wenn alleine Gegenstände in den Raum gebracht werden.[26] Zum Sonderproblem des Eindringens durch Unterlassen Näheres auf CD 23-05.

Eindringen erfordert zugleich die Überwindung des entgegen stehenden Willens des Hausrechtsinhabers.

706 **Aufgabe:** Einladung an verdeckt ermittelnde Drogenfahnder[27]
Nachdem die Polizei einen Hinweis erhalten hatte, in der Wohnung von *Sebastian J.* werde mit Rauschgift gehandelt, verschafften sich Beamte der US-amerikanischen Drogenbehörde, die mit der deutschen Polizei zusammenarbeiteten, unter dem Vorwand, sie wollten

20 So i.E. auch Sch/Sch-LENCKNER/STERNBERG-LIEBEN § 123 Rn. 7; SK-STEIN § 123 Rn. 29.

21 OLG Oldenburg JR 1981, 166 (167); Sch/Sch-LENCKNER/STERNBERG-LIEBEN § 123 Rn. 7.

22 RGSt 75, 355 (357); SK-STEIN § 123 Rn. 35c.

23 Sch/Sch-LENCKNER/STERNBERG-LIEBEN § 123 Rn. 8; SK-Stein § 123 Rn. 30; insoweit a.A. BayObLG NJW 1986, 2065; dagegen zu Recht Edwin ALLGAIER, Hausfriedensbruch in städtischer Tiefgarage, MDR 1987, 723.

24 AG Frankfurt/M. NStZ 1982, 334 (Fußgängerpassage).

25 LK-LILIE § 123 Rn. 24; Ausnahme: Sonderfahrt einer geschlossenen Gesellschaft.

26 SK-STEIN § 123 Rn. 12a; LK-LILIE § 123 Rn. 48; FISCHER § 123 Rn. 15.

27 OLG München NJW 1972, 2275.

Rauschgift kaufen, Zutritt zur Wohnung von *J*. Nachdem dieses Vorgehen später bekannt geworden war, stellte *J*. Strafantrag gegen die betreffenden Drogenfahnder.
Haben diese durch das Betreten der Wohnung den Tatbestand von § 123 verwirklicht?

707 Stimmt der Hausrechtsinhaber dem Betreten zu, entfällt mit seinem Hinderungswillen zugleich das Merkmal des Eindringens, weshalb die Regeln des tatbestandsausschließenden Einverständnisses[28] zur Anwendung gelangen. Damit bleibt nach zutreffender h.M. ein Einverständnis selbst dann wirksam, wenn es durch Täuschung erschlichen wurde.[29] Deshalb drangen die Beamten in der Aufgabe Rn. 706 nicht in die Wohnung von *J*. i.S.v. § 123 ein, da er ihnen, wenngleich täuschungsbedingt über ihre Motive irrend, den Zutritt gestattet hatte. Allein die durch Zwang bewirkte Zutrittserlaubnis entfaltet keine tatbestandsausschließende Wirkung.

708 Umstritten ist, ob der entgegen stehende Wille des Hausrechtsinhabers auch aktuell vorhanden zu sein hat[30], ob es genügt, wenn der Täter ohne dessen Willen handelt[31] oder ob notfalls auch der mutmaßliche Wille des Berechtigten entscheidet.[32] Der Streit führt allerdings in der Sache kaum weiter. Denn auch diejenigen, die keinen aktuell entgegen stehenden Willen verlangen, setzen dennoch einen generellen Ausschließungswillen voraus. Er muss entweder qua Einfriedung dokumentiert sein oder wird – bei Wohn- und Geschäftsräumen – innerhalb ihrer räumlichen Abgrenzung normativ als vorhanden unterstellt. Der Täter überwindet daher nach jeder der Auffassungen eine Willensschranke des Hausrechtsinhabers, die sich zumindest in der räumlichen Gestaltung der geschützten Sphäre manifestiert. Sie muss erst im Einzelfall wieder von Berechtigten beseitigt werden, um strafloses Betreten zu ermöglichen. Das kann beispielsweise geschehen, indem ein Ladengeschäft zu bestimmten Zeiten für den Publikumsverkehr geöffnet wird oder der Wohnungsinhaber einen Gast hineinbittet.

bb) Generelle Zustimmungen zum Betreten von Räumen und ihre Einschränkung

709 Wer – wie der Inhaber eines Ladengeschäfts, einer Gaststätte oder eines öffentlichen Verkehrsmittels – den Zutritt zu bestimmten Räumlichkeiten zeitweilig für das Publikum zulässt, kann diese Gestattung zwar von *Bedingungen* abhängig machen. Dabei bleibt er indes auf *äußerlich feststellbare Kriterien* beschränkt. Insbesondere können verborgene Motive des Besuchers nicht herangezogen werden. Denn der generellen Bezeichnung zugelassener Besucher darf nicht mehr an Auswahlleistung abverlangt werden, als der Hausrechtsinhaber, stünde er selbst neben der Tür, leisten könnte. Greift danach die Ausschlussbedingung nicht ein, kann sich der Besucher auf die generelle Zutrittsgestattung berufen; er dringt also nicht i.S.v. § 123 ein.

Beispiel (Ausschluss unerwünschter Besuchergruppen): In einem City-Kaufhaus hing ein Plakat am Eingang „Ladendiebe und Landstreicher haben hier keinen Zu-

---

28 Dazu näher Bd. I.

29 OTTO BT § 35 Rn. 9; FISCHER § 123 Rn. 23; Sch/Sch-LENCKNER/STERNBERG-LIEBEN § 123 Rn. 22; a.A. OLG München NJW 1972, 2275; Knut AMELUNG / Hero SCHALL, Zum Einsatz von Polizeispitzeln: Hausfriedensbruch und Notstandsrechtfertigung, Wohnungsgrundrecht und Durchsuchungsbefugnis – OLG München, DVBl 1973, 221, JuS 1975, 565-572 (567).

30 GÖSSEL/DÖLLING BT 1 § 38 Rn. 35; LK-LILIE § 123 Rn. 45; FISCHER § 123 Rn. 14.

31 SK-STEIN § 123 Rn. 13; AMELUNG/ SCHALL (Fn. 29), JuS 1975, 567.

32 KREY/HEINRICH BT 1 Rn. 438; KÜPER BT S. 121 f.; LACKNER/KÜHL § 123 Rn. 5.

tritt". Gleichwohl betrat der verwahrlost aussehende Obdachlose *Rudolf K.* kurz vor Weihnachten das Innere, um sich ein wenig aufzuwärmen. Zur gleichen Zeit begab sich der gepflegt aussehende *Klaus W.* in das Kaufhaus, weil er in der Lebensmittelabteilung einige Dosen Kaviar entwenden wollte. — Da der (als Türwächter gedachte) Hausrechtsinhaber die Diebstahlsabsicht von *Klaus W.* nicht hätte erkennen können, hätte er ihn wie jedermann, der äußerlich dem normalen Kundenbild entsprach, zugelassen. Folglich entsprach *W.* den zulässigen äußerlichen Kriterien der den Türwächter ersetzenden generellen Zutrittsgestattung. Er drang also nicht gegen den Willen des Berechtigten in das Kaufhaus ein. Anders liegt es bei *Rudolf K.*, der auch äußerlich erkennbar einer nach dem Willen des Hausrechtsinhabers nicht zuzulassenden Gruppe zugehörte. *K.* handelte daher tatbestandlich, als er das Schild ignorierte.

Sonderprobleme entstehen, falls eine an sich bestehende Zutrittsgestattung zu öffentlichen **710**
Dienst- oder Verkehrsräumen eingeschränkt oder zurückgenommen werden soll. Sofern dies durch ein Hausverbot mittels eines *behördlichen Verwaltungsaktes* geschieht, stellt sich die Frage, ab wann dieses strafrechtliche Wirkungen entfaltet und ob seine verwaltungsrechtliche Rechtmäßigkeit erforderlich ist. Dazu mehr auf CD 23-06.

cc) Zulassung bei einer Mehrheit von Hausrechtsinhabern

Maßgebend ist bei mehreren Hausrechtsinhabern der Wille des höchstrangigen. So geht der **711**
Wille des Geschäftsinhabers demjenigen seiner Angestellten vor und jedenfalls innerhalb der Wohnung verdrängt das Hausrecht des Mieters das des Vermieters.

Unter an sich gleichrangigen Berechtigten (z.B. den gemeinsamen Bewohnern einer Wohnung) **712**
vermag jeder das Hausrecht auszuüben und Dritten Zutritt zu gewähren, solange er damit in *keiner für den anderen unzumutbaren Weise* handelt und dieser deshalb widerspricht.[33]

Beispiel (Der Liebhaber in der Ehewohnung):[34] Die Eheleute *Karl-Heinz* (45 Jahre alt) und *Johanna M.* (44 Jahre alt) lebten seit Juli 1948 in der ehelichen Wohnung getrennt, nachdem *Karl-Heinz M.* ein außereheliches Verhältnis mit der 40-jährigen *Helga R.* begonnen hatte. *Johanna M.* schlief mit der gemeinsamen 9-jährigen Tochter *Karin* im ehemals ehelichen Schlafzimmer, *Karl-Heinz M.* in einem gesonderten Raum innerhalb derselben Wohnung. Im Januar 1949 zog *Helga R.* gegen den Willen von *Johanna M.* mit in die Wohnung ein und schlief mit *Karl-Heinz M.* in dessen Zimmer. — *Karl-Heinz M.* konnte als Hausrechtsinhaber *Helga R.* nur solange in die Wohnung aufnehmen, wie kein anderer Hausrechtsinhaber dem widersprach (weshalb heimliche Besuche von Geliebten in Unkenntnis des betrogenen Ehegatten dessen Hausrecht auch nicht verletzen). Sobald ein solcher Widerspruch aber wie hier durch *Johanna M.* vorliegt, ist zwischen den betroffenen Interessen abzuwägen. Der BGH stellte dabei Menschenwürde und Persönlichkeitsrecht der Ehefrau in den Vordergrund,[35] für die es unzumutbar war, die Geliebte ihres Noch-Ehemannes, an dem sie ihrerseits offenbar festhielt, und die Fortsetzung von deren Liebesverhältnis gewissermaßen unter ihren Augen zu ertragen.

Andererseits kann es aber auch zu *unzumutbaren Zutrittsbeschränkungen* durch einen anderen **713**
Hausrechtsinhaber kommen. Beispielsweise ist es für einen Untermieter jedenfalls heutzutage

---

33 Sch/Sch-Lenckner/Sternberg-Lieben § 123 Rn. 18; Maurach/Schroeder/Maiwald BT 1 § 30 Rn. 19.

34 Nach BGHZ 6, 360.

35 BGHZ 6, 360 (367 f.).

unzumutbar, wenn ihm der Besuch seiner Geliebten durch den Hauptmieter verwehrt wird.[36] Dies gilt jedenfalls, solange dieser Besuch keine akustischen oder sonstigen objektiv messbaren Störungen verursacht, die ihrerseits den Hauptmieter unerträglich belasten.

c) Verweilen

714 Bei der zweiten Alternative, dem Verweilen, handelt es sich um ein echtes Unterlassensdelikt. Es ist gegenüber der ersten Alternative *subsidiär* und kommt daher nur zur Anwendung, wenn der Täter zuvor befugt oder jedenfalls nicht in strafbarer Weise (z.B. vorsatzlos) in eine geschützte Sphäre hineingelangt war. Erforderlich ist sodann eine – nicht unbedingt verbale[37] – *Aufforderung* zum Verlassen durch einen Hausrechtsinhaber (oder seinen Vertreter, z.B. einer Hausangestellten oder notfalls auch durch ein alleine in der Wohnung weilendes minderjähriges Kind). Weitere Voraussetzung ist, wie bei jedem Unterlassensdelikt, dass der Täter auch imstande wäre, den Raum zu verlassen.

3. Widerrechtliches bzw. unbefugtes Handeln

715 § 123 I enthält das zusätzliche Erfordernis des *widerrechtlichen* Eindringens bzw. in seiner zweiten Alternative das Merkmal des *unbefugten* Verweilens. Bei beiden Merkmalen handelt es sich nicht um Tatbestands-, sondern um sog. *allgemeine Rechtswidrigkeitsmerkmale*.[38] Sie bedürfen keiner Subsumtion, sondern stellen lediglich deklaratorische Hinweise des Gesetzgebers darauf dar, dass es auf Rechtswidrigkeitsebene angesichts einer Vielzahl von Möglichkeiten, rechtmäßig einzudringen oder zu verweilen, einer besonders sorgfältigen Prüfung bedarf.

716 Dieses Verständnis der Zusätze „widerrechtlich“, „unbefugt“ oder des verwandten „rechtswidrig“[39] trifft bei anderen Tatbeständen zwar regelmäßig, aber, wie das Gegenbeispiel des § 240 belegt (vgl. Rn. 615 ff.), nicht ausnahmslos zu. Dazu weitere systematisierende Hinweise auf CD 23-07.

4. Antragserfordernis und Privatklage

717 Hausfriedensbruch stellt mit seiner Höchststrafdrohung von einem Jahr Freiheitsstrafe ein Bagatelldelikt dar. Zudem ist die Strafverfolgung gemäß § 123 II von der Stellung eines Strafantrages durch den Hausrechtsinhaber abhängig. Anders als bei den §§ 183 II, 223, 230 i.V.m. § 232 kann dieser Strafantrag auch nicht ersetzt werden, weshalb der Antragsberechtigte abschließend darüber entscheidet, ob die zu seinem Nachteil begangene Tat (be-)strafbar ist oder nicht.

718 Auf der anderen Seite ist der Hausfriedensbruch als Privatklagedelikt ausgestaltet (§ 374 I Nr. 1 StPO). Die Strafantragstellung führt daher noch nicht dazu, dass die Tat auch von Amts wegen verfolgt werden müsste. Die Staatsanwaltschaft darf vielmehr nur dann ermitteln und ggf.

36 Krey/Heinrich BT 1 Rn. 442.

37 Sch/Sch-Lenckner/Sternberg-Lieben § 123 Rn. 28; Fischer § 123 Rn. 31.

38 Sch/Sch-Lenckner/Sternberg-Lieben § 123 Rn. 31; SK-Stein § 123 Rn. 38; Gössel/Dölling BT 1 § 38 Rn. 61; Fischer § 123 Rn. 34, 37.

39 Dieser Zusatz findet sich z.B. in den §§ 108, 253, 303, 304.

anklagen, falls daran ein öffentliches Interesse besteht (§ 376 StPO), also präventive Erfordernisse eine Bestrafung des Täters gebieten.

5. Schwerer Hausfriedensbruch (§ 124)

Nominell fungiert § 124, der die gemeinschaftliche gewaltsame Vorgehensweise unter eine – 719
freilich nur geringfügig – erhöhte Strafdrohung stellt, als Qualifikationstatbestand (zur ersten Alternative) des § 123. Tatsächlich steht § 124 allerdings dem Landfriedensbruch (§ 125) näher als dem Hausfriedensbruch (siehe bereits Rn. 695).

Erforderlich ist die Teilnahme an dem Eindringen einer Menschenmenge in eines der Schut- 720
zobjekte des § 123. Der Begriff der Menschenmenge wird in gleicher Weise in § 125 verwendet (vgl. daher dort Rn. 1928). Diese Menschenmenge muss sich zuvor öffentlich zusammengerottet haben (vgl. dazu die Erläuterungen bei § 121, Rn. 1829). *Öffentlich* geschieht dies nicht nur unter freiem Himmel, sondern stets dann, wenn die Möglichkeit einer Beteiligung durch eine unbestimmte Zahl von Personen besteht.[40]

6. Konkurrenzen und Hinweise zur Fallbearbeitung

Sofern § 123 dazu dient, andere Straftaten zu ermöglichen (z.B. die Tötung des Woh- 721
nungsinhabers), liegen i.d.R. zeitliche und räumliche Nähe zu dieser weiter geplanten Delinquenz sowie ein einheitlicher Tatentschluss vor, so dass Idealkonkurrenz im Wege natürlicher Handlungseinheit angenommen werden kann (§ 52). Anders, wenn der Täter erst nach Vollendung des Hausfriedensbruches den Entschluss fasst, die sich bietende Gelegenheit zur Begehung weiterer Taten zu nutzen. Mangels einheitlichen Tatentschlusses gelangt man hier zur Realkonkurrenz (§ 53).

Ansonsten war bislang anerkannt, dass § 123 (wie auch § 303) gegenüber tateinheit- 722
lich verwirklichten Delikten, mit denen ein Hausfriedensbruch typischerweise einhergeht, im Wege der *Konsumtion* zurücktritt. Insbesondere galt dies für Einbruchsdiebstähle in Gebäude und Wohnungen nach § 243 I Nr. 1 bzw. § 244 I Nr. 3.[41] Inzwischen deutet die Rspr. indes in diesen Fällen an, eine Verurteilung nach § 123 bleibe erforderlich, weil auch Einbrüche ohne Verwirklichung des § 123 vorstellbar seien (z.B. in Pkw) und das Mehr an Unrecht einer Klarstellung im Urteilstenor bedürfe.[42]

Diese Rspr. überzeugt indes nicht, weil die entsprechenden Alternativen des Einbruchs fast 723
ausschließlich mittels eines Hausfriedensbruches begangen werden können und daher *insoweit* (nicht für § 243 I Nr. 1 schlechthin!) der Hausfriedensbruch eben doch typische – und absolut untergeordnete – Begleittat ist, weshalb eine Konsumtion weiterhin die bessere Lösung bleibt. Dazu nähere Überlegungen auf CD 23-08.

Für die Prüfung gilt jedenfalls, dass § 123 in den fraglichen Konstellationen nicht 724
mehr von vornherein unter Hinweis auf die Konkurrenzlage ungeprüft bleiben darf, sondern erörtert werden muss und dann erst auf Konkurrenzebene nach entsprechender Diskussion ausgeschieden werden kann.

---

40 Lackner/Kühl § 124 Rn. 2; SK-Stein § 124 Rn. 5; Fischer § 124 Rn. 6.

41 Sch/Sch-Lenckner/Sternberg-Lieben § 123 Rn. 36; Fischer § 123 Rn. 45; Kindhäuser LPK § 123 Rn. 32.

42 Vgl. dazu BGH NStZ 2001, 642 zum parallelen Fall der Sachbeschädigung.

725 Im Hinblick auf die Subsidiarität des Verweilens gegenüber dem Eindringen muss die Begutachtung mit der ersten Alternative von § 123 I begonnen werden, falls nicht die Straflosigkeit des Hineingelangens in den geschützten Raum auf der Hand liegt.

726 Wegen der Abhängigkeit der Strafbarkeit vom Strafantrag muss zudem dessen Vorliegen auch im Gutachten explizit geprüft werden. Fehlt der Antrag (und kann er im Hinblick auf die §§ 77b I, 77d I 3 auch nicht mehr gestellt werden), so bedarf es regelmäßig keiner weiteren Prüfung. Es ist gerade in Fällen fehlenden Strafantrages daher tunlich und erlaubt, dieses Merkmal in Abweichung vom üblichen Aufbau noch vor dem Tatbestand als erstes zu erörtern, um die Prüfung anschließend sofort abzubrechen.

727 **Wiederholungsfragen zum 23. Kapitel**

1. Stellt es eine Bedrohung dar, wenn der Täter droht „Ich schlag' Dich zusammen"? (Rn. 683 f.)
2. Ist derjenige wegen Bedrohung strafbar, der ankündigt: „Wer sich rührt, wird erschossen"?
3. Begeht einen Hausfriedensbruch, wer in eine Garage eindringt? (Rn. 697)
4. Dringt jemand i.S.v. § 123 in einen Geschäftsraum ein, der als 17-Jähriger in eine Videothek geht, an deren Eingang das Schild hängt „Jugendliche unter 18 Jahren haben hier keinen Zutritt!"? (Rn. 709)

Ergänzende Hinweise zu allen vier Fragen auf CD 23-09.

24. Kapitel. Straftaten gegen die Ehre

I. System und Bedeutung des strafrechtlichen Ehrenschutzes

728 Über den Sinn (und die Reichweite) eines strafrechtlichen Ehrenschutzes lässt sich ebenso trefflich streiten wie über die Frage, welchen Gehalt die Ehre als Rechtsgut überhaupt besitzt. Ihren Strafschutz leistet das StGB weitgehend in seinem 14. Abschnitt (§§ 185-200). Sondertatbestände finden sich daneben in den §§ 90, 103 (Beleidigung des Bundespräsidenten bzw. von Repräsentanten ausländischer Staaten) sowie bei der Volksverhetzung (§ 130).[1]

729 Ehrverletzungen geschehen oft im Zusammenhang mit einer Anzeige bei Justiz oder Polizei. Die dann ebenfalls zu beachtenden Strafvorschriften der §§ 145d, 164, 241a schützen aber nicht die Ehre, sondern die persönliche Freiheit des Angezeigten bzw. die Strafverfolgungsorgane vor fälschlicher Inanspruchnahme. Sie werden daher an anderer Stelle behandelt (Rn. 1753 ff.).

730 Die Überschrift des 14. Abschnitts bezeichnet die §§ 185 ff, allesamt als „Beleidigung" (vgl. auch § 374 I Nr. 2 StPO). Der explizit als Beleidigung überschriebene Tatbestand des § 185 stellt also nicht die einzige Beleidigung dar. Um sich durch diese

---

1 Zu diesen besonderen Beleidigungsdelikten siehe näher bei Rn. 791.

unglückliche Terminologie nicht verwirren zu lassen, ist strikt zu beachten, dass „Beleidigung“ außerhalb des unmittelbaren Kontextes von § 185 stets *alle Beleidigungsdelikte* meint (so z.B. in § 194 I 1); andernfalls bedarf es erklärender Zusätze.

1. Die Bedeutung der Beleidigungsstraftaten

Beleidigungen sind, wie man tagtäglich im Umgang mit anderen erleben kann, eine 731
massenhaft auftretende Erscheinung. Der Großzahl begangener Taten entsprechen aber schon die polizeilich registrierten Delikte kaum; in der gerichtlichen Verurteilungsstatistik spielen sie eine noch geringere Rolle (nähere Daten auf CD 24-01). FISCHER beschreibt und erklärt dieses Phänomen ebenso anschaulich wie treffend:

> „In der strafrechtlichen Praxis kann die Bedeutung des Ehrenschutzes mit dem Gewicht seiner theoretischen Ableitungen schwerlich mithalten: Die Anzeigebereitschaft ist gering; die Mehrzahl der Anzeigeerstatter wird ohne größeres Federlesen auf den Privatklageweg verwiesen und erleidet dort ... regelmäßig Schiffbruch (§ 383 II StPO), in hartnäckigen Fällen eine Sonderbehandlung zur Abwehr des Querulantentums. ... Für das Legalitätsprinzip und das gesetzliche Normalverfahren bleibt ein kleiner Kern von Taten übrig, unter deren Opfern Amtsträger und öffentlich wirkende Personen überrepräsentiert sind.“[2]

In der Tat gewinnt man bei Praxisbeobachtungen den Eindruck, dass die Beleidigungsdelikte in 732
ihrem Anwendungsbereich einseitig bleiben. Man könnte fast mutmaßen, es existierten ungeschriebene Tatbestandsmerkmale, die auf Opferseite eine Amtsträgereigenschaft oder Prominenz verlangten. Diese Wirkung entsteht durch den Privatklagecharakter (§ 374 I Nr. 2 StPO) und die damit erforderliche Bejahung des öffentlichen Verfolgungsinteresses (§ 376 StPO). Die deshalb benötigten präventiven Bedürfnisse findet man aber regelmäßig nur, wenn eine Person beleidigt wird, die im öffentlichen Rampenlicht steht. Die sehr selektive Anwendung der §§ 185 ff. ist also aus systemimmanenter Sicht durchaus sachgerecht. Wenn die Beleidigungsdelikte dennoch allgemeine Geltung beanspruchen, so besitzen sie insoweit nur einen fragwürdigen symbolischen Charakter. Aus systemkritischer Warte wirft das die Frage auf, ob sie noch zeitgemäß oder nicht vielmehr abzuschaffen sind. Dazu mehr auf CD 24-02.

2. Das System der Beleidigungsdelikte

Im Wesentlichen schützen drei Tatbestände die Ehre Lebender[3] gegen die Kundgabe 733
von Missachtung. Dies sind die eigentliche *Beleidigung* (§ 185), die *üble Nachrede* (§ 186) sowie die *Verleumdung* (§ 187). Sie unterscheiden sich vom Adressatenkreis her, von der Qualität der missachtenden Äußerung (Tatsachenbehauptung oder Werturteil) bzw. vom Wahrheitsgehalt der Tatsachenbehauptungen (unwahr oder nur möglicherweise unwahr). Darüber hinaus enthält § 188 eine Qualifikationsbestimmung. Etwas aus dem Rahmen fällt § 189, der das Andenken Verstorbener betrifft.

Neben den genannten Tatbeständen enthält der vierzehnte Abschnitt außergewöhnlich viele spezielle Rechtfertigungs- (§ 193), Strafantrags- (§ 194), Strafausschließungs- (§ 199) und prozessuale Regeln (§§ 190, 192) sowie solche über Nebenfolgen (§ 200). Einige von diesen Bestimmungen spielen bei der Subsumtion im Gutachten eine wichtige Rolle.

---

2 FISCHER vor § 185 Rn. 6.

3 Allerdings nicht *nur* die Ehre, weil die in § 187 daneben genannte Kreditgefährdung über schlichten Ehrenschutz hinaus reicht. Vgl. dazu näher Rn. 762.

734 Soweit es um die Beleidigung Lebender geht, ergibt sich hinsichtlich der Straftatbestände vereinfacht folgende Struktur:

Abbildung: Das System der Beleidigungsdelikte

	§ 185	**§ 186**	**§ 187**
Adressat der Äußerung	Beleidigter oder Dritte	Dritte	
Gegenstand der Äußerung	**Werturteile** oder **Tatsachen**	**Tatsachen**, die verächtlich machen oder herabwürdigen	**Tatsachen**, die verächtlich machen, herabwürdigen oder den Kredit gefährden
Wahrheitsgehalt der Tatsachen	unwahr	Wahrheitsgehalt nicht beweisbar	unwahr
Höchstfreiheitsstrafe (Normalstrafrahmen)	1 Jahr	1 Jahr	2 Jahre
Qualifikationen	§ 185, 2. Halbsatz (tätliche Beleidigung)	§ 186 letzter Halbsatz (u.a. öffentliche Begehung), § 188 I (Opfer ist Person des politischen Lebens)	§ 187, letzter Halbsatz (u.a. öffentliche Begehung), § 188 II (Opfer ist Person des politischen Lebens)

735 Die Anwendungsfelder von § 185 einerseits und den §§ 186, 187 andererseits überschneiden sich also teilweise, soweit sich der Täter über Tatsachen äußert. In diesem Überschneidungsbereich gehen die §§ 186, 187 wegen ihrer spezielleren Ausgestaltung der einfachen Beleidigung vor.[4]

Abbildung: Konkurrenzverhältnis der Beleidigungsdelikte

Tatbestandlicher Anwendungsbereich von § 185		
verächtlich machende, herabwürdigende[5] Tatsachen		Werturteile
Äußerung gegenüber Dritten	Äußerung gegenüber Opfer	Äußerung gegenüber Opfer oder Dritten
Vorrang der §§ 186, 187	**Strafbarkeit nach § 185**	

4 FISCHER § 185 Rn. 20; Sch/Sch-LENCKNER § 186 Rn. 21; BGHSt 6, 159 (161). Idealkonkurrenz ist nur möglich, falls mehrere Äußerungen unterschiedlichen Inhalts vorliegen, die im Rahmen einer materiellrechtlichen Tat nach § 52 begangen werden.

5 Die Kreditgefährdung unterfällt nicht § 185 und fehlt daher auch hier.

§ 185 ist auf tatbestandlicher Ebene recht unklar und unbestimmt, während die 736
§§ 186, 187 nicht nur auf Konkurrenzebene Vorrang genießen, sondern auch eindeutigere Inhalte aufweisen. Mit ihnen soll daher begonnen werden.

II. Tatbestände der Beleidigung Lebender

1. Gemeinsamkeiten von übler Nachrede und Verleumdung

Den §§ 186, 187 ist das Merkmal der potenziell verächtlich machenden, herabwürdi- 737
genden oder kreditgefährdenden Tatsachenäußerung über einen Dritten gemein. Sie unterscheiden sich hinsichtlich des *Wahrheitsgehaltes* der Tatsache und der insoweit vorliegenden subjektiven Komponenten. Während der Täter des § 187 wissentlich eine unwahre Tatsache äußern muss, bleibt die Frage nach dem Wahrheitsgehalt bei § 186 offen. Die Strafe erfolgt vielmehr schon für die Äußerung einer ***nur möglicherweise falschen*** Tatsache. Zudem erfasst § 187 zusätzlich mit der Kreditgefährdung ein Unrecht außerhalb der Ehrverletzung:

Abbildung: Die tatbestandsgeeigneten Tatsachen bei den §§ 186, 187

Tatbestand	**§ 186**	**§ 187**
Tatsachenqualität	potenziell verächtlich machend oder herabwürdigend	
		oder den Kredit gefährdend
Wahrheitsgehalt	„nicht erweislich wahr" (= ungeklärt)	unwahr
Subjektive Voraussetzungen	bedingter Vorsatz bzgl. Ehrenrührigkeit	- bedingter Vorsatz bzgl. Ehrenrührigkeit, - Wissen um Unwahrheit

a) Äußern als Tathandlung

aa) Wahrnehmung der Äußerung

Bei allen Beleidigungsdelikten geht es um die Kundgabe von Ehrenrührigem.[6] Die 738
§§ 186, 187 präzisieren dies, indem sie ein *Behaupten* oder *Verbreiten* verlangen. Diese Kundgabe muss von ihrem gewollten Empfänger ***wahrgenommen werden***. Äußerungen, welche niemand hören kann, bleiben daher straflos. Hört sie (nur) jemand, mit dessen Wahrnehmung der Täter nicht gerechnet hatte, so fehlt es zwar nicht an einer objektiven Kundgabe, wohl aber am diesbezüglichen Vorsatz.

Zur Wahrnehmung der Äußerung gehört zudem, dass der ehrenrührige Inhalt als solcher 739
verstanden wird.[7] Die Gegenauffassung wendet vor allem ein, dann könne man Kinder und

---

6 Maurach/Schroeder/Maiwald BT 1 § 24 Rn. 26; Rengier BT II § 28 Rn. 20.

7 Maurach/Schroeder/Maiwald BT 1 § 24 Rn. 26; Wessels/Hettinger BT 1 Rn. 487; BGHSt 9, 17 (19).

Geisteskranke straflos beschimpfen.[8] Nun bleiben zum einen diese Personengruppen nicht ohne Strafschutz, weil alle Beleidigungstatbestände immerhin die Äußerung *über* sie gegenüber (verständigen) Dritten erfassen. Zum anderen bleibt jede unverständliche Äußerung für das Rechtsgut Ehre ungefährlich; ob ihre Unverständlichkeit am Äußerungsinhalt oder am Äußerungsempfänger liegt, kann dabei keinen Unterschied machen.

bb) Adressat der Kundgabe

740 Die besprochene Kundgabe ehrenrühriger Tatsachen erfolgt bei den §§ 186, 187 mindestens auch *gegenüber Dritten*, nicht (nur) gegenüber dem Beleidigten.

cc) Formen des Äußerns, Behauptens und Verbreitens

741 Neben den klassischen verbalen und schriftlichen Äußerungen kann auch jede andere Form einer Erklärung den Tatbestand erfüllen. So genügen Gesten oder Handbewegungen (z.B. der gestreckte Mittelfinger), was freilich weniger für Tatsachenkundgaben nach den §§ 186, 187 als für Werturteile nach § 185 einschlägig sein dürfte.

Abbildung: Der „Stinkefinger" als beleidigende Geste

742 Das von den §§ 186 f. verlangte *Behaupten* bedeutet, etwas als nach eigener Überzeugung geschehen hinzustellen. Das schließt nicht aus, es als Wissen aus zweiter Hand zu zitieren, solange nur zum Ausdruck kommt, der Äußernde halte die Information ebenfalls für richtig.[9]

Beispiel (Zitate aus einem Ermittlungsbericht):[10] Der Journalist *Jochen Sch.* berichtete in einem Zeitschriftenartikel, bei einer Regierungsstelle in Bonn liege ein auf Ermittlungen eines Fachmannes gestützter Bericht vor, worin der Bundestagsabgeordnete *Werner M.* der Unterstützung einer getarnten kommunistischen Wochenzeitschrift beschuldigt werde. Dieser Bericht sei nach mehrwöchigen Recherchen im ganzen Bundesgebiet von *Dr. Bernhard A.*, einem Fachmann zur Aufdeckung verfassungsfeindlicher Umtriebe, abgefasst worden. Tatsächlich gab es zwar einen entsprechenden Bericht, der aber von *Dr. A.* privat verfasst, zweifelhaften Charakters und auch bislang nicht an Behörden weiter gegeben worden war. — Der BGH bejahte ein Behaupten seitens *Sch.*, der Abgeordnete *M.* fördere staatsfeindliche Bestrebungen, obwohl *Sch.* sich in seinem Artikel explizit auf eine fremde Quelle gestützt hatte. Denn auf Grund des Umstandes, dass er zugleich angab, die Beschuldigung sei in einem Bericht enthalten, der nach gründlichen Recherchen erstellt nunmehr einer zuständigen Stelle in Bonn vorliege, gewinne der unbefangene Leser den Eindruck, die Beschuldigung beruhe auf

---

8 Sch/Sch-LENCKNER § 185 Rn. 16; im Ergebnis ebenso BayObLG NJW 1957, 1607 (1608).

9 Sch/Sch-LENCKNER § 186 Rn. 7; SK-RUDOLPHI § 186 Rn. 9.

10 Sachverhalt abgewandelt nach BGHSt 14, 49.

zuverlässigen Quellen und sei daher wahr.[11] Indem *Sch.* diesen Eindruck bewusst anstrebte, behauptete er auch selbst ein ehrenrühriges Fehlverhalten von *M.* Um dies zu vermeiden, hätte *Sch.* sich eindeutig (und nicht nur ersichtlich vorgeschoben) vom Inhalt des Berichtes distanzieren müssen.

Während der Behauptende die Tatsache als eigene Erklärung kundgibt, wird beim *Verbreiten* die Behauptung eines Dritten als dessen Wissen weitergegeben[12] (wobei dann ein einziger neuer Empfänger genügt). Da dieser Dritte anonym bleiben kann, wird auch die Kolportation von Gerüchten erfasst. **743**

Beispiel (Der Staatsminister und der Call-Girl-Ring):[13] Im August 1961 fand in *München* die Hauptverhandlung in einem umfangreichen Verfahren wegen Zuhälterei statt, das als sog. „Call-Girl-Prozess" Aufsehen erregte. Kurz darauf veröffentlichte die in *München* erscheinende *A.-Zeitung* einen Artikel ihres Redakteurs *Sebastian F.*, der einen bayerischen Staatsminister mit dieser Affäre in Verbindung brachte. In dem Artikel hieß es, Abgeordnete des bayerischen Landtages hätten Schritte wegen der angeblichen Verwicklung eines Ministers in die Call-Girl-Affäre geplant, weil in den „Call-Girl-Akten" ein bayerischer Minister als „Kunde" auftauche. In Wahrheit beruhte das Vorhaben der Abgeordneten und die Nennung des Ministers in den Akten auf einer Personenverwechslung, weil eine Prostituierte ausgesagt hatte, einer ihrer Kunden sähe einem Mitglied der bayerischen Staatsregierung ähnlich. — Im Unterschied zum Beispiel Rn. 742 hatte *F.* den Prostituiertenbesuch des Ministers nicht behauptet, sondern eindeutig als Gerücht hingestellt. Dies genügte aber dem BGH, ein Verbreiten anzunehmen. In seinem Urteil führte er aus, es reiche aus, ein ehrverletzendes Gerücht (hier: ein Staatsminister besuche Prostituierte) weiter zu geben. Dass zuvor bereits andere (hier: die Landtagsabgeordneten) diesem Gerücht aufgesessen waren und es weitergegeben hätten, ändere nichts.[14] Immerhin machte *Sebastian F.* das Gerücht über das Medium Zeitung erst einem breiten Publikum bekannt und vertiefte die Rufschädigung damit nachhaltig.

dd) Die Familie und ähnlich enge Vertrauensverhältnisse als beleidigungsfreie Sphären

Aus dem Kreis der (tauglichen) Äußerungsempfänger scheidet als sog. *beleidigungsfreie Sphäre* der enge Familienkreis aus, was der grundgesetzlich garantierten Freiheit der Persönlichkeitsentfaltung geschuldet ist. Diese setzt voraus, dass der Einzelne einen Raum besitzt, in welchem er mit Personen seines besonderen Vertrauens ohne Rücksicht auf gesellschaftliche Verhaltensnormen furchtlos kommunizieren kann.[15] Die somit verfassungsrechtlich gebotene Straflosigkeit ist systematisch stimmig nur durch eine *tatbestandliche Reduktion der Kundgabe* zu erreichen:[16] Was diesem engsten Kreis anvertraut wird, gilt als gar nicht gesagt. **744**

---

11 BGHSt 14, 49 (50).

12 Sch/Sch-LENCKNER § 186 Rn. 9; SK-RUDOLPHI § 186 Rn. 11.

13 Nach BGHSt 18, 182.

14 BGHSt 18, 182 (183).

15 BVerfG NJW 1995, 1015; Thomas HILLENKAMP, Zur Reichweite der Beleidigungstatbestände, FS Hirsch S. 555-575 (564).

16 HILLENKAMP (Fn. 15), S. 571 f.; GÖSSEL/DÖLLING BT 1 § 30 Rn. 43 f.; FISCHER § 185 Rn. 12; abw. Lösungen vertreten u.a. OTTO BT § 32 Rn. 52 (Rechtfertigung); Sch/Sch-LENCKNER vor §§ 185 ff. Rn. 9a (persönlicher Strafausschließungsgrund).

745 Noch nicht abschließend geklärt ist, wie weit die beleidigungsfreie Sphäre reicht. Neben der Familie wird man ähnlich *enge soziale Systeme* (Lebensgemeinschaft, enge Vertraute und Freunde) dazu zählen dürfen.[17] Vertrauensverhältnisse, die auf Einzelfall-Beziehungen beruhen (etwa das Anwalts-Mandanten- oder das Arzt-Patienten-Verhältnis), sind zwar aus guten Gründen teilweise rechtlich anerkannt.[18] Sie sind aber keine Bedingung freier Persönlichkeitsentfaltung als solcher, sondern – nur, aber immerhin – notwendig, um in abgegrenzten Beziehungen einzelne Freiheitsrechte (wie etwa das Recht auf Strafverteidigung) wahrnehmen zu können. In ihnen ist daher von Verfassungs wegen kein totaler Ausschluss des Beleidigungsstrafrechts geboten. Vielmehr liegt es näher, mittels einer Rechtfertigung, vor allem über § 193 (vgl. Rn. 781 ff.) nur solche Beleidigungen freizustellen, die einen sachlichen Bezug zum jeweiligen speziellen Vertrauensverhältnis aufweisen.[19] Der Mandant, der gegenüber seinem Rechtsanwalt ehrverletzend über die Gegenseite herzieht, mag danach straflos bleiben; wer darüber hinaus Unbeteiligte verleumdet, kann verfolgt werden.

b) Tatsachen (und ihre Abgrenzung zu Werturteilen)

746 Von den in den §§ 186, 187 geforderten *Tatsachen* sind die – ausschließlich zum Anwendungsfeld von § 185 gehörenden – *Werturteile* abzugrenzen. Tatsachen sind prinzipiell dem Beweise zugänglich, weil sie etwas Geschehenes oder Bestehendes darstellen. Dazu zählen auch innere Tatsachen wie etwa die Existenz einer Absicht. Eine Aussage über eine Tatsache ist daher wahr oder unwahr. Demgegenüber stellen Werturteile individuelle Stellungnahmen zu Ereignissen in Form von Meinungen, Einschätzungen oder emotionalen Standpunkten dar. Sie können falsch oder richtig bzw. angemessen oder unangemessen sein, aber nicht wahr oder unwahr.[20]

747 Die Unterscheidung nach der Beweisbarkeit vereinfacht freilich, wie z.B. Benotungen in Prüfungen zeigen, die zwar Bewertungen des Prüfers darstellen, aber sehr wohl in gewissem Rahmen kontrollierbar bleiben. Deswegen ist das Anwendungsfeld von Werturteilen zu präzisieren. Sie liegen nur vor, wenn eine subjektiv-willkürliche Behauptung erkennbar nicht beanspruchen kann, von einem objektiven Dritten nachvollzogen zu werden.[21]

748 Für Tatsachen gilt hingegen die Faustregel:

Tatsache ist, was als wahr bewiesen werden kann.

Die Einordnung einer Äußerung ist freilich nicht immer eindeutig, weil sich hinter vorgeblichen Werturteilen die Behauptung tatsächlicher Vorgänge verbergen kann Beispielsweise ist die Bezeichnung „Verbrecher" zwar i.d.R. ein Werturteil. Sie wandelt sich aber zur Tatsachenbehauptung, falls aus dem Kontext der Äußerung hervorgeht, dass der Kundgebende dem Adressaten damit die Begehung einer ganz bestimmten Tat zurechnen will.

---

17 BVerfGE NJW 1995, 1015 („Familienangehörigen und Vertrauenspersonen"); HILLENKAMP (Fn. 15), S. 575; Jörg TENCKHOFF, Grundfälle zum Beleidigungsrecht, JuS 1988, 199-206, 457-460, 618-623, 787-793 (789).

18 Vgl. etwa die Schweigepflichten, die in § 203 sogar strafbewehrt sind.

19 HILLENKAMP (Fn. 15), S. 575; WESSELS/HETTINGER BT 1 Rn. 486; für ihre Einbeziehung dagegen FISCHER § 185 Rn. 12; Sch/Sch-LENCKNER vor §§ 185 ff. Rn. 9b.

20 Sch/Sch-LENCKNER § 186 Rn. 3; FISCHER § 186 Rn. 2; KÜPER BT S. 299 f.

21 ARZT/WEBER BT § 7 Rn. 12.

Umgekehrt kann sich augenscheinlicher Tatsachenvortrag bei näherer Betrachtung als 749
Werturteil entpuppen:

Beispiel (Landesverräter):[22] Der noch nationalsozialistischem Gedankengut verhaftete *Thilo Sch.* nannte in den fünfziger Jahren den damaligen Bundestagspräsidenten *Dr. Eugen Gerstenmaier* in Versammlungen einen „Landesverräter". Erläuternd fügte er hinzu, was *Gerstenmaier* im Kriege gemacht habe, sei Landesverrat gewesen. Er habe nämlich in Schweden im Auftrage der Ökumene Verhandlungen mit Vertretern der Feindmächte geführt, wobei sein Ziel gewesen sei, den Krieg zu beendigen und den Nationalsozialismus zu beseitigen. — Nachdem die Strafkammer *Thilo Sch.* auch wegen übler Nachrede verurteilt hatte, hob der BGH diesen Teil der Verurteilung auf, weil der Schwerpunkt der Äußerung eine Bewertung darstelle. Es sei allgemein bekannt, dass *Gerstenmaier* zum Kreise der Widerstandskämpfer gehörte. Wer einen Widerstandskämpfer „Landesverräter" nenne, könne dies daher nicht als Tatsachenbehauptung im Sinne des § 186 meinen. Ob er außerdem erkläre, was jener im Kriege gemacht oder getrieben habe, sei Landesverrat, bleibe ohne Bedeutung.[23] Mit anderen Worten: Da das objektive Verhalten *Gerstenmaiers* im 2. Weltkrieg als solches unbestritten war, lag der Schwerpunkt der Äußerung *Sch´s* darin, diesem Verhalten einen Makel des Unangemessenen zu verpassen. Damit lag ein Werturteil (und folglich eine Beleidigung nach § 185) vor.

Aufgabe: „Soldaten sind Mörder"[24] 750
Oberstudienrat *Jochen O.*, ein anerkannter Kriegsdienstverweigerer, verfasste anlässlich einer Ausstellung von Bundeswehrkarikaturen ein bebildertes Flugblatt, in welchem u.a. die Textpassage zu lesen ist „Sind Soldaten potenzielle Mörder? Eines steht fest: Soldaten werden zu Mördern ausgebildet. Aus ‚Du sollst nicht töten' wird ‚Du musst töten.' Weltweit. Auch bei der Bundeswehr."
Liegt eine Tatsachenbehauptung oder ein Werturteil vor?

Vordergründig erscheint zwar die Aussage, Soldaten würden zum Töten ausgebildet, 751
als ein dem Beweis zugänglicher Umstand. Zugleich werden aber die betroffenen Soldaten als „Mörder" und damit als verabscheuenswürdig bezeichnet. Folglich liegt ein ehrverletzendes Werturteil, aber keine Tatsache vor. Ergänzende Lösungshinweise zu dem Fall, auch über die Aufgabe hinaus, auf CD 24-03.

c) Rechtsgutsbezogenheit der Tatsache

Von den in den §§ 186, 187 genannten Tatsachenattributen sind die Eignung zur 752
Verächtlichmachung und zur Herabwürdigung praktisch inhaltsgleich. Zudem bezeichnen sie nichts anderes als einen allgemein *ehrverletzenden Charakter* der Tatsache.[25] Soweit es um die Tatsachen als solche geht, sind üble Nachrede und Verleumdung also nicht etwa enger als die Beleidigung nach § 185. Vielmehr erfasst die Verleumdung mit der Eignung zur Kreditgefährdung (dazu Rn. 762) sogar zusätzlich ein Feld, das außerhalb des Anwendungsbereichs von § 185 liegt, weil dabei nicht die Ehre, sondern die Liquidität des Opfers angegriffen wird.[26]

---

22 BGHSt 11, 329.

23 BGHSt 11, 329 (330 f.)

24 Sachverhaltsausschnitt aus BVerfGE 93, 266 ff.

25 SK-RUDOLPHI § 186 Rn. 7; Sch/Sch-LENCKNER § 186 Rn. 5; TENCKHOFF (Fn. 17), JuS 1988, 620.

26 MAURACH/SCHROEDER/MAIWALD BT 1 § 25 Rn. 34 f.; LACKNER/KÜHL § 187 Rn. 2.

Im Rahmen der Fallbearbeitung reicht also die Feststellung aus, die fragliche Tatsache sei ehrenrührig; daraus ergibt sich zugleich ihre Eignung zur Herabwürdigung bzw. Verächtlichmachung i.S.d. §§ 186, 187.

753 Aus dem Umstand, dass bereits eine *Eignung* zur Ehrverletzung genügt, folgt zweierlei:

- Es braucht *kein Beleidigungserfolg* einzutreten. Vielmehr stellen die §§ 186 f. *potenzielle Gefährdungsdelikte* dar, bei welchen schon die generell ehrgefährdende Tathandlung unter Strafe steht. Wenn also die Tatsache von den konkreten Erklärungsempfängern gar nicht als ehrenrührig angesehen wird, so bleibt das bedeutungslos, solange sie nur nach allgemein-objektiver Betrachtung ehrverletzend wirken kann.
- Ob die Tatsache im konkreten Fall wahr oder unwahr ist, besitzt für die Beurteilung ihrer Eignung keine Relevanz. Das spielt vor allem für § 186 eine Rolle. Denn weil dort offen bleibt, ob die Tatsache wahr oder falsch ist, muss sich ihre prinzipielle Ehrenrührigkeit bereits aus der Behauptung an sich ergeben. So ist der Vorwurf, jemand anderes habe eine Straftat begangen, selbst dann ehrenrührig, falls er wahr sein sollte. Daraus folgt weiter, dass es nichts an der Tatbestandsvollendung ändert, wenn die behauptete Tatsache beispielsweise vom Erklärungsempfänger gar nicht geglaubt werden kann oder er umgekehrt die Tatsache schon auf Grund anderer Informationen kennt (und glaubt).[27]

d) Die Ehre als Rechtsgut

754 Die Frage der Ehrenrührigkeit leitet unmittelbar zu der theoretisch höchst strittigen Debatte über, was Ehre bedeutet. TENCKHOFF hat in seiner Analyse nicht weniger als 60 verschiedene im Schrifttum vertretene Ehrbegriffe gezählt.[28] Eine Relevanz des Streites für das Ergebnis der konkreten Normanwendung ist aber i.d.R. nicht festzustellen (weshalb man ihn in der Fallbearbeitung auch nicht allzusehr betonen sollte). Nach den heute überwiegenden *normativen Auffassungen* ist Ehre

der verdiente Achtungsanspruch, der dem Menschen im Hinblick auf seine Personenwürde und seine soziale Rolle zukommt.[29]

755 Jeder Mensch besitzt unabhängig von seinen Verdiensten und Fähigkeiten Personenwürde. Deshalb sind weder der Verbrecher noch der Geistesgestörte ehrlos und folglich können auch beide beleidigt werden.

Beispiel (Zweifel an geistigen Fähigkeiten): Dem Lokalpolitiker *Klaus J.* wurde im Leserbrief einer Tageszeitung vorgehalten, seine Reformpläne ließen nur den Schluss zu, er bräuchte einen Nervenarzt. — Würde man *J.´s* Ehre schon wegen des geäußerten Verdachts einer behandlungsbedürftigen geistigen Störung beeinträchtigt sehen, spräche dies allen psychisch Kranken ihre Menschenwürde ab. Wohl aber ist *J.´s* sozialer Geltungsanspruch berührt, da ein geisteskranker Politiker undenkbar wäre. Der Leserbrief bestreitet also seine Fähigkeit, die innegehaltene soziale Stellung weiterhin zu bekleiden. Darin liegt eine Ehrverletzung.

---

27 Sch/Sch-LENCKNER § 186 Rn. 5; a.A. SK-RUDOLPHI § 186 Rn. 8; FISCHER § 186 Rn. 5 (fehlende Eignung bei für den Empfänger offensichtlicher Unwahrheit).

28 TENCKHOFF (Fn. 17), JuS 1988, 201; DERS., Die Bedeutung des Ehrbegriffs für die Systematik der Beleidigungstatbestände, 1974, S. 35 ff.

29 RENGIER BT II § 28 Rn. 2 f.; TENCKHOFF Ehrbegriff (Fn. 28), S. 181 f.; LACKNER/KÜHL vor § 185 Rn. 1; FISCHER vor § 185 Rn. 5; MAURACH/SCHROEDER/MAIWALD BT 1 § 24 Rn. 3; ARZT/WEBER BT § 7 Rn. 2.

Je nach sozialer Rolle ist der Geltungsanspruch des Einzelnen als würdiges Gesellschaftsmitglied unterschiedlich gestaltet und deshalb ebenso unterschiedlich angreifbar. Des Fluglotsen Ehre wird durch den Vorwurf der Trotteligkeit beeinträchtigt (weil dies seine Berufsfähigkeit in Zweifel zieht). Derselbe Vorwurf dürfte einen Professor weit weniger tangieren.

Anstelle der normativen Dimension der Ehre wurde vor allem früher ihre faktische Seite betont.[30] Faktische Ehrbegriffe thematisieren statt des Achtungs*anspruchs* den *tatsächlichen vorhandenen* (mehr oder minder berechtigten) *guten Ruf*. Dessen tatsächlichen Bestand schützten die §§ 186, 187 vor Beeinträchtigung, während § 185 das persönliche Ehrgefühl betreffe. Vor allem wegen ihrer misslichen Konsequenz, auch den unverdient erworbenen Ruf mit strafrechtlichen Mitteln gegen berechtigte Kritik zu verteidigen, sind faktische Ehrbegriffe heute in Misskredit geraten. Entsprechende Vorbehalte gelten gegenüber *dualistischen (normativ-faktischen) Ehrbegriffen*, die Achtungsanspruch und realen Ruf gleichermaßen in den Schutzbereich einbeziehen wollen.[31] **756**

Normativ-faktisch nennen sich allerdings auch Auffassungen, die ein faktisches Element (nur) in der *verdienten* Anerkennung im Rahmen der sozialen Rolle sehen.[32] Soweit damit wie bei der hier vertretenen Position nicht der reale Ruf, sondern der Anerkennungsanspruch aufgrund der jeweiligen Rolle gemeint ist, müssten solche Theorien in Wahrheit den normativ ausgerichteten Ansichten zugerechnet werden.

Ergänzende Erläuterungen zum Ehrbegriff, auch aus historischer Sicht, auf <u>CD 24-04</u>.

e) Die Beleidigungsfähigkeit von Kollektiven

aa) Die beiden Konstellationen

In der Aufgabe Rn. 750 richtete sich die Äußerung gegen „die Soldaten", also nicht unmittelbar gegen ein Individuum. Üblicherweise unterscheidet man bei solchen überindividuellen Beleidigungen zwei Fallgruppen: **757**

- die Beleidigung *unter einer Kollektivbezeichnung* (oder auch *Sammelbeleidigung*). Bei ihr wird wie im „Soldaten sind Mörder"-Fall eine Gruppe von Individuen unter einer sie zusammenfassenden Bezeichnung angesprochen.
- die *Kollektivbeleidigung*. Sie ist umstritten. Bei ihr sollen ein Kollektiv oder ein Verband als solche ehrfähig sein. Die beleidigende Äußerung zielt dann auch nicht auf (jedes) Kollektivmitglied, sondern auf den Verband selber (z.B.: „Die X-Partei verfolgt verfassungswidrige Ziele").

bb) Die Kollektivbeleidigung

Sie wird der h.M. zufolge vom Gesetz in den Strafantragsregelungen des § 194 III 2, IV vorausgesetzt, soweit Behörden oder politische Körperschaften betroffen sind.[33] Rspr. und Teile des Schrifttums gehen aber über den Kreis der dort genannten Ver- **758**

---

30 Vgl. die eingehende Darstellung bei TENCKHOFF Ehrbegriff (Fn. 28), S. 54-64 m.w.N.

31 SONNEN BT S. 73.

32 So z.B. MAURACH/SCHROEDER/MAIWALD BT 1 § 24 Rn. 7; GÖSSEL/DÖLLING BT 1 § 29 Rn. 11-16; OTTO BT § 31 Rn. 3.

33 LACKNER/KÜHL vor § 185 Rn. 5; SK-RUDOLPHI vor § 185 Rn. 8; OTTO BT § 31 Rn. 15; RENGIER BT II § 28 Rn. 9.

bände noch hinaus und beziehen alle Personengemeinschaften ein, die anerkannte gesellschaftliche/wirtschaftliche Funktionen erfüllen sowie einen eigenen Willen bilden können.[34] Sie sollen allesamt eine beleidigungsfähige Ehre besitzen.

Beispiel (Beleidigung einer Wohnungsgenossenschaft):[35] *Sebastian L.* war verantwortlicher Redakteur in der Bezirksredaktion der oberfränkischen *Kommunistischen Volkszeitung*, in welcher ein Artikel mit der Überschrift erschien: „Die *GEWOG*-Wohnungen sind Kasernen für die Arbeiter". Bei der *GEWOG* handelte es sich um eine von der *Stadt B.* gegründete gemeinnützige Wohnungsgenossenschaft, die sich mit dem sozialen Wohnungsbau und der Vermietung von Wohnungen an Mieter befasste, die ihr vom städtischen Wohnungsamt zugewiesen wurden. Im Text des Artikels hieß es u.a. „Hinter dieser Verbrechergesellschaft verbirgt sich die *Stadt B.*" und „die *GEWOG* hat ein engmaschiges Spitzelsystem in ihren Wohnungen angelegt". — Das BayObLG sah die *GEWOG* als beleidigungsfähigen Verband an, da sie eine rechtlich anerkannte Funktion im sozialen Bereich erfüllte (hielt allerdings *L.* im Hinblick auf § 193 für gerechtfertigt).[36]

759 Die Kollektivbeleidigung ist als Rechtsfigur in dieser Form abzulehnen. Kollektive haben keine eigene Ehre, da ihnen keine Personenwürde zukommen kann. Diese besitzen nur natürliche Personen.[37] Näheres auf CD 24-05.

Allein soweit der Angriff gegen den Verband zugleich seine individuellen Mitglieder trifft, mag man wegen deren Beeinträchtigung zur Strafbarkeit gelangen. Das aber gehört bereits zur Thematik der Beleidigung unter einer Kollektivbezeichnung (Rn. 760).

cc) Die Beleidigung unter einer Kollektivbezeichnung

760 Beschimpfungen unter Verwendung einer Gruppen- (Verbands- oder Kollektiv-) bezeichnung wenden sich nicht direkt gegen die Ehre Einzelner. Weil aber der Verband als solcher keine Ehre i.S.d. §§ 185 ff. besitzt, muss eine Brücke von der Sammelbezeichnung zur Ehre individueller natürlicher Personen geschlagen werden, um zu einer strafbaren Ehrenrührigkeit zu kommen. Dies gelingt, sobald eine gegen den Verband gerichtete Äußerung zugleich seine Angehörigen in ihrer persönlichen Ehre trifft, weil sie sich als Teil eines Kollektivs in ihrem eigenen persönlichen oder sozialen Geltungsanspruch angegriffen fühlen müssen. Voraussetzungen sind:

- Die Äußerung richtet sich gegen einzelne („zwei Parlamentarier der X-Fraktion"[38]) oder alle Mitglieder („die X-Fraktion", „Bundeswehrsoldaten") einer Personengesamtheit wegen ihrer Gruppenzugehörigkeit,
- die Personengruppe ist klar umgrenzt und überschaubar (z.B. „die Juden in Deutschland"[39] oder „die Soldaten der Bundeswehr"[40], nicht dagegen schlechthin „alle Soldaten"[41]),

34 BGHSt 6, 186 (191); BayObLG StV 1992, 576 f.; ebenso LACKNER/KÜHL vor § 185 Rn. 5; MAURACH/SCHROEDER/MAIWALD BT 1 § 24 Rn. 17 ff.

35 BayObLG StV 1992, 576.

36 BayObLG StV 1992, 576 (577).

37 Thomas FISCHER, Sind Behörden beleidigungsfähig? JZ 1990, 68-75 (72 f.); FISCHER § 194 Rn. 12.

38 BGHSt 14, 48.

39 BGHSt 11, 207.

- die Äußerung schreibt ein Merkmal zu, das individuumsbezogen ist („wer dem im Parlament zugestimmt hat, hat das Recht missachtet") und kein allgemeines Werturteil darstellt, das ersichtlich nicht jedes Mitglied der Personengruppe meinen kann („alle deutschen Ärzte sind Kurpfuscher").[42]

Weitere Einzelheiten auf CD 24-03.

2. Die Verleumdung (§ 187) als Äußerung unwahrer Tatsachen

Nach den Gemeinsamkeiten der §§ 186, 187 stehen nun ihre spezifischen Rege- 761
lungsinhalte im Vordergrund.

Als eine seiner zwei Besonderheiten konzentriert sich § 187 ausschließlich auf *unwahre Tatsachen*. Die Unwahrheit muss sowohl objektiv nachweisbar vorhanden als auch dem Täter bekannt sein („wider besseres Wissen"). Bedingter Vorsatz genügt mithin nicht, sondern es wird dolus directus 2. Grades benötigt.

Die zweite Besonderheit liegt darin, mit der Einbeziehung *kreditgefährdender Tatsachen* über 762
den Ehrenschutz hinausgehend auch Vermögensgefährdungen zu erfassen. Kreditgefährdend können z.B. Falschangaben über Umsatzzahlen, Verluste, Zahlungsstockungen, die Auftragsentwicklung, Zwangsvollstreckungsmaßnahmen u.ä. sein. In dieser Alternative ist ausnahmsweise auch eine Kollektivverleumdung möglich (vgl. CD 24-05).

Eine deutliche höhere Strafe, nämlich bist zu fünf Jahren Freiheitsstrafe, droht § 187, letzter 763
Halbsatz, für den Fall an, dass die Tat *öffentlich* oder *mittels Verbreitung von Schriften* geschieht. Öffentliche Begehung liegt vor, wenn eine nicht individuell abgrenzbare, unbestimmte Vielzahl von Personen die Äußerung wahrnehmen kann. Zur Schriftenverbreitung vgl. auf CD 21-04 (dort Rn. 53 ff.).

Ebenfalls qualifiziert ist nach § 188 II die Verleumdung einer *im politischen Leben stehenden Person*, sofern die Tat öffentlich, in einer Versammlung oder durch Schriftenverbreitung begangen wird, ihr Motiv mit der Stellung des Verleumdeten zusammenhängt und sie geeignet ist, das Wirken des Betreffenden zu erschweren. § 188 II droht zwar keine nochmals erhöhte Höchststrafe an, enthält aber eine Strafuntergrenze von sechs Monaten Freiheitsstrafe.

3. Üble Nachrede (§ 186) als Äußerung ehrenrühriger Gerüchte

a) Die dogmatische Konstruktion der Strafbestimmung

Im Unterschied zu § 187 verlangt § 186 nach seinem Wortlaut keine unwahre, son- 764
dern begnügt sich mit einer *möglicherweise unwahren*, letztlich *nicht aufklärbaren* Tatsache („nicht erweislich wahr"). Zudem braucht der Tätervorsatz das Merkmal der Nichterweislichkeit nicht zu umfassen.

Hintergrund dieser merkwürdigen Konstruktion ist die Gefährlichkeit von ehrverletzenden Tatsachenbehauptungen, die vom Opfer (und später auch vom Gericht) nicht widerlegt werden können. Derartige Behauptungen äußern sich schneller als solche des § 187, deren Unwahrheit der Täter kennt und die er daher auch vor sich selber schlecht verleugnen kann. Zweifelhafte Behauptungen indes *könnten* ja wahr sein; sie als nur möglicherweise falsche Tatsachen (beim Verbreiten als Gerücht zu-

---

40 BGHSt 36, 83; BVerfG NStZ 1996, 26 (28).

41 BGHSt 36, 83 (85 f.); BVerfG NStZ 1996, 26 (28).

42 BGHSt 36, 83 (87); Sch/Sch-LENCKNER vor §§ 185 ff. Rn. 7.

dem ohne inhaltliche Stellungnahme) bekannt zu geben, fällt demgegenüber weitaus leichter, ohne dass sie deshalb die Ehre weniger belasteten.

Gelingt es dem Täter allerdings, spätestens im Prozess den Wahrheitsgehalt seiner ehrenrührigen Behauptung nachzuweisen, so entfällt ihre Strafbarkeit. Was wahr ist, darf also prinzipiell ungestraft gesagt werden (sofern keine zusätzliche Formalbeleidigung vorliegt, Rn. 776 f.). Freilich trägt nach h.M. der Täter das Risiko, den Wahrheitsbeweis nicht führen zu können. Der Sache nach wird dadurch der Satz in dubio pro reo in sein Gegenteil verkehrt – ein einmaliger Vorgang im materiellen Strafrecht!

765 Eine Beweisregel für den Wahrheitsbeweis enthält – mit freilich begrenztem Anwendungsfeld – § 190. Geht es um die ehrenrührige Behauptung, der andere habe eine Straftat begangen, so bedarf es keiner weiteren Beweisanstrengung, sobald er wegen der behaupteten Tat rechtskräftig strafrichterlich belangt wurde.

766 Was genau das Unrecht von § 186 und wie die Nichterweislichkeitsklausel dogmatisch einzuordnen ist, wird heftig umstritten. Die Hauptmeinungen erblicken entweder im Beweis der Tatsache einen Strafausschließungsgrund[43] oder in ihrer Nichterweislichkeit eine objektive Strafbarkeitsbedingung.[44] Der Kompromisscharakter des § 186 verbaut aber letztlich jede halbwegs schlüssige, am Gesetzestext verharrende Erklärung.[45]

767 Allein eine radikale tatbestandliche Reduktion verspräche hier Abhilfe: Die Unwahrheit der Tatsache wäre als (ungeschriebenes) Tatbestandsmerkmal auch bei § 186 hinzu zu fügen, um der üblen Nachrede einen ausreichenden Unrechtsgehalt zu verschaffen. Zugleich ließe sich ein Verstoß gegen den in dubio pro reo-Satz vermeiden, wenn – auf die Nichterweislichkeitsklausel verzichtend – allein die *erwiesenermaßen unwahre Tatsache* zur Strafbarkeit führte. Der Unterschied zu § 187 läge dann nur noch auf Vorsatzebene. Während bei der üblen Nachrede ein bedingter Vorsatz hinsichtlich der Tatsachenunwahrheit genügte, müsste ein Verleumdungstäter insoweit wissentlich handeln. Näheres dazu auf CD 24-06.

b) Konsequenzen für die Fallbearbeitung

768 Hält man den Rn. 767 skizzierten, radikalen Weg für ungangbar,[46] so bleibt es für die Begutachtung (und auch im Ergebnis) gleichgültig, welcher der übrigen traditionelleren Interpretationen der Nichterweislichkeitsklausel man anhängt. Einer Erläuterung des dazu eingenommenen Standortes bedarf es im Gutachten nicht; er muss sich aber im Prüfungsaufbau widerspiegeln:

43 RGSt 62, 83 (95); ähnlich BGHSt 11, 273 (274); Sch/Sch-LENCKNER § 186 Rn. 10.

44 FISCHER § 186 Rn. 13; GÖSSEL/DÖLLING BT 1 § 31 Rn. 30, 34.

45 MAURACH/SCHROEDER/MAIWALD BT 1 § 25 Rn. 19-21.

46 Für Interessierte findet sich ein Prüfungsaufbau dazu auf CD 24-06.

Abbildung: Prüfungsaufbau bei übler Nachrede

<table>
<tr><td rowspan="2">Vertretene Auffassung:</td><td colspan="2">Nichterweislichkeitsklausel/Tatsachenbeweis als ...</td></tr>
<tr><td>↓ objektive Bedingung der Strafbarkeit ↓</td><td>↓ Strafausschließungsgrund ↓</td></tr>
<tr><td rowspan="3">I. Tatbestand</td><td colspan="2">Objektiver Tatbestand:
- Tatsache (Rn. 746 ff.)
- Ehrenrührigkeit der Tatsache (Rn. 752 ff.)
- Behaupten/Verbreiten (Rn. 738 ff.) gegenüber Dritten</td></tr>
<tr><td>Subjektiver Tatbestand:
Vorsatz bzgl.
- Tatsache
- Ehrenrührigkeit
- Behaupten/Verbreiten gegenüber Dritten</td><td rowspan="2">Subjektiver Tatbestand
Vorsatz bzgl.
- Tatsache
- Ehrenrührigkeit
- Behaupten/Verbreiten gegenüber Dritten</td></tr>
<tr><td>Tatbestandsannex:
- objektive Nichterweislichkeit der Tatsache</td></tr>
<tr><td>II. Rechtswidrigkeit</td><td colspan="2">(ggf.) Wahrnehmung berechtigter Interessen (Rn. 781 ff.)</td></tr>
<tr><td>III. Schuld</td><td colspan="2">keine Besonderheiten</td></tr>
<tr><td>(IV.) Strafausschließung u.a.</td><td>- § 194: Strafantrag (ggf. vorab zu prüfen, vgl. Rn. 726)
- (ggf.) § 199: Straffreiheit</td><td>- Erweislichkeit der Tatsache
- § 194: Strafantrag (s. links)
- (ggf.) § 199 (s. links)</td></tr>
</table>

Wie § 187 droht auch § 186 eine höhere Strafe an (bis zu zwei Jahren Freiheitsstrafe), falls die Tat *öffentlich* oder *mittels der Verbreitung von Schriften* geschieht (vgl. Rn. 763). 769

Ebenfalls qualifiziert ist nach § 188 I die üble Nachrede gegen eine *im politischen Leben stehenden Person*, falls die Tat öffentlich, in einer Versammlung oder durch Schriftenverbreitung begangen wird, ihr Motiv mit der Stellung des Verleumdeten zusammenhängt und sie geeignet ist, das Wirken des Betreffenden zu erschweren. Die Strafdrohung liegt dann zwischen drei Monaten und fünf Jahren Freiheitsstrafe.

4. Die Beleidigung (§ 185)

a) Inhalt und Bestimmtheit des Tatbestandes

Der Wortlaut des § 185 („Die Beleidigung wird ... bestraft") ist ebenso inhaltsarm, als stünde in 770
§ 221 nur „die Aussetzung wird ... bestraft". Bedenken gegen eine ausreichende Bestimmtheit (Art. 103 II GG)[47] begegnet das BVerfG mit dem Hinweis auf die gefestigte Rspr. und Lehre

---

47 J. H. HUSMANN, Die Beleidigung und die Kontrolle des öffentlichen Interesses an der Strafverfolgung, MDR 1988, 727-730 (727); Alexander IGNOR, Der Straftatbestand der Beleidigung, 1995, S. 158 f.; WESSELS/HETTINGER BT 1 Rn. 507.

zum Wesen der Beleidigung.[48] Vollends überzeugen kann das nicht, weil Rspr. und Lehre natürlich keinen Tatbestand i.S.v. Art. 103 II GG festsetzen und publizieren, der seinerseits mittels seines Wortlautes eine unüberschreitbare Grenze jeder Auslegung (-sänderung) markiert. Was Rspr. und Lehre unter Beleidigung verstehen, mag sich daher im Laufe der Zeit in einem Maße wandeln, wie es bei einem genauer umschriebenen Tatbestand undenkbar wäre.

771 „Beleidigung" wird einhellig – aber eben auch noch nicht viel präziser – als ein

Angriff auf die Ehre eines anderen durch Kundgabe der Nicht- oder Missachtung gegenüber ihm oder Dritten

verstanden.[49] Daraus wiederum werden schließlich die Merkmale

- der Kundgabe (dazu Rn. 738 f.) – gegenüber Dritten *oder dem Beleidigten* –
- einer ehrenrührigen Tatsache (Rn. 746 ff.) oder eines ebensolchen Werturteils
- gegenüber dem Beleidigten oder einem Dritten

abgeleitet.

772 Unter Berücksichtigung der bereits von den §§ 186, 187 erfassten Tathandlungen bleibt allerdings hinsichtlich der *Tatsachen* im Ergebnis nur die *Kundgabe gegenüber dem Beleidigten* selbst übrig. Es ist freilich schwer vorstellbar, warum sich ein Beleidiger im trauten Zwiegespräch mit seinem Opfer auf die Behauptung von ehrenrührigen Tatsachen verlegen sollte; vielmehr werden schlichte Beschimpfungen seine Waffe sein. Bezeichnenderweise spielen, soweit ersichtlich, Tatsachenbehauptungen im Rahmen des § 185 in der (durchaus umfangreichen) veröffentlichten Judikatur keine Rolle.

b) Werturteile

773 Den Kernbereich der Beleidigung bilden abwertende *Werturteile*, angefangen von letztlich inhaltsleeren Schimpfworten („Schwein") bis hin zu mehr oder weniger an die Person oder ihr Verhalten anknüpfenden Charakterisierungen (z.B. „Faschist" oder der bereits erwähnte „potenzielle Mörder").

Bei der Auswertung der zahllosen Beispiele aus der Rspr.[50] ist zu beachten, dass etliche Bezeichnungen *historisch, sozial oder regional relativ* sind. Beispielsweise wurde es 1989 noch als beleidigend angesehen, einen Polizeibeamten als „Bullen" zu titulieren;[51] seit die Polizei in der Folgezeit selbst Werbeplakate mit dem Bild eines friedlich blickenden Rindes sowie dem Schriftzug „Ich bin ein Bulle" drucken ließ und der Begriff auch im täglichen Polizeijargon Verwendung findet, dürfte er heute kaum noch als ehrverletzend gelten.[52]

---

48 BVerfGE 93, 266 (291 f.).

49 MAURACH/SCHROEDER/MAIWALD BT 1 § 25 Rn. 3; Sch/Sch-LENCKNER § 185 Rn. 2; LACKNER/KÜHL § 185 Rn. 3; BGHSt 1, 288 (289).

50 Nachweise bei FISCHER § 185 Rn. 9; SK-RUDOLPHI § 185 Rn. 13-15.

51 BayObLG JR 1989, 72 (73) m. zustimmender Anm. Klaus VOLK (74).

52 Anders noch MAURACH/SCHROEDER/MAIWALD BT 1 § 25 Rn. 7.

Aufgabe: Das verbotene Duzen[53] **774**
Die jeweils etwa 35-jährigen *Sibylle Z.* und *Mareike K.* waren jahrelang Nachbarn in demselben Mehrfamilienhaus. Das anfänglich freundschaftliche Verhältnis, verbunden mit gegenseitigem Duzen, verschlechterte sich später nachhaltig, so dass sich *Sibylle Z.* schließlich das „Du" von *Mareike K.* verbot. Wenig später trafen sich beide zufällig im Treppenhaus und es kam zu einer verbalen Auseinandersetzung in lautem Tonfall. Bei dieser Gelegenheit benutzt *Mareike K.* mehrfach die Worte „Du" und „dich" gegenüber *Sibylle Z.*, um sich bewusst über das Duzverbot hinweg zu setzen. Z. stellte deshalb Strafantrag.
Wurde *Sibylle Z.* durch das Duzen beleidigt?

Was in bestimmten Regionen oder Schichten als ehrenrühriges Betragen gilt, mag **775** andernorts üblicher Umgangston sein. Das heute stärker als früher verbreitete „Du" enthält im Allgemeinen nur dann noch eine ehrverletzende Abwertung, wenn es eine mit sozialer Geltung und Rolle verbundene Distanz zwischen Sprecher und Angesprochenem missachtet, z.B. wenn es der Untergebene gegenüber Vorgesetzten benutzt. Im Fall der Aufgabe Rn. 774 sollte hingegen nicht die soziale Geltung von Z. in Frage gestellt, sondern sie vielmehr gereizt werden. Das ist nicht ehrverletzend.[54]

Da § 185 als *Erfolgsdelikt* gilt, genügt im Unterschied zu den §§ 186, 187 auch nicht die Eignung zur Herabsetzung. Vielmehr muss die Äußerung tatsächlich eine Ehrabschneidung enthalten, welche vom Adressaten auch als solche empfunden wird.

c) Formalbeleidigung

§ 192 stellt klar, dass eine Äußerung nach § 185 strafbedroht bleibt, obschon ihr herabsetzen- **776** der Tatsachenkern (§ 186) wegen gelungenen Wahrheitsbeweises straflos ist, sofern ihre Form (daher der Begriff *Formalbeleidigung*) oder ihr Kontext gleichwohl die Ehre verletzen. Ein Beispiel stellt das öffentliche Kundtun von Schulden des Beleidigten dar (ein näheres Beispiel und weitere Erläuterungen dazu auf CD 24-07).

Ähnlichen Inhalt besitzt der Rechtfertigungsausschluss in § 193, letzter Halbsatz. Auch hier ist die Äußerung von ihrem Inhalt her zwar berechtigt, aber in der Form unangemessen (z.B. bei einer in der Wortwahl erniedrigenden Verkündung eines Prüfungsergebnisses).

Beide Regelungen sind *letztlich deklaratorisch*, weil die betroffenen Äußerungen bei näherem **777** Hinsehen neben ihrem legitimen Inhalt ein zusätzliches, unnötig herabsetzendes Werturteil enthalten, das selbstverständlich nicht in den Genuss der ansonsten eingreifenden Rechtfertigung bzw. Straffreistellung gelangen kann.

d) Tätliche Beleidigung

Erniedrigende Werturteile können nicht nur durch Äußerungen i.e.S., sondern auch **778** (konkludent) durch Handlungen zum Ausdruck gebracht werden, z.B. durch Zeigen des „Vogels" oder des gestreckten Mittelfingers. Für *Beleidigungen durch Tätlichkeiten* sieht § 185 sogar eine erhöhte Strafdrohung vor. Als Tätlichkeiten gelten aber nur Angriffe gegen den Körper, die diesen auch treffen, beispielsweise Ohrfeigen oder Bespucken.[55]

---

53 Nach OLG Düsseldorf JR 1990, 345.

54 Ebenso OLG Düsseldorf JR 1990, 345 mit zust. Anm. Rolf KELLER (345 f.); Klaus GEPPERT, Zur Systematik der Beleidigungsdelikte, Jura 2002, 820-825 (825).

55 MAURACH/SCHROEDER/MAIWALD BT 1 § 25 Rn. 14; SK-RUDOLPHI § 185 Rn. 21.

779 Allerdings ist erforderlich, dass die Tätlichkeit dezidiert erniedrigend wirkt. Bei Körperverletzungen bildet das die Ausnahme und liegt nur dann vor, wenn der Täter die konkrete Angriffsart wählt, um seine Geringschätzung für den Gegner zum Ausdruck zu bringen, der einen „ernsthaften" Angriff nicht wert ist und deshalb wie ein ungezogenes Kind geohrfeigt wird. Man sollte sich daher in der Fallbearbeitung keinesfalls dazu verleiten lassen, schematisch bei jeder Körperverletzung oder Sexualstraftat § 185 in Erwägung zu ziehen.

e) Beleidigung durch Unterlassen?

780 Das Wesen der Beleidigung als ehrverletzende *Herabsetzung* schließt ein Begehen durch Unterlassen praktisch aus. Der klassische Fall des Nichtgrüßens beispielsweise verzichtet zwar auf eine Ehrerbietung, damit aber gewissermaßen nur auf die *Steigerung* der Anerkennung. Verboten sind aber allein *ehrverletzende* Handlungen. Untätigkeit mag daher vielleicht Konventionen menschlichen Umgangs missachten; die Ehre stellt sie nicht in Frage.[56] Selbst wenn der so Geschnittene sich subjektiv in seinem Ehrgefühl verletzt fühlen mag, so bleibt das infolge der Überwindung faktischer Ehrbegriffe[57] irrelevant.

III. Rechtswidrigkeit und Wahrnehmung berechtigter Interessen (§ 193)

781 Mit § 193 bietet das Gesetz eine besondere Rechtfertigungsbestimmung für die Beleidigungsdelikte, welche die allgemeinen Rechtfertigungsgründe ergänzt (und als lex specialis vor ihnen zu prüfen ist). Sie ähnelt strukturell dem Notstand (§ 34), ohne wie dieser ein Überwiegen des durch die Tat gewahrten Interesses oder dessen Rechtsgutsqualität zu fordern.

782 Oberbegriff ist die Wahrnehmung berechtigter Interessen. Die im Text daneben aufgelisteten Alternativen bilden lediglich exemplarische Unterfälle. Sie überschneiden sich teilweise und sind zudem nicht abschließend, wie aus dem Zusatz „und ähnliche Fälle" hervorgeht. Nähere Details zu ihnen auf CD 24-08.

783 Die Rechtfertigung nach § 193 setzt im Einzelnen voraus:

- Es muss sich um ein rechtlich *anerkanntes Interesse* handeln. Dazu zählen alle schutzwürdigen materiellen und ideellen Interessen des Einzelnen (wie Eigentum, Ruf, Meinungsfreiheit) oder der Allgemeinheit (z.B. die politische Meinungsbildung, öffentliche Informationsinteressen oder die Strafverfolgung).
- Der Täter muss für die Wahrnehmung des Interesses *zuständig* sein. Bei Einzelinteressen sind das der Betroffene selbst sowie seine Angehörigen, aber auch Beauftragte wie etwa mandatierte Rechtsanwälte. Allgemeininteressen hingegen vermag jedermann (als Teil der Allgemeinheit) wahrzunehmen.
- Die ehrenrührige Äußerung hat zur Interessenwahrnehmung *erforderlich*, *geeignet* und *angemessen* zu sein. Für Erforderlichkeit und Eignung gilt dasselbe wie bei den §§ 32, 34.[58] Angemessenheit setzt voraus, dass dem gewahrten Interesse im

---

56 Eingehend dazu Hans Joachim HIRSCH, Ehre und Beleidigung, 1967, S. 238 ff.

57 Vgl. dazu oben Rn. 756.

58 Vgl. dazu Bd. I.

konkreten Fall jedenfalls nicht weniger Gewicht zukommt als der Ehrbeeinträchtigung.[59]

Aufgabe: Ehrenrühriges in einem Anwaltsschriftsatz[60] **784**
Rechtsanwalt Jochen W. betrieb eine Anwaltskanzlei, deren Tätigkeitsschwerpunkt in Mietrechtsstreitigkeiten lag, bei welchen er zumeist die Hauseigentümerseite vertrat. In der Vergangenheit war er häufig über richterliche Entscheidungen empört gewesen, die zum Nachteil seiner Mandanten ergangen waren. Er vermutete dahinter eine vermieterfeindliche, politisch-ideologische Motivation der Richter. In einem Mietrechtsstreit vor dem Amtsgericht vertrat er eine Hauseigentümerin, die von einer Mieterin auf Zustimmung zur Aufhebung des Mietvertrages verklagt wurde. Die zuständige Richterin gab der Klage statt. In seinem die Berufung begründenden Schriftsatz befasste sich *Rechtsanwalt W.* zunächst mit der Sach- und Rechtslage und fuhr dann fort: „Die Ausführungen der Richterin, wonach es unerheblich sei, dass der Vermieter durch die Mietvertragsaufhebung einen Schuldner verliere, sind Teil einer bedauerlicherweise mehr und mehr um sich greifenden Verwilderung der Justiz und Durchsetzung mit Personenkreisen, welche besser anderweitig eingesetzt würden. Es kann nämlich nicht angehen, auf der einen Seite verbal den Eigentumsschutz zu gewährleisten, auf der anderen Seite den besitzenden Bürger im Wege einer angeblichen Sozialbindung jedweder Rechte zu berauben."
Handelte *Rechtsanwalt W.* in Wahrnehmung berechtigter Interessen?

Ein Rechtsanwalt darf die Interessen seines Mandanten gegenüber Gerichten, Behörden und der Gegenseite mit Nachdruck und Entschiedenheit vertreten. Nicht jede unnötige Schärfe führt mangels Erforderlichkeit gleich zum Ausschluss der Rechtfertigung.[61] Das KG sprach *Rechtsanwalt W.* deshalb frei. Nähere Lösungshinweise auf CD 24-09. **785**

IV. Strafantrag und Straffreiheit

Alle Beleidigungsdelikte bedürfen zu ihrer Verfolgung eines Strafantrages. Wenn es in § 194 I 1 „die Beleidigung" heißt, so bezieht sich das nicht allein auf die Beleidigung nach § 185, sondern meint die Beleidigungen i.S.d. Überschrift des 14. Abschnitt. **786**

Ausgenommen sind nach § 194 I 2 allein bestimmte öffentliche Taten gegen Nazi- und Gewalt- oder Willkürherrschaftsopfer, aber auch das nur unter bestimmten Bedingungen. **787**

Zur Antragsberechtigung bei Beleidigungen gegenüber Amtsträgern, Soldaten und anderen sind die Sonderregeln in § 194 III zu beachten. Richtete sich die Tat gegen Angehörige politischer Körperschaften, wird nach § 194 IV statt des Antrages eine Ermächtigung (§ 77e) benötigt.

Eine Sonderregelung für alle Beleidigungsregelung enthält § 199, wonach bei gegenseitigen Beleidigungen sowohl der zuerst Beleidigende (wegen der durch die Gegenbeleidigung erfahrenen „Sanktion") als auch der Zurückschlagende (wegen der schuldmindernden Provokation) *für straffrei erklärt* werden können (sog. *Kompensation* oder *Retorsion*). Dies entspricht der **788**

59 MAURACH/SCHROEDER/MAIWALD BT 1 § 26 Rn. 37 f.; ARZT/WEBER BT § 7 Rn. 22 f.; BGHSt 18, 182 (184 f.); a.A. Sch/Sch-LENCKNER § 193 Rn. 12; KINDHÄUSER BT I § 27 Rn. 12 (überwiegendes Interesse erforderlich).

60 Ausschnitt aus KG StV 1997, 485.

61 BVerfG StV 1991, 458 (459); KG StV 1997, 485 (486).

Sache nach dem sonst gelegentlich möglichen Absehen von Strafe.[62] Es erfolgt also im Urteil zwar explizit ein Schuldausspruch, aber keine Bestrafung.[63]

V. Hinweise zur Fallbearbeitung

789 Unter Berücksichtigung des Umstandes, dass sich die §§ 186 f. einerseits, § 185 andererseits hinsichtlich ihrer Adressaten unterscheiden, sowie im Hinblick auf die Konkurrenzverhältnisse (Rn. 735) empfiehlt es sich, die Entscheidung, welches Delikt (zunächst) zu prüfen ist, nach folgendem Schema[64] zu planen:

Abbildung: Prüfungskonzeption bei den §§ 185 ff.

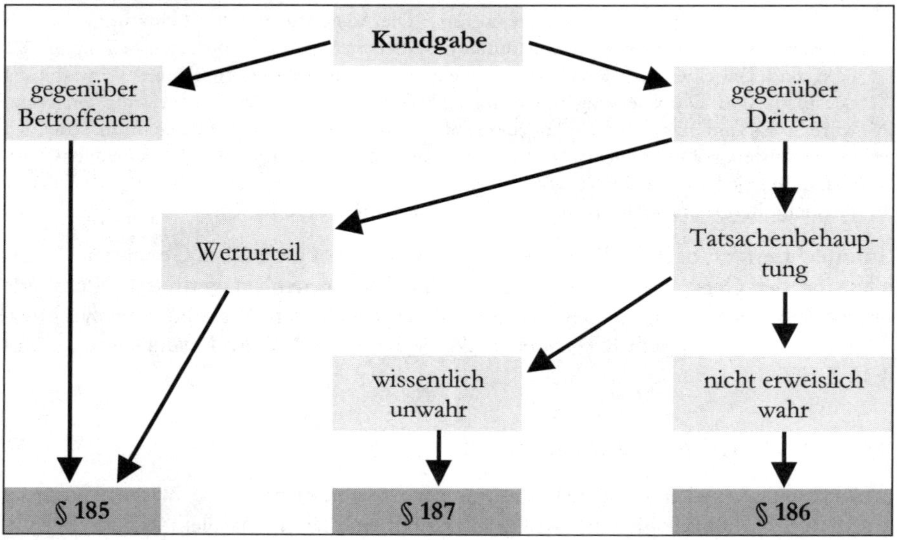

VI. Verunglimpfung des Andenkens Verstorbener

790 Geht es den §§ 185-187 um die Ehre Lebender, so bestraft § 189 die Verunglimpfung des Andenkens Verstorbener. Tote können allerdings keine Rechtsgutsträger mehr sein, weshalb nicht ihre Ehre geschützt wird, sondern diejenige *der Hinterbliebenen,* die sich mit dem Verstorbenen identifizieren und daher durch dessen Herabsetzung mit getroffen werden. Einzelheiten zu dieser Straftat finden Sie auf CD 24-10.

---

62 Ein Absehen von Strafe ermöglichen z.B. die §§ 113 IV 1, 218a IV 2.

63 Vgl. Sch/Sch-LENCKNER § 199 Rn. 10; MAURACH/SCHROEDER/MAIWALD BT 1 § 27 Rn. 31. Der Urteilstenor lautete dann: „Der Angeklagte X ist der Beleidigung schuldig. Er wird für straffrei erklärt. Die Verfahrenskosten trägt der Angeklagte."

64 Schema nach Dirk EPPNER / Antje HAHN, Allgemeine Fragen der Beleidigungsdelikte, JA 2006, 702-707 (702).

VII. Weitere Straftaten gegen die Ehre

Ehrenschützend sind außerhalb des 14. Abschnitts noch § 90 (Verunglimpfung des Bundespräsidenten), § 103 (Beleidigung von Organen und Vertretern ausländischer Staaten) sowie einige Alternativen der Volksverhetzung (§ 130 I Nr. 2, II). Weitere Hinweise zu diesen Tatbeständen enthält CD 24-11. 791

Wiederholungsfragen zum 24. Kapitel 792

1. Welche der Beleidigungsstraftaten könnten theoretisch einschlägig sein, wenn jemand dem neuen Freund seiner Exfreundin mitteilt, diese habe ihm während ihrer Beziehung Geld gestohlen, trinke heimlich und sei auch ansonsten ein hinterhältiges Miststück? (Rn. 734 ff.)
2. Wem gegenüber müssten Beleidigungen, wem gegenüber Verleumdungen geäußert werden? (Rn. 771, 740)
3. Könnte man wegen der Kundgabe deiner wahren Tatsache bestraft werden? (Rn. 764)
4. Welche Voraussetzungen müssen erfüllt sein, um eine Äußerung nach § 193 zu rechtfertigen? (Rn. 783)

Weitere Hinweise zu den Fragen 1 und 3 auf CD 24-12.

25. Kapitel. Straftaten gegen die Privatsphäre

I. Überblick über die §§ 201 ff. und andere Straftaten zum Schutz von Geheimsphären

793 Die §§ 201 ff. konzentrieren sich auf einen Aspekt der Persönlichkeit, der sich nicht in materiellen Werten wie Körper, Eigentum oder Wohnung manifestiert, sondern (gleich der Ehre) auf das Immaterielle beschränkt: die Privatsphäre. Der Mensch bedarf zur freien Persönlichkeitsentfaltung eines ungestörten und unbeobachteten Lebensbereiches, in den er sich zurückziehen, spontan und unbefangen agieren und kommunizieren kann, ohne jedes Wort auf die Goldwaage legen zu müssen. Was in dieser Privatsphäre geschieht, bleibt prinzipiell ausschließliche Angelegenheit der Beteiligten. Ihre Privatheit und Vertraulichkeit wollen die §§ 201 ff. bewahren.

Die *Privatsphäre als Rechtsgut* erstreckt sich dabei nicht allein auf den häuslichen Wohnbereich. Zusätzlich werden weitere Interaktionsfelder erfasst, in denen Kernbereiche der Person thematisiert werden. Deshalb sind etwa auch das Arzt- (§ 203 I Nr. 1) und das Postgeheimnis (§ 206) strafbewehrt. Umgekehrt beschränken sich die §§ 201 ff. ausschnittsweise auf einzelne Aspekte der Privatsphäre, weil ein allgemeines Indiskretionsdelikt kaum hinreichend bestimmt abzufassen wäre[1] und Gefahr liefe, auch nicht Strafwürdiges zu erfassen.

794 Konkrete *Schutzgüter* sind die in der Übersicht Rn. 795 aufgeführten. Deren strafrechtlicher Schutz wird zum einen durch weitere Tatbestände außerhalb des StGB ergänzt. Zum anderen gehen aber auch einzelne Schutzgüter über die Privatsphäre hinaus, was insbesondere für die Datenausspähung nach § 202a gilt, aber auch für den strafrechtlichen Schutz des Postgeheimnisses. Schließlich enthält nicht jeder Brief Informationen aus der Privatsphäre, denkt man nur an Korrespondenz zwischen Firmen oder Behörden.

---

1 WALTER KARGL, Zur Differenz zwischen Wort und Bild im Bereich des strafrechtlichen Persönlichkeitsschutzes, ZStW 117 (2005), 324-353 (329).

Abbildung: Die Tatbestände zum Schutz der Privatsphäre 795

Tatbestand	Schutzgut	Wichtigste Tathandlungen	Ergänzende Tatbestände
Verletzung der Vertraulichkeit des Wortes (§ **201**)	Nichtöffentlich gesprochene Worte	Herstellen von Tonaufnahmen auf Tonträger und deren Gebrauch	
Verletzung des höchstpersönlichen Lebensbereichs durch Bildaufnahmen (§ **201a**)	Private Bildaufnahmen	Herstellen und Weitergeben von Bildaufnahmen. die eine Person in geschützten Bereichen abbilden	**§ 33 KUG:** Unbefugtes Veröffentlichen von Bildaufnahmen der Person
Verletzung des Briefgeheimnisses (§ **202**)	(verschlossene) Briefe	Öffnen fremder Briefe und verschlossener Schriftstücke	**§ 206** – Verletzung des Post- und Fernmeldegeheimnisses: Öffnen von Sendungen und Verrat von Telekommunikationsinhalten durch Bedienstete von Post- und Telekommunikationsdiensten (Sonderdelikt)
Verletzung von Privatgeheimnissen (§§ **203, 204**)	Private (und geschäftliche) Geheimnisse (z.B. Arzt-, Apotheker- oder Sozialarbeitergeheimnis)	Offenbaren oder Verwerten fremder Geheimnisse, die auf Grund bestimmter beruflicher oder amtlicher Tätigkeiten erlangt wurden (Sonderdelikt)	**§ 17-19 UWG**: Verrat von Geschäfts- und Betriebsgeheimnissen zu Wettbewerbszwecken **§§ 353b, 353d, 355**: Verletzung von Dienst-, Justiz- und Steuergeheimnissen (z.T. Sonderdelikte)
Ausspähen von Daten (§ **202a**)	Datenbestand	Verschaffen des Zugangs zu fremden, geschützten Daten	**§ 202c:** Vorbereiten des Ausspähens und Abfangens von Daten
Abfangen von Daten (§ **202b**)	Datenbestand	technisch gestütztes Verschaffen von Daten während der Übermittlung oder aus Abstrahlungen	

Die *forensische Bedeutung* der hier in Rede stehenden Delikte ist zwar gering (dazu CD 25-01). Ihre Wirkung darf dennoch nicht unterschätzt werden: Sie untermauern strafrechtlich die Berufsgeheimnisse und -pflichten bestimmter Berufe (wie Arzt, Psychologe oder Rechtsanwalt). Zum Teil bringen sie diese damit erst ernsthaft zur Geltung, indem sie sie von einem Ehrenkodex zu einer sanktionsbewehrten Rechtspflicht aufwerten. 796

II. Die einzelnen Tatbestände

1. Verletzung der Vertraulichkeit des Wortes (§ 201)

a) Die vier Tatbestandsalternativen

797 Die Bestimmung enthält vier unterscheidbare Tathandlungen, deren Schutzobjekt jeweils das nichtöffentlich gesprochene Wort ist.

Abbildung: Die Tathandlungen nach § 201 I, II

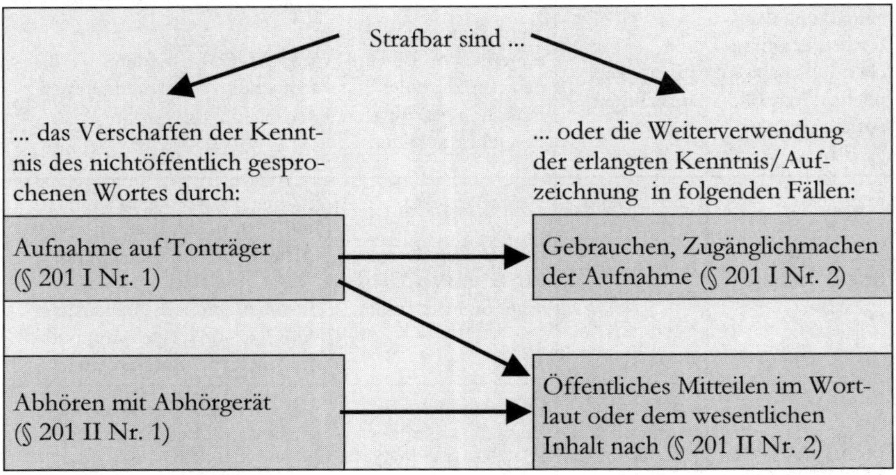

b) Das gemeinsame Schutzobjekt des nichtöffentlich gesprochenen Wortes

798 Darunter fallen alle *akustisch wahrnehmbaren Äußerungen sprachlicher Art mit gedanklichem Inhalt*. Es darf sich um Klartext ebenso wie um verschlüsselte oder gesungene Sprache handeln. Ausgeschlossen bleiben die nonverbale Verständigung (z.B. durch Gebärdensprache) sowie nichtsprachliche Lautäußerungen (z.B. unartikuliertes Schreien oder Stöhnen). Einen Sinn braucht die Äußerung nicht erkennen zu lassen, womit selbst unzusammenhängende Worte eines Betrunkenen oder im Schlaf Gesprochenes erfasst werden. Die geistige Urheberschaft ist irrelevant. Daher fällt auch das aus einem Buch Vorgelesene unter den Tatbestand.[2]

799 Die Gegenauffassung, die nur eigene gedankliche Äußerungen erfassen will,[3] beruft sich zu Unrecht darauf, der Schutzzweck bedinge eine – beim Vorlesen angeblich fehlende – Berührung der Freiheit zur Persönlichkeitsverwirklichung. Denn auch die Information darüber, was im privaten Kreis (vor-)gelesen wird, gibt Schützenswertes über Gedankenwelt und Persönlichkeit des Betroffenen preis.

800 Das Merkmal der Nichtöffentlichkeit setzt weder ein Geheimnis noch eine besondere Vertraulichkeit voraus. Im negativen Sinne endet der Schutz erst dort, wo das Wort öffentlich gesprochen wird. Öffentlichkeit ist anzunehmen, sobald das Wort ohne

---

2 GÖSSEL/DÖLLING BT 1 § 37 Rn. 8 f.; FISCHER § 201 Rn. 3; Sch/Sch-LENCKNER § 201 Rn. 5; SK-HOYER § 201 Rn. 7.

3 LACKNER/KÜHL § 201 Rn. 2.

technische Hilfsmittel *von einem größeren, nicht abgrenzbaren Personenkreis gehört werden kann oder soll.*[4] Äußerungen in öffentlichen Gerichtsverhandlungen zählen dazu, selbst wenn ihr keine Zuschauer beiwohnen (*soll* gehört werden). Dagegen sind Versammlungen nichtöffentlich, zu denen nur ein bestimmter Personenkreis Zugang erhält (z.B. geschlossene Parteiveranstaltungen oder Vereinsversammlungen).

Aufgabe: Ein vertrauliches Gespräch in der Reichstagskantine 801
Ex-Bundeskanzler *Helmut Kohl*[5] saß im August 2002 im vertraulichen Gespräch mit drei Freunden in der Kantine des Reichstags. Dabei soll er u.a. geäußert haben, er halte den damaligen Bundestagspräsidenten *Wolfgang Thierse*[6] für den schlechtesten Präsidenten seit *Hermann Göring*.[7] Am Nebentisch hielten sich zwei Journalisten auf, die diese Äußerung hörten und später in der Presse veröffentlichten.
Wären die beiden Journalisten nach § 201 strafbar, wenn sie das Gespräch auf einem Diktiergerät aufgezeichnet hätten?

Ein Gespräch in der Kantine des Reichstags, einem Raum, der prinzipiell einem kaum 802
abgrenzbaren Personenkreis zugänglich ist, kann allenfalls dann nichtöffentlich sein, wenn sich die Worte ausschließlich an die unmittelbaren Gesprächsteilnehmer richten und ihre Lautstärke sowie die Raumverhältnisse es Dritten nicht gestatten, sie ohne besonderes Bemühen zu vernehmen. Vermag der Nachbartisch wie hier einzelne Äußerungen ohne Weiteres, insbesondere ohne technische Hilfsmittel, zu hören, so besteht Öffentlichkeit und § 201 entfällt.

c) Die Tathandlungen

Allen Alternativen ist gemein, dass sie „unbefugt" begangen werden müssen. Dabei 803
handelt es sich um ein *allgemeines Rechtswidrigkeitsmerkmal* mit bloßer Hinweisfunktion.[8] Durchweg beschreiben die Tathandlungen des § 201 bereits im Hinblick auf das betroffene Rechtsgut typisches Unrecht. Tatbestandliches Verhalten führt dabei nur ausnahmsweise zu keinem konkreten Rechtswidrigkeitsbefund. In der Praxis schließen vor allem die Einwilligung des Betroffenen, aber auch ein Notstand (etwa zwecks Erlangung dringend benötigter, sonst nicht zu erhaltender Beweismittel zur Klagabwehr[9]) das Unbefugtsein aus. Grundlegendes dazu findet sich auf CD 23-07.

Aufnehmen auf einen Tonträger (§ 201 I Nr. 1) bedeutet das Fixieren auf ein Speichermedium 804
zur wiederholten akustischen Wiedergabe (z.B. auf Tonband oder auf einen Datenträger). Mitschreiben oder die direkte elektronische Verarbeitung über ein Spracherkennungsprogramm zu

---

4 Sch/Sch-LENCKNER § 201 Rn. 6-10; LACKNER/KÜHL § 201 Rn. 2.

5 *Helmut Kohl*, CDU, geboren 03.04.1930, Bundeskanzler 1982-1998.

6 *Wolfgang Thierse*, SPD, geboren 22.10.1943, Bundestagspräsident 1998-2005.

7 *Hermann Göring*, NSDAP, 12.01.1893 – 15.10.1946, u.a. Reichstagspräsident 1932-1945.

8 GÖSSEL/DÖLLING BT 1 § 37 Rn. 2; FISCHER § 201 Rn. 9; ROLAND SCHMITZ, Übersicht zum strafrechtlichen Schutz des persönlichen Lebens- und Geheimbereiches, §§ 201-205 StGB, JA 1995, 31-32 (31); differenzierend MAURACH/SCHROEDER/MAIWALD BT 1 § 29 Rn. 59; Sch/Sch-LENCKNER § 201 Rn. 29.

9 Bernd WÖLFL, Rechtfertigungsgründe bei der Verletzung der Vertraulichkeit des Wortes, Jura 2000, 231-234 (233 f.).

einer Textdarstellung genügen daher nicht. Heimlichkeit wird nicht verlangt.[10] Andernfalls blieben Abhöraktionen straflos, denen der Betroffene trotz seiner Kenntnis faktisch nicht entweichen kann (z.B. die komplette, in aller Offenheit vorgenommene „Verwanzung" seiner Wohnung).

805 *Abhören* ist nur mittels eines Abhörgerätes strafbedroht (§ 201 II Nr. 1). Beim Abhören bedarf es keiner Fixierung des Abgehörten, weshalb Kenntnisnehmen genügt. Abhörgeräte sind z.B. „Wanzen", Richtmikrophone oder Vorrichtungen zum Anzapfen der Telekommunikation. Abhören meint aber etwas anderes als Mithören, *Mithörgeräte sind daher keine Abhörgeräte*. Unterschieden werden beide danach, ob es sich um verkehrsübliche Einrichtungen handelt, mit denen jeder rechnen kann (dann Mithörgerät, so z.B. der Zweithörer am Telefon und die Freisprecheinrichtung)[11] oder nicht (dann Abhörgerät).

806 *Zugänglichmachen und Gebrauchen* (§ 201 I Nr. 2) beziehen sich ausschließlich auf Tonträgeraufnahmen nach § 201 I Nr. 1. Allerdings spricht das Gesetz von einer „so hergestellten Aufnahme", woraus zu Recht von der h.M. gefolgert wird, dass es sich zugleich um eine *unbefugte Aufnahme* gehandelt haben muss.[12] Näheres dazu auf CD 25-02.

807 **Beispiel** (Indiskretion einer Polizeischreibkraft): Von der polizeilichen Vernehmung des Zeugen *Klaus B.* war mit dessen Einverständnis eine Tonbandaufzeichnung hergestellt worden. Der Beschuldigte *Thomas J.*, der wissen wollte, ob *B.* ihn belastet hatte, erreichte durch Flirten mit der Polizeiangestellten *Marianne E.*, welche die Tonaufzeichnung zu Papier bringen sollte, dass sie ihm das Abhören der Aufzeichnung ermöglichte. — Die Herstellung der Aufzeichnung erfolgte befugt, weil *Klaus B.* in sie eingewilligt hatte. Strafbarkeit nach § 201 I Nr. 1 scheidet daher aus (für *E.* bleiben aber § 203 II Nr. 2 und bei Gefährdung wichtiger öffentlicher Interessen § 353b I Nr. 2, für *J.* Anstiftung dazu).

808 Zugänglich macht, wer einer dritten Person den Zugriff auf die Aufnahme eröffnet oder sie ihr gar übergibt. Problematisch ist indes, was unter Gebrauchen zu verstehen ist. Die h.M. steht auf dem Standpunkt, dazu zähle bereits das Abspielen der Aufnahme, und zwar selbst dann, wenn der Täter sie sich alleine anhöre.[13] So pauschal ist das sicher unzutreffend. Denn eine Handlung müsste, um tatbestandlich zu sein, zumindest eine abstrakte Gefahr für das Rechtsgut in sich bergen. Eine *(zusätzliche) Gefahr durch den Gebrauch einer Aufnahme* bestünde aber allein dann, wenn durch ihren oder infolge ihres Gebrauchs

- eine Kenntnis vom Inhalt verschafft wird, die (beim Täter oder bei einem Dritten) zuvor noch nicht bestand,[14] denn dies erhöht die Gefahr unkontrollierter Weitergabe;
- die aufgenommenen Worte in anderer Weise fixiert werden (z.B. durch Übertragung ins Schriftliche), weil sich dadurch die Verwertungsmöglichkeiten vermehren;
- eine Kopie hergestellt wird,[15] weil das die Gefahr der Indiskretion steigert.

---

10 GÖSSEL/DÖLLING BT 1 § 37 Rn. 19; OTTO BT § 34 Rn. 4; WESSELS/HETTINGER BT 1 Rn. 529; OLG Jena NStZ 1995, 502 (503); a.A. Sch/Sch-LENCKNER § 201 Rn. 13; MAURACH/SCHROEDER/MAIWALD BT 1 § 29 Rn. 59.

11 BGHSt 39, 335 (343); SK-HOYER § 201 Rn. 24 f.; GÖSSEL/DÖLLING BT 1 § 37 Rn. 43; a.A. Sch/Sch-LENCKNER § 201 Rn. 19.

12 WESSELS/HETTINGER BT 1 Rn. 535 f.; OTTO BT § 34 Rn. 5; TRÖNDLE/FISCHER § 201 Rn. 6; OLG Düsseldorf NJW 1995, 975.

13 FISCHER § 201 Rn. 6; Sch/Sch-LENCKNER § 201 Rn. 17; SK-Hoyer § 201 Rn. 19; MAURACH/SCHROEDER/MAIWALD BT 1 § 29 Rn. 61; ROLAND SCHMITZ, Verletzung der Vertraulichkeit des Wortes, § 201 StGB, JA 1995, 118-121 (119).

14 Insoweit wohl auch GÖSSEL/DÖLLING BT 1 § 37 Rn. 21.

Kennt hingegen der Täter den Inhalt der Aufnahme bereits, etwa vom Aufnahmevorgang her, so wäre auch das (zweite) Hören des Aufgenommenen ungeeignet, die Rechtsgutsverletzung zu intensivieren. Ein Abspielen unterfällt dem Gebrauch daher nur, wenn es der (erstmaligen) Kenntnisnahme oder einer weiteren stofflichen Fixierung der Aufnahme dient.

Auch die *öffentliche Mitteilung von Wortlaut oder wesentlichem Inhalt* (§ 201 II Nr. 2) bezieht 809
sich auf unbefugte Vortaten, diesmal allerdings sowohl nach § 201 I Nr. 1 als auch nach § 201 II Nr. 1. Weiteres zur Qualität der erforderlichen Vortaten auf CD 25-02. Die Mitteilung des *wesentlichen Inhalts* löst die Kundgabe vom Wortlaut der ursprünglichen Äußerung; ihr Inhalt darf indes nicht so verändert oder durch Kürzungen entstellt werden, dass er überhaupt nicht mehr wiederzuerkennen ist.[16]

Die Tatalternative des § 201 II Nr. 2 erfährt zwei zusätzliche Einschränkungen. Zum einen 810
beinhaltet § 201 II Satz 2 eine nur auf sie anwendbare *Minima-Regelung*, die öffentliche Mitteilungen ausschließt, welche gar nicht geeignet wären, berechtigte Interessen des Abgehörten zu beeinträchtigen. Sie ändert nichts an der Strafbarkeit des Abhörens, würde aber der Strafbarkeit der öffentlichen Wiedergabe z.B. dann entgegenstehen, wenn der Abgehörte nur über das Wetter gesprochen hätte.

Zum anderen enthält § 201 II Satz 3 eine an § 193 erinnernde Rechtfertigungsregel, die aber auf 811
die Wahrnehmung *überragender* öffentlicher Interessen beschränkt bleibt. Die Veröffentlichung einer Information unter den in der Aufgabe Rn. 801 bezeichneten Umständen erfüllte dieses Kriterium zweifellos noch nicht. Anders, wenn *Kohl* seinerzeit noch im Amt gewesen wäre und daher seine Person und sein Denken eine aktuelle politische Bedeutung besessen hätten. Weitere Einzelheiten anhand des Falles *Wallraff*[17] auf CD 25-03.

d) Qualifikationen und weitere Voraussetzungen

Gemäß § 205 I handelt es sich bei den Taten nach § 201 I, II um solche, die *ausschließlich auf Strafantrag verfolgt* werden. Dies gilt nicht, falls der Täter *Amtsträger* ist. Denn dann wäre § 201 III einschlägig, der zugleich die Strafdrohung (von bis zu drei Jahren für die Grunddelikte) auf bis zu fünf Jahre Freiheitsstrafe erhöht. 812

2. Verletzung des höchstpersönlichen Lebensbereichs durch Bildaufnahmen (§ 201a)

Der erst 2004 eingefügte § 201a,[18] den man schlagwortartig als „*Paparazzi-Paragraphen*" beschreiben könnte, soll den bis dahin ungenügenden Schutz vor Abbildungen der Person verstärken.[19] Konzipiert als Gegenstück zu § 201 bleibt indes die Strafbarkeit optischer Ausspähungen deutlich hinter derjenigen für Lauschangriffe zurück. So 813

---

15 Ebenso SK-HOYER § 201 Rn. 19; Sch/Sch-Lenckner § 201 Rn. 17 ; a.A. GÖSSEL/DÖLLING BT 1 § 37 Rn. 21; SCHMITZ (Fn. 13), JA 1995, 119 (Kopieren benutze nicht die Aufnahme selber). Bedenklich weit geht OLG Düsseldorf NJW 1995, 975 (technische Aufbereitung sei Gebrauch).

16 Näher dazu Sch/Sch-LENCKNER § 201 Rn. 25.

17 BVerfGE 66, 116.

18 Zur historischen Entwicklung Arnd KOCH, Strafrechtlicher Schutz vor unbefugten Bildaufnahmen, GA 2005, 589-605 (605 ff.).

19 Eingefügt durch 36. StÄG vom 30.07.2004, BGBl I 2012. Zu den Motiven vgl. die Gesetzesbegründung im – fraktionsübergreifenden – Entwurf, BT-Drs. 15/2466, S. 4.

erfasst der Bildschutz nur bestimmte Areale (Wohnung, gegen Einblick besonders geschützte Räume). Zudem ist im Unterschied zu § 201 II Nr. 1 die Beobachtung ohne gleichzeitige Aufnahme oder Bildübertragung straflos. Auf der anderen Seite wird auch das unbefugte Zugänglichmachen einer befugt hergestellten Aufnahme (anders als bei der Tonaufzeichnung in § 201 I Nr. 2) unter Strafandrohung gestellt.

Abbildung: „Paparazzo" auf der Jagd

Weitere Einzelheiten dieses Tatbestandes einschließlich des partiell parallelen § 33 KUG werden auf CD 25-04 beschrieben.

3. Verletzungen des Brief-, Post- und Fernmeldegeheimnisses (§§ 202, 206)

a) Verletzung des Briefgeheimnisses (§ 202)

aa) Schutzobjekte

814 Entgegen ihrer Überschrift schützt die Bestimmung nicht alleine das Briefgeheimnis aus Art. 10 I GG. *Schutzobjekte* sind vielmehr neben Briefen auch alle anderen verschlossenen Schriftstücke (und damit ist weiteres Rechtsgut die Privatsphäre allgemein). Schriftträger ohne jeden Persönlichkeitsbezug (z.B. Postwurfsendungen) bleiben allerdings ungeschützt.[20] Postkarten stellen keine verschlossenen Schriftstücke dar und dürfen daher ebenfalls straflos gelesen werden.

815 Über Abs. 3 erfasst der Tatbestand zusätzlich (verschlossene) *Abbildungen*, insbesondere Fotos. Auch hier bedarf es allerdings eines Persönlichkeitsbezuges, weshalb nur solche Abbildungen erfasst werden, bei denen Absender oder Empfänger ein berechtigtes Interesse daran besitzen, Dritte von der Kenntnisnahme auszuschließen.[21]

bb) Die einzelnen Tathandlungen

816 *Tathandlung* ist nach § 202 I Nr. 1 zunächst das *Öffnen* verschlossener Schriftstücke und Briefe, die nicht zur Kenntnis des Täters bestimmt, also weder an ihn adressiert

20 LACKNER/KÜHL § 202 Rn. 2; Sch/Sch-LENCKNER § 202 Rn. 4.

21 Sch/Sch-LENCKNER § 202 Rn. 5; MAURACH/SCHROEDER/MAIWALD BT 1 § 29 Rn. 15.

sind noch vom Adressaten an ihn weitergeleitet wurden. Zum Öffnen genügt jede Durchbrechung oder Umgehung des Verschlusses.[22]

Dem ist in § 202 I Nr. 2 die ohne Öffnen bewirkte *Kenntniserlangung unter Anwendung (spezieller) technischer Mittel* gleichgestellt. Darunter fiele insbesondere ein Durchleuchten mittels einer spezifischen Einrichtung, aber noch nicht das Halten des Briefes gegen eine gewöhnliche Lichtquelle.[23]

Umstritten ist, was mit *Kenntnisverschaffen* gemeint ist: Genügt bloßes Erblicken des Inhaltes[24] **817**
oder muss er auch inhaltlich verstanden werden, woran es z.B. bei einem in fremder Sprache verfassten Brief fehlen könnte?[25] Zum Schutzbereich des Briefgeheimnisses gehört allerdings nicht nur der Sinn des geschriebenen Wortes, sondern auch der weitere Inhalt des Briefes mitsamt all seinen sonstigen Informationen. Darunter fallen beispielsweise der Umstand, dass in einer fremden Sprache korrespondiert wurde, Handschrift, Schriftfarbe oder Zeichnungen (wie Herzchen am Textrand). Denn all dies lässt Rückschlüsse auf die Beziehung zwischen Absender und Empfänger zu. Deshalb muss mit der h.M. schon die *optische Wahrnehmung des Inhaltes genügen.*

§ 202 II schließlich schützt selbst alle offenen, aber für das Täterwissen nicht bestimmten **818**
Schriftstücke, u.a. den bereits geöffneten Privatbrief. Erforderlich ist allerdings, dass der Besitzer an die Stelle des in Abs. 1 vorgesehenen Briefverschlusses einen anderweitigen, vorgelagerten Schutz mittels eines Behältnisses setzt, z.B. seine Korrespondenz (hier einschließlich der Postkarten) in einen Schrank einschließt. Dabei bedarf es einer *besonderen* Sicherung, weshalb eine unverschlossene Schreibtischschublade nicht genügt.

Zudem muss der Täter das Behältnis zum Zwecke der Ausspähung öffnen („nachdem er *dazu* ... geöffnet hat“).[26] Will er beim Öffnen zunächst „nur“ stehlen und entdeckt erst dabei zufällig die Briefe, so fiele dies nicht unter § 202 II.

cc) Konkurrenzen

Behält der Täter den geöffneten Brief und begeht er deshalb zugleich einen Diebstahl **819**
oder eine Unterschlagung, so besteht mit diesen Tatbeständen Idealkonkurrenz, um den Unrechtsgehalt der Tat vollständig zu erfassen. Eine Sachbeschädigung an Brief oder Briefverschluss wird von § 202 I Nr. 1 konsumiert, nicht aber von Nr. 2, denn bei dieser Alternative gehört eine Beschädigung nicht zu den regelmäßigen Tatfolgen. Gegenüber § 206 ist § 202 explizit subsidiär.

b) Verletzung des Post- und Fernmeldegeheimnisses (§ 206)

Bei dieser Straftat handelt es sich um ein Sonderdelikt, das nur von Betreibern oder **820**
Beschäftigten der Post- und Telekommunikationsdienstleistungsunternehmen sowie von Amtsträgern (Abs. 4) begangen werden kann. Zudem ist allein die Kommunikationsphase geschützt. Nachdem die Sendung den Empfänger erreicht hat, kann deshalb

---

22 So im Beispiel bei WESSELS/HETTINGER BT 1 Rn. 546, 556: Herausholen des Briefinhaltes ohne Verschlussöffnen mittels einer Haarnadel.

23 LACKNER/KÜHL § 202 Rn. 4; RENGIER BT II § 31 Rn. 11.

24 So die h.M., vgl. LACKNER/KÜHL § 202 Rn. 4; WESSELS/HETTINGER BT 1 Rn. 554; OTTO BT § 34 Rn. 20.

25 Das vertreten Sch/Sch-LENCKNER § 202 Rn. 10/11; RENGIER BT II § 31 Rn. 11.

26 RENGIER BT II § 31 Rn. 12, LACKNER/KÜHL § 202 Rn. 5.

nicht mehr auf § 206 zurückgegriffen werden.[27] Nähere Einzelheiten werden auf CD 25-05 dargestellt.

4. Verletzung und Verwertung von Privatgeheimnissen (§§ 203, 204) sowie verwandte Tatbestände

a) Schutzrichtung der §§ 203, 204

821 Die beiden Strafbestimmungen stehen in engem Zusammenhang, weil Tätergruppen, Tatobjekte und Verletzte identisch sind. Während § 203 das Offenbaren bestimmter Geheimnisse verbietet, bestraft § 204 andere Formen ihrer wirtschaftlichen Verwertung. Beide Straftaten werden nur auf Strafantrag verfolgt (§ 205).

822 Thematisch behandeln die §§ 203, 204 Kommunikationsbeziehungen zu Angehörigen bestimmter Berufe oder Inhabern bestimmter Funktionen, die notgedrungen mit der Preisgabe privater Geheimnisse einhergehen. Wer zum Arzt (§ 203 I Nr. 1) geht, sollte diesem offen über seinen Körper und seine Befindlichkeiten berichten können und dem Arzt ohne Scheu körperliche Untersuchungen ermöglichen. Gegenüber dem Psychologen (Nr. 2) ist die intime Gedankenwelt zu eröffnen. Ähnlich verhält es sich beim Rechtsanwalt, insbesondere dem Strafverteidiger (Nr. 3). Durch die Strafbewehrung entstehen entweder rechtliche Schweigepflichten[28] oder sie bestehen bereits und werden dann jedenfalls verstärkt.[29] Die im Kontakt mit den betroffenen Berufs- und Funktionsträgern faktisch erzwungene Öffnung der Privat- und Geheimsphären wird so im Ergebnis gegenüber Dritten wieder geschlossen, indem die in § 203 genannten Personengruppen ihrerseits dem Geheimhaltungsinteressen des Betroffenen unterworfen und zum Schweigen verpflichtet werden.

Mit der strafbewehrten Schweige*pflicht* korrespondiert im Übrigen das strafprozessuale Schweige*recht* nach § 53 I StPO. Diese Bestimmung nennt als Schweigeberechtigte nahezu denselben Personenkreis wie § 203.

b) Die Tätergruppen

823 Die §§ 203, 204 sind Sonderdelikte, die nur von den dort genannten Personen begangen werden können. Die Zugehörigkeit zu den einzelnen Tätergruppen stellt also ein – strafbegründendes – persönliches Merkmal i.S.v. § 28 I dar. Wer unmittelbar zu den betroffenen Gruppen in § 203 I zählt, erschließt sich ohne Weiteres aus dem Gesetzestext. Über die dort genannten Personen hinaus erweitert § 203 III 2 den betroffenen Kreis auf *berufliche Helfer* (z.B. das Praxispersonal des Arztes), soweit sie notgedrungen mit den Geheimnissen in Berührung kommen,[30] und Auszubildende (z.B. auch Jurastudenten während eines Rechtsanwaltspraktikums).

824 Interessanterweise fehlen in § 203 I die *Geistlichen*, obschon sie in vergleichbarer Weise von Berufs wegen private Geheimnisse erfahren und in § 53 I Nr. 1 StPO sogar an erster Stelle der

---

27 LACKNER/KÜHL § 206 Rn. 1.

28 So bei den in Nr. 6 genannten Angehörigen privater Versicherungsunternehmen oder privatärztlicher Verrechnungsstellen.

29 Vgl. für Rechtsanwälte die bereits in § 43a II BRAO normierte Schweigepflicht.

30 FISCHER § 203 Rn. 21; LACKNER/KÜHL § 203 Rn. 11b. Das Reinigungspersonal unterliegt daher nicht dem Tatbestand.

Schweigeberechtigten aufgeführt werden. Bei ihnen nahm der Gesetzgeber offenbar nicht an, er müsse beispielsweise das Beichtgeheimnis ergänzend staatlich schützen, weil seine Geheimhaltung bereits durch kirchliche Normen hinreichend gewährleistet ist. Zudem dürfte der Gedanke einer Trennung von Kirche und Staat eine Rolle gespielt haben.

In § 203 II wird darüber hinaus praktisch die gesamte öffentliche Verwaltung ein- **825**
schließlich der Personalvertretung (Nr. 3), der Mitglieder legislativer Gremien (Nr. 4) sowie öffentlich bestellter Sachverständiger (Nr. 5) in den Kreis der Geheimhaltungsverpflichteten einbezogen.

c) Geschützte Geheimnisse

Vorausgesetzt wird die Existenz eines fremden Geheimnisses, das „namentlich zum **826**
persönlichen Lebensbereich" gehört oder ein Betriebs- oder Geschäftsgeheimnis darstellt. Der Begriff des Geheimnisses ist dabei recht weit; er umfasst alle Tatsachen, die nur einem begrenzten Personenkreis bekannt sind und an deren Geheimhaltung derjenige, den sie betreffen, ein von seinem Standpunkt aus berechtigtes Interesse hat. Dazu weitere Details auf CD 25-06.

Das Merkmal „fremd" verlangt in diesem Zusammenhang, dass derjenige, auf den sich die **827**
geheime Tatsache bezieht, eine andere Person ist als der seine berufliche Geheimhaltungspflicht verletzende Täter. Diese fremde Person braucht aber nicht derjenige zu sein, der mit dem Täter in Kontakt tritt und diesem das Geheimnis anvertraut.[31] So genügte es beispielsweise, falls ein Strafverteidiger auf Grund einer Akteneinsicht (§ 147 I StPO) aus der Ermittlungsakte Informationen über Dritte erfährt. Sie unterliegen damit ebenso dem Geheimnisschutz wie Informationen über den eigenen Mandanten.

Nur für den in Abs. 2 genannten Täterkreis erweitert § 203 II 2 den Geheimnisbegriff darüber **828**
hinaus auf zum Zwecke der öffentlichen Verwaltung erfasste *„Einzelangaben über persönliche und sachliche Verhältnisse eines anderen"*.

Beispiel (Weitergabe von Kfz-Halterdaten durch einen Polizeibeamten):[32] *Klaus G.*, ein guter Bekannter des Polizeibeamten *Jochen P.*, war auf die Idee gekommen, potenzielle Anleger von Schwarzgeld im Ausland ausfindig zu machen und zu erpressen. Im Sommer 2000 fuhr er deshalb nach *Jungholz/Tirol* und notierte sich die Fahrzeugkennzeichen von Deutschen, welche die dortigen Banken aufsuchten. Die Liste übergab er *Jochen P.*, der unter Ausnutzung seines Zugangs zu den Datensystemen der Straßenverkehrsbehörden insgesamt 37 Fahrzeughalter ermittelte und deren Namen sowie Adressen an *G.* weiter gab. *G.* richtete in der Folge Erpresserbriefe an 23 dieser Personen, in welchen er androhte, den Steuerbehörden die Existenz von Auslandskonten mitzuteilen, sofern man nicht eine „Sicherheitsgebühr" von 10.000 DM zahle. — Der BGH bejahte eine Strafbarkeit von *Jochen P.* nach § 203 II Nr. 1. Die in § 203 II 2 genannten „Einzelangaben" bräuchten nicht geheim zu sein. Offenkundigkeit dürfte zwar auf der anderen Seite auch nicht vorliegen. Letzteres sei aber nur bei allgemein und uneingeschränkt zugänglichen Registern anzunehmen. Da die Halterdaten der Straßenverkehrsbehörden hingegen gemäß § 39 I StVG nur demjenigen mitgeteilt würden, der darlege, sie zur Geltendmachung oder Abwehr von Rechtsansprüchen im Zusammenhang mit dem Straßenverkehr zu benötigen, seien sie gerade nicht unbeschränkt zugänglich. Folglich unterfielen sie dem Schutz von § 203 II.[33]

---

31 LACKNER/KÜHL § 203 Rn. 14; OLG Hamburg NJW 1962, 689 (691).

32 BGHSt 48, 28.

33 BGHSt 48, 28 (30 f.); SK-HOYER § 203 Rn. 27; kritisch wegen der geringen Darlegungslast bei der Erlangung der Daten LACKNER/KÜHL § 203 Rn. 15.

829 Dem Täter muss das Geheimnis anvertraut oder sonst bekannt geworden sein. Wegen dieser weiten Formulierung bleibt es letztlich gleichgültig, wie der Täter seine Kenntnis von der geheim zu haltenden Tatsache erlangt, solange er sie nur als Angehöriger einer der Tätergruppen erfahren hat, also die *Kenntnisnahme im inneren Zusammenhang mit seiner Berufs- oder Amtseigenschaft* steht.[34]

830 Immerhin setzen sowohl Anvertrauen als auch Bekanntwerden die Vorexistenz des Geheimnisses voraus, und sei es als bis dahin verborgene Tatsache, wie etwa im Falle der Diagnose einer Krankheit (als Patientengeheimnis) durch den Arzt. Schafft der Geheimnisträger das Geheimnis hingegen erst selbst, beispielsweise bei der Festsetzung eines (geheimen) Durchsuchungstermins durch einen Polizeibeamten, so bleibt dieses Geheimnis gegenüber dem betreffenden Geheimnisurheber strafrechtlich ungeschützt.[35]

831 **Aufgabe:** Aussage einer Krankenschwester über die Einlieferung eines angeschossenen Patienten[36]

In der Nacht brachen *Vittorio L.* und *Thomas M.* in ein Elektrogeschäft ein und entwendeten zwei Geräte. *Vittorio L.* wurde dabei durch einen Schuss aus dem Kleinkalibergewehr des Geschäftsinhabers verletzt. *Thomas M.* brachte *L.* anschließend mit dessen Pkw zum Krankenhaus, wo die Krankenschwester *Yvonne H.* zu dieser Zeit als Nachtschwester Dienst tat. In dem späteren Strafverfahren gegen *L.* und *M.* legte *Yvonne H.,* als sie als Zeugin vernommen werden sollte, eine von dem Chefarzt des Krankenhauses verfasste „Bescheinigung zur Vorlage beim Gericht" vor. Darin erklärte der Unterzeichner, er habe sich als Chefarzt entschieden, *H.* nicht von der ärztlichen Schweigepflicht zu entbinden, es sei denn, der Patient (*Vittorio L.)* tue dies selbst. Obwohl eine solche Schweigepflichtsentbindungserklärung nicht vorlag, sagte *Yvonne H.* aus, *Thomas M.* habe eine „andere durch eine Schussverletzung verletzte Person" in der Tatnacht vorbei gebracht. Vor ihrer Aussage hatte ihr das Gericht erklärt, sie dürfe zwar nicht gegen *Vittorio L.,* könne und müsse aber gegen *Thomas M.* aussagen.

Hat sich *Yvonne H.* durch ihre Aussage nach § 203 strafbar gemacht?

832 Die preisgegebenen Daten gehörten zum Arztgeheimnis betreffend *Vittorio L.*, weil auch ein berechtigtes Geheimhaltungsinteresse an den näheren Umständen der Anbahnung ärztlicher Behandlungen besteht. Daher erfüllte *Yvonne H.* – als Berufshelferin i.S.v. § 203 III 2 – durch die Offenbarung gegenüber dem Gericht den Tatbestand des § 203 I Nr. 1. Sie handelte wegen der falschen Rechtsauskunft des Gerichts allerdings in einem unvermeidbaren, ihre Schuld ausschließenden Verbotsirrtum. Detailliertere Lösungshinweise auf CD 25-07.

d) Die einzelnen Tathandlungen

833 Tathandlung nach § 203 I, II ist jeweils das unbefugte *Offenbaren.* Unter Offenbaren fällt jede Mitteilung an einen Dritten, dem die Tatsache bislang unbekannt war und der sie auf Grund der Tathandlung tatsächlich zur Kenntnis nimmt (bei Mitteilungen in flüchtiger Form) oder dies (bei Mitteilung auf dauerhaften Informationsträgern) jedenfalls nun ungehindert tun könnte.[37] „Unbefugt" fungiert als allgemeines Rechts-

---

34 Lackner/Kühl § 203 Rn. 16; Wessels/Hettinger BT 1 Rn. 565.

35 OLG Dresden NJW 2007, 3509.

36 Sachverhalt nach BGHSt 33, 148.

37 Lackner/Kühl § 203 Rn. 17; SK-Hoyer § 203 Rn. 31; Maurach/Schroeder/Maiwald BT 1 § 29 Rn. 26.

widrigkeitsmerkmal (dazu CD 23-07). Rechtfertigende Befugnisse sind aus zahlreichen Rechtsquellen ableitbar, die hier nicht im Einzelnen aufgeführt werden können.[38]

Erfolgt die Offenbarung *entgeltlich,* in Bereicherungs- oder Schädigungsabsicht, so verdoppelt 834
sich die für § 203 I, II vorgesehene Höchststrafe von einem auf zwei Jahre Freiheitsstrafe (§ 203 V).

Mit derselben Strafe wird in § 204 das (wirtschaftliche) *Verwerten* des Geheimnisses belegt (dem auch insoweit die in § 203 II genannten Einzelangaben gleichgestellt sind[39]). Als Verwerten gilt jede Handlung, mit welcher der Täter einen wirtschaftlichen Gewinn für sich oder einen anderen erzielen will,[40] so etwa, falls *Jochen P.* im Beispiel Rn. 828 die Halterdaten zu eigenen Erpressungsversuchen ausgenutzt hätte. Ausgeschlossen ist allerdings die Verwertung durch ein Offenbaren, weil sie im Ergebnis bereits durch die entgeltliche Handlung in § 203 V erfasst wird:[41]

Abbildung: Die Tathandlungen von § 203 V und § 204

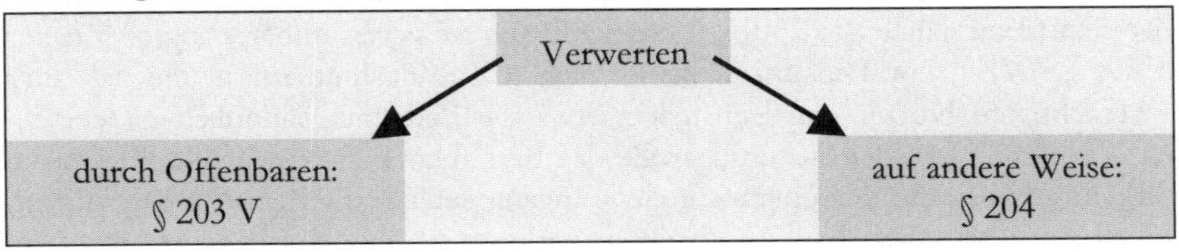

e) Verwandte Straftatbestände

Den §§ 203, 204 ähnelnde Strukturen weisen zum einen die (z.T. Amts-)Delikte nach den 835
§§ 353b, 353d, 355, zum anderen die §§ 17-19 UWG auf. Sie werden auf CD 25-08 näher vorgestellt.

5. Ausspähen und Abfangen von Daten (§§ 202a, 202b)

a) Ausspähen von Daten (§ 202a)

aa) Rechtsgut und Datenbegriff

Nach dem Willen des Gesetzgebers soll die Vorschrift Informationen in Datenform umfassend 836
gegen Spionage schützen.[42] Rechtsgut ist nach überwiegender Auffassung allein das formelle Verfügungsrecht des Besitzers von Informationen jedweder Art.[43] Da dies indes – vor allem im Vergleich mit § 202, wo ein Persönlichkeitsbezug des Schriftstückes gefordert wird (Rn. 814) – zu weit reichte, ist § 202a auf das Dispositionsinteresse an Informationen zu beschränken, an deren *ausschließlicher Nutzung oder Kenntnis der Datenbesitzer ein rechtlich anerkennenswertes materielles oder immaterielles Interesse* hat. Vertiefendes dazu findet sich auf CD 25-09.

---

38 Vgl. die Auflistungen z.B. bei LACKNER/KÜHL § 203 Rn. 18-25; Sch/Sch-LENCKNER § 203 Rn. 52-56.

39 SK-HOYER § 204 Rn. 5; Sch/Sch-LENCKNER § 204 Rn. 3.

40 SK-HOYER § 204 Rn. 7; Sch/Sch-LENCKNER § 204 Rn. 5/6.

41 WESSELS/HETTINGER BT 1 Rn. 571; MAURACH/SCHROEDER/MAIWALD BT 1 § 29 Rn. 26.

42 Bericht des Rechtsausschusses, BT-Drs. 10/5058, S. 28; FISCHER § 202a Rn. 10 f.

43 LACKNER/KÜHL § 202a Rn. 1; Sch/Sch-LENCKNER § 202a Rn. 1; OLG Celle CR 1990, 276 (277).

837 Die restriktive Schutzgutsbestimmung schlägt sich unmittelbar in der Definition des *Datenbegriffs* nieder. Er erfasst nur Informationen, an deren ausschließlicher Nutzung oder Kenntnis ein legitimes Interesse besteht, etwa Kundenlisten, selbst verfasste Texte oder IP-Adressen, nicht dagegen Firmenlogos oder die Arbeitsoberfläche einer Standardsoftware.

838 Daten sind durch Zeichen dargestellte Informationen. Gemäß § 202a II wird dieser Datenbegriff, der andernfalls auch schlichte Buchstaben auf Papier umfasste, auf *nicht unmittelbar wahrnehmbare* Daten beschränkt, wobei die elektronische und die magnetische Speicherung beispielhaft genannt werden. Optisch auszulesende Informationen fallen gleichermaßen darunter, sofern sie (wie bei der CD oder dem Mikrofilm) vom durchschnittlich Befähigten nicht ohne Hilfsmittel wahrgenommen werden können. Das Gegenstück bilden als Daten wahrnehmbare, aber nicht unmittelbar verständliche Codes, etwa der Strichcode auf einem Warenetikett.[44] Sie werden durch § 202a II aus dem Schutzbereich ausgeblendet. Näheres auch dazu auf CD 25-09.

839 Als weitere tatbestandliche Eingrenzung dürfen die Daten *nicht für den Täter bestimmt* sein (dazu näher CD 25-09). Ferner müssen sie gegen unberechtigten Zugang *besonders gesichert* sein. Dies meint keine solchen Zugangshindernisse, die sich auch dem berechtigten Nutzer entgegenstellen, etwa die Bedienungsfeindlichkeit des Systems. Vielmehr muss der Sicherungswille des Betreibers gerade gegenüber demjenigen erkennbar werden, der unberechtigten Zugang sucht.[45] In Betracht kommt vornehmlich eine Passwortsicherung, soweit sie wirksam ist (und das Passwort nicht auf einem Zettel notiert unter der Tastatur des Nutzers ruht).

bb) Verschaffen des Zugangs

840 Tathandlung ist das unbefugte Verschaffen des Zugangs zum Datenbestand, wodurch eine jederzeitige ungehinderte Zugriffsmöglichkeit des Täters entstehen muss. Die Daten selbst braucht er jedoch – seit der Ausweitung der Strafvorschrift durch das 41. StrÄG[46] – noch nicht in Besitz zu nehmen. Entscheidend ist, dass er die Zugangssicherung bereits überwunden, z.B. einen „Trojaner"[47] im fremden System angesiedelt hat und dieser jederzeit abrufbare Daten sammelt.[48]

841 **Aufgabe:** Entwenden einer Diskette mit verschlüsselten Daten
Die Studentin *Jana B.* saß verzweifelt an einer Hausarbeit, mit welcher sie nicht zurecht kam, während die Aufgabe ihrem Kommilitonen *Klaus S.* keine Schwierigkeiten bereitete. Sie verschaffte sich daher mit einem Dietrich Zugang zum Wohnheimzimmer von *Klaus S.* und entwendete daraus eine CD, die laut Beschriftung dessen Hausarbeitstext enthalten sollte. Zuhause musste *Jana B.* allerdings feststellen, dass darauf nur eine verschlüsselte Datei gespeichert war, deren Kennwort sie nicht herauszufinden vermochte.
Hat *Jana B.* § 202a verwirklicht?

---

44 HWSt-HEGHMANNS Rn. VI 1 27; LK-SCHÜNEMANN § 202a Rn. 3.

45 LACKNER/KÜHL § 202a Rn. 4; HWSt-HEGHMANNS Rn. VI 1 31-33.

46 41. StrÄG vom 07.08.2007, BGBl. I 1786. Nach § 202a a.F. musste sich der Täter noch die Daten selbst verschafft haben.

47 Trojaner sind Programme, die auf fremden Rechnern angesiedelt werden, dort unbemerkt Daten oder Tastatureingaben protokollieren und diese selbsttätig oder auf Befehl an Empfänger außerhalb des Systems übermitteln.

48 FISCHER § 202a Rn. 11.

Den Zugang zu verschlüsselten Daten verschafft sich der Täter nicht schon, indem er sie auf einem Datenträger an sich bringt. Denn das charakteristische Unrecht strafbarer Datenausspähung ergibt sich aus dem Überwinden der besonderen Zugangssicherung und wird – wie im vergleichbaren Fall des § 243 I Nr. 2 – allein dann verwirklicht, wenn der Täter eben diese Zugangssicherung durchbricht. Stellt die Verschlüsselung die einzige Zugangssicherung dar, kann deshalb erst mit dem Entschlüsseln ein Zugangsverschaffen angenommen werden.[49] Sollte eine Datei mehrfach gesichert sein (z.B. durch Verschlüsselung und zusätzliche mechanische Sicherung, etwa in einem Safe), bedarf es sogar der Überwindung sämtlicher Sicherungen. **842**

Im Aufgabenfall bliebt die Tat von *Jana B.*, soweit es § 202a angeht, deshalb im straflosen Versuchsstadium stecken. Die Verwahrung im verschlossenen Wohnheimzimmer stellte ohnehin keine *besondere* Zugangssicherung dar.

cc) Bestrafung und Verfolgung

Mit einer Strafdrohung bis zu drei Jahren Freiheitsstrafe ist § 202a I nicht mehr als typisches Bagatelldelikt anzusehen. Gemäß § 205 I bedarf es zur Verfolgung eines *Strafantrages* des verletzten Datenbesitzers (nicht aber des von den Daten Betroffenen!). **843**

b) Abfangen von Daten (§ 202b)

Die durch das 41. StrÄG neu eingeführte und kraft expliziter Anordnung gegenüber allen Straftaten mit höherer Strafandrohung (als zwei Jahre Freiheitsstrafe) *subsidiäre* Strafvorschrift[50] schützt zum einen Daten im Übermittlungsstadium und zum anderen auch alle übrigen Daten, soweit ihr Inhalt durch Abstrahlungen einer Datenverarbeitungsanlage festgestellt werden kann. Auch hier bleibt der Versuch straflos. **844**

Im Gegensatz zu § 202a I bedarf es zwar keiner besonderen Zugangssicherung. Soweit es um Daten im Übermittlungsstadium geht, muss es sich aber um eine *nichtöffentliche* Übermittlung handeln. In Anlehnung an die Auslegung in anderen Strafvorschriften wäre dieses Merkmal der Nichtöffentlichkeit an sich so zu verstehen, dass sich das technische Verfahren zur Übertragung der Daten an ein bestimmtes Ziel zur Entgegennahme der Daten richtet, ohne der Allgemeinheit einen freien Zugriff auf die Übertragung zu gewähren.[51] Allerdings bliebe damit jeder Funkverkehr, der ja regelmäßig ohne Weiteres aufgefangen werden könnte, öffentlich. Das Nichtöffentlichkeitskriterium, soll es nicht zum Leerlaufen der Vorschrift führen, bedarf deshalb einer Eingrenzung. So könnte man auf den technischen Aufwand, der zum Abfangen notwendig wäre, blicken: Was mit handelsüblichen, unmanipulierten Empfangsgeräten (Radioempfänger, vor allem aber W-LAN-Empfangseinheiten) aufzufangen ist, kann danach kaum als nichtöffentlich gelten,[52] wohl aber der Funkverkehr auf besonderen, reservierten Frequenzen **845**

49 FISCHER § 202a Rn. 11; ferner ebenso bereits zum alten Recht LK-SCHÜNEMANN § 202a Rn. 6; Roland SCHMITZ, Ausspähen von Daten, § 202a StGB, JA 1995, 478-484 (483); a.A. MAURACH/SCHROEDER/MAIWALD BT 1 § 29 Rn. 82.

50 Siehe Fn. 46. Zuvor wurden Daten im Übermittlungsstadium unmittelbar von § 202a a.F. geschützt.

51 RegE zum 41. StrÄG, BT-Drs 16/3656, S. 15.

52 Ebenso Kay H. SCHUMANN, Das 41. StrÄG zur Bekämpfung der Computerkriminalität, NStZ 2007, 675-680 (677); anders Stefan ERNST, Das neue Computerstrafrecht, NJW 2007, 2661-2666 (2662), der alleine auf die Widmung durch den Sender abstellt, was sich aber wohl zu sehr von der üblichen Auslegung des Merkmals entfernt.

(wie z.B. der Polizeifunk). Das „Surfen" im Internet über einen ungesicherten (sonst § 202a I) W-LAN-Zugang bleibt deshalb straflos.[53]

846 Anders als bei § 202a I muss der Täter sich die Daten selbst verschaffen, d.h. sie in verwertbarer Form (z.B. durch Speicherung oder durch Darstellung auf dem Bildschirm) in seinen Besitz oder ihren Inhalt sich zur Kenntnis bringen. Es genügt danach das Abfangen verschlüsselter Daten. Entschlüsselt der Täter sie zudem, so läge auch noch § 202a I vor (der § 202b dann verdrängte).

c) Vorbereiten des Ausspähens und Abfangens von Daten (§ 202c)

847 Die Darstellung dieser Vorbereitungsstraftat erfolgt auf CD 25-10.

848 **Wiederholungsfragen zum 25. Kapitel**

1. Wann erfolgt eine Äußerung (nicht-)öffentlich? (Rn. 800)
2. Fiele der Diebstahl von Postwurfsendungen aus einem Hausbriefkasten auch unter § 202? (Rn. 814)
3. Zählt der Umstand, einen bestimmten Arzt aufgesucht zu haben, zum persönlichen Geheimbereich? (Rn. 832)
4. In welchem Moment wäre eine Straftat des Ausspähens von Daten gemäß § 202a I vollendet? (Rn. 840)

---

53 Auch ein Vergehen nach § 148 I Nr. 1 TKG i.V.m. § 89 TKG dürfte ausscheiden, da keine „Nachrichten" i.S. dieser Vorschriften abgehört werden.

8. Abschnitt. Die Beschädigung und Zerstörung von Sachen

26. Kapitel. Überblick über die Strafbestimmungen gegen Sachangriffe

I. Sachangriffe als solche und als Ausgangspunkte von Gemeingefahr

In dem folgenden 27. Kapitel geht es zunächst um die Sachbeschädigungsdelikte i.e.S. (§§ 303 ff.). Insbesondere Straftaten, deren eigentliche Zielrichtung die Verursachung von Gemeingefahr ist, gehen aber ebenfalls von Sachangriffen oder Zerstörungen aus, z.B. die Brand- (28. Kapitel) und Sprengstoffverbrechen (29. Kapitel). Wegen dieses gemeinsamen Ausgangspunktes, der sie häufig in der gutachterlichen Bearbeitung zusammen auftreten lässt, werden sie auch hier trotz ihrer unterschiedlichen Rechtsgüter im unmittelbaren Kontext der Sachbeschädigungsstraftaten behandelt. Das ist nicht so ungewöhnlich, wie es zunächst scheinen mag. Denn auch unter den überwiegend gemeingefährlichen Branddelikten findet sich mit § 306 ein ausschließliches Eigentumsdelikt, das dennoch in allen Lehrbüchern im Kontext der gemeingefährlichen Brandstiftungen thematisiert wird. 849

Mit den Sachangriffen wenden wir uns erstmals gezielten *Angriffen gegen das Eigentum* zu. Sie sind Teil des großen Feldes der *Vermögensstraftaten.*

II. Exkurs: Die Vermögensstraftaten als Ganzes

Der *Begriff der Vermögensstraftaten* stellt freilich eine umfassende und daher auch recht ungenaue Kategorie dar, weil er von der Sachbeschädigung über die Diebstahls- und Raubdelikte bis hin zur Untreue eine Vielzahl strafbarer Handlungen umfasst. Daher wurden früher zwecks besserer Systematisierung die sog. *Eigentumsdelikte* oft den Vermögensdelikten als aliud gegenüber gestellt.[1] Heute herrscht stattdessen die Auffassung vor, bei den Straftaten gegen das Eigentum handele es sich um einen unselbstständigen Unterfall der Vermögensstraftaten.[2] Letzteres erscheint als richtig. Denn zum einen wirken Angriffe gegen das Eigentum zumeist gleichzeitig vermögensschädigend. Eigentum stellt schließlich nichts anderes als eine besondere formale Ausgestaltung des wirtschaftlichen Vermögens dar. Regelmäßig ist es verkäuflich, damit wirtschaftlich werthaltig und schon deshalb Teil des Vermögens. Zum anderen stellen gerade typische Eigentumsdelikte zumindest formal das Eigentum gar nicht in Frage: Der Dieb kann wegen § 935 I 1 BGB weder eigene Eigentumsrechte begründen noch sie dem Bestohlenen entziehen. In der Regel werden bei den Eigentumsdelikten vielmehr aus *dem Eigentumsrecht folgende Nutzungsmöglichkeiten* entzogen, 850

---

1 Vgl. noch WESSELS/HETTINGER BT 2 Rn. 2; ARZT/WEBER BT § 11 Rn. 6 f.

2 So MAURACH/SCHROEDER/MAIWALD BT 1 § 31 Rn. 9 ff.; OTTO BT § 38.

z.B. der Besitz an einer Sache. Mit diesem Entzug von – oft entschädigungsfähigen – Nutzungsgelegenheiten enthalten die Eigentumsdelikte aber in ihrem Kern auch „nur" einen Vermögensangriff.

851 Dass es auch wirtschaftlich wertloses (und dennoch geschütztes) Eigentum gibt, ändert nichts an seiner Zugehörigkeit zum Vermögen. Denn erstens lässt sich die Berechtigung von Eigentums- wie Vermögensschutz gleichermaßen darauf zurückführen, dass beide *der freien Entfaltung und Verwirklichung der Person dienen*. Weil das Vermögen als solches unnütz und nur Mittel zum Zweck ist, sich mit seiner Hilfe Eigentum, Besitz und Dienste zu erkaufen, muss es zwangsläufig wirtschaftlich werthaltig sein. Wertloses Vermögen bliebe ein Paradoxon, wertloses Eigentum hingegen nicht. Denn Eigentum liefert bereits unabhängig von seiner wirtschaftlichen Werthaltigkeit Entfaltungsmöglichkeiten: Das wertlose Erinnerungsstück mag niemanden anders als seinen Eigentümer interessieren. Für dessen freie Lebensgestaltung und Selbstverwirklichung indes bleibt es allein schon wegen seines Affektionsinteresses bedeutsam. Hinzu kommt zweitens, dass auch wertloses Eigentum überwiegend einmal werthaltig war, also Aufwendungen getätigt werden mussten, es zu erlangen, sei es durch Kauf oder durch (in einer Dienstleistungsgesellschaft prinzipiell geldwerten) Zeitaufwand bei Suche oder Herstellung. Eigentum kann man also gewissermaßen als *geronnenes Vermögen* bezeichnen.

852 Zusätzliche Schwierigkeiten für die Systematisierung entstehen zum einen dadurch, dass etliche Delikte neben dem Vermögen (i.w.S.) zugleich weitere Rechtsgüter schützen. Beim Raub beispielsweise wird außer dem Eigentum auch die Freiheit der Person angegriffen, bei der Brandstiftung nach § 306a II entsteht Lebensgefahr. Zum anderen verzichten gelegentlich Tatbestände und Tatbestandsalternativen, die an sich das Erscheinungsbild typischer Eigentumsdelikte aufweisen, auf die Schädigung fremder Vermögensinteressen. So wird die gemeinschädliche Sachbeschädigung (§ 304) zwar regelmäßig fremdes Eigentum angreifen; der Tatbestand verbietet aber auch dem Eigentümer selbst, das ihm gehörende (Bau-)Denkmal abzureißen.

853 Ist damit eine strikte Trennung von Eigentums- und (allgemeineren) Vermögensdelikten insgesamt ebensowenig fruchtbringend wie eine Differenzierung nach (mit-) betroffenen Rechtsgüter, so bleibt nur, die *Angriffsformen*[3] und damit auch die *Angriffsobjekte* in den Vordergrund zu rücken. Das öffnet zugleich die Sicht auf Zusammenhänge, die im Rahmen der gutachterlichen Prüfung unter Umständen zu beachten sind.

- Dabei wird es zunächst – auch wegen ihrer einfachen Struktur – um die Straftaten der *Beschädigung und Zerstörung von Sachen* gehen. Dabei kann sich die Darstellung nach den obigen Erwägungen weder auf Eigentumsangriffe beschränken noch diejenigen Sachangriffe ausblenden, deren eigentlicher Unrechtsgehalt in ihrer gemeingefährlichen Komponente liegt. So werden in dem selben Kontext auch die *Brandstiftungen* und weitere gemeingefährliche Straftaten behandelt, deren Gefährlichkeit aus Angriffen auf Sachen resultiert.
- An zweiter Stelle steht die *Verschiebung von Eigentums- und Vermögenswerten im Allgemeinen*. Bei ihnen ist weiter zu unterscheiden zwischen den Vermögensverschiebungen
  - durch Entziehung und Wegnahme wie bei den *Diebstahlsstraftaten*;

3 Grundsätzlich ebenso OTTO BT § 38 Rn. 10 ff.; MAURACH/SCHROEDER/MAIWALD BT 1 § 31 Rn. 4 ff.

  - durch *Täuschung* bei der Betrugsdelinquenz einschließlich der sie oft vorbereitenden Urkundenfälschung;
  - mittels der *Nötigung* im Wege des Raubes und der Erpressung.
- Anschließend werden diejenigen Vermögensinteressen in den Blick genommen, die nur in speziellen Konstellationen strafrechtlich Bedeutung erlangen. Dazu zählen die *Untreue*, Delikte im Rahmen der Zwangsvollstreckung und die *Wirtschaftsstraftaten*.
- Den Abschluss bilden die sogenannten *Anschlussdelikte* (z.B. die Hehlerei), bei denen die Sicherung bereits anderweitig kriminell erlangter Positionen im Vordergrund steht.

27. Kapitel. Sachbeschädigungen

I. Überblick über die Sachbeschädigungen

Zu den Sachbeschädigungsdelikten zählen die §§ 303-305a, ferner die §§ 316b, 317 **854**
und 318, die ebenfalls die Beschädigung oder Zerstörung von Sachen als Tathandlung nennen. Genau genommen müsste man zwar die Datenveränderung (§ 303a) an dieser Stelle ausblenden, denn Daten sind nun einmal keine Sachen. Auf der anderen Seite zerrisse dies den Zusammenhang zu § 303b, der bereits wieder eine Sachbeschädigungskomponente enthält. Zudem befinden sich Daten regelmäßig auf Datenträgern (und sei es in flüchtiger Form auf dem Arbeitsspeicherchip eines PC), so dass ihre Veränderung dem Angriff auf eine Sache nicht ganz so fern steht, wie man auf den ersten Blick vermuten möchte. Auch § 303a wird daher an dieser Stelle als Sachbeschädigungsdelikt behandelt.

Im Grunde gehört auch § 265 in den Kreis der Sachbeschädigungen; als Vorbereitungsstraftat **855**
zum Betrug wird die Bestimmung aber dort thematisiert (Rn. 1323 ff.). Sachbeschädigungsähnliche Straftaten stellen ferner die §§ 145 II, 168 II dar (dazu Rn. 915).

Sachbeschädigungen, insbesondere in ihrer einfachsten und zugleich wichtigsten **856**
Form, nämlich der Sachbeschädigung (i.e.S.) nach § 303, sind ähnlich wie Beleidigungen häufig vorkommende Alltagshandlungen, die vor allem in Gestalt der in den Städten um sich greifenden Graffiti an Häusern und Wänden auch in der Öffentlichkeit wahrgenommen werden. Sachbeschädigungen schlagen zudem statistisch mit 12,1 % aller entdeckten Taten fühlbar zu Buche und sind damit (hinter Diebstahl und Betrug) dritthäufigste Straftat.[1] Tatsächlich dürfte ihre Rolle noch weit größer sein, weil zum einen die Anzeigebereitschaft vermutlich relativ gering ist und zum anderen Sachbeschädigungen als häufig vorkommende Begleittaten (etwa zu Einbruchsdiebstählen) statistisch nicht immer gesondert erfasst werden. Nähere Einzelheiten zur realen Bedeutung auf CD 27-01.

---

1 PKS 2006, S. 34 sowie Tabelle 01, Ziff. 6740.

Abbildung: Zwei Beispiele von Graffiti

857 **Abbildung:** Die Sachbeschädigungsdelikte im Überblick

Tatbestand	Tatobjekt	Handlung(en)	weitere Tatfolgen
Sachbeschädigung (§ 303)	fremde Sachen	Beschädigen, Zerstören, Verändern des Erscheinungsbildes	./.
Gemeinschädliche Sachbeschädigung (§ 304)	u.a. Denkmäler, Grabmäler, zum öffentlichen Nutzen bestimmte Gegenstände		
Zerstörung von Bauwerken (§ 305)	fremde Gebäude und andere Bauwerke	ganz oder teilweises Zerstören	
Zerstörung wichtiger Arbeitsmittel (§ 305a)	wertvolle Arbeitsmittel bestimmter öffentlicher Versorgungsbetriebe, Kfz. von Polizei und Bundeswehr		
Störung öffentlicher Betriebe (§ 316b)	Sachen zum Betrieb von öffentlichen Versorgungsunternehmen sowie Einrichtungen zur Aufrechterhaltung der öffentlichen Sicherheit	Zerstören, Beschädigen, Beseitigen, Verändern, Unbrauchbarmachen, Entziehen des Betriebsstromes	Störung oder Verhinderung des Betriebs
Störung von Telekommunikationsanlagen (§ 317)	Sachen zum Betrieb einer öffentlichen Zwecken dienenden Telekommunikationsanlage		Verhinderung oder Gefährdung des Anlagenbetriebes
Beschädigung wichtiger Anlagen (§ 318)	Wasserbauten, Bergwerkseinrichtungen	Beschädigen, Zerstören	Gefährdung von Leib oder Leben anderer
Datenveränderung (§ 303a)	(fremde) Daten	Löschen, Unterdrücken, Unbrauchbarmachen, Verändern	./.

Computersabotage (§ 303b)	(fremde) Daten, Datenträger, EDV-Anlagen	Löschen, Unterdrücken, Unbrauchbarmachen, Verändern, Eingeben, Übermitteln bzw. Zerstören, Beschädigen, Beseitigen	Störung einer fremden Datenverarbeitung von wesentlicher Bedeutung

II. Die (einfache) Sachbeschädigung

§ 303 wurde erst 2005 um die Tatvariante des Veränderns des äußerlichen Erscheinung ergänzt (Abs. 2), die Verunstaltungen erfassen soll.[2] Damit ist der Tatbestand wesentlich einfacher anzuwenden als bisher. Vor allem dürfte sich der jahrzehntelange Streit darum erledigt haben, ob Graffiti und Plakatierungen „Beschädigungen" i.S.v. Abs. 1 darstellen.[3] 858

Abbildung: Prüfungsaufbau der Sachbeschädigung 859

I. Tatbestand	1. objektiver Tatbestand - Sacheigenschaft (i.d.R. Urteilsstil, Rn. 861 ff.) - Fremdheit (Rn. 870 ff.) - Zerstören (Rn. 889 f.) / Beschädigen (Rn. 878 ff.) / Verändern des Erscheinungsbildes (Rn. 891 ff.)
	2. subjektiver Tatbestand - Vorsatz bzgl. Sacheigenschaft, Fremdheit und Zerstörung/Beschädigung/Veränderung (Rn. 894)
II. Rechtswidrigkeit	keine Besonderheiten (Rn. 895)
III. Schuld	keine Besonderheiten
(IV.) Strafausschließung u.a.	§ 303c: Strafantrag/besonderes öffentliches Interesse (Rn. 897)

1. Das Tatobjekt der fremden Sache

§ 303 schützt fremde Sachen. Sacheigenschaft wie Fremdheit werden bei den Vermögensdelikten vielfach als Tatbestandsmerkmale verwendet (vgl. § 242) und im Strafrecht einheitlich ausgelegt. Sie sollen daher an dieser Stelle exemplarisch näher erläutert werden. 860

---

2 39. StrÄG vom 01.09.2005 (BGBl. I 2674).

3 Vgl. zur Geschichte der Sachbeschädigung Alexander LEHMANN, Zur Lehre vom objektiven Tatbestand der Sachbeschädigung, 1910 (Nachdruck 1977), S. 5-14; Hans KATZER, Das unbefugte Plakatieren als Auslegungsproblem der Sachbeschädigung (§ 303 StGB), Diss. Frankfurt/M. 1982, S. 38-49.

a) Die Sache

861 Ihre Definition liefert § 90 BGB: Sachen sind *körperliche Gegenstände*. Der Aggregatzustand (fest, flüssig, gasförmig) ist unerheblich, weshalb auch Gas eine Sache sein kann[4] (beachte aber Rn. 866). Dagegen besitzen körperlose Objekte wie Laserstrahlen, Daten auf einer Diskette oder Strom (als Bewegungs- oder Ladezustand von Materie) keine Sachqualität, ebensowenig Rechte (wie Geld auf einem Bankkonto oder das „geistige Eigentum" des Urheberrechts).

862 Beim *elektrischen Strom* mag man über die Sachqualität aus physikalischer Sicht streiten, weil er als das Wandern von Ladungsträgern (Elektronen, Ionen) durchaus eine Materie besitzt. Aus strafrechtlicher Sicht ist ihm die Sachqualität aber bereits vom RG auf der Basis damaliger physikalischer (Un-)Kenntnis abgesprochen worden.[5] Nachdem der Gesetzgeber als Konsequenz aus dieser Entscheidung den Sondertatbestand des Stromdiebstahls (heute § 248c) geschaffen hatte[6] (und eine Strombeschädigung ohnehin schwer vorstellbar erscheint), ist die Frage strafrechtlich mittlerweile irrelevant.

Fraglich erscheint obendrein, ob man eine Körperlichkeit auf der Ebene (sub-)atomarer Teilchen genügen lassen sollte. Wer dies ablehnt, müsste die Sacheigenschaft von Elektrizität selbst nach heutigem Wissensstand verneinen.

863 Anders als bei den §§ 242 ff. kommt es auf die Beweglichkeit der Sache für die Sachbeschädigung nicht an. Auch Grundstücke können deshalb als Tatobjekte beschädigt werden, beispielsweise durch Umpflügen oder Abweiden.[7]

864 Das Merkmal der Körperlichkeit verlangt nach einer *Abgrenzbarkeit des Objektes von seiner Umgebung*.

865 **Aufgabe:** Beschädigung einer Langlaufloipe[8]
Die Stadtgärtnerei hatte auf Wald- und Wiesenfluren im Winter 1978 mittels eines motorisierten Spurgerätes eine Skilanglaufspur angelegt und Hinweisschilder auf die Loipe angebracht. *Roland T.* und *Josef. M.* ritten unter Mitnahme eines am Seil geführten Junghengstes mit ihren Pferden auf einer Strecke von ca. 30 m innerhalb der Langlaufloipe, um zu einem Durchgang in einem Weidezaun zu gelangen. Dabei beschädigten sie die Loipe durch zahlreiche tiefe Hufeindrücke.
Haben *T.* und *M.* eine Sache beschädigt?

866 An der geforderten Abgrenzbarkeit fehlt es bei fließenden Übergängen des Objektes in seine (gleichartige) Umgebung. Deshalb kann die Verunreinigung von Wasser eines fremden Seegrundstückes keine Sache beschädigen,[9] weil das Wasser im Hoheitsge-

---

4 RGSt 44, 335; MAURACH/SCHROEDER/MAIWALD BT 1 § 32 Rn. 14; FISCHER § 242 Rn. 3.

5 Entscheidung vom 01.05.1899, RGSt 32, 165 (182 ff.).

6 Gesetz vom 09.04.1900 über die Bestrafung der Entziehung elektrischer Arbeit (RGBl. 228), seit 1953 als § 248c Teil des StGB (Rn. 1171).

7 LG Karlsruhe NStZ 1993, 543 (544): Durch Schafe abgeweidete, zertretene Wiese.

8 BayObLG JR 1980, 429.

9 Man könnte allenfalls den gesamten See als Sache ansehen. Dann bestehen aber i.d.R. Probleme bei den Merkmalen der Fremdheit und des Beschädigens (eine Verunreinigung mag an einer Stelle hinreichen, einen Schaden zu begründen. Ob damit bereits der gesamte See als verunreinigt zu gelten hat, bliebe im Einzelfall zu prüfen). Es kann allerdings noch ein Vergehen nach § 324 vorliegen (Gewässerverunreinigung).

biet des einen Eigentümers fließend in das Wasser anderer übergeht. Flüssigkeiten und Gase bedürfen daher einer Ummantelung, um einen Körper bilden und dann als eigenständige Sachen gelten zu können. Beim Grundstück hingegen ließen sich Grenzen ziehen und dadurch der Bestand hinlänglich sicher festlegen. Der Fall der Aufgabe Rn. 865 liegt wiederum ein wenig anders. Die Einwirkung erfolgte nur auf den Loipenschnee und dieser ist zwar nicht flüssig, aber andererseits auch nur auf der Bodenoberfläche vorhanden und weder mit dieser fest verbunden noch von seiner natürlichen Schneeumgebung fest abgegrenzt. Deshalb lag kein körperlicher Gegenstand vor. Weitere Überlegungen dazu auf CD 27-02.

§ 90a Satz 1 BGB spricht *Tieren* zwar die Sachqualität ab. Allerdings folgt aus § 90a **867**
Satz 3 BGB, dass auf sie die für Sachen geltenden Regelungen entsprechende Anwendung finden. Damit werden sie strafrechtlich *wie Sachen behandelt*. Eine (verbotene) Analogie stellt das nicht dar, weil § 90a Satz 3 BGB als interne gesetzliche Verweisung den Anforderungen von Art. 103 II GG genügt.

Der *menschliche Körper* existiert zu Lebzeiten als Person und nicht als Sache.[10] Sacheigenschaft **868**
kommt dagegen dem *Leichnam* zu, weil ihm infolge des Todes die Persönlichkeit fehlt.[11] Eine Mindermeinung bestreitet dies. Die Leiche als Rückstand der Persönlichkeit dürfe aus Pietätsgründen nicht zur schlichten Sache abgewertet werden. Sie schränkt dies aber wiederum ein, um Anatomie- und Museumsleichen (z.B. Moorleichen oder Mumien) strafrechtlichen Schutz angedeihen zu lassen. Mit dem Ende der Pietätsbindung oder durch Zeitablauf solle die Leiche daher doch noch zur Sache werden.[12] Das ist freilich inkonsequent, denn ein solch gravierender Schritt vom Personenrelikt zur Sache kann nicht einfach durch Zeitablauf oder – bei Anatomieleichen – durch einen Verfügungsakt der Hinterbliebenen getan werden.[13] Zudem leuchtet das Verfügungsrecht der Hinterbliebenen bei der Organentnahme (§ 4 I TPG) vor dem Hintergrund einer Sacheigenschaft viel besser ein als gegenüber dem Bild der Leiche als Restbestand einer Person.

Implantate wie Zahnprothesen, Herzschrittmacher oder künstliche Gelenke werden mit ihrer festen Verbindung zum Körper Teile desselben und verlieren so zugleich ihre Sacheigenschaft.[14] Abnehmbare Hilfsmittel (etwa das künstliche Gebiss oder die Beinprothese) bleiben dagegen stets Sachen. *Körperteile* (einschließlich der Implantate), die durch Unfall oder Operation abgetrennt werden, erlangen mit diesem Vorgang wiederum Sacheigenschaft.[15] Nähere Erläuterungen zu dieser insgesamt umstrittenen Problematik auf CD 27-03.

---

10 BGH(D) MDR 1958, 739; OTTO BT § 40 Rn. 5; MüKo-SCHMITZ § 242 Rn. 22.

11 Sch/Sch-ESER § 242 Rn. 10; LACKNER/KÜHL § 242 Rn. 2.

12 MAURACH/SCHROEDER/MAIWALD BT 1 § 32 Rn. 19, 22; ähnlich Walter G. BECKER, Der Umfang des Rechts öffentlicher Krankenanstalten zur Obduktion von Leichen, JR 1951, 328-333 (329 f.); Walter KIESSLING, Verfügungen über den Leichnam oder Totensorge? NJW 1969, 533-537 (536).

13 Peter RUTHE, Der Normbereich der Sachbeschädigung (§ 303 StGB), Diss. Erlangen 1980, S. 49 ff.

14 H.M., vgl. LACKNER/KÜHL § 242 Rn. 2; OTTO BT § 40 Rn. 6; differenzierend Sch/Sch-ESER § 242 Rn. 10 (nur Implantate, die Körperteile ersetzen, verlieren die Sacheigenschaft, nicht dagegen Herzschrittmacher).

15 BGH(D) MDR 1958, 739 f.

Die Vorstellung, der tote menschliche Körper bzw. seine abgetrennten Teile stellten Sachen dar, mag zunächst befremden. Den Besonderheiten ehemaliger Körper(-teile) wird aber bei dem Merkmal der Fremdheit noch ausreichend Rechnung getragen (vgl. Rn. 875).

869 Die Sacheigenschaft sollte in der *Fallbearbeitung* nur dann eingehender angesprochen werden, wenn sie wegen der Besonderheiten des Tatobjektes (etwa weil es um Tiere oder Flüssigkeiten geht) nicht zweifelsfrei vorliegt. Sind dagegen z.B. ein Auto oder ein Baum betroffen, dann genügt es, deren Sachqualität im Urteilsstil festzustellen.

b) Die Fremdheit der Sache

870 Allein fremde Sachen werden durch § 303 geschützt, worin sich der Charakter der Sachbeschädigung als Eigentumsdelikt ausdrückt. Nur wenn die Handlung fremdes Eigentumsrecht als Grundlage freier Persönlichkeitsverwirklichung verletzt, ist sie strafbar. Das schließt herrenlose Sachen vom Tatbestand aus. Man kann daher definieren:

Eine Sache ist für den Täter fremd, wenn sie mindestens noch im Eigentum einer weiteren Person steht.

Für die *Fallbearbeitung* heißt das, zur Begründung der Fremdheit stets positiv festzustellen, wer (außer dem Täter) noch Eigentümer der beschädigten Sache war. Gelingt dies nicht, handelt es sich auch nicht um eine fremde Sache. Die Eigentumsfrage ist dabei nach dem bürgerlichen Recht zu beurteilen.

871 **Aufgabe:** Überfahren einer streunenden Katze
Die Brüder *Jochen* und *Klaus B.* hatten gemeinsam u.a. ein Auto von ihrem Vater geerbt. *Jochen B.* ärgerte sich schon seit längerem über eine streunende Wildkatze, die immer wieder Singvögel fing. Eines Tages, als er mit dem besagten Auto nach Hause fuhr, sah er die Katze vor sich über die Straße schleichen. Er gab Gas und überfuhr sie. Dabei nahm er in Kauf, dass auch das Auto Schäden am Stoßfänger davontrug.
Hat *Jochen B.* fremde Sachen beschädigt?

872 Weil die Brüder als Mitglieder einer Erbengemeinschaft nach § 2032 BGB Gesamthandseigentum besaßen, standen folglich auch *Klaus B.* Eigentumsrechte am Pkw zu. Dieser war für *Jochen B.* also trotz des eigenen (Mit-)Eigentumsrechts zugleich fremd. Anders die Katze: Wie oben behandelt, sind Tiere zwar strafrechtlich als Sachen zu behandeln. Indes war die Wildkatze nach § 960 I 1 BGB herrenlos und damit für *Jochen B.* nicht fremd.[16]

873 Infolge einer *bewussten Eigentumsaufgabe* (Dereliktion, § 959 BGB) wird eine ursprünglich fremde Sache herrenlos und kann dann straflos beschädigt werden. Dazu hat der sein Eigentum Aufgebende geschäftsfähig sowie verfügungsbefugt zu sein. Sein Verzichtswille muss erkennbar betätigt werden und mit einem Besitzverlust einher gehen.[17]

Beispiel (Sperrmüll am Straßenrand):[18] *Klaus S.*, ein erfolgreicher Hobbymaler, stellte zwecks Sperrmüllabfuhr neben altem Hausrat auch drei Rollen Leinwand, auf

16 Stattdessen wäre allerdings eine Jagdwilderei nach § 292 I Nr. 1 denkbar.

17 MüKo-SCHMITZ § 242 Rn. 28.

18 Sachverhalt nach einem zivilgerichtlichen Urteil des LG Ravensburg, NJW 1987, 3142.

der sich auch ältere Bildentwürfe von ihm befanden, vor die Tür seines Hauses. Am nächsten Morgen stellte er fest, dass der Sperrmüll durchwühlt und sein Nachbar *Jürgen W.* die Leinwandrollen an sich genommen hatte. — *Klaus S.* hatte sein Eigentum an der Leinwand nicht aufgegeben, sondern der den Sperrmüll abholenden Stadt zur Übereignung angeboten. Daher blieben die Sachen für *Jürgen W.* fremd (und die Wegnahme daher als Diebstahl, eine Beschädigung – die ja möglicherweise zu Erschwerungen des Abtransports führt – nach § 303 strafbar).[19]

Bei der *Zusendung unverlangter Waren* (§ 241a I BGB) wird das Eigentum nicht **874**
aufgegeben.[20] Allerdings führt der damit verbundene Rechtsverlust zu einer Rechtfertigung aller Einwirkungen auf die Sache einschließlich ihrer Vernichtung.

Bloßes *Verlieren* ändert an den Eigentumsverhältnissen gleichfalls nichts. Auch der *Tod des Eigentümers* führt niemals zur Herrenlosigkeit des zuvor in seinem Eigentum befindlichen Gutes. Vielmehr erwerben seine Erben unmittelbar Eigentum daran (vgl. § 1922 BGB), und zwar selbst dann, wenn sie noch keine Kenntnis vom Erbfall besitzen. Fehlen andere Erben, so tritt jedenfalls der Fiskus als letztrangiger gesetzlicher Erbe an die Stelle des Verstorbenen (§ 1936 BGB).

Bestimmte Dinge sind allerdings *nicht eigentumsfähig* (vgl. § 958 II BGB). Grundsätzlich fällt **875**
darunter auch der menschliche Leichnam. Er ist zwar nach der hier vertretenen Auffassung eine Sache, jedoch herrenlos und prinzipiell auch nicht aneignungsfähig.[21] Eine Ausnahme gilt, falls der Verstorbene durch Verfügung von Todes wegen seinen Körper anatomischen Zwekken zuführen wollte oder der Leichnam aus anderen Gründen nicht mehr zur Bestattung bestimmt ist (z.B. bei archäologischen Leichenfunden). In diesen Fällen besteht ein Aneignungsrecht des anatomischen Instituts bzw. des Finders nach § 958 I BGB. Sobald die so legitimierte Aneignung durch Inbesitznahme geschehen ist, wird die Leiche gegenüber Dritten als für diese fremd geschützt.

Auch bei nur formal bestehendem fremden Eigentum, bei dem die *Ausübung von Eigentums-* **876**
und Besitzrechten weitgehend illegal bleibt (z.B. beim unerlaubten Besitz von Drogen oder von Falschgeld), besteht kein Anlass, im Wege tatbestandlicher Reduktion das Merkmal der Fremdheit zu verneinen.[22] Denn es sind praktisch keine Fälle vorstellbar, in welchen nicht doch Reste des materiellen Kern des Rechtsgutes Eigentums berührt sind (vgl. Rn. 850 f.), und sei es in Gestalt des Rechtes, andere auszuschließen (vgl. § 903 BGB) oder das Eigentum an die zuständigen Behörden zu übertragen. Nähere Erläuterungen zu diesen Konstellationen auf CD 27-04.

---

19 Man mag im Einzelfall über eine Einwilligung nachdenken. Hinsichtlich einer Sachbeschädigung wird man diese angesichts der möglichen Nachteile für den Eigentümer (Gebühren für oder Ablehnung des Abtransports) aber nicht pauschal annehmen dürfen. Hinsichtlich einer Wegnahme gilt dasselbe, denn der Eigentümer mag ein Interesse an der Vernichtung haben und nicht wollen, dass wie in diesem Fall die Bilder in fremder Hand existent bleiben.

20 MüKo(BGB)-KRAMER § 241a BGB Rn. 13 (dort Fn. 13).

21 H.M., vgl. Sch/Sch-ESER § 242 Rn. 21; FISCHER § 242 Rn. 8.

22 Anders aber MüKo-SCHMITZ § 242 Rn. 14; entgegen der h.M., vgl. Sch/Sch-ESER § 242 Rn. 19; FISCHER § 242 Rn. 9; BGH NJW 2006, 72 f.

2. Die einzelnen Tathandlungen

877 Die drei Tathandlungen (Beschädigen, Zerstören in Abs. 1, Verändern des Erscheinungsbildes in Abs. 2) überschneiden sich teilweise. Beschädigungen treffen entweder die Substanz der Sache oder ihre Funktion/Brauchbarkeit. Zerstören meint die Steigerung der Beschädigung hin zur endgültigen Vernichtung der Sache. Die Veränderung des Erscheinungsbildes mag zwar zugleich beschädigen, ginge aber dem Beschädigen als speziellere Alternative vor.[23] Danach bietet sich folgender erster Überblick:

Abbildung: Die Tathandlungen der Sachbeschädigung

<table>
<tr><th>Art der Einwirkung</th><th>Sachsubstanzeingriff</th><th>Funktionsbeeinträchtigung</th><th>äußerliches Verunstalten</th></tr>
<tr><td>behebbar oder teilweise</td><td colspan="2">Beschädigen</td><td rowspan="2">Verändern des Erscheinungsbildes</td></tr>
<tr><td>endgültig und vollständig</td><td colspan="2">Zerstören</td></tr>
</table>

a) Beschädigung

878 Sie setzt als Handlungselement eine *stoffliche Einwirkung* auf die Substanz der Sache oder ihre Zusammensetzung voraus. Diese Handlung muss entweder eine *Substanzverletzung* oder eine *Brauchbarkeitsminderung* zur Folge haben.[24]

879 Teile des Schrifttums hatten bislang auch eine (äußerliche, dem Willen den Eigentümers zuwiderlaufende) *Zustandsveränderung* ausreichen lassen.[25] Nachdem jedoch der Gesetzgeber den entsprechenden Strafbedürfnissen durch die neue Variante der Erscheinungsveränderung in § 303 II Rechnung getragen hat, besteht kein Bedarf mehr, das Beschädigen derart extensiv in Richtung einer Zustandsveränderung auszulegen.

aa) Die stoffliche Einwirkung und die Sachentziehung

880 Das Erfordernis stofflicher Einwirkung schließt die (komplette) *Sachentziehung* von der Strafbarkeit aus. Nimmt man dem Eigentümer die Sache weg, so verändert sich ja weder ihre Zusammensetzung noch ihr stofflicher Zustand. Das Wegwerfen (z.B. nach ihrem Diebstahl) führt deshalb nur dann zu einer Sachbeschädigung, wenn die Sache dabei in ihrer Substanz beeinträchtigt wird.

Beispiel (In den Fluss geworfene Fahne):[26] *Friedrich W.* und mehrere Freunde holten in Stralsund im Jahre 1929 eine Reichsflagge, die zu einer Verfassungsfeier vor

---

23 SK-HOYER § 303 Rn. 16; a.A. RENGIER BT I § 24 Rn. 25 unter unzutreffender Berufung auf die Gesetzesbegründung, die zur Frage des Vorranges keine explizite Stellung nimmt (vgl. BT-Drs. 15/5313, S. 3). Wegen des Motivs, Gutachten zur Sachschadensfeststellung zu ersparen (BT-Drs. 15/5702, S. 2), intendierte der Gesetzgeber keineswegs, weiterhin zunächst die Beschädigung prüfen zu lassen.

24 BGHSt 13, 207 (208); LACKNER/KÜHL § 303 Rn. 3 f.; RENGIER BT I § 24 Rn. 8.

25 Sch/Sch-STREE § 303 Rn. 8c; MAURACH/SCHROEDER/MAIWALD BT 1 § 36 Rn. 11 ff.

26 RGSt 64, 250.

dem Schützenhaus gehisst worden war, von ihrem Fahnenmast herunter. Die Flagge versteckten sie zunächst und warfen sie später in einen Fluss. Dort blieb sie in der Folge unauffindbar. — Das RG hob die Verurteilung wegen groben Unfugs (§ 360 Nr. 11 RStGB) durch das Landgericht u.a. deshalb auf, weil es davon ausging, im Wasser würden die Farben des Fahnentuches zwangsläufig ausgewaschen, weshalb eine (gegenüber dem groben Unfug vorrangige) Sachbeschädigung vorliegen könne.[27] Allerdings ließ sich nicht mehr aufklären, ob die Fahne tatsächlich lange genug im Wasser verblieben oder durch Unbekannte geborgen worden war. Richtigerweise kam daher nur Sachbeschädigungsversuch in Betracht, sofern *Friedrich W.* mit einer Substanzverletzung durch das Liegen im Wasser rechnete.

Sachgesamtheiten dagegen können auch beschädigt werden, indem man einzelne **881**
(Teil-)Sachen entfernt. Wer beispielsweise einem Pkw die Reifen abmontiert, verändert die stoffliche Zusammensetzung der Sacheinheit Auto. Ebenso genügen manche Sachzufügungen, etwa das Versalzen eines Trinkwassertanks.[28]

bb) Substanzverletzung als mögliche Folge

Ändert sich als Folge der stofflichen Einwirkung die Zusammensetzung der Sache **882**
oder ihre Form (z.B. durch Verbeulen), so liegt eine Substanzverletzung vor. Dies stellt die älteste anerkannte Beschädigungsart dar. Allerdings genügt sie nur, solange man wegen ihrer *Erheblichkeit* und Wirkung auch von einem „Schaden" sprechen kann.[29] Das grenzt zum einen Sachverbesserungen aus, zum anderen Substanzverletzungen, die problemlos zu beseitigen sind. Wer also eine kaputte Sache repariert, „beschädigt" jedenfalls unter dem Gesichtspunkt der Substanzverletzung nicht. Zum anderen werden Minima ausgeblendet (z.B. ein kleiner Kratzer an einem Brückengeländer[30]). Und wenn die Beule im Blech des Autos mit der Hand folgenlos wieder herausgedrückt werden kann, ist ebenfalls noch kein Schaden anzunehmen.

Anwendungssichere Kriterien dazu, wann die Erheblichkeitsgrenze überschritten ist, fehlen bislang allerdings. Als erste Faustregel mag dienen: Unerheblich ist ein Sachsubstanzeingriff, der üblicherweise entweder klaglos hingenommen wird oder dessen Beseitigung – obschon mit vertretbarem Aufwand möglich – unterbleibt.[31] Ergänzende Überlegungen werden dazu auf CD 27-05 angestellt.

Liegt danach eine erhebliche Substanzverletzung vor, so braucht sie nicht zugleich die Brauch- **883**
barkeit zu mindern.[32] Denn zum Inhalt des Eigentumsrechtes gehört nicht nur die Nutzung, sondern auch, andere von jeder Einwirkung auszuschließen (§ 903 Satz 1 BGB) und die Sache sogar selbst zu vernichten (was bei Verbrauchsgütern ja der regelmäßige Gebrauch wäre). Das Rechtsgut Eigentum wird daher schon dann angegriffen, wenn durch die Beschädigungstat diese Ausschluss- und Vernichtungsbefugnis des Eigentümers durchbrochen bzw. usurpiert

---

27 RGSt 64, 250 (251).

28 Sch/Sch-Stree § 303 Rn. 8b mit weiteren Beispielen.

29 Maurach/Schroeder/Maiwald BT 1 § 36 Rn. 13; Ulrich Behm, Sachbeschädigung und Verunstaltung, 1984, S. 185 ff.; Ruthe (Fn. 13), S. 152 ff.

30 Behm (Fn. 29), S. 185.

31 Lackner/Kühl § 303 Rn. 5; Behm (Fn. 29), S. 195-200.

32 So aber SK-Hoyer § 303 Rn. 9; anders die h.M., vgl. die Fn. 24 Genannten.

wird, und nicht erst dann, wenn die Sache auf Grund der Substanzverletzung für ihn selbst unbrauchbar geworden ist. Die Lackkratzer im Blech stellen daher eine Beschädigung dar, obschon sie die Funktionstüchtigkeit des Pkw nicht in Mitleidenschaft ziehen.

cc) Die Brauchbarkeitsminderung als zweite Schadensalternative

884 Relativ früh fiel auf, dass mit der Substanzverletzung alleine nicht alle strafwürdigen Formen schädigender Eigentumsangriffe zu erfassen waren. Daher erkannte bereits das RG auch Eingriffe in die Funktion einer Sache als Sachbeschädigung an. Es legte aber Wert darauf, die Wiederherstellung dürfe nicht ohne Weiteres möglich sein:

Beispiel (Blockieren einer Maschine):[33] *Anton Z.* war in einer Lampenfabrik beschäftigt gewesen und dort entlassen worden. Aus Rache für seine Entlassung klemmte er an seinem letzten Arbeitstag bei einer in der Fabrik aufgestellten Dampfmaschine einen kleinen Holzkeil sowie eine Eisenfeile zwischen die Führung des Hebels der Ventilbelastung. Dadurch wurde das Ventil gehemmt, die Maschine arbeitete nicht mehr und es entstand die Gefahr einer Kesselexplosion. — Eine erhebliche Substanzverletzung (durch Hinzufügen einer Sache) lag nicht vor, weil die eingeklemmten Fremdkörper in keiner dauerhaften Verbindung zur Maschine standen und jederzeit wieder hätten entfernt werden können. Das RG sah in der Unbrauchbarmachung der Maschine aber eine ausreichende Beeinträchtigung, weil die Funktion des Eigentums zeitweilig aufgehoben wurde.[34] Das Gericht war auch der Auffassung, dies sei erheblich, weil im konkreten Fall die alsbaldige Wiederherstellung offenbar daran scheiterte, dass die – an sich wohl leicht zu beseitigende – Blokkierung erst zeitaufwändig gesucht werden musste.[35] Es bestätigte daher die Verurteilung von *Anton Z.* durch das Landgericht Berlin.

885 Die Definitionshoheit über die Funktion besitzt wiederum der Eigentümer kraft seines Rechtes, nach Belieben mit der Sache zu verfahren. Deshalb können auch Eingriffe tatbestandlich sein, die zwar keine allgemein übliche Nutzung der Sache beeinträchtigen, wohl aber die konkrete Funktion, die ihr der Eigentümer beimisst.[36]

Beispiel (Hausschwamm-Fall):[37] *Ludwig B.* und *Eberhard J.* hatten dem Kaufmann *Werner T.* im Jahre 1899 ein Mehrfamilienhaus verkauft. Nach der Auflassung zeigte sich in der Parterrewohnung ein Schwammbefall an den Dielenbohlen, weshalb *T.* gegen die beiden Verkäufer Klage auf Wandlung des Kaufvertrages erhob. In der Folgezeit bewogen *B.* und *J.* den Mieter der befallenen Wohnung zum Auszug. Anschließend ließen sie die befallenen Dielen herausreißen und ersetzen. Ihr Ziel war, es *Werner T.* unmöglich zu machen, die Mangelhaftigkeit des Hauses zu beweisen. — Eine Sachbeschädigung qua Substanzverletzung scheiterte hier daran, dass die Substanzveränderung durch die Reparatur zu keinem objektiven Nachteil für die unbewegliche Sache „Haus“ führte, vielmehr sogar ihren Wert mehrte. Zugleich vereitelte der Täter aber ihre Funktion, als Beweismittel im Rechtsstreit um eine Kaufvertragswandlung zu dienen. Sie stellt zwar nicht die verkehrsübliche Funktion einer Sache dar, war ihr

---

33 RGSt 20, 182.

34 RGSt 20, 182 (183 f.).

35 RGSt 20, 182 (185); vgl. ferner die Rspr.-Übersicht bei BEHM (Fn. 29), S. 27 f.

36 RUTHE (Fn. 13), S. 144 ff.; RENGIER BT I § 24 Rn. 22; SK-HOYER § 303 Rn 11.

37 Sachverhalt mit leichter Abwandlung nach RGSt 33, 177 (dort blieb es beim Versuch).

aber im konkreten Fall aus nachvollziehbaren, rechtlich gebilligten Erwägungen vom Käufer beigemessen worden. Das sah das RG zu Recht als ausreichend an.[38]

Eine Brauchbarkeitsminderung bewirkt zwar zunächst stets eine erhebliche Eigen- 886
tumsbeeinträchtigung. Solange sie ohne Substanzeingriffe geschieht (andernfalls ist deren Erheblichkeit maßgebend, vgl. dazu Rn. 882), bleibt sie indes als unerheblich straflos, falls sie ohne größeren Aufwand durch den Eigentümer wieder beseitigt werden kann.

Aufgabe: Wiederholtes Ablassen von Luft aus Fahrradreifen[39] 887
Torben U. öffnete zunächst in mehrmonatigen Abständen, später aber fast täglich die Ventile eines Fahrrades, das seiner Hausmitbewohnerin *Claudia S.* gehörte. An dem Fahrrad befand sich eine Luftpumpe.
Liegt eine erhebliche Brauchbarkeitsminderung am Fahrrad vor?

Der Substanzverlust (der Sachgesamtheit „Fahrrad" wird die Teilsache „Reifenluft" 888
entzogen) führte zu keinem erheblichen Substanzschaden, sondern primär zu einer fühlbaren Funktionsvereitelung. Mit einem „Platten" lässt sich schlecht fahren! Daher gewinnt für die Frage der Erheblichkeit vor allem der *Wiederherstellungsaufwand* Bedeutung. Fraglos bleibt dieser Aufwand unerheblich, solange er vom Eigentümer innerhalb kürzester Zeit selbst geleistet werden kann (und dieser keines Fachmannes bedarf). Wenn daher eine Luftpumpe zur Hand ist, der Eigentümer sein Rad umgehend wieder betriebsbereit machen kann und auf keine Fahrt mit ihm verzichten muss, so fehlt es an einer erheblichen Brauchbarkeitsminderung.[40] Beim Pkw wäre diese dagegen erheblich, wenn alle vier Reifen betroffen sind, es sei denn, der Pkw stünde an einer Tankstelle und dort wäre Pressluft verfügbar.[41] Weitere Einzelheiten zur Erheblichkeit auf CD 27-05.

b) Zerstörung

Sie stellt gegenüber der Beschädigung nicht mehr als eine graduelle Steigerung dar. Es 889
geht also wie dort um Substanzverletzung oder Funktionsbeeinträchtigung. Nur müssen diese jetzt so erheblich sein, dass die Sache *auf Dauer völlig unbrauchbar* oder *im Ganzen stofflich vernichtet* wird.[42] Dieser Zustand ist erreicht, sobald einer Sache keine weiteren Beschädigungen mehr zugefügt werden können, die ihre Brauchbarkeit noch weiter mindern oder ihre Sachsubstanz in einer das Eigentum zusätzlich schädigenden Weise angreifen könnten.

Einen problematischen Unterfall des Zerstörens bildet der *(bestimmungsgemäße) Verbrauch* 890
einer Sache (z.B. durch das Aufessen von Lebensmitteln). Dazu wird überwiegend vertreten, es

38 RGSt 33, 177 (180); RUTHE (Fn. 13), S. 150; LEHMANN (Fn. 3), S. 75; SK-HOYER § 303 Rn. 12; a.A. WESSELS/HILLENKAMP BT 2 Rn. 29.

39 BayObLG JR 1988, 217.

40 WESSELS/HILLENKAMP BT 2 Rn. 30; a.A dagegen BayObLG JR 1988, 217 m. ablehnender Anm. Friedrich GEERDS, JR 1988, 218.

41 BGHSt 13, 207 (208 f.); BEHM (Fn. 29), S. 193; MITSCH BT 2/1 § 5 Rn. 25; a.A. OTTO BT § 47 Rn. 13 (Luftablassen sei stets erheblich).

42 FISCHER § 303 Rn. 14; Sch/Sch-STREE § 303 Rn. 11.

handele sich um keine Sachbeschädigung.[43] Dieses Ergebnis ist – jedenfalls auf Tatbestandsebene betrachtet – falsch.

Beispiel (Zusendung unverlangter Werbe-Telefaxe):[44] *René V.* hatte in mindestens zwei Fällen veranlasst, dass *Sebastian K.* auf dessen Telefaxgerät Werbung für Erotikangebote im Internet zugesandt wurden. Das erregte *K.*'s Unwillen, der Strafantrag gegen *V.* erstattete. Bei dem Vorgang war jeweils ein Blatt Telefaxpapier bedruckt worden. — Das OLG Frankfurt/M. bestätigte den Freispruch von *René V.*, weil die Blätter bestimmungsgemäß verbraucht wurden und der Verlust an Toner nicht ins Gewicht fiele. Richtigerweise entsprach aber der jeweilige Papierverbrauch nicht dem, was *Sebastian K.* wollte. Seine Dispositionsbefugnis über das Eigentum wurde daher im konkreten Fall verletzt, mag er die Sache auch generell zum Verbrauch durch Bedrucken bestimmt haben.[45] Die von ihm jedoch noch konkreter definierte Funktion der Sache (nämlich nur als Träger für individuell an ihn gerichtete Informationen, aber nicht für jede sinnlose oder gar unangenehme Massenzusendung zu dienen) wurde von *V.* missachtet und vereitelt. Allein auf diese subjektive Funktionszuweisung kam es an (Rn. 885).

Im Ergebnis war der Freispruch von *René V.* allerdings zutreffend, weil der Schaden unterhalb der Erheblichkeitsgrenze lag.[46] Anders läge es, wenn es zu einem höheren Papierverbrauch käme oder der Papiervorrat gar aufgebraucht würde (Funktionsverlust des Telefax-Empfangsgerätes!).

c) Verändern der äußeren Erscheinung

891 Nach § 303 II muss das Erscheinungsbild der Sache „nicht nur unerheblich" und „nicht nur vorübergehend" verändert werden. Beide negativen Merkmale hätte der Gesetzgeber freilich besser positiv als „erheblich" bzw. „dauerhaft" formuliert, denn in der Sache sagen sie – auch vor dem Hintergrund der Überlegungen zur Erheblichkeit beim Beschädigen – dasselbe aus.[47]

Da es um das Erscheinungsbild geht, muss die Veränderung *äußerlich wahrnehmbar* sein. Veränderungen im Inneren eines Objektes genügen daher nicht.

892 Vor dem Hintergrund einer notwendigen Eigentumsverletzung wird zudem eine *Veränderung zum Negativen* vorausgesetzt. Auch hier entscheiden nicht nur objektive Kriterien. Vielmehr bleibt das subjektive Erhaltungsinteresse des Eigentümers zu beachten, soweit es rechtlich gebilligt ist.

Beispiel (Beseitigung von Graffiti durch Selbsthilfeorganisation): Am weiß gestrichenen Haus des *Alexander B.* waren in der Nacht durch unbekannte Täter einige Graffiti mit schwarzer Farbe aufgesprüht worden. Am nächsten Morgen bemerkte *Cornelius K.*, Mitglied einer Bürgervereinigung gegen Graffiti, die Verunzierungen des Hauses. Er benachrichtigte die Polizei, die den Tatort fotografisch sicherte. Anschließend überstrich er die Graffiti fachgerecht, entsprechend einem Aktionsplan, den die Bürgervereinigung verfolgte, um den Nach-

---

43 TRÖNDLE/FISCHER § 303 Rn. 12; SK-HOYER § 303 Rn. 14; Sch/Sch-STREE § 303 Rn. 10; OLG Frankfurt/M. CR 2004, 434 f.

44 Sachverhalt nach OLG Frankfurt/M. CR 2004, 434.

45 So auch Michael STÖBER, Sachbeschädigung durch unverlangte Zusendung von Werbetelefaxen, NStZ 2003, 515-520 (517); und im Übrigen bereits LEHMANN (Fn. 3), S. 75 ff.

46 Vgl. dazu auf CD 27-04: Die Grenze ist nach der hier vertretenen Auffassung bei 5.- EUR anzusiedeln.

47 Anders – aber ohne Begründung – SK-HOYER § 303 Rn. 21. Was zwischen „nicht unerheblich" und „erheblich" aber noch passen können sollte, verrät HOYER nicht.

ahmungseffekt gering zu halten. Als *Alexander B.* später von der Polizei über den Vorgang unterrichtet wurde, erstattete er im Hinblick auf dessen Eigenmächtigkeit Strafanzeige gegen *K.* — Zweifelsfrei handelte es sich bei den Graffiti um schädigende Veränderungen am Erscheinungsbild des Hauses. Ebenso veränderte allerdings auch ihre Beseitigung durch *K.* dieses (erneut) erheblich und dauerhaft. Sie schädigte *B.* aber trotz der fehlenden Autorisierung nicht, sondern stellte ihn vielmehr schadlos. Eine solche objektive Wertverbesserung erfüllte § 303 II höchstens dann, wenn *B.* ein billigenswertes Interesse am Erhalt gehabt hätte, z.B. zu Beweiszwecken (was aber durch die Beweissicherung seitens der Polizei obsolet geworden war) oder, weil er persönlich Wert auf diese Besprayungen seines Hauses gelegt hätte.

Wie die Veränderung des Erscheinungsbildes bewirkt wird, ist erst für die Frage ihrer **893**
Dauerhaftigkeit von Belang. Theoretisch genügt schon das Aufhängen von Spruchbändern oder Plakaten an einer Hauswand.[48] Eine stoffliche Einwirkung auf die Sache ist nicht vonnöten.

Die *Erheblichkeit* setzt eine gewisse Auffälligkeit voraus, das „tag" muss daher auch dem oberflächlichen Beobachter ins Auge fallen. Das Merkmal der *Dauerhaftigkeit* schließt Veränderungen aus, die – wie Kreidezeichnungen auf dem Gehwegpflaster – von selber wieder verschwinden. In diesem Kontext spielen auch die Möglichkeiten zur Beseitigung eine Rolle: An der Dauerhaftigkeit fehlt es, wenn der ursprüngliche Zustand ohne großen Aufwand wieder hergestellt werden kann (z.B. durch Abhängen von Spruchbändern oder durch Abnehmen von Plakaten, die nur mit Klebestreifen befestigt wurden). Nähere Einzelheiten auf CD 27-05.

d) Vorsatz und Rechtswidrigkeit

Bei § 303 handelt es sich – wie bei allen Straftaten des 27. Abschnittes – um ein rei- **894**
nes Vorsatzdelikt. Der Täter muss also sowohl die Fremdheit der Sache in tatsächlicher Hinsicht erkennen als auch mit der Möglichkeit rechnen, dass es durch sein Handeln zu einer (erheblichen) Beeinträchtigung von Sachsubstanz, Brauchbarkeit oder Erscheinungsbild kommt.

Fahrlässige Beschädigungen von Sachobjekten werden nur in Sonderfällen strafrechtlich erfasst, u.a. bei der fahrlässigen Brandstiftung (§ 306d) und bei der Störung von Telekommunikationsanlagen (§ 317 II).

Die Merkmale „rechtswidrig" in Abs. 1 und „unbefugt" in Abs. 2 stellen *allgemeine* **895**
Rechtswidrigkeitsmerkmale dar, die nur Klarstellungsfunktion besitzen (vgl. CD 23-07). Die Entwurfsbegründung des 39. StrÄG spricht zwar davon, „unbefugt" sei Tatbestandsmerkmal.[49] Das wäre indes systematisch unhaltbar. Denn eine befugte Veränderung fremder Sachen ist gesetzlich gerade nicht als Regelfall vorgesehen. Vielmehr erfolgt typischerweise jede Einwirkung auf fremde Sachen zu Unrecht (vgl. § 903 BGB). Nur im normativen Ausnahmefall mag sie einmal rechtens sein, z.B., weil der Eigentümer sie gestattet. Falls eine Befugnis vorliegt, geht es damit in der

---

48 Anders WESSELS/HILLENKAMP BT 2 Rn. 31c; RENGIER BT I § 24 Rn. 29. Die Tatbestandsverwirklichung scheitert dann aber regelmäßig an der fehlenden Dauerhaftigkeit, weil Spruchbänder normalerweise schnell wieder zu entfernen sind. Wie hier auch die Gesetzesbegründung, vgl. BT-Drs. 15/5313, S. 3.

49 BT-Drs. 15/5313, S. 3; zust. Peggy WÜSTENHAGEN/Alexander PFAB, Zur Strafbarkeit von Graffiti: Von einer missglückten Gesetzesnovelle, StraFo 2006, 190-195 (192).

Sache um Rechtfertigungsfragen und nicht schon um einen Tatbestandsausschluss. Wenn daher gelegentlich die *Einwilligung* bereits als tatbestandausschließend angesehen wird,[50] so kann dem keinesfalls beigepflichtet werden.

3. Versuch, Verfolgbarkeit und Bestrafung

896 Nach § 303 III besteht Versuchsstrafbarkeit.

897 Zur Strafverfolgung bedarf es nach § 303c eines *Strafantrages* durch den Verletzten. Das ist *allein der Eigentümer*, weil sich die Tat ausschließlich gegen das Eigentum richtet.[51] Zwar wird möglicherweise auch ein Mieter durch eine Sachbeschädigung faktisch mitbetroffen, jedoch nur in seinem (abgeleiteten) Besitz-, nicht hingegen in dem tatbestandlich allein geschützten Eigentumsrecht.

Der Strafantrag kann allerdings durch die Bejahung des *besonderen öffentlichen Interesses* seitens der Staatsanwaltschaft ersetzt werden.

898 Die *Strafdrohung* beläuft sich auf maximal zwei Jahre Freiheitsstrafe und liegt damit auf demselben Niveau wie die Verleumdung (§ 187), aber unterhalb z.B. der Verletzung der Vertraulichkeit des Wortes (§ 201 I). Das ist systematisch zwar nicht unbedingt stimmig. Dennoch wird der Strafrahmen praktischen Bedürfnissen durchaus gerecht, zumal die Beschädigung bedeutsamerer Sachen über die einschlägigen Qualifikationstatbestände (§§ 303b, 305, 305a u.a.) härter sanktioniert werden können.

4. Konkurrenzen und Hinweise zur Fallbearbeitung

899 Gesetzeskonkurrenz besteht vor allem mit Zueignungsdelikten, wenn der Täter eine gestohlene Sache anschließend verbraucht oder vernichtet. Die weitere Eigentumsverletzung durch die Sachbeschädigung tritt dabei als mitbestrafte Nachtat zurück[52] (und sollte dann auch nicht zu ausführlich geprüft werden). Zum problematischen Verhältnis zu Einbruchsdiebstählen nach den §§ 243 f. vgl. CD 23-08.

Im Übrigen ist § 303 auch gegenüber allen Straftaten subsidiär, die ihrerseits vorsätzliche Sachschäden härter sanktionieren. Dazu zählen u.a. Brandstiftungen, Sabotagehandlungen (§§ 88, 109e) und die Vergehen nach den §§ 90a II, 104.

900 Im Rahmen komplexerer Geschehnisse (z.B. im Zusammenhang mit Körperverletzungen, Raub- oder Verkehrsstraftaten) sollte man § 303 jedenfalls nicht zu Beginn erörtern, sondern erst nach allen zeitgleich begangenen, bedeutsameren Delikten, die ernsthaft in Betracht kommen. Das gilt auch für diejenige Sachbeschädigung, die ein (die Bekleidung durchlöchernder) tödlicher Schuss auf das Opfer verwirklicht. Sie sollte man tunlichst in einem Satz feststellen und nicht etwa gutachterlich erörtern.

Unter den einzelnen Varianten von § 303 genießt die Zerstörung Vorrang, sofern sie nicht von vornherein ausgeschlossen erscheint. Bei Verunstaltungen sollte sogleich § 303 II geprüft (und ggf. Abs. 1 anschließend als lex generalis ausgelassen) werden.

---

50 Roxin AT I § 13 Rn. 12 ff. Wessels/Hillenkamp BT 2 Rn; wie hier Mitsch BT 2/1 § 5 Rn. 12; a.A. Sch/Sch-Stree § 303 Rn. 12.

51 Sch/Sch-Stree § 303c Rn. 2; SK-Hoyer § 303c Rn. 2; a.A. BayObLG NJW 1981, 1053; Maurach/Schroeder/Maiwald BT 1 § 36 Rn. 25.

52 BGH NStZ 1998, 294; Fischer § 242 Rn. 59.

III. Besondere Formen der Sachbeschädigung

1. Gemeinschädliche Sachbeschädigung (§ 304)

Die Bestimmung unterscheidet sich von § 303 hinsichtlich der tatbestandlich erfass- 901
ten Objekte und intendiert deshalb auch den Schutz anderer Rechtsgüter. Statt des Eigentums geht es ihr um die Bewahrung diverser *Kulturgüter und anderer Gegenstände, die öffentlichen Interessen dienen.*[53] Sie verzichtet daher auf das Merkmal der Fremdheit, weshalb sowohl herrenlose Sache mit geschützt werden als auch der Eigentümer selbst (z.B. eines denkmalgeschützten Hauses) tauglicher Täter sein kann.

a) Geschützte Objekte

Im Einzelnen nennt die Strafbestimmung als taugliche Beschädigungsobjekte: 902

- Gegenstände der Verehrung von Religionsgesellschaften sowie Sachen, die dem Gottesdienst gewidmet sind. Als *Religionsgesellschaft* gilt jeder Verband von Angehörigen eines gemeinsamen Glaubens an ein höheres göttliches Wesen, wenn der Verband zur umfassenden Wahrnehmung der aus dem gemeinsamen Bekenntnis folgenden Aufgaben dient.[54] Seiner Anerkennung bedarf es nicht, weswegen neben den großen christlichen Kirchen auch Sekten sowie alle weiteren (organisierten) Religionen als Religionsgesellschaften fungieren (z.B. der Islam, jüdische Gemeinden). *Gegenstände der Verehrung* sind insbesondere Abbildungen oder Relikte von Propheten, Heiligen sowie andere Objekte, die stellvertretend für religiös verehrte Personen oder Wesen angebetet werden. Dem *Gottesdienst gewidmete* Sachen dienen unmittelbar dazu, an oder mit ihnen gottesdienstliche Handlungen vorzunehmen. Dazu gehören etwa Altäre, Kelche oder Monstranzen samt Schmuck und Zubehör sowie Votivtafeln.[55]
- *Grabmäler.* Zum Grabmal zählen neben der eigentlichen Bestattungsstätte auch die dazugehörigen Erinnerungszeichen an den Verstorbenen, also Grabsteine, Kreuze u.ä. Eine auf die Person weisenden Inschrift ist nicht erforderlich. In zeitlicher Hinsicht endet der Strafrechtsschutz, sobald kein Pietätsinteresse mehr erkennbar ist.[56] Nur noch historisch bedeutsame Gräber sind aber möglicherweise:
- *öffentliche Denkmäler.* Dabei handelt es sich um Erinnerungszeichen, die das Andenken an Personen, Ereignisse oder vergangene Zeiten aufrecht erhalten sollen (z.B. Baudenkmäler).[57] Einer formellen Anerkennung als Denkmal bedarf es nicht. Das Merkmal der Öffentlichkeit verlangt entgegen der h.M. auch keine Zugangsmöglichkeit für die Allgemeinheit,[58] sondern schließt nur die private Widmung einer Sache zum Denkmal vom Strafrechtsschutz aus. Zu der insgesamt umstrittenen Problematik findet sich Weiteres auf CD 27-06.

---

53 Sch/Sch-STREE § 304 Rn. 2; MAURACH/SCHROEDER/MAIWALD BT 2 § 57 Rn. 3.

54 Sch/Sch-LENCKNER § 166 Rn. 15.

55 BGHSt 21, 64 f.

56 Sch/Sch-STREE § 304 Rn. 3; BGHSt 20, 286.

57 Sch/Sch-STREE § 304 Rn. 4.

58 Wie hier NK-ZAZCZYK § 304 Rn. 7; a.A. SK-HOYER § 304 Rn. 7; FISCHER § 304 Rn. 7.

- *Naturdenkmäler*. Ihre Legaldefinition in § 28 I BNatSchG[59] setzt im Einzelfall, anders als bei den Denkmälern, eine behördliche Festsetzung qua Rechtsvorschrift oder Verwaltungsakt voraus. Ohne sie ist das Merkmal nicht erfüllt.

- Gegenstände von *Kunst, Wissenschaft und Gewerbe*, die in öffentlichen Sammlungen aufbewahrt werden oder öffentlich aufgestellt sind. Entscheidend ist hier zunächst das Merkmal der *öffentlichen Sammlung*, das prinzipielle Zugänglichkeit für jedermann (und sei es nach Anmeldung oder gegen Gebühr) erfordert.[60] Museen und Bibliotheken bilden typische Fälle solcher Sammlungen. *Öffentliche Aufstellung* bedeutet die Platzierung an einem öffentlich zugänglichen Ort außerhalb einer Sammlung, z.B. im Falle der Aufstellung von Objekten der bildenden Kunst auf Straßenplätzen. Während die Merkmale „Kunst" und „Wissenschaft" nur im Einzelfall Abgrenzungsprobleme aufwerfen mögen, bedarf das „Gewerbe" der teleologischen Eingrenzung. Andernfalls fielen auch der über Nacht am Straßenrand geparkte Lieferwagen oder Bagger darunter, deren Beschädigung kaum als gemeinschädlich gelten könnte. Ihre Aufstellung muss deshalb im öffentlichen Vorführungsinteresse geschehen,[61] was z.B. bei einer öffentlichen Schaustellung musealer Dampfmaschinen oder Traktoren bejaht werden könnte.

- Gegenstände *zur Verschönerung öffentlicher Wege, Plätze oder Anlagen*. Hierunter lassen sich Parkanlagen, Bäume und möglicherweise auch Fahnen subsumieren.[62] Die Verschönerung muss indes Hauptzweck ihrer Existenz und darf nicht bloßer Nebeneffekt sein[63] (wie bei einem schönen schmiedeeisernen Gitter, das aber primär der Absperrung dient).

903 Die bisher geschilderten, jeweils überschaubaren Gruppen geschützter Tatobjekte werden durch eine „gefährliche Generalklausel"[64] ergänzt: Die *Gegenstände zum öffentlichen Nutzen*. Bei unreflektierter Anwendung könnte sie nahezu alles, was irgendwie der Öffentlichkeit förderlich sein mag, dem erhöhten Strafschutz des § 304 unterwerfen. Dass damit z.B. auch Behördenschreibtische, privat gehaltene Bienenvölker oder gar die Hauskatze (weil sie Mäuse fängt und deren Bekämpfung im öffentlichen Interesse liegt) erfasst würden, verdeutlicht den Bedarf nach teleologischer Reduktion, der freilich auch allgemein anerkannt ist: Nur was *unmittelbar* von der Öffentlichkeit genutzt werden soll, wird tatbestandlich geschützt.[65] Dazu zählen z.B. Ruhebänke oder Feuermelder an öffentlichen Wegen und Straßenlaternen, nicht

---

59 § 28 I BNatSchG: „Naturdenkmale sind *rechtsverbindlich festgesetzte Einzelschöpfungen* der Natur ..., deren besonderer Schutz (1.) aus wissenschaftlichen, naturgeschichtlichen oder landeskundlichen Gründen oder (2.) wegen ihrer Seltenheit, Eigenart oder Schönheit erforderlich ist."

60 MAURACH/SCHROEDER/MAIWALD BT 2 § 57 Rn. 6; BGHSt 10, 285 (286).

61 Ähnlich SK-HOYER § 304 Rn. 9: Zugänglichkeit muss im öffentlichen Interesse liegen.

62 RGSt 64, 250 (252).

63 Sch/Sch-STREE § 304 Rn. 7; SK-HOYER § 304 Rn. 12.

64 MAURACH/SCHROEDER/MAIWALD BT 2 § 57 Rn. 8.

65 Sch/Sch-STREE § 304 Rn. 5; SK-Hoyer § 304 Rn. 11; MAURACH/SCHROEDER/MAIWALD BT 2 § 57 Rn. 9; ARZT/WEBER BT § 12 Rn. 35.

dagegen Polizeifahrzeuge[66] oder Betten in einer JVA,[67] wohl aber deren Sicherungseinrichtungen gegen Entweichen.[68]

b) Tathandlungen

Hinsichtlich des verbotenen Verhaltens (Beschädigen, Zerstören in Abs. 1, Verändern des Erscheinungsbildes in Abs. 2) kann zunächst auf die Ausführungen zu § 303 Bezug genommen werden (Rn. 878 ff.). Im Hinblick auf die veränderte Schutzrichtung des § 304 muss die Tathandlung sich indes unmittelbar gegen die Brauchbarkeit der Sache zu demjenigen Zweck richten, der Grundlage dafür ist, sie dem Tatbestand zu unterstellen.[69] **904**

Beispiel (Graffiti auf Brückenpfeiler):[70] Der 18-jährige *Sebastian D.* hatte als Mitglied einer Gruppe illegaler Graffiti-Sprayer in mehreren Fällen seine tags „VOX" und „Voks" auf Brückenpfeiler, Lärmschutzwände an Autobahnen sowie auf Eisenbahnwagen gesprayt. — Das BayObLG hob das Urteil des Jugendschöffengerichts auf, das *D.* auch nach § 304 verurteilt hatte. Zwar seien die besagten Gegenstände beschädigt, jedoch nicht in ihrer gemeinnützigen Zweckbestimmung beeinträchtigt worden. „Die Brücken und Wege konnten weiterhin begangen, die Eisenbahnwagen weiterhin zur Beförderung benutzt werden."[71] Vor diesem Hintergrund dürfte auch die Einfügung von § 304 II zu keiner fühlbaren Strafbarkeitsausdehnung geführt haben.[72]

c) Weitere Voraussetzungen und Konkurrenzen

Die Tat ist Vorsatzdelikt, weshalb der Täter die besondere öffentliche Funktion der Sache in tatsächlicher Hinsicht erkennen muss. Ihr Versuch ist nach Abs. 3 strafbar. Im Gegensatz zu § 303 bedarf es wegen der andersartigen Schutzrichtung des Tatbestandes keines Strafantrages. **905**

§ 304 stellt zwar trotz der höheren Strafdrohung (bis zu drei Jahre Freiheitsstrafe) keine echte Qualifikation der Sachbeschädigung dar, weil der Tatbestand über den Schutzbereich von § 303 hinaus geht, soweit eigene und herrenlose Sachen erfasst werden. Gleichwohl konsumiert er die einfache Sachbeschädigung, wenn beide Delikte verwirklicht wurden. **906**

---

66 BGHSt 31, 185.

67 RG HRR 26, Nr. 2309.

68 OLG Koblenz NStZ 1983, 29 (gesichertes Glasdach der JVA).

69 SK-HOYER § 304 Rn. 13; FISCHER § 304 Rn. 13; Sch/Sch-STREE § 304 Rn. 9.

70 Sachverhalt ausschnittsweise nach BayObLG StV 1999, 543.

71 BayObLG StV 1999, 543 (544).

72 Hans KUDLICH, Folgenlose Änderung oder inkonsequente Strafbarkeitsausweitung – zum zweifelhaften Regelungshalt des neuen § 304 II StGB, GA 2006, 38-41 (40 f.).

2. Zerstörung von Bauwerken (§ 305)

907 Die im Tatbestand aufgelisteten Objekte (Gebäude, Schiff, Brücke, Damm, Straße, Eisenbahn) bilden lediglich Beispielsfälle für „Bauwerke“, die umfassend geschützt werden.[73] Letztendlich kommt es damit auf die Definition des *Bauwerkes* an. Darunter versteht man eine *durch menschliche Arbeit errichtete Anlage von einiger Dauerhaftigkeit, Bedeutung und Größe.*[74] Wie das Schiffsbeispiel zeigt, bedarf es keiner ortsfesten Bauweise.[75] Andere Beispiele sind Tankbehälter,[76] Gartenmauern, Baugruben[77] oder Fischteiche.[78]

Als Eigentumsdelikt verlangt § 305 zudem, dass die betroffenen Bauwerke *für den Täter fremd* sind (zur Fremdheit vgl. Rn. 870 ff.). Damit bildet das Delikt eine echte Qualifikation von § 303.

908 Bestraft wird nicht erst die vollständige Zerstörung (vgl. Rn. 889). Vielmehr genügt bereits, die betroffenen Bauwerke *teilweise zu zerstören.* Die Teilzerstörung darf freilich keinesfalls mit einem Beschädigen des gesamten Bauwerks verwechselt werden. Vielmehr meint sie ein (vollständiges) *Zerstören einzelner selbstständiger Bauwerksteile mit eigener Funktion,* z.B. der Brückengeländer, Treppen oder Türen.[79]

3. Zerstörung wichtiger Arbeitsmittel (§ 305a)

909 Auch § 305a nennt wie § 305 als Tathandlung ganzes oder teilweises Zerstören (Rn. 908). Die Straftat stellt ebenfalls eine Qualifikation zur einfachen Sachbeschädigung dar.

910 Tatobjekte sind – als praktisch wichtigster Fall – *Kraftfahrzeuge der Polizei* und der Bundeswehr (§ 305a I Nr. 2). Daneben geht es in § 305a I Nr. 1 um den Schutz der in § 316b I Nrn. 1 und 2 genannten Post-, Verkehrs- und Versorgungsunternehmen sowie deren Betriebs- oder Entsorgungsanlagen.[80] Konkrete Tatobjekte sind *Arbeitsmittel von wesentlicher Bedeutung* für diese Unternehmen (z.B. Werkzeuge, Maschinen, Fahrzeuge). Sie müssen zugleich von bedeutendem Wert und für den Täter fremd sein. Der bedeutende Wert entspricht demjenigen in § 315c (Rn. 501).

4. Störung von Telekommunikationsanlagen (§ 317)

911 Anders als die bisher besprochenen Beschädigungsdelikte weist § 317 einen *zweistufigen Aufbau* auf: Es bedarf zunächst einer Art Beschädigungshandlung an bestimmten Sachen. Als deren Folge hat eine Betriebshinderung oder -gefährdung einzutreten. Geschützt wird der Betrieb einer öffentlichen Zwecken dienenden Telekommunikationsanlage. Unter diesen Begriff[81] fällt auch nach der Privatisierung der Post weiter-

---

73 RGSt 15, 263 (264); SK-HOYER § 305 Rn. 2.

74 BGHSt 41, 219 (221); SK-HOYER § 305 Rn. 2.

75 Sch/Sch-STREE § 305 Rn. 4; SK-HOYER § 305 Rn. 2; a.A. RGSt 15, 263 (264 f.); FISCHER § 305 Rn. 2 (nur unbewegliche Objekte).

76 BGHSt 41, 219 (221).

77 BGHSt 6, 107 (109).

78 RGSt 15, 263 (265).

79 SK-HOYER § 305 Rn. 4; FISCHER § 305 Rn. 5.

80 Vgl. zu diesen Unternehmen näher bei Rn. 915 sowie auf CD 27-06.

81 Legaldefinition der Telekommunikationsanlage in § 3 Nr. 23 TKG.

hin das *gesamte Fernsprechnetz*[82] einschließlich mobiler Funknetze und des E-Mail-Verkehrs, weil die Gewährleistung umfassender Kommunikationsmöglichkeiten im öffentlichen Interesse liegt.

Eine *Betriebsverhinderung oder -gefährdung* als tatbestandliche Handlungsfolge soll nach der 912
Rspr. bereits durch die gegen den Willen des Anschlussbesitzers und des Netzbetreibers geschehende Störung eines einzelnen privaten Telefonanschlusses bewirkt werden.[83] Das erscheint heute nicht mehr tragfähig. Was die Erreichbarkeit einzelner Personen hindert, stellt den Netzbetrieb als solchen noch längst nicht in Frage. Dies gilt jedenfalls heutzutage, wo selbst bei Ausfall eines Gerätes wegen der massenhaften Verbreitung von Fest- und Mobilfunknetzanschlüssen i.d.R. andere Kommunikationsmöglichkeiten für den Betroffenen verbleiben. Zu dem Zeitpunkt, als die Norm entstand,[84] mag dies noch anders gewesen sein, weil Telefonanschlüsse bis zur Mitte des 20. Jahrhunderts gewöhnlich die Erreichbarkeit einer Vielzahl von Personen zugleich sicher zu stellen hatten. Das Merkmal der Betriebsverhinderung oder -gefährdung verlangt daher unter den Bedingungen heutiger Kommunikationsinfrastruktur, dass zumindest Teile des Netzes ausfallen bzw. dies droht, z.B. infolge des Ausschaltens von Funkmasten, Verteilerstellen oder beim sog. Spamming durch den Zusammenbruch von Mailservern.

Diese Verhinderungs- oder Gefährdungsfolge kann einmal durch die Zerstörung, Beschädi- 913
gung, Beseitigung, Veränderung oder Unbrauchbarmachung einzelner Sachen bewirkt werden, die dem Anlagenbetrieb dienen (z.B. Relais, Funkmasten, Verstärker, Kabel). Alternativ genügt aber auch die Stromentziehung, die ohne unmittelbare Einwirkung auf einzelne Anlagenteile auskommt. Diese Tathandlungen überschneiden sich im Ergebnis großflächig. Zumindest das Verändern dürfte überflüssig sein, weil es in aller Regel zugleich beschädigt oder unbrauchbar macht. Nähere Einzelheiten dazu im Kontext des insoweit identischen § 316b auf CD 27-07.

Das Vorsatzdelikt in Abs. 1 wird mit bis zu fünf Jahren Freiheitsstrafe bedroht. Hier ist nach 914
Abs. 2 zudem der Versuch strafbar. Nach Abs. 3 kann ferner auf die *fahrlässige Begehung* mit bis zu einem Jahr Freiheitsstrafe reagiert werden. Strafbar macht sich daher auch ein Baggerführer, der bei Ausschachtungsarbeiten aus schlichter Unachtsamkeit ein Fernmeldekabel zerstört.

5. Sonstige Beschädigungstatbestände

Die Tatbestände der Störung öffentlicher Betriebe (§ 316b), der Beschädigung wichtiger Anla- 915
gen (§ 318), der Störung der Totenruhe (§ 168 II) sowie der Beeinträchtigung von Unfallverhütungs- und Nothilfemitteln (§ 145 II) sind weniger bedeutsam. Sie werden auf CD 27-07 behandelt.

---

82 BGHSt 39, 288 (289); SK-HORN § 317 Rn. 5; a.A. Sch/Sch-CRAMER/STERNBERG-LIEBEN § 317 Rn. 4.

83 BGHSt 39, 288 (290) mit abl. Anm. Bernhard HAHN NStZ 1994, 190 f., Jens SCHMITTMANN, NStZ 1994, 587 f.; wie der BGH hingegen SK-HORN § 317 Rn. 5; LACKNER/KÜHL § 317 Rn. 2 f.

84 Durch Gesetz vom 13.05.1891 (RGBl. 107) wurde durch die Einfügung von § 318a II RStGB a.F. klar gestellt, dass unter den bis dahin in § 317 allein verwendeten Begriff der Telegrafenanlage auch „Fernsprechanlagen mitbegriffe" sein sollten.

IV. Datenveränderung und Computersabotage

1. Datenveränderung (§ 303a)

916 Die Vorschrift bildet für die körperlosen und daher keine Sachqualität aufweisenden Daten das Gegenstück zu § 303. Sie schützt den gesamten Datenbestand gegen jede Form der Veränderung. Rechtsgut ist das Interesse des Verfügungsberechtigten an der unversehrten Verwendbarkeit seiner Daten.[85]

a) Daten als Schutzobjekte

917 Der Klammerverweis in § 303a I auf § 202a II beschränkt die Anwendung des Tatbestandes auf bestimmte Datenspeicherungen (dazu Rn. 838). Der Datenbegriff ist deswegen aber nicht zwangsläufig in beiden Bestimmungen identisch.[86] Während § 202a nämlich im Hinblick auf dessen Rechtsgut nur Daten mit unmittelbarem Informationswert für den Nutzer erfasst, besteht für eine solche teleologische Reduktion bei § 303a keine Notwendigkeit, im Gegenteil: Der Datenbesitzer hat selbstverständlich ein Interesse am unveränderten Bestand auch derjenigen Daten, die er zwar nicht unmittelbar als Informationsquellen nutzen kann (z.B. das Betriebssystem), deren Fehlen oder Beschädigung aber die Verwendbarkeit des gesamten Systems beeinträchtigt. Geschützt werden damit alle Informationen, ob sie nun dem Nutzer selbst unmittelbar dienen oder nur dem Programm oder der Anlage, indem sie bestimmte Programmabläufe steuern.[87]

918 Dennoch ist auch hier eine Einschränkung notwendig, da die im Tatbestand genannten Handlungen allesamt notwendige Schritte jedes gewöhnlichen Datenverarbeitungsvorgangs sind. Ohne Ergänzung des Tatbestandes wäre deshalb schon die normale Arbeit am PC tatbestandsmäßig, was weder so gewollt sein kann noch strafrechtssystematisch tragfähig wäre. Die notwendige Korrektur vermag auch das Merkmal „rechtswidrig" nicht zu leisten, da es lediglich allgemeines Deliktsmerkmal ist und daher nicht zugleich tatbestandseingrenzend wirken kann.[88] Es bleibt folglich nur die Ergänzung um ein ungeschriebenes Tatbestandsmerkmal: Die *Fremdheit der Daten*[89]. Da Informationen im sachenrechtlichen Sinn nicht eigentumsfähig sind, kommt es bei der Fremdheit auf das Bestehen einer rechtlich geschützten Beziehung eines Dritten zu der fraglichen Information an. Dabei braucht es sich nicht um eine Verfügungsbefugnis zu handeln. Vielmehr genügt jedes rechtlich anerkannte Interesse an der Unversehrtheit der Daten. Sie kann sich aus der Speicherung der Daten, ihrem

---

85 TRÖNDLE/FISCHER § 303a Rn. 2; SK-HOYER § 303a Rn. 2.

86 Anders zwar FISCHER § 303a Rn. 3; Sch/Sch-STREE § 303a Rn. 2, Eric HILGENDORF, Grundfälle zum Computerstrafrecht, JuS 1996, 509-512, 702-706, 890-894, 1082-1084; JuS 1997, 130-136 (1996, 891), die jedoch alle auch die hier vertretene Einschränkung bei § 202a nicht vornehmen.

87 Jürgen WELP Datenveränderung (§ 303a StGB), IuR 1988, 443-449 (445).

88 Sch/Sch-STREE § 303a Rn. 6; FISCHER § 303a Rn. 4; HILGENDORF (Fn. 86) JuS 1996, 892; LACKNER/KÜHL § 303a Rn. 4;

89 FISCHER § 303a Rn. 4; SK-HOYER § 303a Rn. 5; LK-TOLKSDORF § 303a Rn. 5 ff. Auch die Gegenmeinung gelangt über eine entsprechende Auslegung des Merkmals der Rechtswidrigkeit zu demselben Ergebnis, vgl. LACKNER/KÜHL § 303a Rn. 4.

Erwerb, dem Eigentum am Datenträger oder der Betroffenheit durch die Daten ergeben.[90]

b) Die Tathandlungen

Der Tatbestand nennt zum Zwecke eines perfekten Rechtsschutzes vier sich teilweise überschneidende und alle denkbaren Formen der Datenbeeinträchtigung erfassende Tathandlungen:[91] **919**

- *Löschen* ist das unwiederbringliches Unkenntlichmachen von Daten auf dem Datenträger. Ob sie für den Berechtigten noch anderweitig, etwa auf einer Sicherungskopie, verfügbar bleiben oder nicht, ist ohne Belang[92]. Als Löschen gilt aber weder das durch geeignete Hilfsprogramme reparable Formatieren des Datenträgers noch das von fast allen Datenverwaltungsprogrammen routinemäßig vorgesehene schlichte „Löschen" durch Unkenntlichmachen einer Datei im Verzeichnis des Datenträgers unter Freigabe der entsprechenden Sektoren zur Neubelegung. Denn in beiden Fällen bleiben die Daten (jedenfalls zunächst noch) auf dem Datenträger vorhanden. Folge ist dann aber typischerweise ein **920**
- *Unterdrücken.* Hier Daten existieren die Daten weiter, sind aber für den Berechtigten unzugänglich geworden.[93] Neben dem üblichen einfachen „Löschen" ist das auch anzunehmen, falls eine Datei unbefugt mit einer Passwortsicherung versiegelt wird.
- Ein *Verändern* ist anzunehmen, sobald Daten durch Hinzufügen von Informationen, sowie durch Austauschen oder Entfernen ihrer Bestandteile einen anderen Sinn erhalten.[94] So liegt es, falls beispielsweise ein Programm mit einem Virus oder einem „Trojanischen Pferd"[95] versehen wird, da in diesen Fällen die Arbeitsanweisungen des Programms um diejenigen des infiltrierten Teiles ergänzt werden. Ebenso stellt die unbemerkte Installation eines sog. Dialers[96] eine Veränderung an denjenigen Daten des nichts ahnenden Nutzers dar, die bei seinem PC jeweils die Internetverbindung aufbauen sollen.
- Nicht ersichtlich ist, welcher eigenständige Anwendungsbereich daneben noch dem *Unbrauchbarmachen* zukommen soll. Es bedeutet, dass Daten nicht mehr zum bestimmungsgemäßen Gebrauch geeignet sind. Diese Wirkung soll durch teilweises Löschen, Über-

---

90 Weitere Einzelheiten bei HWSt-HEGHMANNS Rn. VI 1 127 f.

91 BT-Drs. 10/5058, S. 34.

92 Günter Frhr v. GRAVENREUTH, Computerviren, Hacker, Datenspione, Crasher und Cracker, NStZ 1989, 201-207 (206); Sch/Sch-STREE § 303a Rn. 4.

93 v. GRAVENREUTH (Fn. 92) NStZ 1989, 206; Sch/Sch-STREE § 303a Rn. 4.

94 Sch/Sch-STREE § 303a Rn. 4; SK-HOYER § 303a Rn. 11.

95 Bei Trojanischen Pferden handelt es sich um insbesondere von Hackern in fremden PC installierte Programmroutinen, die sich im Gegensatz zum Virus zwar nicht vermehren, wohl aber eigene Funktionen ausüben, z.B. von den ordnungsgemäßen Benutzern eingegebene Passwörter sammeln und speichern. Vgl. näher die Darstellung bei Klaus BRUNNSTEIN, Computerviren und andere bösartige Software, CR 1993, 456-460 (459).

96 Dialer sind Programme, nach deren Aktivierung der Rechner künftig nicht mehr die bisherige DFÜ-Verbindung zum Provider nutzt, sondern eine andere, gewöhnlich bedeutend teurere Telefonverbindung, wovon der Täter mittelbar durch die Beteiligung an den anfallenden Telekommunikationsgebühren profitiert. Dazu näher Walter BUGGISCH Dialer-Programme – Strafrechtliche Bewertung eines aktuellen Problems, NStZ 1992, 178-182 (178 f.).

schreiben oder Einfügen von Daten eintreten.[97] Jede dieser Tathandlungen erfüllt aber zugleich eine der übrigen Alternativen.

921 Der Täter muss zumindest bedingt vorsätzlich handeln. Die Zustimmung des Berechtigten schließt wie bei § 303 qua Einwilligung erst die Rechtswidrigkeit aus.[98]

c) Versuch und Vorbereitung

922 Nach Abs. 2 ist zunächst der Versuch strafbar. Darüber hinaus verweist Abs. 3 auf § 202c und stellt damit bestimmte vorbereitende Handlungen unter Strafe. Siehe dazu entsprechend die Ausführungen bei Rn. 847.

d) Bestrafung, Verfolgung und Konkurrenzen

923 Die Strafdrohung beläuft sich wie bei der Sachbeschädigung auf maximal zwei Jahre Freiheitsstrafe. Zudem setzt die Strafverfolgung gemäß § 303c einen *Strafantrag* des an den Daten Berechtigten oder alternativ die Bejahung des besonderen öffentlichen Verfolgungsinteresses durch die Staatsanwaltschaft voraus.

924 Auf Konkurrenzebene verdrängt § 303a die einfache Sachbeschädigung, soweit die Datenveränderung keine Substanzschäden am fremden Datenträger verursacht. Wird dieser aber z.B. zerkratzt oder zerschnitten, so ist Tateinheit möglich.

2. Computersabotage (§ 303b)

925 Auch hierbei handelt es sich um ein zweistufiges Delikt. Als Tatfolge verlangt es Störungen einer Datenverarbeitung von wesentlicher Bedeutung. Sie werden durch drei Gruppen von Tathandlungen bewirkt, nämlich durch

- Vortaten nach § 303a (§ 303b I Nr. 1);
- Dateneingaben oder -übermittlungen (§ 303b I Nr. 2);
- einzelne Sachbeschädigungshandlungen an der Datenverarbeitungsanlage oder an Datenträgern (§ 303b I Nr. 3).

926 Der Tatbestand ist daher z.T. Qualifikationsbestimmung gegenüber § 303a, z.T. gegenüber § 303, in einigen Alternativen aber auch völlig eigenständig. Hinzu kommen eine Qualifikationsbestimmung bei betrieblichen oder behördlichen Anlagen (Abs. 2) sowie besonders schwere Fälle (Abs. 4). Nähere Beschreibungen des Deliktes finden sich auf CD 27-08.

927 **Wiederholungsfragen zum 26. und 27. Kapitel**

1. Wie lautet die Definition einer „Sache"? (Rn. 861)
2. Wann ist eine Sache fremd? (Rn. 870)
3. Wann liegt eine Beschädigung vor? (Rn. 878)
4. Stellt die Fremdheit der beschädigten Sache stets eine Voraussetzung für die Bestrafung nach den §§ 303 ff. dar? (Rn. 901)
5. Fällt das Zerstören eines privaten Telefons nach der Rspr. unter § 317? (Rn. 912)
6. Welches ungeschriebene Merkmal ist bei § 303a zu beachten? (Rn. 918)
7. Worin unterscheiden sich Zerstören und Beschädigen? (Rn. 889)

---

97 BT-Drs. 10/5058, S. 35; Sch/Sch-STREE § 303a Rn. 4.

98 Sch/Sch-STREE § 303a Rn. 6; a.A. SK-HOYER § 303a Rn. 12; vgl. oben Rn. 895.

28. Kapitel. Brandstiftungen

I. (Un-)Systematik und Bedeutung der Brandstiftungen

1. Versuch einer Systembildung

Bei den – durch das 6. StrRG 1998 reformierten – Brandstiftungsstraftaten (§§ 306-306f) handelt es sich entgegen der Überschrift über dem 28. Abschnitt nicht immer um (konkret) gemeingefährliche Straftaten. Vielmehr kann man sie in drei Gruppen einteilen: 928

- Die erste beinhaltet schlichte *Eigentumsdelikte*. Ihr Grunddelikt ist § 306, der ausschließlich die Brandstiftung an fremden Sachen ohne weitere Erfordernisse unter Strafe stellt.
- Die zweite Gruppe ignoriert hingegen den Sachbeschädigungsaspekt und bestraft – unabhängig von den Eigentumsverhältnissen – Brandlegungen an bestimmten Objekten im Hinblick auf die Folgegefahren, die gerade dort bei Bränden regelmäßig auftreten. Hier stellt § 306a I als *abstraktes Gefährdungsdelikt* die Grundform dar.
- Die dritte Gruppe schließlich wird von § 306a II angeführt. Dieses bildet ein *konkretes Gefährdungsdelikt*, das – wiederum unabhängig von den Eigentumsverhältnissen – Brandstiftungen an abstrakt weniger gefährlichen Objekten bestraft, sofern es tatsächlich zu einer konkreten Gesundheitsgefahr kommt.

Ins Auge fallen die durchweg *hohen Strafdrohungen* in allen drei Gruppen. Selbst § 306 besitzt bereits Verbrechenscharakter! Hintergrund ist, dass Brände höchst gefährliche Sachvernichtungsmittel darstellen: Sie können sich rasant ausbreiten, oft schneller, als ein Mensch laufen kann, wie die Beispiele der jährlichen Waldbrände in den südeuropäischen Ländern und in den USA veranschaulichen, bei denen fast regelmäßig Menschenleben zu beklagen sind. Sie sind auch kaum beherrschbar, weil die Verbreitung des Feuers von einer Vielzahl von Faktoren abhängt (Besonderheiten des brennenden Objektes, Windverhältnisse, Umgebungscharakter, Wetter). Zudem bringen sie oft immense Folgeschäden außerhalb der eigentliche Brandwirkung mit sich. Man denke nur an den Zusammenbruch des gesamten *World Trade-Centers* am 11.09.2001, der keine unmittelbare Folge des Aufpralls der Flugzeuge, sondern der immensen Hitzewirkung des anschließenden Feuers war. Oder daran, dass vor allem bei kleineren Feuern die Schäden durch das eingesetzte Löschwasser häufig viel größer sind als die eigentlichen Brandschäden. Zudem werden bei der Verbrennung Rauchgase freigesetzt, die je nach brennendem Objekt in hohem Maße giftig sein können. 929

Diese prinzipielle Gefährlichkeit des Feuers hat den Gesetzgeber seit jeher[1] motiviert, zum Zwecke der Prävention durch harte Strafen bereits diejenige Brandstiftung zu sanktionieren, die tatsächlich keine schweren Folgen oder auch nur konkrete Gesundheitsgefahren nach sich zieht. Daher erschöpft sich das Unrecht selbst der einfa-

---

1 Zur Geschichte vgl. die rechtshistorische Untersuchung von Stefan LINDENBERG, Brandstiftungsdelikte - §§ 306 ff. StGB, 2004.

chen Brandstiftungsdelikte wie § 306 nicht in einer Eigentumsverletzung, sondern sie stellen zugleich *abstrakte Gefährdungsdelikte* dar.

930 Der Umstand, dass Brände häufig auch tatsächlich schwere Folgen oder konkrete Gefahren nach sich ziehen, hat den Gesetzgeber dazu verleitet, eine Vielzahl von je nach Gefährdungs- bzw. Verletzungsgrad abgestuften Qualifikationstatbeständen zu schaffen. Da diese z.T. gleichermaßen an die drei Grunddelikte anknüpfen, ergibt sich für den Betrachter ein verwirrendes Bild. Es verkompliziert sich noch zusätzlich, weil mit § 306f ein Vorfelddelikt obendrein schon die Herbeiführung von Brandgefahren unter Strafe stellt. Man gewinnt nur dann einigermaßen nachvollziehbare Strukturen, wenn die dargestellten drei Grunddelikte als Orientierungspunkte strikt auseinandergehalten werden.

931 **Abbildung:** Das System der Brandstiftungsstraftaten (ohne Brandgefährdung)

<table>
<tr><th rowspan="2">Begehungsmodalitäten (und ggf. besondere Folgen)</th><th colspan="3">Brandstiftung...</th></tr>
<tr><th>an fremden Objekten (§ 306)</th><th>an gefährlichen Objekten (§ 306a I)</th><th>mit konkreter Gesundheitsgefahr (§ 306a II)</th></tr>
<tr><td>schwere Gesundheitsschädigung</td><td rowspan="2">§ 306b I</td><td rowspan="2">§ 306b I</td><td rowspan="2">§ 306b I</td></tr>
<tr><td>Gesundheitsschädigung vieler Personen</td></tr>
<tr><td>Todesgefahr</td><td rowspan="3"></td><td rowspan="3">§ 306b II</td><td rowspan="3">§ 306b II</td></tr>
<tr><td>Ermöglichungs- oder Verdeckungsabsicht</td></tr>
<tr><td>Verhindern oder Erschweren des Löschens</td></tr>
<tr><td>(leichtfertig verursachte) Todesfolge</td><td>§ 306c</td><td>§ 306c</td><td>§ 306c</td></tr>
<tr><td>Handlung fahrlässig</td><td>§ 306d I</td><td>§ 306d I</td><td></td></tr>
<tr><td>Gefahr fahrlässig verursacht</td><td colspan="2" rowspan="2"></td><td>§ 306d I</td></tr>
<tr><td>Handlung und Gefahr fahrlässig verursacht</td><td>§ 306d II</td></tr>
</table>

2. Bedeutung der Brandstiftungsdelikte

932 Die Brandstiftungsdelikte machen zwar nur rund 0,4 % der registrierten Kriminalität aus. Wegen ihres hohen Bedrohungspotenzials spielen sie in der wahrgenommenen Kriminalität allerdings eine weitaus bedeutsamere Rolle. Hinzu kommt, dass die Beweggründe bei den Vorsatztaten (u.a. Rache, Versicherungsmissbrauch, pyromanische Motivationen) Aufmerksamkeit und Medieninteresse ebenso erwecken wie das Phänomen, dass gerade Feuerwehrleute ihren Anteil unter den Brandstiftern stellen. Nähere Informationen zum Zahlenmaterial finden sich auf CD 28-01.

933 Auch im Prüfungswesen spielen die Brandstiftungsdelikte eine herausgehobene Rolle. Das liegt weniger an der Kompliziertheit ihres Systems als daran, dass sich zahlreiche höchstrichterliche Entscheidungen um das Merkmal des Inbrandsetzens sowie um die

restriktive Auslegung vor allem des § 306a I ranken und beide Fragenkreise noch nicht abschließend geklärt sind.

Abbildung: Die Ruinen des Reichstags nach dem Brand vom 27./28.02.1933

II. Die Brandstiftung an fremden Sachen (§ 306)

Abbildung: Prüfungsaufbau bei der Brandstiftung nach § 306 934

I. Tatbestand	1. objektiver Tatbestand - geeignetes Brandobjekt (Gebäude, Hütte usw., Rn. 935), ggf. Tatbestandsreduktion erörtern (Rn. 937 ff.) - Fremdheit (Rn. 870 ff.) - Inbrandsetzen (Rn. 939 ff.) / Zerstören durch Brandlegung (Rn. 944 f.)
	2. subjektiver Tatbestand - Vorsatz bzgl. Brandobjekt, dessen Fremdheit und Inbrandsetzen / Zerstörung durch Brandlegung (Rn. 946 f.)
II. Rechtswidrigkeit	Einwilligung möglich (Rn. 948)
III. Schuld	keine Besonderheiten
(IV.) Strafausschließung u.a.	§ 306e: Tätige Reue (Rn. 949 f.)

1. Die geschützten Tatobjekte

935 § 306 I zählt in seinen Nrn. 1-6 eine Reihe unterschiedlicher Objekte auf, die allesamt *dem Täter fremde* (dazu Rn. 870 ff.) sein müssen. Ihrer Auswahl liegt der Gedanke zu Grunde, dass Brände an ihnen regelmäßig hohe materielle oder volkswirtschaftliche Schäden verursachen. Gleichwohl haftet dem Katalog ein Moment des Willkürlichen

an:[2] Mit gleicher Berechtigung hätte man auch Brücken oder Mülldeponien[3] aufnehmen oder die Hütten (Nr. 1) herausstreichen können.

936 Begrifflich sind die genannten Objekte weitgehend aus sich heraus verständlich[4] (weshalb die Darstellung näherer Einzelheiten auf CD 28-02 verlagert wird). Allerdings haftet einigen von ihnen ein gesetzestechnischer Mangel an: *Minima werden nicht ausgeschlossen*. Das ist deshalb problematisch, weil § 306 ein Verbrechen darstellt und daher wörtlich genommen bereits das Anzünden kleinster Objekte mit Freiheitsstrafe von mindestens einem Jahr bedroht. Im Einzelfall mag dadurch der Bereich des schuldangemessenen Strafen verlassen und äußerstenfalls sogar gänzlich Strafunwürdiges mit hohen Strafen belegt werden.

Beispiel (Anzünden einer Cornflakesschachtel):[5] *Klaus A* zündete aus Verärgerung darüber, dass der Einkaufsdienst in seiner Wohngemeinschaft wieder einmal nur Cornflakes auf den Tisch gebracht hatte, während des gemeinsamen Frühstücks den Pappkarton mit besagten Cornflakes an. Die übrigen Anwesenden reagierten aus Verblüffung erst, als Flammen am Karton züngelten. Unter dem Wasserhahn waren die Flammen zwar schnell gelöscht, der Inhalt der Schachtel freilich durchweicht und daher verdorben. — Die Cornflakes sind land- oder ernährungswirtschaftliche Erzeugnisse[6] die durch die Brandlegung zerstört wurden und für *A.* wegen des Miteigentums seiner Mitbewohner auch fremd waren. Der Tatbestand von § 306 I Nr. 6 wäre folglich erfüllt. Ähnlich fragwürdige Resultate drohen bei den Maschinen (§ 306 I Nr. 2), worunter auch die Schlagbohrmaschine oder gar die Handkaffeemühle fielen, sowie bei den Wasserfahrzeugen (Nr. 4), zu denen jedes Schlauchboot zählen könnte.

937 Wegen dieser theoretisch denkbaren Resultate besteht im Kern Einigkeit über die *Notwendigkeit zur tatbestandlichen Reduktion*. Ungeklärt ist hingegen, welche Parameter man zu diesem Zweck heranziehen sollte. In Betracht kämen

- Wertgesichtspunkte;[7]
- sonstige quantitative Aspekte, also die Menge oder die Größe des in Brand gesetzten Objektes;[8]

---

2 FISCHER § 306 Rn. 2.

3 Jedenfalls stillgelegt unterfallen sie nicht dem Begriff der Betriebsstätte (Nr. 2).

4 Vgl. näher Arnd SINN, Der neue Brandstiftungstatbestand (§ 306 StGB) – eine missglückte Regelung des Gesetzgebers? Jura 2001, 803-809 (804 ff.); FISCHER § 306 Rn. 3-10; Sch/Sch-HEINE § 306 Rn. 4-10.

5 Fall nach Patrick LIESCHING, Die Brandstiftungsdelikte der §§ 306 bis 306c StGB nach dem Sechsten Gesetz zur Reform des Strafrechts, 2002, S. 95.

6 Vgl. die Legaldefinition in § 1 III Nr. 1 EVG; MAURACH/SCHROEDER/MAIWALD BT 2 § 51 Rn. 11; SK-HORN § 306 Rn. 8; Näheres dazu auf CD 28-02.

7 Henning RADTKE, Das Brandstrafrecht des 6. Strafrechtsreformgesetzes – eine Annäherung, ZStW 110 (1998), 848-883 (862); SINN (Fn. 4), Jura 2001, 805 f.; KINDHÄUSER LPK § 306 Rn. 3; KREY/HEINRICH BT 1 Rn. 757; FISCHER § 306 Rn. 10.

8 So insbesondere für „Erzeugnisse" DSNS-STEIN S. 97; MAURACH/SCHROEDER/MAIWALD BT 2 § 51 Rn. 11; alternativ zum Wert bei LIESCHING (Fn. 5), S. 96.

- das Erfordernis einer Gemeingefahr. Es ließe sich aus dem Gedanken ableiten, dass die Brandstraftaten ihre herausgehobenen Strafen den prinzipiell unkalkulierbaren Risiken von Feuer verdanken. Ist dieses Risiko aber im Einzelfall wegen der geringen Menge des in Brand Gesetzten ausgeschlossen, läge danach der Tatbestand nicht vor.[9]

Vorzugswürdig ist die *Begrenzung nach Wertgesichtspunkten.* Denn Menge oder Größe wären nicht hinreichend klar bestimmbar. Auf eine Gemeingefährlichkeit abzustellen, veränderte den Charakter der Straftat hin zu einem konkreten Gefährdungsdelikt, das sie nicht ist. Dieses spezielle Problem eines durch Tatbestandsreduktion veränderten Deliktstypus besteht in ähnlicher Weise bei § 306a I, weshalb zur eingehenderen Begründung dorthin verwiesen werden kann (vgl. Rn. 972 f.).

Zur Orientierung dient am besten der auch andernorts genutzte „bedeutende Wert" (vgl. die §§ 315b, 315c) von 1.000 EUR.[10] Was weniger kostet, stellt kein geeignetes Tatobjekt nach § 306 dar; seine Inbrandsetzung könnte freilich als Sachbeschädigung verfolgt werden.

2. Die Tathandlungen

§ 306 verlangt alternativ, dass der Täter das jeweilige Objekt 938

- in Brand setzt oder
- es durch eine Brandlegung (ganz oder teilweise) zerstört.

Bei der ersten Alternative des Inbrandsetzens ist als Tatfolge ein Brennen unabdingbar. Bei der zweiten Alternative muss am Ende die Zerstörung stehen. Wenn als deren Mittel „die Brandlegung" genannt wird, so spricht das den Vorgang des Brandstiftens an. Das heißt, es muss gar nicht zum eigentlichen Brennen kommen, sondern schon das Anzünden bzw. der Versuch des Inbrandsetzens genügt als Zerstörungsursache.

Abbildung: Die alternativen Tathandlungen der Brandstiftungen

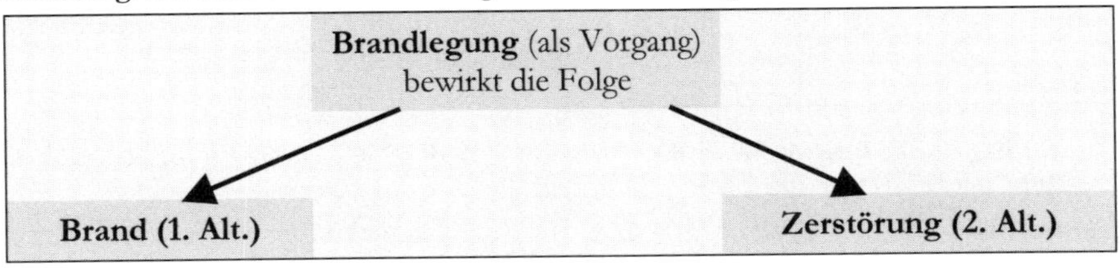

9 Radtke (Fn. 7), ZStW 110 (1998), 862.

10 So auch Rengier BT II § 40 Rn. 6.

a) Inbrandsetzen

939 Ein Objekt ist in Brand gesetzt,

wenn nach der Verkehrsanschauung wesentliche Teile entzündet wurden und selbstständig weiter brennen, ohne dass der Zündstoff noch fortwirken müsste.[11]

Die Subsumtion verlangt an dieser Stelle genaues Hinsehen. Im Beispiel Rn. 936 etwa hat das Erzeugnis „Cornflakes" gar nicht gebrannt, sondern nur der Pappkarton, der seinerseits nicht zu den in § 306 I geschützten Sachen zählt. Vor allem bei Gebäuden bedarf es näherer Betrachtung, was überhaupt gebrannt hat, um eine Tatvollendung nach der ersten Alternative festzustellen.

940 **Aufgabe:** Ein Kellerbrand[12]
Der psychisch gestörte *Rolf W.* zündete im Kellerverschlag eines Gebäudes dort lagernde Hausratsgegenstände an. Das Feuer breitete sich auf einen Schrank, ein an die Wand geschraubtes Holzregal sowie auf die Holztrennwände der Kellerverschläge aus, bevor die eingreifende Feuerwehr es löschen konnte.
Hat *Rolf W.* damit das Gebäude in Brand gesetzt?.

941 Zu *wesentlichen Teilen eines Gebäudes* gehören nach der Rspr. u.a. Fensterrahmen, Zimmerwände, Treppen, Deckenverkleidungen oder mit dem Untergrund fest verbundene Teppichböden.[13] Hingegen zählt sie Schränke, Regale,[14] Fußbodenleisten[15] und selbst Tapeten[16] nicht dazu. Denn diese sind unwesentlich, weil sie entfernt werden könnten, ohne dass das Gebäude als solches darunter leidet.[17] Auf Holztrennwände in Kellerverschlägen könnte ebenso problemlos verzichtet werden, da sie weder statische Funktion besitzen noch ihr Fehlen ansonsten die Nutzbarkeit des Gebäudes grundlegend beeinträchtigte.[18] Daher war in der vorstehenden Aufgabe (noch) kein wesentlicher Gebäudeteil in Brand geraten, weshalb allenfalls Brandstiftungsversuch in Betracht käme.

942 In der Rspr. findet sich gelegentlich die Formulierung, es reiche aus, wenn der Brand wesentliche Gebäudeteile *noch nicht erfasst habe, aber auf sie übergreifen könne.*[19] Diese Ausdehnung wird im Schrifttum überwiegend abgelehnt, weil damit die Grenze zwischen Versuch und

---

11 FISCHER § 306 Rn. 14; SK-HORN § 306 Rn. 11; BGHSt 7, 37 (38); 18, 363 (365 f.); RENGIER BT II § 40 Rn. 7 f.

12 Sachverhalt nach BGH NStZ 2003, 266.

13 BGHSt 18, 363 (366).

14 BGHSt 16, 109 (111).

15 BGH NStZ 1994, 130 (131).

16 BGH NStZ 1981, 220 f.; 1982, 201; 1984, 74.

17 BGH StV 2002, 145; WESSELS/HETTINGER BT 1 Rn. 957.

18 BGH NJW 1999, 299.

19 BGHSt 18, 363 (365 f.); 48, 14 (21); BGH NStZ 2003, 266; missverständlich BGHSt 34, 115 (117), wo es auch um das Brennen eines bestimmten Zwecken dienenden Gebäudeteils ging, wie hier offenbar BGH NStZ 1994, 130 f.; BGH NStZ 1984, 74; BGH StV 29002, 145 (Brennen wesentlicher Teile erforderlich).

Vollendung verwischt wird.[20] Sieht man sich die einschlägigen Entscheidungen näher an, so scheint es sich allerdings auch eher um undurchdachte Äußerungen zu handeln, denn in keinem der entschiedenen Fälle hat der BGH mit dieser Argumentation eine vollendete Tat bejaht. Vielmehr führten durchweg anderweitig fehlende Feststellungen oder weitere Fehler zur Aufhebung der vorinstanzlichen Verurteilungen.[21]

Zum Brennen bedarf es – anders als im Recht der Feuerversicherung – keiner offenen Flamme. Es genügt vielmehr schon ein Glimm- oder Schwelbrand, solange er sich selbstständig ausbreiten kann.[22] **943**

b) Zerstörung durch Brandlegung

Mit dieser Alternative wollte der Gesetzgeber auch der Entwicklung zunehmend feuersicherer Baustoffe Rechnung tragen. Ihnen ist es zu verdanken, wenn gelegentlich gar kein wesentlicher Gebäudebestandteil mehr zum Brennen gelangt, aber das Gebäude dennoch durch den Brand von Einrichtungsgegenständen und die folgende Rauch- sowie Hitzewirkung unbenutzbar und abrissreif wird.[23] **944**

Zur (teilweisen) *Zerstörung* kann auf die Darstellungen bei § 303 (Rn. 889) bzw. § 305 (Rn. 908) Bezug genommen werden. Erforderlich ist die vollständige und endgültige Funktionsaufhebung des betroffenen Objektes im Ganzen oder wesentlicher Teile desselben mit eigenständiger Funktion. Die Zerstörung hat *durch die Brandlegung* zu geschehen, also mittels einer Handlung, deren Ziel ein Brand ist. Der Täter müsste folglich ein Feuer bezweckt haben. Gelingt ihm dieser Brand nicht und kommt es lediglich zum Brennen unwesentlicher Teile, zur Verrußung, zu einer Explosion ohne Brandfolge oder gar allein zu vernichtenden Löschwasserschäden (wie im Beispiel des Cornflakeskartons Rn. 936), so genügt das für diese Tatbestandsalternative.[24]

Die Gegenauffassung, es sei auch hier ein Brennen – wenngleich nicht des Brandobjektes, so doch wenigstens des Zündmittels – erforderlich,[25] verkennt, dass „Brandlegung" im allgemeinen Sprachgebrauch eine Handlung bezeichnet, aber nicht zwingend zugleich deren (erfolgreichen) Abschluss voraussetzt. Ähnliche auf die Tätigkeit fokussierte Begriffsinhalte finden sich bei der „Unternehmung" oder der „Täuschung". Hätte der Gesetzgeber bei der Brandlegung auch deren Abschluss, den Brand, im Sinn gehabt, hätte er von der Zerstörung „durch einen Brand" oder „durch Feuer" sprechen können. Beides war übrigens im Gesetzgebungsverfahren zeitweilig im Gespräch,[26] weshalb dem jetzigen Text der legislative Wille zu entnehmen ist, bei dieser Alternative gerade keinen Brandlegungserfolg zu verlangen. **945**

Allerdings schließt die Formulierung „durch Brandlegung" auf subjektiver Ebene zum einen solche Fälle aus, bei denen der tatsächliche Zerstörungsablauf erheblich vom vorgestellten Geschehen (der Zerstörung *durch den Brand*) abweicht. Zum anderen fehlt dort der Vorsatz einer *Brand*legung als Mittel zum Zweck, wo der Täter von vornherein mit keinem Feuer

---

20 RENGIER BT II § 40 Rn. 8; SK-HORN § 306 Rn. 11; WESSELS/HETTINGER BT 1 Rn. 957; SINN (Fn. 4), Jura 2001, 807.

21 Vgl. BGHSt 18, 363; 34, 115; BGH NStZ 2003, 266; BGHSt 48, 14.

22 SK-HORN § 306 Rn. 11; Sch/Sch-HEINE § 306 Rn. 13.

23 RADTKE (Fn. 7), ZStW 110 (1998), 869; RENGIER BT II § 40 Rn. 14.

24 FISCHER § 306 Rn. 15; Sch/Sch-HEINE § 306 Rn. 17.

25 MAURACH/SCHROEDER/MAIWALD BT 2 § 51 Rn. 7; SINN (Fn. 4) Jura 2001, 807

26 Vgl. RegE zum 6. StrRG, BT-Drs. 13/8587, S. 86.

rechnet, sondern z.B. nur mit einer Gasexplosion und deren zerstörerischer Druckwirkung. Für solche Fälle bleiben nur die §§ 303, 305 oder 308. Bei *exakter Subsumtion im subjektiven Tatbestand* ist der Anwendungsbereich der zweiten Tatalternative also vermutlich viel geringer, als vordergründig zu vermuten wäre.

3. Weiteres

a) Vorsatz, Fahrlässigkeit und Strafen

946 Bei vorsätzlicher Begehung steht auf die Brandstiftung nach § 306 Freiheitsstrafe zwischen einem und zehn Jahren. Die Tat ist daher *Verbrechen* und ihr *Versuch* auch ohne ausdrückliche Regelung strafbar.

947 Handelt der Täter unvorsätzlich, dafür aber sorgfaltswidrig, so bleibt seine *Fahrlässigkeit nach § 306d I strafbar,* ein Vergehen mit einer Strafandrohung von maximal fünf Jahren Freiheitsstrafe.

b) Rechtswidrigkeit, insbesondere Einwilligung

948 Da die Brandstiftung nach § 306 (im Kern) ein Eigentumsdelikt darstellt, entfällt ihr Tatunrecht, sobald der Eigentümer dem Brand seines Eigentums zustimmt. Die Tat wäre dann qua *Einwilligung* gerechtfertigt.[27]

c) Tätige Reue (§ 306e)

949 Bei entsprechenden Anlass ist (auch im Gutachten) die tätige Reue gemäß § 306e zu prüfen, die Elemente eines Rücktritts vom vollendeten Delikt enthält. Liegt sie vor, führt sie bei Vorsatz zum fakultativen Absehen von Strafe (§ 306e I), bei Fahrlässigkeit gar zur Straflosigkeit (§ 306e II).

Abbildung: Die Prüfung tätiger Reue (§ 306e)

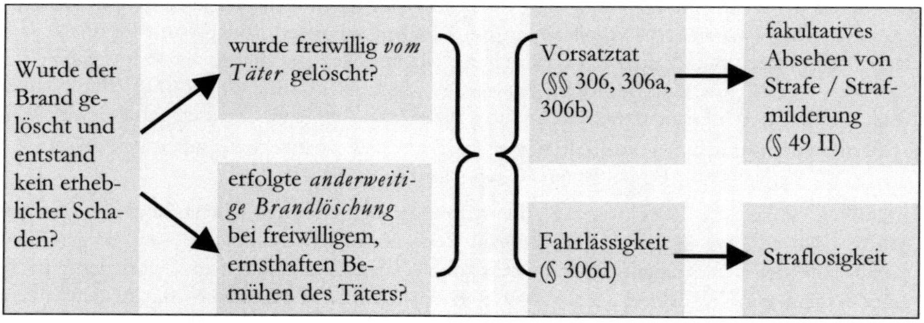

950 Wenn der Täter nach § 306e I, II den Brand gelöscht haben soll, so ist das freilich nicht wörtlich zu verstehen. Es genügt, wenn er die Ursache für das Brandende setzt, z.B. die Feuerwehr alarmiert und diese alles Weitere an seiner Stelle erledigt.[28]

Voraussetzung ist in jedem Fall, dass durch das Feuer noch *kein erheblicher Schaden entstanden* war. Die Rspr. zieht hier offenbar eine dynamische Erheblichkeitsgrenze, die für Wohnge-

27 BGH NJW 2003, 1824; MAURACH/SCHROEDER/MAIWALD BT 2 § 51 Rn. 4.

28 BGH NStZ 2003, 266; MAURACH/SCHROEDER/MAIWALD BT 2 § 51 Rn. 39.

bäude bei 2.500 EUR verläuft, aber wohl geringer liegen könnte, sofern das Brandobjekt einen geringeren Wert besitzt.[29]

d) Hinweise für die Fallbearbeitung

Da über Konkurrenzverhältnis zu § 306a I gestritten wird (Rn. 978), darf die Prüfung von § 306 beim Inbrandsetzen eines fremden Wohngebäudes nicht ausgelassen werden. Allerdings empfiehlt es sich, in solchen Fällen mit § 306a I zu beginnen; § 306 kann anschließend abgekürzt behandelt werden, weil dann nur die Fremdheit (und ggf. eine Einwilligung) über bereits Erörtertes hinaus geht. 951

III. Die gesundheitsgefährdende schwere Brandstiftung (§ 306a II)

1. Geschützte Tatobjekte

Im Unterschied zu § 306 stellt § 306a II eine Straftat dar, welche den Schutz der menschlichen Gesundheit und nicht des Eigentums bezweckt. Die Tatobjekte mögen daher zwar dieselben wie in § 306 sein (Rn. 935), freilich mit einem gewichtigen Unterschied: Ihrer Fremdheit für den Täter bedarf es Nach dem Willen des Gesetzgebers nicht. Auch die Brandlegung an herrenlosen und eigenen Sachen kann daher beim Hinzutreten einer Gesundheitsgefährdung den Tatbestand erfüllen.[30] 952

Dieses Ziel wird durch eine „überaus spitzfindige“[31] Formulierung des Verweises in § 306a II auf „in § 306 Nr. 1-6 bezeichnete“ Sachen erreicht, also unter Ausschluss des Merkmals der Fremdheit. Dies ist freilich vom Wortlaut her keineswegs so eindeutig, wie es der Gesetzgeber annahm. Denn bei den in Bezug genommenen Sachen des § 306 handelt es sich nun einmal allesamt um fremde, wobei das Attribut „fremd“ allein aus sprachlichen Gründen vor der Klammer steht, aber dennoch zum Bedeutungsinhalt sämtlicher genannten Objekte gehört. Immerhin mag man die Lesart des Gesetzgebers gleichermaßen im Wortlaut wiederfinden. Die Norm ist deswegen mehrdeutig und somit keine konstruktive Meisterleistung. In dieser unklaren Lage gibt am Ende der Wille des Gesetzgeber den Ausschlag, zumal ansonsten systematische Unstimmigkeiten drohten. Die Strafdrohung des § 306a II ist dieselbe wie in § 306. Wenn § 306a II also zusätzlich ein Gefährdungsunrecht enthält, so ist es nur logisch, als Ausgleich auf das Eigentumsverletzungsunrecht des § 306 in Gestalt des Fremdheitserfordernisses zu verzichten.[32] 953

2. Tathandlung und Gefahrenfolge

Die eigentlichen Brandstiftungshandlungen sind mit denen aus § 306 identisch (Rn. 939 ff. bzw. Rn. 944 f.). Durch sie muss ein anderer in die *Gefahr einer Gesundheitsbeschädigung* geraten. Der Begriff des Gesundheitsschadens stimmt mit dem aus § 223 überein (Rn. 376). Die Gefährdung verlangt eine konkrete Gefahr, also die 954

29 BGHSt 48, 14 (23); ebenso MAURACH/SCHROEDER/MAIWALD BT 2 § 51 Rn. 40.

30 RegE 6. StrRG, BT-Drs 13/8587, S. 87 f.; BGH NStZ-RR 2000, 209.

31 MAURACH/SCHROEDER/MAIWALD BT 2 § 51 Rn. 3.

32 Ebenso SK-HORN § 306a Rn. 24 ff.; LIESCHING (Fn. 5) S.107 f.

Situation eines unmittelbar bevorstehenden, nur noch vom Zufall abhängigen Schadenseintrittes.

Wie beim strukturell insoweit gleichen § 315c genügt auch die *Gefährdung eines Teilnehmers* (nicht dagegen eines Mittäters, denn dieser wäre kein „anderer“). Dessen – beim Teilnehmer oft nahe liegende – Einwilligung in das Gefährdungsrisiko rechtfertigt aber den Täter (vgl. Rn. 502 ff.).[33]

955 **Aufgabe:** Verletzung eines Feuerwehrmannes
Thorben J. hatte aus Rache über seine Entlassung eine Werkhalle auf dem Betriebsgelände seines früheren Arbeitgebers angesteckt. Während der Löscharbeiten der von Anwohnern alarmierten Feuerwehr stürzte in der Halle ein brennendes Holzregal um und traf den im Gebäude arbeitenden Feuerwehrmeister *Thomas Z.* am Arm. Dieser erlitt Prellungen.
Hat *Thorben J.* den Tatbestand von § 306a II verwirklicht?

956 Auch Gefährdungen von Rettungskräften (einschließlich der in den §§ 306b, 306c bezeichneten anderen schweren Folgen) können dem Täter nach den Regeln der objektiven Zurechnung angelastet werden, soweit es sich um typische Brandfolgen handelt und der notwendige *Gefahrverwirklichungszusammenhang* besteht. Da ein Eingreifen der Feuerwehr (einschließlich der mit dem Einsatz von Rettungskräften zwangsläufig verbundenen Risiken) üblicherweise zu erwarten ist, bestehen an der Verwirklichung des objektiven Tatbestandes von § 306a II durch *Thorben J.* keine Zweifel. Ergänzende Bemerkungen zur Retterproblematik und zu dem Fall im Übrigen sind auf CD 28-03 nachzulesen.

3. Vorsatz, Fahrlässigkeit und Rechtswidrigkeit

957 Der Vorsatz des Täters muss, da § 18 auf Gefährdungen nicht anzuwenden ist, sowohl die Inbrandsetzung als auch die Gefährdungsfolge umfassen. Allerdings ist Fahrlässigkeit sowohl hinsichtlich der Gefährdung alleine (§ 306d I) als auch hinsichtlich des gesamten Tatbestandes (§ 306d II) ebenfalls strafbar.

958 § 306a II verkörpert ein konkretes Gefährdungsdelikt. Liegt sein Unrecht wegen der *Einwilligung der Betroffenen* in ihre Gefährdung nicht mehr komplett vor, so muss die Tat insgesamt als gerechtfertigt gelten.[34]

4. Versuch, Bestrafung und Konkurrenzen

959 Da die Strafdrohung von einem bis fünfzehn Jahre Freiheitsstrafe das Vorsatzdelikt zum *Verbrechen* macht, ist sein *Versuch gleichfalls strafbar* (z.B. bei vorhergesehener, aber nicht eingetretener Gefährdung anderer Menschen infolge des Brandes). Das gilt wegen § 12 III auch für den minder schweren Fall nach § 306a III, dessen Strafrahmen von sechs Monaten bis zu fünf Jahren Freiheitsstrafe reicht.

960 Die *tätige Reue* führt gemäß § 306e wie bei § 306 zu fakultativem Absehen von Strafe oder zur Strafmilderung (vgl. Rn. 949 f.)

961 Bei Inbrandsetzung fremder Sachen und gleichzeitiger Personengefährdung steht § 306a II wegen des verschiedenartigen Unrechtsgehaltes in Tateinheit zu § 306.[35] Hinter die Qualifikationen nach den §§ 306b, 306c tritt das Delikt dagegen zurück. Mit § 306a I wiederum soll

---

33 RENGIER BT II § 40 Rn. 37 f.

34 Vgl. zu der gleich gelagerten Problematik bei § 315c oben Rn. 505.

35 FISCHER § 306 Rn. 25; a.A. ARZT/WEBER BT § 37 Rn. 63, indes ohne Begründung.

Tateinheit möglich sein.[36] Das überzeugt nicht: Sobald sich die abstrakte Gefahr nach § 306a I zu einer konkreten Gefährdung nach § 306a II verdichtet hat, handelt es sich um einen typischen Fall der Subsidiarität. § 306a II gebührt daher richtigerweise der Vorzug.

IV. Die abstrakt gefährliche Schwere Brandstiftung (§ 306a I)

§ 306a I stellt – mit Ausnahme seiner Nr. 2 – ein *abstraktes Gefährdungsdelikt* dar. 962
Während im bereits behandelten § 306a II die Inbrandsetzung eines recht breiten Feldes geeigneter Tatobjekte mit einer konkreten Personengefahr verknüpft wird, verengt § 306a I den Kreis der Tatobjekte in seinen Nrn. 1 und 3 auf solche, bei denen typischerweise im Falle eines Brandes mit der Anwesenheit von Menschen und daher mit gesteigerten Risiken zu rechnen ist. Im Gegenzug verzichtet der Tatbestand auf einen tatsächlichen Gefahreneintritt.

Nr. 2 (Kirchenbrandstiftung) verfolgt dagegen eine etwas andere Zielrichtung. Grund der 963
Aufnahme von Kirchen und anderen der Religionsausübung dienenden Gebäuden in den Katalog geschützter Objekte waren nicht speziell die Gefahren, die aus einer jederzeit möglichen Anwesenheit von Menschen resultieren. Dafür stünde Nr. 3 ebensogut zur Verfügung. Vielmehr ist hier die herausgehobene soziale Funktion von Kirchen und vergleichbaren Bauwerken maßgebend.[37] Zu gut ist noch die Reichskristallnacht[38] in allgemeiner Erinnerung, die einen besonderen Schutz von Gotteshäusern eindringlich anmahnt. Außerdem folgt aus der für gewöhnlich zentralen Lage und Größe von Kirchen im Falle ihres Brandes eine erhöhte Gefahr für die (Wohn-)Umgebung. Diese Überlegung bildete jedenfalls historisch einen weiteren Hintergrund für die Qualifizierung von Kirchenbränden.[39]

1. Die geschützten Tatobjekte

a) Wohnräumlichkeiten (Nr. 1)

Gegenstand von § 306a I Nr. 1 sind *Wohnräumlichkeiten*, wozu Gebäude u.a. exem- 964
plarisch aufgezählt werden. Der Begriff der Wohnräumlichkeit weist eine funktionale und eine quantitative Dimension auf.

aa) Die quantitative Dimension

Hierbei geht es um die Größe, derer es bedarf, um eine Unterkunft als Räumlichkeit 965
bezeichnen zu dürfen. Schon aus der Beispielhaftigkeit der Objekte Gebäude, Schiffe und Hütten folgt, dass andere Räume wenigstens das Format von Hütten erreichen müssen, um als Wohnräumlichkeit (oder als Räumlichkeit i.S.v. Nr. 3) zu gelten.

---

36 FISCHER § 306a Rn. 13; SK-HORN § 306a Rn. 24.

37 MAURACH/SCHROEDER/MAIWALD BT 2 § 51 Rn. 14; RADTKE (Fn. 7), ZStW 110 (1998), 867 f.

38 Nacht vom 09./10.11.1938, in der bei angeblich spontanen, in Wahrheit aber von den Nationalsozialisten organisierten Progromen fast alle Synagogen, jüdischen Friedhöfe und über 7.000 jüdische Geschäftshäuser zerstört sowie 91 Menschen umgebracht wurden. Vielfach erfolgte die Zerstörung dabei durch Brandstiftung.

39 René BÖRNER, Ein Vorschlag zum Brandstrafrecht, 2006, S. 50 f.

Beispiel (Die Beseitigung der totgeglaubten Ehefrau):[40] Ohne Tötungsvorsatz misshandelte *Heinrich M.* aus Wut seine Ehefrau *Elvira M.* auf einem gemeinsamen Ausflug im Pkw so schwer, dass sie in tiefe Bewußtlosigkeit fiel; er hielt sie irrtümlich für tot. Um die Spuren der vermeintlichen Tötung zu verwischen, zündete er den Pkw an, in dem die Bewusstlose saß. Dadurch führte er ungewollt ihren Verbrennungstod herbei. Das Schwurgericht verurteilte *Heinrich M.* wegen gefährlicher Körperverletzung und wegen fahrlässiger Tötung zu einer Gesamtfreiheitsstrafe von sechs Jahren. — Der BGH sah in dem angezündeten Pkw keine Räumlichkeit und verwarf deshalb die Revision der Staatsanwaltschaft, mit welcher diese eine zusätzliche Verurteilung wegen eines Branddeliktes angestrebt hatte. Obschon die Entscheidung noch zum alten Recht erging,[41] betraf sie das gleich gebliebene Merkmal der Räumlichkeit in § 306a I Nrn. 1 und 3; sie besitzt daher nach wie vor Aktualität. Eine Räumlichkeit setzt danach Bewegungsfreiheit auf mehr als nur wenigen Quadratmetern voraus,[42] ferner, dass ein gewisser Weg zum rettenden Ausgang zurückzulegen ist. Kleinste Hütten oder Verschläge, in denen Obdachlose hausen, oder kleinere Campingzelte stellen daher noch keine Wohnräumlichkeiten i.S.v. § 306a I Nr. 1 dar.[43]

bb) Die qualitative Dimension: Die Wohnfunktion der Räumlichkeit

966 Im Gegensatz zu § 123 (Rn. 696 f.) ist der Begriff der Wohnung in § 306a I Nr. 1 eng auszulegen: Geschützt ist *der Lebensmittelpunkt, der insbesondere zum Übernachten für eine gewisse Zeit bestimmt ist.*[44] Die Nebenflächen (Keller, Garagen, Vorgärten) bleiben ausgeklammert. Die Funktionsbestimmung als Lebensmittelpunkt braucht dabei nicht auf ununterbrochene Dauer angelegt sein. Auch die nur zeitweise Nutzung (z.B. der Zweitwohnung auf dem Lande oder des Wochenendhauses) genügt, und zwar unabhängig davon, ob sich der Brand gerade in einer Nutzungsphase der Nebenwohnung ereignet.[45]

Zur Feststellung einer Wohnfunktion ist alleine der tatsächliche Wille der Bewohner maßgebend. Auf deren Berechtigung zum Aufenthalt kommt es nicht an, weshalb auch der Landstreicher, der sich in einer Scheune eingenistet hat, dort „wohnt".

967 **Aufgabe:** Anzünden eines Doppelhauses[46]
Jochen und *Felicitas E.* waren jeweils Miteigentümer einer Doppelhaushälfte, die sie zusammen mit ihrer Tochter *Marielle* bewohnten. In der anderen Doppelhaushälfte wohnte das Ehepaar *W.*
Nach einem heftigen Streit zog *Felicitas E.* unter Mitnahme von *Marielle* am 19.06.2000 zu ihren Eltern. Über ihre Rechtsanwältin ließ sie *Jochen E.* wissen, sie wolle sich scheiden und am 24.06. ihre Habe abholen lassen. Aus Verzweiflung über die Trennung steckte *Jo-*

40 BGHSt 10, 208.

41 § 306 Nr. 3 a.F., heute nahezu wortgleich § 306a I Nr. 3.

42 BGHSt 10, 208 (213 ff.).

43 SK-Horn § 306a Rn. 6, 11; Fischer § 306a Rn. 3; DSNS-Stein S. 78 f.

44 SK-Horn § 306a Rn. 7; Fischer § 306a Rn. 4; BGHSt 26, 121 (123).

45 BGHSt 26, 121 (122); SK-Horn § 306a Rn. 9; Gössel/Dölling BT 1 § 41 Rn. 15.

46 BGH StV 2001, 576.

chen E. daraufhin unter Zuhilfenahme von Benzin die Doppelhaushälfte an vier Stellen in Brand und verließ das Haus. Das Feuer vernichtete die betreffende Haushälfte, während die Feuerwehr sein Übergreifen auf die zweite Hälfte verhindern konnte. Dort entstanden nur leichtere Löschwasserschäden.
Hat *Jochen E.* den Tatbestand von § 306a I Nr. 1 erfüllt?

Die Wohnfunktion eines Gebäudes endet, sobald alle Bewohner dort nicht mehr 968
wohnen wollen und es demgemäß *entwidmen*.[47] Im Aufgabenfall gaben es *Felicitas E.* und ihre Tochter[48] endgültig auf, weiter in dem Haus zu wohnen. Nach ihrem Auszug stellte es allein noch die Wohnung von *Jochen E.* dar. Der Brandstifter aber betrachtet ein Brandobjekt regelmäßig nicht mehr als seine (künftige) Bleibe. *Jochen E.* hat daher die Wohnung vor der Brandlegung seinerseits entwidmet. Damit war die Wohnfunktion von allen Bewohnern aufgehoben worden und folglich wurde § 306a I Nr. 1 nicht erfüllt. Weitere Aspekte des Falles werden auf CD 28-04 behandelt.

Die zweite Doppelhaushälfte gehörte zu einem separaten Haus und wurde daher ihrerseits 969
nicht angesteckt. Bei Anbauten oder Reihenhäusern wird die Zugehörigkeit zu einem gemeinsamen Gebäude nicht bereits deshalb bejaht, weil die Räumlichkeiten aneinander gebaut sind. Vielmehr bedarf es einer Verbindung, z.B. eines gemeinsamen Treppenhauses oder ineinander übergehender Räume.[49] Um § 306a I Nr. 1 zu erfüllen, genügt dann allerdings bereits das Inbrandsetzen eines Gebäudeteiles, der selbst nicht der Wohnfunktion dient.

Beispiel (Anzünden eines Nachtclubs in gemischt genutztem Gebäude):[50] *Dragomir V.* war Prokurist einer Gesellschaft, die ein Nachtlokal betrieb. Dieses befand sich im Erdgeschoss eines fünfstöckigen Gebäudes, das außer einer im 5. Obergeschoss gelegenen, fremdgenutzten Wohnung allein gewerblichen Zwecken diente. Um von der Gebäude- und Inventarversicherung Leistungen zu erhalten, setzte *Dragomir V.* mit Hilfe von Benzin das Lokal im Erdgeschoss in Brand. Es entstand dort ein Gebäudeschaden von 170.000 EUR; auf das übrige Gebäude griff das Feuer nicht über. Nach der Bauart des Gebäudes hätte das Feuer aber ein in den Hof hineinragendes, auch zu der Wohnung führendes Treppenhaus erfassen und sich so bis zu dieser hin ausbreiten können. — Dem BGH genügte in dieser Konstellation das Anstecken des gewerblichen Gebäudeteils.[51] Die in Teilen des Schrifttums vertretene Auffassung, in derartigen Fallgestaltungen müsse der Wohnbereich selbst Feuer fangen,[52] verkennt den Wortlaut. Er verlangt nur, *das Gebäude*, das (auch) zur Wohnung dient, in Brand zu setzen. Dass deshalb *die Wohnung* brennen müsste, lässt sich aus dem Text nicht ableiten. Ein solches engeres Verständnis ist auch aus teleologischen Gründen nicht geboten, wie gerade der Beispielsfall zeigt: Eine Flucht aus der Wohnung durch das Treppenhaus wäre für die Bewohner auf Grund des Brandes im Erdgeschoss mit einer erheblichen Risikosteigerung verbunden gewesen, weil das Feuer jederzeit auf das Treppenhaus hätte übergreifen (und dieses zuvor schon durch Rauchentwicklung unpassierbar machen) können. Das spezifische Gefährdungs-

---

47 BGHSt 10, 208 (215); 16, 394 (396); BGH NStZ 2008, 99; Sch/Sch-HEINE § 306a Rn. 5.

48 Zur Frage, wieweit die elterliche Entscheidung zugleich für die Kinder und deren Wohnort wirksam ist, vgl. BGH NStZ 2008, 99 (100) mit Anm. Henning RADTKE.

49 BGHSt 35, 284 (286).

50 Sachverhalt nach BGHSt 34, 115.

51 BGHSt 34, 115 (118 ff.); ebenso BGH StV 2002, 145; FISCHER § 306a Rn. 5.

52 So SK-HORN § 306a Rn. 15; Sch/Sch-HEINE § 306a Rn. 11; RADTKE (Fn. 7), ZStW 110 (1998), 870.

unrecht von § 306a I Nr. 1 liegt deshalb stets vor, sobald ein Gebäude brennt, das auch Wohnzwecken dient.

b) Aufenthaltsräumlichkeiten (Nr. 3)

970 Das Anwendungsfeld umfasst alle Räumlichkeiten (zu diesem Begriff gelten die bei Rn. 965 angestellten Überlegungen entsprechend), in denen auf Grund einer gewissen faktischen Regelmäßigkeit zum Brandzeitpunkt Menschen anwesend sein und daher in Gefahr geraten könnten.[53] Ihrer tatsächlichen Anwesenheit oder gar Gefährdung bedarf es nicht;[54] bestraft wird bereits die abstrakt gefährliche Handlung des Inbrandsetzens zu einer Zeit, in welcher mit dem Aufenthalt von Menschen im Brandobjekt üblicherweise zu rechnen ist.

Beispiel (geplanter Brand eines Gebäudes nach Büroschluss):[55] *Karsten H.* versuchte, ein Bürogebäude in Brand zu setzen. Am Tattag schaltete er kurz nach 16.00 Uhr die Herdplatte des in einer Küche im ersten Stockwerk befindlichen Elektroherdes auf Stufe 11 und legte Papier darauf. Dieses sollte sich langsam entflammen und das Feuer in der Folge dem gesamten Gebäude mitteilen. Um 16.15 Uhr verschloss *Karsten H.* den Zugang zum ersten Stockwerk und verließ das Gebäude. Er nahm an, die im Erdgeschoss arbeitende Sekretärin *Veronika S.* werde das Haus vor Ausbruch des Brandes verlassen. Die übliche Dienstzeit endete um 16.30 Uhr. Um 16.25 Uhr wurde *Veronika S.* durch Geräusche auf den beginnenden Brand aufmerksam. Es hatte sich, womit der Angeklagte nicht gerechnet hatte, durch den Brand des Inventars bereits vorzeitig starker Rauch entwickelt. Die herbeigerufene Feuerwehr löschte das Feuer, bevor es auf wesentliche Gebäudeteile übergriff. — Da nur Inventar, nicht aber das Gebäude gebrannt hatte, können allenfalls versuchte Branddelikte vorliegen. Im fraglichen Bürogebäude endete die Zeit, „in der Menschen sich dort aufzuhalten pflegen", mit dem allgemeinen Dienstschluss um 16.30 Uhr. Da das Gebäude nach dem Tatentschluss von *Karsten H.* erst später brennen sollte, wollte er keine Inbrandsetzung zu einer nach § 306a I Nr. 3 tatgeeigneten Zeit, weil insoweit nicht die Brandlegungshandlung, sondern der Brandausbruch maßgebend ist.[56] Es wäre daher – bei Fremdheit des Gebäudes – nur Versuch nach § 306 I Nr. 1 möglich.

971 Ebensowenig erfüllt es den Tatbestand, wenn sich eine Person außerplanmäßig in einem Gebäude aufhält,[57] denn solche unerwarteten Gefährdungen sollen dem Täter hier nicht zugerechnet werden.[58] Wäre also im vorstehenden Beispiel das Feuer plangemäß gegen 16.45 Uhr ausgebrochen und hätte sich *Veronika S.* zu diesem Zeitpunkt noch im Gebäude aufgehalten, weil sie dort die Zeit bis zu einer späteren pri-

---

53 BGHSt 10, 208 (214); 23, 60 (62 f.).

54 SK-HORN § 306a Rn. 12; GÖSSEL/DÖLLING BT 1 § 41 Rn. 19.

55 Sachverhalt nach BGHSt 36, 221.

56 BGHSt 36, 221 (322 f.).

57 SK-HORN § 306a Rn. 12; Sch/Sch-HEINE § 306a Rn. 8.

58 Würde diese Person tatsächlich gefährdet, so läge bei Kenntnis des Täters von ihrer Anwesenheit aber § 306a II und bei Vorhersehbarkeit immerhin noch Fahrlässigkeit nach § 306d I vor.

vaten Verabredung abwarten wollte, so hätte das nichts daran geändert, dass kein Fall des § 306a I Nr. 3 vorlag.

c) Tatbestandsreduktion bei ausgeschlossener Gefährdung?

Diese Fragestellung bildet das klassische Problem des Tatbestandes. Teile der Lehre weisen darauf hin, es handele sich bei § 306a um ein Delikt, das – zumal mit seiner schweren Strafdrohung – nur wegen der Gefährlichkeit der Brandstiftung für Unbeteiligte zu rechtfertigen sei. Vermöge der Täter diese Gefährlichkeit auszuschließen, so sei das spezifische Unrecht der schweren Brandstiftung nicht verwirklicht.[59] **972**

Beispiel (Rundgang durch ein Hotel vor Inbrandsetzung):[60] *Rainer S.* war von *Klaus L.* angeworben worden, gegen entsprechendes Entgelt dessen Hotel, ein dreistöckiges Gebäude mit Gastwirtschaft, Familienwohnung und Gästezimmern, in Brand zu setzen. *L.* wollte sich mit der Versicherungssumme für Haus und Inventar in Höhe von 890.000 DM ein neues Hotel bauen. *Rainer S.* schaffte mehrere hundert Liter Benzin in Kanistern in das Gebäude. *L.* sorgte dafür, dass sich in dem für die Tat in Aussicht genommenen Zeitraum, die Betriebsferien um die Jahreswende, keiner der Bewohner im Gebäude aufhielt. Er schloss das Hotel und fuhr mit seiner Familie in Urlaub. Seinen Bruder und den Schwiegervater veranlasste er unter Hinweis auf die Möglichkeit, Heizkosten zu sparen, für diese Zeit in ein auf dem Grundstück gelegenes kleineres Haus umzuziehen. Ein Dauergast des Hotels verreiste - wie auch schon in den Jahren zuvor - für die Zeit der Betriebsferien. *L.* verabredete darüber hinaus mit *Rainer S.*, dieser solle sich vor der Tat durch einen Rundgang vergewissern, dass sich niemand sonst im Haus aufhielt. Nachdem die Tat bereits für die Jahreswende 1972/1973 ins Auge gefasst worden war, *S.* damals aber von ihrer Ausführung Abstand genommen hatte, weil er die Vorbereitungen für unzureichend hielt, führte er sie im Januar 1974 aus. Das Hotel brannte völlig aus. — Der BGH hat die Grundsatzfrage, ob bei entsprechender Gewährleistung der Ungefährlichkeit § 306a I Nrn. 1 und 3 trotz Vorliegens aller tatbestandlichen Voraussetzungen im Wege teleologischer Reduktion (zumindest bei kleinen, überschaubaren Wohnungen) ausgeschlossen werden könne, bis heute unentschieden gelassen. Allerdings sah er in allen bisher behandelten Fällen die jeweiligen Vorsorgemaßnahmen der Täter ohnehin nicht als ausreichend an. Ein Rundgang wie im Beispielsfall könne nicht gewährleisten, dass sich in einem relativ großen Objekt nicht doch noch zufällig ein Bewohner unentdeckt aufhalte (z.B. um Sachen aus seinen Räumlichkeiten zu holen) und dann in Gefahr gerate.[61]

Richtigerweise ist *jede Tatbestandseinschränkung abzulehnen*. Bei § 306a I Nrn. 1 und 3 handelt sich eben um ein abstraktes Gefährdungsdelikt wie z.B. § 316, wo auch niemand auf die Idee kommt, im Einzelfall ungefährliche Trunkenheitsfahrten straflos zu stellen. Die für ein solches Delikt relativ hohe Strafdrohung rechtfertigt sich aus der potenziellen Gefährlichkeit jeder Brandstiftung, u.a. auch für das zum Ein- **973**

---

59 SK-HORN, Rn. 17; ARZT/WEBER BT § 37 Rn. 30 ff.; Sch/Sch-HEINE vor § 306 Rn. 3a ff.; eingehende Darstellung bei LIESCHING (Fn. 5) S.97-100.

60 Sachverhalt nach BGHSt 26, 121.

61 BGHSt 26, 121 (124 f.); BGH NStZ 1982, 420 (421); BGH NStZ 1985, 408 (409); BGH NStZ 1999, 32 (33 f.).

greifen verpflichtete Rettungspersonal (das bei einem brennenden Wohnhaus höhere Risiken eingeht als bei einem ersichtlich unbewohnten Objekt). Gegen dessen Gefährdung vermag ein Brandstifter ohnehin keinerlei Vorkehrungen zu treffen. Diese potenzielle Gefährlichkeit führt daher selbst dann, wenn sich im Einzelfall keine Gefahr realisiert, zu einer schuldangemessenen Sanktionierung, zumal seit der Einführung des minder schweren Falles in Abs. 3 eine Absenkung der Strafe bis auf sechs Monate Freiheitsstrafe möglich geworden ist.[62]

d) Kirchengebäude (Nr. 2)

974 Geschützt werden von dieser Tatbestandsalternative Gebäude, welche der Religionsausübung dienen. Der Begriff der Religion ist, wie schon zu § 304 ausgeführt (Rn. 902), in einem weiten Sinne zu verstehen. Für die nähere Auslegung bildet die beispielhaft genannte Kirche ein Leitbild.[63] Unter Religionsausübung sind daher Gottesdienste und vergleichbare Handlungen des Anbetens oder Vollziehens religiöser Rituale zu verstehen. Neben- oder Verwaltungsgebäude (wie das Pfarramt oder eine Diakoniestation) fallen folgerichtig nicht unter § 306a I Nr. 2.

2. Subjektiver Tatbestand, Rechtswidrigkeit und Versuch

975 Auch § 306a I ist ein Vorsatzdelikt und als Verbrechen im Versuch strafbar. Fahrlässigkeit, z.B. bei vermeidbarer Unkenntnis vom Vorhandensein einer Wohnung im angezündeten Gebäude, wird nach § 306d I bestraft.

976 Als abstraktes Gefährdungsdelikt kann § 306a I prinzipiell *nicht einwilligungsfähig* sein. Solche Tatbestände schützen primär die Allgemeinheit, weshalb einzelne Personen nicht wirksam auf den Strafrechtsschutz verzichten können.

3. Bestrafung, Konkurrenzen

977 Die Strafdrohung entspricht derjenigen des Abs. 2 (vgl. dazu Rn. 959), einschließlich der Möglichkeit zur tätigen Reue (Rn. 949 f.).

978 Umstritten ist das Konkurrenzverhältnis zu § 306. Entgegen der Rspr., die davon ausgeht, § 306a I verdränge § 306,[64] liegt Tateinheit vor. Nur sie kann im Urteilstenor das jeweils spezifische Unrecht (Eigentumsangriff dort, abstrakte Gesundheits- und Lebensgefahren hier) zum Ausdruck bringen.[65]

V. Qualifikationsbestimmungen

1. Besonders schwere Brandstiftung (§ 306b)

979 Die Bestimmung enthält zwei Qualifikationsstufen. Durch § 306b I werden alle drei Grunddelikte der Brandstiftung (§ 306, 306a I, 306a II) mit zwei bis fünfzehn Jahren Freiheitsstrafe belegt, wenn sie entweder eine *schwere Gesundheitsschädigung* (zu diesem Merkmal vgl. Rn. 306) oder *Gesundheitsschädigungen vieler* (dazu CD 14-14) bewirken. Zwischen der Brandle-

---

62 Ebenso Rengier BT II § 40 Rn. 32; Liesching (Fn. 5) S.101 ff.; Radtke (Fn. 7), ZStW 110 (1998), 863 f.

63 DSNS-Stein S. 81.

64 BGH NStZ 2001, 196 f.; ebenso Lackner/Kühl § 306 Rn. 6.

65 SK-Horn § 306 Rn. 21; Sch/Sch-Heine § 306 Rn. 24.

gung und der schweren Folge muss ein Gefahrverwirklichungszusammenhang bestehen, diese also als Realisierung eines typischen Brandrisikos erscheinen.[66] Insoweit gilt prinzipiell das, was bereits zu § 306a II gesagt wurde (Rn. 954 ff.). Da es sich bei den hier erforderlichen Gesundheitsschäden um schwere Folgen i.S.v. § 18 handelt, genügt aber bereits Fahrlässigkeit.

§ 306b II baut formal allein auf § 306a (I und II) auf und nennt drei Alternativen, auf deren 980
Verwirklichung mindestens fünf Jahre Freiheitsstrafe stehen. Diese beträchtliche Strafe droht demjenigen, der

- durch den Brand eine *Todesgefahr verursacht* (§ 306b II Nr. 1). Hinsichtlich der Gefahr muss wiederum vorsätzlich gehandelt werden, weil Gefahren keine schweren Folgen nach § 18 darstellen.
- in der Absicht der *Ermöglichung oder Verdeckung einer anderen Straftat* handelt (§ 306b II Nr. 2). Zu diesen Merkmalen gilt entsprechend, was dazu beim Mord ausgeführt wurde (Rn. 208 ff.). Im Falle der Ermöglichungsabsicht genügt *jede andere Tat*.[67] Eine im Schrifttum vertretene Auffassung verlangt demgegenüber entsprechend der zum alten Recht ergangenen Rspr., dem Täter müsse „die durch Brandstiftung herbeigeführte gemeingefährliche Situation mit den ihr eigentümlichen Besonderheiten ... als Gelegenheit zur Begehung einer weiteren Straftat"[68] dienen.[69] Dies ist aber abzulehnen, weil es für eine restriktive Auslegung, die zu einer abweichenden Interpretation des Merkmals in den §§ 211, 315 III Nr. 2 und 306b II Nr. 2 führte, keinen zwingenden Grund gibt. Eine eingehendere Auseinandersetzung findet sich auf CD 28-05.
- das *Löschen des Brandes verhindert oder zumindest erschwert* (§ 306b II Nr. 3). Eine entsprechende Folge muss tatsächlich eintreten; bleiben die Sabotagehandlungen (etwa das Zerstören von Feuermeldern, Sprinkleranlagen oder das Versperren der Zufahrt) ohne Einfluss auf die Löscharbeiten, mag aber immerhin ein Versuch dieser Qualifikation vorliegen.

Auch bei § 306b ist tätige Reue nach § 306e möglich (vgl. dazu Rn. 949 f.). 981

2. Brandstiftung mit Todesfolge (§ 306c)

§ 306c wirft keine strukturell anderen Fragen auf als die übrigen Delikte mit Todes- 982
folge, weshalb ergänzend auf die eingehenderen Darstellungen zu § 227 verwiesen werden kann (Rn. 431 ff.). Zwischen Brandstiftungshandlung und Tod muss ein gefahrspezifischer Zusammenhang bestehen, sich also im *Tod die typische Gefahr eines Brandes niederschlagen*. Todesfälle im Zusammenhang mit Lösch- oder Rettungsarbeiten erfüllen diese Voraussetzung in aller Regel (vgl. Rn. 955 f.).

Für eine *versuchte Brandstiftung mit Todesfolge* braucht es im Übrigen nicht zur Vollendung der Brandstiftung zu kommen. Ihr Versuch genügt vielmehr, solange er bereits spezifische Todesrisiken begründet, die sich dann im Tode eines anderen realisieren (z.B. infolge der Splitterwirkung einer Brandbombe[70] oder der Rauchent-

---

66 SK-Horn § 306b Rn. 5; Rengier BT II § 40 Rn. 42.

67 BGH NJW 2000, 226 (228); BGH NStZ 2000, 197 (198); Maurach/Schroeder/Maiwald BT 2 § 51 Rn. 29.

68 BGHSt 40, 251 (253) zu § 307 Nr. 2 a.F.

69 Insb. vertreten von SK-Horn § 306b Rn. 12; Fischer § 306b Rn. 9.

70 Sch/Sch-Heine § 306c Rn. 4; a.A. (aber zum alten Recht) BGHSt 20, 230.

wicklung beim Brand des Inventars, wenn es nicht mehr zum Brennen des Gebäudes kommt).

983 Die Todesfolge muss – insoweit im Unterschied zu § 227, der nach § 18 Fahrlässigkeit genügen lässt – *mindestens leichtfertig* verursacht werden. Das schließt die vorsätzliche Tötung ein (wobei § 306c dann in Tateinheit mit den §§ 211 f. stünde). Leichtfertigkeit wird vereinfacht als *grobe oder gesteigerte Fahrlässigkeit* bezeichnet.[71]

984 Eine nähere Bestimmung gelingt jedoch nicht so einfach. In der Rspr. finden sich Formulierungen von „sich aufdrängender Möglichkeit", die „aus besonderem Leichtsinn oder besonderer Gleichgültigkeit" außer Acht gelassen werde.[72] Gelegentlich werden Parallelen zum Begriff der Rücksichtslosigkeit in § 315c gesucht. Andere wiederum vermuten einen besonders groben Sorgfaltsverstoß, z.B. bei hoher Gefahr.[73] ROXIN schließlich sieht Leichtfertigkeit als unrechts- und schuldübergreifendes Merkmal an, das hier wie dort gefunden werden könne, z.B. bei der Vornahme einer besonders gefährlichen Handlung oder einer verwerflichen Gesinnung.[74] Orientiert man sich am Wortlaut, so scheint es vornehmlich *um die innere Stellungnahme des Täter zu der Gefährdung* zu gehen. Handlungssituationen begründen daher Leichtfertigkeit nicht schon auf Grund ihrer objektiv herausragenden Gefährlichkeit. Entscheidend ist vielmehr, ob der Täter mit der Gefahr besonders unsorgfältig oder bedenkenlos umgeht (mit ihr *„leicht fertig"* wird). Das setzt voraus, dass er die gefahrbegründenden Umstände zuvor realisiert. Die dennoch erfolgende Handlung mag dann durch einen angesichts der Gefahr besonders krassen Sorgfaltspflichtverstoß oder eine verwerfliche Abwägung fremder und eigener Interessen geprägt sein.

985 **Aufgabe:** Tod bei Löscharbeiten[75]

In der Nacht vom 19. zum 20.09.1992 fand in dem Wohnhaus der Familie *H.* eine Feier statt, bei der sämtliche teilnehmenden 30 Gäste, darunter *Sven B.,* im Laufe des Abends erhebliche Mengen Alkohol tranken. Etwa um 1.30 Uhr zündete *Sven B.* in einem der Schlafzimmer im Obergeschoss des Hauses ein Kleidungsstück an, um damit das Gebäude in Brand zu setzen. Während er sich anschließend wieder unter die Gäste im Erdgeschoss mischte, hielt sich im Obergeschoss zur Zeit der Brandlegung im elterlichen Schlafzimmer der 12-jährige Sohn *Jochen* der Eheleute *H.* auf. Das Feuer breitete sich schnell aus, und es entwickelte sich starker Rauch. Dem Kind gelang es aber, sich über das Vordach des Hauses in Sicherheit zu bringen.

Als der 22-jährige Sohn der Hauseigentümer *Manfred H.*, der sich bei Brandausbruch außerhalb des Hauses aufgehalten hatte, das Feuer bemerkte, entschloss er sich sogleich zu versuchen, in das Obergeschoss zu gelangen, weil er darin noch seinen Bruder *Jochen* und weitere Personen vermutete. *Manfred H.*, ebenfalls alkoholisiert, gelangte noch vor Eintreffen der Feuerwehr in den Flur des Obergeschosses, wo er bewusstlos zusammenbrach. Er starb wenig später an den Folgen einer Kohlenmonoxydvergiftung.

Hat *Sven B.* § 306c verwirklicht?

986 Wegen des Charakters des Wohnhauses, der zahlreichen Gäste und deren Alkoholisierung sowie eines womöglich schlafenden Kindes standen riskante Rettungsversuche zu erwarten. Diese gesteigerte Gefahrenlage musste sich *Sven B.* aufgedrängt

---

71 RENGIER BT I § 9 Rn. 10; FISCHER § 15 Rn. 20. Zu näheren Einzelheiten Rn. 983 ff.

72 BGHSt 33, 66 (67).

73 Eingehende Darstellung bei Sch/Sch-CRAMER/STERNBERG-LIEBEN § 15 Rn. 205.

74 ROXIN AT I § 24 Rn. 80.

75 Sachverhalt nach Ausschnitten aus BGHSt 39, 322.

haben. Wenn er gleichwohl in solch einer Situation einen Brand legte, hatte er sich leichten Herzens über die Gefahren hinweg gesetzt, weshalb von Leichtfertigkeit auszugehen ist. Gegenbeispiele wären das Anzünden eines Wohnhauses, nachdem der Täter dessen Räume kontrolliert (und dabei eine Person übersehen) hatte, oder das Anzünden von Gebäuden, wenn die Anwesenheit von Menschen oder die Gefahr riskanter Rettungsversuche nicht auf der Hand liegt (etwa bei Scheunen).

VI. Konkurrenzen

Prinzipiell kann davon ausgegangen werden, dass in den einzelnen Qualifikations- **987** strängen (vgl. dazu die Übersicht Rn. 931) die jeweils schwereren Qualifikationstatbestände vorgehen. Soweit diese (wie § 306b II) nicht unmittelbar an § 306 anknüpfen, stehen sie mit diesem ggf. in Tateinheit. Dasselbe gilt für das Verhältnis von § 306 zu den anderen Grunddelikten § 306a I (Rn. 978) und § 306a II (vgl. Rn. 961). Unter den beiden letztgenannten gebührt im Konkurrenzfall § 306a II Vorrang (vgl. Rn. 961).

Brandstiftung mit Todesfolge verdrängt die ihr gegenüber subsidiäre fahrlässige Tö- **988** tung (die man deshalb gar nicht erst prüfen sollte). Mit vorsätzlichen Tötungsdelikten ist hingegen Idealkonkurrenz möglich.[76]

Sachbeschädigungsdelikte (einschließlich § 305) treten grundsätzlich hinter die (vorsätzlichen) Branddelikte zurück. Eine Ausnahme gilt, soweit sie andere Rechtsgüter als das Eigentum schützen. Daher stehen z.B. die §§ 304, 305a in Tateinheit mit den Brandstiftungstatbeständen.[77] Zwischen Sachbeschädigungen und fahrlässiger Brandstiftung ist prinzipiell Idealkonkurrenz möglich.[78]

Zu allen übrigen Straftaten entsteht im Zweifel keine Gesetzeskonkurrenz. Je nach tatsächlichen Verhältnissen sind daher Real- wie Idealkonkurrenz denkbar.

VII. Herbeiführen einer Brandgefahr (§ 306f)

1. Die zwei Tatbestände und ihre Struktur

Bei § 306f handelt es sich um ein *Vorfelddelikt*, das in seinen zwei verschiedenen Tatbestän- **989** den in Abs. 1 und Abs. 2 jeweils riskante Handlungen an besonders brandgefährdeten Sachen unter Strafe stellt. Dazu ist aber eine *konkrete Brandgefahr erforderlich*, also eine Situation, in welcher der Ausbruch des Feuers nur noch von unbeherrschbaren Zufällen abhängt.

Die Tatobjekte sind ihrer Art nach in beiden Absätzen gleich; sie entsprechen ausschnittsweise **990** denen des § 306. Soweit es zusätzlich einer Feuergefährdung (Nr. 1) bzw. einer leichten Entzündlichkeit (Nr. 4) bedarf, müssen die betreffenden Sachen einer über das gewöhnliche Maß hinausgehenden abstrakten Brandgefahr ausgesetzt sein (so z.B. Tankstellen bei Nr. 1 oder trockenes Stroh bei Nr. 4).[79]

Tathandlung ist jeweils das *Bewirken einer Brandgefahr*. Soweit in Abs. 1 zusätzlich einzelne Handlungen (wie das Rauchen) benannt werden, handelt es sich nur um leitbildhafte Beispiele

---

76 FISCHER § 306c Rn. 7; SK-HORN § 306c Rn. 5.

77 Vgl. FISCHER § 306 Rn. 24; Sch/Sch-HEINE § 306 Rn. 24.

78 FISCHER § 306d Rn. 7.

79 Vgl. SK-HORN § 306f Rn. 5; Sch/Sch-HEINE § 306f Rn. 6.

ohne Ausschlusswirkung. Vielmehr genügt jede kausale Verursachung der konkreten Brandgefahr durch den Täter.

991 Der entscheidende Unterschied zwischen beiden Absätzen ist struktureller Natur: In Abs. 1 werden alleine *fremde Sachen* geschützt, so dass es sich primär um ein Eigentumsdelikt handelt. Daher rechtfertigt die Einwilligung des jeweiligen Eigentümers in die gefährliche Handlung. Abs. 2 verzichtet dagegen auf die Eigentumsgefährdung und das Fremdheitserfordernis;[80] dafür ist hier zusätzlich eine ***konkrete*** *Gefahr für andere Personen oder fremde Sachen von bedeutendem Wert* vonnöten. Dabei könnte den Täter die Einwilligung des konkret Gefährdeten rechtfertigen. Einschließlich der Fahrlässigkeitsvarianten in Abs. 3 ergibt sich folgendes Bild:

Abbildung: Die Varianten des Herbeiführens einer Brandgefahr

Begehungsmodalitäten	**In Brandgefahr bringen...**	
	von fremden Objekten	mit Gefährdung von anderen Personen oder fremden Sachen von bedeutendem Wert
Vorsätzlich verursachte Brandgefahr	§ 306f I	§ 306f II
fahrlässig verursachte Brandgefahr	§ 306f III	
fahrlässig verursachte konkrete Personen- oder Sachgefahr		§ 306f III

2. Konkurrenzfragen

992 Liegen Abs. 1 und Abs. 2 von § 306f gleichzeitig vor, besteht wegen der unterschiedlichen Schutzrichtungen prinzipiell Tateinheit. Ein Ausnahme gilt, falls die in Abs. 2 (allein) gefährdeten fremden Sachen dieselben sind, deren Brandgefährdung zur Verwirklichung von Abs. 1 führte. Insoweit decken sich beide Tatbestände vollständig, weshalb Tateinheit zu einer doppelten Bestrafung desselben Unrechts führte. Hier könnte man einen Vorrang von Abs. 1 annehmen, weil das „ebenso wird bestraft" des Abs. 2 auf Nachrangigkeit hindeutet.

993 Kommt es infolge der Brandgefahr zum Brand oder wenigstens zum Brandstiftungsversuch, tritt § 306f im Wege der Subsidiarität zurück, und zwar selbst gegenüber fahrlässiger Brandstiftung. Daher gilt für die Begutachtung, den Tatbestand erst zu prüfen, falls zuvor keines der eigentlichen Brandstiftungsdelikte bejaht werden konnte. Er findet im Übrigen auch dann noch Anwendung, wenn das Branddelikt wegen Rücktritts vom Versuch oder wegen tätiger Reue straflos bleibt.[81]

---

80 Dies geschieht – in ähnlicher Weise wie bei § 306a II – durch den eingeschränkten Verweis auf Abs. 1 unter Ausschluss der vorangestellten Fremdheit, vgl. oben Rn. 953.

81 BGHSt 39, 128; SK-HORN § 306f Rn. 15.

Mit Sachbeschädigungsdelikten ist Tateinheit vorstellbar, sofern die Gefährdung zwar nicht zum Brand führt, aber zu Schäden, mit deren Eintritt der Täter bei seiner gefährdenden Handlung rechnete.

29. Kapitel. Sprengstoffverbrechen und ähnlich gemeingefährliche Straftaten

Wie schon bei einigen der Brandstiftungen handelt es sich bei den im Folgenden angesprochenen gemeingefährlichen Straftaten letztlich um *Gefährdungsdelikte*. Ihr Unrecht liegt in der Herbeiführung einer gefahrenträchtigen Situation, in der schwere Leibes- und Sachschäden zu erwarten sind. Zum Teil muss es auch zu konkreten Gefährdungen kommen. 994

I. Sprengstoffdelikte

Neben die Sprengstofftaten aus dem StGB treten etliche Vergehenstatbestände aus dem SprengG. Etwas eingehender werden sie auf CD 29-01 behandelt: 995

Abbildung: Übersicht über die Sprengstoffdelikte

Tatbestand	Handlung(en)	Folge
Herbeiführen einer Sprengstoffexplosion (§ 308)	Herbeiführen einer Explosion	Gefährdung von Leib/ Leben anderer oder wertvoller fremder Sachen
Vorbereiten eines Explosionsverbrechens (§ 310 I Nr. 2)	u.a. Herstellen, Überlassen von Sprengstoff für eine Straftat nach § 307	./.
Strafbarer Umgang, Verkehr und Einfuhr von Sprengstoffen (§ 40 SprengG)	u.a. ungenehmigter Umgang mit Sprengstoffen	
Strafbare Verletzung von Schutzvorschriften (§ 42 SprengG)	Missachtung von Sicherheitsvorschriften zum Schutz vor Sprengstoffgefahren	Gefährdung von Leib/ Leben anderer oder wertvoller fremder Sachen

II. Missbrauch von Kernenergie und Strahlung

Die Delikte, die sich um den Missbrauch von Strahlungen und atomarer Energie ranken, sind stärker differenziert, was der extremen Gefährlichkeit dieser Tatmedien geschuldet ist. In der Praxis spielten sie bislang – zum Glück – keine Rolle. Sie werden näher auf CD 29-02 dargestellt 996

Abbildung: Missbrauch von Kernenergie und Strahlungen

Tatbestand	Handlung(en)	Folgen
Herbeiführen einer Explosion durch Kernenergie (§ 307)	Unternehmen des Herbeiführens einer atomaren Explosion zur Gefährdung von Leib/Leben anderer oder bedeutender fremder Sachen	./.
Missbrauch ionisierender Strahlen (§ 309)	Unternehmen der Bestrahlung zur Gesundheitsschädigung (Abs. 1-5)	
	Bestrahlung einer wertvollen Sache (Abs. 6)	
Freisetzen ionisierender Strahlen (§ 311)	Freisetzen von Strahlen oder Bewirken von Kernspaltungen unter Verletzung verwaltungsrechtlicher Pflichten bei Gefährdungseignung	
Vorbereitung eines Strahlungsverbrechens (§ 310 I Nr. 1)	u.a. Herstellen, Überlassen von Kernbrenn- oder radioaktiven Stoffen	
Fehlerhafte Herstellung einer kerntechnischen Anlage (§ 312)	Herstellungsfehler bei kerntechnischen Anlagen oder deren Zubehör	Gefährdung von Leib/Leben anderer / wertvoller fremder Sachen

III. Sonstige gemeingefährliche Straftaten

997 Von den weiteren gemeingefährlichen Straftaten[1] verdient in der Praxis vor allem die *Baugefährdung* (§ 319) Aufmerksamkeit, wenngleich auch sie dort bislang kaum eine Rolle spielt. Nähere Einzelheiten auf CD 29-03.

Abbildung: Sonstige gemeingefährliche Straftaten

Tatbestand	Handlung(en)	Folge
Baugefährdung (§ 319)	Verletzung anerkannter Regeln der Technik im Baugewerbe	Gefährdung von Leib/Leben anderer
Herbeiführen einer Überschwemmung (§ 313)	Herbeiführen einer Überschwemmung	Gefährdung von Leib/Leben anderer oder wertvoller fremder Sachen

998 **Wiederholungsfragen zum 28. und 29. Kapitel**

1. In welcher Hinsicht bedarf es bei § 306 einer tatbestandlichen Reduktion und wie könnte diese aussehen? (Rn. 936 f.)
2. Wann ist ein Objekt in Brand gesetzt? (Rn. 939)

---

1 § 314, der ebenfalls eine Gemeingefahr thematisiert, wird im Kontext der Umweltstraftaten behandelt, da er diesen Delikten sachlich sehr nahe steht.

4. Fällt es unter § 306a I Nr. 1, wenn der Brandstifter sein von ihm allein bewohntes Wohnhaus anzündet? (Rn. 966, 968)
5. Mit welchen Argumenten wird bei § 306a I eine Tatbestandsreduktion diskutiert? (Rn. 972 f.)
6. Was versteht man unter Leichtfertigkeit und wie verhält sich § 306c zu den Tötungsdelikten? (Rn. 983 f., 988)

9. Abschnitt. Diebstahl und Unterschlagung

30. Kapitel. Überblick über die Diebstahlsstraftaten

999 Thema des 19. Abschnittes des StGB mit der Überschrift „Diebstahl und Unterschlagung“ ist im Kern der faktische Entzug von Eigentum zu Gunsten eines anderen. Faktisch bleibt der Eigentumsentzug, weil der Diebstahl nicht zum Verlust des Eigentums*rechtes* führt und dieses gemäß § 935 I BGB zumeist selbst bei nachfolgenden Weiterveräußerungen nicht verloren geht.[1] Grundtatbestand ist der Diebstahl nach § 242, der vereinfacht aus der Wegnahme einer fremden beweglichen Sache in der Absicht (faktischer) Zueignung besteht. Flankiert wird er zum einen durch Strafschärfungen (§ 243), Privilegierungen (§§ 247, 248a), Qualifikationen (§§ 244, 244a) und andere Ergänzungen (§ 252). Zum anderen springen in Teilbereichen spezielle ergänzende Tatbestände in die Bresche, falls einzelne Diebstahlsmerkmale ausfallen (§§ 246, 248b, 248c):

1000 **Abbildung:** Das System der Diebstahlsstraftaten

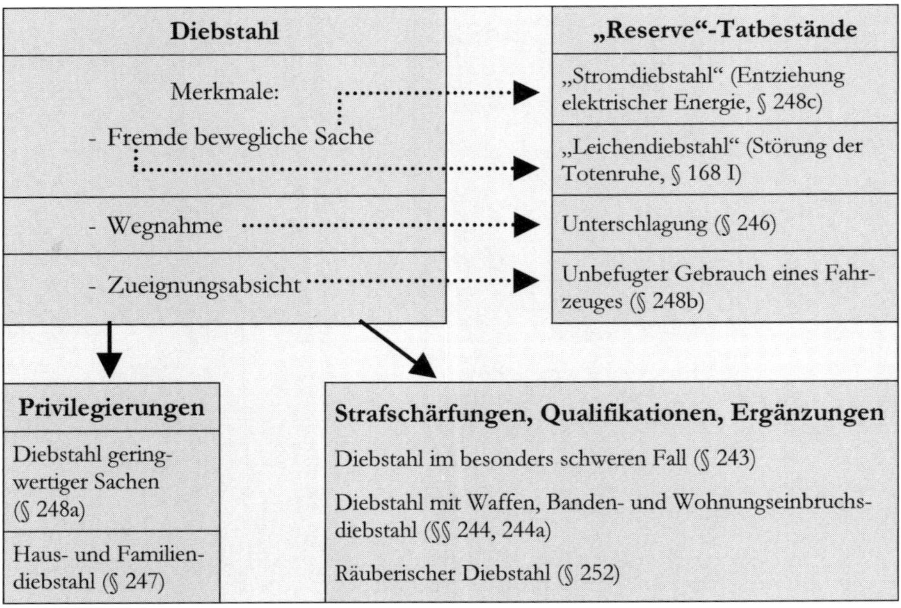

1001 Der Diebstahl ist das am häufigsten angezeigte Delikt überhaupt (rund 2,6 Mio von insgesamt 6,3 Mio Straftaten[2]) und führt auch zu den meisten Verurteilungen

---

1 Eine Ausnahme gilt gemäß § 935 II BGB für gestohlenes Geld, das von Dritten gutgläubig erworben werden kann.

2 PKS 2006, Tabelle 01.

(144.107 der insgesamt 780.659;[3] weiteres Zahlenmaterial auf CD 30-01). Er ist zudem ubiquitär[4]: Jeder von uns wird statistisch gesehen mit hoher Wahrscheinlichkeit im Laufe seines Lebens zum Opfer eines oder mehrerer Diebstähle. Und es dürfte kaum jemand – zumindest als Kind oder Jugendlicher – nicht schon selbst gestohlen haben. Die Bewertung des Diebstahls, seines Unrechtsgehaltes und seiner Strafwürdigkeit darf vor diesem Hintergrund nicht allzu pauschal ausfallen, obschon das Diebstahlsverbot im Kern gesellschaftlich unumstritten ist und bereits alttestamentarisch verankert scheint.[5] Vielmehr gibt es Diebstähle, deren Strafbedürftigkeit zumindest überdenkenswert ist. Dennoch blieb die Entkriminalisierung z.B. kleinerer Ladendiebstähle, ja selbst ihre Herabstufung zu Ordnungswidrigkeiten bis auf den heutigen Tag rechtspolitisch undurchsetzbar.

31. Kapitel. Der Grundtatbestand des Diebstahls

I. Der objektive Diebstahlstatbestand

1. Geschützte Rechtsgüter

Aus der Struktur von § 242 (vgl. oben Rn. 999) erschließt sich, dass es dieser Strafbestimmung primär um den Schutz des *Rechtsgutes Eigentum* geht. Das Eigentum wird aber erst „gestohlen", sobald es zu einer Wegnahme kommt, also zum Bruch fremden Gewahrsams (Rn. 1007 ff.). Dieser Gewahrsam ist folglich ebenfalls als Schutzobjekt und der hinter ihm stehende *Besitz als weiteres Rechtsgut* von § 242 anzusehen.[6] **1002**

Die Gegenmeinung, Rechtsgut sei ausschließlich das Eigentum,[7] hätte zur Konsequenz, dass im Falle eines Antragserfordernisses (§§ 247, 248a) nur der Eigentümer, nicht aber der Gewahrsamsinhaber antragsbefugt wäre. Die Anhänger dieser Lehre berufen sich darauf, auch ansonsten bleibe der Gewahrsamsinhaber ungeschützt, so gegenüber Sachbeschädigungen und Entwendungen durch oder mit Einwilligung des Eigentümers.[8] Allerdings ist für das Strafrecht geradezu typisch, Rechtsgüter nur partiell zu schützen. Das Fehlen anderer gewahrsamsschützender Straftatbestände stellt folglich kein durchgreifendes Argument gegen die (auch) gewahrsamsschützende Funktion des Diebstahls dar. Zudem zeigt die Strafschärfung gegenüber der Unterschlagung, dass die Besitzverletzung einen gewichtigen Unrechtsfaktor des Diebstahls verkörpert. **1003**

---

3 Strafverfolgungsstatistik 2005, S. 16 ff.

4 Ubiquitär = überall anzutreffend, allgegenwärtig.

5 Wobei unklar ist, ob das 7. Gebot „Du sollst nicht stehlen" wirklich den Diebstahl im heutigen Sinne meinte, vgl. ARZT/WEBER BT § 13 Rn. 3.

6 LACKNER/KÜHL § 242 Rn. 1; RENGIER BT I § 2 Rn. 1; MAURACH/SCHROEDER/MAIWALD BT 1 § 33 Rn. 1; BGHSt 10, 400 (401).

7 So u.a. Sch/Sch-ESER § 242 Rn. 2; WESSELS/HILLENKAMP BT 2 Rn. 57a.

8 MITSCH BT 2/1 § 1 Rn. 6; MüKo-SCHMITZ § 242 Rn. 8.

2. Prüfungsaufbau

1004 Für die Diebstahlsprüfung ergibt sich unter Berücksichtigung möglicher Strafschärfungen und Privilegierungen folgender Aufbau:

Abbildung: Prüfungsaufbau beim Diebstahl

I. Tatbestand	1. objektiver Tatbestand - fremde bewegliche Sache (Rn. 1005 f.) - Wegnahme (Rn. 1007 ff.)
	2. subjektiver Tatbestand - Vorsatz bzgl. fremder beweglicher Sache / Wegnahme (Rn. 1038 f.) - Zueignungsabsicht (Rn. 1040 ff.)
II./III. Rechtswidrigkeit/Schuld	keine Besonderheiten
IV. Strafausschließung u.a.	1. ggf. Strafantragserfordernisse - wegen Geringwertigkeit der Sache (Rn. 1070 ff., damit Ausschluss des besonders schweren Falles [Rn. 1085]) - nach § 247 (Rn. 1075 ff.) 2. ggf. besonders schwerer Fall nach § 243 - Regelbeispiele in objektiver Hinsicht (Rn. 1086 ff.) - Vorsatz bzgl. Regelbeispiel (Rn. 1099) / Gewerbsmäßigkeit (Rn. 1097)

3. Tatobjekt: Die fremde bewegliche Sache

1005 Die *Fremdheit* sowie die *Sacheigenschaft* entsprechen denselben Merkmalen in § 303, weshalb zu ihnen auf die Rn. 870 ff. bzw. 861 ff. verwiesen werden kann.

1006 Anders als § 303 verlangt § 242 zusätzlich die *Beweglichkeit* der Sache. Während die §§ 93 ff. BGB eine Pflanze als Bestandteil der unbeweglichen Sache Grundstück ansehen, ist das strafrechtliche Tatbestandsmerkmal der Beweglichkeit mit Blick auf die Wegnahme zu definieren:

Alles, was fortgeschafft werden kann, ist auch beweglich.[9]

Als beweglich gelten daher selbst solche Sachen, die erst beweglich gemacht werden müssen (sofern man dies kann), also etwa die besagte Pflanze durch Ausgraben, das Waschbecken durch Abmontage usw.

Faktisch bleibt die Beweglichkeit damit ohne eigenständige Bedeutung, weil das Wegnehmen einer Sache – als Beweis ihrer Wegnehmbarkeit – stets die Beweglichkeit impliziert. Im Gutachten werden diesem Merkmal deshalb auch nie eingehendere Ausführungen zu widmen sein. In der Regel genügt es, im Urteilsstil festzustellen, wegen der Mitnahme einer Sache sei sie zwangsläufig beweglich.

9 Sch/Sch-ESER § 242 Rn. 11; LACKNER/KÜHL § 242 Rn. 3; OTTO BT § 40 Rn. 8.

4. Die Tathandlung der Wegnahme

Der Täter muss die Sache wegnehmen. Einhellig wird darunter **1007**

der Bruch fremden und die Begründung neuen Gewahrsams

verstanden.[10] Diese erste Ebene der Interpretation verwendet allerdings mit dem Gewahrsam und seinem Bruch weitere Rechtsbegriffe, die ihrerseits nach Erklärung auf einer zweiten Definitionsebene verlangen. Vereinfacht bezeichnet Gewahrsam ein dem unmittelbaren Besitz ähnliches *Herrschaftsverhältnis* einer Person über eine Sache und der Gewahrsamsbruch ist seine *Beendigung gegen den Willen* desjenigen, der den Gewahrsam ausübt. Wer wegnimmt, verdrängt also den Bestohlenen aus seiner Herrschaftsposition über das gestohlene Gut.

Gewahrsam und (unmittelbarer) Besitz decken sich zwar weitgehend, gehen aber in ihren Randzonen unterschiedlich weit. So ist etwa der Besitzdiener, der laut § 855 BGB gerade kein Besitzer ist, im Hinblick auf die Ausübung der tatsächlichen Gewalt über eine Sache durchaus als (ggf. untergeordneter) Gewahrsamsinhaber anzusehen. Umgekehrt wird der Erbe mit dem Erbfall sofort Besitzer des Erbes (§ 857 BGB),[11] ohne deshalb sogleich Gewahrsam zu erlangen. **1008**

a) Der Begriff des Gewahrsams

Mit der vorläufigen Bezeichnung des Gewahrsams als ein Herrschaftsverhältnis über eine Sache ist freilich noch nicht viel gewonnen. Die Sachherrschaft kann nämlich mehr oder weniger stark ausgeprägt sein und sie ist zudem teilbar, d.h. es können zugleich mehrere Personen Gewahrsam innehaben. Nicht in jedem dieser Fälle ist ein solcher Gewahrsam durch § 242 geschützt. **1009**

aa) Faktischer oder sozial-normativer Gewahrsamsbegriff?

Um es vorweg zu nehmen: Diese beiden Gewahrsamsbegriffe, die heute überwiegend vertreten werden, gelangen nahezu stets zu denselben Resultaten, weshalb sie in der Fallbearbeitung kein Gegenstand dezidierter Auseinandersetzung zu sein brauchen. Der sozial-normative Begriff hat allerdings in einigen Gestaltungen den Vorzug, die Annahme eines bestehenden Gewahrsamsverhältnisses einleuchtender herzuleiten. Die h.M. vertritt hingegen den *faktischen Standpunkt*. Sie begreift Gewahrsam als **1010**

ein von einem Herrschaftswillen getragenes tatsächliches Herrschaftsverhältnis einer Person über eine Sache, das nach den natürlichen Auffassungen des täglichen Lebens zu beurteilen ist.[12]

Der alternative sozial-normative Begriff versteht Gewahrsam als

ein von einem Herrschaftswillen getragenes Herrschaftsverhältnis auf Grund der sozialen Zuordnung einer Sache zum Herrschaftsbereich einer Person.[13]

---

10 Sch/Sch-ESER § 242 Rn. 22; SK-HOYER § 242 Rn. 20; ähnlich schon RGSt 48, 58 (59).

11 MüKo(BGB)-JOOST § 857 BGB Rn. 7.

12 Sch/Sch-ESER § 242 Rn. 23; MAURACH/SCHROEDER/MAIWALD BT 1 § 33 Rn. 16-20; BGHSt 16, 271 (273); 22, 180 (182 f.).

13 MüKo-SCHMITZ § 242 Rn. 47, 55; WESSELS/HILLENKAMP BT 2 Rn. 71 f.

1011 Gemein ist beiden Begriffen der *Herrschaftswille*. Er kann durchaus genereller Natur sein und muss sich nicht auf die einzelne Sache beziehen. Auch braucht der Gewahrsamsinhaber nicht einmal exakte Kenntnis vom Vorhandensein einer bestimmten Sache zu haben, solange er nur in einer bestimmten Sphäre alles zu beherrschen wünscht. Dabei geht es um einen ***natürlichen Willen***, weshalb auch Kinder ihn bilden können,[14] *juristische Personen dagegen nicht.*[15] Die ihnen zustehende Herrschaftsmacht wird aber durch die für sie tätigen, jeweils zuständigen natürlichen Personen ausgeübt. Eine GmbH hat daher keinen Gewahrsam, wohl aber – je nach tatsächlichen Verhältnissen – ihr Geschäftsführer oder die von ihm beauftragten Personen.

Fehlt ein solcher Herrschaftswille, dann ist derjenige, dem das Herrschaftsverhältnis ansonsten zuzuordnen wäre, an der Sachherrschaft nicht interessiert und dann bedarf sie auch keines strafrechtlichen Schutzes. So verhält es sich bei Werbezetteln, die im Treppenhausflur des Mehrfamilienhauses abgelegt werden, während z.B. der Inhalt des Hausbriefkastens generell dem Herrschaftswillen des betroffenen Bewohners unterliegt.

1012 Vergleicht man die übrigen Bestandteile der beiden Gewahrsamsbegriffe, so wird deutlich, dass sie im Kern dieselben Elemente enthalten, denn die „natürlichen Auffassungen des täglichen Lebens" über die Zugehörigkeit von Person und Sache meinen letzten Endes nichts anderes als ihre sozial anerkannte Zuordnung. Der Unterschied liegt in der Methodik: Während die h.M. vom Befund einer faktischen Herrschaft ausgeht und diesen anschließend normativ modifiziert, bildet das Normative für die Gegenposition das konstituierende Element, während die faktische Herrschaftsmacht nur als Beleg und Symptom einer bestehenden normativen Zuordnung fungiert.

Beispiel (Vor einer Gaststätte abgestelltes Moped):[16] *Jochen B.* hatte in einer Gaststätte *Clemens F.* kennen gelernt. Zu später Stunde erbat sich *F.* das vor der Gaststätte geparkte Moped von *Jochen B.* zu einer kurzen Besorgungsfahrt, was *B.* gestattete, der *F.* zudem Papiere sowie Fahrzeugschlüssel aushändigte. *Clemens F.* sollte das Moped anschließend zurückbringen. So geschah es auch. Als *F.* das Fahrzeug wieder auf seinem ursprünglichen Parkplatz abgestellt hatte, war *Jochen B.* aber in der Gaststätte zwischenzeitlich alkoholisiert eingeschlafen. Nunmehr entschloss sich *F.*, mit dem Moped erneut wegzufahren, um es jetzt auf Dauer zu behalten. — An Schlüssel und Papieren bestand zum Zeitpunkt des endgültigen Wegfahrens kein Gewahrsam von *B.* mehr, weil sie sich ununterbrochen im Besitz von *F.* befanden und nicht erneut in die Herrschaftssphäre *B.*´s zurückgekehrt waren.[17] Im Hinblick auf das Moped kam es für die Frage einer Wegnahme auf den Zeitpunkt der zwischenzeitlichen Rückkehr an, weil die erste Fahrt mit Zustimmung *B.*´s (also ohne „Bruch" seines Gewahrsams) geschehen war. Hier bejahte der BGH ein erneut ent-

---

14 Sch/Sch-ESER § 242 Rn. 29; MAURACH/SCHROEDER/MAIWALD BT 1 § 33 Rn. 18, 20.

15 LACKNER/KÜHL § 242 Rn. 10; OTTO BT § 40 Rn. 25.

16 Sachverhalt nach BGH GA 1962, 78.

17 BGH GA 1962, 78 (79 f.). An ihnen wäre daher kein Diebstahl, sondern nur eine Unterschlagung möglich gewesen, die aber wiederum als subsidiär zum Diebstahl des Mopeds zurückträte (vgl. Rn. 1164 ff.).

standenes faktisches Herrschaftsverhältnis des (schlafenden) *B.* über sein Moped. Ihm sei prinzipiell der Aufenthaltsort des Fahrzeugs bekannt. Wenn er auch aktuell im Schlaf wenig hätte ausrichten können, so ändere das nichts an seiner Herrschaftsmacht, wobei sich der BGH insoweit auf „allgemeine Auffassungen" berief.[18] Für die sozial-normative Lehre hätten diese den Ausgangspunkt gebildet, um zum selben Resultat zu gelangen. Sie hätte argumentiert, nach allen gesellschaftlichen Konventionen dürfe nur der legitime Besitzer eines auf der Straße geparkten Fahrzeuges mit diesem nach Belieben verfahren, und zwar unabhängig von seiner momentanen Verfassung. Ihm allein sei daher die prinzipiell auch während des Schlafes andauernde Herrschaftsmacht zugeordnet.

Dieser Fall veranschaulicht die argumentative Schwäche der h.M., denn bei natürlicher Betrachtung war *B.* selbstverständlich in der konkreten Situation zu überhaupt keiner Herrschaftsausübung über das Moped mehr fähig; dazu musste er zumindest erst einmal aufwachen. Nähme man das Erfordernis des tatsächlichen Herrschaftsverhältnisses ernst, wäre also jeder nächtens auf der Straße parkende Pkw gewahrsamslos und damit gegen Diebstahl ungeschützt. Daher ist es verständlich, wenn die h.M. das faktische Element sehr stark relativiert und eine potenzielle Herrschaftsmacht genügen lässt. Diese Begründungsschwierigkeiten vermeidet die sozial-normative Lehre, indem sie unmittelbar auf die „allgemeinen Auffassungen" abstellt (und diese näher betrachtet): Nach den bestehenden gesellschaftlichen Konventionen ist es alleine der Eigentümer bzw. rechtmäßige Besitzer, der über sein Eigentum herrschen kann und soll. Diese normative Zuordnung besteht prinzipiell dauerhaft, mithin unabhängig vom aktuellen Zustand der Person. Weder Schlaf noch Krankheit ändern also etwas am Gewahrsam, der vielmehr erst durch den Tod endet. Eine Ausnahme gilt allein für den Fall, dass sich die Sache dem Zugriff gänzlich entzieht (z.B. bei völliger Unkenntnis über ihren momentanen Aufenthaltsort). **1013**

Im Hinblick auf die deckungsgleichen Resultate beider Gewahrsamsbegriffe, die letztliche Beliebigkeit der Argumentation mit „allgemeinen Auffassungen" bzw. „normativer Zuordnung" und angesichts des weitgehenden Konsenses über die Gewahrsamsverhältnisse in den gängigen, in Praxis und Prüfung immer wiederkehrenden Sachverhaltskonstellationen ist der Meinungsstreit letztlich wenig fruchtbar. Zu Recht geben ARZT/WEBER deshalb den Rat, sich lieber anhand der zahlreichen Beispiele in Rspr. und Lehre zu orientieren und daraus ein eigenes Judiz zu bilden.[19] Solche typischen Fallgestaltungen betreffen: **1014**

bb) Die Gewahrsamslockerung

Auch gelockerter Gewahrsam ist vollwertiger Gewahrsam![20] Ein anschauliches Beispiel bildet das Moped in dem Fall Rn. 1012. Gelockerter Gewahrsam ist dadurch gekennzeichnet, dass der Gewahrsamsinhaber zwar prinzipiell auf die Sache zugreifen könnte, weil er *ihren Aufenthaltsort kennt* und er *an sich ungehinderten Zugang* zu ihr hat. Auf der anderen Seite befindet sich die Sache nicht in seiner unmittelbaren Umgebung (sondern der Pkw geparkt auf der Straße oder der viel zitierte Pflug auf dem Feld[21]). Das bleibt ebenso unschädlich wie eine aktuelle, ihrer Natur nach aber **1015**

18 BGH GA 1962, 78 (79).

19 ARZT/WEBER BT § 13 Rn. 40.

20 MAURACH/SCHROEDER/MAIWALD BT 1 § 33 Rn. 16 f.; Sch/Sch-ESER § 242 Rn. 26.

21 Vgl. nur ARZT/WEBER BT § 13 Rn. 40; BGHSt 16, 271 (273).

vorübergehende Unfähigkeit zur Ausübung von Herrschaftsmacht (z.B. wegen Schlafes, Fesselung, Krankheit). Im Beispielsfall kannte *Jochen B.* den jeweiligen Aufenthaltsort des Mopeds während der – erlaubten – Besorgungsfahrt des *Clemens F.* nicht, weshalb in dieser Zeit sein Gewahrsam aufgehoben war. Nach der Rückkehr auf den alten Parkplatz hingegen war die notwendige Aufenthaltskenntnis wieder vorhanden und der gelockerte Gewahrsam erneut entstanden, womit § 242 (wieder) möglich wurde.

cc) Gewahrsam in beherrschten Räumen

1016 Die (ausschließliche oder jedenfalls maßgebliche) Beherrschung eines Raumes führt bei Vorhandensein eines entsprechenden Herrschaftswillens normalerweise auch zum Gewahrsam an allen Dingen, die sich in diesem Raum befinden (zur Ausnahme im Falle von Gewahrsamenklaven vgl. Rn. 1025 ff.). So ist der Autobesitzer Gewahrsamsinhaber all dessen, was sich in seinem Fahrzeug befindet, der Wohnungsinhaber innerhalb seiner Wohnung oder in seinem Briefkasten und der Firmenchef hinsichtlich aller Dinge auf seinem Betriebsgelände. Dass schließt (gleichzeitigen Mit-) Gewahrsam anderer Personen in dieser Sphäre nicht aus. Zu den Folgen so entstehender konkurrierender Gewahrsamsbeziehungen vgl. Rn. 1020 f.

dd) Gewahrsam an verlegten oder verlorenen Dingen

1017 Kennt der Gewahrsamsinhaber den exakten Aufenthaltsort einer Sache nicht mehr, so hängen die Gewahrsamsverhältnisse regelmäßig von der (gewollten, vgl. Rn. 1011) Beherrschung der räumlichen Sphäre ab, in welcher sich die Sache befindet. Bei nur innerhalb der Wohnung *verlegten Dingen* besteht daher der Gewahrsam fort, weil der Gewahrsamsinhaber in der Wohnung jede Fremdeinwirkung auf die Sache unterbinden und sie solange suchen könnte, bis er sie wiederfindet. Bei *andernorts verlorenen Sachen* kommt es darauf an, ob ihr Besitzer den ungefähren Ort des Verlustes kennt und dort noch Zugriff hätte. Bei völliger Unkenntnis ist der Gewahrsam beendet.[22]

1018 **Aufgabe:** Im Zugabteil vergessenes Paket[23]
Otto H. fuhr mit der Eisenbahn nach *Liegnitz*. Dort angekommen verließ er den Zug, wobei er versehentlich ein Paket im Abteil liegen ließ. Das fiel ihm erst auf, als der Zug bereits wieder aus dem Bahnhof fuhr. *H.* telegrafierte sofort dem nächsten Bahnhof. Die dort das fragliche Abteil aufsuchenden Bahnbediensteten fanden das Paket jedoch nicht mehr, weil es zwischenzeitlich von dem Mitreisenden *Wilhelm V.* in Zueignungsabsicht entfernt worden war.
Hob *Wilhelm V.* bestehenden fremden Gewahrsam auf?
Abwandlung: Wie läge es, wenn *Otto H.* nicht mehr hätte rekonstruieren können, ob er das Paket erst im Zug oder schon zuvor auf dem Weg zum Bahnhof verloren hatte?

1019 Während *Otto H.* im Ausgangsfall wegen seines Wissens um den Ort des Verlustes und der Möglichkeit, auf ihn mittels des alarmierten Bahnpersonals zuzugreifen, noch eigenen Gewahrsam besaß,[24] fehlte ihm dieses notwendige Wissen in der Fallabwandlung. An die Stelle seines Gewahrsams tritt dort aber der Gewahrsam des Zug-

---

22 MAURACH/SCHROEDER/MAIWALD BT 1 § 33 Rn. 21; Sch/Sch-ESER § 242 Rn. 28.

23 Sachverhalt nach RGSt 38, 444.

24 RGSt 38, 444 (445); MAURACH/SCHROEDER/MAIWALD BT 1 § 33 Rn. 21.

führers, dem genereller Herrschaftswille bzgl. aller im Zug liegen gebliebenen Dinge zugeschrieben wird. Ähnliches gilt für Gaststättenbetreiber oder in Behörden.[25] *Wilhelm V.* brach folglich in beiden Alternativen fremden Gewahrsam, allerdings unterschiedlicher Personen.

ee) Gewahrsam mehrerer Personen

Gewahrsamsinhaberschaft beschränkt sich nicht notwendig auf eine Person. Viel- 1020
mehr können durchaus mehrere zugleich Herrschaft über eine Sache ausüben, was z.B. bei gemeinschaftlichen Wohnungsinhabern, bei mehreren Angestellten eines Supermarktes und z.T. auch in einzelnen Phasen des Gewahrsamsüberganges von der einen zur anderen Person der Fall ist. Die relevante Frage ist in solchen Fällen weniger die nach der Existenz von (fremdem Mit-)Gewahrsam als vielmehr, ob dieser *durch einen anderen Mitgewahrsamsinhaber in strafrechtlich relevanter Weise gebrochen werden kann.*

Die Antwort findet man, indem man ein *Rangverhältnis* der jeweiligen Mitgewahr- 1021
samsinhaber konstruiert. Diese Rangordnung leitet sich daraus ab, wer im Konfliktfall letztlich über das Schicksal der Sache entscheidungsbefugt wäre. Ist der Gewahrsam des Opfers gleich- oder gar demjenigen des ihn Verdrängenden übergeordnet, so ist er strafrechtlich geschützt. Untergeordneter Gewahrsam hingegen genießt diesen Schutz nicht,[26] weil der auf die Sache zugreifende übergeordnete Gewahrsamsinhaber die Sachherrschaft auch jederzeit befugt an sich ziehen könnte. *Übergeordneten Gewahrsam* besitzen beispielsweise der Vorgesetzte gegenüber Untergebenen, der Besitzer gegenüber dem Besitzdiener oder Eltern gegenüber ihren minderjährigen Kindern. *Gleichgeordnet* sind Mitbesitzer, mehrere Wohnungsmieter oder auch gleichrangige Angestellte in einem Geschäft.

Abbildung: Gewahrsamsschutz bei verschiedenrangigem Gewahrsam (durchgehender Pfeil: Wegnahme möglich / durchbrochener Pfeil: keine Wegnahme)

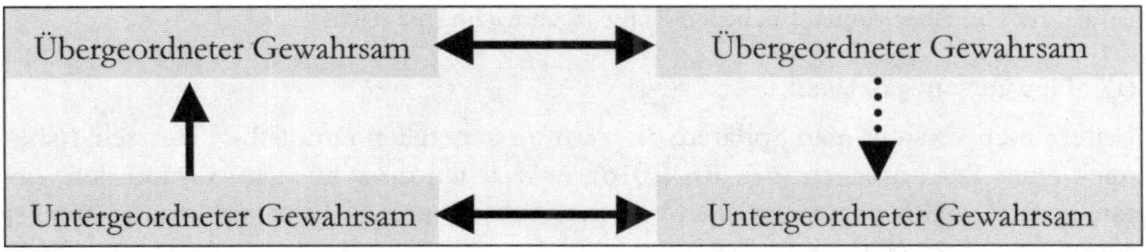

In der Lehre wird die Möglichkeit eines untergeordneten Gewahrsams vereinzelt abgelehnt, 1022
weil die Verkehrsanschauung in diesen Fällen dem Übergeordneten die alleinige Verfügungsmacht zuschreibe, der Untergebene daher gar keinen Gewahrsam besitze.[27] Dies verkennt allerdings, dass auch er gegenüber Dritten Herrschaftsmacht auszuüben vermag, z.B. der Angestellte eines Geschäftes gegenüber Kunden. Wenn er zu diesem Zweck über Waren verfügen

25 RGSt 54, 231 (232); Sch/Sch-Eser § 242 Rn. 28.

26 BGHSt 10, 400 (401); Maurach/Schroeder/Maiwald BT 1 § 33 Rn. 23; Tröndle/Fischer § 242 Rn. 14.

27 So Mitsch BT 2/1 § 1 Rn. 55; Lackner/Kühl § 242 Rn. 13; SK-Hoyer § 242 Rn. 45.

darf (wie der Kassierer an der Kasse), so liegt es nahe, auch bei ihm von Gewahrsam zu sprechen, obwohl sein Vorgesetzter neben ihm als übergeordneter Gewahrsamsinhaber fungiert.

1023 Einen Sonderfall bilden Konstellationen, in denen der an sich untergeordnete Gewahrsamsinhaber den Vorgesetzten nach den Gepflogenheiten des Geschäftslebens mindestens zeitweise von Sachverfügungen ausschließen darf. In diesen Phasen kommt dem Bediensteten Alleingewahrsam zu. Dies gilt insbesondere für alleinverantwortliche Kassenführer, aber ebenso für die Börse von Kellnern, weil sie allesamt bis zur Abrechnung alleine für die Richtigkeit des Bestandes haften.[28]

Beispiel (Vorgetäuschter Überfall auf eine Tankstelle):[29] *Klaus D.*, *Stefan T.* und der angestellte Tankwart *Robert S.* fingierten einen Überfall auf die zur Tatzeit von *Robert S.* alleine bediente Tankstelle. Aus der von *S.* geführten Kasse entnahmen sie ca. 1500 DM Bargeld, das sie unter sich teilen wollten. *S.* wurde mit seiner Einwilligung gefesselt zurückgelassen. — Nachdem das Landgericht wegen gemeinschaftlichen Diebstahls verurteilt hatte, hob der BGH diesen Schuldspruch auf. Zwar habe der Tankstellenpächter als Arbeitgeber von *Robert S.* ihm gegenüber ein generelles Kontroll- und Weisungsrecht. Dieses aber führe nicht zum Mitgewahrsam am Kasseninhalt, wenn der Angestellte die *Kasse alleine zu führen und eigenverantwortlich abzurechnen* habe. Denn dann dürfe niemand, selbst der Vorgesetzte nicht, vor der Abrechnung gegen den Willen des Kassierers Geld entnehmen.[30] Die Ansichnahme des Geldes ist für *D., T.* und *S.* daher nicht als Wegnahme anzusehen (sondern als Unterschlagung nach § 246).

1024 Besonderheiten gelten ferner bei *Auslieferungsfahrern.* Auch sie unterstehen zwar selbst während der Fahrt dem übergeordneten Gewahrsam des Geschäftsherren, weil diesem die letztinstanzliche Verfügungsgewalt über die Ware zukommt. Allerdings endet dessen Gewahrsam bei vollständiger Unmöglichkeit zum tatsächlichen Zugriff infolge Unkenntnis über den jeweiligen Fahrzeugstandort. Maßgeblich ist hier also, ob der Fahrer einer festgelegten Route folgt (dann Zugriffsmacht und Gewahrsam des Geschäftsherrn) oder sie selbst ad hoc festlegt (dann Alleingewahrsam des Fahrers).[31] Folglich kann es auch zum Gewahrsamsbruch kommen, sobald ein Fahrer von einer vorgeschriebenen Route eigenmächtig abweicht.

ff) Gewahrsamsenklaven

1025 Unter ihnen versteht man Sphären, die zwar im generellen räumlichen Herrschaftsbereich einer Person liegen (vgl. Rn. 1016), in welchen diese aber auf Grund der vorrangigen Gewahrsamsmacht einer zweiten Person keine Herrschaftsmacht (mehr) auszuüben vermag. Eine solche Enklave bildet die körpereigene Gewahrsamssphäre. Trägt jemand eine Sache am Körper, in seiner Kleidung oder in seiner Handtasche, dann ist sie wegen der Nähe zum unantastbaren körperlichen Nahbereich dem Zugriff desjenigen entzogen, in dessen Räumlichkeiten sich die fragliche Person aufhält. Diese Thematik ist vor allem für die Frage bedeutsam, wann der Gewahrsamsbruch beim Ladendiebstahl vollendet wird.

---

28 BGHSt 8, 273 (275); LACKNER/KÜHL § 242 Rn. 13; RENGIER BT I § 2 Rn. 18.

29 Sachverhalt (etwas ausgeschmückt) nach BGH NStZ-RR 2001, 268.

30 BGHSt 8, 273 (275); BGH NStZ-RR 2001, 268; WESSELS/HILLENKAMP BT 2 Rn. 89.

31 MAURACH/SCHROEDER/MAIWALD BT 1 § 33 Rn. 24; FISCHER § 242 Rn. 14; BGH StV 2001, 13.

Beispiel (beobachteter Zigarettendiebstahl im Supermarkt):[32] *Joachim G.* entnahm 1026
in einem Selbstbedienungsladen aus einem Regal ein Päckchen Zigaretten im Werte von 3.- EUR, legte es jedoch nicht auf das Kassenband, sondern steckte es in Zueignungsabsicht in seine Hosentasche. Dabei wurde er von einer Verkäuferin beobachtet und noch vor Passieren der Kasse vom Filialleiter gestellt, der ihm die Zigaretten wieder abnahm. — Der BGH bejahte eine den alten Gewahrsam des Ladenbesitzers ausschließende Gewahrsamsneubegründung durch *G.* schon anlässlich des Einsteckens (und nicht erst nach dem geplanten Verlassen des Marktes). Werde eine Sache in der Kleidung am Körper getragen, so sei nach der Verkehrsanschauung eine intensivere Herrschaftsbeziehung zu ihr, vor allem hinsichtlich des Ausschlusses Dritter, kaum noch vorstellbar.[33] Der maßgebende Gedanke ist, dass ein gleichwohl unternommener Zugriff in die *körperliche Tabusphäre* einschließlich der am Körper mitgeführten Sachen wie einer Hand- oder Einkaufstasche *sozial auffällig und daher besonders legitimationsbedürftig* wäre.[34]

Nähere Einzelheiten zum rechtspolitischen Hintergrund und zur räumlichen Ausdehnung solcher Enklaven finden sich auf CD 31-01.

b) Gewahrsamsbruch und -neubegründung als Vorgang

aa) Prüfungsschritte

Die Wegnahme vollzieht sich qua *Ersetzung des ursprünglichen Opfergewahrsams* 1027
durch einen neuen Gewahrsam beim Täter (oder einer dritten Person). Anders als die Definition Rn. 1007 und manche Lehrbücher[35] es nahe legen, kann man diesem Vorgang von (1) Gewahrsamsbeendigung und (2) Gewahrsamsneubegründung nicht in dieser (nur vordergründig chronologischen) Abfolge prüfen. Denn häufig endet der alte Gewahrsam erst infolge des neuen, wie das Beispiel der Gewahrsamsenklaven zeigt: Bis zur Entstehung des neuen Gewahrsams in der körpereigenen Tabuzone besteht der Gewahrsam des Geschäftsbesitzers fort, erst danach wird dieser verdrängt. Hier ist daher aus kausalem Blickwinkel *die Gewahrsamsbegründung dem Gewahrsamsbruch vorgelagert.* Außerdem braucht am Ende gar kein im eigentlichen Sinne neuer Gewahrsam zu entstehen. Der Täter, der einen Mitgewahrsamsinhaber verdrängt, begründet schließlich keinen Gewahrsam neu, sondern verstärkt lediglich seinen schon bestehenden mittels der Eliminierung von Konkurrenz.

Richtigerweise sollte die Prüfung sich an der chronologischen Abfolge orientieren: 1028

---

32 Sachverhalt – aktualisiert – nach BGHSt 16, 271.

33 BGHSt 16, 271 (273 f.).

34 KINDHÄUSER LPK § 242 Rn. 36; LACKNER/KÜHL § 242 Rn. 16; ähnlich ARZT/WEBER BT § 13 Rn. 42.

35 Vgl. etwa MITSCH BT 2/1 § 1 Rn. 38; WESSELS/HILLENKAMP BT 2 Rn. 191.

Abbildung: Entwicklung des Gewahrsams infolge der Wegnahme

Gewahrsamsverhältnisse ...		
vor der Wegnahme		**nach der Wegnahme**
Opfergewahrsam	→	kein Opfergewahrsam mehr
Kein Tätergewahrsam *oder* unter- oder gleichgeordneter Tätergewahrsam	→	Täter- oder Drittgewahrsam

Logisch sinnvoll sind daher die folgenden *Prüfungsschritte*:

(1) Bestand anfänglich strafrechtlich geschützter Opfergewahrsam?

(2) Besteht nach der Täterhandlung dieser Opfergewahrsam nicht mehr, wohl aber (neuer oder weiterhin bestehender) Täter- oder Drittgewahrsam?

(3) Erfolgte die Veränderung gegen den Willen des Opfers?

Zur Beantwortung der ersten beiden Fragen sind die Gewahrsamsverhältnisse vor und nach der ins Auge genommenen fraglichen Wegnahmehandlung zu untersuchen. Die entsprechenden Überlegungen dazu wurden bei den Rn. 1009-1025 bereits angestellt. Es bleibt im dritten Schritt das Element des Gewahrsams*bruches* zu prüfen, also die Beugung des Herrschaftswillens.

bb) Gewahrsamsbruch

1029 Als Gewahrsamsbruch gilt

die Aufhebung des Gewahrsams gegen den Willen des alten Gewahrsamsinhabers.

Stimmt dieser hingegen dem Gewahrsamswechsel zu, so fehlt es am Merkmal des „Bruches“. Klassische Problemfelder bilden hier

- Diebesfallen
- generelle Einverständnisse, z.B. zur Entnahme von Waren aus Automaten,
- irrig abgegebene Einverständnisse.

1030 Wenn an die Stelle obiger Definition andernorts die Wendung von der „Aufhebung ... gegen *oder ohne* den Willen ...“ gesetzt wird,[36] so ist das übrigens überflüssig und zudem ungenau. Denn sofern alter Gewahrsam bestand, impliziert das auch existenten Herrschaftswillen (und nicht etwa Willenlosigkeit) des ursprünglichen Gewahrsamsinhabers. In dieser Situation muss jede von ihm nicht positiv gewollte Gewahrsamsverschiebung gegen seinen (Herrschafts-)Willen geschehen. Eine Verschiebung ohne, zugleich aber nicht gegen seinen Willen ist denklogisch ausgeschlossen.

1031 *(1) Diebesfallen* Von ihnen spricht man, wenn ein wegen voraus gegangener Diebstähle Verdächtiger dazu verlockt werden soll, eine weitere Tat zu begehen, bei wel-

36 So etwa LACKNER/KÜHL § 242 Rn. 14; KÜPER BT S. 445.

cher er entweder unter direkter Beobachtung steht oder die Beute so präpariert ist, dass man sie anschließend bei ihm identifizieren und ihn so überführen kann.

Beispiel (Überführung von stehlenden Angestellten):[37] In der Videothek von *Lars K.* war es vor dem Umzug in ein neues Ladenlokal mehrfach zu Diebstählen, offenbar durch das Personal, gekommen, ohne dass zunächst ein konkreter Tatverdacht bestand. Schließlich gelangte *K.* zu dem Schluss, die Taten könnten möglicherweise durch seine Aushilfskraft *Bastian G.* begangen worden sein. Um diesen auf die Probe zu stellen, händigte er ihm die Schlüssel für die neuen Räumlichkeiten der Videothek aus, damit *G.* auf dort gelagertes Werkzeug zugreifen könne. Mit Hilfe dieser Schlüssel betrat G. – unauffällig durch Bekannte von *Lars K.* beobachtet – das neue Ladenlokal, packte dort sieben Videocassetten mit Spielfilmen in eine Plastiktüte und brachte sie in seine nahe gelegene Wohnung. Unmittelbar darauf suchte *Lars K.* ihn dort unter einem Vorwand auf und fand so die Beute. — Da es zur Überführung notwendig war, dass sich der Verdächtige erst einmal des Köders bemächtigte, musste der Fallensteller *K.* notgedrungen damit einverstanden sein, seinen Gewahrsam – vorübergehend – zu verlieren. Der Gewahrsamsübergang geschah dann aber nicht gegen seinen Willen und folglich liegt kein Gewahrsams*bruch* vor.[38] Damit scheidet vollendeter Diebstahl aus.

Da aber der Verdächtige in solchen Fällen regelmäßig denkt, es handele sich um eine „normale" Tatsituation, *glaubt er*, fremden Gewahrsam gegen den Willen des Inhabers zu brechen. Er weist also vollständigen Diebstahlsvorsatz auf und kann deshalb immerhin wegen Versuchs bestraft werden.[39]

(2) Generelles Einverständnis in Gewahrsamsübergänge Warenautomaten geben **1032** gegen Einwurf des geforderten Kaufpreises (oder nach Zahlung per Geldkarte) den Zugang zur Ware frei. Im Falle ordnungsgemäßer Bedienung ist der Automatenaufsteller als bisheriger Gewahrsamsinhaber mit dem Gewahrsamsübergang auf den Bediener einverstanden.[40]

Aufgabe: Leeren eines Geldspielgerätes mit Falschgeld[41] **1033**
Sven B. präparierte im Jahre 1995 in seiner Wohnung etwa 2500 schwedische 5-Kronen-Münzen – Wert je Münze etwa 1.- DM – , indem er die Schmalseiten mit Klarsichtfolie versah, so dass ihr Durchmesser dem einer 5.-DM-Münze entsprach. So ausgestattet fuhr er mit seiner Ehefrau in die Spielbank *Bad Pyrmont.* Mit einem Teil der Münzen betrat er den Automatenspielsaal und betätigte sich an einem Geldspielautomaten der Marke *Aristokrat*, der mit einem elektronischen Münzprüfer ausgestattet war. Er wollte mit den Schwedenkronen spielen, um seine Gewinne in 5.-DM-Münzen zu erhalten. Zum Tatzeitpunkt war allerdings der Münzprüfer defekt, was *Sven B.* nicht wusste. Nachdem an dem Automaten

---

37 Sachverhalt nach OLG Düsseldorf NStZ 1992, 237.

38 OLG Düsseldorf NStZ 1992, 237 mit krit. Anm. Bernhard JANSSEN. Die in der Entscheidung neben dem Einverständnis in den Gewahrsamsübergang erwähnte „Einwilligung in die Zueignungshandlung" begegnet freilich Zweifeln, weil *K.* kaum gewollt haben kann, dass *G.* die Kassetten noch verwertet und sie ihm daher auf Dauer verloren gehen.

39 FISCHER § 242 Rn. 23; MITSCH BT 2/1 § 1 Rn. 71; BGHSt 16, 271 (278).

40 Sch/Sch-ESER § 242 Rn. 36; FISCHER § 242 Rn. 25; MITSCH BT 2/1 § 1 Rn. 77.

41 Sachverhalt nach OLG Celle StV 1997, 79.

eine Störung aufgetreten war, benachrichtigte *B.* einen Angestellten der Spielbank, der das Gerät öffnete und darin 243 schwedische 5.-Kronen-Münzen entdeckte; *Sven B.* hatte in seiner Gürteltasche bereits 182 gewonnene 5.-DM-Stücke.
Hat *Sven B.* das gewonnene Geld durch einen Gewahrsamsbruch erlangt?

1034 Der Vorbehalt äußerlich ordnungsgemäßer Bedienung fungiert als *Bedingung des Einverständnisses*. Wird sie nicht erfüllt, gilt auch das Einverständnis im konkreten Fall als nicht erteilt und die Münzen, die sich im Ausgabeschacht des Gerätes noch innerhalb der Gewahrsamssphäre des Aufstellers befinden, werden bei ihrer Entnahme gegen seinen Willen aus seiner Machtsphäre entfernt, weshalb eine Wegnahme vorliegt. Weitere Lösungshinweise zum Aufgabenfall und Hinweise auf andere Fälle von Gerätemanipulationen auf CD 31-02.

1035 Vergleichbares gilt für das *Tanken an Selbstbedienungstankstellen* ohne Zahlungswillen. Auch hier ist der Tankstellenbetreiber im Falle äußerlich ordnungsgemäßer Bedienung der Zapfsäulen mit dem Gewahrsamsübergang am Benzin einverstanden. Zu beachten ist, dass ein generelles Einverständnis *nur von äußeren Voraussetzungen abhängig* gemacht werden kann, nicht aber von unsichtbaren inneren Gegebenheiten beim Benutzer, etwa seinem Zahlungswillen. Denn selbst wenn der Gewahrsamsinhaber in eigener Person den Betankungsvorgang vornähme, würde er – zwar irrend, aber dennoch wirksam – seinen Gewahrsam aufgeben, sobald ihn der Kunde unter Vortäuschung seiner Zahlungsabsicht dazu auffordert. Nichts anderes kann gelten, wenn er an seine Stelle einen Automaten setzt und den Kunden zu dessen Benutzung einlädt.

1036 *(3) Irrige Gewahrsamsaufgabe* Bei der Entscheidung, den Gewahrsam zu übertragen, handelt es sich um ein *tatbestandsausschließendes Einverständnis* (weil es ja dann nicht zum Bruch des Gewahrsams kommen kann). Nicht rechtsgutsbezogene Willensmängel (insbesondere Motivirrtümer) bleiben bei der Entschließung daher grundsätzlich unbeachtlich. Irrtümer mit Rechtsgutsbezug (z.B. über das Ausmaß der Gewahrsamsübertragung) dagegen führen zur Unwirksamkeit des Einverständnisses und somit zum Gewahrsamsbruch.[42]

Beispiel (Passieren der Ladenkasse mit versteckter Waren): *Gerald W.* hatte in einem Einrichtungshaus einen Karton mit einer Lampe geöffnet, zusätzlich mehrere Batterien hineingelegt und den Karton anschließend wieder geschlossen. An der Kasse legte er die so aufgefüllte Verpackung auf das Band. Die Kassiererin *Jutta E.* tippte lediglich den Preis für die Lampe ein und händigte *W.* den Karton sodann aus; die Batterien bemerkte sie nicht. — Da *Jutta E.* über das Ausmaß dessen irrte, woran sie tatsächlich den Gewahrsam übertrug, handelt es sich um einen rechtsgutsbezogenen Irrtum. Damit brach *W.* zwar nicht den Gewahrsam an der Lampe, wohl aber an den Batterien.[43] Ob daneben noch ein Betrug vorliegt und wie sich die §§ 242, 263 in diesen Fällen des sog. Sachbetruges zueinander verhalten, wird im Rahmen des Betruges behandelt (Rn. 1233 ff.).

---

42 Sch/Sch-LENCKNER vor § 32 Rn. 32; MITSCH BT 2/1 § 1 Rn. 75; ähnlich ROXIN AT I § 13 Rn. 99 ff.

43 Sch/Sch-ESER § 242 Rn. 36; Elmar VITT, Anm. zu OLG Düsseldorf NStZ 1993, 286, NStZ 1994, 133-134 (134); a.A. MAURACH/SCHROEDER/MAIWALD BT 1 § 33 Rn. 31.

Weil für den Gewahrsam ein natürlicher Herrschaftswille genügt (Rn. 1011), bedarf es auch zu seiner Aufgabe keiner besonderen Einwilligungsfähigkeit. Selbst Kinder können deshalb wirksam auf ihren Gewahrsam verzichten und würden dann nicht bestohlen.[44] 1037

II. Der subjektive Tatbestand

1. Vorsatz

Erforderlich sind die Absicht rechtswidriger Zueignung sowie (bedingter) *Vorsatz*. 1038
Um vorsätzlich zu handeln, muss der Täter zumindest damit rechnen, dass er eine fremde Sache an sich bringt und an ihr fremder Gewahrsam besteht, auf den der Inhaber nicht zu verzichten gedenkt.

Probleme bereitet gelegentlich eine irrige Vorstellung des Täters, er nehme keine fremde Sache weg, sondern diese sei herrenlos oder gehöre gar ihm selbst. Hier ist stets danach zu fragen, ob sich der Irrtum auf eine falsche Tatsachenannahme (dann kein Vorsatz) oder eine falsche rechtliche Bewertung zurückführen lässt (dann nach § 17 zu behandelnder Subsumtionsirrtum). Ergänzende Erläuterungen dazu auf CD 31-03. 1039

2. Zueignungsabsicht

a) Die Bedeutung der Zueignungsabsicht und ihre Bestandteile

Die Zueignungsabsicht bildet ein *überschießendes subjektives Merkmal*, das keine Entsprechung im objektiven Tatbestand findet. Es bezeichnet die Verletzung des Rechtsgutes Eigentum zwar als eigentliches Ziel, aber nicht als notwendiges Resultat des Diebstahls. Dazu genügt die erfolgte Wegnahme. Sie stellt freilich bei Lichte betrachtet oft zugleich einen Akt der Zueignung dar. Formell bedarf es eines solchen Aktes zur Vollendung des Diebstahls aber nicht. 1040

Nach allgemeiner Ansicht zerfällt die Zueignungsabsicht in zwei Komponenten, die *kumulativ* vorliegen müssen:

- die *Absicht mindestens vorübergehender Aneignung* sowie
- den mindestens bedingten *Vorsatz dauerhafter Enteignung*.[45]

Die beabsichtigte Zueignung bezieht sich auf die weggenommene Sache und die Zueignung muss zudem nach der Vorstellung des Täters eine rechtswidrige sein. Mit der Sache als Objekt des Zueignungsaktes wird dessen Wesen aber noch nicht präzise genug erfasst. Nach der heute herrschenden Vereinigungslehre[46] bezieht er sich vielmehr *alternativ* auf 1041

- die *Sachsubstanz* sowie
- (subsidiär) den *Sachwert*.

---

44 MüKo-SCHMITZ § 242 Rn. 75; Sch/Sch-LENCKNER vor § 32 Rn. 32.

45 FISCHER § 242 Rn. 33a; MüKo-SCHMITZ § 242 Rn. 108; RENGIER BT I § 2 Rn. 40; MAURACH/SCHROEDER/MAIWALD BT 1 § 33 Rn. 39.

46 RGSt 61, 228 (233); BGHSt 24, 115 (119); LACKNER/KÜHL § 242 Rn. 22 f.; RENGIER BT I § 2 Rn. 39, 41; näher zum Stand der Diskussion SK-HOYER § 242 Rn. 72 ff.

Damit spielt es keine Rolle, ob der Dieb die Sache *als Ganzes seinem Vermögen zuführen* oder er nur *funktionsspezifischen Nutzen aus ihr ziehen*, sie insbesondere in ihrer spezifischen Eigenschaft gebrauchen möchte. Beides kann genügen. Es ergibt sich zusammengefasst dieses Bild:

1042 **Abbildung:** Die Zueignung, ihre Komponenten und ihre Bezugsobjekte

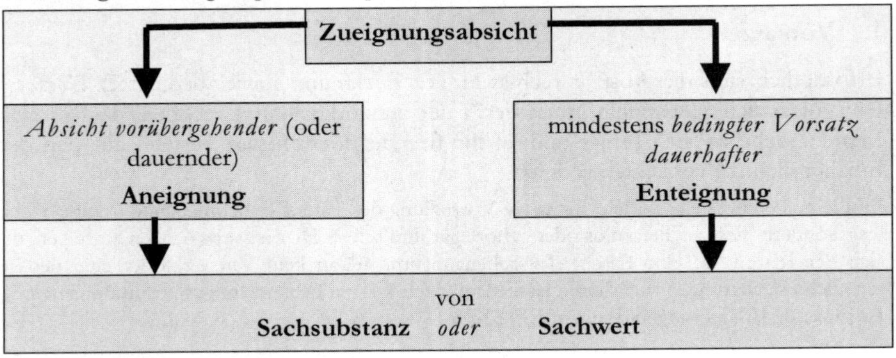

1043 Teile der Lehre halten die Unterteilung in An- und Enteignung für verfehlt[47] oder die Sachwerttheorie vom Ansatz her für unvereinbar mit dem Sinn eines Eigentumsdeliktes, weil sie zu sehr auf (allgemeine) Vermögensaspekte abstelle.[48] Beides ist nicht stichhaltig: Die Trennung von An- und Enteignung trägt jedenfalls zur Systematisierung und damit zur Klärung der vielfältigen Problemfälle der Zueignungsabsicht bei. Die Einbeziehung der Sachwert- neben der Substanzzueignung wiederum entspricht dem Verständnis der Untrennbarkeit von Eigentums- und Vermögensschutz (Rn. 850 f.). Jede Eigentumsverletzung ist (auch) Vermögensverletzung. Solange sich deshalb das Verständnis des Sachwertes nicht von der Sache selbst und den in ihr verkörperten Funktionen löst, wird der legitime Bereich des Sacheigentumsschutzes nicht verlassen. Nur muss man sich hüten, als Zueignung jedwede Nutzung einer Sache zu begreifen, die rein zufällig und ohne inneren Bezug zu dem wirtschaftlichen Wert bleibt, welcher untrennbar mit der Sache verbunden und maßgeblich von ihrer funktionalen Nutzbarkeit beeinflusst ist. Daher führt zwar das Lesen eines Buches zur Aneignung seines Sachwertes, nicht aber das Verbrennen, denn der Wert eines Buches als Sache und damit als Gegenstand des Eigentums bestimmt sich nach seinem Informationsgehalt und seiner Ausstattung, nicht hingegen nach seinem Brennwert.

b) Die Aneignungskomponente

1044 Aneignung bedeutet, *die Sache oder den ihr innewohnenden Sachwert dem eigenen Vermögen zuzuführen*.[49] Der Täter muss daher als Ziel seiner Bemühungen entweder den *Besitz* oder den *Nutzen aus der Funktion einer Sache* erstreben. Bei beidem genügt es, wenn er nur eine vorübergehende Position zu erreichen wünscht.

Beispiel (Einbrüche in Gartenlauben): *Jochen B.* brach nach Einschlagen einer Fensterscheibe in die Gartenlaube von *Klaus Sch.* ein, wo er zwar nichts Wertvolles,

---

47 So ARZT/WEBER BT § 13 Rn. 88 f.

48 MüKo-SCHMITZ § 242 Rn. 117 f.; OTTO BT § 40 Rn. 49 ff.; Urs KINDHÄUSER, Gegenstand und Kriterien der Zueignung beim Diebstahl, FS Geerds S. 655-674 (656).

49 BGH StV 1983, 329 (330); RENGIER BT I § 2 Rn. 64; KREY/HELLMANN BT 2 Rn. 57.

wohl aber eine Axt fand, die er mitnahm, um die benachbarte Gartenlaube des *Werner Z.* aufzubrechen, die durch massive Fensterläden gesichert war. Mit Hilfe der Axt gelangte er bei ihr ebenfalls durch ein Fenster hinein und nahm von dort ein Fernsehgerät mit, das er an einen Hehler weiterverkaufen wollte. Die Axt ließ er in der zweiten Laube liegen. — Hinsichtlich des Fernsehers wollte *Jochen B.* die Sache selbst als Wert seinem Vermögen einverleiben, wenngleich nur vorübergehend, da er das Gerät zu veräußern plante. Die Axt wollte er hingegen als Schlagwerkzeug benutzen und somit ihrer Funktion entsprechend gebrauchen. Auch insoweit bestand daher der Wille zur vorübergehenden Aneignung.[50]

Erstrebt der Täter hingegen keine funktionsentsprechende Nutzung der Sache, will er also nicht an ihrem eigentlichen Sachwert teilhaben, so fehlt es an der Aneignungsabsicht. Das ist insbesondere der Fall, wenn es ihm letztlich nur darum geht, dem Opfer die *Sache zu entziehen.* **1045**

Beispiel (Benutzung einer Mütze zum Schabernack):[51] Der Student *Dieter A.* hatte bei der Sitzung des Studentenparlaments dem Verbindungsstudenten *Thorsten M.* die Mütze vom Kopf gerissen und, um ihn lächerlich zu machen, sie zum Fangen-Spiel mit Gleichgesinnten verwendet. Dabei ging die Mütze schließlich in der Menschenmenge verloren; ihr Verbleib war nicht zu klären. — Der BGH hob die Verurteilung wegen Diebstahls auf, weil *A.* kein Verwertungsinteresse an der Mütze hatte und *M.* lediglich ärgern wollte. Begehrt er ihren Besitz nur zu diesem Zweck, führt er sie nicht dem eigenen Vermögen zu.[52]

Ähnlich gelagert sind die sogenannten *Pfandfälle*, in denen der Täter eine Sache wegnimmt, um das Opfer zu einer Zahlung zu bewegen. Auch hier will er seinem Vermögen weder die Sachsubstanz noch deren Wert einverleiben; er nutzt die Sache – oder besser den Mangel an ihr – nur als Druckmittel. **1046**

Beispiel (In Pfand genommene Stereoanlage):[53] *Friedhelm G.* verlangte von dem in Deutschland stationierten US-Soldaten *Steven B.* die Rückzahlung von 2.000 DM, die er ihm für die Beschaffung einer Stereoanlage gegeben hatte. *B.* war aber offenbar nicht willens oder in der Lage, den Betrag zurückzuerstatten. *Friedhelm G.* befürchtete nun, *B.* werde sich in Kürze in die USA absetzen und dort für ihn unerreichbar sein mit der Folge endgültigen Verlustes des Geldes. Er beschloss, sich im Wege der Selbsthilfe Sicherheiten zu verschaffen, und drang zu diesem Zweck in *B.*'s Wohnung ein, wo er die neuwertigen Stereogeräte als Pfand an sich nahm und sie nach Hause transportierte. Er wollte *B.* auf diese Weise zur Rückzahlung der 2.000 DM zwingen. Im Falle der Zahlung hätte er die Geräte zurückgegeben; andernfalls wollte er sie verkaufen und seine Forderung auf diese Weise realisieren. — Der Tatentschluss zum Verkauf der Geräte war zum Zeitpunkt der Wegnahme noch nicht endgültig gefasst, sondern hing vom Verhalten *B.*´s ab. Er vermag daher die unbedingte Aneignungsab-

---

50 Dass es insoweit am Enteignungsvorsatz fehlen könnte (weil *Jochen B.* damit gerechnet haben könnte, dass *Klaus Sch.* die Axt letztlich wieder bekommt) bleibt für die Frage der Aneignung noch irrelevant.

51 Nach BGH(H) MDR 1982, 810.

52 BGH(H) MDR 1982, 810; ebenso RENGIER BT I § 2 Rn. 65.

53 Sachverhalt nach BGH StV 1983, 329.

sicht nicht zu begründen. Den Besitz der Geräte erstrebte *Friedhelm G.* aber nicht zu ihrem funktionsspezifischen Gebrauch. Er wollte sie keineswegs als Stereoanlage, sondern als Nötigungsmittel nutzen; das aber stellt keinen Gebrauchswert eines solchen Gerätes dar. Ebensowenig wollte er sie an *B.* verkaufen, mithin auch nicht ihren (Verkehrs-)Wert seinem Vermögen zuführen. Daher fehlt es an einer Aneignungsabsicht zum Zeitpunkt der Wegnahme.[54]

1047 **Aufgabe:** Rückverkauf entwendeten Getreides an den Bestohlenen[55]
Der Lagerarbeiter *Heinrich B.* war auf einem Getreidespeicher der Fa. *Gebrüder T.* angestellt. Dort entwendete er Getreide und füllte es in Säcke; diese wurden zu dem Getreidehändler *Artur H.* gebracht. Beide hatten vor der Entwendung verabredet, dass *H.* das Getreide anschließend an die bestohlene Firma zurückverkaufen sollte. Den Erlös wollten sich B. und H. teilen. Dieser Plan wurde ausgeführt.
Besaßen die in Mittäterschaft handelnden *H.* und *B.* Aneignungsabsicht?

1048 Im Unterschied zum Beispiel Rn. 1046 sollte das Getreide (als angeblich fremdes) der Fa. *Gebrüder T.* verkauft werden. *H.* und *B.* ging es also *um den Verkehrswert* der Getreidesäcke, so dass sie zunächst deren Sachsubstanz ihrem Vermögen zuführen mussten. Daher liegt Aneignungsabsicht vor.

c) Die Enteignungskomponente

1049 Das Wesen der Enteignung besteht darin, *dem Eigentümer die Sache oder den in ihr wohnenden, funktionalen Sachwert zu entziehen.*[56] Im Unterschied zur Aneignung muss die Enteignung *dauerhaft* erfolgen, was für die Sachwertentziehung bedeutet, dass die Sache durch ihre Ausnutzung entwertet werden müsste. Andererseits genügt insoweit bedingter Vorsatz. Der dauerhafte Verlust für den Eigentümer braucht daher nicht Ziel des Diebes zu sein; es reicht aus, wenn er *mit dieser Folge rechnet und sie in Kauf nimmt.*[57]

Das Erfordernis der Enteignung grenzt den Diebstahl vor allem gegenüber der Gebrauchsanmaßung (mit anschließender Rückgabe der Sache) ab, die – solange nicht besondere Strafvorschriften eingreifen[58] – straflos ist (sog. *furtum usus*[59]).

aa) Enteignung trotz Rückgabe

1050 Problematisch ist der Enteignungsvorsatz insbesondere dann, wenn der Täter die Sache nach Gebrauch (unter Umständen verändert) an den Eigentümer zurückkehren lassen will. Hier stellt sich häufig die Frage, ob die Benutzung den Sachwert in rele-

54 BGH StV 1983, 329 (330).

55 Sachverhalt nach RGSt 57, 199 (aus dem Jahre 1923).

56 Sch/Sch-Eser § 242 Rn. 47; Krey/Hellmann BT 2 Rn. 56.

57 Lackner/Kühl § 242 Rn. 25; Mitsch BT 2/1 § 1 Rn. 98, 107; Fischer § 242 Rn. 41.

58 Vgl. § 248b (Unbefugter Gebrauch eines Fahrzeugs) oder § 290 (Unbefugter Gebrauch von Pfandsachen).

59 furtum (lat.) = Diebstahl; usus (lat.) = Gebrauch. Beide Worte zusammen verwendet bedeuten also eigentlich „Gebrauchsdiebstahl". Im strafrechtlichen Kontext wird der Begriff zur Unterscheidung vom (strafbaren) Diebstahl aber üblicherweise mit „Gebrauchsanmaßung" übersetzt.

vanter Weise beeinträchtigt. Klassische Konstellationen bilden dabei die *Sparbuch-* und – in neuerer Zeit – die *EC-Karten-Fälle.*

Beispiel (Abhebungen vom elterlichen Sparbuch):[60] Der Schüler *Ernst Emil F.* nahm immer, wenn er in Geldnot war, das elterliche Sparbuch an sich, das im Küchenschrank aufbewahrt wurde, um davon bei der Sparkasse kleinere Geldbeträge abzuheben. Anschließend legte er es stets wieder an seinen Aufbewahrungsort zurück. — Ein Sparbuch verkörpert als Legitimationspapier den in ihm verzeichneten Nennwert (§ 808 BGB). Zwar wollte *F.* seine Eltern nicht um die Sachsubstanz bringen, da er das Buch jedesmal in ihren Gewahrsam zurückkehren ließ. Durch die Abhebungen entzog er indes den verkörperten Sachwert und bewirkte insoweit eine dauerhafte Enteignung der legitimen Sparbuchinhaber.[61]

Ähnlich verhält es sich bei allen anderen *Legitimationspapieren*, beispielsweise Geldkarten, Eintritts- oder Fahrkarten, die bei Benutzung „entwertet" werden und dadurch ihre spezifische Funktion für den Eigentümer verlieren.

> **Aufgabe:** Kontoabhebungen mittels weggenommener EC-Karte[62] 1051
> *Corinna H.* entwendete ihrem Bruder *Jochen* die EC-Karte. Unter Verwendung dieser EC-Karte sowie der ihr bekannten Geheimnummer (PIN) hob sie vom 02. bis 21.12.1985 mehrfach am Geldautomaten Geld ab, und zwar insgesamt in Höhe von 5.100 DM. Die Sparkasse belastete das Konto des Bruders mit den abgehobenen Beträgen. *Corinna H.* hatte bei der Wegnahme der EC-Karte vor, diese nach Gebrauch wieder in den Besitz *Jochen H.*'s zurückkehren zu lassen.
> Handelte *Corinna H.* mit dem Vorsatz dauernder Enteignung?

Im Unterschied zum Sparbuch, das eine Forderung gegen die Bank verkörpert, geht 1052
durch den missbräuchlichen Gebrauch die Legitimationsfunktion einer EC-Karte nicht verloren, weil sie im Verhältnis zwischen ausstellender Bank und ihrem Kunden alleine die Identität des Kontoinhabers nachweist. Daher mag ihre Nutzung die vorübergehende Aneignung ihres spezifischen Nutzwertes bedeuten, aber keine dauerhafte Enteignung. Weitere Hinweise zu diesem Fall auf CD 31-04.

Vorübergehender Gebrauch kann mithin nur dann zur endgültigen Sachwertentzie- 1053
hung führen, wenn er die Sache *in Substanz oder Nutzbarkeit dauerhaft beeinträchtigt.*

Beispiel („Entleihen" eines Taschenbuches):[63] Der Philosophiestudent *Robert G.*, knapp bei Kasse, nahm in einer Buchhandlung einen Taschenbuch-Krimi ohne Bezahlung mit, um diesen zu Hause zu lesen. Angeblich wollte er das Buch anschließend wieder heimlich in das Geschäft zurückbringen. Er habe nämlich von einem Jurastudenten erfahren, eine solche Tat sei straflose Gebrauchsanmaßung. Diese den meisten Menschen unbekannte Tatsache habe er ausnutzen wollen. — *G.* wollte nach seiner Einlassung die Buchhandlung nicht dauerhaft um die Sachsubstanz im Ganzen

60 Nach RGSt 22, 2 (aus dem Jahre 1891).

61 RGSt 22, 2 (3); Sch/Sch-ESER § 242 Rn. 50; RENGIER BT I § 2 Rn. 48; a.A. MüKo-SCHMITZ § 242 Rn. 122, der die Legitimationsfunktion als maßgebend ansieht und meint, sie wäre als solche durch eine Abhebung nicht beeinträchtigt.

62 Sachverhalt mit Ergänzungen nach BGHSt 35, 152.

63 Nach OLG Celle NJW 1967, 1921.

bringen. Auch der Informationsgehalt des Lesestoffes, sein funktionstypischer Sachwert für den Leser, sollte unangetastet bleiben. Gleichwohl bestätigte das OLG Celle die Verurteilung durch das Amtsgericht. Ein einmal gelesenes Buch sei grundsätzlich minderwertig und daher nicht mehr zum Neupreis veräußerlich, sondern allenfalls im Antiquariat. Darin liege für die Buchhandlung eine endgültige Sachwertentziehung.[64] Das wäre im Ergebnis richtig, falls *Robert S.* damit rechnete, seine Benutzung könne zu Gebrauchsspuren (z.B. Knickstellen, Eselsohren) führen, die einem anschließenden Verkauf als Neuware entgegenstünden. Dann hätte er in der Tat die spezifische Funktion des Buches für das Geschäft, nämlich als Verkaufsware, beeinträchtigt. Ein äußerlich für das Buch folgenloses Lesen hingegen erfüllte diese Voraussetzungen nicht. Zudem ist es inzwischen üblich, der Kundschaft in Buchhandlungen das Anlesen von Büchern in sog. Leseecken zu ermöglichen. Die Vorstellung, ein Buch sei nicht mehr als neuwertig verkäuflich, sobald es geöffnet wurde, dürfte deswegen überholt sein.[65]

bb) Dauerhafte Enteignung durch zeitweiligen Sachentzug

1054 Zeitweiliger Gebrauchsentzug führt wie erwähnt[66] regelmäßig nicht zur dauerhaften Enteignung. Anders mag es aber liegen, wenn der Täter eine Sache zwar nicht endgültig, aber doch so lange nutzen will, dass dieser *vorübergehende Sachentzug einem endgültigem Verlust gleichkommt*. So nimmt man Enteignungsvorsatz an, wenn der Täter z.B. ein Zelt für den gesamten Sommer an sich bringen, es danach aber zurückgeben will.[67] Ein brauchbares Abgrenzungskriterium liefert die Frage, ob der Bestohlene, wüsste er um den geplanten Rückgabezeitpunkt, gleichwohl eine Ersatzbeschaffung vornehmen müsste, weil der Nutzungsausfall auf ihn als unerträglicher und nicht nur vorübergehender Sachwertverlust wirkt.

cc) Pkw-Wegnahmen: Dauerhafte Enteignung nach zeitweiligem Sachentzug?

1055 In Praxis und Prüfung bedeutsam sind *Wegnahmen von Pkw* zu sog. *Spritztouren*, bei denen es dem Täter nicht darum geht, den Wagen endgültig zu behalten oder durch Verkauf zu verwerten, sondern er nur vorübergehend damit herumfahren möchte. Zwar stünde beim Fehlen eines Enteignungsvorsatzes § 248b[68] als Auffangtatbestand zur Verfügung. Da es sich aber dabei um ein explizit subsidiäres Antragsdelikt mit zudem geringerer Strafdrohung handelt, bleibt die Bestimmung der Reichweite von § 242 auch für solche Fahrten unumgänglich.

---

64 OLG Celle NJW 1967, 1921 (1922), mit kritischer Anm. Karl G. DEUBNER (ebenda). Wie hier auch MITSCH BT 2/1 § 1 Rn. 114.

65 Man mag allerdings darüber spekulieren, ob der auf frischer Tat ertappte Student die Einlassung, das Buch zurückbringen zu wollen, nicht als Ausrede vorgeschoben hatte. Jedenfalls hielten die Gerichte seine Darstellung in dubio pro reo für unwiderlegbar.

66 Vgl. oben Rn. 1049.

67 RENGIER BT I § 2 Rn. 63; MAURACH/SCHROEDER/MAIWALD BT 1 § 33 Rn. 40; a.A. KINDHÄUSER (Fn. 48), FS Geerds S. 673, der Diebstahl in diesen Fällen ausschließt.

68 Eine detailliertere Darstellung findet sich bei Rn. 1173 ff.

Aufgabe: Mitnahme eines Pkw als Schleppfahrzeug[69] 1056
Thomas M. und *Piotr. G.* waren auf einer Fahrt mit dem Pkw *G.*'s von der Straße abgekommen. Dabei hatte das Fahrzeug Schäden erlitten, die es ihm unmöglich machten, aus eigener Kraft weiter zu fahren. *M.* und *G.* beschlossen deshalb, den Wagen über eine Strecke von 50 km nach Hause zu schleppen und dazu ein fremdes Auto an sich zu bringen, das sie nach dem Abschleppen irgendwo ungesichert stehen lassen wollten. Sie begaben sich zu dem 100 m entfernten Gehöft des Landwirtes *Sebastian A.*, wo dessen VW Polo abgestellt war. *Thomas M.* schlug die Seitenscheibe des Fahrzeuges ein und durchbrach die Lenkradsperre. Gemeinsam schoben sie den Wagen dann zunächst zum Standort ihres Pkw zurück. Dort schlossen sie den VW Polo kurz, wendeten ihn und banden ihren Pkw mit einem Abschleppseil daran fest. Als *Thomas M.* mit dem VW Polo versuchte, den Wagen *G.*'s anzuschleppen, riss das Seil. Unmittelbar darauf wurde ein Zeuge auf das Geschehen aufmerksam, weshalb *G.* und *M.* zu Fuß die Flucht ergriffen.
Begingen *Thomas M.* und *Piotr. G.* einen gemeinschaftlichen (und vollendeten) Diebstahl?

Fahren stellt als funktionstypischer Gebrauch stets eine (vorübergehende) Aneignung 1057
eines Fahrzeugs dar. Ob zugleich mit einer dauerhaften Enteignung gerechnet wurde, hängt von den Tätervorstellungen darüber ab, unter welchen Umständen die Nutzung enden soll. Ist geplant, ein Fahrzeug in einiger Entfernung vom Wegnahmeort stehen zu lassen, so wird der Täter damit rechnen, dass es der Eigentümer bei einer Nachsuche selbst nicht auffinden kann. Zwar führt dann eine polizeiliche Fahndung regelmäßig früher oder später zur Sicherstellung. Allerdings mag bis dahin etliche Zeit vergehen, in welcher der Pkw dem Zugriff Dritter ausgesetzt ist. Dadurch entsteht vor allem dann ein Risiko, wenn das Fahrzeug ungesichert, also unverschlossen bzw. aufgebrochen abgestellt wird. Für solche Fallgestaltungen kann regelmäßig davon ausgegangen werden, dass der Täter mit dem Risiko eines endgültigen Verlustes infolge weiterer – entwendender oder sachschädigender – Zugriffe Dritter rechnet und folglich Enteignungsvorsatz vorliegt. Weitere Hinweise für die Lösung der Aufgabe Rn. 1056 auf CD 31-05.

Häufig wird in Rspr. und Schrifttum die Verneinung eines Diebstahls davon abhängig gemacht, ob der Täter einen „*Rückführwillen*" besitzt, also die Vorstellung, das Fahrzeug an den Ort seiner Wegnahme zurück zu bringen.[70] Zwar schließt ein solcher Rückführwille den Vorsatz dauernder Enteignung aus. Andererseits vereinfachte es viel zu sehr, allein auf ihn abzustellen. Denn es kommen Fallgestaltungen vor, in welchen der Täter zwar keinen solchen Rückführwillen besitzt, aber dennoch keine dauerhafte Opferenteignung befürchten muss. Das gilt insbesondere beim *gesicherten Abstellen* oder bei besonderer *Auffälligkeit des entwendeten Fahrzeugs*.[71] Ergänzendes dazu ebenfalls auf CD 31-05.

Keinesfalls darf man sich zur Begründung eines Diebstahls auf den mit der Fahrt 1058
notwendig verbundenen *Verbrauch an Treibstoff* bzw. Öl oder auf die Fahrzeugabnutzung einlassen. Liegt für das gesamte Fahrzeug Zueignungsabsicht vor, sind diese Aspekte ohnehin mit umfasst. Andernfalls aber wäre § 248b als lex specialis einschlä-

---

69 Sachverhalt aus BGH NStZ 1982, 420.

70 BGHSt 22, 45; FISCHER § 242 Rn. 39; RENGIER BT I § 2 Rn. 60.

71 BGH VRS 51, 210 (Hochdruckspülwagen); verfehlt OLG Koblenz VRS 46, 33 (34 f.), das Enteignungsvorsatz beim Stehenlassen eines Feuerwehrwagens bejaht hatte.

gig, der diesen mit dem Gebrauch untrennbar verbundenen Verbrauch und die entsprechende Fahrzeugabnutzung mit abdeckt und § 242 insoweit verdrängt.[72] In der Begutachtung sollten diese Gesichtspunkte *gar nicht erst erwähnt* werden.

1059 Außerhalb des Anwendungsfeldes speziellerer Strafvorschriften gegen den unbefugten Gebrauch mag man allerdings eine dauerhafte Enteignung in Betracht ziehen, sobald eine Sache *durch zeitweiligen Gebrauch voraussichtlich dauerhaft an Wert verliert.* Üblicherweise wird hier allerdings eine erhebliche Wertminderung vorausgesetzt,[73] ohne dass bislang Klarheit darüber herrscht, wo die Erheblichkeitsgrenze verläuft. Richtigerweise bedarf es dazu sowohl eines Funktions- als auch eines (Markt-) Wertverlustes. Nähere Erläuterungen finden sich auf CD 31-06.

dd) Enteignung wegen der Umstände der Rückgabe

1060 Rückverkaufsfälle wurden schon im Rahmen der Aneignungsabsicht angesprochen (Rn. 1047 f.). Auch sofern eine Aneignung des Verkehrswertes zu bejahen wäre, kann es gleichwohl an der Enteignungskomponente fehlen:

Beispiel (Dienstmützenfall):[74] Der Bundeswehrsoldat *Jürgen K.* hatte bei einem Manöver die ihm zum Gebrauch überlassene, im Eigentum der Bundeswehr stehende Dienstmütze verloren. Um Schadensersatzansprüche zu vermeiden, entwendete er deshalb einem Kameraden dessen Dienstmütze und legte sie bei seiner Entlassung in der Kleiderkammer als die angeblich ihm überlassene vor. — Zwar kann eine vorübergehende Aneignung bejaht werden, weil *Jürgen K.* den Besitz der Mütze um seiner selbst willen anstrebte und diesen Besitz wirtschaftlich verwerten, nämlich unter (scheinbarer) Erfüllung eigener Rückgabepflichten um die Erstattung des Verkehrswertes seiner eigenen Mütze herumkommen wollte. Es fehlt aber an einer geplanten Enteignung, denn *K.* ließ sowohl die Sachsubstanz als auch den Wert der weggenommenen Mütze wieder der Bundeswehr als rechtmäßiger Eigentümerin zukommen. Er brachte sie vielmehr (und insoweit betrügerisch) um den Verkehrswert einer anderen Mütze, und zwar der verlorenen. Bzgl. der weggenommenen besaß er dagegen keinen Enteignungsvorsatz.[75]

Die Besonderheit solcher Fallgestaltungen liegt darin, dass der Entwendende das Eigentum nicht leugnet, sondern es vielmehr ausdrücklich durch die Rückgabe als eine dem Eigentümer gehörende Sache anerkennt. Im Unterschied dazu wird bei den üblichen Rückverkaufsfällen der Erwerber über sein bereits bestehendes Eigentum getäuscht, weshalb er meint, eine andere Sache als Ersatz für die abhanden gekommene neu zu erwerben. Bei einem solchen Verkauf wird der Bestohlene um den wirtschaftlichen Wert der Sachsubstanz gebracht, die er erst erneut seinem Vermögen im Wege eines vermeintlichen Neuerwerbes zuführen muss.

d) Rechtswidrigkeit der geplanten Zueignung

1061 Die vom Täter ins Auge gefasste Zueignung muss eine rechtswidrige sein. Die erforderliche normative Bewertung setzt an dem Tatbild an, das der Täter im Kopfe hat, und prüft dieses objektiv auf seine Vereinbarkeit mit dem (bürgerlichen) Recht. Weil bereits infolge der – notwendig zuvor bejahten – Wegnahme von einem Handeln gegen den Willen des Gewahrsamsinhabers auszugehen ist, wird diese Rechtswidrig-

---

72 FISCHER § 248b Rn. 11; BGHSt 14, 386 (388); i.E. ebenso, aber mit anderen Gründen SK-HOYER § 248b Rn. 18 (schon keine selbstständig zu stehlende Sache).

73 BGHSt 34, 309 (312).

74 Sachverhalt nach BGHSt 19, 387.

75 BGHSt 19, 387 (388); ARZT/WEBER BT § 13 Rn. 95; MITSCH BT 2/1 § 1 Rn. 117.

keit indiziert. Sie entfällt dann im Ergebnis nur noch, falls der Täter auf die geplante Zueignung seinerseits einen (von der Rechtsordnung anerkannten) Anspruch hat.[76] Auf die höchst strittige Frage, wie die Rechtswidrigkeit einzuordnen ist (Rn. 1063), braucht man sich in solch einfachen Konstellationen also nicht einzulassen. Sie erlangt erst Bedeutung, sobald sich der Täter vorstellt, einen Anspruch auf die Sache zu haben, den ihm die Rechtsordnung nicht zubilligt.

Beispiel (Wegnahme von Sachen zur Schuldentilgung): Der Antiquitätenhändler *Jochen Q.* hatte dem in derselben Branche tätigen *Tom W.* eine Skulptur verkauft und übereignet. *W.* hatte von dem Kaufpreis zwar die bei der Übernahme fällige Hälfte an *Q.* gezahlt. Die Restzahlung verweigerte er aber über längere Zeit mit fadenscheinigen Begründungen. Nach zähen Verhandlungen einigte man sich schließlich auf eine Rückabwicklung des Kaufes. Allerdings weigerte sich *W.* auch in der Folgezeit, die Skulptur heraus zu geben, obschon *Q.* mit dem Geld wiederholt bei ihm erschienen war. Schließlich griff *Q.* zur Selbsthilfe und wollte sich die Skulptur eigenmächtig zurückholen. Dabei allerdings täuschte ihn seine Erinnerung, weshalb er nicht das an ihn zu übereignende, sondern ein diesem zum Verwechseln ähnliches Kunstwerk mitnahm. — Da der Rücktritt (§ 346 BGB) vereinbart worden war, besaß *Q.* zwar einen Anspruch auf Übereignung, aber nicht auf die tatsächlich weggenommene Sache. Vordergründig erfolgte das Vorgehen von *Q.* also in Ermangelung jedweden Anspruchs in der Absicht einer objektiv rechtswidrigen Zueignung. **1062**

Dieses unbefriedigende Ergebnis[77] vollständiger Irrelevanz der jeweiligen Tätervorstellungen macht deutlich, warum ein Verständnis der Rechtswidrigkeit als rein objektives Kriterium des subjektiven Tatziels offensichtlich zu kurz greift. Vergegenwärtigt man sich, dass die Zueignungsabsicht ein überschießendes subjektives Unrechtsmerkmal ohne Entsprechung im objektiven Tatbestand darstellt (Rn. 1040), diese aber – wie bei § 246 – theoretisch haben könnte, dann lassen sich die Anforderungen an die Tätervorstellungen präziser bestimmen. Dazu unterstelle man probehalber, § 242 laute: „...Sache einem anderen wegnimmt ***und sie sich*** oder einem Dritten ***absichtlich rechtswidrig zueignet***..." Irrtümer des Täters über die Rechtswidrigkeit seiner Zueignungshandlung wären dann als ganz normale Irrtümer über ein (normatives) Merkmal des Tatbestandes zu behandeln. Konsequenterweise muss ein Gleiches gelten, sobald man das – für diese Fälle irrelevante, weil ohnehin erfüllte – objektive Zusatzmerkmal gedanklich wieder entfernt und damit den Wortlaut des § 242 erhält. Auch die Rechtswidrigkeit der Zueignung erweist sich so als ein Merkmal, das für Irrtumsfragen denselben Regeln unterliegt wie jedes andere subjektive Merkmal, auch wenn es in § 242 mit keinem entsprechenden objektiven Gegenstück korrespondiert.[78] **1063**

Daher ist es zumindest ungenau, wenn gelegentlich behauptet wird, jeder Irrtum über das Bestehen eines Anspruchs bewirke bereits den Wegfall der Zueignungsabsicht.[79] Vielmehr gilt dies nur, wo sich der Irrtum auf die Verkennung der Situation in tatsächlicher Hinsicht zurückführen lässt.

---

76 Soweit nahezu unbestrittene h.M., vgl. RENGIER BT I § 2 Rn. 86; MAURACH/SCHROEDER/MAIWALD BT 1 § 33 Rn. 53 f.; LACKNER/KÜHL § 242 Rn. 27.

77 Auch Rechtfertigungsgründe stünden *Q.* im Zweifel nicht zur Seite, zumal er auf Herausgabe klagen konnte.

78 Ebenso MITSCH BT 2/1 § 1 Rn. 162.

79 So aber OTTO BT § 40 Rn. 80; WESSELS/HILLENKAMP BT 2 Rn. 190; MAURACH/SCHROEDER/MAIWALD BT 1 § 33 Rn. 56 f.

1064 Im Beispielsfall bewirkt der Irrtum des *Q.*, der auf einer Verwechslung und damit auf einer Verkennung tatsächlicher Umstände beruhte, gemäß § 16 den Ausschluss des subjektiven Tatbestandes. Hätte *Q.* hingegen in Unkenntnis rechtlicher Wertentscheidungen über die Existenz eines Anspruchs geirrt, so bliebe es bei der Absicht rechtswidriger Zueignung und die Fehlvorstellung wäre im Rahmen der Schuld auf ihre Vermeidbarkeit hin zu untersuchen (§ 17).[80]

1065 Eine Sonderstellung nehmen Fälle ein, in welchen es um das *Eintreiben fälliger Geldschulden* geht.

Beispiel („Moos raus" – Fall):[81] *Hubert G.* schuldete dem Gastwirt *Klaus H.* noch mindestens 20.- DM für Zechen in den *Regina-Stuben*, deren Inhaber *H.* war. Eines Tages traf *Klaus H.* seinen Schuldner auf der Straße. Er forderte ihn mit den Worten „Moos raus" zur Bezahlung der Zechschulden auf. Als *Hubert G.* sich abwenden und entfernen wollte, griff *Klaus H.* in die Taschen *G.*'s und fand darin einen 10.-DM- und einen 5.-DM-Schein. Beide nahm er ihm weg. — *Hubert G.* besaß zwar einen fälligen Zahlungsanspruch, jedoch objektiv keinen Anspruch auf die weggenommenen 15.- DM. Denn bei einer Geldschuld handelt es sich nach § 243 I BGB um eine Gattungsschuld, deren Inhalt sich erst nach einer dem Schuldner zustehenden Konkretisierung auf bestimmte Sachen bezieht, zuvor aber nur allgemein auf Dinge „mittlerer Art und Güte".

Mit dem oben konzipierten Verständnis gelangte man in derartigen Konstellationen an sich zur Zueignungsabsicht, denn der Irrtum von *Klaus H.* beruhte auf einer rechtlichen Verkennung seiner Ansprüche auf *bestimmte* Geldstücke.[82] Die Rspr. behandelt solche Irrtümer dennoch aus Billigkeitsgründen wie vorsatzausschließende Fehlvorstellungen über die Nämlichkeit der weggenommenen Sache. Sie will dem Beschuldigten die feinsinnigen Konsequenzen der Differenzierung zwischen Stück- und Gattungsschulden bei schlechterdings stets gleichwertigen Sachen, wie sie Geldstücke nun einmal sind, ersparen.[83] Systematisch schlüssiger argumentiert die *Wertsummentheorie*,[84] die deshalb den Vorzug verdient: Anders als bei den übrigen Gattungsschulden habe der Geldschuldner kein strafrechtlich schützenswertes Interesse, aus seinem Bargeldbestand diejenigen Geldstücke auszuwählen, die er zur Begleichung seiner Verbindlichkeit hingeben will. Geld definiert sich nämlich unabhängig von seiner Stückelung alleine anhand seines jeweiligen Nennwertes.[85] Daher wird eine Geldschuld strafrechtlich im Ergebnis wie eine Stückschuld hinsichtlich des konkret weggenommenen Bargeldes behandelt. Im Beispielsfall hätte *Klaus H.* also eine recht*mäßige* Zueignung beabsichtigt.

80 Nähere Einzelheiten zu solchen Irrtumsfragen wurden bereits auf CD 31-03 dargestellt.

81 Sachverhalt nach BGHSt 17, 87, aber unter Weglassen der räuberischen Gewalt.

82 So etwa KREY/HELLMANN BT 2 Rn. 94a.

83 BGHSt 17, 87 (90 f.); BGH StV 1990, 546.

84 Grundlegend Claus ROXIN, Geld als Objekt von Eigentums- und Vermögensdelikten, H.Mayer-FS S. 467-484.

85 ROXIN (Fn. 84) S. 469; SK-HOYER § 242 Rn. 103; MITSCH BT 2/1 § 1 Rn. 158; noch weitergehender für andere Gattungsschulden OTTO BT § 40 Rn. 85; a.A. MAURACH/SCHROEDER/MAIWALD BT 1 § 33 Rn. 53.

Dieses Resultat entspricht auch am besten der gegenseitigen Interessenlage. Der Schuldner 1066
besitzt kein schützenswertes Interesse, sein Geld behalten zu dürfen. Die Wegnahme des Geldes führt vielmehr zu einer im Ergebnis vom Zivilrecht angestrebten Situation ausgeglichener gegenseitiger Interessen. Freilich bleibt der Gläubiger nach anderen Strafbestimmungen strafbar, sofern er zur Wegnahme Mittel einsetzt oder Wege einschlägt, die für sich genommen strafwürdig sind, etwa Gewalt anwendet (§§ 240, 303) oder in geschützte Raumsphären eindringt (§ 123).

III. Versuch und Bestrafung

Bei Rechtswidrigkeit und Schuld bestehen keine Besonderheiten. § 242 II ordnet 1067
zudem Versuchsstrafbarkeit an.

Die Regelstrafdrohung des Diebstahls beträgt maximal fünf Jahre Freiheitsstrafe, ein 1068
Strafrahmen, der in der Praxis niemals ausgeschöpft wird, solange keine Straferschwerungsgründe nach § 243 eingreifen. Diese Bestimmung wird wegen ihrer Sonderstellung separat behandelt (Rn. 1080 ff.).

IV. Besondere Strafverfolgungsvoraussetzungen

In zwei besonderen Konstellationen wird der Diebstahl zum *Strafantragsdelikt*, 1069
nämlich beim Haus- und Familiendiebstahl (§ 247, Strafantrag unabdingbar) sowie beim Diebstahl geringwertiger Sachen (§ 248a, Fehlen des Strafantrages durch besonderes öffentliches Interesse kompensierbar).

Sowohl § 248a als auch § 247 sind nicht nur beim Diebstahl anwendbar, sondern auch bei Entziehung elektrischer Energie (§ 248c III), Hehlerei (§ 259 II), Betrug (§ 263 IV), Computerbetrug (§ 263a II i.V.m. § 263 IV), Erschleichen von Leistungen (§ 265a III) und Untreue (§ 266 II). Darüber hinaus gilt § 248a noch für die Begünstigung (§ 257 IV) sowie den Missbrauch von Scheck- und Kreditkarten (§ 266b II).

1. Diebstahl geringwertiger Sachen (§ 248a)

Für Bagatelldiebstähle sieht der Gesetzgeber seit 1975 keine Reduzierung des Strafrahmens 1070
mehr vor. Vielmehr wird für sie lediglich ein Strafantrag des Bestohlenen verlangt (oder besonderes öffentliches Verfolgungsinteresse). Zuvor wurden vergleichbare Taten zumeist als Übertretungen erfasst, die eine deutlich geringere Strafdrohung besaßen. Ihre Abschaffung im Zuge der großen Strafrechtsreform führte vor allem für die Gruppe der Ladendiebstähle zu einer nachhaltigen Verschärfung. Nähere Einzelheiten zur Historie (und zu alternativen Möglichkeiten der Reaktion auf Bagatelldiebstähle) finden sich auf CD 31-07.

Die Anwendbarkeit von § 248a hängt ausschließlich vom *Verkehrswert* derjenigen 1071
Sache ab, auf die sich die Zueignungsabsicht bezieht. Nachdem die Wertgrenze jahrzehntelang bei 50.- DM lag und auch nach der Währungsumstellung zunächst bei 25-30 EUR verharrte,[86] haben inzwischen einige Oberlandesgerichte der Geldentwertung Rechnung getragen und den Bereich des Geringwertigen auf *bis zu 50.- EUR Beu-*

---

86 Maurach/Schroeder/Maiwald BT 1 § 33 Rn. 101; Fischer § 248a Rn. 3.

tewert erstreckt.[87] Werden bei derselben Tat mehrere Sachen weggenommen, so sind ihre Werte zu addieren.

1072 **Aufgabe:** Entwendung von Ausweisvordrucken[88]
Der im Ordnungsamt der Stadt *München* beschäftigte *Jürgen G.* erhielt von *Thomas M.* den Auftrag, ihm Reisepass und Führerschein auf den Nahmen „*Thomas S.*" zu „besorgen". Zu diesem Zweck händigte *M.* an *G.* zwei Lichtbilder von sich aus. *Jürgen G.* erklärte sich einverstanden und nahm in der Folgezeit entsprechende Ausweisvordrucke (Materialwert seinerzeit ca. 10 DM) vom Ordnungsamt mit nach Hause. Dort versah er sie mit den gelieferten Lichtbildern sowie den notwendigen Stempeln. Anschließend händigte er sie *Thomas M.* gegen Bezahlung von 500 DM aus.
Ist auf die Tat von *Jürgen G.* und *Thomas M.* § 248a anzuwenden?

1073 Was keinen (legalen) Verkehrswert besitzt, entzieht sich selbstverständlich auch der Einordnung in Gering- oder Hochwertiges. Das gilt insbesondere für Ausweise, EC-Karten oder Schriftstücke. Hier darf auch nicht hilfsweise auf den Materialwert, den Aufwand für die Neubeschaffung oder den funktionalen Nutzwert abgestellt werden.[89] Solche verkehrswertlosen Dinge unterfallen vielmehr uneingeschränkt § 242, der keinen bestimmten Wert des Diebesgutes verlangt. Weitere Hinweise zur Lösung des Aufgabenfalles auf CD 31-08.

1074 Bei Geringwertigkeit wäre zum einen der Eigentümer der gestohlenen Sache, zum anderen aber auch derjenige antragsbefugt, dessen Gewahrsam durch die Tat gebrochen wurde, selbst wenn er nicht zugleich der Eigentümer ist.[90]

2. Haus- und Familiendiebstahl (§ 247)

1075 Diese Bestimmung ordnet ein Strafantragserfordernis für zwei Fallgruppen an:

Abbildung: Die Fallgruppen des § 247

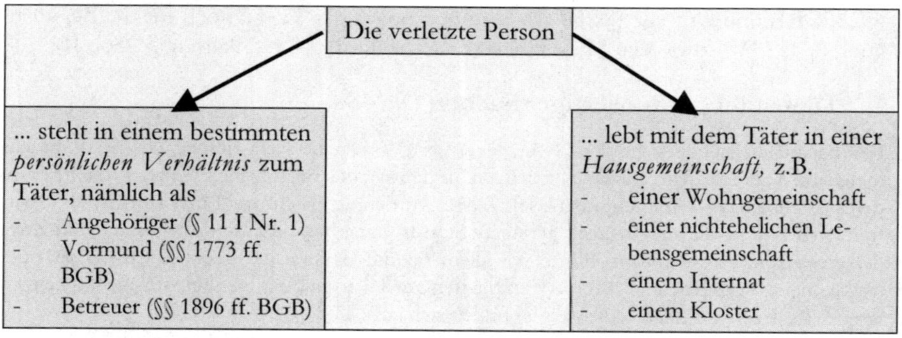

87 OLG Zweibrücken NStZ 2000, 536; OLG Hamm NJW 2003, 3145; ebenso LACKNER/KÜHL § 248a Rn. 3; RENGIER BT I § 3 Rn. 25.

88 Sachverhalt nach BayObLG NJW 1979, 2218.

89 BGH NJW 1977, 1460 (1461); FISCHER § 248a Rn. 4; WESSELS/HILLENKAMP BT 2 Rn. 243.

90 Konsequenz aus der Rechtsgutsbestimmung, vgl. oben Rn. 1002 f.; wie hier BGHSt 10, 400 (401); a.A. FISCHER § 248a Rn. 7.

Sind Gewahrsamsinhaber und Eigentümer personenverschieden, so besteht ein Antragserfor- 1076
dernis prinzipiell nur, sofern beide gegenüber dem Täter in einer von § 247 genannten Beziehung stehen. Betrifft das hingegen nur einen von beiden Geschädigten, wäre die Tat gegenüber dem anderen uneingeschränkt von Amts wegen unmittelbar über § 242 zu verfolgen; eines Strafantrages bedarf es dann insgesamt nicht. Andererseits verbleibt es beim Antragserfordernis, wenn zwar allein der Eigentümer zum Personenkreis aus § 247 zählt, der nicht dazugehörige Gewahrsamsinhaber aber nur für ihn (und ihm untergeordnet) Gewahrsam ausübt.[91]

Bei einer *Hausgemeinschaft* ist der Wille vorauszusetzen, wenigstens für eine gewisse 1077
Dauer zusammen zu leben und die mit dem Eintritt in die Gemeinschaft verbundenen Verpflichtungen zu übernehmen.[92] Bei Zwangsgemeinschaften (z.B. in Kasernen, JVA) und bei nur der einfacheren Versorgung dienenden gemeinsamen Unterbringung (z.B. in Krankenhäusern, Altenheimen[93]) fehlt es an einer solchen freiwilligen funktionalen Gemeinschaft der darin Lebenden.[94]

Wiederholungsfragen zum 30. und 31. Kapitel 1078

1. Was versteht man unter einer Wegnahme? (Rn. 1007, 1029)
2. Wie definiert die h.M. den Gewahrsam? (Rn. 1010)
3. In welchen Konstellationen ist der Bruch von Mitgewahrsam möglich? (Rn. 1021)
4. Warum besteht Gewahrsam an Dingen, die man am Körper trägt? (Rn. 1025 f.)
5. Was versteht man unter der Zueignungsabsicht? (Rn. 1040)
6. Wann besitzt eine Sache i.S.v. § 248a einen geringen Wert? (Rn. 1071)
7. Stellt die Mitnahme eines ungesichert abgestellten Fahrrades einen Diebstahl dar, wenn der Täter vorhat, es nach kurzem Gebrauch am Bahnhofsvorplatz, ca. 1,5 km vom Mitnahmeort entfernt, wieder abzustellen? (Rn. 1055 ff.)

Ergänzende Hinweise zu Beantwortung von Frage 7 auf CD 31-09.

---

91 BGHSt 10, 400 (401 ff.).

92 BGHSt 29, 54 (57); Sch/Sch-ESER § 247 Rn. 6.

93 Ausnahme: Die Unterbringung erfolgt in freiwillig ausgesuchten Wohngruppen mit gegenseitiger Unterstützung der Mitglieder, vgl. FISCHER § 247 Rn. 2.

94 FISCHER § 247 Rn. 2; Sch/Sch-ESER § 247 Rn. 7.

32. Kapitel. Strafschärfungen und Qualifikationen

I. Überblick

1079 Ist der Grundtatbestand des einfachen Diebstahls verwirklicht, so ergeben sich beim Vorhandensein erschwerender Umstände, die in der Tat selbst liegen, die Möglichkeiten einerseits der Strafschärfung (§ 243) und andererseits der Qualifizierung (§§ 244, 244a, vgl. die Übersicht Rn. 1000). Die im Gesetz benannten erschwerenden Umstände sind allerdings sehr heterogen und betreffen

- *Modalitäten der Wegnahme* (z.B. mittels Einbrechens oder Ausnutzens der Hilflosigkeit),
- die *Tatobjekte* (z.B. Stehlen von besonders gesicherten Objekten, von Waffen oder von Sachen, die der Religionsausübung dienen),
- objektive Gegebenheiten auf *Täterseite* (wie Bewaffnung oder Vorgehen als Bande),
- die subjektiven *Motive* des Täters (gewerbsmäßiges Handeln).

Da sich diese Umstände zudem sehr unsystematisch auf die drei in Betracht kommenden Bestimmungen verteilen, hilft bei der Fallbearbeitung nur, die §§ 243-244a jeweils ad hoc durchzumustern, um zu erkennen, ob eine ihrer Alternativen einschlägig ist.

Eine Sonderstellung nimmt der räuberische Diebstahl ein (§ 252), den ein nachträgliches Hinzutreten von Gewalt oder Drohungen im Anschluss an die Wegnahme charakterisiert.

II. Diebstahl im besonders schweren Fall (§ 243)

1. Die Regelbeispielstechnik

1080 § 243 stellt nach h.M. keine Qualifikationsbestimmung dar, sondern eine Strafzumessungsvorschrift.[1] Sie statuiert in § 243 I 1 für besonders schwere Fälle eine erhöhte Strafe, nämlich von drei Monaten bis zu zehn Jahre Freiheitsstrafe an Stelle der in § 242 angedrohten maximal fünf Jahre. In Satz 2 erläutert sie dann beispielhaft („...liegt in der Regel vor, wenn...“), wann ein solch besonders schwerer Fall anzunehmen ist. Aus dieser Formulierung wird abgeleitet, dass die in der Folge genannten Merkmale (die sog. *Regelbeispiele*) zwar indiziell wirken, den Richter aber nicht vollständig binden. Es soll daher zum einen besonders schwere Fälle neben den in § 243 I ausdrücklich genannten geben.[2]

---

1 BGHSt 23, 254 (256 f.); Sch/Sch-ESER § 243 Rn. 2; MAURACH/SCHROEDER/MAIWALD BT 1 § 33 Rn. 69, 71; MITSCH BT 2/1 § 1 Rn. 171; a.A. KINDHÄUSER BT II § 3 Rn. 4 (Tatbestand).

2 BGHSt 23, 254 (257); Sch/Sch-ESER § 243 Rn. 42a; LACKNER/KÜHL § 46 Rn. 14.

Beispiel (Bundesbankfall):[3] *Jochen M., Siegfried T.* und *Klaus Sch.* waren als Beamte der Deutschen Bundesbank innerhalb der Hauptkasse in verschiedenen Funktionen mit der Aussonderung und Vernichtung von Banknoten befaßt, die wegen ihrer Abnutzung nicht mehr umlauffähig waren. Von Herbst 1974 bis Herbst 1975 brachten sie in arbeitsteiligem Zusammenwirken bereits gelochte und damit entwertete, zur Verbrennung bestimmte Banknoten an sich und tauschten sie gegen ungelochte Banknoten um, die sie unbemerkt aus dem Bereich der Bundesbank verbrachten. Auf diese Weise entwendeten sie 2.200.000 DM, die sie in gleichen Beträgen unter sich aufteilten. — Das Landgericht hatte nur wegen einfachen Diebstahls zu Bewährungsstrafen von maximal zwei Jahren verurteilt, was der BGH für falsch hielt: Im Hinblick auf die Amtsträgereigenschaft und die hohe Beute lägen so massive, im Katalog von § 243 nicht enthaltene Strafschärfungsgründe vor, dass die Anwendung des Ausnahmestrafrahmens des Diebstahls im besonders schweren Fall geboten sei.[4] 1081

Zum anderen mag trotz Vorliegens eines Regelbeispiels nur ein einfacher Diebstahl anzunehmen sein, falls eine Gesamtwürdigung der Tat ergibt, dass sie besser in den Normalstrafrahmen des § 242 als in den erhöhten des § 243 passt.[5] 1082

Die in § 243 eingesetzte sog. *Regelbeispielstechnik*, die durch das 6. StrRG stark ausgeweitet worden ist, bleibt nach wie vor der Kritik ausgesetzt.[6] Diese rügt vor allem fehlende Rechtssicherheit und einen Verstoß gegen Art. 103 II GG. Die h.M. hält dagegen, Regelbeispiele stellten jedenfalls gegenüber den zuvor weiter verbreiteten unbenannten besonders schweren Fällen (wie den §§ 176 III, 212 II) einen rechtsstaatlichen Fortschritt dar.[7] Das ändert nichts daran, dass nur noch das Grunddelikt gesetzlich verbindlich vorbestimmt ist, alles Übrige aber richterlicher Entscheidung überlassen bleibt. Eine verfassungskonforme Auslegung von Tatbeständen mit Regelbeispielstechnik muss daher jedenfalls besonders schwere Fälle außerhalb der Regelbeispiele ausschließen.[8] Dagegen ist es unbedenklich, beim Vorliegen eines Regelbeispiels dessen Indizwirkung im Einzelfall zu verneinen und dann trotz Regelbeispiels nur zum einfachen Diebstahl zu gelangen. 1083

Eine eingehendere kritische Auseinandersetzung mit der Regelbeispielstechnik findet sich auf CD 32-01.

In der *Fallbearbeitung* können die Regelbeispiele jedenfalls *wie abschließende Regelungen behandelt* werden. Die Prüfung unbenannter Strafschärfungs- oder -milderungsgründe ist nicht verlangt und in der Sache handelt es sich bei der Überlegung, ob die Indizwirkung eines verwirklichten Regelbeispiels ausnahmsweise entfällt, um nichts anderes als um die Diskussion unbenannter Strafänderungsgründe. 1084

Vom Aufbau her entspricht es dem herrschenden Verständnis, die Regelbeispiele als Strafzumessungsgründe *jenseits der Schuld zu erörtern* (vgl. das Schema Rn. 1004).

---

3 Auszug aus dem Sachverhalt in BGHSt 29, 319.

4 BGHSt 29, 319 (322 f.).

5 BGHSt 23, 254 (257); 24, 248 (249); Sch/Sch-ESER § 243 Rn. 42.

6 Vgl. Rolf-Peter CALLIESS, Der Rechtscharakter der Regelbeispiele im Strafrecht - Zum Problem von Tatbestand und Rechtsfolge im 6. Strafrechtsreformgesetz, NJW 1998, 929-935; Frank ZIESCHANG, Besonders schwere Fälle und Regelbeispiele – ein legitimes Gesetzgebungskonzept? Jura 1999, 561-568 (563 f.).

7 Vgl. ARZT/WEBER BT § 14 Rn. 16; WESSELS/HILLENKAMP BT 2 Rn. 194.

8 CALLIESS (Fn. 6), NJW 1998, 935.

2. Kein schwerer Fall bei geringwertiger Beute

1085 Ein gesetzlich normierter Ausschluss der Regelwirkung findet sich in § 243 II: Mit Ausnahme des Waffendiebstahls (§ 243 I Nr. 7) ist bei Geringwertigkeit der Beute ein besonders schwerer Fall ausgeschlossen. Unter Geringwertigkeit ist jene des § 248a zu verstehen (vgl. Rn. 1071 ff.). Das volle Unrecht des § 243 I kann zudem nur dann erfüllt sein, wenn sowohl objektiv keine geringwertige Sache weggenommen wird als auch der Täter subjektiv davon ausgeht, nicht etwas Geringwertiges zu stehlen.[9]

3. Die einzelnen Regelbeispiele

a) Überblick

1086 Die insgesamt sieben Regelbeispielsgruppen besitzen unterschiedliche Relevanz: Während § 243 I Nrn. 1-3, 6 in Praxis und Ausbildung gängige Fallgestaltungen betreffen, kommt dem Kirchendiebstahl (Nr. 4), dem Diebstahl bedeutsamer Gegenstände (Nr. 5) sowie dem Waffendiebstahl (Nr. 7) nur am Rande Bedeutung zu. Zu ihnen finden sich Einzelheiten auf CD 32-02.

b) Verschaffen des Zugangs zu Räumen (Nr. 1)

aa) Geschützte Räumlichkeiten

1087 Als gemeinsamer Nenner der Tathandlungen nach § 243 I Nr. 1 fungiert das Überwinden räumlicher Zugangshindernisse zur Beute. Der Täter muss zur Tatausübung in ein Gebäude, einen Dienst-, Geschäfts- oder anderen umschlossenen Raum gelangen. Zum Begriff des *Gebäudes* kann auf die Darstellungen bei der Brandstiftung verwiesen werden.[10] *Umschlossene Räume* (mit den Dienst- und Geschäftsräumen als beispielhaft zitierten Untergruppen) sind dreidimensionale Gebilde, die zum Betreten von Menschen bestimmt und zumindest teilweise durch künstliche Begrenzungen abgeschirmt sind.[11]

Wohnungen unterfallen nicht § 243 I Nr. 1, sondern werden durch § 244 I Nr. 3 mit einem gesteigerten Schutz versehen (Rn. 1120 f.).

1088 **Aufgabe:** Diebstahl aus einem Pkw[12]

Klaus-Wilhelm H. stahl aus dem abgeschlossenen Auto eines in *L.* stationierten amerikanischen Soldatens ein Autoradio sowie eine Wolldecke, indem er die Belüftungsklappe des Wagens aufdrückte, durch die Öffnung hineinlangte, eine Scheibe herunterdrehte und durch die Fensteröffnung ins Innere stieg.

Wurde § 243 I Nr. 1 verwirklicht?

---

9 MüKo-SCHMITZ § 243 Rn. 71; ähnlich KINDHÄUSER BT II § 3 Rn. 48; FISCHER § 243 Rn. 26; a.A. (§ 243 II nur, wenn objektiv und subjektiv Geringwertigkeit vorliegt) ; MITSCH BT 2/1 § 1 Rn. 220. Diese Auffassung verkennt aber das reduzierte Handlungsunrecht, falls der Täter glaubt, nur Kleinigkeiten zu entwenden.

10 Vgl. Rn. 936 bzw. CD 28-02 sowie die dort zitierte Definition aus BGHSt (GS) 1, 158 (163).

11 MüKo-SCHMITZ § 243 Rn. 12; LACKNER/KÜHL § 243 Rn. 9; BGHSt (GS) 1, 158 (164).

12 Sachverhaltsausschnitt aus BGHSt 2, 214.

Es ist nicht erforderlich, dass umschlossene Räume wie Gebäude mit dem Erdboden 1089
fest verbunden sind oder auf ihm ruhen. Daher werden auch Autos, Wohnwagen oder Schiffe von § 243 I Nr. 1 erfasst, soweit ihr Zweck voraussetzt, dass Menschen in sie hinein gelangen.[13]

An die Umschließung des Raumes brauchen keine besonderen Anforderungen gestellt zu 1090
werden, auch wenn üblicherweise betont wird, sie müsse prinzipiell in der Lage erscheinen, den Zugang zu verwehren.[14] Denn konsequenterweise müsste andernfalls der Raumcharakter entfallen, sobald Türen oder Fenster offen stehen und kein Hindernis mehr bilden. Der gesteigerte Unrechtsgehalt resultiert weniger aus der Existenz potenzieller Zugangssicherungen als aus den konkreten Modalitäten des Eindringens durch Einbruch oder die anderen in § 243 I Nr. 1 genannten Tathandlungen. Eine Umschließung verlangt im Unterschied zur bloßen Eingrenzung allerdings die *optisch-räumliche Abtrennung* eines Raumgebildes durch zumindest partielle Seitenflächen. Ein Weidezaun aus einzelnen Stacheldrähten genügt daher nicht,[15] wohl aber die zusammenhängende Umzäunung einer Fläche.[16]

bb) Tathandlungen

In den von § 243 I Nr. 1 genannten Modalitäten des Zugangsverschaffens verwirk- 1091
licht sich der besondere Unrechtsgehalt einer Überwindung des tatsächlich durch den Raum gebildeten Zugangshindernisses. Beim *Einbrechen* ist das Entscheidende der vom Täter zu leistende Kraftaufwand[17] (z.B. beim Einschlagen einer Tür), wobei er – im Gegensatz zu den übrigen Varianten – nicht in das Gebäude hineingelangen muss.[18] *Einsteigen* wird durch ein nicht ganz mühelos zu bewerkstelligendes Betreten auf einem anderen als dem dafür vorgesehenen Weg verwirklicht[19] (z.B. Hineinklettern durch ein Fenster wie in der Aufgabe Rn. 1089). Das Eindringen mittels *falscher Schlüssel* oder anderer Werkzeuge (dazu ergänzend CD 32-03) impliziert ebenfalls eine gesteigerte kriminelle Energie, die über normales Türöffnen hinaus geht. Das Charakteristische des sich *Verborgenhaltens* (z.B. durch Einschließenlassen im Laden nach Geschäftsschluss) ist die Heimlichkeit des Vorgehens. Die einzelnen Varianten unterscheiden sich somit sowohl nach Angriffsweg als auch nach Angriffsmittel:

---

13 MüKo-SCHMITZ § 243 Rn. 14; BGHSt 2, 214 (215).

14 Vgl. BGHSt (GS) 1, 158 (164); MüKo-SCHMITZ § 243 Rn. 13; LACKNER/KÜHL § 243 Rn. 9.

15 OLG Bremen JR 1951, 88; LACKNER/KÜHL § 243 Rn. 9.

16 BGH NJW 1954, 1897 (umzäunter Friedhof); BGH NStZ 2000, 143 (umzäunter Lagerplatz); OLG Köln MDR 1969, 237 (1,20 m hoher Lattenzaun).

17 BGH NJW 1956, 389; LACKNER/KÜHL § 243 Rn. 10.

18 BGH NStZ 1985, 217 (218); MüKo-SCHMITZ § 243 Rn. 20.

19 BGH NStZ 2000, 143 (144); BGH NJW 1993, 2252 (2253); MITSCH BT 2/1 § 1 Rn. 192.

Abbildung: Zugangsverschaffen bei § 243 I Nr. 1

Tatalternative	**Einbrechen**	**Einsteigen**	**Eindringen** mit Schlüssel u.a.	**Verborgenhalten**
Zugangsweg	jeder	ein *nicht* für das Betreten vorgesehener, nicht ganz müheloser	der für das Betreten vorgesehene	der für das Betreten vorgesehene
Betreten erforderlich?	Nein	Ja	Ja	Ja
Tatmittel	Kraftaufwand	./.	„ordnungsgemäßes" Bedienen des Schließmechanismusses durch dafür nicht vorgesehene Mittel	heimliches Nichtverlassen

c) Wegnahme besonders gesicherter Sachen (Nr. 2)

1092 Das Regelbeispiel nach Nr. 2 zielt auf die gesteigerte Energie einer Wegnahme, die eine spezifische Sicherung der Sache überwindet. Diese Sicherung kann entweder von verschlossenen Behältnissen oder anderen Schutzvorrichtungen bewirkt werden.

1093 Ein *Behältnis* ist im Unterschied zu einem Raum (Nr. 1) nicht zum Betreten durch Menschen bestimmt.[20] Es muss nicht nur ge-, sondern verschlossen sein, was die Aktivierung einer Vorkehrung gegen das Öffnen voraussetzt. Um ein Schloss braucht es sich bei dieser Vorkehrung nicht zu handeln, weshalb auch Zukleben oder Vernageln genügen.[21] Zu den *anderen Schutzvorrichtungen* gehört alles, was die Sache nicht wie ein Behältnis umhüllt, sondern sie anderweitig gegen den Abtransport sichert, z.B. das Schloss eines Fahrrades.

Abbildung: Fahrradaufbruch – Diebstahl nach § 243 I Nr. 2

1094 Durch das Merkmal einer *besonderen* Sicherung gegen Wegnahme werden zwei Anforderungen ausgedrückt. Zum einen genügen keine Vorkehrungen, die nur nebenbei der Wegnahmesicherung dienen. Sie muss vielmehr als *Hauptzweck* der Schutzvorrichtung fungieren. Daher wird ein Auto nicht durch die verschlossene Tür (die in erster Linie als Zutrittssicherung, z.B. auch zum Schutze spielender Kinder, dient), wohl aber durch Lenkradschloss und Wegfahrsperre besonders gesichert. Zum anderen bedarf es einer gewissen Wirksamkeit. Daran fehlt es, sobald der Schlüssel im Schloss steckt oder dem Täter ein an sich geheimer Öffnungsmechanismus

20 BGHSt (GS) 1, 158 (164).

21 MüKo-SCHMITZ § 243 Rn. 32.

zufällig bekannt geworden ist.[22] Ebensowenig genügt es, wenn der Täter das gesamte Behältnis problemlos wegnehmen kann, z.B. eine kleine verschlossene Schmuckkassette. Denn dann erschwert die Sicherung statt der Wegnahme der Sache nur ihre anschließende Verwertung, was nach dem Wortlaut nicht ausreicht.[23]

Aufgabe: Diebstahl von Kleidung mit elektromagnetischem Warenetikett[24] **1095**
Sören L. begab sich in ein Kaufhaus, um einen Herrenanzug zu stehlen. Da ihm die gegen Diebstahl getroffenen Sicherungsvorkehrungen bekannt waren, entfernte er aus dem Jackett des von ihm ausgesuchten, 259.- EUR kostenden Anzuges zunächst mit Gewalt das Sicherungsetikett, das aus zwei verschweißten kreisrunden Plastikscheiben bestand, in die eine Induktionsspule eingelegt war. Hätte L. mit dem Sicherungsetikett das Kaufhaus verlassen, so hätte die am Ausgang angebrachte Alarmanlage einen akustischen Alarm ausgelöst. Nachdem er das Sicherungsetikett entfernt hatte, zog *Sören L.* zunächst das Anzugsjackett und dann darüber seinen Parka an, verstaute die zu dem Anzug gehörende Hose in einer mitgeführten Plastiktasche und ging in Richtung Treppe. Noch bevor er die Abteilung verlassen hatte, wurde er von einem Verkäufer gestellt.
Vollendeter Diebstahl nach § 243 I Nr. 2?

Üblicherweise wird verlangt, dass die Sicherung bereits der Vollendung der Wegnah- **1096**
me (im Aufgabenfall durch Anziehen des Anzugs) entgegen steht.[25] Diese Interpretation ist vom Wortlaut her aber keineswegs geboten. Vielmehr könnte es danach genügen, wenn sich die Sicherung gegen die *Beendigung* der Wegnahme richtet. Da der Diebstahl elektronisch gesicherter Ware ein ebenso gesteigertes Unrecht aufweist wie derjenige mechanisch gesicherter Dinge und die Verneinung des Regelbeispiels ohnehin nur zur Annahme eines unbenannten schweren Falles verführt,[26] sprechen die besseren Gründe dafür, auch solche alarmauslösenden Sicherungen § 243 I Nr. 2 zu unterstellen.

d) Der gewerbsmäßige Diebstahl (Nr. 3)

Gewerbsmäßiges Handeln bezeichnet ein Motiv des Täterverhaltens und damit ein **1097**
rein *subjektives Merkmal*, das der Gesetzgeber mittlerweile in einer Vielzahl von Tatbeständen verwendet.[27] Es liegt vor, wenn sich

der Täter aus der wiederholten Tatbegehung eine fortlaufende Einnahmequelle schaffen will.

Es genügt, wenn ein laufender Nebenverdienst erstrebt wird, der allerdings wegen § 243 II nicht geringfügig i.S.v. § 248a sein darf (Rn. 1071). Nähere Überlegungen zur Eingrenzung gewerbsmäßigen Handelns finden sich auf CD 32-08.

---

22 MüKo-SCHMITZ § 243 Rn. 32; a.A. Uwe MURMANN, „Verschlossenes Behältnis" i.S. des § 243 I Nr. 2 StGB trotz Kenntnis des Öffnungsmechanismus? NJW 1995, 935-936 (schon nicht verschlossen).

23 SK-HOYER § 243 Rn. 31; MITSCH BT 2/1 § 1 Rn. 197.

24 OLG Stuttgart NStZ 1985, 76.

25 BayObLG NJW 1995, 3000 (3001); OLG Stuttgart NStZ 1985, 76; MüKo-SCHMITZ § 243 Rn. 33; MAURACH/SCHROEDER/MAIWALD BT 1 § 33 Rn. 91.

26 Auf diesen Ausweg verfällt OLG Stuttgart NStZ 1985, 76.

27 U.a. in den §§ 146 II, 180a, 253 IV, 260 f., 263 III Nr. 1. Übersicht auf CD 32-08.

Da allein die Tätervorstellung den Ausschlag gibt, mag schon die erste Tat gewerbsmäßig begangen werden, wenn sie den Auftakt zu weiteren Taten bilden sollte.[28]

e) Ausnutzen der Hilflosigkeit (Nr. 6)

1098 Der besondere Unwert dieses Regelbeispiel besteht im Ausnutzen der Unfähigkeit des in einer Notlage befindlichen Opfers, sich selbst im üblichen Maße gegen Diebstahl zu schützen. Diese Notlage kann sich auf Einzelne beschränken (Hilflosigkeit, Unglücksfall) oder allgemeiner Natur sein (gemeine Gefahr).

Als hilflos gilt nur, wer *in sozial unüblicher Weise beeinträchtigt* ist, z.B. durch Krank-, Blind- oder Trunkenheit. Der natürliche Schlaf hingegen genügt ebensowenig wie hohes Alter.[29] Zum Unglücksfall und zur gemeinen Gefahr kann auf die Erläuterungen zu § 323c Bezug genommen werden (Rn. 314 ff.).

f) Vorsatzerfordernis

1099 Unbestritten muss sich trotz des Charakters von § 243 als Strafzumessungsvorschrift der Tätervorsatz auch auf die einzelnen Regelbeispiele erstrecken, sofern sie nicht ohnehin subjektiver Natur sind (Gewerbsmäßigkeit). Wer beispielsweise im Falle des § 243 I Nr. 6 die Hilflosigkeit des Opfers nicht bemerkt, kann daher nur nach § 242 bestraft werden.

4. Versuch und besonders schwerer Fall

1100 Da § 243 keine Versuchsregelung trifft, wohl aber § 242, lassen sich drei Fallgestaltungen bilden, bei welchen einzelne Elemente der §§ 242, 243 teils vollendet, teils unvollendet bleiben. Als Strafzumessungsvorschrift kann § 243 als solcher nicht versucht werden, wohl aber mag es einen versuchten Diebstahl nach § 242 im besonders schweren Fall geben. In welchen Konstellationen eine solche Konstruktion in Betracht kommt, wird freilich uneinheitlich beantwortet:

---

28 BGHSt 1, 383; 49, 177 (181); BGH NStZ 1995, 85; MüKo-SCHMITZ § 243 Rn. 39 f.; MAURACH/SCHROEDER/MAIWALD BT 1 § 33 Rn. 92.

29 BGH NJW 1990, 2569; BGH NStZ 2001, 532 (533); MüKo-SCHMITZ § 243 Rn. 50; LACKNER/KÜHL § 243 Rn. 21; a.A. (bzgl. des Schlafes) Sch/Sch-ESER § 243 Rn. 39.

Abbildung: Denkbare Versuchskonstellationen der §§ 242, 243

Ausgangsfall: *A.* will in ein Haus einbrechen, um dort zu stehlen	**Grundtatbestand**	**Regelbeispiel**	**rechtliche Bewertung**
Variante 1: *A.* wird beim Versuch, die Eingangstür aufzubrechen, gestört und muss fliehen	versucht	versucht	versuchter einfacher Diebstahl (a.A. Rspr.)
Variante 2: *A.* gelangt nach Aufbrechen der Tür ins Haus, wird aber gestört und muss ohne Beute fliehen	versucht	vollendet	versuchter Diebstahl im besonders schweren Fall (h.M.)
Variante 3: *A.* gelangt ohne Einbrechen ins Haus, weil die Tür wider Erwarten unverschlossen ist, und stiehlt dort einige Sachen.	vollendet	versucht	einfacher Diebstahl (h.M.)

Die neuere *Rechtsprechung* nimmt außer in Variante 2 auch in Variante 1 versuchten Diebstahl im besonders schweren Fall an,[30] während sie in Variante 3 wie hier zum einfachen Diebstahl gelangt.[31] Für die Indizwirkung des § 243 wäre aber die Erfüllung des Regelbeispiels vonnöten, denn sein bloßer Versuch vermag dieses Indiz logischerweise noch nicht zu liefern. Das Schrifttum steht daher überwiegend auf dem hier vertretenen Standpunkt, nur das vollendete Regelbeispiel könne einen Diebstahl(-sversuch) zu einem (Versuch im) besonders schweren Fall machen.[32] Eine eingehendere Auseinandersetzung mit abweichenden Konzeptionen befindet sich auf CD 32-04. 1101

5. Hinweise zur Fallbearbeitung

Als Strafzumessungsbestimmung ist § 243 *nach der Schuld* zu erörtern. Liegt § 248a nahe, sollten seine Voraussetzungen im Hinblick auf § 243 II jedoch zuvor geprüft werden, um sich ggf. den (Um-) Weg über § 243 zu ersparen. In der Fallbearbeitung bedarf es weder einer Diskussion unbenannter besonders schwerer Fälle noch einer Gesamtbewertung, ob möglicherweise die Indizwirkung eines Regelbeispiels wieder entfällt (Rn. 1084). 1102

30 BGHSt 33, 370 (zu Variante 1); BGH StV 1985, 103 m. Anm. Gunther ARZT (zu Variante 2).

31 BGH NStZ-RR 1997, 293.

32 MITSCH BT 2/1 § 1 Rn. 180; RENGIER BT I § 3 Rn. 29 ff.; Frank ZIESCHANG, Besonders schwere Fälle und Regelbeispiele – ein legitimes Gesetzgebungskonzept? Jura 1999, 561-568 (565); Eva GRAUL, „Versuch eines Regelbeispiels" – BayObLG, NStZ 1997, 442; BGH, NStZ-RR 1997, 293, JuS 1999, 852-857 (854).

III. Diebstahl mit Waffen, Banden- und Wohnungseinbruchsdiebstahl

1103 Im Unterschied zu § 243 enthalten die §§ 244, 244a echte Qualifikationstatbestände, die mit mindestens sechs Monaten und höchstens zehn Jahren Freiheitsstrafe geahndet werden. Prüfungsrelevante dogmatische Streitigkeiten betreffen vor allem den Diebstahl mit Waffen (§ 244 I Nr. 1), aber auch den Bandendiebstahl (§ 244 I Nr. 2).

1. Diebstahl mit Waffen (§ 244 I Nr. 1)

a) Beisichführen von Bewaffnung als Strafgrund

1104 Die strengere Strafe rechtfertigt sich im Falle des § 244 I Nr. 1 im Hinblick auf die gesteigerte Gefährlichkeit eines Täters, der bewaffnet zum Diebstahl schreitet. Das bloße Vorhandensein einer Bewaffnung erhöht bereits das Eskalationsrisiko, falls es – was niemals auszuschließen ist – bei der Tat zur Konfrontation mit dem Opfer oder mit Dritten kommt. Dabei spielt es keine Rolle, ob der Täter selbst, ein Mittäter oder gar nur ein Gehilfe bewaffnet ist (solange dem Täter dies wegen des Vorsatzerfordernisses zuzurechnen ist). Entscheidend ist allein das *Vorhandensein einer Bewaffnung bei der Tatausführung*. Dabei genügt es, wenn die Bewaffnung erst im Verlauf der Tat erfolgt, weshalb das Ergreifen eines am Tatort aufgefundenen Knüppels, um damit aufkeimenden Widerstand zu bekämpfen, ebenso den Tatbestand erfüllt wie der Diebstahl *von* Waffen, weil dann zumindest die Phase zwischen Vollendung und Beendung des Diebstahls bewaffnet absolviert wird.[33] Ein Ergreifen der Bewaffnung nach Beendigung der Tat – oder nach Fehlschlag eines Versuches – vermag § 244 I dagegen nicht mehr zu begründen.[34]

1105 § 244 I Nr. 1 beschreibt zwei Tatvarianten, nämlich

- das schlichte Mitführen von Waffen oder gefährlichen Werkzeugen (lit. a);
- das Mitführen von – weniger gefährlichen – Werkzeugen und anderen Mitteln in der Absicht, sie notfalls als Waffen einzusetzen (lit. b).

Seinem Wortlaut nach knüpft § 244 I Nr. 1 a) also allein an die objektiv gesteigerte Gefährlichkeit des Vorhandenseins von Waffen- oder waffenähnlichen Geräten an, während die Gefährlichkeit in § 244 I Nr. 1 b) aus dem subjektivem Moment der Bereitschaft zum Einsatz von Gewaltmitteln herrührt.

b) Mitführen von Waffen und gefährlichen Werkzeugen

aa) Waffen

1106 Bis zum 6. StrRG nannte § 244 I Nr. 1 a.F. (=Nr. 1 a) n.F.) ausschließlich Waffen als Tatmittel. Waffen sind

> *Geräte, die dazu geeignet und allgemein bestimmt sind, als Angriffs- oder Verteidigungmittel auf mechanischem oder chemischem Wege zu verletzen.*[35]

---

33 BGHSt 13, 259 f.; 20, 194 (197); MAURACH/SCHROEDER/MAIWALD BT 1 § 33 Rn. 121; a.A. MITSCH BT 2/1 § 1 Rn. 238 (nur bis zur Vollendung).

34 BGHSt 31, 105 (106).

35 KÜPER BT S. 438; BGHSt 4, 125 (127); 24, 136 (137).

Dieser Begriff – oft und eher irreführend als der einer Waffe „im technischen Sinne" bezeichnet[36] – knüpft also nicht an die Widmung einer Sache durch den Täter, sondern an ihre allgemeine Bestimmung (bei ihrer Herstellung) an. Das noch so große und scharfe Fleischermesser ist deshalb keine Waffe sondern Handwerkszeug, wohl aber das kleine Springmesser. Denn dessen Springmechanismus bezweckt, es verborgen in der Kleidung tragen zu können und es dennoch schnell einsatzbereit zur Hand zu haben. Diese Funktion ist allein für Angriffs- oder Verteidigungsmittel sinnvoll.

Der Begriff der Waffe wird ferner in § 2 II, IV WaffG i.V.m. Anlage 1 zum WaffG legaldefiniert. Diese Begriffsbestimmung sollte man aber in der Begutachtung außer Acht lassen, denn sie hilft nicht weiter. Zum einen ist sie höchst kompliziert abgefasst, zum anderen ist sie jüngeren Datums als der strafrechtliche Waffenbegriff und dient außerdem anderen Gesetzeszwecken, so dass sich Abweichungen ergeben. Ein anschauliches Beispiel bildet die an der Einstufung im WaffG orientierte, aber gleichwohl verfehlte Entscheidung des Großen Senats, Schreckschusswaffen, deren Explosionsdruck nach vorne austritt, seien Waffen.[37] Schreckschusspistolen dienen allgemein gerade nicht der Verletzung, sondern allenfalls der Drohung bzw. als Signalinstrumente. Wenn der Täter sie missbraucht, indem er das Opfer mittels eines sog. „aufgesetzten Schusses" verletzt, dann entspricht das strukturell dem ebenso missbräuchlichen Einsatz eines Fleischermessers als Stichwaffe, das deswegen auch nicht zur Waffe i.S.v. § 244 I Nr. 1 a) wird. **1107**

Erforderlich ist die *Einsatzbereitschaft* der Waffe. Eine Schusswaffe muss geladen oder aber zumindest schnell durch mitgeführte Munition ladbar sein.[38] Auch muss der Täter sie griffbereit zur Hand haben, woran es fehlen kann, wenn er sie in seinem Rucksack mit sich führt und dort erst heraussuchen müsste.[39] Denn dann fehlt es an der typischen Eskalationsgefahr, die erst durch die jederzeitige Verfügbarkeit einer Waffe auf Täterseite entsteht. **1108**

bb) Gefährliche Werkzeuge

Als diese Variante mit dem 6. StrRG hinzugefügt wurde, hatte der Gesetzgeber die zu § 224 I Nr. 2 entwickelte Definition vor Augen[40] und übersah dabei, dass die Gefährlichkeit des Werkzeugs dort nach seinem konkreten Einsatz beurteilt wird,[41] bei § 244 I Nr. 1 a) dieses Kriterium aber gar nicht zur Verfügung steht, weil schon das Mitsichführen zur Strafbarkeit genügen soll. Dieser gesetzgeberische Fehler löste eine bis heute unentschiedene Debatte aus, woran sich die Gefährlichkeit dann auszurichten habe. **1109**

---

36 Vgl. KÜPER BT S. 441.; LACKNER/KÜHL § 224 Rn. 2.

37 BGHSt (GS) 48, 197; kritisch Thomas FISCHER, Waffen, gefährliche und sonstige Werkzeuge nach dem Beschluss des Großen Senats, NStZ 2003, 569-576 (571 f.); LACKNER/KÜHL § 244 Rn. 3a.

38 BGH NJW 1998, 2915 (2916); NStZ-RR 2004, 169; LACKNER/KÜHL § 244 Rn. 3a.

39 Vgl. BayObLG NJW 1999, 2535 (2536) zu der identischen Frage beim gefährlichen Werkzeug; ferner MITSCH BT 2/1 § 1 Rn. 237; KINDHÄUSER BT II § 4 Rn. 17.

40 Bericht des Rechtsausschusses, BT-Drs. 13/9064, S. 18.

41 Vgl. Rn. 403.

1110 **Aufgabe:** Diebstahl eines Lkw unter Mitführen eines Taschenmessers[42]
Tobias M. und *Jan-Dietrich F.* hatten in der vorangegangenen Nacht und am Vormittag des Tattages in erheblichem Umfang Bier getrunken. Dabei hatte *Tobias M.* zum Öffnen der Bierflaschen den Flaschenöffner an dem von ihm stets in einer Tasche seiner Kleidung mitgeführten Taschenmesser mit einer Klingenlänge von 4,5 cm verwendet. Als beide an einem am Fahrbahnrand abgestellten Klein-Lkw vorbeigingen, bemerkte *F.*, dass in dem unverschlossenen Fahrzeug der Zündschlüssel steckte. Er hatte spontan die Idee, mit dem Fahrzeug auf schnelle und bequeme Weise nach Hause zu gelangen, traute sich jedoch nicht, das Fahrzeug selbst zu entwenden. Daher wies er *M.* auf den steckenden Zündschlüssel hin. Um *F.* zu beweisen, dass er im Gegensatz zu diesem über die nötige Courage verfüge, ging *M.* zu dem Lkw zurück, stieg ein und fuhr 60 Meter. Dann hielt er an, ließ *F.* einsteigen und fuhr mit ihm weiter, wobei sie vorhatten, das Fahrzeug irgendwo versteckt stehen zu lassen.
Diebstahl mit gefährlichem Werkzeug?

1111 Zur Lösung von Fällen wie diesem werden im Prinzip vier unterscheidbare gedankliche Ansätze angeboten:

- Teile des Schrifttums versuchen, die Abgrenzung anhand allgemeiner *objektiver Kriterien* vorzunehmen. Gefährlich seien solche Werkzeuge, die typischerweise zur Zufügung erheblicher Verletzungen geeignet erscheinen und erfahrungsgemäß von Dieben im Konfrontationsfall eingesetzt werden.[43]
- Andere Stimmen orientieren sich unter dem Stichwort eines *Verwendungsvorbehaltes* an der subjektiven Einstellung des Täters zu dem Werkzeug. Dieser müsse sich vorbehalten haben, das Werkzeug notfalls einzusetzen.[44]
- In ähnlicher Weise konzentriert sich eine im Vordringen begriffene Meinung auf den Täter und fragt danach, ob er das konkrete Werkzeug *als Waffenersatz* bei sich führt.[45] Diese Auffassung ist enger als die vorgenannte, da sie insbesondere Sachen ausgrenzt, die vorrangig zu anderen Zwecken mitgeführt werden (z.B. der Schraubendreher, der primär als Aufbruchswerkzeug dienen soll).
- Die neuere Rspr. scheint die Werkzeugeigenschaft anhand abstrakt objektiver Kriterien sehr schnell zu bejahen.[46] Sie verlagert die Abgrenzungsproblematik in den subjektiven Tatbestand, wo sie ein *bewusst gebrauchsbereites Führen* verlangt und daran strenge Anforderungen stellt, die im Grunde darauf hinauslaufen, dass dem Täter die Verletzungsmöglichkeiten, die das Werkzeug bietet, präsent sein

---

42 Sachverhaltsausschnitte aus BGH NStZ-RR 2005, 340; besprochen von Hans KUDLICH, JA 2006, 249 f.

43 DSNS-DENCKER S. 12; Ulrich SCHROTH, Zentrale Interpretationsprobleme des 6. Strafrechtsreformgesetzes, NJW 1998, 2861-2866 (2864); SK-HOYER § 244 Rn. 11.

44 WESSELS/HILLENKAMP BT 2 Rn. 262b; RENGIER BT I § 4 Rn. 25 ff..

45 Urs KINDHÄUSER / Rochus WALLAU, Anmerkung zu BayObLG StV 2001, 17, StV 2001, 18-19 (19); Asmus MAATSCH, Das gefährliche Werkzeug im neuen § 244 StGB, GA 2001, 75-83 (82 f.); Franz STRENG, Die „Waffenersatzfunktion" als Spezifikum des „anderen gefährlichen Werkzeugs", GA 2001, 359-368 (366 f.).

46 Vgl. BGH NJW 2008, 2861 zur Gefährlichkeit eines Taschenmessers.

müssen.[47] Im Aufgabenfall Rn. 1110 sah der BGH dieses Bewusstsein nicht als erwiesen an, weil das Messer bis dahin lediglich als Flaschenöffner gedient hatte.[48]

Die im Gesetzestext festgeschriebene Gleichsetzung des gefährlichen Werkzeugs mit 1112
der Waffe, die monofunktional als Angriffs- oder Verteidigungsmittel geführt wird, spricht eindeutig dafür, in diesem Kontext auch nur solche Werkzeuge anzuerkennen, die gleichermaßen eine monofunktionale Widmung vom Täter erhalten haben. Damit sind allein solche Werkzeuge gefährliche i.S.v. § 244 I Nr. 1 a), die er als Waffenersatz, und zwar allein deshalb, mitnimmt. Diese *Widmung als Waffe* kann grundsätzlicher Natur sein (wenn z.B. „zur Sicherheit" stets ein Messer eingesteckt wird) oder anlassbezogen erfolgen (Beispiel: Es wird, ohne dass ein anderer Sinn dafür ersichtlich wäre, ein Baseballschläger auf die Diebestour im Auto mitgenommen). Eine eingehendere Auseinandersetzung mit der Thematik erfolgt auf CD 32-05.

Im Aufgabenfall Rn. 1110 fehlt eine solche Widmung als Waffe, weil das Messer offenbar in erster Linie als Flaschenöffner zu dienen hatte.

c) Mitführen von Werkzeugen und Mitteln in Einsatzabsicht

Im Unterschied zu lit. a) genügt bei § 244 I Nr. 1 b) jedes Werkzeug und Mittel, also 1113
auch ein objektiv ungefährliches Drohmittel wie eine Spielzeugpistole.[49] Das ergibt sich schon daraus, dass der Gesetzestext das Attribut „gefährlich" bei dieser Alternative ausspart. Strafgrund ist daher nicht die potenzielle Gefährlichkeit des Mittels, sondern die durch den Einsatzwillen dokumentierte Bereitschaft des Täters, über die schlichte Wegnahme hinaus gegen das Opfer vorzugehen und sich notfalls auf eine nicht auf den Einsatz körperlicher Mittel beschränkte Auseinandersetzung einzulassen.

Allerdings muss der Täter den *Einsatz als Gewalt- oder Drohmittel beabsichtigen*, 1114
also mit dolus directus 1. Grades für den Fall planen, dass sich Widerstand gegen die Wegnahme regt.[50] Auch für diese Absicht genügt – insoweit ähnlich dem Beisichführen (Rn. 1104) – wenn sie erst im Verlauf der Tat entsteht. In solchen Fällen nachträglicher Absichtsentstehung liegen allerdings oft (schwerer) Raub oder (schwerer) räuberischer Diebstahl nahe (und wären dann vorrangig).

2. Bandendiebstahl (§ 244 I Nr. 2) und schwerer Bandendiebstahl (§ 244a)

Die Strafschärfung des bandenmäßig begangenen Diebstahls trägt der besonderen 1115
Gefährlichkeit eines organisierten, arbeitsteiligen Vorgehens Rechnung. Vorausgesetzt wird zweierlei, nämlich

---

47 OLG Celle StV 2005, 336; OLG Schleswig NStZ 2004, 212 (214).

48 BGH NStZ-RR 2005, 340

49 BGH StraFo 2006, 339; MAURACH/SCHROEDER/MAIWALD BT 1 § 33 Rn. 118; MITSCH BT 2/1 § 1 Rn. 247; RENGIER BT I § 4 Rn. 31; a.A. LPK-KINDHÄUSER § 244 Rn. 26 (Täter muss sie jedenfalls für gefährlich halten); kritisch auch FISCHER § 244 Rn. 11 (systemwidrige Ausdehnung).

50 RENGIER BT I § 4 Rn. 38; MITSCH BT 2/1 § 1 Rn. 249.

- die Existenz einer (Diebes- oder Räuber-)*Bande*, deren Mitglied der Täter ist;
- das Stehlen *unter Mitwirkung eines anderen Bandenmitgliedes*.

a) Bande

1116 Qua gesetzlicher Definition bedarf es einer Verbindung zum fortgesetzten Diebstahl (oder Raub). Folglich genügt kein Zusammenschluss, um einmalig zu agieren (wie im Fall des berühmten Postraubs von England[51]), sondern es muss eine *unbestimmte Mehrzahl von Taten* ins Auge gefasst werden. Solange die Gruppe nur eine exakte Zahl auch in ihren Einzelheiten feststehender Taten abspricht und danach die Zusammenarbeit enden soll, plant sie nur eine fortgesetzte Tat. Dies genügt nicht,[52] weshalb es einer zukunftsorientierten Übereinkunft bedarf. Sofern sie vorliegt, ist allerdings schon die erste dieser geplanten Taten ein vollwertiger Bandendiebstahl.

Zusammenschluss meint noch nicht den Organisationsgrad einer kriminellen Vereinigung, andererseits aber auch etwas anderes als schlichte Mittäterschaft. Erforderlich ist ein gemeinsames Ziel der Straftatenbegehung und eine *Anlage auf Dauer*. Ein darüber hinausgehender gemeinsamer Bandenwille ist nach neuerer Rspr. nicht mehr erforderlich, weil sich dazu keine praktikablen Abgrenzungskriterien entwickeln ließen. Stattdessen hat der Große Senat des BGH die Mindestgröße einer Bande von ursprünglich zwei auf nunmehr *drei Mitglieder* angehoben.[53]

b) Mitwirkung bei der Tat

1117 Nach dem Gesetzeswortlaut bedarf es eines Zusammenwirkens von zwei der mindestens drei Bandenmitglieder. Damit ist allerdings nicht gesagt, dass zugleich beide Täter sein müssten. Auch innerhalb der Bande genügen untergeordnete Positionen zur Mitgliedschaft.

Beispiel (Serieneinbrüche durch eingereiste rumänische Bandenmitglieder):[54] *Ioannis T.* plante, in Deutschland in Wohnungen einzubrechen, die Beute nach Rumänien zu schicken und dort Gewinn bringend zu verkaufen. Er wollte jedoch die geplanten Diebestouren nicht alleine unternehmen. Daher vereinbarte er mit *Carol A.*, dass dieser mit nach Deutschland fährt und mit ihm gemeinsam die Einbrüche begeht, wobei *A.*, dem er ein festes Entgelt in Höhe von 1500 DM im Monat versprach, vor allem die Aufgabe zukommen sollte, „Schmiere" zu stehen. Mit *Marija B.* vereinbarte *T.*, dass sie mit Hilfe ihrer Deutschkenntnisse und ihres legalen Aufenthaltsstatus die Unterkunft für *T.* und *A.* besorgen, lohnende Einbruchsgegenden ausfindig machen und helfen sollte, die jeweilige Tatbeute im Hotelzimmer zu sortieren, zu verpacken und – unter Angabe ihres Namens und ihrer Anschrift als Absender – nach Rumänien zu versenden. In der Folge wurde eine Vielzahl von Taten auf diese Weise ausgeführt. — Da die Mitgliedschaft ein aliud zur Mittäterschaft darstellt, kann man Bandenmitglied sein,

---

51 Verfilmt in einem Fernsehfilm von Claus Peter WITT und John OLDEN („Die Gentlemen bitten zur Kasse", u.a. mit Horst TAPPERT, Günther NEUTZE, Siegfried LOWITZ), Erstausstrahlung 08.02.1966 (ARD).

52 BGHSt 39, 216 (217).

53 BGH (GS) NJW 2001, 2266 (2267); zustimmend MITSCH BT 2/1 § 1 Rn. 254; Jan C. JOERDEN, Der Bandendiebstahl und seine Mitwirkenden – BGH, NJW 2001, 2266, JuS 2002, 329-332 (330); Christoph SOWADA, Der Bandendiebstahl im Spiegel der aktuellen Rechtsprechung des Bundesgerichtshofs, GedS Schlüchter S. 383-402 (387 ff.); kritisch WESSELS/HILLENKAMP BT 2 Rn. 271b.

54 BGH NJW 2002, 1662.

ohne eine täterschaftliche Rolle bei den Diebstählen zu übernehmen.[55] Obschon *Marija B.* keine tatherrschaftliche Position innehatte, komplettierte sie also die Bande auf die erforderlichen drei Mitglieder. An einer Mittäterschaft von *Carol A.* mag man bei den einzelnen Taten ebenfalls zweifeln. Für die Einordnung der Tat als Bandendiebstahl spielt dies aber keine Rolle. Denn dazu genügt, wenn eines der Bandenmitglieder als Täter agiert (hier *Ioannis T.*), sofern nur jeweils mindestens ein weiteres Mitglied in Gehilfen- oder Anstifterposition mitwirkt.

Es reicht sogar aus, wenn vor Ort ausschließlich Externe die Wegnahme vollziehen, solange **1118** diese wenigstens auf Grund funktionaler Tatherrschaft einem der Bandenmitglieder mittäterschaftlich zugerechnet werden kann und ein weiteres Bandenmitglied ebenfalls beteiligt ist, zumindest als Gehilfe.[56] Diese Ausweitung wird im Schrifttum angegriffen,[57] aber zu Unrecht: Zur Realisierung der besonderen Gefährlichkeit der Bandentätigkeit bedarf es keines aktiven Einsatzes in der unmittelbaren Tatsituation, sondern sie kann auch durch Schaffung der entsprechenden Logistik bewirkt werden. Es stiehlt sich bereits dann bedeutend leichter, wenn die notwendigen Informationen und Absatzwege durch eine organisierte, arbeitsteilige Struktur bereitgestellt werden.

Agiert allerdings keines der eigentlichen Bandenmitglieder tatherrschaftlich (fungieren sie beispielsweise nur als Hinweisgeber und Abnehmer der Beute), dann fehlt es an einer beteiligungsfähigen Haupttat nach § 244, weshalb auch die teilnehmenden Bandenmitglieder nur Beteiligte eines einfachen Diebstahls wären. Denn es gilt zwar die Bandenmitgliedschaft, nicht aber die „Mitwirkung an der Tat" als persönliches Merkmal, das über § 28 II zugerechnet werden könnte. Vielmehr handelt es sich insoweit um ein objektives Tatmerkmal, das wenigstens einer der Haupttäter verwirklichen muss.

c) Schwerer Bandendiebstahl (§ 244a)

Die Qualifikation nach § 244a kombiniert den Qualifikationsgrund nach § 244 I Nr. 2 (ban- **1119** denmäßige Begehung) mit den alternativen Erschwerungsgründen nach § 243 (Rn. 1086 ff.) einerseits und mit den übrigen Qualifikationsmerkmalen des § 244 I Nr. 1 (Diebstahl mit Waffen, Rn. 1104 ff.), Nr. 3 (Wohnungseinbruchsdiebstahl, Rn. 1120 ff.) andererseits. Die Addition der bandenmäßigen Begehung mit einem dieser Erschwerungsgründe macht den Bandendiebstahl zum *Verbrechen* des schweren Bandendiebstahls. Ein solcher läge auch im Beispiel Rn. 1117 vor, weil dort durch die Bande Einbrüche nach § 243 I Nr. 1 bzw. § 244 I Nr. 3 verübt wurden.

3. Wohnungseinbruchsdiebstahl (§ 244 I Nr. 3)

§ 244 I Nr.3, der früher mit unter die allgemeine Gruppe der Einbruchsdiebstähle nach § 243 I **1120** Nr. 1 fiel, wurde dort erst durch das 6. StrRG ausgegliedert und als echte Qualifikation ausgestaltet. Hintergrund dieser Aufwertung waren die besonderen psychischen Belastungen, die ein fremdes Eindringen in die intime Wohnsphäre des Opfers hinterlässt und die bei einem Einbruch in eine Gartenlaube oder ein Büro nicht in demselben Maße auftreten.[58]

---

55 BGH NJW 2002, 1662 f.

56 BGH (GS) NJW 2001, 2266 (2268 f.); RENGIER BT I § 4 Rn. 50

57 Vgl. WESSELS/HILLENKAMP BT 2 Rn. 272 f.; LACKNER/KÜHL § 244 Rn. 8; Volker ERB, Die Neuinterpretation des Bandenbegriffs und des Mitwirkungserfordernisses beim Bandendiebstahl, NStZ 2001, 561-566 (564 f.).

58 RegE zum 6. StrRG, BT-Drs. 13/8587, S. 43.

1121 Der Wohnungsbegriff wird in Konsequenz dieses Strafgrundes enger gezogen als derjenige des § 123.[59] Zur Wohnung i.S.v. § 244 I Nr. 3 zählt daher *nur der eigentliche Wohnbereich*, während Kellerräume, Garagen und andere Nebengebäude auszugrenzen sind.[60]

Zu allem Übrigen gilt das zu § 243 I Nr. 1 Gesagte (Rn. 1087-1091) mit einer Ausnahme: Es fehlt eine § 243 II vergleichbare Geringwertigkeitsklausel, weshalb es auf den Wert der erzielten Beute beim Eindringen in Wohnungen nicht ankommt.

4. Strafantragserfordernisse

1122 In einschlägigen Fallgestaltungen gilt für § 244 uneingeschränkt das Antragserfordernis aus § 247. Hingegen bleibt § 248a unanwendbar, weil diese Bestimmung explizit auf den einfachen Diebstahl Bezug nimmt und somit die Qualifikationstatbestände unberührt lässt.

IV. Räuberischer Diebstahl (§ 252)

1. Einordnung als raubnaher Diebstahl

1123 Der räuberische Diebstahl wird vom Gesetz zwar als Raubdelikt angesehen und üblicherweise in der Lehre auch als solches behandelt. Systematisch gesehen stellt er aber eine Eskalation des Diebstahls dar. Vom Raub unterscheidet er sich dadurch, dass seine Nötigungsmittel nicht der Wegnahme, sondern der Verteidigung derselben dienen.[61] Das rechtfertigt, ihn beim Namen zu nehmen und als besonders schwer wiegende Diebstahlsform zu besprechen.

1124 Das Charakteristische des räuberischen Diebstahls ist, dass eine zunächst durchgeführte Diebstahlstat sich wegen des Erscheinens des Bestohlenen oder dritter Personen nicht mehr ohne Weiteres beenden lässt und der Täter daher Nötigungsmittel einsetzt, um seine Beute zu sichern. Mit seiner Kombination von Gewalt- und Eigentumskriminalität ähnelt § 252 den Raubtaten. Bei ihnen wird allerdings schon die Wegnahme*vollendung* durch Gewalt oder Drohung erreicht, während der Täter diese Mittel beim räuberischen Diebstahl zur Wegnahme*beendigung* anwendet.

Wegen des quantitativ vergleichbaren Unrechtsgehalts wird der räuberische Dieb „gleich einem Räuber" bestraft, was auf den Strafrahmen des § 249 verweist (ein bis fünfzehn Jahre Freiheitsstrafe, vgl. aber Rn. 1139) und die Tat zum *Verbrechen* macht.

Abbildung: Das Ertappen von Straftätern lässt gefährliche Situationen entstehen

59 Vgl. Rn. 696 f. bzw. CD 23-03.

60 OLG Schleswig NStZ 2000, 479 (480); FISCHER § 244 Rn. 24a; WESSELS/HILLENKAMP BT 2 Rn. 267.

61 Zur ratio des § 252 vgl. Thomas WEIGEND, Der altruistische räuberische Dieb, GA 2007, 274-286 (274 ff.).

In der *forensischen Praxis* spielt der räuberische Diebstahl eine gewisse Rolle, denn dass sich 1125
ertappte Ladendiebe gewaltsam dem Festhalten zu entziehen suchen, ist keineswegs ungewöhnlich, wenngleich vor allem im Hinblick auf das Absichtserfordernis solche Verhaltensweisen bei näherem Hinsehen oft nicht unter § 252 zu subsumieren sind. Dazu nähere Hinweise auf CD 32-06.

2. Objektiver Tatbestand

a) Diebstahlsvortat

Voraussetzung ist zunächst ein zuvor begangener Diebstahl. In rechtlicher Hinsicht 1126
kann diese Vortat als einfacher Diebstahl, aber auch als ein solcher nach den §§ 243, 244, 248a einzuordnen sein. Sogar ein Raub würde theoretisch in Betracht kommen, da dieser neben der Nötigungskomponente ebenfalls alle Diebstahlsmerkmale enthält.

Bei der Diebstahlsvortat muss der Täter „auf frischer Tat betroffen" werden. Diese Formulierung birgt zwei getrennt zu prüfende Elemente:

- Die Tat hat *frisch* zu sein, was vor allem auf eine zeitliche Komponente im Verhältnis zur Vortatbegehung hindeutet, und
- der Täter muss bei ihr *betroffen werden*, worunter das Hinzukommen und Wahrnehmen anderer Personen zu verstehen ist.

b) Frische der Diebstahlsvortat

Dieses Merkmal begrenzt zunächst die Anwendbarkeit des § 252 auf die Phase *zwi-* 1127
schen Vollendung und Beendigung des Diebstahls.[62] Nach Beendigung fehlt es – wegen der zwischenzeitlich gesichert gewesenen Beute – an der typischen Eskalationsgefahr einer akuten Tatsituation, die Hintergrund der hohen Strafdrohung ist. Dies verkennen diejenigen, die § 252 über den Beendigungszeitraum hinaus anwenden wollen;[63] sie geben obendrein das relativ anwendungssichere Abgrenzungskriterium der Beendigung völlig zu Gunsten des unbestimmten Begriffs zeitlicher Nähe auf.

Abbildung: Gewaltanwendung und ihre Folgen im Verlauf eines Diebstahlsaktes

Phasen der Wegnahme	rechtliche Einordnung zur Tatförderung eingesetzter Gewalt/Drohung
Von Versuchsbeginn bis Vollendung:	Raub (§§ 249 ff.)
Nach Vollendung bis zur Beendigung:	Räuberischer Diebstahl (§ 252)
Nach Beendigung:	Nötigung(-sversuch) (§ 240) in Tatmehrheit zur Diebstahlsvortat

Allerdings ist nicht jede unbeendete Vortat zugleich noch frisch. Es bedarf vielmehr 1128
darüber hinaus einer zeitlichen und nach h.M. auch einer räumlichen Nähe zur Wegnahmesituation.

62 BGHSt 28, 224 (228 f.); Wessels/Hillenkamp BT 2 Rn. 365; Maurach/Schroeder/Maiwald BT 1 § 35 Rn. 40.

63 So Arzt/Weber BT § 17 Rn. 20; Lackner/Kühl § 252 Rn. 4.

Beispiel (Entwendung während längerer Autofahrt):[64] *Gunther M.* fuhr am Tattag gegen 13.00 Uhr mit dem Schweizer Staatsbürger *René B.* im Auto vom *Stuttgarter* Hauptbahnhof ab, um *René B.* verabredungsgemäß gegen ein schon empfangenes Entgelt nach *Hamm* zu bringen. *Gunther M.* hatte zuvor *René B.* in einem illegalen Spielclub beobachtet, gesehen, dass dieser etliches Geld besaß, und beschlossen, ihm dieses wegzunehmen. An einer Autobahntankstelle vor *Heilbronn* gelang es ihm, *B.* unbemerkt die Brieftasche mit 15.500 DM aus der Jackentasche zu entwenden. Sein Ziel war es nun, *B.* so schnell wie möglich aus dem Wagen zu bekommen. An einer Autobahnausfahrt etwa 50 km hinter *Heilbronn* verließ er die Autobahn und befuhr in einem Weinbaugebiet immer einsamere Wege. Als der ängstlich werdende *B.* nach seinem Geld tastete, bemerkte er dessen Fehlen. Daraufhin stellte er *M.* zur Rede. *Gunther M.* fürchtete nun, *B.* werde Hilfe herbeiholen. Deshalb schlug er auf *René B.* ein, würgte ihn und stieß ihn aus dem Wagen. — Angesichts des seit der Entwendung vergangenen Zeitablaufs und der inzwischen zurückgelegten Fahrstrecke verneinte der BGH ein alsbaldiges Betreffen am Tatort oder in dessen unmittelbarer Nähe und hob daher die Verurteilung wegen § 252 auf.[65] Ein abweichender Ansatz, der statt einer einseitig räumlich orientierten eine mehr situationsbezogene Betrachtung vornimmt, wird auf <u>CD 32-07</u> entwickelt.

c) Betroffen werden

1129 „Bei einem Diebstahl betroffen" verlangt eindeutig irgendeine Form des Zusammentreffens des Täters mit einer weiteren Person. Dass der Täter dabei den Hinzukommenden wahrnimmt, ist wegen seiner gewaltsamen Reaktion unabdingbar. Umstritten ist hingegen, ob und was der Hinzutretende, das Opfer der Täterreaktion, von dem Täter und seiner Tat erkennen muss, um ihn zu „betreffen".

> **Aufgabe:** Angriff eines Einbrechers gegen die hinzukommende Bewohnerin[66]
> *Rolf P.* drang mit einem gefundenen Schlüssel in ihrer Abwesenheit in die Wohnung von *Karin C.* ein, um dort zu stehlen. Er durchsuchte die Wohnung und nahm Schmuck, einen Fotoapparat sowie Scheckformulare an sich, die er in eine mitgebrachte Aktentasche packte. In dieser Aktentasche befand sich auch ein 30-40 cm langer Holzknüppel, den er stets bei sich trug. Schon im Begriff, die Wohnung zu verlassen, hörte er, wie die Tür aufgeschlossen wurde. Er versteckte sich hinter einer Zimmertür und nahm den Knüppel zur Hand. Als *Karin C.* ins Zimmer trat, versetzte er ihr mit dem Knüppel mehrere Schläge auf den Kopf, bis sie zu Boden ging. Dann floh er aus der Wohnung.
> Wurde *Rolf P.* durch *Karin C.* auf frischer Tat betroffen?

1130 Nach h.M. bräuchte der Hinzukommende die Vortat nicht zu bemerken. Es soll genügen, wenn der Täter schon vor Aufmerksamwerden des Dritten mit seiner Gewaltanwendung beginnt.[67] Gerechtfertigt wird dies mit kriminalpolitischen „erst recht"-Argumenten: Es leuchte nicht ein, wenn ein Täter bloß deswegen nicht als

---

64 Abwandlung von BGHSt 28, 224; im Originalfall war die Tat von *B.* noch nicht bemerkt worden.

65 BGHSt 28, 224 (230).

66 BGHSt 26, 95.

67 BGHSt 26, 95 (96 f.); Sch/Sch-ESER § 252 Rn. 4; LACKNER/KÜHL § 252 Rn. 4; GÖSSEL BT 2 § 15 Rn. 16 f.; ARZT/WEBER BT § 17 Rn. 19.

Räuber behandelt werde, weil er dem Bemerktwerden durch schnelles Zuschlagen zuvorkomme. Ein Dieb, der, unmittelbar bevor er gesehen wird, Gewalt verübe, verdiene dieselbe Behandlung wie einer, der zuschlage, nachdem er bemerkt wurde.[68] Dieser Auffassung ist freilich entgegen zu halten, dass „Betroffen" in § 252 aus Täterwarte eindeutig passivisch im Sinne eines „Betroffenwerdens" gebraucht wird, was wiederum eine finale Handlung des Betreffens durch den Hinzukommenden voraussetzt. Richtigerweise ist daher zu verlangen, dass das Opfer den Täter jedenfalls erst einmal bemerkt hat, wenn es auch noch keinen Verdacht geschöpft zu haben braucht.[69] Ein Präventivschlag des Täters mag daher zwar als (gefährliche) Körperverletzung strafbar sein, führt aber nicht zu § 252.

d) Nötigungsmittel

Als eigentliche Tathandlung fungiert die Ausübung von Gewalt gegen die Person, die den Täter „betroffen" hat, oder aber deren Bedrohung mit gegenwärtiger Gefahr für Leib oder Leben. **1131**

Zur *Gewalt* gilt im Prinzip die zu § 240 entwickelte Definition eines durch eine körperliche Tätigkeit ausgelösten und auf das Opfer körperlich wirkenden, erheblichen Zwanges.[70] Bei § 252 verlangt der Gesetzestext, dass sich diese Gewalt gegen eine Person zu richten hat, weshalb Sachgewalt schon deshalb nicht genügt.

Zur *Bedrohungsalternative* kann hinsichtlich des Drohens auf § 241 verwiesen werden (Rn. 683 ff.). Hinsichtlich des Drohungsinhaltes ist § 252 von § 241 allerdings verschieden: Einerseits erfolgt eine Verengung, weil die Ankündigung einer gegenwärtigen Gefahr für Leib und Leben verlangt wird, während für § 241 nicht nur die Verletzung anderer Güter (z.B. mittels einer Brandstiftung), sondern zudem ihre Verletzung in der ferneren Zukunft genügt. Andererseits ist § 252 hinsichtlich des Gewichtes der Drohung offener: Es bedarf keines angekündigten Verbrechens. Vielmehr reicht auch das Drohen mit einer schlichten, als Vergehen einzuordnenden Körperverletzung. **1132**

Sofern nicht explizit gedroht, sondern als Drohung gemeintes Verhalten gezeigt wird, muss das Täterverhalten wenigstens *objektiv den Eindruck der Ernstlichkeit zu erwecken geeignet* sein und diesen auch erwecken wollen.[71] Das kann beispielsweise angenommen werden, wenn der Drohende in der Jackentasche seinen Finger ausstreckt, um eine verborgene Pistole vorzutäuschen. Es ist aber weder erforderlich, dass das jeweilige Opfer sich tatsächlich bedroht fühlt, noch braucht der Täter vorzuhaben, seine Drohung notfalls umzusetzen. **1133**

Mit *gegenwärtiger* Gefahr droht, wer die umgehende Realisierung eines Angriffs gegen das Opfer ankündigt, falls sich dieses nicht wunschgemäß verhält und dem Täter erlaubt, mit seiner Beute zu entkommen. Die Vorhersage eines erst für die Zukunft anstehenden Angriffes („wenn du mich nicht loslässt, werden meine Freunde dich finden ...") könnte daher allenfalls zu § 240 führen, den Tatbestand von § 252 aber nicht verwirklichen. **1134**

---

68 BGHSt 26, 95 (97).

69 Ebenso MITSCH BT 2/1 § 4 Rn. 32; WESSELS/HILLENKAMP BT 2 Rn. 368.

70 Vgl. Rn. 597.

71 Vgl. für parallele Fälle BayObLG NJW 1963, 824; Sch/Sch-ESER vor §§ 234 ff. Rn. 33.

1135 Mit Gewaltanwendung bzw. Äußerung der Drohung ist der Tatbestand erfüllt. Erfolg muss das Nötigungsverhalten also nicht haben,[72] weshalb auch derjenige, der sich vergeblich um das Entkommen bemüht, wegen vollendeten räuberischen Diebstahls bestraft wird. Für die aus dem Verbrechenscharakter folgende Versuchsstrafbarkeit bleiben daher außer Irrtumsfällen (z.B. darüber, betroffen worden zu sein) kaum Fallgestaltungen übrig.

3. Subjektiver Tatbestand – die Besitzerhaltungsabsicht

1136 Während der erforderliche Tatvorsatz keine Besonderheiten aufweist, bereitet die daneben geforderte Absicht, „sich im Besitz des gestohlenen Gutes zu erhalten", oft Schwierigkeiten.[73] Zwar braucht diese Intention nicht die einzige zu sein, die der Täter beim Versuch zu entkommen verfolgt.[74] Sie muss aber wenigstens sein Verhalten mit motivieren.

Beispiel (Gewaltanwendung nach Schuhdiebstahl):[75] *Dieter W.* hatte in einem Schuhgeschäft seine alten Schuhe aus- und wertvolle neue angezogen, um mit diesen ohne Bezahlung das Geschäft zu verlassen. Vor dem Ausgang wurde er von dem Ladendetektiv *Siegfried R.*, der Verdacht geschöpft hatte, angesprochen. *Dieter W.* stieß, um zu entkommen, R. nieder und fuhr mit seinem Pkw davon. — Der BGH bejahte eine Besitzerhaltungsabsicht, nachdem das Landgericht zuvor festgestellt hatte, *W.* habe trotz seiner Entdeckung mit den angezogenen Schuhen wegfahren wollen. Allerdings blieb ungeklärt, was *W.* anschließend mit seiner Beute (noch) vorhatte.[76] Angesichts der Tatsituation verbleiben freilich Zweifel an einer Besitzerhaltungsabsicht. Denn was hätte *W.* schon anderes tun sollen, als mit den Schuhen wegzulaufen, nachdem er ertappt worden war? Ausziehen konnte er sie jedenfalls nicht mehr! Eine Besitzerhaltungsabsicht wäre daher nur zu bejahen gewesen, falls man *W.* nachweisen könnte, er habe selbst dann noch auf Dauer die Schuhe behalten wollen, als er entdeckt war und seine Gewalt ausübte. Wollte er hingegen nur noch entkommen, so genügte das nicht. Die von § 252 geforderte Absicht muss sich somit prinzipiell auf dasselbe Ziel richten, welches bereits der Zueignungsabsicht des vorauf gegangenen Diebstahls zu Grunde lag.

1137 Für eine Besitzerhaltungsabsicht genügt auch nicht jeder Wunsch vorübergehenden weiteren Besitzes. Konsequent hat die Rspr. deshalb eine Besitzerhaltungsabsicht verneint, wenn der ertappte Täter unter Mitnahme seiner Beute nur so weit fliehen will, bis er sie gefahrlos verschwinden lassen kann, damit sie nicht als Beweismittel gegen ihn diene.

Beispiel (Weglaufen mit gestohlener Butter):[77] *Stefan K.* legte in einem Selbstbedienungsgeschäft in seinen Einkaufskorb vier Halbpfundpakete Butter, von denen er eins im Werte von etwa 2.- DM in seine Rocktasche steckte, um es unbezahlt mit nach Hause zu nehmen. Dabei

---

72 WEIGEND (Fn. 61) GA 2007, 276.

73 Vgl. dazu bereits die Gedanken auf CD 32-06.

74 BGHSt 13, 64 f.; BGH NStZ 2000, 530 (531); FISCHER § 252 Rn. 9; Sch/Sch-ESER § 252 Rn. 7.

75 Sachverhalt nach BGH NStZ 1984, 454.

76 BGH NStZ 1984, 454 (455).

77 OLG Köln NJW 1967, 739.

wurde er beobachtet und gestellt, bevor er das Geschäft verlassen konnte. Auf Vorhalt stritt er ab, ein Butterpaket eingesteckt und noch bei sich zu haben, lehnte aber eine Kontrolle seiner Rocktaschen ab. Er überließ jedoch dem Filialleiter *Thorsten A.* seinen Personalausweis. Als jener telefonisch die Polizei benachrichtigt hatte, entschloss sich *Stefan K.*, mit dem Butterpaket in der Tasche zu flüchten, weil er befürchtete, die Polizei werde ihn durchsuchen, die Butter finden und ihn so als Dieb überführen. Um das zu verhindern, riss er sich von *Thorsten A.*, der ihn am Ärmel festhielt, los und stieß eine Verkäuferin, die ihm den Weg versperrte, zur Seite. Dadurch konnte er aus dem Geschäft flüchten. Anschließend verbarg er sich in der Toilette einer Gaststätte und ließ hier das Butterpaket verschwinden. — *Stefan K.* ging es nur noch darum, ein Beweismittel zu beseitigen. Einen „diebischen" Besitz (im Sinne von Zueignungsabsicht) erstrebte er nicht mehr. Eine solche Absichtshaltung verwirklicht § 252 nicht.[78]

Die im 6. StrRG vorgenommene Öffnung der Zueignungsdelikte für eine Drittzueignung(-sabsicht) hat der Gesetzgeber für § 252 nicht übernommen. Es bedarf daher weiterhin der Absicht zur Erhaltung des Eigenbesitzes („... *sich* im Besitz ... zu erhalten"). Bei Mittäterschaft mag man als „sich" noch jeden der Gruppe ansehen, weshalb es genügt, Gewalt anzuwenden, um einem Mittäter die Beute zu sichern.[79] Die Verteidigung des Beutebesitzes eines (z.B. Transport-)Gehilfen hingegen macht den verteidigenden Diebestäter nicht zum räuberischen Dieb.[80] **1138**

4. Bestrafung und Qualifikationen

Indem § 252 auf die Raubstrafe verweist, erklärt er zugleich die Raubqualifikationen für anwendbar. Es darf daher im Rahmen der Begutachtung keinesfalls übersehen werden, ggf. einen „*schweren* räuberischen Diebstahl" (§§ 252, 249, 250) oder einen „räuberischen Diebstahl *mit Todesfolge*" (§§ 252, 249, 251) zu erörtern. Näheres zu den Voraussetzungen dieser Qualifikationstatbestände findet sich bei den Raubdelikten (Rn. 1490 ff.). **1139**

5. Konkurrenzen und Hinweise zur Fallbearbeitung

Da § 252 das Diebstahlselement der Vortat – gleichgültig ob einfacher oder qualifizierter Diebstahl – bereits erfasst, werden diese Diebstahlsvergehen als subsidiär verdrängt.[81] Bei einer Raubvortat ist zu differenzieren, welches Nötigungsmittel schwerer wiegt; das schwächere Verbrechen tritt dann zurück.[82] **1140**

Trotz dieser Konkurrenzlage ist für die Fallbearbeitung zu empfehlen, die Vortat gesondert zu prüfen und sich nicht gleich § 252 zuzuwenden. Denn das nötigte zu einer Inzidenterprüfung des Diebstahls und hätte obendrein im Falle einer Vernei- **1141**

---

78 BGH MDR 87, 154 (gestohlenes Auto mit Täterpapieren darin); Sch/Sch-ESER § 252 Rn. 7; irrig dagegen im Beispielsfall das OLG Köln NJW 1967, 739 (740), dem offenbar jeder vorübergehende Besitzerhalt genügt.

79 WEIGEND (Fn. 61) GA 2007, 284 f.

80 Anders WEIGEND (Fn. 61) GA 2007, 285; wie hier Sch/Sch-ESER § 252 Rn. 7.

81 Sch/Sch-ESER § 252 Rn. 13; FISCHER § 252 Rn. 12; a.A. bei einer Vortat nach § 244 RENGIER BT I § 10 Rn. 8 (Idealkonkurrenz). Damit würde aber die Wegnahme doppelt bestraft.

82 BGH NJW 2002, 2043 (2044).

nung von § 252 die unangenehme Folge, mit der nun doch notwendig werdenden Diebstahlsprüfung in der Chronologie zurückspringen zu müssen.

1142 **Wiederholungsfragen zum 32. Kapitel**

1. Um welche Art von Bestimmung handelt es sich bei § 243? (Rn. 1080)
2. Worin unterscheiden sich bei § 243 I Nr. 1 Einbrechen und Einsteigen? (Rn. 1091)
3. Ist § 243 anwendbar, falls der Täter in Diebstahlsabsicht versucht, das Bügelschloss an einem Fahrrad aufzusägen, ihm dies aber misslingt und er daher sein Vorhaben aufgeben muss? (Rn. 1100 f.)
4. In welchem Verhältnis stehen die Taten nach den §§ 123, 243 I Nr. 1 zueinander und wie sieht dies bei den §§ 123, 244 I Nr. 3 aus? (Rn. 722 ff.)
5. Welche Möglichkeiten gibt es, das gefährliche Werkzeug i.S.v. § 244 I Nr. 1 a) näher zu bestimmen? (Rn. 1109 ff.)
6. In welchen Phasen einer Diebstahlstat kann Gewaltanwendung zur Annahme eines räuberischen Diebstahls führen? (Rn. 1127)
7. Gibt es Qualifikationen von § 252? (Rn. 1139)

Ergänzende Hinweise zur Beantwortung der Fragen 3 und 4 auf CD 32-09.

33. Kapitel. Unterschlagung

I. Die Funktion des § 246 im System der Eigentumsdelikte

1143 § 246 I enthält den Grundtatbestand der Unterschlagung. Er erschöpft sich in der rechtswidrigen Zueignung fremder beweglicher Sachen, mit einer auf drei Jahre Freiheitsstrafe begrenzten Strafdrohung. In § 246 II findet sich eine Qualifikationsbestimmung für Sachen, welche dem Täter anvertraut waren. Hierfür beträgt die Strafe bis zu fünf Jahre. Nach § 246 III schließlich ist in beiden Fällen der Versuch des Vergehens strafbar.

1144 Vor dem 6. StrRG waren nur Sachen unterschlagungsfähig, die der Täter „in Besitz oder Gewahrsam" hatte. Daher schlossen sich Diebstahl, bei welchem der Täter erst durch die Wegnahme in die von § 246 bereits vorausgesetzte Position gelangte, und Unterschlagung aus. Seit der Streichung des Gewahrsamserfordernisses erfüllt ein Diebstahl regelmäßig auch die Voraussetzungen einer Unterschlagung. Die Stellung des § 246 im System der Eigentumsdelikte hat sich damit völlig gewandelt.

1145 § 246 bildet einen *Auffangtatbestand der Eigentumsdelikte*.[1] Die Subsidiaritätsklausel („wenn die Tat nicht in anderen Vorschriften mit schwererer Strafe bedroht ist") bringt dies deutlich zum Ausdruck. Bei der Falllösung sollte § 246 deshalb stets nachrangig erörtert werden; oft erübrigt sich seine ausführlichere Prüfung nämlich schon wegen des Vorliegens vorrangiger Straftaten.

---

1 BT-Drs. 13/8587, S. 43; DSNS-Dencker S. 21; Fischer § 246 Rn. 4; Lackner/Kühl § 246 Rn.1.

Gleichwohl verkörpert § 246 nicht den Grundtatbestand aller Eigentumsdelikte.[2] Denn mit dem Merkmal objektiver Zueignung geht er über die Diebstahlsdelikte hinaus, welche nur Zueignungs*absicht* fordern. Zwar wirkt sich dies zumeist kaum aus, weil Wegnehmen regelmäßig auch ein Zueignen beinhaltet. Es bleibt indes das konstruktive Mehr in § 246. **1146**

II. Der Grundtatbestand des § 246 I

1. Tatobjekt und Rechtsgut

Rechtsgut der Unterschlagung ist alleine das Eigentum; geschützt werden fremde bewegliche Sachen (zu diesen Merkmalen vgl. Rn. 861 ff., 870 ff., 1006) vor rechtswidriger Zueignung. Die Fremdheit muss dabei noch zu Beginn der tatbestandlichen Zueignungshandlung vorliegen. Erfolgt zuvor eine – auch ggf. irrige – Eigentumsübertragung, so liegt keine Unterschlagung mehr vor. Wer also beispielsweise an der Supermarktkasse versehentlich ein zu hohes Rückgeld ausbezahlt erhält, wird vor dem Einstecken, der möglichen Zueignungshandlung, infolge der Übergabe bereits formell rechtmäßiger Eigentümer, weshalb das Geld danach keine tatgeeignete fremde Sache mehr darstellt. **1147**

2. Die Zueignung

a) Zueignungserfolg

Die Zueignung wird objektiv verlangt, kann ebenso zu Gunsten eines Dritten erfolgen und enthält wie bei § 242 – hier allerdings auch objektiv – eine Enteignungs- sowie eine Aneignungskomponente. Umstritten ist, ob entsprechend der überkommenen Auslegung vor dem 6. StrRG die Manifestation des Zueignungswillens genügt[3] oder sich die Zueignung (auch) in irgendeiner Form an der betroffenen Sache vollziehen muss. Nach der sog. *Manifestationstheorie* bedarf es allein der nach außen hin erkennbaren Betätigung des Zueignungswillens. Deshalb soll schon das Ableugnen des Besitzes einer Sache oder deren Nichtherausgabe genügen können. **1148**

Diese Auffassung ist allerdings vor dem Hintergrund des § 246 a.F. entstanden. Auf Grund des seinerzeitigen Besitz-/Gewahrsamserfordernisses war ein Zueignungserfolg im Wesentlichen bereits vor der Tathandlung eingetreten. Der Eigentümer besaß die Sache nicht mehr, der Täter dagegen alle Nutzungsmöglichkeiten. Ent- und Aneignung waren daher faktisch längst vor der eigentlichen Unterschlagungshandlung vollzogen. Auf der Basis einer solchen Ausgangsposition konnte Zueignen sinnvollerweise nicht im Sinne eines (weiteren) Zueignungserfolges verstanden werden. Es lag vielmehr nahe, der Tathandlung nur noch die Funktion zuzuweisen, das Rechtswidrige des Fremdbesitzes aufzuzeigen. Denn dieser war überwiegend rechtmäßig begründet worden (z.B. durch Leihe, Fund). Es bedurfte folglich des Beweises der vollzogenen *rechtswidrigen* Usurpation[4] des Eigentums, auch zwecks Abgrenzung zur prinzipiell straflosen Besitzentziehung bzw. zur ebenso straflosen vorübergehenden Enteignung. Die Dokumentation des „Mehr", des Willens zu rechtswidriger An- und Enteignung, diente genau diesem Zweck. **1149**

---

2 So aber KINDHÄUSER FS Gössel S. 467 f.; MüKo-HOHMANN § 246 Rn. 6.

3 So weiterhin die Rspr., vgl. OLG Hamburg StV 2001, 577.

4 Usurpation = (widerrechtliches) Ansichreißen der Macht über etwas.

1150 Nach der heutigen Tatbestandsfassung besteht die Ausgangsposition der Täterhandlung unabhängig von Besitzverhältnissen nur noch aus der Existenz einer fremden Sache. Begnügte man sich jetzt mit der Manifestation des Zueignungswillens, würde alleine die Willensbetätigung bestraft und materielle Versuchshandlungen gerieten zur vollendeten Unterschlagung.[5] Damit erweist sich als Kernfrage, ob § 246 ein (reines) Tätigkeits- oder ein Erfolgsdelikt ist. Ohne ein Erfolgselement erfasste der Tatbestand aber auch gar nicht strafwürdiges Unrecht. Dies verdeutlichen Beispiele, bei welchen für das Rechtsgut Eigentum keinerlei Gefahr entsteht, wenn etwa der Täter seiner Freundin brieflich erklärt, er schenke ihr den Eiffelturm. Damit manifestiert er seinen (Dritt-)Zueignungswillen, ohne dass der Eigentümer objektiv in seiner Position gefährdet würde.

Eine Erfolgskomponente ist daher unentbehrlich. Sie findet sich in einer durch die Tathandlung verursachten *objektiven Verschlechterung der Eigentümer- bei gleichzeitiger Verbesserung der Täterposition.* Eine solche Zueignungshandlung lässt die Gefahr dauerhafter Enteignung entstehen. Zudem muss sie den Täter (oder den Dritten) in eine Position bringen, die ihm eine ungestörte wirtschaftliche Nutzung der Sache ermöglicht.

Die so skizzierte Auffassung kombiniert Elemente aus den im Schrifttum mit unterschiedlicher Schwerpunktsetzung vertretenen Ent- und Aneignungserfolgstheorien. Deren differenzierte Darstellung und eine vertiefte Begründung der hier vertretenen Auffassung findet sich auf CD 33-01.

b) Drittzueignung

1151 Wie bei § 242 genügt für die Unterschlagung die Zueignung gegenüber Dritten. Allerdings greift diese Alternative selten ein. Denn solange auch der Zuwendende einen Vorteil aus der Zueignungshandlung zieht, „verkauft" er im Grunde die Sache und eignet sie sich damit zunächst einmal selbst zu. Die folgende Drittzueignung tritt demgegenüber als subsidiäre Deliktsverwirklichung zurück.

1152 **Aufgabe:** Der beiseite geschaffte Pkw I

Werner A. hatte seinen Pkw *Ford Mondeo* bei der *Firma S.* geleast. Nachdem er arbeitslos geworden war, fiel es ihm zunehmend schwerer, die fälligen Leasingraten aufzubringen. Als sein Freund *Klaus G.* das mitbekam, machte er *Werner A.* einen Vorschlag: Er werde den *Ford* „übernehmen", dafür bekomme *Werner A.* von ihm 2.000 EUR. Dieser müsse den Pkw dann nur noch als gestohlen melden. *Werner A.* stimmte dem zu und erhielt daraufhin das versprochene Geld in bar. 2 Wochen später holte *Klaus G.* den Wagen vereinbarungsgemäß ab. Dieser stand mit im Schloss steckenden Schlüssel auf dem Grundstück von *Werner A.* für ihn bereit.

Strafbarkeit von *Werner A.* und *Klaus G.* wegen Unterschlagung?

1153 Im Abschluss der Vereinbarung liegt noch keine Unterschlagung, weil alleine durch sie die tatsächliche Zugriffsmöglichkeit des Eigentümers nicht angetastet wurde. Erst die Entfernung des Fahrzeugs begründete die Gefahr dauernder faktischer Enteig-

---

5 Gunnar DUTTGE/ Marc SOTELSEK, Die vier Probleme bei der Auslegung des § 246 StGB, Jura 2002, 526-534 (527); noch schärfer Wilhelm DEGENER, Der Zueignungsbegriff des Unterschlagungstatbestandes, JZ 2001, 388-399 (395).

nung. Zugleich eigneten sich beide Täter den Pkw an. Weitere Hinweise zur Lösung sowie eine Fallabwandlung zur Drittzueignung auf CD 33-02.

c) Manifestation des Erfolges als zusätzliche Voraussetzung

Allerdings genügt die objektive An- und Enteignung noch nicht in jedem Fall für die Zueignung, sondern mit der Manifestationstheorie ist wie bisher *zusätzlich die eindeutige Dokumentation des Zueignungswillens* zu fordern. Andernfalls beginge auch jeder Finder objektiv-tatbestandlich eine Unterschlagung, sobald er eine verlorene Sache an sich nimmt. Daher liegt eine Zueignungshandlung erst dann vor, wenn sich dem zueignenden Täterverhalten auch unzweideutig die Missachtung des Eigentumsrechts entnehmen lässt. **1154**

Beispiel (Die gefundene Geldbörse): *Denis P.* fand im Wald die von *Karin K.* beim Joggen verlorene Geldbörse. *P.* sah in die Geldbörse hinein und entschloss sich, nachdem er Geld und EC-Karte darin entdeckt hatte, den Inhalt zu behalten. Er steckte die Börse ein, ging damit nach Hause und legte sie zunächst auf den Küchentisch. Am nächsten Tag entnahm er das Geld und die EC-Karten, die er in das eigene Portemonnaie steckte. Der Rest wanderte in den Müll. — Zwar begründete *P.* bereits durch das Einstecken der Geldbörse am Fundort eine Enteignungsgefahr und verschaffte sich zugleich die Nutzungsmöglichkeiten hinsichtlich des Inhaltes (Aneignungserfolg). Das alleine dokumentiert aber nach außen hin noch nicht eindeutig die rechtswidrige Zueignung, weil auch der ehrliche Finder die Sache einstecken, zunächst mit nach Hause nehmen und am nächsten Tag zum Fundbüro gehen würde. Erst die erkennbare Überführung in die eigene Besitzwelt durch Entnehmen des brauchbaren Inhaltes und Wegwerfen des unbrauchbaren Restes lässt eindeutig die Missachtung des rechtmäßigen Eigentums offenbar werden.

Damit lässt sich jetzt eine umfassende Definition formulieren. Als Zueignung gilt **1155**

> *die sich nach außen hin unzweideutig manifestierende, in der Tathandlung vollziehende Schaffung einer Enteignungsgefahr bei Erlangung einer Position ungestörter wirtschaftlicher Nutzung.*

Die so beschriebene Zueignung muss *objektiv rechtswidrig* geschehen, der Täter darf also nicht zu ihr legitimiert sein. Insoweit gelten die Ausführungen zu § 242 entsprechend.[6] Zu beachten ist lediglich, dass die nur irrtümliche Annahme der Rechtswidrigkeit den objektiven Tatbestand des § 246 nicht erfüllt. Es käme dann allenfalls Versuch in Betracht (wenn nicht gar – bei rechtlicher Fehlvorstellung – ein Wahndelikt). **1156**

d) Die mehrfache Zueignung derselben Sache

Während sich der Täter nach der Rspr. und Teilen der Lehre eine einmal rechtswidrig zugeeignete Sache begrifflich kein zweites Mal zueignen kann (*Tatbestandslösung*),[7] vertritt die Lehre überwiegend die sog. *Konkurrenzlösung*. Danach ist zwar möglich, § 246 mehrfach hintereinander tatbestandlich zu verwirklichen. Bestraft wird gleich- **1157**

---

6 Vgl. oben Rn. 1061 ff.

7 Ständige Rspr. seit BGHSt (GrS) 14, 38, 43 f.; RENGIER BT I § 5 Rn. 23 ff.; NK-KINDHÄUSER § 246 Rn. 62 f.; MüKo-HOHMANN § 246 Rn. 39 f.

wohl nur die erste Tat, während die Folgezueignungen als mitbestrafte Nachtaten zurücktreten.[8]

1158 **Beispiel** (Die entwendete und weiterveräußerte Uhr): *André A.* hatte seinem Bruder *Benno* in Zueignungsabsicht dessen Uhr entwendet. Einige Tage später verkaufte er die gestohlene Uhr für 20.- EUR an *Friedhelm H.* weiter, wobei er diesen über die Herkunft der Uhr aufklärte. — Nach der Tatbestandslösung beging *André A.* durch den Verkauf keine Zueignungshandlung, weil er sich die Uhr anlässlich des Diebstahls bereits rechtswidrig zugeeignet hatte und der Zueignungserfolg damit schon eingetreten war. Nach der Konkurrenzlösung vertiefte er hingegen den Zueignungserfolg. Darin soll eine weitere Zueignungshandlung liegen. Auf Konkurrenzebene trete diese aber zurück, weil sie wirtschaftlich keinen weiterer Schaden bewirke. Vorzugswürdig ist die Tatbestandslösung. Die Gründe finden Sie auf CD 33-03.

1159 *Hinweis zur Fallbearbeitung:* Zumeist bedarf es keiner Entscheidung, weil beide Auffassungen im Ergebnis zur Straflosigkeit gelangen. Lediglich bei Straflosigkeit der Erstzueignung (z.B. wegen Verjährung) oder wenn an der Zweitzueignung Dritte teilnehmen, mag es eine Rolle spielen, ob § 246 bereits auf Tatbestandsebene (dann keine Teilnahme möglich) oder erst bei den Konkurrenzen ausscheidet (dann Vorliegen der für die §§ 26, 27 erforderlichen rechtswidrigen Haupttat). Aber selbst für Teilnehmer ist die Frage oft gar nicht wichtig, weil § 246 für sie aus anderen Gründen entfällt (vgl. auch dazu CD 33-03).

3. Subjektiver Tatbestand

1160 Es genügt insgesamt bedingter Vorsatz. Dies betrifft auch die Zueignung und ihre Komponenten. Im Gegensatz zu § 242 bedarf es also keiner Aneignungs*absicht*. Vielmehr genügt, wenn der Täter die Erlangung einer wirtschaftlichen Nutzungsmöglichkeit in Kauf nimmt, sie aber nicht sein leitendes Handlungsmotiv darstellt.

III. Die Veruntreuungsqualifikation nach Abs. 2

1161 Diese Qualifikationsbestimmung betrifft die Unterschlagung anvertrauter Sachen. Das sind solche, die dem Täter übergeben wurden, damit er mit ihnen (auch) im Interesse des Eigentümers verfahre (z.B. zur sicheren Verwahrung übergebene, zum Gebrauch entliehene oder vermietete Sachen).[9] Erfasst werden damit allerdings nahezu alle Fälle des vom rechtmäßigen Eigentümer abgeleiteten Täterbesitzes, während nur Fundunterschlagungen und Konstellationen illegitimen Besitzerwerbs für den Grundtatbestand verbleiben.

1162 **Aufgabe:** Der beiseite geschaffte Pkw II
Liegt im Fall der Aufgabe Rn. 1152 auch eine veruntreuende Unterschlagung durch *Werner A.* und *Klaus G.* vor?

---

8 WESSELS/HILLENKAMP BT 2 RN. 303; MAURACH/SCHROEDER/MAIWALD BT I § 34 Nr. 22; MITSCH BT I/2 § 2 Rn 54, Sch/Sch-ESER § 246 Rn. 19; DUTTGE/SOTELSEK (Fn. 5), Jura 2002, 532.

9 BGHSt 9, 90; FISCHER § 246 Rn. 16 f.; Sch/Sch-ESER § 246 Rn. 29; a.A. SK-HOYER § 246 Rn. 45 f. (Veruntreuung nur, wenn der Täter die Sache gerade nicht nutzen soll).

Die Tat von *Werner A.* wäre als veruntreuende Unterschlagung zu bewerten, weil er 1163
als Leasingnehmer verpflichtet war, die Eigentumsinteressen des Leasinggebers zu wahren, sorgsam mit dem Fahrzeug umzugehen und es ggf. nach Ablauf der Vertragszeit zurück zu geben.[10] Demgegenüber hätte sich *Klaus G.* nur nach § 246 I strafbar gemacht.

IV. Konkurrenzfragen und Strafverfolgungsvoraussetzungen

1. Die Subsidiaritätsklausel

Wegen Unterschlagung kann nach § 246 I nur bestraft werden, „wenn die Tat nicht in 1164
anderen Vorschriften mit schwererer Strafe bedroht ist." Die Reichweite dieser Subsidiaritätsklausel ist heftig umstritten.

Beispiel (Töten und Erbeuten von Geld und Mobiltelefon des Opfers):[11] *Harald A.* hatte den alleine lebenden, an den Rollstuhl gefesselten *Klaus B.* in dessen Wohnung mit mehreren Messerstichen getötet. *Harald A.* hatte nach der Tötung Bargeld und Mobiltelefon des *B.* an sich genommen. Offen blieb, warum *Harald A.* zur Tötung geschritten war. Insbesondere ließ sich im Gerichtsverfahren nicht mehr klären, ob er den Entschluss, Geld und Mobiltelefon zu nehmen, vor oder erst nach der Tötung gefasst hatte. — In dubio pro reo ging der BGH davon aus, dass *A.* nicht aus Habgier handelte (also keinen Mord verübte), sich zur Mitnahme des Geldes aber auch nicht erst nach der Tötung entschlossen hatte (also nicht zwei, sondern nur eine Straftat i.S.v. § 52 beging). Zur Erläuterung dieser Prämisse vgl. näher CD 33-04. Damit gelangte der BGH zur Möglichkeit einer Tateinheit von Totschlag und Unterschlagung und damit zur Frage, ob § 246 auch gegenüber § 212 subsidiär sei.

Die Rspr. nimmt mittlerweile bei unspezifischen expliziten Subsidiaritätsklauseln wie in § 246 I zu Recht eine umfassende Geltung gegenüber allen Straftaten mit höherer Strafdrohung an.[12] Sie bezieht sich dabei insbesondere auf den Wortlaut, der wegen Art. 103 II GG den Ausschlag gebe. Die in der Lehre (noch) vorherrschende Gegenauffassung begrenzt die Reichweite auf Eigentums- und Vermögensstraftaten.[13] Nach Sinn und Zweck solcher Klauseln wollten sie nur eine doppelte Bestrafung desselben Unrechtskerns vermeiden.

Dabei wird z.T. scharfsinnig vorgetragen, der Wortlaut lasse abweichende Interpretationen zu. 1165
So gehen KÜPPER, HOYER und RUDOLPHI[14] den Begriff „derselben Tat" an und vergleichen ihn mit der Verwendung in § 24: Auch dort gehe es nicht um die Tat im Sinne von § 52, son-

---

10 Vgl. BGHSt 16, 280 (282) zum insoweit ähnlichen Kauf unter Eigentumsvorbehalt.

11 Sachverhalt nach BGHSt 47, 243.

12 BGHSt 43, 237 (zu § 125); 47, 243 mit zustimmender Anm. Harro OTTO NStZ 2003, 87 f.; Michael HEGHMANNS, Die Subsidiarität der Unterschlagung – BGHSt 47, 243, JuS 2003, 954-958; MüKo-HOHMANN § 246 Rn. 61. Anders noch die ältere Rspr., vgl. BGHSt 6, 297; 8, 191.

13 Sch/Sch-ESER § 246 Rn. 32; SK-HOYER § 246 Rn. 48; JESCHECK/WEIGEND AT S. 735; KÜPER BT S. 497; MAURACH/SCHROEDER/MAIWALD BT I § 34 Rn. 43; a.A. LACKNER/KÜHL § 246 Rn. 14.

14 KÜPPER JZ 2002, 1115; HOYER JR 2002, 518; RUDOLPHI JZ 1998, 472.

dern um einzelne Tatbestände. DUTTGE/SOTELSEK wiederum reklamieren ein bestimmtes allgemeines Vorverständnis davon, was unter „anderen Vorschriften" nur gemeint sein könne, nämlich von der Schutzrichtung her ähnliche Straftatbestände.[15] All das ändert freilich nichts daran, dass der juristisch unbedarfte Täter den Wortlaut des § 246 nur so verstehen kann, dass er jedenfalls insoweit nichts zu befürchten hat. Sein Verständnis als Normadressat aber ist maßgebend.[16]

Es kommt hinzu: Hätte der Gesetzgeber etwas anderes gewollt, hätte er sich klarer fassen können. Sicherlich wäre es schwierig, alle vorrangigen Tatbestände aufzulisten wie im Beispiel des § 145d. Dennoch wäre eine engere Fassung vorstellbar. Als Vorbild könnte § 402 AktG dienen, welcher die Strafbarkeit der falschen Ausstellung von Hinterlegungsbescheinigungen davon abhängig macht, ob „die Tat nicht in anderen Vorschriften über Urkundenstraftaten mit schwererer Strafe bedroht ist." Auf § 246 übertragen könnte dieser lauten: „wenn die Tat nicht in anderen Vorschriften über Eigentums- und Vermögensstraftaten ..."

1166 Überwiegend, indessen zu Unrecht, wird die Geltung der Subsidiaritätsklausel auch für die Veruntreuung nach § 246 II behauptet.[17] Oft erlangt sie dort allerdings schon deshalb keine Bedeutung, weil die Delikte, die gewöhnlich mit einer Unterschlagung zusammen treffen, zwar die Strafdrohung von § 246 I, nicht aber die des § 246 II übertreffen.

1167 Ohnehin überzeugt das von der h.M. für die Geltung der Subsidiaritätsklausel bezüglich § 246 II ins Feld geführte Wortlautargument nicht. Dass sich die Formulierung „in den Fällen des Abs. 1" auf alle, also auch die subsidiären Fälle beziehe, lässt sich kaum nachvollziehen. Denn der Verweis „in den Fällen" bezieht sich bei logischer Betrachtung allein auf die Voraussetzungen der Tat, nicht aber auf deren Rechtsfolgen von „bis zu drei Jahren ..., wenn die Tat nicht ...". Auf diese Rechtsfolgenformulierung kann Abs. 2 schon deshalb keinen Bezug nehmen, weil er dazu eine eigene Lösung anbietet (nämlich fünf Jahre Freiheitsstrafe, und zwar ohne Einschränkungen). Zudem enthält Abs. 2 mit der Treuwidrigkeit eigenständiges Unrecht, das im Falle der Subsidiarität ungeahndet bleiben könnte. Das dürfte weder der Intention des Gesetzgebers noch dem Gesetzessinn entsprechen.

2. Weitere Strafverfolgungsvoraussetzungen

1168 Die §§ 247, 248a sind auch auf § 246 anzuwenden. Ist das Opfer ein Angehöriger des Täters oder die Beute weniger als 50.- EUR wert (Rn. 1071 ff.), bedarf es mithin eines Strafantrages bzw. bei § 248a alternativ des besonderen öffentlichen Interesses.

---

15 Gunnar DUTTGE/ Marc SOTELSEK, „Freifahrtschein" für Unterschlagungstäter? NJW 2002, 3756-3758 (3758).

16 HEGHMANNS (Fn. 12), JuS 2003, 958.

17 RENGIER BT I § 5 Rn. 28; FISCHER § 246 Rn. 23; KÜPER BT S. 496; MITSCH BT II/1 § 2 Rn. 70; LK-LAUFHÜTTE/KUSCHEL § 246 Nachtrag Rn. 9; a.A. NK-KINDHÄUSER § 246 Rn. 75.

34. Kapitel. Dem Diebstahl verwandte Straftaten

I. Die Störung der Totenruhe (§ 168 I)

Diese Strafbestimmung verhindert das Aufklaffen einer Lücke, die sonst drohte, weil wegen fehlender Eigentumsfähigkeit[1] kein Diebstahl von Leichen(-teilen) möglich ist. Daher fehlen in § 168 I die Merkmale der Fremdheit und der Zueignungsabsicht, während der Tatbestand ansonsten dem Diebstahl (einschließlich der Versuchsstrafbarkeit in Abs. 3) nachgebildet ist. **1169**

Tatobjekte sind Leichen, Leichenteile, tote Leibesfrüchte und die Totenasche. Soweit der *Begriff des Gewahrsams* aus § 242 wegen des dort verwendeten Begriffs der Sachherrschaft als unpassend abgelehnt und statt dessen derjenige eines tatsächlichen Obhutsverhältnisses vorgeschlagen wird, ist das zum einen wegen der hier vertretenen Sacheigenschaft des toten Körpers[2] überflüssig, im Übrigen aber auch im Ergebnis eingestandenermaßen weitgehend irrelevant.[3] Unter dem als weitere Alternative genannten *beschimpfenden Unfug* versteht man missbräuchliche Handlungen, die den postmortalen Achtungsanspruch durch bewusste Missachtung der Verstorbenen verletzen.[4] **1170**

Das Merkmal „unbefugt" weist als allgemeines Rechtswidrigkeitsmerkmal nur auf die Möglichkeit einer Rechtfertigung hin, insbesondere nach dem TPG.[5]

II. Die Entziehung elektrischer Energie (§ 248c)

Strom besitzt (als Bewegungs- oder Ladezustand von Materie) keine Sachqualität (vgl. näher Rn. 862) und kann daher ebenfalls nicht i.S.d. § 242 gestohlen werden. Als Konsequenz wurde im Jahre 1900 der Sondertatbestand des heutigen § 248c I geschaffen.[6] Zu beachten ist, dass Abs. 3 auf die §§ 247, 248a Bezug nimmt, weshalb die Tat u.U. zum Strafantragsdelikt wird. **1171**

Die Merkmale des Tatbestandes erklären sich selbst und bedürfen nur einer Ergänzung: Da als Tatobjekt die elektrische *Energie* genannt wird, fällt das Anzapfen ebenfalls auf elektrischer Basis erfolgenden Daten- oder Telefonverkehrs nicht hierunter (sondern allenfalls unter § 202b), da dieser Elektrizitätsfluss zur Energiegewinnung bzw. -nutzung nicht mehr taugt.

Während Abs. 1 die eigennützige Stromableitung zum Gegenstand hat und mit immerhin bis zu fünf Jahren Freiheitsstrafe bestraft, bedroht Abs. 4 eine allein *zu Schädigungszwecken* erfolgende Ableitung mit geringerer Strafe. Zudem wird eine solche Schädigung nur auf Antrag verfolgt (§ 248c IV 2). **1172**

---

1 Vgl. oben Rn. 875.

2 Vgl. oben Rn. 868.

3 Vgl. Sch/Sch-LENCKNER § 168 Rn. 6; MAURACH/SCHROEDER/MAIWALD BT 2 § 62 Rn. 12.

4 BGH NStZ 1981, 300; FISCHER § 168 Rn. 16; Sch/Sch-LENCKNER § 168 Rn. 10.

5 Vgl. dazu näher Rn. 394 bzw. auf CD 09-02.

6 Gesetz vom 09.04.1900 über die Bestrafung der Entziehung elektrischer Arbeit (RGBl. 228), seit 1953 als § 248c Teil des StGB.

III. Unbefugter Fahrzeuggebrauch (§ 248b)

1. Stellung des Delikts innerhalb der Eigentumsstraftaten

1173 Die Bestimmung verbietet den – ansonsten weitgehend straflosen – sog. Gebrauchsdiebstahl[7] bestimmter Fahrzeugtypen. Sie trägt damit dem Umstand Rechnung, dass gerade bei der Wegnahme von Fahrzeugen dem Täter häufig nicht widerlegt werden kann, er habe nur eine Spritztour unternehmen und das Fahrzeug danach zurückbringen wollen. In diesen Fällen fehlenden Enteignungsvorsatzes greift § 248b ein, allerdings nur, „wenn die Tat nicht in anderen Vorschriften mit schwererer Strafe bedroht ist." Wegen dieser Subsidiaritätsklausel ist es ratsam, Diebstahl vorab zu prüfen und § 248b erst anzugehen, falls keine Strafbarkeit nach § 242 besteht.

2. Tatbestand

a) Tatobjekte

1174 Der Begriff des *Kraftfahrzeugs* wird in Abs. 4 erklärt als maschinengetriebenes, nicht an Gleise gebundenes Fahrzeug. Darunter fallen Land-, Wasser- und Luftfahrzeuge[8] (aber wegen des fehlenden maschinellen Antriebs weder Segelschiffe noch -flugzeuge). Zu den *Fahrrädern*, die – selbst verkehrsrechtlich – nirgends näher definiert werden, zählen auch Sondertypen wie Drei- oder Liegeräder sowie Fahrradrikschas,[9] solange sie noch mit dem üblichen Sprachgebrauch des Fahrrades (das lexikalisch gewöhnlich als Zweirad beschrieben wird) in Einklang zu bringen sind. Vierräderige Tretmobile dürften freilich nicht mehr unter den Tatbestand zu fassen sein.

b) Tathandlung

1175 Der Tatbestand spricht von *in Gebrauch nehmen*. Erforderlich ist dazu eine Nutzung als Fortbewegungsmittel (und nicht etwa zum Darinschlafen).[10] Anerkanntermaßen ist zudem nicht nur das Beginnen des Nutzens im Sinne eines einmaligen Aktes gemeint. Vielmehr erstreckt sich die Tat als Dauerdelikt über den gesamten Zeitraum des Gebrauchs. Auch die Fortsetzung eines zunächst erlaubten Gebrauchs über den Zeitraum der Berechtigung hinweg (z.B. eines geliehenen Fahrzeuges nach Ablauf der Mietfrist) wird jedenfalls dann erfasst, wenn der Täter nach einer Fahrtunterbrechung den Gebrauch wieder aufnimmt.[11] Dagegen genügt nicht, eine während der Tatzeit an sich bestehende Nutzungserlaubnis inhaltlich zu überschreiten.

Beispiel (unerlaubte Fahrt ins Ausland): *Tobias W.* hatte sich in *Frankfurt (Oder)* einen Mietwagen genommen, der laut ausdrücklicher Anweisung des Vermieters nicht

---

7 Vgl. dazu näher oben Rn. 1049.

8 Sch/Sch-ESER § 248b Rn. 3; WESSELS/HILLENKAMP BT 2 Rn. 395.

9 MüKo-HOHMANN § 248b Rn. 9; LK-RUß § 248b Rn. 2; die a.A. des OLG Dresden NJW 2005, 452 f., betrifft nur § 21 III StVO und argumentiert allein mit der Systematik dieser Norm.; nach dem Wortlaut, so das OLG, könne eine Rikschah noch als Fahrrad gelten.

10 BGHSt 11, 44 (45).

11 Sch/Sch-ESER § 248b Rn. 4 f.; weniger deutlich BGHSt 11, 47 (50 f.); OLG Schleswig NStZ 1990, 340 f. m. krit. Anm. Eberhard SCHMIDHÄUSER; a.A. OTTO BT § 48 Rn. 6 (nicht strafbare, schlichte Vertragsverletzung).

zu Fahrten über die Grenze nach Polen benutzt werden durfte. Gleichwohl fuhr *W.*, der das Fahrzeug vollgetankt zurückzubringen hatte, gegen Ende der Mietzeit kurz über die Grenze, um dort preisgünstiger zu tanken. — § 248b ist nicht erfüllt, weil *W.* die Ingebrauchnahme gestattet war und ihm vertraglich nur eine bestimmte Art der Gebrauchsausübung verwehrt war, nämlich die Wahl einzelner Fahrtziele. Es müsste aber der Gebrauch insgesamt unberechtigt gewesen sein, damit eine verbotene Ingebrauchnahme geschah.[12]

Als Berechtigter, dessen Wille entgegenstehen muss, kommt jeder in Betracht, dessen Gebrauchsberechtigung beeinträchtigt wird. Damit sind sowohl Eigentümer als auch Besitzer Berechtigte i.S.d. Vorschrift.[13] **1176**

Aufgabe: Die Weitergabe eines gemieteten Fahrzeuges[14]
Jochen L. hatte einen Pkw der Fa. *E.* gemietet. Im Vertrag war geregelt, dass nur er den Wagen fahren und ihn nicht weiterverleihen durfte. Abredewidrig überließ er den Pkw während der Mietzeit dennoch an seinen Freund *Bodo P.*, der damit einen Ausflug unternahm, wobei er verunfallte.
Strafbarkeit von *Jochen L.* und *Bodo P.*?

Sind mehrere Berechtigte vorhanden, so genügt i.d.R. – ähnlich der Situation beim Hausfriedensbruch, wenn nur einer mehrerer Wohnungsinhaber den Zugang gestattet[15] – die Zulassung durch einen von ihnen, sofern er über den Gebrauch disponieren darf. Diese Gestattung schließt als *Einverständnis* dann bereits den Tatbestand aus. **1177**

Im Aufgabenfall durfte *Jochen L.* den Gebrauch anderen nicht gestatten, weswegen die Ingebrauchnahme durch *Bodo P.* das Gebrauchsrecht der Eigentümerin beeinträchtigte.[16] Für *Jochen L.* stellt sich zwar das Überlassen nicht als (eigenes) unberechtigtes Ingebrauchnehmen dar, sondern allenfalls als Vertragsverletzung. Er hat aber die Tat von *Bodo P.* ermöglicht und wäre daher wegen Beihilfe zu bestrafen.

c) Subjektiver Tatbestand

Im Subjektiven bedarf es bedingten Vorsatzes, der sich insbesondere auf das Fehlen einer Berechtigung zu beziehen hat. Im Aufgabenfall Rn. 1176 müsste *Bodo P.* dazu gewusst haben, dass es sich um einen Mietwagen handelte, über den *L.* nicht ohne Weiteres verfügen durfte. **1178**

d) Versuch

§ 248b II, wonach bereits der Versuch strafbedroht ist, hat vor allem Bedeutung für die Fälle gescheiterter Startversuche oder falls es dem Täter misslingt, in einen Pkw hinein zu gelangen oder ein abgeschlossenes Fahrrad loszuschließen. **1179**

---

12 Ebenso Sch/Sch-ESER § 248b Rn. 4a; MüKo-HOHMANN Rn. 15.

13 WESSELS/HILLENKAMP BT 2 Rn. 396; LACKNER/KÜHL § 248b Rn. 4; FISCHER § 248b Rn. 6.

14 Fall nachgebildet OLG Düsseldorf VerkMitt 1972, Nr 79.

15 Vgl. oben Rn. 711 670 ff.

16 OLG Düsseldorf VerkMitt 1972, Nr 79; FISCHER § 248b Rn. 6.

3. Antrag, Bestrafung und Konkurrenzen

1180 Die Tat ist absolutes Antragsdelikt (§ 248b III) und mit einer Höchststrafdrohung von drei Jahren Freiheitsstrafe versehen. Dieses Strafmaß hat für die Konkurrenzfrage Bedeutung, weil § 248b *gegenüber allen anderen schwereren Straftaten gleich welcher Schutzrichtung explizit subsidiär* ist. Insoweit gelten die Überlegungen zu § 246 entsprechend (Rn. 1164 ff.).

Bei der Benutzung von Kraftfahrzeugen wird der durch den Gebrauch notwendig geschehende *Verbrauch von Antriebs- und Betriebsstoffen* von § 248b mit abgedeckt. Insoweit ist die Bestimmung lex specialis zu den §§ 242 ff., 246.[17] In der Begutachtung braucht man diesen Aspekt nicht näher zu erörtern.

1181 **Wiederholungsfragen zum 33. und 34. Kapitel**

1. Worin unterscheiden sich Diebstahl und Unterschlagung? (Rn. 1144 ff.)
2. Was ist unter der Zueignung bei § 246 zu verstehen? (Rn. 1155)
3. Wann ist eine Sache i.S.v. § 246 II anvertraut? (Rn. 1161)
4. Gegenüber welchen Straftaten tritt § 246 I als subsidiär zurück? (Rn. 1164)
5. Welches Delikt liegt regelmäßig vor, wenn ein Fahrzeugdiebstahl daran scheitert, dass der Täter ein Fahrzeug sich zwar qua Nutzung aneignen, aber den Eigentümer nicht auf Dauer enteignen will? (Rn. 1173)

---

17 FISCHER § 248b Rn. 11; BGHSt 14, 386 (388).

10. Abschnitt. Betrug und Fälschungsstraftaten

35. Kapitel. Betrug

Betrug stellt ein reines Vermögensdelikt dar (vgl. die Einführung Rn. 850 ff.), das den *aktuellen Bestand des Opfervermögens* gegen bestimmte schädigende Angriffe schützt. Aus dem großen Fächer denkbarer vermögensschädigender Angriffe widmet sich § 263 allerdings nur denjenigen, die auf eine *täuschungsbedingte Selbstschädigung* des Opfers zielen. 1182

I. Übersicht über die Betrugsstraftaten und ihre Bedeutung

Der *Betrug* gemäß § 263 bildet den Kerntatbestand der Betrugsstraftaten des 22. Abschnitts und steht zudem gleichermaßen praktisch wie dogmatisch im Mittelpunkt. Um ihn herum hat der Gesetzgeber im Laufe der Zeit weitere Betrugstatbestände gruppiert. Die meisten von ihnen verzichten, praktischen Bedürfnissen entsprechend, für bestimmte Felder geschäftlicher Beziehungen auf einzelne Betrugsmerkmale. Sie stellen daher in ihrer Struktur *verkürzte Betrugstatbestände* dar (§§ 264-265b, ferner im 26. Abschnitt § 298). 1183

Hintergrund für diese Tatbestandsverkürzungen waren überwiegend Beweisschwierigkeiten. Beispielsweise ließ sich bei betrügerischen Preisabsprachen im Rahmen von Ausschreibungen von Bauaufträgen (sog. Submissionsbetrug) oft nur schwer nachweisen, ob ein abgesprochener Preis den Auftraggeber wirklich i.S.v. § 263 schädigte oder nicht doch letztlich marktangemessen war. Um verbotene Preisabsprachen gleichwohl strafrechtlich zu erfassen,[1] reduzierte der Gesetzgeber daher den Betrugstatbestand für den Sektor der Ausschreibungen in § 298[2] auf die Täuschung in der Absicht, eine irrtumsbedingte Verfügung zu erreichen. Damit wurde auf die Betrugsmerkmale des Schadens insgesamt, des Irrtums sowie der Vermögensverfügung in objektiver Hinsicht verzichtet. 1184

Mit dem *Computerbetrug* (§ 263a) und dem *Erschleichen von Leistungen* (§ 265a) trug der Gesetzgeber hingegen Veränderungen im Wirtschaftsverkehr Rechnung: An ihrem Anfang stand historisch der zunehmende Verzicht auf menschliche Kontrollen bei Massengeschäften des täglichen Lebens, u.a. im öffentlichen Nahverkehr. Wo niemand mehr die Zugangsberechtigung prüft, kann jedoch auch niemand im Sinne von § 263 betrogen werden. Der um sich greifende Missbrauch des den Kunden mit dem Kontrollverzicht entgegengebrachten Vertrauens erweckte das Bedürfnis nach strafrechtlichem Schutz, das schließlich zur Schaffung des § 265a führte.[3] Dieser verlangt mit dem „Erschleichen" eine Tathandlung, die nicht die Täuschungsintensität eines betrügerischen Verhaltens zu erreichen braucht. Hinzu trat seit Beginn der 80er Jahre, dass im Geschäftsverkehr die Kommunikation mit Maschinen zunehmend diejenige 1185

---

1 Die – empfindliche – Bußgeldbewehrung nach § 81 I Nr. 1 i.V.m. § 1 GWB genügte dem Gesetzgeber nicht, vgl. RegE zum Gesetz zur Bekämpfung der Korruption, BR-Drs. 553/96, S. 27 f.

2 Einführung im Gesetz zur Bekämpfung der Korruption vom 13.08.1997, BGBl. I 2038.

3 Durch das Gesetz zur Änderung des StGB vom 28.06.1935, RGBl.. I 839.

mit einem menschlichen Gegenüber verdrängt (so z.B. beim Geldabheben am Bankautomaten). Weil aber Maschinen nicht i.S.v. § 263 irren und daher auch nicht betrogen werden können, wurde § 263a eingeführt,[4] um Schädigungen durch die unlautere Beeinflussung von Datenverarbeitungsprozessen dennoch zu erfassen.

1186 Betrügereien i.w.S. liegen mit rund 950.000 Fällen (= 14,9 %) hinter dem Diebstahl an zweiter Stelle der angezeigten Kriminalität. Weiteres Zahlenmaterial findet sich auf CD 35-01.

Betrug (mit Ausnahme von § 265a) stellt – anders als Diebstahl – kein typisches Einstiegs- oder Jugenddelikt dar, sondern wird überproportional häufig von nicht mehr ganz jungen Erwachsenen begangen. Das mag damit zusammenhängen, dass er kein Gelegenheitsdelikt ist, sondern der Täter sich die Tatgelegenheit erst selber schaffen muss. Zudem lebt der klassische Betrug vom Gelingen der Täuschung, die zum Erfolg ein gewisses seriöses, überzeugendes Auftreten benötigt. Das wiederum gelingt üblicherweise Älteren eher als Jugendlichen.

II. Betrug (§ 263)

1187 Unbestritten schützt § 263 jedenfalls das Rechtsgut Vermögen. Uneinigkeit herrscht hingegen darüber, ob sein Schutz alle Vermögenspositionen erfasst (was zu bejahen ist, vgl. dazu näher Rn. 1224 ff.) und ob er sich womöglich neben dem Vermögen noch auf ein weiteres Schutzgut, nämlich die Sicherheit des Rechtsverkehrs, erstreckt[5] (was ebenfalls Zustimmung verdient, vgl. Rn. 1230).

1188 Das Besondere am Betrug ist das Zusammenwirken von Täter- und selbstschädigendem Opferhandeln, das am Ende zu einem Schaden führt.

Abbildung: Verlauf eines Betruges

Täterhandeln	→	**Zwischenerfolg**:	→	**Opferhandeln**:	→	**Taterfolg**:
Täuschung des Opfers		Irrtum des Opfers		Das Opfer verfügt wegen seines Irrtums über sein Vermögen		Vermögensschaden beim Opfer

1189 **Beispiel** (Verkauf eines angeblich unfallfreien Gebrauchtwagens):[6] *Konstantinos A.* annoncierte einen silbergrauen Pkw BMW 535 i Calypso zum Verkauf. Die Anzeige lautete: "535i, calypso, 3.90, 19.000 km, Led. silbergrau, Klima uvm., NP 85.000.-, VB 46.900,-." Das Fahrzeug hatte allerdings bereits im November 1990 einen schweren Unfallschaden erlitten und war danach von *A.* nur notdürftig und oberflächlich repariert worden. Sein Marktwert betrug deshalb höchstens 37.000 DM. Als sich der nicht fachkundige *Matthias S.* für den Pkw interessierte und *Konstantinos A.* nach Vorschäden befragte, versicherte dieser, der Wagen habe nur einen ganz leichten Blechschaden erlitten, der ohne Wertbeeinträchtigungen repariert worden sei. *S.* kaufte das

---

4 Im 2. WiKG 1986.

5 MAURACH/SCHROEDER/MAIWALD BT 1 § 41 Rn. 6

6 Sachverhalt mit Änderungen aus BayObLG NJW 1994, 1078.

Fahrzeug im Vertrauen auf die Richtigkeit der Angaben von *A.* schließlich für 46.000 DM, die er in bar bezahlte. Als er den BMW wenig später in einer Werkstatt untersuchen ließ, wurden die verbliebenen Schäden entdeckt. — *Konstantinos A.* täuschte sein Opfer S. durch die wahrheitswidrigen Angaben über die Vorschäden (Täterhandeln), wodurch S. glaubte, der Wert des Wagens sei nicht weiter beeinträchtigt, als bei dem Alter und der Laufleistung üblich (Zwischenerfolg). Das veranlasste ihn zum Kauf und zur Zahlung (Opferhandeln), wodurch sein Vermögen einen Schaden erlitt: Er gab 46.000 DM hin und erhielt dafür ein Fahrzeug, das nur 37.000 DM wert war, wodurch er saldiert 9.000 DM verlor (Taterfolg).

Während sich Täuschungshandeln des Täters („durch Vorspiegelung falscher oder **1190**
durch Entstellung oder Unterdrückung wahrer Tatsachen"), Zwischenerfolg („einen Irrtum erregt oder unterhält") und Enderfolg („das Vermögen eines anderen ... beschädigt") im Tatbestand verorten lassen, wird das selbstschädigende Opferverhalten dort nicht explizit erwähnt. Es ist aber anerkannt, dass es sich in einem ***ungeschriebenen Tatbestandsmerkmal der Vermögensverfügung*** niederschlägt.[7]

Wie der Diebstahl stellt auch der Betrug ein sog. ***kupiertes Erfolgsdelikt*** dar,[8] weil das eigentliche Tatziel, die Täterbereicherung, objektiv nicht einzutreten braucht, sondern insoweit eine Täterabsicht genügt. Daraus ergibt sich folgender Prüfungsaufbau:

Abbildung: Prüfungsaufbau beim Betrug nach § 263 **1191**

I. Tatbestand	1. objektiver Tatbestand - Täuschungshandlung (Rn. 1192 ff.) - Irrtum (Rn. 1209 ff.) - Vermögensverfügung (ungeschriebenes Merkmal, Rn. 1221 ff.) - Vermögensschaden (Rn. 1245 ff.)
	2. subjektiver Tatbestand - Vorsatz bzgl. Täuschung, Irrtum, Vermögensverfügung und Schaden (Rn. 1270) - Absicht rechtswidriger Bereicherung (Rn. 1271 ff.) - Stoffgleichheit zwischen Vermögensschaden und Bereicherungsabsicht (Rn. 1277 ff.)
II./III. Rechtswidrigkeit/Schuld	keine Besonderheiten
IV. Strafausschließung u.a.	1. ggf. Strafantragserfordernisse - wegen Geringwertigkeit der Sache (Rn. 1289, damit Ausschluss des besonders schweren Falles [Rn. 1283]) - nach § 247 (Rn. 1289) 2. ggf. besonders schwerer Fall nach § 263 III - Regelbeispiele (Rn. 1283 ff.) / Vorsatz insoweit

7 MITSCH BT 2/1 § 7 Rn. 62; RENGIER BT I § 13 Rn. 22; MAURACH/SCHROEDER/MAIWALD BT 1 § 41 Rn. 71.

8 MAURACH/SCHROEDER/MAIWALD BT 1 § 41 Rn. 12; Sch/Sch-CRAMER/PERRON § 263 Rn. 5.

1. Der objektive Betrugstatbestand

a) Täuschungshandlung

1192 Die drei vom Gesetz aufgelisteten Tathandlungen (Vorspiegeln falscher, Entstellen und Unterdrücken wahrer Tatsachen) werden nicht nur systematisch, sondern auch in der Prüfung unter dem vereinheitlichenden Begriff der Täuschungshandlung zusammengefasst,[9] weil ihre differenzierende Betrachtung kaum weitergehenden Erkenntnisse verspricht. Vielmehr sind die Übergänge fließend. Beispielsweise ist jedes Täuschen mittels Entstellens wahrer Tatsachen (womit diese falsch werden) zugleich ein Vorspiegeln der falsch gewordenen Tatsachen.

Nutzbringender lassen sich die Täuschungen hinsichtlich ihres Täuschungsmittels unterteilen in solche durch

- ausdrückliche Erklärung,
- konkludente Erklärung,
- Unterlassen einer Aufklärung und
- Unterdrücken (ohne Erklärung).

Alle vier Täuschungsmodalitäten besitzen allerdings gemeinsame Täuschungsgegenstände und -ziele. Der Tatbestand benennt zum einen als Täuschungsobjekt *Tatsachen* und zum anderen kann von einer Täuschungshandlung erst gesprochen werden, sobald *auf das Vorstellungsbild des Gegenübers eingewirkt* wird.

aa) Falsche Tatsachen als Objekte der Täuschung

1193 Es gehört zum Wesen des Täuschens, dass die dem Gegenüber vermittelten Tatsachen *objektiv unrichtig* sein müssen.

Tatsachen sind wie bei den Beleidigungsdelikten von den Werturteilen abzugrenzen (vgl. dazu zunächst Rn. 746 ff.).[10] Erklärungen, die nicht objektiv beweisbar sind, können daher nicht Gegenstand von Täuschungen sein. Hierzu zählen insbesondere ersichtlich reklamehafte Übertreibungen ohne realen Tatsachenkern (z.B. „X wäscht so weiß, weißer geht's nicht!" oder „Das beste Y aller Zeiten!").[11] Zu den Tatsachen gehören indes die sog. *inneren Tatsachen*, also das Wissen und die Absichten des Erklärenden.

1194 **Aufgabe:** Spekulation mit Warenterminoptionen
Jochen B. meinte, bei seiner Bank zu wenig Zinsen zu erhalten, und wollte sich daher auf potenziell höhere Gewinne versprechende Spekulationen mit Warentermingeschäften einlassen. *B*'s. Anlageberater *Simon S.*, den *B.* zu diesem Zweck aufsuchte, klärte ihn darüber auf, dass es sich bei Warentermingeschäften im Prinzip um ein riskantes Glücksspiel handelt, dessen Risiko man aber deutlich mindern könne, wenn man genau auf den Weltmarkt achte. Im Augenblick könne er den Kauf von Optionen auf argentinische Sojabohnen empfehlen, dabei könne nichts schiefgehen, vielmehr sei mit einer Rendite von bis zu 35% zu rechnen. *Jo-*

---

9 Vgl. MAURACH/SCHROEDER/MAIWALD BT 1 § 41 Rn. 35 f.; MITSCH BT 2/1 § 7 Rn. 17.

10 Eingehendere Darstellung bei Eric HILGENDORF, Tatsachenaussagen und Werturteile im Strafrecht, 2001.

11 SK-HOYER § 263 Rn. 18; FISCHER § 263 Rn. 8.

chen B. erwarb daraufhin besagte Optionen. Tatsächlich stieg indes der Preis für Bohnen auf dem Weltmarkt in der Folgezeit nicht, so dass *B.* sein Geld verlor.
Hat *Simon S.* im Sinne von § 263 getäuscht?

Erklärungen wie diejenige, es könne nichts schiefgehen, enthalten trotz ihres vordergründig Reklamehaften einen verifizierbaren Tatsachenkern, nämlich das Fehlen eines Risikos. Allerdings muss es sich bei täuschungsgeeigneten Tatsachen zugleich um *gegenwärtige* Tatsachen handeln, denn die Behauptung künftiger Abläufe enthält immer auch die Unwägbarkeiten des Zeitverlaufes, der im Aufgabenfall von einer Vielzahl wechselhafter Kausalfaktoren, die einen Weltmarktpreis bestimmen, abhing. Zukünftige Tatsachen sind also als solche (gegenwärtig) nicht beweisbar. **1195**

Aber auch künftige Tatsachen können – freilich nur mittelbar – zum Täuschungsgegenstand werden. Den Paradefall dafür bildet eine zugleich in der Praxis verbreitete Täuschungskonstellation: Die Täuschung über die eigene Zahlungsfähigkeit oder -bereitschaft. **1196**

Beispiel (Anmieten einer Wohnung ohne ausreichendes Einkommen):[12] *Barbara U.* suchte im August 1999 eine Wohnung. Sie war zu jener Zeit arbeitslos und erhielt Arbeitslosenhilfe.[13] Für sie war allerdings ab Oktober 1999 eine Umschulungsmaßnahme des Arbeitsamtes mit einem Unterhaltsgeld von 1.300 DM vorgesehen. Am 14.08.1999 unterschrieb *U.* bei dem Vermieter *Günther S.* einen Mietvertrag über eine Wohnung, deren Mietzins inklusive Nebenkosten 1.350 DM betrug. Auf ausdrückliches Befragen erklärte *U.*, die Miete bei Fälligkeit zahlen zu können. Nach ihrem Einzug im Oktober 1999 zahlte *Barbara U.* jedoch mangels Leistungsfähigkeit keinerlei Mietzins und räumte die Wohnung schon bald wieder. — Zwar ging es auch hier in der Hauptsache um die Zahlungsfähigkeit zu einem künftigen Zeitpunkt. Eine zukünftige Entwicklung ist aber kein Umstand, der ohne jede Beziehung zur Gegenwart stünde. Vielmehr bestimmen in der Gegenwart angelegte Entwicklungen mit, wie es um die künftige Zahlungsfähigkeit bestellt sein wird. Im Beispielsfall machten die derzeitige Arbeitslosigkeit und die vorgesehene Umschulung es sehr wahrscheinlich, dass *U.* auch zum Zeitpunkt der späteren Mietzinsfälligkeit über keine ausreichenden Mittel verfügen würde, ihren Zahlungspflichten nachkommen zu können. *U.*'s Erklärung, sie werde in der Zukunft zahlen können, beinhaltet folglich notgedrungen auch die gegenwärtige Tatsache, ihr seien keine Umstände bekannt, die ihrer künftigen Zahlungsfähigkeit schon jetzt entgegen stünden. Insoweit war ihre Aussage aber falsch, weshalb sie über gegenwärtige innere Tatsachen täuschte.

Im Aufgabenfall Rn. 1194 wäre ebenfalls eine Täuschung denkbar gewesen, falls *Simon S.* bereits bei den Verkaufsgesprächen Tatsachen gekannt hätte, die es unwahrscheinlich machten, dass seine Gewinnprognose in Erfüllung gehen konnte. Eine solche Tatsachenkenntnis lässt sich dem Aufgabentext indes nicht entnehmen. **1197**

bb) Besondere Arten des Täuschens

(1) Konkludente Täuschung Die (ausschließlich) explizite Tatsachenerklärung ist, wie das Beispiel Rn. 1196 verdeutlicht, nicht der Regelfall, sondern eher eine Aus- **1198**

12 Sachverhalt mit kleinen Ergänzungen nach OLG Hamm StraFo 2002, 337.

13 Entspricht dem heutigen Arbeitslosengeld 2.

nahme. Weil eine Einwirkung auf das Vorstellungsbild des Erklärungsempfängers bezweckt wird, kommt es zur Bestimmung des vollständigen Erklärungsinhaltes auf den Empfängerhorizont an.[14] Für den Empfänger aber gehört neben dem ausdrücklich Gesagten zur Botschaft zum einen dasjenige dazu, was notwendige Voraussetzung ist (wie im Beispiel Rn. 1196 eine gegenwärtig beruflich gesichert erscheinende Situation zum späteren Zahlungszeitraum). Zum anderen sind auch nonverbale Kommunikationsinhalte zu berücksichtigen, etwa ein Augenzwinkern oder das Auftreten mit Reichtum ausstrahlenden Accessoires.

Beispiel (Angebote gestohlener Autoradios): *Robert J.* war auf der Suche nach preiswertem Ersatz für sein kaputt gegangenes Autoradio. Ihm wurde, ohne dass man jeweils über die Herkunft sprach, zu einem sehr günstigen Preis ein gebrauchtes Gerät angeboten, und zwar

- durch seinen Tankwart
- durch einen abgerissen aussehenden, *J.* unbekannten Mann in einer Milieukneipe.

In beiden Fällen handelt es sich in Wahrheit um ein gestohlenes Autoradio. — Im ersten Fall ist eine legale Herkunft des Gerätes als durch das Angebot konkludent miterklärt anzusehen. Dass sich ein Tankwart im Besitz ordnungsgemäß erworbenen, gebrauchten Autozubehörs befindet, ist selbstverständlich und daher kann jedermann erwarten, dass ihm sein Tankwart nur legal erworbene Ware verkauft. Demgegenüber besteht im zweiten Fall keine solche Erwartungshaltung; vielmehr sind die Gesamtumstände von vornherein zu anrüchig, um ein solches Angebot ohne dezidierte weitere Erklärungen des Anbieters über die Herkunft des Gerätes als ein Angebot legaler Ware misszuverstehen.

1199 Wenn auf diese Weise erst das Gesamtbild des Verhaltens die für den Erklärungsempfänger entscheidende Information vermittelt, spricht man von einer *konkludenten Täuschung.* Den wohl häufigsten Fall einer konkludenten Erklärung bildet der Abschluss von Verträgen, der – ohne anders lautende Klarstellungen – dem Gegenüber stets vermittelt, der Vertragsschließende sei willens und in der Lage, seinen vertraglichen Verpflichtungen nachzukommen.[15] Im Beispielsfall Rn. 1196 hätte *Barbara U.* daher anlässlich der Anmietung selbst dann konkludent über ihre Liquidität getäuscht, falls es zu keiner gesprächsweisen Erörterung der Zahlungsfähigkeit gekommen wäre.

1200 Der Blickwinkel des Empfängerhorizontes bedarf allerdings *normativer Einschränkung*, weil zur Beurteilung des Täterverhaltens nicht entscheidend sein kann, was ein singulärer Erklärungsempfänger subjektiv versteht, sondern was er nach der allgemeinen Verkehrsauffassung unter Berücksichtigung der Risikoverteilung des jeweiligen Geschäftstyps als miterklärt erwarten darf.[16] Näheres zu dieser Einschränkung und zu weiteren Fällen konkludenter Täuschung auf CD 35-02.

---

14 LK[10]-Lackner § 263 Rn. 28.

15 Fischer § 263 Rn. 19; Sch/Sch-Cramer/Perron § 263 Rn. 27 f.; BGHSt 15, 14 (26); BGH NJW 1983, 2827; OLG Hamm StraFo 2002, 337.

16 Ähnlich LK[10]-Lackner § 263 Rn. 28 ff.; SK-Hoyer § 263 Rn. 42 ff.

Beispiel („*Schröder* zahlt“):[17] Eine 46-jährige Dame speiste, als Ex-Bundeskanzler *Gerhard Schröder* noch niedersächsischer Ministerpräsident war, wiederholt in teueren hannoverschen Lokalitäten. Bei Erhalt der Rechnung erklärte sie regelmäßig, *Gerhard Schröder* zahle. Sie selbst hatte kein Geld bei sich und war auch ansonsten völlig vermögenslos. — Die Bestellung von Speise und Getränken beim Kellner enthielt konkludent die Erklärung, das Bestellte bezahlen zu können und zu wollen. Da die Täterin dazu unfähig war, spiegelte sie eine unwahre Tatsache vor und täuschte so (sog. Zechbetrug). Die spätere Erklärung „*Schröder* zahlt“ ist übrigens belanglos, denn zu diesem Zeitpunkt war der Betrugsschaden, die Ausgabe des Essens, bereits eingetreten. **1201**

(2) Täuschung durch Unterlassen Von den Fällen konkludenter Täuschung, die stets ein aktives Verhalten mit (zugleich) nonverbalem Erklärungsgehalt beinhalten, sind die Fälle des Täuschens durch Unterlassen streng zu trennen. Sie zeichnen sich dadurch aus, dass der Täter überhaupt nichts erklärt und es vielmehr unterlässt, einen gerade entstehenden oder bereits bestehenden Irrtum des Getäuschten aufzuklären.[18] So läge es beispielsweise, wenn dem Täter eine Frage gestellt würde, die er nicht beantwortet, woraus der Fragende wiederum einen (falschen) Schluss zieht. Demgegenüber steuert der konkludent Täuschende die Entstehung oder Verstärkung des Irrums aktiv, indem er durch eine positive Falschdarstellung auf den Willensbildungsprozess des Getäuschten Einfluss nimmt. **1202**

Wenn bei genauerer Betrachtung konkludentes Verhalten oft zugleich (teilweises) Erklärungsunterlassen enthält (z.B. bei der Bestellung im Beispielsfall Rn. 1201 den unterbliebenen Hinweis auf die fehlende Zahlungsfähigkeit), so darf das nicht irritieren. Entscheidend ist vielmehr, ob das *aktive Verhalten als Ganzes* einen Erklärungsgehalt aufweist, denn dann handelt der Täter durch (konkludentes) Tun und unterlässt nicht. Der Bereich des Unterlassens bleibt deshalb bei § 263 relativ klein.

Eine Mindermeinung grenzt in den Fällen konkludenten Täuschens das Tun vom Unterlassen allein danach ab, welche Tatsachen letztlich für den Irrtum ursächlich werden: Tun läge danach vor, sobald das Opfer aus dem Täterverhalten falsche Schlüsse zieht, Unterlassen, falls es die falsche Vorstellung bereits besitzt oder sie aus anderen Umständen entnimmt.[19] Diese Grenzziehung setzt sich allerdings in Widerspruch zu dem Gesetzestext. Wenn das (zweifellos prinzipiell aktive) „Unterdrücken“ genau diesen Fall eines bereits bestehenden Opferirrtums erfasst und der Täter mit seiner Unterdrückungshandlung die Erkenntnis eines Irrtums seitens des Opfers verhindert, so ist klar, dass der Gesetzgeber nicht sämtliche Nichtaufklärungshandlungen dem Feld des Unterlassens zugeordnet sehen wollte. Folglich darf die Unterscheidung von Tun oder Unterlassen auch bei den anderen Täuschungshandlungen nicht ausschließlich anhand **1203**

---

17 Der Fall erregte seinerzeit in der lokalen Presse schmunzelnde Aufmerksamkeit, zumal die besagte Dame es mit ihrer Masche schaffte, in rund 60 Fällen ein Essen zu erhalten. Die Ermittlungen der Staatsanwaltschaft ergaben schließlich, dass sie wegen einer geistigen Störung schuldunfähig war.

18 SK-HOYER § 263 Rn. 53; Sch/Sch-CRAMER/PERRON § 263 Rn. 18; a.A. Paul BOKKELMANN, Betrug verübt durch Schweigen, FS Eberhard Schmidt S. 437-458 (441 ff., Unterlassen nur gegenüber einem gerade entstehenden oder sich verfestigenden Irrtum strafbar).

19 LK[10]-LACKNER § 263 Rn. 54 f.; kritisch dazu GÖSSEL BT 2 § 21 Rn. 20 f.

der Irrtumsentwicklung vorgenommen werden, sondern es entscheidet die Täterhandlung: Ob das Verhalten des Täters den Irrtum hervorruft, verfestigt oder schlicht nur unverändert lässt, ist dann eine Frage der Kausalität (bzw. beim Unterlassen der Quasikausalität) des jeweiligen Täterverhaltens, aber nicht schon seiner Einordnung als Tun oder Unterlassen.

Erklärt der Täter danach (auch) durch aktives Verhalten und unterlässt er zugleich weitere Informationen, so stellt dies daher eine aktive (konkludente) Täuschung dar und keine Täuschung durch Unterlassen. Eine Ausnahme gilt nur, falls die unterlassene in keinerlei sachlichem Zusammenhang mit der gleichzeitig geäußerten Erklärung stünde[20] (etwa, wenn der Verkäufer eines gestohlenen Bildes nicht nur seine Lieferbereitschaft erklärt, sondern zugleich verschweigt, dass er vorhat, den Käufer anschließend durch einen Hinweis an die Polizei wieder um den Besitz des Bildes zu bringen). Allein in solchen Fällen ist die unterbliebene Aufklärung isoliert nach Unterlassensgrundsätzen zu behandeln.

1204 **Aufgabe:** Weiterer Rentenbezug durch Angehörige nach dem Tod einer Rentnerin[21]
Maria J., die Schwiegermutter von *Katharina C.*, erhielt von der LVA eine monatliche Witwenrente, die mit Einverständnis der Beteiligten auf das Bankkonto von *Katharina C.* überwiesen wurde. Am 06.07.1970 verstarb *Maria J.* In den folgenden Jahren bis August 1985 überwies die LVA gleichwohl die monatlichen Rentenbeträge für die Verstorbene auf das Konto von *Katharina C.* Diese erkannte den Fehler, unternahm jedoch nichts und hob vielmehr die überwiesenen Rentenbeträge - im Laufe der Jahre etwa 130.000 DM - von ihrem Konto ab und verbrauchte sie zur eigenen Lebensführung.
Strafbarkeit wegen Betruges?

1205 Die Täuschung durch Unterlassen stellt ein unechtes Unterlassen dar, das nur über § 13 erfasst werden kann und daher eine *Garantenstellung* voraussetzt, die zur Aufklärung verpflichtet. Im Falle des Bezugs von Sozialleistungen ergibt sich eine solche Aufklärungspflicht aus § 60 I Nr. 2 SGB-I, allerdings nur für den Leistungsempfänger und nicht für *Katharina C.* Da sie die LVA auch nicht konkludent täuschte, bleibt sie straflos. Ergänzende Lösungshinweise finden sich auf CD 35-03.

1206 *(3) Unterdrücken* Das tatbestandlich genannte „Unterdrücken wahrer Tatsachen" stellt nicht etwa ein echtes Unterlassen dar, sondern verlangt ebenfalls ein aktives Unterdrückungsverhalten des Täters. Die Besonderheit des Unterdrückens liegt darin, dass der Täter keine eigenen Erklärungen abgibt, sondern verhindert, dass sein Opfer eine bestimmte Tatsache zur Kenntnis nimmt, weshalb er falsche Schlüsse zieht und so zum Irrtum gelangt. Beispielsfälle wären das Abfangen eines an den Täter gerichteten Briefes mit wahren Erklärungen Dritter oder Manipulationen am Tachozähler eines Pkw (ohne gleichzeitige Erklärung des Täters über die Laufleistung), aus welcher der Kaufinteressent selbst den falschen Schluss über eine geringere Nutzung ziehen soll.

cc) Einwirken auf das Vorstellungsbild

1207 Zum Täuschen gehört begriffsnotwendig ein Einwirken auf das Vorstellungsbild eines anderen. Erklärungen bzw. Verhaltensweisen, die niemanden erreichen, stellen daher schon keine Täuschungshandlungen dar, sondern können allenfalls – bei entsprechendem Vorsatz – zum Versuch führen. Ob sich das Vorstellungsbild des Erklärungsempfängers wegen der Einwirkung ändert, betrifft erst eine Frage des Tatbestandsmerkmals Irrtum.

---

20 LK-TIEDEMANN § 263 Rn. 29.

21 OLG Düsseldorf NJW 1987, 853.

Missverständlich ist es, wenn von einer Täuschungshandlung gelegentlich verlangt wird, sie solle darüber hinaus der Einwirkung auf einen anderen *dienen*.[22] Durch die finale Zweckbestimmung, auf einen anderen einzuwirken, wird das objektive Täuschungsmerkmal nämlich – unnötig – subjektiv aufgeladen. Richtigerweise handelt es sich um eine Vorsatzfrage: Will der Täter nicht, dass seine falsche Darstellung einem anderen zur Kenntnis gelangt und beeinflusst, so täuscht er zwar, handelt aber ohne Täuschungsvorsatz. **1208**

b) Irrtum

Folge der Täuschung muss ein kausal durch sie verursachter Irrtum, d.h. eine *Fehlvorstellung über Tatsachen* sein. Irren kann allerdings nur ein Mensch, aber keine Maschine und kein Computer. Diese stellen sich nämlich nichts vor, sondern reagieren unreflektiert auf Eingaben. Zur strafrechtlichen Erfassung der „Täuschung" von Maschinen (etwa von Bankautomaten), dient der durch das 2. WiKG eingeführte § 263a (Rn. 1294 ff.). **1209**

Hinter dem Begriff des (menschlichen) Irrtums verbergen sich vor allem zwei Fragenkomplexe, nämlich

- wie überzeugt der Getäuschte zu sein hat (schließen Zweifel einen Irrtum aus?);
- wie konkret seine Fehlvorstellung sein muss (genügt beispielsweise das Gefühl, alles sei in Ordnung?).

aa) Irrtum und Zweifel

Sofern dem Täter die Täuschung misslingt, bleibt ohnehin eine Versuchsstrafbarkeit denkbar. Darüber hinaus stellt sich aber die Frage, ob nicht schon dann ein Irrtum vorliegt, wenn das Opfer zwar nicht restlos überzeugt wird, sich trotz verbleibender Vorbehalte aber dennoch entschließt, das zu tun, was der Täuschende ihm ansinnt. Nimmt man allerdings ernst, dass die anschließende Vermögensverfügung kausale Folge des Irrtums zu sein hat, so bedarf es auf Geschädigtenseite eines *Glaubens an die überwiegende Wahrscheinlichkeit des vorgetäuschten Sachverhalts*.[23] Setzte der Geschädigte nämlich auf eine bloße Möglichkeit,[24] so vertraute er nicht mehr dem Täter, sondern verfügte trotz des erkannten und sogar höheren Risikos, belogen worden zu sein. Wer sich aber auf so etwas einlässt, vertraut in Wahrheit nicht mehr auf die Sicherheit des Rechtsverkehrs, sondern willigt in eine Gefährdung seines Vermögens ein. Damit verspielt er zugleich den Anspruch auf strafrechtlichen Vermögensschutz. **1210**

Beispiel (Falsche Abrechnung der Behandlung von Kassenpatienten):[25] *Dr. Simon D.* eröffnete 1997 seine Zahnarztpraxis als Privatpraxis, weil er wegen seiner Vorstrafen keine Zulassung als Kassenarzt bekam. Um dennoch Kassenpatienten behandeln und die für sie erbrachten Leistungen abrechnen zu können, setzte er ab Ende 1997 den als Kassenarzt zugelassenen *Dr. Kasimir R.*, der seine eigene Zahnarztpraxis hatte aufgeben müssen, gegen eine monatliche Zahlung von 6.000 DM als Strohmann ein. Abredegemäß rechnete *Dr. R.* gegenüber der *Kas-* **1211**

---

22 So LACKNER/KÜHL § 263 Rn. 6; WESSELS/HILLENKAMP BT 2 Rn. 493.

23 Ebenso Heinz GIEHRING, Prozeßbetrug im Säumnis- und Mahnverfahren – zugleich ein Beitrag zur Auslegung des Irrtumsbegriffs in § 263 StGB, GA 1973, 1-26 (22).

24 So die h.M., vgl. LACKNER/KÜHL § 263 Rn. 18, BGH NJW 2003, 1198 (1199).

25 BGH NJW 2003, 1198 (vereinfacht).

senzahnärztlichen Vereinigung (KZV) sodann die von *Dr. Simon D.* durchgeführten Behandlungen als eigene ab. Auf diese Weise wurden der *KZV* in den Jahren 1998 bis 2000 in 37 Fällen von *Dr. R.* unterzeichnete Leistungsanträge vorgelegt. Die *KZV* zahlte nach Prüfung der Unterlagen Honorare in Höhe von insgesamt rund 1,26 Mio DM an *R.* aus. Das Geld vereinnahmte *D.* – mit Ausnahme der monatlichen Zahlungen von 6.000 DM an *R.* – für sich. Bereits in einer bei der *KZV* im August 1998 eingegangenen anonymen Anzeige wurde *Dr. Simon D.* bezichtigt, Behandlungen über einen anderen Kassenarzt abzurechnen. Nachdem 1999 in einer weiteren anonymen Anzeige der Name des abrechnenden Kassenzahnarztes mit "R." genannt und der Verdacht durch hausinterne Ermittlungen verstärkt worden war, fasste der Vorstand der *KZV* Mitte 1999 den Beschluss, im Hinblick auf den gegen *Dr. R.* bestehenden Verdacht 50 % der beantragten Leistungen, jedoch entsprechend den maßgeblichen Satzungsregeln maximal 50.000 DM einzubehalten und nur die darüber hinaus gehenden Beträge auszubezahlen. Hintergrund ihrer behutsamen Vorgehensweise waren schlechte Erfahrungen der *KZV* mit Einbehaltungen in früheren Gerichtsverfahren. — Zum Zeitpunkt der ersten Anzeige war noch unklar, über wen *Dr. D.* abrechnete, so dass die Abrechnungen von *Dr. R* nicht als falsch erkennbar waren. Die bloße Möglichkeit falscher Abrechnungen durch *irgendeinen* Kassenarzt hinderte hingegen noch nicht den Irrtum bezüglich einzelner Einreichungen. Nachdem *R.*'s Name bekannt und zudem der Verdacht erhärtet worden war, konnte sich die *KZV* zwar weiterhin noch nicht sicher sein, ob die Abrechnungen (allesamt) falsch waren. Sie hielt eine Falschabrechnung aber offenbar für wahrscheinlich. Nicht mehr das Vertrauen in die Richtigkeit der Abrechnungen, sondern hauptsächlich negative Erfahrungen aus der Vergangenheit motivierten sie zur weiteren Auszahlung von Teilbeträgen. Ein Irrtum ihrerseits lag zu diesem Zeitpunkt also nicht mehr vor.[26]

Eine detailliertere Darstellung des Streits um die Behandlung von Zweifeln des zu Täuschenden findet sich auf CD 35-04.

bb) Intensität des irrigen Vorstellungsbildes

1212 Unbestritten ist es nicht erforderlich, dass sich der Getäuschte bewusst Gedanken über die Richtigkeit der Tätererklärung macht. Andernfalls führte die konkludente Vorspiegelung der Zahlungsfähigkeit und -bereitschaft kaum einmal zum Betrug, weil Zahlungsfähigkeit und -willigkeit als selbstverständlich jedermann zugeschrieben und daher höchst selten in Gedanken erwogen werden. Vielmehr genügt der ***unreflektierte, stetige Glaube*** an das Vorhandensein der normalerweise für wesentlich erachteten Voraussetzungen einer ins Auge gefassten Verfügung.[27] Bei Verträgen gehören dazu z.B. die Erfüllungsbereitschaft und -fähigkeit der Gegenseite sowie die vertragsgemäße Qualität der erhaltenen Leistung.

1213 Beruht der Umstand, dass eine Tatsache dem zu Täuschenden aktuell unbewusst ist, auf der Unkenntnis einer Erklärung schlechthin, so mangelt es an einem für den Irrtum genügenden Vorstellungsbild. Wer dem Erklärungsempfänger unbekannt bleibt wie der versteckte blinde Passagier oder der Betrieb, dessen Existenz der Beitragsstelle verborgen bleibt,[28] der erregt auch

---

26 Im betreffenden Fall hatte das die Strafkammer ebenso gesehen und nur wegen Versuchs verurteilt. In einem obiter dictum deutete der BGH an, sogar insoweit einen Irrtum annehmen zu wollen (BGH NJW 2003, 1198 f.), er hatte darüber indes nicht mehr zu befinden, weil nur der Angeklagte Revision eingelegt hatte.

27 Ähnlich RENGIER BT I § 13 Rn. 18; LACKNER/KÜHL § 263 Rn. 18; MITSCH BT 2/1 § 7 Rn. 56.

28 BGH(M) MDR 1990, 296.

keinen Irrtum. Denn ihn betrifft keine Fehlvorstellung des anderen, z.B. seinen Fahrpreis bezahlt bzw. seine Arbeitnehmer zur Sozialversicherung angemeldet zu haben. Gleiches gilt auch für den, der zwar wahrgenommen wird, aber nicht als Individuum, sondern als Teil einer Menge, wie es beim unentdeckten Schwarzfahren durch das Bus- oder Bahnpersonal geschieht. Die allgemeine Vorstellung, alles sei in Ordnung und niemand ohne Fahrschein, genügt folglich nicht. Erst wenn das Personal in eine individuelle Kommunikationsbeziehung mit dem Betreffenden eintritt, z.B. der Bahnschaffner mit der Frage nach zugestiegenen Fahrgästen die Reihen durchmustert und dabei jeden einzeln wahrnimmt, ist die Vorstellung über die Entgeltentrichtung hinreichend konkret auf eine einzelne Person bezogen, um die Annahme eines Irrtums zu rechtfertigen.[29] Eine etwas ausführlichere Ableitung dieser Auffassung befindet sich auf CD 35-05.

Ist eine Tatsache für die Entscheidung des Verfügenden ohne Interesse und unterliegt er keiner Prüfpflicht, so macht er sich im Zweifel auch keine näheren Gedanken; ein Irrtum liegt dann ebenfalls nicht vor. Diese Konstellation entsteht heutzutage insbesondere[30] bei der (unberechtigten) Verwendung von garantierten Zahlungsmitteln (Kreditkarten) und Inhaberpapieren. Zwei Täuschungskonstellationen sind dabei zu unterscheiden: **1214**

- die Identitätstäuschung über die rechtmäßige Inhaberschaft der Legitimation;
- die Täuschung durch den rechtmäßigen Inhaber über seine Bonität.

(1) Identitätstäuschungen Soweit sich ein nichtberechtigter Inhaber eines Legitimationspapiers bedient, ist danach zu unterscheiden, ob sein Gegenüber die Identität zu prüfen hat oder auch durch Leistung an Nichtberechtigte befreit wird. Letzteres ist bei Inhaberpapieren (§§ 793 ff. BGB, z.B. Schuldverschreibungen, Aktien) sowie – praktisch bedeutsamer – bei den sog. kleinen Inhaberpapieren der Fall (§ 807 BGB, z.B. Eintrittskarten, Fahrkarten, Gutscheine). Wem ein solches Papier vorgelegt wird, braucht die Berechtigung des Vorlegenden nicht zu prüfen, da er mit befreiender Wirkung auch an den Nichtberechtigten leisten kann (§§ 793 I 2, 807 BGB).[31] **1215**

---

29 Im Ergebnis ebenso die h.M., vgl. Rengier BT I § 13 Rn. 20; LACKNER/KÜHL § 263 Rn. 18, jedoch z.T. mit anderen Begründungen. Vgl. dazu näher CD 35-05.

30 Ein weiterer Fall ist das Mahnverfahren, wo der Rechtspfleger gemäß § 692 I Nr. 2 ZPO keine Prüfung des Anspruchs vornimmt und daher auch keine Vorstellungen über die Berechtigung der geltend gemachten Forderung bildet.

31 Eine Ausnahme gilt nur bei positiver Kenntnis der Nichtberechtigung. Insoweit fordern Treu und Glauben (§ 242 BGB) die Leistungsverweigerung. Eine vorsorgliche Prüfpflicht ergibt sich aber auch daraus nicht.

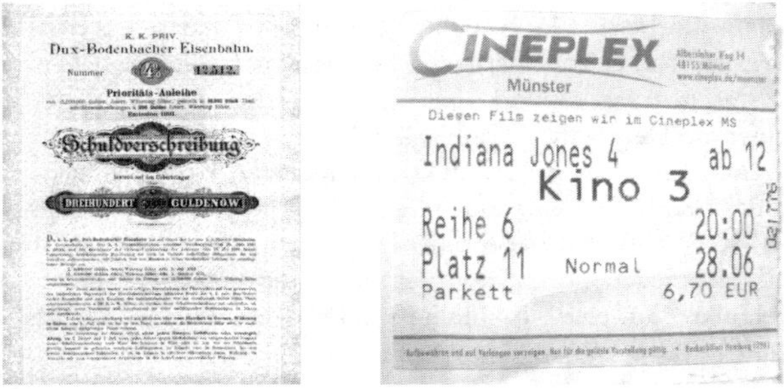

Abbildung: Zwei Inhaberpapiere – ein historisches Inhaberschuldversprechen und eine Kinoeintrittskarte

1216 Bei der Verwendung von *Kreditkarten* (z.B. Visa-, Mastercard) ist zu unterscheiden: Im Zahlungsverkehr unter Vorlage der Kreditkarte obliegt dem annehmenden Vertragsunternehmen zu prüfen, ob die Unterschriften auf Zahlungsbeleg und Kreditkarte übereinstimmen. Der Annehmende muss sich daher Gedanken über die Berechtigung des Vorlegenden machen und kann daher ggf. irren. Im sog. Telefon- oder Mailorderverfahren (z.B. bei Verwendung der Kreditkarte als Zahlungsmittel im Internet) ist eine Identitätsprüfung nicht möglich. Hier kommt es auf die Vereinbarungen zwischen Kreditkarten- (z.B. Visa) und Vertragsunternehmen über die Haftungsrisiken an, welche Gedanken sich die annehmenden Vertragsunternehmen über die Identität ihrer Kunden machen müssen.[32]

Sparbücher fallen unter § 808 I BGB, wonach der Gläubiger im Unterschied zu den Papieren nach den §§ 793, 807 BGB namentlich benannt ist und für die Bank gegenüber anderen Besitzern des Papiers keine Leistungspflicht, sondern nur eine Leistungsberechtigung besteht. Daraus wird zivilrechtlich ein Befreiungsausschluss gefolgert, falls die Bank grob fahrlässig die fehlende Berechtigung des Inhabers nicht kennt und dennoch an ihn auszahlt.[33] Die daher notwendige, zumindest oberflächliche Prüfung auf etwaige Indizien einer unberechtigten Vorlage des Sparbuches impliziert ein irrtumsgeeignetes Vorstellungsbild des jeweiligen Bankangestellten.

Werden *EC-Karten*[34] unter Ausnutzung der nach Eingabe der PIN im sog. POS-Verfahren[35] erteilten Einlösungsgarantie oder aber als Geldkarte eingesetzt, entspricht dies im Ergebnis der Situation bei Kreditkarten, soweit betragsmäßig die Garantie der ausstellenden Bank bzw. das Guthaben auf der Karte reicht. Es kommt folglich zu keiner weiteren Prüfung der Inhaberschaft und zu keinem Irrtum beim Kassenpersonal (die Eingabe der falschen PIN „täuscht" allerdings das Eingabegerät und kann daher zu § 263a führen, vgl. Rn. 1295, 1301 ff.). Beim älteren POZ-Verfahren[36] hingegen handelte es sich um eine Forderungsabtretung, die der Kunde durch seine Unterschrift dokumentierte. Hier hat das Personal zu prüfen, ob der Be-

---

32 Vgl. BGH NJW 2002, 2234, wonach eine Risikoüberwälzung auf das Vertragsunternehmen per AGB unwirksam ist. Das hindert aber wohl keine Vereinbarungen desselben Inhalts auf anderem Wege. Daher bedarf es einer Prüfung im jeweiligen Einzelfall.

33 Vgl. OLG Düsseldorf, Urteil vom 30.11.1994 – 6 U 245/93 – (Juris); MAURACH/SCHROEDER/MAIWALD BT 1 § 41 Rn. 63; MITSCH BT 2/1 § 7 Rn. 59.

34 EC = electronic cash; die frühere Bedeutung als „Eurocheque" ist überholt.

35 POS = point of sale; die Zahlung erfolgt im Moment der (akzeptierten) Vorlage.

36 POZ = point of sale ohne Zahlungsgarantie; wegen seiner Unsicherheiten wollte die Kreditwirtschaft dieses Verfahren Ende 2006 einstellen, führt es aber nun doch fort.

rechtigte die Einzugsermächtigung erteilt, denn andere als der berechtigte Inhaber der Karte können keine Leistungspflicht der ausstellenden Bank begründen.

(2) Bonitätstäuschungen Auch der berechtigte Inhaber von Legitimationspapieren darf sich ihrer nur im Rahmen seiner finanziellen Leistungsfähigkeit bzw. eines ihm eingeräumten Verfügungsrahmens bedienen. Praktisch bedeutsam wird dies wiederum bei Kredit- und EC-Karten, weil sich für den Inhaber infolge der Zahlungsgarantie des die Karte ausgebenden Instituts gegenüber den Vertragsunternehmen eine Missbrauchsmöglichkeit eröffnet: Er kann bis zur Sperrung der Karte weiterhin einkaufen, obwohl er nicht mehr in der Lage ist, sein Konto bei dem Kreditkartenunternehmen bzw. der Bank auszugleichen. Wegen der Zahlungsgarantie (bei nachgewiesener Identität) braucht denjenigen, der sich per Kreditkarte bzw. im POS-Verfahren[37] bezahlen lässt, die Bonität seines Gegenübers nicht zu interessieren; er macht sich folglich darüber auch keine Gedanken und irrt deshalb nicht.[38] **1217**

Besteht hingegen keine Zahlungsgarantie (wie bei Wechsel- oder Scheckvorlagen, im POZ-Verfahren, bei der Verwendung von Kundenkarten gegenüber dem ausstellenden Unternehmen oder bei EC-Karten gegenüber der ausstellenden Bank), so geht der Annehmende notgedrungen im eigenen Interesse davon aus, die Karte werde nur im Rahmen der Verfügungsberechtigung eingesetzt; er unterliegt damit ggf. einem Irrtum über die Leistungsfähigkeit des Vorlegenden.

cc) Verantwortlichkeit des Täters für den Irrtum

„Erregt" der Täter den Irrtum, so verursacht er ihn kausal. Die Fehlvorstellung muss aber, wie die Alternative „Irrtum unterhalten" verdeutlicht, nicht unbedingt vom Täter hervorgerufen werden. Unterhalten wird ein Irrtum nämlich schon, wenn er verstärkt oder seine bevorstehende Aufklärung (aktiv) verhindert wird.[39] Mit anderen Worten: Betrug durch positives Tun beeinflusst in irgendeiner Weise den Erkenntnisprozess des Opfers. Dächte man sich die Täuschungshandlung hinweg, so müsste demnach die Vorstellung des Opfers am Ende eine andere sein als nach erfolgter Täterhandlung. **1218**

Lediglich beim Betrug durch Unterlassen liegt es anders. Denn hier wäre zu fragen, ob nach Hinzudenken der pflichtgemäßen, aber unterlassenen Aufklärung seitens des Täters die Vorstellung des Opfers eine andere geworden wäre. Es sei aber daran erinnert, dass Betrug durch Unterlassen eine Garantenstellung voraussetzt.

Aufgabe: Abhebungen eines fälschlich verbuchten Kontoguthabens[40] **1219**
Die Firma *H. GmbH Magdeburg*, deren Geschäftsführer *Werner P.* war, unterhielt ein Konto bei der *K-Bank* in *Magdeburg*. Dieses Konto wurde infolge der Währungsunion zum

37 Siehe Fn. 35.

38 BGHSt 33, 244 (249) unter Distanzierung von der anderslautenden älteren Entscheidung BGHSt 24, 286 ff. zum Betrug mit EC-Karte und Euroscheck; ebenso schon immer die h.M., vgl. ARZT/WEBER BT § 20 Rn. 59 f.; MAURACH/SCHROEDER/MAIWALD BT 1 § 41 Rn. 64 f.; LACKNER/KÜHL § 263 Rn. 19.

39 LACKNER/KÜHL § 263 Rn. 20; MITSCH BT 2/1 § 7 Rn. 60; KINDHÄUSER LPK § 263 Rn. 103.

40 Sachverhalt nach BGHSt 39, 392.

01.07.1990 auf DM umgestellt und zudem zu einer anderen Bank, der im selben Gebäude befindlichen *D. Bank,* verlegt. Auf Grund einer Nachlässigkeit wurde jedoch eine Barabhebung durch *Werner P.* über 500.000 DM, die noch vom Konto der *K-Bank* erfolgt war, zu spät verbucht, weshalb das Konto der *H. GmbH* bei der *D. Bank* schließlich Anfang Juli 1990 ein um 500.000 DM zu hohes Guthaben aufwies. *Werner P.*, der den Fehler sofort bemerkt hatte, verfügte noch im Juli 1990 über dieses Guthaben durch zwei Barabhebungen. Erst im November fiel der Sollsaldo bei einer Kontenrevision auf.
Strafbarkeit von *Werner P.* wegen Betruges?

1220 Selbst wenn man der Abhebung die konkludente Erklärung unterlegen wollte, *P.* stehe das Kontoguthaben materiell zu,[41] so bestand der Irrtum der Bankangestellten wegen des Kontostandes bereits zuvor und wäre auch unabhängig von *P.*'s Verhalten bis zur Kontenrevision existent geblieben. Einer Unterlassenstäterschaft stand aber die fehlende Garantenstellung von *Werner P.* entgegen.[42]

c) Vermögensverfügung

aa) Übersicht

1221 Das ungeschriebene Tatbestandsmerkmal der Vermögensverfügung wird durch jedes Tun oder Unterlassen verwirklicht, welches der Getäuschte auf Grund seines Irrtums vornimmt und das unmittelbar (in der Regel sein) Vermögen auf einen anderen (in der Regel den Täter) verschiebt.[43] Vermögensverfügungen werden zumeist rechtsgeschäftlicher Natur sein, können aber auch durch schlicht tatsächliche Akte wie das Erbringen von Diensten erfolgen.[44] Ob eine Vermögensverschiebung schädigt, ist Gegenstand des Tatbestandsmerkmals Schaden; vorläufig genügt die Feststellung einer irgendwie gearteten Bestandsveränderung.

1222 Die zahllosen unterschiedlichen Formen von Vermögensverfügungen kann man letztlich auf vier Grundmuster zurückführen:[45]

- Eingehen einer – ggf. schädigenden – Verbindlichkeit (sog. Eingehungsbetrug);
- Erbringen einer – ggf. nicht existenten/fälligen/unentgoltenen – Leistung;
- Annehmen einer – ggf. minderwertigen – Leistung als Erfüllung (sog. Erfüllungsbetrug);
- Nichtgeltendmachen eines Anspruchs/Verzicht.

1223 Um die Vermögensverfügung ranken sich vier Problemkreise:

- der *Vermögensbegriff*. Es ist nämlich strittig, ob jedes Vermögen Strafrechtsschutz genießt. Anders als in den meisten Lehrbüchern, die das Thema erst im Rahmen des Schadens behandeln, ist eine Klärung aus systematisch stringenter Sicht bereits bei der Vermögensverfügung vorzunehmen (Rn. 1224 ff.);

---

41 Was zweifelhaft wäre, vgl. dazu CD 35-02.

42 BGHSt 39, 392 (398 ff.).

43 So oder ähnlich BGHSt 14, 170 (171); LACKNER/KÜHL § 263 Rn. 22; Tonio WALTER, Die Kompensation beim Betrug (§ 263 StGB), FS Herzberg S. 763-776 (767).

44 BGHSt 31, 178 (179 [Maklertätigkeit]).

45 Klassifizierung mit leichten Abwandlungen nach ARZT/WEBER BT § 20 Rn. 71.

- die Frage eines möglicherweise erforderlichen *Verfügungsbewusstseins* beim Opfer (Rn. 1232 ff.). Die Fragestellung taucht insbesondere bei der Abgrenzung zum Diebstahl auf, vor allem beim Schmuggeln von Waren durch Kassenkontrollen;
- die *Unmittelbarkeit* der Vermögensverschiebung (Rn. 1236 ff.), die ebenfalls vornehmlich der Abgrenzung gegenüber anderen Straftaten dient und beispielsweise beim Trickdiebstahl eine Rolle spielt;
- die Möglichkeit, dass der Getäuschte zwar verfügt, aber nicht über sein eigenes Vermögen, sondern über das Dritter (sog. *Dreiecksbetrug*, Rn. 1241 ff.).

bb) Der Vermögensbegriff

Um über das Vorliegen einer Vermögensverfügung urteilen zu können, bedarf es einer **1224** Verständigung darüber, was überhaupt zum – strafrechtlich geschützten – Vermögen zählt, über das i.S.v. § 263 verfügt werden kann. Der Vermögensbegriff weist insoweit zwei Dimensionen auf:

- Zunächst ist zu bestimmen, was von seiner abstrakten Natur her prinzipiell zu den Vermögensgegenständen gehört. Dazu war bereits einleitend angedeutet worden, dass es sich um die *Gesamtheit aller geldwerten und auf dem freien Markt handelbaren Güter*[46] handelt (Rn. 1187). Dieser umfassende Begriffsinhalt bildet den Ausgangspunkt für eine weitere notwendige Klärung.
- Diese zweite Frage geht dahin, ob die Herkunft oder Zweckbestimmung der jeweiligen Vermögensposition eine Rolle spielt: Genießen auch solche Vermögensteile strafrechtlichen Schutz, die sittlich oder gar rechtlich missbilligten Geschäften entstammen oder zu solchen dienen sollen? Das war in der Vergangenheit häufig anhand von Prostituiertenlohnfällen debattiert worden.[47] Nach Inkrafttreten des ProstG unterliegt die rechtliche Anerkennung entsprechender Forderungen indes keinen Zweifeln mehr.[48] Es verbleiben in der Diskussion vor allem Konstellationen deliktischer Herkunft oder Zweckbestimmung einzelner Vermögenspositionen.

Beispiel (Verkauf einer entwendeten Drehbank):[49] *Walther C.*, der bei dem *Dortmund-Hoerder Hüttenverein* beschäftigt war, hatte eine Drehbank, die in der Schlosserei des Werkes stand, entwendet und zu seinem Bekannten *Sebastian K.* gebracht. **1225** Dieser verwahrte sie für ihn in einem Schuppen seines Grundstücks. Vier Jahre später erteilte *Walter C. Sebastian K.* den Auftrag, die Drehbank zu verkaufen. Sie vereinbarten, den Erlös zwischen ihnen hälftig aufzuteilen. *K.*, dem der unredliche Erwerb der Drehbank klar war, verkaufte sie schließlich für 4.200 DM an ein anderes Unternehmen. Von dem Erlös zahlte er einem Werkmeister für die Vermittlung des Geschäfts 400 DM, so dass ihm 3.800 DM verblieben. Gegenüber *Walther C.* gab er

---

46 RGSt (Vereinigte Strafsenate) 44, 230 (233); BGHSt 16, 220 (221); FISCHER § 263 Rn. 55.

47 Vgl. BGH NStZ 1987, 407; BGH JR 1988, 125 m. Anm. Jörg TENCKHOFF (126-128); OLG Hamm NStZ 1990, 342 (Telefonsex).

48 Anders ggf. bei atypischen Konstellationen, z.B. unter Beteiligung Minderjähriger, vgl. FISCHER § 263 Rn. 68, Jörg ZIETHEN, Dogmatische Konsequenzen des Prostitutionsgesetzes für Dirnen- und Freierbetrug, NStZ 2003, 184-189.

49 BGHSt 2, 364.

jedoch seinen Verkaufserlös statt mit 3.800 DM nur mit 3.000 DM an und händigte ihm demgemäß nur 1.500 DM aus, während er den Rest von insgesamt 2.300 DM für sich behielt. — Auf Grund der Täuschung über den Erlös machte *Walther C.* den Anspruch auf hälftige Teilung des vollen Kaufpreises gegenüber *Sebastian K.* nicht geltend, weshalb er am Ende von diesem einen um 400 DM zu niedrigen Beuteanteil erhielt. Ob der (gemäß § 138 I BGB wegen Sittenwidrigkeit nichtige) „Anspruch" auf diesen Betrag indes zum Vermögen von *Walther C.* zählte, ist von der Konturierung des strafrechtlichen Vermögensbegriffs abhängig.

1226 Der *wirtschaftliche Vermögensbegriff*, der zunächst in der Rspr. beherrschend war[50] und bis heute in Teilen der Lehre vertreten wird,[51] nimmt von dem oben geschilderten Ausgangspunkt, alles zähle zum Vermögen, was einen wirtschaftlichen Wert besitzt, keinerlei Abstriche vor. Nach ihm existiert kein rechtlich ungeschütztes Vermögen, weshalb selbst jemand, der Vermögen in rechtswidriger Weise erlangt hat, strafrechtlich vor kriminellen Zugriffen geschützt bleibt.

1227 Die jüngere Rspr. hat allerdings gelegentlich Leistungen, die verbotenen oder unsittlichen Zwecken dienen oder aus solchen Geschäften hergeleitet werden, wieder aus dem Vermögensschutz herausgenommen.[52] Sie hat sich so den heute in der Lehre herrschenden, verschiedenen Spielarten des *juristisch-ökonomischen Vermögensbegriffs* angenähert. Auch er erkennt vom Ansatz her als Vermögen alles an, was wirtschaftlichen Wert besitzt, schließt aber – mit unterschiedlicher Reichweite im Einzelfall – Vermögenspositionen aus, die das „Opfer" nicht mit Billigung der Rechtsordnung innehat oder einsetzen will. Hintergrund soll das Prinzip der Widerspruchsfreiheit der Rechtsordnung sein. Teilweise werden von den Vertretern dieser Richtung nur die von den §§ 134, 138 BGB erfassten Nichtigkeitsfälle ausgeblendet,[53] während andere alles dem Strafrechtsschutz entziehen, was von der (Zivil-)Rechtsordnung ausdrücklich missbilligt[54] oder nicht positiv von ihr anerkannt wird.[55]

1228 Weitere Vermögensbegriffe wie der *personale Vermögensbegriff*, der alle berechtigten persönlichen Interessen an Objekten des Wirtschaftsverkehrs erfasst[56] (und damit weniger das Vermö-

---

50 RGSt 44, 230 (232 ff.); BGHSt 2, 364; 8, 254 (256); BGH NStZ-RR 1999, 184 (185 f.); BGH NStZ 2002, 33; KG NJW 2001, 86.

51 HAFT BT I S. 98; KREY/HELLMANN BT 2 Rn. 433 ff.; Hans-Jürgen BRUNS, Gilt die Strafrechtsordnung auf für und gegen Verbrecher untereinander? FS Mezger S. 335-361 (344 ff.).

52 BGH NStZ 2001, 534 (Beuteanteil an Zigarettenschmuggel); sowie die in Fn. 47 genannten Entscheidungen; ähnlich BGHSt 31, 178 (179 f., kein Vermögensschaden durch Maklertätigkeit vor formeller Entstehung des Anspruchs auf Maklerlohn).

53 GÖSSEL BT 2 § 21 Rn. 121; MüKo-HEFENDEHL § 263 Rn. 426 ff.

54 WESSELS/HILLENKAMP BT 2 Rn. 535 f.; Sch/Sch-CRAMER/PERRON § 263 Rn. 92 f.; LK-TIEDEMANN § 263 Rn. 132.

55 SK-HOYER § 263 Rn. 118; NK-KINDHÄUSER § 263 Rn. 35 f.; Wilhelm GALLAS, Beiträge zur Verbrechenslehre, 1968, S. 232 f.; ähnlich Ursula NELLES, Untreue zum Nachteil von Gesellschaften, 1991, S. 453 ff.

56 Paul BOCKELMANN, Der Unrechtsgehalt des Betruges, FS Kohlrausch S. 226-252 (248 f.); Harro OTTO, Die Struktur des strafrechtlichen Vermögensschutzes, 1970, S. 69 f.; OTTO BT § 38 Rn. 3 ff., § 51 Rn. 54 ff.

gens- als das Persönlichkeitsrecht betont), oder der *funktionale Vermögensbegriff*, der die Verfügungsmacht einer Person über die ihr rechtlich zugeordneten Güter in den Mittelpunkt stellt,[57] haben sich bislang nicht durchsetzen können, zumal sie in ihren Ergebnissen nicht grundlegend von der h.L. abweichen.

Vorzug verdient der wirtschaftliche Vermögensbegriff. Einschränkungen des strafrecht- **1229**
lichen Vermögensschutzes sind letztlich nicht geboten. Denn auch dem Inhaber rechtlich missbilligter Vermögenspositionen dürfen diese von Dritten[58] nicht – und schon gar nicht mit allen Mitteln – entzogen werden. Es geht also gar nicht darum, rechtswidriges Vermögen mit strafrechtlichen Mitteln zu bewahren. Maßgebend ist vielmehr, dass die Allgemeinheit „nicht dulden kann, daß sich jemand … an unrecht erworbenem oder sonst bemakeltem Gut eigenmächtig bereichert, oder daß gesetzlose Zustände einreißen, die zu Gewalttaten führen und den Nährboden weiterer Verbrechen bilden können. Ein derartiges Faustrecht verstieße in gefährlicher Weise gegen die öffentliche Ordnung…"[59] Mit anderen Worten: „Die Strafrechtsordnung gilt auch für und gegen Verbrecher untereinander."[60]

Auch im umgekehrten Fall des Einsatzes rechtmäßigem Vermögens zu rechtswidrigen Zwecken (z.B. zur Anwerbung eines gedungenen Mörders) mag das Opfer moralisch keinen Strafrechtsschutz verdienen, aber ebensowenig kann es dem die Tötungsbereitschaft Vorspiegelnden gestattet werden, sich auf diese – ebenso unrechtmäßige – Weise zu bereichern.

Die von den Vertretern juristisch-ökonomischer Vermögensbegriffe argumentativ bemühte **1230**
Einheit der Rechtsordnung gerät bei Lichte betrachtet durch den wirtschaftlichen Vermögensbegriff also gar nicht in Gefahr. Das Strafrecht verbietet nichts, was die Zivilrechtsordnung erlauben würde. Vielmehr sieht diese ausschließlich bestimmte geordnete Wege vor, unrechtmäßigen Besitz zu entziehen; betrügerisches Vorgehen gehört nicht dazu. Und im Falle des rechtlich missbilligten Vermögenseinsatzes wird durch die Regelung in § 817 Satz 2 BGB sogar klargestellt, dass die durch das missbilligte Geschäft geschaffene Vermögenslage Bestand haben soll. Dies verdeutlicht zugleich, dass § 263 nicht allein den Vermögensschutz, sondern auch den Schutz des Rechtsverkehrs bezweckt. Weitere Erläuterungen dazu finden sich auf <u>CD 35-06</u>.

Vermögen i.S.v. § 263 ist daher resümierend zu definieren als **1231**

> *die Gesamtheit aller geldwerten und auf dem freien Markt kommerzialisierbaren Güter.*

cc) Bedarf es eines Verfügungsbewusstseins des Getäuschten?

Nach heute allgemein anerkannter Auffassung braucht der Verfügende prinzipiell **1232**
nicht zu wissen, ob und worüber er verfügt.[61]

---

57 NK-KINDHÄUSER § 263 Rn. 35 ff.; ähnlich SK-HOYER § 263 Rn. 115 ff.

58 Der *rechtmäßige* Eigentümer/Besitzer handelt gegen den unrechtmäßig Besitzenden nicht in der Absicht *rechtswidriger* Bereicherung und wird aus diesem Grund für das täuschungsweise Wiedererlangen seiner Vermögenswerte nicht bestraft.

59 BGHSt 8, 254 (256).

60 BRUNS (Fn. 51), S. 361.

61 H.M., vgl. Sch/Sch-CRAMER/PERRON § 263 Rn. 60; MAURACH/SCHROEDER/MAIWALD BT 1 § 41 Rn. 73; GALLAS (Fn. 55), S. 244 ff.; BGHSt 19, 37 (45); a.A. OTTO BT § 51 Rn. 28 ff.

Beispiel (abgeschwindelte Bestellung einer Waschmaschine):[62] *Tobias N.* besuchte als Vertreter für die Fa. *B.-GmbH* Privathaushalte, um dort Waschmaschinen zu verkaufen. In mehreren Fällen, in welchen die Verkaufsgespräche erfolglos geblieben waren, bat *N.* die Wohnungsinhaber, ihm seinen Besuch zu bescheinigen, da er dies als Tätigkeitsnachweis gegenüber der *B.-GmbH* benötige. Dazu schob er seinen Gesprächspartnern ein angebliches Bestätigungsformular zur Unterschrift zu, das in Wahrheit einen Vertragsvordruck über den Kauf einer Waschmaschine darstellte. Da *N.* das Formular aber teilweise überdeckte und zudem sein Gegenüber ablenkte, unterzeichneten etliche seiner Gesprächspartner nichtsahnend den Vertrag. — Obschon die Getäuschten nicht verfügen wollten, gaben sie dennoch objektiv Willenserklärungen ab,[63] die zwar gemäß § 123 BGB anfechtbar, aber bis dahin wirksam waren. Angesichts des Inhaltes (Zahlungsversprechen bzgl. des Kaufpreises) verfügten sie damit über ihr Vermögen.[64] Weil es aber zur rechtsgeschäftlichen Wirksamkeit des Handelns des Getäuschten keines Bewusstseins zu verfügen bedarf, kann auch strafrechtlich für § 263 nichts anderes gelten.

1233 Gleichwohl differenziert die h.M. für die Fälle des sog. *Sachbetruges* ausnahmsweise anhand eines Verfügungsbewusstseins danach, ob Betrug oder Diebstahl vorliegt.[65]

Beispiel (Vorbeischmuggeln von Ware an Supermarktkasse):[66] *Kathrin* und *Wolfgang O.* gingen im *R.-Markt* in die CD-Abteilung, wo sie vier CDs sowie eine Videokassette im Gesamtwert von 105,81 DM aus den Auslagen nahmen und auf den Boden ihres Einkaufswagens legten. Danach deckte *Wolfgang O.* die Gegenstände mit einem Werbeprospekt ab, wobei sich beide sichernd umschauten. Anschließend schichteten sie weitere Sachen im Gesamtwert von 132,85 DM auf die abgedeckten Waren. An die Kasse legten sie allein die oben liegenden Gegenstände auf das Band, nicht jedoch die unter dem Werbeprospekt befindlichen Waren. Nach Bezahlung der vorgelegten Waren gegenüber der Kassiererin *Gönül S.* räumte *Kathrin O.* sie wieder in den Einkaufswagen. Hinter der Kassenzone wurde das Ehepaar *O.* von zwei in dem Markt tätigen Detektiven, die das gesamte Tatgeschehen beobachtet hatten, gestellt. — Eindeutig handelt es sich um einen Diebstahl.[67] Allerdings unterließ es *Gönül S.* irrtumsbedingt (und unbewusst) außerdem, die Forderung für die versteckten Waren gegenüber *O.* geltend zu machen. Ein solcher Forderungsverzicht stellt für gewöhn-

---

62 BGHSt 22, 88.

63 Vgl. den Fall der zweiten Alternative des § 119 I BGB („...eine Erklärung dieses Inhalts überhaupt nicht abgeben wollte..."), die nur zur Anfechtung berechtigt, ohne diese aber die Wirksamkeit als Willenserklärung nicht berührt. Näher dazu MK-BGB-KRAMER § 119 Rn. 51, 93 ff., 100.

64 Im betreffenden Fall scheiterte der Betrug allerdings am – bis dahin nicht festgestellten – Vermögensschaden (BGHSt 22, 88 [89]). Immerhin könnte es ja sein, dass die Waschmaschine den Kaufpreis wert war. Näher dazu Rn. 1245 ff., insb. Rn. 1263 ff.

65 Sch/Sch-CRAMER/PERRON § 263 Rn. 63 f.; FISCHER § 263 Rn. 44; WESSELS/HILLENKAMP BT 2 Rn. 517; a.A. GÖSSEL BT 2 § 21 Rn. 134 f.

66 BGHSt 41, 198.

67 Vgl. dazu oben Rn. 1036; ebenso BGHSt 41, 198 (203); MAURACH/SCHROEDER/MAIWALD BT 1 § 33 Rn. 31; SK-HOYER § 242 Rn. 49.

lich eine Vermögensverfügung dar (Rn. 1222). Damit liegen § 242 und § 263 richtigerweise tatbestandlich nebeneinander vor.[68]

Die h.M. behauptet allerdings ein *Exklusivitätsverhältnis* zwischen Diebstahl und Betrug,[69] was sie zur Suche nach einem Abgrenzungskriterium bringt, das sie nun im *Verfügungsbewusstsein* gefunden zu haben glaubt. Die Annahme eines Exklusivitätsverhältnisses ist aber keineswegs zwingend, weil Selbstschädigung (durch Betrug) und Fremdschädigung (durch Diebstahl) einander nicht ausschließen müssen, wie der Beispielsfall belegt, sondern zusammenwirken können. Die Tat erfolgt weder ausschließlich mittels Wegnahme, weil diese nur durch Täuschungselemente gelingen kann, noch handelt es sich allein um eine Täuschungsfolge, da die Verfügung über den Besitzwechsel der Kassiererin entzogen wird; sie kann es nur unterlassen, anlässlich des eigenmächtigen Besitzwechsels Forderungen (auf Rückgabe oder Bezahlung) zu erheben. Zwar handelt es sich bei dem, über was sie verfügt, nur gewissermaßen um die „Kehrseite der Wegnahme, so dass neben dem verwirklichten Diebstahl kein zusätzlicher Unrechtsgehalt besteht".[70] Damit deutet sich aber schon an, wo die Lösung des Konflikts zu suchen ist, nämlich auf Konkurrenzebene.[71] Dass am Ende nur eines der beiden Delikte übrig bleiben kann, ist wegen des Fehlens eines zweifachen Unrechts nicht zu leugnen. Schließlich werden die CD nur einmal dem Vermögen des Geschädigten entzogen. Das hindert aber ebensowenig wie bei dem verwandten Sicherungsbetrug (Rn. 1290), beide Strafbestimmungen zunächst in tatbestandlicher Hinsicht nebeneinander zu bejahen. **1234**

Welches Delikt am Ende als strafbar verbleibt, bestimmt sich auf Konkurrenzebene danach, wo der Schwerpunkt der Schadensverursachung liegt. Im Beispielsfall Rn. 1234 nimmt die Kassiererin die unmittelbar schädigende Besitzverschiebung nicht selbst vor, sondern toleriert sie nur. § 263 tritt daher im Wege der Subsidiarität hinter § 242 zurück. Anders im Fall des Versteckens von Diebesgut in anderer Ware, deren Besitz sodann durch das Kassenpersonal auf den Täter übertragen wird, wie dies im Beispielsfall Rn. 1036 geschehen war. Dort verursachte die opferseitige Besitzübertragung unmittelbar den Schaden, weshalb der Betrug den Diebstahl verdrängt. **1235**

dd) Unmittelbarkeit der Vermögensveränderung

Dieses Kriterium besagt, dass die (schädigende) *Vermögensveränderung ohne weitere Zwischenschritte eintreten* muss. Es hängt daher direkt davon ab, von welchem Moment an von einer Vermögensveränderung zu sprechen ist. Diese Frage wird stets auftauchen, wenn sich die Schädigung schrittweise vollzieht, beispielsweise zunächst ein unausgeglichener Vertrag geschlossen und dieser sodann vollzogen wird oder sich der Täter eine tatsächliche Position erschwindelt, kraft derer er dann ungehindert auf das fremde Vermögen zugreifen kann. Obschon erst beim Schaden eingehender thematisiert werden kann, bei welchem dieser Schritte von einer Vermögensveränderung zu sprechen ist, erlauben die bisherigen Erkenntnisse gleichwohl bereits eine vorläufige und zunächst ausreichende Aussage: Legt man den wirtschaftlichen Vermögensbe- **1236**

---

68 Diese Möglichkeit erkannte SK-SAMSON (20. Lieferung) § 263 Rn. 87b, noch im Grundsatz an; a.A. inzwischen SK-HOYER § 263 Rn. 160, 168.

69 BGHSt 17, 205 (209); SK-HOYER § 242 Rn. 64; KINDHÄUSER LPK § 263 Rn. 137; WESSELS/HILLENKAMP BT 2 Rn. 619.

70 Sch/Sch-CRAMER/PERRON § 263 Rn. 63a.

71 GÖSSEL BT 2 § 21 Rn. 135 schlägt stattdessen eine teleologische Reduktion des Betruges vor, sofern die Handlung eine Wegnahme enthält.

griff zu Grunde, so tritt eine Vermögensveränderung ein, sobald die fragliche Vermögensposition des Opfers auf dem Markt geringer bewertet werden würde, als sie ursprünglich einzuschätzen war.

1237 Die so ermittelte Vermögensminderung muss sich nun als unmittelbare, ohne Zwischenakte eintretende Folge der fraglichen Vermögensverfügung darstellen. Die Funktion der Unmittelbarkeit ist dabei vorwiegend eine abgrenzende: Sie gewährleistet, dass nur solche Geschehensabläufe als Betrug eingeordnet werden, für welche die Selbstschädigung des Opfers charakterisierend ist. Tritt die Schädigung hingegen unmittelbar (erst) durch andere nachfolgende Akte ein, so prägt deren Unrechtsgehalt (z.B. als Diebstahl) die Tat. Die Unmittelbarkeit ist damit letztlich ein *Kriterium zur Vorentscheidung von Konkurrenzfragen auf Tatbestandsebene*,[72] das vor allem bei Trickdiebstählen und neuerdings im Rahmen der Vorbereitung von Computerbetrügereien eine Rolle spielt.

1238 **Beispiel** (Vorgetäuschte Probefahrt):[73] In dem Autohaus *J.-GmbH* wurde üblicherweise zwar Kunden, die dem Unternehmen bekannt waren, eine unbeaufsichtigte Probefahrt gestattet, anderen aber nur in Begleitung eines Verkäufers. Dementsprechend wurde auch mit dem als Interessent für den Kauf eines gebrauchten *BMW 325* auftretenden *Sebastian H.* eine gemeinsame Probefahrt vereinbart. Dazu fuhr der Verkäufer *Klaus A.* den ins Auge gefassten *BMW* auf dem Firmenhof vor, dessen Tor offen stand. Während *A.* noch damit beschäftigt war, die roten Nummernschilder anzubringen, setzte sich *H.* bereits in das Fahrzeug, dessen Zündschlüssel steckte, startete den Motor und fuhr in Zueignungsabsicht fort. — Täuschungsbedingt vereinbarte *Klaus A.* zwar die Probefahrt und holte auch den Wagen hervor. Durch die entsprechenden Handlungen änderte sich aber an den Vermögensverhältnissen zunächst nichts, weil der auf dem Firmengelände stehende Pkw sich weiterhin in Besitz und Gewahrsam der Fa. *J.-GmbH* bzw. des *A.* befand, der sich zudem in unmittelbarer Nähe aufhielt. Vielmehr war, um einen Besitz- und damit Vermögensverlust herbeizuführen, noch das Davonfahren erforderlich. Die vorangegangenen Verfügungen führten deshalb zu keiner unmittelbaren Vermögensveränderung, weil dazu noch eine weitere – zudem deliktische – Zwischenhandlung von *Sebastian H.* erforderlich war. Es handelt sich damit um einen Diebstahl und keinen Betrug.

1239 **Aufgabe:** „Phishen“[74] von Kontozugangsdaten
Sven B., Online-Banking-Kunde der *Postbank*, erhielt eine angeblich von der *Postbank* stammende E-Mail, die ihn aufforderte, sich zwecks Sicherheitsüberprüfung seines Online-Banking-Zugangs auf eine bestimmte Website der *Postbank* zu begeben. Der entsprechende Link war bereits in der E-Mail angegeben. Tatsächlich stammten die E-Mail wie auch die betreffende, dem Online-Portal der *Postbank* ähnelnde Website von dem aus der Ukraine operierenden *Wladimir T. Sven B.* begab sich per Mausklick auf die betreffende Website

---

72 ARZT/WEBER BT § 20 Rn. 70.

73 OLG Frankfurt/M. NJW-RR 2000, 1050 (Zivilsenat).

74 Unklar ist, ob der Begriff eine Kombination von „Password“ und „Fishing“ darstellt (so Roman G. WEBER, Phishing: Brauchen wir einen Sondertatbestand zur Verfolgung des Internetphishing? HRRS 2004, 406-410 [406]) oder schlicht eine internettypische Verballhornung von „Fishing“ (so Marco GERCKE, Die Strafbarkeit von „Phishing“ und Identitätsdiebstahl, CR 2005, 606-612 [606]).

und gab der dortigen Aufforderungen entsprechend seine Kontozugangsdaten einschließlich einiger TANs[75] ein, wodurch *T.* in den Besitz dieser Daten gelangte, sich in das Konto von *B.* einloggen und es durch Überweisungsaufträge zu Gunsten des Kontos eines in Deutschland handelnden Mittäters plündern konnte.
Stellt die Offenbarung der Kontozugangsdaten durch *Sven B.* bereits eine Vermögensverfügung dar?

Das Verschaffen von faktischen Zugangsmöglichkeiten (wie der PIN von EC-Karten oder des Schlüssels zu Wohnungen) schafft für das Opfer zwar ein Verlustrisiko, verändert seinen Vermögensstatus aber noch nicht merklich. Um den Schaden zu verursachen, muss der Täter erst noch den Entschluss zu einer weiteren kriminellen Handlung fassen und sie zudem trotz der mit ihr verbundenen Entdeckungs- und Fehlschlagsrisiken (z.B. auf Grund zwischenzeitlicher Kontosperre oder fehlender Deckung) ausführen. Daher besteht keine Unmittelbarkeit zwischen Verfügung und Schaden, weshalb Betrug ausscheidet. Die Rspr. hat das in der Vergangenheit gelegentlich anders gesehen;[76] sie ist jedoch überholt, weil ihrem Motiv, eine andernfalls drohende Straflosigkeit zu vermeiden, durch die Einführung von § 263a Rechnung getragen wurde. Nähere Erläuterungen dazu sowie zum Aufgabenfall auf CD 35-07. **1240**

ee) Dreiecksbetrug

Bereits in einigen der bisher besprochenen Fallgestaltungen waren Verfügender und wirtschaftlich Geschädigter nicht identisch (vgl. die Beispiele Rn. 1233 und 1239, in denen jeweils Angestellte über Vermögensgegenstände ihrer Arbeitgeber verfügt hatten). Einen praktisch wichtigen Fall bildet der Prozessbetrug, wo der Richter getäuscht über das Vermögen des Prozessgegners verfügt, indem er z.B. einem Kläger eine in Wahrheit nicht bestehende Forderung zuspricht. In derartigen Fällen spricht man von einem Dreiecksbetrug. Zu beachten ist allerdings, dass nur an dieser Stelle eine Personenverschiedenheit zulässig ist; Getäuschter, Irrender und Verfügender hingegen müssen identisch sein. Auf Täterseite ermöglicht die Drittbereicherungsabsicht (Rn. 1271) ebenfalls das Hinzutreten weiterer Personen. Es ergibt sich das folgende Bild: **1241**

75 TAN = Transaktionsnummern; von den Online-Banken den jeweiligen Kunden einzeln zugeteilte, sechsstellige Zahlenfolgen, von denen je eine für jede Banktransaktion einzugeben (und damit verbraucht) ist. Das System ist mittlerweile verfeinert, weil vom Kunden inzwischen nicht mehr irgendeine seiner TANs eingegeben werden kann, sondern eine bestimmte, von der Bank jeweils ausgewählte (sog. iTAN [= indizierte TAN]-Verfahren).

76 BGH NStZ-RR 2004, 333 (334); BGHSt 33, 244 (246, zur Hingabe von Kreditkarten).

Abbildung: Mögliche Konstellationen von Dreiecksbetrügereien

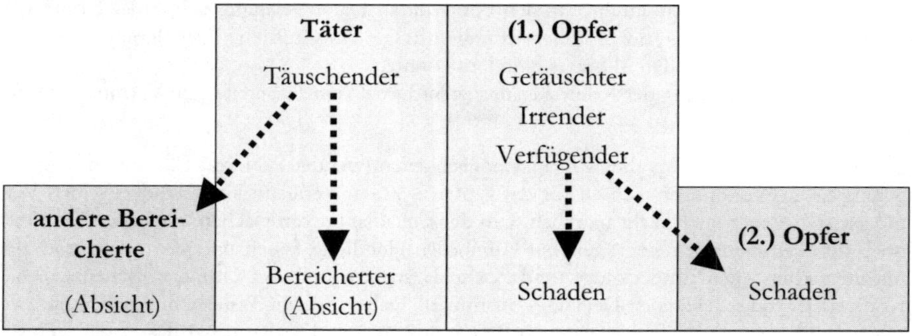

1242 Das Auseinanderfallen von Verfügendem und Vermögensinhaber bietet keine Schwierigkeiten, solange der Verfügende wie in den genannten Beispielsfällen als Vertreter des anderen zu handeln imstande ist.[77] Dies gilt auch für den Prozessbetrug, wo der Richter kraft des Prozessrechtsverhältnisses zur Verfügung über den Streitgegenstand berufen ist. Die *Ermächtigungstheorie* begrenzt den Dreiecksbetrug konsequent auf diese Konstellationen befugten Handelns:[78]

Beispiel (Herausgabe eines Pkw durch Vermieterin):[79] *Stefan V.* fragte die ihm bekannte *Susanne P.*, ob sie ihm ihren *VW Käfer* leihen könne, was sie ablehnte. Daraufhin ging er zu *Cornelia E.*, bei welcher *Susanne P.* zur Untermiete wohnte. Gegenüber ihr gab er an, von *Susanne P.* nach den Pkw-Schlüsseln geschickt worden zu sein. Daraufhin übergab *E.* die Fahrzeugschlüssel an *Stefan V.*, der mit dem Fahrzeug davonfuhr. — *Cornelia E.* hatte zwar die faktische Macht, die in ihrer Wohnung befindlichen Schlüssel auszuhändigen, war dazu aber nicht bevollmächtigt, weshalb die Ermächtigungstheorie Betrug ablehnen würde, bei vorliegender Zueignungsabsicht aber zu Diebstahl in mittelbarer Täterschaft durch *V.* (mit *E.* als im Erlaubnistatbestandsirrtum verfangenen Werkzeug) oder bei Fehlen derselben zu § 248b käme.

1243 Demgegenüber genügt es der sog. *Lagertheorie*, die in Rspr. und Schrifttum die Mehrzahl der Stimmen hinter sich weiß, wenn der Getäuschte aus derselben Machtsphäre wie der Geschädigte (also aus seinem „Lager") stammt und bereits vor der Tat eine besondere Beziehung zum fraglichen Vermögensgegenstand aufwies.[80] Bei rein faktischen Zugriffsmöglichkeiten schließt aber auch sie einen Betrug aus. Im Beispielsfall käme es daher darauf an, ob es zu *E*'.s Aufgaben gehörte, in Abwesenheit von *P.* deren Habe zu hüten (was man z.B. bei Wohngemeinschaften annehmen könnte) oder ob sie (wie eher bei typischen Untermietverhältnissen anzutreffen) nur als Vermieterin kraft ihrer tatsächlichen Zugangsmöglichkeit handeln konnte.

---

77 MAURACH/SCHROEDER/MAIWALD BT 1 § 41 Rn. 79;

78 Bernd SCHÜNEMANN, Methodenprobleme bei der Abgrenzung von Betrug und Diebstahl in mittelbarer Täterschaft, GA 1969, 46-56 (53); Bernd SCHÜNEMANN/Claus ROXIN, Der falsche Kommilitone, JuS 1969, 372-378 (375); SK-HOYER § 263 Rn. 144 ff.

79 OLG Stuttgart, JZ 1966, 319.

80 BGHSt 18, 221 (223 f.); Sch/Sch-CRAMER/PERRON § 263 Rn. 66; MAURACH/SCHROEDER/MAIWALD BT 1 § 41 Rn. 79 f.; WESSELS/HILLENKAMP BT 2 Rn. 639.

Zumeist gelangen beide Theorien zu demselben Resultat. Andernfalls ist die Ermächtigungstheorie vorzuziehen, weil es der Charakter des Betruges als Selbstschädigungsdelikt verlangt, dass der Geschädigte selbst den Schaden herbeiführt. Handelt an seiner Stelle ein Vertreter, so ändert das wegen dessen Vertretungsmacht nichts. Sobald indes der Schadensverursachende nicht vertretungsbefugt agiert, liegt mangels Zurechenbarkeit seiner Handlungen gegenüber dem Geschädigten strukturell keine Selbst-, sondern Fremdschädigung vor. Auf sie wären dann andere Tatbestände anzuwenden, beim Betrug um Sachen insbesondere die Zueignungsdelikte wie der angesprochene Diebstahl in mittelbarer Täterschaft. **1244**

d) Der Vermögensschaden

aa) Die Methode der Schadensermittlung

(1) Saldierung Der tatbestandliche Enderfolg des Vermögensschadens tritt unmittelbar (dazu Rn. 1185 ff.) durch die Vermögensverfügung ein. Er erfordert prinzipiell eine objektive[81] *Minderung des Gesamtvermögens* desjenigen, über dessen Vermögen verfügt wird.[82] **1245**

Da die denkbaren Vermögensverfügungen (vgl. Rn. 1222) überwiegend keine eindimensionalen Vermögensveränderungen bewirken (wie z.B. der Forderungsverzicht), sondern zwei oder sogar noch mehr gleichzeitige Vermögensverschiebungen zusammentreffen (wie z.B. der Abschluss eines Vertrages, durch den Ansprüche auf Leistung und Gegenleistung entstehen), muss die Schadensprüfung äußerst sorgfältig vorgehen. Dazu bedarf es eines *Vergleichs der Opfersituation vor und nach der Verfügung* im Wege einer *Gesamtsaldierung aller betroffenen Vermögenspositionen.* Soweit es sich dabei nicht um unmittelbar messbares Barvermögen handelt, sind diese Vermögenspositionen je für sich nach *marktwirtschaftlichen Grundsätzen* zu bewerten.

Beispiel (Verkauf an Zahlungsunwilligen): *Klaus W.* bestellte bei dem Versandbuchhandel *C. GmbH* über das Internet ein Buch zum (marktgerechten) Preis von 12 EUR. Nach den dem Geschäft zu Grunde liegenden AGB sollte die Versendung gegen Rechnung erfolgen und das Buch bis zur vollständigen Bezahlung im Eigentum der *C. GmbH* stehen. Auf die Bestellung hin bestätigte die *C. GmbH* per E-Mail das Geschäft und brachte zwei Tage später das Buch zur Versendung. *Klaus W.* hatte indes nicht vor, den Kaufpreis zu zahlen. — Vor dem Vertragsschluss besaß die *C. GmbH* Eigentum und Besitz an dem Buch. Um die infolge des Vertragsschlusses erfolgenden Veränderungen zu verdeutlichen, sei zunächst einmal angenommen, *W.* wäre anders als im Beispielsfall erfüllungsbereit und -fähig. Durch den Vertragsschluss entstünden dann zwei Ansprüche, die beim *redlichen* Geschäftspartner gleichwertig wären, nämlich **1246**

- der Anspruch des Käufers auf Besitz- und Eigentumsverschaffung an dem Buch; er mindert das Vermögen der *C. GmbH*, weil sie nun nicht mehr frei über ihr Eigentum verfügen kann;
- der Anspruch der *C. GmbH* auf Zahlung des Kaufpreises. Er steigert ihr Vermögen im gleichen Maße und kompensiert so die Reduzierung durch den Käuferan-

---

81 Zur Relativierung im Sinne eines objektiv-individuellen Schadensbegriffs vgl. bei Rn. 1263 ff.

82 Zur denkbaren Personenverschiedenheit von Getäuschtem und Geschädigtem vgl. Rn. 1241 ff.

spruch. Saldiert verändert sich die Vermögenslage der *C. GmbH* also nicht und es ist ihr kein Schaden entstanden.

1247 Nun ist aber *Klaus W.* im Beispielsfall keineswegs redlich, sondern will seinerseits nicht erfüllen. Die Anspruchslage gestaltet sich deshalb wie folgt:

- Der Anspruch des Käufers auf Besitzverschaffung belastet wie beim redlichen Käufer das Vermögen der *C. GmbH*. Sie ist nach dem Vertrag vorzuleisten verpflichtet und dazu bereit, weil sie von dem mangelnden Zahlungswillen ihres Gegenübers nichts weiß. Wirtschaftlich betrachtet ist ihr Vermögen daher bereits jetzt um den Wert des Buches reduziert, weil sie dieses in der Folge abgeben wird; bei einer Einschätzung des Unternehmenswertes könnte man das Buch schon nicht mehr beim Warenbestand berücksichtigen.
- Der Zahlungsanspruch besteht zwar auch gegenüber *Klaus W.* Er ist aber unter wirtschaftlichen Aspekten weniger als seinen nominellen Betrag wert. Denn da *W.* nicht freiwillig zahlen wird, müsste der Anspruch zwangsweise durchgesetzt werden. Das kostet zum einen Geld und ist zum anderen mit einem Ausfallrisiko belastet, weil der erfolgreiche Verlauf einer Zwangsvollstreckung erfahrungsgemäß keineswegs gesichert ist. Würde man den Zahlungsanspruch daher verkaufen (z.B. an ein Inkassounternehmen), so wäre dafür weitaus weniger zu erzielen als der Nennbetrag der Forderung.

Wegen des wirtschaftlich reduzierten Wertes des Zahlungsanspruchs gerät das Geschäft in eine Schieflage und das Vermögen der *C. GmbH* ist saldiert gesehen reduziert. Folglich ist jetzt ein Vermögensschaden eingetreten.

1248 Daran ändert im Übrigen auch der Eigentumsvorbehalt nichts. Denn zum einen ist auch er gegenüber dem nicht erfüllungsbereiten *W.* nur zwangsweise durchzusetzen und keineswegs sicher, dass *W.* das Buch auch noch besitzt, wenn es irgendwann später einmal zur Vollstreckung gegen ihn käme. Der wirtschaftliche Wert des Herausgabeanspruchs läge beim gedachten Forderungsverkauf daher niedriger als der Wert des Buches. Zum anderen darf man nicht einfach den wirtschaftlichen Wert der Ansprüche auf Zahlung und auf Rückgabe des Buches addieren, weil die *C. GmbH* nur einen von beiden verfolgen kann: Entweder mag sie am Vertrag festhaltend auf Zahlung klagen oder den Vertrag rückabwickeln und den Herausgabeanspruch verfolgen; beides zugleich geht hingegen nicht.

Im Übrigen ist es nicht erforderlich, dass der betroffene Gegenstand (im Beispiel: der Zahlungsanspruch der *C. GmbH*) nach kaufmännischen Grundsätzen bereits gänzlich in der Vermögensbilanz abgeschrieben sein müsste.[83] Einen Schaden bildet begrifflich jede Wertreduzierung, nicht erst der komplette Verlust eines Vermögensteiles.

1249 Bei der Saldierung sind allerdings nur Gegenansprüche zu berücksichtigen, die auf dieselbe Abrede zurückgehen.[84] Eine Schadenskompensation durch einen Versicherungsanspruch ändert daher an der Schadensentstehung nichts. Wenn beispielsweise ein Darlehen von einer Bank erschwindelt wird, die gegen Kreditausfälle versichert ist, so tritt mit der Auszahlung der Kreditsumme ein Schaden ein, obschon das Bankvermögen am Ende dank der anstehenden Versicherungsleistung nicht gemindert sein wird. Denn der Versicherungsanspruch geht nicht auf

83 So die ältere Lehre, vgl. James GOLDSCHMIDT, Beiträge zur Lehre vom Kreditbetrug, ZStW 48 (1928), 149-166 (160).

84 WALTER (Fn. 43), FS Herzberg S. 775.

den Kreditvertrag zwischen Bank und Kreditnehmer zurück, sondern auf eine zwischen Bank und Versicherer getroffene Abrede.

(2) Eingehungs- und Erfüllungsbetrug Bei der soeben besprochenen Fallgestaltung handelt es sich um einen Unterfall des sog. Eingehungsbetruges, weil bereits beim Abschluss des Geschäftes getäuscht wurde und ein Schaden entstand. Noch weitaus häufiger tritt in der Praxis ein anderer Typ des Eingehungsbetruges auf, bei dem nicht die Zahlungswilligkeit des Betrügers fehlt, sondern seine Zahlungsfähigkeit. **1250**

Der Schaden wird beim Eingehungsbetrug zwar gelegentlich erst durch die nachfolgende einseitige Erfüllung, im Beispiel Rn. 1246 der Auslieferung des Buches, offenbar; er ist aber wie gesehen schon im Vertragsschluss angelegt und mindert bereits in diesem Moment das Vermögen des getäuschten Vertragsschließenden. Die spätere Vertragserfüllung stellt daher keine neue Schadensbegründung, sondern die wirtschaftliche Realisierung und damit Vertiefung des bereits verursachten Schadens dar. Folglich wäre es verkehrt, im Gutachten erst auf das Erfüllungsgeschäft abzustellen. Zwar mag man tatbestandlich auch dort zum Betrug gelangen, jedoch würde man die Tat nur zur Hälfte erfassen. Denn falls es zur Erfüllung des bereits schädigend abgeschlossenen Verpflichtungsgeschäftes kommt, so handelt es sich insgesamt um einen Fall tatbestandlicher Handlungseinheit, um eine einzige, beide Phasen des Geschehens umfassende Deliktsverwirklichung. Erfüllt der Geschädigte dagegen nicht mehr, so bildet bereits die Eingehung des Geschäftes für sich allein einen abgeschlossenen, vollwertigen Betrug.

Beim Gegenstück zum Eingehungsbetrug, dem (nur) *Erfüllungsbetrug*, entsteht der Schaden erst in der Erfüllungsphase, nachdem das zuvorige Eingehungsgeschäft ordnungsgemäß zustande gekommen war. Charakteristisch für ihn sind Täuschungen über Qualität oder Menge der gelieferten Ware, die oft auf Grund eines erst nach Vertragsschluss gefassten Tatentschlusses vorgenommen werden. **1251**

Beispiel (Einpacken falscher Ware):[85] *Hermann J.*, der einen Textilhandel betrieb, kündigte in der Zeitung den Verkauf von überaus günstigen, rein wollenen Gabardinehosen zu 26,- DM an und verkaufte zu diesem Preis dem Kaufinteressenten *Jürgen D.* eine solche Hose. Nach Bezahlung packte *Hermann J.* auf Grund eines spontanen Entschlusses dem Käufer, während er ihn ablenkte, eine gleich aussehende Hose ein, die freilich nur aus minderwertiger Zellwolle bestand. Allerdings entsprach der Preis der eingepackten Hose immer noch dem üblichen Marktpreis; für rein wollene Hosen wäre normalerweise deutlich mehr zu zahlen gewesen. *Jürgen D.* bemerkte den Tausch nicht und nahm die Ware entgegen. — Die täuschungsbedingte Vermögensverfügung liegt hier erst in der Annahme der Ware durch *Jürgen D.* als Erfüllungsleistung, weil der Vertragsschluss noch täuschungsfrei verlaufen war.[86] Im Moment der Annahme gehörte der Anspruch auf Übergabe der gekauften Hose (§ 433 I 1 BGB) bereits zum Vermögen von *Jürgen D.* Dieser Anspruch war, zumal *Hermann J.* lei-

---

85 Sachverhalt abgewandelt nach BGHSt 16, 220; der Originalfall liegt dem Beispiel Rn. 1262 zu Grunde.

86 Wäre er schon beim Vertragsschluss nicht erfüllungswillig gewesen, hätte das nichts geändert, denn dort wäre noch kein Schaden entstanden. Dazu musste der Käufer erst noch die falsche Ware annehmen, der Verkäufer ihn also ein zweites Mal täuschen.

stungsfähig gewesen wäre, da er ja eine solche Hose besaß, wegen des höheren Wertes der wollenen Hose mehr wert, als ihm tatsächlich zufloss. Sein Vermögen wird daher infolge der Falscherfüllung gemindert.

1252 **Aufgabe:** Erschwindeln eines Darlehens:[87]
Franz Si. hatte mehrere Grundstücke erworben, mit Siebenfamilienhäusern bebaut und die darin gelegenen Wohnungen vermietet. Als er die dazu eingegangenen Kreditverpflichtungen nicht mehr erfüllen konnte, Zwangsversteigerungen befürchten musste und auf seinen Namen keine neuen Gelder mehr aufzutreiben vermochte, wandte er sich an *Wilfried K.* und *Thomas S.*; sie sollten mehrere dieser Wohnungen kaufen und zur Finanzierung des Kaufpreises durch seine Vermittlung bei verschiedenen Banken und Sparkassen Darlehen aufnehmen. Die so beschafften Gelder sollten ihm selbst zufließen und zunächst zur Tilgung der alten Verbindlichkeiten dienen. *Si.* versprach *K.* und *S.*, an ihrer Stelle die Verpflichtungen aus den neuen Kreditverträgen zu bedienen. In Ausführung dieses Plans kauften die beiden von *Franz Si.* 19 Eigentumswohnungen für zusammen 2,63 Mio. DM. *Si.* besorgte für die als Darlehensnehmer auftretenden *K.* und *S.* unter Vorlage der entsprechenden Kaufverträge bei Banken und Sparkassen Kredite über insgesamt 2,055 Mio. DM. Die Darlehensgeber wurden jedoch nicht über den wahren Sachverhalt aufgeklärt sondern darüber getäuscht, es handle sich um einen völlig normalen Kauf von Eigentumswohnungen, die beantragten Gelder sollten der Finanzierung des Kaufpreises dienen und die Rückzahlung werde von zahlungskräftigen Darlehensnehmern besorgt. Tatsächlich waren aber weder *Si.* noch *K.* oder *S.* zu Tilgungs- und Zinszahlungen in der Lage.
Wurden die Banken bereits bei Vertragsschluss geschädigt?

1253 Bei Abschluss eines Darlehensvertrages stehen sich auf der Seite des mutmaßlichen Opfers, des Darlehensgebers, die Ansprüche auf Auszahlung der Darlehenssumme und – spätere – Rückzahlung gegenüber. Wirtschaftlich gesehen sind diese beiden Ansprüche normalerweise gleichwertig: Zwar „verliert“ der Darlehensgeber sofort den Darlehensbetrag, wofür er einen zukünftigen, stets mit gewissen Risiken versehenen Rückzahlungsanspruch eintauscht. Da allerdings der Zinsanspruch hinzutritt und dadurch der Zahlungsanspruch des Darlehensgebers am Ende weitaus höher liegt als die eingangs ausgezahlte Darlehenssumme, wird das Ausfallrisiko ausgeglichen und die beiden Ansprüche sind zum Zeitpunkt des Vertragsschlusses wirtschaftlich gleichwertig, Zahlungsfähigkeit und -willigkeit des Darlehensnehmers vorausgesetzt.

Eine Schieflage entsteht, sobald die Erfüllungsfähigkeit seitens des Darlehensnehmers von Anfang an fragwürdig ist. Denn dann gelangt eine wirtschaftliche Bewertung der Tilgungs- und Zinsansprüche des Darlehensgebers zu einem geringeren Wert als sein Gegenanspruch auf Darlehensauszahlung; ein Schaden entsteht.

1254 Etwas anderes gilt freilich, falls ein Erfüllungsanspruch durch Sicherheiten abgedeckt wird, die der Gläubiger ohne Weiteres und risikolos verwerten kann,[88] bei Grundstücksgeschäften bzw. entsprechenden Darlehen insbesondere durch (vorrangige) Grundschulden. Damit wäre das Ausfallrisiko im Ergebnis beseitigt und der Rückzahlungsanspruch trotz einer möglichen Zahlungsunfähigkeit des Schuldners so sicher, dass er wirtschaftlich als vollwertig bewertet werden darf. Ebenso ist ein Vermögensschaden von vornherein ausgeschlossen, wenn der Getäuschte nicht vor-, sondern Zug um Zug leisten soll. Denn dann wird der Anspruch der Gegenseite erst

87 Sachverhalt mit einigen Verkürzungen nach BGH NStZ 1981, 351.

88 BGH NStZ 1999, 353 (354).

nach ihrer Leistung fällig, weshalb gar kein Risiko besteht, es könne zu einem unausgeglichenen Vermögensabfluss kommen.[89]

(3) Der Sonderfall des Anstellungsbetruges Bei dem in der Praxis nicht ganz seltenen An- 1255
stellungsbetrug täuscht der Täter seine berufliche Eignung vor und erlangt daraufhin eine Arbeitsstelle. Die Vermögensverfügung liegt auch in diesem Fall im Vertragsschluss bzw. bei Beamten in ihrer Ernennung, weshalb es sich um einen Unterfall des Eingehungsbetruges handelt. Daraus folgt die Irrelevanz der späteren Arbeitsleistungen für die Strafbarkeitsbegründung, weil für die Schädigung des Arbeitgebers bereits genügt, wenn sein *Anspruch* auf Arbeitsleistung wegen der fehlenden Qualifikation des Arbeitnehmers weniger wert ist als dessen Anspruch auf Lohn- oder Gehaltszahlung. Der Einwand mangelfreier Arbeitsleistungen vermag den Arbeitnehmer dann nicht mehr zu entlasten, während eine auch tatsächlich minderwertige Leistung eine Vertiefung des Schadens bedeutete und damit als weitere Schadensfolge zur bereits vorliegenden Deliktsverwirklichung anlässlich des Vertragsschlusses hinzu träte.

Beispiel (Einstellung eines Vorbestraften):[90] *Manfred T.* hatte wegen wiederholter Vorstra- 1256
fen keine staatliche Bauschule besuchen können. Von 1937 an war er als Bauführer bei der *Organisation Todt*[91] tätig. Nach dem Kriege machte er sich als Bauunternehmer selbstständig. Auf fachlichem Gebiet genoss er großes Ansehen. Im Jahre 1947 und in den folgenden Jahren bis 1955 wurde er allerdings wegen Betruges wiederholt zu Zuchthausstrafen verurteilt. 1958 bemühte sich *Manfred T.* um eine Bauleiterstelle bei der Stadtverwaltung *N.*, die einen Tiefbauingenieur suchte. Bei der Bewerbung gab er der Wahrheit zuwider an, Tiefbauingenieur zu sein, früher bei der *Organisation Todt* den Rang eines Generalmajors bekleidet zu haben und nicht vorbestraft zu sein. Er wurde hierauf im August 1958 eingestellt. Nachdem seine Vorstrafen bekannt geworden waren, folgte bereits im September 1958 die fristlose Entlassung. Seine zwischenzeitliche Tätigkeit übte er allerdings zur Zufriedenheit seiner Vorgesetzten aus. — Der BGH bejahte eine Vermögensschädigung der Stadtverwaltung, weil *T.* wegen seiner fehlenden Ausbildung nicht das Leistungsvermögen besaß, das sie nach dem Anstellungsvertrag erwarten durfte. Daran ändert die bis dahin beanstandungsfreie Tätigkeit nichts, zumal *T.* möglicherweise noch nicht den spezifischen Spitzenanforderungen ausgesetzt war, die ein Tiefbauingenieur zu bewältigen imstande sein muss.[92] Während diese Begründung Zustimmung verdient, fordert eine zweite Argumentation des BGH Widerspruch heraus. Denn außerdem sei, so die Entscheidung weiter, das Vermögen der Stadt einer Gefährdung ausgesetzt gewesen, da *T.* mit der Bauaufsicht die tatsächliche Verfügungsgewalt über die an den Baustellen verwendeten Baustoffe und -geräte in die Hand gegeben war. Seine zahlreichen erheblichen Vorstrafen, die auf eine starke Anfälligkeit für Vermögensstraftaten schließen ließen, bildeten eine ständige Gefahr, er werde bei günstiger Gelegenheit zum Nachteil der Stadt über Vermögensgüter verfügen.[93] Allein deswegen ist aber die zu erwartende Arbeitsleistung nicht weniger wert als die eines Unvorbestraften. Um den Arbeitgeber zu schädigen, müsste *Manfred T.* vielmehr ein weiteres Mal deliktisch tätig werden, wozu er sich bislang allenfalls die Gelegenheit verschafft hätte. Entsprechend den Fällen des Trickdiebstahls fehlt es daher an der Unmittelbarkeit zwischen

89 BGH NStZ 1998, 85.

90 BGH NJW 1962, 1521.

91 Militärisch organisierte Bauorganisation im Dritten Reich, 1938 von dem Reichsminister *Fritz Todt* im Zusammenhang mit dem Bau des sog. Westwalls geschaffen.

92 BGH NJW 1962, 1521 (1522).

93 BGH NJW 1962, 1521 (1523).

Vermögensverfügung und Schädigung,[94] weswegen sich kein Anstellungsbetrug über das Verschweigen von Vorstrafen (sofern sie nicht rechtliche Hindernisse für die Einstellung bilden[95]) herleiten lässt. Eine Ausnahme mag allenfalls für Anstellungen gelten, zu deren Wesensgehalt eine besondere Vertrauenswürdigkeit gehört, z.B. bei Bankkassierern.[96] Es verbleibt daher richtigerweise beim Betrug wegen der Täuschung über die fachliche Qualifikation von *T.*

1257 **Aufgabe:** Verbeamtung eines ehemaligen Stasi-Angehörigen[97]
Walther J. war von 1978 bis 1982 beim Ministerium für Staatssicherheit (MfS) als Kraftfahrer, danach beim *VEB Wohnungskombinat Berlin* und von 1988 bis zum Ende der DDR bei der Deutschen Volkspolizei beschäftigt. Er hatte sich 1983 als inoffizieller Mitarbeiter gegenüber dem MfS verpflichtet und im Rahmen dieser Zusammenarbeit zahlreiche Berichte, auch über Ausreisewillige, erstellt. Mit Wirkung vom 03.10.1990 wurde *J.* Angestellter im Berliner Polizeidienst. Anläßlich der Prüfung seiner Weiterbeschäftigung füllte er einen Personalfragebogen nur teilweise aus. Zusatzfragen, die von ehemaligen inoffiziellen Mitarbeitern des MfS zu beantworten waren, ließ er unausgefüllt. Ferner versicherte er anlässlich seiner Anhörung vor der Personalauswahlkommission wahrheitswidrig, er sei während seiner früheren Dienstzeit vom MfS nicht für Spitzeldienste angeworben worden. Die Personalauswahlkommission stellte danach seine persönliche Eignung für eine Weiterbeschäftigung fest. Er wurde zunächst im Angestelltenverhältnis weiterbeschäftigt und im August 1992 als Polizeihauptwachtmeister in das Beamtenverhältnis berufen. An seiner dienstlichen Befähigung bestanden niemals Zweifel.
Hat *Walther J.* seine Weiterbeschäftigung betrügerisch erschlichen?

1258 Bei *Beamten* besteht die Besonderheit, dass sie nicht für konkrete Arbeitsleistungen entlohnt, sondern im Hinblick auf ein besonderes Dienst- und Treueverhältnis (§ 2 I BRRG, § 3 I BeamtStG) alimentiert werden. Fehlt es im Hinblick auf eine Tätigkeit als MfS-Mitarbeiter an der dazu erforderlichen Zuverlässigkeit und bestünde deshalb ein Ernennungshindernis, so wäre der Anspruch auf Treue (den *J.* nicht erfüllen konnte) wirtschaftlich weniger wert als der durch die Ernennung begründete Besoldungsanspruch; die einstellende Behörde erlitte einen Schaden. Erweiterte Lösungshinweise auf CD 35-08.

bb) Die schadensgleiche Vermögensgefährdung – ein irreführender Begriff

1259 Sofern sich der wirtschaftliche Schaden – wie oft beim Eingehungsbetrug – zunächst noch nicht im realen Verlust von gegenständlichem Vermögen niederschlägt, taucht häufig der Begriff der schadensgleichen Vermögensgefährdung auf.[98] Diese fast schlagwortartig genutzte Bezeichnung soll eine Situation kennzeichnen, in der zwar das Vermögen noch unangetastet ist, in der ein Verlust aber so sehr droht, dass diese Gefahr ebensogut wie die spätere Einbuße das Tatbestandsmerkmal Schädigung erfüllt. Bei näherer Betrachtung entpuppt sich die schadensgleiche Gefährdung aber als irreführender, in sich widersprüchlicher Begriff, den man tunlichst meiden sollte. Eine Gefährdung kann nämlich logisch betrachtet unmöglich einem Schaden gleichgesetzt werden, es sei denn, man ordnet den Begriffe unterschiedliche Bezugsobjekte zu.

---

94 Vgl. oben Rn. 1237 ff.; ebenso Rengier BT I § 13 Rn. 101; Krey/Hellmann BT 2 Rn. 484 ff.

95 Vgl. §§ 12 I Nr. 2, 48 Nr. 1 BBG.

96 Otto BT § 51 Rn. 133; Günter Jerouscheck / Arnd Koch, Zur Neubegründung des Vermögensschadens bei „Amtserschleichungen", GA 2001, 273-282 (278 f.).

97 BGHSt 45, 1. Besprechung von Matthias Jahn, JA 1999, 628-631.

98 Vgl. BGH NStZ 1981, 351; 2006, 223 (225); Sch/Sch-Cramer/Perron § 263 Rn. 144; Arzt/Weber BT § 20 Rn. 97 ff.

So mag eine Gefahr des endgültigen Vermögensverlustes bereits eine Reduzierung des gegenwärtigen Marktwertes des bedrohten Objektes bedeuten. Derartige Differenzierungen vernebeln aber den Blick und sind wenig sinnvoll, denn solange es beim Betrugsschaden alleine auf den Marktwert des Vermögens ankommt, ist dessen Reduzierung ausreichend, aber auch erforderlich. Wenn daher in den Fällen Rn. 1246, 1252 und 1257 eine wirtschaftliche Schädigung auf Grund der entstandenen Anspruchslage festgestellt werden konnte, so handelt es sich nicht um eine (schadensgleiche) Gefährdung, sondern schlicht um einen Schaden! Was sich umgekehrt nicht einmal als wirtschaftliche Wertreduzierung erweist, darf auch keinesfalls über das argumentative Vehikel der Gefährdung zum Schaden aufgewertet werden.

cc) Schadensfeststellung bei rechtlich missbilligten Vermögenspositionen

Nachdem die rechtliche Missbilligung eines Vermögensteils kein Hindernis für die Annahme eines Betruges darstellt,[99] erhebt sich die Frage, wie entsprechende – nichtige – Ansprüche „geschädigt" werden könnten. Im Beispielsfall Rn. 1225 verliert *Walther C.* faktisch einen Teil seines Beute-„anspruchs". Ihn hätte er freilich auch gar nicht prozessual durchsetzen können, weshalb es einer Erklärung bedarf, warum der Verlust von etwas, was ohnehin nicht zu bekommen wäre, eine wirtschaftliche Schädigung bedeuten sollte. Entscheidend ist allerdings nicht die Durchsetzbarkeit vor ordentlichen Gerichten, sondern im jeweils betroffenen gesellschaftlichen Subsystem. Es kommt mit anderen Worten darauf an, ob der „Anspruch" in Kenntnis seiner Existenz von *Sebastian K.* erfüllt worden wäre, denn dann wäre er wirtschaftlich werthaltig gewesen und *Walter C.* hätte einen entsprechenden Wertverlust erlitten. Diese Erfüllungsbereitschaft aber ist Tatfrage und bedarf im Einzelfall der Klärung. Immerhin spricht der Umstand, dass *Sebastian K.* eine Täuschung für notwendig hielt (und *Walter C.* nicht ganz offen den vollen Anteil verweigerte), für eine prinzipielle Durchsetzungsfähigkeit des hälftigen Beuteanspruchs. **1260**

dd) Ausfall von Gewinnen und günstigen Gelegenheiten

Grundsätzlich können auch Gewinnausfälle einen Betrugsschaden begründen, sofern die Gewinnmehrung sicher zu erwarten stand und sie deshalb bereits zum Vermögen zählte (z.B. bei Verdienstausfällen eines Taxifahrers, der sein Fahrzeug einen Tag lang nicht nutzen kann, denn insoweit bestehen Erfahrungswerte, die eine relativ sichere Prognose über die durchschnittlich entgangenen Einnahmen erlauben). Unsichere Gewinnmöglichkeiten genügen hingegen nicht (z.B. bei Lohnausfällen eines Arbeitslosen, der eine Jobchance verpasst, denn vor der Einstellung war die Arbeitsmöglichkeit seiner Person noch nicht hinreichend sicher zugeordnet). Ebenfalls noch nicht zum Vermögen zählen günstige Erwerbsmöglichkeiten, solange der entsprechende Kaufvertrag nicht geschlossen ist. **1261**

Beispiel (Gabardinehosenfall):[100] In dem Beispielsfall Rn. 1251 verkaufte *Hermann J.* zu dem günstigen Preis von 26.- DM dem Kaufinteressenten *Jürgen D.* eine Hose unter der mündlich wiederholten Zusicherung, sie sei aus reiner Wolle gefertigt. Tatsächlich bestand die verkaufte Hose, wie er wusste, aus Zellwolle. Indes entsprach der Preis der Hose selbst in ihrer tatsächlichen Beschaffenheit dem üblichen Marktpreis; für rein wollene Hosen wäre erheblich mehr zu zahlen gewesen. — Die täuschungsbedingte Verfügung liegt nunmehr im Vertragsschluss, der sich bereits auf eine „fal- **1262**

---

99 Vgl.dazu oben bei Rn. 1226 ff.

100 Sachverhalt nach BGHSt 16, 220; dort handelte es sich allerdings um einen Testkäufer, der über die Qualität der Hosen informiert war.

sche" Hose bezog. Es kommt daher auf den Wert der durch den Kaufvertrag erlangten beiderseitigen Ansprüche an. Diese sind aber gleichwertig, weil auch die tatsächliche verkaufte Hose ihren Preis wert war. Der Käufer hatte sich vorgestellt, mit dem Kauf ein besonderes „Schnäppchen" zu machen; tatsächlich erwarb er zum Marktpreis. In dieser Situation könnte *Jürgen D.* zwar zivilrechtlich wegen des Fehlens einer zugesicherten Eigenschaft nach den §§ 433, 434 I Satz 1, 437 Nr. 2, 441 BGB Minderung verlangen, obwohl er damit letztlich weniger zu zahlen hätte, als nach Marktkriterien üblich. Bei dieser Minderung handelt es sich allerdings um eine nachträgliche Preiskorrektur, die zudem zu Gunsten des Käufers erfolgt; sie erlaubt keine Rückschlüsse auf die Vermögensveränderungen durch den Kauf. Das einzige, was aber der Käufer täuschungsbedingt verlor und was nicht durch adäquate Gegenleistungen ausgeglichen wurde (*Jürgen D.* sollte ja für sein Bargeld einen entsprechenden Warenwert erhalten), ist die Aussicht eines günstigen Erwerbes. Dabei handelt es sich aber um keine Vermögensposition; sie ist nicht auf dem Markt handelbar, weshalb *Jürgen D.* nicht i.S.v. § 263 geschädigt wurde.[101]

ee) Schaden auf Grund eines persönlichen Schadenseinschlages

1263 In Ausnahmekonstellationen kann allerdings trotz eines an sich ausgeglichenen Austauschverhältnisses ein Schaden vorliegen, falls die Ware vom Abnehmer objektiv *weder zu dem vertraglich vorgesehenen Zweck noch sonstwie sinnvoll eingesetzt* werden kann und daher für ihn minderwertig ist. Hätte im Beispiel Rn. 1262 der Erwerber eine Zellstoffallergie, derentwegen er eine solche Hose gar nicht tragen könnte, so wäre sein Vermögen gemindert, weil *für ihn* die Hose nichts wert wäre (und er sie auch nicht anderweitig adäquat verwerten könnte). Kennt der Verkäufer diese Allergie nicht, fehlt ihm allerdings der Schädigungsvorsatz. Persönliche Besonderheiten werden also bei der Schadensfeststellung durchaus berücksichtigt, auch wenn primär der Marktpreis einer Ware als Maßstab heranzuziehen ist. Man spricht deshalb heute von einem *objektiv-individuellen Maßstab* zur Schadensberechnung[102] und von einem *persönlichen Schadenseinschlag*, sofern allein über die Berücksichtigung individueller Verhältnisse ein Schaden zu begründen wäre.

1264 **Aufgabe:** Melkmaschinenfall[103]

Joachim L. betätigte sich seit Jahren als Verkaufsvertreter für Melkmaschinen. Den von ihm aufgesuchten Landwirten spiegelte er vor, er könne ihnen im Rahmen einer Sonderaktion zu Werbezwecken die benötigte Anlage weit unter dem normalen Preis als Musteranlage verschaffen. Tatsächlich war der von ihm geforderte und vereinbarte Preis der gewöhnliche Listenpreis für die betreffende Melkmaschine. So ging *L.* auch gegenüber der Bäuerin *Therese F.* vor, die neu gebaut und *L.* bei seinem Besuch sogleich erklärt hatte, sie besitze zur Zeit kein Geld für die Anschaffung einer Melkanlage; wenn sie später einmal dazu in der Lage sein werde, müsse es eine Anlage für 10 Kühe sein, die sie auch auf der Weide verwenden könne. Gleichwohl redete ihr *Joachim L.* eine kleinere Melkmaschine mit Treckeranschluss zum Preise von zusammen 1.047 DM auf, obschon er wusste, dass dieser Maschinentyp

---

101 BGHSt 16, 220 (222 f.); RENGIER BT I § 13 Rn. 74; ARZT/WEBER BT § 20 Rn. 93.

102 MAURACH/SCHROEDER/MAIWALD BT 1 § 41 Rn. 113 f.; Sch/Sch-CRAMER/PERRON § 263 Rn. 121; SK-HOYER § 263 Rn. 193; RGSt 16, 1 (7 ff.); BGHSt 16, 321 (325 f.).

103 Ausschnitt aus BGHSt 16, 321. Weitere Ausschnitte dieser Entscheidung auf CD 35-08.

wohl für 2 bis 3 Kühe, nicht aber für 10 Kühe ausreichte. Der Kundin erklärte er gleichwohl irreführend, die angebotene Melkanlage reiche auch für einen Betrieb mit 10 Kühen aus. Wurde *Therese F.* geschädigt?

Für *F.* war eine Melkanlage nur sinnvoll, wenn diese ihren gesamten Betrieb versorgen **1265**
konnte, denn andernfalls hätte sie noch weitere Maschinen kaufen müssen, was letztlich sehr viel teurer gekommen wäre. Trotz des marktgerechten Preises war daher die betreffende Anlage für *F.* weitgehend nutzlos und der Vertrag über ihren Kauf beraubte sie zugleich liquider Mittel, die sie sinnvoller hätte einsetzen können. Damit war *F.* geschädigt.[104] Da *L.* über die Verhältnisse und Bedürfnisses auf dem Hof von *F.* aufgeklärt worden war, besaß er auch die für den Vorsatz notwendige Kenntnis derjenigen Umstände, welche das Geschäft für *F.* zu einem Verlustgeschäft machten.

Die Berechtigung, bei der Schadensfeststellung auch auf die individuellen Verhältnisse zu **1266**
schauen, ergibt sich aus der Überlegung, dass es das Anliegen von § 263 ist, individuellen und nicht volkswirtschaftlichen Vermögensschutz zu gewähren. Wenn also auf Grund persönlicher Verhältnisse bestimmte Güter in der Vermögenssaldierung des Einzelnen geringer zu Buche schlagen als im marktwirtschaftlichen Durchschnitt, so ist dieser individuelle Maßstab vorrangig. Das bedeutet keinesfalls die Anerkennung irrationaler persönlicher Werteinschätzungen.[105] Wer also mittels Täuschung um den Besitz eines hochgeschätzten („unbezahlbaren") Erinnerungstückes gebracht wird, ist gleichwohl nicht geschädigt, solange er im Gegenzug dessen Marktwert erhält. Denn der wirtschaftliche Vermögensbegriff (der insoweit ja auch den juristisch-ökonomischen Lehren zu Grunde liegt) kann alleine auf die wirtschaftliche Nutzbarkeit abstellen, also auf die *Verwertbarkeit zu Erwerbs- oder Tauschzwecken*.[106] Ein Schaden entsteht deshalb, sobald der gezahlte Kaufpreis über dem Nutz- und Tauschwert liegt, wobei der *Nutzwert* zwangsläufig von den Bedürfnissen und Fähigkeiten des Erwerbers abhängt. Wenn also Produktionsmittel im Hinblick auf die Betriebsgröße über- oder unterdimensioniert und daher nicht in dem Maße nutzbar sind, wie es bei richtigem Zuschnitt der Fall wäre, so liegt ein Schaden vor, weil regelmäßig nur bei adäquater Nutzbarkeit der üblicherweise zu zahlende Preis angemessen ist.

Was den *Tauschwert* anbelangt, so könnte man nun auf die Idee verfallen, die Melkmaschine sei im Aufgabenfall ja ihren Preis wert gewesen und könne daher ohne Schaden weiterverkauft werden. Das freilich wäre unrealistisch: Erfahrungsgemäß sind auf dem Markt für Gebrauchsgüter selbst bei ungebrauchter Ware im Falle des Wiederverkaufs keine Neupreise zu erzielen. Zudem besteht das Risiko, zeitweilig oder endgültig gar keinen Käufer zu finden. Bei inadäquater Nutzungsmöglichkeit einer Ware entsteht daher für den Käufer regelmäßig ein Schaden, selbst wenn er „nur" einen marktgerechten Kaufpreis aufwendet.

Teilweise sieht die Rspr. allerdings einen persönlichen Schadenseinschlag auch in der Entste- **1267**
hung eines finanziellen Engpasses, wenn der Vertragsschluss zu Aufwendungen nötigt, die ihrerseits vermögensschädigend wirken (z.B. die Kreditaufnahme zu überhöhten Zinssätzen) oder wenn er die Möglichkeit zu angemessener Lebensführung beeinträchtigt.[107] Diese Konstruktionen sind indes verfehlt, weil sie nicht unmittelbar durch die Vermögensverfügung, sondern durch Folgedispositionen des Getäuschten entstehen. Näheres zu derartigen Konstellationen und ein weiteres Beispiel für eine unverwertbare Leistung auf CD 35-09.

---

104 BGHSt 16, 321 (326).

105 Ebenso Sch/Sch-CRAMER/PERRON § 263 Rn. 124; BGH NStZ-RR 2001, 41.

106 BGH NStZ-RR 2001, 41.

107 BGHSt 16, 321 (328); BGH NStZ 1999, 555.

ff) Zweckverfehlung einer Aufwendung als Schaden?

1268 Strittig ist, ob der Einsatz von Vermögensgütern schädigt, falls zuvor über ihren Einsatzzweck getäuscht wurde, wie dies insbesondere beim sog. *Spenden- oder Bettelbetrug* geschieht. Schwierigkeiten bereitet hier der Umstand, dass das Vermögen des Spenders bei ordnungsgemäßer Behandlung seiner Spende in gleicher Weise und ebenso ohne wirtschaftliche Gegenleistung reduziert würde. Beim betrügerischen Spendensammeln liegt der einzige Unterschied in der Enttäuschung der Erwartung, das Vermögensopfer diene einem altruistischen[108] Zweck.

Beispiel (Vertrieb von Behindertenware):[109] *Gernot T.* vertrieb durch Verkauf an der Haustür Haushaltswaren, die in Werkstätten für Behinderte gefertigt wurden. Er bezog diese Waren zum Preis von 3.- DM pro Einheit. Der Verkaufspreis pro Tüte betrug 19,95 DM. Von den um die Provisionszahlungen gekürzten Verkauferlösen führte *T.* keinerlei Beträge an Behinderteninstitutionen ab, sondern vereinnahmte sie in voller Höhe zur Deckung der Geschäftsunkosten sowie als Verdienst. Der Verkaufspreis für entsprechende Ware lag seinerzeit in Kaufhäusern oder Haushaltswarengeschäften bei etwa 3.- bis 5.- DM. Von den Käufern wurden die Haushaltsartikel nur deshalb abgenommen, weil sie von *T.* aufgrund des hohen Preises und der Erläuterung, es handele sich um Haushaltswaren, die von Behinderten hergestellt, bearbeitet und verpackt worden seien, gezielt zu dem Schluss verleitet wurden, ein erheblicher Teil des Erlöses komme Behinderten zugute. — Die (konkludente) Täuschung bezog sich auf die Verwendung eines Teils des ersichtlich überhöhten Verkaufspreises, weshalb die Erwerber davon ausgingen, eine Spende für Behinderte zu geben; die Gegenleistung in Gestalt der erworbenen Waren bildete für sie nicht das Ziel, sondern das Vehikel dieses Spenden-„Geschäfts".

1269 Vorentscheidend für derartige Fallgestaltungen ist, ob Betrug eine *unbewusste* Selbstschädigung verlangt[110] (demgegenüber sich die Käufer im Beispiel bewusst selbst schädigten) oder auch eine *bewusste Schädigung genügt.*[111] Im letzteren Fall bereitete die Bejahung von § 263 keine Schwierigkeiten: Hätten die Käufer die wahren Umstände gekannt, hätten sie nichts gekauft und sich folglich auch nicht geschädigt.[112] Wer hingegen eine unbewusste Selbstschädigung verlangt, muss den Liquiditätsabfluss als bewusste Selbstschädigung ignorieren; er benötigt ein darüber hinausreichendes (unbewusstes) Mehr. Dieses Mehr wird überwiegend in der Zweckverfehlung der Aufwendung gesucht. Denn die (bewusste) Vermögenseinbuße solle nach den Vorstellungen des Gebenden durch Erreichen eines nicht vermögensrechtlichen Zweckes ausgeglichen werden. Werde dieser Zweck verfehlt, so gerate das Vermögensopfer auch wirtschaftlich zu einer unvernünftigen Ausgabe.[113]

Wenn allerdings zum Schutzzweck des Betrugstatbestandes dazu gehört, den Rechtsverkehr täuschungsfrei zu gestalten, und der Vermögensschutz zwar ein, aber nicht der ausschließliche

---

108 Altruismus = Selbstlosigkeit, Gegensatz zum Egoismus; altruistisches Handeln erfolgt uneigennützig zum Wohle anderer oder der Allgemeinheit.

109 Sachverhalt vereinfacht nach LG Osnabrück MDR 1991, 468.

110 So LACKNER/KÜHL § 263 Rn. 55; KREY/HELLMANN BT 2 Rn. 469; Sch/Sch-CRAMER/PERRON § 263 Rn. 41.

111 So etwa WESSELS/HILLENKAMP BT 2 Rn. 525 ff.; RENGIER BT I § 13 Rn. 62; WALTER (Fn. 43), FS Herzberg S. 773 f.; BGH NJW 1995, 539; BayObLG NJW 1952, 798.

112 GÖSSEL BT 2 § 21 Rn. 173; RENGIER BT I § 13 Rn. 63.

113 KINDHÄUSER LPK § 263 Rn. 180 f.; LACKNER/KÜHL § 263 Rn. 56; RENGIER BT I § 13 Rn. 63 ff.; KREY/HELLMANN BT 2 Rn. 470; WESSELS/HILLENKAMP BT 2 Rn. 552 ff.; ebenso die Rspr., vgl. BGH NJW 1995, 539; BGH NJW 1992, 2167 sowie im Beispielsfall das LG Osnabrück MDR 1991, 468 (469).

Sinn der Strafbestimmung ist,[114] so leuchtet ihre Beschränkung auf unbewusste Selbstschädigungen wenig ein. Der freiwillige Verzicht auf Vermögen ist, sofern durch einen tatbestandlichen Irrtum motiviert, daher für ein Betrugsunrecht ebenso charakteristisch wie eine infolge des Irrtums vom Opfer unbewusst vorgenommene Vermögensreduzierung. Die in sich widersprüchliche Lehre von der Zweckverfehlung, die einen nicht wirtschaftlichen Aspekt zur Schadensbegründung heranzieht und damit im Ergebnis in Geld aufwiegt,[115] wird von daher überhaupt nicht benötigt, um die Spenden- und Bettelbetrugsfälle angemessen zu lösen.

2. Subjektiver Tatbestand

Hier ist neben dem Vorsatz die Absicht des Täters erforderlich, sich einen rechtswidrigen Vermögensvorteil zu verschaffen. Abgekürzt nennt man diese Absicht *Bereicherungsabsicht.* Sie macht den Betrug zum sog. *kupierten Erfolgsdelikt,* weil eigentliches Ziel des Täters selbstverständlich nicht der Schaden, sondern die Bereicherung ist, die aber objektiv-tatbestandlich nicht einzutreten braucht. 1270

a) Bereicherungsabsicht

Mit Bereicherungsabsicht handelt, wer entweder selbst nach der Verfügung des Opfers in bestimmter Hinsicht (nicht unbedingt hinsichtlich seines gesamten Vermögensbestandes) wirtschaftlich besser dastehen will als zuvor oder dies für einen Dritten erstrebt. Diese Besserstellung kann durch eine Besitzerlangung, die Inanspruchnahme von Leistungen, oder die (selbst nur faktische) Befreiung oder Nichtgeltendmachung von Forderungen eintreten. Erforderlich ist dolus directus ersten Grades.[116] Die Bereicherung muss nicht einziges oder Hauptziel des Täters sein. Es genügt, wenn sie für ihn eine erwünschte Nebenfolge darstellt.[117] 1271

Aufgabe: Pizzabestellungen auf fremde Rechnung 1272
Sebastian B. bestellte wiederholt nächtens unter dem Namen seines Nachbarn *Volker K.* Waren bei Pizza-Bringdiensten, um *Volker K.* zu ärgern.
Bereicherungsabsicht?

Ist die täuschungsbedingte Zuwendung nicht als wirtschaftliche Besserstellung (hier: von *Volker K.*) gedacht, sondern Mittel zum gegenteiligen Zweck, so liegt zweifellos keine fremdnützige Bereicherungsabsicht vor. Im Aufgabenfall hat *Sebastian B.* selbst indes ebenfalls keinen wirtschaftlichen Vorteil erlangen wollen.[118] Ein solcher kann auch nicht in der Inanspruchnahme der sinnlosen Dienstleistung gesehen werden, was der Vergleich mit einer täuschungsfreien Bestellung im Auftrag Dritter ergibt: Niemand käme auf die Idee, in diesem Falle die Dienstleistung als wirtschaftlichen Vorteil des Bestellers zu begreifen. 1273

---

114 Vgl. dazu oben die Auseinandersetzung um den Vermögensbegriff, insb. Rn. 1230.

115 GÖSSEL BT 2 § 21 Rn. 172; ferner ARZT/WEBER BT § 20 Rn. 111, die allerdings eine Strafbarkeit des Spendenbetrugs insgesamt ablehnen.

116 Vgl. die Systematisierung bei ROXIN AT I § 12 Rn. 13.

117 OLG Köln NJW 1987, 2195; WESSELS/HILLENKAMP BT 2 Rn. 579; RENGIER BT I § 13 Rn. 105; ROXIN AT I § 12 Rn. 10; a.A. KREY/HELLMANN BT 2 Rn. 494 (als sicher erkannte Nebenfolge der Bereicherung genügt, selbst als erwünschter Nebeneffekt, nicht).

118 Anders RENGIER BT I § 13 Rn. 104; KREY/HELLMANN BT 2 Rn. 497.

b) Rechtswidrigkeit der angestrebten Bereicherung

1274 Das Gesetz spricht von der Absicht, sich einen *rechtswidrigen* Vermögensvorteil zu verschaffen, und ähnelt damit strukturell der Absicht rechtswidriger Zueignung in § 242. Entsprechend dem Vorgehen dort[119] ist also zunächst zu untersuchen, wie die vorteilhafte Vermögensverschiebung objektiv rechtlich zu bewerten wäre. Insoweit besteht Einigkeit über ihre Rechtswidrigkeit, solange der Täter nicht bereits vor seiner Täuschung einen Anspruch auf sie hatte.[120] Im zweiten Schritt ist sodann zu untersuchen, ob die Tätervorstellungen die objektive Rechtslage eventuell verkannten. Unerheblich bleiben (und zum Verbotsirrtum führen) Irrtümer über rechtliche Bewertungen,[121] während Tatsachenirrtümer die Absicht entfallen lassen.

1275 **Beispiel** (Falschaussage zur Durchsetzung von Unterhaltsansprüchen):[122] *Siegrid G.* führte gegen *Bernd H.* einen Zivilprozess zur Durchsetzung von Unterhaltsansprüchen für ihr nichteheliches Kind *Susanne G. Siegrid G.* war davon überzeugt, *Bernd H.* sei der Vater von *Susanne. H.* indes trug zur Abwehr der Unterhaltsansprüche gegenüber dem Gericht vor, *Siegrid G.* habe in der gesetzlichen Empfängniszeit[123] auch mit *Heiner B.* geschlechtlich verkehrt. In der daraufhin anberaumten Beweisaufnahme sagte *Siegrid G.* uneidlich aus, sie habe mit *B.* nicht sexuell verkehrt. In Wirklichkeit hatte sie jedoch mindestens einmal auch mit diesem Geschlechtsverkehr, war sich aber sicher, dass es dabei nicht zur Schwangerschaft hatte kommen können. — War *Bernd H.* tatsächlich der Vater, so bestanden die Unterhaltsansprüche materiell zu Recht und es fehlte in jedem Fall an der Absicht rechtswidriger Bereicherung (sog. strafloser Beweismittelbetrug). Aber selbst für den Fall, dass sich *Siegrid G.* irrte, beträfe dieser Irrtum einen tatsächlichen Umstand, nämlich die Entstehung der Schwangerschaft. Folglich handelte sie in jedem Fall ohne die Absicht, sich einen rechtswidrigen Vorteil zu verschaffen.[124] Sie war daher nicht wegen Betruges, sondern allenfalls nach den §§ 153 f. zu bestrafen.

1276 Der umgekehrte Irrtumsfall wäre entsprechend zu beurteilen. Denkt der Täter, er habe keinen Anspruch, obschon dies in Wahrheit der Fall ist, so handelt es sich um ein strafloses Wahndelikt, falls er alle anspruchsbegründenden Tatsachen kennt. Demgegenüber liegt ein Versuch vor, falls seine Fehlvorstellung darauf beruht, einige dieser Tatsachen nicht zu kennen und er daher denkt, im Unrecht zu sein.[125]

---

119 Vgl. Rn. 1061 ff.

120 BGHSt 19, 206 (215 f.); WESSELS/HILLENKAMP BT 2 Rn. 581; LACKNER/KÜHL § 263 Rn. 61.

121 Anders insoweit die Rspr., vgl. BGH NStZ 2003, 663 (664), die schon den subjektiven Tatbestand verneint.

122 Sachverhalt nach BGHSt 3, 160.

123 Legaldefinition in § 1600d III BGB.

124 BGHSt 3, 160 (163); KREY/HELLMANN BT 2 Rn. 500; KÜPER BT S. 83; a.A. ARZT/WEBER BT § 20 Rn. 125.

125 MITSCH BT 2/1 § 7 Rn. 125.

c) Stoffgleichheit zwischen angestrebter Bereicherung und verursachtem Schaden

Ferner müssen Schaden und erstrebte Bereicherung stoffgleich sein, was bedeutet, dass *das eine wirtschaftlich das Spiegelbild des anderen* zu sein hat.[126] Was beim Opfer den Schaden ausmacht (z.B. die Lieferung einer Ware, welche der Täter nicht zu bezahlen gedenkt) muss sich im Vorteil des Täters spiegeln (Besitz eines kostenlos erlangten Gutes). Schäden, die dem jeweiligen Vorteil des Täters nicht entsprechen, scheiden aus. Daher fehlt es an der Stoffgleichheit, wenn der Täter das Opfer unter Vortäuschen der Bebaubarkeit zum Erwerb eines überteuerten Grundstücks eines Dritten veranlasst (um dessen Bereicherung es dem Täter nicht geht), weil er von einem anderen Feind des Opfers eine Belohnung für dessen Schädigung erwartet. **1277**

Die wichtigste Funktion der Stoffgleichheit besteht darin, mittelbare Vorteile auf Täterseite sowie Folgeschäden beim Opfer aus der Zurechnung auszublenden. Deshalb führen auch die Rn. 1267 dargestellten Überlegungen zur Begründung eines persönlichen Schadenseinschlages infolge einer Einschränkung der wirtschaftlichen Bewegungsfreiheit nicht weiter; dieser stünde auf Täterseite kein stoffgleicher Vorteil gegenüber. **1278**

Allerdings sollte man sich stets vergewissern, ob nicht über eine Drittbereicherungsabsicht Stoffgleichheit mit den Opferschäden herzustellen ist. **1279**

Beispiel (ergänzter Melkmaschinenfall):[127] In dem Aufgabenfall Rn. 1264 handelte es sich bei *Joachim L.* um einen Provisionsvertreter, der keine Geschäfte für eigene Rechnung tätigte, sondern für die Lieferantin der Melkmaschinen, die Fa. *U. GmbH*, als selbstständiger Handelsvertreter auftrat. Die Fa. *U. GmbH* wiederum wusste von seinen Verkaufspraktiken nichts. *Joachim L.* ging es in erster Linie um die Erlangung seiner Provision. — Käuferschaden (Verpflichtung zur Bezahlung einer nutzlosen Maschine) und das Bereicherungsobjekt Provision beruhen zwar letztlich auf demselben Geschäft, betreffen aber völlig verschiedene Dinge: Der Schaden folgt aus dem Leistungsaustausch, die Provision ist ein (zudem wertmäßig viel geringeres) Vermittlungshonorar. Mithin fehlt die Stoffgleichheit.

Allerdings strebte *Joachim L.* notwendigerweise für den Lieferanten als Zwischenziel des Endzieles Provision ebenfalls eine Bereicherung an, und zwar in Höhe der Gewinnspanne des Verkaufs. Diese wäre auch rechtswidrig, da sich der Lieferant zivilrechtlich das Täuschungsverhalten seines Vertreters zurechnen lassen muss. Folglich wollte der Täter seinen Geschäftsherrn rechtswidrig bereichern, und dessen Gewinnvorteil (der Gewinnanteil des Verkaufspreises) korrespondiert jedenfalls partiell mit dem Schaden (Kaufpreis).

Zusätzlich könnte ein Betrug z. N. des Geschäftsherren vorliegen, wenn diesem die Verkaufstaktik verschwiegen würde, um die Provision zu erlangen. Voraussetzung wäre aber, dass ihm ein Schaden entsteht, weil der Käufer z.B. noch den Vertrag anfechten kann. Bleibt dieser dagegen an den Vertrag gebunden, weil z.B. die Anfechtungsfrist des § 124 BGB verstrichen ist oder er das Geschäft bestätigt hat, so fehlte es insoweit an einem Schaden des Unternehmers. **1280**

---

126 BGHSt 6, 115 (116); MITSCH BT 2/1 § 7 Rn. 119; ARZT/WEBER BT § 20 Rn. 122 f.; Sch/Sch-CRAMER/PERRON § 263 Rn. 168.

127 BGHSt 16, 321.

III. Versuch, schwere Fälle und Privilegierungen

1. Versuch

1281 Gemäß § 263 II ist der Betrugsversuch ebenfalls strafbedroht, der mit dem Ansetzen zur Täuschungshandlung beginnen kann.

2. Strafschärfungen und Qualifikationen

1282 Der Strafrahmen des Betruges entspricht mit maximal fünf Jahren Freiheitsstrafe im Grundtatbestand demjenigen des Diebstahls. Ähnlich parallel verlaufen die erweiterten Strafrahmen für die schweren Betrugsfälle, die mittlerweile einigermaßen kompliziert geregelt sind. Zum einen enthält § 263 III eine Strafzumessungsregel mit Regelbeispielen, zum anderen § 263 IV darüberhinausgehend einen Qualifikationstatbestand, der durch kombinierte Beispielsfälle aus Abs. 3 erfüllt wird und die Tat zum Verbrechen aufwertet.

Abbildung: Die schweren Fälle des Betruges

Bestimmung	Voraussetzungen	Ausnahmen
Besonders schwerer Fall (§ 263 III) mit Strafe von sechs Monaten bis zu zehn Jahren Freiheitsstrafe	regelmäßig erfüllt bei (*alternativ*) - Gewerbsmäßigkeit (Nr. 1, vgl. Rn. 1097) - Bandenbetrug (Nr. 1. vgl. Rn. 1115 ff.) - großer Vermögensverlust oder viele Geschädigte (Nr. 2, Rn. 1285) - Verursachen wirtschaftlicher Not (Nr. 3, Rn. 1286) - Amtsträgerschaft (Nr. 4, vgl. Rn. 631) - Vortäuschen eines Versicherungsfalles (Nr. 5)	§ 263 IV: Verweis auf § 243 II, daher kein besonders schwerer Fall bei geringwertigen Schäden (unter 50 EUR)
Verbrechensqualifikation (§ 263 IV)	(*kumulativ*) gewerbsmäßiger Bandenbetrug (Rn. 1288)	

a) Der besonders schwere Fall und seine Regelbeispiele

1283 Zur Problematik und Prüfung der Regelbeispiele, die in Abs. 3 Verwendung finden, kann auf die Ausführungen zum besonders schweren Fall des Diebstahls verwiesen werden (Rn. 1080 ff.). Auch der besonders schwere Betrug ist ausgeschlossen, sobald sich die Tat auf einen geringen Wert bezieht (§ 263 IV), wobei zur Geringwertigkeitsgrenze die Ausführungen zu § 248a gelten.[128]

Die Merkmale Gewerbsmäßigkeit, Banden- und Amtsträgerhandeln wurden bereits an den in der vorstehenden Abbildung genannten Fundstellen besprochen und sind beim Betrug in gleicher Weise auszulegen.

1284 Beim *Bandenbetrug* (Nr. 1) ist zu beachten, dass § 263 III Nr. 1 kein unmittelbares Zusammenwirken mehrerer Bandenmitglieder verlangt. Allerdings muss der Täter „als Mitglied ... handeln“, weshalb die Tat jedenfalls unter Ausnutzung der besonderen Vorteile bandenmäßiger

128 Siehe Rn. 1071 ff.

Organisation zu geschehen hat. Es genügt daher nicht die Begehung irgendeines Betruges durch ein Mitglied einer Bande, die sich auf völlig andere Betrugstaten verlegt hat.

Ein *Vermögensverlust großen Ausmaßes* (Nr. 2) setzt eine wirtschaftlich auch tatsächlich eingetretene – und nicht nur erstrebte – Schädigung[129] von 50.000 EUR oder mehr voraus.[130] Sie muss zwar durch dieselbe Tat eintreten, braucht sich dabei jedoch nicht auf eine Person zu konzentrieren. Geschädigt werden kann hier auch eine juristische Person. **1285**

Die zweite Alternative von Nr. 2 besteht aus einem Absichtsmerkmal, weshalb die Erschwerung schon in der Versuchsphase eintreten kann. Der Täter muss die Intention besitzen, eine *große Zahl von Menschen* (hier also *keine* juristischen Personen[131]) in die Gefahr des Verlustes von Vermögenswerten zu bringen. Umstritten ist, wann eine Zahl „groß" genug ist, wobei derzeit Größenordnungen von 10,[132] 20[133] oder 50[134] Opfern vorgeschlagen werden. Vorzug verdient die zuletzt genannte Zahl von 50 Menschen, weil der Begriff des „Vermögenswertes" auch Bagatellschäden ab 50 EUR[135] erfasst und die notwendige Steigerung des Unrechtsgehaltes daher nicht stets schon bei 10 oder 20 Opfern erreicht würde, vor allem, wenn man die Schadensgrenze der ersten Alternative (50.000 EUR) vergleichend dagegen hält.

Die *wirtschaftliche Not* (Nr. 3) muss hingegen objektiv eingetreten sein und sie darf hier (weil das Gesetz von „Person" und nicht wie in Nr. 2, 2. Alt., von „Menschen" spricht) auch die eines Unternehmens sein. Gemeint ist ein Zustand, in dem das Opfer lebenswichtige Aufwendungen nicht mehr zu tätigen vermag.[136] Er tritt naturgemäß bei von vornherein weniger begüterten Opfern schneller ein als bei einem Reichen. Diese differenzierende Behandlung erscheint indes sachgerecht, weil der Nebenerfolg der Not wegen des sich auch auf die Regelbeispiele erstreckenden Vorsatzerfordernisses vom Täter vorhergesehen werden muss. Wer aber sehenden Auges andere in Armut bringt, handelt mit erhöhter Schuld. **1286**

§ 265 III Nr. 5, der eine *Form des Versicherungsbetruges* hervorhebt, ist nur anzuwenden, wenn die Täuschungshandlung gegenüber einer Versicherung begangen wird und dieser einen Versicherungsfall vortäuscht. Außerdem verlangt dieses Regelbeispiel bestimmte zielgerichtete Vorbereitungshandlungen. Darunter fällt zum einen entweder das Versenken oder Strandenlassen eines Schiffes, zum anderen die Brandstiftung an einer Sache von bedeutendem Wert. Zu dessen Höhe gilt das zu § 315c Gesagte.[137] Diese Vorbereitungshandlung braucht nicht der täuschende Betrugstäter zu begehen; er kann sich das Vorgehen anderer zunutzemachen. Allerdings müsste besagter Dritter den Schaden bereits mit der spezifischen Täuschungsintension verursacht haben. **1287**

Ist es bei der Vorbereitung geblieben und nicht mehr zur Täuschung gekommen, so wäre § 265 einschlägig (Rn. 1323 ff.). Dieser ist aber formell subsidiär, sobald die Tat in die Täuschungsphase eintritt.

---

129 BGH NJW 2003, 3717 (3718 f.).

130 BGH NStZ 2004, 155; KINDHÄUSER LPK § 263 Rn. 228.

131 BGH NStZ 2001, 319.

132 LK-TIEDEMANN § 263 Rn. 299; RENGIER BT I § 13 Rn. 121.

133 KREY/HELLMANN BT 2 Rn. 502; NK-KINDHÄUSER § 263 Rn. 396; MK-HEFENDEHL § 263 Rn. 779; OLG Jena NJW 2002, 2404 (2405).

134 JOECKS § 263 Rn. 127.

135 Wegen der Ausschlussklausel in § 263 IV.

136 RENGIER BT I § 13 Rn. 122; KINDHÄUSER LPK § 263 Rn. 230.

137 Vgl. Rn. 501; ebenso LACKNER/KÜHL § 263 Rn. 66.

b) Die Verbrechensqualifikation nach § 263 V

1288 Wie es in ähnlicher Form bereits § 244a tat,[138] so entsteht auch beim Betrug aus der Addition zweier Erschwerungsgründe ein Verbrechen. Beim Betrug allerdings bleibt der Kreis der tauglichen, kombinationsfähigen Erschwerungsgründe auf zwei begrenzt: Nur die Gewerbsmäßigkeit und die Begehung als Bandenmitglied führen gemeinsam zur Verwirklichung des Verbrechenstatbestandes.

3. Privilegierungen

1289 § 263 IV bestimmt die Anwendbarkeit der §§ 247, 248a, also der *Strafantragserfordernisse* bei geringwertigen Schäden (Rn. 1283) sowie bei der Tatbegehung unter Verwandten und Hausgenossen (vgl. dazu Rn. 1075 ff.).

IV. Konkurrenzfragen

1290 Keineswegs selten folgen Eigentums- und Betrugstaten, in der Form aufeinander, dass entweder eine Diebstahlsbeute betrügerisch verwertet (z.B. von einem gestohlenen Sparbuch betrügerisch abgehoben) oder sie durch betrügerische Nachtaten gesichert wird.

Beispiel (Entwenden von Material mit anschließender Falschabrechnung der Fehlbestände): *Peter C.* war als angestellter Installateur für seinen Arbeitgeber *Klaus M.* auf verschiedenen Großbaustellen tätig. Von Zeit zu Zeit zweigte er dort Materialien wie Kupferrohre, Ventile u.a. ab, die er nach Hause mitnahm und entweder selbst verwendete oder verkaufte. Gegenüber *Klaus M.* rechnete er das entsprechende Material als verbaut ab. — Die Mitnahme stellte je nach Gewahrsamslage eine Unterschlagung oder gar einen Diebstahl dar, die Verschleierung in der Abrechnung einen Betrug, wobei die Vermögensverfügung im Verzicht auf Geltendmachung des Herausgabeanspruchs oder andernfalls auf Verrechnung mit den Lohnansprüchen von *C.* liegt. Dadurch entstand bei *M.* aber kein neuartiger Schaden, sondern es wurde lediglich die Restitution des bereits geschehenen Besitzverlustes vereitelt. Solchartige *Sicherungsbetrügereien* bleiben als mitbestrafte Nachtaten straflos.[139]

1291 Ein Gleiches gilt bei *Verwertungshandlungen*, sofern durch sie kein neuer Schaden entsteht. So bildet die betrügerische Abhebung vom gestohlenen Sparbuch eine *mitbestrafte Nachtat*,[140] weil bei der Abhebung nicht die Bank an Vermögen verliert, sondern der Anspruch des Sparkasseninhabers auf Auszahlung seines Kontoguthabens gegenüber der Bank erlischt. Diebstahl wie Betrug betreffen damit jeweils den im Papier verkörperten Wert und zudem denselben Geschädigten, weshalb eine Strafe (und zwar für das die Tat am treffendsten charakterisierende Delikt) genügt. Anders läge es bei der Entwendung einer Kreditkarte, die anschließend betrügerisch zur Bezahlung von Waren eingesetzt wird, denn hier werden verschiedene Personen geschädigt: Zunächst der Karteninhaber durch die Entwendung und sodann das Geschäft

138 Vgl. Rn. 1119.

139 RGSt 59, 128 (130); BGH GA 1958, 369 (370); LACKNER/KÜHL § 263 Rn. 69.

140 BGH NStZ 1993, 591; LACKNER/KÜHL § 263 Rn. 69.

oder Kreditinstitut im Rahmen der Kartenbenutzung. Infolgedessen besteht Tatmehrheit zwischen Diebstahl und anschließendem Verwertungsbetrug.

Zur Konkurrenz zwischen Diebstahl und Betrug in den Supermarktfällen, wenn beide 1292
Taten zeitnah aufeinanderfolgen, war bereits bei Rn. 1235 eine differenzierte Lösung vorgeschlagen worden.

Wiederholungsfragen zum 35. Kapitel 1293

1. Welches ungeschriebene Tatbestandsmerkmal ist beim Betrugstatbestand hinzuzufügen? (Rn. 1190, 1221 ff.)
2. Was ist das Besondere an der konkludenten Täuschung und worin liegt ihr Unterschied zur Täuschung durch Unterlassen? (Rn. 1198 ff., 1203)
3. Warum liegt kein Betrug vor, wenn der Fahrer eines Busses ohne Fahrkartenkontrolle davon ausgeht, jeder seiner Passagiere besitze einen gültigen Fahrausweis, während sich in Wahrheit ein Schwarzfahrer unter ihnen befindet? (Rn. 1213)
4. Kann es bei Inhaberpapieren zu betrugsrelevanten Identitätstäuschungen kommen? (Rn. 1216)
5. Welche Vermögensbegriffe werden beim Betrugstatbestand diskutiert und welche Ausnahmen machen sie vom Strafrechtsschutz? (1226 ff.)
6. Unter welchen Voraussetzungen ist es möglich, dass getäuschte und geschädigte Person nicht dieselbe sind, und dennoch ein Betrug vorliegt? (Rn. 1241 ff.)
7. Wann liegt ein Vermögensschaden vor? (Rn. 1245)
8. Liegt beim Verkauf eines gebrauchten Pkw ein Betrug vor, wenn das Fahrzeug bei einer Laufleistung von 87.000 km nach den üblichen Listen einen Wert von 33.000 EUR besitzt und der Verkäufer, um die Attraktivität des Fahrzeugs zu steigern, den Tachostand so manipuliert, dass dieser eine Laufleistung von nur 45.000 km ausweist, und der Käufer das Fahrzeug im Hinblick auf das vermeintlich günstige Angebot für 33.000 EUR erwirbt, wenn er es in Kenntnis der wahren Kilometerleistung nicht genommen hätte? (Rn. 1161 f.)
9. Was versteht man unter der sog. Stoffgleichheit und wo ist sie zu prüfen? (Rn. 1277)
10. Wann liegt ein Vermögensverlust großen Ausmaßes vor und was ist dann zu beachten? (Rn. 1282 ff., 1285)

36. Kapitel. Besondere Betrugsformen

I. Computerbetrug (§ 263a)

1. Die Funktion der Strafbestimmung

1294 Da der Geschäftsverkehr heutzutage nicht mehr in jeder Hinsicht mit einem menschlichen Gegenüber, sondern vielfach automatisiert verläuft, vermag die Betrugsstrafbarkeit alleine keinen vollständigen Strafrechtsschutz für Vermögen und Sicherheit des Rechtsverkehrs mehr zu gewährleisten. Denn eine Maschine macht sich keine Vorstellungen von der Wirklichkeit. Sie handelt daher auch nicht wie der irrende Mensch infolge einer Fehlvorstellung des Gegenwartsbewusstseins in einem gesonderten Entscheidungsprozess, sondern sie reagiert unreflektiert so auf eine Eingabe, wie es ihr Programm vorsieht. Ihre „Täuschung" führt daher stets erfolgreich zur bezweckten Reaktion, während der Mensch immer noch die Chance erhält, trotz Täuschung nicht zu irren oder willkürlich andere Entscheidungskriterien in den Vordergrund zu schieben und so der schädigenden Verfügung zu entgehen.

Die durch das Fehlen eines maschinellen Irrtums aufklaffenden Strafbarkeitslücken waren nicht mehr hinzunehmen, nachdem die erschreckenden Möglichkeiten von Computermanipulationen offenkundig wurden und die Besorgnis der Öffentlichkeit erregten. Zu gleich verbreitete sich mit den unberechtigten Abhebungen an Bankautomaten eine neue Form von Kriminalität, die mit dem tradierten Instrumentarium des Strafrechts, insbesondere den §§ 242, 246, nicht recht in den Griff zu bekommen war, aber nach strafrechtlichem Eingreifen verlangte.

1295 **Beispiel** (Diebstahl einer EC-Karte und anschließende Abhebungen):[1] *Sabine H.* entwendete ihrem Bruder *Jochen* die EC-Karte und hob in den folgenden drei Wochen an verschiedenen Geldautomaten unter Verwendung von Scheckkarte und Geheimnummer vom Konto ihres Bruders Geldbeträge von jeweils nicht mehr als 500 DM, insgesamt 5.100 DM, ab. Die das Konto führende *Sparkasse G.* belastete *Jochen H.* mit den abgehobenen Beträgen. — Mag man noch eine „Täuschung" des Geldautomaten über die Identität des Kartenbenutzers annehmen, so irrte dieser jedenfalls nicht mehr, denn „Irren ist menschlich", während Computer nur – richtig – registrieren, was ihnen eingegeben wird. Die aufgerissene Strafbarkeitslücke schließt § 263a, der mit dem 2. WiKG im Jahre 1986 eingeführt wurde und strukturelle Parallelen zu § 263 aufweist. Denn um seiner Aufgabe gerecht zu werden, „Betrugstaten" gegenüber Computern zu erfassen, wurden gewissermaßen die menschlichen Elemente aus der Tatumschreibung von § 263 entfernt und durch die entsprechenden maschinentypischen Vorgänge ersetzt.

1 BGHSt 35, 152.

Abbildung: Die Parallelität der Tatbestände der §§ 263, 263a I 1296

Betrug (§ 263)	**Computerbetrug (§ 263a I)**
Täuschungshandlungen - Vorspiegeln falscher, Entstellen oder Unterdrücken wahrer Tatsachen	Manipulationshandlungen: - Unrichtige Programmgestaltung - Verwendung unrichtiger Daten - Verwendung unvollständiger Daten - unbefugte Datenverwendung - sonstige unbefugte Einwirkung
Irrtum	Beeinflussung des Ergebnisses eines Datenverarbeitungsvorgangs
Vermögensverfügung	
Schaden	Schaden
Bereicherungsabsicht	Bereicherungsabsicht

2. Tatbestand

a) Die Manipulationshandlungen

aa) Unrichtige Programmgestaltung

Mit der im Tatbestand an erster Stelle genannten unrichtigen Programmgestaltung hat der 1297 Gesetzgeber genaugenommen nur eine klarstellende Formulierung vorgenommen,[2] weil ein Programm aus einer Vielzahl von Einzeldaten besteht, weshalb der Ablauf eines unrichtigen Programms stets zugleich die Verwendung unrichtiger Daten darstellt (Rn. 1298). Erfasst werden sowohl die Fälle bereits ursprünglich falsch erstellter Programme durch den jeweiligen Programmierer als auch die der nachträglichen Manipulation durch Nutzer oder sonstige Personen.[3] Ein Programm ist unrichtig, wenn es bei seinem Ablauf zu abweichenden Ergebnissen gelangt, die nicht dem Willen des Betreibers der EDV-Anlage entsprechen.[4]

bb) Verwendung unrichtiger oder unvollständiger Daten

Zweite Tatalternative ist die Verwendung *unrichtiger* Daten. Welche Daten richtig 1298 sind, bestimmt sich ebenfalls nach den Vorstellungen des Betreibers der jeweiligen EDV-Anlage.[5] Unrichtigkeit kann deshalb aber auch nur dort vorliegen, wo der Betreiber sich überhaupt Gedanken über eine Richtigkeit der Daten macht. Bei der Beantragung und dem Erlass von Mahnbescheiden im automatisierten Verfahren (§ 689 I 2 ZPO) hingegen ist dies seit dem Verzicht auf eine Schlüssigkeitsprüfung nicht mehr der Fall. Wer daher im Mahnbescheid einen tatsächlich unschlüssigen Anspruch

---

2 Bericht des Rechtsausschusses zum 2. WiKG, BT-Drs. 10/5058, S. 30.

3 SK-HOYER § 263a Rn. 22; LACKNER/KÜHL § 263a Rn. 6.

4 Eingehendere Darstellung HWSt-HEGHMANNS Kapitel VI 1 Rn. 180 f.

5 Manfred MÖHRENSCHLAGER, Das neue Computerstrafrecht, wistra 1986, 128-142 (132); a.A. Sch/Sch-CRAMER/PERRON § 263a Rn. 6; FISCHER § 263a Rn. 7 (unzutreffende Wiedergabe des Lebenssachverhaltes).

behauptet, erfüllt genausowenig § 263a, wie er im nichtautomatisierten Verfahren einen Betrug beginge.[6]

1299 Als drittes nennt der Tatbestand die Verwendung *unvollständiger* Daten. Unvollständigkeit liegt vor, wenn die Daten bestimmte Informationen dem System aufgabenwidrig vorenthalten und deshalb ein unzutreffendes Bild zeichnen.[7] In der Regel werden unvollständige allerdings zugleich unrichtige Daten sein.

1300 Unter *Verwenden* ist das Einbringen in den Computer zu verstehen.[8]

cc) Die unbefugte Datenverwendung und die teleologische Reduktion des Tatbestandes qua betrugsäquivalenter Auslegung

1301 Die vierte, höchst problematische Tatalternative der *unbefugten Datenverwendung* hat primär die Aufgabe, die bereits angesprochenen Fälle missbräuchlicher Verwendung von EC-Karten an Geldautomaten zu erfassen.[9] Für sie charakteristisch ist die Einführung einer zutreffenden, codierten Information in den Datenverarbeitungsprozess, die der Täter aber selbst nicht verwenden darf. Unstrittig handelt unbefugt, wer tatsächlich unrechtmäßiger Inhaber der fraglichen Daten ist, weil er beispielsweise die Codekarte, um deren Daten es geht, entwendet oder gefälscht hatte.[10]

1302 Es könnte aber auch derjenige erfasst werden, der zwar prinzipiell zur Verwendung berechtigt ist, diese Berechtigung aber in bestimmten Situationen zeitweilig verliert, etwa bei Bankgeschäften im Falle der Überschreitung eines Kreditlimits.

Beispiel (Abhebungen am Bankautomaten vom überzogenen eigenen Konto): *Claudia* R. hatte bei einem Kreditinstitut ein Konto eröffnet. Wenig später wurde sie arbeitslos und sie überzog ihr Konto über das ihr von der Bank eingeräumte Dispositionslimit hinaus. In der Folgezeit hob sie gleichwohl unter Einsatz der EC-Karte mehrfach an Geldautomaten anderer Banken im Ausland Geld ab, weil diese keine Online-Abfrage des Kontostandes vornahmen. Es entstand der das Konto führenden Bank ein Schaden von insgesamt 3.000 EUR, weil *Claudia* R. auch später nicht mehr in der Lage war, ihr Konto auszugleichen. — Nach den kontovertraglichen Vereinbarungen war *Claudia* R. nicht befugt, die EC-Karte zum Zwecke von Geldabhebungen einzusetzen, sobald die betreffende Abhebung den Verfügungsrahmen überschritt. Auf der anderen Seite hatte ihr die Bank grundsätzlich die Befugnis zur Verwendung der auf der EC-Karte gespeicherten Daten eingeräumt.

1303 Die Einzelheiten derartiger Verwendungsbefugnisse hängen weitgehend von einseitig aufgestellten, zivilrechtlichen Regelungen der betreffenden Banken ab, insbesondere der jeweils eingeräumten Kreditlinie. Weil diese Benutzungsbedingungen im Einzelfall höchst unterschied-

---

6 Ebenso MAURACH/SCHROEDER/MAIWALD § 41 Rn. 232; LACKNER/KÜHL § 263a Rn. 20; Sch/Sch-CRAMER/PERRON § 263a Rn 6, ferner Kapitel 35 Fn. 30.

7 Karl LACKNER, Zum Stellenwert der Gesetzestechnik – Dargestellt an einem Beispiel aus dem 2. WiKG, FS Tröndle, S. 41-60 (55); Theodor LENCKNER / Wolfgang WINKELBAUER, Computerkriminalität, CR 1986, 654-661 (656).

8 Sch/Sch-CRAMER/PERRON § 263a Rn. 8.

9 Bericht des Rechtsausschusses zum 2. WiKG, BT-Drs. 10/5058, S. 30; Hans ACHENBACH, Strukturen des § 263a StGB, FS Gössel, S. 481-497 (484 f.).

10 Vgl. BGHSt 38, 120 m. Anm. Diethart ZIELINSKI, CR 1992, 223-228.

lich ausgestaltet sein können und zudem unter dem Vorbehalt der jederzeitigen Neufestsetzung stehen, bestehen Bedenken, schon die bloße Übertretung dieser vertraglichen Grenzen genügen zu lassen. Dies näherte zudem die Struktur des Tatbestands der Untreue an, während die typischen Betrugselemente in den Hintergrund gerieten.[11]

Vor diesem Hintergrund wird in den Kontoüberziehungsfällen heute überwiegend im 1304
Ergebnis befugtes[12] und nur noch vereinzelt unbefugtes Handeln vertreten.[13] Uneinheitlich verlaufen indes weiterhin die Wege, die eingeschlagen werden, um das Resultat befugten Handelns über eine Einschränkung des Tatbestandes von § 263a zu erzielen. Zu Recht hat sich unter ihnen jedenfalls in der Rspr. mit der sog. *betrugsspezifischen Auslegung* eine relativ restriktive Linie durchgesetzt.[14] Sie will die insbesondere durch die Alternative der unbefugten Datenverwendung nicht mehr gewahrte Strukturgleichheit zum Betrug[15] wiederherstellen und sich auf die ursprüngliche Funktion des § 263a besinnen, nur die infolge der Nichtanwendbarkeit von § 263 aufgerissenen Strafbarkeitslücken zu schließen. Im Ergebnis läuft die betrugsspezifische Auslegung darauf hinaus, stets die Probe zu machen, ob, träte an die Stelle des Computers ein Mensch mit der gleichen Aufgabe, dieser im Sinne von § 263 getäuscht würde, um daraufhin irrtümlich die Vermögensverschiebung auszulösen. Zur Parallelität zum Betrugsirrtum muss freilich noch hinzu kommen, dass die betreffende täuschungsäquivalente Benutzung auch der Prüfungsroutine des Computers unterfällt.[16] Andernfalls läge bei dem an die Stelle des Computers gedachten Menschen eine Situation vor, in der dieser überhaupt kein Interesse an dem Täuschungsobjekt hat, was bekanntlich seinen Irrtum darüber ausschlösse.[17] Eine eingehendere Darstellung findet sich auf CD 36-01.

Legt man die so skizzierte betrugsäquivalente Auslegung zu Grunde, so handelte 1305
Claudia R. befugt. Wäre ein Mensch an Stelle des Bankautomaten getreten, hätte sie ihn zwar über ihre Kontodeckung täuschen können. Die Tatsache der Kontodeckung indes „interessiert" den Bankautomaten nicht, denn er kontrolliert alleine die Identität des Nutzers, nicht dessen Bonität.[18] Deswegen gelangt die betrugsäquivalente Anwendung andererseits im Beispielsfall Rn. 1295 zur Strafbarkeit, weil dort über die Person des Abhebenden „getäuscht" wurde und genau dieser Umstand vom Computer (anhand der Übereinstimmung von Kartendaten und PIN) überprüft werden soll.

---

11 Vgl. Klaus TIEDEMANN, Die Bekämpfung der Wirtschaftskriminalität durch den Gesetzgeber, JZ 1986, 865-874 (869).

12 BGHSt 47, 160 (163); FISCHER § 263a Rn. 14a; Sch/Sch-CRAMER/PERRON § 263a Rn. 11; SK-HOYER § 263a Rn. 35.

13 So MAURACH/SCHROEDER/MAIWALD BT 1 § 41 Rn. 233; LACKNER/KÜHL § 263a Rn. 14.

14 BGH CR 2002, 413; OLG Köln wistra 1991, 350, 352; OLG Celle CR 1989, 1002 f.; OLG Zweibrücken StV 1993, 196; Sch/Sch-CRAMER/PERRON § 263a Rn. 2, 9; LACKNER/KÜHL § 263a Rn. 13; FISCHER § 263a Rn. 11.

15 Vgl. dazu ACHENBACH (Fn. 9), FS Gössel S. 487 f.

16 BGHSt 47, 160 (163); ACHENBACH (Fn. 9), FS Gössel S. 494; a.A. Sch/Sch-CRAMER/PERRON § 263a Rn. 9.

17 Vgl. oben Rn. 1214.

18 Das schließt nicht aus, solche Handlungen über § 266b (Rn. 1616 ff.) zu erfassen.

1306 Das Erfordernis der Betrugsäquivalenz wurde zwar mit Blick auf die Tathandlung der unbefugten Datenverwendung entwickelt, ist jedoch *für alle fünf Manipulationshandlungen* gleichermaßen gültig. Zusammengefasst muss daher im Tatbestand jedesmal gefragt werden, ob

die Tathandlung gegenüber einem Menschen Täuschungswert hätte und der entsprechende Täuschungsgegenstand der Prüfungsroutine des Computers unterliegt.

dd) Unbefugtes Einwirken auf den Ablauf

1307 Mit der sonstigen unbefugte Einwirkung als fünfter Begehungsform sollen ggf. neue, bisher unbekannte Manipulationstechniken erfasst werden[19]. Entsprechend unklar ist, was unter diese Alternative fallen könnte. Jedenfalls ist zur Wahrung der Bestimmtheit der Norm davon auszugehen, dass es sich um Einwirkungen mit dem Ziel einer Abweichung vom vorgesehenen Programmablauf handelt,[20] die von keiner der übrigen vier Begehungsformen erfasst werden.

b) Handlungsfolge

1308 Infolge der Manipulation des Ablaufs muss es zur *Beeinflussung des Ergebnisses* des Datenverarbeitungsvorgangs und daher zu einem gegenüber dessen ordnungsgemäßem Ablauf veränderten Resultat führen, das sich wiederum in einer Vermögenstransaktion mit der Folge eines Vermögensschadens niederschlägt. Dabei braucht der Computer selbst die Vermögensminderung nicht unmittelbar zu bewirken, wie bei der Fehlbuchung auf einem Bankkonto. Es genügt, eine fehlerhafte Auszahlung durch das Kassenpersonal zu veranlassen, sofern dieses keine eigene nachgeschaltete Sachprüfung mehr vorzunehmen hat. An der Unmittelbarkeit einer Vermögensverschiebung im Sinne der Vorschrift fehlt es, falls der Täter selbst noch weitere deliktische Handlungen vornehmen muss, um in den Besitz des erstrebten Vermögenswertes zu gelangen. So wäre derjenige, der durch die Benutzung einer gestohlenen Codekarte ein automatisches Türschloss überwindet, um aus den betreffenden Räumen Geld wegzunehmen, nicht nach § 263a, sondern allein wegen Diebstahls zu bestrafen.[21]

1309 Zum *Vermögensschaden* gilt das zu § 263 Gesagte.[22] Der Schaden braucht nicht beim Betreiber der Datenverarbeitungsanlage selbst zu entstehen. Es reicht aus, wenn ein Dritter betroffen ist, beispielsweise der Kunde einer Bank, an deren EDV-Anlage der Täter manipuliert hat.[23] Voraussetzung ist wie beim Dreiecksbetrug allerdings, dass die manipulierte Datenverarbeitung im Sinne der Ermächtigungstheorie gerade zu dem Zweck eingesetzt wurde, das betroffene Vermögen zu verwalten.

1310 Subjektiv ist wie beim Betrug neben dem Vorsatz eine *Bereicherungsabsicht* erforderlich, die stoffgleich zum verursachten Schaden sein muss. Dazu bestehen hier keine Besonderheiten.[24]

---

19 Bericht des Rechtsausschusses zum 2. WiKG, BT-Drs. 10/5058, S. 30.

20 BGHSt 40, 331 (334 f.); anders – und fehlerhaft – OLG Braunschweig NStZ 2008, 402, das bereits schlichtes Ausnutzen einer Fehlprogrammierung genügen lässt.

21 SK-Hoyer § 263a Rn. 50; Lackner/Kühl § 263a Rn. 19.

22 Vgl. Rn. 1245 ff.

23 SK-Hoyer § 263a Rn. 49; Fischer § 263a Rn. 22.

24 Siehe oben bei Rn. 1271 ff.

3. Versuch, Strafschärfungen, Qualifikationen und Privilegierungen

Gemäß § 263a II sind § 263 II-VII anwendbar. Daher ist der Versuch strafbar, es bestehen ggf. die Strafantragserfordernisse nach den §§ 247, 248a und die Möglichkeit zur Straferschwerung und Qualifikation über § 263 III, V.[25] 1311

4. Der Vorbereitungstatbestand in Abs. 3

Mit dem nachträglich eingeführten § 263a III[26] werden Beschaffung von sowie andere Umgangsformen mit Programmen kriminalisiert, welche die Begehung eines Computerbetruges ermöglichen sollen. Die Zweckbestimmung des Programms muss eine objektive sein,[27] weshalb eine subjektive Widmung durch den Täter, ein Standardprogramm zu Manipulationszwecken einzusetzen, nicht genügt. Weil es spezifische Programme dieser Art im Prinzip wohl (noch) nicht gibt,[28] dürfte der Anwendungsbereich sehr begrenzt bleiben und sich hauptsächlich auf selbstgeschriebene Schadprogramme beschränken. 1312

Als Vorbereitungsstraftat tritt § 263a III zurück, sobald es zum Versuch der Tat nach Abs. 1 kommt. Auch deshalb erscheint die Strafbestimmung letztlich überflüssig.

II. Erschleichen von Leistungen (§ 265a)

1. Funktion und Struktur des Tatbestandes

Diese Bestimmung[29] schützt die Anbieter verschiedener entgeltlicher Leistungen, zu welchen der Zugang entweder gar nicht kontrolliert wird oder dies nur automatisiert geschieht, vor unentgeltlicher Inanspruchnahme. Im Vergleich zum Betrug wurde bei § 265a die Täuschungshandlung durch das Merkmal „Erschleichen" ersetzt und auf einen tatbestandlichen Schaden gänzlich verzichtet. 1313

§ 265a ist *explizit subsidiär* („wenn die Tat nicht in anderen Vorschriften mit schwerer Strafe bedroht ist"). Zur Problematik derartiger Klauseln vgl. Rn. 1164 ff. In der Fallbearbeitung sollte man das Delikt daher nur aufgreifen, sofern keine vorrangige Straftat, insbesondere Betrug, in Betracht kommt (was fast stets der Fall ist, sobald gegenüber dem die Tat aufdeckenden Kontrolleur versucht wird, die Nichtzahlung zu verschleiern, oder gefälschte Eintrittskarten mitgeführt werden). 1314

2. Geschützte Leistungen

Als Vermögensstraftat setzt der Tatbestand die *Entgeltlichkeit* der erschlichenen Leistung voraus. Andere Zugangsbeschränkungen (z.B. durch das Erfordernis einer Einladung oder einer Mitgliedschaft) genügen nicht.[30] 1315

---

25 Vgl. wegen der Einzelheiten Rn. 1281-1289.

26 Eingeführt durch das 35. StÄG v. 22.12.2003, BGBl. I 2838.

27 RegE zum 35. StÄG, BR-Drs. 564/03, S. 16.

28 Stephan HUSEMANN, Die Verbesserungen des strafrechtlichen Schutzes des bargeldlosen Zahlungsverkehrs durch das 35. StÄG, NJW 2004, 104-109 (108).

29 Zu den Motiven ihrer Einführung vgl. oben Rn. 1185.

30 FISCHER § 265a Rn. 8; MAURACH/SCHROEDER/MAIWALD BT 1 § 41 Rn. 207.

1316 § 265a nennt sodann vier Leistungen, die erschlichen werden können, unter denen wiederum die Beförderung durch ein Verkehrsmittel, das sog. „Schwarzfahren", die herausragende Rolle spielt. *Verkehrsmittel* ist dabei jedes private wie öffentliche Transportmittel, das auch der Beförderung von Personen dient (wobei es im konkreten Fall genügt, die Beförderung von Waren durch dieses Verkehrsmittel zu erreichen).[31]

1317 Die übrigen Leistungen betreffen

- solche von *Automaten*; hier ist strittig, ob auch Waren-[32] oder nur Leistungsautomaten (wie Spiel-, Waschautomaten oder Schließfächer) erfasst werden (so die h.M.).[33] Die Streitfrage bleibt allerdings wegen der Subsidiaritätsklausel irrelevant: Entweder scheitert (z.B. beim Erschleichen von Zigaretten aus einem Automaten) die Anwendung von § 265a wegen der Ausgliederung von Warenautomaten bereits tatbestandlich oder aber wegen des Vorrangs von § 242 auf Konkurrenzebene;
- diejenigen eines *öffentlichen Zwecken dienenden Telekommunikationsnetzes*, wobei insoweit auf die Ausführungen zu § 317 (Rn. 911) verwiesen werden kann. Gemeint sind z.B. das Aufschalten auf fremde Telefonleitungen und -netze oder das Überlisten von Münzfernsprechern.
- *Veranstaltungen* (z.B. Konzerte) und *Einrichtungen* (z.B. Museen, Badeanstalten), deren Eintrittsgelder als Gegenleistung für den Genuss der jeweiligen Leistung „erspart" werden.

3. Erschleichen als Tathandlung

1318 Wenn das Gesetz von „Erschleichen" spricht, so meint es nicht die schlichte Inanspruchnahme ohne Bezahlung. Sonst wäre nicht nur den Kreis der strafbaren Handlungen zu weit gezogen.[34] Eine solche Auslegung liefe auch dem Wortsinn zuwider und wäre zudem mit der Ableitung der Straftat aus dem Betrug systematisch unvereinbar. Erforderlich ist vielmehr eine zumindest rudimentäre Form von Täuschung bzw. Heimlichkeit.

Beispiel (Schwarzfahren in Straßenbahn):[35] *Franka J.* benutzte mehrfach die Straßenbahn von *Duisburg* nach *Düsseldorf*, ohne ein Fahrtgeld zu entrichten. Bei einigen Fahrten besaß sie keinen gültigen Fahrausweis, bei anderen führte sie zwar eine Sammelkarte der für die Fahrtstrecke erforderlichen Preisstufe mit, entwertete sie aber nicht. — Teile des Schrifttums sähen hierin kein Erschleichen, weil *Franka J.* keine Kontrolleinrichtung menschlicher oder technischer Art umging, sondern sich den Umstand fehlender Kontrollen bzw. des Vertrauens des Beförderers in die Redlichkeit seiner Passagiere zunutze machte.[36] Demgegenüber genügt nach h.M., insbesondere in der Rspr., dass durch das Betreten des Verkehrsmittels der Anschein ordnungsgemäßer Bezahlung erweckt wird, selbst wenn das Kontrollpersonal dies im Einzelfall

---

31 FISCHER § 265a Rn. 19; Sch/Sch-LENCKNER/PERRON § 265a Rn. 6.

32 So vertreten von SK-GÜNTHER § 265a Rn. 11.

33 Sch/Sch-LENCKNER/PERRON § 265a Rn. 4 m.w.N.; BayObLG NJW 1987, 663 (664).

34 Sch/Sch- LENCKNER/PERRON § 265a Rn. 8.

35 Sachverhalt nach OLG Düsseldorf NStZ 1992, 84.

36 Sch/Sch-LENCKNER/PERRON § 265a Rn. 11; LK-TIEDEMANN § 265a Rn. 47; WESSELS/HILLENKAMP BT 2 Rn. 672; Ulrike HINRICHS, Die verfassungsrechtlichen Grenzen der Auslegung des Tatbestandsmerkmals „Erschleichen" in § 265a I Alt. 3 StGB („Schwarzfahren"), NJW 2001, 932-935 (933 ff.); Thomas FISCHER, „Erschleichen" der Beförderung bei freiem Zugang? NJW 1988, 1828-1829 (1829).

nicht wahrnimmt bzw. es gar fehlt.[37] Allerdings darf die – zufällige, vom Täter oft nicht zu sehende – Beobachtung durch Kontrollpersonal nicht über die Strafbarkeit des Verhaltens entscheiden, sondern dieses muss unabhängig von einem hinzutretenden Verhalten Dritter den Tatbestand erfüllen oder nicht. Wenn ein Verhalten daher *für den Fall der Anwesenheit von Kontrolleuren den Anschein der Ordnungsgemäßheit erwecken soll*, wie es beim unauffälligen Betreten von Verkehrsmitteln gemeinsam mit der Masse zahlender Passagiere regelmäßig der Fall ist, so kann das als Erschleichen bewertet werden.

4. Subjektiver Tatbestand und weitere Strafbarkeitsvoraussetzungen

Neben dem Tatvorsatz wird im subjektiven Tatbestand als Absichtsmerkmal benötigt, zu dem **1319**
Zwecke zu handeln, das Entgelt nicht zu entrichten.

Im Übrigen besteht Versuchsstrafbarkeit (§ 265a II) und durch den Verweis in § 265a **1320**
III auf die §§ 247, 248a insbesondere für den Fall der gewöhnlichen Beförderungserschleichungen ein Antragserfordernis wegen Geringwertigkeit,[38] wobei die Staatsanwaltschaft einen fehlenden Antrag durch die Bejahung des besonderen öffentlichen Verfolgungsinteresses zu ersetzen vermag.

III. Spezielle wirtschaftsstrafrechtliche Betrugsstraftaten

Subventions-, Kapitalanlage-, Kredit- sowie Submissionsbetrug (§§ 264, 264a, 265b und 298) **1321**
betreffen jeweils einzelne Sektoren des Wirtschaftslebens. Sie sollen dort einen Vorfeldschutz bieten und so § 263 unterstützen, dessen Anwendung bei den betreffenden Geschäften entweder aus dogmatischen oder Beweisgründen gelegentlich Schwierigkeiten bereitet. Zu diesem Zweck hat sie der Gesetzgeber hinsichtlich der eigentlichen Betrugshandlung auf das Merkmal der Täuschung reduziert. Zugleich wurden teilweise – insbesondere bei § 264 – weitere weniger betrugstypische Missbrauchshandlungen hinzu gefügt.

Während unter diesen spezifischen Betrugstatbeständen der Subventions- und der Submissi- **1322**
onsbetrug (§§ 264, 298) wenigstens praktisch noch einige Bedeutung erlangt haben, sind sie für Ausbildung und Prüfung ausschließlich in wirtschaftsstrafrechtlichen Schwerpunktbereichen von Interesse. Sie werden deshalb auf CD 36-02 näher erläutert.

IV. Versicherungsbetrug (§ 265)

Gegenüber den Rn. 1321 genannten Straftaten geht der Versicherungsbetrug sogar **1323**
noch einen Schritt weiter in die Vorbereitungsphase (und bildet damit im eigentlichen Sinne nicht einmal mehr ein Betrugsdelikt). Seine Tathandlung ist der Täuschung zeitlich vorgelagert und kann verallgemeinernd als die Herstellung der Täuschungsvoraussetzungen zur Erlangung von Versicherungsleistungen beschrieben werden.

1. Tatbestand

Tatobjekt ist eine Sache, gleichviel ob bewegliches Objekt oder unbewegliches (Haus/Grund- **1324**
stück). Es hat gegen „Untergang, Beschädigung, Beeinträchtigung der Brauchbarkeit, Verlust oder Diebstahl“ versichert zu sein, also muss beispielsweise eine Feuer-, Unwetter- oder Kasko-

---

37 LK^{10}-LACKNER § 265a Rn. 8; MAURACH/SCHROEDER/MAIWALD BT 1 § 41 Rn. 223; OLG Hamburg NStZ 1991, 587; OLG Düsseldorf NStZ 1992, 84.

38 Zur Geringwertigkeitsgrenze vgl. Rn. 1071 ff.).

versicherung[39] bestehen. Krankenversicherte Körper(-teile) werden daher nicht erfasst. Der Versicherungsvertrag muss zustande gekommen, mag aber anfechtbar oder gar nichtig sein, ohne dass dies etwas an der Anwendbarkeit von § 265 änderte.[40]

1325 Die versicherte Sache beschädigt, zerstört oder reduziert der Täter – der nicht selbst der Versicherungsnehmer zu sein braucht – in ihrer Brauchbarkeit, schafft sie beiseite oder überlässt sie einem anderen, wobei sich diese Tathandlungen selbstverständlich dazu eignen müssen, gegenüber der Versicherung den Eintritt des versicherten Risikos vorzuspiegeln. Zu den drei erstgenannten Beschädigungshandlungen gelten die Ausführungen zu § 303 (Rn. 878 ff.). Beiseiteschaffen bedeutet Verbergen (gegenüber der Versicherung) durch Standortveränderung.[41] Während der Gegenstand in dieser Variante nicht unbedingt aus dem Besitz des Versicherungsnehmers entfernt zu werden braucht, erfolgt beim Überlassen zugleich der Besitzübergang auf eine weitere Person.

1326 Im subjektiven Tatbestand bedarf es neben dem Vorsatz der *Absicht*, im Hinblick auf die durchgeführte Sachbeeinträchtigung (und daher zu Unrecht, ohne dass dies im Tatbestand noch erwähnt zu werden bräuchte) Versicherungsleistungen zu beziehen. Dass hier Drittbegünstigungsabsicht genügt, korrespondiert mit dem nicht auf Versicherungsnehmer begrenzten Täterkreis.

2. Konkurrenzfragen

1327 Mit einer der Sachbeeinträchtigungen ist die Tat bereits vollendet; misslingt sie, bleibt die Versuchsstrafbarkeit nach § 265 II zu beachten. Falls es anschließend noch zum Täuschungsversuch kommt (der dann im Zweifel ein solcher nach § 263 III Nr. 5 wäre), träte § 265 wegen der im letzten Halbsatz des Abs. 1 angeordneten *formellen Subsidiarität* zurück.. Dort ist zwar von „der Tat“ die Rede. Indes handelt es sich bei diesem Begriff um ein gesetzgeberisches Versehen; gemeint ist allein der nachfolgende Betrug[42] (obschon dieser im Sinne von § 52 regelmäßig nicht zu *der* Tat zählt). In der Fallbearbeitung sollte § 265 daher erst erörtert werden, nachdem sich herausgestellt hat, dass § 263 nicht vorliegt.

Strittig ist im Übrigen, ob ein strafbefreiender Rücktritt vom Versuch des § 263 auch einer Strafbarkeit nach § 265 entgegen stünde,[43] was nach dem Wortlaut der Subsidiaritätsklausel nicht zwingend wäre. Richtigerweise ist das aber zu bejahen, weil die Situation derjenigen eines Rücktritts vom Verbrechensversuch ähnelt, dem eine Verbrechensverabredung nach § 30 II vorausging.[44] An deren (materieller) Subsidiarität ändert sich ebenfalls nichts, wenn der Täter später auf Grund eines Rücktritts wegen des Verbrechensversuches nicht mehr bestraft werden kann.[45] Für das Vorbereitungsdelikt nach § 265 kann nichts anderes gelten, zumal nach Aufgabe der Betrugshandlung auch dort keinerlei Rechtsgutsschaden (an Versicherungsvermögen oder -wirtschaft) mehr verbleibt oder auch nur droht.

---

39 Das Wort „Kasko“ entstammt dem spanischen „casco“ (Schiffsrumpf). Mit der Kaskoversicherung wird heute allgemein eine Fahrzeugschadensversicherung bezeichnet.

40 BGHSt 8, 343 (344) zur insoweit gleichen Thematik bei § 265 a.F.; LACKNER/KÜHL § 265 Rn. 2.

41 WESSELS/HILLENKAMP BT 2 Rn. 654; RENGIER BT I § 15 Rn. 2a.

42 LACKNER/KÜHL § 265 Rn. 6; BGH NJW 2000, 226 (227).

43 Für Strafbarkeit LACKNER/KÜHL § 265 Rn. 6; RENGIER BT I § 15 Rn. 4a.

44 ARZT/WEBER BT § 21 Rn. 137, dort Fn. 141.

45 BGHSt 14, 378; BGH NStZ 1999, 449 (451); LACKNER/KÜHL § 31 Rn. 7.

Wiederholungsfragen zum 36. Kapitel 1328

1. Welche Einschränkung macht die Rspr. und h.L. bei der Anwendung von § 263a in allen seinen Varianten? (Rn. 1304 ff.)
2. Warum handelt es sich nur um einen Betrugsversuch, wenn ein schwarzfahrender Passagier in einer Straßenbahn bei einer Fahrkartenkontrolle einen abgelaufenen Fahrausweis vorweist, um die angebliche Zahlung des Beförderungsentgeltes zu belegen? (Rn. 1314)
3. Was versteht man unter Erschleichen i.S.v. § 265a? (Rn. 1318)
4. Ist Tatmehrheit zwischen Versicherungsbetrug und Betrug möglich, wenn der Täter die versicherte Sache selbst zerstört und mit Erfolg einen Versicherungsfall vorgetäuscht hat? (Rn. 1327)

37. Kapitel. Fälschungsstraftaten

I. Übersicht über die Fälschungsstraftaten und ihre Bedeutung

1. Schutzzweck

Die Fälschungsstraftaten[1] streben im Wesentlichen die Gewährleistung der *Sicherheit des Rechtsverkehrs* und damit den Schutz eines Rechtsgut an, das den Kernrechtsgütern wie Eigentum oder Vermögen als Zwischenrechtsgut vorgelagert ist.[2] Die Notwendigkeit eines solchen Vorfeldschutzes leuchtet ein, vergegenwärtigt man sich, wie schnell die Verwendung falscher Urkunden (wie gefälschter Bestellungen, Quittungen oder gar Vollmachten) zu erheblichen Vermögensschäden führen kann. Der Geschäftsverkehr im Besonderen wie der Rechtsverkehr im Allgemeinen können nur funktionieren, wenn sie sich auf Authentizität und Richtigkeit schriftlicher oder sonst fixierter Erklärungen sowie der Wertzeichen einschließlich des Geldes verlassen können. Besonders fehlendes Vertrauen in die *Authentizität von Erklärungen* belastete den Rechtsverkehr durch die dann stets notwendigen Überprüfungen in solchem Maße, dass er partiell zum Erliegen käme. Soweit daher notwendigerweise an Erklärungen oder Zeichen der Anspruch gestellt wird, im Regelfall als nicht zu überprüfende Belege für die Zurechenbarkeit gegenüber einer bestimmten Person zu dienen, bildet bereits das *Vertrauen in ihre Echtheit* ein legitimes Strafrechtsgut.[3] Demgegenüber ist das Vertrauen in die *Richtigkeit von Erklärungen* durchaus geringer ausgeprägt und auch nicht unabdingbar: *Dass* jemand etwas rechtsverbindlich erklärt hat, muss man voraussetzen dürfen; *ob es inhaltlich zutrifft*, kann und hat man (insofern nicht anders als bei mündlicher Erklärung) zu glauben oder muss es andernfalls über- 1329

---

1 Zur rechtsgeschichtlichen Ableitung vgl. Diethelm KIENAPFEL, Urkunden im Strafrecht, 1967, S. 19-41; Günther JAKOBS, Urkundenfälschung, 2000, S. 1-4.

2 So ganz h.M., vgl. FISCHER § 267 Rn. 1; WESSELS/HETTINGER BT 1 Rn. 789; Georg FREUND, Urkundenstraftaten, 1996, Rn. 1; BGHSt 2, 50 (52); a.A. NK-PUPPE § 267 Rn. 8; JAKOBS (Fn. 1), S. 5 ff. (Individualrechtsgut des Adressaten der Falschurkunde).

3 Vgl. zum Vertrauensschutz ARZT/WEBER BT § 30 Rn. 1 ff.; SK-HOYER vor § 267 Rn. 13.

prüfen.[4] Ein Vertrauen in die Richtigkeit abgegebener Erklärungen braucht daher das Strafrecht im Regelfall nicht qua Strafbewehrung abzusichern.

1330 Konsequent beschränkt sich der Strafrechtsschutz der Fälschungsstraftaten weitgehend auf den Aspekt der Authentizität, während die inhaltliche Richtigkeit nur vereinzelt direkt gewährleistet wird (z.B. in den §§ 271, 278). Von dem wichtigsten Fälschungsdelikt, der Urkundenfälschung (§ 267), wird deshalb die echte, aber unwahre Urkunde, die sog. schriftliche Lüge, nicht erfasst. Hier springen ohnehin die Täuschungsdelikte (wie der Betrug) in die Bresche; außerdem geht die Fälschung einer Urkunde in aller Regel mit einer inhaltlichen Falschdarstellung einher. Indem unechte Urkunden strafrechtlich sanktioniert werden, wird der Rechtsverkehr daher mittelbar auch vor unrichtigen Urkunden bewahrt.

1331 Daneben bezwecken einige Fälschungsstraftaten die Wahrung weiterer Rechtsgüter. So haben die Falschbeurkundung im Amt (§ 348) und die Ausstellung unrichtiger Gesundheitszeugnisse (§ 279) auch zum Ziel, das allgemeine Vertrauen in die Integrität der jeweiligen Amtsinhaber bzw. Berufsgruppen zu gewährleisten.[5]

2. Systematik der Fälschungsstraftaten

1332 Das Gesetz separiert die Urkundenstraftaten (23. Abschnitt) von den Geld- und Wertzeichenfälschungen (8. Abschnitt). Sie weisen indes gemeinsame rechtshistorische Wurzeln[6] und einander ähnelnde Strukturen auf, geht es in beiden Fällen doch darum, die Integrität von Instrumenten sichern, auf denen der gesamte Rechtsverkehrs aufbauen muss. So lassen sich auch die gegen die Echtheit gerichteten tatbestandlichen Angriffsrichtungen vergleichen. MAURACH/SCHROEDER/MAIWALD heben deshalb zu Recht hervor: „Die Geldfälschung ist ein Sonderfall der Urkundenfälschung."[7] Noch augenfälliger ist das bei Wertpapieren (§ 151) und Zahlungskarten (§§ 152a f.), deren Urkundscharakter noch deutlicher als beim Geld zu Tage tritt und die vom Gesetzgeber dennoch bei der Geld- und Wertzeichenfälschung verortet wurden.

Abbildung: Pässe genießen Strafrechtsschutz in den §§ 267, 273, 275, 276 und 281

1333 Allerdings wäre es unvollständig (wenngleich prägnant), alleine von „Fälschungen" zu sprechen, denn neben dem Echtheitsschutz und der bereits erwähnten partiellen Wahrheitsgarantie (Rn. 1330) werden stellenweise auch der Bestand und die Verfüg-

4 Vgl. JAKOBS (Fn. 1), S. 24 f.

5 Zu § 348 vgl. BGHSt 37, 207 (209); Sch/Sch-CRAMER/STERNBERG-LIEBEN § 348 Rn. 1; im Übrigen MAURACH/SCHROEDER/MAIWALD BT 2 § 65 Rn. 6.

6 Näheres bei MAURACH/SCHROEDER/MAIWALD BT 2 § 64 Rn. 1-5.

7 MAURACH/SCHROEDER/MAIWALD BT 2 § 64 Rn. 8.

barkeit von Urkunden garantiert (§§ 273 f.) sowie der Missbrauch echter Papiere unter Strafe gestellt (§ 281). Daraus ergibt sich ein recht komplexes System der Fälschungsstraftaten, zu dessen Durchdringung man sich zweckmäßigerweise daran orientiert, um welches Tatobjekt es im Einzelfall geht.

Abbildung: Das System der Fälschungsstraftaten

	tatbestandlicher Angriff				
Schutzobjekt	**Verfälschen,** Herstellen falscher Exemplare	**Beschädigen,** Vernichten, **Unterdrücken**	inhaltlich **unrichtiges Herstellen**	**Gebrauchmachen** von der/dem/den …	**Vorbereitung**
Urkunden	§ 267	§ 274 (§§ 133, 134)	./.	Fälschung: § 267	
öffentliche Urkunden	§ 267	§ 274 (§ 133)	§§ 271, 348	Falschbeurkundung: § 271	
Daten	§ 269	§ 274	./.	Fälschung: § 269	./.
technische Aufzeichnungen	§ 268 I Nr. 1	§ 274	S 268 III	§ 268 I Nr. 2	
Kfz-Kennzeichen	§§ 267 StGB, 22 I StVG	§ 274 StGB, 22 I StVG	./.	§ 22 II StVG	§ 22a StVG
amtliche **Ausweise**	§ 267	§ 273	./.	veränderten Ausweisen: § 273; Fälschungen: § 267; Missbrauch *echter* Ausweise: § 281	§§ 275, 276
ärztliche Atteste	§§ 267, 277	§ 274	§ 278	Fälschung: §§ 267, 277; unrichtigem Zeugnis: § 279	./.
Geld, Wertpapiere	§§ 146, 151	./.		Fälschung: §§ 146, 151	§ 149
Wertzeichen	§ 148	./.			§ 149
Zahlungskarten, Wechsel, Schecks	§§ 152a I Nr. 1, 152b	z.T. § 274	./.	§ 152a I Nr. 2	§ 152a V, § 152b V i.V.m. § 149

3. Die Bedeutung der Fälschungsstraftaten

Sowohl in der Praxis als auch im Examen stehen die Urkundenfälschung, die Datenfälschung und die Urkundenunterdrückung im Mittelpunkt der Fälschungsstraftaten. 1334
Eine gewisse Examensrelevanz (die nicht ganz ihrer praktischen Bedeutung ent-

spricht) besitzen zudem noch die Falschbeurkundungen (§§ 271, 348) sowie die Fälschung technischer Aufzeichnungen (§ 269).

Nähere Einzelheiten zur *praktischen Bedeutung* (insbesondere der weniger prüfungsträchtigen Geldfälschung) finden sich auf CD 37-01.

II. Die Urkundenfälschung (§ 267)

1. Übersicht und Prüfungsaufbau

1335 § 267 stellt systematisch die Zentralnorm der Urkundendelikte dar, welche zum einen andere Angriffsformen auf dieselbe Urkunde verdrängt (z.B. die §§ 274 StGB, 22 StVG) und die zum anderen von den übrigen, zumeist engeren oder ins Vorfeld reichenden Tatbeständen des 23. Abschnitts lediglich umrankt und partiell ergänzt wird.

1336 Der Tatbestand enthält mit dem Herstellen, Verfälschen und Gebrauchmachen drei Handlungsalternativen. *Herstellen* und *Verfälschen* betreffen die Erzeugung einer Falschurkunde und stehen dort in Konkurrenz zueinander, weshalb jedenfalls im Ergebnis[8] nur jeweils eine dieser beiden Alternativen vorliegt. Zunächst unabhängig von ihnen ergänzt das *Gebrauchmachen* die Fälschungshandlung um die anschließende Nutzung der erzeugten Falschurkunde. Sofern der Gebrauch (wie fast immer) vom Täter schon bei der Erzeugung der Falschurkunde zumindest ins Auge gefasst war, bildet er aber nicht etwa eine neue Tathandlung, sondern verschmilzt mit der vorangegangenen Urkundenerzeugung zu einer einzigen Deliktsverwirklichung *einer* Urkundenfälschung,[9] vergleichbar einer Körperverletzung durch Misshandeln und Gesundheitsschädigung (sog. *tatbestandliche Handlungseinheit*, streng zu unterscheiden von der Tateinheit nach § 52, die hier *nicht* einschlägig ist).

Abbildung: Die Alternativen von § 267 I

Alternativen	**Tathandlungen** und ihr **Verhältnis zueinander**		
1. und 2. Alternative	Erzeugen der Falschurkunde durch (i.E. *alternativ*): Herstellen	Verfälschen	*Tatbestandliche Handlungseinheit* (falls Gebrauch von Anfang an bezweckt)
3. Alternative	Gebrauchmachen von der erzeugten Falschurkunde		

1337 Ob zwischen Erzeugung und Gebrauch längere Zeit verstreicht, spielt dabei keine Rolle. Auf CD 37-02 findet sich Näheres zu den Gründen (und Grenzen) dieser zunächst merkwürdig anmutenden, heute aber weitgehend konsentierten Auffassung von der Deliktseinheit. Wegen ihr sollte man bei der *Fallbearbeitung*, sofern Ge-

8 Siehe zur Frage, ob dieses Ergebnis auf einer Tatbestandsalternativität oder einer Konkurrenzerwägung beruht, Rn. 1373 ff.

9 Sch/Sch-Cramer/Heine § 267 Rn. 79; Maurach/Schroeder/Maiwald BT 2 § 65 Rn. 78; BGHSt 5, 291 (293).

brauchmachen schon bei dem Fälschungsakt als dessen Ziel im Raume steht, die 3. Alternative sogleich mit prüfen, zumal sie andernfalls leicht vergessen wird.

Im Mittelpunkt der gutachterlichen Befassung mit § 267 wiederum steht die Urkundsdefinition. Beherrscht man sie, bereitet der übrige Tatbestand regelmäßig keine ernsthafteren Probleme. 1338

Abbildung: Der Prüfungsaufbau der Urkundenfälschung (§ 267 I)

I. Tatbestand	1. objektiver Tatbestand (ggf. auch Qualifikation nach Abs. 4 beachten, vgl. Rn. 1388) - Urkunde als Produkt der Täterhandlung/als Mittel eines Gebrauchmachens (Rn. 1339 ff.) - Unechtheit dieses Produktes Urkunde (Rn. 1371 f.) - Herstellen/Verfälschen/Gebrauchmachen (Rn. 1373 ff.)
	2. subjektiver Tatbestand - Vorsatz bzgl. Urkunde, Unechtheit und Herstellen/Verfälschen (Rn. 1384) - Handeln zur Täuschung im Rechtsverkehr (Rn. 1384 f.)
II./III. Rechtswidrigkeit/Schuld	keine Besonderheiten
IV. Strafausschließung u.a.	ggf. besonders schwerer Fall nach § 267 III - Regelbeispiele (Rn. 1388 ff.) / Vorsatz insoweit

2. Objektiver Tatbestand

a) Die Urkunde

Urkunden begegnet man auch in anderen Rechtsgebieten, wo sie allerdings andere Funktionen haben und dementsprechend abweichend definiert werden. So versteht das Strafprozessrecht, wenn es in § 249 I StPO von einer Urkunde spricht, ausschließlich etwas Verlesbares darunter.[10] Die Definition der Urkunde im materiellen Strafrecht reicht dagegen weiter und ist in ihrem Kern unstrittig. Nach ihr gilt als Urkunde 1339

eine verkörperte (menschliche) Gedankenerklärung, die zum Beweis im Rechtsverkehr bestimmt und geeignet ist sowie ihren Aussteller erkennen lässt.[11]

Mit den darin enthaltenen Merkmalen werden drei Funktionen der Urkunde beschrieben, die sich wiederum auf den Grund ihrer Strafbewehrung, den Vertrauensschutz im Rechtsverkehr, zurückführen lassen: *Beweis-*, *Perpetuierungs-* und *Garantiefunktion*.[12] Die meisten der klassischen Problemphänomene des Urkundenstrafrechts (Fotokopien u.a. Zweitschriften, zusammengesetzte Urkunden, Gesamturkunden, Beweis- und Kennzeichen) lassen sich einzelnen dieser Aspekte zuordnen. 1340

10 KG StV 1995, 348.

11 OTTO BT § 70 Rn. 1; RENGIER BT II § 32 Rn. 1; BGHSt 3, 82 (84 f.); 13, 235 (239).

12 Vgl. RENGIER BT II § 32 Rn. 1 ff.; Sch/Sch-CRAMER/HEINE § 267 Rn. 2.

Abbildung: Urkundsdefinition und -funktionen

Urkundsmerkmal	Funktion	Konsequenzen
verkörperte menschliche Gedankenerklärung, die ...	Perpetuierungsfunktion	Ausschluss flüchtiger (Worte), virtueller (Daten) sowie maschineller Erklärungen (technische Aufzeichnungen)
zum Beweis im Rechtsverkehr bestimmt u. geeignet ist	Beweis -funktion	Ausschluss zufällig erzeugter, privater und rechtlich unerheblicher Erklärungen
... und die ihren Aussteller erkennen lässt	Garantiefunktion	Ausschluss von Erklärungen, zu denen sich niemand bekennen will oder die niemandem eindeutig zuzuordnen sind, weshalb ihr Beweiswert von vornherein gering ist

aa) Perpetuierungsfunktion

1341 *(1) Gedankenerklärung* Eine menschliche Gedankenerklärung muss der Urkunde zu entnehmen sein, ohne sie unbedingt in expliziter Schriftform zu enthalten. Die schriftliche Erklärung bildet zwar die idealtypische, aber nach nahezu einhelliger Ansicht[13] längst nicht die einzige Urkundenform. Vielmehr genügen sonstige Zeichen, die allgemeinverständlich sind, wenigstens aber *unter Eingeweihten einem Bedeutungsinhalt* zugeordnet werden können[14] (z.B. Striche auf einem Bierdeckel, farbliche Markierungen an Weihnachtsbäumen, welche die jeweilige Preiskategorie bezeichnen).

1342 Eine Gedankenerklärung setzt also voraus, dass der Erklärung *über ihre bloße Existenz hinaus willentlich ein Bedeutungsinhalt beigegeben*[15] und er auch als solcher von den potenziellen Erklärungsempfängern erwartet und verstanden wird. Ein Fingerabdruck am Tatort dagegen will nichts aussagen, und selbst bei absichtlicher Anbringung zu Täuschungszwecken will er vielleicht bestimmte Schlussfolgerungen aus seiner Existenz nahelegen, aber niemand erwartet von ihm kommunikative Bedeutungsinhalte.[16] Hingegen wird derselbe Fingerabdruck als Unterschriftsnachweis auf einer Wahlliste zu einer gewollten und von den Beteiligten als solcher erwarteten Erklärung des Inhalts, eine bestimmte Person habe im Wahllokal ihr Wahlrecht ausgeübt. Der Unterschied liegt im kommunikativen Kontext: Erst in einer bestimmten Situation, in der die Beteiligten über die schlichte Existenz eines Zeichens hinaus diesem üblicherweise eine Bedeutung beimessen, transportiert ein isoliert bedeutungsloses Zeichen eine urkundentaugliche Gedankenerklärung.

1343 Für die *Fallbearbeitung* ist es mindestens in allen Fällen nonverbaler Erklärungen unabdingbar, den Erklärungsinhalt in der Lösung auszuformulieren. Das vermeidet an

13 Zu früheren, heute überholten Auffassungen, die Schriflichkeit verlangten, vgl. Sch/Sch-CRAMER/HEINE § 267 Rn. 7. Letzter Vertreter ist Diethelm KIENAPFEL, Urkunden und andere Gewährschaftsträger, 1979, S. 1-17.

14 LACKNER/KÜHL § 267 Rn. 10; MAURACH/SCHROEDER/MAIWALD BT 2 § 65 Rn. 22 ff.

15 Vgl. OTTO BT § 70 Rn. 3, 6; ARZT/WEBER BT § 31 Rn. 7.

16 Vgl. FREUND (Fn. 2) Rn. 69 f.

dieser Stelle Fehler und erleichtert zudem später, die Beweiseignung festzustellen und die Herstellerzuordnung vorzunehmen.

Aufgabe: Stellen Sie durch Ausformulieren fest, ob die folgenden Gegenstände Gedankenerklärungen enthalten und daher potenziell Urkunden darstellen: 1344
- Das Preisschild an einer Ware,
- ein Bundespersonalausweis,
- die Kfz-Kennzeichen an einem Pkw
- die Bearbeitung einer juristischen Examensklausur und
- ein blanko unterzeichnetes Quittungsformular.

Selbstredend muss es sich um sinnhafte Erklärungen handeln, weshalb z.B. unausgefüllte Formulare oder Scheckvordrucke ebenso ausscheiden wie Schreibübungen. Auf der anderen Seite können bereits einfachste Erklärungen wie die Signierung eines Ölbildes[17] („Dieses Bild stammt von X") oder die Nummer auf einem veräußerten Baum im Waldes[18] („Dieser Baum ist unter der Nr. X verkauft") genügen. Ergänzende Lösungshinweise zur Aufgabe Rn. 1344 finden Sie auf CD 37-03. 1345

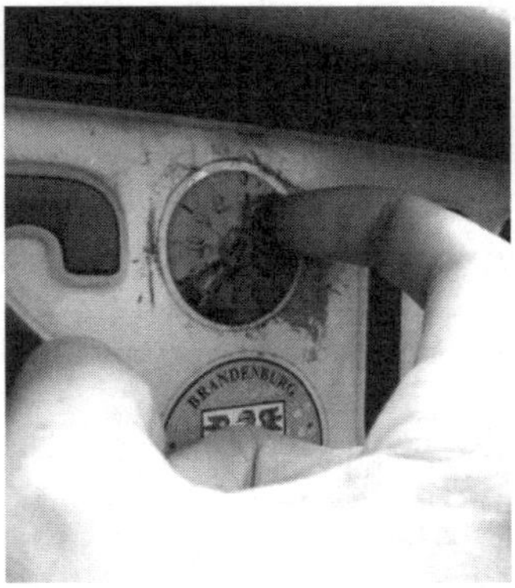

Abbildung: Stellt das Kennzeichen am Kfz. eine Urkunde dar und welche Gedankenerklärung enthält sie?

Einen Sonderfall hinsichtlich ihres Erklärungsinhaltes bilden die sog. *Gesamturkunden*, die aus einer Verbindung mehrerer Einzelurkunden bestehen, aber über die Summe der Einzelerklärungen hinaus einen weiteren Erklärungsgehalt aufweisen (näher dazu CD 37-04). 1346

(2) Produkt menschlichen Denkens Im Schrifttum wird zumeist auf den Zusatz „menschlich" beim Merkmal der Gedankenerklärung verzichtet.[19] Dem liegt der richtige Ansatz zu Grunde, nur dem Menschen das Denken zuzusprechen, weshalb das Merkmal Gedankenerklärung ihre menschliche Herkunft impliziert.[20] Der Satz, Maschinen könnten nicht denken, trifft jedenfalls heute zu; ob dies immer so bleiben wird, ist vor dem Hintergrund intensiver Forschung nach künstlicher Intelligenz allerdings keineswegs ausgemacht. Außerdem hilft es zur Abgrenzung von den technischen Aufzeichnungen (§ 268), die menschliche Herkunft einer Erklärung zu betonen.[21] 1347

---

17 OLG Frankfurt/M. NJW 1970, 673 (674).

18 RGSt 25, 244 (245); 39, 147; BGH(D) 1958, 140.

19 Sch/Sch-Cramer/Heine § 267 Rn. 2; Maurach/Schroeder/Maiwald BT 2 § 65 Rn. 13; Lackner/Kühl § 267 Rn. 2.

20 Vgl. Gössel/Dölling BT 1 § 52 Rn. 3.

21 Ebenso Krey/Heinrich BT 1 Rn. 680.

1348 Im Übrigen braucht der erklärte Gedanke nicht unvermittelt dem menschlichen Denken zu entstammen, sondern es genügt, wenn er sich auf dieses zurückführen lässt.

Beispiel (Fälschen eines Parkscheines):[22] *Martina W.* ließ am 18. Mai ihren Pkw in der Innenstadt auf einer parkscheinpflichtigen Fläche stehen. Hinter die Windschutzscheibe legte sie einen Parkschein, den sie bereits am 10. Mai am Automaten gezogen und genutzt hatte. Auf dem Zettel hatte sie im Datumsaufdruck aus der „0" mit schwarzem Filzstift eine „8" gemacht. — Der durch diese Manipulation verfälschte Parkschein enthielt ursprünglich die gedankliche Erklärung, der Inhaber habe die Parkgebühr für einen bestimmten Zeitraum, nämlich am 10. Mai zwischen ... und ... Uhr, entrichtet. Diese Erklärung wird vollautomatisiert gefertigt und beruht auf keinem singulären menschlichen Gedanken. Allerdings lässt sie sich auf eine vorab generell gefasste Entschließung zurückführen, jeden mit einer entsprechenden Parkberechtigung auszustatten, der am Automaten die Parkgebühr entrichtet. Zudem beruht auch die Programmierung des Automaten zur Umsetzung dieses Entschlusses auf menschlichem Tun. Die im Einzelfall geschehende, maschinelle Generierung der Erklärung war daher vorab generell menschlich autorisiert und determiniert worden und wird aus diesem Grunde auch im Einzelfall als eine (durch einen Computer vermittelte) menschliche Gedankenerklärung angesehen.

Diese Überlegung gilt entsprechend für fast alle per EDV hergestellten, sinnhaften Erklärungen, sobald sie verkörpert, d.h. ausgedruckt sind.[23]

1349 Eine Ausnahme bilden Ausdrucke, bei welchen schon der Input automatisiert abläuft,[24] was z.B. bei Ausdrucken von Messergebnissen eines Geschwindigkeits- oder eines Atemalkoholmessgerätes der Fall wäre. Denn hier lenkt der Automateninhaber allenfalls das „Ob" des Herstellungsprozesses, den konkreten Inhalt des Ausdrucks vermag er aber nicht exakt gedanklich vorher festzulegen oder zu steuern. Anders beim Parkscheinautomaten, wo die Ergebnisse dem Automatenhersteller deshalb zugerechnet werden können, weil er – in Abhängigkeit von zuvor festgelegten begrenzten Geldeinwürfen – nur eine ebenfalls begrenzte Anzahl bestimmter Parkzeiten zur Verfügung stellt und sich so für jeden Einzelfall das exakte Produkt des automatisierten Verfahrens (auch) auf seinen Willen zurückführen lässt.

1350 *(3) Verkörperung* Vor allem Erklärungen in nur virtueller Form (z.B. unausgedruckten E-Mails) fehlt es an der notwendigen Verkörperung,[25] für die eine *stoffliche Fixierung von gewisser Dauerhaftigkeit* gefordert wird.[26] Dies schließt zudem loses Zusammenlegen von Buchstaben oder Worten (wie beim „Scrabble"-Spiel) aus.

1351 Bedeutung gewinnt das Erfordernis der Verkörperung insbesondere bei den sog. *zusammengesetzten Urkunden*, die – wie das Kfz-Kennzeichen am Auto,[27] das Preis-

22 Sachverhalt nach OLG Köln NJW 2002, 527.

23 OLG Köln NJW 2002, 527; SK-HOYER § 267 Rn. 19; Diethart ZIELINSKI, Urkundenfälschung durch Computer, GedS Kaufmann, S. 605-628 (607 ff.).

24 Sch/Sch-CRAMER/HEINE § 267 Rn. 4; SK-HOYER § 267 Rn. 18.

25 Henning RADTKE, Neue Formen der Datenspeicherung und das Urkundenstrafrecht, ZStW 115 (2003), 26-59 (27 f.); LACKNER/KÜHL § 267 Rn. 7. Einschlägig ist für sie § 269.

26 Sch/Sch-CRAMER/HEINE § 267 Rn. 6; MAURACH/SCHROEDER/MAIWALD BT 2 § 65 Rn. 20.

27 Vgl. dazu bereits Einzelheiten auf <u>CD 37-03</u>.

schild auf der Ware oder die Beschriftung auf einer Blutprobe – allein auf Grund ihrer Zusammenfügung zu einer (beweisgeeigneten) Gedankenerklärung werden und daher in ihren Einzelteilen noch keine Urkundsqualität aufweisen. Weil erst die Verbindung die Urkundeneigenschaft bewirkt, muss gerade sie konsequenterweise eine gewisse Dauerhaftigkeit aufweisen. Denn nur, was auszuwechseln nicht ganz mühelos gelingt, verdient strafrechtlichen Schutz insbesondere gegen diejenigen Manipulationen, die auf diese Zusammenfügung zielen. Kleben (Preisschild) oder Verschrauben (Kfz-Kennzeichen) genügen, Steckverbindungen (z.B. beim eingeschobenen Namensschild) oder Befestigungen mit Büroklammern hingegen nicht. Ebensowenig vermögen angeklammerte sog. rote Kfz-Kennzeichen (§ 28 StVZO) zusammen mit einem Pkw eine Urkunde zu bilden.[28]

bb) Die Beweisfunktion

Unter dem Begriff der Beweisfunktion werden die Kriterien von Beweiseignung und -bestimmung im Rechtsverkehr zusammengefasst. **1352**

(1) Beweiseignung Sie ist objektiv zu beurteilen und anzunehmen, sobald eine Erklärung in der Lage ist, einen rechtlich erheblichen Umstand zu belegen. Dabei bedarf es keines Vollbeweises, sondern es genügt schon jede Indizwirkung.[29] **1353**

Beispiel (Verändern der Altersangabe in einer Monatskarte):[30] Der 15-jährige *Sebastian V.* fälschte in seiner Monatskarte der *Münchener Verkehrsbetriebe* sein Geburtsjahr, indem er aus der Jahreszahl „1982“ eine „1980“ machte. Sein Ziel war, den Ausweis als Beleg zu benutzen, um in Diskotheken als angeblich 16-Jähriger Einlass zu erhalten. — Obschon das Geburtsjahr in keiner Beziehung zur Berechtigung stand, mit den Nahverkehrsmitteln der Verkehrsbetriebe zu fahren (auf den Tarif hatte es keinerlei Auswirkungen), belegt die Erklärung, der bezeichnete Inhaber sei in einem bestimmten Jahr geboren, einen rechtlich erheblichen Umstand, weil das betreffende Alter vielleicht nicht im öffentlichen Nahverkehr, wohl aber in anderen Zusammenhängen (wie hier nach § 5 JuSchG) Bedeutung gewinnt. Ferner: Wenngleich die Monatskarte keinen amtlichen Ausweis darstellt, so mag sie dennoch bei der Vorlage gegenüber dem Türsteher einer Diskothek mangels anderer Erkenntnisquellen eine ausreichende Indizwirkung entfalten, der Betreffende sei zugangsberechtigt.[31]

Die Beweiseignung ist allerdings vergänglich. Nach dem Tode *V*'s. wäre seine Monatskarte zu keinerlei Nachweis mehr von Interesse. **1354**

Beispiel (Gefälschte *Hitler*-Tagebücher):[32] *Konrad K.* stellte 1983 handschriftlich mehrere fortlaufende Exemplare von Tagebüchern her, deren Inhalt er so gestaltete, als stammten sie von *Adolf Hitler*. Mit der Behauptung, sie in einem in den letzten Kriegstagen abgestürzten

---

28 BGHSt 34, 375 (376); sie unterfallen aber § 22 StVG, vgl. Ulrich HEINRICH, Urkundenfälschung und artverwandte Delikte im Straßenverkehr, Kriminalistik 2006, 758-762 (759).

29 FREUND (Fn. 2) Rn. 101.

30 Nach BayObLG JR 2003, 38 mit Anmerkung Ulrich STEIN JR 2003, 39-41.

31 STEIN (Fn. 30) JR 2003, 39 f. Vgl. aber sogleich zur Beweisbestimmung Rn. 1355.

32 Ausführliche Darstellung bei Erich KUBY, Der Fall „Stern“ und die Folgen, 1983. Zur Fälschung selbst vgl. Wolfgang STEINKE, Hitler-Tagebücher 40 Jahre nach dem Krieg geschrieben, Kriminalistik 1984, 520-523.

Flugzeug entdeckt zu haben, veräußerte er sie für insgesamt 9 Mio DM an die Illustrierte *Stern*, deren Verlagsleitung die Tagebücher im Glauben an ihre Echtheit auszugsweise abdruckte, bis eine Untersuchung des verwendeten Papiers dessen Herstellung in den Jahren nach 1950 nachwies. — Der Inhalt der Tagebücher hätte möglicherweise zeitgenössisch eine Beweisbedeutung besitzen können, beispielsweise als eine Art politisches Testament. Mit dem Untergang des „Dritten Reichs" wäre aber selbst diese Funktion gegenstandslos geworden und die Tagebücher besäßen keine Beweiseignung mehr. Man darf insbesondere nicht den Fehler begehen, auf die Beweisbedeutung der Fälschungen für *K.*´s Verhandlungen mit dem *Stern* zu schauen. Vielmehr kann es allein auf die Beweiseignung der in den Tagebücher enthaltenen Gedankenerklärungen ankommen, falls sie echt wären. *Konrad K.* hingegen ging es nicht um den Inhalt der angeblichen Gedankenerklärungen *Hitlers,* sondern nur um ihre Existenz, weil sie – unabhängig von ihrem Inhalt – den Verkauf an den *Stern* ermöglichten.

Allerdings wird nicht jede Gedankenerklärung mit der Zeit beweisungeeignet. Die Signierung eines Ölgemäldes beispielsweise ist gerade für die Nachwelt als Beweis der Urheberschaft durch eine bestimmten Maler geeignet (und auch so gedacht).

1355 *(2) Beweisbestimmung* Ist die Beweiseignung objektiv zu bestimmen, so betrifft die Beweisbestimmung nach herrschender Auffassung die subjektive Widmung, die Urkunde möge einen rechtlich erheblichen Umstand im Rechtsverkehr belegen.[33] Beweiseignung und -bestimmung beziehen sich folglich auf dieselbe Funktion der Urkunde und tun dies nur aus verschiedener Warte. Die Beweisbestimmung fehlt bei Privatnotizen oder Vorentwürfen, die nicht in den Rechtsverkehr gelangen sollten.[34]

1356 Die Beurteilung der Beweisbestimmung nach (rein) subjektiver Festlegung erscheint allerdings fragwürdig. Vor dem Hintergrund des geschützten Allgemeingutes Rechtsverkehrssicherheit in seiner konkreten Ausformung des Vertrauens in die Authentizität von Erklärungen verdient nur das Strafrechtsschutz, was auch gegenüber potenziellen Erklärungsempfängern den Anschein einer authentischen Erklärung erweckt und deren rechtserhebliches Verhalten intendiert. Daraus wiederum folgt zwingend, dass nur der (augenscheinliche) Urheber durch die äußere Gestaltung bzw. Verwendung einer fixierten Erklärung deren Urkundseigenschaft zu begründen vermag. Intentionen desjenigen, der eine Falschurkunde zu Beweiszwecken herstellt, bleiben hingegen ohne Belang.[35]

Beispiel (Fälschen der Monatskarte im Beispielsfall Rn. 1353): Die Altersangabe in der Monatskarte hatte die Ausstellerin, die *Münchener Verkehrsbetriebe*, allenfalls zur näheren Identifikation des Inhabers, nicht aber als Beweis für das Alter des Inhabers konzipiert; sie gehörte daher mangels Beweisbestimmung durch den Urkundenaussteller *insoweit* nicht zur urkundlichen Erklärung.[36] Über seine Identität (also dass er Inhaber der Karte war) wollte *Sebastian V.*

---

33 MAURACH/SCHROEDER/MAIWALD BT 2 § 65 Rn. 34; Sch/Sch-CRAMER/HEINE § 267 Rn. 14; LACKNER/KÜHL § 267 Rn. 13; BGHSt 13, 235 (239).

34 Vgl. RGSt 57, 310 (311); FISCHER § 267 Rn. 11. Sehr weitgehend JAKOBS (Fn. 1) S. 58 ff., der sogar firmeninterne Papiere als Entwürfe behandeln will.

35 SK-HOYER § 267 Rn. 38 f.; STEIN (Fn. 30), JR 2003, 40; Walter KARGL, Urkundenfälschung durch den Aussteller, JA 2003, 604-611 (606); NK-PUPPE § 267 Rn. 9.

36 STEIN (Fn. 30), JR 2003, 40.

wiederum nicht täuschen, weshalb es ihm insoweit an der Absicht zur Täuschung im Rechtsverkehr fehlte und seine Manipulation an dem Ausweis den Tatbestand nicht erfüllt.[37]

Entgegen der h.M. bleibt aber auch der vielzitierte Fall des gefälschten und zu Beweiszwecken im Prozess vorgelegten Liebesbriefes[38] wegen der Ausrichtung der Beweisbestimmung an den legitimen Erwartungen potenzieller Erklärungsempfänger unter dem Aspekte des § 267 straflos. Denn nicht der Verwender, sondern allein der erkennbare Urheber einer Erklärung definiert ihre Beweisbedeutung (ggf. auch nachträglich durch die Art seiner Verwendung). Eine eingehendere Begründung findet sich auf CD 37-05.

Das Kriterium der Beweisbestimmung liegt auch der – ansonsten eher Verwirrung stiftenden 1357
und kaum durchzuhaltenden[39] – Unterscheidung von *Beweiszeichen* und *Kennzeichen* einschließlich der Verschlusszeichen (Plomben, Warensiegel) zu Grunde. Entscheidend ist nicht, ob ein Zeichen (wie ein Zollsiegel, der Eigentümername in einem Buchdeckel oder ein Verkehrszeichen) Kenn- oder Beweiszeichen ist, sondern ob es *eine Erklärung enthält, die einen rechtlich erheblichen Umstand betrifft* (wie Eigentümerstellung oder Herstellerangaben) – dann Urkunde – oder ob es (wie die Nummer auf einem Fußballtrikot oder ein zu Werbezwecken angebrachtes Logo) nur als Unterscheidungs- oder Ordnungszeichen dient – dann keine Urkunde. Weitere Einzelheiten auf CD 37-06.

cc) Die Garantiefunktion

Wenn es § 267 um den Schutz der Authentizität von Erklärungen geht, so bedingt dies 1358
die Erkennbarkeit derjenigen Person, von welcher die Erklärung stammen soll. Idealtypisch wird eine Urkunde von ihrem Urheber unterzeichnet, aber das muss keineswegs so sein. Vielmehr genügt auch jede andere zweifelsfreie Zuordenbarkeit, sei es anhand des Inhaltes oder irgendwelcher äußerer Umstände. In diesem Zusammenhang werden zwei Fragen bedeutsam: Wer gilt als *erkennbarer Aussteller* einer Urkunde, wenn an ihrer Herstellung mehrere (oder gar keine) Personen unmittelbar beteiligt sind? Und welche Umstände gestatten einen *Rückschluss auf die Urheberschaft*?

(1) Die Geistigkeitstheorie Angesichts zunehmender arbeitsteiliger und automati- 1359
sierter Prozesse kann es für die Urheberschaft an einer Erklärung nicht darauf ankommen, wer sie „zu Papier bringt". Entscheidend ist vielmehr, als wessen inhaltliche Erklärung sie (dem äußeren Anschein nach) gelten soll, wer sich an ihr festhalten lassen will (sog. Geistigkeitstheorie).[40]

Beispiel (Wechselausstellung durch vollmachtlosen Kommanditisten):[41] Der frühere Prokurist, zur Tatzeit aber nicht mehr vertretungsberechtigte Angestellte *Martin A.* der Fa. *Mechanische Webstühle S. GmbH* stellte zur Bezahlung von Verbindlichkeiten des Unternehmens gegenüber einer Lieferantin auf die Fa. *S.* gezogene Wechsel aus, die er unterzeichnete und mit einem Firmenstempel versah. — Nach außen hin

37 Anders das BayObLG JR 2003, 38; zu Recht kritisch STEIN (Fn. 30), JR 2003, 40.

38 Vgl. ARZT/WEBER BT § 31 Rn. 5; ähnlich KREY/HEINRICH BT 1 Rn. 698; RENGIER BT II § 32 Rn. 5; BGHSt 13, 235 (238).

39 Vgl. die Kritik von NK-PUPPE § 267 Rn. 34 f.; LK-GRIBBOHM § 267 Rn. 93.

40 LK-GRIBBOHM § 267 Rn. 28 ff.; SK-HOYER § 267 Rn. 41 f.; MAURACH/SCHROEDER/MAIWALD BT 2 § 65 Rn. 48; FREUND (Fn. 2) Rn. 117; BGHSt 13, 382 (384 f.).

41 BGHSt 17, 11 mit leichten Abänderungen.

gilt nicht etwa *Martin A.* als Wechselaussteller, sondern die Fa. *S.* erscheint als diejenige, von der die Erklärung, sich zur Zahlung auf Vorlage verpflichten zu wollen, stammt. Erklärungen ihrer Organe und ihrer Bediensteten werden ihr unmittelbar zugerechnet, denn sie hat die entsprechenden Strukturen geschaffen, kraft derer sie durch ihre Angestellten im Rechtsverkehr agiert. Wenn es sich daher bei den Wechseln auf Grund des Anscheins der mittelbaren geistigen Urheberschaft um Urkunden der Fa. *S.* handelte, so stellte *Martin A.* falsche Urkunden her, falls er tatsächlich – mangels Vertretungsbefugnis – nicht mehr für das Unternehmen handeln durfte.[42]

1360 Das Beispiel macht allerdings auch deutlich, dass der Begriff der Geistigkeitstheorie irreführend ist.[43] Beim von der Sekretärin nach Diktat abgefassten und „i.A." unterzeichneten Schreiben mag die geistige Urheberschaft als Zurechnungsgrund gegenüber dem Diktierenden noch einleuchten. Die Fa. *S.* hingegen hätte, selbst bei bestehender Vertretungsbefugnis, in keiner Form am Inhalt der Wechsel mitgewirkt; ebensowenig wäre dies der Fall, wenn ein Sachbearbeiter per EDV-Anlage eine Rechnung ausdrucken lässt, die nicht einmal mehr eine Unterschrift trägt.[44] Nicht die geistige Urheberschaft ist daher entscheidend, sondern die *im Rechtsverkehr anerkannte Zurechenbarkeit* gegenüber derjenigen (natürlichen oder juristischen Person oder Behörde), die üblicherweise hinter einer Erklärung stehen will, weil sie deren körperliche Herstellung organisatorisch auf ihre Mitarbeiter delegiert.[45]

1361 *(2) Ausstellererkennbarkeit* Die Frage der Urkundseigenschaft von Schriftstücken, die kein Original, sondern ein Replikat der Gedankenerklärung darstellen (wie Ab-/Durchschrift und [Fern-]Kopie), entscheidet sich vornehmlich anhand der *Erkennbarkeit* eines Ausstellers.

1362 Die – als solche erkennbare – *Abschrift* einer Urkunde stellt keine Urkunde dar, weil sie nicht von dem Hersteller der Originalurkunde stammt, sondern (wenngleich inhaltsgleich) neu gefertigt wurde. Zur Urkunde wird sie, sobald sich derjenige, der sie vom Original hergestellt hat, auf der Abschrift zu erkennen gibt, z.B. durch einen Zusatz wie „für die Richtigkeit: *Unterschrift*" oder einen anderen Beglaubigungsvermerk (wie etwa bei der notariell oder sonst amtlich beglaubigten Kopie).[46]

Die – heute nicht mehr ganz so häufig anzutreffenden – *Durchschriften* sind demgegenüber eigenständige Urkunden, weil sie auf Grund ihres Herstellungsprozesses als originäre (Zweit-)Erklärungen des Originalverfassers gelten.[47]

1363 Umstritten ist die *Urkundseigenschaft der Fotokopie.* Rspr. und Teile des Schrifttums stehen auf dem Standpunkt, weil nicht erkennbar sei, wer Hersteller *der Kopie* ist (wer sie also auf das Fotokopiergerät gelegt hat), lasse die Fotokopie *ihren* Aussteller nicht

---

42 BGHSt 17, 11 (13). Zum Herstellen falscher Urkunden sogleich bei Rn. 1371 ff.

43 Ebenso NK-PUPPE § 267 Rn. 64; LK-GRIBBOHM § 267 Rn. 30.

44 Vgl. dazu ZIELINSKI (Fn. 23), GedS Kaufmann S. 607 ff.

45 NK-PUPPE § 267 Rn. 64; ZIELINSKI (Fn. 23), GedS Kaufmann S. 610; KINDHÄUSER BT I § 55 Rn. 12; OTTO BT § 70 Rn. 11.

46 BGHSt 2, 50 (51); LK-GRIBBOHM § 267 Rn. 105 ff.; LACKNER/KÜHL § 267 Rn. 16.

47 LK-GRIBBOHM § 267 Rn. 109; LACKNER/KÜHL § 267 Rn. 15; BGHSt 2, 35 (37 f.).

erkennen und deshalb handele es sich um keine Urkunde.[48] Demgegenüber beruft sich eine verbreitete Literaturauffassung auf die Geistigkeitstheorie und darauf, dass im Rechtsverkehr die Fotokopie als Urkundenersatz weitgehend anerkannt ist.[49]

Aufgabe: Schwarzverkäufe eines Angestellten[50] 1364

Tobias Z., Angestellter eines Möbelhändlers, verkaufte nebenher Waren seiner Arbeitgeberin, der Fa. *Möbelhaus H.*, auf eigene Rechnung. So veräußerte er eine Sitzgruppe an seinen – gutgläubigen – Bekannten *Matthias K.* Die Ware bezog er von dem Lieferanten im Namen und auf Rechnung seiner Arbeitgeberin. Von der Lieferantenrechnung stellte er eine Fotokopie her. Beim Kopieren deckte er die auf die Firma *Möbelhaus H.* lautende Anschrift ab und setzte in die Fotokopie den Namen und die Anschrift von *Matthias K.* ein. Die Rechnungskopie übergab *Tobias Z.* dem *K.* mit dem eigenhändig angebrachten Vermerk, den Kaufpreis schon an die Lieferfirma bezahlt zu haben. Er suchte so *K.* zu veranlassen, den Kaufpreis an ihn zu zahlen.
Stellt die manipulierte Fotokopie eine (falsche) Urkunde dar?

Eine Ausnahme von dem Satz, Fotokopien fehle die Urkundseigenschaft, macht selbst 1365
die h.M., sobald die Kopie qualitativ so hochwertig ist, dass sie als das Original erscheint (und als solches ausgegeben wird).[51] Das aber ist im Grunde bereits inkonsequent, weil auch die perfekte Kopie stets doch nur eine Kopie bleibt. Der richtige Ansatz ergibt sich, sobald man die Herstellung in den Blick nimmt. Wie beim Durchschreiben handelt es sich beim Fotokopieren um einen mechanischen Prozess, der, anders als bei der freihändigen Abschrift, für gewöhnlich eine getreue Mehrfertigung des Originals gewährleistet.[52] Der Fotokopiervorgang „verfälscht" – zumal angesichts der Qualität heutiger Geräte – die Erklärung nicht, sondern führt wie bei der Herstellung eines Ausdrucks einer Textdatei zu einer originalgetreuen Wiedergabe der Originalerklärung. Nimmt man die Geistigkeitstheorie ernst, handelt es sich mithin bei einer Fotokopie um ein dem Originalverfasser geistig zuzuordnendes Produkt, *um eine vollwertige Urkunde.*

Im Aufgabenfall Rn. 1364 läge danach in Gestalt der Kopie bereits eine (wegen des Austauschs der Anschrift falsche) Urkunde vor. Nähere Erläuterungen zur Aufgabe sowie zu weitergehenden Behelfskonstruktionen der h.M. befinden sich auf CD 37-07.

Im Unterschied zur Fotokopie ist die Urkundseigenschaft eines *Telefax* (= Fernkopie) über- 1366
wiegend anerkannt, allerdings mit der Einschränkung, dass nicht der Hersteller des Originals, sondern der – aus der Übersendungszeile erkennbare – Absender als Aussteller der Urkunde gilt, weil er für die originalgetreue Abbildung einstehen will.[53] Das Telefax weist daher Strukturen auf, die der einer beglaubigten Abschrift ähneln, was seine Akzeptanz als Urkunde ebenso

48 BGHSt 24, 140 (141); LK-Gribbohm § 267 Rn. 111 ff.; SK-Hoyer § 267 Rn. 22; Maurach/Schroeder/Maiwald BT 2 § 65 Rn. 39; Wessels/Hettinger BT 1 Rn. 811.

49 Freund (Fn. 2) Rn. 127; NK-Puppe § 267 Rn. 23 f., 49 f.; Wolfgang Mitsch, Anmerkung zum Beschluss des BayObLG v. 11.05.1992, NStZ 1994, 88-89 (89).

50 BGHSt 24, 140.

51 Sch/Sch-Cramer/Heine § 267 Rn. 42b; SK-Hoyer § 267 Rn. 22; OLG Zweibrücken NJW 1982, 2268; ebenso wohl BGH NStZ 2003, 544.

52 Freund (Fn. 2), Rn. 127, spricht anschaulich von einem „selbstredenden Indikator".

53 Sch/Sch-Cramer/Heine § 267 Rn. 43; Arzt/Weber BT § 31 Rn. 13; a.A. OLG Zweibrücken NJW 1998, 2918 (allerdings unklar, ob dort Absenderkennung vorhanden war).

erleichtert wie der Umstand, dass es prozessual als Mittel zur Einlegung von Rechtsmitteln anerkannt ist,[54] wobei die Urkundseigenschaft der Zusendung schon aus dem Umstand folgt, die eigentliche Gedankenerklärung zu transportieren.[55]

1367 *(3) Rückschluss auf den Aussteller anhand anderer Umstände* Wer Aussteller der Urkunde ist, wenn er nicht (z.B. qua Unterschrift oder Briefkopf) auf der Urkunde benannt wird, lässt sich eventuell aus weiteren Umständen erschließen. Gelingt dies nicht, so liegt keine Urkunde vor, denn für sie ist ein *erkennbarer* Aussteller unabdingbar. Solange sich niemand sichtbar zur Abgabe der Gedankenerklärung bekennt, läuft die Garantiefunktion leer. Keine Urkunden stellen daher offen anonyme Schreiben einschließlich solcher dar, die *ersichtlich* unzutreffende (z.B. Allerwelts- oder Phantasie-) Absendernamen tragen (versteckte Anonymität).[56]

1368 Es genügt dabei, wenn sich ein *individueller Aussteller jedenfalls für Eingeweihte aus der Urkunde erschließen* lässt, und sei es unter *Zuhilfenahme von Gesetz, Vereinbarung oder Verkehrsgepflogenheiten.*[57] An der erforderlichen Erkennbarkeit aus der Urkunde selbst fehlt es, wenn diese zwar Hinweise liefert, es aber zur endgültigen Individualisierung des Erklärenden weiterer Ermittlungen bedarf.[58]

Beispiel (Preisauszeichnung in Einzelhandelsgeschäft): *Siegmund T.* löste in einem Haushaltswarengeschäft das Preisschild (9,99 EUR) von einem Steingut-Bierkrug und klebte stattdessen ein von einem anderen Geschirrteil abgelöstes Sonderangebotspreisschild über 1,59 EUR darauf, um an der Kasse nur den niedrigeren Betrag als Kaufpreis zu entrichten. Auf dem Preisschild befand sich kein Hinweis auf das Geschäft (siehe Bilder). — Preisschild und Krug wären prinzipiell in der Lage, eine zusammengesetzte Urkunde mit dem Erklärungsinhalt zu bilden: „Diese Ware kostet 1,59 EUR". Nähme man den so ausgezeichneten Krug und entfernte ihn aus dem Geschäft, so wäre ohne weitere Nachforschungen (z.B.: wer verwendet derartige Etiketten, wer verkauft derartige Krüge?) nicht zu erkennen, wer für die Aus-

54 Vgl. für den Zivilprozess BGH NJW 1990, 188; für das Strafverfahren OLG Karlsruhe NStZ 1994, 200 (202); weitere Hinweise bei LK-GRIBBOHM § 267 Rn. 124.

55 Auf diesen Fall beschränkend Katharina BECKEMPER, Die Urkundsqualität von Telefaxen – OLG Zweibrücken, NJW 1998, 2918, JuS 2000, 123-128 (127 f.).

56 LK-GRIBBOHM § 267 Rn. 56 ff.; Sch/Sch-CRAMER/HEINE § 267 Rn. 18.

57 So im Kern übereinstimmend allgemeine Auffassung, vgl. Sch/Sch-CRAMER/HEINE § 267 Rn. 17; LK-GRIBBOHM § 267 Rn. 44 ff.; GÖSSEL/DÖLLING BT 1 § 52 Rn. 11; RGSt 61, 161; OLG Köln NJW 2002, 527 (528).

58 RGSt 40, 217 (218); BGHSt 13, 382 (384 f.); LK-GRIBBOHM § 267 Rn. 91.

zeichnung verantwortlich zeichnet; er wäre mithin keine Urkunde.[59] Solange er sich aber im Verkaufsregal des Geschäftes befindet, ist auf Grund der rechtlich abgesicherten, tatsächlichen Herrschaft des Inhabers über alle in seiner Gewahrsamssphäre befindlichen Dinge eindeutig, dass er entweder die Preisauszeichnung selbst veranlasst oder aber die Einstellung des Kruges in die Auslage in Kenntnis seiner Auszeichnung vorgenommen und sich die entsprechende Preiserklärung damit zueigen gemacht hat. Folglich existiert ein erkennbarer Aussteller; Etikett und Krug bilden daher in Verbindung miteinander eine zusammengesetzte Urkunde. Sobald *Siegmund T.* selbst ein Preisschild auf den Krug klebt, stellt er damit eine unechte Urkunde her.[60]

Aufgabe: Manipulation der Striche auf einem Bierdeckel[61] **1369**
Friedrich R. hatte in einem belebten Biergarten nach und nach sechs Glas Bier bestellt und erhalten. Der Kellner *Franz T.* zog für jedes Bier, das er *R.* servierte, einen Strich auf dem Bierdeckel, auf dem das jeweilige Bierglas stand. Da es in der Gaststätte üblich war, die Zeche anhand der Zahl der Striche auf dem Bierdeckel zu errechnen, radierte *Friedrich R.*, bevor er zahlte, zwei Striche von seinem Bierdeckel, um auf diese Weise Geld zu sparen.
Handelte es sich bei dem Bierdeckel um eine (fälschungstaugliche) Urkunde?

Wenngleich mehrheitlich auch dem Bierdeckel eine Urkundentauglichkeit zugebilligt **1370**
wird,[62] so unterscheidet sich die Sachlage doch von dem Beispiel Rn. 1368, weil der Bierdeckel aus sich heraus weder den Adressaten der Zahlschuld noch den Aussteller erkennen lässt. Anders als beim Preisetikett fehlt daher eine Beweiseignung ebenso wie ein erkennbarer Aussteller. Bierdeckel sind dem Gast zur Verfügung gestellte Ge- und Verbrauchsartikel, Striche auf ihnen schnell gezogen und ihr Aussteller ist daher selbst in einer prinzipiell beherrschten Sphäre nicht ohne Weiteres zu identifizieren. Weitere Lösungshinweise finden Sie auf CD 37-08.

b) Die Falschurkunde als Resultat des Herstellens oder Verfälschens

Endprodukt der Täterhandlung muss eine unechte bzw. verfälschte Urkunde sein. **1371**
Richtigerweise sind beide Begriffe deckungsgleich und als Synonyme für eine falsche Urkunde anzusehen. Unecht, verfälscht und falsch ist eine Urkunde immer dann, wenn sie über die Identität ihres Ausstellers täuscht, also

> *der scheinbare Autor ihrer Gedankenerklärung nicht derjenige ist, der sie in Wahrheit in ihrer vorliegenden Form verfasst hat.*[63]

Die Richtigkeit oder Unrichtigkeit des Inhaltes der Erklärung spielt hingegen keine Rolle; der Befund, es handele sich um eine unwahre Urkunde (sog. „schriftliche Lü-

---

59 Vergleichbar RGSt 67, 419 (420), wo nach Entfernen des Briefkopfes nur noch eine Handschriftvergleichung den Aussteller identifiziert hätte. Anders läge es freilich, wenn dessen Schrift so eigentümlich wäre, dass ihr Urheber wenigstens von den eingeweihten Erklärungsempfängern zweifelsfrei erkannt würde.

60 Zur Unechtheit siehe unten bei Rn. 1371 ff.

61 Sachverhalt nach RG DStrZ 3 (1916), 77.

62 SK-Hoyer § 267 Rn. 32; LR-Gribbohm § 267 Rn. 92; RG DStrZ 3 (1916), 77; a.A. (mangelnde Beweiseignung) Sch/Sch-Cramer/Heine § 267 Rn. 27.

63 Insoweit unstrittig, vgl. Sch/Sch-Cramer/Heine § 267 Rn. 48; LK-Gribbohm § 267 Rn. 160 ff.; Arzt/Weber BT § 31 Rn. 29, 31; BGHSt 33, 159 (160).

ge"), begründet für sich genommen nicht die Einordnung als Falschurkunde.[64]

1372 **Beispiel** (Veränderungen im Führerschein):[65] *Holger M.* hatte die Ladung zum Antritt einer gegen ihn verhängten Freiheitsstrafe erhalten. Um sich der Strafverbüßung zu entziehen und polizeilichen Nachforschungen zu entgehen, änderte er seine Personalien auf der Titelseite seines Führerscheins durch Eintragen des falschen Namens „*Heiner N.*" sowie eines anderen Geburtstages und Wohnsitzes um. Entsprechend trug er auch auf der Innenseite in der Bescheinigung des Straßenverkehrsamtes über die ausgestellte Erlaubnis zum Führen eines Kraftfahrzeugs der Klasse drei[66] den falschen Namen ein. Schließlich unterzeichnete er noch sein Lichtbild im Führerschein mit dem Namenszug „*Heiner N.*" Mit Hilfe dieses Papiers nahm er unter dem falschen Namen Arbeit an und mit einem Pkw am Straßenverkehr teil. — Der ursprünglich echte Führerschein stellte eine Urkunde dar, deren von der Straßenverkehrsbehörde stammende Gedankenerklärung lautete, dem abgebildeten Inhaber sei unter den Personalien *Holger M.*, geboren am ... in ..., am ... die Fahrerlaubnis der Klasse drei erteilt worden.[67] Nach der Manipulation lautet die Gedankenerklärung anders, nämlich dem abgebildeten Inhaber sei unter den Personalien *Heiner N.*, geboren am ... in ..., am ... die Fahrerlaubnis der Klasse drei erteilt worden. *Diese* Gedankenerklärung stammt von *Holger M.*, während sie bei Betrachtung des Führerscheins den Eindruck erweckte, weiterhin von der Straßenverkehrsbehörde verfasst zu sein. Echter Aussteller (*M.*) und scheinbarer Aussteller (Straßenverkehrsbehörde) fallen auseinander; mithin ist die Urkunde nunmehr falsch.

1373 Betrachtet man nun die zu diesem tatbestandlichen Befund einer Falschurkunde führenden Handlungen, so handelt es sich unstreitig jedenfalls um ein Verfälschen im Sinne der 2. Alternative. Überwiegend wird aber für das Herstellen einer unechten Urkunde, die 1. Alternative, auch nur verlangt, dass am Ende der Täterhandlung eine unechte Urkunde herauskommt. Wie der Täter dazu vorgeht, wäre demnach gleichgültig. *Holger M.* hätte folglich ebenso eine unechte Urkunde im Sinne der 1. Alternative „hergestellt" wie im Sinne der 2. Alternative eine echte Urkunde „verfälscht". Nach diesem Verständnis fiele das Verfälschen generell zugleich unter die 1. Alternative, die allerdings gegenüber der spezielleren 2. Alternative auf Konkurrenzebene zurückträte.[68] Im Ergebnis läge daher (auch) nach h.M. nur ein Verfälschen vor.

1374 Dieses Verständnis von einer allgemeinen 1. Alternative und einer in dieser enthaltenen, spezielleren 2. Alternative ist systematisch freilich verfehlt, weil so die 2. Alternative entbehrlich wäre, da sie keinen eigenständigen Anwendungsbereich mehr besäße. Richtigerweise unterscheiden sich beide Alternativen von ihrer Ausgangssituation her: Beim Herstellen komponiert der Täter aus dem urkundlichen Nichts heraus seine

---

64 Sch/Sch-CRAMER/HEINE § 267 Rn. 54; OTTO BT § 70 Rn. 32; BGHSt 9, 44 (45).

65 OLG Hamm NJW 1969, 625.

66 Die Fahrerlaubnis der alten Klasse drei entspricht mit Abstrichen der heutigen Klasse C1, vgl. § 6 I FeV bzw. die Anlage 3 zur FeV.

67 So auch OLG Hamm NJW 1969, 625.

68 Sch/Sch-CRAMER/HEINE § 267 Rn. 64; LACKNER/KÜHL § 267 Rn. 21; GÖSSEL/DÖLLING BT 1 § 52 Rn. 19; BGH(D) MDR 1975, 23.

Falschurkunde, beim Verfälschen einer echten Urkunde nutzt er dazu als Basis eine bereits vorhandene Urkunde.

Abbildung: Die Anwendungsbereiche der 1. und 2. Alternative von § 267 I

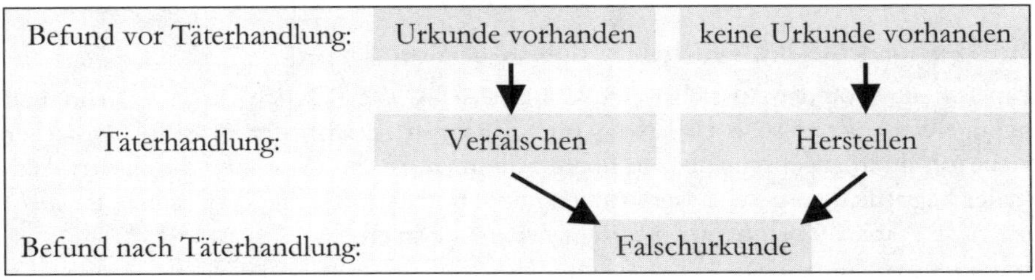

Diese Auslegung harmoniert zudem besser mit dem Wortlaut. Denn „Herstellen“ 1375
wird gemeinhin als Synonym für die originäre Produktion von etwas verwendet, nicht aber für eine Modifikation. Wenn beispielsweise ein rotes Auto blau gespritzt würde, wäre es völlig unüblich, von der Herstellung eines blauen Fahrzeuges zu sprechen, sondern man verwendet im Allgemeinen spezifischere Begriffe wie „Umspritzen“, „Umfärben“ oder eben bei der Urkunde das „Verfälschen“. Eine eingehendere Auseinandersetzung findet sich auf CD 37-09.

Weil eine Täuschung über den Aussteller erforderlich ist, führt die Verwendung falscher Namen 1376
nicht zwingend zu einer Falschurkunde, wenn der Täter z.B. ständig seinen Künstler- oder einen anderen Alias-Namen verwendet,[69] er sich aber als Person durchaus an seiner Erklärung festhalten lassen will. Umgekehrt kann die Verwendung richtiger Namen zur Erstellung einer Falschurkunde führen, falls sie über die Identität täuscht, wie etwa bei der ausnahmsweisen Benutzung eines zweiten, sonst niemals genannten Vornamens an Stelle des üblichen Rufnamens.[70]

Aufgabe: Auswechseln von Kfz.-Kennzeichen[71] 1377
Jochen D. betrieb eine Kfz-Werkstatt, in welcher er gestohlene Fahrzeuge „umfrisierte“. Dazu kaufte er einerseits von anderen gestohlene Pkw und andererseits (noch zugelassene) Unfallfahrzeuge auf. Von den Unfallfahrzeugen entfernte er die Kfz-Kennzeichen und brachte sie an den gestohlenen Fahrzeugen an, nachdem er deren echte Kennzeichen entfernt hatte. Herstellen oder Verfälschen einer Urkunde?

Eine zusammengesetzte Urkunde wird u.a. falsch, wenn die Zusammenfügung von 1378
einer dazu nicht autorisierten Person vorgenommen wird. Weil erst die Zusammensetzung von Kfz-Kennzeichen und Fahrzeug die Urkundsvoraussetzungen erfüllt, ist Urkundenaussteller derjenige, der sie miteinander verbindet. Augenscheinlicher Urheber ist die Straßenverkehrsbehörde, der die Zuordnung einzelner Fahrzeuge mit bestimmten Nummernschildern zuzurechnen ist. Indem *D.* andere Zusammensetzungen vornahm, wurde er zum wahren Aussteller der (damit falschen) zusammengesetzten Urkunden. Dabei handelte es sich um ein Herstellen und um kein Verfälschen, weil *D.*

69 Vgl. BGH NStZ-RR 1997, 358 (358 f.), wo ein Asylbewerber eine falsche Identität angenommen hatte und unter diesem Namen „ordnungsgemäß“ lebte.

70 Vgl. BGHSt 40, 203.

71 Nach Vorgaben aus BGHSt 16, 94.

durch das Abmontieren der alten Kennzeichen zunächst die vorhandenen Urkunden vernichten und sodann völlig neue Urkunden erschaffen musste. Ergänzende Hinweise, auch zum Fälschen von Fahrgestell- und Motornummern beim „Umfrisieren" gestohlener Pkw, findet man auf CD 37-10.

c) Der Sonderfall des Verfälschens durch den Aussteller

1379 Umstritten ist, ob der Aussteller eine Urkunde selbst „verfälschen" kann.[72] Wenn man richtigerweise als falsche Urkunden nur diejenigen ansieht, deren wahre Aussteller nicht mit ihren augenscheinlichen übereinstimmen, ist die Fälschung durch den Aussteller begrifflich ausgeschlossen. Anders die – noch – h.M., die Verfälschen als *nachträgliche Veränderung des gedanklichen Inhalts* definiert.[73]

Beispiel (Veränderungen an einem selbst geschriebenen Überweisungsbeleg):[74] *Klaus-Bernard K.* war Gesellschafter der Firma *V-GmbH*, für die er eine Stammeinlage in Höhe von 50.000 DM zu erbringen hatte. Gegen die Fa. *V-GmbH* besaß die Fa. *T-GmbH* einen weit höheren, titulierten Zahlungsanspruch. Auf Grund dieses Titels erwirkte die Firma *T-GmbH* im Jahre 1993 gegen *Klaus-Bernard K.* einen Pfändungs- und Überweisungsbeschluss, durch den die Forderung der Firma *V.* gegen *K.* auf Zahlung der Stammeinlage gepfändet und der Fa. *T-GmbH* zur Einziehung überwiesen wurde. Über die Berechtigung dieser Pfändung kam es zu einem Klageverfahren zwischen *Klaus-Bernard K.* und der Fa. *T-GmbH.* In diesem Verfahren trug *K.* vor, die Pfändung sei „ins Leere" gegangen, da er die der Firma *V.* geschuldete Stammeinlage bereits vor Erlass des Pfändungs- und Überweisungsbeschlusses vollständig eingezahlt habe. Er habe seiner Bank im Februar 1989 den schriftlichen Auftrag erteilt, 50.000 DM als Stammeinlage auf das Konto der Firma *V.* bei dem Bankhaus *D.* zu überweisen. Entsprechend diesem Auftrag sei sein Konto am 24.02.1989 mit dem Betrag belastet worden. Zum Beweis bezog sich *Klaus-Bernard K.* neben einem entsprechenden Kontoauszug auf einen Überweisungsbeleg („Durchschrift für Auftraggeber") über 50.000 DM, in welchem er allerdings unter der Rubrik „Verwendungszweck" nachträglich handschriftlich das Wort „Stammeinlage" eingefügt hatte, um so zu verdeutlichen, dass es sich nicht um irgendeine andere Zahlung an die *V-GmbH* gehandelt hatte. — Nach h.M. konnte *Klaus-Bernard K.* seine eigene Urkunde fälschen, indem er ihren gedanklichen Inhalt veränderte bzw. ergänzte. Voraussetzung wäre danach alleine, dass er die – normalerweise dem Aussteller stets zuzubilligende – Befugnis zur Abänderung verloren hatte, weil der Rechtsverkehr am unveränderten Bestand der Urkunde ein Interesse besitzt.[75] Nachdem *Klaus-Bernard K.* den Überweisungsträger zur Ausführung gegeben (und die Durchschrift wie üblich einbehalten) hatte, war seine Befugnis zur Abänderung „seiner" Urkunde erloschen. Denn nun stellte diese Durchschrift einen Beleg für den Umfang des der Bank gegebenen Auftrages dar, und zwar zunächst gegenüber der Bank, aber auch ggf. – wie hier im Rahmen eines Prozesses – gegenüber Dritten. Mit der Trennung von Original und Durch-

---

72 Ausführliche Darstellung des Streitstandes bei HILLENKAMP BT-Probleme, 13. Problem.

73 RENGIER BT II § 33 Rn. 21; LACKNER/KÜHL § 267 Rn. 20; OLG Köln NJW 1983, 769.

74 Sachverhalt – mit Vereinfachungen – nach OLG Düsseldorf NJW 1998, 692.

75 BGHSt 13, 382 (386); RENGIER BT II § 33 Rn. 24; LACKNER/KÜHL § 267 Rn. 21.

schrift und dem Aushändigen des ersteren erlosch daher die Befugnis, letztere inhaltlich abzuändern.[76]

Richtigerweise ist eine Urkundenfälschung durch den Aussteller aber abzulehnen, weil 1380
der Aussteller niemals falsche Urkunden herzustellen vermag.[77] Eine nähere Auseinandersetzung mit der anderslautenden h.M. findet sich auf CD 37-11. Strafbarkeitslücken drohen im Übrigen bei der hier vertretenen Auffassung schon deshalb nicht, weil sich Manipulationen durch den Aussteller über § 274 I Nr. 1 mit gleich hoher Strafdrohung erfassen lassen.

d) Gebrauchmachen

Von einer Falschurkunde wird i.S.v. § 267 Gebrauch gemacht, indem der Täter sie 1381

einem zu täuschenden Dritten so zugänglich macht, dass dieser sie wahrzunehmen vermag. [78]

Es bedarf also keiner tatsächlich erfolgten Wahrnehmung, sondern allein der Möglichkeit dazu. Wer daher mit falschen Kfz-Kennzeichen im Straßenverkehr fährt (etwa nach der Manipulation im Fall Rn. 1377), gebraucht eine Falschurkunde, weil jedermann die Kennzeichen am Fahrzeug wahrnehmen (und an die ordnungsgemäße Zulassung des Pkw glauben) könnte, selbst wenn in Wahrheit niemand einen Blick auf Auto und Kennzeichen wirft.

Aufgabe: Überkleben von Verkehrszeichen zur Beweismanipulation[79] 1382
Am 14.05.1996 geriet *Jochen B.* mit seinem Pkw auf einer Straße, auf der die zulässige Höchstgeschwindigkeit auf 30 km/h beschränkt war, in eine Geschwindigkeitskontrolle, in welcher seine Geschwindigkeit mit 57 km/h gemessen und woraufhin gegen ihn ein Bußgeldverfahren eingeleitet wurde. *B.* fasste den Entschluss, sich mit der Behauptung zu verteidigen, im Bereich der Messstelle sei eine zulässige Höchstgeschwindigkeit von 50 km/h ausgeschildert gewesen. Dazu überklebte er an der fraglichen Stelle Verkehrsschilder, welche die Begrenzung auf 30 km/h regelten, mit einer Folie, die eine Geschwindigkeit von 50 km/h als zulässig auswies. Sein Fahrzeug ließ er zu Beweiszwecken mit einem derart veränderten Schild ablichten und das Foto im Ordnungswidrigkeitenverfahren vorlegen.
Hat *Jochen B.* eine Falschurkunde gebracht?

Ein Gebrauchmachen setzt keinen unmittelbaren Einsatz der Fälschung gegenüber 1383
Dritten voraus. Vielmehr genügt es, eine – ggf. sogar nur mittelbare – Wahrnehmung der unechten verkörperten Gedankenerklärung zu ermöglichen. Wer daher mit der h.M. die Urkundseigenschaft der Fotokopie verneint,[80] könnte, falls wenigstens die Kopie von einer Falschurkunde gezogen wurde, in ihrer Vorlage das Gebrauchma-

76 Im Originalfall des OLG Düsseldorf scheiterte § 267 allerdings an der fehlenden Täuschungsabsicht, weil *K.* nur einen wahren Sachverhalt belegen wollte (NJW 1998, 692).

77 Ebenso Sch/Sch-Cramer/Heine § 267 Rn. 68, Otto BT § 70 Rn. 49; NK-Puppe § 267 Rn. 89 ff.

78 BGHSt 35, 64 (65); Lackner/Kühl § 267 Rn. 23; Gössel/Dölling BT 1 § 52 Rn. 21.

79 Vereinfachter Sachverhalt nach OLG Köln NJW 1999, 1042.

80 Vgl. zu dieser Thematik oben Rn. 1363 ff.

chen von ebendieser Falschurkunde erblicken.[81] Ebenso genügt im Aufgabenfall die Vorlage eines Fotos einer falschen Urkunde. Umstritten ist allerdings, ob Verkehrsschilder überhaupt Urkundseigenschaft besitzen. Vgl. dazu und zu weiteren Lösungshinweisen CD 37-12.

3. Subjektiver Tatbestand

1384 Neben dem – bedingten – Vorsatz verlangt § 267 I ein Handeln *zur Täuschung im Rechtsverkehr* (beim Herstellen/Verfälschen: im Falle des geplanten späteren Einsatzes der Urkunde). Ziel des Täters muss sein, auf Grund eines Irrtums über die Urkundenechtheit ein rechtlich erhebliches Verhalten desjenigen zu erreichen, zu dessen Kenntnis die Urkunde (beim Herstellen/Verfälschen: später) gelangt.[82] Dieses Verhalten mag – wie bei der Benutzung eines Pkw mit falschen Kennzeichen im Straßenverkehr – auch aus dem Unterlassen einer sonst drohenden Handlung (Anhalten des Fahrzeugs, Strafanzeige) bestehen.

1385 Rechtsverkehrsirrelevante Täuschungen im Privatbereich genügen hingegen nicht.

Beispiel (Passfälschung aus Eitelkeit):[83] *Simone V.* unternahm mit ihrem Pkw eine Ferienreise, auf der sie unterwegs *Dennis M.* kennenlernte, mit dem zusammen sie nach Italien einreisen wollte. Sie nahm an, *M.* könne beim Grenzübertritt ihren Reisepass einsehen. Um ihm ihr wahres Alter zu verheimlichen und jünger zu erscheinen, änderte sie in ihrem Reisepass ihr Geburtsjahr um zehn Jahre. Die Verfälschung wurde bei der Passkontrolle entdeckt — Das BayObLG bestätigte den durch das Landgericht ergangenen Freispruch. Es kam *Simone V.* nicht darauf an, die Grenzbeamten über ihre Identität zu täuschen und dadurch ihre Einreise zu erreichen (was als Täuschung im Rechtsverkehr zu bewerten gewesen wäre), sondern sie erstrebte allein eine Reaktion im privaten Bereich ohne Einfluss auf *Rechts*beziehungen zu *Dennis M.* Daher fehlte es an der von § 267 geforderten Täuschungsintension.

1386 Im Übrigen genügt für die Täuschungsintention nach h.M. dolus directus 2. Grades;[84] zum Teil wird – durchaus einleuchtend – sogar dolus eventualis für ausreichend erachtet.[85]

4. Versuch, besonders schwere Fälle und Qualifikationen

a) Versuch

1387 Die in § 267 II angeordnete *Versuchsstrafbarkeit* hat angesichts der Deliktsstruktur, die nur eine sehr kurze Versuchsphase ermöglicht, kaum Bedeutung.

---

81 BGHSt 5, 291; BGH StV 1994, 18; LK-GRIBBOHM § 267 Rn. 17; a.A. OTTO BT § 70 Rn. 28 (dort Fn. 24).

82 FISCHER § 267 Rn. 30; NK-PUPPE § 267 Rn. 99 f.; BGH NStZ 1999, 619 (620).

83 BayObLG MDR 1958, 264. Seinerzeit bedurfte es zur Einreise noch eines Reisepasses und diese wiederum waren längst noch nicht so fälschungssicher wie heute.

84 FISCHER § 267 Rn. 29; KINDHÄUSER LPK § 267 Rn. 56; BGH NStZ 1999, 619; noch weitergehend SK-HOYER § 267 Rn. 92 (dolus directus ersten Grades).

85 NK-PUPPE § 267 Rn. 101 ff.

b) Schwere Fälle und Qualifikationen

Der Strafrahmen der Urkundenfälschung entspricht mit maximal fünf Jahren Freiheitsstrafe im Grundtatbestand denjenigen von Diebstahl und Betrug, was angesichts des fehlenden materiellen Schadens ein wenig verwundert. Parallel zum Betrug verlaufen auch die erweiterten Strafrahmen für die schweren Urkundenfälschungen. Zum einen enthält § 267 III eine Strafzumessungsregel mit Regelbeispielen, zum anderen § 267 IV einen echten Qualifikationstatbestand, der durch kombinierte Beispielsfälle aus Abs. 3 erfüllt wird und die Tat zum Verbrechen aufwertet. 1388

Abbildung: Die schweren Fälle der Urkundenfälschung

Bestimmung	Voraussetzungen
Besonders schwerer Fall (§ 267 III) mit Strafe von sechs Monaten bis zu zehn Jahren Freiheitsstrafe	regelmäßig erfüllt bei (*alternativ*) - Gewerbsmäßigkeit (Nr. 1, vgl. Rn. 1097) - Bandentätigkeit (Nr. 1. vgl. Rn.1115 ff., 1284) - großer Vermögensverlust (Nr. 2, Rn. 1285) - erhebliche Rechtsverkehrsgefährdung mittels einer großen Zahl Falschurkunden (Nr. 3, Rn. 1285) - Amtsträgerschaft (Nr. 4, vgl. Rn. 631)
Qualifikation zum Verbrechen (§ 267 IV)	(*kumulativ*) gewerbsmäßige Bandentätigkeit (Rn. 1288)

Zur Problematik und Prüfung der Regelbeispiele aus Abs. 3 kann auf die Ausführungen zum besonders schweren Fall des Diebstahls verwiesen werden (Rn. 1080 ff.). Die Merkmale *Gewerbsmäßigkeit, Banden-* und *Amtsträgerhandeln* wurden bereits an den in der vorstehenden Abbildung genannten Fundstellen besprochen und sind bei der Urkundenfälschung in gleicher Weise auszulegen. 1389

- Der *Vermögensverlust großen Ausmaßes* (Nr. 2) steht bei § 267 III alleine und wird – anders als beim Betrug – nicht durch die Schädigung einer großen Zahl von Menschen ergänzt.
- Einen spezifischen Erschwerungsgrund bildet in Nr. 3 die *erhebliche Gefährdung* der Rechtsverkehrssicherheit durch eine *große Zahl von Falschurkunden*. Zur Bestimmung einer erheblichen Gefährdung bietet sich die Parallele zu § 263 III Nr. 2 an. Erheblich wäre danach eine Gefährdung in materieller Hinsicht, sobald ein drohender Vermögensschaden die Größenordnung von 50.000 EUR überstiege. Sofern die Falschurkunden ausschließlich zu Schäden an anderen Individualgütern führen könnten, wäre entsprechend eine große Zahl Betroffener (50 Personen[86]) erforderlich.[87] Geht es allein um immaterielle Gemeinschaftsgüter (z.B. beim Einsatz von Falschurkunden zur Gefangenenbefreiung), so bliebe als einziges Kriterium eine große Zahl verschiedener angestrebter rechtsverkehrserheblicher Verhaltensweisen bei den Täuschungsadressaten.
- Nicht eindeutig ist auch die Frage zu beantworten, wann eine *große Zahl* von Urkunden anzunehmen ist. Da die Quantität der Falsifikate alleine und ohne Berücksichtigung ihrer jeweiligen Bedeutung im Rechtsverkehr keinen geeigneten Parameter darstellt, kann man

86 Vgl. oben zu § 263 III Nr. 2 bei Rn. 1285.

87 SK-HOYER § 267 Rn. 103.

kaum irgendeine feste Zahl nennen,[88] sondern allenfalls zu Grunde legen, dass eine „große" jedenfalls eine mehr als nur kleine zweistellige Zahl sein muss.

5. Konkurrenzen

1390 Zum Zusammentreffen der einzelnen Alternativen von § 267 vgl. oben Rn. 1336 f. Verwirklicht das Gebrauchmachen zugleich ein anderes Täuschungsdelikt wie § 263, so liegt Idealkonkurrenz vor und die Urkundenfälschung tritt nach allgemeiner Auffassung nicht etwa zurück,[89] obschon sie strukturell ein Vorfelddelikt darstellt. Umgekehrt verdrängt sie § 274 I Nr. 1[90] (bei gleichzeitiger Verwirklichung im Wege der Subsidiarität, bei vorhergehender Datenvernichtung im Wege der Konsumtion als mitbestrafte Vortat), ferner die explizit subsidiäre Kennzeichenfälschung nach § 22 StVG.

III. Die Datenfälschung (§ 269)

1. Ziel und Rechtsgut der Strafbestimmung

1391 Der im 2. WiKG 1986 eingeführte[91] § 269 bildet – im Zusammenspiel mit § 270 – eine *Parallelvorschrift zu § 267* für den Echtheitsschutz nicht urkundlich, sondern elektronisch fixierter Gedankenerklärungen. Dies trägt den durch die EDV veränderten Kommunikationsstrukturen im geschäftlichen Verkehr Rechnung. Da die traditionellen Urkundsdelikte erst eingreifen, sobald die manipulierte Erklärung in verkörperter, unmittelbar wahrnehmbarer Form vorliegt, erfassen sie keine Vorgänge, bei denen Aufträge, Lieferungen, Kundendaten, Kontenstände u.ä. ohne schriftliche Fixierung in Datenbanken gespeichert werden und Schriftverkehr automatisiert direkt aus diesen Datenbeständen heraus erfolgt. Seit der grundsätzlichen Anerkennung ihrer Rechtsverbindlichkeit[92] geschieht dies zudem immer öfter per E-Mail in ausschließlich elektronischer Form. Die früher übliche originär schriftliche Abfassung von Bestellungen, Quittungen und Rechnungen befindet sich hingegen auf dem Rückzug. Als Urkundenfälschung können Manipulationen am Datenbestand aber nur erfasst werden, wenn es zum Ausdruck und so zur Herstellung einer Urkunde kommt.[93] Selbst dann müsste gerade der Ausdruck zur Täuschung dienen; erstellt der Absender ihn lediglich für die eigenen Unterlagen, wäre nicht einmal dann § 267 anzuwenden.

---

88 So aber FISCHER § 267 Rn. 40 (20 Urkunden); dagegen mit Recht NK-PUPPE § 267 Rn. 119; SK-HOYER § 267 Rn. 103.

89 Sch/Sch-CRAMER/HEINE § 267 Rn. 99; LACKNER/KÜHL § 267 Rn. 28.

90 Sch/Sch-CRAMER/HEINE § 274 Rn. 22; diff. SK-HOYER § 274 Rn. 27 (keine Konsumtion als Vortat).

91 Zur Entstehungsgeschichte vgl. Susanne HARTMANN, Neue Herausforderungen für das Urkundenstrafrecht im Zeitalter der Informationsgesellschaft, 2003, S. 23 ff.

92 Vgl. § 126 III BGB, aber auch die neuerdings in den §§ 3a VwVfG, 36a SGB I, 87a AO eingeräumte Möglichkeit, gegenüber Behörden und Gerichten Erklärungen in elektronischer Form abzugeben.

93 Zu den Rechtsproblemen dabei vgl. ZIELINSKI (Fn. 23), GedS Kaufmann S. 607 ff.

§ 269 soll die geschilderten Lücken des Urkundenstrafrechts schließen.[94] Aufgrund 1392
dieser Konzeption ist *Rechtsgut* von § 269 ebenfalls die Sicherheit und Zuverlässigkeit des Rechtsverkehrs. Aber auch von seiner Systematik her ist die Datenfälschung eng an die Urkundenfälschung angelehnt, was schon durch das Erfordernis einer hypothetisch vorliegenden Falschurkunde zum Ausdruck kommt.

Abbildung: Der Prüfungsaufbau der Datenfälschung (§ 269)

I. Tatbestand	1. objektiver Tatbestand (ggf. auch Qualifikation nach Abs. 3 i.V.m. § 267 beachten, vgl. Rn. 1401, 1388) - Daten als Objekt bzw. Resultat der Täterhandlung/als Mittel eines Gebrauchmachens (Rn. 1393) - hypothetische Urkundsqualität der gespeicherten Daten (Rn. 1394 ff.) - Unechtheit der hypothetischen Urkunde (Rn. 1399) - Speichern/Verändern/Gebrauchmachen (Rn. 1398)
I. Tatbestand	2. subjektiver Tatbestand - Vorsatz bzgl. Urkunde, Unechtheit und Herstellen/Verfälschen (Rn. 1400) - Handeln zur Täuschung im Rechtsverkehr bzw. zur fälschlichen Beeinflussung einer Datenverarbeitung im Rechtsverkehr (Rn. 1400)
II./III. Rechtswidrigkeit/Schuld	keine Besonderheiten
IV. Strafausschließung u.a.	ggf. besonders schwerer Fall nach § 269 III i.V.m. § 267 III - Regelbeispiele (Rn. 1401, 1388 ff.) / Vorsatz insoweit

2. Tatobjekt und Tathandlungen

Geschützt werden Daten einschließlich der (noch) unmittelbar wahrnehmbaren Ein- 1393
gangsdaten vor ihrer Eingabe[95], an welchen ja die Tathandlung des Speicherns möglich sein soll. Somit werden auch Manipulationen an noch ungespeicherten Daten erfasst, etwa das Verändern der Kontonummer auf einem Einzahlungsbeleg vor dessen Verbuchung durch den Bankangestellten. Die Formulierung, „dass bei ihrer Wahrnehmung eine ... Urkunde vorliegen würde", setzt freilich Daten voraus, die spätestens nach ihrer bevorstehenden Speicherung die Voraussetzungen von § 202a II erfüllen.[96]

Die besondere Problematik des Tatbestands entsteht, weil die fraglichen Daten „bei 1394
ihrer Wahrnehmung eine unechte oder verfälschte Urkunde" ergeben müssen. Damit verlangt § 269 *hypothetisch eine falsche Urkunde*, die bis auf ihre reale Existenz alle Merkmale des Urkundsbegriffs erfüllt. Es muss sich also um eine menschliche Gedankenerklärung handeln, die zum Beweis im Rechtsverkehr geeignet und bestimmt

94 BT-Drs. 10/5058, S. 33.

95 BT-Drs. 10/5058, S. 34; SK-HOYER § 269 Rn. 5.

96 Theodor LENCKNER/Wolfgang WINKELBAUER, Computerkriminalität – Möglichkeit und Grenzen des 2. WiKG, CR 1986, 483-488, 654-661, 824-831 (825.).

ist und die ihren – angeblichen – Aussteller erkennen lässt.[97] Da es schon deshalb einer Beweiserheblichkeit der Daten bedarf, bleibt die Wiederholung dieses Merkmals im Tatbestand ohne Funktion; man könnte es dort genausogut streichen.

1395 Ungeeignet sind folglich Daten, die nur als Ausdruck in den Rechtsverkehr gelangen sollen, weil dann nicht bereits der Datensatz, sondern allein seine Umsetzung in eine gewöhnliche Schrifturkunde beweisbestimmt ist[98]. Datenurkunden können daher nur solche sein, die bereits in Datenform rechtliche Wirkungen intendieren.[99] Dazu zählen beispielsweise neben E-Mail mit rechtsgeschäftlichen Erklärungsinhalten[100] auch die elektronische Buchführung gemäß § 257 III HGB oder die Daten auf Chipkarten jeder Art.

Beispiel („Phishing" von Zugangsdaten zum Online-Banking):[101] Der aus Weißrussland heraus operierende *Sergej J.* versandte wahllos E-Mail unter dem Logo einer deutschen Großbank mit folgendem Text: „Sehr geehrter Kunde, die technische Abteilung unserer Bank führt zur Zeit eine Software-Aktualisierung durch, um die Qualität und Sicherheit des Online-Banking zu verbessern. Zu diesem Zweck bitten wir Sie, auf den folgenden Link zu klicken und ihre Bankdaten zu bestätigen: ... Wir bitten Sie, die Unannehmlichkeiten zu entschuldigen, und danken für Ihre Mithilfe. © 2007 *X-Bank*." Wer den besagten Link betätigte, geriet auf eine Website, die dem Online-Portal der betreffenden Bank täuschend ähnlich sah, und wo von ihm verlangt wurde, Kontonummer, Benutzerkennung, PIN und diverse TAN[102] einzugeben. Das Ziel von *Sergej J.* war es, auf diese Weise Zugang zu fremden Konten zu erhalten, um von diesen Überweisungen zu tätigen. — Sowohl die E-Mail als auch die Website stellen von *Sergej J.* gespeicherte und sodann gebrauchte unechte Datenurkunden dar, weil sie als angeblichen Aussteller die X-Bank zeigten und die Gedankenerklärung enthielten, im Rahmen des Bankvertrages möge dieser eine bestimmte Mitwirkungshandlung vornehmen.[103]

1396 *Erkennbarer Aussteller* der Daten ist nach der Geistigkeitstheorie auch hier nicht unbedingt der unmittelbare Datenverfasser, sondern derjenige, dem sie geistig zuzurechnen sind. Dies ist meistens der Betreiber der EDV-Anlage, nicht dagegen der Programmierer, der eingebende Sachbearbeiter ohne Anordnungskompetenz oder die Schreibkraft.[104] Der Aussteller wird aus den Daten selbst regelmäßig nicht zu ersehen sein. Es genügt aber, dass er sich aus den Umständen der Datenverarbeitung ergibt, z.B. aus einem auf bestimmte Personen eingegrenzten Nutzerkreis einer Computeranlage.[105] So ist nur der Kontoinhaber bei Abhebungen am Bankautomaten erkennbarer Urheber der entsprechenden Aufzeichnung des Abhebungsvorgangs im Datenbestand der Bank.

---

97 Siehe zum Urkundsbegriff ausführlicher oben bei Rn. 1339 ff.

98 Dadurch eröffnet sich allerdings die Möglichkeit einer Strafbarkeit unmittelbar nach § 267.

99 RADTKE (Fn. 25) ZStW 115 (2003), 54.

100 Vgl. zur Nutzung gefälschter E-Mail-Adressen Walter BUGGISCH, Fälschung beweiserheblicher Daten durch Verwendung einer falschen E-Mail-Adresse? NJW 2004, 3519-3522.

101 Sachverhalt nach Vorbild zahlreicher ähnlicher Vorfälle, nachgewiesen u.a. online unter https://www.a-i3.org/content/category/5/36/216/.

102 TAN = sechsstellige Transaktionsnummern, von denen jeder Onlinekunde eine ganze Anzahl zur Verfügung hat, von denen er aus Sicherheitsgründen je eine für jede Transaktion auf Aufforderung einzugeben hat.

103 Zur rechtlichen Einordnung ausführlich Michael HEGHMANNS, Strafbarkeit des „Phishing" von Bankkontendaten und ihrer Verwendung, wistra 2007, 167-170.

104 Sch/Sch-CRAMER/HEINE § 269 Rn. 12.

105 Manfred MÖHRENSCHLAGER, Das neue Computerstrafrecht, wistra 1986, 128-142 (135).

(Elektronische) Kopien von Datenurkunden werden selbst nach h.M. – im Unterschied zur von ihr geleugneten Urkundseigenschaft der Fotokopie von Schrifturkunden – strafrechtlich geschützt, weil aus technischen Gründen eine Feststellung stofflicher Identität des Originals der Daten bei ihrer Speicherung, Verarbeitung oder Versendung gar nicht möglich ist. Vielmehr werden stets nur jeweils inhaltlich identische binäre Zeichenketten in Gestalt elektronischer Ladezustände erzeugt und „versandt".[106] Plastisch wird dies beim „Verschieben" eines Datensatzes von der Festplatte auf einen USB-Stick. Die Datei weist zwar auch an ihrem neuen Speicherort den identischen gedanklichen Inhalt auf, existiert aber auf einem physikalisch völlig neuen Hintergrund. Anders als bei Schrifturkunden existiert folglich kein einmaliges physikalisches „Original" einer Datei, sondern nur eine inhaltlich feststehende Zeichenkette, von der bei ordnungsgemäßer Verarbeitung oder Versendung vielfache weitere, z.T. flüchtige physikalische Abbildungen erstellt werden. Da jede dieser (Zwischen-)Speicherungen inhaltlich dem Originalinhalt entspricht und sich von ihm lediglich durch den jeweiligen Speicherungsort unterscheidet, wäre jede Differenzierung zwischen Originaldatensatz und hergestellter Kopie sinnlos. Die Konsequenz kann nur sein, den Strafrechtsschutz unterschiedslos auf sämtliche Darstellungen der jeweiligen Datei zu erstrecken[107], will man nicht § 269 insgesamt leerlaufen lassen. **1397**

Als Tathandlungen nennt § 269 das Speichern falscher oder das zur Verfälschung führende Verändern echter Daten sowie deren Gebrauch. *Speichern* ist das Eingeben von Daten über eine Konsole, einen Scanner, ein Datenträgerlaufwerk oder qua Datennetz zum Zwecke des mindestens vorübergehenden Verbleibs in einer EDV-Anlage. Als *Verändern* gilt das inhaltliche Umgestalten eines bereits gespeicherten Datenbestandes mit einem im Falle der visuellen Wahrnehmbarkeit anderen Erklärungsinhalt.[108] Das *Gebrauchen* setzt wie bei § 267 voraus, dass die veränderten bzw. gespeicherten Daten anschließend einem anderen (Menschen oder PC) zugänglich gemacht werden. Dies kann durch Darstellen auf dem Bildschirm, Überspielen der Daten oder qua Ausdruck geschehen. Einer tatsächlichen Kenntnisnahme bedarf es nicht. **1398**

Ergebnis muss ein Datenbestand sein, der bei visueller Wahrnehmbarkeit eine falsche (entweder von Anfang an unechte oder nachträglich verfälschte) Urkunde darstellen würde. Falsch ist diese hypothetische Datenurkunde wie bei § 267, sobald angeblicher und tatsächlicher Aussteller auseinanderfallen. **1399**

3. Täuschungsintention

Im subjektiven Tatbestand muss neben dem mindestens bedingten Vorsatz die Täuschung im Rechtsverkehr als Ziel des Täterhandelns vorliegen. Eine Täuschung setzt allerdings begrifflich die Handlung gegenüber einem Menschen voraus, womit alle Vorgänge, bei welchen falsche Daten anschließend automatisch zu rechtsverkehrserheblichen Vorgängen weiterverarbeitet werden (z.B. programmgemäß eine – wegen der Datenmanipulation inhaltlich abweichend lautende – Rechnung erstellt und versandt wird) noch nicht erfasst wären. Um diese Lücke zu füllen, stellt § 270 mit seiner nicht gerade glücklichen Formulierung klar, dass auch ein Computer im Sinne von § 269 „getäuscht" werden kann,[109] beispielsweise beim Gebrauch einer gefälschten EC-Karte am Bankautomaten.[110] **1400**

106 Dazu eingehend RADTKE (Fn. 25), ZStW 115 (2003), 34 ff.

107 Ebenso RADTKE (Fn. 25), ZStW 115 (2003), 36; HARTMANN (Fn. 91), S. 68 f.

108 Sch/Sch-CRAMER/HEINE § 269 Rn. 17.

109 MÖHRENSCHLAGER (Fn. 105) wistra 1986, 135; SK-HOYER § 270 Rn. 1 ff.

110 BGH wistra 1992, 64 (65); HARTMANN (Fn. 91) S. 157 ff.

4. Versuch, Bestrafung, Konkurrenzen

1401 Nach § 269 II besteht Versuchsstrafbarkeit. Qua Verweis in § 269 III finden zudem die schweren Fälle aus § 267 III, IV (Rn. 1388 ff.) auch auf § 269 Anwendung.

1402 Verwirklicht der Täter mehrere Alternativen des § 269, so liegt wie bei § 267 ein einheitliches Delikt vor. Mit § 263a ist Tateinheit möglich, während die §§ 274 I Nr. 2, 303a von § 267 – entsprechend der Situation bei § 267 und den §§ 303, 274 I Nr. 1 – verdrängt werden.[111]

IV. Die Fälschung technischer Aufzeichnungen (§ 268)

1. Schutzgut und Sinn der Strafbestimmung

1403 Der Tatbestand des § 268 I ist äußerlich der Urkundenfälschung nachgebildet und ersetzt nur den Begriff der Urkunde durch denjenigen der technischen Aufzeichnung. Diese wiederum wird in § 268 II legaldefiniert. Der wesentliche Unterschied zur Urkunde liegt darin, dass die technische Aufzeichnung keine menschliche Gedankenerklärung, sondern das Resultat einer zumindest teilweise selbsttätig bewirkten Mess- und/oder Rechenoperation wiedergibt. Hintergrund des Strafrechtsschutzes ist, dass automatisierte Vorgänge (wie die Aufnahmen einer Videoüberwachungskamera oder die Geschwindigkeitsmessung auf der Straßen) die Vermutung von Objektivität und Richtigkeit besitzen. Ihnen wird als Beweismittel besonderes Vertrauen entgegengebracht.[112] Als Schutzgut wahrt § 268 deshalb die Sicherheit der Informationsgewinnung durch technische Geräte.[113]

2. Die technische Aufzeichnung

1404 Vergleichbar der Perpetuierungsfunktion der Urkunde bedarf es auch für die technische Aufzeichnung einer *dauerhaften Verkörperung* („Darstellung") der Messresultate, weshalb der – veränderliche – Stand einer Gasuhr oder eines Kilometerzählers nicht genügt.[114] Vielmehr muss es zu einer Fixierung kommen, wie sie z.B. bei Kundenwaagen im Supermarkt durch den Ausdruck des aus dem Wiegevorgang ermittelten Kaufpreises erfolgt.

1405 Heftig umstritten wird das in § 268 II genannte Kriterium der zumindest *teilweise selbsttätigen Bewirkung*.[115] Da eine teilweise Selbsttätigkeit genügt, schadet im Umkehrschluss eine menschliche Mitwirkung (z.B. beim Starten der Aufzeichnung) nicht. Das klassische forensische Beispiel stellt die Aufzeichnung eines Fahrtenschreibers in einem Lkw dar, die zwar menschlich in Gang gesetzt wird, dann aber selbsttätig die jeweils gefahrene Geschwindigkeit misst.[116] Andererseits muss das Gerät mehr tun, als nur eine Eingabe unverändert reproduzieren. Daher besteht Einigkeit, dass Fotokopien oder (von Menschen gezielt aufgenommene) Lichtbilder die

111 Anders LACKNER/KÜHL § 269 Rn. 13; Sch/Sch-CRAMER/HEINE § 274 Rn. 22g.

112 BGHSt 28, 300 (304); Sch/Sch-CRAMER/HEINE § 268 Rn. 4; RENGIER BT II § 34 Rn. 1.

113 OTTO BT § 74 Rn. 1; KINDHÄUSER BT I § 56 Rn. 1.

114 Rengier BT II § 34 Rn. 4 f.; Sch/Sch-CRAMER/HEINE § 268 Rn. 9.

115 Vgl. NK-PUPPE § 267 Rn. 18 ff.; SK-HOYER § 268 Rn. 15; Sch/Sch-CRAMER/HEINE § 268 Rn. 16.

116 Vgl. BGHSt 28, 300; 40, 26.

tatbestandlichen Anforderungen nicht erfüllen,[117] was freilich für Digitalkameras wegen der von ihnen bewirkten Rechnerprozesse und der Umwandlung in eine Datei bereits wieder in Zweifel gezogen wird.[118] Angesichts moderner Fotokopiergeräte, die ebenfalls digitalisiert arbeiten, dürfte dann allerdings auch der Satz, eine Fotokopie stelle keine technische Aufzeichnung dar, nicht mehr uneingeschränkt Gültigkeit besitzen.

Unter Berücksichtigung des Normzweckes, das Vertrauen in die automatisierte Informationsgewinnung zu schützen, ergibt sich als Abgrenzungskriterium, dass ein Gerät zur technischen Aufzeichnung zum einen Informationen nicht nur reproduzieren, sondern sie *auch umwandeln* muss und dabei zumindest *Teile des Aufzeichnungs- und Umwandlungsprozesses ohne die Möglichkeit menschlichen Einflusses verlaufen*. Es kommt also darauf an, ob das Gerät ein Ergebnis ausweist, das eine qualitative Veränderung des Inputs darstellt, und der dabei ablaufende Umwandlungsprozess seinerseits im Einzelnen nicht zu steuern ist. Bei der Digitalkamera besteht hingegen eine solche Steuerbarkeit, weil Auflösung, Belichtung, Schärfe, Dateigröße usw. eingestellt werden können. Dasselbe gilt für Fotokopiergeräte. Hingegen wäre eine schlichte Waage ein Gerät zur selbsttätigen technischen Aufzeichnung, denn es kann bei ihr zwar der Input durch die dosierte Belastung abgestimmt und somit ein Ergebnis gesteuert werden, nicht aber der Messvorgang selbst, also die Umwandlung von Masse in eine numerisch ausgewiesene Gewichtseinheit. Die Richtigkeit dieses Umrechnungsprozesses genießt schützenswertes Vertrauen, welches der von einer Digitalkamera produzierten Datei abgeht. **1406**

3. Die Tathandlungen und ihr Ergebnis

Zu den in Abs. 1 genannten Tathandlungen des Herstellens, Verfälschens und Gebrauchmachens kann auf die Ausführungen bei § 267 verwiesen werden (Rn. 1371). **1407**

Der Begriff des Falschen (Unechten, Verfälschten) ist allerdings schon mit Rücksicht auf das Schutzgut anders als bei § 267 zu verstehen: Falsch wird die technische Aufzeichnung, sobald sie zwar als Produkt des technischen Aufzeichnungs- bzw. Umwandlungsprozesses erscheint, tatsächlich aber eine menschliche Urheberschaft besteht.[119] Diese Diskrepanz kann durch nachträgliche Veränderungen an einem Messprotokoll (z.B. dem Ausdruck einer gewogenen Warenmenge) ebenso bewirkt werden wie durch eine menschliche Imitation desselben. **1408**

Ergänzt wird diese Beeinflussung bzw. Imitation des Aufzeichnungs*produkts* zudem durch die in Abs. 3 als weitere Fälschungsmethode genannte *Störung* des Aufzeichnungs*vorgangs*. Insoweit muss es zu einer dem Input nicht entsprechenden, *unwahren Aufzeichnung* kommen,[120] was eine Besonderheit darstellt, weil damit der Echtheitsschutz durch einen Richtigkeitsschutz ergänzt wird. Denn es bleibt infolge der störenden Einwirkung eine Aufzeichnung des Gerätes, die aber dank der Störung gerade in der an sich unbeeinflussbaren automatisierten Phase anders verläuft (und damit andere Resultate erbringt) als vorgesehen. Auf Grund der Gleichstellungsklausel in Abs. 3 **1409**

---

117 BGHSt 24, 140 (142, zu Fotokopien); Sch/Sch-CRAMER/HEINE § 268 Rn. 16; RENGIER BT II § 34 Rn. 6; OTTO BT § 74 Rn. 6.

118 Sch/Sch-CRAMER/HEINE § 268 Rn. 16.

119 Vgl. FISCHER § 268 Rn. 11 f.; NK-PUPPE § 268 Rn. 32.

120 NK-PUPPE § 268 Rn. 33; WESSELS/HETTINGER BT 1 Rn. 870; letztlich ähnlich SK-HOYER § 268 Rn. 29.

wird damit die an sich nur unrichtige Aufzeichnung zu einer „unechten" und daher falschen.

1410 **Beispiel** (Verdrehen einer Tachonadel):[121] Der als Kraftfahrer beschäftigte *Jochen P.* war als Führer eines Lastzuges tätig. Im November 1977 brachte eine polizeiliche Kontrolle des Lastzugs zutage, dass die Geschwindigkeit vom Tachometer zu niedrig angezeigt und vom Fahrtenschreiber zu niedrig aufgezeichnet wurde. Die Ursache dafür war ein menschlicher Eingriff: Durch Drehen der Tachometernadel um die eigene Achse war die Vorspannung des Tachometers verändert worden. — Wegen der Einwirkung zeichnete das Gerät also nicht mehr seinen Input auf, denn es wies eine Geschwindigkeit aus, die nicht der tatsächlich gefahrenen entsprach. Damit wurde die Aufzeichnung i.S.v. § 268 III „unecht".

1411 **Aufgabe:** „Gegenblitzanlage" in einem Pkw[122]
Sebastian D. brachte an der Hinterseite der Sonnenblende sowie an der Hinterseite des Innenspiegels seines Pkw mehrere Reflektoren an. Bei einer auf einer Bundesautobahn durchgeführten Abstandsmessung wurde der Pkw von *D.* auf Grund zu geringen Sicherheitsabstands geblitzt. Wie von *Sebastian D.* beabsichtigt, warfen die im Fahrzeuginnern angebrachten Reflektoren das Blitzlicht beim Auftreffen zurück, so dass der betreffende Bildausschnitt auf dem Lichtbild überbelichtet wurde und eine Fahreridentifizierung verhinderte.
Störende Einwirkung im Sinne von § 268 III?

1412 Manipulationen des Inputs einer Messanlage führen nicht zu falschen technischen Aufzeichnungen, weil der Aufzeichnungsprozess weiterhin unverfälscht verläuft und dem Gerät nur eine falsche Realität vorgegaukelt wird, die es dann aber originalgetreu misst bzw. verarbeitet. Die Lichtbildanlage im Aufgabenfall verarbeitete genau (und völlig richtig) das, was ihr vorgesetzt wurde, nämlich das viel zu grelle (von ihr selbst ausgestrahlte und zurückgeworfene) Licht, weshalb der Tatbestand von § 268 III nicht erfüllt ist.[123] Ebensowenig genügte das Verhängen der Linse einer Überwachungskamera oder das Isolieren von Heizkörpermessröhrchen.

4. Subjektiver Tatbestand, Versuch und Bestrafung

1413 Zur erforderlichen Täuschungsintention kann ebenso auf § 267 verwiesen werden (Rn. 1384 ff.) wie hinsichtlich der schweren Fälle, für die wegen des Verweises in § 268 V die Regelungen in § 267 III, IV entsprechend gelten (vgl. dazu Rn. 1388ff.). Nach § 268 IV besteht zudem Versuchsstrafbarkeit.

1414 Erstaunlicherweise soll nach h.M. Idealkonkurrenz zwischen den §§ 267, 268 möglich sein, sofern eine technische Aufzeichnung zugleich Urkundsqualität besitzt (wie z.B. Ausdrucke mit Gewichts- und Preisangaben, die im Supermarkt an die dort ausgewogene Frischwaren geheftet werden).[124] Richtigerweise verdrängt § 267 hingegen in solchen Fällen § 268 im Wege der Subsidiarität. Denn die technische Aufzeichnung verwirkt gerade dadurch, dass sie zum Inhalt einer menschlichen Gedankenerklärung gemacht wird, ihren besonderen Vertrauensanspruch, den sie sonst wegen der nichtmenschlichen (und damit unbeeinflussten) Erstellung genösse. Das Unrecht einer Manipulation von Verkörperungen mit doppeltem (Urkunds- und Aufzeichnungs-)

---

121 BGHSt 28, 300.

122 OLG München NJW 2006, 2132.

123 Ebenso FISCHER § 268 Rn. 13a; MAURACH/SCHROEDER/MAIWALD BT 2 § 65 Rn. 86; OLG München NJW 2006, 2132 (2133); diff. NK-PUPPE § 268 Rn. 36 f.

124 FISCHER § 268 Rn. 18; SK-HOYER § 268 Rn. 43; NK-PUPPE § 268 Rn. 49; Sch/Sch-CRAMER/HEINE § 268 Rn. 68.

Charakter liegt daher primär im Angriff auf die von § 267 geschützte Authentizität der menschlichen Erklärung.

V. Die Urkundenunterdrückung (§ 274)

1. Die einzelnen Alternativen in objektiver Hinsicht

Ging es bei den Fälschungsdelikten der §§ 267-269 für den Täter um die Gewinnung eines (falschen) Beweises zu Täuschungszwecken, so bestraft § 274 gewissermaßen die Kehrseite, nämlich die Beseitigung von Urkunden, Daten und technischen Aufzeichnungen, um eine dem Täter nachteilige Beweisführung durch Dritte zu vereiteln. § 274 bildet dabei eine Sammelvorschrift für alle bisher besprochenen Tatobjekte und fügt außerdem noch Grenz- und Wasserstandszeichen hinzu: **1415**

Abbildung: Tatalternativen von § 274

Tatbestands-alternative	Tatobjekt	Tathandlung
Nr. 1	(echte) Urkunden, technische Aufzeichnungen	Vernichten, Beschädigen, Unterdrücken
Nr. 2	beweiserhebliche Daten	Löschen, Unterdrücken, Unbrauchbarmachen, Verändern
Nr. 3	Grenzsteine, Grenzzeichen, Wasserstandszeichen	Wegnehmen, Vernichten, Unkenntlichmachen, Verrücken, falsches Setzen

a) Urkunden- und Aufzeichnungsunterdrückung (§ 274 I Nr. 1)

Geschützt werden *allein echte Urkunden und technische Aufzeichnungen*,[125] weil zwar möglicherweise an der Existenz, nicht aber am Inhalt von Falsifikaten ein schützenswertes Beweisführungsinteresse besteht. **1416**

Die betroffenen Urkunden und Aufzeichnungen dürfen zudem dem Täter jedenfalls nicht ausschließlich „gehören". Anders gewendet: Sie müssen noch einem Dritten „gehören". Gemeint ist hierbei *keine eigentumsrechtliche Beziehung*, weshalb auch der Eigentümer einer Urkunde sie in strafbarer Weise vernichten könnte. Gehören versteht sich vielmehr als *Bezeichnung eines (fremden) Beweisführungsinteresses*. Erforderlich ist also, dass ein Dritter einen Anspruch auf die Beweisbenutzung hat.[126] **1417**

An eigenen *Ausweisen* besteht selbst bei Vorlagepflichten (wie etwa beim Führerschein im Rahmen polizeilicher Verkehrskontrollen) kein fremdes (staatliches) Beweisführungsrecht. Denn es wird hoheitlich nur die Vorlage des Papiers verlangt. Dieses dient aber nicht dem Staat als Beweis, sondern seinem Inhaber (z.B. über seine Identität oder die Erteilung einer Fahrerlaubnis).[127] **1418**

---

125 FISCHER § 274 Rn. 1a; Sch/Sch-CRAMER/HEINE § 274 Rn. 4; SK-HOYER § 274 Rn. 7.

126 FISCHER § 274 Rn. 2; SK-HOYER § 274 Rn. 4 f.; BGH NJW 1980, 1174.

127 BayObLG NJW 1997, 1592; FISCHER § 274 Rn. 2.

Beispiel (Entwenden von Kfz-Kennzeichen): *Frank T.* war bei einem Gebrauchtwagenhändler angestellt. Um einem auf dem Betriebshof stehenden, nicht zugelassenen Pkw für eine eigenmächtige Spritztour den Anschein der Zulassung zu geben, versah *Frank T.* dieses mit den amtlichen Kennzeichen des Privatfahrzeuges seines Chefs, die er zuvor abmontiert hatte. Nach Ende eines dreistündigen Ausflugs mit dem nicht zugelassenen Pkw brachte er die Kennzeichen wieder ordnungsgemäß am Wagen seines Chefs an. — Mit dem Abmontieren der Kennzeichen vernichtete *Frank T.* i.S.v. § 274 I Nr. 1 eine aus Kennzeichen und Pkw bestehende zusammengesetzte Urkunde, die seinem Arbeitgeber „gehörte", denn diesem stand das Recht zu, mit Hilfe der Urkunde die Zulassung des Pkw zu belegen. Hätte *Frank T.* die fraglichen Kennzeichen vom eigenen Pkw abmontiert, so änderte das an der Anwendbarkeit von § 274 im Übrigen nichts, weil er damit ebenfalls eine ihm nicht allein gehörende Urkunde demontiert hätte. Aus der Kennzeichnungspflicht bei Nutzung im öffentlichen Verkehrsraum[128] folgt vielmehr ein Beweisführungsinteresse nicht nur der Straßenverkehrsbehörde, sondern auch der Polizei und anderer Verkehrsteilnehmer.

1419 Zum *Vernichten* und *Beschädigen* kann auf die Erläuterungen zu § 303 verwiesen werden (Rn. 878 ff.), allerdings mit der Einschränkung, dass nicht jede Substanzverletzung genügt, sondern sie sich auf den Beweiswert beziehen muss.[129] Das Abschneiden der Ecke einer Urkunde ist daher solange tatbestandslos, wie darunter ihre Tauglichkeit als Beleg für die Abgabe einer Gedankenerklärung durch den Verfasser nicht leidet. *Unterdrücken* bedeutet, dem Berechtigten die Möglichkeit zur Beweisführung zumindest vorübergehend zu entziehen, etwa durch Verstecken, Wegschaffen oder pflichtwidriges Verweigern der Herausgabe.[130]

b) Datenunterdrückung (§ 274 I Nr. 2)

1420 Im Unterschied zu § 269 erfasst § 274 I Nr. 2 auf Grund des Klammerverweises auf § 202a nur gespeicherte Daten. Das zusätzliche Merkmal der Beweiserheblichkeit ist daher hier auch nicht wie bei § 269 überflüssig, weil dessen Beschränkung auf fiktive Datenurkunden fehlt. Beweiserheblichkeit bedingt die Eignung der Daten, zur Überzeugungsbildung über eine rechtlich erhebliche Tatsache beizutragen.[131] Zudem muss ein fremdes (Mit-)Verfügungsrecht bestehen.

Die Tathandlungen entsprechen denen des § 303a, auf die verwiesen wird (Rn. 920).

c) Grenzzeichenunterdrückung (§ 274 I Nr. 3)

1421 Grenz- und Wasserstandszeichen dienen der Markierung von Eigentums- und Nutzungsbereichen an Boden- und Wasserflächen und setzen die Eintragungen in Grundbüchern und anderen Katastern[132] um. Tathandlungen werden Wegnahme, Vernichtung, Unkenntlichmachen, Verrücken und (erstmaliges) falsches Setzen genannt. Der Tatbestand weist daher eine etwas abweichende Struktur auf, weil die letztgenannten Alternativen weniger Unterdrückungs- als Fälschungscharakter besitzen.

---

128 Vgl. §§ 3 I, 8 ff. der Fahrzeug-Zulassungsverordnung vom 25.04.2006 (BGBl. I 988).

129 RGSt 59, 321 (322); SK-Hoyer § 274 Rn. 12; Fischer § 274 Rn. 4.

130 SK-Hoyer § 274 Rn. 13; Fischer § 274 Rn. 5; RGSt 39, 405 (406 f.).

131 SK-Hoyer § 274 Rn. 18; a.A. NK-Puppe § 274 Rn. 8 (Datenurkunde erforderlich).

132 Der Begriff Kataster wird traditionell für Verzeichnisse von Grund und Boden, aber auch für Register anderer Art verwendet (z.B. Baumkataster).

2. Subjektiver Tatbestand

Neben bedingtem Vorsatz bedarf es für alle drei Tatbestandsalternativen der *Absicht, einem anderen Nachteil zuzufügen*, wobei nach h.M. allerdings bereits *sicheres Wissen* um den Nachteilseintritt i.S.v. dolus directus zweiten Grades genügt.[133] 1422

Der *Nachteilsbegriff* bei § 274 weicht von dem in § 266 verwendeten, auf das Vermögen bezogenen deutlich ab. Im Hinblick auf das Schutzgut der Beweisführungsbefugnis besteht der verlangte Nachteil jedenfalls aus einem *Verlust bzw. einer Verschlechterung von Beweismöglichkeiten* wegen des Ausfalls der Urkunde, technischen Aufzeichnung, Daten oder Grenzzeichen. Ob daneben weitere Rechtsgutsbeeinträchtigungen als Nachteile in Frage kommen[134] oder solche gar erforderlich sind, wird auf <u>CD 37-13</u> näher behandelt. 1423

Wegen des rein subjektiven Charakters des Merkmals braucht tatsächlich gar kein Nachteil einzutreten; vielmehr genügt eine entsprechende Vorstellung des Täters. 1424

Im Beispiel Rn. 1418 bestünde ein denkbarer Nachteil darin, dass der Eigentümer des um die Kennzeichen gebrachten Fahrzeuges die Zulassung seines Wagens zeitweilig (nämlich bis zur Wiedermontage) nicht nachweisen (und ihn daher auch nicht nutzen) könnte. Das müsste *Frank T.* vorhergesehen haben, was Tatfrage wäre. Hätte er sich beispielsweise vorgestellt, der Eigentümer hätte in der fraglichen Zeit gar nicht vorgehabt, mit seinem Fahrzeug zu fahren, so fehlte ihm das Bewusstsein, die Beweisführung in einer aktuellen Beweissituation zu vereiteln; eine Nachteilsabsicht läge dann nicht vor.

Der Nachteil braucht im Übrigen nicht denjenigen zu treffen, dem die Urkunde gehört.[135] 1425

3. Versuch, Bestrafung und Konkurrenzen

Mit fünf Jahren Freiheitsstrafe entspricht die Höchststrafe zwar den Grundtatbeständen der §§ 267-269; besonders schwere Fälle sind hingegen für § 274 nicht vorgesehen. Nach § 274 II ist der Versuch strafbar. 1426

Soweit der § 267 verwirklichende Fälschungsakt mit einer Urkundenbeschädigung oder -vernichtung einhergeht (Beispiel: Abmontieren der alten zwecks Bestückung des Fahrzeugs mit neuen Kennzeichen), wird § 274 konsumiert.[136] Das Gleiche gilt, falls § 274 mit Zueignungsstraftaten zusammentrifft (Beispiel: Diebstahl von Kfz-Kennzeichen) oder der Täter die in strafbarer Weise beschaffte Urkunde später vernichtet.[137] Andererseits verdrängt § 274 die einfachen Beschädigungsdelikte nach den §§ 303, 303a.[138] 1427

---

133 BGH NJW 1953, 1924; LK-Gribbohm § 274 Rn. 57; Fischer § 274 Rn. 6; a.A. NK-Puppe § 274 Rn. 12 (dolus eventualis genügt); SK-Hoyer § 274 Rn. 17 (dolus directus ersten Grades).

134 So die h.M., vgl. LK-Gribbohm § 274 Rn. 58; NK-Puppe § 274 Rn. 13; Fischer § 274 Rn. 6; BGHSt 29, 192 (196).

135 NK-Puppe § 274 Rn. 14; Fischer § 274 Rn. 6; RGSt 39, 80 (81).

136 Kindhäuser LPK § 274 Rn. 15; Sch/Sch-Cramer/Heine § 274 Rn. 22.

137 Sch/Sch-Cramer/Heine § 274 Rn. 20; Lackner/Kühl § 274 Rn. 8.

138 Lackner/Kühl § 274 Rn. 8; Wessels/Hettinger BT 1 Rn. 898.

VI. Öffentliche Urkunden, Ausweise und Gesundheitszeugnisse

1. Falschbeurkundungen

a) Das Zusammenspiel der §§ 271 und 348

1428 Öffentliche Urkunden werden nicht nur hinsichtlich ihrer Echtheit (§ 267) und in ihrem Bestand geschützt (§ 274), sondern genießen über die §§ 348, 271 zudem *Richtigkeitsschutz*. Beide Vorschriften stehen in unmittelbarem Zusammenhang: Während § 348 die falsche Beurkundung durch den Amtsträger bestraft, füllt § 271 eine Lücke, die § 348 als echtes Amtsdelikt[139] für den Fall lässt, dass der Amtsträger unvorsätzlich (z.B. selbst getäuscht) handelt.

1429 **Beispiel** (Erlangung eines Führerscheins mit falschen Geburtsdaten):[140] *Bodo H.*, dem früher einmal die Fahrerlaubnis erteilt, dann aber wieder entzogen worden war, hatte beim Landratsamt die Erteilung einer neuen Fahrerlaubnis beantragt. Er hatte hierbei seinen Namen richtig angegeben, aber als Geburtsdatum „26.07.1955" (statt zutreffend: „25.07.1955") genannt, damit die zu erwartende Anfrage des Landratsamtes beim Verkehrszentralregister – wie es tatsächlich auch geschah – den Entzug der Fahrerlaubnis nicht offenbarte.

Variante 1: Der zuständige Amtsträger im Landratsamt *Theo V.* durchschaute die Täuschung, bearbeitete den Vorgang aber auf inständiges Bitten des ihm bekannten *H.* aus Gefälligkeit dennoch weiter und erteilte schließlich Fahrerlaubnis und Führerschein unter den unzutreffenden Daten. — Der Führerschein stellt eine öffentliche Urkunde dar, welche die falsche Tatsache enthielt, einem am 26.07.1955 geborenen *Bodo H.* sei die Fahrerlaubnis erteilt worden. *Theo V.* ist Täter nach § 348 und *Bodo H.* kann – unter Anwendung von § 28 I – wegen Anstiftung dazu bestraft werden.

Variante 2: *Theo V.* ließ sich täuschen und erteilte nach negativer Auskunft des Verkehrszentralregisters Fahrerlaubnis und Führerschein unter den unzutreffenden Daten. — *Theo V.* handelte hier ohne Vorsatz, weshalb § 348 nicht vorliegt. Mangels teilnahmefähiger Haupttat kann *Bodo H.* weder Teilnehmer sein noch – da ihm insoweit das strafbegründende besondere persönliche Merkmal der Amtsträgerschaft fehlt – § 348 in mittelbarer Täterschaft begehen. Er wäre somit straflos, gäbe es nicht § 271, der als Ersatz der im eigentlichen Sinne nicht möglichen mittelbaren Täterschaft fungiert und eine mittelbare Bewirkung der Falschbeurkundung für den Nichtamtsträger unter gesonderte Strafdrohung stellt. *Bodo H.* ist daher in dieser Variante nach § 271 strafbar.

b) Falschbeurkundung im Amt (§ 348)

1430 Die Strafvorschrift richtet sich ausschließlich an Amtsträger (§ 11 I Nr. 2), die zur Aufnahme öffentlicher Urkunden oder zur Führung öffentlicher Register, Bücher und Dateien zuständig sind. Die wichtigste Gruppe – neben den Registerbeamten der verschiedensten Art – bilden hier die unter § 11 I Nr. 2 b) fallenden *Notare*.[141]

aa) Öffentliche Urkunde

1431 Der Begriff der öffentlichen Urkunde folgt der Legaldefinition in § 415 I ZPO und wird üblicherweise als Urkunde definiert,

---

139 Echte Amtsdelikte sind allein durch Amtsträger begehbar (z.B. die Rechtsbeugung), während bei unechten Amtsdelikten (z.B. § 258a) korrespondierende Strafnormen für Nichtamtsträger existieren (z.B. § 258 gegenüber § 258a).

140 Sachverhalt mit Abänderungen nach BGHSt 34, 299.

141 Vgl. BGHSt 44, 186 (187).

die von einer öffentlichen Behörde oder einer mit öffentlichem Glauben versehenen Person im Rahmen ihrer Zuständigkeit in der vorgeschriebenen Form aufgenommen wird und die Beweiswirkung für und gegen jedermann begründet.[142]

Beispiele solcher Urkunden mit *erhöhter Beweiskraft*[143] sind Pässe, Personalausweise, das Familienbuch[144] oder der Kfz-Schein.[145]

bb) Öffentliche Register, Bücher und Dateien

Darunter fallen alle Bücher und Register, die *öffentlichen Glauben genießen*, also ihrerseits **1432** Beweis für und gegen jedermann begründen.[146] Praktisch am wichtigsten sind in diesem Kontext das Grundbuch sowie das Handelsregister. Mit dem Merkmal der *öffentlichen Dateien* sollten diejenigen Lücken geschlossen werden, die sich durch eine Umstellung auf elektronische Register (vgl. § 8a HGB; §§ 126 ff. GBO) ergeben könnten.

cc) Tathandlungen

Den Tathandlungen des falschen Beurkundens und falschen Eintragens ist gemein, dass sie sich **1433** auf solche Angaben beziehen müssen, die vom öffentlichen Glauben, von der Beweiskraft für und gegen jedermann umfasst werden.[147] Der restliche Teil der öffentlichen Urkunde bleibt hingegen ungeschützt. Die erhöhte Beweiskraft wiederum genießen entsprechend der Wertung in § 428 III ZPO nur diejenigen Umstände, die einer verantwortlichen Prüfung durch den betreffenden Amtsträger unterliegen.[148] Eine Tatsache, die weder nach dem Gesetz noch nach einer anderen Vorschrift (zwingend) angegeben zu werden braucht und deren unwahre Kundgabe die Wirksamkeit der Beurkundung nicht berührt, bleibt daher vom Strafrechtsschutz ausgeschlossen.[149]

Im Beispiel Rn. 1429 wären daher die Identität der auf dem Lichtbild abgebildeten und der als Fahrerlaubnisinhaber ausgewiesenen Person sowie die zu ihrer eindeutigen Identifikation notwendigen Daten erfasst (wozu eben auch das Geburtsdatum zählt), nicht dagegen beispielsweise ein in der Urkunde – fälschlich – angegebener Doktortitel.[150]

Für den *Notar* ist zu beachten, dass er regelmäßig nur die Abgabe einer Erklärung beurkundet, **1434** keineswegs aber deren inhaltliche Richtigkeit zu bezeugen vermag.

Beispiel (Falscher Kaufpreis in einem notariellen Vertrag):[151] *Waldemar J.* beurkundete als Notar einen Kaufvertrag über eine Eigentumswohnung. In Kenntnis dessen, dass die Vertragsparteien einen Kaufpreis von 225.000 DM vereinbart hatten, nahm er auf ihren einverständlichen Wunsch wegen der beabsichtigten hundertprozentigen Finanzierung des Kaufpreises einen

142 KINDHÄUSER BT I § 58 Rn. 4; RENGIER BT II § 37 Rn. 12 f.; Sch/Sch-CRAMER/HEINE § 271 Rn. 4, 8.

143 Vgl. ferner die zahlreichen Beispiele bei Sch/Sch-CRAMER/HEINE § 271 Rn. 11.

144 BGHSt 6, 380 (381).

145 BGHSt 20, 186 (188); anders dagegen der Kfz-Brief, vgl. BGH NJW 1957, 1888 (1889), der allein einen Anscheinsbeweis für die Eigentümerstellung liefert.

146 Sch/Sch-CRAMER/HEINE § 271 Rn. 14 f.

147 KINDHÄUSER BT I § 58 Rn. 8; SK-HOYER § 271 Rn. 18; BGHSt 20, 186 (188).

148 KINDHÄUSER BT I § 58 Rn. 8; SK-HOYER 3 271 Rn. 21.

149 BGHSt 20, 186 (188).

150 BGH NJW 1955, 839 (840).

151 BGH NStZ 1986, 550.

höheren Betrag (275.000 DM) in die Urkunde auf; die rechnerische Differenz – der angebliche Eigenkapitalanteil - wurde „quittiert“. — Die öffentliche Urkunde des notariellen Kaufvertrages war richtig, denn die Parteien hatten ja tatsächlich die falschen Erklärungen so abgegeben, wie sie *Waldemar J.* aufnahm. Dass sie dies nur zum Schein taten, spielt keine Rolle, denn der Notar kann üblicherweise weder den inneren Willen der Parteien noch die inhaltliche Richtigkeit der ihm gegenüber abgegebenen Erklärungen prüfen, weshalb insoweit kein öffentlicher Glaube besteht. Dieser erstreckt sich nur darauf, *dass* eine bestimmte Person in Anwesenheit des Notars eine bestimmte Willenserklärung abgegeben hat,[152] mag sie auch erkennbar falsch sein.

c) Die Mittelbare Falschbeurkundung (§ 271)

1435 Trotz seiner sehr umständlichen Formulierung umschreibt § 271 nichts anderes als die Herbeiführung des bei § 348 beschriebenen Zustandes einer – im Bereich ihrer erhöhten Beweiskraft – falschen öffentlichen Urkunde (bzw. Buches, Registers oder Datei). Tathandlung ist ein *Bewirken*, was die *Herbeiführung durch einen anderen* meint. Nimmt der Täter als Nichtamtsträger dagegen selbst die Falscheintragung vor, so sind die §§ 267, 269, nicht aber § 271 einschlägig.[153] Als Bewirken mag auch die Anstiftung (zu § 348) gelten. Indes träte eine solches Bewirken gegenüber der spezielleren Anstiftung zur Falschbeurkundung im Amt (§§ 348, 26) zurück.[154]

1436 Während beim Amtsträger das *Gebrauchmachen* nicht unter gesonderter Strafe steht, enthält § 271 II eine entsprechende Alternative für Nichtamtsträger. Wie bei § 267 bilden Bewirken und Gebrauchen regelmäßig ein einheitliches Delikt.[155] Bedeutsam wird Abs. 2 daher insbesondere, falls der Nutzer der falschen Beurkundung an ihrem Zustandekommen unbeteiligt war.

1437 Versuchsstrafbarkeit besteht nach § 271 IV, was vor allem beim Fehlschlagen des Einwirkens auf den Amtsträger relevant wird (z.B. beim vergeblichen Versuch, ihn zu täuschen). Für entgeltliches Handeln (vgl. dazu § 11 I Nr. 9) sowie für *Handeln in Bereicherungs- oder Schädigungsabsicht* sieht der Qualifikationstatbestand des § 271 III eine gegenüber dem Grundtatbestand (mit maximal drei Jahren Freiheitsstrafe) erhöhte Freiheitsstrafe von drei Monaten bis zu fünf Jahren vor.

2. Weitere Urkundenstraftaten an Ausweisen, Kfz-Kennzeichen und Gesundheitszeugnissen

1438 Ausweisfälschungen (§ 273), entsprechende Vorbereitungs- (§ 275) und Verwertungshandlungen (§ 276) sowie der Sonderfall des Missbrauchs echter Papiere (§ 281) werden auf CD 37-14 dargestellt; ein Gleiches gilt für die Fälschungen bzw. Falschausstellungen von Gesundheitszeugnissen (§§ 277-279, siehe insoweit CD 37-15). Einen Überblick über die Fälschungsdelikte des StVG an Kfz-Kennzeichen schließlich bietet CD 37-16.

VII. Geld- und Wertzeichenfälschung

1. Geld-, Wertzeichen-, Wertpapierfälschungen

1439 Von den im 8. Abschnitt des StGB zusammengefassten besonderen Fälschungsstraftaten werden die Falschgelddelikte (§§ 146 f., 149, 152), die nach der Postprivatisierung nahezu bedeu-

152 BGH NStZ 1986, 550; KINDHÄUSER BT I § 58 Rn. 10.

153 Sch/Sch-CRAMER/HEINE § 271 Rn. 26; WESSELS/HETTINGER BT 1 Rn. 914.

154 Sch/Sch-CRAMER/HEINE § 271 Rn. 31; RGSt 27, 100 (104); 63, 148 (149).

155 ARZT/WEBER BT § 33 Rn. 25; Sch/Sch-CRAMER/HEINE § 271 Rn. 37.

tungslosen Wertzeichenfälschungen (§§ 148 f., 152) sowie die Wertpapierfälschung (§ 151 f.) auf CD 37-17 dargestellt.

2. Zahlungskarten-, Scheck- und Wechselfälschungen (§§ 152a, 152b)

Infolge des zunehmenden bargeldlosen Zahlungsverkehrs ist die Verwendbarkeit und 1440
damit das Gefahrenpotenzial gefälschter Zahlungskarten erheblich gestiegen, was die herausgehobene Stellung dieser in den §§ 152a f. erfassten Sonderfälle der Urkundenfälschung erklärt. § 152a unterscheidet sich allerdings kaum von den andernfalls anwendbaren Strafvorschriften der §§ 267, 269. Der auf ihm aufbauende § 152b für Zahlungskarten mit Garantiefunktion hingegen weist als Verbrechen eine deutlich höhere Strafdrohung auf.

a) Das Grunddelikt nach § 152a

Tatobjekte sind in- und ausländische Zahlungskarten, Schecks und Wechsel. *Zah-* 1441
lungskarten ersetzen eine Barzahlung, weshalb Payback- oder solche Karten, die allein zum Ausdrucken von Kontoauszügen eingesetzt werden können, hier ausscheiden.[156] Nach der Legaldefinition in § 152a IV Nr. 1 ist weiterhin eine Herausgabe durch Kreditinstitute oder Finanzdienstleister erforderlich, was z.B. Telefonkarten ausschließt. Ferner bedarf es einer Codierung oder eines anderen Nachahmungsschutzes (§ 152a IV Nr. 2). Wegen der Ausgrenzung von Zahlungskarten mit Garantie (die unter § 152b fallen), bleibt für § 152a im Ergebnis nur ein begrenzter Fächer von Zahlungskartentypen übrig. Dazu zählen vor allem die sog. *Geldkarten*, bei denen ein Chip ein entsprechendes Guthaben speichert, das sodann nach und nach abgerufen werden kann, sowie solche Karten, die allein zur Abhebung an Geldautomaten der eigenen Bank dienen.[157]

Unstrittig ist, dass außerdem fertig ausgestellte *Schecks* und *Wechsel* von § 152a erfasst werden. 1442
Ob dasselbe auch für entsprechende Vordrucke gilt (die mangels Urkundenqualität noch nicht unter § 267 fallen), verdeutlicht zwar der Gesetzestext nicht.[158] Das geringe Gefährdungspotenzial unausgefüllter (ungarantierter) Scheckvordrucke spricht aber ebenso dagegen wie der Umstand, dass die Ausstellung von Wechseln ausweislich Art. 1 WG gar nicht zwingend an die Verwendung von Vordrucken geknüpft ist.[159]

Zu den Tathandlungen des § 152a I kann auf die Erläuterungen zu dem insoweit identischen 1443
§ 146 verwiesen werden (siehe auf CD 37-15). Nach § 152a II besteht Versuchsstrafbarkeit. Über den versteckten Verweis in § 152a V auf § 149 wird ferner bereits die Fälschungsvorbereitung unter Strafe gestellt.

Gewerbsmäßige Begehung und Bandentätigkeit bilden nach § 152a III qualifizierte Fälle; die 1444
Strafdrohung, die für das Grunddelikt höchstens fünf Jahre beträgt, steigt für sie auf mindestens sechs Monate und maximal zehn Jahre Freiheitsstrafe.

---

156 FISCHER § 152a Rn. 4 ff.

157 FISCHER § 152a Rn. 4.

158 Zweifelnd daher FISCHER § 152a Rn. 6 f.

159 Im Ergebnis ebenso SK-RUDOLPHI/STEIN § 152a Rn. 8; MK-ERB § 152a Rn. 7.

b) Verbrechensqualifikation der Fälschung garantierter Zahlungskarten (§ 152b)

1445 Die Fälschung von Zahlungskarten mit Garantiefunktion (also u.a. Kreditkarten und Maestro- [die früheren EC-]Karten) stellt nach § 152b sogar ein *Verbrechen* dar. Inhaltlich verweist der Tatbestand im Übrigen auf § 152a.

1446 Die in § 152b ebenfalls genannten Euroschecks werden seit 2002 bankseitig nicht mehr garantiert und können nur noch als normale Schecks verwendet werden. Sie fallen daher jetzt unter § 152a. Ihre Erwähnung in § 152b sollte allein die Aburteilbarkeit von etwaigen Altfällen ermöglichen.[160] Mittlerweile erscheint sie vollends entbehrlich.

1447 **Wiederholungsfragen zum 37. Kapitel**

1. Wie lautet die Definition der Urkunde? (Rn. 1339)
2. Warum stellt die Fotokopie nach der Rspr. keine Urkunde dar? (Rn. 1363)
3. Wann ist eine Urkunde falsch? (Rn. 1371)
4. Wann wird von einer Urkunde Gebrauch gemacht? (Rn. 1381)
5. Wann ist eine technische Aufzeichnung falsch? (Rn. 1408 f.)
6. Was ist erforderlich, damit eine Urkunde nicht i.S.v. § 274 I Nr. 1 dem Täter selbst gehört? (Rn. 1417)
7. Kann eine Urkundenunterdrückung vorliegen, wenn dem Geschädigten aus der Tat kein Vermögensnachteil erwächst? (Rn. 1423)
8. Wie definiert man die öffentliche Urkunde? (Rn. 1431)
9. Vermag jemand seine eigene Urkunde zu fälschen? (Rn. 1379 f.)

---

160 NK-PUPPE § 152b Rn. 2; FISCHER § 152b Rn. 7.

11. Abschnitt. Raub und Erpressung

38. Kapitel. Die Systematik der Raubstraftaten

Nach den Tötungsdelikten bildet der „Raub“ die zweite große Gruppe klassischer 1448
Kriminalfälle. Die praktische Bedeutung der Raubdelikte ist aber gar nicht so hoch, weil sie weniger als 1% der Gesamtkriminalität ausmachen und zudem Taten mit größerer Beute eine Ausnahme bilden. Näheres findet sich dazu auf CD 38-01. Im Übrigen entspricht die landläufige Terminologie längst nicht der juristischen Klassifikation. Der typische „Bankraub“ beispielsweise stellt überhaupt keinen Raub i.S.v. § 249 dar, sondern „nur“ eine räuberische Erpressung (§ 255)!

Abbildung: Banküberfall in der Frühzeit der Bundesrepublik

Als Raubstraftaten bezeichnet man zum einen die Straftaten aus dem 20. Abschnitt, 1449
freilich mit Ausnahme der (einfachen) Erpressung nach § 253, weil sie nicht mit typischen Raubmitteln, nämlich Gewalt gegen eine Person oder massiven entsprechenden Drohungen, begangen wird. Der – schon besprochene – räuberische Diebstahl (§ 252, vgl. Rn. 1123 ff.) verwendet zwar diese Raubmittel, unterscheidet sich aber als Beutesicherungstat strukturell ganz erheblich von den auf Beuteerlangung zielenden übrigen Raubtaten. Auf der anderen Seite findet man mit den §§ 239a, 239b und 316a weitere Raub(-vorbereitungs-)delikte in anderen Abschnitten des StGB.

Alle Raubdelikte enthalten Gewalt oder die Drohung mit Gewalt als Mittel zum Zweck des Angriffs auf Eigentum oder Vermögen. Geschützte *Rechtsgüter* sind daher gleichermaßen Eigentum bzw. Vermögen einerseits und die Handlungsfreiheit andererseits.

Den Kern der Raubstraftaten bilden gleichermaßen der Raub (§ 249) und die räuberi- 1450
sche Erpressung (§ 255). Sie unterscheiden sich hinsichtlich der Opferbeteiligung: Während der Räuber dem (zur Untätigkeit genötigten) Opfer etwas „wegnimmt“ (was i.S.v. § 242 zu verstehen ist), benötigt § 255, indem er auf § 253 verweist, eine Opfermitwirkung in Gestalt der dort genannten „Handlung, Duldung oder Unterlassung“. Die Einzelheiten, was darunter zu verstehen ist, sind zwar strittig, sollen aber vorerst noch dahinstehen.

Da § 255 den räuberischen Erpresser „gleich einem Räuber“ bestraft, ergibt sich für 1451
beide Delikte nicht nur derselbe Strafrahmen (ein bis fünfzehn Jahre Freiheitsstrafe, also Verbrechen!), sondern es sind auf § 255 zudem die Raubqualifikationen der §§ 250 f. anwendbar. Damit ergibt sich das folgende System der Raubstraftaten:

1452 **Abbildung:** Das System der Raubstraftaten

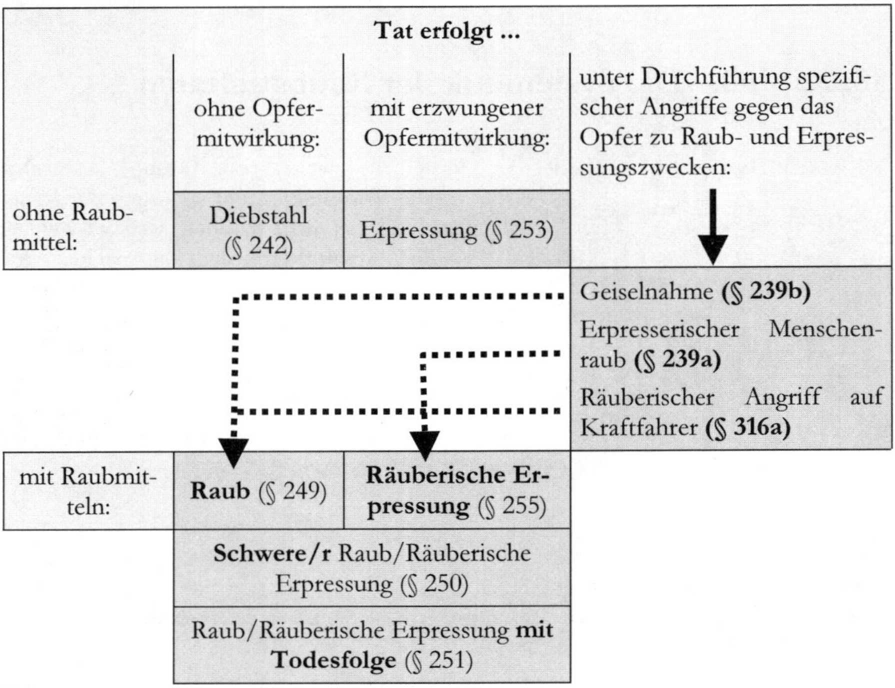

1453 Das weiterhin strittige und zudem klausurträchtige Kernthema des 20. Abschnitts bildet die erwähnte Abgrenzung von Raub und räuberischer Erpressung. Sie hängt davon ab, wie man die (einfache wie räuberische) Erpressung, präziser die dort notwendige Opfermitwirkung versteht. Die folgende Darstellung setzt mit der räuberischen Erpressung an dieser neuralgischen Stelle an. Sie weicht im Interesse besseren Verständnisses damit bewusst von der üblichen, systematisch orientierten Reihenfolge anderer Lehrbücher ab.

39. Kapitel. Raub, Erpressung und räuberische Erpressung

I. Die Räuberische Erpressung

1. Der Tatbestand im Überblick

1454 § 255 verweist auf die Erpressung (§ 253) und integriert deren Elemente in den eigenen Tatbestand. Auf diese Weise stellt § 255 strukturell eine Nötigung dar, die im Unterschied zu § 240 aber zum einen qualifizierte (nämlich schwerere) Nötigungsmittel nutzt und zum anderen als Enderfolg einen Vermögensschaden beim Opfer bewirkt.

Abbildung: Prüfungsaufbau der räuberischen Erpressung

I. Tatbestand	1. objektiver Tatbestand (ggf. auch Qualifikation nach den §§ 250 f. beachten, vgl. Rn. 1490 ff.) - (Vermögens-)Verfügung (Handlung/Duldung/Unterlassung), ggf. Abgrenzung zum Raub (Rn. 1456 ff.) - Nötigung dazu durch Gewalt gegen Person/Drohung mit gegenwärtiger Gefahr für Leib/Leben (Rn. 1463 ff.) - Vermögensschaden (Rn. 1470)
	2. subjektiver Tatbestand - Vorsatz bzgl. (Vermögens-)Verfügung, Nötigung qua Gewalt/Drohung, Vermögensschaden (Rn. 1471) - Absicht rechtswidriger Selbst-/Drittbereicherung (Rn. 1472) - Stoffgleichheit zwischen Vermögensschaden und erstrebtem Vermögensvorteil (Rn. 1471)
II./III. Rechtswidrigkeit/Schuld	keine Besonderheiten (*Vorsicht*: § 253 II ist *nicht* anwendbar)
IV. Strafausschließung u.a.	keine Besonderheiten

Man beginnt also in der Begutachtung direkt mit dem kritischen Thema der Abgrenzung zum Raub, indem Handlung, Duldung oder Unterlassung erörtert werden. Prüfungstechnisch zwar am vorteilhaftesten, ist es dennoch selbstverständlich nicht zwingend, dieses Thema anhand des § 255 zu bearbeiten, denn man kann die Abgrenzung ebenso im Rahmen des § 249 beim Merkmal der Wegnahme ansiedeln. Am zweckmäßigsten ist es jedenfalls, mit demjenigen Tatbestand zu beginnen, der vermutlich die größeren Aussichten hat, sich am Ende der Prüfung als der richtige zu erweisen. Dazu gilt als – nicht immer, aber oft im Ergebnis zutreffende – Faustregel: **1455**

Raub, wenn sich das Geschehen äußerlich als Nehmen durch den Täter, räuberische Erpressung, wenn es sich äußerlich als Geben durch das Opfer darstellt.

2. Opfermitwirkung: (Vermögens-)Verfügung erforderlich?

Der Tatbestand benennt als Nötigungserfolg im Wortlaut nur (irgend-)eine „Handlung, Duldung oder Unterlassung" seitens des Opfers. Genau dies und nicht mehr verlangen die Rspr.[1] sowie eine zunehmende Zahl von Stimmen im Schrifttum.[2] Die allein im Schrifttum vertretene, dort früher vorherrschende Gegenauffassung fordert – insoweit einhellig – an dieser Stelle eine Vermögensverfügung.[3] Sie leitet dies aus der **1456**

---

1 Am deutlichsten insoweit BGHSt 41, 123 (125); vgl. zuvor RGSt 4, 429 (431 f.); BGHSt 14, 386 (390).

2 SK-Günther § 253 Rn. 16; LK-Herdegen § 253 Rn.11 f.; Arzt/Weber BT § 18 Rn. 25.

3 Sch/Sch-Eser § 253 Rn. 8; Rengier BT I § 11 Rn. 13, 25 ff.; Maurach/Schroeder/Maiwald BT 1 § 42 Rn. 37; Otto BT § 53 Rn. 4.

Parallele von Erpressung und Betrug her (beim dem diese verlangt wird, vgl. Rn. 1190). Während Betrug die Vermögensschädigung durch Täuschung sei, bilde die Erpressung das Gegenstück in Gestalt der Vermögensschädigung durch Nötigung. Zwar ist man sich uneins, wie diese Vermögensverfügung auszusehen habe (siehe dazu unten Rn. 1458 ff.). Es wird aber zumindest eine vom Willen getragene Vermögensverschiebung seitens des Opfers verlangt. Konsequenz ist, dass eine erzwungene Duldung der Wegnahme, die der Rspr. genügt, nach dieser Lehre keine Vermögensverfügung darstellt und daher auch nicht unter § 255 fällt.

Beispiel (Raub einer Taxe):[4] *Jan S.* fuhr frühmorgens mit der Taxe des Geschädigten *Werner A.* eine Überlandstrecke. Unterwegs bat er *A*, anzuhalten, da er austreten müsse. Als *Jan S.* zurückkam, feuerte er zweimal mit einer Gaspistole auf *A.*, was diesen zum Verlassen des Taxis zwang. Nun setzte sich *S.* hinter das Steuer, um mit der Taxe wegzufahren. Als *A.* ihn daran hindern wollte, verhinderte *S.* das, indem er ihm erneut die Gaspistole vorhielt. — Weil *A.* zu keinem Zeitpunkt den Besitz an der Taxe auf *S.* übertragen wollte, sondern er gezwungen wurde, sich gegen die selbsttätige Inbesitznahme durch *S.* nicht zu wehren, nahm er keine Vermögensverfügung vor. Nach dem *Schrifttum* käme daher nur Raub, beim Fehlen einer Zueignungsabsicht sogar nur Nötigung in Betracht (gegenüber der § 248b wegen expliziter Subsidiarität zurückträte). Für die *Rspr.* „erduldete" *A.* hingegen i.S.v. § 255 mit vermögensschädigender Wirkung die Inbesitznahme, weshalb eine räuberische Erpressung vorläge.[5] Handelte *S.* zudem in Zueignungsabsicht, so wäre nach ihr zusätzlich ein Raub verwirklicht, demgegenüber § 255 wiederum zurückträte.

1457 Umgekehrt läge nach der Rspr. immer dann, wenn ein Raub begangen wird, zugleich eine räuberische Erpressung vor, weil die gewaltsame Wegnahme stets mit einem gewaltsam erzwungenen Dulden derselben durch das Opfer einhergehe. Der Raub wäre somit (nur) eine – um die Zueignungsabsicht verfeinerte – lex specialis zu § 255. Das aber hätte angesichts der identischen Strafrahmen wenig Sinn; man könnte dann ebensogut ganz auf § 249 verzichten. Dem Schrifttum, das mit dem Kriterium der Vermögensverfügung eine Exklusivität von Raub und Erpressung erreicht, gelingt daher eine harmonischere Lösung: Erpressung nur bei willentlicher Vermögensverschiebung durch das Opfer; Raub bei Wegnahme durch den Täter gegenüber einem zur Untätigkeit genötigten Opfer.

1458 Innerhalb des Schrifttums herrschen allerdings unterschiedliche Vorstellungen darüber, ob es irgendeiner Art *Freiwilligkeit der Vermögensverfügung* bedarf. Dass sie nicht gänzlich aus freien Stücken erfolgt, ergibt sich zwingend aus der Verwendung von Nötigungsmitteln. Eine verbreitete Auffassung verlangt gleichwohl eine wenigstens rudimentäre Form von Freiwilligkeit. Das Opfer müsse in der Vorstellung handeln, seine Mitwirkung sei zur Herbeiführung des Schadens unerlässlich,[6] mit anderen Worten: Es muss annehmen, den Vermögensverlust – notfalls um den Preis seines Lebens – verhindern zu können. Eine zwar in der Minderheit befindliche, aber den-

---

4 BGHSt 14, 386.

5 BGHSt 14, 386 (389 ff.).

6 Lackner/Kühl § 253 Rn. 3; Otto BT § 53 Rn. 5; Wessels/Hillenkamp BT 2 Rn. 713.

noch vorzugswürdige Gegenauffassung begnügt sich mit einer vom Willen getragenen Vermögensverfügung.[7]

Beispiel (Zechanschlussraub):[8] *Egon* und *Günther W.* trafen in einer Gastwirtschaft mit dem Schlosser *Erwin L.* zusammen. Auf dem Heimweg nahmen sie den alkoholisierten *L.* in ihre Mitte und führten ihn an eine abgelegene Stelle. Dort forderte ihn *Günther W.* auf, sein Geld herauszugeben. Da sich *L.* bedroht fühlte, händigte er seine Brieftasche aus. Während *Egon W.* mit einem Streichholz leuchtete, durchsuchte *Günther W.* die Tasche und entnahm ihr 7,50 DM. Als die Gebrüder *W.* mehr Geld haben wollten, kam es zu einem Wortwechsel; *Günther W.* durchsuchte nochmals die Tasche. Diesen Augenblick nutzte *L.*, um die Tasche wieder an sich zu reißen und davonzulaufen. — Der BGH sah das Geschehen wegen der von *L.* vorgenommenen *Handlung* als räuberische Erpressung an.[9] Wem eine *willentliche Vermögensverfügung* genügt, gelangt zu demselben Resultat,[10] denn *L.* übergab die Brieftasche und damit den Besitz am darin befindlichen Geld. Das tat er zwar notgedrungen, aber eben doch bewusst-willentlich. Wer hingegen mit der Mehrheit im Schrifttum eine *„freiwillige" Vermögensverfügung* fordert und sie nur annimmt, wenn das Opfer meint, den Schaden verhindern zu können, käme hier nicht zu § 255. Denn *L.* hätte zwar die Herausgabe verweigern können. Dann aber wäre ihm die Tasche in seiner Vorstellung von den Tätern gewaltsam abgenommen worden. Diese Auffassung nimmt in der Konsequenz an, die von *L.* vorgenommene Gewahrsamsübertragung sei wegen ihrer Erzwingung unwirksam, weshalb eine Wegnahme und daher ein Raub vorliege. Diesen Schritt tun die übrigen Auffassungen nicht, weshalb § 249 für sie im Beispielsfall nicht in Betracht käme.

---

7 Rudolf RENGIER, Die „harmonische" Abgrenzung des Raubes von der räuberischen Erpressung entsprechend dem Verhältnis von Diebstahl und Betrug, JuS 1981, 654-662 (657); wohl auch Sch/Sch-ESER § 253 Rn. 8.

8 BGHSt 7,252.

9 BGHSt 7,252 (254 ff.).

10 Vgl. die ähnlichen Fälle bei RENGIER (Fn. 7) JuS 1981, 656 f.

1459 **Abbildung:** Die Auffassungen zur Opfermitwirkung bei den §§ 253, 255

	Rspr. und große Teile der Lehre	**Minderansicht Lehre**	**früher herrschende Lehre**
Qualität der Handlung/ Duldung/ Unterlassung	jede Handlung/Duldung/Unterlassung genügt	nur *willentliche* Vermögensverfügungen	nur *„freiwillige"* Vermögensverfügungen, bei denen das Opfer denkt, den Vermögensverlust vermeiden zu können
Konsequenzen im Verhältnis zum Raub	z.T. Verwirklichung beider Tatbestände, Fall der Gesetzeskonkurrenz mit Vorrang von § 249 (lex specialis)	Exklusivität der beiden Tatbestände	
Konsequenzen bei geduldeter Wegnahme in Zueignungsabsicht	§ 255 liegt tatbestandlich vor, tritt aber hinter den zugleich verwirklichten Raub zurück	Keine Vermögensverfügung, sondern (nur) Raub verwirklicht	
Konsequenzen bei erzwungener Herausgabe	(ausschließlich) § 255 liegt vor		§ 255, falls Opfer denkt, es könne den Verlust notfalls unter Aufopferung des Lebens verhindern; § 249, falls Opfer denkt, es verliere das Vermögen in jedem Fall

1460 Vorrang verdient diejenige Meinung im Schrifttum, die (nur) *eine willentliche Vermögensverfügung* fordert. Dass es entgegen der Rspr. überhaupt einer Vermögensverfügung bedarf, ergibt sich aus der systematischen Notwendigkeit, dem Raub einen eigenständigen Anwendungsbereich zu verschaffen und ihn nicht zum (sinnlosen) Spezialfall der räuberischen Erpressung abzuwerten. Die h.L. hingegen überspannt die Anforderungen. Denn es würde dem Täter nicht gerecht, die Einstufung seiner Tat alleine an der subjektiven (und möglicherweise unzutreffenden) Sichtweise des Opfers auszurichten. Eine vertieftere Darstellung findet sich auf <u>CD 39-01</u>.

Im Ergebnis führt die hier vertretene Auffassung nahezu stets zu identischen Resultaten mit der Auffassung der Rspr. Abweichungen ergeben sich lediglich in Fällen fehlender Zueignungsabsicht.

1461 **Aufgabe:** Gewaltsames Ansichbringen einer Taxe[11]
Sachverhalt wie im Beispielsfall Rn. 1456 mit der Konkretisierung, dass *Jan S.* bei seiner Tat nicht mit einer dauernden Enteignung des geschädigten Taxifahrers *Werner A.* rechnete, sondern das Fahrzeug an einem auffälligen Zielort gesichert abstellen wollte.
Wie hätte sich *Jan S.* nach den verschiedenen Theorien zur (räuberischen) Erpressung strafbar gemacht?

11 BGHSt 14, 386 mit Ergänzungen.

Raub läge im Aufgabenfall mangels Zueignungsabsicht nicht vor. Die Rspr. könnte allerdings auf räuberische Erpressung zurückgreifen, da auch dem vorübergehenden Fahrzeugbesitz Vermögenswert zukäme, weil er es erlaubt, jederzeit eine Transportgelegenheit in Anspruch zu nehmen, die man ansonsten erkaufen müsste. Beide im Schrifttum vertretenen Auffassungen würden im Verhalten von *Werner A.* hingegen keine Vermögensverfügung erblicken und § 255 ablehnen, weil er nicht den Besitz auf *Jan S.* übertrug, sondern dessen Inbesitznehmen der Taxe nur ungewollt erduldete. Sie könnten ausschließlich zur Nötigung nach § 240 gelangen. 1462

3. Die Nötigung

a) Nötigungsmittel und -erfolg

Mit *Gewalt gegen eine Person* und der alternativen Anwendung von *Drohungen mit gegenwärtiger Gefahr für Leib oder Leben* benennt § 255 dieselben Nötigungsmittel wie der räuberische Diebstahl (§ 252), weshalb auf die Ausführungen dort verwiesen wird (Rn. 1132 ff.). 1463

Zwischen der Nötigung und der Vermögensverfügung als ihrem (Zwischen-)Erfolg muss Kausalität bestehen („*durch* Gewalt" [§ 255] bzw. „*durch* Drohung" [§ 253]).[12] Anders als bei § 252 ist daher für eine Tatvollendung erforderlich, dass die Drohung vom Opfer auch tatsächlich ernstgenommen wird. Durchschaut es hingegen deren nur vorgetäuschte Ernstlichkeit (z.B., dass ihm eine Spielzeugwaffe vorgehalten wird), so bleibt ein Versuch möglich. 1464

b) Sonderfälle der Dreieckserpressung

Wie beim Betrug, so können auch bei der (räuberischen) Erpressung zwei Konstellationen entstehen, bei denen Bedrohter und Geschädigter nicht identisch sind: 1465

- Zunächst mag der Bedrohte (z.B. ein Angestellter) genötigt werden, Vermögen eines Dritten (z.B. seines Geschäftsherrn) aus der Hand zu geben.
- Ferner könnte der Verfügende nicht selbst bedroht werden, sondern sich die angedrohten Gefahren gegen einen Dritten richten.

Im erstgenannten Fall der *Personenverschiedenheit von Verfügendem und Geschädigtem* ist wegen der Parallelität zwischen Erpressung und Betrug auf die Grundsätze zum Dreiecksbetrug zurückzugreifen (Rn. 1241 ff.): Nur, wenn der genötigte Verfügende auch rechtlich befugt war, in das Vermögen des Geschädigten einzugreifen, handelt es sich um eine zu § 255 führende Vermögensverfügung. 1466

Beispiel (Bedrohung der Lebensgefährtin des Opfers):[13] *Stefan T.* suchte eine Auseinandersetzung mit *Andreas R.*, weil er zum einen die Überlassung von Geld oder anderen verwertbaren Gegenständen erreichen, *R.* aber zum anderen auch wegen vorangegangener Streitigkeiten zur Rede stellen wollte. Als *T.* den *R.* in Gegenwart von dessen Lebensgefährtin *Thekla K.* mit einem Stilett bedrohte, erklärte *Andreas R.*, vor dem Messer keine Angst zu haben. Wegen dieser Äußerung geriet *Stefan T.* in Wut und stach *R.* mit einem Messer in den Bauch. *R.* sank daraufhin zu Boden. In dem Bewusstsein, dass dies nachhaltigen Eindruck auf *Thekla K.* gemacht hatte, forderte *Stefen T.* sie nunmehr auf, dem am Boden liegenden *R.* die Uhr vom Handgelenk zu nehmen und an ihn zu übergeben. Aus Furcht, selbst verletzt zu werden, nahm 1467

---

12 Sch/Sch-ESER § 253 Rn. 7; BGHSt 32, 88 (89).

13 BGHSt 41, 123 (vereinfacht).

Thekla K. die Uhr vom Arm des *R.* und übergab sie *T.* — Folgt man der Rspr., so genügt ein bestehendes Näheverhältnis wie hier auf Grund der Verbundenheit zwischen *K.* und *R.* Das Opfer müsse jedenfalls zum Zeitpunkt der Tatbegehung „auf der Seite des Vermögensinhabers" stehen, ohne dass eine rechtliche Verfügungsbefugnis zu existieren bräuchte.[14] Richtigerweise ist aber eine solche Verfügungsbefugnis – und sei es über das Institut der mutmaßlichen Einwilligung – zu fordern,[15] weil sonst der Genötigte nicht über Vermögen verfügt, sondern dieses seinerseits angreift. Daher liegt hier keine Erpressung vor, was aber zu keinen nennenswerten Strafbarkeitslücken führt, weil *T.* einen Raub in mittelbarer Täterschaft beging: Er ließ den Gewahrsam des *R.* durch die *K.* – als seinem (nach § 35 schuldlos handelnden) Werkzeug – brechen.

1468 **Aufgabe:** Kindesentführung[16]
Manfred Sch. lockte den siebenjährigen *Hermann K.* von der Straße und sperrte ihn zunächst bei sich zu Hause ein, während er dessen Eltern brieflich aufforderte, einen Geldbetrag an einer bestimmten Stelle zu hinterlegen, widrigenfalls sie ihren Sohn nicht mehr wiedersähen. Entsprechend seinem vorbedachten Plan tötete er das Kind aber schon vor dem angegebenen Zeitpunkt der Hinterlegung.
Hat *Manfred Sch.* auch eine (versuchte) räuberische Erpressung begangen?

1469 In der mit vorstehender Aufgabe angesprochenen zweiten der in Rn. 1465 genannten Fallgruppen richtet sich die Drohung nicht primär gegen den Verfügenden. Da aber Genötigter und Verfügender auf Grund des Kausalitätserfordernisses (Rn. 1464) identisch zu sein haben, muss die Nötigung wenigstens auch gegen denjenigen wirken, dessen Verhalten der Täter zu beeinflussen strebt. Es genügt wegen der insoweit unterschiedlichen Formulierungen in den §§ 253, 255, wenn der Genötigte die Drohung mit gegenwärtiger Gefahr für Leib oder Leben (des Dritten) seinerseits nur als Drohung mit einem (für ihn) empfindlichen Übel empfindet.[17] Eine nähere Begründung und weitere Hinweise zum Aufgabenfall befinden sich auf CD 39-02.

4. Vermögensnachteil

1470 Der Tatbestand spricht zwar von einem „Nachteil" für das Vermögen des Geschädigten, meint damit aber dasselbe wie den Schaden beim Betrug,[18] weshalb die Ausführungen Rn. 1224 ff., 1245 ff. entsprechend gelten. Der Nachteil muss als unmittelbare Folge der Vermögensverfügung eintreten. Eine Vermögensgefährdung genügt, sofern sie unter wirtschaftlichem Blickwinkel bereits eine Vermögensminderung bewirkt und daher schadensgleich ist.

5. Subjektiver Tatbestand

1471 Neben bedingtem Vorsatz verlangen die Erpressungstatbestände, wie es § 263 auch tut, die Absicht, sich zu Unrecht zu bereichern. Und ebenso wie dort müssen erstrebter Vorteil und eingetretener Schaden als stoffgleich erscheinen. Auch dazu kann zunächst auf die Überlegungen bei Rn. 1277 ff. verwiesen werden.

---

14 So BGHSt 41, 123 (126); Küper BT S. 416 f.; Arzt/Weber BT § 18 Rn. 19; ähnlich Mitsch BT 2/1 § 6 Rn. 44 f., der eine „Leidensgenossenschaft" verlangt.

15 So wohl Sch/Sch-Eser § 253 Rn. 6; Krey/Hellmann BT 2 Rn. 306a.

16 Sachverhalt nach BGHSt 16, 316.

17 BGHSt 16, 316 (318); Krey/Hellmann BT 2 Rn. 310.

18 BGH NStZ-RR 1998, 233; Lackner/Kühl § 253 Rn. 4; Mitsch BT 2/1 § 6 Rn. 53.

Häufiger als beim Betrug taucht hier das Problem auf, dass der Täter in dem Glauben handelt, einen Anspruch auf den erpressten Vermögensgegenstand zu besitzen. Besteht dieser Glaube zu Recht, so ist der subjektive Tatbestand eindeutig nicht erfüllt, weil es an der Absicht mangelt, sich *zu Unrecht* zu bereichern. Schwieriger wird es, falls die Annahme des Täters sich als falsch erweist. 1472

Beispiel (Beitreiben von Forderungen aus einem Rauschgiftgeschäft):[19] *Dragan J.* und *Sebastian K.* waren bei einem Drogengeschäft von dem Rauschgifthändler *Maximilian Kl.* „gelinkt" worden. *Kl.* war *J.* den restlichen Kaufpreis und *K.* restliches Kokain schuldig geblieben. *K.* und *J.* suchten daraufhin *Maximilian Kl.* gemeinsam auf, um notfalls gewaltsam ihre Restforderungen durchzusetzen. *K.* drohte *Kl.* Schläge an, während *J.*, um die Forderungen zu unterstreichen, ihm Fausthiebe in das Gesicht versetzte. Sodann schlug *J.* von einer Schnapsflasche den Boden ab und drückte die restliche Flasche mit dem scharfen Glasteil mit aller Kraft gegen die untere linke Gesichtshälfte des *Kl.*, so dass das Glas die Wange durchdrang und im Bereich des Jochbeins wieder austrat. *Kl.* blutete stark und versuchte zu fliehen. *J.* und *K.* holten ihn aber ein und schlugen ihn beide weiter. Sie flohen erst, nachdem eine Frau aus dem Fenster gerufen hatte, sie werde die Polizei alarmieren. — Da das zu Grunde liegende Kokaingeschäft wegen Verstoßes gegen ein gesetzliches Verbot nichtig war (§ 138 BGB), bestanden objektiv keine Ansprüche von *J.* und *K.* gegen *Kl.* auf (weitere) Erfüllung. Sie handelten daher in der Absicht, sich unrechtmäßig zu bereichern, und zwar selbst dann, wenn sie rechtsirrig gedacht hätten, die Rechtsordnung billige ihre Ansprüche.[20] Sie begingen deshalb (auch) eine versuchte schwere räuberische Erpressung (§§ 253, 255, 250 II Nr. 1, 22, 23). Demgegenüber vertreten Rspr. und h.M. zu Unrecht, jede (auch nur rechts-)irrige Annahme über das Bestehen eines Anspruchs schließe als Tatumstandsirrtum den subjektiven Tatbestand des § 253 aus.[21] Richtigerweise sind aber allein Tatsachenirrtümer geeignet, die Absicht rechtswidriger Bereicherung entfallen zu lassen, z.B. darüber, das Opfer habe entliehene Sachen noch nicht zurückgegeben, obschon das der Fall gewesen war.[22] Eine Vertiefung der Problematik befindet sich auf CD 39-03.

Die *gewaltsame Durchsetzung des berechtigten Anspruchs* führt im Übrigen nicht dazu, dass der auf rechtswidrigem Wege angestrebte Vorteil seinerseits rechtswidrig würde.[23] Wer bestehende Ansprüche gewaltsam eintreibt, mag daher nötigen; zu erpressen vermag er nicht. 1473

6. Rechtswidrigkeit und Schuld

§ 253 II ist auf § 255 nicht anzuwenden, weshalb die allgemeine (von der Rechtswidrigkeit der erstrebten Bereicherung streng zu trennende) Rechtswidrigkeit zumeist unproblematisch zu bejahen sein wird. 1474

---

19 BGH NStZ 2002, 597.

20 Wie hier Mitsch BT 2/1 § 6 Rn. 72 i.V.m. § 1 Rn. 162 f.

21 BGHSt 4, 105 (107); BGH NStZ 2002, 597 (598); BGHSt 48, 322 (328); Sch/Sch-Eser § 253 Rn. 22; Krey/Hellmann BT 2 Rn. 319b; Rengier BT I § 11 Rn. 62.

22 Vgl. den Fall BGH NJW 1986, 1623.

23 BGH NStZ 1988, 216; Sch/Sch-Eser § 253 Rn. 19; Arzt/Weber BT § 18 Rn. 9.

1475 Glaubt der Täter an einen bestehenden Anspruch auf den erstrebten Vermögensvorteil und beruht dieser Glaube auf einem für den subjektiven Tatbestand irrelevanten Rechtsirrtum, so besteht auf Schuldebene Anlass, im Rahmen des § 17 einen Verbotsirrtum zu erörtern. Im Gegensatz zur h.M. (vgl. Rn. 1472) hängt die Strafbarkeit in derartigen Fällen also von der (Un-)Vermeidbarkeit des Irrtums ab, ein auch in der Sache angemessen differenzierendes Resultat.

7. Strafe und Konkurrenzen

1476 Auf Grund der Ankopplung an die Strafdrohung des Raubes (ein bis fünfzehn Jahre Freiheitsstrafe) handelt es sich auch bei § 255 um ein Verbrechen (mit nach § 23 I obligatorischer Versuchsstrafbarkeit). Zu beachten sind die Qualifikationsmöglichkeiten nach den §§ 250 f. (Rn. 1490 ff.).

1477 Bedrohung, Nötigung und Freiheitsberaubung treten hinter § 255 zurück, soweit sie ausschließlich der Erzwingung der vermögensverschiebenden Opfermitwirkung dienen.[24] Mit den Körperverletzungsdelikten besteht Tateinheit. Diese ist außerdem mit den §§ 239a, 316a möglich (vgl. Rn. 1559 f.).

II. Der (einfache) Raub

1. Übersicht über den Tatbestand

1478 Den Raub kann man als einen mit Gewalt oder durch qualifizierte Drohungen durchgesetzten Diebstahl ansehen. Zweckmäßigerweise ist daher in der Fallbearbeitung zunächst die Wegnahme einer fremden beweglichen Sache zu prüfen, um dann deren Bewirkung durch Raubmittel zu erörtern.

1479 Vereinfachend (und im Detail auch gar nicht richtig) wird häufig gesagt, § 249 stelle eine Kombination aus Diebstahl und (qualifizierter) Nötigung dar,[25] indem er die *erzwungene Wegnahme* bestrafe. Tatsächlich reicht der Raub an einer Stelle über die Nötigung hinaus: Da es keiner Opfermitwirkung, sondern der Ermöglichung eines Täterverhaltens (in Gestalt der Wegnahme) bedarf, kann die Ausschaltung des Opferwillens (durch Bewusstlosschlagen oder gar Töten [sog. Raubmord]) durchaus zum Raub führen, obschon § 240 hier ausscheiden müsste, weil das Opfer nicht mehr imstande wäre, final zu dulden oder zu unterlassen.

---

24 Lackner/Kühl § 253 Rn. 14.

25 So SK-Günther § 249 Rn. 2; Lackner/Kühl § 249 Rn. 1; Arzt/Weber BT § 17 Rn. 1.

Abbildung: Aufbau der Raubprüfung 1480

I. Tatbestand	1. objektiver Tatbestand (ggf. auch Qualifikation nach den §§ 250 f. beachten, vgl. Rn. 1490 ff.) - fremde, bewegliche Sache (Rn. 1481) - Wegnahme (Rn. 1481) - Gewalt gegen Person/Drohung mit gegenwärtiger Gefahr für Leib/Leben als Mittel der Wegnahme (Rn. 1482 ff.)
	2. subjektiver Tatbestand - Vorsatz bzgl. beweglicher Sache, Fremdheit, Wegnahme, Gewalt/Drohung (Rn. 1487) - Absicht rechtswidriger Selbst-/Drittzueignung (Rn. 1487)
II./III. Rechtswidrigkeit/Schuld	keine Besonderheiten
IV. Strafausschließung u.a.	keine Besonderheiten

2. Der objektive Tatbestand

Zu den Diebstahlskomponenten (Wegnahme einer fremden beweglichen Sache, Ab- 1481
sicht rechtswidriger Zueignung) ist auf die Erörterungen bei § 242 zu verweisen.[26] Als Nötigungsmittel erscheinen wiederum diejenigen der §§ 252, 255, weshalb es nur wegen einzelner Besonderheiten zusätzlicher Bemerkungen bedarf.[27]

a) Beziehung zwischen Nötigungsmittel und Wegnahme

Während in § 255 die Nötigungsmittel für die Vermögensverfügung anerkannterma- 1482
ßen kausal zu sein haben, soll nach h.M. bei § 249 eine Finalbeziehung ausreichen.[28] Danach genügte es, wenn der Täter Gewalt zum Zwecke der Wegnahme einsetzt. Nicht erforderlich wäre hingegen, dass sie auch tatsächlich die Wegnahme bewirkt oder sie wenigstens fördert.

Beispiel (Wegnahme nach Fesselung eines Schlafenden): *Jens D.* fand in der Nähe des Schützenplatzes nachts den betrunkenen *Paul F.* schlafend im Gebüsch. Um von vornherein jeden Widerstand auszuschalten, fesselte er ihn mit Handschellen. Anschließend durchsuchte er sein Opfer und nimmt ihm die Geldbörse mit Inhalt weg. *Paul F.* war allerdings zu betrunken, um aufzuwachen und *Jens D.* konnte schließlich sogar unbemerkt die Handschellen wieder lösen und mitnehmen. — Während die h.M. hier zum vollendeten Raub käme, weil *D.* die mittels der Fesselung ausgeübte

---

26 Vgl. zur fremden beweglichen Sache Rn. 861 ff. bzw. Rn. 1005 f., zur Wegnahme Rn. 1007 ff.

27 Vgl. insoweit Rn. 1463 bzw. Rn. 1131 ff.

28 Sch/Sch-ESER § 249 Rn. 7; LACKNER/KÜHL § 249 Rn. 4; WESSELS/HILLENKAMP BT 2 Rn. 322; BGHSt 41, 123 (124); 48, 365 (366, 368 ff.).

Gewalt einsetzte, um Widerstand gegen die geplante Wegnahme zu verhindern und diese ggf. so erst zu ermöglichen, fordert eine im Vordringen begriffene Mindermeinung im Hinblick auf Wortlaut und Systematik des Gesetzes zu Recht eine *objektive Kausalbeziehung* zwischen Gewalt und Wegnahme.[29] Eine nähere Begründung findet sich auf CD 39-04. Da es an einer solchen Kausalität im Beispielsfall mangelt, weil sich der Gewalteinsatz als überflüssig erwies, beging *D.* einen Diebstahl und tateinheitlich dazu einen Raub*versuch* (da sein Plan immerhin vorsah, die Gewalt im Falle des Aufwachens von *F.* als Wegnahmemittel einzusetzen).[30]

b) Gewalt bei einem Überraschungsangriff?

1483 **Aufgabe:** Überfall auf eine Geldbotin[31]

Stefan K. hatte den Plan gefasst, der Geldbotin *Verena R.* die mitgeführte Geldbombe durch einen Überraschungsangriff wegzunehmen. Dementsprechend näherte er sich der Frau von hinten und versuchte, ihr die zylinderförmige metallene Geldbombe, die sie unter der linken Achsel eingeklemmt hielt, mit einem kräftigen Ruck zu entreißen. Die Frau bemerkte jedoch, dass *Stefan K.* nach dem Behältnis griff, und verstärkte reaktionsschnell mit dem Oberarm ihren Druck gegen die Geldbombe, weshalb es *Stefan K.* nicht gelang, diese durch seinen überraschenden Zugriff an sich zu bringen. Er floh daraufhin, weil er sein Vorhaben als gescheitert ansah.

Weswegen hat sich *Stefan K.* strafbar gemacht?

1484 In der Rspr. ist die Formulierung gebräuchlich, Raub scheide aus, sofern nicht Kraft, sondern Schnelligkeit das Geschehen präge.[32] Dies suggeriert, es gehe um die Frage der Kausalität der Gewalt für die Wegnahme. Das ist indes nicht der Fall, denn genau genommen fehlt es in derartigen Konstellationen bereits an einer Gewalt *gegen eine Person*. Die Kraftentfaltung des Täters richtet sich primär gegen die wegzureißende Sache, was für § 249 nicht ausreicht. Allenfalls eine mittelbare Wirkung der Gewalt auf das Opfer kann hier zum Raub führen (z.B. wenn sich beim Reißen an einer Handtasche die Kraft über den Tragriemen dem Körper mitteilt, das Opfer dadurch zu Fall kommt und nun um den Gewahrsam gebracht werden kann).

Im Aufgabenfall hatte *Stefan K.* folglich keine Gewalt gegen eine Person ausgeübt und dies auch nicht vorgehabt, weshalb er nur einen (fehlgeschlagenen) Diebstahlsversuch beging.

c) Ausnutzen vorangegangener Gewalt

1485 Wird ein Wegnahmeentschluss erst im Laufe oder gar nach der Gewaltausübung gefasst, so stellt sich die Frage, ob die geschehene Gewalt noch als diejenige eines Raubes bewertet werden kann. Da die Gewalt *als Raubmittel zu verüben* ist, darf sie jedenfalls nicht schon beendet sein, wenn der Täter sich zur Wegnahme entschließt (Beispiel: Der Täter tötet ohne Raubvorsatz und kommt erst danach auf den Gedanken, die Leiche auf Wertsachen zu durchsuchen). Vielmehr muss zumindest eine fortdauernde und *in ihrem Fortdauern dem Täter zuzurechnende Gewalt* noch nach dem Wegnahmeentschluss festzustellen sein.

---

29 SK-GÜNTHER, Rn. 36; ARZT/WEBER BT § 17 Rn. 11; ähnlich NK-KINDHÄUSER, § 249 Rn. 12 („raubspezifischer Zusammenhang"); für Fälle wie im Beispiel auch MAURACH/SCHROEDER/MAIWALD BT 1 § 35 Rn. 21 (a.E.).

30 Nach BGHSt 21, 78 ist insoweit Tateinheit möglich. Bei § 239 wäre ebenfalls nur ein Versuch möglich (vgl. Rn. 657 f.), der wiederum hinter den Raubversuch zurückträte.

31 BGH StV 1990, 262.

32 BGH StV 1990, 262; BGHR § 249 Abs. 1 StGB Gewalt 1; Sch/Sch-ESER § 249 Rn. 4a.

Beispiel (Wegnahme von Geld nach Fesselung des Opfers):[33] *Mario C.* und *Willi S.* hatten sich am 10.07. im Hotel eingemietet. Da beide am 15.07. nicht mehr genug Geld besaßen, um die Zimmerkosten zu bezahlen, wollten sie das Hotel unter Mitnahme ihres Gepäcks ohne Bezahlung der Rechnung verlassen. Weil der Hotelportier *Wilhelm* R. jedoch ständig in der Rezeption anwesend war, brachten sie ihn gewaltsam in eines der von ihnen gemieteten Zimmer, fesselten ihn dort und schlossen ihn ein, um sich anschließend ungehindert aus dem Hotel zu entfernen. Als sie mit ihrem Gepäck an der – nunmehr unbesetzten – Rezeption vorbeikamen, fassten sie den Entschluss, die Situation auszunutzen und das in der Hotelkasse befindliche Geld mitzunehmen. Sie entwendeten einen Betrag von 500 DM und verließen damit das Hotel. — Im zweiten Teil der Tat[34] erfolgte der Entschluss zur Wegnahme erst nach der Fesselung, jedoch noch während der auf Grund dieser Gewaltanwendung andauernden Zwangswirkung. Das genügt prinzipiell zwar nicht.[35] Indes kann die Nichtbeseitigung einer selbst geschaffenen Zwangswirkung als *Gewaltanwendung durch Unterlassen* angesehen werden.[36] Das gilt indes ausschließlich im Falle der Ingerenzhaftung; findet ein Garant das Opfer hilflos vor, ohne bereits für die Herbeiführung dieses Zustandes verantwortlich zu sein, so entspräche sein Unterlassen nicht i.S.v. § 13 I, letzter Halbsatz, einem aktiven Raubhandeln.[37] Zudem wäre ein Unterlassen nur dann als Gewaltfortführung vorzuwerfen, wenn die Beseitigung der Zwangswirkungen allein wegen der Wegnahme unterbleibt, sie aber sonst vom Täter beendet worden wären.[38] *Mario C.* und *Willi S.* sind daher zu Recht nicht wegen Raubes verurteilt worden,[39] denn sie hätten *Wilhelm* R. auch ohne die Idee, Geld wegzunehmen, gefesselt liegen gelassen. Die Nichtbeseitigung der Gewaltwirkungen war daher keine Folge ihres nachträglich gefassten Wegnahmevorsatzes. 1486

3. Die weitere Raubprüfung, Konkurrenzen und Bestrafung

Der Räuber muss (bedingt) vorsätzlich handeln und insbesondere auch das Nötigungsmittel zum Zwecke der Wegnahme einsetzen, womit an dieser Stelle genau dasselbe verlangt ist, was für die h.M. schon im objektiven Tatbestand genügt: eine Finalbeziehung. Zur ebenfalls notwendigen Zueignungsabsicht gilt das zum Diebstahl Gesagte (vgl. Rn. 1040 ff.). 1487

Bedrohung, Nötigung und Freiheitsberaubung treten hinter den Raub zurück, soweit sie der Ermöglichung der Wegnahme dienen. Als spezielleres Delikt verdrängt (voll- 1488

---

33 BGHSt 32, 88.

34 Zum ersten Abschnitt, der Flucht vor der Hotelrechnung, vgl. BGHSt 32, 88 (89-92) sowie Jan C. JOERDEN, „Mieterrücken" im Hotel – BGHSt 32, 88, JuS 1985, 17-27 (21 ff.).

35 Insoweit allgemeine Ansicht; vgl. RENGIER BT I § 7 Rn. 16 f.; Sch/Sch-ESER § 249 Rn. 6; MITSCH BT 2/1 § 3 Rn. 28; LACKNER/KÜHL § 249 Rn. 4.

36 LACKNER/KÜHL § 249 Rn. 4; MITSCH BT 2/1 § 3 Rn. 28; i.E. gleichfalls BGHSt 48, 365 (368 ff.), wenngleich mit vorgeschützter, offenbar nur der Vermeidung einer Vorlage an den GS geschuldeter Argumentation, seine Entscheidung widerspreche nicht der a.A. in BGHSt 32, 88; wie dieser Helmut BAIER, Schwerer Raub, JA 2004, 431-433 (433); RENGIER BT I § 7 Rn. 16; WESSELS/HILLENKAMP BT 2 Rn. 337.

37 Vgl. JOERDEN (Fn. 34), JuS 1985, 26, der daher aber ein Unterlassen ganz ausschließen will.

38 Albin ESER, Zum Verhältnis von Gewaltanwendung und Wegnahme beim Raub, NJW 1965, 377-380 (380); Tonio WALTER, Raubgewalt durch Unterlassen? NStZ 2005, 240-243 (243).

39 BGHSt 32, 88 (92).

endeter) Raub die Diebstahlstatbestände. Die §§ 247, 248a gelten für ihn nicht. Mit den Körperverletzungsdelikten besteht Tateinheit.[40] Diese kann außerdem mit den §§ 239b, 316a vorliegen (Rn. 1559 f.).

1489 Wegen des Verbrechenscharakters (Strafdrohung von einem bis zu fünfzehn Jahren Freiheitsstrafe) ist auch der Raubversuch strafbedroht.

III. Raubqualifikationen

1490 Raub, räuberische Erpressung (und räuberischer Diebstahl) finden in § 249 ihre gemeinsame Strafdrohung. Die entsprechenden Verweise in den §§ 252, 255 führen darüber hinaus zur Anwendbarkeit aller Raubqualifikationen (§§ 250, 251) in gleicher Weise auf die §§ 252 und 255. Es gibt folglich nicht nur einen schweren Raub nach den §§ 249, 250, sondern ebenso z.B. einen schweren räuberischen Diebstahl (§§ 252, 250) oder eine räuberische Erpressung mit Todesfolge (§§ 253, 255, 251).[41] Lediglich auf die einfache Erpressung sind die §§ 250, 251 nicht anzuwenden.

1. Schwerer Raub

1491 Die Qualifikationsmerkmale und die Struktur des § 250 sind durch das 6. StrRG erheblich verändert worden. Wo es früher nur eine Qualifikation mit der Mindeststrafe von fünf Jahren Freiheitsstrafe gab, existieren heute zwei abgestufte Fallgruppen in Abs. 1 (Mindestmaß drei Jahre Freiheitsstrafe) und Abs. 2 (Mindestmaß fünf Jahre Freiheitsstrafe). Werden Varianten beider Absätze zugleich verwirklicht, gehen diejenigen des Abs. 2 vor.[42]

1492 Taten aus beiden Fallgruppen werden unterschiedslos als „schwerer Raub" bezeichnet, weil der Gesetzgeber die an sich gebotene Differenzierung durch Aufteilung in mehrere Paragraphen mit eigenen Überschriften unterlassen hat. Bezeichnend und ein wenig verwunderlich ist außerdem, dass der minder schwere Fall in Abs. 3 (Strafe zwischen einem und zehn Jahren Freiheitsstrafe) ebenfalls nicht zwischen beiden schweren Fällen unterscheidet.

a) Schwerer Raub nach Abs. 1

aa) Raub mit Waffen oder gefährlichen Werkzeugen (§ 250 I Nr. 1 a))

1493 Diese Alternative ist wortgleich mit den Diebstahlsqualifikationen nach § 244, weshalb sich dieselben Probleme stellen und sie wie dort zu lösen sind (vgl. Rn. 1104 ff. sowie eingehender zum Problem gefährlicher Werkzeuge auf CD 32-05). Insbesondere sind allein solche Werkzeuge als gefährlich i.S.v. § 250 I Nr. 1 a) einzustufen, die vom Täter generell oder im Einzelfall eine *Widmung als Waffenersatz* erfahren haben.

bb) Raub unter Mitführung sonstiger Werkzeuge oder Mittel mit Einsatzwillen

1494 Unter § 250 I Nr. 1 b) fällt unabhängig von seiner Gefährlichkeit alles, was der Täter zur Überwindung oder Verhinderung von Widerstand einzusetzen plant. Dazu zählen selbst die objektiv ungefährlichen *Scheinwaffen*, die allein Drohzwecken dienen sol-

---

40 Sch/Sch-Eser § 249 Rn. 13.

41 BGHSt 14, 386 (391); Sch/Sch-Eser § 252 Rn. 12, § 255 Rn. 4.

42 Lackner/Kühl § 250 Rn. 7; SK-Günther § 250 Rn. 57.

len.[43] Es genügt, wenn der Einsatzwille im Laufe der Tatbegehung nachträglich entsteht, z.B. in dem Moment, in welchem das Opfer Widerstand zu leisten droht.

Da durch die geplante Verwendung objektiv harmloser Geräte zu Drohzwecken keine signifi- 1495
kante Gefahren- oder Unrechtssteigerung erfolgt, ist die Kritik des Schrifttums an ihrer Einbeziehung[44] zwar berechtigt. Sie kann aber angesichts des erklärten Willens des Gesetzgebers[45] und des klaren, auf das Merkmal „gefährlich" verzichtenden Wortlautes in § 250 I Nr. 1 b) nur de lege ferenda für eine tatbestandliche Reduktion plädieren. Das gilt jedenfalls dort, wo mit dem Mittel gedroht und nicht über es auch noch gesondert getäuscht wird.

Aufgabe: *Labello*-Fall[46] 1496
Renate G. begab sich in der Absicht, einen Überfall zu verüben, in ein Geschäft. Als ihr die dort tätige *Sabine L.* den Rücken zuwandte, holte *Renate G.* einen *Labello*-Lippenpflegestift aus ihrer Handtasche, trat hinter *L.* und drückte ihr eine Ecke des Stiftes in den Rücken, um bei ihr die Vorstellung hervorzurufen, mit einer Waffe bedroht zu werden. Unter dem Eindruck des ihr in den Rücken gehaltenen Stifts, den *L.* für die Spitze eines Messers, einer Schere oder eines ähnlich gefährlichen Gegenstandes hielt, händigte sie *Renate G.* auf deren Verlangen hin den Kasseninhalt von 280 DM aus.
Was spricht gegen eine Anwendung von § 250 I Nr. 1 b)?

Zwar enthält jede Verwendung von Scheinwaffen notgedrungen täuschende Elemente. Wo 1497
indes das Mittel alleine nicht einmal zum Vortäuschen einer Gefährlichkeit taugt, sondern der Täter diesen Eindruck erst durch weitere Maßnahmen erwecken muss, führt er kein Mittel, um „Widerstand ... durch Drohung mit Gewalt zu verhindern", sondern um dies durch Vortäuschen einer Drohung zu tun.[47] Weitere Gedanken und Lösungshinweise zur Aufgabe auf CD 39-05.

cc) Raub mit der Gefahr schwerer Gesundheitsschädigung (§ 250 I Nr. 1 c))

Zum Begriff der schweren Gesundheitsschädigung vgl. CD 06-03. Erforderlich ist die konkrete 1498
Gefahr einer solchen Schädigung. Sie muss durch eine der mit der Tatbegehung zusammenhängenden Handlungen zwischen Versuchsbeginn und Beendigung des Raubes entstehen.[48] Da Gefahren keine Folgen i.S.v. § 18 darstellen, bedarf es zudem eines *Gefährdungsvorsatzes*, was im Zweifel die subjektive Zurechnung von Gefährdungen ausschließt, die erst auf Grund unerkannter individueller gesundheitlicher Dispositionen entstehen (Beispiel: Das aufgeregte Raubopfer erleidet einen Herzinfarkt).[49] Wegen der flankierenden Qualifikationen nach § 250 II Nr. 3, zu denen der Weg von einer vorsätzlich herbeigeführten Gefahr schwerer Gesundheitsschädigung nicht mehr weit ist, hat § 250 I Nr. 1 c) aber ohnehin nur sehr geringe Bedeutung.

---

43 Rengier BT I § 8 Rn. 3; BayObLG, Beschluss vom 29.07.1998, 3 St RR 122/98 (Juris).

44 Vgl. Wessels/Hillenkamp BT 2 Rn. 344 f.; SK-Günther § 250 Rn. 19-24.

45 Vgl. Bericht des Rechtsausschusses zum Entwurf des 6. StrRG, BT-Drs. 13/9064, S. 18.

46 Sachverhalt gekürzt nach BGHSt 38, 116.

47 BGHSt 38, 116 (118); BGH NStZ 1997, 184 (185); NStZ 2007, 332 (333); Wessels/Hillenkamp BT 2 Rn. 266.

48 Sch/Sch-Eser § 250 Rn. 23; BGHSt 38, 295 (zur insoweit identischen Frage bei § 251); a.A. (Gefahren nur bis Vollendung der Wegnahme) Rengier BT I § 8 Rn. 7, § 9 Rn. 8.

49 Vgl. BGH NJW 2002, 2043 (2044) für den Fall altersbedingt schwerer Verletzungen.

dd) Bandenraub (§ 250 I Nr. 2)

1499 Insoweit gelten die Ausführungen zum Bandendiebstahl entsprechend (Rn. 1115 ff.). Führt einer der Beteiligten eine Waffe mit, ist sogar § 250 II Nr. 2 einschlägig (Rn. 1501).

b) Schwerer Raub nach Abs. 2

aa) Verwendung von Waffen und gefährlichen Werkzeugen (§ 250 II Nr. 1)

1500 Die Begriffe der Waffen und gefährlichen Werkzeuge entsprechen denen des Abs. 1 (Rn. 1493), weshalb eine Scheinwaffenverwendung ausscheidet.[50] Verwenden schließt den Einsatz zur bloßen Drohung ein.[51] Die Verwendung muss allerdings den Nötigungsteil betreffen; wer beispielsweise das mitgeführte Messer allein zur Wegnahme einsetzt, etwa den Tragriemen der Handtasche des zuvor mit einfacher körperlicher Gewalt niedergeschlagenen Opfers durchschneidet, verwendet daher kein gefährliches Mittel i.S.v. § 250 II Nr. 1.[52]

bb) Bewaffneter Bandenraub (§ 250 II Nr. 2)

1501 Diese Alternative qualifiziert den Bandenraub nach § 250 II Nr. 1 noch einmal, sofern einer der Beteiligten eine Waffe bei der Tatausführung mit sich führt. Als Waffe gelten nicht nur Schusswaffen, sondern auch andere, generell zur Verletzung bestimmte Gegenstände (vgl. dazu näher Rn. 1106 ff.). Gefährliche Werkzeuge (wie gewöhnliche Messer) genügen hingegen an dieser Stelle nicht.

cc) Raub mit schwerer Misshandlung (§ 250 II Nr. 3 a))

1502 Der Begriff der schweren Misshandlung meint die Zufügung schwerer körperlicher Schäden oder massiver Schmerzen.[53] Der Grund dieser Qualifikationsbestimmung ist allerdings nicht recht einleuchtend, weil diese Misshandlungen über die §§ 223 ff. ohnehin bestraft würden. Konsequenterweise müssten daher die Körperverletzungsdelikte gegenüber dieser Tatvariante zurücktreten, um keine Doppelbestrafung desselben Unrechts zu bewirken.

dd) Raub mit Todesgefahr (§ 250 II Nr. 3 b))

1503 Auch insoweit gilt § 18 nicht, weshalb es neben einer konkreten Todesgefahr, bei welcher der Todeseintritt nur noch von Zufälligkeiten abhängt, eines entsprechenden Vorsatzes bedarf. Diese Variante wird sich daher auf Fälle beschränken, in denen mit massiver Gewalt, z.B. unter Messerstichen in den Bauch, vorgegangen wird (weshalb oft zugleich bedingter Tötungsvorsatz naheliegt). In diesem Fall wird § 224 I Nr. 5 (nicht aber § 223) verdrängt.[54]

2. Raub mit Todesfolge

1504 Bei dem erfolgsqualifizierten Delikt des § 251 wird der Raub mit einer Tötung kombiniert und die Strafdrohung auf mindestens zehn Jahre oder lebenslange Freiheitsstrafe angehoben.

---

50 BGH NJW 1998, 2914 (2915); Wolfgang MITSCH, Raub mit Waffen und Werkzeugen – BGH, NJW 1998, 2914 und BGH, NJW 1998, 2915, JuS 1999 640-644 (643).

51 Sch/Sch-ESER § 250 Rn. 29; BGH NStZ 1999, 301; BGHSt (GS) 48, 197.

52 MITSCH (Fn. 51), JuS 1999, 642; RENGIER BT I § 8 Rn. 9 (a.E.).

53 BGH NStZ 1998, 461 (462); Sch/Sch-ESER § 250 Rn. 33; SK-GÜNTHER § 250 Rn. 48.

54 BGH StraFo 2005, 476.

Zwischen Raub und Tod muss ein *Gefahrverwirklichungszusammenhang* bestehen,[55] 1505
manchmal auch – ohne wesentliche Abweichung in der Sache – als Unmittelbarkeitsbeziehung charakterisiert.[56] Geeignet ist daher nur ein Versterben von Personen infolge der zur Raubbegehung angewendeten Nötigungsmittel oder spezifischer Gefahren einer Wegnahme.

Aufgabe: Tod eines Passanten infolge eines Feuergefechts auf der Flucht[57] 1506

Henning B. trat Ende Oktober 1978 im Alter von 20 Jahren der RAF[58] bei und gehörte ihr bis Mitte 1981 an. In diesem Zeitraum beging er zusammen mit drei Mittätern einen Raubüberfall auf die *Schweizerische Volksbank* in *Zürich*, bei dem sie über 548.000 Schweizer Franken erbeuteten. Auf der anschließenden Flucht wurden sie von Polizeibeamten verfolgt. Nachdem die Tätergruppe in ein unter dem Bahnhofsplatz gelegenes Einkaufszentrum geflohen war, kam es dort zu einem Schusswechsel mit dem sie verfolgenden Polizeibeamten *René P.* Ein von einem der Täter auf den Beamten gerichteter Schuss verfehlte diesen und traf die Passantin *Katharina Kl.* tödlich.

Strafbarkeit nach § 251?

In zeitlicher Hinsicht kommt ein Gefahrverwirklichungszusammenhang nach Auffassung der 1507
Rspr. und eines Teiles der Literatur solange in Betracht, wie Raub/Räuberische Erpressung unbeendet sind.[59] Die überwiegenden Stimmen im Schrifttum verlangen dagegen zu Recht, dass die Tat bei Vornahme der zum Tode führenden Handlung noch *nicht vollendet* sein darf.[60] Im Hinblick auf die Möglichkeit, Gewaltexzesse über § 252 i.V.m. § 251 zu erfassen, wäre es systematisch verfehlt, über den Umweg des § 251 ein Nebeneinander von Raub und räuberischem Diebstahl zu ermöglichen und auf diese Weise die Restriktionen, die § 252 für Nachtatgewalt enthält, zu umgehen. Eine nähere Begründung erfolgt auf CD 39-06.

Die Todesursache kann aber sowohl aus der zur Wegnahme dienenden Gewalt/Drohung 1508
resultieren, als *auch aus der Wegnahme* selbst, etwa infolge der Entziehung überlebenswichtiger Nahrung, Medikamente oder Rettungsmittel.[61] Denn „durch den Raub" betrifft den Raub als Ganzes und beschränkt sich nicht auf das Anwenden der Nötigungsmittel. Die Gegenauffassung[62] beruft sich vor allem auf einen Vergleich mit dem Dieb, der Lebenswichtiges stiehlt, und dafür im Todesfalle nur aus § 222 hafte. Das Fehlen eines „Diebstahls mit Todesfolge" stellt aber kein durchgreifendes Argument gegen den klaren Wortlaut des § 251 dar. Denn der Räuber begeht schon von vornherein eine völlig andere Qualität von Straftat. Wenn der Gesetzgeber den Dieb ihm gegenüber ein Stück weit privilegiert, so ist das dem fragmentarischen

---

55 BGHSt 38, 295 (298, „tatspezifische Gefährlichkeit"); SK-GÜNTHER § 251 Rn. 10; RENGIER BT I § 9 Rn. 3; MITSCH BT 2/1 § 3 Rn. 95.

56 Vgl. Sch/Sch-ESER § 251 Rn. 5; KINDHÄUSER LPK § 251 Rn. 7.

57 BGHSt 38, 295.

58 RAF = Rote Armee Fraktion, eine bundesdeutsche Terrorgruppe in den Jahren 1970-98, gegründet u.a. von *Andreas Baader*, *Ulrike Meinhoff* und *Gudrun Ensslin*.

59 BGHSt 38, 295 (298 f.); Sch/Sch-ESER § 251 Rn. 4; Ullrich SCHROTH, Anmerkung zu BGH NJW 1999, 1039, NStZ 1999, 554-555.

60 Rudolf RENGIER, Anmerkung zu BGHSt 38, 295, NStZ 1992, 590-591; SK-GÜNTHER § 251 Rn. 8 f.; MAURACH/SCHROEDER/MAIWALD BT 1 § 35 Rn. 34.

61 WESSELS/HILLENKAMP BT 2 Rn. 355; LACKNER/KÜHL § 251 Rn. 1; MAURACH/SCHROEDER/MAIWALD BT 1 § 35 Rn. 34.

62 Sch/Sch-ESER § 251 Rn. 4; SK-GÜNTHER § 251 Rn. 13; RENGIER BT I § 9 Rn. 4.

Charakter des Strafrechts geschuldet und bietet keinen Anlass, im Wege der Auslegung korrigierend einzugreifen.

1509 In subjektiver Hinsicht verlangt § 251 *zumindest Leichtfertigkeit*[63] hinsichtlich der Todesfolge, weshalb § 18 keine Anwendung findet. Auch Vorsatz ist allerdings möglich und führt zu einer Abweichung gegenüber § 227, der hinter vorsätzliche Tötungsdelikte zurückträte[64] (und daher dann auch nicht mehr geprüft werden müsste). § 251 ist hingegen im Verhältnis zu den §§ 211, 212 nicht subsidiär, weil er zumindest gegenüber § 212 eine höhere Mindeststrafe androht.[65]

IV. Die Erpressung

1. Unterschiede zu § 255

1510 Erpressung und räuberische Erpressung unterscheiden sich hinsichtlich ihres Nötigungselementes und ihrer Rechtsfolgen (und damit zugleich in ihrem Charakter als Vergehen bzw. Verbrechen). § 253 II enthält mit seinem besonderen Verwerflichkeitserfordernis zudem eine weitere Voraussetzung, die in § 255 fehlt, weil die dort erforderliche Gewalt gegen eine Person und die Drohungen mit gegenwärtiger Gefahr für Leib oder Leben generell als verwerflich anzusehen sind.

Abbildung: Unterschiede zwischen einfacher und räuberischer Erpressung

	Erpressung (§ 253)	**räuberische Erpressung (§ 255)**
Nötigungsmittel	- Gewalt (auch gegen Sachen, Rn. 1511 ff.) - Drohung mit empfindlichem Übel	- Gewalt gegen eine Person - Drohung mit gegenwärtiger Gefahr für Leib oder Leben
Nötigungsfolgen	Vermögensverfügung und Vermögensschaden	
subjektiver Tatbestand	Vorsatz und Absicht rechtswidriger Bereicherung	
Rechtswidrigkeit	- positiv zu prüfen (§ 253 II), bei Verwerflichkeit zu bejahen (Rn. 1515 ff.); - ggf. Prüfung allgemeiner Rechtfertigungsgründe	- ggf. Prüfung allgemeiner Rechtfertigungsgründe

63 Zum Begriff der Leichtfertigkeit vgl. Rn. 983 ff.

64 Vgl. Rn. 461.

65 BGH NStZ-RR 2003, 44; SK-Günther § 251 Rn. 25; Rengier BT I § 9 Rn. 12

Strafe	bis zu fünf Jahre Freiheitsstrafe (daher *Vergehen*)	wie Raub: ein bis fünfzehn Jahre Freiheitsstrafe (daher *Verbrechen*)
Qualifikationen/ Strafschärfungen	besonders schwerer Fall mit Regelbeispielen (§ 253 IV): ein bis fünfzehn Jahre Freiheitsstrafe	Qualifikationstatbestände §§ 250, 251 (Rn. 1490 ff.)
Versuch	strafbar nach § 253 III	wegen des Verbrechenscharakters strafbar (§ 23 I)

2. Tatbestand

Mit seinen *Nötigungsmitteln* entspricht § 253 der Regelung in § 240, weshalb die dortigen Ausführungen auch für die Erpressung gelten (Rn. 584 ff.). 1511

Aufgabe: Schutzgelderpressung 1512
Kim L. betrieb ein Chinarestaurant. Als *Jian H.* von ihm die Zahlung von 1000 EUR monatlichen „Schutzgeldes" verlangte, weigerte sich *Kim L.*, zumal sein Betrieb diesen Betrag nicht zusätzlich erwirtschaften konnte. Um seinen Forderungen Nachdruck zu verleihen, zerschlug *Jian H.* einige Nächte später die Außenfenster des Restaurants. Am Morgen danach suchte er *Kim L.* erneut auf und bestand weiterhin auf der Zahlung. Durch sie werde *Kim L.* vor solchen nächtlichen Übergriffen geschützt sein.
Erpressungsversuch?

Insbesondere genügt auch für die Erpressung eine Gewalt gegen Sachen nur bei körperlichen Auswirkungen auf den zu Erpressenden.[66] Sie werden häufig fehlen. Zumeist lässt sich aber – wie im Aufgabenfall – die geschehene Gewalt zugleich als konkludente Androhung künftiger Wiederholungen interpretieren, falls das Verlangte nicht gezahlt werde. Sofern dies als Drohen mit einem empfindlichen Übel gelten kann,[67] läge § 253 tatbestandlich vor. 1513

Zu den weiteren tatbestandlichen Voraussetzungen (Vermögensverfügung, Schaden, subjektiver Tatbestand) kann auf die Ausführungen zur räuberischen Erpressung verwiesen werden (Rn. 1456-1473). 1514

3. Die spezifische Rechtswidrigkeitsprüfung (§ 253 II)

Wie § 240 II verlangt § 253 II eine gesonderte Prüfung der Rechtswidrigkeit. Diese liegt vor, wenn die Anwendung der Nötigungsmittel zu dem angestrebten Zweck als verwerflich anzusehen ist. Der zusätzlichen Prüfung bedarf es, weil das „Erpressen", insbesondere durch Androhen empfindlicher Übel, zum gewissermaßen alltäglichen und von der Marktordnung gebilligten Vorgehen im Wirtschaftsleben gehört (Beispiel: Ein Großkunde zwingt, um seinen Gewinn zu maximieren, seinen Lieferanten mit der Drohung, sonst bei der Konkurrenz zu kaufen, zur Preisreduzierung). Im Falle des § 255 verlangt das Gesetz keine solche gesonderte Prüfung der Verwerflichkeit, weil 1515

66 Sch/Sch-Eser vor §§ 234 ff. Rn. 13; § 253 Rn. 3.

67 Zum empfindlichen Übel vgl. Rn. 610 ff.

sie angesichts der dort eingesetzten qualifizierten und grundsätzlich von der Rechtsordnung missbilligten Nötigungsmittel entbehrlich ist.

1516 Der Streit, ob § 253 II wie bei der Nötigung tatbestandseinschränkend[68] – was im Hinblick auf seine Funktion nahe liegt, einen zu weit geratenen Tatbestand einzuschränken – oder als positives Rechtswidrigkeitselement wirkt,[69] kann für die Fallbearbeitung offen bleiben. Denn die Einordnung im Verbrechensaufbau wirkt sich auf die Prüfungsergebnisse nicht aus. Zweckmäßig ist es daher, die Verwerflichkeitsprüfung der h.M. folgend als erstes Element auf der Rechtswidrigkeitsstufe anzusiedeln.

1517 Wie bei § 240 II kann sich die Verwerflichkeit auch bei § 253 II alternativ ergeben aus

- dem *Erpressungsziel.* Im Gegensatz zu einigen Stimmen im Schrifttum enthebt die im subjektiven Tatbestand festgestellte Absicht rechtswidriger Bereicherung allerdings nicht näherer Prüfung.[70] Denn sie liegt schon beim Fehlen eines Anspruchs vor. Das schließt legitime Zwecke nicht aus, z.B. eine Reduzierung geforderter Preise, die Durchsetzung höherer als der vereinbarten Löhne usw. Zur Verwerflichkeit des Erpressungsziel alleine käme man folglich nur, wenn ein illegitimes Ziel verfolgt wird, also eine von der Rechtsordnung per se missbilligte Leistung, etwa ein Löse-, Schutz- oder Schweigegeld, ein Wucher- oder ein Dumpinglohn;
- dem *Nötigungsmittel* (z.B. bei Drohungen mit einem zu missbilligendem Verhalten, etwa von Gewalt, Boykottmaßnahmen) oder aus
- der *Verknüpfung von beiden* (z.B. bei der Bedrohung des Lieferanten mit einer Strafanzeige wegen einer – tatsächlich von diesem begangenen – Steuerhinterziehung, falls er nicht künftig seine Preise senke). Nicht zur Verwerflichkeit gelangt man, sofern das Übel und das angestrebtes Verhalten in einem inneren Zusammenhang stehen, z.B. wenn mit der Kündigung einer Geschäftsbeziehung gedroht wird, falls der Geschäftspartner nicht künftig Vorzugspreise berechne.

4. Bestrafung

1518 Mit bis zu fünf Jahren Freiheitsstrafe droht § 253 I dieselbe Strafe an, wie sie z.B. auch für Betrug und Diebstahl vorgesehen ist. Anders als bei diesen Delikten bleiben die Privilegierungsvorschriften der §§ 247, 248a für die Erpressung bedeutungslos.

1519 § 253 IV enthält eine Strafzumessungsvorschrift in Regelbeispielstechnik,[71] die für den besonders schweren Fall der Erpressung dieselbe Strafe wie für das Verbrechen der räuberischen Erpressung vorsieht (was aber gemäß § 12 III am Vergehenscharakter nichts ändert). Schwere Fälle sind solche von Gewerbsmäßigkeit (vgl. Rn. 1097 bzw. CD 32-08) sowie die Bandenerpressung (vgl. zum Bandenbegriff Rn. 1115 ff.).

---

68 Hans Joachim HIRSCH, Soziale Adäquanz und Unrechtslehre, ZStW 74 (1962), 78-135 (117 ff.); JAKOBS AT Rn. 6/61 ff.

69 MAURACH/SCHROEDER/MAIWALD BT 1 § 42 Rn. 11; MITSCH BT 2/1 § 6 Rn. 74.

70 So aber RENGIER BT I § 11 Rn. 66; ARZT/WEBER BT § 18 Rn. 18 (dort Fn. 27).

71 Vgl. dazu eingehend die Ausführungen zu § 243, Rn. 1080 ff.

Wiederholungsfragen zum 38. und 39. Kapitel 1520

1. Welche Beziehung verlangt die h.M. bei Räuberischer Erpressung und Raub zwischen den Nötigungsmitteln und Opfermitwirkung bzw. Wegnahme? (Rn. 1464 und 1482)
2. Kann eine räuberische Erpressung vorliegen, wenn ein Bankkassierer zur Herausgabe von Geld aus einem ansonsten unzugänglichen Safe bewegt wird, indem der Täter einem anwesenden Bankkunden eine Pistole an den Kopf hält und droht, diesen zu erschießen, falls er kein Geld erhalte? (Rn. 1469)
3. Wie ist es nach h.M. im Hinblick auf die §§ 253, 255 zu beurteilen, falls der Erpresser irrig glaubt , er habe ein Anrecht auf die erpresste Sache? (Rn. 1472)
4. Warum liegt kein Raub vor, wenn der Täter Kraft nicht dazu entfaltet, Widerstand zu brechen, sondern durch Schnelligkeit die Wegnahme durchzuführen und etwaigem Widerstand zuvor zu kommen? (Rn. 1484)
5. Welche Einschränkung ist beim Raub unter Einsatz gefährlicher Werkzeuge (§ 250 I Nr. 1 a)) zu beachten? (Rn. 1493)
6. Liegt ein Schwerer Raub nach § 250 I Nr. 1 b) vor, wenn der Täter zur Drohung ein ungefährliches Mittel einsetzt und er über dessen Gefährlichkeit täuscht? (Rn. 1497)
7. In welchen Phasen eines Raubgeschehens kann es nach h.M. zu § 251 führen, wenn der Täter jemanden zu Tode bringt? (Rn. 1507)
8. Wie ist nach den verschiedenen Auffassungen zur Abgrenzung von Raub und Räuberischer Erpressung der Fall zu beurteilen, dass der Täter sein Opfer unter Vorhalt eines Messers und in Zueignungsabsicht auffordert, ihm die Geldbörse auszuhändigen, und dieses aus Furcht um sein Leben das auch tut? (Rn. 1456 ff.)

Weitere Hinweise zu den Fragen 2. und 8. auf CD 39-07.

40. Kapitel. Besondere Raubstraftaten

Die §§ 239a, 239b und 316a bestrafen Verhaltensweisen, die bereits im Vorfeld von Raub oder Erpressung in hohem Maße freiheitsverletzend wirken und in ihrer tatbestandlich vorausgesetzten Verknüpfung mit dem Raub- oder Erpressungsziel besonderen Unwertgehalt aufweisen. Die §§ 239a, 316a sind dabei reine Raubvorbereitungstaten, obwohl der Gesetzgeber sie etwas irreführend als Freiheits- bzw. Straßenverkehrsdelikte in das StGB eingeordnet hat. § 239b hat im Kern dieselbe Funktion (obschon er daneben auch die Vorbereitung anderer Nötigungsdelikte, u.a. sexueller Natur, erfasst). 1521

I. Geiselnahme und erpresserischer Menschenraub

1. Die beiden Tatbestände im Vergleich

Die Tatbestände der §§ 239a und 239b ähneln sich stark und verfügen zudem über identische Strafrahmen. Strafbar sind jeweils das Entführen des Opfers bzw. die Bemächtigung seiner Person zwecks Ausführung anderer Taten (die folglich nicht einmal versucht werden müssen) und das entsprechende Ausnutzen einer solchen Opferlage. 1522

Während der erpresserische Menschenraub (§ 239a) um geplanter Erpressungen willen begangen wird, bezweckt die Geiselnahme (§ 239b), Nötigungen (einschließlich der in einem Raub enthaltenen) durchzusetzen. Dass § 239b damit ein weiteres Anwendungsfeld besitzt, wird durch seine etwas engere Fassung der tatgeeigneten Nötigungsmittel kompensiert.

1523 **Abbildung:** Aufbau des erpresserischen Menschenraubes und der Geiselnahme

	erpresserischer Menschenraub (§ 239a)	**Geiselnahme (§ 239b)**
objektiver Tatbestand	Entführen/Sichbemächtigen eines Menschen/Ausnutzen einer solchen Lage zur Erpressung	Entführen/Sichbemächtigen eines Menschen/Ausnutzen einer solchen Lage zur Nötigung
subjektiver Tatbestand	- Vorsatz bzgl. Entführen/Sichbemächtigen/Ausnutzen - (nur bei Entführen/Sichbemächtigen:) Absicht, die Sorge um das Wohl des Opfers zur Erpressung auszunutzen	- Vorsatz bzgl. Entführen/Sichbemächtigen/Ausnutzen - (nur bei Entführen/Sichbemächtigen:) Absicht, durch Drohung mit Tod/ schwerer Körperverletzung/Freiheitsentziehung von über einer Woche des Opfers dieses/ Dritten zu Handlung/ Duldung/Unterlassung zu nötigen
Rechtswidrigkeit/Schuld	keine Besonderheiten	
Strafausschließung u.a.	fakultative Strafmilderung bei Freilassung des Opfers ohne Gegenleistung (§ 239a IV, § 239b II)	

1524 Durch ihre unterschiedlichen Absichtselemente korrespondieren die beiden Straftatbestände typischerweise mit jeweils einem der Raubverbrechen.

Abbildung: Die Beziehung von erpresserischem Menschenraub und Geiselnahme zu den einzelnen Raubstraftaten

erpresserischer Menschenraub	**Geiselnahme**
↓	↓
- Erpressung - **räuberische Erpressung** - (Rspr.: auch Raub als Spezialfall räuberischer Erpressung)	- Nötigung - **Raub** (soweit Nötigung darin enthalten)

1525 Für die *Fallbearbeitung* ergibt sich daraus zweierlei: Man sollte, sofern es im Weiteren zu einer Beraubung/Erpressung kam, in Abweichung von der Chronologie nicht mit den §§ 239a, 239b beginnen, sondern mit dem nachfolgenden Raubgeschehen. Hat sich dort geklärt, ob ein Raub oder eine räuberische Erpressung geschehen war, so erörtert man nur noch das dem entsprechende Delikt der §§ 239a, 239b. Zwar könnte theoretisch neben § 239a auch noch § 239b vorliegen, weil jede Erpressung eine Nötigung (und umgekehrt – nach Auffassung der Rspr. – jeder Raub eine räuberische Erpressung) beinhaltet.[1] § 239b wäre aber gegenüber § 239a subsidiär,[2] weshalb es sinnlos wäre, ihn noch gesondert zu prüfen, wenn es sich um ein Erpressungsgeschehen handelt.

2. Erpresserischer Menschenraub

a) Tatbestand

§ 239a I enthält zwei streng voneinander zu trennende Tatvarianten: **1526**

- Entführen oder Sichbemächtigen einer Person in Erpressungsabsicht;
- Ausnutzen einer Entführung/Bemächtigung zur Erpressung.

Die zweite (Ausnutzungs-)Variante setzt dabei voraus, dass eine Entführung/Bemächtigung *ohne* entsprechende Erpressungsabsicht voranging.[3] Beide Varianten können daher nicht zusammentreffen, sondern bilden echte Alternativen.

aa) Entführen und Sichbemächtigen

Mit dem Entführen oder Sichbemächtigen ist der erpresserische Menschenraub bereits vollendet, vorausgesetzt, die Tat erfolgte subjektiv in Erpressungsabsicht. **1527**

Entführen verlangt eine Ortsveränderung des Opfers,[4] die nicht unbedingt gegen seinen Willen zu geschehen braucht.[5] Nach dem Wortlaut („Ent*führen*") muss der Täter allerdings die Ortsveränderung initiieren und beherrschen, was typischerweise zumindest mit einer Täuschung über den Zielort oder die dort herrschenden Verhältnisse einher gehen wird. Auf Grund der Gleichstellung des Entführens mit dem Bemächtigen muss der Entführte zudem spätestens am Zielort dem Zugriff des Täters schutzlos ausgeliefert sein.[6] Erst mit Beginn einer solchen Schutzlosigkeit (die allerdings schon auf der Fahrt eintreten mag), wäre eine Entführung daher vollendet.[7] **1528**

Beim *Bemächtigen* erlangt der Täter die physische Herrschaft über das Opfer.[8] Infolgedessen kann dieses über keine seiner Handlungen mehr ungehindert disponieren, sondern nur noch tun, was ihm der Täter gestattet. Typische Fälle sind Einsperren oder Vorhalten einer Waffe. Letztere braucht (z.B. weil ungeladen oder eine Spielzeugwaffe) nicht einmal tatsächlich zur **1529**

---

1 Vgl. zu dieser Problematik oben Rn. 1456 ff.

2 BGH NStZ 2003, 604 (605); Sch/Sch-ESER § 239b Rn. 20.

3 SK-HORN/WOLTERS § 239a Rn. 15; Sch/Sch-ESER § 239a Rn. 18; GÖSSEL/DÖLLING BT 1 § 20 Rn. 47.

4 BGHSt 39, 330 (333); SK-HORN/WOLTERS § 239a Rn. 4; RENGIER BT II § 24 Rn. 5.

5 SK-HORN/WOLTERS § 239a Rn. 4; BGHR § 239b Entführen 3.

6 RENGIER BT II § 24 Rn. 5; MAURACH/SCHROEDER/MAIWALD BT 1 § 15 Rn. 23.

7 So wohl SK-Horn/Wolters § 239a Rn. 4; KINDHÄUSER LPK § 239a Rn. 4; Anders Sch/Sch-ESER § 239a Rn. 6, dem offenbar bereits die mit dem Ziel des Bemächtigens vorgenommene Ortsveränderung genügt.

8 MAURACH/SCHROEDER/MAIWALD BT 1 § 15 Rn. 23; Sch/Sch-ESER § 239a Rn. 7.

Durchsetzung des Täterwillens zu taugen;[9] es genügt, wenn das Opfer davon ausgeht, „keine Wahl" zu haben, und sich daher der Tätermacht beugt.

1530 In subjektiver Hinsicht muss der Täter handeln, um die Sorge um das Wohl des Opfers zu einer Erpressung – es wird sich zumeist um eine räuberische handeln – auszunutzen. Sofern nicht schon geschehen, ist daher an dieser Stelle das vom Täter vorgesehene Folgegeschehen inzidenter unter § 253 zu subsumieren. Handelt es sich um ein typisches Entführungsszenario mit drei Beteiligten (Entführer, Entführter, Erpresster), so bedarf es anschließend keiner weiteren Erörterungen.

Abbildung: Geiselnahme in Hamburg am 18.04.1974. Der mit einem Messer bewaffnete Geiselnehmer (auf dem Bild mit der Dienstmütze eines zuvor getöteten Polizisten) starb bei der anschließenden Befreiung der Geisel durch einen gezielten polizeilichen Todesschuss.

1531 Infolge einer nachträglichen Erweiterung des Tatbestandes[10] sind die §§ 239a, 239b jedoch auch in *Zwei-Personen-Szenarien* anwendbar (Entführer einerseits, erpresster Entführter andererseits). Nähere Informationen zur Entstehungsgeschichte beider Strafvorschriften finden Sie auf CD 40-01. Auf Grund ihrer Ausdehnung auf 2-Personen-Szenarien verwirklichte streng nach dem Wortlaut fast jede räuberische Erpressung und jeder Raub zugleich die §§ 239a f.

1532 **Beispiel** (Heroinerpressung in einer Tiefgarage):[11] An einem frühen Morgen beschloss *Martin S.*, sich gewaltsam Geld für Drogen zu beschaffen. Er lockte deshalb die 27-jährige Prostituierte *Natalja K.* in das zweite Untergeschoss einer Tiefgarage. Dort bedrohte er sie in einer Stellplatznische mit einer (ungeladenen) Pistole und forderte sie auf, ihm Geld und Drogen auszuhändigen. *K.* übergab ihm in Todesangst 18.- DM sowie eine leere Spritze. — *Martin S.* beging am Ende eine schwere räuberische Erpressung (§§ 253, 255, 250 I Nr. 1 b)). Zuvor entführte er *Natalja K.* zwar nicht, weil sie sich im Wissen, dort schutzlos zu sein, freiwillig in die Tiefgarage begab. Er bemächtigte sich ihrer dort jedoch, denn angesichts der vorgehaltenen Pistole hatte sie keine Wahl, als das zu tun, was *S.* von ihr verlangte. Ein solches Bemächtigen aber ist nahezu stets vorzufinden, sobald ein Geschehen nach den §§ 249, 255 vorliegt, das

---

9 BGH NStZ 2002, 31 (32); RENGIER BT II § 24 Rn. 7; MAURACH/SCHROEDER/MAIWALD BT 1 § 15 Rn. 23.

10 Durch Gesetz vom 09.06.1989, BGBl. I 1059.

11 Gekürzter Sachverhalt nach BGHSt 39, 36, zudem hinsichtlich der Waffe abgewandelt; im Originalfall handelte es sich offenbar um eine geladene Schusswaffe.

zwangsläufig mit Gewalt gegen eine Person oder wie hier mit entsprechenden Drohungen einhergeht. Weil so für alle typischen Raub- oder Erpressungshandlungen die Raubstrafen durch die schärferen der §§ 239a f. ersetzt würden, geriete die Systematik abgestufter Schweregrade in den §§ 249 ff. aus den Fugen. Auch im Beispielsfall würde die Strafe wegen der schweren räuberischen Erpressung nach § 250 I (mindestens drei Jahre Freiheitsstrafe) durch die fünfjährige Mindeststrafe aus § 239a I ersetzt, obschon das Geschehen nicht das typische Bild eines erpresserischen Menschenraubes aufweist, für das im klassischen 3-Personen-Szenario eine *doppelte Nötigung* (des Entführten und des Erpressten) charakteristisch ist.

Um diese Schieflage zu korrigieren, hat sich der BGH nach längeren Auseinandersetzung für eine *einschränkende Auslegung* entschieden, die im subjektiven Tatbestand wirkt: Die durch Entführung und Bemächtigung geschaffene Lage muss sich stabilisiert haben und der Täter sein Erpressungsziel erst durch eine darauf gewissermaßen aufgesattelte Nötigung mit weiteren Mitteln zu erreichen trachten.[12] Obschon diese teleologische Reduktion nicht alle Zweifelsfragen klärt,[13] führt sie doch für den Regelfall zu einer sachgerechten Differenzierung.[14] Auch im Beispiel mangelt es an der geforderten weiteren Nötigung, denn das erpressende Vorhalten der Pistole diente zuvor bereits zum Sichbemächtigen. *Martin S.* fehlte deshalb die Absicht, die Macht über *Natalja K.* zu einer *weiteren* Erpressungshandlung auszunutzen, weshalb er den subjektiven Tatbestand von § 239a nicht verwirklichte. Nähere Hinweise zu Situationen, welche die §§ 239a f. auch nach der restriktiven, heute weitgehend akzeptierten Linie des BGH erfüllen, finden Sie auf CD 40-02. **1533**

Da beim Bemächtigen/Entführen bereits die Absicht einer Erpressung vorgelegen haben muss, ist die Vorstellung des Täters darüber, wie es weitergehen soll, inzidenter unter § 253 zu subsumieren. Entspricht das tatsächlich stattgefundene weitere Geschehen dieser anfänglichen Vorstellung, so genügt in der Fallbearbeitung ein entsprechender Verweis, sofern man bereits im Rahmen der Erörterung des späteren Ablaufes das Vorhaben als ein solches nach § 253 (oder § 255) bewertet hatte (vgl. Rn. 1525). Wurde der Erpressungsvorsatz allerdings erst später gefasst, so läge nicht die erste, sondern die Ausnutzungsalternative von § 239a (Rn. 1535) vor. **1534**

bb) Ausnutzen

Die Ausnutzungsalternative erfasst einen ausgedehnteren Ereignisablauf, der sich vom Bemächtigen/Entführen bis hin zur Erpressung spannt. Zum objektiven Tatbestand gehören somit beide Phasen des Geschehens. Einer tatbestandlichen Reduktion bedarf es hier im Unterschied zur ersten Alternative nicht, weil eine entsprechende Zäsur schon wegen des Umstandes vorliegt, dass beim Bemächtigen/Entführen noch kein Erpressungswille vorhanden sein darf **1535**

---

12 BGHSt (GS) 40, 350 (359) zum gleich gelagerten Fall des § 239b; ebenso Wessels/Hillenkamp BT 2 Rn. 743.

13 Vgl. Sch/Sch-Eser § 239a Rn. 13a; Lackner/Kühl § 239a Rn. 4a.

14 Hinweise zur Fallbearbeitung bei Mark A. Zöller, Erpresserischer Menschenraub, Geiselnahme und das Zwei-Personen-Verhältnis in der Fallbearbeitung, JA 2000, 476-481 (480 f.).

und dieser erst später in der durch das Bemächtigen/Entführen geschaffenen Lage gefasst werden muss.[15]

Abbildung: Die Alternativen des § 239a in ihrem zeitlichen Ablauf

Alternative	Tatbestandsseite	Entführungs-/Bemächtigungsphase	Erpressungsgeschehen
Entführen/ Bemächtigen (1. Alt.)	objektiv	(+)	(–)
	subjektiv	entsprechender Vorsatz *und* Erpressungsabsicht	(–)
Ausnutzen (2. Alt.)	objektiv	(+)	(+)
	subjektiv	entsprechender Vorsatz, aber *keine Erpressungsabsicht*	entsprechender Vorsatz, Bereicherungsabsicht

1536 Ob die Vollendung des Ausnutzungstatbestandes erst mit Vollendung der Erpressung eintritt[16] oder schon mit dem Beginn der Erpressungshandlung,[17] ist umstritten, aber im Sinne der erstgenannten Auffassung zu entscheiden. Mit einer „solchen Erpressung" bezieht sich nämlich der Wortlaut der zweiten auf die erste Alternative, die aber von „einer Erpressung" und nicht von einem Erpressungsversuch spricht.

b) Erpresserischer Menschenraub mit Todesfolge (§ 239a III)

1537 Nach § 239a III wird die Tat beim Verursachen einer Todesfolge, in der sich eine spezifische Gefahr des Entführens bzw. des Bemächtigungsmittels (1. Alt) oder zusätzlich der Erpressungsmittel (2. Alt.) verwirklicht haben muss, qualifiziert. Da mindestens leichtfertige[18] Todesverursachung gefordert wird, gilt § 18 an dieser Stelle nicht.

c) Bestrafung

1538 Während im Grundtatbestand (wie beim schweren Raub nach § 250 II) zwischen fünf und fünfzehn Jahren Freiheitsstrafe verhängt werden können (und im minderschweren Fall nach Abs. 2 immerhin noch zwischen einem und fünfzehn Jahren), steigt die Strafe bei Todesverursachung auf lebenslange oder Freiheitsstrafe nicht unter zehn Jahren an.

1539 Abs. 4 eröffnet allerdings für Fälle *tätiger Reue* die Möglichkeit einer Strafmilderung nach § 49 I. Erforderlich ist ein Rücktritt vom Erpressungsvorhaben vor *dessen* Vollendung und eine Entlassung des Opfers aus der Gewalt des Täters, mindestens aber ein darauf gerichtetes, ernsthaftes Bemühen. Sollte § 239a I (1. Alt.) vollendet sein, so schadet dies also nicht. Zudem ist aus kriminalpolitischen Gründen keine Freiwilligkeit erforderlich. Selbst eine Tataufgabe aus Verbrechervernunft in Anbetracht gesunkener Erfolgsaussichten kann daher zur Strafmilderung führen.

---

15 Im Ergebnis ebenso Sch/Sch-ESER § 239a Rn. 23.

16 SK-HORN/WOLTERS § 239a Rn 15; MAURACH/SCHROEDER/MAIWALD BT 1 § 15 Rn. 24.

17 WESSELS/HILLENKAMP BT 2 Rn. 744; GÖSSEL/DÖLLING BT 1 § 20 Rn. 51; BGH NStZ 2007, 32 (33).

18 Zum Begriff vgl. Rn. 983 ff.

3. Geiselnahme

Dank identischer Strukturen gelten zu vielen Einzelaspekten von § 239b dieselben Aussagen wie zum erpresserischen Menschenraub. Dies betrifft die zwei Tatvarianten und ihren jeweiligen Anwendungsbereich (Rn. 1526, 1535 f.), in der ersten davon die objektiven Elemente des Bemächtigens/Entführens (Rn. 1527 ff.) sowie die subjektive Reduktion in 2-Personen-Szenarien (Rn. 1531 ff.). Wegen des Verweises in § 239b II gelten ferner die Regelungen in § 239a zur Qualifikation bei Todesfolge (Rn. 1537) sowie zu Strafmilderungsmöglichkeiten in minder schweren Fällen und bei tätiger Reue (Rn. 1538 f.). Die einzigen Unterschiede finden sich beim Täterziel und bei den über das Bemächtigen hinausgehenden Nötigungsmitteln. **1540**

Das *Täterziel* umschreibt der Tatbestand als Nötigen zu einer Handlung, Duldung oder Unterlassung. Wegen dieser § 240 entlehnten Formulierung bildet außer der Erpressung (für die allein § 239a einschlägig wäre[19]) jedes andere eine Nötigung enthaltende Delikt ein geeignetes Ziel einer Geiselnahme. Praktisch am häufigsten treten dabei Raub sowie sexuelle Nötigung auf (z.B. die Entführung mit dem Pkw, um das Opfer an abgelegener Stelle zu vergewaltigen). Theoretisch genügt aber selbst die einfache Nötigung als Tatziel. **1541**

Bei den *Nötigungsmitteln* – zu denen sich § 239a nicht weiter verhält und vielmehr mit der Sorge um das Wohl auf die Nötigungs*wirkung* abhebt – beschränkt sich § 239b auf Drohungen mit dem Tode, einer schweren Körperverletzung nach § 226 (z.B. dem Opfer einen Finger abzuschneiden) sowie einer schweren Freiheitsberaubung nach § 239 III Nr. 1. **1542**

II. Räuberischer Angriff auf Kraftfahrer

1. Struktur der Strafbestimmung

Wie die §§ 239a f. bestraft der zuletzt[20] mit dem 6. StrRG modifizierte § 316a einen Angriff auf die Freiheit des Opfers im Vorfeld einer Raubstraftat. Da der Tatbestand sich auf den Bereich des Straßenverkehrs beschränkt, hat der Gesetzgeber ihn – verfehlt[21] – bei den (die Allgemeinheit schützenden) Straßenverkehrsdelikten eingeordnet. Die Strafdrohung entspricht mit einer Mindeststrafe von fünf Jahren Freiheitsstrafe derjenigen der §§ 239a f. **1543**

---

19 BGH NStZ 2003, 604 (605); Sch/Sch-ESER § 239b Rn. 20.

20 Zur – unter Verletzung des Rückwirkungsverbotes 1938 erfolgten – Einführung der Vorläufervorschrift und zur weiteren Entwicklung vgl. Christina GROßE, Einfluß der nationalsozialistischen Strafgesetzgebung auf das heutige StGB am Beispiel des § 316a StGB, NStZ 1993, 525-527; Matthias NIEDZWICKI, Das Gesetz gegen Straßenraub mittels Autofallen vom 22. Juni 1938 und der § 316a StGB, ZJS 2008, 371-374; Felix HERZOG, Anmerkung zu BGHSt 49, 8, JR 2004, 258-260 (258 f.).

21 Ebenso MAURACH/SCHROEDER/MAIWALD BT 1 § 35 Rn. 45.

1544 **Abbildung:** Der Aufbau des § 316a

I. Tatbestand	1. objektiver Tatbestand (ggf. auch Qualifikation nach Abs. 3 beachten, vgl. Rn. 1557) - Kraftfahrzeugführer/Mitfahrer (Rn. 1549 f.) - Angriff auf Leib/Leben/Entschlussfreiheit (Rn. 1546 ff.) - Ausnutzen der besonderen Verhältnisse des Straßenverkehrs (Rn. 1551 ff.)
	2. subjektiver Tatbestand - Vorsatz bzgl. Angriff auf Leib/Leben/Entschlussfreiheit von Kraftfahrzeugführer/Mitfahrer - bewusstes Ausnutzen der besonderen Straßenverkehrsverhältnisse (Rn. 1555) - Handeln zwecks Begehung der §§ 249, 252, 255 (Rn. 1556)
II./III. Rechtswidrigkeit/Schuld	keine Besonderheiten
IV. Strafausschließung u.a.	keine Besonderheiten

1545 Für die *Fallbearbeitung* gilt erneut, dass es am elegantesten wirkt, tatsächlich nachfolgende Raubdelikte in Abweichung von der Chronologie vorab zu erörtern, da man sich auf diese Weise ihre ansonsten notwendige, unschöne Inzidenterprüfung im subjektiven Tatbestand erspart.

2. Objektiver Tatbestand

1546 Als Tathandlung wird das Verüben eines Angriffs auf Leib, Leben oder Entschlussfreiheit genannt.

1547 Die Kombination der Worte „Angriff" und „Verüben" enthält dabei zwei Aussagen: Zum einen ist eine Verletzungs- oder Freiheitseinschränkungsfolge nicht erforderlich, weil ein Angriff begrifflich nicht unbedingt erfolgreich sein muss. Zum anderen hat der Täter den Angriff zu „verüben", seine Angriffshandlung also bereits so vollständig ausgeführt zu haben,[22] wie das nach seiner – anfänglichen – Vorstellung zur Rechtsgutsbeeinträchtigung erforderlich war. Vorzeitige Erfolgseintritte (z.B. die Verletzung des Fahrers schon beim Aufreißen der Autotür) bewirken daher keine frühere Vollendung des Angriffs.

1548 **Beispiel** (Überfall auf einen Taxifahrer I):[23] *Alexander Wi.* und *Piotr Wa.* nahmen in *Winsen/Luhe* an einer Feier teil. Nach Mitternacht entschlossen sie sich, noch nach *Maschen* zu fahren. *Alexander Wi.* bestellte deshalb ein Taxi, woraufhin *Jürgen K.* mit seinem Fahrzeug erschien. *Wi.* gab das Fahrtziel an und nahm auf dem Beifahrersitz des Taxis Platz, *Piotr Wa.* setzte sich auf die Rückbank. Während der Fahrt schlug *Alexander Wi.* in russischer Sprache vor, den Taxifahrer zu überfallen und ihm dessen Geld abzunehmen. *Piotr Wa.* war mit dem

22 Sch/Sch-Cramer/Sternberg-Lieben § 316a Rn. 3; Rengier BT I § 12 Rn. 8; vgl. auch BGH NStZ 2008, 451 (452 [Vollendung eines außerhalb des Kfz. begonnenen Angriffs während der Fahrt]).

23 Vereinfachter Sachverhalt nach BGHSt 49, 8.

Vorschlag einverstanden. In *Maschen* wies *Wi.* den Taxifahrer an, auf einen von dem ursprünglich ins Auge gefassten Fahrtziel nicht weit entfernten Parkplatz neben einem einsam gelegenen Baggersee abzubiegen und dort anzuhalten. Das tat *Jürgen K.* und stellte dort auch den Motor ab. Als er gerade dabei war, die Innenbeleuchtung einzuschalten, um die Fahrt abzurechnen, ergriff *Alexander Wi.* seine Arme und drückte sie nach unten, während *Piotr Wa.* ihm den linken Arm um den Hals legte und mit großer Kraft den Kopf nach hinten zog. *Wi.* entnahm aus der Mittelkonsole die Geldbörse von *Jürgen K.*, in der sich 220 EUR befanden. — Mit dem Ergreifen der Arme durch *Wi.* hatte der Angriff zwar bereits begonnen, war aber noch nicht abgeschlossen und somit bis dahin nicht „verübt". Denn erst das Eingreifen von *Wa.* schränkte den Taxifahrer so sehr in seiner Freiheit ein, dass nunmehr *Wi.* die Beraubung gelingen konnte. Für die Vollendung des Angriffs wäre es unschädlich geblieben, wenn *Jürgen K.* sich wider Erwarten gegen den Griff von *Wa.* hätte wehren können und daher weitere Gewalt zur Zielerreichung notwendig geworden wäre. Denn entscheidend ist, was der Angreifer sich zu Beginn als erforderlich vorstellt, um die Basis für das folgende Raubgeschehen zu legen.

Da sich die Tat auch (allein) gegen Mitfahrer richten kann, kommt als *Täter* ebenso der Fahrer in Betracht,[24] etwa im Zusammenhang mit der Beraubung eines Anhalters. **1549**

Auf *Opferseite* schränkt die Rspr. den Begriff des Führers eines Kraftfahrzeugs allerdings zu stark ein, wenn sie diese Tätereigenschaft je nach den Umständen bereits beim Abstellen des Motors verneint.[25] Da man Kfz-Führer nicht nur ist, solange man das Fahrzeug (z.B. i.S.v. § 316) „führt", verliert – schon um das Merkmal des Ausnutzens der besonderen Verhältnisse nicht jeglicher Bedeutung zu entkleiden – der Fahrer die Führereigenschaft *erst mit dem Verlassen des Kfz*.[26] Für diese Interpretation spricht, dass z.B. § 14 II StVO führerspezifische Pflichten noch bis zum Verlassen des Fahrzeugs statuiert. **1550**

Die meisten Probleme bereitet das Erfordernis eines *Ausnutzens der besonderen Verhältnisse des Straßenverkehrs*. Dieses Merkmal, verantwortlich für die gesteigerte Strafdrohung, trägt dem Umstand Rechnung, dass die besonderen Gefahren im Straßenverkehr, die Konzentration des Fahrers auf diese und schließlich auch die beengten räumlichen Verhältnisse im Fahrzeug die Flucht- und Verteidigungsmöglichkeiten eines Raubopfers drastisch reduzieren und daher die besondere Gefährlichkeit der Tat bewirken. Im Beispiel Rn. 1548 fehlt es daran: *Jürgen K.* hatte den Motor abgestellt und befand sich in einer Situation, wo seine Aufmerksamkeit nicht mehr durch den Straßenverkehr oder den Fahrzeugbetrieb eingeschränkt war; dass er sich im engen Fahrzeug aufhielt, genügt als straßenverkehrsspezifische Einschränkung noch nicht,[27] denn eine so reduzierte Abwehrfähigkeit trifft jeden, der sich in ähnlich beengten Räumen aufhält (z.B. im Aufzug, einer Abstellkammer oder selbst in einer gedrängt stehenden Menschenmenge). **1551**

Aufgabe: Überfall auf einen Taxifahrer II[28] **1552**
Matthias D. und *Jens K.* hatten sich auf das Ausplündern von Taxifahrern spezialisiert. In einem Fall hielt der Taxifahrer *Murat S.* am Ende der Fahrt in einer Parkbucht bei laufendem Motor und angezogener Handbremse an, um den Fahrpreis zu kassieren, als ihm *Mat-*

---

24 So z.B. in BGH NStZ 2004, 626.

25 BGHSt 49, 8 (14 f.); zustimmend KREY/HELLMANN BT 2 Rn. 228 f.

26 Ebenso Sch/Sch-CRAMER/STERNBERG-LIEBEN § 316a Rn. 5; WESSELS/HILLENKAMP BT 2 Rn. 383b.

27 Vgl. BGHSt 49, 8 (14); HERZOG (Fn. 20) JR 2004, 260.

28 Sachverhaltsausschnitt aus BGHSt 50, 169.

thias D. ein Messer vor den Bauch hielt und ihn aufforderte, Geld herauszugeben, dem *S.* aus Angst auch nachkam.
Räuberische Erpressung unter Ausnutzung der besonderen Straßenverkehrsverhältnisse?

1553 Während im fließenden Verkehr gegenüber dem *Kfz-Führer* die Ausnutzung der besonderen Verhältnisse des Straßenverkehrs regelmäßig zu bejahen ist, hat man bei haltenden Fahrzeugen zu differenzieren:

- *Verkehrsbedingte* Halte führen stets zum Ausnutzen. Die Aufmerksamkeit des Fahrers bleibt eingeschränkt, weil er sich auf die jederzeitige Fortsetzung der Fahrt einrichten muss.[29] Daher schadet auch das Abstellen des Motors (im Stau, am Bahnübergang) grundsätzlich nicht.[30] Eine Ausnahme mag man machen, wenn das Fahrzeug mit abgestelltem Motor in einem größeren Stau steht, der eine Fahrtfortsetzung auf absehbare Zeit ausschließt.
- *Nichtverkehrsbedingte* Halte führen zum Ausnutzen nur
  - bei laufendem oder abgestelltem Motor in einem Bereich fließenden Verkehrs, wo der Fahrer jedenfalls nach § 1 II StVO stets die Verkehrsentwicklung zu beobachten hat, um (z.B. beim Halten auf der Fahrbahn) kein Hindernis zu bilden;
  - bei laufendem Motor in einem Bereich des ruhenden Verkehrs, solange der Fahrer einen Teil seiner Aufmerksamkeit noch dem Fahrzeug widmet (z.B. beim Automatikgetriebe den Fuß auf der Bremse, beim Schaltgetriebe mit eingelegtem Gang noch den Fuß auf dem Kupplungspedal hält);[31]

  in allen übrigen Fällen – und somit auch im Aufgabenfall – liegt kein Ausnutzen vor.

1554 Beim *Mitfahrer* ist ebenfalls ein Ausnutzen während der Fahrt ohne Zweifel anzunehmen; bei haltenden Fahrzeugen muss wiederum – aber anders als beim Führer – differenziert werden. Da der Mitfahrer mit Fahrzeugbeherrschung und Verkehrsbeobachtung nichts zu tun hat, kommt es dabei nicht auf den Anlass des Haltens an, sondern darauf, ob die Abwehrbefähigung des Mitfahrers noch verkehrsbedingt reduziert ist:

- Kann er das Fahrzeug nicht gefahrlos verlassen, so ist ein Ausnutzen weiterhin möglich (z.B. beim Halt an einer belebten Straße, zu der hin ein Insasse aussteigen müsste).[32]
- Stellt dagegen das Fahrzeug faktisch kein verkehrsbedingtes „Gefängnis" mehr dar, so liegt auch kein Ausnutzen vor. Insbesondere genügt es nicht, wenn der Fahrer das Opfer in eine abgelegene Gegend transportiert, denn solche Orte bilden keine verkehrsspezifischen Gefahrenareale. Anders läge es, falls der Transport nur deshalb gelingt, weil das Opfer, das die Täterintention bemerkt hatte, während der Fahrt dorthin nicht aussteigen kann; dann aber erfolgt der Angriff auf die Entschlussfreiheit bereits während der Fahrt und nutzt *deshalb* die besonderen Straßenverkehrsverhältnisse aus.

3. Zweckbestimmung des Angriffs und weitere subjektive Elemente

1555 Der Tatvorsatz muss sich u.a. auch auf das Ausnutzen beziehen, der Täter sich also die besonderen Verhältnisse des Straßenverkehrs bewusst zunutze machen. Erforderlich ist daher, dass der Täter die verkehrstypisch reduzierte Abwehrfähigkeit seines Opfers zumindest realisiert.

---

29 BGHSt 50, 169 (173).

30 Rengier BT I § 12 Rn. 13.

31 BGHSt 50, 169 (174).

32 Rengier BT I § 12 Rn. 25.

Daneben muss der Angriff zum Zwecke eines Raubes, einer räuberischen Erpressung oder eines räuberischen Diebstahls erfolgen (wobei letzteres selten sein wird). Dass der Tatbestand neben § 249 ausdrücklich und überflüssigerweise § 250 erwähnt, beruht offenkundig auf einem redaktionellen Versehen. 1556

4. Qualifikation und Bestrafung

Führt der Angriff in Realisierung seiner typischen Gefahren zum Tode, so wird die Tat nach § 316a qualifiziert, sofern Leichtfertigkeit[33] hinsichtlich der Todesfolge vorliegt; § 18 gilt hier also ebensowenig wie bei § 251. Die Strafdrohung steigt auf lebenslange oder Freiheitsstrafe nicht unter zehn Jahren. 1557

Für minder schwere Fälle (aber nur des Grundtatbestandes) sieht § 316a II eine Absenkung des Strafrahmens auf ein bis zu zehn Jahre Freiheitsstrafe vor. 1558

III. Konkurrenzen

Folgt den §§ 239a f., 316a ein vollendetes Raub- oder Erpressungsgeschehen nach, so sind je nach Sachverhaltsgestaltung Tateinheit oder -mehrheit mit den entsprechenden Raubtaten möglich. Bleiben Raub/Erpressung hingegen im Versuchsstadium stecken, so treten diese Versuche gegenüber § 316a zurück, weil das gesamte Versuchsunrecht mit dessen Tatbestand über die Angriffshandlung bereits erfasst wird.[34] Das gilt auch im Falle eines Versuchs nach den §§ 250, 251, weil die Strafrahmen von § 316a I bzw. III jeweils eine ausreichende Bestrafung ermöglichen.[35] 1559

Anders wiederum liegt es beim Zusammentreffen der §§ 239a f. mit einer versuchten Raubstraftat. Wegen des bei den §§ 239a f. notwendigen, gesonderten Nötigungsgeschehens kann die zum Raub-/Erpressungsversuch führende Nötigung nicht diejenige sein, die über das Merkmal des Bemächtigens bzw. Entführens nach §§ 239a f. erfasst wird. Sie bliebe daher beim Wegfall des Raubunrechts unbestraft. Die §§ 239a f. einerseits und die versuchten §§ 249 ff. andererseits müssen deshalb nebeneinander bestehen bleiben. 1560

Freiheitsberaubung und Nötigung treten gegenüber den spezielleren §§ 239a f. stets zurück, gegenüber § 316a sind sie jedenfalls subsidiär. 1561

Wiederholungsfragen zum 40. Kapitel 1562

1. Ist es denkbar, dass die beiden Tatalternativen von § 239a zusammentreffen? (Rn. 1526)
2. Wie verhindert man, dass bei nahezu jedem Raubgeschehen zugleich die §§ 239a f. anzuwenden sind? (Rn. 1533)
3. Wann nutzt ein Angriff i.S.v. § 316a die besonderen Verhältnisse des Straßenverkehrs aus? (Rn. 1551 ff.)
4. Tritt beim Zusammentreffen von § 316a mit einem Raub bzw. mit einem Raubversuch eines der verwirklichten Delikte zurück? Und wie verhält es sich beim Zusammentreffen eines Erpresserischen Menschenraubes mit einer Räuberischen Erpressung bzw. deren Versuch? (Rn. 1559 f.)

---

33 Zum Begriff der Leichtfertigkeit siehe Rn. 983 ff.

34 BGHSt 25, 373.

35 Insoweit anders Sch/Sch-Cramer/Sternberg-Lieben § 316a Rn. 12.

12. Abschnitt. Vermögensstraftaten in besonderen Situationen

1563 Ging es bislang um den Schutz des Eigentums (gegenüber Sachbeschädigung, Diebstahl und Raub) sowie des Vermögens (gegenüber Betrug, Erpressung u.a.) im Allgemeinen, so stehen nunmehr Straftatbestände mit Vermögensangriffen im Mittelpunkt, die nur in spezifischen Situationen denkbar sind. Dazu zählen das Sonderdelikt der Untreue, der große Bereich der Wirtschaftsstraftaten sowie die sehr heterogenen Straftaten, welche der 25. Abschnitt des StGB unter der Überschrift des strafbaren Eigennutzes zusammenfasst.

41. Kapitel. Untreuestraftaten

I. Überblick

1564 Die Untreue (§ 266) erfasst Vermögensschädigungen, die jemand begeht, der – gewissermaßen als „Gutsverwalter“[1] – auf Grund seiner Stellung in einer besonderen Beziehung zu dem geschädigten Vermögen steht, sei es, dass er es zu verwalten hat, sei es, dass er darüber zu verfügen vermag. Sie bildet daher ein *Sonderdelikt.* Wer keine solche Position innehat, kann nicht Täter, sondern allenfalls Teilnehmer an der Untreuetat eines anderen, dazu geeigneten Täters sein. Wegen dieses eingeschränkten Täterkreises stellt die Untreue ein eher seltenes Delikt dar, dem aber, weil es regelmäßig um bedeutendere Schäden geht, gleichwohl ein erheblicher Stellenwert zukommt. Nähere Einzelheiten zu ihrer tatsächlichen Bedeutung finden sich auf CD 41-01.

1565 Untreueartige Strukturen weist daneben der Missbrauch von Scheck- und Kreditkarten (§ 266b, dazu näher Rn. 1616 ff.) auf. Er wurde geschaffen, um Strafbarkeitslükken zu schließen, die § 266 lässt, weil der Karteninhaber keine fremden Vermögensinteressen wahrzunehmen hat, diese aber gleichwohl durch Inanspruchnahme der Zahlungsgarantie zu schädigen vermag.

Zu den untreueähnlichen Straftaten zählt ferner § 266a, der als Wirtschaftsstraftat an späterer Stelle angesprochen wird.[2]

---

1 So der damalige Vorsitzende des 3. Strafsenats unter heutiger Präsident des BGH, *Tolksdorf*, in der mündlichen Urteilsbegründung im *Mannesmann*-Fall (vgl. dazu das schriftliche Urteil BGHSt 51, 331), zitiert nach der *Süddeutschen Zeitung* vom 22.12.2005. Die angeklagten Vorstände seien hinsichtlich des Vermögens „ihrer“ Aktiengesellschaft „nicht Gutsherren, sondern Gutsverwalter“.

2 Siehe unten bei Rn. 1669 bzw. auf CD 43-03.

II. Die Untreue

1. Struktur des Tatbestands

§ 266 enthält – im Gesetzestext nicht glücklich formuliert – zwei unterschiedliche Tatbestände, die als Missbrauchs- und als Treuebruchstatbestand bezeichnet werden. 1566

Abbildung: Wortlaut der zwei Untreuetatbestände

Untreue	
Missbrauchstatbestand	**Treuebruchstatbestand**
„Wer die ihm	
durch Gesetz, behördlichen Auftrag oder Rechtsgeschäft	kraft Gesetzes, behördlichen Auftrags, Rechtsgeschäfts oder eines Treueverhältnisses
eingeräumte Befugnis, über fremdes Vermögen zu verfügen oder einen anderen zu verpflichten,	obliegende Pflicht, fremde Vermögensinteressen wahrzunehmen,
missbraucht	verletzt
... und dadurch dem, dessen Vermögensinteressen er zu betreuen hat, Nachteil zufügt, wird ... bestraft.“	

Umstritten wird nicht nur das Verhältnis der beiden Tatbestände zueinander, sondern 1567
auch, welche Anforderungen an die im Treuebruchstatbestand explizit erwähnte Pflicht, fremde Vermögensinteressen wahrzunehmen (kurz *Treuepflicht* genannt), zu stellen sind. Beim Missbrauchstatbestand ist die Tathandlung des Missbrauchs zwar nicht umstritten, aber in der Subsumtion fehleranfällig. § 266 wird nicht von Ungefähr von Studenten als schwierig empfunden und er ist insgesamt unbeliebt. Das ändert nichts daran, dass man sich ihm wegen seiner Prüfungsrelevanz stellen muss.

Ungewöhnlich (und daher ebenfalls fehlerträchtig) ist die *Straflosigkeit des Versuchs.* 1568
Fehlt es also z.B. am Nachteil, so kann jede weitere Überlegung zu § 266 entfallen.

2. Der Treuebruchstatbestand

a) Hinweise zur Fallbearbeitung

Zumindest besteht bei dem Treuebruchstatbestand Einigkeit darüber, was er an Ele- 1569
menten beinhaltet, weshalb mit ihm hier begonnen werden soll. In der Fallbearbeitung hingegen wird man mit der Prüfung desjenigen Tatbestand anfangen, der jeweils im Ergebnis näher liegt.

1570 **Abbildung:** Prüfungsaufbau für § 266 - Treuebruchstatbestand

I. Tatbestand	1. objektiver Tatbestand - Treuepflicht aus Gesetz, behördlichem Auftrag, Rechtsgeschäft oder sonstigem Treueverhältnis (Rn. 1572 ff.) - Vermögensnachteil (Rn. 1592 ff.) - Verletzung der Treuepflicht (Rn. 1588 ff.)
	2. subjektiver Tatbestand - Vorsatz bzgl. tatsächlicher Voraussetzungen des Treueverhältnisses, der Pflichtverletzung und des Vermögensnachteils (Rn. 1610)
II./III. Rechtswidrigkeit/Schuld	keine Besonderheiten
IV. Strafausschließung u.a.	- ggf. besonders schwerer Fall (§ 266 II i.V.m. §§ 263 III, Rn. 1612) - ggf. Antragserfordernis (§ 266 II i.V.m. §§ 247, 248a, Rn. 1613)

b) Bestehen eines Treueverhältnisses

1571 Die im Tatbestand genannte „Pflicht, fremde Vermögensinteressen wahrzunehmen" wird üblicherweise als Treuepflicht und als Ausfluss eines ihr zu Grunde liegenden Treueverhältnisses verstanden.

aa) Begründung eines Treueverhältnisses

1572 Die für das Treueverhältnis benannten *Rechtsquellen* (Gesetz, behördlicher Auftrag, Rechtsgeschäft) werden um das (sonstige) Treueverhältnis ergänzt. Es gibt also gesetzlich, behördlich und vertraglich begründete Treueverhältnisse ebenso wie solche, die sich aus anderen Erwägungen herleiten lassen. Letzteres betrifft nicht etwa Fälle moralischer Verpflichtung. Vielmehr stellt es eine Ersatzkonstruktion dar für Treuestellungen in an sich rechtlich anerkannten Zusammenhängen, bei denen aber die jeweilige Rechtsgrundlage ausfällt oder nicht mehr wirkt.

1573 Zum einen geht es hier um Nachwirkungen aus formal bereits beendeten Treueverhältnissen (etwa, wenn ein Rechtsanwalt nach Beendigung des Mandates noch Zahlungen für seinen Mandanten von dritter Seite erhält). Zum anderen betrifft es einige Fälle der Nichtigkeit des der Treuestellung zu Grunde liegenden Rechtsaktes (z.B. wegen eines Formmangels).[3]

1574 **Aufgabe:** Pflichtverletzungen bei der Verwaltung illegal erworbenen Vermögens[4]
Der Unternehmensmanager *Manfred H.* hatte rund 11,5 Mio DM an Bestechungsgeldern erhalten und nach *Luxemburg* sowie in die *Schweiz* transferiert, bevor er in *Paraguay* untertauchte. Seinen Rechtsanwalt *Klaus W.* hatte er mit der Verwaltung des Vermögens beauftragt. *W.*, der über die kriminelle Herkunft des Geldes Bescheid wusste, legte das Geld gegen den Willen von *H.* hochspekulativ an; in der Folge ging es komplett verloren.
Verletzung einer Treuepflicht durch *Klaus W.*?

---

3 Sch/Sch-Lenckner/Perron § 266 Rn. 30; Maurach/Schroeder/Maiwald BT 1 § 45 Rn. 27; Arzt/Weber BT § 22 Rn. 52 f.

4 Ausschnitte aus dem Sachverhalt von BGH NStZ-RR 1999, 184.

Beruht die Nichtigkeit der Treuepflicht auf einem Sitten- oder Rechtsverstoß (z.B. bei dem Auftrag, Drogengeld durch geeignete Anlagegeschäfte zu „waschen"), so ist kein Raum für einen strafrechtlichen Schutz.[5] Denn andernfalls würde das Strafrecht Treuepflichten statuieren, die das Zivilrecht dezidiert ablehnt. Der Auftrag von *H.* gegenüber *Klaus W.* war daher nicht nur zivilrechtlich nichtig, sondern auch ungeeignet, Treuepflichten im Sinne von § 266 zu begründen. Der BGH betonte demgegenüber zu Unrecht den Aspekt des Vermögensschutzes[6] und verkannte dabei, dass zwar jedes Vermögen strafrechtlich geschützt sein kann, aber es zur Untreue zusätzlich der Begründung einer schützenswerten Pflicht bedarf. Näheres zu den Auswirkungen einer Sittenwidrigkeit des betroffenen Vermögens oder des Verhältnisses von Treunehmer[7] und Treugeber[8] auf CD 41-02. 1575

Häufig lässt sich eine Treuepflicht gleich aus mehreren Rechtsquellen ableiten, z.B. für den Geschäftsführer einer GmbH sowohl aus den §§ 35, 43 GmbHG als auch aus dem jeweiligen Anstellungsvertrag. Während die anschließende inhaltliche Analyse der Treuestellung wichtig ist, bedarf es einer gründlicheren Prüfung ihrer Rechtsgrundlage nur beim sonstigen Treueverhältnis; im Übrigen genügt die präzise Angabe der jeweils vorliegenden Rechtsquelle.[9] 1576

bb) Inhaltliche Anforderungen an ein Treueverhältnis

Nicht jede rechtlich anerkannte und durch Pflichten ergänzte Möglichkeit, Handlungen mit Wirkungen auf fremdes Vermögen vorzunehmen, kann zur Annahme eines Treueverhältnisses führen, weil andernfalls der Tatbestand viel zu weit geriete. In einfachen Austausch- oder Leistungsverhältnissen wie Kauf oder Leihe existieren daher keine Treuepflichten;[10] wer einen entliehenen Gegenstand pflichtwidrig beschädigt, mag eine Sachbeschädigung begehen, aber keinesfalls eine Untreue. 1577

Wann hingegen eine (vertragliche, gesetzliche oder andere) Pflicht den Anforderungen einer Treuepflicht genügt, ist zwischen Rspr. und Lehre umstritten. Während die Rspr. eine Gesamtbewertung vornimmt, bei der die Treuepflicht aus unterschiedlichen Umständen resultieren kann, wird im Schrifttum überwiegend verlangt, dass *eine Art Geschäftsbesorgungsverhältnis*[11] vorliegt.[12] Daraus lassen sich drei konkretere, richtigerweise kumulativ benötigte Kriterien ableiten: 1578

- Überwiegende Fremdnützigkeit der Tätigkeit;
- Vermögensbetreuung als Hauptpflicht des Treunehmers;
- Vorhandensein eines Entscheidungsspielraumes.

---

5 Lackner/Kühl § 266 Rn. 10.

6 BGH NStZ-RR 1999, 184 (185 f.).

7 Treunehmer ist die Person, der etwas anvertraut wird. Sie wird auch als Treuhänder bezeichnet und ist tauglicher Untreuetäter.

8 Treugeber ist die anvertrauende Person und typischerweise die Untreuegeschädigte.

9 Ähnlich Arzt/Weber BT § 22 Rn. 29 f.

10 Sch/Sch-Lenckner/Perron § 266 Rn. 23; BGHSt 1, 186 (188 f.); 28, 20 (23).

11 Vgl. für Vertragsverhältnisse dazu § 675 BGB.

12 Vgl. Sch/Sch-Lenckner/Perron § 266 Rn. 23a; Arzt/Weber BT § 22 Rn. 60; Kindhäusr BT II Rn. 30.

1579 *(1) (Überwiegende) Fremdnützigkeit der Tätigkeit* Treuepflichtig ist nicht, wer im Rahmen einer geschäftlichen Beziehung vornehmlich die eigenen Vermögensinteressen wahrnimmt und allenfalls nebenher die Interessen des Gegenübers zu wahren hat.[13] Selbst eine zu gleichen Teilen eigen- und fremdnützige Tätigkeit soll nicht genügen.[14]

1580 **Beispiel** (Verfügung über fehlgebuchtes Bankguthaben):[15] Die *F. GmbH*, deren Alleingesellschafter und Geschäftsführer *Rainer F.* war, unterhielt bei einer Zweigstelle der *D. Bank* in *Berlin* ein Geschäftskonto. Auf dieses Konto erfolgte am 12.02.1999 eine fehlgebuchte Gutschrift über 12 Mio DM. Infolge eines Tippfehlers hatte eine Sachbearbeiterin bei einer bankinternen Umbuchung eine falsche Filialnummer – anstelle von *Frankfurt* (100) diejenige von *Berlin* (700) – eingegeben, weshalb es bei ansonsten identischer Kontonummer zu der Gutschrift auf dem Konto der *F. GmbH* kam. *Rainer F.* erkannte, dass es sich um einen Fehler der Bank handelte, und verfügte innerhalb weniger Tage mit insgesamt 25 Überweisungen über das Guthaben. Mit ihnen tilgte er Verbindlichkeiten, wies Gelder an Firmen an, an denen er beteiligt war, und eröffnete bei einer anderen Bank ein neues Konto, auf das er 5 Mio DM einzahlte. — *Rainer F.* war gegenüber der *D. Bank* nicht treuepflichtig, da er als Bankkunde zwar die Zahlung des vereinbarten Entgeltes schuldete, aber darüber hinaus keine Vermögensinteressen der Bank zu wahren hatte, sondern sich auf seine eigenen Interessen beschränken durfte.[16]

1581 *(2) Vermögensbetreuung als Hauptpflicht* Wer im Rahmen seiner Beziehung zum Treugeber zwar dessen Interessen im Allgemeinen, aber nur gewissermaßen nebenher auch Vermögensinteressen wahrzunehmen hat, ist ebenfalls nicht treuepflichtig.[17] Das schließt vor allem gewöhnliche Dienst- und Arbeitsverhältnisse aus.

1582 **Beispiel** (Nebengeschäfte eines Angestellten):[18] Die *Fa. J.* stellte *Jörg N.* als Leiter ihrer Niederlassung in *Frankfurt a.M.* ein. Er hatte vor allem Kundenaufträge zu aquirieren, zu bearbeiten, die Preise auszuhandeln und die Aufträge abzuwickeln. Neben dem Verkauf ab Lager wurden dabei sog. „Streckengeschäfte" getätigt, bei denen die von den Kunden bestellte Ware bei einem Lieferanten der *Fa. J.* geordert und von diesem direkt zum Kunden geliefert wurde. *Jörg N.* nahm mehrere dieser Streckengeschäfte im eigenen Namen vor, wodurch der *Fa. J.* Aufträge mit einem Gesamtvolumen von über 200.000 DM entgingen. — Das OLG Frankfurt a.M. verwarf den Klageerzwingungsantrag der *Fa. J.*, weil *Jörg N.* gegenüber seiner Arbeitge-

---

13 Sch/Sch-LENCKNER/PERRON § 266 Rn. 23a; WESSELS/HILLENKAMP BT 2 Rn. 769

14 Frank SALIGER, Rechtsprobleme des Untreuetatbestandes, JA 2007, 326-334 (328). Das von SALIGER genannte Beispiel der Verwaltung eines gemeinsamen Vermögens durch einen der Inhaber erscheint freilich ungeeignet, weil die Verwaltung des *eigenen* Anteils nicht Gegenstand des Treuhandverhältnisses gegenüber dem anderen ist. Dieses betrifft daher allein fremde Interessen, so dass eine Untreue möglich ist.

15 BGHSt 46, 196.

16 BGHSt 46, 196 (203 f.); ähnlich schon – zur verwandten Problematik der Garantenpflicht – BGH 39, 392 (398 ff.).

17 MITSCH BT 2/1 § 8 Rn. 41; RENGIER BT I § 18 Rn. 9; ARZT/WEBER BT § 22 Rn. 58 f.

18 OLG Frankfurt a.M. NStZ-RR 1997, 201.

berin nicht treuepflichtig war. Er hatte für sie zwar zu arbeiten, verstieß aber mit den eigenen Geschäften nicht gegen Hauptpflichten seines Anstellungsvertrages, sondern allenfalls gegen als Nebenpflichten einzuordnende Konkurrenzverbote.[19] Treuepflichtiges Gegenbeispiel wäre der baubetreuende Architekt, dem auch Auswahl der und Auftragsvergabe an die einzelnen Handwerksunternehmen übertragen sind. Bei ihm gehört die Vermögensbetreuung zur vertraglichen Hauptpflicht.[20]

(3) Entscheidungsspielraum des Treunehmers Von einer Treuepflicht lässt sich sinnvoll nur sprechen, wenn es der besonderen „Treue" des Betrauten deshalb bedarf, weil er die Vermögensinteressen des Geschäftsherrn *an dessen Stelle wahrzunehmen* und nicht nur Weisungen ohne Gestaltungsspielraum nachzukommen hat. Erforderlich ist also, dass der Auftrag von dem Treunehmer fordert, an Stelle des Treugebers vermögenswirksame Entscheidungen zu fällen und dabei den jeweils sachgerechten Weg zum Nutzen des betreuten Vermögens zu wählen. Prototypen in diesem Sinne entscheidungsbefugter Treunehmer sind der Vorstand einer Aktiengesellschaft, der Geschäftsführer einer GmbH oder der im Zivilprozess für seinen Mandanten auftretende Rechtsanwalt.[21] **1583**

Beispiel (Verbrauch von Mietkautionen durch einen Vermieter):[22] Die *T.-GmbH*, deren Geschäftsführer *Klaus-Dieter W.* war, verwaltete zahlreiche vermietete Eigentumswohnungen; sie hatte dabei auch im Auftrag der jeweiligen Vermieter die Mietkautionen der Mieter entgegenzunehmen, zu verwalten und bei Auszug der Mieter abzurechnen. Zunächst wurden die gezahlten Mietkautionen getrennt vom Betriebsvermögen der *T.-GmbH* bei einer Bank auf Sonderkonten mit einer besonderen Sparurkunde unter Angabe des Namens des Mieters angelegt. *Klaus-Dieter W.* entschloss sich später jedoch, zur Überbrückung eigener finanzieller Engpässe die von der *T.-GmbH* verwalteten Guthaben für seine Zwecke zu verwenden. Durch ein Schreiben an die Bank veranlasste er die Überweisung der auf 469 Mieterkautionskonten vorhandenen Guthaben von insgesamt fast 690.000 DM in mehreren Schritten zugunsten anderer von ihm bewirtschafteter, finanziell notleidender Grundstückseinheiten. — Nach der Regelung in § 551 III BGB hat der Vermieter – solange keine anderen Vereinbarungen getroffen werden – die Mietsicherheit „bei einem Kreditinstitut zu dem für Spareinlagen mit dreimonatiger Kündigungsfrist üblichen Zinssatz anzulegen." Im Rahmen der Wohnungsverwaltung handelt es sich insoweit zwar um eine fremdnützige Hauptpflicht, allerdings ohne nennenswerten Entscheidungsspielraum; *Klaus-Dieter W.* durfte nämlich allenfalls noch das Kreditinstitut auswählen. Er besaß aber keinen Spielraum hinsichtlich der Anlageform und erfüllte damit auch nicht dieses Kriterium einer Treuestellung. Wenn gleichwohl der BGH im Aufgaben- **1584**

19 OLG Frankfurt a.M. NStZ-RR 1997, 201 (202).

20 BayObLG NJW 1996, 168 (271); Sch/Sch-LENCKNER/PERRON § 266 Rn. 25.

21 Zu letzterem Sch/Sch-LENCKNER/PERRON § 266 Rn. 25; BGH NJW 1983, 461.

22 Sachverhaltsausschnitt aus BGHSt 41, 224.

fall eine Untreue annahm,[23] so zeigt dies sehr deutlich den Unterschied zur Auffassung des Schrifttums. Denn während dieses (nur) die drei genannten Aspekte (Fremdnützigkeit, Hauptpflichtcharakter und Gestaltungsspielraum) gleichermaßen als obligatorisch für ein Treueverhältnis ansieht, stellen sie für die Rspr. zwar Indizien dar, aber keine Bedingungen.[24]

1585 **Aufgabe:** Kassenentnahmen eines Hauptkassierers[25]
Manfred J. war verantwortlicher Hauptkassierer der Zentralkasse einer Volksbank. In der Zeit vom 13.1.1986 bis 22.10.1987 zweigte er aus dem Kassenbestand insgesamt 225.000 DM unberechtigt für eigene Zwecke ab. Das Geld entnahm er in mehreren Beträgen in bar aus der Kasse. Anzahl und jeweilige Größe der Entnahmen waren im Nachhinein nicht mehr aufzuklären.
Wie hat sich *Manfred J.* strafbar gemacht?

1586 Die nach der Rspr. notwendige Gesamtbewertung des Grades der Selbständigkeit, der Bewegungsfreiheit und der Verantwortlichkeit des Verpflichteten, die Dauer, der Umfang und die Art seiner Tätigkeit (wozu auch die Höhe des betroffenen Vermögens eine Rolle spielt)[26] führt zu einer fast unübersichtlichen Kasuistik.[27] In den Grenzfällen sind deren Ergebnisse zudem kaum vorherzusehen. Daher lassen Anwendungssicherheit und die engere Grenzziehung des Untreuetatbestandes die Auffassung des Schrifttums als vorzugswürdig erscheinen. Wegen des Fehlens von Entscheidungsspielräumen sind Kassierer – entgegen der Rspr.[28] – deshalb prinzipiell keine Untreuetäter. Zu weiteren Aspekten des Falles vgl. CD 41-03.

1587 Zusammengefasst ist im Rahmen eines vermögensbezogenen Verhältnisses treuepflichtig, wer

vor allem fremde Vermögensinteressen wahrzunehmen hat und dabei hinsichtlich der Art und Weise seines Vorgehens einen eigenverantwortlichen Entscheidungsspielraum besitzt.

c) Verletzung der Treuepflicht

1588 Da der Tatbestand die Treuepflicht nicht näher bestimmt, kann sie sowohl als Unterlassenspflicht (nämlich bestimmte schädigende Verfügungen zu unterlassen) wie auch als Vornahmepflicht (drohende Schäden abzuwenden) gedeutet werden. Daraus folgt für § 266 eine Strafbarkeit des Unterlassens ohne den sonst notwendigen Umweg über

---

23 BGHSt 41, 224 (229); bei gewerblichen Mietkautionen verneint allerdings der BGH inzwischen eine Treuepflicht, weil die gesetzlichen Sonderregelungen zur Kautionsverwaltung alleine Wohnraummietverhältnisse betreffen und eine vertragliche Absprache (als Nebenpflicht) nicht geeignet sei, eine Treuepflicht zu begründen (BGH NJW 2008, 1827 f.).

24 RGSt 69, 279 (280); BGHSt 13, 315.

25 Sachverhalt nach BGHR § 266 StGB Treuebruch 1.

26 BGHSt 13, 315 (317 f.).

27 Vgl. die umfangreichen Rechtsprechungsübersichten bei Sch/Sch-LENCKNER/PERRON § 266 Rn. 25 f.; LACKNER/KÜHL § 266 Rn. 11-14.

28 BGHR § 266 StGB Treuebruch 1 für den Aufgabenfall; BGHSt 13, 315 (Kassierer am Fahrkartenschalter).

§ 13. Denn anstelle der Garanten- gewährleistet die Treuepflicht, dass der Unrechtsgehalt eines Unterlassens dem eines Tuns entspricht.[29]

Im Einzelfall kann deshalb sogar eine *unterlassene Vermögensmehrung* als treuepflichtwidrig 1589
vorgeworfen werden. Dies setzt freilich beim Tatbestandsmerkmal des Nachteils voraus, dass auf den entgangenen Gewinn nicht nur eine vage Aussicht bestand, sondern er wahrscheinlich genug war, um ihn bei wirtschaftlicher Betrachtung bereits vor seiner Realisierung als relevant für die Einordnung des wirtschaftlichen Wertes des betreuten Vermögens ansehen zu können.[30] Solche Fälle kommen wegen der Unwägbarkeiten wirtschaftlicher Betätigung allerdings selten vor.

Die vorstehenden Überlegungen verdeutlichen, dass die Fragen nach Nachteil und 1590
Pflichtverletzung wegen der einseitigen Ausrichtung der Treuepflicht auf den Vermögensbestand ineinander übergehen. Für den Prüfungsaufbau ist es daher sinnvoll, zunächst den Vermögensnachteil festzustellen, um darauf aufbauend zu überlegen, ob dieser dem Täter als pflichtwidrig vorgeworfen werden kann. Ob pflichtwidrig gehandelt wurde, bemisst sich danach, ob der Täter die *Regeln ordentlicher, kaufmännisch ehrlicher und sorgfältiger Geschäftsführung* eingehalten hat.[31]

Zweifelhaft erscheint die Pflichtwidrigkeit bei Risikogeschäften, die – anders wäre das Wirt- 1591
schaftsleben undenkbar – keineswegs generell als verboten gelten können, sowie in jüngerer Zeit vor allem bei Aktivitäten, die sich notgedrungen zunächst schädigend auswirken, aber zur Imagepflege (Sponsoring, Spenden) oder aus Wettbewerbsgründen (Vorstandsgratifikationen) erwartet werden. Eine weitere umstrittene Frage ist die nach der Kongruenz zivilrechtlicher und strafrechtlicher Pflichten. Zumindest zeitweilig tendierte die Rspr. dahin, nur *gravierende* zivilrechtliche Pflichtverletzungen auch als treuepflichtverletzend i.S.v. § 266 anzuerkennen. Näheres zu diesen Fragestellungen auf CD 41-04.

d) (Vermögens-)Nachteil

Obwohl der Gesetzgeber mit dem „Nachteil" einen anderen Begriff als den des Ver- 1592
mögensschadens in § 263 verwendet, besteht Einigkeit, dass dasselbe gemeint ist,[32] weshalb auf die Erläuterungen zum Betrugsschaden verwiesen werden kann (Rn. 1224 ff., 1245 ff.).

Wegen des Fehlens eines dem Unmittelbarkeitserfordernis zwischen Verfügung und Schaden 1593
beim Betrug entsprechenden Äquivalents lassen sich Nachteil allerdings auch in mittelbaren Folgen der Pflichtwidrigkeit finden (z.B. in der Rückforderung staatlicher Fördergelder auf Grund treuwidrig unrichtiger Rechenschaftsberichte einer Partei[33]).

Ob eine schadensgleiche Vermögensgefährdung im Einzelfall vorliegt, ist insbesondere für den 1594
Fall der Bildung sog. „schwarzer Kassen" in Unternehmen, Behörden oder Parteien umstritten. Zu diesem Thema finden sich Überlegungen sowie ein Beispiel auf CD 41-05.

---

29 LACKNER/KÜHL § 266 Rn. 2; RENGIER BT I § 18 Rn. 20a.

30 Stefan ARNOLD, Untreue durch Schädigung des Unternehmens durch den Vorstand bzw. die Geschäftsleitung, Jura 2005, 844-849 (848); Sch/Sch-LENCKNER/PERRON § 266 Rn. 46; BGHSt 31, 232 (234).

31 OTTO BT § 54 Rn. 29; Sch/Sch-LENCKNER/PERRON § 266 Rn. 35a; eingehend ARNOLD (Fn. 30), Jura 2005, 846 f.

32 LACKNER/KÜHL § 266 Rn. 17; RENGIER BT I § 18 Rn. 21.

33 BGH NStZ 2007, 583 (586, Fall *Kanther/Weyrauch*).

3. Der Missbrauchstatbestand

a) Hinweise zur Fallbearbeitung

1595 Bei der Missbrauchsalternative wird zwar diskutiert, ob sie ebenfalls das Bestehen einer Treuepflicht voraussetzt. Von der Stellungnahme zum Treuepflichterfordernis bleibt allerdings der Prüfungsaufbau in seiner Struktur unberührt.

Vorsicht ist bei der Feststellung eines Missbrauchs angezeigt, denn hier besteht in der Fallbearbeitung erfahrungsgemäß ein hohes, an sich aber überflüssiges, leicht vermeidbares Fehlerrisiko (siehe Rn. 1602 f.).

1596 **Abbildung:** Prüfungsaufbau für § 266 - Missbrauchstatbestand

I. Tatbestand	1. objektiver Tatbestand - Vermögensverfügungs- oder Verpflichtungsbefugnis aus Gesetz, behördlichem Auftrag oder Rechtsgeschäft (Rn. 1597 ff.) - Missbrauch der Vermögensverfügungs- oder Verpflichtungsbefugnis (Rn. 1600 ff.) - Vermögensnachteil (Rn. 1606, 1592 ff.) - Erfordernis einer Treuepflicht und ggf. deren Vorliegen (Rn. 1607 ff., 1588 ff.)
	2. subjektiver Tatbestand - Vorsatz bzgl. tatsächlicher Voraussetzungen der Vermögensverfügungs- oder Verpflichtungsbefugnis, ihres Missbrauchs und des Vermögensnachteils (Rn. 1610)
II./III. Rechtswidrigkeit/Schuld	keine Besonderheiten
IV. Strafausschließung u.a.	- ggf. besonders schwerer Fall (§ 266 II i.V.m. §§ 263 III, Rn. 1612) - ggf. Antragserfordernis (§ 266 II i.V.m. §§ 247, 248a, Rn. 1613)

b) Vermögensverfügungs- oder Verpflichtungsbefugnis

1597 Während der Treuebruchstatbestand auch tatsächliches Handeln erfasst (z.B. das zweckwidrige Entnehmen von Geld aus der Kasse durch den Treunehmer), beschränkt sich der Missbrauch auf wirksames rechtsgeschäftliches Verhalten.[34] Daraus erklärt sich der vordergründig engere Zuschnitt der Voraussetzungen einer Täterschaft: Missbrauchstäter kann nur sein, wer die Befugnis besitzt, in *wirksamer Weise rechtsgeschäftlich über das Vermögen eines anderen zu verfügen* (es also zu übertragen) oder diesen zu verpflichten (also für ihn vermögensbezogene Verpflichtungsgeschäfte einzugehen, worunter bereits jeder Kaufvertrag fällt). Der Täterkreis reicht daher in Wahrheit sehr weit, denn zu ihm zählen u.a. das gesamte Kassen-, und Auslieferungspersonal, Handelsvertreter und jeder, der i.S.d. §§ 164 ff. BGB Vertretungsmacht besitzt. Derjenige mit bloßer Anscheins- oder Duldungsvollmacht gehört freilich nicht

34 Mitsch BT 2/1 § 8 Rn. 21; Arzt/Weber BT § 22 Rn. 12; BGHR § 266 StGB Vermögensbetreuungspflicht 9.

dazu,[35] denn er vertritt gerade nicht den Geschäftsherrn, sondern dieser haftet nur auf Grund des nach außen hin gesetzten Rechtsscheins.

Die Befugnis muss dem Täter zudem im Interesse desjenigen, um dessen Vermögen es geht, zustehen. Diese Voraussetzung einer *Fremdnützigkeit* ergibt sich aus dem auch für die Missbrauchsalternative geltenden Nachsatz „dessen Vermögensinteressen er *zu betreuen hat*".[36] Aus systematischen Gründen ist daraus zwar kein Treuepflichterfordernis i.S.d. Treuebruchstatbestandes abzuleiten,[37] aber es genügt andererseits nicht jede Verfügungsbefugnis über fremdes Vermögen. Der Gerichtsvollzieher etwa vermag zwar über das Vermögen des Schuldners zu verfügen. Er handelt aber nicht in dessen Interesse, sondern in dem des ihn beauftragenden Gläubigers. Gegenüber dem Schuldner kann er deshalb trotz seiner Verfügungsbefugnis nicht einmal eine Missbrauchsuntreue begehen.[38] **1598**

Die *Rechtsquellen* der Befugnis beschränkt der Missbrauchstatbestand auf die formellen Rechtsgrundlagen des Gesetzes (z.B. § 1626 I 2 BGB für Eltern hinsichtlich des Kindesvermögens), des behördlichen Auftrages (durch Zuweisung bestimmter Dienstgeschäfte, z.B. des Materialeinkaufs für eine Behörde oder der Bewilligung von Sozialleistungen) und des Rechtsgeschäftes (insbesondere die Vollmachtserteilung, § 167 BGB). Die Befugnis muss zur Tatzeit noch *wirksam* sein,[39] weil die beim Treuebruchstatbestand hinzugefügte Auffangkategorie des (sonstigen) Treueverhältnisses beim Missbrauchstatbestand keine Entsprechung findet. **1599**

In der *Fallbearbeitung* genügt regelmäßig die exakte Benennung der wirksamen Rechtsgrundlage. Fehlt eine solche oder ist sie unwirksam, so scheidet ein Missbrauch aus und es bliebe allein der Treuebruch möglich.

c) Die Missbrauchshandlung

Dem Befugnisinhaber sind im Rahmen seiner Vermögensverfügungs- oder Verpflichtungsbefugnis *zwei Grenzen* gesteckt: **1600**

- Zum einen bezeichnet der Umfang seiner Vollmacht, wieweit er *nach außen hin* über das betroffene Vermögen rechtswirksam zu verfügen vermag. So kann der mit Prozessvollmacht ausgestattete Rechtsanwalt über den streitigen Verfahrensgegenstand einen für seinen Mandanten wirksamen Vergleich mit der Gegenseite schließen und beispielsweise auf die Hälfte des Mandantenanspruchs verzichten.
- Zum anderen unterliegt der Befugnisinhaber internen Begrenzungen seiner Handlungsmacht. So kann der zuvor genannten Rechtsanwalt seitens seines Mandanten angewiesen werden, in einem Vergleich allenfalls auf ein Viertel der Ansprüche zu verzichten. Diese Anweisung wirkt allerdings nur *im Innenverhältnis*; sie lässt die Wirksamkeit eines sie missachtenden, sich aber im Rahmen der (um-

---

35 ARZT/WEBER BT § 22 Rn. 22; BGHR § 266 I StGB Missbrauch 3.

36 Sch/Sch-LENCKNER/PERRON § 266 Rn. 11.

37 Siehe dazu näher Rn. 1607.

38 Anders noch BGHSt 13, 274 (275); wie hier Sch/Sch-LENCKNER/PERRON § 266 Rn. 11.

39 Sch/Sch-LENCKNER/PERRON § 266 Rn. 4; KINDHÄUSER BT II § 34 Rn. 9; vgl. auch BGHR § 266 I StGB Vermögensbetreuungspflicht 27.

fassenden) Prozessvollmacht haltenden Vergleichs unberührt (solange sie nicht der Gegenseite bekannt gegeben wird, vgl. §§ 170, 168 Satz 3 BGB).

1601 Der Täter verhält sich eindeutig legal, solange er nur das tut, was sowohl im Rahmen seiner Vollmacht nach außen hin wirksam ist als auch gegen keine internen Weisungen oder Einschränkungen seitens des Treugebers verstößt. Verhält er sich anders, so kommt es darauf an, welche der beiden Grenzen er missachtet oder ob er gar beide ignoriert. Der Bereich des strafbaren Missbrauchs ist dabei relativ eng, denn er umfasst allein die Fälle, in welchen der Täter zwar seine internen Handlungsgrenzen missachtet, nach außen hin jedoch wirksam verfügt.

1602 Für die *Fallbearbeitung* ist es unerlässlich, zunächst zu prüfen, wie das Verhalten des Täters sowohl im Hinblick auf die internen als auch im Hinblick auf die nach außen hin bestehenden Grenzen seiner Befugnis zu bewerten ist. Die aus den Resultaten dieser doppelten Prüfung zu ziehenden Folgerungen entnehme man der nachstehenden Übersicht:

Abbildung: Überschreitungen der Verfügungs- oder Verpflichtungsbefugnis und ihre Auswirkungen

Einordnung der Täterverfügung	Folgerungen für § 266
Einhaltung der äußeren und der internen Vollmachtsgrenzen	wirksame und straflose Verfügung
Einhaltung der internen und *Missachtung der äußeren* Vollmachtsgrenzen	unwirksame, aber wegen des Einverständnisses des Treugebers straflose Verfügung
Einhaltung der äußeren und *Missachtung der internen* Vollmachtsgrenzen	wirksame Verfügung, **Anwendungsbereich des Missbrauchstatbestandes**
Missachtung der äußeren und der internen Vollmachtsgrenzen	rechtlich unwirksames Verhalten und daher keine Erfüllung des Missbrauchstatbestandes (Treuebruchstatbestand bleibt möglich)

1603 Übersieht man die ergänzende Prüfung, wie das Täterverhalten hinsichtlich der äußeren Vollmachtsgrenzen rechtlich zu bewerten (ein klassischer Fehler vieler Gutachten), so läuft man Gefahr, Sachverhalte aus der sehr häufig vorkommenden, in der vorstehenden Übersicht an letzter Stelle genannten Fallgruppe fälschlich als Missbrauchsfälle einzuordnen und zugleich die Möglichkeit eines Treuebruchs zu übersehen, ein doppelter Fehlgriff!

1604 **Beispiel** (Unwirksamer Vertragsschluss durch Bürgermeister):[40] Die Unternehmerin *Evelyn B.* wollte in *Eberswalde* ein Wohn- und Geschäftshaus bauen, für das 13 Pkw-Stellplätze zu errichten waren. Von dieser Verpflichtung ließ sie sich in der ihr erteilten Baugenehmigung gegen die Verpflichtung zur Zahlung eines Ablösebetrages von 123.500 DM rechtswirksam befreien. Da ihr dieser Betrag aber zu hoch war, vereinbarte *Evelyn B.* einige Wochen später mit dem Bürgermeister der Stadt, *Jochen Sch.*, in einem „Stellplatzablösevertrag", den *Sch.* im Namen der Stadt schloss, eine Reduzierung der Ablösesumme auf 59.800 DM. Zu einem solchen – nach Art und Höhe an

40 Vereinfachter Sachverhalt nach BGH NStZ 2007, 579.

sich durchaus üblichen – Vertragsschluss war *Sch.* prinzipiell befugt. Als Belohnung erhielt *Sch.* aber vereinbarungsgemäß von *B.* mit 30.000 DM die ungefähre Hälfte des Ersparten auf sein Konto überwiesen. — Wenngleich *Jochen Sch.* als Bürgermeister einen entsprechenden Ablösevertrag abschließen durfte, so hatte er doch dabei die Interessen seiner Gemeinde zu wahren. Da *B.* bereit war, ihm 30.000 DM zu zahlen, so wäre sie offenkundig ebenso bereit und in der Lage gewesen, diesen Betrag nicht *Sch.*, sondern der Stadt *Eberswalde* zukommen zu lassen, also einer Reduzierung ihrer Verpflichtung auf dann immerhin noch 89.800 DM zuzustimmen. Den Differenzbetrag nicht der Stadt zu verschaffen, sondern in die eigene Tasche zu stecken, verstieß gegen die *Sch.* im Innenverhältnis zu seiner Stadt gezogenen Handlungsgrenzen. Die Vereinbarung einer „Kick back"-Zahlung[41] von 30.000 DM im Zusammenhang mit dem Abschluss eines öffentlich-rechtlichen Vertrages verstieß zudem gegen die guten Sitten und führte daher gemäß § 134 BGB, § 59 I VwVfG[42] zur *Nichtigkeit des Ablösevertrages. Sch.* handelte folglich auch im Außenverhältnis unwirksam, weshalb der Missbrauchstatbestand ausscheidet, was freilich den Weg zu einem Treuebruch ebnet.[43]

Den Missbrauch kennzeichnet also ein *Pflichtverstoß durch ein nach außen hin wirksames Rechtsgeschäft.* **1605**

Beispiel (Verschleuderung von Vermögen durch Insolvenzverwalter):[44] *Werner M.* war Insolvenzverwalter des Vermögens der *O.-Bekleidungs-GmbH.* Er fand u.a. abgeschlossene, aber von der Gemeinschuldnerin noch nicht erfüllte Kaufverträge über 165.000 Bekleidungsstücke vor. Für deren Auslieferung an Großkunden im Inland erwartete er Einnahmen in Höhe von 900.000 EUR bei Herstellungskosten von 300.000 EUR. Dennoch schloss er, weil er sich den Mühen einer weiteren Betriebsfortführung nicht unterziehen wollte, einen Vertrag mit der *Fa. H. GbR* über den Verkauf des „noch ausführbaren Auftragsbestands" für 300.000 EUR. — In diesem Fall bildete die Veräußerung eine nach außen hin wirksame rechtsgeschäftliche Handlung von *M.* im Rahmen seiner Befugnisse als Insolvenzverwalter (vgl. § 80 I InsO), die aber im Innenverhältnis gegen seine Verpflichtung verstieß, durch seine Tätigkeit die bestmögliche Verwertung des Vermögens der Gemeinschuldnerin zu ermöglichen, weil er den Auftragsbestand unter Wert aus der Hand gab. Damit missbrauchte er seine Befugnisse i.S.d. Missbrauchstatbestandes.

---

41 „Kick back"-Zahlungen werden im Rahmen von Korruption in Wirtschaft und Verwaltung geleistet. Typischerweise vereinbart ein Lieferant mit einem korrupten Vertreter eines Kunden einen überhöhten Preis für von ihm zu liefernde Ware. Von dem so erwirtschafteten Mehrerlös erhält der korrupte Besteller als „Kick back" einen Teil als Entlohnung. Ein Untreueschaden besteht i.d.R. im Hinblick auf den überhöhten Einkaufspreis; vgl. KINDHÄUSER LPK § 266 Rn. 85.

42 Das im Beispielsfall anzuwendende Brandenburgische VwVfG ist insoweit inhaltsgleich.

43 Diesen lehnte der BGH im Beispielsfall allerdings – auf Grund von hier nicht mitgeteilten Besonderheiten des Falls – wegen des nicht nachgewiesenen Vermögensnachteils ab, vgl. BGH NStZ 2007, 579 (580 f.).

44 Stark verkürzter Sachverhalt nach BGH NStZ 1998, 246.

d) Vermögensnachteil

1606 Dazu gilt nichts anderes, als beim Treuebruchstatbestand gesagt (vgl. Rn. 1592 ff.).

e) Bedarf es im Missbrauchstatbestand einer Treuepflicht des Täters?

1607 Teile der Lehre[45] und seit dem sog. Kreditkarten-Urteil des BGH[46] auch die Rspr. lesen in den Missbrauchstatbestand zusätzlich zur Verfügungs- oder Verpflichtungsbefugnis auch das Erfordernis einer Treuepflicht hinein. Das legt der Wortlaut zwar infolge des für beide Tatbestände geltenden Nachsatzes („... dessen Vermögensinteressen er zu betreuen hat, ...") nahe. Zwingend ist diese Interpretation freilich nicht und sie degradiert den Missbrauchstatbestand zum – überflüssigen – Spezialfall des Treuebruchs. Aus systematischer und historischer Warte verdient diejenige Gegenmeinung Zustimmung, nach welcher die Missbrauchsalternative nicht mehr voraussetzt als eine fremdnützige Verfügungs- oder Verpflichtungsbefugnis, deren Missbrauch sowie einen Vermögensnachteil.[47] Zur näheren Begründung siehe CD 41-06.

1608 In der *Fallbearbeitung* ist die Streitfrage bei der Prüfung der Missbrauchsalternative jedenfalls anzuschneiden, sofern man sich nicht angesichts einer klar vorliegenden Treuepflicht mit dem kurzen Hinweis auf diese und die damit obsolete Streitentscheidung begnügen kann.

4. Wirkung einer Zustimmung durch den Vermögensinhaber

1609 Gestattet der Treugeber als Vermögensinhaber oder -berechtigter die nachteilige Tathandlung, so erweitert er damit die Befugnisse des Treunehmers, weshalb die Zustimmung beim Missbrauchstatbestand als Einverständnis zum Tatbestandsausschluss führt. Für den Treuebruch gilt nichts anderes, weil auch der Umfang der Treueverpflichtung, soweit sie auf einer Vereinbarung zwischen Treugeber und Treunehmer beruht, durch eine ebensolche Vereinbarung (in Gestalt der Zustimmung zu einer geplanten Vermögensbelastung) modifiziert werden kann, soweit diese wirksam ist. Die letztgenannte Einschränkung wird vornehmlich beim Sonderproblem der Schädigung juristischer Personen nach entsprechender Zustimmung aller Gesellschafter relevant. Zu dieser speziellen Thematik siehe auf CD 41-07.

5. Vorsatz

1610 Für alle Merkmale des § 266 genügt bedingter Vorsatz. Dieser braucht sich hinsichtlich der Treuestellung nicht auf deren Einordnung zu beziehen, sondern nur auf das Vorhandensein der ihr zu Grunde liegenden Elemente (Fremdnützigkeit, Hauptpflicht, Entscheidungsspielraum).

6. Bestrafung

1611 Mit bis zu fünf Jahren Freiheitsstrafe entspricht die Strafdrohung in § 266 I derjenigen für Diebstahl oder Betrug. Zwar fehlt bei der Untreue das Unrechtselement eigennützigen Han-

---

45 LACKNER/KÜHL § 266 Rn. 4; RENGIER BT I § 18 Rn. 8; ARZT/WEBER BT § 22 Rn. 68.

46 BGHSt 33, 244 (250).

47 Ebenso Sch/Sch-LENCKNER/PERRON § 266 Rn. 11; noch strikter OTTO BT § 54 Rn. 9 ff.; LK-SCHÜNEMANN § 266 Rn. 11 ff. (auch keine Fremdnützigkeit erforderlich).

delns, was indes durch die besondere Verpflichtung bzw. Machtstellung des Täters kompensiert wird. Die gleichhohe Strafdrohung ist daher angemessen.

Der in § 266 II enthaltene – redaktionell verfehlte[48] – Verweis auf § 263 III erhöht die Strafdrohung in den dort genannten Fällen (vgl. dazu näher Rn. 1282 ff.) auf mindestens sechs Monate und höchstens zehn Jahre Freiheitsstrafe. Praktisch bedeutsam dürften die Amtsträgeruntreue (§ 263 III Nr. 4)[49] und vor allem die Verursachung großer Schäden (§ 263 III Nr. 2, ab 50.000 EUR[50]) sein. Ein besonders schwerer Fall ist wegen des gleichzeitigen Verweises auf § 243 II ausgeschlossen, solange der entstandene Nachteil geringwertig bleibt, d.h. 50 EUR nicht übersteigt. 1612

7. Strafantragserfordernisse

Qua Verweis in § 266 II werden die Strafantragserfordernisse der §§ 247, 248a für die Untreue übernommen. Insbesondere die Verfolgbarkeit der nicht seltenen Untreue z.N. von *Familienangehörigen* wird damit erheblich eingeschränkt. 1613

8. Konkurrenzen

Untreue tritt praktisch nie gegenüber anderen Straftaten zurück und verdrängt umgekehrt diese auch seinerseits selten. Insbesondere ist Tateinheit mit Betrug, Urkundenfälschung und Bestechlichkeit möglich.[51] Eine Ausnahme gilt für die Unterschlagung, die in einfacher Form formell, in qualifizierter Form (§ 246 II) materiell subsidiär gegenüber § 266 ist. 1614

Die h.M. nimmt zudem an, dass der von ihr als lex specialis angesehene Missbrauch den Treuebruch verdrängt. Auf der Basis der hier vertretenen Auffassung kann es ebenfalls zur gleichzeitigen Verwirklichung beider Tatbestände kommen. Jedoch entspricht die Lage dann derjenigen bei § 223, der ebenfalls zwei nicht deckungsgleiche Tathandlungen (Misshandlung und Gesundheitsbeschädigung) enthält: Es handelt sich um eine *einheitliche Deliktsverwirklichung* (tatbestandliche Handlungseinheit). 1615

III. Der (Scheck- und) Kreditkartenmissbrauch (§ 266b, 2.Alt.)

1. Kreditkarten als geeignete Tatobjekte

Eingeführt wurde § 266b als Reaktion auf das Kreditkartenurteil des BGH,[52] mit welchem die Rspr. erstmals das Treuepflichterfordernis in den Missbrauchstatbestand von § 266 hinein interpretierte und so den Missbrauch von Kreditkarten durch den Inhaber zwischenzeitlich straflos stellte.[53] Strukturell passt die Vorschrift exakt in die 1616

48 So lässt sich das Regelbeispiel in § 263 III Nr. 5 überhaupt nicht auf Untreuehandlungen abbilden.

49 Kritisch FISCHER § 266 Rn. 83a, wenn die Amtsträgerschaft erst die Treuestellung begründet; a.A. BGH StV 2001, 110.

50 BGH NStZ 2004, 155.

51 FISCHER § 266 Rn. 87 f.

52 BGHSt 33, 244.

53 Otfried RANFT, Der Kreditkartenmißbrauch (§ 266b Alt. 2 StGB), JuS 1988, 673-681 (673 f.); MüKo-RADTKE § 266b Rn. 2.

betreffende Lücke, weil er für die Kreditkartennutzer einen schlichten Untreuemissbrauch beschreibt, der definitiv ohne Treuepflichtverletzung auskommt.

1617 Aktuell bedeutsam ist nur noch die zweite Alternative des Kreditkartenmissbrauchs, weil es *Scheckkarten* (also Karten, die im Zusammenhang mit einem sog. Euroscheck zu einem garantierten Zahlungsanspruch gegenüber der Bank führen) seit dem 01.01.2002 nicht mehr gibt. Die erste Alternative war zunächst noch im Gesetz verblieben, um die Aburteilung von Altfällen zu ermöglichen; inzwischen gehört sie aus dem Gesetz gestrichen.

1618 Vorausgesetzt wird die Verwendung einer *Kreditkarte* (z.B. Visa-, American Express- oder Eurocard). Keine Kreditkarten im Sinne der Strafbestimmung stellen die verbreiteteren Maestro- oder EC[54]-Karten dar.

Abbildung: Kreditkarte (links) und Maestro-/EC-Karte (rechts)

1619 Das charakteristische an einer Kreditkarte ist, dass ihr eine Einstandsgarantie des ausgebenden Instituts zu Grunde liegt, die im Verhältnis zwischen ihm und dem Karteninhaber vertraglich vereinbart wird. Der Zahlungsempfänger braucht insbesondere nicht die Identität des Kartenverwenders zu prüfen, um in den Genuss der Garantie zu gelangen; lediglich eine – nicht allzu offenkundig von der Unterschrift auf der Karte abweichende – Unterzeichnung des Rechnungsbeleges ist erforderlich. Demgegenüber entsteht die Zahlungsgarantie bei Verwendung einer Maestro- oder EC-Karte im electronic cash- (oder POS-[55])Verfahren im Verhältnis von kartenausgebendem Institut und Zahlungsempfänger: Dieser hat mittels Online-Überprüfung der PIN die Identität des Kartenverwenders festzustellen und das kartenausgebende Institut erhält seinerseits die Möglichkeit, die aktuelle Bonität des Kartenverwenders zu prüfen. Durch das Signal „Zahlung erfolgt" erklärt das Institut dann im Erfolgsfalle gegenüber dem Zahlungsempfänger, es werde den Rechnungsbetrag erstatten. Das electronic cash-Verfahren baut also nicht auf einem dem Kunden gewährten Vertrauen auf, sondern setzt auf Überprüfbarkeit im Einzelfall. Vor diesem Hintergrund ist es einleuchtend, den Strafschutz des untreueähnlichen § 266b auf echte Kreditkartenfälle zu begrenzen.

1620 Merkmal einer Kreditkarte ist ihr *Einsatz in einem Drei-Personen-Verhältnis*: Der Karteninhaber (1) verwendet die Kreditkarte zur Bezahlung einer Schuld gegenüber einem Zahlungsempfänger (2), der seine Forderung auf Grund der mit der Karte vermittelten Zahlungsgarantie von dem ausgebenden Institut (3) erlangt. Karten, die als eine Art Kundenkarten nur in einem festen Zwei-Personen-Verhältnis eingesetzt werden (z.B. „Kreditkarten" von Tankstellenketten oder von Fluglinien), sind deshalb

54 EC = electronic cash; die frühere Bedeutung „Eurocheque" ist überholt.

55 POS = Point of Sale; vgl. im Übrigen zur Frage eines Betruges insoweit Rn. 1216.

keine Kreditkarten i.S.v. § 266b, auch wenn sie es dem ausstellenden Unternehmen ersparen, die Bonität des Kunden in jedem Einzelfall erneut zu überprüfen.[56]

Die Gegenposition, auch im Zwei-Personen-Verhältnis eingesetzte Karten unterfielen § 266b, **1621** kann zwar die Vereinbarkeit mit dem Wortlaut für sich reklamieren,[57] aber nur deshalb, weil die Bezeichnung „Kreditkarte" inzwischen ihre ursprüngliche Schärfe verloren hat und aus Werbegründen auch schlichte Kunden- zu „Kreditkarten" aufgewertet werden. Im Kern stellt die Verwendung einer solchen Kundenkarte als Beleg für eine (immer noch) bestehende Zahlungsfähigkeit aber Betrugs- und kein untreueähnliches Unrecht dar. Wenn demgegenüber der angeblich zu hohe Strafrahmen von § 263 für die Anwendbarkeit des privilegierenden § 266b ins Feld geführt wird,[58] so überzeugt auch das nicht, denn der Richter ist im Rahmen der konkreten Strafzumessung in der Lage, auch ein Betrugsunrecht so würdigen, dass nicht mehr herauskäme als bei Anwendung des Strafrahmen von § 266b.

Besitzt eine solche Kundenkarte nebenbei echte Kreditkartenfunktion, was mittlerweile durch- **1622** aus gebräuchlich ist, so unterfällt ihr Einsatz gleichwohl nur in einer Drei-Personen-Konstellation § 266b.

Einen ebenfalls § 266b zuzurechnende Sonderkategorie bilden *Codekarten*, sofern sie in kredit- **1623** kartengleicher Weise gegenüber Dritten eingesetzt werden. Für diese Ausnahmekonstellation können auch EC-Karten, die regelmäßig eine solche Codierung enthalten, als Kreditkarten gelten. Vorstellbar ist dies aber nur in einem einzigen Fall, nämlich dem Einsatz an Bankautomaten einer anderen als der kartenausstellenden Bank.[59] Selbst hierbei wird man inzwischen die Einschränkung machen müssen, dass zwischen den betroffenen Banken kein Online-Verbund besteht.[60] Andernfalls gliche die Situation nämlich dem Einsatz im POS-Verfahren an der Supermarktkasse und es erfolgte der spätere Zahlungsausgleich zwischen den Beteiligten nicht auf Grund des Vertrauensvorschusses, den der Karteninhaber genießt und missbräuchlich ausnutzt, sondern weil das kartenausgebende Institut im Einzelfall die Zahlungsverpflichtung in Kenntnis der Kontosituation akzeptiert.[61]

2. Der Kreditkarteninhaber als geeigneter Täter

Nur der legitime Inhaber einer Kreditkarte vermag § 266b zu erfüllen, weil nur ihm, **1624** wie es der Gesetzestext fordert, die Möglichkeit zur Zahlungsveranlassung eingeräumt wurde. Die Verwendung gestohlener Kreditkarten stellt u.U. aber einen Betrug oder Computerbetrug dar.[62]

3. Die Tathandlung des schädigenden Missbrauchs

Der Missbrauch i.S.v. § 266b ist in gleicher Weise wie bei § 266 als das *Vornehmen* **1625** *eines im Außenverhältnis wirksamen Rechtsgeschäftes unter Missachtung im Innenverhältnis bestehender Verwendungsschranken* zu verstehen.[63] Da nur der Missbrauch

56 BGHSt 38, 281; KINDHÄUSER BT II § 36 Rn. 7; RENGIER BT I § 19 Rn. 4.

57 So OTTO BT § 54 Rn. 46; ARZT/WEBER BT § 23 Rn. 48; RANFT (Fn. 53), JuS 1988, 680 f.

58 ARZT/WEBER BT § 23 Rn. 48; RANFT (Fn. 53), JuS 1988, 681.

59 BGHSt 47, 160 (164 f.).

60 Ebenso RENGIER BT I § 19 Rn. 8; MüKo-RADTKE § 266b Rn. 20 f.

61 Zur Möglichkeit eines Betruges im electronic cash-Verfahren siehe Rn. 1216.

62 Vgl. dazu oben Rn. 1215 f., 1295.

63 OTTO BT § 54 Rn. 47; KINDHÄUSER BT II § 36 Rn. 11; LACKNER/KÜHL § 266b Rn. 5.

der Zahlungsveranlassungsmöglichkeit bestraft wird, fällt die unbefugte Weitergabe der Kreditkarte an einen Dritten nicht unter § 266b.[64] Missbräuchlich ist daher nur der Einsatz der Kreditkarte in einer Situation, in welcher der Karteninhaber die Karte wegen seiner Vereinbarungen mit dem kartenausstellenden Institut nicht (mehr) einsetzen darf, insbesondere zu Zahlungszwecken jenseits des ihm eingeräumten Kreditlimits oder wenn er wegen seiner aktuellen finanziellen Situation den Zahlungsausgleich gegenüber dem Institut nicht mehr gewährleisten kann.

1626 Erforderlich ist die Verursachung eines *Vermögensschadens* beim kartenausgebenden Institut, der nicht schon in der Verursachung der Zahlung an den Zahlungsempfänger gesehen werden darf. Geschädigt ist das Institut vielmehr nur, wenn der entstandene Ausgleichsanspruch gegenüber dem Karteninhaber wirtschaftlich minderwertig weil nicht mehr ohne Weiteres realisierbar ist. Kurzfristige (z.B. nur bis zur nächsten Gehaltszahlung bestehende) Liquiditätsdefizite genügen also nicht, sondern es bedarf einer Situation, in welcher ein Zahlungsausgleich auf absehbare Zeit ungesichert erscheint.[65] Vage Hoffnungen auf Einkünfte genügen deshalb noch nicht, um eine Schädigung zu verneinen.

4. Subjektiver Tatbestand, Strafantrag, Strafe und Konkurrenzen

1627 Es genügt (bedingter) Vorsatz, insbesondere hinsichtlich des Missbrauchs (in Gestalt einer Überschreitung der vertraglichen Grenzen der Kreditkartennutzung) und der Schädigung (also der Unfähigkeit, den Anspruch des kartenausgebenden Instituts zu erfüllen).

1628 Bei Bagatellschäden bedarf es wegen des Verweises in § 266b II auf § 248a eines Strafantrages des kartenausgebenden Instituts.

1629 Mit einem Strafrahmen bis maximal drei Jahren Freiheitsstrafe liegt § 266b unterhalb der Untreue, was zum einen ein Ausdruck geringeren Unrechtsgehaltes ist, vor allem im Hinblick auf das Fehlen einer Fremdnützigkeit der Verpflichtungsmacht. Zum anderen trägt die geringere Strafobergrenze dem Umstand Rechnung, dass faktisch keine Möglichkeit besteht, bei einer einzigen Tat größere Schäden zu verursachen.

1630 Auf Konkurrenzebene genießt § 266b als lex specialis Vorrang vor gleichzeitigen (Computer-)Betrugshandlungen.[66]

1631 **Wiederholungsfragen zum 41. Kapitel**

1. Aus welchen Tatbeständen setzt sich § 266 zusammen? (Rn. 1566)
2. Welche Rolle spielt das sog. Treueverhältnis und wie definiert es sich nach h.L. bzw. nach der Rspr.? (Rn. 1571, 1607 f., 1577 ff., 1587)
3. Wann liegt ein Missbrauch i.S.v. § 266 I vor? (Rn. 1602, 1605)

---

64 BGH NStZ 1992, 278; LACKNER/KÜHL § 266b Rn. 5; RENGIER BT I § 19 Rn. 10.

65 OTTO BT § 54 Rn. 49; SK-SAMSON/GÜNTHER § 266b Rn. 6; ähnlich LACKNER/KÜHL § 266b Rn. 5; weitergehend Sch/Sch-LENCKNER/PERRON § 266b Rn. 10; MüKo-RADTKE § 266b Rn. 42 (schon bei Zahlungsveranlassung und bereits bei geringfügiger Überschreitung, was aber dem Wesen der Kreditkartenverwendung, nämlich der befristeten Krediteinräumung, nicht gerecht wird).

66 BGH NStZ 1987, 120; OTTO BT § 54 Rn. 53; LACKNER/KÜHL §266b Rn. 9.

4. Warum stellt es keinen Missbrauch dar, wenn der verfügungsbefugte Täter seine Befugnisse dazu ausnutzt, in kollusivem Zusammenwirken mit einem Dritten seinen Treugeber zu schädigen? (Rn. 1604)

5. Welche Kartentypen unterfallen § 266b? (Rn. 1618 ff.)

Ergänzende Hinweise zu den Fragen 2 und 4 finden sich auf CD 41-08.

42. Kapitel. Strafbarer Eigennutz

Der 25. Abschnitt des StGB fasst sehr heterogene Straftaten zusammen. Wenn der Gesetzgeber **1632**
sie mit der Überschrift des Eigennutzes versehen hat, so handelt es sich um nicht mehr als eine Verlegenheitslösung. Die meisten Vermögensstraftaten werden eigennützig begangen und die §§ 284 ff. stechen in dieser Hinsicht kaum hervor. Eine prägnanteres charakteristisches Gemeinsames ist indes auch nicht zu erkennen, der Abschnitt vielmehr ein Auffangbecken für Straftaten, die andernorts nicht besser einzufügen waren.

Die praktische Bedeutung der betreffenden Straftaten ist nicht allzu hoch. Nähere Informationen finden sich auf CD 42-01. Ihre Prüfungsrelevanz ist ebenfalls eher gering.

An dieser Stelle bleiben die §§ 284-287 zunächst unberücksichtigt, weil sie treffender als Wirtschaftsstraftaten einzuordnen sind (vgl. zu ihnen Rn. 1669 bzw. auf CD 43-02).

I. Wucher (§ 291)

1. Struktur des Tatbestandes

Der Tatbestand enthält drei trennbare Elemente: **1633**

- ein im Geschäftsleben nachteilig wirkendes, persönliches oder situatives *Defizit des Opfers* (Zwangslage, Unerfahrenheit, Mangel an Urteilsvermögen oder erhebliche Willensschwäche),
- dessen *Ausbeuten*
- zum Sichversprechen- oder -gewährenlassen von Vermögensvorteilen für bestimmte Leistungen bei einem *auffälligen Missverhältnis von Leistung und Gegenleistung*. Insoweit bezieht § 291 I 2 ein Missverhältnis in den Tatbestand ein, das erst durch die Addition mehrerer Leistungen an verschiedene, auf Gläubigerseite beteiligte Personen entsteht.

Insbesondere die enge Fassung der verlangten Opferdefizite dürfte dabei für die geringe praktische Bedeutung des Wuchers verantwortlich zeichnen.

Am Ende muss es zum Vertragsschluss (Versprechenlassen) oder gar zu dessen (sofortiger) **1634**
Erfüllung (Gewährenlassen) kommen. Geschieht beides nacheinander, so besteht tatbestandliche Handlungseinheit.[1]

2. Defizit in der Opfersphäre

Die an erster Stelle als situativer Gesichtspunkt genannte *Zwangslage* besteht, wenn das Opfer **1635**
auf Grund äußerer Umstände auf die angebotene Leistung angewiesen ist und auf diese nicht

1 Fischer § 291 Rn. 15; NK-Kindhäuser § 291 Rn. 56.

ohne Inkaufnahme gravierender Nachteile verzichten kann.[2] Es muss sich um keine opferspezifische Situation handeln; eine Zwangslage des Einzelnen mag ebenso die Zwangslage aller sein.[3]
Unerfahrenheit muss sich auf das Geschäftsleben beziehen, wovon auch der jeweilige Geschäftssektor alleine betroffen sein kann.[4] Bloße Informationsdefizite genügen indes noch nicht.[5] Der *Mangel an Urteilsvermögen* betrifft nicht die (erwerbbare) Erfahrung, sondern die durch geistige Defizite bedingte, dauerhaft fehlende Fähigkeit, im Geschäftsleben die im eigenen Interesse richtigen Entscheidungen zu treffen.[6] Auch die *Willensschwäche* betrifft ein Persönlichkeitsmerkmal, das wegen der geforderten Erheblichkeit sogar Krankheitswert besitzen muss.[7]

3. Ausbeuten und Ausnutzen

1636 Während in § 291 I 1 ein Ausbeuten verlangt wird, nennt Satz 2 nur ein Ausnutzen. Eine Differenzierung ist aber insoweit nicht erforderlich.[8] Beide Begriffe verlangen ein bewusstes missbräuchliches Nutzen der Opferlage zur Erlangung übermäßiger Vermögensvorteilen.[9]

4. Das wucherische Geschäft

1637 Die Aufzählung einzelner Leistungen des Wucherers in § 291 I Nrn. 1-4 führt in die Irre, weil tatsächlich *jede in einem vertraglichen Schuldverhältnis denkbare Leistung* tatbestandlich sein kann, insbesondere auch jeder Kauf. § 291 I Nr. 3 bildet daher die Grundnorm, während die explizit genannten Fälle der Miete, des Kredites oder der Vermittlung nur Exemplifizierungen darstellen. Ihre gesonderte Auflistung hat historische Hintergründe. Zuvor existierten nämlich sechs verschiedene Wuchertatbestände mit jeweils unterschiedlichen Voraussetzungen,[10] die erst durch das 1. WiKG in § 291 zusammengefasst wurden.

1638 Ein auffälliges Missverhältnis muss dem Kundigen sofort ins Auge springen.[11] Zwar verbietet sich angesichts der Spannbreiten üblicher Marktpreise eine Pauschalisierung. Ab einer Überschreitung des durchschnittlichen Marktpreises von 50 % liegt aber (bei nicht geringwertigen Leistungen) ein Missverhältnis jedenfalls nahe.[12]

---

2 Ähnlich SK-HOYER § 291 Rn. 11 f.; FISCHER § 291 Rn. 10.

3 Ebenso FISCHER § 291 Rn. 10a.

4 NK-KINDHÄUSER § 291 Rn. 20; SK-HOYER § 291 Rn. 14; BGHSt 11, 182 (186).

5 RGSt 37, 205 (206 f.); BGHSt 13, 233; FISCHER § 291 Rn. 11.

6 NK-KINDHÄUSER § 291 Rn. 21; FISCHER § 291 Rn. 12.

7 Vgl. NK-KINDHÄUSER § 291 Rn. 22; BayObLG NJW 1985, 873.

8 FISCHER § 291 Rn. 14; NK-KINDHÄUSER § 291 Rn. 23; SK-HOYER § 291 Rn. 18 f.; a.A. Sch/Sch-STREE/HEINE § 291 Rn. 29 (Ausbeuten ist qualifiziertes Ausnutzen).

9 BGHSt 11, 182 (187); FISCHER § 291 Rn. 14.

10 §§ 302a (Kreditwucher), 302b (schwerer Kreditwucher), 302c (Nachwucher), 302d (gewerbs- und gewohnheitsmäßiger Kreditwucher), 302e (Sachwucher), 302f StGB a.F. (Mietwucher).

11 FISCHER § 291 Rn. 16; BGH NJW 1997, 2689 (2691).

12 Vgl. auch die Nachweise aus der Rspr. bei FISCHER § 291 Rn. 17-20; NK-KINDHÄUSER § 291 Rn. 33-39.

5. Bestrafung

Die Strafdrohung liegt mit höchstens drei Jahren Freiheitsstrafe unter derjenigen von Diebstahl, Betrug oder Untreue, was nicht recht erklärlich ist. Allerdings verschiebt § 291 II im besonders schweren Fall den Strafrahmen auf die Spanne zwischen sechs Monaten und zehn Jahren Freiheitsstrafe, was wiederum einen ungewöhnlich großen Sprung bedeutet. Als schwere Fälle werden in der problematischen Regelbeispielstechnik das Verursachen wirtschaftlicher Not, Gewerbsmäßigkeit sowie die Sicherung der Wucherforderung durch Wechsel benannt. **1639**

II. Vereiteln der Zwangsvollstreckung (§ 288)

Die Strafbestimmung schützt ein Gläubigerrecht, nicht die Zwangsvollstreckung als prozessuales Instrument oder als Akt staatlicher Gewalt. Daher muss der durch die Tat geschädigte Gläubiger tatsächlich über einen *materiellrechtlich bestehenden Anspruch* verfügen. Ein *nicht mehr anfechtbarer Titel* genügt aber unabhängig von seiner materiellen Berechtigung,[13] denn mit der Unanfechtbarkeit gehört der titulierte Betrag endgültig zum rechtlich anerkannten und dem Gläubiger zustehenden Vermögen. Infolge der erforderlichen Schuldnerstellung auf Täterseite handelt es sich um ein *Sonderdelikt*, weshalb Außenstehende die Tat nicht begehen können. Ist Schuldner eine juristische Person, so vermögen allein die nach § 14 Berechtigten täterschaftlich zu handeln. **1640**

Eine Vereitelung ist ferner nur möglich, sofern dem Täter bereits die *Zwangsvollstreckung droht*. Das Drohen wird allerdings sehr weit in das Vorfeld des eigentlichen Vollstreckungsaktes hin ausgedehnt. Vorausgesetzt wird nämlich nur ein dem Täter erkennbarer Vollstreckungswille des Gläubigers, der hingegen noch nicht einmal im Besitz eines Vollstreckungstitels zu sein braucht.[14] Allerdings wird man für ein Drohen nach dem Wortsinn vorauszusetzen haben, dass nach objektiv erkennbarer Lage mit *alsbaldiger* Vollstreckung, und sei es in Gestalt einer Sicherungsvollstreckung (z.B. durch Arrest), zu rechnen ist.[15] **1641**

Tathandlungen sind das Veräußern sowie das Beiseiteschaffen. Letzteres bringt den Vollstreckungsgegenstand tatsächlich (auch durch Zerstören[16]) oder rechtlich (z.B. durch Einräumen vorrangiger Pfandrechte) in eine Lage, in welcher ein alsbaldiger Zugriff dem Gläubiger zumindest erschwert ist.[17] Erhält der Täter im Gegenzug eine Leistung, auf die der Gläubiger statt des beseitigten Vermögensteiles ebensogut zugreifen könnte, so fehlt es an einem Rechtsgutsangriff. Der Täter hätte saldiert betrachtet seinen Vermögensbestand unangetastet gelassen und damit im Ergebnis gar keine Bestandteile seines Vermögens beseitigt; der Tatbestand wäre folglich nicht erfüllt.[18] **1642**

---

13 MAURACH/SCHROEDER/MAIWALD BT 1 § 47 Rn. 4.

14 LACKNER/KÜHL § 288 Rn. 2; KINDHÄUSER LPK § 288 Rn. 4; zustimmend BVerfG (Kammer) NJW 2003, 1727.

15 So wohl auch RENGIER BT I § 27 Rn. 5.

16 RENGIER BT I § 27 Rn. 11; ARZT/WEBER BT § 16 Rn. 42; LACKNER/KÜHL § 288 Rn. 4.

17 OLG Frankfurt a.M. NStZ 1997, 551 (zu derselben Frage bei § 283); LACKNER/KÜHL § 288 Rn. 10.

18 Im Ergebnis ebenso ARZT/WEBER BT § 16 Rn. 41; ähnlich zum Veräußern RENGIER BT I § 27 Rn. 8; OTTO BT § 50 Rn. 17.

1643 Mit maximal zwei Jahren Freiheitsstrafe liegt die Strafdrohung nicht sehr hoch. Zudem handelt es sich um ein absolutes *Strafantragsdelikt*, bei dem ein fehlender Strafantrag auch nicht kompensiert werden kann (§ 288 II).

III. Straftaten an Pfandsachen

1. Pfandkehr (§ 289)

1644 Der Tatbestand ist schwer verständlich, z.T. ungewöhnlich formuliert und trägt keine treffende Überschrift. Bestraft werden neben Pfandrechtsangriffen teilweise auch verbotene Eigenmacht sowie Besitzvereitelung.

1645 Auf *Opferseite* bedarf es einer Person, die an einer beweglichen Sache[19] eines der folgenden Rechte innehat:[20]

- Nutznießungsrechte wie Nießbrauch (§§ 1030 ff. BGB);
- Pfandrechte, u.a. das Vermieterpfandrecht (§ 562 ff. BGB) und das Unternehmerpfandrecht (§ 647 BGB);
- Gebrauchsrechte wie Miete, Leihe oder Gemeinschaftsgebrauch (§ 743 II BGB);
- Zurückbehaltungsrechte, und zwar gesetzliche (z.B. § 273 BGB) ebenso wie vertragliche.

Die Strafbestimmung greift damit weit über den Schutz des Pfandes hinaus.

1646 *Täter* kann entweder der Eigentümer der Sache sein oder ein Dritter, der allerdings bei der Tat keine eigenen Interessen, sondern die des Eigentümers wahrnehmen müsste.

1647 Als Tathandlung wird objektiv eine Wegnahme verlangt. Der Begriff umfasst zwar auch alles, was bei § 242 als Wegnahme gilt,[21] beschränkt sich nach h.M. aber keineswegs darauf. Hintergrund ist das systematische Erfordernis, alle Pfandrechte gleichermaßen zu schützen, insbesondere besitzlose Pfandrechte,[22] etwa das Vermieterpfandrecht gegen das sog. „Mieterrücken"[23].

Beispiel (Mieterrücken):[24] *Matthias P.* hatte bis zum 15.10. eine Wohnung angemietet. Nachdem es zu erheblichen Mietrückständen gekommen war, hatte ihm die Vermieterin mit einem am 09.10. zugegangenen Schreiben mitgeteilt, sie mache von ihrem Vermieterpfandrecht Gebrauch, und *P.* untersagt, die in der Wohnung befindlichen Gegenstände von dort wegzuschaffen. Dennoch räumte *Matthias P.* bei seinem Auszug am 12.10. die Wohnung vollständig aus. — Auf Grund des Alleingewahrsams des Mieters an den in seiner Wohnung befindlichen Sachen läge zwar keine Wegnahme i.S.v. § 242 vor. Dann aber bliebe das Vermieterpfandrecht strafrechtlich ungeschützt. Um seinen Schutz zu gewährleisten, muss die Wegnahme i.S.v. § 289 als *Verbringen aus einem räumlichen Bereich* verstanden werden, *der dem an der Sache Be-*

---

19 Siehe dazu die Erläuterungen bei § 303 zur Sache (Rn. 861 ff.) bzw. bei § 242 zur Beweglichkeit (Rn. 1006).

20 Vgl. zu den einzelnen geschützten Rechten weiterhin die Zusammenstellungen bei LACKNER/KÜHL § 289 Rn. 1; Sch/Sch-ESER/HEINE § 289 Rn. 3-7.

21 Siehe dazu oben Rn. 1007 ff.

22 RENGIER BT I § 28 Rn. 7; KÜPER BT S. 437 f.

23 Mieterrücken = tradierte Bezeichnung für das plötzliche „Ausrücken" des Mieters aus seiner Wohnung unter Mitnahme aller Sachen und unter Zurücklassung von Schulden.

24 BayObLG NJW 1981, 1745.

rechtigten erleichterte Zugriffsmöglichkeiten auf sie bietet.[25] Die Gegenposition, die eine übereinstimmende Interpretation des Wegnehmens in den §§ 242, 289 fordert,[26] kann zwar für sich in Anspruch nehmen, zu einer klareren Gesetzesfassung zu gelangen. Deren Wortlaut gebietet die Verengung auf die Gewahrsamsentziehung indes nicht. Er erlaubt vielmehr gleichermaßen die aus Gründen der Systematik abzuleitende Deutung, Wegnehmen umfasse zusätzlich das Entfernen aus einem peripheren Machtbereich.

Die im subjektiven Tatbestand geforderte „*rechtswidrige Absicht*" ist sprachlich misslungen **1648** formuliert, denn selbstverständlich vermag eine Absicht als solche nicht gegen das Recht zu verstoßen, sondern allenfalls das beabsichtigte Tun. Gemeint ist dolus directus zweiten Grades, das an der Sache bestehende fremde Recht zu vereiteln.[27]

Die Strafdrohung liegt mit maximal drei Jahren Freiheitsstrafe unter derjenigen des Diebstahls, **1649** was sich aus dem in § 289 fehlenden Angriff auf das Eigentumsrecht erklärt. Auch der *Versuch* der Pfandkehr ist strafbar (§ 289 II).

Zur Verfolgung bedarf es nach § 289 III stets eines *Strafantrages* desjenigen, dessen Recht **1650** mittels der Tat vereitelt werden soll.

2. Unbefugter Gebrauch von Pfandsachen (§ 290)

Es handelt sich um ein völlig unbedeutendes Sonderdelikt, das *allein von Pfandleihern* began- **1651** gen werden kann und wie § 248b einen strafbaren Sonderfall des ansonsten straflosen Gebrauchsdiebstahls (furtum usus) darstellt.

IV. Jagd- und Fischwilderei

1. Jagdwilderei (§ 292)

a) Tatbestand vorverlagerten Eigentumsschutzes

(Lebendes, in Freiheit befindliches) Wild ist gemäß § 960 I 1 BGB herrenlos. Wer es **1652** unbefugt jagt, kann daher auch nicht mit fremdem Eigentumsrechten in Konflikt geraten; die Eigentumsdelikte sind unanwendbar. Er beeinträchtigt aber ein *Aneignungsrecht*, das der jeweils Jagdberechtigte besitzt (§ 1 I 1 BJagdG). Die Jagdberechtigung geht vom Grundeigentum aus (§ 3 I BJagdG), steht aber eher selten auch tatsächlich dem Eigentümer zu, nämlich nur in den über 75 Hektar großen Eigenjagdbezirken (§ 7 BJagdG). Ansonsten werden die Grundeigentümer zu größeren Jagdgenossenschaften zusammengefasst, die das Jagdrecht auf den entsprechenden Flächen verpachtet (§§ 8-10 BJagdG).

§ 292 schützt dieses dem Eigentum vorgelagerte Aneignungsrecht des Jagdberechtigten und so mittelbar auch den Wildbestand, indem er zum einen das unbefugte (nämlich „unter Verletzung fremden Jagdrechts" erfolgende) Jagen und zum anderen das ebensolche Aneignen von lebendem und toten Wild bestraft.

---

25 LACKNER/KÜHL § 289 Rn. 3; LK-SCHÜNEMANN § 289 Rn. 14; BayObLG NJW 1981, 1745 (1746).

26 NK-WOHLERS § 289 Rn. 11 f.; Jan C. JOERDEN, „Mieterrücken" im Hotel – BGHSt 32, 88, JuS 1985, 20-27 (23).

27 LACKNER/KÜHL § 289 Rn. 4; RENGIER BT I § 28 Rn. 8; Sch/Sch-ESER/HEINE § 289 Rn. 9/10.

1653 Neben § 292 existieren straf- oder bußgeldbewehrte Jagdverbote im BJagdG, z.B. des Jagens von bestimmten absolut geschützten Wildarten oder von Elterntieren während der Aufzucht der Nachkommenschaft (§ 38 BJagdG).

1654 Tatobjekt ist in § 292 I Nr. 1 zunächst das *Wild*. Was darunter fällt, listet § 2 BJagdG (i.V.m. § 1 I 1 BJagdG) im Detail auf. Neben den allgemein bekannten Wildarten findet man dort u.a. die Wildkatze, die Wildtaube, die Möwe, den Höckerschwan und den Kolkraben. § 292 I Nr. 2 erstreckt den Strafrechtsschutz weiter auf jede „Sache, die dem Jagdrecht unterliegt". Darunter fällt zunächst das *tote Wild*, aber auch abgeworfene Geweihe sowie die Eier von Wildvögeln (§ 1 V BJagdG).

Verendete wilde Tiere kann sich der Berechtigte zwar aneignen. Bis dahin bleiben sie aber herrenlos und das Aneignungsrecht an ihnen schutzbedürftig. Nach der Aneignung durch den Jagdberechtigten besteht dessen Eigentum und die §§ 242, 246 finden Anwendung.

b) Wilderei an lebendem Wild (§ 292 I Nr. 1)

1655 Als erste Tathandlung wird das *Nachstellen* genannt. Insoweit umschreibt der Tatbestand ein Unternehmensdelikt, weil kein Jagderfolg notwendig ist,[28] sondern zielgerichtetes Durchstreifen des Reviers oder ein Fallenaufstellen genügen. Die Tatalternativen des *Fangens* und *Erlegens* bezeichnen hingegen Varianten von Jagderfolgen. Das Zueignen schließlich bildet eine Auffangkategorie für atypische Fälle, etwa das Mitnehmen eines zutraulichen (und daher des „Fangens" nicht bedürftigen) Tieres.

c) Wilderei an totem Wild und anderen Sachen (§ 292 I Nr. 2)

1656 Bestraft wird insoweit das (Sich- oder einem Dritten) Zueignen, Beschädigen oder Zerstören (z.B. von Vogeleiern).

1657 **Aufgabe:** Beseitigen eines angefahrenen Rehs[29]

Frank M. fuhr frühmorgens als Taxifahrer die Tageszeitungen zu den örtlichen Verteilern. Bei einer dieser Fahrten sprangen zwei Rehe kurz vor seinem Pkw über die Straße. Durch eine sofortige Bremsung konnte *M.* zwar verhindern, dass er das erste Reh überfuhr, erfasste jedoch das zweite Tier mit der Stoßstange an den Hinterläufen. *M.* stieg aus und ging zu dem etwa 10-15 m weiter hinten liegenden Reh. Als er bemerkte, wie sehr es blutete und wie es vor Schmerzen intensiv klagte und pfiff, hielt er es für seine Pflicht, das Tier von seinen Leiden zu erlösen, und tötete es mit zwei Schüssen aus einer von ihm illegal mitgeführten Pistole. Anschließend legte er das tote Reh in sein Fahrzeug, um es dem Jagdausübungsberechtigten, den er nicht kannte und den er deshalb erfragen wollte, zuzuführen. Bereits nach wenigen Metern Fahrt bekam er jedoch Bedenken und befürchtete Schwierigkeiten im Hinblick auf die erkennbaren Schussverletzungen, wenn er das Reh abliefern würde. Er hielt deshalb ca. 500 m weiter sein Fahrzeug an und warf das Reh in einen dort am Straßenrand befindlichen, völlig mit Ranken zugewachsenen Trichter, in dem es später nicht mehr gefunden werden konnte.

Strafbare Jagdwilderei?

---

28 RENGIER BT I § 29 Rn. 3; MAURACH/SCHROEDER/MAIWALD BT 1 § 38 Rn. 15 ff.

29 Vereinfachter Sachverhalt nach AG Öhringen NJW 1976, 580.

In den einzelnen Tatvarianten zugleich verwirklichte Tatmodalitäten (z.B. Nachstellen und Erlegen) führen zur Annahme einer *tatbestandlichen Handlungseinheit.* Folgt der Tathandlung nach Nr. 1 eine solche nach Nr. 2, so ist letztere mitbestrafte Nachtat. Im Aufgabenfall konnte *M.* allerdings wegen des Tötens des Rehs nicht bestraft werden, da er es zwar nicht gerechtfertigt erschoss, aber in unvermeidbarem Verbotsirrtum handelte. Es bleibt aber ein Beschädigen nach § 292 I Nr. 2 durch das Wegwerfen. Ausführlichere Hinweise zur Falllösung befinden sich auf CD 42-02. **1658**

d) Vorsatz und Strafe

Grundsätzlich genügt bedingter Vorsatz; für die Alternative des Nachstellens bedarf es aber einer Jagdabsicht. **1659**

Die Strafe beträgt im Grundtatbestand des Abs. 1 höchstens drei Jahre Freiheitsstrafe. In den besonders schweren, durch Regelbeispiele bezeichneten Fällen des Abs. 3 steigt die Strafdrohung auf mindestens drei Monate und höchstens fünf Jahre an. Besonders schwer wiegen neben gewerbs-, gewohnheits- (§ 292 Abs. 2 Nr. 1) und bandenmäßiger Vorgehensweise mit Waffen (Nr. 3) nach Nr. 2 auch das nächtliche Jagen wegen seines erhöhten Gefährdungspotenzials sowie das Jagen unter Verstoß gegen bestimmte Jagdregeln, die zum Schutz des Wildes dienen (z.B. Schonzeitbestimmungen und das Verbot der Schlingenjagd). **1660**

2. Fischwilderei (§ 293)

Der Tatbestand mit seiner Strafdrohung von höchstens zwei Jahren Freiheitsstrafe (ohne die Möglichkeit besonders schwerer Fälle) entspricht strukturell weitgehend der Jagdwilderei, wobei dem Nachstellen aus § 292 das Fischen in § 293 I Nr. 1 entspricht. Auch dieses verlangt keinen Erfolg. Vielmehr steht bereits das unbefugte Hineinwerfen des Angelköders in einen Fluss unter Strafe. Das Aufstecken des Köders allerdings gehört noch zur Vorbereitungsphase.[30] **1661**

Abbildung: Angeln ohne Angelschein als Fischwilderei

Tatobjekte sind herrenlose (weil im Sinne von § 960 I 1 BGB „wilde") Fische. In geschlossenen Privatgewässern (insb. in Fischteichen) gehaltene Fische sind hingegen nicht herrenlos, sondern stehen im Eigentum des jeweiligen Gewässereigentümers (vgl. § 960 I 2 BGB). **1662**

Für Meeresgewässer ist § 293 z.Zt. mangels einschlägiger Fischereirechtsregelungen unanwendbar.[31] Die Regelungen zur Fischereiberechtigung für Binnengewässer sind Länderangelegenheit und knüpfen das Aneignungsrecht in Gestalt des sog. *Fischereirechts* ebenfalls an das Eigentum am betreffenden Gewässergrundstück.[32] Im Gegensatz zur Jagdpacht kann das Fischereirecht allerdings auch isoliert bzgl. des Fischens übertragen werden. Gefischt werden darf aber (wie bei der Jagd) nur, wenn zuvor eine behördliche Fischereierlaubnis (sog. Angelschein) nach entsprechender Prüfung erworben wurde. **1663**

30 OLG Frankfurt a.M. NJW 1984, 812.

31 Sch/Sch-Eser/Heine § 293 Rn. 9 m.w.N.

32 Vgl. beispielhaft § 4 Landesfischereigesetz Nordrhein-Westfalen i.d.F. der Bekanntmachung v. 22.06.1994.

V. Gefährdungen durch Bannware (§ 297)

1664 Hinweise zu dieser bislang unbedeutenden Straftat erfolgen auf CD 42-03.

43. Kapitel. Wirtschaftsstrafrecht

I. Begriff der Wirtschaftsstraftat

1665 Der etwas schillernde *Begriff* des Wirtschaftsstrafrechts lässt sich unterschiedlich deuten und eine trennscharfe, allgemein konsentierte Interpretation fehlt.[1] Aus kriminologischer Warte bezeichnet er Straftaten, welche die Verletzung überindividueller sozialer Rechtsgüter des Wirtschaftslebens zum Gegenstand haben.[2] Dem materiell-strafrechtlich Blickenden erscheint diese Betrachtung indes als zu eng, weil sie den individuellen Vermögensschutz ausblendet, der beispielsweise von den §§ 264a, 265b, 291 intendiert wird, die typischerweise im Wirtschaftsleben bzw. von den dort Tätigen begangen werden.

1666 Strafprozessual herrscht eine differenzierende, eher pragmatische[3] Sicht: Zum Wirtschaftsstrafrecht zählen alle Katalogtaten des § 74c I GVG, der die Zuständigkeit der Wirtschaftsstrafkammer regelt. Darunter finden sich allerdings neben zahlreichen Nebengesetzen, Wettbewerbs- und Bankrottdelikten u.a. auch Betrug und Untreue, jedoch nur, soweit zur Beurteilung besondere Kenntnisse des Wirtschaftslebens erforderlich sind (§ 74c I Nr. 6 a) GVG). Der Lehrbuchautor vermag mit einer solchen – prozessual sachgerechten – Unterscheidung wenig anzufangen, zumal gerade der Betrug zwar eine der wichtigsten Straftaten darstellt, die im Wirtschaftsleben begangen werden, aber die meisten Betrügereien andererseits im täglichen Leben stattfinden und zweifellos nicht das Etikett „Wirtschaftsstraftat" verdienen. Eine in seinem Sinne brauchbare Kategorisierung muss sich auf diejenigen Straftaten beschränken, die *wegen ihrer Tatbestandsstruktur typischerweise im Wirtschaftsleben begangen werden.* Zum Wirtschaftsleben wiederum gehören Produktion, Handel, Gewerbe und die jeweilige Besteuerung. Man darf dabei nur nicht übersehen, dass Wirtschafts*kriminalität* sich eben nicht auf die genannten Delikte beschränkt, sondern selbstverständlich auch in Gestalt des Betruges und der Untreue auftritt.

II. Überblick über das Gebiet des Wirtschaftsstrafrechts

1667 Die Straftaten des soeben grob umrissenen Wirtschaftsstrafrechts kann man in die nachstehend aufgeführten Gruppen einteilen und so den Zugang erleichtern. Einen vollständigeren Überblick benötigt man nicht. Die meisten dieser Straftaten sind für das Examen im Pflichtfach

---

1 Ulrich EISENBERG, Kriminologie, 5. Aufl. 2000, § 47 Rn. 1.

2 Günther KAISER, Kriminologie, Lehrbuch, 3. Aufl. 1996, § 74 Rn. 5; ähnlich Klaus TIEDEMANN, Wirtschaftsstrafrecht AT, 2004, Rn. 47; kritisch EISENBERG (Fn. 1), § 47 Rn. 2.

3 KAISER (Fn. 2), § 74 Rn. 9.

nämlich gänzlich unbedeutend.[4] Nur (aber immerhin) das Wissen um die Existenz bestimmter Delikte gehört zu dem, was dort mit Fug und Recht – auch wegen der praktischen Relevanz (vgl. dazu näher CD 43-01) – erwartet wird. Die im StGB normierten sowie die wichtigeren Straftatbestände aus anderen Regelungszusammenhängen werden gleichwohl hier nicht nur aufgelistet, sondern werden zusätzlich auf CD kurz erläutert.

Die Regulierung wirtschaftlicher Betätigung wird allerdings nicht nur mit den Mitteln des Straf- **1668**
rechts durchgesetzt, sondern der Gesetzgeber hat sich in zahlreichen Nebengesetzen dazu neben oder an der Stelle von Straftatbeständen des Mittels des *Ordnungswidrigkeitenrechts* bedient. So werden im GWB sogar ausschließlich Bußgeldtatbestände eingesetzt, die z.T. Bußgelder von 1 Mio EUR zuzüglich eines zehnprozentigen Anteils am Unternehmensumsatz androhen (§ 81 IV GWB).

Im Einzelnen umfasst das Wirtschaftsstrafrecht die folgenden Deliktsbereiche: **1669**

- Verstöße gegen *Zulassungsbeschränkungen* im Wirtschaftsleben. Solche Tatbestände umschreiben regelmäßig das Verbot einer ungenehmigten Handlung (z.B. §§ 284-287 StGB, § 54 KWG [Erbringung ungenehmigter Finanzdienstleistungen]) oder das Erschleichen einer Zulassung (z.B. § 82 I GmbHG, § 399 AktG [Gründungsschwindel]). Näher insoweit auf CD 43-02;
- *Verstöße gegen Regeln* über die Vornahme grundsätzlich *erlaubter wirtschaftlicher Betätigung* (z.B. § 38 WpHG [Verbotener Insiderhandel mit Wertpapieren], §§ 264a, 265b StGB, siehe dazu bereits auf CD 36-02.);
- Verstöße gegen Regularien zur Arbeitsausübung, zur Arbeitssicherheit (z.B. § 319) und zur Beschäftigung und Entlohnung von Arbeitnehmern, das sog. *Arbeitsstrafrecht* (z.B. § 266a [Vorenthalten und Veruntreuen von Arbeitsentgelt], §§ 15 f. AÜG [illegale Überlassung ausländischer Leiharbeiter]). Weiteres, vor allem zu § 266a und § 319, auf CD 43-03;
- Straftaten gegen den *Wettbewerb* (§§ 298 ff., Näheres auf CD 43-04);
- Verstöße gegen *Handelsbeschränkungen* (insb. § 34 AWG);
- Straftaten gegen *Produktsicherungsvorschriften* (u.a. die §§ 58 f. LFGB, § 20 GPSG);
- Verstöße gegen *gewerbliche Schutzrechte* (insb. §§ 106 ff. UrhG, § 25 GebrMG, §§ 143 f. MarkenG);
- Straftaten gegen Wirtschaftslenkung und *Bedarfssicherung* (z.B. § 1 WiStG);
- Erschleichen von *Subventionen* (insb. § 264[5]);
- *Steuerstraftaten* (insb. § 370 AO); ein Überblick befindet sich auf CD 43-05;
- *Falschbilanzierung* (u.a. § 331 HGB, § 400 AktG);
- *Insolvenzdelikte* (§§ 283 ff. StGB, Insolvenzverschleppung), siehe dazu CD 43-06.

Selbst eine solche differenzierte Übersicht bleibt in ihrer Systematisierungsleistung beschränkt, **1670**
wie das Beispiel des Umweltstrafrechts zeigt. Denn einzelne seiner Straftatbestände ließen sich ebensogut den oben genannten Gruppen zuordnen und dennoch wird es wegen seiner Schutzgüter und seiner vordergründigen Ausrichtung an die Allgemeinheit überwiegend nicht als Sektor des Wirtschaftsstrafrechts verstanden (und hier unter Rn. 1957 ff. gesondert behandelt).

---

4 Anders in den einschlägigen Wahlfachgruppen; als Lehrbuch hierfür ist das Werk von Uwe HELLMANN/Katharina BECKEMPER, Wirtschaftsstrafrecht, 2. Aufl. 2008, zu empfehlen; ergänzend zur Fallbearbeitung von denselben Autoren: Fälle zum Wirtschaftsstrafrecht, 2007.

5 Erläutert auf CD 36-02.

1671 **Wiederholungsfragen zum 42. und 43. Kapitel**

1. Kann ein Wucher auch im Rahmen des Verkaufs von Reiseleistungen begangen werden? (Rn. 1637)
2. Wie ist nach h.M. die Wegnahme bei § 289 zu verstehen? (Rn. 1647)
3. Zu welchem Zeitpunkt kann eine Jagdwilderei vollendet sein? (Rn. 1655)
4. Wie könnte man das Gebiet des Wirtschaftsstrafrechts umreißen? (Rn. 1666)

13. Abschnitt. Sicherung und Verwertung strafrechtswidrig erlangter Vorteile

44. Kapitel. Begünstigung, Hehlerei und Geldwäsche

I. Systematik und Bedeutung

Die hier zu behandelnden Straftaten gegen die Sicherung und Verwertung von Vor- 1672
teilen, welche durch andere Straftaten erlangt wurden, dienen vornehmlich dem Schutz des Vermögens. Es wird nicht nur gegen Entziehung auf bestimmten Wegen durch Straftatbestände wie Diebstahl und Betrug geschützt, sondern die strafbare Vermögensentziehung soll zusätzlich unattraktiv gemacht werden, indem es dem Vermögensstraftäter durch die Tatbestände der Hehlerei, Begünstigung und Geldwäsche erschwert wird, seine Beute zu behalten und zu verwerten. Verboten sind deshalb u.a. der Ankauf der Tatbeute, ihr Verstecken sowie andere, den Vortäter unterstützende Handlungen.

Die entsprechenden Straftaten, die im 21. Abschnitts des StGB zusammengefasst 1673
wurden, werden auch als *Anschlussdelikte* bezeichnet, weil sie im Anschluss an andere Straftaten begangen werden und tatbestandlich bereits eine Vortatbegehung (zumeist durch andere Personen) voraussetzen.

Ein anders geartetes Anschlussdelikt bildet die Strafvereitelung (§§ 258, 258a). Sie dient nicht der Wiedererlangung der Tatbeute, sondern soll die Ergreifung und Bestrafung des Täters gewährleisten. Deshalb wird sie auch erst im Rahmen der Straftaten gegen die Irreführung der Strafverfolgung behandelt (Rn. 1795 ff.).

Für die Strafverfolgungspraxis sind besonders Hehlerei und Geldwäsche von Bedeu- 1674
tung, vor allem im Zusammenhang organisierter Drogen- und Vermögenskriminalität. Nähere Einzelheiten finden sich auf CD 44-01. In der Fallbearbeitung spielen indes alle Anschlussdelikte erfahrungsgemäß wichtige Rollen, weil sich Sachverhalte mit ihrer Hilfe gut abrunden oder ergänzen lassen.

Tatbestandlich können sich die Anschlussdelikte durchaus überschneiden. Für den 1675
ersten Zugriff mag man sich an folgender vereinfachter Aufstellung orientieren:

Abbildung: Erste Einordnung in das System der Anschlussdelikte

Handlung	primär in Betracht kommende Straftat	evtl. zudem einschlägig
Hilfeleistung zur Vorteilssicherung	§ 257	§ 261
Verschleierung der Taterträge	§ 261	
Verwertung der Tatbeute	§§ 259, 260	§ 261

Die folgende Darstellung beginnt mit der Begünstigung, weil dieses Delikt auf Grund seiner Handlungsbeschreibung eine direkte Beziehung zur Ausgangstat aufweist.

II. Begünstigung

1. Tat gegen die Restitutionsinteressen des Vortatgeschädigten

1676 Schon der Text von § 257 verrät die Ähnlichkeit zur Beihilfe (§ 27). Objektiv wird die Tathandlung ihr gegenüber nahezu wortgleich beschrieben („einem anderen ... Hilfe leistet"). Subjektiv allerdings verlangt die Begünstigung zusätzlich eine Vorteilssicherungsabsicht. Tatsächlich geht die Begünstigung rechtshistorisch auf eine unselbstständige Form der Beihilfe nach der Tat zurück (*auxilium post delictum*); zu einem eigenständigen Tatbestand wandelte sie sich erst im RStGB.[1]

1677 Ihre heutige Fassung erlangte die Begünstigung im Wesentlichen mit dem EGStGB 1974. Bis dahin erfasste der Tatbestand neben dem Unrechtsgehalt des heutigen § 257 (die sog. *sachliche Begünstigung*) zugleich den der heutigen Strafvereitelung (die seinerzeit als *persönliche Begünstigung* bezeichnet wurde).

1678 Als Rechtsgut von § 257 kann im Hinblick auf die Reichweite des Tatbestands nicht nur das Vermögen gelten,[2] sondern es werden allgemein die *Restitutionsinteressen von Straftatopfern* geschützt.[3] Einige Stimmen betonen zusätzlich das öffentliche Interesse daran, dem Vortäter die erlangten Vorteile zu entziehen,[4] ihn zu isolieren und auf diesem Umweg die generalpräventive Wirkung anderer Strafnormen zu verstärken.[5]

1679 **Abbildung:** Prüfungsaufbau der Begünstigung

<table>
<tr><td rowspan="2">I. Tatbestand</td><td>1. objektiver Tatbestand
- rechtswidrige Vortat eines anderen (Rn. 1680 ff.)
- Hilfeleisten (Rn. 1687)</td></tr>
<tr><td>2. subjektiver Tatbestand
- Vorsatz bzgl. Vortat (Rn. 1688)
- Absicht der Sicherung der Vorteile (ggf. Abgrenzung zur Beihilfe, Rn. 1686 ff., 1692)</td></tr>
<tr><td>II./III. Rechtswidrigkeit/Schuld</td><td>keine Besonderheiten</td></tr>
<tr><td>IV. Strafausschließung u.a.</td><td>(ggf.) Antragserfordernis (§ 257 IV, Rn. 1693f.)</td></tr>
</table>

1 Vgl. zur Historie näher v.LISZT Lb. S. 602.

2 So aber OTTO BT § 57 Rn. 1.

3 SK-HOYER § 257 Rn. 1.

4 ARZT/WEBER BT § 25 Rn. 6; LACKNER/KÜHL § 257 Rn. 1; RENGIER BT I § 20 Rn. 2.

5 Stefan SEEL, Begünstigung und Strafvereitelung durch Vortäter und Vortatteilnehmer, 1999, S. 13 ff., 18 f.; Sch/Sch-STREE § 257 Rn. 1.

2. Der objektive Tatbestand

a) Die vollendete Vortat eines anderen

Erforderlich ist eine (nur) rechtswidrige Vortat, wobei es sich praktisch zumeist um Vorsatztaten handeln wird, weil in der Regel aus Fahrlässigkeitsdelikten nichts erlangt wird, was gesichert werden könnte. Taugliche Ausnahmen sind selten (siehe aber § 261 II, V StGB, § 148b GewO). **1680**

Indem § 257 von „einem *anderen*, der eine ... Tat begangen hat," spricht, legt er fest, dass Begünstiger und Vortäter personenverschieden sein müssen. § 257 III 1 begrenzt den Kreis tauglicher Begünstiger zusätzlich, indem er – insofern abweichend von § 259 – selbst den Anstifter oder Gehilfen der Vortat ausschließt. Mit § 257 III 2 wiederum wird allein das Anstiften eines bisher Unbeteiligten zur Begünstigung durch einen Vortatbeteiligten für strafbar erklärt. **1681**

Beispiel (Verstecken der Diebstahlbeute): *Stefan K.* hatte *Jochen B.* dazu gebracht, in einen Büroraum einzubrechen und dort zu stehlen. Die Beute, u.a. ein Ölgemälde, wurde anschließend eine Weile bei *Stefan K.* versteckt, damit, falls *Jochen B.* in Verdacht geraten sollte, bei ihm nichts aus dem Einbruchdiebstahl gefunden werden konnte. Nach einiger Zeit bat *Stefan K.* seinen Bruder *Martin K.*, der über die Herkunft des Gemäldes Bescheid wusste und über bessere Aufbewahrungsmöglichkeiten verfügte, das Bild bei sich zu verwahren, was *Martin K.* auch tat. — *Stefan K.* konnte als Anstifter zum Diebstahl und damit Vortatbeteiligter selbst keine Begünstigung begehen, als er das Gemälde zunächst bei sich lagerte (§ 257 III 1). Die folgende Anstiftung seines Bruders zur Begünstigung ist strafbar, weil *Martin K.* am Diebstahl nicht beteiligt gewesen war (§ 257 III 2).

Die Rückausnahme des § 257 III 2 bildet einen Fremdkörper innerhalb der Teilnahmedogmatik und lässt sich nur erklären, wenn man einen Strafgrund auch darin erblickt, einen bislang Tatunbeteiligten in strafrechtliche Schuld zu verstricken. Das entspricht der Schuldteilnahmetheorie, die im Rahmen des § 27 allerdings längst überholt ist.[6] De lege ferenda sollte Satz 2 daher gestrichen werden. **1682**

Dem Gesetzestext („begangen *hat*") lässt sich ferner entnehmen, dass § 257 frühestens mit der Vollendung der Vortat begangen werden kann. Was zuvor an Unterstützungshandlungen geschieht, bleibt schlichte Beihilfe zur Vortat. In der Grauzone zwischen Vollendung und Beendung der Vortat entsteht durch das potenzielle Nebeneinander von Beihilfe und Begünstigung eine Problemlage, falls man die Möglichkeit einer sukzessiven Beihilfe[7] anerkennt. **1683**

---

6 MITSCH BT 2/1 § 9 Rn. 59; LACKNER/KÜHL § 257 Rn. 8; SK-HOYER § 257 Rn. 34.

7 Vgl. zu dieser Problematik Bd. I.

Abbildung: Die einzelnen Vortatphasen und die Hilfeleistung

Tatphase	Beihilfe zur Haupttat (§ 27)	Begünstigung (§ 257)
Vorbereitung	möglich	ausgeschlossen
von Versuchsbeginn bis Vollendung	möglich	ausgeschlossen
nach Vollendung bis Beendung	(sog. sukzessive Beihilfe) *strittig*	möglich
nach Beendung	ausgeschlossen	möglich

1684 Wer die sukzessive Beihilfe ablehnt, kann Beihilfe und Begünstigung folglich trennscharf im Moment der Vortatvollendung voneinander abgrenzen.[8] Wer sie – u.a. mit der Rspr. – bejaht, benötigt Kriterien, welche Straftat im Überschneidungsbereich vorgeht. Teilweise wird für diesen Fall aus § 257 III 1 ein genereller Vorrang der Beihilfe herausgelesen,[9] teilweise soll die Willensrichtung des Helfenden entscheiden.[10] Da Beihilfe und Begünstigung sich objektiv decken und nur subjektiv unterscheiden, ist Letzteres richtig. Bei genauer Subsumtion erlaubt nämlich allein der subjektive Tatbestand eine Differenzierung. Diese wiederum führt andererseits dazu, dass ein Konkurrenzfall niemals eintritt und daher auch § 257 III 1 keine Wirkung erlangt.

1685 **Beispiel** (Hilfe beim Beutetransport):[11] *Zoran K.* brach in der Nacht zum 29.09.1988 in Geschäftsräume ein und entwendete dort Lederkleidung. Gegen 23.30 Uhr rief er aus einem nahe gelegenen Café seinen Freund *Dragan St.* an und bat ihn, ohne den zuvor begangenen Einbruchdiebstahl zu erwähnen, einige Sachen in seine Wohnung aufzunehmen, weil er, K, einige Tage nach *Jugoslawien* reisen wolle. *Dragan St.* sollte sich daher mit seinem Fahrzeug zu dem Café begeben. Als *St.* dort erschien, fuhren beide zu einer nahe gelegenen Straße, wo sie neben einem anderen Fahrzeug anhielten, aus dem *Zoran K.* drei große Müllsäcke in den Kofferraum des Pkw von *St.* lud. In den Säcken befanden sich 13 Lederröcke und 38 Lederjacken, die aus dem Einbruchsdiebstahl stammten. Den Inhalt der Müllsäcke konnte *Dragan St.*, der am Steuer seines Fahrzeugs sitzen geblieben war, nicht erkennen. Er wusste aber, dass K. wegen Einbruchdiebstahls vorbestraft war, und nahm an, es handele sich mit großer Wahrscheinlichkeit um früher gestohlene Gegenstände. Trotzdem blieb er bei seinem Entschluss, K. durch Aufbewahrung der Sachen in seiner Wohnung behilflich zu sein. Auf dem Weg zur Wohnung von *St.* gerieten sie gegen 1.55 Uhr in eine polizeiliche Verkehrskontrolle. Als die Polizeibeamten die Müllsäcke mit der erkennbar neuwertigen Lederbekleidung entdeckten, erklärte *Dragan St.*, er habe die Sachen privat in *Jugoslawien* erworben und ohne Deklarierung eingeführt, um sie hier zu verkaufen.

---

8 So etwa SK-HOYER § 257 Rn. 23; WESSELS/HILLENKAMP BT 2 Rn. 804.

9 MITSCH BT 2/1 § 9 Rn. 39 f.; Sch/Sch-STREE § 257 Rn. 8; Klaus LAUBENTHAL, Zur Abgrenzung zwischen Begünstigung und Beihilfe zur Vortat, Jura 1985, 630-633 (632 f.).

10 BGHSt 4, 132 (133); TRÖNDLE/FISCHER § 257 Rn. 4.

11 Sachverhalt nach OLG Köln NJW 1990, 587.

Objektiv-tatbestandlich kann *Dragan St.* – sofern man eine sukzessive Beihilfe prinzipiell für möglich hält – sowohl im Sinne von § 27 als auch von § 257 dem Vortäter Hilfe geleistet haben. Während der Beihilfevorsatz aber Kenntnis einer Hilfe *zur* (spätestens: Beendigung der) Tat (= Wegnahme) verlangt, fordert § 257 den Willen, bereits (endgültig) Weggenommenes gegen nachträgliche Entziehung zu sichern. Wenn *St.* daher im Aufgabenfall annahm, es gehe um die Lagerung früher entwendeter Sachen, die *K.* bereits in gesichertem Gewahrsam gehabt hatte, so besaß er alleine Begünstigungsabsicht, aber keinen Beihilfevorsatz. Schon *subjektiv-tatbestandlich* kann daher nur § 257 vorliegen. **1686**

b) Das Hilfeleisten

Als Tathandlung benennt § 257 eine gewissermaßen an den Täter (und nicht an seine Tat) adressierte Hilfeleistung. Eines Hilfeerfolges, also einer tatsächlichen Besserstellung, bedarf es dabei nach überwiegender Auffassung nicht.[12] Vielmehr genügt eine *generell-objektive Eignung zur Vorteilssicherung*.[13] Es bleibt daher unschädlich, wenn im Aufgabenfall Rn. 1685 die Ausrede unglaubhaft wirkte und daher chancenlos blieb, wenn nur prinzipiell die Erklärung, man sei legaler Besitzer der Ware, dazu taugte, eine polizeiliche Beschlagnahme zu verhindern. Vollendet ist die Begünstigung mit dem Akt des Hilfeleistens. **1687**

3. Subjektiver Tatbestand

a) Zu sichernder Vorteil

Wie bereits angedeutet, ist neben der Vortatkenntnis (die indes nur ihrer ungefähren Art nach erfasst sein muss[14]), die Absicht erforderlich, Vortatvorteile gegen ihre nachträgliche Entziehung zu sichern. **1688**

Als *Vorteil* gelten nicht nur vermögenswerte Positionen, sondern auch anderes, vom Täter aus der Tat Erlangtes irgendwelcher Art, das ihm nicht zusteht (Beispiele: Bei der Kindesentziehung das erlangte Kind, bei der Geldfälschung das gefälschte Geld). Praktisch geht es allerdings zumeist um Vermögensvorteile. **1689**

Aufgabe: Anlage der Geldbeute aus einem Raubüberfall[15] **1690**
Manfred S. überfiel im 1977 mit zwei Mittätern einen Juwelier, wobei u.a. etwa 50.000 DM Bargeld erbeutet wurden. Nach telefonischer Ankündigung schickte er seinem Freund *Thomas B.* einen Brief, in dem sich sein Beuteanteil von 15.000 DM befand. *B.* hatte von dem Raubüberfall erfahren und zahlte, um dem inzwischen verhafteten *Manfred S.* die Beute für die Zukunft zu sichern, das Geld in bar auf sein eigenes Postscheckkonto ein. Davon überwies er das Geld im Oktober 1977 auf sein Konto bei der Sparkasse. Von diesem Konto ließ er es auf einen seiner Bausparverträge bei der Landesbausparkasse überweisen. Im Februar 1978 wurde der Betrag auf Veranlassung von *B.* wieder dessen Konto bei der Sparkasse gutgeschrieben. Von dem Geld erwarb *B.* Bundesschatzbriefe. Einzahlungen und Umbuchungen tätigte er, um den Verbleib des Geldes zu verschleiern. *Thomas B.* nahm zunächst keinen Kontakt zu *Manfred S.* auf und besuchte diesen erstmals im Frühjahr 1979 in der Haft-

12 A.A. SK-Hoyer § 257 Rn. 18 (Erschwerung der Restitution erforderlich).

13 NK-Altenhain § 257 Rn. 21; Tröndle/Fischer § 257 Rn. 7; BGHSt 4, 221 (224).

14 Tröndle/Fischer § 257 Rn. 10; NK-Altenhain § 257 Rn. 29.

15 Sachverhalt (gekürzt) aus BGH NStZ 1987, 22.

anstalt. *Manfred. S* bat *B.*, 10.000 DM seinem Bruder *Peter S.* zu überbringen. *Thomas B.* hob daraufhin am 23.04.1979 10.000 DM eigenen Geldes von seinem Konto ab, verkaufte die Schatzbriefe zum Kurs von 10.453 DM und ließ den Betrag am 27.04.1979 seinem Konto gutschreiben. Die abgehobenen 10.000 DM übergab er *Peter S.*, der sie für *Manfred S.* weiter verwahrte.
Begünstigung durch *Thomas B.* und *Peter S.*?

1691 Der nicht näher spezifizierte Begriff des Vorteils erlaubt zwar eine Interpretation, die gerade bei Eigentumsdelikten nicht nur die zugeeignete Sache, sondern auch den damit erlangten Wert umfasst. Da es sich aber um einen Vorteil *aus der Tat* handeln muss, darf er nach Art und Wert keine grundlegenden Veränderungen erfahren haben. Im Aufgabenfall entsprachen Bargeld und Bankguthaben daher noch dem aus dem Raub erlangten (wirtschaftlichen) Vorteil, weshalb *B.* durch die Verschiebungen bis hin zur Überweisung auf das Sparkassenkonto im Jahr 1977 eine Begünstigung begehen konnte. Der BGH sah die Identität mit diesem Tatvorteil aber im Moment der Anlage als Bauspargeld wegen der damit verbundenen Verfügungsbeschränkungen nicht mehr als gewahrt an.[16] *Peter S.* sicherte schon von daher keinen Vortatvorteil mehr, zumal das Geld, das er schließlich erhielt, *B.*'s eigenem Vermögen entstammte und dieser sich später am Tatvorteil schadlos hielt. Nähere Überlegungen und ergänzende Lösungshinweise auf CD 44-02.

b) Sicherungsabsicht

1692 Im subjektiven Tatbestand ist ferner *Begünstigungsabsicht* erforderlich. Sie liegt vor, wenn das Täterverhalten wesentlich durch den Gedanken bestimmt wird, im Interesse des Vortäters die Wiederherstellung des gesetzmäßigen Zustandes zu verhindern.

4. Strafverfolgungsvoraussetzungen und Bestrafung

1693 Dem Gedanken einer vertypten Teilnahme folgend schlagen auch *Strafantragserfordernisse* der Vortat auf die Begünstigung durch (§ 257 IV 1).

1694 Umstritten ist die Bedeutung der von § 257 IV 2 geforderten *sinngemäßen Anwendung von § 248a*. Dazu bietet sich einerseits die Interpretation an, sie unterwerfe auch die Sicherung geringfügiger *nicht vermögenswerter* Vorteile (z.B. einer kleinen Menge Falschmünzen) dem Strafantragserfordernis, weil das Antragserfordernis ansonsten bereits über § 257 IV 1 bzw. eine *direkte* Anwendung von § 248a besteht und die zusätzliche sinngemäße Anwendung von § 248a sinnlos bliebe.[17] Die Gegenposition versteht die Regelung als Hinweis darauf, dass es auf den Wert des gesicherten Vermögensvorteils und nicht auf den Wert der (möglicherweise wertvolleren) Vortatbeute insgesamt ankäme. So könne die Begünstigung antragspflichtig sein, obschon es die Vortat nicht ist.[18] Beide Auffassungen überzeugen nicht: Hätte der Gesetzgeber nur das Augenmerk auf den Wert des Begünstigungsobjektes (an Stelle der Vortatbeute) legen wollen, hätte er wie sonst üblich die *entsprechende* Anwendung von § 248a angeordnet (vgl. etwa § 263 IV). Auf der anderen Seite wäre es systematisch richtig, die Verfolgbarkeit auch am Unrechtsgehalt der verselbstständigten Begünstigung auszurichten und nicht an der Vortat(-beute) alleine. Richtigerweise wirkt § 257 IV 2 daher wohl in beide Richtungen: Einerseits

---

16 BGH NStZ 1987, 22.

17 LACKNER/KÜHL § 257 Rn. 10; MAURACH/SCHROEDER/MAIWALD BT 2 §.101 Rn. 14.

18 Sch/Sch-STREE § 257 Rn. 38; WESSELS/HILLENKAMP BT 2 Rn. 821; MITSCH BT 2/1 § 9 Rn. 65.

kommt es auf den Wert des Begünstigungsobjektes an, andererseits bedarf auch die Begünstigung nichtvermögenswerter geringer Vorteile eines Strafantrages.[19]

§ 257 I weist der Begünstigung zwar einen eigenen Strafrahmen mit der Obergrenze von im- **1695**
merhin fünf Jahren Freiheitsstrafe zu. Allerdings koppelt Abs. 2 davon abweichend die Obergrenze an die Höchststrafdrohung der Vortat, falls diese (wie z.B. in § 246 I) niedriger liegt. Dies trägt dem Umstand Rechnung, dass die Begünstigung als verselbstständigte Teilnahme keinen höheren Unrechtsgehalt aufweisen kann als die eigentliche Haupttat.

III. Hehlerei

Bei der Hehlerei wird als Rechtsgut überwiegend das Vermögen genannt.[20] Sie soll **1696**
verhindern, dass die Chancen des bereits durch die Vortat Geschädigten, seinen Besitz zurückzuerlangen, durch eine Verschiebung der Beute weiter geschmälert werden. Man spricht deshalb auch von der Perpetuierung der rechtswidrigen Besitzlage als Tatfolge der Hehlerei.[21] Ein zusätzlicher Hintergedanke der Strafdrohung ist es aber auch hier, den Vortäter zu isolieren, dem die Absatzwege verbaut werden sollen, was wiederum das Stehlen selbst unattraktiver erscheinen lässt.

Abbildung: Prüfungsaufbau der Hehlerei **1697**

<table>
<tr><td rowspan="2">I. Tatbestand</td><td>1. objektiver Tatbestand
- Sache (Rn. 1698)
- gestohlen/durch rechtswidrige Vermögensvortat eines anderen erlangt (Rn. 1699 ff.)
- Verschaffen/Ankaufen/Absetzen/Absatzhilfe (Rn. 1705 ff.)</td></tr>
<tr><td>2. subjektiver Tatbestand
- Vorsatz bzgl. Herkunft aus Vortat, Verschaffen/Ankaufen/Absetzen/Absatzhilfe (Rn. 1716 f.)
- Absicht der Eigen- oder Drittbereicherung (Rn. 1718 f.)</td></tr>
<tr><td>II./III. Rechtswidrigkeit/Schuld</td><td>keine Besonderheiten</td></tr>
<tr><td>IV. Strafausschließung u.a.</td><td>(ggf.) Antragserfordernis (§ 259 III, Rn. 1720)</td></tr>
</table>

19 Maurach/Schroeder/Maiwald BT 2 §.101 Rn. 14; SK-Hoyer § 257 Rn. 37.

20 Wessels/Hillenkamp BT 2 Rn. 824 f.; Lackner/Kühl § 259 Rn. 1; Rengier BT I § 22 Rn. 1; a.A. Kamila Matthies, Studien zur Hehlerei als Vermögensdelikt, 2004, S. 144 ff. (nur Eigentumsschutz).

21 Rengier BT I § 22 Rn. 1; Sch/Sch-Stree § 259 Rn. 1; BGHSt 27, 45.

1. Objektiver Tatbestand

a) Die kriminell erworbene Sache als Tatobjekt

1698 § 259 verlangt wie § 257 eine *abgeschlossene Vortat.*[22] Allerdings muss es sich hier um ein Diebstahlsdelikt („die ein anderer gestohlen hat") handeln – einschließlich des Raubes – oder alternativ um eine Vermögensstraftat („gegen fremdes Vermögen gerichtete rechtswidrige Tat"). Als Tatobjekt kommt zudem *nur eine Sache* i.S.d. §§ 90, 90a BGB in Betracht, während eine Hehlerei an anderen Vorteilen, beispielsweise einem Bankguthaben aus einer betrügerisch erlangten Überweisung, nicht begangen werden kann (und daran allenfalls eine Geldwäsche möglich ist, vgl. Rn. 1723 ff.).

aa) Das Erfordernis fremder Vortat

1699 Weil „ein anderer" die Sache zuvor gestohlen oder durch eine Vermögensstraftat erlangt haben muss, kann der *Vortäter* selbst anschließend keine Hehlerei mehr begehen (wobei es gleichgültig ist, ob er Allein- oder Mittäter der Vortat war). Seine Absatzbemühungen bleiben deshalb straflos, soweit sie keine anderen Straftatbestände erfüllen (z.B. § 263 gegenüber dem Käufer).

Wer Vortäter ist, vermag sich ferner nicht als Anstifter oder Gehilfe an der folgenden Hehlerei zu beteiligen. Eine solche Teilnahme wird zwar nicht vom Tatbestand ausgeschlossen, aber als mitbestrafte Nachtat angesehen.[23]

1700 Hingegen können nach h.M. *Anstifter und Gehilfen der Vortat* anschließend die Tatbeute hehlen, da sie die Beute zuvor nicht selbst „gestohlen", sondern daran nur mitgewirkt haben.[24] Die Gegenauffassung[25] verkennt den selbstständigen Unrechtsgehalt der Beteiligung in beiden Tatphasen. Eine nähere Auseinandersetzung mit ihr erfolgt auf CD 44-03.

bb) Identität von Hehlerei- und Vortatobjekt

1701 Im Unterschied zu den §§ 257, 261 ist eine Hehlerei auch nur an exakt derjenigen Sache möglich, die zuvor gestohlen bzw. durch ein anderes Vermögensdelikt erlangt wurde; die sog. *Ersatzhehlerei ist tatbestandslos.*[26]

Beispiel (Aus der Tatbeute spendierte Lokalrunden):[27] *Klaus B.* und *Werner M.* hatten bei einem Straßenraub Bargeld erbeutet. Ihr Freund *Frank H.* hatte die Tat beobachtet und war den beiden Räubern in deren Stammlokal gefolgt. Dort gaben sie von der Tatbeute einige Lokalrunden aus, an denen auch *Frank H.* partizipierte. —

---

22 NK-Altenhain § 259 Rn. 11 ff.; OLG Stuttgart NStZ 1991, 285; a.A. Sch/Sch-Stree § 259 Rn. 15.

23 Arzt/Weber BT § 28 Rn. 38; BayObLG NJW 1958, 1597; Lackner/Kühl § 259 Rn. 18.

24 BGH(GS)St 7, 134 (137 ff.); Maurach/Schroeder/Maiwald BT 1 § 39 Rn. 47; LK-Ruß § 259 Rn. 42.

25 SK-Hoyer § 259 Rn. 9 (stets Straflosigkeit); Sch/Sch-Stree § 259 Rn. 55 ff. (Straflosigkeit, falls Teilnahme bereits zum Zwecke späteren hehlerischen Erwerbs geleistet).

26 SK-Hoyer § 259 Rn. 18; NK-Altenhain § 259 Rn. 10; BGHSt 9, 137 (139).

27 Sachverhalt nach BGHSt 9, 137.

Taugliche Hehlereiobjekte waren allein die geraubten Geldstücke und nicht mehr die mit ihnen bezahlten Getränke. Das Geld aber verschaffte sich *Frank H.* weder, noch half er bei seinem Absetzen.[28] Denn das Ausgeben war den Räubern auch ohne Mithilfe *H.*´s möglich. Schließlich konnten sie unbegrenzt Getränke bestellen (und hätten sie dann zu bezahlen gehabt), ohne dass diese auch noch hätten getrunken werden müssen.

Im Ergebnis bliebe es ebenfalls tatbestandslos, wären die Lebensmittel selbst Gegenstand einer Diebstahlsvortat gewesen und würden sie nunmehr von Dritten nur beim gemeinsamen Mahl mitverzehrt. Denn dann fehlt es an einem Sichverschaffen, weil der eingeladene Gast keine freie Verfügung über die Beute erlangt (vgl. dazu Rn. 1706), sondern nur zu einer ganz bestimmten Verwendung, nämlich ihrem Aufessen, eingeladen wird.[29] **1702**

Strafbar bleibt die Annahme von Ersatzstücken einer Diebesbeute indes, falls sie ihrerseits durch eine Vermögensstraftat erlangt wurden. Veräußert beispielsweise der Dieb das erbeutete Gemälde betrügerisch, so ist Hehlerei an dem als Kaufpreis bezahlten Bargeld zwar nicht in seiner Eigenschaft als Diebstahlsbeuteersatz, wohl aber als unmittelbarer Betrugsbeute möglich. **1703**

Erforderlich ist zudem, dass zum Tatzeitpunkt die *rechtswidrige Besitzlage noch fortbesteht.* **1704** Hat hingegen der Betrugsvortäter nach Ablauf der Anfechtungsfrist (§ 124 BGB) unanfechtbares Eigentum an der durch Täuschung gekauften Sache erlangt, so kann diese fortan nicht mehr gehehlt werden.[30] Aus dieser auffälligen Parallelität von Fremdeigentum und Hehlbarkeit erschließt MATTHIES, § 259 sei in Wahrheit nur als Eigentums- und nicht zugleich als Vermögensstraftat zu charakterisieren.[31]

b) Die einzelnen Tathandlungen

Als *Tathandlungen* nennt § 259 vier Alternativen, von denen die beiden ersten teilidentisch sind: **1705**

- 1. und 2. Alternative: *Ankaufen* oder *sonstiges Verschaffen* (= Erwerb zur freien Verfügung);
- 3. Alternative: *Absetzen* (= Weiterverkauf im Interesse und auf Rechnung des Vortäters, aber in eigener Regie);
- 4. Alternative: *Absatzhilfe* (= Weiterverkauf im Interesse und auf Rechnung des Vortäters oder Mitwirkung daran ohne eigene Dispositionsmacht).

aa) Ankaufen und Verschaffen

Ankauf und Verschaffen sind bis auf den Umstand identisch, dass der Vorbesitzer beim Ankauf eine Gegenleistung enthält, beim sonstigen Verschaffen dagegen nicht. Ankaufen bildet somit nur einen Unterfall des Sichverschaffens. Im Übrigen bedarf es zweier weiterer Voraussetzungen: **1706**

- Erstens hat der Hehler die Beute in Form des sogenannten abgeleiteten Erwerbs im *einvernehmlichen Zusammenwirken mit dem Vortäter* zu erhalten. Wer den

---

28 BGHSt 9, 137 (138 f.).

29 SK-HOYER § 259 Rn. 27; NK-ALTENHAIN § 259 Rn. 30; BGH NJW 1952, 754; a.A., indes mit nicht überzeugenden Gegenbeispielen Sch/Sch-STREE § 259 Rn. 24.

30 SK-HOYER § 259 Rn. 17; Sch/Sch-STREE § 259 Rn. 8.

31 MATTHIES (Fn. 20), S. 145.

Dieb bestiehlt, betrügt oder erpresst, hehlt daher nicht etwa die Beute, sondern begeht ein entsprechendes anderes Vermögensdelikt an ihr.[32]

- Zweitens muss der Hehler *freie Verfügungsmacht* über die Beute erlangen, insbesondere in der Lage sein, unabhängig vom Vorbesitzer Entscheidungen über ihre weitere Verwendung zu eigenen Zwecken zu treffen.[33]

bb) Absetzen

1707 Beim Absetzen überträgt der Hehler die Verfügungsgewalt über die Sache auf einen Dritten. Dabei muss es sich um eine entgeltliche Übertragung handeln.[34] Die Abgrenzung zur Absatzhilfe (§ 259 I 4. Alt.) bzw. zur Beihilfe zum Absetzen (§§ 259 I, 27) erfolgt anhand der Entscheidungsmacht über die Modalitäten des Verkaufs: Wer Käufer und Kaufpreis selbst festzulegen vermag, setzt täterschaftlich ab, wer hingegen Vorgaben des Vorbesitzers zu folgen und daher keine Verkaufsherrschaft hat, verwirklicht allenfalls eine der Hilfevarianten.

1708 Umstritten ist, ob ein (vollendetes) Absetzen einen Verkaufserfolg voraussetzt.

Beispiel (Gescheiterter Verkauf gestohlener Bilder):[35] In der Nacht zum 19.06.1975 waren aus einem Bungalow vier wertvolle Ölgemälde entwendet worden. Anfang Juli 1975 bot *Rudi Z.*, der nicht zu den Dieben zählte, die Gemälde *Jochen M.* zum Kauf an. *M.* erkannte, dass es sich um Diebesgut handelte, und wollte daher selbst mit der Sache nichts zu tun haben. Auf Bitten von *Z.* schickte er aber den ihm bekannten Teppichhändler *Mahmoud A.* zu *Z.*, damit dieser *Z.* einen Käufer besorge. *Mahmoud A.* unternahm in der Folge auch einige Verkaufsbemühungen, wurde aber, bevor es zu einem Geschäft kam, festgenommen. — Während die Rspr. aus der Gesetzgebungsgeschichte ableitet, es bedürfe wie bei der vorherigen Fassung[36] nur irgendeiner Tätigkeit, die geeignet erscheint, die wirtschaftliche Verwertung der Sache zu fördern,[37] und *Mahmoud A.* wegen vollendeten Absetzens verurteilen würde, verlangt das Schrifttum überwiegend wegen des Wortlautes („absetzt") einen – bei *Mahmoud A.* fehlenden – Absatzerfolg.[38] Es käme daher nur zu versuchter Hehlerei. Das ist auch systematisch zutreffend, denn wenn das Verschaffen einen Besitzerwechsel voraussetzt, so ist nicht einzusehen, warum man bei demselben hehlerischen Geschäft

---

32 RENGIER BT I § 22 Rn. 21a; FISCHER 259 Rn. 16; BGHSt 42, 196 (198).

33 Sch/Sch-STREE § 259 Rn. 19 ff., 26; WESSELS/HILLENKAMP BT 2 Rn. 851; BGHSt 15, 53 (56; zum insoweit inhaltsgleichen Merkmal des „Ansichbringens" in § 259 a.F.); 33, 44 (46).

34 Sch/Sch-STREE § 259 Rn. 32; RENGIER BT I § 22 Rn. 29; BGH NJW 1976, 1950; a.A. NK-ALTENHAIN § 259 Rn. 46 (auch Schenkung genügt).

35 Vereinfachter Sachverhalt nach BGHSt 27, 45.

36 § 259 hatte bis zu seiner Neufassung durch das EGStGB vom 02.03.1974 den Wortlaut „Wer … Sachen … oder zu deren Absatze bei anderen mitwirkt,…"

37 BGHSt 27, 45 (47 ff.); BGH NStZ 1983, 455; BGH NStZ 1997, 493.

38 MAURACH/SCHROEDER/MAIWALD BT 1 § 39 Rn.34; Frank ZIESCHANG, Jüngere Entwicklungen in der Rechtsprechung zu den Merkmalen „Absetzen" und „Absatzhilfe" im Rahmen des § 259 StGB, GedS Schlüchter S. 403-414 (411); LACKNER/KÜHL § 259 Rn. 13.

auf Verkäuferseite schon früher zur Tatvollendung gelangen sollte.[39] Eine eingehendere Auseinandersetzung findet sich auf CD 44-04.

Beim Verkauf an einen verdeckten Ermittler hingegen gelangt auch die Rspr. trotz ihres ausgeweiteten Absatzbegriffs nur zur versuchten Hehlerei.

Aufgabe: Verkauf von Diebesgut an einen Verdeckten Ermittler[40] 1709
Dario R. hatte *Sebastian M.* gebeten, für ihn bei einem Einbruch in Schloss *Artelshofen* entwendete antike Einrichtungsgegenstände zu verkaufen. *M.* geriet allerdings bei seiner Suche an *Klaus-Dieter T.*, einen verdeckten Ermittler der Polizei, dem er das Diebesgut in zwei Lieferungen übergab; bei der zweiten Lieferung wurde er verhaftet.
Mit welcher Begründung könnte man selbst aus der Warte der Rspr. ein vollendetes Absetzen verneinen?

Die Tatfolge der Hehlerei, die Perpetuierung der rechtswidrigen Besitzlage (Rn. 1696), 1710
tritt beim Verkauf an einen polizeilichen Scheinkäufer nicht ein; ebensowenig vermag die Tat das Rechtsgut Eigentum anzugreifen. Daher schränkt die Rspr. ihren weiten Begriff des Absetzens an dieser Stelle ein und nimmt von ihm Absatzbemühungen aus, die zur Perpetuierung der Besitzentziehung objektiv ungeeignet sind.[41] Rspr. und Lehre gelangen folglich für den Verkauf an V-Leute zu demselben Resultat nur versuchter Hehlerei.

cc) Absatzhilfe

Im Hinblick auf die Entstehungsgeschichte der Absatzhilfe ist diese allein dann anzu- 1711
nehmen, wenn eine Beihilfe zur Hehlerei daran scheitert, dass der „Haupthehler" zugleich der Vortäter ist und es daher an einer teilnahmefähigen Haupttat fehlt (weil der Dieb keine Sache absetzt, die ein *anderer* gestohlen hat). Um diese Strafbarkeitslücke für den beim Absatz Helfenden zu schließen, wurde die täterschaftliche Absatzhilfe als täterschaftlich vertypte Beihilfehandlung in § 259 aufgenommen.[42] Die unselbstständige Mitwirkung am Verkauf in Fällen, bei welchen es wegen Personenverschiedenheit von Vortäter und Haupthehler eine teilnahmefähige Haupttat gibt, wird umgekehrt nur als Beihilfe zur Hehlerei bestraft und nicht als täterschaftliche Absatzhilfe.[43]

Darüber hinaus ist der Anwendungsbereich der Absatzhilfe auf die Hilfeleistung gegenüber 1712
Zwischenhehlern auszudehnen, weil auch deren Absatzbemühungen im Hinblick auf das voraufgegangene Sichverschaffen straflos sind.[44] Denn „Absetzen" setzt eine Interessenwahrnehmung für den Vortäter voraus. Sie aber ist denklogisch ausgeschlossen, falls sich der Zwischenhehler die Sache zuvor „verschafft" hat und daher *frei* über sie verfügen, also auch entscheiden kann, sie nicht weiter zu geben, sondern selbst zu behalten.

---

39 LACKNER/KÜHL § 259 Rn. 13; NK-ALTENHAIN § 259 Rn. 45; RENGIER BT I § 22 Rn. 35.

40 Abgewandelter Sachverhalt nach BGHSt 43, 110.

41 BGHSt 43, 110 (111).

42 ZIESCHANG (Fn. 38), GedS Schlüchter S. 410; NK-ALTENHAIN § 259 Rn. 49; LK-RUß § 259 Rn. 29; BGHSt 33, 44 (47).

43 MAURACH/SCHROEDER/MAIWALD BT 1 § 39 Rn. 32; WESSELS/HILLENKAMP BT 2 Rn. 864.

44 BGH NStZ 1999, 351.

dd) Identifizierung der zutreffenden Tatalternative

1713 Um bei der Fallbearbeitung unter den Tatbestandsalternativen von § 259 I die jeweils zutreffende zu finden, ist zunächst zu fragen, ob der fragliche Hehler freie Verfügungsmacht über die Sache erlangt hat. Ist das der Fall, so kommt für ihn nur Ankaufen oder Verschaffen in Betracht (vgl. Rn. 1712). Erlangt hingegen erst die Person nach dem fraglichen Hehler eine freie Verfügungsmacht, so setzt der Hehler entweder ab oder aber er begeht eine Absatzhilfe/Beihilfe zum Absetzen.[45] Vermag der Hehler wenigstens die Modalitäten des Absetzens selbst zu bestimmen, darf er also z.B. über Käufer und Preis entscheiden, so liegt ein Absetzen vor. Ist er hingegen weisungsabhängig oder leistet er nur untergeordnete Beiträge, so bleiben Absatzhilfe oder Beihilfe zum Absetzen. Welche dieser beiden Hilfevarianten vorliegt, hängt wiederum davon ab, ob der über den Absatz Bestimmende seinerseits eine Hehlerei begehen kann (dann Beihilfe dazu) oder dies tatbestandlich ausgeschlossen ist (dann Absatzhilfe).

1714 **Abbildung:** Prüfungsschema zum Auffinden der richtigen Tatalternative von § 259

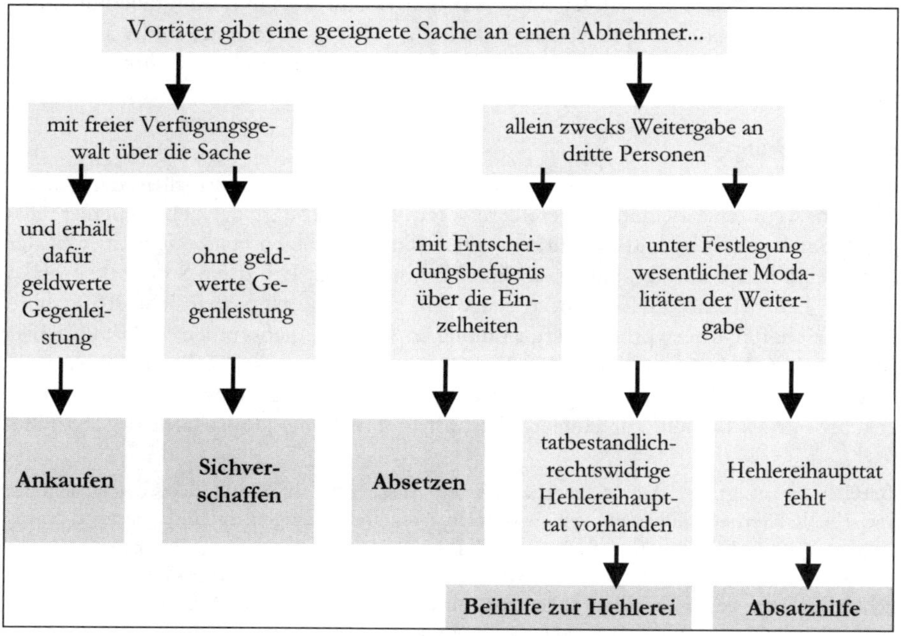

1715 Nur auf der ersten Blick fällt die im Tatbestand ebenfalls genannte Variante des Verschaffens einem Dritten gegenüber aus diesem Raster heraus. Diese Alternative wird aber so verstanden, dass sie allein dann eingreift, wenn der Hehler die Sache für einen Dritten zur freien Verfügung erwirbt (Beispiel: Der Hehler verabredet mit dem Vortäter die unmittelbare Lieferung der Beute an den Dritten). Wenn der Hehler sie hingegen für den Vortäter an den Dritten verkauft, setzt

45 MAURACH/SCHROEDER/MAIWALD BT 1 § 39 Rn. 25; SK-HOYER § 259 Rn. 36.

er ab,[46] weil er dann wegen seiner Bindung an die Interessen des Vortäters die Sache seinerseits nicht zur freien Verfügung erwerben kann, und zwar weder für sich noch für einen Dritten.

2. Subjektiver Tatbestand

Zunächst muss der Täter mindestens bedingt vorsätzlich handeln, was insbesondere die *Kenntnis von der deliktischen Herkunft* der Ware beinhaltet. Dabei genügt die Inkaufnahme der Möglichkeit, dass die Sache aus einer rechtswidrigen Tat stammt. Einzelheiten zur Tatbegehung braucht der Täter nicht zu kennen.[47] Das eröffnet die Möglichkeit eines (untauglichen), nach § 259 III strafbaren Versuchs, falls der Täter beispielsweise auf einem Flohmarkt ein Fahrrad kauft, von dem er nach den Umständen annimmt, es könne gestohlen sein, obschon es sich in Wahrheit um einen völlig legalen Kauf handelt.[48] **1716**

Eine fahrlässige Hehlerei ist darüber hinaus im gewerblichen Edelmetall- und Schmuckhandel möglich. Sie wird nach § 148b GewO mit bis zu einem Jahr Freiheitsstrafe bestraft. **1717**

Zusätzlich verlangt der subjektive Tatbestand eine (Eigen- oder Dritt-)*Bereicherungsabsicht*. Sie liegt immer schon dann vor, wenn der Täter ein gutes Geschäft zu machen beabsichtigt. Einer Rechtswidrigkeit der Bereicherung bedarf es – anders als bei § 263 – nicht. Es ist also schlicht abzuwägen, ob der Täter nach der Hehlerei finanziell besser dasteht als zuvor. **1718**

- Für den *Käufer* ist dies bei kostenloser Annahme von Diebesgut stets zu bejahen, ansonsten kommt es auf den Vergleich von Warenwert und Hehlereilohn an. Wer etwas zum bekannten Marktpreis kauft, will sich nicht bereichern.
- Für den *Absetzenden* entfiele (Eigen-)Bereicherungsabsicht nur bei kostenloser Weitergabe; ansonsten ist nahezu stets in dem Erhalt geldwerter Leistungen eine Besserstellung gegenüber dem risikobehafteten Besitz der Tatbeute zu erblicken. Aber selbst die kostenlose Abgabe wäre regelmäßig unter dem Aspekt der Drittbereicherung des Annehmenden tatbestandlich.

Umstritten ist, ob Drittbereicherter auch der Vortäter sein darf.[49] Da die Tatalternative der Absatzhilfe aber andernfalls wenig sinnvoll wäre, wird man dies anzunehmen haben. **1719**

3. Weitere Verfolgungsvoraussetzungen und Bestrafung

Gemäß § 259 II gelten die §§ 247, 248a entsprechend. Die Bestrafung der Hehlerei an einer Sache, die einem Angehörigen bzw. einer der übrigen in § 247 genannten Personen entwendet wurde, ist daher nur möglich, falls diese Person einen *Strafantrag* stellt. Ist die gehehlte Sache nicht mehr als 50.- EUR wert, so bedarf es alternativ eines Strafantrages des Vortatgeschädigten oder der Bejahung des besonderen öffentlichen Interesses durch die Staatsanwaltschaft. Vgl. dazu näher oben Rn. 1070 ff.). **1720**

---

46 SK-Hoyer § 259 Rn. 36; Lackner/Kühl § 259 Rn. 10.

47 Sch/Sch-Stree § 259 Rn. 45; SK-Hoyer § 259 Rn. 40; BGH NStZ 1992, 84.

48 Vgl. BGH NStZ 1992, 84.

49 Dafür BGH NJW 1979, 2621; Sch/Sch-Stree § 259 Rn. 50; aA Lackner/Kühl § 259 Rn. 17.

1721 Der Grundtatbestand des § 259 I droht wie § 242 I Freiheitsstrafe von bis zu fünf Jahren an. Das Gesetz geht also, anders als ein landläufiges Sprichwort, nicht davon aus, dass „der Hehler schlimmer als der Stehler" ist, stellt beide aber zu Recht wenigstens gleich.

4. Gewerbsmäßige und Bandenhehlerei (§§ 260, 260a)

1722 Neben dem Grundtatbestand existieren zwei Qualifikationsstufen: Als erste dieser Stufen droht das Vergehen des § 260 eine Strafe zwischen sechs Monaten und zehn Jahren an, falls entweder gewerbsmäßig gehandelt wird *oder* Bandenhehlerei vorliegt. Zu den Voraussetzungen dieser Merkmale vgl. die Ausführungen zu den §§ 243 I Nr. 3, 244 I Nr. 2 (Rn. 1097, 1115 ff.). Wird die Hehlerei hingegen gewerbsmäßig und *zugleich* von einer Bande begangen, so handelt es sich auf der zweiten Qualifikationsstufe gemäß § 260a I um ein Verbrechen mit einer Strafe zwischen einem und zehn Jahren Freiheitsstrafe.

IV. Geldwäsche

1. Überblick

1723 Die Geldwäsche, ein unübersichtliches, wegen seiner Weite problematisches Delikt, wurde 1992 durch das 1. OrgKG eingeführt und seither mehrfach, zuletzt 2004, verändert.[50] Es soll primär Lücken schließen, welche durch die Beschränkung des § 259 auf Sachen sowie durch den Ausfall der §§ 257, 259 entstehen, sobald der jeweilige Vorteil nicht mehr unmittelbar auf die Straftat zurückgeht, sondern durch finanzielle Transaktionen und wirtschaftliche Verwertung nur noch eine mittelbare Folge der ursprünglichen kriminellen Gewinnerzielung darstellt.[51] Vor dem Hintergrund, dass die organisierte Kriminalität durch geschickte „Geldwaschanlagen" die Herkunft ihrer Gewinne u.a. aus dem Drogenhandel zunehmend verschleiert, soll durch die Bestrafung entsprechender Umwandlungsprozesse die Einschleusung illegaler Gelder in den legalen Wirtschaftskreislauf erschwert werden.

1724 **Beispiele** (Geldwaschanlagen): Drogengewinne werden im Ausland in ein Unternehmen investiert. Dieses Unternehmen baut im Inland mit dem Geld (unter geplanter Inkaufnahme von Verlusten) Häuser, um diese nach einiger Zeit zu verkaufen. Die Verkaufserlöse stellen sauberes (gewaschenes) Geld dar, dessen Herkunft kaum mehr nachvollziehbar ist. Oder man unterhält ein Restaurant, dessen Einkäufe mit Drogengeld getätigt werden, dessen Erlöse aus dem Verkauf von Speisen und Getränken dann aber sauberes Geld bilden. Auf diese Weise gewaschenes Geld kann man zwar noch aufspüren, muss dazu aber mit erheblichem Aufwand den Geldfluss nachvollziehen; auf den ersten Blick und ohne Hintergrundwissen ist das „schmutzige" Drogengeld erst einmal in den normalen Geldkreislauf eingespeist und als solches unverdächtig.

1725 *Hinweis zur Fallbearbeitung*: Auf Grund seiner weiten Tatbestandsfassung erfasst § 261 auf den ersten Blick nicht nur Vorgänge der organisierten Kriminalität, sondern greift durchaus häufiger tatbestandlich ein. Andererseits finden sich mehrere Weichenstellungen, bei welchen viele potenziellen Anwendungsfälle wieder aus der Strafbarkeit ausscheiden. Vor einer gutachterlichen Prüfung ist daher ergebnisorientiert zu schauen, ob § 261 nicht an einer dieser Stellen scheitert. Ist dies der Fall, so genügt

---

50 Vgl. die Übersicht bei LACKNER/KÜHL § 261 vor Rn. 1.

51 BGHSt 50, 347 (353 f.); Gesetzentwurf des Bundesrates zum OrgKG, BT-Drs. 12/989, S. 26.

regelmäßig ein kurzer Hinweis, weil das Delikt in der Prüfungssituation durchweg nicht zum Kernbereich der Aufgabenstellung zählt und eine gründliche Subsumtion allenfalls dann erwartet wird, wenn auch im Ergebnis Strafbarkeit zu bejahen wäre.

2. Deliktsaufbau

In seinen Abs. 1 und 2 enthält § 261 zwei (Vorsatz-)Tatbestände, von denen Abs. 2 Nr. 1 (Verschaffen) praktisch am häufigsten vorkommt. In Abs. 5 findet sich eine Ausdehnung der Strafbarkeit auf Leichtfertigkeit. Die übrigen sieben (!) Absätze enthalten Strafausschlüsse, Strafzumessungsbestimmungen und Anordnungen zu Nebenfolgen. 1726

Die Prüfung ist allerdings weniger kompliziert, als die sperrige Tatbestandsfassung zunächst vermuten lässt. Es empfiehlt sich ohnehin, die Abs. 1 und 2, die sich nicht von ihren Tatvoraussetzungen her, sondern allein graduell hinsichtlich der Tathandlungen unterscheiden, nicht getrennt zu erörtern, sondern als Einheit zu begreifen: 1727

Abbildung: Prüfungsaufbau der Geldwäsche

<table>
<tr><td rowspan="2">I. Tatbestand</td><td>1. objektiver Tatbestand
- geeignete Vortat (Rn. 1728 f.)
- aus der Vortat herrührender Gegenstand (Rn. 1730 ff.)
- Verbergen/Verschleiern (Abs. 1)/Verschaffen/Verwahren/Verwenden (Abs. 2) (Rn. 1733 ff., ggf. unter Tatbestandseinschränkung, vgl. Rn. 1742 ff.)</td></tr>
<tr><td>2. subjektiver Tatbestand
- Vorsatz bzgl. Verbergen/Verschleiern/Verschaffen/Verwahren/ Verwenden (Rn. 1738, 1741)
- Vorsatz/Leichtfertigkeit bzgl. Herkunft aus Vortat (Rn. 1738 ff.)</td></tr>
<tr><td>II./III. Rechtswidrigkeit/Schuld</td><td>keine Besonderheiten</td></tr>
<tr><td>IV. Strafausschließung u.a.</td><td>- Strafausschluss bei
  - Vortatbeteiligung (§ 261 IX 2, Rn. 1729)
  - tätiger Reue (§ 261 IX 1 Nrn. 1 und 2, Rn. 1747)
- Absehen von Strafe bei Kronzeugenaussage (§ 261 X, Rn. 1748)
- Besonders schwerer Fall bei Gewerbsmäßigkeit/Bandentätigkeit (§ 261 IV, Rn. 1749)</td></tr>
</table>

3. Objektiver Tatbestand

a) Vortat

Der zu waschende Gegenstand muss sowohl bei Abs. 1 als auch bei Abs. 2 aus einer zumindest rechtswidrigen (gemäß § 261 VIII auch im Ausland begangenen) Katalogtat nach § 261 I 2 stammen, und zwar durchaus in mehrfach abgeleiteter Form (siehe Rn. 1731 f.). Der Straftatenkatalog ist allerdings so zusammengestellt, dass in typischen 1728

Prüfungsfällen nur selten geeignete Vortaten anfallen. Aufmerksamkeit verdienen aus ihm in erster Linie die

- Verbrechen (Nr. 1), wobei vor allem Raub/Räuberische Erpressung in Frage kommen;
- BtM-Vergehen (Nr. 2 b), insb. aus Handeltreiben und Veräußern (§ 29 I Nr. 1 BtMG);
- Vergehen nach den §§ 242, 263, 266 (Nr. 4 a)), aber *Vorsicht*: Der letzte Halbsatz von Nr. 4 „die *gewerbsmäßig* oder von einem *Mitglied einer Bande* ... begangen worden sind" gilt auch für die Delikte nach Nr. 4 a)! Geeignete Vortaten sind daher nicht etwa der gewöhnliche Diebstahl, Betrug usw., sondern allein der gewerbsmäßige Diebstahl (§ 243 I Nr. 3), gewerbsmäßige Betrug (§ 263 III Nr. 1) usw. sowie der Bandendiebstahl (§ 244 I Nr. 2), der Bandenbetrug (§ 263 III Nr. 1) usw. Leider lassen einige Gesetzestexte das auf Grund fehlerhaften Drucksatzes nicht ohne Weiteres erkennen.[52]

b) Exkurs: Keine Vortatbeteiligung

1729 Nach der versteckten Regelung in § 261 IX 2 wird nicht bestraft, wer bereits wegen seiner Vortatbeteiligung (also einschließlich der Teilnahme) strafbar ist. Hierbei handelt es sich um einen *persönlichen Strafausschließungsgrund*,[53] der zwar an sich erst auf der vierten Prüfungsebene zu thematisieren wäre, der es aber erlaubt, die Prüfung des Tatbestands von vornherein (ggf. mit einem kurzen Hinweis) zu unterlassen.

c) Tatobjekt

1730 Geeignet sein kann jeder *Gegenstand*, was missverständlich ist, weil es sich entgegen dem alltäglichen Sprachverständnis nicht um Sachen zu handeln braucht, sondern dazu (wie schon § 90 BGB ergibt, der von körperlichen Gegenständen spricht) auch *Rechte und andere Vermögenswerte* zählen. Folglich bildet selbst ein Bankguthaben (als Forderung gegenüber der Bank) ein für § 261 taugliches Tatobjekt.

1731 Unter den Begriff des *Herrührens aus der Vortat* fällt alles, was sich durch eine ununterbrochene Kette finanzieller Transaktionen und Verwertungshandlungen auf die ursprüngliche kriminelle Gewinnerzielung zurückverfolgen lässt, ohne dass es dabei zu wesentlichen Wertveränderungen auf Grund der Tätigkeit Dritter gekommen ist.[54]

1732 Eine Unterbrechung tritt hingegen ein, wenn Gelder beispielsweise in ein fremdes Unternehmen investiert und aus der Unternehmenstätigkeit Gewinne erzielt werden. Zwar rührt der Unternehmensanteil weiterhin aus der Vortat her, nicht aber der im Unternehmen erzielte und

---

52 So der Nomostext Strafrecht (jedenfalls bis zur 16. Aufl.), den Eindruck erweckend, der zitierte Nachsatz beziehe sich ausschließlich auf die ausländerrechtlichen Vergehen nach § 261 I Nr. 4 b)!

53 BGH NJW 2000, 3725; LACKNER/KÜHL § 261 Rn. 10; Entwurf d. Gesetzes zur Verbesserung der Bekämpfung der Organisierten Kriminalität, BT-Drs 13/8651, S. 11 (persönlicher Strafaufhebungsgrund, der auf dem Gedanken der mitbestraften Nachtat beruhe); anders BGHSt 48, 240 (244, formelle Subsidiaritätsklausel).

54 LACKNER/KÜHL § 261 Rn. 5; WESSELS/HILLENKAMP BT 2 Rn. 896; OLG Karlsruhe NJW 2005, 767.

an den Investor ausgeschüttete Gewinn.[55] Ebensowenig entstammt ein Vorteil noch der Vortat, wenn er im Laufe der folgenden finanziellen Transaktionen auf straflose Weise durch die Hände eines Dritten gegangen ist (§ 261 VI), etwa einer gutgläubigen und nicht einmal leichtfertig (§ 261 V) handelnden Person.

d) Tathandlungen

aa) Verschleierungshandlungen (Abs. 1)

Erfasst werden in Abs. 1 Handlungen, die an dem Gegenstand *fremdnützig* begangen werden, wobei einvernehmliches Handeln mit dem Vortäter nicht gefordert ist.[56] Bei mehrfacher zuvoriger Transaktion wäre es auch unrealistisch, fortwährende Kenntnis des ursprünglich Handelnden über den Verbleib des Wertes zu erwarten. **1733**

Die Tathandlungen überschneiden sich vielfach: **1734**

- *Verbergen* bezieht sich nach dem Wortsinn primär auf körperliche Gegenstände, die versteckt werden; eines Erfolges bedarf es dabei ebensowenig wie beim
- *Verschleiern der Herkunft*,[57] das Versehen mit dem Anschein legaler Herkunft, etwa durch unzutreffende Verbuchung eines Geldeinganges oder durch Herstellen einer falschen Quittung. Hintergrund des fehlenden Erfolgserfordernisses ist der im Gegensatz zu den folgenden Alternativen höhere Aufwand, den der Täter betreibt, wenn er einen positiven Schutzbereich um den Gegenstand schafft;
- *Vereiteln oder Gefährden der Ermittlung der Herkunft* ist mit dem Verschleiern zwar weitgehend identisch, umfasst aber auch zerstörende Handlungen, z.B. das Entfernen von Kennzeichen, und setzt sowohl bereits laufende Ermittlungen als auch zumindest einen konkreten Gefährdungserfolg voraus;[58]
- *Vereiteln oder Gefährden des Auffindens* verlangt ebenfalls schon laufende Ermittlungen und einen Gefährdungserfolg, geht aber über das Verbergen hinaus, weil neben dem Verstecken bereits jede Handlung genügt, die den tatsächlichen Zugriff hindert, etwa das Verbringen an einen unzugänglichen Ort, die Verweigerung des Zutritts usw.;
- *Vereiteln oder Gefährden von Verfall, Einziehung oder Sicherstellung* bezieht sich auf die Nebenfolgen der §§ 73 ff. StGB sowie die strafprozessualen Sicherstellungsmaßnahmen (einschließlich der Beschlagnahme) nach den §§ 94, 111b f. StPO. Es umfasst im Unterschied zur vorstehenden Alternative auch allein rechtlich hindernde Handlungen, z.B. durch Eigentumsübertragung auf einen gutgläubigen Dritten.

bb) Verschaffen, Verwahren und Verwenden (Abs. 2)

Zum *Verschaffen* (§ 261 II Nr. 1) gilt wie für die Hehlerei, dass der Geldwäscher vom Vortäter abgeleitete freie Verfügungsgewalt erlangen muss (vgl. oben Rn. 1706). **1735**

---

55 Entwurf des Ausführungsgesetzes zum Suchtstoffübereinkommen 1988, BR-Drs. 507/92, S. 28; kritisch MAURACH/SCHROEDER/MAIWALD BT 2 § 101 Rn. 28.

56 Sch/Sch-STREE § 261 Rn. 10; a.A. SK-HOYER § 261 Rn. 15.

57 Ebenfalls gegen ein Erfolgserfordernis MAURACH/SCHROEDER/MAIWALD BT 2 § 101 Rn. 32; LACKNER/KÜHL § 261 Rn. 7; dafür aus systematischen Gründen SK-HOYER § 261 Rn. 16.

58 SK-HOYER § 261 Rn. 16 f.; Sch/Sch-STREE § 261 Rn. 11.

1736 *Verwahren* (§ 261 II Nr. 2, 1. Alt.) lässt sich nur bei körperlichen Gegenständen vorstellen[59] und bedeutet den bewahrenden Besitz zum Zwecke späterer Rück- oder Weitergabe. Durch den Nachsatz, „wenn er die Herkunft des Gegenstandes zu dem Zeitpunkt gekannt hat, zu dem er ihn erlangt hat", wird das Vorsatzerfordernis (bzw. nach Abs. 5 das Erfordernis der Leichtfertigkeit) auf den Zeitpunkt der Besitzbegründung fixiert; es genügt also nicht, wenn der Täter von der Herkunft nachträglich erfährt und er die Sache dann weiter verwahrt.

1737 Das gilt in gleicher Weise für das *Verwenden* (§ 261 II Nr. 2, 2. und 3. Alt.). Um eine Abgrenzung zum Verschaffen zu bewirken, soll es sich allein auf vom kriminellen Vorbesitzer im Einzelfall gestattete Nutzungen beziehen,[60] die ein gewisses Maß erreichen. Daher genügt keine kurze Ausleihe, wohl aber ein Anmieten oder eine Dauernutzung z.B. eines mit Drogengeldern gekauften Pkw.[61]

4. Vorsatz bzw. Leichtfertigkeit

1738 Prinzipiell bildet § 261 I, II ein Vorsatzdelikt, weshalb Kenntnisse der Vortat und der jeweiligen Tathandlungsvoraussetzungen (z.B. bei den Vereitelungs- und Gefährdungsalternativen des § 261 I die Existenz entsprechender Ermittlungen) erforderlich sind. Die Vortatkenntnisse brauchen sich dabei – ähnlich § 259 – nicht auf die Einzelheiten der Vortat zu beziehen.

1739 **Aufgabe:** „Finanzagent" leitet „gephishtes" Geld weiter[62]

Ende Januar 2005 wurde *Jürgen B.* über den Internetdienst ICQ von einer Person kontaktiert, die ihn fragte, ob er an einem Job interessiert sei. Er solle für eine russische Firma Überweisungen von deren Kunden über sein Konto entgegennehmen und dieses Geld als Baranweisung per *Western Union Bank* nach Moskau schicken. Als Provision bekäme er jeweils 10 % der Summen. Normale Überweisungen der Kunden an die Firma dauerten zu lange und seien zu kostenintensiv. Nachdem er sich zu dem Erbetenen bereit erklärt hatte, wurde *Jürgen B.* kurz darauf mitgeteilt, 10.000 EUR eines *Klaus M.* seien auf seinem Konto angekommen, die er umgehend nach Moskau schicken solle. Gegen Mittag desselben Tages begab *B.* sich zur Bank und hob die 10.000 EUR ab. Eine Teilsumme von 5.000 EUR transferierte er weisungsgemäß um 13 Uhr von der *Postbank* in Hamm per Western Union Bank nach Moskau zu Gunsten eines *Dimitri P.* Anschließend fuhr *B.* mit dem Restbetrag nach Hamburg. Dort transferierte er um 16 Uhr auf gleiche Weise einen Betrag von 3.500 EUR an einen *Iwan D.* in Moskau. Den Restbetrag abzüglich der Gebühren für den Transfer behielt *Jürgen B.* vereinbarungsgemäß für sich. Die Gelder wurden in Moskau unter den angegebenen Namen mit falschen Personalpapieren abgeholt und sind seither verschwunden.

Hintergrund der Überweisung auf das Konto von *B.* war folgendes, u.a. § 263a erfüllendes Geschehen: Dem unbekannt gebliebenen russischen Täter war es gelungen, über das Internet ein sog. Trojaner-Programm auf dem PC von *Klaus M.*, der Kunde eines Online-Banking-Dienstes war, zu installieren. Dieses Programm bewirkte, sobald zu Überweisungszwecken eine TAN[63] eingegeben wurde, dass sich ein Fenster mit der Mitteilung öffnete, die

---

59 MAURACH/SCHROEDER/MAIWALD BT 2 § 101 Rn. 33.

60 MAURACH/SCHROEDER/MAIWALD BT 2 § 101 Rn. 33; SK-HOYER § 261 Rn. 23.

61 Sch/Sch-STREE § 261 Rn. 13.

62 Sachverhaltsausschnitt aus dem Urteil des AG Hamm vom 11.01.2006 (212 Ls 360 Js 33848/05), Entscheidung online abrufbar unter www.a-i3.org/content/view/643/164.

63 TAN = Transaktionsnummern, dem Online-Banking-Kunden vertraulich mitgeteilte sechsstellige Zahlen, von denen er für jede Online-Transaktion zur Gewährleistung seiner Identität eine einzugeben hat, die anschließend „verbraucht" ist.

TAN sei bereits verbraucht, und *M.* aufgefordert wurde, eine neue TAN einzugeben. Nachdem *M.* dies getan hatte, sandte das Trojaner-Programm die Daten der nicht genutzten TAN an den Täter in Russland. Mit dieser TAN und den Daten des Bankkunden wiederum wurde ohne Wissen des Kunden die Überweisung der 10.000 EUR auf das Konto von *Jürgen B.* veranlasst. *B.* wusste von diesen Einzelheiten nichts. Auf Grund der Umstände nahm er aber billigend in Kauf, dass der Transaktion kein legales Rechtsgeschäft zu Grunde lag. Hat *Jürgen B.* eine Geldwäsche begangen?

Selbstverständlich hat der vorsätzlich handelnde Geldwäscher die Vortat wenigstens ihrer Art nach zu kennen und es reicht keineswegs das Bewusstsein irgendeiner kriminellen Vortat.[64] Da der Gesetzgeber in § 261 I 2 einen begrenzten Katalog tauglicher Vortaten aufgestellt hat, muss sich der Geldwäscher zwangsläufig eine bestimmte Art kriminellen Gelderwerbs seines Auftraggebers vorstellen. Dabei mag man sich mit alternativen Vorstellungsbildern begnügen (etwa, es handele sich entweder um Schwarz- oder um Drogengeld), sofern alle in Betracht kommenden Möglichkeiten solche nach § 261 I 2 wären. Bei einem vagen Bild wie im Aufgabenfall versagt aber selbst dieser Ausweg. Denn die nicht ganz fern liegenden Möglichkeiten, Bestechungsgelder (§ 299) oder Erlöse aus Waffenverkäufen (§ 52 I Nr. 2 c, III Nr. 1 WaffG) zu verwalten, unterfielen nicht § 261. *B.*'s nebulöse Vorstellung, sein Auftraggeber habe das Geld illegal erlangt, ergibt daher noch keinen hinreichenden Vorsatz.[65] **1740**

Die Vortatkenntnis, aber auch nur diese, kann nach § 261 V durch entsprechende *Leichtfertigkeit*[66] (mit deutlich geringerer Strafdrohung) ersetzt werden, was voraussetzt, dass sich dem Täter die kriminelle Provenienz geradezu aufgedrängt haben muss. Hinsichtlich der Tathandlungsvoraussetzungen bedarf es weiterhin des Vorsatzes. Auch im Aufgabenfall Rn. 1739 kann Leichtfertigkeit bejaht werden, denn durch Rückfrage bei dem Überweisenden *M.* hätte *B.* den sich ihm aufdrängenden Verdacht ohne Weiteres verifizieren können (und müssen).[67] **1741**

5. Tatbestandseinschränkung bei sozialadäquatem oder berufstypischem Verhalten?

Auf Grund der Weite des Tatbestandes, insbesondere des § 261 II Nr. 1 (und vor dem Hintergrund des Abs. 5), werden auch sozialadäquate und berufstypische Verhaltensweisen tatbestandlich erfasst, deren Strafwürdigkeit zweifelhaft ist. **1742**

Beispiel (Verteidigung und Zahnbehandlung einer Drogenkurierin):[68] *Verena P.* war, nachdem sie bereits seit längerem im Verdacht stand, für einen kurdischen Drogenring als Kurierin tätig zu sein, mit einer größeren Menge Heroin verhaftet. Rechtsanwalt *Simon M.* übernahm ihre Verteidigung. Den (üblichen) Vorschuss auf sein Wahlverteidigerhonorar erhielt er von der ansonsten einkommens- und vermögenslo-

---

64 BGH wistra 2003, 260 f.; BGHSt 43, 158 (165); Sch/Sch-STREE § 261 Rn. 18; SK-HOYER § 261 Rn. 26; FISCHER § 261 Rn. 40.

65 Zu den weiteren strafrechtlichen Aspekten dieses Falles vgl. Michael HEGHMANNS, Strafbarkeit des "Phishing" von Bankkontendaten und ihrer Verwertung, wistra 2007, 167-170.

66 Zum Begriff der Leichtfertigkeit vgl. Rn. 983 ff.

67 So auch das LG Darmstadt, Urteil vom 03.06.2006 - 7 Ns 360 Js 33848/05 – (Entscheidung online abrufbar unter www.a-i3.org/images/stories/recht/lg_darmstadt.pdf) in der Berufungsinstanz des Fn. 62 genannten Verfahrens.

68 Sachverhalt mit Ergänzung aus OLG Hamburg NJW 2000, 673.

sen *P.* per Überweisung von einem Konto, auf das sie ihre Kurierlöhne einzahlte. Während der Untersuchungshaft wurde *P.* bei einer Prügelei mit einer Mitgefangenen ein Schneidezahn ausgeschlagen, den sich *P.* von dem Zahnarzt Dr. *Tobias K.* durch ein Implantat ersetzen ließ. Den nicht krankenversicherten Teil des Honorars beglich *P.* ebenfalls mit Drogengeldern. — Verteidiger und Zahnarzt haben objektiv § 261 II Nr. 1 verwirklicht, als sie aus einer Tat nach § 29 I Nr. 1 BtMG herrührendes (unkörperliches) Giralgeld annahmen. Soweit sie die Vorgeschichte von *P.* und deren wirtschaftliche Verhältnisse kannten, dürfte ein bedingter Vorsatz nahe liegen; jedenfalls wäre aber Leichtfertigkeit nach § 261 V anzunehmen.

1743 Das Beispiel verdeutlicht, dass man jemandem, der wie *P.* über keine legalen Einkommensquellen verfügt, nicht einmal mehr eine Scheibe Brot straflos verkaufen dürfte, nähme man § 261 beim Worte. In der Konsequenz führte dies zu einer menschenunwürdigen Ächtung des Betroffenen. Im Beispielsfall wird zudem die in jedem Rechtsstaat zu garantierende Verteidigungsfreiheit der Beschuldigten (vgl. Art. 6 III c EMRK, § 137 I 1 StPO) beeinträchtigt, weil *P.* im Grunde jede Möglichkeit der Wahlverteidigung genommen ist. Vor diesem Hintergrund besteht im Kern weitgehende Übereinstimmung, die Strafbestimmung einschränkend auszulegen,[69] wobei die Einzelheiten weitgehend offen sind. Diskutiert wird, die – freilich ebensowenig abschließend geklärten – Grundsätze sozial- und berufsadäquater Beihilfe anzuwenden,[70] Geschäfte, die den lebensnotwendigen Grundbedürfnissen entsprächen, dem Zugriff des § 261 zu entziehen[71] oder schließlich Bagatellen auszunehmen.[72]

1744 Vor dem Hintergrund des Ziels der Geldwäschebestimmungen, kriminelles Geld dem legalen Wirtschaftskreislauf fernzuhalten, wäre eine Tatbestandsbeschränkung hinsichtlich bestimmter Kleinbeträge oder bestimmter Geschäftsbereiche indes nicht tunlich und auch nicht geboten. Fragwürdig wird § 261 vielmehr erst, sobald seine Verbote in Konflikt mit Mindestgewährleistungen eines Rechts- und Sozialstaates gerät. Richtigerweise muss daher die *Mindestversorgung auch des Kriminellen straffrei* möglich sein, während alles, was darüber hinausgeht, weiterhin dem Geldwäscheverbot unterliegen mag. Im Beispielsfall bliebe nach diesem Grundsatz die Annahme des Zahnarzthonorars für die offenbar das sozialrechtlich Gebotene übersteigende Behandlung tatbestandlich. Die rechtsstaatlich geforderte Verteidigungsfreiheit müsste hingegen die Bezahlung des gewählten Verteidigers jedenfalls dann mit notfalls kriminell erworbenem Geld zulassen, falls *P.* keinen Anspruch auf einen Pflichtverteidiger hätte[73] und daher andernfalls gänzlich unverteidigt dastünde.

---

69 Vgl. WESSELS/HILLENKAMP BT 2 Rn. 900; MAURACH/SCHROEDER/MAIWALD BT 2 § 101 Rn. 37; Stephan BARTON, Sozial übliche Geschäftstätigkeit und Geldwäsche (§ 261 StGB), StV 1993, 156-163 (159); a.A. Sch/Sch-STREE § 261 Rn. 17.

70 Dazu näher Bd. I.; dafür u.a. WESSELS/HILLENKAMP BT 2 Rn. 900.

71 BARTON (Fn. 69), StV 1993, 161.

72 BARTON (Fn. 69), StV 1993, 162; Horst HUND, Der Geldwäschetatbestand - mißglückt oder mißverstanden? ZRP 1996, 163-166.

73 Ein solcher Anspruch bestünde bei allen Fällen notwendiger Verteidigung, vgl. u.a. die §§ 117 IV, 118a II, 140, 231a IV, 364a, 364b, 408b, 418 IV StPO, § 68 JGG.

Die *Verteidigerproblematik* hat das BVerfG freilich anders behandelt, indem es § 261 1745
insoweit für verfassungswidrig erklärt hat, als er auch die ***leichtfertige und bedingt vorsätzliche Geldwäsche durch Strafverteidiger*** bestraft.[74] Dies folgert das Gericht indes nicht aus prozessualen Rechten des Beschuldigten, sondern aus der Berufsfreiheit des Rechtsanwalts (Art. 12 I GG). Eine Ausübung des Berufs des Strafverteidigers sei schlechterdings unmöglich, stünde der Mandatsübernahme bereits der – häufig nahe liegende – Verdacht entgegen, das Honorar entstamme einer Vortat. Anders bei Vorsatz: Wenn der Verteidiger wisse oder zumindest ernsthaft damit rechne, Beuteteile zu erhalten, könne ihm zugemutet werden, das Mandat abzulehnen.[75] Eine Stellungnahme zu dieser, der hier vertretenen Auffassung nicht entsprechenden Grenzziehung findet sich auf CD 44-05.

6. Versuch, Bestrafung bzw. Strafausschließung

Da gemäß § 261 III der *Versuch* strafbar ist, kann auch derjenige belangt werden, der sich nur 1746
irrig vorstellt, kontaminierte Vermögensgegenstände anzunehmen.

Neben der Vortatbeteiligung (dazu oben Rn. 1729) findet sich in § 261 IX 1 eine Regelung 1747
tätiger Reue, inhaltlich dem Institut der strafbefreienden Selbstanzeige bei der Steuerhinterziehung (§ 371 AO) entsprechend. Straffrei wird, wer nach vollendeter Geldwäsche, aber vor Tatentdeckung seine Tat anzeigt und die Sicherstellung des betroffenen Gegenstandes bewirkt.

Eine fakultative Möglichkeit, von Strafe abzusehen, enthält ferner § 261 X, falls der Täter gewis- 1748
sermaßen als Kronzeuge freiwillig sein Wissen offenbart und dadurch eine Tataufklärung über seine eigene Tat(-beteiligung) hinaus ermöglicht.

Der Normalstrafrahmen der Abs. 1 und 2 droht Freiheitsstrafe zwischen drei Monaten und fünf 1749
Jahren an. Die Strafe steigt für ***besonders schwere Fälle*** in § 261 IV auf mindestens sechs Monate und höchstens zehn Jahre. Der Gesetzgeber hat hier wiederum die problematische Regelbeispielstechnik (Rn. 1080 ff.) verwendet; Indizwirkung sollen den Merkmalen ***banden- oder gewerbsmäßiger Begehung*** zukommen (vgl. Rn. 1115 ff. bzw. Rn. 1097).

Wiederholungsfragen zum 44. Kapitel 1750

1. Welcher Beteiligungsform ist die Begünstigung verwandt? (Rn. 1676)
2. In welchen Tatphasen ist nach der Rspr. eine Begünstigung möglich? (Rn. 1683 f.)
3. Welche Vortatbeteiligten können eine Hehlerei begehen? (Rn. 1699 f.)
4. Was ist erforderlich, damit sich der Hehler eine Sache „verschafft"? (Rn. 1706)
5. Wann liegt Absatzhilfe (§ 259) und wann Beihilfe zum Absetzen (§§ 259, 27) vor? (Rn. 1711)
6. Warum bildet der normale Betrug keine geeignete Vortat einer Geldwäsche, obschon § 263 in § 261 I Nr. 4 a) erwähnt wird? (Rn. 1728)
7. Was ist bei der Prüfung einer Geldwäsche gegenüber einem Strafverteidiger zu beachten? (Rn. 1745)

---

74 BVerfG NJW 2004, 1305 (1311 f.).

75 BVerfG NJW 2004, 1305 (1308 ff.).

14. Abschnitt. Beeinträchtigungen von Strafverfolgung und Rechtspflege

1751 Die in diesem Abschnitt zusammengefassten (und häufig miteinander auftretenden) Delikte zum Schutz vor Beeinträchtigungen von Strafverfolgung und Rechtspflege richten sich durchweg auch gegen Allgemeininteressen. Zum Teil handelt es sich dabei um die Ressourcen von Rechtspflege und Strafverfolgungsorganen, die vor unnützer Inanspruchnahme und Missbrauch bewahrt werden sollen, und gelegentlich um den Schutz des staatlichen Strafanspruchs (§§ 258 f.). Zumindest mittelbar werden allerdings auch subjektive Rechtsgüter derjenigen geschützt, die durch eine Fehlsteuerung von Polizei und Justiz zu Unrecht in Anspruch genommen werden könnten.

1752 In der Praxis gehören insbesondere die §§ 145d, 164, 258 sowie die Aussagedelikte zum Alltagsgeschäft und auch in der Prüfung sind insbesondere letztere ein beliebtes Thema. Zur tatsächlichen Bedeutung findet sich Weiteres auf CD 45-01.

45. Kapitel. Falschanzeigen

1753 Fälschliche Anzeigen sind Gegenstand der §§ 145d, 164 und 241a, wobei sich die Anwendungsfelder der §§ 145d und 164 überschneiden. § 164 schützt sowohl den fälschlich Angezeigten als auch die fehlgeleiteten Strafverfolgungsorgane,[1] während sich § 145d auf letztere beschränkt. Konsequenterweise ist § 145d daher formell subsidiär gegenüber § 164. Kommen beide Straftaten gleichermaßen in Betracht, beginnt man daher am besten mit der Falschen Verdächtigung.

1754 Die politische Verdächtigung nach § 241a regelt demgegenüber eine höchst seltene Sonderkonstellation der politischen Denunziation, regelmäßig mit Auslandsbezug, zu welcher das Notwendige auf CD 45-02 dargestellt wird.

I. Falsche Verdächtigung (§ 164)

1. Die beiden Tatbestände

1755 § 164 besteht seinerseits aus *zwei Tatbeständen*, die *in einem Exklusivitätsverhältnis* stehen:[2] In Prüfung und Praxis steht § 164 I im Vordergrund, da er Verdächtigungen betrifft, ein anderer habe eine *Straftat* (oder – weit weniger bedeutsam – ein Dienstvergehen) begangen. § 164 II ist demgegenüber auf Sachverhalte anzuwenden, in denen das Opfer gerade mit keinem Straftatverdacht (bzw. keinem Verdacht einer Dienstpflichtwidrigkeit) überzogen wird.

---

1 Siehe dazu, ob § 164 beide Schutzzwecke alternativ oder kumulativ verfolgt, Rn. 1773 f.

2 SK-ROGALL § 164 Rn. 36; LK-RUß § 164 Rn. 4; wohl a.A. NK-VORMBAUM § 164 Rn. 79.

Abbildung: Anwendungsgebiete von § 164 I und II

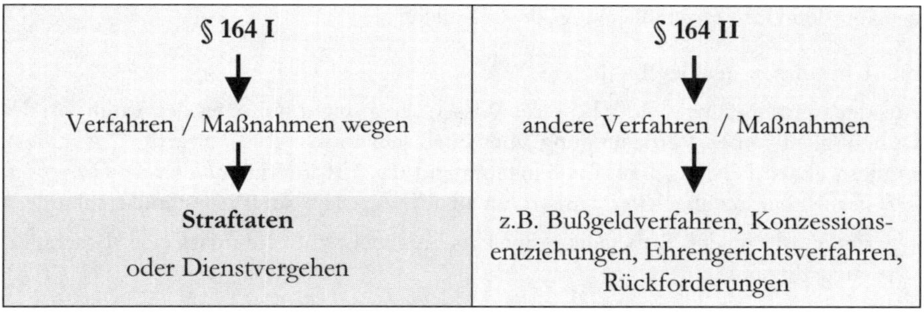

2. Die Straftatverdächtigung nach Abs. 1

a) Gegenstand der Verdächtigung

Die erste Alternative, die Verdachtserhebung wegen einer Straftat, verlangt keine 1756
rechtliche Bewertung oder gar die Nennung der Straftatbezeichnung nach dem Muster „X hat einen Betrug begangen". Vielmehr ist es erforderlich, dass *dem Verdächtigten tatsächliche Handlungen zugeschrieben werden*, aus denen – unterstellt, er hätte sie wirklich vorgenommen – eine Straftatbegehung zu folgern wäre (z.B. „X hat im Supermarkt Y die Ware Z gestohlen"). Wertungen (wie soeben der Vorwurf, „gestohlen" zu haben), schaden dabei zwar nicht, solange man aus ihnen wiederum ein tatsächliches Geschehen entnehmen kann.[3] Erschöpft sich die Verdächtigung aber in unsubstantiierten, nicht näher konkretisierten oder konkretisierbaren Vorwürfen (z.B. in der schlichten Angabe, „X hat gestohlen"), so mag das für § 185 genügen, aber nicht für eine Falsche Verdächtigung.

Ebenfalls straflos bleibt es, aus richtig berichteten Tatsachen falsche rechtliche oder tatsächliche 1757
Schlüsse abzuleiten[4] und deshalb z.B. einen Betrug anzuzeigen, obschon nach dem angezeigten Sachverhalt gar keine Täuschung vorliegt, oder etwa bei zutreffender Angabe von belastenden Indizien daraus den als solchen bezeichneten, aber unzutreffenden Schluss abzuleiten, eine bestimmte Person habe die Tat begangen. Denn derartige Fehlschlüsse sind als solche für die Behörden sofort zu erkennen und belasten deswegen niemanden sonderlich.

Da die Verdächtigung einer rechtswidrigen Tat ausreicht, hindert die Schuldunfähigkeit des 1758
Verdächtigten § 164 I nicht, solange wegen der schuldlos begangenen Tat dennoch ein Verfahren (z.B. mit dem Ziel der Unterbringung nach § 63) geführt werden könnte.

Die alternativ genannte Dienstpflichtverletzung liegt nur vor, wenn die behauptete Handlung, 1759
läge sie vor, im Rahmen eines öffentlich-rechtlichen Dienstverhältnisses disziplinarisch geahndet werden könnte[5] (vgl. §§ 55, 77 BBG i.V.m. den Bestimmungen des BDG).

Die Verdächtigung hat sich *gegen eine bestimmte Person* zu richten, die mindestens so 1760
eindeutig als Täter hingestellt werden muss, dass sich der Verdacht im Laufe der wei-

3 BGHSt 14, 240 (243); OLG Köln MDR 1961, 618; FISCHER § 164 Rn. 3.

4 FISCHER § 164 Rn. 3; Sch/Sch-LENCKNER § 164 Rn. 7; OLG Rostock NStZ 2005, 335 (336).

5 NK-VORMBAUM § 164 Rn. 45; SK-ROGALL § 164 Rn. 22; LK-RUß § 164 Rn. 17 f.

teren Ermittlungen zwangsläufig allein gegen sie richten wird.[6] Eine Verdächtigung des „großen Unbekannten“ genügt deshalb nicht.

b) Unwahrheit der Beschuldigung

1761 Aus der Formulierung „wider besseres Wissen“ folgt nicht nur, dass der Täter von der Unrichtigkeit seiner Verdächtigung überzeugt sein muss (dolus directus 2. Grades), sondern es wird daraus auch übereinstimmend das Erfordernis *objektiver Unrichtigkeit des Verdachts* abgeleitet. Umstritten allerdings ist, ob zur Tatbestandserfüllung

- der Verdacht der Tatbegehung im Ergebnis nicht zutreffen darf (sog. Beschuldigungstheorie),[7]
- nur die vorgetragenen Tatsachen unwahr zu sein brauchen (sog. Bezichtigungs- oder Fälschungstheorie)[8]
- oder beides falsch sein muss.[9]

Zutreffend ist im Prinzip die letztgenannte Auffassung der Rspr. Denn wenn § 164 sowohl die Rechtspflege als auch den Verdächtigten vor fälschlicher Inanspruchnahme schützen soll, so bedarf es einer Fehlleitung der Strafverfolgung (durch falschen Tatsachenvortrag) *und zugleich* der Inanspruchnahme eines Unschuldigen. Wer deshalb durch falsche Spuren einen tatsächlich Schuldigen in Verdacht bringt, erfüllt § 164 nicht.

1762 Der umgekehrte Fall (richtiger Tatsachenvortrag, um die falsche Person in Verdacht zu bringen) ist wegen des Wissenserfordernisses kaum vorstellbar: Wer weiß, dass der Verdächtigte in Wahrheit unschuldig ist, kann im Rahmen des Verdächtigens unmöglich ausschließlich richtige Tatsachen mitteilen, weil er mindestens das verschweigt, woraus er sein Wissen um die Unschuld des Verdächtigten schöpft.

1763 Unwahr sind auch *übertreibende Angaben*, wenn durch sie fälschlich die Begehung einer qualifizierten Tat (z.B. Raub statt Diebstahl) suggeriert wird. Wird die Tat hingegen nur in quantitativer Hinsicht überzogen geschildert, so bleibt dies prinzipiell straflos. Eine Ausnahme soll allein dann gelten, wenn der richtige Kern der Anzeige im Verhältnis zur falschen Ausschmückung so unwesentlich ist, dass sie im Ganzen als falsch erscheint.[10]

c) Geeignete Verdächtigungshandlungen

1764 Der Begriff des Verdächtigens ist weit zu verstehen. Er umfasst sowohl ausdrückliches und konkludentes Behaupten als auch das Schaffen einer verdachterregenden

---

6 SK-ROGALL § 164 Rn. 29; vgl. dazu die Konstellation in RGSt 53, 206 (207).

7 RGSt 14, 37 (38); Georg SCHILLING, Die Falsche Verdächtigung nach § 164 StGB, GA 1984, 345-372 (355 ff., 371).

8 SK-ROGALL § 164 Rn. 27; NK-VORMBAUM § 164 Rn. 54; LK-RUß § 164 Rn. 10; Harro OTTO, Falsch verdächtigen, Jura 2000, 217-218 (218).

9 RGSt 71, 167 (168 ff.); BGHSt 35, 50 (52 ff.); eingehend dazu Winrich LANGER, Geklärte und offene Fragen zur Falschen Verdächtigung (§ 164 StGB), GedS Schlüchter S. 361-381 (369 ff.).

10 RGSt 27, 229 (230); LK-RUß § 164 Rn. 11.

Situation.[11]

Beispiel (Manipulation von Fangbriefen):[12] Nachdem in einem Unternehmen Wertsendungen gestohlen worden waren, wurden in verschiedenen Räumen der Firma Fangbriefe ausgelegt, die Geld enthielten und mit einem unsichtbaren Farbmittel versehen waren. Um den unschuldigen, ihr feindlich gesinnten Prokuristen *Klaus W.* als Dieb hinzustellen, nahm die Angestellte *Simone J.* einen der Briefe, entfernte das Geld und legte ihn unbemerkt *W.* auf den Schreibtisch. Dieser öffnete den Brief, den er für eine gewöhnliche Postsendung hielt, und warf ihn dann weg, weil er leer war. Bei einer anschließenden Kontrolle wurde Farbe an seinen Händen festgestellt.

Der BGH nahm im vorstehenden Beispiel zu Recht ein Verdächtigen an. Eine im Schrifttum **1765**
vertretene Gegenposition will aus dem Wortlaut von § 164 II („*sonstige* Behauptung") ableiten, auch Abs. 1 sei auf Behauptungen beschränkt.[13] Das verkennt allerdings, dass Abs. 2 erst nachträglich eingefügt wurde und zuvor bereits eine weite Auslegung des Verdächtigens im heutigen Abs. 1 konsentiert war.[14]

d) Adressaten der Verdächtigungshandlung

Verdächtigt werden kann **1766**

- gegenüber einer *Behörde* (wozu nach § 11 I Nr. 7 auch Gerichte zählen). Sie muss entweder selbst für das Verfahren zuständig oder wenigstens zur Weitergabe an die zuständige Behörde verpflichtet sein.[15] Die abzulehnende Gegenauffassung, es genüge die Anzeige bei jeder unzuständigen Behörde,[16] bezieht Handlungen ein, deren Gefährlichkeit für das Rechtsgut von der zufälligen Entscheidung eines Dritten abhängen, ob er die Anzeige weiterleitet oder nicht;

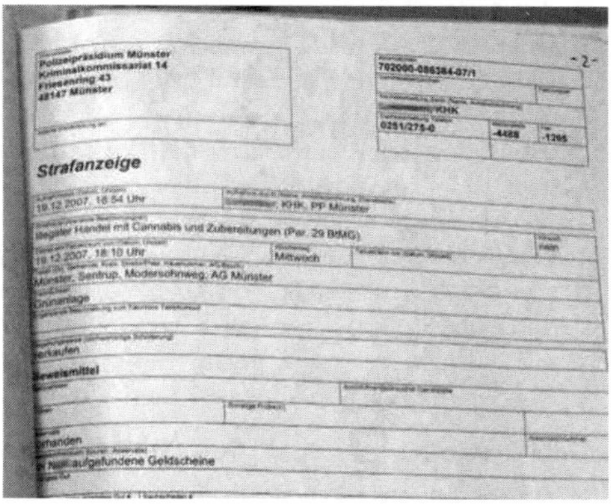

Abbildung: Strafanzeige bei der Polizei

- gegenüber einem *Amtsträger* (§ 11 I Nr. 2), der *für die Anzeigenannahme zuständig* ist (vgl. für Strafanzeigen § 158 StPO);

---

11 SK-Rogall § 164 Rn. 12; LK-Ruß § 164 Rn. 5; Jürgen Welp, Der praktische Fall – Die Falle, JuS 1967, 507-512 (510).

12 Abgewandelter Sachverhalt nach BGHSt 9, 240.

13 NK-Vormbaum § 164 Rn. 21; Langer (Fn. 9), GedS Schlüchter S. 366 f.

14 LK-Ruß § 164 Rn. 5; vgl. dazu RGSt 7, 47 (49).

15 NK-Vormbaum § 164 Rn. 34; Sch/Sch-Lenckner § 164 Rn. 24; SK-Rogall § 164 Rn. 33.

16 LK-Ruß § 164 Rn. 25; RGSt 71, 265 (267).

- *öffentlich*, d.h. so, dass die Verdächtigung von einem individuell uneingegrenzten Personenkreis wahrgenommen werden kann.

1767 Wird die Anzeige bei einer unzuständigen Stelle erstattet, so kann der Tatbestand dennoch verwirklicht werden, wenn sie schließlich doch zur zuständigen Behörde gelangt (und – wegen des Vorsatzerfordernisses – der Täter damit gerechnet hat).

e) Die Sonderkonstellation des verdächtigenden Verdächtigen

1768 Das Verbot des § 164, andere fälschlich zu beschuldigen, wird dort relativiert, wo der Täter zugleich einen Verdacht von sich selbst abzuwenden sucht. Denn es ist ein Grundsatz des Strafrechts, dass menschlich nachfühlbar und nicht strafwürdig handelt, wer sich lediglich selbst einer Strafe zu entziehen sucht, solange er dabei keine Individualrechtsgüter anderer angreift (vgl. die §§ 120, 258 V). Zudem darf der Beschuldigte schweigen (§ 136 I 2 StPO) und in seiner Rolle als Beschuldigter sogar lügen. Nun ist andererseits § 164 eine Inanspruchnahme der Rechte Dritter zueigen, weshalb es einer präzisen Grenzziehung zwischen erlaubter und verbotener Verteidigung gegen einen Vorwurf bedarf.

1769 **Aufgabe:** Täuschen über den Fahrer eines verunfallten Lkw I[17]
Manfred K., der mit zwei ihm gehörenden LKW Lohnfahrten ausführte, den hierfür erforderlichen Führerschein der Klasse C aber nicht besaß, bediente sich des *Tobias N.* als Fahrer. Mit diesem fuhr er morgens mit einem der LKW zu einer Großbaustelle. Während er dort blieb, führte *N.* die Lohnfahrten aus. *K.* wie *N.* tranken im Laufe des Tages etliche Flaschen Bier. Als beide abends mit dem LKW nach Hause fahren wollten, forderte *Manfred K.* den *N.* auf, ihm das Steuer zu überlassen, was dieser nach einigem Zögern auch tat. Unterwegs geriet der LKW auf Grund überhöhter Geschwindigkeit nach rechts von der Fahrbahn und streifte eine Felswand. *K.* wurde unsicher, riss das Steuer zu plötzlich nach links, worauf der LKW frontal gegen einen am linken Straßenrand stehenden Baum prallte. Er und *N.*, die beide Kopfverletzungen erlitten hatten, verließen vor Eintreffen der Polizei das Fahrzeug. Im Krankenhaus entnommene Blutproben ergaben für *K.* eine BAK von 2,2 g ‰ und bei *N.* eine solche von 1,2 g ‰. Als *Manfred K.* einige Tage später als Beschuldigter durch die Polizei vernommen wurde, behauptete er, zur Tatzeit nur Beifahrer gewesen zu sein. *N.* habe den LKW gefahren.
Hat *Manfred K.* seinen Angestellten *Tobias N.* i.S.v. § 164 fälschlich verdächtigt?

1770 Es ist anerkannt, dass das von § 136 I 2 StPO erlaubte Schweigen eines Beschuldigten selbst dann kein Verdächtigen darstellt, falls dadurch der Verdacht zwangsläufig auf einen anderen fällt. Aber selbst schlichtes Leugnen (im Fall: „Ich bin nicht gefahren") wird einhellig als tatbestandslos angesehen.[18] Nach anfänglichen Zögern hat sich inzwischen die Rspr. dazu durchgerungen, auch Verdachtsverschiebungen auf einen Dritten zuzulassen, wenn sie letztlich nur die zu Ende gedachte Konsequenz erlaubten Leugnens bilden.[19] Im Aufgabenfall kamen nur *K* und *N.* als Fahrer in Betracht. Ob *K.* nun nur bekundete, er sei nicht gefahren, oder dies um die – für die Vernehmenden ohnehin logische – Schlussfolgerung ergänzt, statt seiner sei *N.* gefahren, kann von daher keinen signifikanten Unterschied ausmachen. Erst beim Hinzudichten weiterer belastender Momente oder dort, wo mehr als eine Täteralternative bestünde, ist es strafbar, im Rahmen einer Beschuldigtenvernehmung einen falschen Täter zu benennen. Nähere Einzelheiten, auch zu weiteren Aspekten des Aufgabenfalles, befinden sich auf CD 45-03.

---

17 Sachverhalt mit kleineren Abänderungen nach OLG Hamm NJW 1965, 62.

18 RENGIER BT II § 50 Rn. 17 ff.; Sch/Sch-LENCKNER § 164 Rn. 5.

19 BayObLG NJW 1986, 441 (442); OLG Düsseldorf NJW 1992, 1119; ebenso die Fn. 18 Genannten. Anders noch OLG Hamm NJW 1965, 62; BGHSt 5, 66 (67).

3. Die Verdächtigung wegen sonstiger Verfehlungen nach Abs. 2

Sie unterscheidet sich zum einen hinsichtlich des Gegenstandes von der Verdächtigung nach § 164 I (Verfehlungen jenseits von Straftaten und Disziplinarvergehen[20]). Zum anderen bedarf es nach dem Gesetzeswortlaut einer Behauptung der verdachtsbegründenden Tatsachen, weshalb das Arrangieren einer verdächtigenden Situation im Unterschied zu Abs. 1 hier nicht genügt. **1771**

4. Subjektiver Tatbestand

Hinsichtlich der Unwahrheit der Beschuldigung bedarf es direkten Vorsatzes („wider besseres Wissen"). Dasselbe gilt hinsichtlich des Zieles, ein Verfahren gegen den Verdächtigten herbeizuführen oder fortdauern zu lassen. Die tatbestandlich genannte „Absicht" liegt daher schon beim bloßem dolus directus zweiten Grades vor.[21] **1772**

5. Rechtfertigung durch Einwilligung des Verdächtigten?

Von der h.M. wird der (mutmaßlichen oder erklärten) Einwilligung eine Rechtfertigungswirkung abgesprochen. **1773**

Beispiel (Täuschen über den Fahrer eines verunfallten Lkw II): Im Fall Rn. 1769 drohte dem einschlägig vorbelasteten *Manfred K.* wegen der alkoholisierten Unfallfahrt eine Haftstrafe. Deshalb vereinbarten er und der nicht vorbestrafte *Tobias N.*, der für dieselbe Tat neben der Fahrerlaubnisentziehung allenfalls eine Geldstrafe zu erwarten hatte, dieser solle – gegen großzügige finanzielle Unterstützung – die Schuld auf sich nehmen. Entsprechend erklärte *Manfred K.* bei seiner polizeilichen Beschuldigtenvernehmung, *N.* sei gefahren. — Die h.M. nimmt an, § 164 schütze alternativ Individual- und Allgemeininteressen. Da die Einwilligung von *N.* nichts daran ändere, dass eine Täuschung der Behörden vorliegt, verbleibe trotz der Einwilligung des Verdächtigten ausreichend strafwürdiges Unrecht.[22]

Der Wortlaut von § 164 belegt zwar in der Tat, dass die Strafbestimmung mit dem Schutz der Behörden vor Täuschung und dem Schutz des Unschuldigen vor Verfolgung zwei Ziele verfolgt.[23] Ebenso eindeutig erscheint aber die kumulative (und nicht alternative) Kombination beider Ziele.[24] Andernfalls bliebe unerklärlich, warum der Tatbestand sowohl die Anzeige eines in Wahrheit Unschuldigen als auch die Täuschung der Verfolgungsbehörden durch falschen Tatsachenvortrag verlangt (vgl. oben Rn. 1761 f.). Eine nähere Begründung dieser Auffassung erfolgt auf CD 45-04. **1774**

Im Beispielsfall fehlt daher auf Grund der Einwilligung des *N.* ein Teil des erforderlichen Unrechts, weshalb *K.* in der Konsequenz wegen § 164 nicht mehr bestraft werden kann. Es lebt dann freilich das ansonsten subsidiäre Vergehen nach § 145d II Nr. 1 wieder auf (vgl. dazu Rn. 1784 ff.).

---

20 Siehe oben Rn. 1755.

21 Sch/Sch-Lenckner § 164 Rn. 32; Rengier BT II § 50 Rn. 24; BGHSt 13, 219 (221 f.).

22 BGHSt 5, 66 (68); 14, 240 (244 f.); Sch/Sch-Lenckner § 164 Rn. 1; Arzt/Weber BT § 48 Rn. 1.

23 Anders SK-Rogall § 164 Rn. 1 (nur Allgemeininteressen); NK-Vormbaum § 164 Rn. 10 (nur Individualschutz).

24 So bereits Frank StGB § 164 Anm. I.

6. Konkurrenzen und Bestrafung

1775 § 164 verdrängt § 145d (formelle Subsidiarität) sowie § 186, der keine positive Feststellung der Unwahrheit verlangt und deshalb schwächer ist (materielle Subsidiarität). Mit den §§ 153 ff., 185, 187 kommt Idealkonkurrenz in Betracht.[25]

1776 Die Strafdrohung von maximal fünf Jahren Freiheitsstrafe entspricht derjenigen mittelschwerer Vergehen. Sie übersteigt die der (einfachen) Verleumdung deutlich und belegt so erneut den kumulativen Schutz von Individual- und Allgemeininteressen (vgl. Rn. 1774).

II. Vortäuschen einer Straftat (§ 145d)

1. Die einzelnen Tatbestände

1777 Die Bestimmung enthält vier unterschiedliche Tatbestände, von denen man sich auf die Varianten des Vortäuschens einer vergangenen Straftat (§ 145d I Nr. 1, II Nr. 1) konzentrieren kann.

1778 Die beiden Alternativen des Täuschens über bevorstehende Straftaten nach § 126 (§ 145d I Nr. 2, II Nr. 2) besitzen nur einen minimalen Anwendungsbereich und werden daher hier nicht näher behandelt. § 145d I Nr. 2 dürfte zumeist in Konkurrenz zur unrechtsintensiveren Androhung derselben Tat nach § 126 stehen und dann als materiell subsidiär zurücktreten.[26] § 145d II Nr. 2 erscheint in tatsächlicher Hinsicht kaum vorstellbar.

1779 Zwischen § 145d I Nr. 1 und II Nr. 1 besteht zudem ein Exklusivitätsverhältnis, denn die Tathandlung in Abs. 1 setzt die Nichtexistenz einer Straftat voraus, während Abs. 2 nur auf der Basis einer tatsächlich begangenen Straftat Anwendung findet.

1780 **Abbildung:** Überblick über die verschiedenen Tatbestände von § 145d

Schilderung:	angeblich *geschehene* Straftat		angebliche *künftige* Straftat (der in § 126 genannten Art)	
Wirklichkeit:	hat sich in Wahrheit nicht ereignet und wird nur vorgetäuscht	hat in Wahrheit stattgefunden, aber mit anderem Beteiligten	droht in Wahrheit nicht und wird nur vorgetäuscht	steht tatsächlich bevor, aber mit anderem Beteiligten
anwendbarer Tatbestand:	§ 145d I Nr. 1	§ 145d II Nr. 1	§ 145d I Nr. 2	§ 145d II Nr. 2

2. Vortäuschen einer nicht begangenen Tat (Abs. 1 Nr. 1)

1781 Vortäuschen wird entsprechend dem Verdächtigen des § 164 I ausgelegt,[27] nämlich als das ausdrückliche oder konkludente Zurkenntnisbringen von *Tatsachen* (vgl. dazu Rn.

---

25 Sch/Sch-LENCKNER § 164 Rn. 37; FISCHER § 164 Rn. 15.

26 Anders – aber ohne Begründung – Sch/Sch-STREE/STERNBERG-LIEBEN § 145d Rn. 26, FISCHER § 145d Rn. 14.

27 vgl. SK-ROGALL § 145d Rn. 13 ff.; GÖSSEL/DÖLLING BT 1 § 67 Rn. 15.

1756 f.), nach welchen eine tatsächlich *nicht begangene rechtswidrige Tat* (Rn. 1758) vorliegen soll. Adressaten sind hier indes nur Behörden sowie Amtsträger (wie Rn. 1766 f.); öffentliches Vortäuschen genügt also nicht. Ob dem Vortäuschen Glauben geschenkt wird, bleibt ohne Belang.

Aufgabe: Übertreibungen bei Anzeigeerstattung[28] **1782**
In der Nacht zum 20.11.1969 wurde *Michael P.* vor einer Gaststätte von einem Unbekannten hinterrücks niedergeschlagen und verletzt. Nachdem er in einem Krankenhaus seine stark blutende Nasenverletzung hatte versorgen lassen, zeigte er auf der Polizeiwache nicht nur an, er sei überfallen und zu Boden geschlagen worden. Vielmehr ergänzte er wahrheitswidrig, ihm sei bei der Tat ein Geldbetrag von 970 DM geraubt worden.
Hat *Michael P.* i.S.v. § 145d I Nr. 1 eine rechtswidrige Tat vorgetäuscht?

Liegt nicht die Tat in der konkret angezeigten Form vor, wohl aber ein ebenfalls strafbares **1783** Geschehen, so ist im Hinblick auf das geschützte Rechtsgut, die Ermittlungsressourcen, danach zu differenzieren, *ob die Falschangaben unnütze Ermittlungen bewirken*. Bloße Übertreibungen (z.B. hinsichtlich der Schadenshöhe) einer tatsächlich begangenen Tat erfüllen den Tatbestand nach allgemeiner Auffassung deshalb nicht,[29] ebensowenig die Ergänzung eines Raubes um eine Körperverletzung oder die Darstellung eines Diebstahlsversuchs als vollendete Tat[30] (z.B. im Hinblick auf Versicherungsleistungen). Die Verlagerung der Tat an einen anderen Ort oder die Benennung eines falschen Tatzeitpunktes hingegen lenken die Ermittlungen in eine falsche Richtung und wären daher tatbestandlich.[31]

Im Aufgabenfall wird überwiegend angenommen, das angezeigte Raubverbrechen gebe der Tat ein völlig anderes Gepräge und erfordere intensivere Ermittlungen als das (nur Privatklage-)Vergehen der Körperverletzung, weshalb § 145d I Nr. 1 vorliege.[32] Abgesehen von Abgrenzungsschwierigkeiten (wann liegt ein „völlig anderes Gepräge" vor?) verkennt diese Auffassung, dass die Polizei prinzipiell auch wegen geringfügiger Vergehen in gleicher Weise ermitteln *kann* wie wegen Kapitalverbrechen. Die erforderliche Gefahr unnützer staatlicher Inanspruchnahme lässt sich daher in solchen Fällen nur dann hinreichend sicher begründen, falls sich die Ermittlungen, wäre die Anzeige zutreffend, in tatsächlicher Hinsicht auf ein anderes Geschehen beziehen müssten.[33]

3. Täuschung über einen Tatbeteiligten (Abs. 2 Nr. 1)

Im Unterschied zu § 145d I Nr. 1 setzt diese Alternative voraus, dass *tatsächlich eine Straftat begangen* wurde.[34] Der Täter bringt allerdings eine unschuldige Person als **1784** Beteiligten ins Spiel und verursacht so die Gefahr fehlgeleiteter Ermittlungen.

Beispiel (Beifahrer nimmt Schuld an Unfallfahrt auf sich):[35] *Ralf B.* fuhr nach er- **1785** heblichem Alkoholgenuss trotz Entziehung der Fahrerlaubnis mit seinem Pkw nach

28 OLG Hamm NJW 1971, 1324.

29 OLG Hamm NJW 1982, 60; SK-ROGALL § 145d Rn. 18; LACKNER/KÜHL § 145d Rn. 4.

30 OLG Hamm NStZ 1987, 558 (559); FISCHER § 145d Rn. 5a; GÖSSEL/DÖLLING BT 1 § 67 Rn. 16.

31 FISCHER § 145d Rn. 5b.

32 OLG Hamm NJW 1971, 1324 (1325); FISCHER § 145d Rn. 5b; Sch/Sch-STREE/STERNBERG-LIEBEN § 145d Rn. 9; RENGIER BT II § 51 Rn. 6.

33 Ebenso SK-ROGALL § 145d Rn. 20.

34 RENGIER BT II § 51 Rn. 6; FISCHER § 145d Rn. 10; a.A. SK-ROGALL § 145d Rn. 24.

Hause. Als ein anderes Fahrzeug vorfahrtswidrig von links einbog, wurde *B.* zu so heftigem Bremsen gezwungen, dass sein Wagen auf dem nassen Pflaster ins Schleudern geriet, gegen einen Bordstein prallte und umkippte. Vor dem Erscheinen von Helfern redete *B.* seinem Mitfahrer *Thomas K.*, der nüchtern und im Besitze der Fahrerlaubnis war, zu, er solle den Polizeibeamten angeben, Fahrer des Wagens gewesen zu sein. *Thomas K.* war damit einverstanden und gab sich beim Erscheinen der Polizei als Fahrer aus. — Da das Geschehen, wie es *Ralf B.* darstellte, für *Thomas K.* weder nach § 316 noch nach § 21 I Nr. 1 StVG strafbar gewesen wäre, erfolgte keine Täuschung über den Beteiligten an einer Straftat (und ebensowenig eine Falsche Verdächtigung z.N. von *K.*).[36]

1786 Lenkt jemand hingegen den Verdacht einer Straftat von sich ab und wäre die Tat auch für den vorgeschobenen Täter strafbar, so tritt § 145d II Nr. 1 regelmäßig[37] hinter § 164 zurück. Denn die *Subsidiaritätsklausel* des Abs. 1 („wenn die Tat nicht in § 164 ... mit Strafe bedroht ist") findet auch auf Abs. 2 Anwendung, und zwar wegen dessen einleitender Formulierung „Ebenso wird bestraft".[38] Sie überträgt auch die Fälle der Nichtbestrafung wegen formeller Subsidiarität aus Abs. 1 in Abs. 2.

1787 Allerdings erfordert die Täuschung über einen Beteiligten, dass der vorgeschobene Täter existiert und nicht nur der Verdacht auf einen „großen Unbekannten" geschoben wird.[39]

4. Subjektiver Tatbestand

1788 § 145d verlangt in allen Varianten Handeln „wider besseres Wissen", also dolus directus zweiten Grades, soweit es um die Unrichtigkeit der jeweiligen Darstellung geht.

5. Konkurrenzen und Bestrafung

1789 Formelle Subsidiarität besteht für alle Varianten[40] gegenüber den §§ 164, 258 f.

1790 Der Strafrahmen reicht bis zu drei Jahren Freiheitsstrafe. Damit liegt die Strafdrohung unter derjenigen von § 164; die Strafe entspricht der des § 126.

1791 **Wiederholungsfragen zum 45. Kapitel**

1. Auf welche Sachverhalte ist § 164 II ausschließlich anzuwenden? (Rn. 1755)
2. Was muss der Täter falsches vortragen, um § 164 erfüllen zu können? (Rn. 1756)
3. Was darf der – zu Recht – in Verdacht geratene zu seiner Verteidigung vorbringen, was zugleich Dritte belastet, ohne sich auch noch nach § 164 I strafbar zu machen? (Rn. 1770)
4. Worin unterscheiden sich § 145d I Nr. 1 und II Nr. 1? (Rn. 1779, 1784)

---

35 Sachverhalt mit leichten Veränderungen nach BGHSt 19, 305.

36 So ebenfalls im Originalfall BGHSt 19, 305 (307); ferner SK-ROGALL § 145d Rn. 28.

37 Ausnahme: § 164 scheitert an der Einwilligung des Verdächtigten (Rn. 1773 f.). Dann wäre die Verdächtigung ausnahmsweise nach § 145d II Nr. 1 strafbar.

38 FISCHER § 145d Rn. 14; SK-ROGALL § 145d Rn. 31; ARZT/WEBER BT § 48 Rn. 28.

39 OLG Celle NJW 1961, 1416; FISCHER § 145d Rn. 9; diff. LACKNER/KÜHL § 145d Rn. 7.

40 Siehe oben Rn. 1786; ferner für die Nrn. 2 in Abs. 1 und 2 SK-ROGALL § 145d Rn. 45.

46. Kapitel. Strafvereitelungen

I. Die Strafvereitelungsdelikte im weiteren Sinne

Unter den gegen die staatliche Strafrechtspflege gerichteten Straftaten, die man als 1792
Strafvereitelungsdelikte i.w.S. bezeichnen kann, bildet die eigentliche Strafvereitelung (§ 258) den Kerntatbestand. Er bezweckt, die Verhängung sowie die Vollstreckung von Strafen und der in § 11 I Nr. 8 aufgezählten Maßnahmen[1] zu gewährleisten. Neben ihm sollen spezielle Tatbestände vor Angriffen gegen den Strafvollzug (§§ 120 f.) sowie die ungestörte Vollstreckung von Führungsaufsicht (§ 145a), Berufsverboten (§ 145c) und Unterbringungen schützen (§ 323b).

Abbildung: Angriffsobjekte und geeignete Täter der Strafvereitelungen i.w.S. 1793

Angriffsrichtung	**Angreifer:**	
	von der Sanktion **Betroffener**	**Dritter**
(Geld- und Freiheits-) **Strafen/Maßregeln/** Verfall, Einziehung, Unbrauchbarmachung		
- Verhängung	—	§§ 258 I, 258a
- Vollstreckung	—	§§ 258 II, 258a
Vollzug		
- Freiheitsstrafe	§ 121 I	§ 120 I
- Unterbringungen im Allgemeinen	—	§ 120 IV
- - Sicherungsverwahrung	§ 121 IV	§ 120 IV
- - Unterbringung nach § 64	—	§ 323b
- Führungsaufsicht	§ 145a	—
- Berufsverbot	§ 145c	§ 145c

Zur praktischen Häufigkeit von Strafvereitelungen i.w.S. vgl. Näheres auf CD 46-01. 1794
Die in Praxis und Prüfung weniger bedeutsamen Tatbestände der §§ 145a, 145c werden auf CD 46-02 behandelt. Zu § 323b war bereits auf CD 15-01 das Notwendige gesagt worden.

II. Strafvereitelung (§§ 258, 258a)

1. Überblick

Bei § 258 handelt es sich um die bis 1975 in § 257 a.F. geregelte sog. *persönliche Be-* 1795

1 Alle Maßregeln der Besserung und Sicherung, der Verfall, die Einziehung und die Unbrauchbarmachung.

günstigung (im Gegensatz zur *sachlichen* Begünstigung in § 257 heutiger Fassung).[2] Rechtsgut dieses besonderen Anschlussdeliktes[3] ist die Strafrechtspflege.[4] Sie wird ausschließlich gegen Angriffe Dritter geschützt; die sog. *Selbstbegünstigung* bleibt hier – selbst als nur sekundäres Täterziel – straflos (§ 258 V).

1796 Zu unterscheiden sind drei Tatbestände:

- § 258 I bestraft das Vereiteln einer noch zu verhängenden Strafe oder Maßnahme; dieser Tatbestand kann nur *vor rechtskräftiger Aburteilung* begangen werden;
- § 258 II betrifft das Vereiteln der Vollstreckung einer bereits verhängten Strafe oder Maßnahme; der Tatzeitpunkt liegt hier daher *nach rechtskräftiger Aburteilung* des Vortäters;
- § 258a bildet zu beiden eine *Qualifikationsbestimmung für Amtsträger*.

1797 **Abbildung:** Prüfungsaufbau für § 258 I

I. Tatbestand	1. objektiver Tatbestand (ggf. Qualifikation nach § 258a beachten!) - Aburteilbare Vortat eines anderen (Rn. 1799 f.) - Vereiteln von Strafe/Maßnahme (Rn. 1801 ff.)
	2. subjektiver Tatbestand - Vorsatz bzgl. aburteilbarer Vortat (Rn. 1810 f.) - Absicht bzw. Wissen bzgl. Vereitelung (Rn. 1810)
II./III. Rechtswidrigkeit/Schuld	keine Besonderheiten
IV. Strafausschließung u.a.	- ggf. Strafausschließung bei Selbstbegünstigungstendenz (§ 258 V, Rn. 1812 ff.) - ggf. Strafausschließung bei Handeln zu Gunsten Angehöriger (§ 258 VI, Rn. 1814)

1798 *Hinweis für die Fallbearbeitung*: Liegt einer der persönlichen Strafausschließungsgründe nach § 258 V, VI auf der Hand und bedarf es nicht der Prüfung des Täters im Hinblick auf eine mögliche Teilnahme Dritter, so ist es ratsam, keine eingehende Subsumtion der übrigen Voraussetzungen vorzunehmen, sondern nur kurz auf den Strafausschluss hinzuweisen.

---

2 Zur Deliktsgeschichte vgl. Arno SCHRÖDER, Vortat und Tatobjekt der Strafvereitelung, 1999, S. 13-30.

3 Zu diesem Begriff vgl. oben Rn. 1672 ff.

4 BGHSt 45, 97 (101); Sch/Sch-STREE § 258 Rn. 1; vgl. aber auch das differenzierende Konzept von Stefan SEEL, Begünstigung und Strafvereitelung durch Vortäter und Vortatteilnehmer, 1999, S. 24 ff., sowie von SCHRÖDER (Fn. 2), S. 34 ff., wonach es um die Verstärkung der Präventionswirkungen der jeweiligen Vortaten geht.

2. Objektiver Tatbestand der Strafvereitelung (§ 258 I)

a) Vortat

Vorausgesetzt wird nach dem Wortlaut zunächst eine nur rechtswidrige *Vortat*. Das führt freilich etwas in die Irre, denn der Strafvereiteler verhindert, dass der Vortäter wegen dieser Tat bestraft oder zu einer Maßnahme i.S.v. § 11 I Nr. 8 (Maßregel der Besserung oder Sicherung, Verfall, Einziehung und Unbrauchbarmachung) verurteilt wird. Es bedarf daher ergänzend zur Rechtswidrigkeit der Vortat entweder (der Schuld und) ihrer *Strafbarkeit* oder aber der *Verurteilbarkeit zu einer Maßnahme*.[5] **1799**

Die Vortat muss die *eines anderen* sein, was aber tatbestandlich nicht ausschließt, dass sich auch der Strafvereiteler an ihr beteiligt hatte (z.B. als Anstifter). Seine Strafbarkeit scheitert dann erst im Hinblick auf § 258 V (Rn. 1812). **1800**

b) Tathandlung

aa) Ganzes oder teilweises Vereiteln

Als Tathandeln wird das Vereiteln (der Verurteilung zu Strafe oder Maßnahme) genannt. Das darin enthaltene Erfolgserfordernis kann infolge der Vereitelungshandlung „*ganz oder zum Teil*" eintreten. Hier ist zunächst strikt zu unterscheiden: **1801**

- Die „ganze" Vereitelung betrifft die *Verhängung der Strafe im Ganzen*, mag sie auch nur zeitweise gehindert werden.
- die Vereitelung „zum Teil" erfasst mithin nicht etwa die zeitweise Vereitelung. Vielmehr beschränkt sich die Tathandlung hier darauf, nicht die Aburteilung insgesamt, wohl aber *Teile der Sanktion abzuwenden*.[6] So mag beispielsweise die zusätzliche Verurteilung zu einer Maßregel neben der Strafe durch ein falsches Gutachten oder die Verurteilung nur wegen Körperverletzung zu einer geringeren an Stelle der verdienten höheren Raubbestrafung infolge einer falschen, die Wegnahme leugnenden Zeugenaussage vereitelt werden.

bb) Verzögern als Vereiteln

Bei beiden Vereitelungshandlungen bleibt noch zu bestimmen, wann die Vereitelungsfolge (und damit die Tatvollendung) in zeitlicher Hinsicht eintritt. **1802**

Beispiel (Fluchthilfe für gesuchten Großbetrüger):[7] Der Immobilienkaufmann *Jürgen Sch.* hatte mit Hilfe von Betrügereien mehrere große Bauvorhaben durch hohe Bankkredite finanziert. Sein System geriet Anfang 1994 ins Wanken und im März fasste *Sch.* den Entschluss, zusammen mit seiner Ehefrau unterzutauchen. Ein Bekannter vermittelte ihm den Kontakt zu *Mostafa E.* und dessen Ehefrau *Myrta E.* Am 05.04.1994 übergab *Sch.* dem Ehepaar *E.* 500.000 DM; hiervon arrangierten *Mostafa* und *Myrta E.* Flüge des Ehepaars *Sch.* aus Deutschland heraus und am 13.04.1994 bis nach *Miami*. Dort brachten sie das Ehepaar *Sch.* im Hotel und später in einem Ferienappartement unter. Die Staatsanwaltschaft in *Frankfurt a.M.* hatte auf Anzeige der *Deutschen Bank* am 13.04.1994 ein Ermittlungsverfahren gegen *Sch.*

---

5 RENGIER BT I § 21 Rn. 2.

6 Sch/Sch-STREE § 258 Rn. 16; SK-HOYER § 258 Rn. 11; OTTO BT § 96 Rn. 11.

7 Abgekürzter Sachverhalt nach BGHSt 45, 97 (Fall *Schneider*).

eingeleitet und erwirkte Ende des Monats einen auf den Vorwurf des Betrugs und Bankrotts gestützten Haftbefehl. Am 18.05.1995 spürten Zielfahnder des BKA die Eheleute *Sch.* in *Miami* auf. Sie wurden festgenommen und am 23.02.1996 nach Deutschland ausgeliefert. Am 23.12.1997 wurde *Jürgen Sch.* u.a. wegen Betruges zu einer Freiheitsstrafe von sechs Jahren und neun Monaten verurteilt. — Die durch die Fluchthilfe bewirkte Verfahrensverlängerung wegen der Abwesenheit des Beschuldigten betrug maximal[8] 22 Monate. Dies genügte dem BGH in Einklang mit der h.M., die eine vollendete Vereitelung bei jeder *erheblichen Verzögerung* der Verurteilung annimmt.[9]

1803 Eine Verzögerung von sechs Tagen gilt dabei noch als unerheblich,[10] während zehn Tage ausreichen sollen, wobei zum Teil auf § 229 StPO (a.F.)[11] Bezug genommen wird,[12] was man unter der heutigen Fassung dieser Vorschrift auf drei Wochen auszudehnen hätte.[13]

1804 Anderen genügt sogar jede Verzögerung.[14] Das degradierte freilich die Straftat – entgegen ihrer Struktur – weitgehend zu einem schlichten Tätigkeitsdelikt, weil im Grunde jede Vereitelungshandlung irgendeine Verzögerung mit sich bringt. Schließlich muss man auch der noch so unglaubhaften Zeugenaussage, die dem Täter ein falsches Alibi verschaffen soll, erst einmal zuhören und kann dementsprechend später verurteilen. Eine radikale Gegenposition verlangt demgegenüber die endgültige Hinderung des staatlichen Strafanspruchs, also rechtskräftigen Freispruch oder Verjährungseintritt.[15] Das führte aber zu absurden Konsequenzen, denn was wollte man im Beispielsfall Rn. 1802 mit *Mostafa E.* machen, wäre *Sch.* nicht ausgeliefert worden? Sollte man nun jahrelang zuwarten, ob *Sch.* vor Verjährungseintritt nicht doch noch nach Deutschland zurückkehrt und damit *E.*'s Strafbarkeit entfiele? Das Konzept der Verzögerung als vollendete Vereitelung bleibt daher vorzugswürdig. Indes wäre zu überlegen, eine relevante Verzögerung nicht schon auf Grund des Zeitablaufes allein zu bejahen, sondern zusätzlich eine den vorläufigen Abbruch des bisherigen Verfahrensganges dokumentierende Verfahrenshandlung zu fordern, z.B. die Verfahrenseinstellung nach § 170 StPO oder § 205 StPO, die Aussetzung der Hauptverhandlung oder die Vornahme zusätzlicher Ermittlungen.

---

8 Tatsächlich dürfte sie geringer ausgefallen sein. Denn auch in Anwesenheit von *Sch.* hätte vor Anklage und Durchführung des Hauptverfahrens noch zeitaufwändig ermittelt werden müssen. Diese Ermittlungen konnten jedoch trotz der Flucht vorab durchgeführt werden, wodurch sich das Verfahren nach der Ergreifung deutlich kürzer gestaltet haben dürfte.

9 BGHSt 45, 97 (100); MAURACH/SCHROEDER/MAIWALD BT 2 § 100 Rn. 15; ARZT/WEBER BT § 26 Rn. 3; Sch/Sch-STREE § 258 Rn. 16.

10 BGH NJW 1959, 494 (495); ähnlich KG NStZ 1988, 178 (eine Woche).

11 Die bis dahin zehntägige Unterbrechungsfrist in § 229 I StPO wurde durch das 1. JuMoG 2004 (BGBl. I 2198) auf 30 Tage ausgedehnt.

12 OLG Stuttgart NJW 1976, 2084; Matthias JAHN, Kann "Konfliktverteidigung" Strafvereitelung (§ 258 StGB) sein? ZRP 1998, 103-108 (105 f.).

13 LACKNER/KÜHL § 258 Rn. 4.

14 Theodor LENCKNER, Zum Tatbestand der Strafvereitelung, GedS Schröder S. 339-357 (345 f.).

15 Ulrike SCHITTENHELM, Alte und neue Probleme der Anschlußdelikte im Lichte der Geldwäsche, FS Lenckner S. 520-538 (532 ff.); SK-HOYER § 258 Rn. 14 ff., 17.

cc) Vereitelungshandlungen

Als typische Vereitelungshandlungen kann man Falschaussagen, Vernichten von Beweisen, Fluchthilfe oder Verstecken des Vortäters bezeichnen. Ähnlich der straflosen Beihilfe durch *sozial- oder berufsadäquates Verhalten* sind aber auch bei der Strafvereitelung (dem früheren auxilium post delictum[16]) objektiv den Täter begünstigende Handlungen nicht tatbestandsmäßig, sofern sie *in der konkreten Situation dem Unschuldigen nicht anders gewährt würden*,[17] z.B. die ärztliche Versorgung,[18] die Unterkunftsgewährung, ohne den Täter dabei zu verstecken,[19] oder das Begleichen von Schulden.[20] **1805**

Problematisch ist in diesem Kontext die Beurteilung von *Verteidigerverhalten*, weil die Bewahrung des Mandanten vor Strafe – und zwar selbst trotz erkannter Schuld – zu den legitimen Aufgaben des Verteidigers zählt. Er darf also im Wissen der Schuld des Mandanten z.B. auf Widersprüche in der Beweislage hinweisen, Entlastungsindizien vorbringen und auf Freispruch plädieren. Im Grundsatz bleibt alles, was prozessual ordnungsgemäß ist, dem Verteidiger erlaubt und stellt daher keine Strafvereitelung dar.[21] **1806**

In der Fallbearbeitung ist mit solchen Fragestellungen nicht zu rechnen, soweit sie – wie meist – eine über den Pflichtstoff hinausreichende strafprozessuale Kompetenz verlangen.

3. Objektiver Tatbestand der Vollstreckungsvereitelung (§ 258 II)

Abs. 2 setzt an Stelle einer rechtswidrigen Tat eine rechtskräftige und vollstreckbare Verurteilung zu Strafe oder einer Maßnahme i.S.v. § 11 I Nr. 8 voraus. Hinsichtlich des Vereitelns gelten die Ausführungen zu Abs. 1 sinngemäß (s.o. Rn. 1801 ff.). **1807**

Zum einen ist hier zu bezweifeln, ob auch dann eine Vollstreckungsvereitelung vorliegt, wenn der „Vortäter" durch ein Fehlurteil mit Strafe belegt wurde und nun der Täter beispielsweise den zur Strafverbüßung Gesuchten versteckt. Überwiegend wird angenommen, es genüge formelle Richtigkeit des Urteils; ob der Verurteilte tatsächlich schuldig sei, bleibe irrelevant.[22] Vorzugswürdig ist die Gegenauffassung, die auf die unerklärliche Diskrepanz zu Abs. 1 hinweist, wo die tatsächliche Tatbegehung erforderlich ist.[23] Zudem erscheint der Unwertgehalt einer Tat gering, die allein das Zufügen eines materiell ungerechtfertigten Strafübels verhindert. **1808**

Strittig ist zum anderen, inwieweit die *Bezahlung der Geldstrafe für einen anderen* den Tatbestand erfüllt, was der BGH zu Recht ablehnt, weil die freiwillige Bezahlung der Geldstrafe – anders als deren Beitreibung – keine staatliche Vollstreckungsmaßnahme darstellt.[24] Die Gegenauffassung beklagt zwar zu Recht eine Entwertung der Geldstrafe,[25] verkennt aber die sich **1809**

---

16 Siehe dazu oben Rn. 1676 ff.

17 Ebenso SK-HOYER § 258 Rn. 25; LACKNER/KÜHL § 258 Rn. 3; OTTO BT § 96 Rn. 8.

18 Sch/Sch-STREE § 258 Rn. 21.

19 BGH NJW 1984, 135 (136); OLG Stuttgart NJW 1981, 1569 f.

20 RENGIER BT I § 21 Rn. 19.

21 Vertiefend LACKNER/KÜHL § 258 Rn. 9 f.; Sch/Sch-STREE § 258 Rn. 20, jeweils m.w.N.

22 RGSt 73, 331 (333 f.); Sch/Sch-STREE § 258 Rn. 26; ARZT/WEBER BT § 26 Rn. 2.

23 SK-HOYER § 258 Rn. 5 f.; SCHRÖDER (Fn. 2), S. 166 f.

24 BGHSt 37, 226 (292 f.); ebenso RENGIER BT I § 21 Rn. 11 f.; SK-HOYER § 258 Rn. 21.

25 So Sch/Sch-STREE § 258 Rn. 28; Amand SCHOLL, Die Bezahlung einer Geldstrafe durch Dritte - ein altes Thema und noch immer ein Problem, NStZ 1999, 599-605.

andernfalls auftürmenden Abgrenzungsschwierigkeiten (was ist etwa, wenn dem Verurteilten ein Darlehen gewährt wird?). Gefragt ist hier vielmehr der Strafrichter: Muss er besorgen, dass eine Geldstrafe durch Zahlungen Dritter wirkungslos bleibt, so wäre er ggf. nach § 47 I gehalten, Freiheitsstrafe zu verhängen.

4. Subjektiver Tatbestand

1810 Die tatbestandlich genannte Absicht bzw. die Wissentlichkeit beziehen sich als dolus directus ersten bzw. zweiten Grades allein auf das Vereiteln. Hingegen genügt bedingter Vorsatz zu Vortat bzw. Verurteilung. Einzelheiten der Vortat braucht der Strafvereiteler nicht zu kennen.[26]

1811 Irrt er über das Vorliegen einer Vortat, so ist dieser Irrtum vorsatzrelevant, wenn er sich auf das Vorliegen der Straftat in tatsächlicher Hinsicht bezieht. Bewertet der Täter hingegen das Vorgeschehen in rechtlicher Hinsicht falsch, weil er etwa denkt, die von dem anderen begangene Ordnungswidrigkeit nach § 24a StVG stelle in Wahrheit eine Straftat nach § 316 I dar, so führt dieser Subsumtionsirrtum zum straflosen Wahndelikt; im umgekehrten Fall wäre er nach § 17 zu behandeln.[27]

5. Persönliche Strafausschließungsgründe

a) Handeln mit Selbstbegünstigungsintention (§ 258 V)

1812 Nicht bestraft wird gemäß § 258 V, wer mittels der Vereitelungshandlung zu Gunsten des Vortäters zugleich die eigene Bestrafung verhindern will.

Beispiel (Mordzeugin macht falsche Angaben zum Täter):[28] *Thomas P.* hatte im Verlaufe eines Streites den *Jürgen W.* erdrosselt. Dies geschah in Gegenwart von *Sonja Ch.* und *Zoran R.* in der Wohnung von *Ch.* Am nächsten Tag wurde *Sonja Ch.*, die Lebensgefährtin von *Thomas P.*, als Zeugin polizeilich vernommen. Dabei gab sie an, *Zoran R.* habe die Tat allein begangen. *P.* wurde später wegen Mordes rechtskräftig verurteilt, R. dagegen freigesprochen. *Sonja Ch.* ging bei ihrer polizeilichen Vernehmung fälschlich davon aus, auch ihr drohe wegen des Mordes Strafe, weil sie als Lebensgefährtin des Mörders für dessen Tat mitverantwortlich sei. — Tatbestandlich liegt (neben der zugleich begangenen Falschen Verdächtigung zum Nachteil von R.) eine – nach § 258 IV strafbedrohte – versuchte Strafvereitelung vor. Da § 258 V an eine notstandsähnliche Lage des Täters und seine deswegen geminderte Schuld anknüpft, spielt es keine Rolle, ob *Sonja Ch.* sich diese Lage nur vorstellte[29] oder ob sie tatsächlich existierte.[30] Sie konnte daher nicht nach § 258, sondern allein nach § 164 bestraft werden.

1813 § 258 V gilt nicht nur für die täterschaftliche Strafvereitelung, sondern *auch für Anstiftung und Beihilfe.* Dies folgt aus dem Fehlen einer § 257 III 2 entsprechenden

---

26 BGHSt 46, 53 (58); LACKNER/KÜHL § 258 Rn. 14; OTTO BT § 96 Rn. 12.

27 Anders SK-HOYER § 258 Rn. 35; SCHRÖDER (Fn. 2), S. 122 ff. (Vorsatzausschluss).

28 Nach BGH NStZ-RR 2002, 215.

29 Auch beim klassischen Putativnotstand bliebe der Täter ja i.E. hinsichtlich der Vorsatztat straflos.

30 BGHSt 2, 375 (378), NStZ-RR 2002, 215; RENGIER BT I § 21 Rn. 14.

Ausnahmeregelung in § 258.[31] Der Vortäter, der einen Zeugen dazu bringt, ihm ein falsches Alibi zu verschaffen, kann daher nicht wegen Anstiftung zur Strafvereitelung belangt werden (wohl aber wegen Anstiftung zu den §§ 153 ff.).

b) Angehörigenprivileg (§ 258 VI)

Angehörige des Vortäters i.S.v. § 11 I Nr. 1 bleiben gemäß § 258 VI ebenfalls straffrei. **1814** Eine Ausdehnung dieses Privileges auf Lebensgefährten wird zwar teilweise gefordert,[32] bislang aber überwiegend abgelehnt.[33] Im Beispiel Rn. 1812 hätte sich *Ch.* daher nicht auf § 258 VI berufen können, falls sie keine Selbstbegünstigungstendenz gehabt hätte.

§ 258 VI gilt ebenfalls für die Teilnahme und behält seine strafausschließende Wirkung selbst dann, wenn durch die Tat neben einem Angehörigen auch noch Dritte mitbegünstigt werden.[34]

6. Bestrafung

Der Strafrahmen reicht normalerweise bis zu fünf Jahren Freiheitsstrafe. Allerdings reduziert **1815** § 258 III die mögliche Höchststrafe, falls die Strafvereitelung sich auf Vortaten bezieht, deren Strafobergrenze niedriger liegt (also bei drei Jahren oder weniger), wie z.B. bei den §§ 123, 185, 246 I. In diesem Fall endet der Strafrahmen des § 258 beim Höchststrafmaß der jeweiligen Vortat.

7. Strafvereitelung im Amt (§ 258a)

Bei diesem unechten Amtsdelikt handelt es sich um eine Qualifikationsbestimmung für Amts- **1816** träger i.S.v. § 11 I Nr. 2, welche die Mindeststrafe auf sechs Monate Freiheitsstrafe anhebt. Erforderlich ist die (auch Eil-)*Zuständigkeit des fraglichen Amtsträgers* („zur Mitwirkung ... berufen").

Unterlässt der Amtsträger eine gebotene Verfolgungshandlung, so bedarf es wie bei jedem **1817** unechten Unterlassensdelikt einer Garantenstellung. Die dabei auftretenden Fragen sind zumeist solche des Strafprozessrechts und werden daher an dieser Stelle nicht behandelt.[35]

Hinzuweisen ist auf § 258a III, der § 258 VI ausschließt. Wer als Amtsträger zu Gunsten von **1818** Angehörigen handelt (z.B. als Polizistin eine Strafanzeige gegen den Ehemann unterdrückt), kann daher sehr wohl bestraft werden. Das Selbstbegünstigungsprivileg des § 258 V bleibt hingegen unangetastet.

---

31 RENGIER BT I § 21 Rn. 14; FISCHER § 258 Rn. 35; Sch/Sch-STREE § 258 Rn. 38.

32 MAURACH/SCHROEDER/MAIWALD BT 2 § 100 Rn. 24.

33 Sch/Sch-STREE § 258 Rn. 39a; BGH NJW 1984, 135 (136); BayObLG NJW 1983, 831 (832).

34 Sch/Sch-STREE § 258 Rn. 39; FISCHER § 258 Rn. 39; SK-HOYER § 258 Rn. 40.

35 Vgl. dazu näher HbStrVf-JAHN Rn. I 107 ff.; RENGIER BT I § 21 Rn. 24 ff.

III. Gefangenenbefreiung

1. Täter und Gefangener

1819 Der Tatbestand des § 120 trägt ebenfalls dem Grundsatz Rechnung, dass menschlich nachfühlbar und daher nicht strafwürdig handelt, wer sich selbst einer Strafe und deren Vollzug entzieht,[36] solange er dabei niemanden schädigt (andernfalls kommt § 121 in Betracht). Als *Täter* eignet sich daher jedermann, nur nicht der Gefangene selbst.

1820 Auch der prinzipiell für die Gewahrsamsaufrechterhaltung zuständige *Amtsträger* vermag tatbestandlich zu befreien; ihm gegenüber steigt die Strafdrohung auf Grund der *Qualifikationsbestimmung* in § 120 II von sonst höchstens drei auf dann fünf Jahre Freiheitsstrafe.

1821 *Gefangener* im Sinne von § 120[37] ist,

wer sich kraft Hoheitsgewalt in staatlichem, freiheitsentziehendem Gewahrsam befindet.

Wenn häufig der Versuch einer präziseren Definition des Gefangenenbegriffs unternommen wird,[38] so bleibt dies letztlich fruchtlos, weil über die Gleichstellungsbestimmung in § 120 IV am Ende gleichwohl die obige Beschreibung zutrifft. Gefangene sind daher jedenfalls der Straf- und Untersuchungshäftling, der vorläufig Festgenommene,[39] der nach den §§ 63, 64, 66 StGB, 81a StPO Untergebrachte (Abs. 4), der Jugendarrestant[40] und die zwecks Vorführung in Gewahrsam genommenen[41] sowie in Abschiebungshaft befindlichen Personen.[42] Nicht als Gefangener kommt dagegen in Betracht, wer gemäß § 127 I StPO von Privaten festgenommen wurde (da keine behördliche Anordnung), wer als Jugendlicher eine Heimerziehung erfährt (da Anordnung des Personensorgeberechtigten, vgl. §§ 27, 34 SGB VIII)[43] und wer auf Anordnung des Betreuers untergebracht ist (wobei die gerichtliche Bestätigung unschädlich bleibt,[44] da sie nicht anordnet, sondern nur genehmigt).

Die umstrittene Frage, ob ein gelockerter Vollzug von Strafe oder Unterbringung den Gefangenenstatus berührt, wird auf CD 46-03 behandelt.

2. Tathandlungen

1822 Als Tathandlung nennt § 120 vor allem das *Befreien*, das zu seiner Vollendung der tatsächlichen Durchbrechung staatlichen Gewahrsams mit anschließendem Freisein des Gefangenen bedarf.

Die ergänzend genannten Alternativen des *Verleitens* und *Förderns* zum Entweichen tragen dem Umstand Rechnung, dass die Straflosigkeit der Selbstbefreiung nach dem Akzessorietätsprinzip der Teilnahme andernfalls zur Straflosigkeit desjenigen führte, der einen Gefangenen zur Flucht anstiftet oder ihm dabei hilft. Beide bilden deshalb letztlich nur täterschaftlich vertypte Teilnahmehandlungen i.S.d. §§ 26, 27 an strafloser Selbstbefreiung. Als Tatfolge setzen sie

---

36 Vgl. oben Rn. 1768 sowie MAURACH/SCHROEDER/MAIWALD BT 2 § 72 Rn. 8.

37 Der Begriff in § 121 weicht im Ergebnis davon ab, siehe unten bei Rn. 1828.

38 Vgl. Sch/Sch-ESER § 120 Rn. 3; GÖSSEL/DÖLLING BT 1 § 64 Rn. 2.

39 BGHSt 20, 305 (306 f.).

40 FISCHER § 120 Rn. 2; GÖSSEL/DÖLLING BT 1 § 64 Rn. 2; SK-WOLTERS § 120 Rn. 4.

41 FISCHER § 120 Rn. 2; Sch/Sch-ESER § 120 Rn. 3.

42 Sch/Sch-ESER § 120 Rn. 4; SK-WOLTERS § 120 Rn. 4a.

43 Sch/Sch-ESER § 120 Rn. 4; GÖSSEL/DÖLLING BT 1 § 64 Rn. 2.

44 BGHSt 9, 262 (264 f.); FISCHER § 120 Rn. 3.

gleichfalls den Eintritt der Freiheit des zuvor Gefangenen voraus.[45] Die unterschiedliche Terminologie (Befreien/Entweichen) bleibt insoweit ohne Bedeutung; sie beruht nur auf sprachlichen Bedürfnissen bei der Formulierung der zweiten und dritten Alternative.

Abbildung: Verleiten, Fördern, Anstiften und Helfen bei § 120 **1823**

Tathandlung	gelungene Befreiung	misslungene Befreiung
Befreien eines Gefangenen durch den Täter	Befreien (§ 120 I 1. Alt.)	versuchtes Befreien (§ 120 III)
Anstiften des Gefangenen zur Selbstbefreiung	Verleiten (§ 120 I 2. Alt.)	Versuchtes Verleiten (§ 120 III)
Anstiften eines Dritten zur Befreiung des Gefangenen	Anstiftung zum Befreien (§ 120 I 1. Alt., 26)	Anstiftung zum versuchten Befreien (§ 120 I 1. Alt., III, 26)
Hilfe zur Selbstbefreiung	Fördern (§ 120 I 3. Alt.)	Förderungsversuch (§ 120 III)
Hilfeleistung gegenüber dem befreienden Dritten	Beihilfe zum Befreien (§ 120 I 1. Alt., 27)	Beihilfe zum versuchten Befreien (§ 120 I 1. Alt., III, 27)

Bei Amtsträgern (siehe Rn. 1820) erfordert ein tatbestandliches Befreien allerdings mehr als **1824** bloß pflichtwidriges Vorgehen. Vielmehr scheiden Entlassungshandlungen aus, solange sie von dem dafür zuständigen Amtsträger in der rechten Form vorgenommen werden, selbst wenn sie dem materiellen Recht widersprechen sollten.[46]

3. Vorsatz und Konkurrenzen

§ 120 bildet ein gewöhnliches Vorsatzdelikt, weshalb dolus eventualis genügt. **1825**

Zur Bestrafung siehe bereits Rn. 1820. Beim Zusammentreffen mit § 258 II geht § 120 als **1826** speziellere Bestimmung vor.[47] Mit § 258 I wäre dagegen Tateinheit möglich, z.B. bei der Befreiung eines Untersuchungshäftlings. Denn § 258 I will im genannten Beispiel die Verhängbarkeit einer Sanktion gewährleisten, § 120 dagegen den Vollzug der Untersuchungshaft.[48]

IV. Gefangenenmeuterei

Den schon erwähnten Grundsatz strafloser Selbstbegünstigung[49] durchbricht § 121 nur schein- **1827** bar, indem sich diese Strafbestimmung *alleine an den Gefangenen richtet* und u.a. sein Ausbrechen bestraft (§ 121 I Nr. 2). Denn der Strafgrund der Gefangenenmeuterei liegt nicht im Entweichen, sondern in der dabei erfolgenden, zusätzlichen Inanspruchnahme fremder Rechtsgüter. Wer als Gefangener flieht, ohne dabei weitere Schäden anzurichten, bleibt also straflos.

45 SK-WOLTERS § 120 Rn. 9; MAURACH/SCHROEDER/MAIWALD BT 2 § 72 Rn. 8, 11.

46 BGHSt 37, 388 (392) m. Anm. Diethart ZIELINSKI, StV 1992, 227-230 (229 f.); MAURACH/SCHROEDER/MAIWALD BT 2 § 72 Rn. 14.

47 Insoweit ebenso SK-WOLTERS § 120 Rn. 16; a.A. Sch/Sch-ESER § 120 Rn. 25; FISCHER § 120 Rn. 12; GÖSSEL/DÖLLING BT 1 § 64 Rn. 8.

48 Insoweit ebenso Sch/Sch-ESER § 120 Rn. 25; FISCHER § 120 Rn. 12; GÖSSEL/DÖLLING BT 1 § 64 Rn. 8; a.A. SK-WOLTERS § 120 Rn. 16.

49 Siehe oben Rn. 1768, 1819.

Wer hingegen Gewalt anwendet, verliert dieses Privileg ebenso wie derjenige, der bei der Flucht Sachen entwendet (§ 242) oder beschädigt (§ 303).

1828 Zum Begriff des *Gefangenen* vgl. zunächst Rn. 1821. Allerdings ist zu beachten, dass § 121 IV anders lautet als § 120 IV, was dazu führt, dass außer der Sicherungsverwahrung sämtliche Anstaltsunterbringungen (nach §§ 63 f. StGB, 126a StPO und den Landesgesetzen) aus dem Anwendungsbereich herausfallen.[50]

1829 Bei § 121 handelt es sich um ein *zweiaktiges Delikt*, das zunächst ein Zusammenrotten von Gefangenen und sodann die Vornahme einer der in den Nrn. 1-3 aufgelisteten Tathandlungen „mit vereinten Kräften" verlangt. Eine *Zusammenrottung* liegt vor beim bedrohlichen Zusammentreten von mindestens zwei Personen.[51]

1830 Als strafbare Tathandlungen werden genannt:

- das *Nötigen* einer Aufsichtsperson i.S.v. § 240 sowie das tätliche Angreifen i.S.v. § 113 (§ 121 I Nr. 1);
- *gewaltsames Ausbrechen* (§ 121 I Nr. 2); die Gewalt richtet sich hierbei gegen die sachlichen Gefängnismittel (wie Gitter, Mauern oder Tore); die Gewalt gegen das Personal ist in Nr. 1 abschließend geregelt.[52] Die Tat wird beim Überwinden der letzten physischen Barriere vollendet;[53]
- *gewaltsames Verhelfen zum Ausbruch* (§ 121 I Nr. 3).

1831 Die Vornahme dieser Handlungen „mit vereinten Kräften" erfordert *keine Mittäterschaft*, sondern *nur eine Beteiligung mehrerer*. Es genügt selbst die Handlung eines einzigen Meuterers, wenn ihn dabei die anderen aus der Zusammenrottung heraus zumindest psychisch bestärken und unterstützen.[54]

1832 Nach Abs. 2 besteht Versuchsstrafbarkeit. Der von drei Monaten bis fünf Jahren Freiheitsstrafe reichende Strafrahmen steigt gemäß § 121 IV im besonders schweren Fall auf mindestens sechs Monate und höchstens zehn Jahre. Es handelt sich um eine Strafzumessungsbestimmung in Regelbeispielstechnik. Regelbeispiele sind das Beisichführen einer Schusswaffe (gemäß Anlage 1 Nr. 1.1. zu § 1 IV WaffG), einer anderen Waffe[55] in Verwendungsabsicht[56] sowie das Bewirken einer konkreten Gefahr des Todes oder einer schweren Gesundheitsbeeinträchtigung.[57]

1833 Die allgemeineren §§ 113, 240 werden durch die Gefangenenmeuterei verdrängt. Mit Körperverletzung oder Sachbeschädigung bleibt Tateinheit möglich.[58] § 121 I Nr. 3 verdrängt § 120.[59]

1834

Wiederholungsfragen zum 46. Kapitel

1. Wann wird die Strafe „zum Teil" vereitelt? (Rn. 1801)

---

50 FISCHER § 121 Rn. 2 i.V.m. § 120 Rn. 3.

51 BGHSt 20, 305 (307); Sch/Sch-ESER § 121 Rn. 2.

52 Sch/Sch-ESER § 121 Rn. 11; SK-WOLTERS § 121 Rn. 11, a.A. BGHSt 16, 34 (35 f.) zum früheren, inhaltlich aber vergleichbaren § 122 a.F.

53 SK-WOLTERS § 121 Rn. 11.

54 Sch/Sch-ESER § 121 Rn. 5; LACKNER/KÜHL § 121 Rn. 4; KINDHÄUSER BT I § 38 Rn. 4 f.

55 Zum Waffenbegriff vgl. die Bemerkungen bei § 244 I Nr. 1 (Rn. 1106 ff.).

56 Zur Verwendungsabsicht vgl. oben die Bemerkungen bei § 244 I Nr. 1 (Rn. 1113 f.).

57 Vgl. dazu die Erläuterungen zu § 250 I Nr. 1 c) II Nr. 3 (Rn. 1498, 1502 f.).

58 Sch/Sch-ESER § 121 Rn. 23; FISCHER § 121 Rn. 16.

59 LACKNER/KÜHL § 121 Rn. 9.

2. Wie lange muss nach h.M. die Bestrafung verhindert werden, um die Strafvereitelung zu vollenden? (Rn. 1802 f.)
3. Welche Personen werden nicht wegen Strafvereitelung bestraft? (Rn. 1812, 1814)
4. Warum ist die Gefangenenmeuterei strafbar, obschon das Prinzip strafloser Selbstbegünstigung die Gefangenenbefreiung für den Gefangenen straflos stellt? (Rn. 1827)

47. Kapitel. Falschaussagedelikte

I. Systematik und Bedeutung

Die Gerichte sind auf zutreffende Angaben von Zeugen und Sachverständigen angewiesen, um zu richtigen und gerechten Urteilen zu gelangen. Eine in diesem Sinne funktionierende Justiz verkörpert freilich weder einen Wert an sich noch ist sie Selbstzweck, sondern sie dient der Durchsetzung bzw. dem Schutz derjenigen Interessen, die ihr zur Wahrung oder Entscheidung anvertraut sind. Oft, wie im Rahmen der Zivilrechtspflege, handelt es sich dabei um Vermögensgüter. Bei der Strafjustiz geht es hingegen primär um den Strafanspruch des Staates und das Freiheitsrecht des unschuldig Angeklagten. Aber selbst hier fungieren als sog. Hintergrundrechtsgüter diejenigen Einzel- und Allgemeininteressen, zu deren Wahrung qua Kriminalprävention die einzelnen Strafverfahren geführt werden. **1835**

Vor diesem Hintergrund versuchen die Falschaussagedelikte, die Bedingungen richtiger Urteilsfindung zu gewährleisten, wo diese durch menschlichen Input in Gestalt von Zeugen, Sachverständigen und Dolmetschern mit ihren defizitären Wahrnehmungs- und Erinnerungskompetenzen ohnehin schon in besonderem Maße fehlerträchtig ist. Die besagten Personen sollen zumindest keine zusätzlichen Fehlerquellen durch gezielt (bzw. bei § 161 vermeidbar) unrichtige Angaben eröffnen. **1836**

Im Grunde lassen sich die §§ 153-162 auf nur drei selbstständige Tatbestände zurückführen: Die Falsche uneidliche Aussage (als Zeuge oder Sachverständiger, § 153), der Meineid (§§ 154 f.) sowie die Falsche Versicherung an Eides Statt (§ 156). Sie bauen nicht aufeinander auf, weshalb es zu sehr vereinfacht, den Meineid als qualifizierte Falschaussage einzuordnen. Die drei genannten Delikte besitzen vielmehr trotz einiger Überschneidungen jeweils auch originäre Anwendungsfelder, weil Täterkreis und geschützte Angaben voneinander abweichen: **1837**

1838 **Abbildung:** Systematik der drei Grundformen strafbarer Falschaussagen

Straftat	Uneidliche Falschaussage (§ 153)	Meineid (§§ 154 f.)	Falsche Versicherung an Eides Statt (§ 156)
Täter	*Zeugen und Sachverständige*	Jedermann	Jedermann
Adressat	Gericht oder zur eidlichen Vernehmung zuständige Stelle		zur Abnahme zuständige Behörden und Gerichte
Art der Bekundung	mündliche Aussage	*eidlich bekräftigte* mündliche Aussage	*bekräftigte* mündliche *oder schriftliche* Bekundung

1839 § 162 dehnt die Anwendbarkeit auf internationale Gerichte und Untersuchungsausschüsse aus. Alle weiteren Bestimmungen des 9. Abschnitts beinhalten Versuchs-, Teilnahme-, Rücktritts- oder Fahrlässigkeitssonderregelungen, und zwar in einer Vielfalt, wie sie jenseits des Allgemeinen Teils nirgends sonst zu finden ist.

Abbildung: Falschaussagedelikte und Sonderbestimmungen

(vorsätzliches Grund-) **Delikt**	**Versuch**	**mittelbare Täterschaft**	**versuchte Anstiftung**	**Fahrlässigkeit**	(fakultatives) **Absehen/Milderung von Strafe**
Falsche uneidliche Aussage (§ 153)	straflos	§ 160 Alt. 2	§ 159	straflos	Aussagenotstand (§ 157), Berichtigung (§ 158)
Meineid (§ 154)	strafbar	§ 160 Alt. 1	§ 30	§ 161	Aussagenotstand (§ 157), Berichtigung (§ 158)
Falsche Versicherung an Eides Statt (§ 156)	straflos	§ 160 Alt. 2	§ 159	§ 161	Berichtigung (§ 158)

1840 Die Bedeutung der Falschaussagestraftaten[1] in der forensischen Praxis darf nicht unterschätzt werden. Zu näheren Angaben siehe bereits auf CD 45-01. In der Prüfung sind sie vor allem wegen der geschilderten Abweichungen zu den herkömmlichen AT-Regelungen ausgesprochen beliebt.

II. Falsche uneidliche Aussage

1. Übersicht

1841 Trotz seines begrenzten Täterkreises kommt § 153 praktisch weit häufiger vor als die beiden anderen Falschaussageformen. Er bildet auch in der Fallbearbeitung regelmä-

1 Zur geschichtlichen Entwicklung vgl. MAURACH/SCHROEDER/MAIWALD BT 2 § 75 Rn. 5-8, 29.

ßig die Einstiegsnorm, sofern der Sachverhalt weder Eid noch eidesstattliche Versicherung ausdrücklich vorgibt.

Abbildung: Prüfungsaufbau der Falschen uneidlichen Aussage 1842

I. Tatbestand	1. objektiver Tatbestand - Zeuge / Sachverständiger (Rn. 1846 ff.) - vor Gericht / anderer zuständiger Stelle (Rn. 1843 ff.) - falsche Aussage (Rn. 1849 ff.)
	2. subjektiver Tatbestand - Vorsatz bzgl. Zeugen-/Sachverständigeneigenschaft, Gericht/zuständiger Stelle, Unrichtigkeit der Aussage (Rn. 1872)
II./III. Rechtswidrigkeit/Schuld	keine Besonderheiten
IV. Strafausschließung u.a.	- ggf. Absehen von Strafe wegen Aussagenotstandes (§ 157, Rn. 1874) - ggf. Absehen von Strafe wegen Berichtigung der Aussage (§ 158, Rn. 1879)

2. Tatbestand

a) Situativer Anwendungsbereich

Falschaussagen geschehen hauptsächlich *vor Gericht*, worunter staatliche inländische 1843
sowie über § 162 I zusätzlich internationale Gerichte fallen, nicht dagegen private Schiedsgerichte[2] (wie z.B. das DFB-Schiedsgericht oder Schiedsmänner). Zwar hebt der Tatbestand die Gerichte nur als speziellen Unterfall der zur eidlichen Vernehmung von Zeugen und Sachverständigen zuständigen Stellen hervor, jedoch sind die wenigen Stellen, die neben den Gerichten in Frage kommen, weitgehend bedeutungslos.

Abbildung: Schwurgerichtssaal des LG Münster

Weitere „zuständige Stellen" sind – um noch die wichtigeren zu nennen – u.a. das Bundespa- 1844
tentamt (§ 46 I PatG) sowie der Notar bei Vernehmungen im Auftrag ausländischer Stellen (§ 22 BNotO). Ferner stellt ihnen § 162 II die *parlamentarischen Untersuchungsausschüsse* gleich (z.B. Art. 44 II GG für den Bundestag). Letzteres ist im Hinblick auf die fehlende Unparteilichkeit solcher Ausschüsse und den Umstand, dass selbst Beschuldigte dort als Zeugen unter Wahrheitspflicht vernommen werden, äußerst problematisch.[3]

---

2 LACKNER/KÜHL § 153 Rn. 3; MAURACH/SCHROEDER/MAIWALD BT 2 § 75 Rn. 32.

3 Zu Recht kritisch daher FISCHER § 153 Rn. 9a; Thomas VORMBAUM, Falsche uneidliche Aussagen vor parlamentarischen Untersuchungsausschüssen, JZ 2002, 166-170 (168 f.).

1845 *Hinweis für die Fallbearbeitung*: Da Polizei und Staatsanwaltschaft eindeutig nicht zur eidlichen Vernehmung berufen sind, wäre es verfehlt, dort abgegebene Falschaussagen nach § 153 zu prüfen; allenfalls ein kurzer Hinweis in einem Nebensatz mag angehen.

b) Persönlicher Anwendungsbereich

1846 Taugliche Täter sind allein *Zeugen* und *Sachverständige*, also keinesfalls Beschuldigte und ebensowenig Parteien eines Rechtsstreites sowie Dolmetscher.[4]

1847 Da der Unrechtsgehalt der Aussagestraftaten gerade aus dem Verstoß gegen die spezifischen, aus der Verfahrensrolle in der Aussagesituation herrührenden Pflichten folgt, handelt es sich bei ihnen allen zudem um *eigenhändige Delikte* mit der Konsequenz eines Ausschlusses mittelbarer Täterschaft. Der dadurch gerissenen Lücke wird durch die Sonderregelung in § 160 Rechnung getragen (siehe unten Rn. 1914).

1848 Uneingeschränkt möglich bleiben dagegen Anstiftung und Beihilfe. Angeklagte eines Strafverfahrens können daher Zeugen in strafbarer Weise zur Falschaussage anstiften.

c) Die falsche Aussage

aa) Aussageform und -inhalt

1849 Tatgeeignet sind zunächst *ausschließlich mündliche Bekundungen*.[5] Wer als Zeuge dem Gericht schriftlich etwas Falsches mitteilt, kann allenfalls nach anderen Bestimmungen (z.B. wegen [Prozess-]Betruges nach § 263) bestraft werden. Ebensowenig sagt der Sachverständige in seinem vorab vorgelegten schriftlichen Gutachten aus, sondern frühestens mit dessen Erläuterung in der Hauptverhandlung.

1850 Die ausnahmsweise auch schriftliche Angaben einbeziehende Gegenauffassung[6] verweist darauf, es seien z.T. erleichterte Möglichkeiten zur Beweiserhebung vorgesehen (z.B. in den §§ 186 GVG; 411 ZPO). Sie verkennt damit aber die Wortlautgrenze: Aussagen mag man vielleicht zu Papier bringen, aber man kann nicht schriftlich aus*sagen*. Anders läge es, falls es in § 153 „angibt“ oder „Angaben macht“ hieße. Bezeichnenderweise verwendet daher § 156, um schriftliche Angaben zu erfassen, alternativ die Merkmale „aussagt“ und „falsch abgibt“.

1851 Außerdem zählt nicht alles, was ein Zeuge vor Gericht bekundet, auch zum Gegenstand seiner Aussage i.S.v. § 153. Zu ihr gehört zunächst, was den (ursprünglichen) *Vernehmungsgegenstand* betrifft. Im Zivilprozess ergibt sich dieser aus dem Beweisbeschluss. Im Strafverfahren umfasst er die gesamte prozessuale Tat (§§ 155, 264 StPO), die nach der Anklage Verfahrensthema ist.[7] Der Vernehmungsgegenstand kann darüber hinaus *durch Fragen erweitert* werden,[8] soweit sie noch in irgendeinem sachlichen Zusammenhang mit dem Thema stehen.[9] Was hingegen mangels Sachzusammenhangs für die Überzeugungsbildung des Gerichts keine Rolle zu spielen vermag,

---

4 FISCHER § 153 Rn. 10; Sch/Sch-LENCKNER § 153 Rn. 4 f. Für Parteien und Dolmetscher ist allerdings ein Meineid möglich, vgl. unten Rn. 1887 f.

5 FISCHER § 153 Rn. 3; SK-RUDOLPHI § 153 Rn. 2; OLG München MDR 1968, 939 f.

6 Sch/Sch-LENCKNER § 153 Rn. 22; MAURACH/SCHROEDER/MAIWALD BT 2 § 75 Rn. 35.

7 Sch/Sch-LENCKNER § 153 Rn. 14; SK-RUDOLPHI vor § 153 Rn. 23; GÖSSEL/DÖLLING BT 1 § 69 Rn. 6.

8 BGHSt 2, 90 (92).

9 BGHR § 153 StGB Wahrheitspflicht 1; Sch/Sch-LENCKNER vor § 153 Rn. 15.

gehört auch nicht zur Aussage i.S.v. § 153, denn wäre es falsch, so griffe es gleichwohl wegen seiner Irrelevanz das Rechtsgut nicht an.[10]

Dennoch gehören zum Aussageinhalt auch Personalangaben einschließlich des Alters. **1852**

Beispiel (Falsche Altersangaben eines Sachverständigen):[11] In der Hauptverhandlung eines Strafverfahren vor der Strafkammer wurde der Medizinaldirektor im Ruhestand *Dr. Hans G.* als psychiatrischer Schuldsachverständiger zu seinem zuvor bereits schriftlich vorgelegten Gutachten vernommen. Bei den Angaben zu seiner Person gab er sein Alter aus Eitelkeit mit „66 Jahren" an, obschon er bereits 71 Jahre alt war. — Die Zugehörigkeit der Personalangaben zur Aussage ist beim Zeugen unbestritten;[12] sie gilt aber ebenso für Sachverständige.[13] Hintergrund ihrer Einbeziehung ist die Relevanz für die Beweiswürdigung. So besitzt das Alter beim Zeugen für Wahrnehmungs- und Erinnerungsfähigkeit eine Bedeutung, beim Sachverständigen in ähnlicher Weise für den Erfahrungsschatz einerseits und andererseits für das Denkvermögen sowie die Fähigkeit, (noch) den Überblick über den aktuellen Forschungsstand zu behalten. *Dr. G.* hat daher falsch ausgesagt.

bb) Wann ist eine Aussage falsch?

(1) Tatsachen als Anknüpfungspunkt Zunächst kann eine Aussage nur hinsicht- **1853** lich ihrer *Tatsacheninhalte* falsch sein, und zwar, falls sie unwahre Tatsachen bekundet. Dies knüpft an die Unterscheidung von Tatsachen und Werturteilen an, wie sie in gleicher Weise bei den Beleidigungsdelikten vorgenommen wurde.[14] Von einem Zeugen oder Sachverständigen geäußerte reine *Werturteile* mögen unzutreffend oder unangemessen erscheinen, sie können niemals falsch im Sinne der §§ 153 ff. sein. Zu den Tatsachen zählen – wie beim Betrug[15] – allerdings auch innere Tatsachen.[16]

Aufgabe: Aussageinhalte **1854**
Stellen Sie fest, welche Inhalte die folgenden Aussagen im Einzelnen aufweisen und unter welchen Aspekten sie daher ggf. falsch sein könnten:
(1) „Ich sah, wie ein Fahrzeug mit überhöhter Geschwindigkeit um die Ecke bog. Am Steuer habe ich *Jochen Sch.* erkannt."
(2) „*Klaus B.* beleidigte *Kasimir W.* mit Worten, die ich hier nicht wiedergeben will."

Oft fällt es nicht leicht, die einzelnen Bestandteile einer Aussage zu isolieren. Dies ist **1855** aber erforderlich, wenn man erkennen will, ob sie falsch ist. Höchst selten wird eine Aussage nämlich komplett erlogen. Sehr oft hingegen finden sich (gewollt oder ungewollt) Ungenauigkeiten in der Darstellung von Wahrnehmung und Erinnerung. Denn selbstverständlich beschreibt ein Zeuge nicht nur objektive tatsächliche Geschehnisse, sondern jedenfalls auch sein Wahrnehmungs- und Erinnerungsbild davon.

---

10 Ebenso Ulrich STEIN, Zum Begriff der Falschaussage, FS Rudolphi S. 553-579 (562).

11 Nach Mitteilungen ehemaliger Kollegen soll sich ein entsprechender Vorfall vor dem LG Hannover zugetragen haben; es ist indes nie zu einem Ermittlungsverfahren gekommen.

12 SK-RUDOLPHI vor § 153 Rn. 22; RGSt 60, 407 (408); BGHSt 4, 214 (217).

13 Anders NK-VORMBAUM § 153 Rn. 14.

14 Vgl. oben Rn. 746 ff.

15 Siehe dazu oben Rn. 1193 ff.

16 SK-RUDOLPHI vor § 153 Rn. 15, 19; RENGIER BT II § 49 Rn. 10; BGH StV 1990, 110.

1856 In der Regel setzt sich daher jede einzelne Angabe eines Zeugen aus folgenden Teilaussagen zusammen, die sie teils explizit erklärt, zumindest aber implizit enthält:

- die eigentliche Darstellung eines Sachverhaltes („*Sch.* bog um die Ecke"),
- seine Wahrnehmung durch den Zeugen („Ich sah, wie *Sch.* um die Ecke bog"),
- die Erinnerung an das Geschehen („Nach meiner Erinnerung bog *Sch.* um die Ecke").

Die Aussage „*Sch.* fuhr um die Ecke" wäre von daher die verkürzte Wiedergabe der Aussage „Ich sah – und erinnere mich noch daran –, dass *Sch.*, den ich erkannt habe, um die Ecke fuhr." Eine solche Aussage schließt implizite Relativierungen zunächst einmal aus, z.B. eine ungenaue Erinnerung oder eine unsichere Beobachtung. Von dem Zeugen wird verlangt, sie ggf. explizit auszusprechen:[17] „Ich *meine mich zu erinnern*, dass…", „Ich bemerkte eine Person, *die wie Sch. aussah*, ..." Tut er das, indem er beispielsweise aussagt: „Ich habe keine genaue Erinnerung mehr, denke aber, es war gegen 20 Uhr, als...", so wird dadurch das objektive Geschehen („es war 20 Uhr") als eigenständige Behauptung aus dem Aussageinhalt eliminiert. Der Zeuge hätte dann ausschließlich über sein Erinnerungsbild ausgesagt.[18]

1857 Implizite wie ausdrücklich erklärte tatsächliche Aussageinhalte können theoretisch falsch sein. So mag in der Aufgabe (1) Rn. 1854 der eigentliche Vorgang des Fahrens um die Ecke so nicht geschehen, die Beobachtung des Zeugen unsicher, seine Erinnerung nicht mehr vorhanden oder das Erkennen des *Sch.* nur ein Rückschluss aus dem Umstand gewesen sein, dass es sich um das Fahrzeug des *Sch.* handelte. In jedem dieser Fälle wäre die Aussage (1) Rn. 1854 falsch.

1858 Hat ein Zeuge seine Aussage hingegen explizit auf seine noch vorhandene Erinnerung bezogen („Ich bin mir heute nicht mehr sicher, denke aber, es war 20 Uhr"), so könnte sie nur falsch sein, wenn er entweder in Wahrheit eine bessere oder noch schlechtere oder inhaltlich eine andere Erinnerung gehabt hätte. Es hängt also wesentlich von der Formulierung durch den Zeugen ab, was er tatsächlich bekundet.[19] Da sich einfacher strukturierte Zeugen über die Tragweite derartiger Differenzierungen kaum Gedanken machen, sagen sie häufig mehr aus, als sie eigentlich verantworten könnten. Es wäre dann die Aufgabe des Vernehmenden, durch Nachfragen den vom Zeugen eigentlich gewollten Aussageinhalt zu präzisieren.[20] Geschieht dies nicht und bleibt die Aussage des Zeugen daher unrelativiert im Raume stehen, so kann diesem allenfalls auf subjektiver Ebene geholfen werden, indem man den Vorsatz zur Bekundung des tatsächlich falsch Gesagten verneint. Hat also jemand den Ablauf eines Verkehrsunfall beschrieben („*A.* kam aus der *X-Straße*"), obwohl er als typischer „Knallzeuge" erst infolge des Zusammenpralls hingeschaut und den Ablauf dann (unbewusst) auf Grund des *dann* Wahrgenommenen (z.B. der Endposition der Fahrzeuge) rekonstruiert hatte, so wäre seine Aussage objektiv falsch, wenn *A.* eben nicht aus der *X-Straße*, sondern aus einer Parkbucht gekommen und erst durch den Aufprall in die Einmündung geschoben worden wäre. Insoweit fehlte es zwar am Vorsatz, denn der Zeuge weiß es schließlich nicht besser. Seine Aussage wäre aber auch deshalb objektiv (und insoweit zugleich subjektiv) falsch, weil er implizit mitteilt, das

---

17 Ähnlich STEIN (Fn. 10), FS Rudolphi S. 571 f.

18 Walter KARGL, Wahrheit und Wirklichkeit im Begriff der „falschen Aussage" (§§ 153 ff. StGB) GA 2003, 791-806 (796 f.); anders wohl STEIN (Fn. 10), FS Rudolphi S. 568 f.

19 Ebenso STEIN (Fn. 10), FS Rudolphi S.557 f.

20 Wegen dieser Abhängigkeit vom Vernehmenden kritisch KARGL (Fn. 18), GA 2003, 797.

Geschehen wie geschildert beobachtet zu haben. Subjektiv könnte man aber weiter vermuten, dass der Zeuge überhaupt nicht daran gedacht hatte, konkludent durch das Gesagte zugleich zum Ausdruck zu bringen, das Geschehen von Anfang an beobachtet zu haben. Es fehlte ihm dann der Vorsatz, *insoweit* auszusagen.

(2) Bewertungen mit Tatsachenkern Oft enthalten Zeugen- (und erst recht Sachver- **1859**
ständigen-[21])Aussagen neben reinen Tatsachen auch Werturteile. *Bewertungen* scheiden zwar prinzipiell als Ansatzpunkte für eine Falschaussage aus.[22] Manche Bewertungen enthalten allerdings *konkludente Tatsachenangaben,* etwa in Aufgabe (1) Rn. 1854 die Bekundung „überhöhter" Geschwindigkeit. Zwar besteht die Angabe einer Überhöhung (in Bezug auf die erlaubte Geschwindigkeit oder die Verkehrslage) primär aus einer Bewertung. Immerhin aber bringt der Aussagende zum Ausdruck, dass die Geschwindigkeit für ihn auffallend hoch war. Dies aber stellt eine (innere) Tatsache dar. Wäre der Fahrer daher objektiv oder nach Einschätzung des Zeugen mit einer an der fraglichen Stelle adäquaten oder gar langsameren Geschwindigkeit gefahren, so wäre sie in ihrem Tatsachenkern falsch.

Bei *Rückschlüssen* liegt es ähnlich; der Schluss als solcher produziert keine Tatsache, obschon **1860**
er selbst eine ist. Die Schlussfolgerung: „Ich habe das Auto von *Sch.* gesehen, also fuhr *Sch.* um die Ecke" behauptet daher nicht, dass *Sch.* um die Ecke fuhr, sondern, dass der Aussagende davon überzeugt ist. Diese Überzeugung wiederum stellt eine innere Tatsache dar (die falsch sein kann, wenn der Aussagende in Wahrheit andere Wahrnehmungen gemacht hatte oder auf Grund weiterer Umstände annimmt, *Sch.* habe nicht im Fahrzeug gesessen).

Oft werden auch im normalen Sprachgebrauch *Rechtsbegriffe* verwendet, ohne dass **1861**
der Sprecher dadurch eine rechtlich präzise Einordnung zum Ausdruck bringen will. Ihm geht es vielmehr um eine schlicht tatsächliche Schilderung. Ein Beispiel bildet die alltägliche Verwendung des Rechtsbegriffs „Kauf". Wenn ein Zeuge etwas im Geschäft „gekauft" haben will, gibt er damit in der Regel primär den tatsächlichen Ablauf verkürzt wieder, also die Sache mit Einverständnis des „Verkäufers" mitgenommen und dafür bezahlt zu haben.[23] Dass es sich wirklich um einen Kauf gehandelt hat und er bereits Eigentümer geworden ist, stellt hingegen jeweils einen rechtlichen Schluss aus diesem Geschehen dar, der als Bewertung dann nicht mehr „falsch" im Sinne der §§ 153 ff. sein kann. Einen ähnlichen Kern tatsächlicher Art weist auch die Angabe eines Beleidigens in Aufgabe (2) Rn. 1854 auf. Der Begriff des Beleidigens enthält ebenso eine rechtliche Bewertung wie eine Behauptung tatsächlich geschehener verletzender Äußerungen. Dieser tatsächliche Kern wäre zwar im Detail noch sehr unbestimmt; er schließt aber für den Zuhörer zumindest aus, dass ausschließlich eindeutig nichtbeleidigende Äußerungen gefallen sind. Hätte *B.* daher nur Höflichkeiten (oder gar nichts) geäußert, so wäre die Angabe trotz ihrer Einkleidung in eine Bewertung in tatsächlicher Hinsicht falsch und daher geeignetes Anknüpfungsobjekt für eine Subsumtion unter die §§ 153 ff.

---

21 Zu den spezifischen Problemen bei Aussagen von Sachverständigen vgl. CD 47-02.

22 Siehe oben Rn. 1853.

23 SK-RUDOLPHI vor § 153 Rn. 16; NK-VORMBAUM § 153 Rn. 36; KARGL (Fn. 18), GA 2003, 795.

1862 *(3) Auslassungen* Selbst das schlichte Verschweigen einzelner Umstände könnte eine ansonsten wahre Aussage zu einer falschen machen, soweit es *eine Fehldeutung des positiv Bekundeten bewirkt.*[24] Das setzt voraus, dass die verschwiegene Tatsache zum Gegenstand der Vernehmung gehört und sie für die Entscheidung erheblich ist.[25] Hätte bei Aufgabe (1) Rn. 1854 eine zweite Person im Fahrzeug gesessen, so käme es auf den Aussagekontext an, ob eine solche Fehldeutungsgefahr bestünde. Ginge es allein um die Frage, ob *Sch.* (zu schnell) fuhr, könnte die Anwesenheit einer zweiten Person irrelevant sein. Stünden hingegen der Fahrer und die weiteren Insassen im Verdacht, an einer anderen Tat beteiligt zu sein, so wäre das Verschweigen eines potenziellen Mittäters als objektiv-tatbestandliche Falschaussage anzusehen. Ob der Zeuge diese Relevanz des von ihm Verschwiegenen erkannt hat, wäre dann im Rahmen des Vorsatzes bedeutsam.

1863 Eine *offene Auskunftsverweigerung* wie in Aufgabe (2) Rn. 1854 führt hingegen zu einer zwar unvollständigen, aber keineswegs falschen Erklärung. Denn die Unzulänglichkeit einer solchen Aussage ist dem Gericht offenkundig, weshalb das Rechtsgut nicht auf die für Falschaussagen typische verdeckte Weise angegriffen wird. Das Gericht kann auf derartige Lücken vielmehr reagieren, indem es die Aussage zu erzwingen versucht (z.B. über § 70 II StPO) oder andere Erkenntnisquellen bemüht.

1864 *(4) Unwahrheit von Tatsachen* Vor dem Hintergrund der näheren Analyse des Aussageinhaltes bedarf es der anschließenden Klärung, nach welchen Kriterien sich die Unwahrheit einer Tatsache beurteilt. Unbestritten ist eine Aussage falsch, soweit ihr Inhalt mit der Wirklichkeit nicht übereinstimmt.[26] Gestritten wird freilich, welche Wirklichkeit dafür als Bezugspunkt dient. Heute folgen der überwiegende Teil des Schrifttums sowie die Rspr. der sog. *objektiven (Eides-)Theorie,* wonach es darauf ankommt, ob Aussageinhalt und objektive Wahrheit übereinstimmen.[27]

1865 Daneben finden sich zwei weitere Hauptströmungen: Nach der *subjektiven (Eides-)Theorie* entscheidet die Kongruenz von Aussageinhalt und Erinnerungsbild,[28] während die *Pflichttheorie*[29] fragt, ob sich der Zeuge pflichtgemäß um eine zutreffende und vollständige Aussage bemüht, d.h. seine Erinnerung angestrengt und ggf. anhand von Aufzeichnungen aufgefrischt hat, wie es die prozessuale Wahrheitspflicht von ihm verlangt.[30]

1866 Tatsächlich erweist sich der Streit zwischen objektiver und subjektiver Theorie als weitgehend belanglos, sofern man zuvor präzise den Aussageinhalt bestimmt hat. Soweit ein Zeuge Aussagen über ein historisches Geschehen macht, ist dieses der

---

24 NK-VORMBAUM § 153 Rn. 98.

25 Vgl. BGHSt 1, 22 (24); 2, 90 (92); SK-RUDOLPHI vor § 153 Rn. 26 ff.

26 STEIN (Fn. 10), FS Rudolphi S. 555.

27 Adaequatio intellectus et rei, vgl. ARZT/WEBER BT § 47 Rn. 36, 40; BGHSt 7, 147 (148); Sch/Sch-LENCKNER vor § 153 Rn. 6; LK-RUß vor § 153 Rn. 8 ff.

28 OLSHAUSEN StGB § 153 Anm. 4; zuletzt noch LK[10]-WILLMS vor § 153 Rn. 9 f.

29 Gelegentlich auch als modifiziert-objektive oder Wahrnehmungstheorie bezeichnet, vgl. Sch/Sch-LENCKNER vor § 153 Rn. 4.

30 OTTO BT § 97 Rn. 7 ff.; NK-VORMBAUM § 153 Rn. 79 ff., ähnlich SK-RUDOLPHI vor § 153 Rn. 40 ff.

(objektive) Bezugspunkt; das subjektive Wissen bleibt – nur, aber immerhin – für den Vorsatz bedeutsam. Soweit dagegen die Aussage (auch oder nur) die subjektive Wahrnehmung oder Erinnerung des Geschehens wiedergibt, ist die tatsächliche subjektive Wahrnehmung oder Erinnerung ausschlaggebend. Der jeweilige Absolutheitsanspruch von objektiver und subjektiver Theorie ist daher schon im Ansatz verfehlt und sie besitzen je nach Aussagegegenstand eine gewisse Berechtigung.

Lediglich die Pflichttheorie lässt sich mit der Systematik der Falschaussagedelikte nicht mehr **1867**
vereinbaren. Nach ihr wäre § 161 überflüssig, weil für sie die dort fahrlässigkeitsbegründende Sorgfaltswidrigkeit bereits die Vorsatzstrafbarkeit gemäß § 153 eröffnete. Zudem ist nicht einzusehen, wieso Pflichtwidrigkeit mit Falschheit gleichzusetzen sein sollte; vielmehr handelt es sich in der Sache um schlichte Aussageverweigerung, wenn ein Zeuge sich nicht gehörig zu erinnern sucht und daher zu einer Tatsache keine Angaben machen kann. Dafür aber sehen die Prozessordnungen andere Sanktionen in Gestalt von Ordnungsgeld und -haft vor (vgl. § 70 I StPO).

Eine etwas eingehendere Auseinandersetzung mit den einzelnen Theorien findet sich **1868**
auf CD 47-01. Zu den spezifischen Fragen, die bei der Aussage eines Sachverständigen entstehen, siehe auf CD 47-02.

Hinweis für die Fallbearbeitung: Zweckmäßigerweise überprüft man erst einmal das **1869**
ausdrücklich Gesagte auf seine Richtigkeit, wobei zunächst das objektive Geschehen und sodann etwaige Angaben zu Beobachtungsfähigkeit und Erinnerung in den Blick zu nehmen wäre. Erst wenn die Aussage bis dahin richtig ist, bleibt zu prüfen, ob sie mangels expliziter Einschränkungen implizit Miterklärtes enthält (siehe Rn. 1855), was falsch ist, oder ob sie Relevantes verschweigt (Rn. 1862). Den Streit um die Falschheitstheorien sollte man danach erwähnen, ihn aber in aller Kürze als Scheinproblem entlarven (vgl. Rn. 1866).

cc) Tatvollendung

Die Tat ist nicht schon mit dem Aussprechen der Unwahrheit vollendet, sondern erst, **1870**
wenn die Aussage insgesamt von allen Beteiligten als abgeschlossen angesehen wird.[31] Dieser Abschluss tritt für gewöhnlich mit der endgültigen Entlassung des Zeugen oder Sachverständigen ein (§ 248 StPO).[32] Denn in diesem Moment ist offenkundig, dass das Gericht sich mit seiner Aussage zufrieden gibt und an ihn keine weiteren Fragen mehr hat.

Es kommt also auf die am Ende von dem Zeugen oder Sachverständigen autorisierte **1871**
Version an. Hatte er zunächst gelogen, das aber im weiteren Verlauf seiner Aussage, etwa auf eindringliches Befragen hin, richtiggestellt, so handelt es sich insgesamt um eine richtige Aussage und er bleibt straflos, denn eine *Versuchsstrafbarkeit existiert nicht*.

Erfolgt eine Richtigstellung nach abgeschlossener Aussage (beispielsweise bei einer nach Entlassung des Zeugen nachträglich beschlossenen ergänzenden Vernehmung an einem weiteren Verhandlungstag), so findet § 158 Anwendung (siehe Rn. 1879).

---

31 Sch/Sch-LENCKNER § 153 Rn. 8; GÖSSEL/DÖLLING BT 1 § 69 Rn. 9; BGHSt 8, 301 (314).

32 So wohl auch Sch/Sch-LENCKNER § 153 Rn. 8; anders z.T. SK-RUDOLPHI § 153 Rn. 7 (Abschluss des Rechtszuges).

3. Subjektiver Tatbestand

1872 Die uneidliche Falschaussage ist nur vorsätzlich begehbar. Der Täter muss seine Zeugen- bzw. Sachverständigenrolle erkennen sowie mindestens mit der Falschheit seiner Bekundung rechnen und diese in Kauf nehmen.

4. Bestrafung und Absehen von Strafe

a) Strafrahmen

1873 Es werden zwar nur fünf Jahre Höchstfreiheitsstrafe angedroht, aber immerhin eine Mindeststrafe von drei Monaten. Dadurch hat der Gesetzgeber zum Ausdruck gebracht, dass es bagatellartige Falschaussagen nicht ohne Weiteres gibt und die Straftat grundsätzlich ein gesteigertes Gewicht im Vergleich zu anderen Vergehen wie etwa dem Diebstahl aufweist.

b) Aussagenotstand (§ 157)

1874 § 157 I erlaubt eine Strafmilderung oder ausnahmsweise sogar das Absehen von Strafe für den Fall, dass der Täter durch die Falschaussage die eigene Bestrafung oder die eines Angehörigen i.S.v. § 11 I Nr. 1 verhindern wollte. Die Bestimmung beschreibt eine notstandsähnliche Konfliktlage, aus welcher heraus die Falschaussage entstanden ist. In derselben Situation stünde dem Zeugen allerdings das Recht zu, Zeugnis bzw. Auskunft nach den §§ 52, 55 StPO zu verweigern. Er könnte daher einen einfacheren Weg beschreiten, um sich der Konfliktlage zu entziehen, als zu ihrer Bewältigung eine strafbare Falschaussage zu begehen. Das erklärt, warum § 157 I lediglich fakultative Vergünstigungen vorsieht (und Teilnehmer nicht in deren Genuss gelangen[33]).

1875 Entscheidend ist die *Motivation des Täters*, weshalb objektiv gar keine Gefahr der Strafverfolgung vorzuliegen bräuchte.[34] Auch muss diese Gefahr die Falschaussage nicht alleine motiviert, sondern nur den Entschluss, unwahr auszusagen, mit beeinflusst haben.[35]

1876 Umstritten ist, ob über den Kreis der Angehörigen hinaus die *analoge Anwendung* der Vorschrift auf nahestehende Personen zulässig ist. Überwiegend wird das im Hinblick auf die bewusste Abweichung zu § 35 abgelehnt.[36] Die Gegenauffassung verweist darauf, die notstandsähnliche Situation bestünde in ähnlicher Weise auch bei Lebensgefährten.[37] Sie verkennt dabei allerdings, dass § 52 StPO in gleicher Weise wie § 157 I differenziert und das Gesetz daher die Zeugenstellung eines Angehörigen gegenüber sonstigen nahestehenden Personen durchgehend privilegiert.

1877 Enger, als der Wortlaut es gebietet, wird § 157 I zudem auf Fälle beschränkt, in denen die *Angabe der Wahrheit unmittelbar die Strafverfolgungsgefahr begründet*.[38] Es genügt also nicht,

---

33 LACKNER/KÜHL § 157 Rn. 1; BGHSt 3, 320.

34 BGHSt 8, 301 (317); OLG Düsseldorf NJW 1986, 1822; Sch/Sch-LENCKNER § 157 Rn. 6.

35 RENGIER BT II § 49 Rn. 44; Sch/Sch-LENCKNER § 157 Rn. 10; BGHSt 8, 301 (317).

36 OLG Celle NJW 1997, 1084 (1085); Sch/Sch-LENCKNER § 157 Rn. 6; WESSELS/HETTINGER BT 1 Rn. 762.

37 SK-RUDOLPHI § 157 Rn. 1; ARZT/WEBER BT § 47 Rn. 112 (dort Fn. 123).

38 RGSt 73, 310 (311); BGHSt 7, 2 (4); RENGIER BT II § 49 Rn. 47; Sch/Sch-LENCKNER § 157 Rn. 9.

beispielsweise einem Angehörigen ein falsches Alibi liefern zu wollen,[39] wenn man ihn bei wahrheitsgemäßer Aussage andererseits nicht *belasten* müsste.

Beispiel (Falschaussage zur Abwendung einer Strafanzeige aus Rache):[40] Die Hausangestellte *Gertrud F.* befürchtete, von dem Arbeiter *Joachim M.* schwanger zu sein, und wandte sich an den Krankenpfleger *Klaus C.* Dieser untersuchte *F.* und fand den Verdacht einer Schwangerschaft bestätigt. Er erbot sich, gegen Entgelt einen Schwangerschaftsabbruch vorzunehmen, was *F.* indes ablehnte. Sie brachte vielmehr das Kind zur Welt und verklagte später den Kindesvater *M.* auf Unterhalt. In diesem Verfahren, in dem es u.a. darum ging, seit wann *F.* schwanger gewesen war, wurde *Klaus C.* als Zeuge vernommen und bekundete wahrheitsgemäß, er habe *F.* im Dezember untersucht. Wahrheitswidrig bejahte er sodann die Frage des Vorsitzenden, ob er Frauenarzt sei. Das tat *C.*, weil er befürchtete, andernfalls werde *Gertrud F.* ihn wegen seines Angebotes, die Schwangerschaft abzubrechen, anzeigen. — Die Strafkammer hatte *C.* die Vergünstigung des § 157 versagt, was das RG als richtig ansah. Denn die wahrheitsgemäße Antwort, kein Frauenarzt zu sein, hätte *C.* noch keinem Straftatverdacht ausgesetzt. Über sein Angebot eines Schwangerschaftsabbruches hätte er schließlich nichts berichten müssen. Eine richtige Aussage hätte daher nur mittelbar über einen befürchteten Racheakt von *F.* (die offenbar auf den „*Frauenarzt C.*" als glaubwürdiges Beweismittel angewiesen war) zur Strafverfolgungsgefahr führen können. Das genügt nicht.[41]

Dieselben Rechtsfolgen des Aussagenotstandes eröffnet § 157 II, falls ein *Eidesunmündiger* (dazu näher unten Rn. 1893) uneidlich vernommen etwas Falsches aussagt. Dies trägt der reduzierten Einsichtsfähigkeit dieser Personengruppe Rechnung. **1878**

c) Berichtigung einer Falschaussage (§ 158)

Auch § 158 erlaubt eine Strafmilderung oder das Absehen von Strafe, und zwar für den Fall, dass der Täter durch die Berichtigung seiner Falschaussage deren verhängnisvolle Wirkungen aus der Welt schafft. Die Bestimmung ist ausschließlich *nach Tatvollendung* anzuwenden, da eine vorherige Berichtigung bereits den Tatbestand entfallen ließe (s.o. Rn. 1871). Die Berichtigung stellt daher eine Art tätiger Reue dar.[42] **1879**

Andererseits muss die Berichtigung *rechtzeitig* geschehen, was durch § 158 II konkretisiert wird. Verspätet wäre sie danach u.a. nach Urteilsfällung, nach Einleitung eines Verfahrens gegen den Zeugen (z.B. durch einen entsprechenden Vermerk des Sitzungsvertreters der Staatsanwaltschaft) oder, falls auf Grund der Falschaussage ein anderer bereits einen Nachteil erlitten hatte, er z.B. verhaftet wurde.[43] **1880**

Die Berichtigung braucht weder vor dem Gericht zu erfolgen (vgl. § 158 III) noch freiwillig zu geschehen. Allerdings genügt kein bloßer Widerruf („es stimmt so nicht, wie ich das ausgesagt habe"). Vielmehr ist die Ersetzung der falschen durch die wahrheitsgemäße Aussage erforderlich[44] („...vielmehr war es so, dass...."). **1881**

---

39 Vgl. RENGIER BT II § 49 Rn. 47; GÖSSEL/DÖLLING BT 1 § 69 Rn. 39.

40 Sachverhaltsausschnitt aus RGSt 64, 104.

41 RGSt 64, 104 (106).

42 RENGIER BT II § 49 Rn. 48; FISCHER § 158 Rn. 2.

43 Sch/Sch-LENCKNER § 158 Rn. 9; SK-RUDOLPHI § 158 Rn. 7.

44 BGHSt 9, 99 (100); Sch/Sch-LENCKNER § 158 Rn. 5; GÖSSEL/DÖLLING BT 1 § 69 Rn. 41.

III. Meineid

1. Überblick

a) Eid und Meineidsprüfung

1882 In § 154 wird das „falsche Schwören" sanktioniert, was vom Wortlaut her missverständlich und historisch zu erklären ist.[45] Heute kennen die deutschen Verfahrensordnungen jedenfalls bei Zeugen nur den sogenannten *Nacheid* (§§ 59 StPO, 392 ZPO).[46] Ein Zeuge sagt also zunächst (uneidlich) falsch aus (was bereits § 153 erfüllen kann) und beschwört anschließend die Richtigkeit seiner Aussage. Daher ist nicht der Schwur an sich falsch, sondern dessen Bezugsobjekt, die Aussage. Das ist bei der Prüfung zu beachten:

1883 **Abbildung:** Prüfungsaufbau des Meineides

I. Tatbestand	1. objektiver Tatbestand - falsche(s) Aussage/Übersetzung/Gutachten (Rn. 1849 ff.) - eidesfähige Person (Rn. 1893) und Zulässigkeit der Vereidigung (Rn. 1889 ff.) - Eidesleistung (Rn. 1894 ff.)
	2. subjektiver Tatbestand - Vorsatz bzgl. eidesfähiger prozessualer Rolle, Gericht/zuständiger Stelle, Unrichtigkeit der Aussage, Eidesleistung (Rn. 1897); alternativ § 161 beachten (Rn. 1898 f.)
II./III. Rechtswidrigkeit/Schuld	keine Besonderheiten
IV. Strafausschließung u.a.	- ggf. Absehen von Strafe wegen Berichtigung der Aussage (§ 158, Rn. 1902) - ggf. Strafmilderung wegen Aussagenotstandes (Rn. 1902)

1884 Soweit es um Zeugen und Sachverständige geht, bildet § 154 eine schlichte Qualifikation zu § 153, für andere eidlich Vernommene hingegen ein eigenständiges Grunddelikt. Soweit ein Schwur vorliegt, sollte man stets mit der Prüfung eines Meineides beginnen, denn die Fälle, in welchen gerade die Subsumtion der Eidesleistung zum Tatbestandsausschluss führt, sind recht selten.

---

45 Der geltende Wortlaut entspricht demjenigen des Parteimeineides nach § 153 a.F., während der Zeugen- und Sachverständigenmeineid nach § 154 a.F. anschaulicher zwischen dem Beschwören einer falschen Aussage und der Verletzung eines zuvor geleisteten Eides differenzierte (vgl. näher bei FRANK StGB § 153 Anm. III., § 154 Anm. III.). Die spätere Zusammenfassung sämtlicher Meineide in § 153 führte zu der verkürzten, missverständlichen heutigen Formulierung. Zur geschichtlichen Entwicklung im Ganzen Klaus HALLER, Der Eid im Strafverfahren, 1999, insb. S. 20-88.

46 Zum Voreid bei anderen Beteiligten vgl. unten Rn. 1896.

b) Heutige Bedeutung des Eides

Der Stellenwert des Eides in der Sozialmoral sinkt zunehmend[47] und der Meineid nähert sich in der gesellschaftlichen Bewertung seines Handlungsunrechts inzwischen der einer einfachen Falschaussage an. Deswegen und auf Grund des Umstandes, dass der falsch aussagende Zeuge den eigentlichen kriminellen Schritt bereits bei der (noch unbeeideten Aussage) tut und danach im Zweifel kaum noch Hemmungen hat, sie auch noch zu beschwören, ist der immense Unterschied in der Strafdrohung (Meineid ist ein Verbrechen!) heute nicht mehr recht nachzuvollziehen. **1885**

Mittlerweile bildet der Eid bei Vernehmungen auch normativ die Ausnahme, weil z.B. strafprozessual nur noch in seltenen Konstellationen vereidigt werden soll (§§ 59 I, 62 StPO). Faktisch war es allerdings schon längst so, dass die Regelvereidigung durch allseitigen Verzicht (vgl. § 61 Nr. 5 StPO a.F.) umgangen wurde. Beides trägt dem Umstand Rechnung, dass eine beschworene Aussage keineswegs glaubhafter erscheint als eine unbeschworene, vielmehr das Gericht selbst durch die Annahme, den Eid im konkreten Fall abverlangen zu müssen, seine Zweifel an der Glaubwürdigkeit des betreffenden Zeugen augenfällig macht.[48] **1886**

2. Objektiver Tatbestand

a) Falschaussage, -gutachten oder -übersetzung

Zur falschen Aussage eines Zeugen oder einer Partei sowie zum falschen Gutachten eines Sachverständigen gilt das zu § 153 Gesagte (Rn. 1849 ff.). **1887**

Der Dolmetscher behauptet bestimmte Aussagen desjenigen, dessen Worte er zu übersetzen hat, sowie seine Überzeugung von einer richtigen Übersetzung. Dies stellt jeweils diejenigen Tatsachen dar, die i.S.d. Aussagedelikte falsch sein können. **1888**

b) Zulässigkeit der Eidesleistung in personaler und situativer Hinsicht

Im Unterschied zu § 153 schränkt § 154 den Täterkreis nicht explizit ein. Allerdings erfolgt eine implizite Begrenzung auf zulässige Eidesleistungen. Es bedarf daher der *prozessual vorgesehenen Vereidigung einer eidesfähigen Person durch eine zuständige Stelle.*[49] **1889**

aa) Zuständige Stelle

Insoweit entsprechen sich die §§ 153, 154, weshalb das zur uneidlichen Falschaussage bei Rn. 1843 ff. Gesagte hier gleichfalls gilt. **1890**

bb) Prozessual vorgesehene Vereidigung

Die eidliche Vernehmung muss im Einzelfall prozessrechtlich vorgesehen sein, wozu es einer expliziten Regelung bedarf. Solche finden sich z.B. für die Vernehmung von *Zeugen* in den §§ §§ 59 I, 62 StPO, 391 ZPO[50], für *Sachverständige* in den §§ 79 StPO, **1891**

---

47 HALLER (Fn. 45), S. 85 ff.; ARZT/WEBER BT § 47 Rn. 9.

48 HALLER (Fn. 45), S. 127 f.

49 GÖSSEL/DÖLLING BT 1 § 69 Rn. 14; SK-RUDOLPHI § 154 Rn. 4 ff.; BGHSt 3, 248 (249).

50 Die zivilprozessualen Vorschriften gelten gemäß § 98 VwGO auch im Verwaltungsprozess.

410 ZPO, für *Parteien eines Zivilrechtstreits* in § 452 ZPO, für *Dolmetscher* in § 189 GVG. Angeklagte und Beschuldigte dürfen hingegen nicht vereidigt werden. War eine tatsächlich durchgeführte Vereidigung nicht zugelassen (z.B. des Mitangeklagten in der Hauptverhandlung über eine Tat eines anderen Angeklagten), so entfällt damit der Tatbestand.[51]

1892 Ist allerdings eine eidliche Vernehmung im Prinzip vorgesehen und nur im Einzelfall rechtswidrig erfolgt, so berührt dass die Möglichkeit eines Meineides nicht.

Beispiel (Meineid durch Tatbeteiligten):[52] *Klaus G.* lebte von seiner Ehefrau getrennt und unterhielt eine Liebesbeziehung zu *Eva B.* Im Ehescheidungsverfahren der Eheleute *G.* beschwor *Eva B.* als Zeugin der Wahrheit zuwider, mit Ausnahme eines einzigen, nicht im September 1964 liegenden Falles sei sie noch nie in der Wohnung von *Klaus G.* gewesen. In dem daraufhin gegen *Eva B.* eingeleiteten Strafverfahren wegen Meineides musste wiederum *Klaus G.* als Zeuge aussagen. Nach Belehrung gemäß § 55 StPO – er stand im Verdacht, *Eva B.* zu ihrem Meineid angestiftet zu haben – bestritt er, dass *Eva B.* in der Nacht zum 24.09.1964 in seiner Wohnung übernachtet habe, und beschwor seine Aussage. Diese war falsch. — Prinzipiell wäre die eidliche Zeugenvernehmung nach § 59 I StPO zulässig gewesen. Allerdings musste *Klaus G.* im konkreten Fall gemäß § 60 Nr. 2 StPO[53] als mutmaßlicher Tatbeteiligter unvereidigt bleiben. Das ändert aber nichts am Vorliegen seines Meineides und gibt nur Anlass zur Strafmilderung (§ 154 II).[54] Denn auch die „zuweilen mangelhafte Rechtspflege“[55] verdient vor dem Hintergrund Schutz, dass selbst verfahrensfehlerhaft gewonnene Aussagen zu Urteilen führen können, die mangels Anfechtung Rechtskraft erlangen.

cc) Eidesfähigkeit

1893 Eidesunfähig und damit entgegen der Rspr.[56] kein tauglicher Täter eines Meineides ist, wer das 16. Lebensjahr noch nicht vollendet hat oder wer entwicklungsbedingt oder wegen einer psychischen Störung keine genügende Vorstellung von der Bedeutung des Eides hat (§§ 60 Nr. 1 StPO, 393 ZPO).[57] Die Prozessgesetze vermuten hier eine Einsichtsunfähigkeit (= Schuldunfähigkeit), die auch das insoweit akzessorische (Schuld-)Strafrecht zu respektieren hat. Das schließt eine Strafbarkeit nach § 153 indes nicht aus (beachte aber Rn. 1878).

---

51 Vgl. auch die – überholte – Verfahrengestaltung in BGHSt 3, 248 (Entschädigungssache).

52 Sachverhalt nach BGHSt 23, 30.

53 Entsprechend § 60 Nr. 3 StPO a.F. zur Zeit der Entscheidung.

54 BGHSt 8, 186 (189); BGH StV 2004, 482 (483); GÖSSEL/DÖLLING BT 1 § 69 Rn. 16; Sch/Sch-LENCKNER vor § 153 Rn. 24; differenzierend SK-RUDOLPHI § 154 Rn. 7; NK-VORMBAUM § 154 Rn. 37 f. bei Unverwertbarkeit der Aussage.

55 KG JR 1978, 77 (78).

56 BGHSt 10, 142 (144).

57 Sch/Sch-LENCKNER vor § 153 Rn. 25; RENGIER BT II § 49 Rn. 20; OTTO BT § 97 Rn. 40.

c) Eidesleistung

aa) Inhalt und Form

Zum Wortlaut des Eides vgl. u.a. die §§ 64, 79 II StPO; 392 Satz 2 ZPO, 189 I 1 **1894**
GVG. Kleinere formale Mängel bei der Eidesabnahme bleiben unschädlich, solange nur die Eidesleistung als solche deutlich bleibt.[58] Mit dem Aussprechen der Eidesformel ist ein Meineid beim Nacheid vollendet.[59]

§ 155 Nr. 1 stellt der Eidesleistung den Eid ersetzende Bekräftigungen gleich, soweit diese in **1895**
den betreffenden prozessualen Bestimmungen als Eidesalternative vorgesehen sind (vgl. die §§ 65 StPO, 189 I 2 GVG). Ferner kann ein (neuerlicher) Eid durch die Berufung auf einen vorhergehenden, ggf. sogar allgemeinen Eid ersetzt werden (§ 155 Nr. 2), wo dies prozessual ermöglicht wird (vgl. die §§ 67, 79 III StPO, 410 II ZPO, 189 II GVG).

bb) Nach- und Voreid

Während der zumeist vorgesehene Nacheid (siehe oben Rn. 1882) eine bereits geschehene **1896**
Falschaussage bekräftigt und der Täter daher weiß, worauf exakt sich sein Eid bezieht, verlangen einige besondere Bestimmungen den Voreid (so § 189 I 1 GVG für den Dolmetscher) bzw. lassen diesen wenigstens alternativ zu (z.B. § 410 I 1 ZPO für den Sachverständigen). Ob der noch ohne Bezug zu einer konkreten Falschbekundung geleistete Voreid überhaupt einen Meineid darstellt, wie die h.M. annimmt,[60] wird näher auf CD 47-03 behandelt.

3. Subjektiver Tatbestand und Fahrlässiger Falscheid (§ 161)

Es bedarf des Vorsatzes hinsichtlich der Falschbekundung und der Eidesleistung. **1897**
Irrtümer über die Reichweite des Eides (etwa, ob er sich insbesondere auf die Personalangaben bezieht) wären vorsatzirrelevant und nach § 17 zu beurteilen.[61]

Fehlt es am Vorsatz, bleibt Fahrlässigkeit gemäß § 161 zu prüfen. Die erforderliche **1898**
Sorgfaltspflichtverletzung kann sich vor allem auf das Nichterkennen der Unwahrheit eigener Angaben beziehen, z.B. infolge unzureichenden Bemühens, sich zu erinnern.

Die Strafdrohung der Fahrlässigkeitstat liegt mit höchstens einem Jahr Freiheitsstrafe deutlich **1899**
unter derjenigen des Vorsatzdeliktes. Zudem ersetzt § 161 II die Kann-Bestimmung des § 158 I durch eine obligatorische Strafaufhebungsfolge für den Fall einer (den Anforderungen von § 158 II, III entsprechenden, rechtzeitigen) Berichtigung der falschen Angaben. Ein Aussagenotstand (§ 157) kommt bei Fahrlässigkeitstaten nicht in Frage, weil er eine bewusst unwahre Aussage voraussetzt.

4. Versuch und Bestrafung

Im Hinblick auf den Verbrechenscharakter ist auch der (wegen der kurzen Versuchsphase **1900**
allerdings eher seltene) Meineidsversuch strafbar. Zum unterschiedlichen Versuchsbeginn bei Vor- und Nacheid vgl. die Übersicht auf CD 47-03.

---

58 LACKNER/KÜHL § 154 Rn. 4; Sch/Sch-LENCKNER vor § 153 Rn. 21.

59 Sch/Sch-LENCKNER § 154 Rn. 15; FISCHER § 154 Rn. 13; vgl. ferner auf CD 47-03.

60 BGHSt 4, 154; Sch/Sch-LENCKNER § 154 Rn. 4, 15; MAURACH/SCHROEDER/MAIWALD BT 2 § 75 Rn. 52; a.A. NK-VORMBAUM § 154 Rn. 28.

61 BGHSt 14, 345 (350).

1901 Die Regelbestrafung zwischen einem und fünfzehn Jahren Freiheitsstrafe reduziert sich in den unbenannten minder schweren Fällen des § 154 II auf die Spanne von sechs Monaten bis zu fünf Jahren.

1902 Für den Fall des Aussagenotstandes (§ 157) gelten die Ausführungen Rn. 1874 ff. entsprechend. Zu beachten ist, dass der Aussagenotstand nur Zeugen und Sachverständige privilegiert, aber weder die meineidige Partei noch den Dolmetscher. Zudem ist im Falle des Meineides nur eine Strafmilderung und kein Absehen von Strafe zulässig. Eine Aussageberichtigung (§ 158) hat hingegen dieselben Rechtsfolgen wie bei der uneidlichen Aussage (vgl. Rn. 1879 ff.).

IV. Falsche Versicherung an Eides Statt

1. Rechtscharakter

1903 Die Versicherung an Eides Statt stellt (neben beispielsweise der Urkundenvorlage) eines von mehreren Mittel zur Glaubhaftmachung dar. Als ein solches soll sie nichts förmlich beweisen, sondern gegenüber einem anderen einen Sachverhalt glaubhafter gestalten, als dies bei schlichter Behauptung der Fall wäre. Dazu trägt nicht zuletzt bei, dass eine falsche Angabe über die §§ 156, 161 strafbar wäre.

1904 Da sie keine Beweismittel i.e.S. darstellen, können Versicherungen an Eides Statt auch nicht dort eingesetzt werden, wo es um die Entscheidung über den Verfahrensgegenstand in Hauptverfahren vor den Strafgerichten oder über den Klagegegenstand in zivilrechtlichen Hauptsacheverfahren geht. Wohl aber taugen sie zur Unterstützung von Behauptungen in Zwischenstreitigkeiten (z.B. im einstweiligen Verfügungsverfahren, im Rahmen von Wiedereinsetzungsgesuchen usw.) sowie in behördlichen Verwaltungsverfahren. Den aus der Sicht der Strafrechtspraxis wohl wichtigsten Anwendungsfall bildet die Versicherung an Eides Statt gemäß § 807 ZPO, die schriftliche Aufstellung eines Vermögensverzeichnisses durch den Schuldner und die Bekräftigung seiner Richtigkeit an Eides Statt (der frühere „Offenbarungseid").

2. Objektiver Tatbestand

a) Versicherung an Eides Statt

1905 Hinter der Formulierung des Tatbestandes über die Abgabe einer „solchen" Versicherung vor einer zur Abnahme einer Versicherung an Eides Statt zuständigen Behörde verbergen sich drei selbstständig zu prüfende Elemente:

- die Zulässigkeit einer Versicherung an Eides Statt in der konkreten Situation,
- die Abgabe in der rechten Form sowie
- vor der richtigen Behörde.

Es ist also entgegen einer vielgeübten Praxis keineswegs so, dass ein Bürger gewissermaßen nach Belieben wirksame Versicherungen an Eides Statt abgeben könnte, indem er eine entsprechende Erklärung verfasst. Wo die Versicherung an Eides Statt nicht vorgesehen ist, handelt es sich vielmehr – wie jedes andere Schreiben auch – um eine schlichte schriftliche Erklärung ohne höhere Glaubhaftigkeit und ohne Strafbewehrung.

aa) Zulässigkeit in der konkreten Verfahrenssituation

Im *Verwaltungsrecht* bedarf es stets einer expliziten Zulassung der Versicherung an Eides Statt (§§ 27 I VwVfG, 23 II SGB-X, 95 AO). Im *Zivilprozess* wird sie vereinzelt explizit verlangt (z.B. in dem bereits erwähnten § 807 III ZPO). Ansonsten bindet § 294 I ZPO die Versicherung an Eides Statt an die Glaubhaftmachung: Nur wo diese gefordert ist (vgl. die §§ 707 I 2, 920 II ZPO), darf man jene als Mittel dazu einsetzen. **1906**

Im *Strafverfahren* fehlt eine Regelung dieser Art, jedoch sind entsprechend der Regelung in § 294 ZPO auch hier Glaubhaftmachung und Versicherung an Eides Statt miteinander zu verknüpfen. Eine Versicherung an Eides Statt ist daher nur dort zulässig, wo eine Glaubhaftmachung verlangt wird (z.B. in den §§ 26 II, 45 II 1, 51 II 2, 56, 74 III StPO). Zudem bleibt sie dem Beschuldigten im gesamten Strafprozess verwehrt.[62] **1907**

bb) Abgabe in der rechten Form

Im Unterschied zu den §§ 153, 154 beschränkt § 156 die Tathandlung nicht auf mündliche Bekundungen; eine Versicherung an Eides Statt kann daher *auch schriftlich* erfolgen (was sogar die Regel sein dürfte). Sie muss persönlich abgegeben bzw. bei schriftlicher Abgabe *im Original überreicht* werden; die Vertretung durch einen Rechtsanwalt bzw. die Abgabe in Fotokopie (Ausnahme: Telefax[63]) wären prozessual unzulässig und erfüllen daher auch nicht den Tatbestand von § 156.[64] Zudem muss zwar nicht wörtlich, wohl aber sinngemäß deutlich werden, dass der sie Vornehmende die Bekräftigung in besonderer Weise über gewöhnliche Erklärungen stellt und sie einem Eid gleichsetzt. **1908**

cc) Zuständige Behörde

Ist die Versicherung an Eides Statt im konkreten Fall zulässig (Rn. 1906 f.), so folgt daraus ohne Weiteres die Zuständigkeit der Behörde (bzw. des Gerichts [§ 11 I Nr. 7]), der gegenüber die Glaubhaftmachung vorzunehmen wäre. Wird sie versehentlich andernorts abgegeben, so kommt es auf den Eingang bei der richtigen Adressatin an. **1909**

b) Falschheit der Versicherung

Insoweit gelten die Ausführungen zur Falschaussage entsprechend (Rn. 1853 ff.). **1910**

3. Vorsatz und Fahrlässigkeit (§ 161)

Es bedarf des Vorsatzes hinsichtlich der Falschheit und der Abgabe einer bekräftigten Erklärung. Bei fehlendem Vorsatz bestraft § 161 auch Fahrlässigkeit (wozu im Übrigen auf die Ausführungen Rn. 1898 f. verwiesen werden kann). **1911**

4. Bestrafung

Die Strafdrohung für die Vorsatztat reicht bis zu maximal drei Jahren Freiheitsstrafe. **1912**

---

62 BGHSt 25, 89 (92); Sch/Sch-LENCKNER § 156 Rn. 12.

63 BayObLG NJW 1996, 406 (407).

64 FISCHER § 156 Rn. 15.

1913 Ein Aussagenotstand (§ 157) ist im Rahmen des § 156 nicht vorgesehen, was mit der häufig fehlenden Verpflichtung zur Erklärung an Eides Statt zusammenhängt. Eine Aussageberichtigung (§ 158) hat hingegen dieselben Rechtsfolgen wie bei der uneidlichen Aussage (vgl. Rn. 1879 ff.).

V. Verleitung zur Falschaussage

1. Sinn der Strafbestimmung

1914 Auf Grund des eigenhändigen Charakters aller Falschaussagedelikte[65] wäre eine mittelbare Täterschaft bei ihnen unmöglich. Diese Lücke füllt § 160, indem er das Bewirken einer unvorsätzlich falschen Tat nach den §§ 153, 154 und 156 mit Strafe bedroht.

1915 **Beispiel** (Vertrauensvolle Unterzeichnung einer falschen Versicherung an Eides Statt):[66] *Theodor K.* hatte im Bewusstsein ihrer teilweisen Unrichtigkeit hinsichtlich einiger Zahlungsdaten und -summen eine umfangreiche eidesstattliche Versicherung aufgesetzt, die er im Vertrauen auf die Gutmütigkeit und die Vertrauensseligkeit seines Freundes *Jochen G.* diesem zur Unterschrift vorlegte. *G.* las, wie von *K.* angestrebt, die Erklärung nur flüchtig durch im Vertrauen darauf, dass *K.* den Sachverhalt schon richtig wiedergegeben haben würde. Dann äußerte er: „Was wahr ist, muss wahr bleiben. Das unterschreibe ich auch" und unterzeichnete. Das Schriftstück wurde später bei Gericht in einem einstweiligen Anordnungsverfahren eingereicht. — *Jochen G.* beging mangels Vorsatzes hinsichtlich der Unwahrheit seiner Erklärung nur eine Fahrlässigkeitstat nach § 161, zu welcher *K.* ihn nicht anstiften konnte und die er wegen ihrer Eigenhändigkeit auch nicht i.S.v. § 25 I Alt. 2 durch *G.* begehen konnte. Für *K.* kommt daher nur § 160 in Betracht.

2. Tatbestand

1916 Als eine Form vertypter mittelbarer Täterschaft bedarf es der *Falschaussagetat eines anderen, der unvorsätzlich handelt.*[67] Wie sich § 160 zu der Situation verhält, dass der Aussagende entgegen der Annahme des Verleitenden doch bösgläubig ist, wird – ebenso wie der umgekehrte, § 159 unterfallende Irrtum – auf CD 47-04 thematisiert.

1917 Für das tatbestandlich geforderte Verleiten genügt *jede Form der Bestimmung des anderen* zu seiner unvorsätzlich falschen Angabe. Aus der Diskrepanz zwischen der geforderten Unvorsätzlichkeit des Aussagenden und der Vorsätzlichkeit des Verleitenden hinsichtlich der Richtigkeit der Aussage folgt, dass dem Verleiten entweder ein Täuschungselement innewohnt (wie im Beispiel Rn. 1915) oder es einen vorbestehenden Irrtum des Aussagenden ausnutzt.[68]

---

65 Siehe oben Rn. 1847.

66 Ergänzter Sachverhalt aus OLG Köln NJW 1957, 553.

67 MAURACH/SCHROEDER/MAIWALD BT 2 § 75 Rn. 96 f.; WESSELS/HETTINGER BT 1 Rn. 783.

68 Vgl. Sch/Sch-LENCKNER § 160 Rn. 7.

Für den subjektiven Tatbestand muss der Täter wissen, dass er den Aussagenden zu seiner Aussage bringt und dieser in gutem Glauben handelt. Andernfalls läge an Stelle von § 160 nämlich eine Anstiftung bzw. ein Anstiftungsversuch (§ 159) vor. 1918

3. Versuch und Bestrafung

Nach Abs. 2 ist bereits der Versuch des Verleitens strafbar. § 160 tritt damit über den entsprechenden Kreis der mittelbarer Täterschaft hinaus. Andererseits entspricht § 160 II der ebenfalls über das Übliche hinaus ausgedehnten Strafbarkeit des Beteiligungsversuches in § 159. 1919

Die Bestimmung droht entsprechend der Art der bewirkten Falschaussage entweder bis zu zwei Jahren (Meineid) oder bis zu sechs Monaten Freiheitsstrafe an (uneidliche Falschaussage, Versicherung an Eides Statt). 1920

Wiederholungsfragen zum 47. Kapitel 1921

1. Vor welchen Institutionen können uneidliche Falschaussagen gemacht werden? (Rn. 1843)
2. Welche der Aussagedelikte können durch Angaben in schriftlicher Form verwirklicht werden? (Rn. 1849, 1887, 1908)
3. Wann ist eine Aussage nach h.M. im Sinne der Aussagedelikte falsch? (Rn. 1864)
4. Zu welchem Zeitpunkt ist eine Tat nach § 153 vollendet? (Rn. 1870 f.)
5. Welche Folgen hat es, wenn der Täter seine falsche Aussage, die er am ersten Hauptverhandlungstag einer Strafsache gemacht hatte, bei einer weiteren Vernehmung am dritten Sitzungstag korrigiert? (Rn. 1879 ff.)
6. Wer kann einen Meineid begehen? (Rn. 1891, 1893)
7. Für welche Fälle wurde § 160 geschaffen? (Rn. 1914)

15. Abschnitt. Straftaten gegen öffentliche Ordnung und Frieden

1922 Die in diesem Abschnitt zusammengefassten Straftaten bilden eine heterogene Gruppe, deren Gemeinsamkeit, die Allgemeinrechtsgüter öffentlicher Ordnung und öffentlichen Friedens anzugreifen, nur zu einer lockeren Verbindung zwischen ihnen führt, weil diese Rechtsgüter ihrerseits allgegenwärtige, wenig konkrete Werte darstellen. Der Versuch, sie (näher) zu definieren, lohnt kaum. Damit wird zwar notgedrungen die strafrechtsbegrenzende Funktion des Rechtsgutsbegriffs an dieser Stelle aufgegeben, was über eine umso striktere Arbeit am Gesetzestext aufgefangen werden kann und muss.

1923 Die praktische Bedeutung der Straftaten gegen öffentliche Ordnung und Frieden bemisst sich nicht so sehr in quantitativer als vielmehr in qualitativer Hinsicht. Sie stellen keinen sonderlich hohen Anteil an allen Straftaten (vgl. dazu näher auf CD 48-00), werden aber häufig medienwirksam begangen oder stellen – wie Volksverhetzung und die Bildung terroristischer Vereinigungen – bedeutsame Ereignisse mit oft unmittelbaren Auswirkungen auf die kriminalpolitische Diskussion dar.

Im Gegensatz zu ihrer kriminalpolitischen Bedeutung steht die durchweg geringe Prüfungsrelevanz, weshalb sie hier relativ kurz und zum Teil allein auf CD dargestellt werden.

48. Kapitel. Landfriedensbruch

I. Überblick

1924 Der in § 125 geregelte Landfriedensbruch (mit besonders schweren Fällen in § 125a) bildet faktisch einen Teil des politischen Strafrechts, da seine Anwendung überwiegend im Kontext politisch motivierter Demonstrationen diskutiert wird. Gewaltsam auftretende Menschenmengen sind ansonsten allenfalls noch im Rahmen von Fußballveranstaltungen zu finden. Die Besonderheit des Tatbestands liegt darin, jeden Beteiligten an Gewalt oder Drohungen im Kontext einer Menschenmenge als Täter zu bestrafen, mag er auch zu Gewalt/Drohungen lediglich als Gehilfe oder Anstifter beigetragen haben.

1925 Landfriedensbruch ist zum einen gegenüber jedem anderen Delikt *explizit subsidiär*, das ideell konkurrierend eine höhere Strafe androht.[1] Zum anderen wird er durch die Strafvorschriften des VersammlG ergänzt, wo sich heute sogar einzelne Tatvarianten finden, die früher in § 125 angesiedelt waren. Zu diesen Straftatbeständen vgl. näher auf CD 48-01.

1926 § 125 enthält drei Tatbestandsalternativen:

- den *gewalttätigen* Landfriedensbruch (§ 125 I Nr. 1),
- den ihm strukturell ähnlichen *bedrohenden* Landfriedensbruch (§ 125 I Nr. 2)
- sowie den im Text nicht wie die ersten beiden Alternativen besonders hervorgehobenen *aufwieglerischen* Landfriedensbruch (§ 125 I, 3. Alt.).

1927 Der Strafschutz zielt damit in zwei Richtungen: Zum einen dient er dem ergänzenden Schutz von Individualrechtsgütern, die durch die tatgegenständlichen Gewalttaten bedroht werden.

---

1 BGHSt 43, 237.

Zum anderen soll er die öffentliche Sicherheit wahren,[2] wobei allerdings zu beachten ist, dass das Kollektivrechtsgut der Sicherheit der Öffentlichkeit (und damit aller) wiederum nichts anderes darstellt als eine Addition der Sicherheitszustände einer Vielzahl von Individualgütern.[3]

II. Die einzelnen Tatbestände des Landfriedensbruches

1. Gewalttätiger Landfriedensbruch (§ 125 I Nr. 1)

a) Die gewalttätige Menschenmenge

Voraussetzung dieser Variante ist zunächst eine *Menschenmenge*, worunter eine räumlich vereinigte, der Zahl nach nicht sofort überschaubare Personenvielheit zu verstehen ist. Die Grenze wird üblicherweise bei ca. 15-20 Personen gezogen,[4] soll aber bei besonderen Umständen, etwa beengten räumlichen Verhältnissen, auch schon bei 10 Personen liegen können.[5] Derartig vage Beschreibungen, die in Abhängigkeit von der Situation zu sehr unterschiedlichen Resultaten gelangen, wirken aber angesichts des Bestimmtheitsgebotes unglücklich, weshalb situationsunabhängig ***stets ab 15 Personen*** von einer Menschenmenge auszugehen ist.[6] 1928

Abbildung: Steinewerfen am Rande einer Protestveranstaltung als Landfriedensbruch

Weiter muss es zu *Gewalttätigkeiten* gegen Menschen oder Sachen kommen, wobei Verletzungen oder Sachschäden nicht erforderlich sind. Auch genügt trotz der Formulierung im Plural, wenn sich die Gewalt allein gegen ein einziges Zielobjekt richtet.[7] Gewalttätigkeiten gehen zum einen über die einfache Gewalt im Sinne von § 240 hinaus und verlangen ein aggressives, gegen die körperliche Unversehrtheit von Menschen oder fremden Sachen gerichtetes aktives Tun von einiger Erheblichkeit unter Einsatz bzw. Inbewegungsetzen physischer Kraft.[8] Zum anderen ist der Begriff auch enger gefasst, denn es bedarf keiner Einwirkung auf den anderen (wohingegen die – nötigende – Gewalt eine solche physische Einwirkung verlangt).[9] 1929

---

2 OLG Celle NJW 2001, 2734 (2735); SK-STEIN § 125 Rn. 2; LACKNER/KÜHL § 125 Rn. 1; enger MAURACH/SCHROEDER/MAIWALD BT 2 § 60 Rn. 4; Sch/Sch-LENCKNER/STERNBERG-LIEBEN § 125 Rn. 2 (nur Allgemeinrechtsgüter).

3 Andreas HOYER, Anm. zum Urteil des OLG Celle vom 27.06.2001, JR 2002, 34-36 (36).

4 BGHSt 33, 306 (308); Sch/Sch-LENCKNER/STERNBERG-LIEBEN § 125 Rn. 8/9.

5 BGH NStZ 1994, 483; KINDHÄUSER BT I § 34 Rn. 3.

6 SK-STEIN § 125 Rn. 8.

7 Sch/Sch-LENCKNER/STERNBERG-LIEBEN § 125 Rn. 5; OLG Düsseldorf NJW 1993, 869.

8 Sch/Sch-LENCKNER/STERNBERG-LIEBEN § 125 Rn. 5; BGHSt 23, 46 (52 f.); MAURACH/SCHROEDER/MAIWALD BT 2 § 60 Rn. 23.

9 MAURACH/SCHROEDER/MAIWALD BT 2 § 60 Rn. 25; SK-STEIN § 125 Rn. 6.

1930 Allerdings genügt nicht jede solche Gewalttätigkeit, sondern sie muss zugleich Ausdruck der Unfriedlichkeit der Menschenmenge sein,[10] worauf auch das Merkmal „mit vereinten Kräften" hindeutet.

Beispiel (Sprayaktionen aus einer Demonstration heraus):[11] *Julian* R. und *Peter W*. nahmen 1981 an einer Demonstration teil, die vom Rathausplatz zur Justizvollzugsanstalt in *Freiburg/Brsg*. und wieder zurück zog. Als der aus mehreren hundert Teilnehmern bestehende, über 100 m lange Demonstrationszug auf dem Rückweg um 18.40 Uhr in der *S.-Straße* ankam, scherten die ca. 40 m hinter der Spitze des Zuges gehenden R. und *W*. aus und begaben sich zu einem dort befindlichen Gebäude des Instituts für Physik der *Universität Freiburg*. Auf die Straßenfront dieses Baus sprühten sie mit Spraydosen die Worte „Freiheit für alle". — Da die Demonstration im Übrigen friedlich verlief, war die von R. und *W*. verübte Sachgewalt – unabhängig von ihrer Einordnung als Gewalttätigkeit[12] – jedenfalls nicht Ausdruck einer unfriedlichen (und deshalb die Gewalt fördernden) Stimmung der Menschenmenge, weshalb R. und *W*. insoweit vom Amtsgericht freigesprochen wurden.[13] Die Gewalttat einer kleinen Gruppe innerhalb einer friedlichen Demonstration mag nur dann für § 125 genügen, wenn die Gruppe ihrerseits wegen ihrer Größe bereits als separate Menschenmenge gelten kann.[14]

1931 Darüber hinaus müssen die Gewalttätigkeiten in *einer die öffentliche Sicherheit gefährdenden Weise* begangen werden. Nach h.M. setzt dies voraus, dass angesichts der Gewalt eine unbestimmte Vielzahl von Personen für Leib und Leben, Hab und Gut fürchten müsste. Bei Ausschreitungen gegen einen Einzelnen lasse sich darauf nur schließen, wenn dieser entweder rein zufälliges, willkürliches Opfer oder er wegen seiner Zugehörigkeit zu einer bestimmten Personengruppe als Opfer auserkoren wurde, so dass eine Verunsicherung jedenfalls bei den Angehörigen dieser Gruppe eintritt.[15] Ferner dürfen die gewollten Auswirkungen der Gewalttätigkeiten nicht ganz unerheblich sein. So reichen weder ein Schneeballwurf[16] noch das Umbiegen eines Scheibenwischers[17] oder die oben beschriebenen Sprayaktionen[18] aus.

b) Täterschaft oder Teilnahme an den Gewalttätigkeiten

1932 Täter ist, wer sich an Gewalttätigkeiten beteiligt, sei es als Täter oder als Teilnehmer. Der Tatbestand folgt insofern einem Einheitstäterbegriff.[19] Liegt ein nur teilnehmender Beitrag vor, so kann dies allenfalls bei der Strafzumessung berücksichtigt werden; für zusätzliche Tatbestandseinschränkungen (zur Diskussion darum vgl. CD 48-02) liefert der Tatbestand keinen Anhalt.[20]

---

10 SK-Stein § 125 Rn. 10; Sch/Sch-Lenckner/Sternberg-Lieben § 125 Rn. 10.

11 Sachverhalt nach AG Freiburg StV 1982, 582.

12 Gewalttätigkeit wird in derartigen Sprayfällen zu Recht verneint von Sch/Sch-Lenckner/Sternberg-Lieben § 125 Rn. 6; a.A. OLG Düsseldorf NJW 1993, 863.

13 AG Freiburg StV 1982, 582 (583).

14 Otto BT § 63 Rn. 4.

15 BGH NStZ 1993, 538; 2004, 618; SK-Stein § 125 Rn. 12; Lackner/Kühl § 125 Rn. 6.

16 Sch/Sch-Lenckner/Sternberg-Lieben § 125 Rn. 6.

17 Sch/Sch-Lenckner/Sternberg-Lieben § 125 Rn. 6; a.A. OLG Karlsruhe NJW 1979, 2415.

18 Siehe oben Fn. 12.

19 Fischer §125 Rn. 11; Sch/Sch-Lenckner/Sternberg-Lieben § 125 Rn. 12; Maurach/Schroeder/Maiwald BT 2 § 60 Rn. 30.

20 Ebenso SK-Stein § 125 Rn. 13.

2. Bedrohender Landfriedensbruch (§ 125 I Nr. 2)

Von der gewalttätigen Alternative unterscheidet sich diese Form des Landfriedensbruchs allein dadurch, dass an die Stelle der gegen Personen oder Sachen gerichteten Gewalttätigkeit die Bedrohung von Menschen mit einer Gewalttätigkeit tritt. Nach einigen Stimmen soll selbst die Androhung von Gewalttätigkeiten gegen Sachen genügen,[21] was hingegen mit dem Wortlaut kaum vereinbar erscheint.[22] **1933**

3. Aufwieglerischer Landfriedensbruch (§ 125 I 3. Alt.)

Einen aufwieglerischen Landfriedensbruch begeht, wer auf eine Menschenmenge einwirkt, um ihre Bereitschaft zu den in den beiden anderen Alternativen genannten Ausschreitungen zu fördern. Als Einwirken gilt jede Art von Einflussnahme auf den Willen der Menge.[23] Eines Erfolges bedarf es nicht.[24] **1934**

Im subjektiven Tatbestand muss der Täter die Absicht im Sinne zielgerichteten Handelns (dolus directus ersten Grades) haben, die Bereitschaft der Menge zu Gewalttätigkeiten zu fördern. Sicheres Wissen genügt nicht.[25]. **1935**

4. Weitere Voraussetzungen

Mit der zuletzt genannten Ausnahme der 3. Alt. genügt ansonsten bedingter Vorsatz. **1936**

Erfüllt das Täterverhalten zugleich die Voraussetzungen von § 113 (was bei Vorfällen im Rahmen von Demonstrationen häufiger vorkommt), so werden die Strafbarkeitseinschränkungen nach § 113 III, IV (Rechtswidrigkeit der Diensthandlung bzw. Irrtum des Täters darüber) mittels § 125 II auch für den Landfriedensbruch wirksam. Zu den Einzelheiten siehe insoweit Rn. 636 ff. **1937**

III. Besonders schwerer Fall (§ 125a)

Der Strafrahmen des Grundtatbestandes (Freiheitsstrafe bis zu drei Jahren) erhöht sich im besonders schweren Fall nach § 125a auf die Spanne zwischen sechs Monaten und zehn Jahren. § 125a stellt allerdings keine Qualifikation, sondern eine bloße Strafzumessungsregel dar, für die der Gesetzgeber die problematische Regelbeispielstechnik eingesetzt hat. Regelbeispiele sind: **1938**

- das Beisichführen einer (einsatzbereiten[26]) Schusswaffe (§ 125a Nr. 1), wobei der Schusswaffenbegriff der Legaldefinition in Ziff. 1.1 der Anlage 1 zu § 1 IV WaffG folgt;[27]

---

21 LACKNER/KÜHL § 125 Rn. 5; Sch/Sch-LENCKNER/STERNBERG-LIEBEN § 125 Rn. 17/18; SK-STEIN § 125 Rn. 16.

22 FISCHER § 125 Rn. 6.

23 Sch/Sch-LENCKNER/STERNBERG-LIEBEN § 125 Rn. 21.

24 Sch/Sch-LENCKNER/STERNBERG-LIEBEN § 125 Rn. 22.

25 Sch/Sch-LENCKNER/STERNBERG-LIEBEN § 125 Rn. 27.

26 SK-STEIN § 125a Rn. 2.

27 Die zitierte Bestimmung lautet: „Schusswaffen sind Gegenstände, die zum Angriff oder zur Verteidigung, zur Signalgebung, zur Jagd, zur Distanzinjektion, zur Markierung, zum Sport oder zum Spiel bestimmt sind und bei denen Geschosse durch einen Lauf getrieben werden."

- das Beisichführen anderer Waffen in Verwendungsabsicht (§ 125a Nr. 2). Zum Waffenbegriff vgl. insoweit die Erläuterungen bei § 244 (Rn. 1106 ff.). Nach h.M. sollen hierunter auch alle gefährlichen Werkzeuge fallen,[28] was indes aus denselben Gründen wie bei § 113 II Nr. 1 abzulehnen ist (vgl. oben Rn. 648);
- die (konkrete) Gefahr des Todes oder einer schweren Gesundheitsschädigung i.S.d. § 225 III Nr. 1 infolge der Gewalttätigkeit des Täters (§ 125a Nr. 3);
- Plündern (§ 125a Nr. 4, 1. Alt.), also das Wegnehmen oder Abnötigen fremder Sachen unter Ausnutzen der durch den Landfriedensbruch verursachten Unordnung.[29]
- das Anrichten eines bedeutenden Schadens[30] an fremden Sachen durch den Täter (§ 125a Nr. 4, 2. Alt.).

---

28 Sch/Sch-LENCKNER/STERNBERG-LIEBEN § 125a Rn.8; SK-STEIN § 125a Rn. 6.

29 SK-STEIN § 125a Rn. 6; RGSt 52, 34 (35).

30 Entsprechend § 315c z.Zt. bei 1.000 EUR anzusetzen (s.o. Rn. 501).

49. Kapitel. Gewaltdarstellung, -verherrlichung und -androhung

I. Störung des öffentlichen Friedens durch Androhung von Straftaten (§ 126)

Tathandlungen sind entweder das Androhen der Begehung bestimmter (eigener) Straftaten (§ 126 I) oder das fälschliche Ankündigen (fremder oder eigener) Taten (§ 126 II). Von § 241 unterscheidet sich § 126 zum einen, weil er mittels eines eigenständigen Kataloges die zur Drohung/Ankündigung tauglichen Taten spezifisch begrenzt. Zum anderen darf die Drohung nicht nur zur Verunsicherung von einzelnen Personen dienen, sondern nur (objektiv) *geeignet sein, den öffentlichen Frieden zu stören.* 1939

Aufgabe: Versenden von angeblichen Milzbranderregern[1] 1940
Nach verschiedenen Medienberichten über echte und vorgetäuschte Anschläge mit Milzbranderregern in den USA und in Deutschland fertigte *Tobias J.* am 16. 10. 2001 fünf Briefe mit Sichtfenster, die er am selben Tag absandte. In alle fünf Briefe gab er Speisesalz in loser Form und einen Zettel. Die Zettel steckte er so in die Briefumschläge, dass für jeden, der die Briefe in den Händen hielt, im Sichtfenster folgender Text zu lesen war: „Probieren Sie das supersensationelle Gesundheitspulver von Dr. med. *Mills-Brandt*! Wenigstens kein geschmackloser Scherz!“ Zwei der Briefe waren an Freunde von *J.* gerichtet. Diese Briefe wurden von Postbediensteten in der Postverteilerstelle bemerkt; wegen des Verdachts auf Milzbranderreger wurde die Polizei verständigt und ein größerer Alarm ausgelöst. Feuerwehrmänner sicherten mit Atemschutzmasken die beiden Briefe und übergaben sie an eine Ärztin des Gesundheitsamtes. Die Postbediensteten, die mit den Sendungen in Kontakt gekommen waren, wurden für einige Zeit in einem gesonderten Raum isoliert. Ein solches Geschehen nahm *Tobias J.* in Kauf, weil es ihm um eine „galgenhumorige“ Anspielung auf das tagespolitische Geschehen nach dem 11.09.2001 ging.
Strafbarkeit nach § 126?

Für die Eignung, den öffentlichen Frieden zu stören, reicht es aus, wenn die Androhung/Vortäuschung die konkrete Besorgnis begründet, der Friedenszustand oder das Vertrauen in seine Fortdauer werden mindestens in Teilen der Bevölkerung erschüttert oder in Teilen der Bevölkerung werde die Neigung zur Rechtsbrüchen angereizt[2]. Zu einer Störung braucht es tatsächlich also nicht zu kommen.[3] Auch muss das Geschehen nicht zwangsläufig öffentlich sein; es genügt, wenn nach den Umständen mit seinem Bekanntwerden in der Öffentlichkeit zu rechnen ist.[4] Im Aufgabenfall begründete bereits das Absenden der Briefe eine solche Eignung, weil mit der einen unbestimmten Personenkreis betreffenden Behandlung der entdeckten Briefe zu rechnen war, ungeachtet der darüber hinaus zu erwartenden Medienberichte. 1941

Tobias J. verwirklichte zwar nicht § 126 I, weil er keine noch zu begehende, künftige Straftat angedroht, sondern den Tötungsversuch durch Milzbrandinfektion (angeblich) bereits eingelei- 1942

1 OLG Franfurt/M. NStZ-RR 2002, 209.

2 FISCHER § 126 Rn. 9

3 Sch/Sch-LENCKNER/STERNBERG-LIEBEN § 126 Rn. 9.

4 LACKNER/KÜHL § 126 Rn. 4.

tet hatte. Wenn der Täter zwar eine eigene Tat behauptet, aber zugleich vorgibt, ihren Ablauf nicht mehr steuern zu können, so fällt das aber unter § 126 II.[5]

1943 Die Höchststrafe beträgt drei Jahre Freiheitsstrafe und liegt damit deutlich über derjenigen des § 241, mit dem in der Bedrohungsalternative (§ 126 II) Tateinheit denkbar ist.

II. Missbrauch von Notrufen (§ 145 I)

1944 Die Darstellung des Vergehens nach § 145 I, dessen Tathandlungen häufig denen des § 126 (trotz dessen anderer Zielrichtung) ähneln, erfolgt auf CD 49-01, die anders strukturierten Sachbeschädigungsvarianten des § 145 II hingegen auf CD 27-07.

III. Volksverhetzung und Gewaltdarstellung

1. Volksverhetzung (§ 130)

1945 Zu den beleidigenden Alternativen in § 130 I Nr. 2, II vgl. die Darstellung bei den Beleidigungsdelikten (dort CD 24-11). In ihren übrigen Alternativen stehen friedensstörende Gewaltaufrufe (§ 130 I Nr. 1, II) sowie die Verherrlichung oder Verharmlosung von Gewaltherrschaft (u.a. die sog. „Auschwitzlüge") im Vordergrund (§ 130 III, IV). Die nähere Darstellung befindet sich auf CD 49-02.

2. Gewaltdarstellung (§ 131)

1946 Ziel der Strafvorschrift ist es, durch die Eindämmung gewaltverherrlichender Schilderungen oder Abbildungen Steigerungen der individuellen Gewaltbereitschaft entgegen zu wirken. Dies beruht auf dem – freilich nur vermuteten – Zusammenhang zwischen Gewaltwahrnehmung und -ausübung.[6] Die nähere Darstellung erfolgt auf CD 49-03.

IV. Aufforderung und Anleitung zu sowie Billigung und Belohnung von Straftaten

1947 Die Tatbestände der §§ 111, 130a, 140 verbieten verschiedene positive Stellungnahmen zu fremden Straftaten in deren Vorfeld oder im Nachhinein. Sie wollen so verhindern, dass ein Anreiz zur Begehung oder Wiederholung entsteht.

1. Öffentliche Aufforderung zu Straftaten (§ 111)

1948 Der Tatbestand stellt im Grunde eine Abwandlung der gewöhnlichen Anstiftung (§ 26) dar, auf deren Strafdrohung er auch verweist, wodurch im Ergebnis die öffentliche Aufforderung zu einer Straftat so bestraft wird wie deren täterschaftliche Begehung. Da die nach § 26 gelungene bzw. bei Verbrechen auch die nach § 30 versuchte Anstiftung auf Konkurrenzebene vorgehen,[7]

---

5 OLG Franfurt/M. NStZ-RR 2002, 209; Edward SCHRAMM, Zur Strafbarkeit des Versendens von Pseudo-Milzbrandbriefen, NJW 2003, 419-421 (420).

6 FISCHER § 131 Rn. 2; MAURACH/SCHROEDER/MAIWALD BT 2 § 94 Rn. 2 f.

7 LACKNER/KÜHL § 111 Rn. 10; SK-WOLTERS § 111 Rn. 10, 16; MAURACH/SCHROEDER/MAIWALD BT 2 § 93 Rn. 10; a.A. FISCHER § 111 Rn. 9 (Tateinheit möglich, was aber wegen der strukturellen Ähnlichkeit zur Anstiftung nicht überzeugt).

erfasst § 111 – sofern die übrigen tatbestandlichen Voraussetzungen (Rn. 1949) vorliegen – im Ergebnis zwei Konstellationen:

- die gelungene Bestimmung zu einer Straftat, die deswegen als Anstiftung nicht bestraft werden kann, weil der Anstifter *keinen auf einen konkreten Haupttäter bezogenen Vorsatz* hatte (wie es § 26 verlangt) und sich vielmehr in der Hoffnung an die Öffentlichkeit wandte, irgendwer werde die Tat schon begehen;
- die (nach § 30 straflose) *versuchte Anstiftung zu einem Vergehen.*

Erforderlich ist eine entweder öffentlich oder in einer Versammlung oder durch die *Verbreitung von Schriften* i.S.v. § 11 III geschehene Aufforderung. *Öffentliche Begehung* liegt vor, sobald eine nicht individuell abgrenzbare, unbestimmte Vielzahl von Personen die Äußerung wahrnehmen kann.[8] Als *Versammlung* gilt das Beisammensein einer zwar begrenzten und bestimmbaren, aber doch größeren Anzahl von Menschen zu einem bestimmten Zweck. Zehn Personen genügen dazu nicht. Vielmehr muss es sich, weil ansonsten § 26 eingreifen könnte, um eine Menge handeln, in welcher der einzelne nicht mehr als Individuum, sondern nur noch als Teil der Menge wahrgenommen wird.[9] Je nach örtlichen (Sicht-)Verhältnissen wird man das aber erst ab etwa 30-50 Personen annehmen dürfen. 1949

Zur Schriftenverbreitung vgl. die Ausführungen zum gleich lautenden Merkmal in § 184b auf CD 21-04.

Wie bei § 26 braucht die Haupttat nicht schuldhaft, sondern nur rechtswidrig begangen zu werden, weswegen auch eine Aufforderung an Volltrunkene genügt. 1950

Bewirkt die Aufforderung kausal die Tatbegehung, so ist § 111 I erfüllt. Bleibt sie entgegen der Intention des Auffordernden ohne Erfolg, so liegt § 111 II vor, der eine maximale Freiheitsstrafe von fünf Jahren androht, diese Obergrenze aber für den Fall reduziert, dass auf die Tat, zu der aufgefordert wurde, ihrerseits (und nach einer zuvor vorzunehmenden Milderung gemäß § 49 I Nr. 2 auf ¾) weniger als fünf Jahre Freiheitsstrafe stehen. 1951

2. Anleitung zu Straftaten (§ 130a)

Der Tatbestand bestraft verschiedene Formen des Anleitunggebens zu den schweren Straftaten aus dem Katalog von § 126 I. Zur näheren Darstellung siehe CD 49-04. 1952

3. Belohnung und Billigung von Straftaten (§ 140)

Mit dem Verbot, bestimmte von dritter Seite begangene Straftaten zu belohnen oder zu billigen, sollen kriminalitätsfördernde Solidaritätsbezeichnungen verhindert werden. Nähere Einzelheiten zu dem Tatbestand des § 140 werden auf CD 49-05 mitgeteilt. 1953

8 FISCHER § 111 Rn. 5; GÖSSEL/DÖLLING BT 1 § 48 Rn. 20.

9 Vgl. Sch/Sch-ESER § 111 Rn. 7-10; SK-WOLTERS § 111 Rn. 6.

50. Kapitel. Bildung krimineller Verbände

1954 Die §§ 127-129b bestrafen die Bildung bewaffneter, krimineller und terroristischer Verbände. Während die §§ 127 und 129 ältere Tatbestände darstellen, wurde der mittlerweile völlig unübersichtlich gewordene § 129a erst im Jahre 1976 im Zuge der Auseinandersetzungen mit dem RAF-Terrorismus geschaffen, seither vielfach geändert und im Jahre 2002 durch § 129b auf ausländische Vereinigungen ausgedehnt. Er fungiert weniger als traditionelle Strafrechtsnorm, die Verbote bewehrt und deren Übertretung sanktioniert, sondern als vielmehr als strafprozessuale Anknüpfungsbestimmung für Eingriffs- und Zuständigkeitsregelungen (vgl. die §§ 100c II Nr. 1 b), 112 III StPO, § 120 I Nr. 6 GVG). Eine nähere Darstellung erfolgt auf CD 50-01.

51. Kapitel. Straftaten gegen die Religionen und die Totenruhe

1955 Die Straftaten des 11. Abschnitts, die §§ 166-168, bestrafen verschiedene verunglimpfende, zerstörerische und besitzentziehende Angriffe auf religiöse sowie weltanschauliche Bekenntnisse, die Religionsausübung sowie Bestattungsriten und -gegenstände. Die dem Diebstahl ähnelnden Varianten der Störung der Totenruhe (§ 168 I) wurden bereits oben Rn. 1169 f. vorgestellt, ihre sachbeschädigungsnahen Alternativen (§ 168 II) auf CD 27-07. Zu den verbleibenden Tatbeständen der §§ 166-167a siehe CD 51-01.

1956 **Wiederholungsfragen zum 48. bis 51. Kapitel**

1. Wie groß muss eine Menschenmenge i.S.v. § 125 sein? (Rn. 1928)
2. Worin unterscheidet sich § 111 von einer gewöhnlichen Anstiftung? (Rn. 1948)
3. Wie kann man die Rolle von § 129a – auch in ihrem historischen Zusammenhang – beschreiben? (Rn. 1954)

16. Abschnitt. Straftaten gegen die Umwelt

52. Kapitel. Das Umweltstrafrecht

I. Problematik und Bedeutung der Umweltstraftaten

Das zuvor in den einzelnen umweltschützenden Gesetzen verstreute Umweltstrafrecht wurde erst im Jahre 1980 als 29. Abschnitt in das StGB überführt[1] und 1994 noch einmal erheblich ausgeweitet.[2] Die Lozierung im StGB besaß zum einen eine symbolische Funktion und sollte die Bedeutung der Umweltrechtsgüter bekräftigen.[3] Zum anderen ist sie angesichts der praktischen Bedeutung, insbesondere der §§ 324 und 326, gerechtfertigt (siehe dazu näher CD 52-01). 1957

Das Anwendung des Umweltstrafrecht muss sowohl die oft schwierige umwelt- und naturschutzrechtliche Bewertung eines Verhaltens leisten als auch diejenigen strafrechtsdogmatischen Probleme klären, die vor allem das Nebeneinander von Strafrechtsnormen und verwaltungsrechtlichen Gestattungen aufwirft. Dazu zählen z.B. die Fragen nach den strafrechtlichen Folgen rechtswidriger, aber wirksamer Gestattungen, etwa zur Wasserverschmutzung qua Abwassereinleitung in ein Gewässer, oder zu den Konsequenzen einer verwaltungsbehördlichen Duldung rechtswidrigen Verhaltens. 1958

Im Buch werden dazu exemplarisch und kurz die Gewässerverschmutzung (§ 324), die Luftverunreinigung (§ 325) sowie der Unerlaubte Umgang mit gefährlichen Abfällen (§ 326) vorgestellt, die übrigen Strafvorschriften – einschließlich der traditionell gesondert stehenden Gemeingefährlichen Vergiftung (§ 314) – auf CD 52-02 vorgestellt.

II. Gewässerverunreinigung (§ 324)

Die Strafbestimmung enthält in Abs. 1 eine Vorsatz- und in Abs. 3 eine Fahrlässigkeitsvariante. 1959
In beiden Fällen bedarf es der nachteiligen Eigenschaftsveränderung eines Gewässers, wobei der Tatbestand die Verunreinigung als augenfälligste Gewässerverschlechterung zur Veranschaulichung explizit hervorhebt.

1. Das Gewässer und seine Beeinträchtigung

Erfasst werden *Gewässer*, die in § 330d Nr. 1 näher als oberirdische Gewässer, Grundwasser 1960
und Meere (unabhängig von territorialer Zugehörigkeit[4]) definiert werden. Zu den oberirdischen Gewässern zählen alle in natürlichen oder künstlichen Betten fließenden oder stehenden Gewässer mit Ausnahme derjenigen, die aus dem natürlichen Wasserhaushalt und -kreislauf ausgegliedert sind (wie Abwasserleitungen, Kläranlagen oder Schwimmbecken).[5]

---

1 18. StÄG vom 28.03.1980, BGBl. I 373.

2 31. StÄG vom 27.06.1994, BGBl. I 1440 (u.a. Einführung der §§ 324a, 325a).

3 Kristian KÜHL, Probleme der Verwaltungsakzessorietät des Strafrechts, insbesondere im Umweltstrafrecht, FS Lackner S. 815-861 (824); RegE 18. StÄG, BT-Drs. 8/2382, S. 1, 10.

4 Beachte aber die Geltungseinschränkung nach § 5 Nr. 11.

5 Sch/Sch-CRAMER/HEINE § 324 Rn. 4; LACKNER/KÜHL § 324 Rn. 2; BGH NStZ 1997, 189 f.

1961 Eine *nachteilige Eigenschaftsveränderung* verlangt die (weitere) Reduzierung der Wasserqualität, was durch Verschmutzen oder durch Verändern des chemischen (Sauerstoffgehalt), biologischen oder physikalischen Zustandes (Temperatur) geschehen kann.[6] Erforderlich ist, dass die jeweilige Veränderung sich potenziell dazu eignet, Menschen, Tieren oder Pflanzen zu schädigen.[7]

Beispiel (Einleiten von Abwasser in den Rhein):[8] *Paul M.* hatte im Jahre 1986 ein altes, als Restaurationsschiff betriebenes Motorschiff erworben und an einen Liegeplatz am Rheinufer in *Mainz-Kastel* überführt, um darin mit seiner Familie zu wohnen und ein Restaurant zu betreiben. In der gaststättenrechtlichen Genehmigung war *Paul M.* zur Auflage gemacht worden, das anfallende Abwasser in geschlossenen Sammeltanks ohne Überlauf aufzufangen und durch ein zugelassenes Abfuhrunternehmen schadlos zu beseitigen. Da sich im Schiffsrumpf nur unzureichende Sammeltanks befanden, ließ er innerhalb eines Jahres rund 400 m^3 Abwasser aus Wohnung und Restaurant sowie die mit Fäkalien vermischten Abwässer aus den beiden Gästetoiletten in den *Rhein* laufen. — Zur Verunreinigung bedarf es keiner Beeinträchtigung des ganzen Gewässers, sondern es genügt die Belastung kleinerer Teilbereiche. Lediglich minimale Verunreinigungen (z.B. durch Urinieren einer Person in einen Fluss) scheiden aus.[9] Damit kann bereits eine sich an der Wasseroberfläche bewegende schadstoffbelastete Flüssigkeitsschicht selbst in einem Fluss von der Größe des *Rheins* das Tatbestandsmerkmal der nachteiligen Veränderung der Gewässereigenschaften erfüllen. Obschon sich die Einleitung durch *Paul M.* über einen längeren Zeitraum erstreckte, hielt der BGH daher die Verwirklichung von § 324 I für möglich.

Zur Frage, ob auch eine Absenkung des Wasserspiegels genügt, vgl. CD 52-03.

2. Das Merkmal „unbefugt"

1962 Im Unterschied zur h.M.[10] ist das unbefugte Vorgehen des Täters bereits als Tatbestandsvoraussetzung einzuordnen. Das Wasserrecht erlaubt eine Fülle von Eingriffen in das Wasser, weshalb man nicht mehr sagen kann, die Wasserbeeinträchtigung sei typischerweise Unrecht. Vielmehr wird sie nur dann zum Unrecht, wenn sie ungenehmigt erfolgt. Erst das Fehlen einer wasserrechtlichen Erlaubnis führt deshalb zur Tatbestandserfüllung.[11] Eine verwaltungsbehördliche Duldung wiederum ist einer Genehmigung gleichzustellen und bewirkt daher wie sie die Tatbestandslosigkeit des Verhaltens.[12] Dies geschieht im Übrigen unabhängig von der Rechtmäßigkeit von Genehmigung oder Duldung, da es wegen der Akzessorietät des Strafrechts allein auf die verwaltungsrechtliche Wirksamkeit ankommen kann.[13]

---

6 Sch/Sch-Cramer/Heine § 324 Rn. 8 f.; Lackner/Kühl § 324 Rn. 4 f.; Maurach/Schroeder/Maiwald BT 2 § 58 Rn. 40.

7 SK-Horn § 324 Rn. 4.

8 Sachverhalt nach BGH NStZ 1991, 281.

9 BGH NStZ 1991, 281 (282); Sch/Sch-Cramer/Heine § 324 Rn. 8; BT-Drs. 8/2382, S. 14.

10 Lackner/Kühl § 324 Rn. 8; Sch/Sch-Cramer/Heine § 324 Rn. 11; Gössel/Dölling BT 1 § 46 Rn. 11; Rengier BT II § 48 Rn. 10.

11 Eingehend Michael Heghmanns, Grundzüge einer Dogmatik der Straftatbestände zum Schutz von Verwaltungsrecht oder Verwaltungshandeln, 2000, S. 174-177, 353 f.

12 Heghmanns (Fn. 11), S. 243 ff., 272.

13 Heghmanns (Fn. 11), S. 190 ff., 354.

Im Beispiel Rn. 1961 verstieß *Paul M.* gegen die Genehmigungsauflagen hinsichtlich der Abwasserbehandlung und nahm den *Rhein* somit unbefugt i.S.v. § 324 I in Anspruch.

3. Strafe sowie schwere Fälle und Qualifikationen nach § 330

Für das Vorsatzdelikt des Abs. 1 werden bis zu fünf Jahre, für die Fahrlässigkeitstat des Abs. 3 bis zu drei Jahre Freiheitsstrafe angedroht. Gemäß § 324 II ist zudem der Versuch der Gewässerverunreinigung strafbar. **1963**

Zu beachten bleibt die Möglichkeit eines *besonders schweren Falles* nach § 330 I. Hierbei handelt es sich um eine für sämtliche Umweltstraftaten nach den §§ 324-329 anwendbare Strafzumessungsvorschrift in Regelbeispielstechnik, die zu einer Strafdrohung zwischen sechs Monaten und zehn Jahren Freiheitsstrafe führt. Als Regelfälle listet die Bestimmung u.a. irreversible (Nr. 1) oder nachhaltige Schädigungen (Nr. 3) sowie Handeln aus Gewinnsucht (Nr. 4) auf. **1964**

Eine echte (Verbrechens-)*Qualifikation* stellt demgegenüber § 330 II dar, sofern durch eine Tat nach den §§ 324-329 ein Mensch getötet (Nr. 2), in die konkrete Gefahr des Todes oder einer schweren Gesundheitsschädigung gebracht wird oder aber viele Menschen in die konkrete Gefahr (jeder) Gesundheitsschädigung geraten (Nr. 1). **1965**

III. Luftverunreinigung (§ 325)

1. Die einzelnen Tatbestandsvarianten

Das Besondere der insgesamt drei Tatbestände der Luftverunreinigung in § 325 I, II und IV besteht in ihrem gemeinsamen Merkmal der *Verletzung verwaltungsrechtlicher Pflichten*. Die zwei Vorsatztatbestände in Abs. 1 und 2 unterscheiden sich hinsichtlich der Art der Verunreinigung: **1966**

- § 325 I enthält eine *schädigungsgeeignete Luftveränderung*,
- § 325 II die *Schadstofffreisetzung außerhalb eines Betriebsgeländes* unter grober Pflichtverletzung.

Der Fahrlässigkeitstatbestand in § 325 III bezieht sich sodann auf beide Tathandlungen.

Gemeinsame Voraussetzung ist, dass das Geschehen beim *Betrieb einer Anlage* stattfindet. Zum Anlagenbegriff kann auf § 3 V BImSchG zurückgegriffen werden,[14] wonach darunter u.a. Betriebsstätten, ortsfeste und ortsveränderliche Einrichtungen, Maschinen und Geräte fallen, die jedenfalls so groß sind, um noch mit dem allgemeinen Sprachgebrauch als Anlage eingeordnet zu werden.[15] Eine Handbohrmaschine stellt folglich noch keine Anlage dar, wohl aber ein Betonmischer.[16] Sämtliche Fahrzeuge werden von § 325 V explizit ausgenommen. **1967**

Als Täter kommt zudem allein der Betreiber der Anlage in Betracht, weshalb § 325 – anders als § 324 – zu den *Sonderdelikten* zählt.[17]

§ 325 I verlangt sodann Luftveränderungen, die *geeignet sind*, außerhalb der Betriebsstätte die *Gesundheit von Mensch und Tier oder wertvolle Sachen zu schädigen*. Eine solche Eignung setzt keine konkret eingetretene Gefährdung voraus, sondern verlangt nur, dass beispielsweise **1968**

---

14 MAURACH/SCHROEDER/MAIWALD BT 2 § 58 Rn. 24; ähnlich Sch/Sch-STREE/HEINE § 325 Rn. 4.

15 LACKNER/KÜHL § 325 Rn. 2; FISCHER § 325 Rn. 4; i.E. auch NK-RANSIEK § 325 Rn. 9.

16 FISCHER § 325 Rn. 4.

17 MAURACH/SCHROEDER/MAIWALD BT 2 § 58 Rn. 34.

ein Mensch, wäre er mit der fraglichen Verunreinigung in Berührung gekommen, konkret gefährdet worden wäre.[18]

1969 § 325 II fordert demgegenüber nur ein (abstrakt gefährliches) Freisetzen von Schadstoffen außerhalb der Betriebsstätte. Die Legaldefinition des *Schadstoffs* liefert § 325 IV, in quantitativer Hinsicht eingeschränkt durch das Erfordernis „*in bedeutendem Umfang*". Ein solcher Umfang ist anzunehmen, wenn die frei gewordene Menge im Einzelfall zur Schädigung geeignet ist.[19] Bleibt ein an sich gefährlicher Stoff (wie Kohlenmonoxid) unterhalb der Schwelle, ab welcher er zur Vergiftung führt, so wäre der Tatbestand noch nicht erfüllt.

2. Die Verletzung verwaltungsrechtlicher Pflichten

1970 In allen Alternativen muss der Täter die jeweilige Verunreinigung „unter (in Abs. 2: grober) Verletzung verwaltungsrechtlicher Pflichten" verursachen. Hierzu ist die Legaldefinition in § 330d Nr. 4 heranzuziehen, die zum einen den Kreis der Rechtsquellen der Pflichten beschreibt und zum anderen ihre Schutzrichtung so eingrenzt, dass beispielsweise der Verstoß gegen rein formale Pflichten ohne unmittelbar umweltschützende Funktion ausgeschlossen bleibt. Beispiele für entsprechende Pflichtverletzungen sind das Handeln ohne (gesetzlich, z.B. nach § 4 BImSchG erforderliche) Genehmigung, das Überschreiten von (in der Betriebserlaubnis festgelegten) Grenzwerten einer Umweltinanspruchnahme oder das Handeln entgegen einer Untersagungsverfügung. Verstöße gegen allgemeine programmatische Gesetzesaussagen wie die in § 5 I Nr. 2 BImSchG, Vorsorgen gegen schädliche Umwelteinwirkungen zu treffen, genügen hingegen nicht.[20]

1971 Problematisch ist die Verletzung verwaltungsrechtlicher Pflichten aus *Bestimmtheitsgesichtspunkten*, sofern die Pflicht aus einer untergesetzlichen Rechtsquelle folgt, insb. einem Verwaltungsakt. Dazu finden sich nähere Erläuterungen auf CD 52-04.

3. Bestrafung

1972 Die Strafdrohung beträgt für beide Vorsatztatbestände maximal fünf, für die Fahrlässigkeitstat maximal drei Jahre Freiheitsstrafe. Zu beachten ist auch hier die Möglichkeit schwerer Fälle bzw. Qualifikationen nach § 330 (siehe Rn. 1964 f.).

IV. Unerlaubter Umgang mit gefährlichen Abfällen (§ 326)

1. Übersicht

1973 § 326 I enthält im Kern ein etwas unübersichtliches Verbot ungenehmigter Abfallentsorgung, Abs. 2 ein Verbot ungenehmigter Abfallein- und -ausfuhr. § 326 III betrifft radioaktive Abfälle. Ergänzend findet sich in Abs. 5 ein umfassender Fahrlässigkeitstatbestand. Die folgenden Ausführungen konzentrieren sich exemplarisch auf den weitaus wichtigeren Abs. 1.

2. Abfall

1974 Der Abfallbegriff in § 326 I entspricht nicht vollständig demjenigen des § 3 I KrW-/AbfG, zumal die Einschränkungen des § 2 II KrW-/AbfG betreffend Stoffe, die in Abwasser einge-

---

18 Vgl. näher SK-HORN § 325 Rn. 5-7; Sch/Sch-STREE/HEINE § 325 Rn. 1.

19 NK-RANSIEK § 325 Rn. 13; MAURACH/SCHROEDER/MAIWALD BT 2 § 58 Rn. 56.

20 NK-RANSIEK § 324a Rn. 16; GÖSSEL/DÖLLING BT 1 § 46 Rn. 20; ebenso zu § 1a II WHG OLG Celle NStZ-RR 1998, 208 (209).

leitet werden, ausweislich § 326 I Nr. 4 a) nicht gelten können.[21] Abfall ist aber wie im KrW-/AbfG sowohl der *subjektive als auch der objektive Abfall*. Als subjektiver Abfall gilt all das, dessen sich der Besitzer entledigt, weil er es nicht mehr nutzen *will* (obschon es eigentlich noch brauchbar wäre).[22] Unter objektivem Abfall versteht man das, was dem ursprünglichen Verwendungszweck nicht mehr dienen kann und was wegen seines zustandsbedingten Gefahrenpotenzials *entsorgt werden müsste*.[23]

§ 326 I betrifft zudem nur solche Abfälle, welche die weiteren Kriterien nach Abs. 1 Nrn. 1-4 1975
erfüllen. Während die Nrn. 1-3 bestimmte Abfallarten generell als gefährlich einstufen, erstreckt Nr. 4 den Tatbestand auf an sich ungefährliche Stoffe, die aber wegen ihrer Menge schädlich wirken können. Wenige Tropfen Altöl beispielsweise sind nicht schadensgeeignet, wohl aber das in einem See versenkte Autowrack wegen der in ihm enthaltenen Betriebsstoffreste.

Abbildung: Ein ausgeschlachteter „Trabbi“ als gefährlicher Abfall

3. Tathandlungen

Der Tatbestand nennt die Handlungsformen des Behandelns, Lagerns, Ablagerns, Ablassen 1976
oder sonst Beseitigens. Letzteres bildet zugleich einen Oberbegriff für das Ablagern und Ablassen.

Abbildung: Tathandlungen von § 326 I und ihre Definitionen[24]

Behandeln	Lagern	Beseitigen		
qualitative oder quantitative Veränderung des Abfalls	vorübergehendes Aufbewahren des Abfalls	**Ablagern**	**Ablassen**	alle übrigen Formen des Sichentledigens von Abfalls, auch durch Abgabe an Dritte
		Lagern des Abfalls am Ort seines endgültigen Verbleibs	Ausfließenlassen von Flüssigkeiten	

Behandeln, Lagern oder Beseitigen erfüllen indes nur den Tatbestand, wenn sie 1977

- außerhalb einer dafür zugelassenen Anlage
- oder unter erheblicher Abweichung von einem vorgeschriebenen/zugelassenen Verfahren

geschehen. Die erste dieser Alternativen beinhaltet eine örtliche Abweichung und basiert darauf, dass Abfälle nach § 13 I KrW-/AbfG prinzipiell den öffentlich-rechtlichen Entsorgungsträgern zu überlassen sind, die ihrerseits gemäß § 16 KrW-/AbfG private Abfallentsorgungsanlagen

21 Sch/Sch-LENCKNER/HEINE § 326 Rn. 2a, 2g; BGHSt 37, 21 (24).

22 Sch/Sch-LENCKNER/HEINE § 326 Rn. 2c f.; SK-HORN § 326 Rn. 5; BGHSt 37, 333 (335 f.).

23 Sch/Sch-LENCKNER/HEINE § 326 Rn. 2e f.; SK-HORN § 326 Rn. 6; BGHSt 37, 21 (27).

24 Vgl. Sch/Sch-LENCKNER/HEINE § 326 Rn. 10 f.; SK-HORN § 326 Rn. 18.

beauftragen können. Wer Abfall selbst beseitigt, bedarf zuvor einer entsprechenden Zulassung und handelt andernfalls ohne Genehmigung und damit tatbestandsmäßig. Die zweite Alternative betrifft insbesondere die nicht fachgerechte Beseitigung in an sich zugelassenen Anlagen.[25]

Verkürzt bestraft § 326 I daher die *ungenehmigte Abfallbeseitigung*, woran sich die Frage anschließt, welche Folgen es hat, wenn die Beseitigung zwar genehmigt war, die Genehmigung aber Fehler aufweist.

1978 **Aufgabe:** Rechtswidrige Genehmigung der Beseitigung von Schlachthofabfällen[26]
Die Stadt *D.* hatte einen Schlachthofbetrieb stillgelegt, nachdem sich herausgestellt hatte, dass dessen Abwasser die Grenzwerte für schwerflüchtige, lipophile und absetzbare Stoffe erheblich überschritt. Nach massiven Protesten der Benutzer des Schlachthofes erteilte der Oberbürgermeister der Stadt, *Klaus P.*, die Genehmigung zur Wiedereröffnung des Schlachthofes und zur Abfallbehandlung in der bisherigen Form, obwohl zwischenzeitlich keinerlei Maßnahmen zur Beseitigung der schlechten Abwassersituation getroffen worden waren und die Abwassereinleitung nicht genehmigungsfähig war.
Variante 1: Sind die Verantwortlichen des Schlachthofes sowie *Klaus P.* nach § 326 I strafbar?
Variante 2: Welche Konsequenzen ergäben sich für § 326 I, wäre die Entscheidung von *Klaus P.* durch eine Bestechung seitens der Schlachthofbetreiber motiviert worden?

1979 Es kommt alleine auf die Existenz einer *wirksamen* Genehmigung zum Ablassen des Schlachthofabfalls an. Die erteilte Genehmigung war zwar rechtswidrig, aber gemäß §§ 43, 48 VwVfG bis zu ihrer Rücknahme wirksam. Somit war die Einleitung genehmigt und daher für die Schlachthofbetreiber straflos. *Klaus P.* jedoch verwirklichte in Variante 1, soweit er um die Fehlerhaftigkeit der Genehmigung wusste, § 326 I Nr. 4 a) in mittelbarer Täterschaft. Für Variante 2 ordnet § 330d Nr. 5 die *Unwirksamkeit der Genehmigung auf Grund der Bestechung* an, weshalb sich sowohl die Betreiber als auch *P.* (als Mittäter) nach § 326 I strafbar gemacht haben könnten. Allerdings ist die Regelung in § 330d Nr. 5 umstritten, da sie die verwaltungsrechtliche Wertung in den §§ 43, 48 VwVfG konterkariert. Nähere Einzelheiten dazu sowie zur Lösung der Aufgabe auf CD 52-05.

1980 Das Merkmal „unbefugt" stellt bei § 326 ein allgemeines Rechtswidrigkeitsmerkmal dar. Anders als in § 324 braucht es nicht die Funktion zu übernehmen, das Verbotene der Handlung in den Tatbestand zu integrieren, weil dies bereits aus dem Merkmal der fehlenden Genehmigung zur Abfallentsorgung bzw. der Abweichung von einem zugelassenen Verfahren folgt.

4. Bestrafung und Strafausschließung

1981 In § 326 VI findet sich eine *Minima-Klausel* mit strafausschließender Wirkung, sofern die geringe Menge der Schadstoffe schädliche Umwelteinwirkungen offensichtlich ausschließt.[27]

1982 Eine weitere Strafausschließung für die Fahrlässigkeitstat sowie die Möglichkeit zum Absehen von Strafe für die Vorsatztatbestände eröffnet § 330b für die *tätige Reue*, falls der Täter nach Tatvollendung freiwillig die Gefahr abwendet oder seine Handlung rückgängig macht, bevor ein größerer Schaden entsteht.

---

25 Sch/Sch-Lenckner/Heine § 326 Rn. 12; OLG Karlsruhe NStZ 1990, 128.

26 Sachverhalt nach BGH NStZ 1995, 204 bzw. BGH NStZ 1997, 189.

27 Sch/Sch-Cramer/Heine vor § 324 Rn. 10; Fischer § 326 Rn. 17; SK-Horn § 326 Rn. 35 ff.

Die Strafdrohung beträgt für Abs. 1 und 2 jeweils bis zu fünf, bei Fahrlässigkeit bis zu drei Jahre Freiheitsstrafe (§ 326 V Nr. 1). Für Abs. 3 werden bei vorsätzlicher Begehung bis zu drei und bei fahrlässiger bis zu einem Jahr Freiheitsstrafe angedroht (§ 326 V Nr. 2). **1983**

Wiederholungsfragen zum 52. Kapitel **1984**

1. Unterfallen ein Fischteich und eine Kläranlage dem Schutz von § 324? (Rn. 1960)
2. Kann die Erwärmung eines Gewässers (z.B. durch Einleiten von sauberem Kühlwasser) eine Gewässerverunreinigung darstellen? (Rn. 1961)
3. Wodurch können verwaltungsrechtliche Pflichten i.S.v. § 325 entstehen? (Rn. 1970)
4. Wie kann sich der eine Genehmigung zur Abfallbeseitigung rechtswidrig erteilende Amtsträger strafbar machen? (Rn. 1979)

17. Abschnitt. Die Amtsausübung betreffende Straftaten

1985 Da die staatliche Gewalt in vielfacher Weise in die Rechtssphäre des Bürgers eingreift und dieser umgekehrt häufig der behördlichen Mitwirkung bedarf (z.B. bei Aufenthalts-, Bau- oder Betriebsgenehmigungen), handelt es sich beim Verhältnis Staat-Bürger um ein konfliktträchtiges Feld. Zum einen besteht ein erheblicher Anreiz für den Bürger, seine Interessen mit illegitimen Mitteln durchzusetzen. Das wichtigste dieser illegitimen Mittel bildet neben der Gewalt (Prototyp: Widerstand gemäß § 113) die Korruption (§§ 331 ff.). Zum anderen mag die Machtfülle bestimmter Amtspositionen zu deren unberechtigter Inanspruchnahme (Prototyp: Amtsanmaßung nach § 132) oder Missbrauch verleiten (z.B. im Falle der Rechtsbeugung [§ 339] oder der Verfolgung Unschuldiger [§ 344]). Entsprechend dieser Skizze lassen sich die spezifischen Straftatbestände zum Schutz von Amt und Amtsausübung in Angriffe auf die Amtsausübung einerseits und in den Amtsmissbrauch andererseits unterteilen. Zwar werden diese Straftaten typischerweise durch den Bürger im ersten und den Amtsträger im zweiten Deliktssektor verwirklicht, jedoch ist dies nicht zwingend, weil beispielsweise die Korruptionstatbestände beide Seiten erfassen.

1986 Einige der Straftaten aus beiden Gruppen wurden des besseren Verständnisses wegen bereits im Zusammenhang anderer Delikte dargestellt, etwa der Widerstand (Rn. 625 ff.), die Körperverletzung im Amt (Rn. 444 ff.), die Strafvereitelung im Amt (Rn. 1816 ff.) oder die §§ 353b-355 (CD 25-08). Die folgenden Ausführungen thematisieren Erscheinungen strafbaren Verhaltens, das typischerweise *nur* durch oder gegen Amtsträger bzw. Institutionen begangen werden kann. Ausgenommen bleiben Angriffe gegen den Staat als solchen, weil sie Bestandteil des gesonderten 18. Abschnitts sind (Rn. 2078 ff.).

53. Kapitel. Angriffe auf die Amtsausübung

I. Überblick und Bedeutung

1987 Die §§ 133-136 thematisieren direkte physische Angriffe auf behördliches Handeln in Gestalt von Verwahrungs-, Verstrickungs- und Siegelbruch sowie Anschlägen auf amtliche Bekanntmachungen, die sowohl praktisch als auch in der Examensprüfung von einiger Relevanz sind. Die Bestechungsdelikte (§§ 108e, 331-334) haben – nicht zuletzt auf Grund gewandelten öffentlichen Bewusstseins und geschärfter Wahrnehmung – in den letzten Jahrzehnten zunehmende justizielle Bedeutung gewonnen. Sie zählen in einigen, aber nicht in allen Ländern zum Prüfungsstoff des Examens.

Zur praktischen Bedeutung finden sich nähere Informationen auf CD 53-01.

II. Verwahrungsbruch (§ 133)

1. Schutzzweck des Tatbestandes

§ 133 schützt bewegliche Sachen in dienstlicher (oder nach Abs. 2 kirchlicher) Verwahrung gegen Besitzentziehung und Beschädigung. Insoweit erweist sich der Strafrechtsschutz nach den §§ 242, 303 als unzureichend, falls der Täter aus dem dienstlichen Gewahrsam keine fremde, sondern eine ihm eigene Sache an sich bringt oder zerstört, beispielsweise ein zu Beweiszwecken bei ihm beschlagnahmtes Schriftstück. **1988**

Abbildung: Der Prüfungsaufbau des Verwahrungsbruchs (§ 133) **1989**

I. Tatbestand	objektiver Tatbestand (ggf. auch Qualifikation nach Abs. 3 beachten, vgl. Rn. 2000) - bewegliche Sache, insb. Schriftstück (Rn. 1990) - dienstliche (oder kirchliche [Rn. 1996]) Verwahrung /dienstliche Übergabe zur Verwahrung (Rn. 1991 ff.) - Zerstören/Beschädigen/Unbrauchbarmachen/dienstlicher Verfügung Entziehen (Rn. 1997 f.)

	subjektiver Tatbestand
	- Vorsatz bzgl.
	  - beweglicher Sache
	  - dienstlicher Verwahrung/Übergabe zur Verwahrung
	  - Zerstören/Beschädigen/Unbrauchbarmachen/dienstlicher Verfügung Entziehen (Rn. 1999)

II./III. Rechtswidrigkeit/Schuld	keine Besonderheiten
IV. Strafausschließung u.a.	keine Besonderheiten

2. Tatbestand

a) Tatobjekte

Verwahrungsbruch ist grundsätzlich an allen *beweglichen Sachen* möglich; die gesonderte Nennung der Schriftstücke dient allein der Veranschaulichung. Ausgeschlossen bleiben unbewegliche Sachen wie beispielsweise beschlagnahmte Wohnungen oder Grundstücke. Wem das Eigentum an den Sachen zusteht, ist irrelevant. **1990**

Als Kernfrage thematisiert Abs. 1 das Bestehen einer *dienstlichen Verwahrung*, die sowohl bei einer Behörde („sich in dienstlicher Verwahrung befinden“) als auch außerhalb der unmittelbaren behördlichen Sphäre bei privaten Personen einschließlich des Täters selbst existieren kann („ihm oder einem anderen dienstlich in Verwahrung gegeben“). Eine dienstliche Verwahrung im erstgenannten Sinne entsteht qua hoheitlicher Inbesitznahme einer Sache durch einen Amtsträger zu dem Zwecke, sie zu erhalten und vor unbefugtem Zugriff zu bewahren.[1] **1991**

---

1 BGHSt 18, 312 (313); SK-RUDOLPHI § 133 Rn. 5.

1992 **Aufgabe:** Entwenden von Anzeigenvordrucken[2]
Manfred U. war von dem Polizeibeamten *Peter T.* zu einer Zeugenvernehmung zu Hause aufgesucht worden. In einem unbeobachteten Moment entnahm *Manfred U.* 33 unausgefüllte Strafanzeigenformulare aus *T.* 's Aktentasche, um sich damit später einen Spaß gegenüber seinen Freunden zu erlauben.
Hat *U.* (neben einem Diebstahl) auch einen Verwahrungsbruch begangen?

1993 An welchem Ort die Sachen aufbewahrt werden, spielt für § 133 keine Rolle.[3] Wie im Aufgabenfall brauchen sie also in keinem Dienstraum zu lagern, solange sie nur ein Hoheitsträger verwahrt.

Auszugrenzen ist allerdings der *allgemeine dienstliche Besitz*, der nicht dem Schutz des § 133 unterfällt. Wenngleich insoweit ein Interesse am jeweiligen Besitz dieser oder einer gleichartigen Sache bestehen mag, so fehlt doch ein gesteigertes Interesse am unveränderten Zustand der nämlichen Sache (wie es etwa bei einem Beweismittel oder einer Urkunde der Fall wäre). Daher liegt z.B. bei behördlichem Inventar, Verbrauchsmaterial und eben auch bei Formularen keine dienstliche Verwahrung vor.[4]

1994 Die zweite Alternative des *Inverwahrunggebens* setzt ebenfalls einen Hoheitsakt durch einen Amtsträger voraus, der die Verwahrung aber entweder aus dem dienstlichen Gewahrsam entlässt oder sie von vornherein einem Privaten überträgt, der damit kraft hoheitlicher Anordnung Herrschaftsgewalt über die Sache zwecks ihrer Erhaltung im o.g. Sinne ausüben soll.

Beispiel (Verwahrung eines abgeschleppten Pkw):[5] *Kevin C.* hatte seinen Pkw verbotswidrig in einer Fußgängerzone geparkt. Im polizeilichen Auftrag war das Fahrzeug von dem Abschleppunternehmen *K. GmbH* abgeschleppt und auf einen firmeneigenen Parkplatz verbracht worden. Dort sollte es bis zur Freigabe durch die Polizei verbleiben. *Kevin C.* brachte den Standort seines Fahrzeugs in Erfahrung und holte es dort eigenmächtig ab. — Das BayObLG bestätigte die Verurteilung wegen Verwahrungsbruches durch das Berufungsgericht, weil die Abschleppanordnung der Polizei ein dienstliches Verwahrverhältnis begründete und der Pkw zwecks seiner Sicherstellung der *K. GmbH* zur Verwahrung übergeben worden war. Anders läge es, falls die *K. GmbH* das Fahrzeug selbst – z.B. nach Bezahlen der Kosten – an *C.* hätte herausgeben dürfen. Wenn dagegen wie hier erst die Polizei die Freigabe anordnen musste, so bestand eine dienstlich übergebene Verwahrung auch auf dem Privatparkplatz fort.[6]

1995 Selbst *rechtlich fehlerhaft begründete Verwahrungsverhältnisse* genießen Strafrechtsschutz, sofern sie wirksam (und nicht nichtig) sind.[7]

---

2 Auf Polizeiformulare umgeschriebener Sachverhalt nach Motiven aus RGSt 24, 385.

3 Sch/Sch- CRAMER/STERNBERG-LIEBEN § 133 Rn. 9; SK-RUDOLPHI § 133 Rn. 5; BGH wistra 1997, 99.

4 Sch/Sch-CRAMER/STERNBERG-LIEBEN § 133 Rn. 7; FISCHER § 133 Rn. 7; LK-VON BUBNOFF § 133 Rn. 6b; RGSt 24, 385 (386 f.); 52, 240.

5 Sachverhalt nach BayObLG VRS 83, 51.

6 BayObLG VRS 83, 51 (52).

7 Sch/Sch-CRAMER/STERNBERG-LIEBEN § 133 Rn. 13a; LK-VON BUBNOFF § 133 Rn. 8a.

§ 133 II stellt der dienstlichen Verwahrung die *amtliche Verwahrung einer Kirche oder Religionsgemeinschaft des Öffentlichen Rechts* (z.B. Mennoniten, israelische Kultusgemeinden) gleich, nicht dagegen islamischer Gemeinden oder der Zeugen Jehovas, da diese privatrechtlich organisiert sind.[8] *Amtlich verwahrt* werden allerdings nicht die zeremoniellen Religionsutensilien, sondern insb. Kirchenurkunden wie Kirchenbücher, Taufregister und kirchliche Personenstandsurkunden.[9] **1996**

b) Tathandlungen

Der Tatbestand nennt zunächst das Zerstören, Beschädigen und Unbrauchbarmachen. Zum Zerstören und Beschädigen gilt das zu § 303 Gesagte entsprechend (Rn. 878 ff.). Das *Unbrauchbarmachen* bezieht sich auf den dienstlichen Verwahrungszweck,[10] so dass hierunter diejenigen Anschläge zu fassen sind, welche die Sache selbst oder ihre bestimmungsgemäße Funktion nicht beschädigen, aber ihren Sicherstellungszweck vereiteln, wie etwa beim Verwischen der Fingerspuren auf einem beschlagnahmten Beil. **1997**

Den Tatbestand erfüllt es ferner, eine Sache *der Verwahrung zu entziehen*. Diese Alternative liegt vor, sobald ein Zugriff des dienstlich Berechtigten gegen dessen Willen verhindert wird. Regelmäßig geschieht das durch räumliche Veränderung, jedoch reicht auch ein Verstecken in den Diensträumen aus.[11] **1998**

c) Subjektiver Tatbestand und Versuch

Es genügt bedingter Vorsatz hinsichtlich aller Merkmale. Der Versuch ist nicht strafbedroht. **1999**

3. Bestrafung und Konkurrenzen

Im Grundtatbestand beträgt die Strafe höchstens drei Jahre Freiheitsstrafe. **2000**

Handelt der Täter als Amtsträger oder Verpflichteter (i.S.v. § 11 I Nrn. 2 und 4), so ist die Tat nach § 133 III qualifiziert (unechtes Amtsdelikt, Höchststrafe fünf Jahre Freiheitsstrafe). Allerdings muss dazu die Sache dem Täter entweder in seiner dienstlichen Eigenschaft anvertraut oder aber zugänglich geworden sein. Ein gleichsam zufälliges Aufeinandertreffen des Täters und der dienstlich verwahrten Sache ohne den beschriebenen funktionalen Zusammenhang genügt also nicht.

Idealkonkurrenz kann mit den §§ 242, 263, 274, 303 bestehen, da diese Tatbestände andere Rechtsgüter schützen.[12] **2001**

III. Verletzung amtlicher Bekanntmachungen (§ 134)

Das im Höchstmaß ein Jahr Freiheitsstrafe androhende Vergehen bildet eine vorrangige lex specialis gegenüber der Sachbeschädigung.[13] Geschützt werden Schriftstücke einer Behörde, **2002**

---

8 Sch/Sch-CRAMER/STERNBERG-LIEBEN § 132a Rn. 12.

9 Sch/Sch-CRAMER/STERNBERG-LIEBEN § 132 Rn. 13; LK-VON BUBNOFF § 133 Rn. 19.

10 SK-RUDOLPHI § 133 Rn. 9; LK-VON BUBNOFF § 133 Rn. 14.

11 ARZT/WEBER BT § 45 Rn. 94; Sch/Sch-CRAMER/STERNBERG-LIEBEN § 133 Rn. 15.

12 FISCHER § 133 Rn. 16; Sch/Sch-CRAMER/STERNBERG-LIEBEN § 133 Rn. 23.

Körperschaft oder sonstigen öffentlich-rechtlichen Stelle, die zu Mitteilungszwecken öffentlich angeschlagen oder ausgelegt sind. Dazu können Aufgebote, Bebauungspläne, Terminsrollen der Gerichte und selbst Themenlisten von universitären Seminaren zählen,[14] sofern sie von einem prinzipiell unbegrenzten Personenkreis wahrgenommen werden können.

Elektronische Dokumente erfasst der Tatbestand nicht, da ein Verweis auf § 11 III fehlt.

2003 Die genannten Tathandlungen führen zu einem etwas unsystematischen Schutz:

- Zerstören meint wie bei § 303 die vollständige Vernichtung. Das Beschädigen bleibt im Unterschied zur Sachbeschädigung straflos, sofern es keine der übrigen Handlungen verwirklicht;
- unter Verunstalten ist eine Veränderung des Erscheinungsbildes zu verstehen, die eine Missachtung gegenüber dem Schriftstück dokumentiert;[15]
- unkenntlich ist ein Schriftstück gemacht, sobald es zumindest in relevanten Teilbereichen nicht mehr zu lesen oder in seinem Sinn zu verstehen ist. Einer vollständigen Unkenntlichkeit bedarf es (im Unterschied zur o.g. Zerstörungsalternative) nicht;[16]
- in seinem Sinn entstellt wird es, wenn ein veränderter Erklärungsinhalt bewirkt wird;
- zum Beseitigen schließlich bedarf es der räumlichen Entfernung vom Ort des Aushangs oder der Auslage.

2004 Subjektiv wird explizit wissentliches Handeln verlangt, insb. hinsichtlich des Charakters des angegriffenen Schriftstückes.

IV. Verstrickungs- und Siegelbruch (§ 136)

1. Tatbestandsstruktur

2005 Entsprechend seiner Überschrift enthält § 136 zwei verschiedene Tatbestände: Der Verstrickungsbruch (§ 136 I) greift die staatliche Herrschaftsgewalt über beschlagnahmte Sachen an, während sich der Siegelbruch (§ 136 II) nur gegen das äußere Kennzeichen der Beschlagnahme, das Dienstsiegel (insb. Pfandsiegel), richtet.[17]

---

13 LACKNER/KÜHL § 134 Rn. 6; FISCHER § 134 Rn. 6.

14 Sch/Sch-CRAMER/STERNBERG-LIEBEN § 134 Rn. 3; FISCHER § 134 Rn. 3.

15 Sch/Sch-CRAMER/STERNBERG-LIEBEN § 134 Rn. 6; SK-RUDOLPHI § 134 Rn. 7.

16 Sch/Sch-CRAMER/STERNBERG-LIEBEN § 134 Rn. 6; SK-RUDOLPHI § 134 Rn. 7.

17 Sch-CRAMER/STERNBERG-LIEBEN § 136 Rn. 2; SK-RUDOLPHI § 136 Rn. 1.

2. Der Verstrickungsbruch (§ 136 I)

Abbildung: Der Prüfungsaufbau des Verstrickungsbruchs (§ 136 I) **2006**

I. Tatbestand	objektiver Tatbestand - beschlagnahmte Sache (Rn. 2007) - Rechtmäßigkeit der Beschlagnahme (Rn. 2008 f.) - Zerstören/Beschädigen/Unbrauchbarmachen/Entziehen (Rn. 2010 f.)
	subjektiver Tatbestand - Vorsatz bzgl. Beschlagnahme der Sache /Zerstören/Beschädigen/Unbrauchbarmachen/Entziehen (Rn. 1999)
II./III. Rechtswidrigkeit/Schuld	keine Besonderheiten
IV. Strafausschließung u.a.	Strafausschließung/Absehen von Strafe/Strafmilderung bei irriger Annahme rechtswidriger Beschlagnahme (§ 136 IV, Rn. 2011)

a) Beschlagnahme und Verstrickung

Tatobjekte sind (auch unbewegliche) Sachen. Die Eigentumsverhältnisse an ihnen spielen keine Rolle. Diese Sachen müssen *beschlagnahmt* worden sein, wobei der Tatbestand die *Pfändung* (zum Zweck der Befriedigung oder Sicherung vermögensrechtlicher Ansprüche) als typischen Unterfall einer solchen Beschlagnahme namentlich hervorhebt.[18] Weitere Formen der Beschlagnahme bilden diejenigen nach § 94 II StPO (zu Beweiszwecken), nach § 111a III StPO (des Führerscheins bei vorläufiger Entziehung der Fahrerlaubnis), nach § 132 III StPO (als Sicherheitsleistung) oder nach den Polizeigesetzen der Länder (z.B. zur Abwehr von der Sache ausgehender Gefahren). **2007**

Der durch die Beschlagnahme bewirkte Zustand wird von dem Tatbestand mit dem überkommenen Begriff der *Verstrickung*[19] beschrieben. Genausogut könnte an seiner Stelle aber erneut das Wort Beschlagnahme stehen.

b) Rechtmäßigkeit der Beschlagnahme

Wie bei § 113 III verlangt auch § 136 III die *Rechtmäßigkeit der Beschlagnahme* und wie dort ist die Einordnung des Merkmals im Verbrechensaufbau einerseits umstritten[20] und andererseits angesichts der präzisen Irrtumsregeln in § 136 III, IV i.V.m. § 113 IV irrelevant, weshalb sich eine Prüfung im objektiven Tatbestand empfiehlt. Die gelegentlich gelehrte Trennung der Prüfung von Wirksamkeit und Rechtmäßigkeit[21] eröffnet die Gefahr von Missverständnissen und ist zudem entbehrlich. **2008**

---

18 Sch/Sch-CRAMER/STERNBERG-LIEBEN § 136 Rn. 7.

19 Verstrickung ist von dem Verb Verstricken i.S.v. jemanden oder etwas mit Stricken umwickeln (und dadurch in seine Gewalt bringen) abzuleiten.

20 Vgl. Sch/Sch-CRAMER/STERNBERG-LIEBEN § 136 Rn. 27; SK-RUDOLPHI § 136 Rn. 30; FISCHER § 136 Rn. 13; GÖSSEL/DÖLLING BT 1 § 65 Rn. 15; zu § 113 siehe Rn. 636.

21 Siehe etwa MAURACH/SCHROEDER/MAIWALD BT 2 § 73 Rn. 19; GÖSSEL/DÖLLING BT 1 § 65 Rn. 12, 15; RENGIER BT II § 58 Rn. 4, 9.

2009 Ebenso wie bei § 113 verlangt zwar die h.M. im Sinne eines strafrechtlichen Rechtmäßigkeitsbegriffes nur die Wirksamkeit der Beschlagnahme. Daran fehlt es bei groben und evidenten Mängeln (etwa einer Vollstreckung ohne Titel, nicht aber bei der Pfändung schuldnerfremder Sachen). Ferner muss der Beschlagnahmende zuständig gewesen sein und die wesentlichen Formvorschriften beachtet haben.[22]

Nach vorzugswürdiger Ansicht ist indes – anders als bei § 113 – ein *materieller* Rechtmäßigkeitsbegriff zu Grunde zu legen.[23] Eine nähere Begründung wird auf CD 53-02 geliefert. Danach entfällt die Strafbarkeit, wenn die Verstrickung der materiellen Rechtslage widerspricht. Das ist bei Pfändung schuldnerfremder Sachen nicht ohne Weiteres der Fall, weil § 808 ZPO nur den Gewahrsam des Schuldners verlangt.

c) Tathandlungen

2010 Die Verstrickung wird zunächst durch Zerstören, Beschädigen oder Unbrauchbarmachen gebrochen, wobei insoweit auf die Überlegungen zu § 133 Bezug genommen werden kann (Rn. 1997). Ganz oder teilweises *Entziehen* als letzte Tatbestandsalternative bedingt die Aufhebung der staatlichen Verfügungsgewalt, wobei es nicht unbedingt einer örtlichen Veränderung bedarf, sondern Unzugänglichmachen genügen kann. *Teilweises* Entziehen liegt vor, wenn die Sache phasenweise der Hoheitsgewalt nicht mehr zur Verfügung steht. [24]

d) Vorsatz

2011 Prinzipiell genügt bedingter Vorsatz. Hinsichtlich der Rechtmäßigkeit der Vollstreckungshandlung sind jedoch die expliziten Irrtumsregeln (§ 136 III 2, IV i.V.m. § 113 IV) zu beachten.

3. Der Siegelbruch (§ 136 II)

2012 Der Grundgedanke der Strafbestimmung lautet dahin, die mittels der Siegelentfernung ausgedrückte Missachtung der dem Siegel zu Grunde liegenden obrigkeitlichen Anordnung zu sanktionieren.[25]

2013 Als Tatobjekt fungiert das sogenannte *Dienstsiegel*. Darunter fallen z.B. die Pfandsiegel (§ 808 II 2 ZPO, wegen des früheren Aussehens auch „Kuckuck“ genannt); Plomben an Elektrizitäts-, Gas- oder Wasserzählern sowie die Stempel auf Kfz-Kennzeichen. Private Siegel bleiben ausgeschlossen, weshalb die Verplombungen von Kabelanschlüssen der *Telekom* § 136 II nicht unterfallen.[26]

---

22 SK-RUDOLPHI § 136 Rn. 26 f.; LACKNER/KÜHL § 136 Rn. 7; GÖSSEL/DÖLLING BT 1 § 65 Rn. 15; Klaus GEPPERT/Tyson WEAVER, Die Auswirkungen zivilprozessualer Vollstrekkungsfehler bei Sachpfändungen auf die Strafbarkeit nach § 136 StGB, Jura 2000, 46-49 (48).

23 RENGIER BT II § 58 Rn. 9; jedenfalls zweifelnd auch Sch/Sch-CRAMER/STERNBERG-LIEBEN § 136 Rn. 28.

24 Sch/Sch-CRAMER/STERNBERG-LIEBEN § 136 Rn. 13; SK-RUDOLPHI § 136 Rn. 13.

25 Sch/Sch-CRAMER/STERNBERG-LIEBEN § 136 Rn. 18.

26 FISCHER § 136 Rn. 8 f.; Sch/Sch-CRAMER/STERNBERG-LIEBEN § 136 Rn. 20.

Abbildung: Früheres preußisches (links) und heute verwendetes Pfandsiegel (rechts)

Das Siegel muss zudem angelegt sein, d.h. es muss eine mechanische Verbindung zu dem ver- oder gesiegelten Objekt bestehen. Auf abgefallene oder nur lose auf ein Objekt gelegte Siegel ist der Tatbestand deshalb nicht anzuwenden.[27]

Zum Erfordernis der Rechtmäßigkeit der Siegelung (§ 136 III, IV) gilt das zu Abs. 1 Gesagte entsprechend (Rn. 2008 f.).

Bestraft werden einmal das Beschädigen, Ablösen oder Unkenntlichmachen des Siegels selbst, **2014** zum anderen das Unwirksammachen des durch das Siegel bewirkten Verschlusses. Letztere, etwas missverständliche Alternative soll auch vorliegen, wenn das Siegel unbeschädigt bleibt und der Täter etwa in eine versiegelte Wohnung über das Fenster einsteigt.[28] Hieran sind allerdings Zweifel angebracht, denn damit wird kein bewirkter Verschluss unwirksam, sondern seiner fortbestehenden Wirkung aus dem Wege gegangen. Unwirksammachen setzt also voraus, dass die *spezifische Siegelwirkung durchbrochen* wird, etwa durch Demontage des das Siegel tragenden Untergrundes, um den Rest der Sache nutzen zu können.

4. Bestrafung und Konkurrenzen

Die Strafdrohung von höchstens einem Jahr Freiheitsstrafe für beide Tatbestände entspricht **2015** dem geringen Unrechtsgehalt des Vergehens.

Auf Grund der unterschiedlichen Schutzrichtungen ist Tateinheit zwischen Abs. 1 und Abs. 2 **2016** möglich.[29] Die Beschädigungsalternativen des Siegelbruchs gehen als lex specialis der Sachbeschädigung vor, während wegen der unterschiedlich geschützten Rechtsgüter Tateinheit von § 303 und dem Verstrickungsbruch möglich bleibt. Letzterer wäre gegenüber einem gleichzeitigen Verwahrungsbruch subsidiär, weil die Verwahrung eine gegenüber der Verstrickung stärkere Form hoheitlichen Gewahrsams darstellt, was auch die höhere Strafdrohung von § 133 zum Ausdruck bringt.

---

27 RGSt 61, 101 (102 f.); Sch/Sch-CRAMER/STERNBERG-LIEBEN § 136 Rn. 21; GÖSSEL/DÖLLING BT 1 § 65 Rn. 18.

28 SK-RUDOLPHI § 136 Rn. 23; GÖSSEL/DÖLLING BT 1 § 65 Rn. 19, FISCHER § 136 Rn. 11.

29 GEPPERT/WEAVER (Fn. 22), Jura 2000, 49; FISCHER § 136 Rn. 15; LACKNER/KÜHL § 136 Rn. 9; a.A. SK-RUDOLPHI § 136 Rn. 31 (Subsidiarität des Siegelbruchs).

V. Bestechungsstraftaten gegenüber Amtsträgern und Richtern

1. Systematik und zentrale Fragestellungen

a) Systematik

2017 Lange Zeit fehlte in Deutschland ein öffentliches Bewusstsein der Gefahren von Korruption. Man hielt unsere Verwaltung in ihrer preußischen Tradition für unbestechlich. Erst Anfang der neunziger Jahre des vorigen Jahrhunderts änderte sich dies im Gefolge etlicher Ermittlungsverfahren, die aufzeigten, dass auch deutsche Beamte käuflich sein können.[30]

2018 Die eigentlichen Bestechungsstraftaten werden in den §§ 331-335 thematisiert. Sie unterscheiden zwischen der Vorteilsgewährung (und -annahme) einerseits sowie der Bestechung (und Bestechlichkeit) andererseits. Vereinfachend und pointiert: Im Falle der Vorteilsgewährung erhält der Amtsträger zwar Vorteile, erbringt aber seinerseits keine *illegale* Gegenleistung. Bei der Bestechung hingegen erhält er Vorteile und nimmt im Gegenzug eine durch die Bestechung motivierte, rechtswidrige Diensthandlung vor.

Da Korruption stets eine zweiseitige Angelegenheit ist, zu der Amtsträger und Bürger gleichermaßen beitragen, hat der Gesetzgeber je ein Vorschriftenpaar für Vorteilsgewährung und Bestechung geschaffen. Zudem enthält § 335 eine Strafzumessungsvorschrift für besonders schwere Bestechungsfälle.

Abbildung: System der Korruptionsstraftaten

Täter	Fälle der Vorteilsgewährung	Bestechungsfälle
Amtsträger	Vorteilsannahme (§ 331)	Bestechlichkeit (§ 332)
Bürger	Vorteilsgewährung (§ 333)	Bestechung (§ 334)
		besonders schwerer Fall von Bestechung/Bestechlichkeit (§ 335)

b) Rechtsgut und Deliktscharakter

2019 Da bei der Vorteilsgewährung die Amtsausübung im Unterschied zur Bestechung noch nicht zu falschen Resultaten führt, ergeben sich zwei Interpretationsalternativen: Entweder wird als Rechtsgut die Richtigkeit und Lauterkeit der Amtsausübung geschützt,[31] wobei die §§ 332, 334 dann Verletzungs- und die §§ 331, 333 Gefährdungsdelikte darstellen. Überwiegend wird hingegen das Vertrauen der Bevölkerung in die Unparteilichkeit der Amtsausübung als Rechtsgut angesehen,[32] das – zwar in unterschiedlichem Maße – sowohl durch Vorteilsannahmen als auch durch die Bestechlichkeit beeinträchtigt wird. Andere setzen an die Stelle des Vertrauens der Bevölkerung die Funktionsfähigkeit der Verwaltung, die durch den Anschein von Käuflichkeit ihr Ansehen und damit ihre Durchsetzungskraft verliert.[33] Die §§ 331 ff. würden damit allesamt zu Gefährdungsstraftaten.

---

30 Britta BANNENBERG, Korruption in Deutschland und ihre strafrechtliche Kontrolle, 2002. Vgl. insbesondere die eingehenderen Verfahrensanalysen sowie beispielhaften Tatschilderungen S. 1 f.; VON DANWITZ Rn. 157.

31 GÖSSEL/DÖLLING BT 1 § 75 Rn. 1; RegE zum EGStGB 1974, BT-Drs. 7/550, S. 269 f.

32 RENGIER BT II § 60 Rn. 7; LACKNER/KÜHL § 331 Rn. 1; BGHSt 15, 88 (96 f.); 47, 295 (309).

33 Sch/Sch-HEINE § 331 Rn. 3; MAURACH/SCHROEDER/MAIWALD BT 2 § 79 Rn. 9.

Die Rechtsgutsfrage gewinnt vor allem dort Relevanz, wo die Annahme von privaten Geldern als Ausgleich für eine defizitäre Finanzausstattung seitens der öffentlichen Hand fungiert. Beispiele bilden das Sponsoring von behördlichen Veranstaltungen (z.B. Empfänge des Bürgermeisters, Klassenfahrten), die Drittmitteleinwerbung von universitären Forschungseinrichtungen (insb. Universitätskliniken[34]) oder die Einladung von politischen Repräsentanten zu gesellschaftlichen Veranstaltungen durch Unternehmen (z.B. Freikarten für Fußballspiele oder Opernbälle). Je weiter man das Rechtsgut in das Vorfeld manipulierten Staatshandelns verlegt, desto eher wird man solcherlei Verhalten als tatbestandlich i.S.d. §§ 331, 333 ansehen. **2020**

c) Der Kreis der Adressaten der Korruptionsverbote

Als Täter (§§ 331 f.) bzw. als Begünstigte (§§ 333 f.) werden jeweils *Amtsträger* und *für den öffentlichen Dienst besonders Verpflichtete* benannt, in den jeweiligen Abs. 2 zudem *Richter* (§ 11 I Nr. 3) sowie *Schiedsrichter* (§§ 1025 ff. ZPO, §§ 101 ff. ArbGG). Bei den §§ 333 f. tauchen als Begünstigte zusätzlich die *Soldaten der Bundeswehr* auf, während die Anwendung der §§ 331 f. auf sie (teilweise) über Gleichstellungsbestimmungen in § 48 I, II WStG erfolgt. **2021**

Der Amtsträgerbegriff in § 11 I Nr. 2 weist eine dualistische Struktur auf:[35] Die Amtsträgereigenschaft entsteht entweder kraft dienstlicher Stellung (§ 11 I Nr. 2 a) und b)) oder kraft Wahrnehmung bestimmter Aufgaben (§ 11 I Nr. 2 c)). Die Eigenschaft des besonders Verpflichteten (§ 11 I Nr. 4) hängt im Wesentlichen von der Wahrnehmung öffentlicher Aufgaben ab, ergänzt um eine förmliche Verpflichtung. **2022**

Problemfälle ergeben sich insoweit vor allem durch die Privatisierung von Aufgaben der Daseinsvorsorge (Stadtwerke, Krankenhäuser), den Einsatz privatrechtlich organisierter, aber in staatlicher Hand befindlicher Unternehmungen (z.B. die *Deutsche Gesellschaft für Technische Zusammenarbeit GmbH*, deren sämtliche Geschäftsanteile von öffentlicher Hand gehalten werden und die Entwicklungshilfeaufgaben wahrnimmt[36]) sowie die institutionelle Kooperation staatlicher und privater Akteure (sog. Public-Private-Partnership). Die Rspr. unterscheidet hier anhand einer *Gesamtbetrachtungslehre*: Maßgebend sei, ob das privatrechtlich organisierte Unternehmen „derart staatlicher Steuerung unterliegt, dass es bei einer Gesamtbetrachtung als »verlängerter Arm des Staates«" erscheine.[37] **2023**

Umstritten ist ferner die Amtsträgereigenschaft von *Ratsmitgliedern*. Die h.M. verneint sie mit Blick auf den nach ihrer Auffassung abschließenden § 108e (Rn. 2047), solange keine Aufgaben wahrgenommen werden, die über die Tätigkeit als Ratsmitglied hinausgehen.[38] Andere behandeln Ratsmitglieder hingegen als Amtsträger, weil sie in einem *sonstigen* öffentlich-rechtlichen Amtsverhältnis stehen (§ 11 I Nr. 2 b)).[39] **2024**

---

34 Vgl. BGHSt 47, 295; 48, 44; BGH NStZ-RR 2003, 171.

35 Jürgen WELP, Der Amtsträgerbegriff, FS Lackner S. 761-786 (764).

36 BGHSt 43, 370 (371).

37 BGHSt 43, 370 (377); 49, 214 (219); 50, 299 (303).

38 BGHSt 51, 44; Mark DEITERS, Zur Frage der Strafbarkeit von Gemeinderäten wegen Vorteilsannahme und Bestechlichkeit NStZ 2003, 453-458 (457 ff.).

39 Holger NIEHAUS, Zur Korruptionsstrafbarkeit kommunaler Mandatsträger, ZIS 2008, 49-56 (52); Markus RÜBENSTAHL, Die Angehörigen kommunaler "Parlamente" als Amtsträger (§ 11 Abs. 1 Nr. 2 b StGB) und ihre Strafbarkeit nach den Bestechungsdelikten (§§ 331 ff. StGB), HRRS 2006, 23-35 (27).

2025 Das EUBestG[40] erklärt in seinem § 1 die §§ 332, 334 auch für *Amtsträger der EU* sowie der übrigen Mitgliedsstaaten der EU für anwendbar. Das IntBestG[41] dehnt § 334 zudem auf *Amtsträger anderer ausländischer Staaten* und auf sonstige Amtsträger (insoweit enthält § 1 Nr. 2 IntBestG eine autonome Definition[42]) aus. Gegenwärtig liegt zudem ein Gesetzentwurf der Bundesregierung vor, die Regelungen des EUBestG und des IntBestG – neben weiteren Gesetzesänderungen – mittels der neu zu schaffenden §§ 11 I Nr. 2a,[43] 335a in das StGB zu inkorporieren.[44]

2. Vorteilsannahme und Vorteilsgewährung (§§ 331, 333)

a) Übersicht

2026 Bestraft werden auf Seiten der Amtsträger (sowie der weiteren, auf Empfängerseite tätergeeigneten Personen[45]) das Fordern, Sichversprechenlassen und Annehmen (§ 331), auf Seiten der Vorteilsgeber die spiegelbildlichen Handlungen des Anbietens, Versprechens oder Gewährens eines Vorteils.

2027 **Abbildung**: Der Prüfungsaufbau der Vorteilsannahme von Amtsträgern (§ 331 I)

I. Tatbestand	objektiver Tatbestand - Amtsträger/für den öffentlichen Dienst besonders Verpflichteter (Rn. 2021 ff.) - Fordern/Sichversprechenlassen/Annehmen (Rn. 2026) eines Vorteils für sich/einen Dritten (Rn. 2028 ff.) - für die Dienstausübung (Unrechtsvereinbarung, Rn. 2033 ff.)
	subjektiver Tatbestand - Vorsatz bzgl. Amtsstellung / Fordern etc. des Vorteils / Unrechtsvereinbarung (Rn. 2038)
II./III. Rechtswidrigkeit/Schuld	vorherige Genehmigung (§ 331 III, Rn. 2039)
IV. Strafausschließung u.a.	nachträgliche Genehmigung (§ 331 III, Rn. 2039)

40 EU-Bestechungsgesetz vom 10.09.1998 (BGBl. II 2340), abgedruckt bei FISCHER im Anhang 21.

41 Gesetz zur Bekämpfung internationaler Bestechung vom 10. September 1998 (BGBl. 1998 II 2327), abgedruckt bei FISCHER im Anhang 22.

42 Cristina TINKL, Strafbarkeit von Bestechung nach dem EUBestG und dem IntBestG, wistra 2006, 126-131 (128).

43 Eine übrigens redaktionell fragwürdige Vorgehensweise, die Verwechselungsgefahren begründet, denn danach gäbe es sowohl wie bisher einen § 11 I Nr. 2 a) – als Untergliederung der Nr. 2 – als auch einen § 11 I Nr. 2a – als neue eigenständige Nummer –!

44 BR-Drs. 548/07 vom 10.08.2007.

45 Dazu oben Rn. 2021 ff. In der Folge wird zur Vereinfachung nur noch vom Amtsträger gesprochen; soweit nicht anders bemerkt, gelten die Ausführungen aber für die übrigen Empfänger ebenso.

Der Aufbau der Vorteilsgewährung erfolgt spiegelbildlich. In der Fallbearbeitung sollte man allerdings *mit der Vorteilsannahme beginnen*, sofern die Strafbarkeit sowohl des Zuwendenden als auch des Zuwendungsempfängers zu prüfen ist.

b) Der Vorteil

Als Vorteil gilt **2028**

> *jede Leistung materieller oder immaterieller Art, auf die der Zuwendungsempfänger keinen Anspruch hat.*[46]

Immaterielle Vorteile bilden z.B. sexuelle Handlungen.[47]

Die Bezahlung einer zwischen den Beteiligten vorexistierenden Schuld stellt daher keinen Vorteil dar, wohl aber mag dies bei der Begründung eines Schuldverhältnisses der Fall sein. **2029**

Beispiel (Abschluss eines Beratervertrages):[48] *Klaus P.* war seit 1969 Vorstandsvorsitzender der *Westdeutschen Landesbank* (*WestLB*), einer rechtsfähigen Anstalt des öffentlichen Rechts. Seit 1966 stand er in ständiger Verbindung mit dem Finanzmakler *Hermann S.*, der insbesondere Großkredite im Baubereich vermittelte. *S.* unterhielt geschäftliche Beziehungen zur *WestLB*, die ihm, insbesondere durch die Vermittlung von Kreditinteressenten, beträchtliche Provisionen einbrachten. *P.* beriet *S.* in dessen geschäftlichen Angelegenheiten und nahm häufig auch an Besprechungen mit dessen Geschäftspartnern teil. Im Juni 1972 zahlte *S.* an *P.* 1.000.000 DM in bar. Durch diese Zahlung sollten, wie bereits Anfang Mai 1972 mündlich und später schriftlich vereinbart worden war, die bis dahin von *P.* für *S.* „geleisteten Arbeiten ... pauschal" abgegolten werden. Zugleich wurde in der schriftlichen Vereinbarung festgelegt, dass *P.* auch in Zukunft *S.* „als Berater ... auch in Verhandlungen mit Dritten" zur Verfügung stehen und hierfür ein „nach erfolgter Leistung von Fall zu Fall" zu vereinbarendes Honorar erhalten sollte. Im Mai oder Juni 1975 zahlte *S.* an ihn gemäß dieser Vereinbarung weitere 100.000 DM. Die Beratungsleistungen gegenüber *S.* gehörten zu den dienstlichen Obliegenheiten von *P.* — Nach ausführlichen Überlegungen zur Amtsträgerstellung[49] stellte der BGH fest, dass bereits der anspruchsbegründende Abschluss des Beratervertrages für *P.* eine Besserstellung bedeutete. Auf die Zahlung hatte *P.* sodann zwar einen Anspruch, der die tatsächliche Geldleistung als Vorteil i.S.d. § 331 ausschloss. Auf die *Begründung des Zahlungsanspruchs* aber hatte *P.* gerade keinen Anspruch, weshalb sie – unabhängig von der Angemessenheit der versprochenen Bezahlung – als Vorteil einzuordnen war. Blickte man dagegen nur auf die Zahlung selbst, so eröffneten sich zu einfache Umgehungsmöglichkeiten, weil man dann jedes Schmiergeld legalisieren könnte, indem man es in rechtliche Formen gießt.[50]

Sozialadäquate, insbesondere *geringwertige Zuwendungen* bleiben tatbestandslos. Dazu zählen sozial übliche Gefälligkeiten (z.B. die Einladung zum Kaffee) oder kleinere Trinkgelder (z.B. für die Kaffeekasse von Justizbediensteten).[51] **2030**

Für *Schiedsrichter* gilt die einschränkende Regelung des § 337, wonach nur heimlich gewährte Vorteile den Tatbestand erfüllen. **2031**

---

46 BGHSt 31, 264 (279); Sch/Sch-HEINE § 331 Rn. 17; SK-STEIN § 331 Rn. 19.

47 BGHR § 331 StGB Vorteil 1; Sch/Sch-HEINE § 331 Rn. 19; FISCHER § 331 Rn. 11c.

48 Teilsachverhalt aus BGHSt 31, 264.

49 BGHSt 31, 264 (269-279).

50 BGHSt 31, 264 (279 f.) m. insoweit kritischer Anm. Thomas DINGELDEY, NStZ 1984, 503-505 (505).

51 FISCHER § 331 Rn. 25; MAURACH/SCHROEDER/MAIWALD BT 2 § 79 Rn. 13; GÖSSEL/DÖLLING BT 1 § 75 Rn. 15.

2032 Wem der Vorteil letztlich zu Gute kommt, ist unerheblich, weil es nach dem Tatbestand genügt, ihn *für einen Dritten* zu fordern. Zahlungen an die Ehefrau des Amtsträgers oder an seine Partei genügen also, ohne dass man sich darüber Gedanken machen müsste, inwiefern der Amtsträger davon möglicherweise mittelbar auch in eigener Person besser gestellt wird.

c) Zusammenhang zwischen Vorteil und Dienstausübung

2033 Da der Vorteil in Abs. 1 „für die Dienstausübung" erfolgt (für Richter gilt insoweit anderes, siehe Rn. 2037), bedarf es eines gewissen Zusammenhanges zwischen der Zuwendung und den Dienstgeschäften des Empfängers. Das Merkmal ersetzt erst seit 1997[52] die zuvorige Formulierung „Vorteil als Gegenleistung dafür ... daß er eine Gegenleistung vorgenommen hat oder künftig vornehme", die noch eine konkretere sog. „Unrechtsvereinbarung" zwischen den Beteiligten voraussetzte.[53] Eine solche existiert vielfach in der Realität aber nicht, weil noch keine konkrete Gegenleistung des Amtsträgers im Raume steht, wie sie etwa im Beispiel Rn. 2029 vorliegt. Aus diesem Grund sollte die Strafbarkeit durch die Neufassung auf Sachverhalte ausgedehnt werden, in denen der Zuwendung zwar noch keine Erwartung einer bestimmten Gegenleistung zu Grunde liegt, wohl aber im Hinblick auf die amtliche Stellung des Zuwendungsempfängers dessen Wohlwollen bei etwaigen künftigen dienstlichen Entscheidungen erkauft wird (sog. „Anfüttern" oder euphemistisch „Klimapflege"[54]).

2034 **Aufgabe:** Wahlkampfspende für einen Oberbürgermeisterkandidaten[55]
Hans K. war im Jahr 1996 zum hauptamtlichen Oberbürgermeister der Stadt *Wuppertal* gewählt worden. Bei der Kommunalwahl 1999, bei der erstmals eine Direktwahl des Oberbürgermeisters anstand, stellte er sich zur Wiederwahl. *Uwe C.*, Unternehmer im Bau- und Industrieentwicklungsbereich, zeigte sich bereit, durch finanzielle Zuwendungen für den Wahlkampf von *K.* dessen Wiederwahl sicherzustellen, weil er sich von ihm Planungssicherheit und eine Fortführung investorenfreundlicher Politik versprach. Dabei erwartete er auch, dass *K.* ihm im Gegenzug für die Wahlkampfunterstützung bei der Verwirklichung eines von ihm seit kurzer Zeit verfolgten Projekts, der Errichtung eines *Factoryoutlet Centers*, durch Einflussnahme auf Rat und Verwaltung der Stadt helfen werde. In der Folgezeit zahlte *C.* knapp 500.000 DM an die Partei von *K.* Während *C.* mit seinen Zahlungen die konkrete Erwartung verband, *K.* würde ihn später bei seinem Projekt unterstützen, hatte dieser bis zu seiner Wiederwahl davon keine Kenntnis.
Strafbarkeit von *K.* und *C.* nach den §§ 331, 333?

2035 Aus der Sicht von *Uwe C.* erfolgte die Spende nicht nur im Hinblick auf die allgemeine Dienstausübung durch *Hans K.*, sondern in Erwartung einer konkreten Diensthandlung, weshalb er wegen Vorteilsgewährung zu verurteilen wäre, wenn er davon ausging, *K.* erkenne wie er den Zusammenhang.[56] Denn dann erstrebte er schon deshalb die auch nach neuem Recht erforderliche Unrechtsvereinbarung.[57] Bei den Alternativen des Anbietens bzw. Versprechens braucht

---

52 Änderung durch das Korruptionsbekämpfungsgesetz vom 13.08.1997 (BGBl. I 2038).

53 BGH NStZ 1984, 24; FISCHER § 331 Rn. 21; RegE EGStGB 1974, BT-Drs. 7/550 S. 271.

54 FISCHER § 331 Rn. 24.

55 Vereinfachter Sachverhalt aus BGHSt 49, 275 bzw. BGH NJW 2007, 3446 (Fall *Kremendahl*).

56 Das war allerdings im Originalfall nicht so: *C.* wusste, dass *K.* seine Motive nicht erahnte. Daher erstrebte auch *C.* keine Unrechts*vereinbarung* mit *K.* und war freizusprechen (vgl. BGH NJW 2007, 3446 [3448 f.]).

57 Siehe zu diesem Erfordernis BGH NStZ 1999, 561; SK-STEIN § 331 Rn. 24.

es naturgemäß zum Abschluss der Vereinbarung noch nicht zu kommen, sondern diese nur offeriert zu werden.[58]

Aber selbst die beiderseits als (weiteres) Motiv erkannte Unterstützung von *K.* im Hinblick auf seine Politik als Oberbürgermeister im Allgemeinen wäre eine ausreichende „Dienstausübung" gewesen und die Zahlung für sie erfüllte bereits die Anforderungen an eine Unrechtsvereinbarung.[59] Der BGH schränkt den Tatbestand der §§ 331, 333 für Wahlkampfspenden jedoch vor dem Hintergrund drohender Ungleichbehandlung mit Kandidaten ein, die noch keine Amtsträger und daher bis zu ihrem Amtsantritt straflos Gelder vor demselben Motivationshintergrund erhalten könnten. *K.* und *C.* wurden deshalb schließlich freigesprochen. Eine nähere Darstellung und weitere Hinweise zum Aufgabenfall folgen auf CD 53-03.

Weiterhin ausgeschlossen bleiben Privathandlungen außerhalb des Aufgabenbereichs des Amts- **2036**
trägers (z.B. Hilfeleisten beim Ausfüllen von Formularen, die nicht zum Aufgabenbereich des Amtsträgers gehören, oder Nachhilfestunden eines Lehrers[60]).

Die *Vorteilsannahme von Richtern* (§§ 331 II, 333 II) entspricht weiterhin dem Wortlaut der **2037**
§§ 331 I, 333 I a.F. mit der Folge, dass es nach wie vor einer konkreten richterlichen Handlung bedarf, derentwegen die Zuwendung geschieht. Eine Zuwendung im Hinblick auf die richterliche Stellung als solche genügt hier also nicht.

Andererseits ist – im Unterschied zu den übrigen Amtsträgern – bei Richtern auch der *Versuch* der Vorteilsannahme strafbar (§ 331 II 2).

d) Subjektiver Tatbestand

Es genügt bedingter Vorsatz, der sich insbesondere auf den Zusammenhang zwischen Zuwen- **2038**
dung und Dienstausübung erstrecken muss.

e) Rechtswidrigkeit und Genehmigung

Gemäß den §§ 331 III, 333 III entfällt die Strafbarkeit nach den jeweiligen Abs. 1, wenn die **2039**
zuständige Behörde die Vorteilsannahme genehmigt (hat). Der h.M. zufolge handelt es sich dabei um einen die Rechtswidrigkeit ausschließenden Umstand.[61] Zu beachten ist aber, dass eine nachträgliche Genehmigung die Handlung nicht zu rechtfertigen vermag, da das Rechtswidrigkeitsurteil im Moment der Tatbegehung feststehen muss. Hier ist auf die Figur der mutmaßlichen Einwilligung abzustellen, sofern dem Amtsträger die zuvorige Einholung der Zustimmung seiner Behörde verwehrt ist. Fehlt es an den Voraussetzungen der mutmaßlichen Einwilligung (z.B. bei fehlender Genehmigungsfähigkeit oder weil eine Genehmigungseinholung vor Annahme der Zuwendung noch möglich gewesen wäre), so vermag die nachträgliche Genehmigung nur noch die Strafe auszuschließen.[62]

Wegen der Beschränkung der Abs. 3 auf Taten nach den Abs. 1 fehlt eine Möglichkeit, die Vorteilsannahme gegenüber Richtern (§§ 331 II, 333 II) rechtfertigend oder strafaufhebend zu genehmigen.

---

58 BGH NStZ 2006, 628 (629); SK-STEIN § 331 Rn. 24; RENGIER BT II § 60 Rn. 24.

59 So ausdrücklich BGHSt 49, 275 (282 f.).

60 BGH GA 1962, 214.

61 FISCHER § 331 Rn. 32; Sch/Sch-HEINE § 331 Rn. 45 ff.; GÖSSEL/DÖLLING BT 1 § 75 Rn. 18; a.A. SK-STEIN § 331 Rn. 32 (Tatbestandsausschluss); differenzierend MAURACH/SCHROEDER/MAIWALD BT 2 § 79 Rn. 26 ff.

62 SK-STEIN § 331 Rn. 40; Sch/Sch-HEINE § 331 Rn. 50; FISCHER § 331 Rn. 36.

f) Bestrafung

2040 Für die Vorteilsannahme und -gewährung beträgt die Strafdrohung gleichermaßen höchstens drei Jahre Freiheitsstrafe. Sind Richter betroffen, so steigt das Höchstmaß auf fünf Jahre. Hintergrund sind auch die schärferen tatbestandlichen Voraussetzungen in den §§ 331 II, 333 II.

Besonders schwere Fälle sieht das Gesetz – anders als bei der Bestechung – nicht vor.

3. Bestechung und Bestechlichkeit (§§ 332, 334)

a) Übereinstimmungen mit und Abweichungen zu den §§ 331, 333

2041 Bei diesen eigentlichen Bestechungsdelikten hat sich die (angestrebte) Unrechtsvereinbarung – im Gegensatz zu den §§ 331, 333 – auf eine konkrete Diensthandlung zu beziehen, die zudem pflichtwidrig sein muss.[63] Ansonsten gelten aber die Ausführungen zu den Tatbestandsmerkmalen von Vorteilsannahme- bzw. -gewährung entsprechend, also zu den jeweils in Frage kommenden Täterkreisen (Rn. 2021 ff.), zu den Tathandlungen (Rn. 2026), zum Vorteil (Rn. 2028 ff.) sowie zum Vorsatz (Rn. 2038).

Die Möglichkeit einer rechtfertigenden oder strafausschließenden Genehmigung der Diensthandlung existiert hingegen nicht.

b) Pflichtwidrige Diensthandlung

2042 Der Tatbestand erfordert zusätzlich einen mit der vereinbarten Diensthandlung begangenen bzw. zu begehenden *Verstoß gegen Dienstpflichten*. Dabei genügt nicht die Annahme des Vorteils selbst, also das Sichschmierenlassen.[64] Vielmehr bedarf es unabhängig von dem Umstand der Bezahlung einer von ihr motivierten und materiell nicht dem Recht entsprechenden Amtsträgerhandlung, beispielsweise die Erteilung einer rechtswidrigen Genehmigung oder ein pflichtwidriges Nichteinschreiten (siehe insoweit die Gleichstellungsbestimmung des § 336).

2043 Steht die versprochene *Diensthandlung im Ermessen des Amtsträgers* (was häufig der Fall ist, wenn – wie im Gefahrenabwehrrecht – sein Nichteinschreiten in Rede steht), so genügt jeder der klassischen Ermessensfehler des Ermessensnichtgebrauches, der Ermessensüberschreitung oder des Ermessensfehlgebrauches. Die Regelung des § 332 III Nr. 2, die wegen der dort beschriebenen sachfremden Erwägungsgründe des Amtsträgers ohnehin einen Fall des Ermessensfehlgebrauches beschreibt, wäre von daher an sich überflüssig. Die Funktion des Abs. 3 ist aber vornehmlich eine andere: Er soll klarstellen, dass es allein auf die Unrechtsvereinbarung ankommt und nicht darauf, ob sich die später vorgenommene Amtshandlung tatsächlich als objektiv rechtswidrig erweist.[65]

Beispiel (Mit Bestechungsgeldern erreichte Auftragsvergabe):[66] Der im Bauamt für die Bauauftragsvergabe zuständige Beamte *Reinhard M.* hatte anläßlich der Errichtung seines privaten Eigenheimes sowohl von der Firma *Ha. & T.* als auch von der Firma *Fr.* sehr erhebliche und gänzlich unangemessene Preisnachlässe gefordert und erhalten. Allen Beteiligten war bewusst, dass *M.* die Vorteile gewährt wurden, um ihn in der Unbefangenheit seiner Entscheidungsausübung bei der Vergabe demnächst anstehender öffentlicher Straßenbauarbeiten zu beeinträchtigen. Es kam tatsächlich später auch zur Vergabe von städtischen Aufträgen durch *Reinhard M.* an die Firmen *Ha. & T.* und *Fr.* Allerdings ließ sich nicht feststellen, ob *M.* sich bei diesen späteren Vergaben von unsachlichen Gesichtspunkten leiten lassen und die genannten Firmen

---

63 FISCHER § 332 Rn. 3; SK-STEIN § 332 Rn. 3.

64 BGHSt 15, 88 (91); LACKNER/KÜHL § 332 Rn. 3; Sch/Sch-HEINE § 332 Rn. 9a.

65 Sch/Sch-HEINE § 332 Rn. 18; GÖSSEL/DÖLLING BT 1 § 75 Rn. 22.

66 Sachverhalt nach BGHSt 15, 88.

zu Unrecht gegenüber ihren Mitbewerbern bevorzugt hatte. — Im Hinblick auf § 332 III Nr. 2 kam es auf den zuletzt genannten Aspekt allerdings nicht an. Vielmehr genügte die zuvor konkludent getroffene Vereinbarung, *M.* werde im Gegenzug für seine Bevorzugung künftig seinerseits die Firmen *Ha. & T.* und *Fr.* begünstigen, und zwar selbst dann, wenn *M.* niemals vorgehabt hätte, tatsächlich seine künftigen Entscheidungen sachwidrig zu treffen.[67]

c) Bestrafung und besonders schwere Fälle (§ 335)

Während die Richterbestechlichkeit ein Verbrechen darstellt (§ 332 II: Freiheitsstrafe von einem **2044** bis zu zehn Jahren), handelt es sich bei der *Bestechlichkeit* anderer Amtsträger um ein Vergehen, das im mit Freiheitsstrafe von sechs Monaten bis zu fünf Jahren geahndet werden kann. Auf die *Bestechung* steht im Grundtatbestand Freiheitsstrafe von drei Monaten bis zu fünf Jahren. Für Richterbestechungen werden ebenfalls maximal fünf Jahre Freiheitsstrafe angedroht, während sich das Mindestmaß von drei oder sechs Monaten daran orientiert, ob eine vergangene (§ 334 II Nr. 1) oder eine künftige Handlung belohnt werden sollte (§ 334 II Nr. 2).

In Anwendung der Strafzumessungsbestimmung des § 335 verschiebt sich für besonders **2045** schwere Fälle die Strafdrohung für Taten nach den §§ 332 I, 334 I, II auf Freiheitsstrafe von einem bis zu zehn Jahren, für die Richterbestechlichkeit sogar auf Freiheitsstrafe nicht unter zwei (bis maximal fünfzehn) Jahren. § 335 verwendet dabei die Regelbeispielstechnik und nennt in seinem Abs. 2 als Regelfälle:

- einen *Vorteil großen Ausmaßes* (Nr. 1). Entgegen anderslautenden Äußerungen[68] verlangt das Gebot der Rechtssicherheit, insoweit auf das auch andernorts geltende Maß von 50.000 EUR[69] zu rekurrieren;
- *fortgesetzte Vorteilsannahme* für künftige Dienstpflichtverletzungen (Nr. 2). Eine „Fortsetzung" in diesem Sinne bedingt eine zumindest dreimalige Annahme;[70]
- gewerbsmäßiges[71] oder in Bandenformation erfolgendes Vorgehen (Nr. 3).

4. Konkurrenzen

Hinsichtlich derselben Diensthandlung gehen die Bestechungsstraftaten der Vorteilsgewährung **2046** vor.

Wer einen der Tatbestände der §§ 331-334 als Täter begeht, vermag das jeweils spiegelbildliche Delikt nicht mehr als Teilnehmer zu verwirklichen,[72] also beispielsweise der Bestecher nicht zugleich zur Bestechlichkeit des Bestochenen anzustiften.

VI. Abgeordnetenbestechung (§ 108e)

Die Darstellung dieses – missglückten – Straftatbestandes erfolgt auf CD 53-04. **2047**

---

67 Vgl. BGHSt 15, 352 (353); Sch/Sch-HEINE § 332 Rn. 18; SK-STEIN § 332 Rn. 16.

68 RegE Korruptionsbekämpfungsgesetz, BR-Drs. 553/96, S. 38; entsprechende Abweichungen vertreten LACKNER/KÜHL § 335 Rn. 2 (10.000 EUR); Sch/Sch-HEINE § 335 Rn. 3 (25.000 EUR).

69 Vgl. die Überlegungen bei § 263 III (Rn. 1285).

70 SK-STEIN § 335 Rn. 4; Sch/Sch-HEINE § 335 Rn. 4.

71 Siehe dazu bei § 243 (Rn. 1097).

72 LACKNER/KÜHL § 331 Rn. 19; § 332 Rn. 9; BGHSt 37, 207 (212 f.).

2048 **Wiederholungsfragen zum 53. Kapitel**

1. Wann liegt dienstliche Verwahrung i.S.v. § 133 vor? (Rn. 1991, 1993)
2. Besteht beim Zusammentreffen von Diebstahl mit Verwahrungsbruch Gesetzeskonkurrenz oder kann Tateinheit vorliegen? (Rn. 2001)
3. Was ist unter Verstrickung i.S.v. § 136 I zu verstehen? (Rn. 2007)
4. Richten sich die §§ 331 ff. auch gegen die Bestechung von Fußballschiedsrichtern? (Rn. 2021)
5. Was versteht man unter Vorteil i.S.d. §§ 331, 333? (Rn. 2028)
6. Welcher Zusammenhang muss bei den §§ 331, 333 zwischen Amt und bezogenen Vorteil bestehen? (Rn. 2033)
7. Was versteht man bei den Bestechungsdelikten unter der Unrechtsvereinbarung? (Rn. 2041)

54. Kapitel. Amtsmissbrauch

I. Bedeutung der Straftatbestände gegen den Amtsmissbrauch

2049 Der Missbrauch amtlicher Stellungen und Befugnisse wird überwiegend von Amtsträgern (§ 11 I Nr. 2), Personen mit ähnlichen Stellungen (§ 11 I Nrn. 3 und 4) sowie von Rechtsanwälten begangen. Einige dieser Straftaten wurden bereits besprochen, soweit sie unechte Amtsdelikte, also Qualifikationen allgemeiner Delikte darstellen, z.B. die Körperverletzung im Amt (§ 340) oder die Strafvereitelung im Amt (§ 258a). Die verbleibenden echten Amtsdelikte unter ihnen, die sich nicht auf allgemeine Strafnormen zurückführen lassen, sondern originäre Amtsträgerpflichten betreffen, finden sich im 30. Abschnitt, dem letzten des StGB. Daneben gehört in diesen Kontext die unbefugte Amtsausübung in Gestalt der durch Jedermann begehbaren Straftaten der Amtsanmaßung und des Titelmissbrauchs (§§ 132 f.).

2050 Prüfungsrelevanz kommt im Examen vor allem der Amtsanmaßung zu, in einzelnen Bundesländern ferner einigen der Amtsdelikte. In der Praxis tritt der Titelmissbrauch noch am häufigsten auf. Die dennoch nicht zu unterschätzende Bedeutung der Amtsdelikte folgt trotz ihrer Seltenheit aus ihrem gesteigerten Unrechtsgehalt sowie aus der symbolischen Funktion ihrer Existenz.

Ein wenig Zahlenmaterial zur praktischen Bedeutung findet sich auf CD 54-01.

II. Amtsanmaßung (§ 132)

2051 § 132 schützt die Amtsausübung im Vorfeld ihrer eigentlichen Gefährdung.[1] Denn die Amtsausübung durch dazu berufene Personen wird nicht unmittelbar beeinträchtigt, wenn neben ihnen Unbefugte dasselbe tun. Der Verkehrspolizist beispielsweise vermag dann immer noch

1 BGHSt 12, 30 (31); Sch/Sch-CRAMER/STERNBERG-LIEBEN § 132 Rn. 1; RENGIER BT II § 55 Rn. 1; ähnlich MAURACH/SCHROEDER/MAIWALD BT 2 § 80 Rn. 1.

den Verkehr zu regeln. Aber eine unbefugte Amtsausübung erschüttert das Vertrauen der Bevölkerung. Häuft es sich, so misstraut der Bürger jedem Amtsträger, was seine Bereitschaft mindert, Dienstanordnungen Folge zu leisten. Rechtsgut der Strafbestimmung sind daher die staatliche Autorität und das Ansehen des Staatsapparates.[2]

Der Tatbestand weist zwei Alternativen auf, über deren Verhältnis zueinander – abhängig vom Verständnis des präzisen Inhalts – Streit herrscht (Rn. 2053 ff.). Beide verwenden übereinstimmend zum einen den Begriff des *öffentlichen Amtes*. Ein solches liegt vor, wenn ihr Träger als Organ der Staatsgewalt (aber nicht unbedingt zugleich als Amtsträger i.S.v. § 11 I Nr. 2) anzusehen ist. Das trifft z.B. auch auf Schöffen und Notare zu. Personen, die nur öffentlich bestellt werden (z.B. Insolvenzverwalter) oder reglementierte Berufe ausüben (wie den des Rechtsanwalts), bleiben ebenso ausgeschlossen[3] wie Soldaten, für die § 38 WStG als lex specialis vorgeht.[4] **2052**

Zum anderen ist beiden Alternativen das Merkmal *unbefugt* gemein. Es bildet hier ein Tatbestandsmerkmal, da die Tathandlungen ohne es noch kein eindeutiges Unrecht beschreiben.[5]

Die erste Alternative, das *Sichbefassen mit der Amtsausübung*, stellt die Person des Täters in den Vordergrund. Er gibt sich ausdrücklich oder konkludent als Inhaber eines öffentlichen Amtes aus, wobei er zugleich – um sich mit dem Amts zu „befassen" – eine amtstypische Handlung vornimmt, die aber nicht unbedingt ausschließlich Amtsinhabern vorbehalten zu sein brauchen.[6] **2053**

Beispiel (Der falsche Schularzt):[7] *Johann G.* suchte die vierzehn Jahre alten *Ingeborg S.* zu Hause auf, als sie dort alleine war. Er gab vor, er komme als Amtsarzt von der Schule und müsse sie untersuchen. Um den amtlichen Charakter seines Besuchs zu unterstreichen, hielt er in der Hand irgendeinen Ausweis. Sodann ließ er sich von dem Mädchen schriftlich bestätigen, mit der Untersuchung einverstanden zu sein. Auf sein Verlangen zog sich *Ingeborg S.* aus und legte sich auf das Bett. *Johann G.* tastete ihren Körper von oben nach unten ab und fragte dabei, ob ihr der Blinddarm weh täte. Als er anschließend ihre nackte Brust betastete und sie auf den Mund küsste, bemerkte *Ingeborg S.* den Schwindel. — *G.* gerierte sich als Amtsträger und nahm mit der Untersuchung eine amtstypische Handlung vor. Diese allerdings ist keine solche, die er nur kraft Amtes ausüben könnte, weil jeder Arzt mit Einverständnis des Patienten die Untersuchung vornehmen dürfte. Es liegt daher die 1. Alt. vor, nicht aber die 2. Alt. von § 132.

Die zweite Alternative, die *Vornahme einer nur kraft Amtes vorzunehmenden Handlung*, verlangt nicht, dass der Täter nach außen hin erkennbar als Person in die Amtsinhaberrolle schlüpft. Hier steht vielmehr die falsche Amtshandlung als solche im Vordergrund. Daher muss es sich um eine Tätigkeit handeln, die schon aus sich heraus anmaßend wirkt, weil sie eben ausschließlich als Amtshandlung vorstellbar ist. **2054**

Beispiel (Der falsche Vollstreckungsbescheid):[8] *Klaus K.* vertrieb Waren gegen Ratenzahlung. Da verhältnismäßig viele Kunden mit ihrer Zahlung säumig waren und durch die Erwirkung von Vollstreckungsbescheiden erhebliche Kosten entstanden wären, kaufte er im Handel erhält-

---

2 Sch/Sch-CRAMER/STERNBERG-LIEBEN § 132 Rn. 1.

3 Sch/Sch-CRAMER/STERNBERG-LIEBEN § 132 Rn. 4; SK-RUDOLPHI § 132 Rn. 5.

4 FISCHER § 132 Rn. 5.

5 FISCHER § 132 Rn. 15; RENGIER BT II § 55 Rn. 8; OTTO BT § 89 Rn. 10.

6 SK-RUDOLPHI § 132 Rn. 7; LACKNER/KÜHL § 132 Rn. 2.

7 Sachverhalt nach dem Urteil des BGH vom 23.10.1973 – 1 StR 442/73 – (nur bei juris veröffentlicht).

8 Abgeänderter Sachverhalt nach OLG Frankfurt/M. NJW 1964, 61.

liche amtliche Mahnbescheidvordrucke, füllte diese aus und sandte sie unmittelbar an die Kunden. Von amtlichen Mahnbefehlen unterschieden sie sich dadurch, dass die Unterschrift des Rechtspflegers, Siegel und Ausfertigungsvermerk fehlten. Sonst waren die Formulare vollständig ausgefüllt, einschließlich der Berechnung der Gerichtsgebühren in der Spalte „Kostenrechnung". — *Klaus K.* täuschte nicht vor, er sei Amtsinhaber, weshalb kein Fall der 1. Alt. von § 132 vorliegt. Mit der Erstellung und Versendung von nahezu vollständigen Vollstreckungsbescheiden nahm er aber eine keinem Privatmann, sondern nur dem Gericht zustehende Amtshandlung vor, was die 2. Alt. verwirklicht.

2055 Wenn nach h.M. die 1. Alt. lediglich einen Sonderfall der 2. Alt. bilden soll,[9] so kann das vor diesem Hintergrund nicht zutreffen. Damit ließe sich schon das Beispiel Rn. 2053 nicht vereinbaren, weil bei ihm nicht, wie Spezialität voraussetzte, neben der 1. Alt. zugleich die 2. Alt. erfüllt ist. Aber auch die Annahme eines Exklusivitätsverhältnisses[10] ist verfehlt, weil Fälle denkbar sind, die beide Alternativen zugleich verwirklichen (z.B. die Durchsuchung einer Wohnung durch einen falschen Staatsanwalt). Richtigerweise ist Idealkonkurrenz zwischen beiden Alternativen möglich.[11]

2056 Die Strafdrohung beläuft sich auf höchstens zwei Jahre Freiheitsstrafe.

III. Missbrauch von Titeln und anderem (§ 132a)

1. Schutzzweck

2057 Die Strafvorschrift bestraft mit höchstens einem Jahr Freiheitsstrafe die missbräuchliche Verwendung bestimmter Titel, Berufsbezeichnungen, Amtskleidung und -abzeichen. Hintergrund ist, dass ihren Trägern ein gesteigertes Vertrauen entgegengebracht wird oder ihnen besondere Kompetenzen zugeschrieben werden. Ein unberechtigte Verwendung beeinträchtigt daher möglicherweise die Rechtssphäre des jeweiligen Gegenübers, der unzutreffend auf den Täter reagiert, wie sie auch – insoweit ähnlich § 132[12] – die Funktionsfähigkeit betroffener Behörden beeinträchtigt, deren Repräsentanten bei gehäuften Missbrauch kein uneingeschränktes Vertrauen mehr genießen.

2. Geschützte Bezeichnungen und Objekte

2058 Der Anwendungsbereich von § 132a reicht weit, zumal Abs. 2 Ähnlichkeit mit einem der Schutzobjekte genügen lässt und Abs. 3 auch den kirchlichen Bereich in den Strafschutz integriert.

2059 § 132a I Nr. 1 erfasst zunächst:

- Amts- oder Dienstbezeichnungen; *Amtsbezeichnungen* betreffen staatliche oder kommunale Ämter (z.B. Polizeiobermeister, Richter am Landgericht, Professor, Bürgermeister), *Dienstbezeichnungen* die mit keinem förmlichen „Amt" verbundenen, aber nur auf Grund öffentlicher Zulassung auszuübenden Berufe (z.B. Inspektor z.A., Referendar).[13] Funkti-

---

9 Sch/Sch-CRAMER/STERNBERG-LIEBEN § 132 Rn. 2; FISCHER § 132 Rn. 7; MAURACH/SCHROEDER/MAIWALD BT 2 § 80 Rn. 5.

10 SK-RUDOLPHI § 132 Rn. 2.

11 RGSt 59, 291 (295).

12 Siehe Rn. 2051.

13 FISCHER § 132a Rn. 5; Sch/Sch-CRAMER/STERNBERG-LIEBEN § 132a Rn. 5.

onsangaben (z.B. Abteilungsleiter) oder unspezifische Berufsbezeichnungen (z.B. Polizeibeamter[14]) genügen hingegen nicht;

- *akademische Grade*; sie werden von einer Hochschule auf Grund autonomen Rechts nach absolviertem Studium oder für besondere wissenschaftliche Leistungen verliehen (z.B. Dr., Privatdozent, Honorarprofessor, Dipl-Ing.);[15]
- *Titel*; hierbei handelt es sich um zwecks Ehrung verliehene Bezeichnungen, die mit keinem Amt verbunden sind.[16] Praktisch beschränkt sich dies heute auf ausländische Titel (vgl. §§ 1, 5 OrdensG);
- *öffentliche Würden*; es handelt sich hierbei um Ehrenstellungen, die auf öffentlich-rechtlichen Vorschriften beruhen (z.B. Ehrenbürger der Stadt).[17]

In § 132a I Nrn. 2 und 3 geht es um die dort enumerativ aufgeführten *Berufsbezeichnungen* (von denen die missbrauchsanfälligsten wohl Rechtsanwalt, Steuerberater und Arzt sind). **2060**

§ 132a I Nr. 4 erfasst sodann **2061**

- *in- und ausländische Uniformen*; sie müssen allerdings auf öffentlich-rechtliche Vorschriften zurückgehen (z.B. Polizei-, Feuerwehr- oder Armeeuniformen). Nicht hierher gehören Uniformen privater Sicherheitsdienste, von Schützen- und Karnevalsvereinen[18] oder sog. Streikwesten;[19]
- *Amtskleidungen*; sie bedürfen ähnlicher Reglementierung, zeichnen sich aber dadurch aus, dass sie nicht ständig, sondern anlassbezogen getragen werden (z.B. Roben von Richtern, Staatsanwälten oder Rechtsanwälten);[20]
- *Amtsabzeichen*; sie stellen keine Kleidungsstücke dar, weisen ansonsten aber der Amtskleidung entsprechende Voraussetzungen auf. Ein geeignetes Abzeichen wäre etwa die Amtskette eines Bürgermeisters oder Universitätsrektors.

§ 132a III erweitert den Anwendungsbereich von § 132a I Nrn. 1 und 4 auf kirchliche Amtsbezeichnungen (z.B. Erzbischof,[21] Pastor[22]), Titel, Würden, Amtskleidung und -abzeichen (etwa den Bischofsstab). Den Kirchen gleichgestellt sind andere Religionsgesellschaften des öffentlichen Rechts.[23] **2062**

Schließlich dehnt § 132a II den gesamten Tatbestand auf *zum Verwechseln ähnliche Bezeichnungen* bzw. Gegenstände aus. Es genügt die Verwechselbarkeit durch einen nicht vorgebildeten durchschnittlichen Beobachter. Beispiele bilden der „Städtische Amtsleiter",[24] die „Diplom- **2063**

---

14 BGHSt 26, 267.

15 Fischer § 132a Rn. 7.

16 SK-Rudolphi § 132a Rn. 5.

17 Sch/Sch-Cramer/Sternberg-Lieben § 132a Rn. 9; Fischer § 132a Rn. 10.

18 Lackner/Kühl § 132a Rn. 5; Sch/Sch-Cramer/Sternberg-Lieben § 132a Rn. 12.

19 StA Osnabrück NStZ 2007, 183.

20 Sch/Sch-Cramer/Sternberg-Lieben § 132a Rn. 12.

21 OLG Köln NJW 2000, 1053.

22 OLG Düsseldorf NJW 1984, 2959.

23 Siehe dazu näher Sch/Sch-Cramer/Sternberg-Lieben § 132a Rn. 15.

24 OLG Dresden NJW 2000, 2519.

Kosmetikerin", weil sie einen akademischen Abschluss suggeriert,[25] oder Armeeuniformen, die nicht ersichtlich reine Phantasiegebilde darstellen.

3. Tathandlungen

2064 Bestraft wird das Führen der Bezeichnungen bzw. das Tragen der Uniform, Bekleidung oder Abzeichen. Beim Führen z.B. einer Berufsbezeichnung bedarf es des aktiven Auftretens, etwa eines Rechtsassessors in der Hauptverhandlung als „Rechtsanwalt".[26] Bloßes Dulden der Anrede z.B. als „Professor" reicht daher nicht aus.[27]

Im Hinblick auf die Rn. 2057 beschriebene Schutzrichtung genügt ein Führen im privaten Bereich, etwa aus Imponiergehabe, für gewöhnlich nicht.[28] Genausowenig erfüllt es den Tatbestand, wenn das Führen in keinerlei Zusammenhang mit dem Vertrauen in die entsprechende Qualifikation steht (z.B. beim Missbrauch eines „Arzt"-Schildes zur Vorspiegelung einer Sonderparkberechtigung[29] und beim Verwendung von Uniformen im Rahmen einer politischen Demonstration oder durch einen Schauspieler auf der Bühne[30]).

2065 Das Merkmal *unbefugt* zählt auch hier zum Tatbestand, weil das Führen einer Amtsbezeichnung als solches kein typisches Unrecht darstellt und es erst durch die fehlende Berechtigung dazu wird.

IV. Rechtsbeugung

2066 § 339 bestraft in Gestalt vorsätzlicher Fehlentscheidungen besonders krasse Formen richterlich und richterähnlich begangener Pflichtverletzungen. Umstritten ist allerdings, wo legitime Rechtsfortbildung sowie -auslegung enden und die kriminelle „Beugung des Rechts" beginnt. Diese Grenzziehung ist vor dem Hintergrund richterlicher Unabhängigkeit einerseits und der hohen Strafdrohung (Verbrechen!) andererseits besonders sensibel.[31]

1. Geeigneter Täterkreis

2067 Der Kreis tauglicher Täter wird mittels des Zusammenwirkens zweier Merkmale umrissen, eines personalen und eines situativen: Zum einen werden Richter (§ 11 I Nr. 3), andere Amtsträger (§ 11 I Nr. 2) und Schiedsrichter (siehe Rn. 2021) genannt, zum anderen kann Rechtsbeugung nur „bei der Leitung oder Entscheidung einer Rechtssache" begangen werden. Es ist also keineswegs so, dass ein Richter in jeder beruflichen Situation das Recht beugen könnte. Umgekehrt vermögen nichtrichterliche Amtsträger den Tatbestand dort zu erfüllen, wo sie richtergleich entscheiden.

2068 Als zentrale Fragestellung für die Täterqualität ergibt sich folglich, wann von einer geleiteten oder zu entscheidenden Rechtssache gesprochen werden kann. Eine solche liegt vor bei

---

25 KG JR 1964, 68 (69 f.); FISCHER § 132a Rn. 18.

26 OLG Jena AnwBl 1998, 535.

27 OLG Karlsruhe NStZ-RR 2007, 372.

28 BGHSt 31, 62; Fischer, § 132 a, Rn. 21.

29 BayObLG NJW 1979, 2359.

30 BayObLG NStZ-RR 1997, 135.

31 Zur geschichtlichen Entwicklung MAURACH/SCHROEDER/MAIWALD BT 2 § 77 Rn. 5; seit 1871 Thomas VORMBAUM, Der strafrechtliche Schutz des Strafurteils, 1987, S. 312-320.

einer entscheidungsbedürftigen, nach Rechtsgrundsätzen in einem geordneten Verfahren von einer unparteiischen Person mit richtergleicher Stellung zu klärenden Fragestellung.

Prägnant formuliert geht es in einer Rechtssache darum, „neutral Recht zu verwirklichen.“[32]

Soweit in einschlägigen Definitionen zusätzlich beteiligte Personen mit eventuell gegensätzlichen Interessen gefordert werden,[33] ist dies überflüssig und irreführend, denn auch Verfahren mit nur einem (unmittelbar) Beteiligten können Rechtssachen darstellen (z.B. Erbscheinsangelegenheiten, Namensänderungssachen).[34]

Als Rechtssachen sind danach alle *Prozessverfahren vor den Gerichten* einzuordnen, nicht aber z.B. die Tätigkeit von Richtern im Rahmen der Justizverwaltung[35] oder die Bewilligung von Beratungshilfe[36] (weil sie in keinem ausreichend förmlich ausgestalteten Entscheidungsverfahren erfolgt, sondern durch schlichte Umsetzung konditionaler Rechtsnormen). Das staatsanwaltschaftliche Ermittlungsverfahren gilt als Rechtssache, da es einer Abschlussentscheidung über Anklage oder Einstellung harrt, welche der Staatsanwalt im Kern weisungsfrei[37] und unparteiisch vorzunehmen hat.[38] Ferner soll das behördliche Bußgeldverfahren (als Ersatz eines richterlichen Erkenntnisverfahrens) unter den Tatbestand fallen.[39] **2069**

Idealtypische Verwaltungsverfahren hingegen erfüllen nicht die Kriterien einer Rechtssache, und zwar meist wegen der fehlenden Unabhängigkeit der sie leitenden Beamten bei der schlussendlichen Entscheidungsfindung. Im Unterschied zum Staatsanwalt darf dem Verwaltungsbeamten die Rechtsanwendung im Rahmen des Vertretbaren qua Weisung seines Vorgesetzten völlig aus der Hand genommen werden. Er verwirklicht daher nicht neutral das Recht, sondern im Rahmen des Rechts die Interessen seiner Behörde bzw. ihrer Leitung.[40] **2070**

2. Beugen des Rechts als Tathandlung

Das Beugen i.S. eines „Verbiegens“ des Rechts[41] kann sich sowohl auf die Anwendung des materiellen Rechts beziehen als auch auf prozessuale Vorschriften allein, z.B. die Nichtgewährung rechtlichen Gehörs[42] oder die verzögerte Sachbehandlung.[43] Aus der Verwendung des **2071**

---

32 MAURACH/SCHROEDER/MAIWALD BT 2 § 77 Rn. 6.

33 So oder ähnlich Sch/Sch-HEINE § 339 Rn. 3; LACKNER/KÜHL § 339 Rn. 3; GÖSSEL/DÖLLING BT 1 § 71 Rn. 3; BGHSt 24, 326 (327 f.).

34 Ebenso Hans-Joachim MUSIELAK, Die Rechtsbeugung (§ 336 StGB), Dissertation Köln 1960, S. 49.

35 SK-STEIN § 339 Rn. 8a.

36 OLG Koblenz MDR 1987, 605.

37 Michael HEGHMANNS, Das Arbeitsgebiet des Staatsanwalts, 3. Aufl. 2003 Rn. 27 f.

38 BGHSt 32, 357 (359); 40, 169 (177); Sch/Sch-HEINE § 339 Rn. 3; GÖSSEL/DÖLLING BT 1 § 71 Rn. 3; a.A. VORMBAUM (Fn. 31), S. 342 f.; SK-STEIN § 339 Rn. 8d, allerdings unter wohl zu starker Betonung der Weisungshierarchie, die aber gerade auf das Entscheidungsverhalten bei der Anklageentscheidung keinen Einfluss zu nehmen vermag.

39 BGHSt 14, 147 (148); Sch/Sch-HEINE § 339 Rn. 3; RENGIER BT II § 61 Rn. 8; a.A. SK-STEIN § 339 Rn. 8c.

40 Im Ergebnis ebenso BGHSt 34, 146 (148); OLG Celle NStZ 1986, 513; SK-STEIN § 339 Rn. 8b; GÖSSEL/DÖLLING BT 1 § 71 Rn. 3.

41 RENGIER BT II § 61 Rn. 10.

42 BGHSt 42, 343 (351).

Begriffs des Rechts anstelle dem des Gesetzes folgt schließlich, dass eine Rechtsbeugung bei Einhaltung des Gesetzes auch durch einen Verstoß gegen entgegenstehendes überpositives Recht begangen werden kann. Dieser Gedanke lieferte den Ansatz, formal gesetzestreu operierende Richter der DDR-Justiz wegen ihrer menschenrechtswidrigen Urteile zu bestrafen.[44]

2072 Wann die Grenzen legitimer Rechtsanwendung überschritten werden und kriminelle Rechtsbeugung beginnt, ließe sich theoretisch anhand dreier unterschiedlicher Parameter bestimmen:

- wie weit sich die Entscheidung vom Recht entfernt hat (objektive Theorie).[45] Entscheidend ist hier, ob die Rechtsanwendung im Ergebnis die Grenzen des Vertretbaren sprengt;
- die bewusste Entscheidung gegen das Recht (subjektive Theorie).[46] Es kommt danach nur darauf an, ob der Richter oder Amtsträger selbst seine Entscheidung noch für vertretbar hält oder nicht, wodurch sich freilich die Entscheidung als reine Vorsatzfrage entpuppt und allein der böse Wille über den objektiven Tatbestand entscheidet;
- ob der Entscheidende die Regeln zur Entscheidungsgewinnung eingehalten (Pflichtverletzungslehre),[47] die relevanten Fragen also sorgfältig erwogen und nicht aus sachfremden Motiven heraus entschieden hat.

Die Rspr. hat sich nicht klar positioniert, sieht man von wiederholten Bekenntnissen zur restriktiven Auslegung des Tatbestandes ab.[48] In neuerer Zeit vertritt der BGH eine Art „Mischformel" aus Elementen der subjektiven Theorie und der Pflichtverletzungslehre.[49]

2073 Da sich die Rechtsbeugung nach dem Gesetzeswortlaut „zugunsten oder zum Nachteil einer Partei" niederschlagen muss, bedarf es richtigerweise neben einem Handlungsunrecht (das alleine die Pflichtverletzungslehre sachgerecht zu beschreiben vermag) einer Tatfolge i.S. der objektiven Theorie. Nur im Zusammenspiel können sie das Unrecht des § 339 zutreffend umreißen. Das Recht beugt daher, wer sich

bei der Leitung oder Entscheidung der Rechtssache pflichtwidrig verhält und dadurch für oder gegen eine Partei in unvertretbarer Weise vom Recht abweichende Folgen zeitigt.

Eine eingehendere Ableitung dieser Position findet sich auf CD 54-02.

3. Subjektiver Tatbestand, Bestrafung und Konkurrenzen

2074 Seit der Änderung des Tatbestandes im EGStGB 1974 genügt *bedingter Vorsatz*, während zuvor in der Rspr. dolus directus verlangt worden war[50] (ein Umstand, der dazu beitrug, die Verfolgung nationalsozialistischem Richterunrecht zu verhindern[51]). Erforderlich ist heute

---

43 BGHSt 47, 105 (107).

44 Vgl. BGHSt 40, 30 (41 ff.).

45 Sch/Sch-HEINE § 339 Rn. 5a f.; Manfred SEEBODE, Das Verbrechen der Rechtsbeugung, 1969, S. 25.

46 Werner SARSTEDT, Fragen zur Rechtsbeugung, FS Heinitz, S. 427-444 (433 f.).

47 OTTO BT § 98 Rn. 3; RENGIER BT II § 61 Rn. 17.

48 BGHSt 34, 146 (148); 38, 381 (383); 42, 343 (345).

49 BGHSt 42, 343 (350); 47, 105 (113); vgl. dazu Jens LEHMANN, Der Rechtsbeugungsvorsatz nach den neueren Entscheidungen des BGH, NStZ 2006, 127-131 (131); RENGIER BT II § 61 Rn. 15.

50 BGHSt 10, 294 (298).

51 Vgl. SK-STEIN § 339 Rn. 3b.

daher nur, dass die Pflichtwidrigkeit des Vorgehens und die Unvertretbarkeit seines Ergebnisses als möglich erkannt und in Kauf genommen werden.

Die Strafdrohung des Verbrechens beträgt zwischen einem und fünf Jahren Freiheitsstrafe 2075
(weshalb eine Verurteilung nach § 339 in der Regel gemäß § 24 Nr. 1 DRiG zur sofortigen Entfernung des Richters aus seinem Amte führt).

§ 339 kann tateinheitlich u.a. mit Freiheitsberaubung, Verfolgung Unschuldiger oder Tötung 2076
(durch ein Todesurteil) zusammentreffen. Im Rahmen richterlicher Tätigkeit entfaltet § 339 umgekehrt nach allgemeiner Auffassung sogar eine *Sperrwirkung*: Andere Delikte kann der Richter in strafbarer Weise nur verwirklichen, wenn sein Handeln zugleich den Grad einer Rechtsbeugung erreicht.[52]

V. Die weiteren Straftaten des Amtsmissbrauchs

Die verbleibenden Straftaten der §§ 343 ff. (Aussageerpressung, Verfolgung Unschuldiger, Voll- 2077
streckung gegen Unschuldige, Vertrauensbruchs im auswärtigen Dienst, Gebührenüberhebung, Abgabenüberhebung und Leistungskürzung, Parteiverrat, Verleitung Untergebener zu einer Straftat) werden auf CD 54-03 behandelt.

52 BGHSt 10, 294 (299); LACKNER/KÜHL § 339 Rn. 11; RENGIER BT II § 61 Rn. 21.

18. Abschnitt. Straftaten gegen den Bestand des Staates und der Verfassungsordnung

55. Kapitel. Friedens- und Hochverrat, Agenten- und Sabotagetätigkeiten

2078 Unter dieser Überschrift werden die Straftaten behandelt, die der Gesetzgeber des RStGB seinerzeit als die bedeutsamsten ansah und daher an die Spitze des Besonderen Teils stellte: Friedens- und Hochverrat (§§ 80-83) sowie Sabotage (§§ 87-89, 109a-109h) und Landesverrat (§§ 93-101). Heute ist die Bedeutung dieser Tatbestände eher eine im positiven Sinne symbolische geworden, zumal die Geheimdienste ihre Tätigkeit seit dem Ende des Kalten Krieges vorwiegend auf das Gebiet der Industriespionage verlegt haben.

In der Prüfung sind diese Straftaten gänzlich irrelevant, weshalb Friedens- und Hochverrat auf CD 55-01, Sabotage auf CD 55-02 und Landesverrat auf CD 55-03 behandelt werden.

56. Kapitel. Straftaten gegen Staat, Verfassungsorgane, Vertreter und Symbole fremder Staaten sowie Wahlen

I. Übersicht

2079 Die hier zu behandelnden Straftaten richten sich gegen den demokratischen Rechtsstaat (§§ 84-86a), seine Verfassungsorgane (§§ 90-90b, 106-106b) und seine demokratische Legitimation kraft der politischen Wahlen (§§ 107-108d). Eine Sonderrolle nehmen die §§ 102-104a ein, deren Anliegen der Schutz von Repräsentanten und Symbolen fremder Staaten ist.

Eine etwas höhere praktische Bedeutung besitzen hierbei die §§ 84 ff., die heute vor allem zur Eindämmung des Rechtsradikalismus eingesetzt werden müssen. Zahlenmaterial dazu findet sich auf CD 56-01.

II. Fortführen von und Propaganda für verbotene Organisationen

1. Fortführung einer für verfassungswidrig erklärten Partei (§ 84)

Das Vergehen flankiert strafrechtlich die Entscheidungen des BVerfG nach Art. 21 II 2 GG über die Verfassungswidrigkeitserklärung von Parteien[1] oder die Feststellung, dass eine Partei Ersatzorganisation einer verbotenen Partei ist (§ 33 II PartG). Die Strafvorschrift enthält drei Tatbestände: **2080**

- § 84 I bestraft *Rädelsführer und Hintermänner* mit einer Freiheitsstrafe zwischen drei Monaten und fünf Jahren dafür, den organisatorischen Zusammenhalt der Partei nach ihrem Verbot aufrecht zu erhalten. Rädelsführer sind Parteimitglieder mit maßgeblichem Einfluss auf die Parteitätigkeit, während Hintermänner zwar geistig oder wirtschaftlich Wesentliches für die Partei leisten, aber nicht Mitglied sein müssen.[2] **2081**
- (einfache) *Mitglieder und Unterstützer* werden über § 84 II erfasst. Sie müssen sich als Mitglieder *betätigen* bzw. als Nichtmitglieder den organisatorischen Zusammenhalt unterstützen. Die Parteizugehörigkeit genügt für sich genommen also noch nicht. Die Strafe für diese Alternative beträgt (im Unterschied zu Abs. 1 ohne Mindestmaß) bis zu fünf Jahre Freiheitsstrafe. **2082**
- Schließlich sanktioniert § 84 III *Zuwiderhandlungen gegen andere Sachentscheidungen* des BVerfG während des Verbotsverfahren (z.B. einer einstweiligen Anordnung) oder in dessen Vollzug (z.B. Beschlagnahmeanordnungen). Ebenfalls erfasst werden vergleichbare Anordnungen im Verfahren zur Feststellung der Verwirkung von Grundrechten (Art. 18 GG). Die Strafe entspricht derjenigen in Abs. 2. **2083**

Bei geringer Schuld oder tätiger Reue kann in einigen Fällen von Strafe abgesehen oder diese gemildert werden (§ 84 IV, V). **2084**

2. Verstoß gegen ein Vereinigungsverbot (§ 85)

Diese Strafbestimmung ist ähnlich dem § 84 strukturiert und erfasst in § 85 I Nr. 2 die Fälle des Vereinigungsverbotes gemäß Art. 9 II GG, §§ 3 ff. VereinsG. Ob § 85 I Nr. 1 im Hinblick auf Art. 21 II GG verfassungsgemäß ist, darf man bezweifeln.[3] Für Rädelsführer und Hintermänner (Rn. 2081) werden maximal fünf Jahre, für Mitglieder und Unterstützer (Rn. 2082) höchstens drei Jahre Freiheitsstrafe angedroht. **2085**

3. Verbreiten von Propagandamitteln verfassungswidriger Organisationen (§ 86)

Strafbar ist das *Verbreiten* von Propagandamitteln, ihr Herstellen zwecks Verbreitung, Ein- und Ausführen sowie ihr öffentliches Zugänglichmachen in Datenspeichern (insb. durch *Einstellen ins Internet*). **2086**

Besagte Propagandamittel müssen entweder einer der folgenden *Organisation* zuzuordnen sein: **2087**

---

1 Bisherige Verbote betrafen die „Sozialistische Reichspartei" (BVerfGE 2, 1) und die „Kommunistische Partei Deutschlands" (BVerfGE 5, 85). Ein Verbotsantrag gegen die „Nationaldemokratische Partei Deutschlands" (NPD) ist hingegen gescheitert (BVerfGE 107, 339).

2 Sch/Sch-STREE/STERNBERG-LIEBEN § 84 Rn. 10.

3 Vgl. SK-RUDOLPHI § 85 Rn. 4; MAURACH/SCHROEDER/MAIWALD BT 2 § 84 Rn. 24.

- einer der in den §§ 84, 85 genannten verbotenen Parteien oder Vereinigungen (§ 86 I Nrn. 1 und 2);
- einer ausländischen Regierung, Vereinigung oder Einrichtung, die sich zum Sprachrohr einer der in den §§ 84, 85 genannten verbotenen Parteien oder Vereinigungen gemacht hat (§ 86 I Nr. 3);[4]

oder sie müssen ihrem Inhalt nach bestimmt sein, (bestimmte charakteristische) Bestrebungen einer ehemaligen NS-Organisation fortzusetzen (§ 86 I Nr. 4). Hier bedarf es also keiner fortexistierenden Organisation als Urheber der Propagandamittel, sondern es genügt, wenn der Urheber des Propagandamittels sich ihre früheren Ziele zueigen macht.

2088 Den Begriff des *Propagandamittels* definiert § 86 II in formaler und inhaltlicher Hinsicht. Formal muss es sich um Schriften i.S.v. § 11 III handeln, inhaltlich müssen sie gegen die freiheitlich demokratische Grundordnung oder gegen den Gedanken der Völkerverständigung gerichtet sein und dabei eine kämpferische, aggressive Tendenz zum Ausdruck bringen.[5]

2089 Einen Tatbestandsausschluss enthält § 86 III für sozialadäquate Handlungen, die der Aufklärung, der Abwehr, Kunst, Forschung, Wissenschaft, der Berichterstattung sowie zeitgeschichtlicher Dokumentation „oder ähnlichen Zwecken" dienen.

2090 Die Strafdrohung beträgt höchstens drei Jahre Freiheitsstrafe. Zudem kann bei geringer Schuld gemäß § 86 IV von Strafe abgesehen werden.

4. Verwenden von Kennzeichen verfassungswidriger Organisationen (§ 86a)

2091 § 86a I Nr. 1 verbietet das *Verbreiten* und – besonders wichtig – das *öffentliche Verwenden*, bestimmter Kennzeichen (Rn. 2092), ihr Verwenden in einer Versammlung sowie in verbreiteten Schriften. Ergänzt wird dieses Verbot in § 86a I Nr. 2 durch das Verbot, entsprechende Gegenstände zwecks Verbreitung oder öffentlicher Verwendung bzw. Verwendung in Schriften und Versammlungen herzustellen, ein- oder auszuführen sowie vorrätig zu halten.

2092 Bei den *Kennzeichen* muss es sich um solche der in § 86 I Nrn. 1, 2 und 4 genannten Vereinigungen handeln. Praktisch am wichtigsten sind dabei die Kennzeichen der ehemaligen nationalsozialistischen Organisationen (§ 86 I Nr. 4), während es den Kennzeichen anderer verbotener Organisationen zumeist an der Symbolkraft mangelt, ohne welche die öffentliche Verwendung wenig sinnhaft erscheint.

Was als Kennzeichen gilt, regelt § 86a II 1 durch eine beispielhafte Aufzählung („namentlich"). Sie listet auf:

- Fahnen;
- Abzeichen (z.B. das Hakenkreuz[6] oder die SS-Runen);
- Uniformstücke (z.B. das sog. „Braunhemd"[7]);
- Parolen („Heil Hitler"[8], „Sieg Heil"[9], „Mit deutschem Gruß"[10], „Blut und Ehre"[11]);

---

4 SK-Rudolphi § 86 Rn. 7; Sch/Sch-Stree/Sternberg-Lieben § 86 Rn. 10.

5 BGHSt 23, 64 (72); Sch/Sch-Stree/Sternberg-Lieben § 86 Rn. 5.

6 BGHSt 28, 394 (395).

7 BayObLG NStZ 1983, 120.

8 BGHSt 25, 30.

9 OLG Düsseldorf MDR 1991, 174.

10 BGHSt 27, 1.

- Grußformen (z.B. der sog. „Hitlergruß“ mit ausgestrecktem rechten Arm[12]).

Darüber hinaus sind als Kennzeichen u.a. bestimmte Lieder (wie das „Horst Wessels-Lied“[13]) sowie Hitlerbilder in ikonenhafter Darstellung[14] angesehen worden.

Einbezogen werden über § 86a II 2 den genannten *zum Verwechseln ähnliche* Kennzeichen. 2093
Diese Ausdehnung ist wegen ihrer Unbestimmtheit problematisch, vor dem Hintergrund des Einfaltsreichtums der einschlägigen Klientel freilich erforderlich, will man das Strafrechtsverbot nicht der Lächerlichkeit preisgeben. So führen beispielsweise Verfremdungen des Hakenkreuzes[15] oder Veränderungen von Liedtexten[16] nicht zur Straflosigkeit ihrer öffentlichen Verwendung.

Durch den Verweis in § 86a III auf § 86 III gilt der *Tatbestandsausschluss für sozialadäquate* 2094
Handlungen auch hier. Insbesondere können *kritische oder satirische Äußerungen* gegenüber der von dem Kennzeichen symbolisierten Geisteshaltung seine Verwendung legitimieren.

Beispiel (Hakenkreuz als „Dreck“):[17] *Tobias K.* betrieb ein Unternehmen, das Artikel für die Punkerszene wie CDs, Kleidungsstücke, Aufkleber u.ä. über einen Versandhandel vertrieb. In seinem Sortiment wurden bei einer Durchsuchung zahlreiche Artikel mit Darstellungen vorgefunden, auf denen nationalsozialistische Symbole, insbesondere das Hakenkreuz, in zum Teil

veränderter, aber noch erkennbarer Form abgebildet waren, wobei durch die Art der Darstellung die Gegnerschaft zum Nationalsozialismus zum Ausdruck gebracht werden sollte. Darunter fand sich auch ein verfremdetes sog. „Umweltmännchen“. Dieses Symbol zeigt im allgemeinen Gebrauch eine stilisierte Figur, die einen Abfallgegenstand mit ausgestrecktem Arm in einen Abfallbehälter wirft und so zur Sauberhaltung etwa von Parkanlagen auffordert. Auf den von *K.* vertriebenen Artikeln war der Abfallgegenstand durch ein Hakenkreuz ersetzt worden, um ersichtlich zum Ausdruck zu bringen, dass dieses nichts wert und daher wegzuwerfen sei. — Da die Verwendung des Hakenkreuzes eindeutig die Ablehnung der von ihm repräsentierten Geisteshaltung erklärte, erfüllt seine Verwendung nicht den Tatbestand.

Die Strafe beträgt höchstens drei Jahre Freiheitsstrafe. Bei geringer Schuld kann von Strafe 2095
abgesehen werden (§ 86a III i.V.m. § 86 IV).

III. Weitere Straftaten gegen Staat, Wahlen sowie Vertreter fremder Staaten

Wegen ihrer demgegenüber weitaus bescheideneren Rolle werden die Straftaten des Angreifens 2096
und Verunglimpfens des Staates sowie der Verfassungsorgane auf CD 56-02, die Straftaten gegen Wahlen auf CD 56-03 und die Angriffe auf Vertreter und Symbole fremder Staaten auf CD 56-04 behandelt.

---

11 BGH NJW 2005, 3223 (3224 [Parole der Hitlerjugend]).

12 BGHSt 25, 30; KG NJW 1999, 3500.

13 OLG Oldenburg NJW 1988, 351.

14 BGHSt 28, 394 (396); LG Frankfurt/M. NStZ 1986, 167; FISCHER § 86a Rn. 5.

15 OLG Hamburg NStZ 1981, 393.

16 OLG Oldenburg NJW 1988, 351.

17 Sachverhaltsausschnitt aus BGHSt 51, 244.

2097 **Wiederholungsfragen zum 54. bis 56. Kapitel**

1. Worin unterscheiden sich die beiden Alternativen der Amtsanmaßung? (Rn. 2053 f.)
2. Welche Uniformen schützt § 132a I Nr. 4? (Rn. 2061)
3. Wie lässt sich das Beugen des Rechts i.S.v. § 339 definieren? (Rn. 2073)
4. Welcher Vorsatzform bedarf es bei der Rechtsbeugung? (Rn. 2074)
5. Ist das Zeigen eines Hakenkreuzes in der Öffentlichkeit stets strafbar? (Rn. 2094)

Paragraphenregister

Verwiesen ist auf die jeweils erste Randnummer.

Stichwortverzeichnis

Verwiesen ist auf die jeweils erste Randnummer. Bei mehreren Nachweisen sind Hauptfundstellen **fett** gedruckt.

Printing: Krips bv, Meppel, The Netherlands
Binding: Stürtz, Würzburg, Germany